本著的出版得到国家教育部人文社科基金审批委员会（项目名称：《日本精神的实像和虚像："大和魂"的建构与变异》，批准号：12YJA752012）、福建省社会科学联合会基金审批委员会（项目名称：《基于中日文化交流视域的日本文化实质研究》，批准号：2011b264）和福州外语外贸学院学术著作出版基金的资助。

"大和魂"史的初步研究（上卷）

胡稹 著

中国社会科学出版社

图书在版编目(CIP)数据

"大和魂"史的初步研究/胡稹著.—北京：中国社会科学出版社，2017.6

ISBN 978-7-5161-8702-9

Ⅰ.①大… Ⅱ.①胡… Ⅲ.①思想史—研究—日本 Ⅳ.①B313

中国版本图书馆 CIP 数据核字(2016)第 182766 号

出 版 人	赵剑英
选题策划	刘 艳
责任编辑	刘 艳
责任校对	陈 晨
责任印制	戴 宽

出　　版	中国社会科学出版社
社　　址	北京鼓楼西大街甲 158 号
邮　　编	100720
网　　址	http://www.csspw.cn
发 行 部	010-84083685
门 市 部	010-84029450
经　　销	新华书店及其他书店
印　　刷	北京明恒达印务有限公司
装　　订	廊坊市广阳区广增装订厂
版　　次	2017 年 6 月第 1 版
印　　次	2017 年 6 月第 1 次印刷
开　　本	710×1000　1/16
印　　张	71.75
字　　数	1126 千字
定　　价	298.00 元(上、下卷)

凡购买中国社会科学出版社图书，如有质量问题请与本社营销中心联系调换
电话：010-84083683
版权所有　侵权必究

总目录

序言 ………………………………………………………………（1）

上　卷

第一章　"大和魂"中的"大和"及之前使用的"倭"与"日本"
　　　　的含义 ……………………………………………………（3）
第二章　"大和魂"中的"魂" ………………………………………（43）
第三章　平安时代（794—1192）至室町时代（1336—1573）的
　　　　"大和魂"和"大和心" …………………………………（79）
第四章　镰仓时代（1192—1333）、室町时代（1336—1573）至
　　　　江户时代前期（1603—1715）四本《源氏物语》注释书
　　　　中的"大和魂" …………………………………………（214）
第五章　江户时代中期（1716—1829）部分神道教人物和"町人"
　　　　眼中的"日本魂" ………………………………………（334）
第六章　《菅家遗诫》中的"和魂"与"汉才"
　　　　——对"和魂汉才"关系的第二次理论思考 ……………（378）
第七章　江户时代中、后期（1716—1867）几大著名"国学家"
　　　　鼓吹的"大和魂" ………………………………………（459）

下　卷

第八章　江户时代后期（1830—1867）部分著名儒者
　　　　笔下的"大和魂" ………………………………………（619）

· 1 ·

第九章　从"和魂汉洋才"到"和魂洋才"——日本对"和魂"与
　　　　"外(汉洋)才"关系的第三次理论思考
　　　　——从幕末到明治时代(1830—1912) ………………………(668)
第十章　明治时代(1868—1912)海老名弹正的"大日本魂"和
　　　　吉野作造的"国家魂",以及幸德秋水和木下尚江对
　　　　它们的批判 ……………………………………………………(746)
第十一章　"大正(1912—1926)民主运动"时期富于个人色彩的
　　　　　"大和魂"的种种表现及原因 …………………………………(791)
第十二章　甲午战争(1894—1895)至二战时期(1931—1945)
　　　　　超国家主义和军国主义的"大和魂" ………………………(894)
第十三章　"大和魂"是否科学并符合"现代精神"?
　　　　　——昭和时代日本两位科学家对此问题的追问 ……………(963)
第十四章　一半是"商品代言人",一半是"政治宣传员"
　　　　　——二战后的"大和魂" …………………………………………(982)
第十五章　为重振日本民族信心开出的"药方"
　　　　　——"大和魂"在21世纪的其他表现 ………………………(1006)

总结语代跋 ……………………………………………………………………(1039)
附录　日本宗教包容性原理的成因初探 …………………………………(1064)
主要参考文献 …………………………………………………………………(1076)

目　　录

序言 …………………………………………………………… (1)

上　卷

第一章　"大和魂"中的"大和"及之前使用的"倭"与"日本"的含义 …………………………………………………… (3)

第一节　"大和" …………………………………………… (4)
　一　"大和"一词在日本出现的时间及其与各"律令"
　　　的关系 ……………………………………………… (5)
　二　"大和"一词在日本出现的几个步骤 ……………… (6)
　三　"大和"一词的出典及其意义的流变 ……………… (8)
　四　儒家的"和"学说 …………………………………… (10)
　五　古代日本国号取"大和"的用意何在 ……………… (11)
　六　从国号"大和"重回国号"日本" …………………… (17)

第二节　"倭" ……………………………………………… (19)
　一　"倭"字在中国古代的用例及其多种的解释 ……… (19)
　二　迄今为止中日两国学者对"倭"字音、义的其他质疑 …… (21)
　三　著者的认识 …………………………………………… (23)
　四　根据亚洲其他民族的自称词对"倭"字音、义作出的
　　　推测和分析 ………………………………………… (25)
　五　日本中古至近世"倭"字的用例 …………………… (26)
　六　"倭"字与"夷"字的比较 …………………………… (28)
　七　结语 …………………………………………………… (29)

第三节 "日本"……………………………………………（30）
　一 迄今为止日本学界对此做出的几个研究结论…………（31）
　二 著者的疑问 ……………………………………………（33）
　三 张守节及其《史记正义》……………………………（35）
　四 "日本"一词的语义及其视角和日本的记录…………（36）
　五 著者的认识 ……………………………………………（39）
　六 推论 ……………………………………………………（42）

第二章 "大和魂"中的"魂"……………………………………（43）
　第一节 折口信夫所说的"魂"……………………………（43）
　　一 "御歌会"与"言灵信仰"……………………………（45）
　　二 "魂"和天皇的关系 …………………………………（48）
　　三 无意间透露出的天皇、贵族信仰的来源 ……………（50）
　第二节 奥村伊九良所说的"魂"…………………………（53）
　　一 "Tama"（魂）和"Tamashihi"（魂）………………（53）
　　二 "二魂"皆有"实体"，而且可以"移动"……………（55）
　　三 日本对此"二魂"的不同解读 ………………………（56）
　　四 "魂"从"移动"进一步向"活跃"转变 ……………（57）
　　五 其后Tamashihi（魂）占上风，Tama（魂）转入社会底层…（59）
　第三节 著者所认识的"魂"………………………………（61）
　　一 日本远古"魂"的恐怖性和有益性 …………………（61）
　　二 "天皇灵"及其周围并不都充满柔情 ………………（66）
　　三 "大和国之魂"及其拥有者与后来的"大和魂"……（71）
　　四 "大和魂"可能的出典——"大和坐大国魂"和
　　　　"倭大国魂"及其意义的流转 ………………………（73）
　　五 "大和魂"的原始面貌——《宇津保物语》中的
　　　　"魂"或"心魂"………………………………………（74）

第三章 平安时代（794—1192）至室町时代（1336—1573）的
　　　　"大和魂"和"大和心"………………………………（79）
　第一节 平安时代（794—1192）的"大和魂"……………（80）

一　《源氏物语》"少女"卷中紫式部的"大和魂" ………………（80）
　　二　《大镜》"卷二"藤原时平的"大和魂" …………………（90）
　　三　《今昔物语集》"卷第廿九"清源善澄的"大和魂" ……（97）
　　四　《后拾遗和歌集》"第二十卷俳谐歌"中赤染
　　　　卫门的"大和心（魂）" ……………………………………（104）
　　五　《赤染卫门家集》中赤染卫门的另两颗
　　　　"大和心（魂）" ……………………………………………（112）
　　六　《大镜》"卷四"中藤原隆家的"大和心" ………………（118）
　　七　《今镜》"第三""天皇下"卷"内宴"中藤原通宪的
　　　　"大和心" ……………………………………………………（125）
　　八　《中外抄》"久安元年八月十一日"条藤原忠实的
　　　　"大和魂" ……………………………………………………（136）
　第二节　镰仓时代（1192—1333）的"大和魂" ……………………（149）
　　一　《愚管抄》第四卷"鸟羽传"中藤原忠实的"大和魂" …（149）
　　二　《愚管抄》第三卷"一条天皇传"中藤原伊周的
　　　　"大和心" ……………………………………………………（166）
　第三节　室町时代（1336—1573）的"大和魂" ……………………（183）
　第四节　本章小结 ……………………………………………………（207）

**第四章　镰仓时代（1192—1333）、室町时代（1336—1573）至
　　　　　江户时代前期（1603—1715）四本《源氏物语》注释书
　　　　　中的"大和魂"** …………………………………………（214）
　第一节　《源氏物语》注释书 ………………………………………（214）
　第二节　四部《源氏物语》注释书 …………………………………（223）
　第三节　《河海抄》中四辻善成的"大和魂" ………………………（224）
　　一　四辻善成其人其事 ……………………………………………（224）
　　二　关于《河海抄》 ………………………………………………（226）
　　三　《河海抄》时代的文艺趣味及该抄所处的文化生态圈 …（233）
　　四　小结 ……………………………………………………………（243）
　第四节　《源氏和秘抄》和《花鸟余情》中一条兼良的
　　　　　"大和魂" ……………………………………………………（244）

一　"鉴别"的含义 …………………………………………（244）
　　二　一条兼良其人其事 …………………………………（245）
　　三　《花鸟余情》的成就 …………………………………（247）
　　四　《花鸟余情》的儒学注释倾向 ………………………（249）
　　五　兼良经历的几个重大历史事件 ……………………（252）
　　六　小结：一条兼良要"鉴别"什么？ …………………（262）
第五节　《源氏物语湖月抄》中北村季吟的"大和魂" ………（268）
　　一　北村季吟的生平及思想倾向 ………………………（269）
　　二　季吟的《源氏物语》观 ………………………………（283）
　　三　季吟的注释方法 ……………………………………（285）
　　四　《湖月抄》的部分注释内容 …………………………（287）
　　五　季吟《伊势物语拾穗抄》的注释内容 ………………（291）
　　六　季吟的融合思想和江户幕府的时代需求 …………（294）
　　七　小结 …………………………………………………（302）
　　八　附：九条稙通和他的《孟津抄》 ……………………（304）
第六节　本章小结 ……………………………………………（314）
第七节　附言：日本的三教融合 ……………………………（318）

第五章　江户时代中期（1716—1829）部分神道教人物和"町人"眼中的"日本魂" ………………………………………（334）
第一节　若林强斋——从"大和魂"走向"日本魂"的第一人 ……………………………………………………（334）
　　一　若林强斋的《神道大意》及其中的"日本魂" ………（335）
　　二　"日本魂"的"创新"意义所在 ………………………（339）
　　三　若林强斋其人其事及其师承的学说 ………………（341）
　　四　若林强斋本人的学说 ………………………………（349）
第二节　西川如见《町人囊搜底》中的"日本心"等 …………（357）
　　一　西川如见的出身与经历 ……………………………（357）
　　二　西川如见涉及的三个问题 …………………………（359）
　　三　西川如见的"日本中心主义" ………………………（368）
　　四　西川如见的"日本心"等 ……………………………（370）

第三节　本章小结 ……………………………………………（375）

第六章　《菅家遗诫》中的"和魂"与"汉才"
　　　　　——对"和魂汉才"关系的第二次理论思考 …………（378）
　第一节　伪书《菅家遗诫》及之后于其间窜入的两个章节 ……（378）
　　一　伪书《菅家遗诫》 ………………………………………（378）
　　二　菅原道真此人 ……………………………………………（383）
　　三　伪书《菅家遗诫》中窜入的两个章节 …………………（391）
　第二节　有关伪作《菅家遗诫》中"两章"窜入的研究 ………（392）
　　一　《菅家遗诫》抄本 ………………………………………（394）
　　二　《菅家遗诫》刻本 ………………………………………（409）
　　三　"和魂汉才"石碑 ………………………………………（413）
　　四　"两章"分别窜入和共同窜入的时间 …………………（417）
　第三节　"两章"窜入的背景及其意义 …………………………（421）
　　一　《遗诫》本身带来的影响 ………………………………（421）
　　二　《源氏物语》注释书及辞典等的影响 …………………（422）
　　三　垂加神道学派的影响 ……………………………………（423）
　　四　菅家大祭的影响 …………………………………………（428）
　　五　"国学家"的影响 ………………………………………（429）
　　六　"两章"窜入的意义和日本所谓的"尊皇史" ………（429）

第七章　江户时代中、后期（1716—1867）几大著名"国学家"
　　　　　鼓吹的"大和魂" ……………………………………（459）
　第一节　谷川士清及其"日本魂" ………………………………（459）
　　一　谷川士清的生平及事迹 …………………………………（461）
　　二　谷川士清的思想追求 ……………………………………（464）
　　三　谷川士清神儒不分的其他表现 …………………………（467）
　　四　谷川士清"日本魂"的含义及后世对其的评价 ………（473）
　第二节　贺茂真渊的"大和魂" …………………………………（475）
　　一　"国学家"的特征与批判中国的诸时代背景 …………（475）
　　二　贺茂真渊其人其事 ………………………………………（482）

三　真渊的"大和魂"和"和魂" ……………………………… (484)
　　　四　真渊所接受的影响 …………………………………… (487)
　　　五　真渊的"古道" ………………………………………… (492)
　第三节　本居宣长的"大和魂"和"大和心"等 ……………… (500)
　　　一　宣长其人及其诸多的"大和魂" ……………………… (500)
　　　二　宣长欲"纯化"日本文化的几个典型事例 ………… (505)
　　　三　宣长的"大和心"与他的"物哀"、"人情"及"女性"
　　　　　的关系 ……………………………………………… (508)
　　　四　宣长的"纯化"在日本不会成功 ……………………… (522)
　　　五　江户时代"国学家"等对宣长的批判 ……………… (530)
　　　六　著者的评论 ………………………………………… (534)
　第四节　平田笃胤的"大和魂" ………………………………… (540)
　　　一　平田笃胤其人其事 ………………………………… (540)
　　　二　笃胤的诸多"大和心" ……………………………… (543)
　　　三　笃胤对时代的影响 ………………………………… (563)
　第五节　大国隆正的"大和心" ………………………………… (572)
　　　一　大国隆正何许人也？ ……………………………… (572)
　　　二　大国隆正的"先驱性" ……………………………… (574)
　　　三　大国隆正的《大和心》 ……………………………… (577)
　　　四　日人与著者对隆正的评价 ………………………… (588)
　第六节　本章小结 ……………………………………………… (593)

序　言

　　何谓日本人？何谓日本思想？又何谓日本民族性或身份认同？这些问题仅通过对某个时代的某些个案进行研究可能无解。即使有，其全面性和准确性也值得怀疑。因此，为说明以上问题需要进行一个历时性的系统考察。著者将这种做学问的方法称之为"历史追踪研究法"。著者在攻读硕士学位期间，曾以《日本文学中樱花象征意义的历史变迁》为题撰写论文，希望借此弄清日本人从远古至今日，是如何通过对樱花即"国花"的想象来确定自身的民族性或身份的，以及寄托在樱花意象中的日本精神（思想）为何。当时的结论是：第一，樱花的象征意义是流动的，非常复杂，绝非现在无数文章所说的那样，其瞬间绚烂开放，又顷刻飒然消逝，显示着日本民族果敢精神那么简单。其意象既不统一，也缺乏一个绝对、永恒的价值。第二，和各国文化的发展规律一样，樱花的象征也是从阶级化向社会化、民族化向国际化的方向转变的。第三，随着社会的变化，日本人的思想、感情等也在不断变化，但在此思想、感情等的深层结构内部，似乎也存在着某些不变的东西，如日本文化"古层"中的生死观等，然而这"古层"具体为何不易说清，似乎也没有人能说清。此外，樱花的象征意义还是多元的。这种多元不仅指日本元素的多元，还指包含于日本文化中的外国元素的多元。若将樱花意象所包含的外国元素比喻为反射于其镜面的图像，则在某段时期其"镜像"或源自中国，而到另一段时期其"镜像"又来自西方。[①]时间过去了二十多年，如今想来那仅出自某种观察视角，且因条件限制

[①] 胡稹：《日本文学中樱花象征意义的历史变迁》，《日本学论丛Ⅴ》，人民教育出版社1994年版，第126—172页。

而难尽如人意。是否还有其他视角可用于对开篇所提出的问题继续进行观察和思考？思前想后，著者认为"大和魂"似乎也可以作为一个观察视角，而且研究时仍须沿用过去那种"历史追踪研究法"。由于"大和"即日本人对自身民族的称谓，"魂"可以是其精神或思想的换说，所以有可能通过对其全貌的解读和破译，寻找出日本的精神或思想具体为何，进而逐渐接近其本质，认清日本人是如何借此建构起自身的民族性或身份认同的。可是与樱花意象相比，"大和魂"产生和发展的时间可能更为悠久而漫长，其内涵也更复杂，所以要对其进行全面解读和破译并加以概念的重新提炼和确定，也许会更为困难。

着手考察前先要阅读前人的研究成果，结果发现过去中国在此方面的研究存在几个特点：第一，专题研究几近于无；第二，部分文章有简单涉及，但均将叙述时间限定于近代，偶有针对中古和当代"大和魂"的话题出现；第三，视角狭隘；第四，话题高度意识形态化。具体来说，就是关心此话题的人屈指可数，叙述时间多半限定在甲午战争至二战这段时期，且多将视角集中在死亡、战争或"皇道"这些方面。这也难怪，中国人过去不太关心外国的事物，而开始关注"大和魂"时则是日本近代军人的拳头落在自己身上之后。中国最早关注"大和魂"的大约都是清末与民国时代的文人。例如，梁启超说："我东邻之日本……其人剽疾轻死，日取其所谓武士道大和魂者，发挥而光大之。"[1] 周作人总结道："大和魂是明治维新后日本武士道精神与西方生存竞争文化畸形结合的产物。"[2] 显然，这二者都将明治时期的"大和魂"与武士道混为一谈，即强调它的"轻死"。而李宗吾的看法比较独特："人问日本何以立国？答曰'厚黑立国'。娼妓之面最厚，劫贼之心最黑。大概日本军阀的举动是劫贼式，外交官的言论是娼妓式。……娼妓之面厚矣，毁弃盟誓，则厚之中有黑；劫贼之心黑矣，不顾唾骂，则黑之中有厚。一面用武力掠夺我国土地，一面高谈中日亲善，娼妓与劫贼融合为一体，是之谓大和魂。"[3] 及至当代，如李涛强调，"天皇的战争

---

[1] 梁启超：《新民说·论尚武》（第十七节），中州古籍出版社1998年版，第202页。
[2] 周作人：《周作人论日本》，陕西师范大学出版社2009年版，第65页。
[3] 李宗吾：《厚黑学》，中国画报出版社2011年版，第58页。

序　言

宣言所召唤起的力量，是来自一个极为深远的源头，而这力量比西方流水线下来的任何硬件都强大得多。这个源头就是所谓的大和魂——也就是日本精神",① 说的是"大和魂"和"战争"、"天皇"的关系。由上引可见，这些言论都带有特定时代的历史印记，均认为"大和魂"就是日本独特的精神，其与"皇道"或武士道相通，意味着战争与死亡。此类看法皆有一定道理，但其缺陷一如基督教徒在谈论《圣经》时只知道耶稣自出生到12岁时的记述，还有的就是耶稣过了30岁后开始向人说教的那些记述，而不知道12—30岁的耶稣。换句话说，他们都浑然不知将近半生时间的耶稣。

当然现实的状况有了一定程度的改善，当代中国已有人开始关注"大和魂"与中国思想的关系。例如：丁莉在一篇论文中将"大和魂"视为平安朝中期日本人"开始关注'和'的存在方式，摸索怎样在'唐'的基础之上通过改变创新建构起'和'的文化价值体系"的象征②；李翔海、刘岳兵在《"中体西用"与"和魂洋才"比较申论》③、赖作卿在《"中体西用"与"和魂洋才"辩》④中，也开始将目光集中到日本江户时代和明治时期的"和魂洋才"思想与中国清代张之洞的"中体西用"思想的对比上，应该说都是些可喜的研究成果。然而也要看到，因篇幅所限，当代的研究成果仍存在叙事时间的局限性和视角狭隘的问题，也都未涉及"大和魂"的历史全貌为何及其本质何在，以及它在各个历史发展过程中与中国等的关系。比如"和魂汉才"中"和汉"二者的关系以及"和魂洋才（和魂汉洋才）"与"和魂汉才"之间的联系，等等。

日本的研究也存在不少特点。虽然岸田国士在大正时代就提出，"有必要重新研究（大和魂）。……放弃无聊的爱国心和大和魂等"，

---

① 李涛：《大和魂——日本的根性窥探》，中国友谊出版社2007年版，第13页。
② 丁莉：《权威、大和魂与血乳交融——平安朝物语作品中的"唐意识"与"和意识"》，《日语学习与研究》2009年第2期，第30页。
③ 李翔海、刘岳兵：《"中体西用"与"和魂洋才"比较申论（一）》，2009年3月27日，blog.sina.com.cn/s/blog_4a03cbc30100cwls.html。
④ 赖作卿：《"中体西用"与"和魂洋才"辩》，《赣南师范学院学报》（社会科学版）1992年第2期，第54页。

"而且要对各个作家的各种作品做文学史的考察和思想倾向的研究"。① 但时至今日,第一,真正研究"大和魂"的著述数量依旧很少(这个现象很有趣)。第二,即使有也存在时间叙述的局限性。第三,缺乏学术性而注重消费性,许多作品都希望借此强调日本文化的独特性和优越性以吸引眼球。② 第四,具有强烈的意识形态色彩,即为了宣扬自己的主张,有意忽略其他不利于自身观点的史实,不愿意对"大和魂"做全面、具体、真实、客观的描述和分析,而多半是强调其在某一特定时代的某些特征,使之静态化、孤立化和绝对化,并试图以此建立起某种"体系",以利于传统体制的巩固。例如:战前日本国学院大学教授河野省三就说过:"日本精神的本质为何?按通俗的讲法即日本心(大和魂),按艰深的学问说法即日本的民族性(我之根本的民族性)。大和心即日本人之真心实意,属于日本精神本源的正确姿态。此大和心构成我国国体,表现出我日本之文化。"③ 第五,相当多的"成果"其实与"大和魂"的研究无关。例如:当代日本东北大学名誉教授、日本国际美术史学会副会长田中英道所撰的《何谓"大和心"——日本文化的深层》,讨论的不是"大和魂",而是"神道教",因为他将"大和心"的定义等同于"神道教";④ 日本国立文学资料馆原馆长伊井春树的《戈登·史密斯所见的明治日本——日俄战争和大和魂》⑤也几乎与"大和魂"的研究无关;战前庆应大学和九州帝国大学教授鹿子木员信撰写的《大和心与德意志精神》⑥和京都帝国大学教授吉泽义则的

---

① 岸田国士:《使其对话的技巧》,引自日本网站,2008 年 1 月 29 日,http://search.yahoo.co.jp/search;_ylt=A7dP52fQDc9VLh0ALMek_Op7? p。
② 日本著名的大辞典《大言海》说:"大和魂"的核心,就是"伟大的精神"、"坚定果断的意志",以及"神道"等。也可以用"日本胆"这个词汇表述。
③ 河野省三:《日本精神的研究》第十五章"我国体和神社",大冈山书店1941年版,第243页。
④ 田中英道:《何谓"大和心"——日本文化的深层》,弥涅尔瓦书房2010年版,第209页。
⑤ 伊井春树:《戈登·史密斯所见的明治日本——日俄战争和大和魂》,角川学艺出版社2007年版。
⑥ 鹿子木员信:《大和心与德意志精神》,民友社1931年版(第一章写作时间为1926年)。

《大和魂与万叶歌人》，① 更是与"大和魂"研究风马牛不相及，一如美国人罗伯特·克里斯托弗在1986年撰出的所谓《大和魂》。②

为何日本会出现这些现象？这或许存在以下几个原因：

一是因为"大和魂"的概念复杂，深究有难度。就拿"大和魂"的出典来说，其解释就千人千样。这里不妨提前做些说明。对紫式部最早所说的"大和魂"的解释在明治维新前大致可分为三种观点：其一来自"国学③家"系统，该学派代表人物贺茂真渊认为此"大和魂"是日本古代"高迈、正直、威武"的精神象征。④ 本居宣长认为它是与中国"理学"不同的、代表日本古代"传统心性"和"皇国"的象征。⑤ 其二来自儒学家系统，该代表性观点又可分为两类。一类以上田秋成和沼田顺义等人为代表。上田认为，皇国之傲慢尊大与汉土的自视甚高无异，"国学家"眼中的"大和魂"之偏激等同于汉籍之偏激。⑥ 而沼田认为，鼓吹此"大和魂"即为贬低汉籍，攻击圣人，⑦ 并将鼓吹此"魂"的人密告给幕府。另一类是赖山阳等人的观点。山阳借樱花歌⑧褒扬"大和魂"，欲达到赞美皇国，鼓吹新"华夷之辨"的目的。其三来自"勤王攘夷"理论的鼻祖和"天满宫"信仰人士、"学习院"、"本教学派"人士以及北野神社宫司等人。例如平田笃胤对"大和魂"就下过定义："它是皇国人生来具有的勇敢威武、正直之心。"⑨ "天满宫"信仰和"学习院"、"本教学派"人士以及北野神社宫司等

---

① 吉泽义则：《大和魂与万叶歌人》，平凡社1939年版。
② [美]罗伯特·克里斯托弗：《大和魂》，陈如为译，新华出版社1987年版。
③ 基于文献学的研究方法，主要阐明《古事记》、《日本书纪》、《万叶集》等古典中的日本精神，特别是儒教、佛教传来之前日本的"固有文化及精神"的学问。其诞生的背景是日本近代学术的发展和国家意识的勃兴，由荷田春满、贺茂真渊、本居宣长、平田笃胤（"国学四大人"）及其门人所确立。也称"古学"或"皇学"，其针对的是日本"汉学"。
④ 国学院编辑部编：《源氏物语新释》第5卷，吉川弘文馆1903—1906年版，第4965页。
⑤ 本居丰颖等校：《踏山文》，《本居宣长全集》第4卷，吉川弘文馆1926年版，第604页。
⑥ 福井久藏编：《呵割葭前篇》，《国语学大系》第4卷，厚生阁1938年版，第174页。
⑦ 沼田顺义：《级长户风》上，出版商名不详，1830年出版，十九丁表。
⑧ 原歌是："花より明くる三芳野の春の曙見渡せば唐土人も高麗人も大和心になりぬべし。"转引自佐藤太平：《樱花与日本民族》，太空社1937年版，第11页。
⑨ 平田笃胤：《古道大意》，日本电报通信社出版部1945年版，第38页。

"大和魂"史的初步研究

人因都参与了"和魂汉才"碑的建设,所以该举动本身就表明,他们都认为此"大和魂"代表着皇国的神意,其奥妙之深不可窥测。此举动的本质是要建立皇国对汉土的优势。及至明治维新建立起科学研究体系后直至二战结束,则有许多重量级的学者,比如黑川真赖、三矢重松、新村出、津田左右吉、高桥俊乘、加藤仁平、亘理章三郎、吉泽义则等人加入到这个解释队伍中来。其旨趣各有不同,于此无法尽录。不过总而言之,此阶段的解释基本都受到极端民族主义和军国主义理论的钳制,除加藤仁平的《和魂汉才说》①外几乎没有太多客观、科学的解释出现。较客观的仅有津田左右吉的评论:紫式部的言说乃"以'和魂'对应表现在汉字汉文汉诗中的'汉才'的举动,可称为一种思想探索"。② 武断的则有亘理章三郎的言论:"诚心之和魂,同时必为武心之和魂",③ 也强调"尚武"。此后,"大和魂"即"优秀的日本民族之魂"和"战斗之魂"的理论正式成形。二战后,日本虽说基本上已无人再关心这个话题,但还是有两位学者——古在由重④和斋藤正二⑤对此继续研究和阐释。古在是日本共产党员和马克思主义者,虽然他在自己的笔记体作品中对明治维新前后的"大和魂"作了分析,其中也涉及紫式部的该词汇,但因篇幅太小,语焉不详,而且重点放在用过去的所谓"日本精神"对照战后改头换面的"日本精神",以批判战后的垄断资本集团和政府。而两相比较,斋藤因方法的进步而研究得较为深入,较清晰而有效地解释了何谓紫式部的"大和魂"。之后该话题趋于平静。2003年,随着日本泡沫经济的破灭和长期的经济不振,小田全宏为重振日本民族信心撰写出《日本人的神髓——大和魂,向八位先贤学习》⑥一书,提出须重学"大和魂"的主张,但其所说的"大和

---

① 加藤仁平:《和魂汉才说》(增补版),汲古书院1987年版。
② 津田左右吉:《文学中国民思想的研究1》(贵族文学的时代),岩波书店1967年版,第72页。
③ 亘理章三郎:《刀及剑道与日本魂》第三章"作为武魂的日本魂",讲谈社1943年版,第76页。
④ 古在由重:《和魂论笔记》,岩波书店1984年版。
⑤ 斋藤正二:《大和魂的文化史》,讲谈社1971年版。
⑥ 小田全宏:《日本人的神髓——大和魂,向八位先贤学习》,太阳标志出版社2003年版。

魂"究竟为何物极不清晰。从以上简单介绍即可看出，紫式部的"大和魂"在日本的影响有多少深远，而且其释义的阐释又是如何纷繁多样，晦涩难懂，更遑论其他的"大和魂"。

二是因为对"大和魂"的深究有可能影响日本国的形象，折损日本人的信心，尤其是在天皇由神变回人的战后。日本真正对"大和魂"产生兴趣，并对其展开"研究"是在江户时代中期。当时日本部分"国学家"借"大和魂"鼓吹"神（皇）道"，为天皇鸣冤叫屈。明治维新前无数"仁人志士"又是在"大和魂"的旗帜下浴血奋战，才换来天皇重新亲政的政治局面。此后的日本政府又都将此"魂"的研究纳入为巩固天皇制服务的轨道内，凡是不符合此精神的研究都打入冷宫。有件事可资佐证：1987年对"和魂汉才"有精深研究的加藤仁平在其著作《和魂汉才论》再版时增加了一个章节，并以三木清[1]的话"吾欲真理为万人所接受"作为该章节的标题。于其中加藤哀叹，过去通过自己的研究，使结论已很明确的"和魂"的真相再次被日本人有意识地集体忘却，谬误二度回到他们的心中。[2] 应该说《和魂汉才论》是一部比较客观、科学的研究著作，同时也比较顾及天皇的颜面，但它的下场如此，想来会将其他"大和魂"的研究都吸入历史的黑洞。

三是因为"大和魂"缺乏理论和价值的"一贯性"（连续性），以致有人甚至斥之为"天狗"，[3] 乃子虚乌有，故让当代进步的日本学者对其嗤之以鼻，望而却步。可以说，日本学界的主流群体其实是不愿意对"大和魂"的真相进行研究的。

据著者检索，迄今为止日本真正对"大和魂"展开研究的仅有三人，即战前的加藤仁平和战后的斋藤正二，另一人则是二战时死在中国战场的奥村伊九良。前二人虽然都做出了客观、科学而准确的研究，但

---

[1] 三木清（1897—1945），日本哲学家，毕业于京都大学，曾留学德国，归国后任日本法政大学教授。最初从人类学的角度研究马克思主义哲学，后转向日本的西田哲学。第二次世界大战末期，因涉嫌反战遭逮捕，日本战败后不久死于狱中。著有《帕斯卡尔的人类研究》、《唯物史观和现代意识》、《哲学笔记》、《想象力的逻辑》等。

[2] 加藤仁平：《和魂汉才论》（增补版），汲古书院1987年版，第449页。

[3] 夏目漱石：《我是猫》，《夏目漱石全集1》，筑摩书房1987年版，引自日本网站，2014年4月1日，大和魂 site：www.aozora.gr.jp。

在日本的评价始终不高,似乎可以印证著者在上面指出的某些问题。

加藤在此方面做出的最大贡献,是通过钩沉常人不愿意也难以寻找到的海量史料,论证和确认了所谓的《菅家遗诫》乃伪作,并在此基础上进一步考证出第二十一章(即"和魂汉才"章)和第二十二章又于江户时代末期被人窜入《菅家遗诫》之中,被时任京都帝国大学教授的亘理章三郎誉为"抓住了一个窃贼"①。当然亘理不会因此指出,这些伪作和窜入的举动都反映出当时部分日本"国学家"和神道教人物等为天皇和"神国"鸣冤叫屈,试图为颠覆幕府造势。令人扼腕的是,加藤在撰写《和魂汉才论》时也面临他所推崇的三木清所批评的类似问题。由于当时正处于日本准备发动侵华战争和太平洋战争的前夕,加藤根本无法与当局和舆论抗争,故只能以罗列数据般和简要叙述的形式,让读者一窥"和魂"的部分真相。而在今天看来,作者当时只要向前一步,即可得出更为明确的结论,让人看到更多的真相。不过毕竟形势比人强,任何事物都是时代的产物,该著在某些方面欲言又止也在情理之中。

同样是在战前,对"大和魂"作出较好研究的还有奥村伊九良。此人不很出名,其事迹在日本各百科辞典均不收录,但据日本网站介绍,他在1929年作为文部省派遣的"中国留学生"到中国某研究所学习过,比他早到的有仓石武四郎②(1928)等人。与此同时,日本考古学会派出的留学生还有驹井和爱、水野清一和江上波夫。奥村当时似乎还是一个"在野"的"研究人员",不曾在大学或研究所工作,因为这个原因在太平洋战争期间收到"赤纸"③,后病死在中国大陆。④ 奥村在学问上持自由主义态度,不赞成当时军国主义者对"大和魂"作"武勇忠节、一死报国"的理解,但在军国主义和极端民族主义思想的

---

① 加藤仁平:《和魂汉才论》(增补版),汲古书院1987年版,第43页。
② 仓石武四郎(1897—1975),汉语学家和文学家,毕业于东京帝国大学,任京都大学和东京大学教授,为日本的现代汉语研究和教育贡献良多,著有《岩波中国语辞典》和《中国语五十年》等。
③ 即"征兵通知书",因纸色为红故有此俗名。
④ 佚名:《奥村伊九良》,引自日本网站,2015年2月2日,http://search.yahoo.co.jp/search;_ylt=A7dP52xTbs9UbUQAxoak_Op7?p。

钳制下，他写作时只能采取暧昧含糊的曲笔。其做出的贡献是首次对"大和魂"的各种"古义"做出考证。这从他撰写的《大和魂——历史篇——》①的目录看得十分清楚。目录的篇目很少，其一为"大和魂的古义"，其二为"大和魂"，其三为"大和魂三变"，即该魂的含义是如何衍生和变化的。要是他能活到战后，也许能续写出《大和魂——现实篇——》。不过，奥村毕竟是在战前出生成长的学者，他在坚持将"大和魂"说成是日本人的"常识"的同时，也不忘说"大和魂"古义的"魂"是"独特而优秀的"，②并说《源氏物语》"少女卷""大和魂的意思是常识，但仅用一处的用例去推定当时通用的大和魂的意思相当危险。……作为当时一般的词汇，仍旧可考虑是忠勇、正直，至少是有推进力的意思"。③ 不难看出，奥村也在附和日本江户时代"国学家"和战前当局的说辞。奥村还有一些解释令人匪夷所思：大和魂"本来是指开放的精神……其在下一个阶段……发展为比外国思想还要开放的思想"。④ 另外，奥村对日本的"古魂"说明还充满强烈的主观唯心主义色彩。

与上述二人相比，斋藤正二⑤的研究最为引人注目，且最科学。他在奥村研究的基础上发掘出更多的史料，并能运用历史唯物主义和辩证唯物主义的观点对"大和魂"的6个"古义"做出新的阐释。难能可贵的是，斋藤还在日本历史上首次辨别出"'大和魂'的实像和虚像"，并仿照英国学者培根的学说，将"大和魂"定义为4种偶像——"剧场的偶像"、"市场的偶像"、"洞窟的偶像"和"种族的偶像"的象征，同时将这些象征与"超国家主义理论体系"、"忠君爱国的新宗

---

① 奥村伊九良：《大和魂——历史篇——》，一条书房1934年版。
② 同上书，第1页。
③ 同上书，第19页。
④ 同上书，第41页。
⑤ 斋藤正二（1925—2011），教育学家、创价大学名誉教授，毕业于东京大学文学系教育学科，历任《日本短歌》杂志（日本短歌社）总编辑、《现代日本诗人全集》（东京创元社）总编辑、《短歌》杂志（角川书店）总编辑等。同时担任日本大学文理系和艺术系讲师、国学院大学文学系讲师、二松学舍大学教授、东京电机大学理工系教授、创价大学教育系教授，1996年退休，获名誉教授头衔。1979年以《日本的自然观研究》获名古屋大学教育学博士学位。

"大和魂"史的初步研究

教"、武士道以及樱花、菊花的象征①联系起来一并讨论，对战前的"大和魂"做彻底的清算。不用说斋藤是伟大的，故著者在以下正文"中古"时代前半部分要引用他的观点和材料。斋藤有此成就与他的天资有关，但也不可忽视日本战后的民主气氛给他提供的宽松社会环境及历史唯物主义和辩证唯物主义对他思想的滋润。然而一如前述，以上这些好的和比较好的研究，也都不免给人以局限于某时代的感觉。

还要提及的是比较文学研究者、东京大学名誉教授、日本"国家基本问题研究所理事"平川佑弘。虽然他写的《和魂洋才的谱系——从内部和外部观察明治日本》②与"大和魂"的研究基本无关，但其中的某些观点对著者有重要的启发，所以在本书相关部分也引用了他的部分阐述。

至此读者可以猜出，本书要做的大概就是针对以上缺陷对"大和魂"作全景式的阐释。是的，本书拟着眼于"大和魂"建构的全过程，对其起源、形成、发展、出现高潮、消亡以至如今再度泛起作历时性考察，以阐明其在不同历史阶段的不同内涵和其是否包含中国元素及西方元素，以及这些不同内涵存在的共同特征为何。这种阐释欲提示的意义是：第一，由于中日两国关系的复杂性还来源于日本传统文化的复杂性，牵涉到国人对日本文化的理解，所以如果我们能通过某个角度就日本传统文化的某个源头及其流变有个较为清晰的了解，那么对日本民族的心性、思维模式和行为准则就不会感到那么困惑不解了。第二，通过对某个思想建构的整体性叙述和统一性阐释以及概念的重新提炼，可避免过去那种单纯对某个阶段的战争思想做评述的弊病。第三，可以让人明白日本文化的形成和发展与东亚国家尤其是中国的社会历史存在诸多的联系——不仅"日本风情浓郁的武士道和'物哀'思想融合了许多中国文化因素"，③就是"大和魂"的建构，也与中国存在着某种关联和互动。第四，它可以说明"大和魂"即"日本精神"的本质就是

---

① 斋藤正二：《大和魂的文化史》，讲谈社1971年版，第9—119、291—323页。
② 平川佑弘：《和魂洋才的谱系——从内部和外部观察明治日本》，河出书房新社1971年版。
③ 徐静波：《〈国家的品格〉所叙述的日本文化的实像和虚像》，《日本学刊》2006年第6期，第134页。

"本土主义"和民族主义精神，但这种精神在不同历史阶段有着不同的表现形式，不完全是战争思想，而更多的是一种精神上的对比、竞争和对抗。如此揭示，可以加深中国人民对日本民族主义思想的源头及流变的认识，对该主义的可能再度泛起保持必要的警惕并预先作出理论回应。它欲呼唤人们对"大和魂"的"和"的本意的关注，对其变异后的极端民族主义和反理性主义是否适用于当下的日本乃至国际社会做出思考。

《日本自由民主党 2014 年工作方针》提出，"要尊重日本的传统、历史和文化，继续参拜靖国神社，悼念为国捐躯的英烈"[1]。可以说，隐藏在该方针背后的影子，就包括日本传统的"灵魂观"即某一历史时期的"大和魂"，而且明显带有挑战中国和韩国等亚洲国家和国际社会的意味。由此看来，以日本这种"灵魂观"作为显微镜，观察日本未来的政治走向，也有一定的现实意义。

为此要感谢日本女子大学的张明杰先生和文教大学的蒋垂东先生，他们为本书的写作无偿从日本寄来许多资料。还要感谢我曾经的同事洪晨晖老师，她在寒暑假期间屡次亲赴新加坡国立大学为我寻找并带回不少相关书籍。另要感谢北京日本学研究中心图书馆的诸位教职员工为我查找材料提供的方便。特别要感谢日本横滨国立大学名誉教授村田忠禧先生和同校留学生中心主任教授四方田千惠女士，是他们为我赴日寻找资料提供了机会和帮助。当然还要感谢我的妻子，是她在本书写作的过程中为我分担了许多家务。以下类比肯定不恰当，但用于此可以表达我对她的感激之情。无人洗衣做饭，即便是牛顿，在从事繁忙的研究工作之后，也没有时间躺在草地上思考为何苹果会从树上掉下，并最终因此发现万有引力。

我随时不忘的是中华人民共和国教育部人文社科基金（资助项目："日本精神的实像和虚像：'大和魂'的建构与变异"，批准号：12YJA752012）、福建省社会科学联合会基金（资助项目："基于中日文化交流视域的日本文化实质研究"，批准号：2011b264）和福州外语外

---

[1] 佚名：《日本自由民主党 2014 年工作方针》，引自日本网站，2015 年 2 月，http://cache.yahoofs.jp/search/cache? c=sJ-iWOhsu_ YJ&p。

贸学院学术著作出版基金对本书的写作和出版提供的资助。在此也一并向上述基金会和福州外语外贸学院，以及中国社会科学出版社的编辑刘艳女士给予的帮助和付出的辛劳表示感谢。

上　卷

第一章 "大和魂"中的"大和"及之前使用的"倭"与"日本"的含义

日本文化是在与东亚文化交流的环境中发展起来的，这是每一个正直和有良心的学者或普通人都不会否认的事实。日本早先没有文字，只有言语，待引进汉字后日本人先将其作为注音材料，后来才将其作为注训手段加以使用，最后在汉字楷书和草书的基础上发明出自身融假名和汉字为一体的文字系统。

日本古代某地（有人说在今奈良，有人说在今九州）有名称读若Yamato，在引进汉字后日本人用"山户"或"山迹"等文字来表示。"山户"意为"山的关口"，"山迹"意为"多山的痕迹"，可见那时的日本人已懂得用汉字表示自己想说的事物。再后来日本人用"倭"或"大和"，而不用其他汉字表示该地名，反映出当时的日本人或日本某政权或日本国对本地区、本国以及它与国际间的关系的看法。

"大和魂"也是如此，其字面意思显然指"大和"地区或国家之"魂"。后来也有人将其说成"（大）倭魂"和"日本魂"等。所以，在探讨它的具体含义之前，有必要先看一下"大和"、"倭"或"日本"这些词汇的寓意。应该说明，这些寓意与本书欲说明的主题没有太大的关系，著者只是想借此说明，日本古代文化的发展其实是在与东亚各国，尤其是在与古代中国的文化交流和互动中完成的。

具体说来，"大和魂"在不同的时代有不同的称谓。在平安时代至室町时代一般称作"大和魂"，有时也称"和魂"和"大和心"，偶尔直接称之为"魂"或"心魂"；在江户时代除了沿用"大和魂"和"和魂"的称谓外，还有人以"日本魂"或"（大）倭魂"等相称，叫法并不固定，但各种称谓的意思没有太大的差别。"大和魂（心）"及"（大）倭魂"、"日本魂"等都是合成词，由"大和"或"和"或"（大）倭"或"日本"与"魂（心）"两词素结合而成。关于"魂"的各种复杂含义下面拟择要阐述，这里须先就"魂"之前的各个词素作一说明。合成词中"（大）倭"、"日本"和"大和"这些词素，其实都来自日本的古代国号，后来又被转用于日本人或日本民族的自称词。江户时代著名"国学家"本居宣长在试图排斥中华文明、纯化日本文化之时昧着良心，公然宣称日本国长期只使用过一个国号——"日本"，这纯属掩耳盗铃。正因为如此，所以在论述"大和魂"的建构过程及其在各阶段显示的意义之前，有必要对上述那些国号或自称词在当时的意义以及与中国的关系进行讨论。以下按照"大和魂"、"日本魂"、"大倭魂"等词汇出现的时间顺序（这种顺序与日本各国号出现的时间顺序是相反的，似乎其间流露出思古、复古的精神痕迹），分别对"大和"这个词汇的意义、"倭"字的音义、"日本"这一词汇的由来做出考证。此外，我们还将与这些魂有关的日本宗教包容性原理成因的考证文章附录在本书末尾，以供读者在阅读时相互联系和参考。

第一节 "大和"[①]

有关日本国号"大和"的意义过去似乎无人说明。但近年来日本有学者说明，"在中国思想史上，'大和'这个词是与'天皇、紫宫、真人'等有密切关系的思想概念"，[②] 意在表明日语"大和"一词的意思与道教传入日本有关。而中国则有人认为，日本"之所以选'大和'来表示 Yamato（按：此 Yamato 原为日文字符。为便于普通读者理解，在此及之后一律改为罗马字符）完全是取'大和'的和平安定之

[①] 本节曾以《日本国号"大和"意义新解》为题，发表于《外国问题研究》，2012年第2期，并收录于中国社会科学院外国历史研究所2012年工作报告。

[②] 窪德忠：《道教和日本的神道、民间信仰》，《中日文化交流史大系·宗教卷》，浙江人民出版社1996年版，第39页。

第一章 "大和魂"中的"大和"及之前使用的"倭"与"日本"的含义

意"①。还有人认为,"大和"一词在各朝代有不同的解释,"但无论哪一种解释,'大和'都是上好的词汇,寓意着一种超凡脱俗的理想境界。日本统治者以'大和'代'倭',实为美化自身也"②。对此著者有不同的看法。

一 "大和"一词在日本出现的时间及其与各"律令"的关系

"大和"一词最早出现在公元757年颁布的《养老律令》③中。《养老律令》乃仿中国《唐律》所编,与《唐律》的相似程度极高,除有效仿中国,走"律令制"道路的对外宣传意味之外,在很大程度上还是为了在国内强化中央集权体制,加强中央对地方、政权对民众的支配意识,所以按一般逻辑推论,在该律令中推出的国号"大和"的意义理应要为此目的服务。

此外,当我们检视日本于此前颁布的《地名标记二字好字化令》(以下简称《二字化令》)时还有新的发现。所谓《二字化令》,指的是《续日本纪》"和铜六年(713)五月二日条":"制,畿内七道诸国郡乡名著好字"和民部省《延喜式》④:"凡诸国部内郡里等名,并用二字,必取嘉名"这些饬令。其主要的意思,就是按照中国的地名命名方式,选用两个"好字"对日本的地名进行改造。由于该令过去鲜有人提及,所以要做一些解释。首先是名称。因原令已散佚不传,故今天人们见到的这个令名,是后人根据散见于史书和"律令"实施细则中的语意概括而成,其实并不准确。其次是此令开始实施的时间及与日

---

① 栾竹民:《"和"的思想在日本的影响》,《日语学习与研究》2006年第1期,第62页。
② 中国社会科学院外国历史研究所等:《第一次中日历史共同研究报告》(中文报告)摘录二"关于中日古代文化关系之分",2010年2月1日,http://nhtml:file://E:\\\C:\\。
③ 日本几乎所有的百科大事典都写到"大和"一词最早出现在公元757年制定的《养老律令》中。参见:《日本百科大事典》第13卷;《国民百科事典》第7卷;《大型现代百科事典》第19卷;等等。另外,日本的正史《续日本纪》(791)也有关于"大和"国号的记述,但该纪未就改元一事和改元时间作出说明。
④ 日本律令制度中除有"律"和"令"外,还有所谓的"格"与"式"。"格"与"式"都属于律令的补充条例。其中的"格"指对律令的部分修改和追加的条例,"式"指律令的实施细则,如"弘仁式"、"延喜式"等。

本国号二字化的关系。根据《续日本纪》的记载，可知地名二字化开始的时间是公元713年，但实际实施的时间似乎在此之前。因为"大阪府北部淀川右岸的北摄地区，分属于'岛上郡'和'岛下郡'。此二郡最早叫作'三岛郡'，似乎是后来被分成'三岛上郡'和'三岛下郡'的，理由是平城宫出土的木简等中已写有'三岛上郡'的字样。所以'岛上郡'可以看作是'三岛上郡'的略称。不过，这个'岛上郡'的名称在《续日本纪》'和铜四年正月二日'条中已经出现"①。根据这项研究，可以推测该郡和其他一些郡的二字化改造时间实际上都早于713年，与先行的国号二字化不无关系。众所周知，公元701年颁布的《大宝律令》已将单字国号"倭"改为"大倭"，乃二字。之后开始混用的国号"日本"（约从公元702年左右开始使用。有关这个问题现在暂无定论）也是二字。这让人们有理由联想，是否"大和"国号也是在此前频繁使用的"和"字的基础上，加上"大"字组合成的二字词汇。

　　这么说还基于以下的发现：当时与天子、朝廷有关的词汇都加了"大"字。比如，"大藏"（朝廷的府藏）、"大膳"（供应御膳的人）、"大市"（朝廷管理的市场），等等。这几乎成为当时的通例。既然在原国号"倭"前加了"大"字，在另一个原国号"大养德"（737）中也加了"大"字，与天子、朝廷有关的词汇亦皆加了"大"字，那么国号"大和"就似乎不会免俗，属于"大"加"和"。这里的"大"字，也有仿效古代中国的意思，体现了词汇使用权的天子及朝廷专有和"大一统"的政治追求。

二　"大和"一词在日本出现的几个步骤

　　另外，我们还要分析"大和"一词在日本出现的几个步骤。第一步是因为"不雅"，②"倭"字在奈良时代（710—784）前期被改为"和"字。直至《延喜式》还说："（大国主命）取其命中之和魂于八

---

① 大矢良哲：《有真香邑》，《月刊百科》，平凡社1986年版，第35页。
② 中国史书就此有过记述。《旧唐书·倭国·日本国传》记："日本国者，倭国之别种也。以其国在日边，故以日本为名。或曰（《新唐书·日本传》记'使者曰'），倭国自恶其名不雅，改为日本。"其实，这未必反映出当时日本的真实情况。

第一章 "大和魂"中的"大和"及之前使用的"倭"与"日本"的含义

咫镜里,置于大御和(按:即大和,'御和'音为 Miwa)之神奈备,称之为倭大物主奇御魂。"① 因为"倭"的汉字音读若 Wa,与"和"的汉字音读声 Wa 恰好一致,所以容易取代。但说"取代"不完全正确,应该说是混用,不过在混用的过程中,"和"字的使用率远高于"倭"字,反映出某种追求和时代趋势。按《不同时代的国语大辞典上代编》(三省堂出版)的附录"主要万叶假名一览表"(字例出自《古事记》、《日本书纪》、《万叶集》、《风土记》等 18 种文献),"倭"字仅在《日本书纪》和《出云风土记》这两种文献中出现,而"和"字却在 15 种文献(含上述两种)中出现。② 在这方面,中日两国学者没有分歧。第二步是著者的推论,即在奈良时代中期根据之前的《二字化令》规定,在此前频繁使用的"和"字前加上"大"字,组合成"大和"。其理由,在本节"二"的第一个步骤已说明外,还能通过日本的音韵学知识和相关地名得到证实。从日语汉字的读音规律看,通常是在引进一个汉字词汇后,先按中国发音方式即用音读发声(站在万叶假名的角度说,是注音和注义都如此),后按日本固有发音方式即训读发声。如果"大和"这个词汇仅引进一次(即与道教一起传入日本),那么其读音应该是固定不变的。而如果是多次引进,那么根据引进的时间,读音会有吴音、汉音和唐音的区别。然而道教的同一词汇不像其他中国词汇如佛教词汇或普通词汇那样会被多次引进(日本甚至有人否认曾引进道教,如津田左右吉等人),可就是这个"大和"一词,却有两个中国式读音——吴音和汉音,与前述情况发生矛盾。因为道教的传入远在唐代以前,所以"大和"一词不应该有吴音和汉音的区别,而应该仅按吴音 Daiwa 发声。可实际的情况是,"大和"一词既有吴音的读法,也有汉音 Taiwa 的读法,这说明"大和"一词很可能是带有两个词素的合成词,词素之一的"和"字读音 W 并无改变,而另一个词素"大"字却按不同引进时代的读音发声。如今日本宫城县黑川郡和广岛县贺茂郡都有街镇叫"大和町",前者发声为 Taiwachou,后者发声为 Daiwachou,岛根县邑智郡有个村叫"大和村",发声为

---

① 虎尾俊哉:《延喜式》(上)(译注日本史料),集英社 2000 年版,第 49 页。
② 森浩一编:《日本的古代〈1〉倭人的出现》,中公文库 1995 年版,第 300 页。

Daiwason，都可以作为例证。还须补充一句，中国文化在日本是按先南后北的方向传播的。广岛县在南方，先接受中国文化，宫城县在东北方向，后接受中国文化，故发声有吴汉之分是很正常的。不过，就国号来说，也就是第三步，二字化的词组"大和"与"倭"或"大倭"一样，都按训读 Yamato 发声，有时也读作 ōyamato，而不读作 Taiwa 或 Daiwa。这除了是上述语言内部的关联性和词汇意象所使然外，还与日本在使用汉字的过程中先用汉字注音后用汉字注义的现象有关，在以上几个步骤当中，应该算是一种次生现象，但不影响我们对它作出构词和音韵的分析。总之，根据以上几个步骤的说明，我们也有理由认为，"大和"一词乃由"大"字加"和"字组成。

三 "大和"一词的出典及其意义的流变

以下简单回顾"大和"一词的出典及其意义的流变。"大和"一词发源于中国，最早出现在《周易》乾卦"乾道变化，各正性命，保合大和，乃利贞"这个句子中。宋末元初道教学者俞琰曾就其中的"大和"作过解释："大音泰，大和即元气也。"① 相较而言，朱熹的解释更为全面而平易："各正性命"就是"各得其性命之正"。"保合大和，乃利贞"就是"天之生物，莫不各有躯壳。如人之有体，果实之有皮核，有个躯壳保合以全之。能保合，则真性常存，生生不穷。如一粒之谷，外面有个壳以裹之。方其发一萌芽之始，是物之元也；及其抽枝长叶，只是物之亨；到得生实欲熟未熟之际，此便是利；及其既实而坚，此便是贞矣。盖乾道变化发生之始，此是元也；各正性命，小以遂其小，大以遂其大，则是亨矣；能保合矣，全其大和之性，则可利贞"②。由此可见，朱熹将"大和"解释为"真性"，与俞琰的解释大异其趣。

之后《周礼·冬官·考工记·弓人》也谈到"大和"，说"大和无灂"。郑玄注："大和，尤良者也。"孔颖达疏："大和谓九和之弓，以其六材俱善尤良，故无漆灂。"从这些注疏中可以看出，"大和"在

---

① 转引自栾竹民《"和"的思想在日本的影响》，《日语学习与研究》2006 年第 1 期，第 57 页。

② （宋）黎靖德：《朱子语类》卷 68 "易四"，中华书局 1986 年版，第 142 页。

第一章 "大和魂"中的"大和"及之前使用的"倭"与"日本"的含义

《周礼》中的意思为用材俱佳、工艺精湛、乌亮光滑故可不上油漆的无以伦比之好弓。其中不乏模拟的哲学意义,但为何将"大和"比作良弓难以明白。

再后是《春秋左氏传·襄公十三年》中"晋国之民,是以大和,诸侯遂睦"的"大和"。但这里的"大和"似乎不是一个专用名词,而是一个偏正结构的词汇——"大大"的"和",而"和"又与后文的"睦"相对应。在著者看来,日本后来的国号"大和"在意思上与此颇为契合。

《老子中经》中的"第七神仙"和"第二十三神仙"也分别谈过"太和"与"大和"(在训诂学中"太"即"大","太和"与"大和"同指一事)。在"第七神仙"部分,作者说"太和者,天之魄也,自然之君也。常侍道君在右方",① 并以仙人"角里先生"比附"太和"。这里所说的"太和"意思很清楚,就是"天之魄",也就是"自然之君"。但具体分析,"天之魄"的"魄"又为何物不甚清晰。日本的"大和魂"是否与此也有关联?另外,对在道教中本应为同一个事物的"自然之君"和"道君"为何在这里又有等级差别也未说清;而在"第二十三神仙"部分,作者又以拟人的笔法,将"大和君"视为"肺神",说"肺神八人,大和君也,名曰玉真宫,尚书府也。其从官三千六百人,乘白云气之车,骖驾白虎,或乘白龙"②。实可谓一幅天宫游仙、光怪陆离之图景描写。显然通过此二类神仙,人们很难把握"大(太)和"的精神实质。

到唐代,有近代曲词"大和篇"问世。它收录于《乐府诗集》③卷七十九,既无哲学背景,也无宗教背景,对探索"大和"一词的原意亦不感兴趣,只是将其视为"我皇"治下的太平盛世象征,用于媚

---

① 《正统道藏·太清部》,中华书局1985年版,第23页。全经名为《太上老君中经》,又名《珠宫玉历》,作者佚名,约成书于魏晋时期。据说老子传《道德经》上、下篇,而此经为中篇,内容主要讲述治病辟邪、长生久视、存神服气、行气祝神、去三虫、逐伏尸、食日月太极精等方法,是斋醮、祝咒、符箓方面的重要典籍。

② 《正统道藏·太清部》,中华书局1985年版,第57页。

③ (宋)郭茂倩编:《乐府诗集》,万卷出版公司2009年版,第106页。其中的"大和篇"创作于唐武德、贞观并流行于开元、天宝年间,即公元713—756年。

皇。其流布的时间与日本使用"大和"国号的时间比较接近。该篇第五节唱道:"我皇膺运太平年,四海朝宗会百川。自古几多明圣主,不如今帝胜尧天。"

从以上可以看出,中国"大和"一词的诸多意思与日本国号"大和"的词意多无关联,但《春秋左氏传》的"大大"的"和"意和唐代曲词"大和篇"的"媚皇"之意值得关注。

四 儒家的"和"学说

既然儒家著作《春秋左氏传》谈过"大大"的"和",那么我们就有必要追寻儒家"和"思想的发展轨迹。自《春秋左氏传》而至《中庸》,子思根据自身的立场,提出过"中和"的观点,说:"喜怒哀乐之未发谓之中;发而皆中节谓之和。中也者,天下之大本也;和也者,天下之达道也。致中和,天地位焉,万物育焉。"① 此话中的"大本"和"达道",似乎是《周易》的"乾道"和"利贞"的化说,但有了社会意义的引申。前后部分的意思是:人对自己的感情要克制,克制于胸就是"中";如果感情要表达,那么也须有节制,节制就是"和"。为何要"中和"?目的就是通过克制和节制自己,尊重自然和人,获得天地顺应、万物发展的回报。这种主张,想来当时的日本统治者见之也会怦然心动。由此可见,儒家的"中和"概念,本质就是"克制"和"节制",对人和自然有所顾忌,起初与"和睦"等的意思没有直接的联系。而且在《中庸》的语境中,"中"字与"大"字是无法构成概念的对立的。《中庸》的"和"意,似乎是后来通过逆说的方式,才实现了由"顾忌他人"向"和睦、和谐"等词义转变的。而那个"中"字,则很可能是因为后世的误读,给人以与"大"字并列并可供想象(高度和谐)的空间。不过想象终归是想象,得不到文献的支持,只能是无根浮游之谈。所以《论语·学而第一》干脆不谈"中"而只谈"和",说"礼之用,和为贵"。

有子的"和"与"礼"是作为一对概念同时出现的。"礼"在春秋时代泛指奴隶社会的典章制度和道德规范,既指礼仪、礼节,也指人

---

① 《家庭书架》编委会:《中庸》,南海出版社2013年版,第53页。

们言行举止的礼貌。这些话听起来有些冠冕堂皇，但其本质，实际上指的是当时的等级制度及其相应的行为规范，亦可换说成"礼制"。既有等级，那么上一级的人就要凭借礼仪规范，显示其威风八面，凛然难犯，而下一级的人则要心怀畏惧，唯命是从。"礼"的本质对下一级（可能有时还包括他的上级，因为在上级上面还有上一级）的人来说是痛苦的，为此出现许多"非礼"的现象在所难免。为防止这种现象的发生，就需要求助于"和"，即"节制"。孔子说"克己复礼"，就有这个意思。在这方面，《中庸》和《论语》在伦理逻辑上是相通的。但《论语》还说："知和而和，不以礼节之，亦不可行也。"① 意思是不能为"和"讲"和"，讲"和"亦须以"礼"节制之。这下我们明白了，《论语》原来是把"礼"看作"体"，而把"和"仅看作"用"的，其间也有等级差别。《论语》所说的"和"，其实并不像它的"同宗长辈"《礼记·儒行》说的"礼之以和为贵，忠信之美，悠游之法；举贤而容众，毁方而瓦合，其宽裕有如此者"②那么美好，而充其量只是一种手段，是为"礼"服务的。二者的目的都是为了缓和不同等级的人之间的对立，使他们的关系不至于破裂，可稳定当时的社会秩序。在这方面，《论语》的"礼之用，和为贵"与《礼记·儒行》的"礼之以和为贵"实乃一脉相承。当然，中国儒家还有一些有关个体人格和谐的"和"的表述，如"和心"、"和乐"等，但与本论题无关，从略。

五 古代日本国号取"大和"的用意何在

那么，日本当时的统治者以"大和"为国号，是否只是取其"尤良"、"上好"等意来美化自己？我们认为问题并不那么简单。"大和"与天皇和道教等确实存在着某种关系，统治者也需要美化自己，但对他们来说，稳定社会，巩固统治才是第一要务，因此在采用以上意思之外，还需要求取"大和"的其他社会政治意义，尤其是"和"的社会政治意义。求取时不一定完全根据原词的意义，而大可断"字"取义。日本的许多词汇都证明了这一点。这么说还有以下几个理由：第一，日

---

① 王国轩、张燕婴注释：《论语·中庸·大学详解》，中华书局2010年版，第71页。
② 陈澔编：《礼记》，上海古籍出版社1987年版，第128页。

"大和魂"史的初步研究

本人在推出"大和"国号时，虽说对汉语的理解已达到一个相当高的水平，但是否能完全弄清上述儒道两教原初的"大和"意义却值得怀疑（作为模拟，可以说中国自古至今的文化学者对此也尚无一个统一明确的认识）。第二，即使能完全弄懂，但也无法排除"活学活用"或曲用的情况，而这种事例在日本随处可见。第三，从《二字化令》的初衷来看，我们无法排除日本对引自中国的词汇抱有"好"感，用"大和"来美化本国事物的可能性，但从当时的历史背景和此前使用的国号"大养德"来看，日本社会的主导思想已向儒家思想转变。日本在当时迫切需要的，应该是"大一统"和《春秋左氏传》、《礼记》、《论语》、《中庸》中的"和"的社会政治意义，而不大可能纯粹是中国儒道两教原始"大和"的宗教哲学意义，或其他抽象的美化意义。第四，如前面所说，"大和"一词在日本的出现经历了几个步骤，日本人是先用"和"字后才加上"大"字一起使用的。一个最明显的证据，就是日本在过去以至现在，都可以不用"大"而单用"和"字来表示本国家和民族的概念，"大"字只是修饰成分。

为此，需要回顾日本当时的历史背景和社会政治情况。在"大和"国号出现之前，日本在很长一段时间使用过"和"的概念。这应该是理解"大和"国号意义的重要线索。据说最早提出"和"思想的，是在公元604年制定《宪法十七条》（以下简称《宪法》）的圣德太子。该宪法除第二条外，其余16条全部与儒家、法家等思想，并且多数与"和"思想和"大一统"思想有关。《宪法》第一条即开宗明义："以和为贵"，照搬的就是儒家经典《礼记·儒行》的词句。而这项规定，似乎不会与中国"大和"的原初意义和抽象的美化意义有太大的关联。第三条的"君则天之，臣则地之。天覆地载，四时运行（董仲舒《基义》）"和第十二条的"国靡二君，民无二主（《孟子·万章》），率土兆民，以王为主（《诗经·小雅·北山》）"[1]等则如上述，包含着儒家的"大一统"思想。因此，可谓是这两种思想导致了"大和"二字在日本的出现。我们若意识到太子制定《宪法》是为了让其他"政治家"学习的，那么就能够领会他所说的"和"意，恐怕不单纯是通过克制

---

[1] 金治勇：《圣德太子之心》，大藏出版社1986年版，第41页。

第一章 "大和魂"中的"大和"及之前使用的"倭"与"日本"的含义

自己，达到调和人际关系的目的，而很可能包含其他更多的政治用意。虽然当时的日本政府未就"大和"国号的意义作过任何说明，但我们从当时日本的需要、做法以及此类做法产生的效果等，是可以揣摩出太子及其后任统治者有关"和"和"大"的诸多用意的。先看"和"字：

第一，可服务于建立中央集权制。在圣德太子执政期间，日本尚未确立中央集权制度，政体的性质依旧属于氏族共同体合议制。太子若强行推进中央集权，势必会引起氏族的反对并破坏当时的政治体制，所以太子在说"以和为贵"之后还不忘补充："无忤为宗。人皆有党，亦少达者。……然上和下睦，谐于论事，则事理自通，何事不成？"[①] 就意在以"和平"手段逐步消磨政治对手的反抗意志。另一个不容忽视的问题是当时的氏族领袖并不是族长，而是氏神。若镇压对中央集权提出异议的有实力的氏族，那么同时就要消灭该氏族的氏神。这在当时的文化背景下难免会招致该氏神的作祟，所以太子在《宪法》的第二条紧接着就说要"笃信三宝"，试图用佛教的力量对可能作祟的神灵进行安抚。也就是说，太子在提倡"和睦"路线的同时，还不忘对危机进行事前管理和防范。太子欲推行的佛教，实际上也是排除异己的"和平"手段之一。不光是太子的所作所为，后来日本发生的事情也说明了这个"和"字的用意何在。公元737年，已采用中央集权制的橘诸兄[②]政权将国号"大倭"改为"大养德"，但在诸兄势力遭到削弱的公元747年，国号又变回"大倭"。公元757年6月，当橘奈良麻吕谋反事件[③]发生后不久，国号"大倭"立即被改为"大和"。

第二，可服务于推行礼制。在日本模仿中国积极推行的"律令制"中，就包括各种礼仪等级制度。其中重要的有以下几大部类：第一，官

---

① 金治勇：《圣德太子之心》，大藏出版社1986年版，第39页。
② 橘诸兄（684—757），奈良时代贵族，父亲为敏达天皇四世孙美努王，母亲为县犬养三千代，是光明皇后的同母异父之兄。初称葛城王，后被赐母姓，改称橘诸兄。在藤原不比等的4个孩子相继病死后官升"大纳言"（"大纳言"为"太政官"的次官，位于"右大臣"之下，其下又分为"中纳言"、"小纳言"），进而又擢升为"右大臣"和"左大臣"。
③ 橘奈良麻吕（721—757），奈良时代贵族，诸兄之子，官拜参议。诸兄死后，企图推翻藤原仲麻吕政权，但因遭密告阴谋败露，被拷打致死。

僚等级制度。以圣德太子于公元603年推出"冠位十二阶"为发端，之后各统治者又分别在647年推出"冠位十三阶"；在649年推出"冠位十九阶"；在664年推出"冠位二十六阶"；在685年推出"冠位四十八阶"；在701年改分"冠位"为封"爵位六十阶"（亲王、诸王十二阶，诸臣四十八阶）。冠位、爵位等级越来越多，而且位阶还进一步细化为"正、从、大、小"四类。例如正一位（品）、从一位、正二位、从二位、正三位、从三位、正四位上、正四位下、从四位上、从四位下等等，以此类推。第二，行政等级制度。公元702年，日本设立二官（负责祭祀诸神的神祇官和统括一般政务的太政官）八省制。在八省之下还分设"职"、"寮"、"司"官厅。各官厅又分置"长官"、"次官"、"判官"、"主典"四级官员。在地方最高行政单位"国司"中也分出四个等级——"守"、"介"、"掾"、"目"。第三，服色等级制度。公元647年，日本在制定出"冠位十三阶"的同时，还将官服颜色定为七色。之后此颜色规定向普通百姓延伸，且日益刻板烦琐，最终又于公元701年颁布了敕令《禁色九十二条》，对亲王乃至庶民的服制（服装、服色、发型等）做了更为详细的规定。第四，身份等级制度。公元675年，日本完全废除过去分属各氏族的"部曲制"，实施"公民制"，并同时废除"屯仓"和"部民"，使之成为"公地公民"，并在其中分出"良贱"。"良"指贵族和一般公民，"贱"分"五色"——陵户、官户、公奴婢、家人、私奴婢。前三者为官有贱民，后两者为私有贱民。公元684年，日本还改变了各氏族的氏姓，使之成为"八色之姓"。凡此种种，皆可称之为"礼制"。

然而礼制也有问题。礼制产生于中国的周代，但涵括礼制在内的中央集权律令制则发端于秦，发展于汉，大成于隋唐，是古代中国的基本法典，其内容显示着强烈的儒家劝诫精神和高度纯熟的统治技巧，传播到日本后，则取代了那时的氏族共同体合议制，可谓是一种时代的进步。但在同时，也可谓是一种专制取代了"民主"，给被击败的前氏族和大多数民众带来了新的痛苦。圣德太子以及之后的统治者不会意识不到这一点，所以他们提倡的"和（睦）"，又可谓是转型时期日本社会最好的精神安慰剂。另外，既然有等级差别，那么为了尽快爬上上一级的官阶或不被下一级的官员所取代，就必须随时准备踹倒对手，展开激

第一章 "大和魂"中的"大和"及之前使用的"倭"与"日本"的含义

烈的"出仕"斗争，竞争者为此内心一定十分焦虑和不安。此时的日本社会也需要"和（睦）"的抚慰。

第三，有利于改造日本传统的民族性，使之具有"国际色彩"。氏族共同体合议制虽然"民主"，但在瓜分利益商议无果后采取的手段却往往是暴力。而在律令制度下，获取利益的方式则需要限制在"法律"的框架之内，此时采取"礼让"和"谦和"的做法乃取胜的不二法门。这个"礼让"和"谦和"，就来自儒教"和"思想的发展。而儒教的追求，大体说来就是春秋时期孔子提倡的作为男子一生的目标——修身、齐家、治国、平天下。为治国平天下，首先需要修正（节制）自身，建立和谐稳定的模范家庭，重视仁（"亲吾亲"并将此自然情爱施及万民的心情）以及仁的具体表现——各遵其"礼"。这就是儒家教化的核心内容。可以说，律令制就是在这种教化思想的基础上产生，并且与教化相辅相成，互为因果地推动对方的普及的。在律令制下考核官员时，被考核的一方只有具备"谦和"与"礼让"的美德，成绩优秀也不骄矜，才是一个良好的官员，并可能就此加分。此风气由官员吹及民众，最终使日本的"和"化运动获得成功：日本人谦恭有礼的待人态度在今天仍为世人津津乐道。即使在唐代，汉人对遣唐使节粟田真人的"容止温雅"[①]和对留学生井成真的"踏礼乐，袭衣冠……难于俦矣"[②]的赞美之词亦非空穴来风，日本因此赢得了良好的国际声誉。

第四，有助于改善与人民的关系。

再看"大"字。虽然前文已有说明，但在此须补充部分史料。汉语的"大"字，一般表示在面积、数量、力量等方面超出一般或超过比较的对象之意，但在中国传统文化当中，"大"字除了表示与天子、朝廷有关的事物，意为"至高无上"，还暗指国家版图和儒家思想的"大一统"。古代日本亦复如此。除以上所说的"大藏"（朝廷的府藏）、"大膳"（供应御膳的人）和各国号（包括后来的"大日本"等众多词汇）中的"大"字外，在日本当时的史书中也可以发现许多蛛

---

① 《旧唐书》卷199上，《二十五史》，上海古籍出版社1986年标点本，第643页。
② 张云方：《唐代日本留学生井成真墓志文初释》，《中日关系史研究》2005年第1期，第61页。

"大和魂"史的初步研究

丝马迹。在《古事记》序言中,太安万侣提到天武天皇(在位673—686,？—686)曾认为修史乃"邦家之经纬,王化之鸿基",并希望对当时各种版本的《帝纪》和《旧辞》①进行"讨核"和"削伪",以修成一部史书流传万代。这个叙述,就隐藏着为大和王朝正名的"焚书"意图,也反映出一种为统一口径的"大一统"思想。到元明天皇(在位707—715,661—721)执政时期,太安万侣受命正式编撰《古事记》,但据说彼时有关《帝纪》和《旧辞》的文字资料已散佚。所幸太安万侣府上有个门人,"姓稗田,名阿礼,年是廿八,为人聪明,度目颂口,拂耳勒心",所以经"敕语阿礼,令颂习帝皇日继及先代旧辞",才使得太安本人能够根据稗田的"记忆"写出《古事记》,并经"谨随诏旨,仔细采摭",②最终于和铜五年(712)撰成并献给元明天皇。而这个时间,仅比《二字化令》颁布的时间早一年。这里所谓的"令颂"和"谨随诏旨,仔细采摭",其实就是一次又一次的"焚书"过程。稍后在天武天皇的儿子舍人亲王的主持之下,日本再次编修史书《日本书纪》,使之于720年问世,完成了天武天皇为大和王朝正名而统一口径的遗愿。《日本书纪》的内容与《古事记》相差不大,因而其修撰也一定经过"讨核"、"削伪"和"谨随诏旨,仔细采摭"的过程,而且其开始编撰的时间与《二字化令》的颁布时间亦相差不远。因此可以说,圣德太子的《宪法十七条》和《古事记》等中的"大一统"思想,与《二字化令》颁布后被大量使用的"大"字,在目标追求上存在着不容忽视的共同一面。

综上所述,可以说《养老律令》中的国号"大和",很有可能是为配合律令制的确立及推行而启用的,其词汇的构成也很可能是"大"字加上"和"字,其欲表达的思想,则又可能是为了实现"大一统",

---

① 也称《帝皇日继》,与《旧辞》(亦称《本辞》)一样,今已散佚不传,但从《古事记》的序言中可以推知在该史书成书之前曾有此二书。《帝纪》是记录古代日本皇位次第的书籍,与《旧辞》一道,都成为日后编撰《古事记》和《日本书纪》的材料。由于这个缘故,《帝纪》的具体内容,可以从《古事记》等的记载中推测出来。其内容包括天皇名称、皇居所在、治世中的重要事项、后妃和皇子皇女名以及相关的重要事项、天皇享年时间、治世年数、王陵所在地等。

② 青木和夫等:《古事记》,《日本思想大系》,岩波书店1982年版,第14—15页。

第一章 "大和魂"中的"大和"及之前使用的"倭"与"日本"的含义

让以礼制为代表的律令制度能够在"和"思想的保驾护航之下顺利发展，发扬光大。究其本质，可以说"和"字实际上是对"律令制"和"礼制"的一种包装。

六　从国号"大和"重回国号"日本"

然而世事皆有盛有衰。从12世纪前后开始，"大和"终于缓慢地结束了自己的国号生涯。在12世纪的"起请文"（誓词）[①]及13—14世纪的古文献中，用于表达"整个日本"这个意思的词汇已不再是"大和"，而是"大日本"或"日本国"了。日本为何自12世纪前后开始不再使用"大和"，而普遍使用"日本"这一国号？据推测可能有以下几个原因。

首先，自10世纪至12世纪，原有的以天皇为核心的古代律令国家体制发生了巨大变化，日本开始向分权化的王朝国家体制、进一步又向"中世"国家体制（庄园公领制）方向转变，为律令制服务的"大和"国号此时可能不再适合新统治阶级的口味。其次，"和"字长期为中国人所看重，但奇怪的是其始终未成为儒家的一个德目（儒家的德目分别为"仁、义、礼、智、忠、信、孝、悌"）。而此时的日本在使用"和"字多年之后，慢慢产生了一种错觉，认为它就是自己创造的一个能与儒家德目抗衡的概念，"和"字和"倭"字一样，都成为日本的化身，所以它可以继续在国内使用，表示属于自己的东西，但已不再适合用于国际宣传（国号通常都带有对外宣传和宣示的意味）。再次，自停派遣唐使后，日本很长时间与中国未有联系（小规模间接的联系除外），创造并拥有了许多自己的东西。为表达这些新生事物和这种"新型"国家，日本需要使用一个新的名称加以区别，体现在外交方面，就是需要使用一个新的国号——被误认为是诞生在日本的这一国号——"日本"。复次，明建文帝在1401年足利义满派遣博多商人肥富和僧侣

[①]　所谓"起请"，是指向神佛请愿，发誓若自己言辞有伪，甘愿受神佛惩罚的行为。记载此誓言的文书，即叫"起请文"。最典型的一段誓言就是镰仓时代《御成败式目》末尾由北条泰时等联署的"起请文"，其内容为："梵天、帝释、四大天王、惣日本国中六十余州大小神祇、特伊豆、筥根两所权现、三岛大明神、八幡大菩萨、天满大自在天神、部类眷属神罚冥罚各可罢蒙者也，仍起请文如件。"

"大和魂"史的初步研究

祖阿使明后，册封义满为"日本国王"，强化了义满等部分统治阶级人物使用"日本"这一词汇的意识。① 最后，也就是最重要的一个原因是，日本的一部分人在很长时间都存在欲与中国对等或超越中国的意识，只是时常因国内政局和对外交往实际需要的不同，而被强调或被忘却。根据《隋书》的记录"日出处天子致书日没处天子"即可看出，日本很早以来就显示出欲与中国开展对等外交的姿态，希望从东亚册封朝贡体制中解放出来。自公元894年日本停派遣唐使到10世纪后，中日之间的正式外交基本中断，平安朝廷在"国风文化"（民族文化）形成的过程当中开始产生部分排外意识。

另一方面，以佛教思想传入为契机，以体例编排为"天竺（印度）、震旦（中国）、本朝（日本）"的文学作品《今昔物语集》为象征，日本还逐渐形成了"三国（印度、中国、日本）世界说"。这种观点认为，世界是由印度、中国和日本组成，三国之下各统辖一些小国，反映出一种与国家观念相结合的多元世界认识。然而，印度与中国分别是佛教文化与儒教文化的发源地，处于世界的核心地位，而日本则基本上是单方面的文化接受国，在进化序列中处于从属的状态。为摆脱这种文化上的从属地位，日本的部分人物提出了"神国观"的思想。在这种思想看来，世界虽由印度、中国、日本这三个国家组成，但它们各自拥有独立的社会文化传统。日本虽然接受过印度和中国的文化，但也拥有"神道"这一文化体系，因而可以同印度的佛教和中国儒家的"华夷思想"抗争。这种抗争意识在中世之前还较模糊，但在进入中世后逐渐明显。在《古事记》等成书之前或同时，日本就拥有不同于中国的"神国"思想，认为日本是由神创造并统治的国家。而自13世纪开始，因元军两度（1274年和1281年）来袭均被"神风"击败，日本在上述思想的基础上进一步产生了优越于中国的思想。对此《续拾遗和歌集》"神祇篇"（1278）和《夫木和歌抄》卷三十（1310年左右）等都有反映，特别是《神皇正统记》（1339）则明确提出"大日本者神国也"（此神国已非《古事记》等的神国）的口号。作者北畠亲房提出

---

① 但据研究，足利义满在国内并未使用过此称呼，而只使用于对外交往。参见本书第四章第一节。

第一章 "大和魂"中的"大和"及之前使用的"倭"与"日本"的含义

该口号虽不是针对中国,而是针对北朝的,但在此口号提出后很难不被后人做出其他的理解,用于更多的解释。

1381年,明太祖因倭寇事与日本政府"贡表书辞又倨"事责问足利义满,要求日本国王"务修仁政,以格天心"。对此日本以《上太祖表》的形式复函,先是对"华夷思想"做出抨击:"臣闻三皇立极,五帝禅宗,惟中华之有主,岂夷狄而无君?乾坤浩荡,非一主之独权!宇宙宽洪,作诸邦以分守。盖天下者,乃天下之天下,非一人之天下也。"继而又表示:"臣闻天朝有兴战之策,小邦亦有御敌之图。论文有孔孟道德之文章,论武有孙吴韬略之兵法。又闻陛下选股肱之将,起精锐之兵,来侵臣境。水泽之地,山海之洲,自有其备,岂有跪途而奉之乎?顺之未必其生,逆之未必其死。相逢贺兰山前聊以博戏,臣何惧哉。"① 此段表文写得极为精彩,铿锵有力,掷地有声,表明此时的"日本国"表面称臣,实则对等意识极强,已无法再维持原来"谦和有礼"的"大和"形象了。虽然足利义满当时对中国抱有好感,希望与中国通商,并在后来获得通商之便后放弃了这种对立情绪。

第二节 "倭"②

一 "倭"字在中国古代的用例及其多种的解释

大和民族最早不叫"和"人,而叫"倭"人,也可称之为"倭"族。"倭"字是古代中国对当时广义的日本人③和政治势力的总称。从汉到唐,中国史书以"倭"字对日本的记述就多达数十条,例如《论衡》的"周时天下太平,倭人来献鬯草",④ "成王时,越裳献雉,倭人贡鬯";⑤《前汉书·地理志》的"然东夷天性柔顺,异于三方之外,故孔子悼道不行,设浮于海,欲居九夷有以也。夫乐浪海中有倭人,分

---

① 《明书》卷322,《二十五史》,上海古籍出版社1986年标点本,第916页。
② 此节以《"倭"字音、义新解》篇名发表于《外国问题研究》2013年第1期。
③ 这里所说的"广义的日本人",不是指沈仁安和王勇先生说的在中国境内和朝鲜南部等地的"倭人",而是指古代中国对活动于日本列岛的各原始族群的总称。
④ 《论衡》卷8,《诸子集成》,上海古籍出版社1989年标点本,第78页。
⑤ 《论衡》卷19,《诸子集成》,上海古籍出版社1989年标点本,第23页。

"大和魂"史的初步研究

为百余国,以岁时来献见云"①;《后汉书·东夷传》的"建武中元二年,倭奴国奉贡朝贺,使人自称大夫。倭国之极南界也。光武赐以印(按:即'汉委奴国王金印')绶。安帝永初元年,倭国王帅升等献生口百六十人愿请见"②;《三国志·魏志》的"倭人在带方东南大海之中,依山岛为国邑,旧百余国汉时有朝见者,今使译所通三十国";③等等。这些记述,有的真实性已得到中日两国史学界的确认,有的尚存在争议。所争议者还包括两国学者对"倭"字音、义的不同认识。

最早对"倭"字作出解释的是后汉时期许慎所著的《说文解字》。该辞书说:"倭,顺貌。从人委声。"意思是"倭"人态貌柔顺;其字义与人有关,其字音读作"委"。但如此解释,给今人甚或古人都留下许多疑问。

许慎的释义明显受到《前汉书·地理志》的影响,并未在该志的话语基础上补充出其他的义项。而从东汉之前"倭"字的使用情况来看,其除有"柔顺"的意思外,还用于:(1)形容和美化事物。比如,最早出现在《诗经·小雅》诗句"四牡骙骙,周道倭迟"中的"倭迟"。该词是联绵词,表示"逶迤绵延"的意思(附带要说明,魏晋南北朝时,"倭"字还被用于修饰发髻,时称"倭堕髻"。《乐府诗集》中《陌上桑》所说的"头上倭堕髻,耳中明月珠"即其一例。至明,汤显祖《牡丹亭》里有"娉婷倭妥"的词句,其"倭妥"也是一种美态的表示)。(2)表示人名。春秋时期,鲁宣公的名字即"倭"(附带要说明,《魏志》卷二《道武帝本纪》中所记后燕鲁阳王的名字"倭奴"中也含有"倭"字。与此相同的历史记述和人名还见诸《资治通鉴》卷一百零八的《晋纪》中。及至晚清中日关系日渐紧张时,与洋务派作对的守旧大臣头面人物之一仍取名为"倭仁")。(3)表示地名和河流名。如今贵州省清镇市有个乡叫犁倭乡,新疆维吾尔自治区有倭赤县,吉林省有倭肯河,黑龙江省有倭西门河。但这些称呼的来源和命名时间皆不明了,迄今未见有人对其作过说明。

---

① 《前汉书》卷29下,《二十五史》,上海古籍出版社1986年标点本,第159页。
② 《后汉书》卷115,《二十五史》,上海古籍出版社1986年标点本,第288页。
③ 《三国志》卷30,《二十五史》,上海古籍出版社1986年标点本,第102页。

第一章 "大和魂"中的"大和"及之前使用的"倭"与"日本"的含义

从上述（1）和（2）的使用情况来看，可以认为"倭"字的古义不都表示"柔顺"，自然其字义也不都带有贬义。（3）的情况似乎是东汉以后出现的，其意思在此不作考虑。因此，可以说许慎的解释带有片面性。

二　迄今为止中日两国学者对"倭"字音、义的其他质疑

中国很早就有人对许慎的释义持怀疑态度。比如，魏人如淳①对《前汉书·地理志》"倭人"条作注：其"如墨委面，在带方东南万里"，②即以日人有黥面（即"委面"）的习俗为由，认为"委"字就是"倭"字的来源。但此论断遭到西晋的臣瓒③和唐代的颜师古④的反驳。臣瓒说："倭是国名，不谓用墨，故谓之委也。"颜师古说："如淳云'如墨委面'，盖音委字耳。此音非也。倭音一戈反，今犹有倭国。魏略云，倭在带方东南大海中，依山岛为国，渡海千里，复有国皆倭种。"⑤ 二人的理由皆为"倭"、"委"二音相异。且二人都说"倭"即古代日本人或日本国的泛指。时至今日，则有人对"倭"字作出新解，谓此名起源于三国时期魏皇曾御封当时的日本君主为"亲魏倭王"。因为"魏"字去掉右边的"鬼"字，加上"亻"旁，即表示东邻"倭人"的意思，于是亲魏倭王的所在国家就叫作"倭国"。⑥ 此说可谓充满戏谑和想象的成分。理由很简单，因为王充在《论衡》中已多次提到过"倭人"，所以"倭"字的来源肯定和"魏"字没有关系。

日本从古至今对"倭"字音、义的理解也多有不同。《古事记》作者太安万侣的后裔多人长（生卒年不详，平安朝前期官吏）在其著作

---

① 如淳，三国时魏国冯翊人，生卒年不详，约活动于公元3世纪中叶，官拜陈郡丞。
② 《前汉书》卷29下，《二十五史》，上海古籍出版社1986年标点本，第159页。
③ 臣瓒，西晋学者，其姓氏、生卒年及籍贯皆不详，曾撰《汉书集解音义》24卷，为后人研究和阅读《汉书》提供了很大方便。唐初颜师古为《汉书》作注，曾大量使用臣瓒的《汉书集解音义》为据。有人认为，西晋校书郎"傅瓒"或《水经注》中所说的"薛瓒"就是臣瓒。
④ 颜师古（581—645），名籀，以字行，祖籍琅邪临沂（今属山东）。唐初经学家、语言文字学家、历史学家，擅长于文字训诂、声韵、校勘之学，同时还是研究《汉书》的专家。
⑤ 《前汉书》卷29下，《二十五史》，上海古籍出版社1986年标点本，第159页。
⑥ 参见百度百科"倭奴"条。

《弘仁私记》中记述："古者谓之倭国。倭义未详。或曰，取称我之音，汉人所名之字也。"① 此话后句的意思是，"有人说倭字是汉人以倭人的自称词ワ（Wa）（按：即汉语'吾'的意思）取倭字注音而成"。一条兼良（1402—1481）在其著作《日本书纪纂疏》中对既往陈言有所发挥，说："倭面国此方男女黥面文身故加面字呼之。""因《说文解字》中之倭义为'从顺'，故倭人人心皆从顺。"② 此说的新颖之处在于提出"倭"和"面"均为"国"的修饰语，以及日人真的"从顺"。及至江户时代，木下顺庵③提出新解，说因日人矮小，故被称作倭人。④ 但此解对其凭依的音、义未作解释，态度比较随意。中国上古语音于此不论，仅就《广韵》而言，顺庵的言说就有问题。因为在《广韵》中"倭"是乌禾切，属平声影母戈韵，"矮"是乌蟹切，属上声影母蟹韵，二者的声调和韵部都完全不同。由此看来，木下顺庵的言说不仅未对"倭"字的音、义研究作出贡献，相反却开启了所谓"中华思想"蔑视周边国家、民族的言论先河，给后世造成不良影响，可谓乃当时的排华意识所使然。发展到最后，木下顺庵的私淑弟子新井白石（1657—1725）则干脆在《古史通或问》⑤中说，"Okuni"（按：日语"大国"的训读音）的音译就是倭国。而这在今人看来，实有驴唇不对马嘴之嫌。

此外，从释音上看，许慎的解释也给后人留下疑问。著者腹俭，未见中国大陆过去有人从音韵学的角度对"倭"字音展开研究，而仅读

---

① 转引自黑板胜美编《国史大系新订增补》第8卷，吉川弘文馆2008年版，第67页。此《私记》乃《日本书纪私记》之一，成书于弘仁三年（812），故略称为《弘仁私记》。该书乃注解《日本书纪》的书籍，其序文和正文都有关于倭人的阐释。

② 天理图书馆善本丛书和书编辑委员会：《天理图书馆善本丛书和书之部》第27卷，天理大学出版部1977年版，第79页。此《纂疏》亦为《日本书纪》的注解书籍，共6卷，仅解释《日本书纪》神代卷的部分，成书于1455—1457年。该书在注解时不仅使用日本古籍，还使用许多中国古代典籍、佛典和韵书等。

③ 木下顺庵（1621—1699），江户时代前期儒学家，名贞干，字直夫，通称平之允，号顺庵，又号锦里等，曾师从儒学大家藤原惺窝的弟子松永尺五，因此成为幕府的儒官，担任第5代将军德川纲吉的侍讲，并参与《武德大成记》等幕府重要史书的编撰工作，著有《锦里文集》等。

④ 转引自山尾幸久《新版魏志·倭人传》，讲谈社1991年版，第86页。

⑤ 新井白石：《古史通或问》，中央公论社1969年版，第142页。

第一章 "大和魂"中的"大和"及之前使用的"倭"与"日本"的含义

过日本学者撰写的一些书籍。有人认为，中国"隋唐时的辞书《韵书》"①显示，'倭'字发二音，一为ワ（Wa），一为ヰ（Wi），发ワ音的'倭'乃位于东海的国家名称，发ヰ音的'倭'表'顺从'之意"。结论是："倭音有几读：ワ（Wa）、ヰ（Wi）、ウェイ（Wei，中国南方音）、ウォー（Wo，中国北方音）。"② 森博达在《倭人传的地名和人名》一书中，将《魏志》"倭人"条出现的 31 个地名（按：含"倭"）、14 个官职名和 9 个人名中使用的 60 个类别的汉字视为日语的音译文字（其中"模"和"谟"、"觚"和"古"、"弓"和"躬"、"升"和"声"被认为是同一类），并根据汉语中古音体系《切韵》的读音规则作出一览表。表中对"倭"是这样注解的："喉音，全清，影（声）母，果、歌韵（母）。"③

三　著者的认识

也许日本学者忽略了一个问题，那就是《前汉书》和《魏志》等分别编成于魏晋时期，其中的字音应该都属于中国的上古语音，至少是上古向中古过渡时期的语音，所以单纯以中古音对比是不够的。我们可以看一下中国上古和中古时期"委"、"倭"二字的读音情况（下文中左侧所附的是日语古代读音）。

	中国上古音	中国中古音
委（ゐ=ヰ）	[˙luar]	[˙luě]
倭（ゐ=ヰ）	[˙luǎr]	[˙luě]
倭（わ=ワ）	[˙uar]	[˙ua]④

---

① 原文如此。中国韵书中无此书名的韵书，似属笔误，疑指隋代陆法言编撰的《切韵》或唐代孙愐据此作出的增修本《切韵》。

② 参见日本《フリー百科事典》（Wikipedia）。

③ 森博达：《倭人传的地名和人名》，载森浩一编《古代日本〈1〉倭人的出现》，中央公论社 1995 年版，第 165 页。

④ 藤堂明保：《学研汉和大字典》，学习研究社 1978 年版，第 92 页。

"大和魂"史的初步研究

从以上拟音可以看出，在中国魏晋乃至之前，亦即上古时期，"倭"字有两读，但此两读是否如日本辞典所说分别为ヰ、ワ在此存疑。因为［˙l］既为影母，则其通常是不发声的。剩下的［uǎr］或［uar］对译日语的ワ（Wa）应该都不成问题。亦即从对译日语的读音情况看，当时实际上只有一读。至少我们可以说当时的汉人缺乏这种细微的辨音能力，而且在对译外国语音时没有区分这种细微音调变化的必要。"倭"字分为两读似乎是在中古时期，亦即是在［˙luǎr］开始向［˙luě］转变时才出现的。而"委"字音［˙uar］在上古的读音与"倭"字音［˙luǎr］相差不大，彼时"委"、"倭"二音不仅相通，而且意思也可互转，这从日本法隆寺保存的《法华义疏》首页所注的"大委国上宫王私集"①的"大委国"（即"大倭国"）和"汉委奴国王金印"（即"汉倭奴国王金印"）这些文字和文物可以得到证明。由此看来，"如墨委面，在带方东南万里"似乎也可以理解成"如墨（黥面）之倭面之国，在带方东南万里"。一条兼良在彼时将"委面"改说成"倭面"颇有见地。

这里还需要从汉字的构词法和"委"字的古义以及由"委"字构成的词组这些角度作些说明。从汉字的原意看，"委"作为动词与"面"构成动宾词组似乎于文理不合，且无其他类似的词例可作旁证，属于孤例，即使在古代汉语中也是如此。"委"为会意字，由"女"+"禾"（下垂的稻穗）组成，表示女子无力、弯曲下垂的态貌。另一说为其来自女子无自身意志，多屈从于他人的意思。因先有女子呈婀娜弯曲之态的理解，故之后又被转指曲里拐弯、细致入微的情状，最后由这些意思派生出许多词组，可分为5个义项：（1）听任他人处置，如委托、委任、委员；（2）随意处置，随波逐流，如委身、委弃；（3）详细、细致，如委悉、委细、原委；（4）逶迤弯曲，如虚与委蛇；（5）萎缩，如委靡。但著者经仔细核对，发现其中只有一个义项，即表示"随意处置，如'委身'"的意思和该词组的结构似乎与如淳的说法有关。不过我们若仿照如淳，将其说成"像墨一样随意处置自己的面孔"，则与有目的的"黥面"动作意思相左，也有不知所云的

---

① 日本至宝委员会：《御物·书迹工》，每日新闻社1991年版，第87页。

感觉。

另需说明的是，中国在上古到中古的过渡时期韵母体系开始出现变化。以"模"类字为例，其在上古音（周代）中属于"A"列韵母，但到中古音（唐代）的《切韵》时又变为"O"列韵母。根据日本的音韵研究成果，可以推测3世纪的魏国恰好位于上古音向中古音转变的过渡时期，当时的"模"类字韵母或处在"A"音和"O"音的中间地带，或呈现二者交替使用的状态。这种状态也反映在史书《魏志》"倭人"条中。我们知道，古代日语有8个韵母，韵母"O"分为甲"O"和乙"ö"两种。"模"类字中带甲"O"的韵母居多，所以其发音或可能接近于"A"，或可能处于"A"音和"O"音的中间地带。亦即无论当时中国人将"倭"字读作"Wo"或"Wa"，都可以对译当时日语的ワ（Wa）音。

据此重读多人长的论述，可谓其言说相较于其他学者容易被人接受，而且其言说的时间最接近"倭"字出现的年代。

四 根据亚洲其他民族的自称词对"倭"字音、义作出的推测和分析

著者认为，在评说历史时通晓史实、文献和古语知识固然重要，但也不可偏废对人的心理做出推测和揣摩。可以设想，不同民族的古人在初次交流时，因受语言能力的限制，见面后最有可能先以不充分的话语加手势询问对方为何方人士，姓甚名谁，然后才有可能作进一步的问询。虽然开始交流时语言是不充分的，但加上手势、发声以及可见的外部特征等，双方可就对方的情况作出初步的判断，包括族群、人种的认定。在此过程中，对方的自称词可能是一个最基本的判断因素。中国上古名物原则有取其"自呼"、"自叫"之说。[①] "例如，匈奴、鲜卑、突厥、夫余等族称皆来自该民族自称。匈奴一义的解释过去有多种说法，但一般认为其原意是指'我'；鲜卑的读音是'Se（a）bi'，一般认为其源于该族所在地的圣山或瑞兽；夫余（Puyo）也是如此，系该族所在地的圣山或圣兽'鹿'的意思；突厥是'Trk'的译音，即表示土耳

---

① 参见《山海经》。

其丘耳克族的自称。"除民族图腾外，许多"民族名称在该民族语言中还多表示'我'意。台湾的 Tsuau（按：该词原文为假名。何族不详）族、通古斯的 Eluoke 族和阿伊奴族等大凡如此（印欧语系、乌拉尔语系也有众多词例）。所以，中国史书出现的其他民族的名称，原则上都是基于这些民族语言的自称，以汉字标注其音的。因此对'倭'的字义进行诠释，在探讨该名称的起源方面毫无意义。当然，中国是一个'文化国家'，可以充分想见在用汉字表示其他民族或国家时，一定会增添某种'中国人的评价'。比如，在与匈奴关系友好时，则将其称呼改写为'恭奴'；有时又将古代蒙古人'柔然'用可怕的汉字'蠕蠕'标注（毋庸置疑，古代蒙古语'柔然'也解释为'我'）。但即使在这种场合，中国也从未改变其音译的方式，所以，以标注的汉字意思推测该民族名称的语源是明显错误的"。"从上述原则来看，'倭'就是 Wa 的表音文字，也就是日本人的自称词。""从结论上说，'倭'即'我们'，亦即'我们日本人'的意思，既没有中国人添加的'从顺'的意思，也没有'低矮'的意思。"① 以上引文虽长，其部分词例的解释亦有待商榷，但此观点和结论仍有发人深省和客观之处。其重要性还在于反映了日本一部分史学家对始自江户时代的"被虐史观"的摈弃。

五 日本中古至近世"倭"字的用例

迄明治维新止，日本的国号或自称词屡有改变，最早以"倭"后来又以"日本"或"大和"等自称，但在使用过程中并不是有"新"使"新"，而是新旧混用，而在这种混用过程中日本人对"倭"字可谓情有独钟。

在政治和历史方面：（1）圣武天皇（在位 724—749，701—756）就任之前日本已正式将国号改称"日本"（以公元 720 年《日本书纪》的诞生为标志），但他在任内颁布的《宣命书》中不署名"日本国"，而仍旧写"大倭国"；（2）"正仓院"保存的公元 730 年的《大倭国正税帐》账本封页，不仅有"大倭"的字样，还加盖"大倭"的印章；

---

① 佚名：《历史语言学和日语的起源》第 5 章"'倭'的起源"，引自日本网站，2003 年 3 月 8 日，http://homepage3.nifty.com。

第一章 "大和魂"中的"大和"及之前使用的"倭"与"日本"的含义

（3）日本于公元701年在《大宝律令》中将过去的国号"倭国"改称"大倭国"，于737年再将"大倭国"改称"大养德国"，10年后的747年又将此国号改回为"大倭国"；在文化方面，《万叶集》等和歌中"倭"、"大和"、"日本"三词并用，未显示厌恶"倭"字的现象。自奈良朝至室町时代，即使日本已使用新国号"日本"多年，但仍喜用"倭"字给书籍、国家和人或事物等起名。辞书《倭名类聚抄》①、《倭玉篇》②与文集《本朝文粹》③中使用的"倭唐"、"倭皇"、"倭才"，以及物名使用的"倭鞍"、"倭琴"、"倭绘"等即其中的几个用例；在社会方面，传统姓氏的"倭氏"也表现出其拥有的永恒魅力，自其出现后至今长期使用而未受到任何影响。中古的日本人非但不觉得"倭"字是一个侮辱性词汇，甚至还不时显示出一种偏爱。

那么到民族主义开始抬头并盛行的江户时代中期又如何呢？有两个典型语例可以说明问题。"国学家"松冈仲良（1701—1783）继承前辈西川如见、若林强斋等的神道思想，提倡尊皇，发表过《神道学则日本魂》一文，说神道之根本就是尊皇主义的"日本魂"。但这"日本魂"到其学弟谷川士清（1709—1767）手中又变回为"倭魂"。谷川士清是日本著名"国学家"之一，对"国学"集大成者本居宣长产生过影响，对日本文化建设作出重大贡献，编撰出长达93卷的国语辞典《倭训刊》，还撰写出35卷的《日本书纪通证》。值得关注的是，他在该通证卷一的注释中，有意或无意地加入了一段此前被某个不知名人物编造并窜入《兼家遗诫》（伪书，约成书于室町时代）的话语："是故'国学所要，虽亡论涉古今究天人，其自非倭魂汉才，不能阐其阃奥矣'。"（《兼家遗诫》第二十一章）④ 这句话在日本那段历史时期广为人知，影响深远，但就是这个"倭"字，在当时既未遭到其他民族主

---

① 日本最早的汉和辞书，成书于公元931—937年之间。撰者源顺。
② 流行于室町时代（1336—1573）后期和江户时代（1603—1867）的汉字字典，共三卷。据说成书于室町时代初期，但真实的成书时间和撰书人皆不详。该字典仿照中国字典《大广益会玉篇》以偏旁部首对汉字进行分类，用片假名标注字音和对该字进行训注。
③ 日本文集，编撰者藤原明衡，成书于1058—1064年，共分为14卷、39个部类，文体仿效中国的《文选》，以四六骈俪文撰写。
④ 加藤仁平：《和魂汉才说》（增补版），汲古书院1987年版，第33页。

义者的质疑，谷川士清本人似乎也不觉得有什么问题。相反，在他看来，"倭"和"日本"乃至"大和"一样，都是日本的东西，甚至"倭"比"日本"或"大和"要更亲近些。

六 "倭"字与"夷"字的比较

古代汉人"华夷观"的清晰出现，大致是在汉武帝及其后的一段历史时期。这可能与彼时北方、西方少数民族加大对汉土的袭扰（《汉书·匈奴传》记载之详，篇幅之巨，乃空前绝后之举，似为一个证明），中原朝廷对此征讨需师出有名，以及当时交通虽开，但汉人的见识仍显模糊和不高尚有关。反映在对日关系上，就是也会在史书中使用一些卑劣字词，如《魏志》的"卑狗"、"伊声耆掖邪狗"等。但此现象似乎并不广泛而持久。因为在此前后的漫长岁月中，汉人对华夷问题其实并不像今人所说的那么关注，而且在隋唐乃至之前，更有许多的中原统治者对华夷问题抱有复杂难言的心态。

最早出现在《礼记》中的"夷"字是一个会意字，表示一个矮人倚靠在一个高大的人身边，后转指个头矮小的人，也表示"平俯"等意思，有时还以"尸"（弯曲身体平俯的姿态）字代用。《礼记》中的"夷"字在当时似乎只是一个模糊的、表示非我族类且不开化的"人"的概念，如殷人所说的"东夷、淮南夷"等，虽说其中带有中原族群的自大意识，但似乎并不像是汉代时指称周边少数民族使用的那些卑劣字词。例如周代有两个人，一个叫伯夷，一个叫叔齐，人们简称"夷齐"，但此中的"夷"字就没有贬损的意思。"夷"字在先秦之前还用于表示"喜悦"的意思，如"夷悦、夷怿、夷愉"等字词。《诗经》中"夷"字还用于表示"广袤遥远的态貌"，如"降福孔夷"一句，意思就是降福无远弗届。春秋时代的孔子似乎对"夷"字也无恶感，不光自己就生活在原来的"东夷"地区，还因为对时政不满，"设浮于海，欲居九夷"（《前汉书·地理志》）。从统治者的角度说，后来的秦人更不可能有此想法，因为他们的先人就是"西戎"的一部分，贬"夷"即为贬损自己。自西晋永嘉之乱起至隋朝覆亡止的260年间，北方各朝各代的中原统治者几乎都带有胡人的血统，有的虽出身汉人，但其成长和经历也多与胡人有关。例如：隋文帝的父亲长期被叫作"普

第一章 "大和魂"中的"大和"及之前使用的"倭"与"日本"的含义

六茹忠",而不是杨忠;隋文帝被称为"圣人可汗"时不仅不以为忤,反有欣欣然之感。因此在这些人心目当中,孰华孰夷其实并不重要,有时偶以卑劣字词贬称他人,也许更多的是出自自抬身价的需要。到唐代,统治阶层仍有胡人血统,对四方夷的态度转为更加积极开放,唐太宗李世民兼任"天可汗"的心态可谓与隋文帝如出一辙。入唐后"夷"字仍在使用,且获得新的语义。王维诗"此夜任孤棹,夷犹殊未还"中的"夷犹(由)",表示的是"踌躇、磨蹭"等的新义。那么,当时的日本人又是如何看待"夷"字的呢?据《隋书·俀(倭)国传》记述,俀(倭))王接见隋使节裴世清时说:"我闻海西有大隋,礼仪之国,故遣朝贡。我夷人,僻在海隅,不闻礼仪,是以稽留境内,不即相见。"我们不必对当时中国史书编撰者的说法太过认真,认为古代日本人真说过自己是"夷人",但当我们读到日本僧人道元①在《正法眼藏·辩道话》中的记述"西天及神丹人本质直,盖为中华,教化佛法则迅速领会。我朝自来人少仁智,难期正种,此番夷使然"② 则可以知道,当时的日本人对以"番夷"自称实可谓心中毫无芥蒂。以上对"夷"字做各种解释,目的在于对"倭"字进行模拟比较,表明在"天下太平","来献鬯草"或"贡鬯"的周代,被称作"倭人"的"倭"字其实没有太多的恶意。著者对汉魏统治者针对中国少数民族和周边国家使用过一些卑劣字词之事实不表异议,且为之痛心疾首,但同时也认为,"夷"、"倭"字词的贬义其实是在日后被逐渐放大的。再说古代汉人的"正宗"观念极其强烈,对属于相同族源但不同宗的人群也持排斥态度。例如位于四川广汉县即古代"蜀国"的三星堆遗址创始人在当时也被中原人称作"蚕丛"。而这在今天看来也带有贬义。

七 结语

1. "倭"字是古代汉人对广义的日本人或政治势力自称词的音注字。用此奇异字,最初可能反映的仅仅是一种区别意识,其心态或有类

---

① 道元(1200—1253),镰仓初期时代禅僧,别名道玄、希玄,俗姓源氏。《正法眼藏》乃其所著佛教经典,成书于1231—1253 年,共87 卷,又说95 卷,是阐述禅宗本质和仪轨的曹洞宗基本经典。

② 转引自韩立红编《日本文化概论》,南开大学出版社2006 年版,第175 页。

于现今我国《译音表》的编撰人员。

2. "倭"字出现后成为当时日本人普遍使用的一个自称词，而且在此后相当长的时间内，日本人不觉得"倭"字是一个侮辱性词汇，反而显示出对"倭"字的喜爱之情，"倭"字已然内化为日本的传统。对"倭"字义的曲解和排斥，乃是江户时代日本民族主义思潮兴起后一小部分人炒作的结果。

第三节 "日本"①

王连龙先生撰写过《百济人〈祢军墓志〉考论》一文。文章考证翔实，理据充分，是一篇难得的论考佳作。但著者就其中提到的墓志在记述归降唐廷的百济人祢军出使日本一事时有"日本余噍，据扶桑以逋诛；风谷遗甿（氓），负盘桃而阻固"二句，"可为唐日关系史研究提供珍贵史料"，因为墓志"刊刻于仪凤三年（678），为目前所见最早将'日本'国号刊刻在石质上的实物资料"②的说法，感觉有商榷的余地。说此墓志为该方面最早的史料是不错的，但仅凭以上二句，以及为作对比而使用的《三国史记》卷六《新罗本纪第六》"文武王十年（670）十二月"条和《新唐书》卷二百二十《东夷·日本传》的部分史料，就将"日本余噍"的"日本"定性为日本国号，不免有操之过急之嫌。

首先，"日本余噍"一语似乎可以在其中插入"之"字，表示是"在日本的残留性命的人"，而后句的"扶桑"则确指"日本国"无疑（《南史·东夷·夷貊传下》已将日本称作"扶桑"）。关键是对这个"日本"作何理解。最初这个词汇似乎表示的是方位，意指"'日（之）本'的方向"，或反映了当时中国部分知识分子甚或朝廷已开始流行使用这一词汇的事实，但不一定由此就可确说它为日本的国号。因为说其为国号，则至少应该得到官方的确认，在日本和中国的史书或文

---

① 本节以《"日本"国号起源再考》为题，发表于《外国问题研究》2011年第4期。
② 参见王连龙《百济人〈祢军墓志〉考论》，《社会科学战线》2011年第7期，第127页。

第一章 "大和魂"中的"大和"及之前使用的"倭"与"日本"的含义

物中出现相关确凿的记录或旁证。其次，朝鲜的《三国史记》和《新唐书》分别编撰于公元1145年和公元1060年，距日本正式使用"日本"这一国号已有三四百年，其间因时空阻隔，记忆模糊，间或杂有道听途说的成分亦未可知，其记录的真实性也有待考证。由于"日本"这一国号的诞生时间及由谁创造这个问题牵涉面广且十分复杂，所以不揣简陋，提出私见于下，以求方家批评指正，俾使此论题得以继续探讨下去。

一 迄今为止日本学界对此做出的几个研究结论

日本在沿用"倭"国号的同时，还开始混用其他的国号，如"日本"。过去日本有学者将该国号出现的时间划定在公元7世纪初。比如，史学家青木和夫就说："在圣德太子执政期间，将对外使用的国号改称'日本'。"[①] 但他并未就此给出依据。因为此项重大事件和"倭"国号的正式发布一样，在日本史书中未留下任何记录，于中国史书亦语焉不详，故揣摩其出处，则很可能来自《隋书·东夷·俀（倭）国传》对日本第二次遣隋使团及其代表人物小野妹子的记述："大业三年（按：607年），其王多利思比孤遣使朝贡，使者曰，闻海西菩萨天子重兴佛法，故遣朝拜，兼沙门数十人来学佛法。日出处天子致书日没处天子无恙。云云。"[②] 然而此"日出处"一语可以是"日本"这个词汇最早见诸文字的一种依据，而并非正式的国号。日本有学者批评，"日出处"只不过是佛典《大智度论》[③]译者对"东方"的别称，属于文饰，与"日本"国号的形成无涉。[④] 时至今日，中日两国史学界的一部分人在"日本"国号元年为公元701年之事达成共识。此年即日本任命遣唐使，并行授刀仪式的年份，其依据就是新旧两部唐书。不过，当我们翻阅其他学术书籍时则会发现，这个说法仍可存疑。

---

① 青木和夫：《世界大百科事典》第30卷，平凡社1980年版，第497页。
② 《隋书》卷82，《二十五史》，上海古籍出版社1986年标点本，第219页。
③ 龙树著，鸠摩罗什译，共100卷，属《大品般若经》注解书。该书广泛讨论问题，是一部大乘佛教的百科全书，也称《智论》、《大论》、《智度论》。
④ 参见东野治之《遣唐使和正仓院》，岩波书店1992年版；神野志隆光《何谓"日本"》，讲谈社2005年版。

· 31 ·

"大和魂"史的初步研究

根据《倭、大倭氏考（大和国造氏）》作者转引《新罗国史》①"670年"条"倭国更名，号日本"和《三国史记》②"698年"条倭国给新罗的公文中"用日本国号"③的这些记录，人们可以推知"日本"这一国号最早使用的时间似乎还可以在公元698年或更早的670年，然而著者经核对《三国史记》译本，未在"新罗本纪""670年"条和"698年"条看到相同的记述，仅发现"698年3月"条有一条记录："日本国使者来。王于崇礼殿接见彼等。"该译本"（注）四六"说明："《日本书纪》等未有此年遣使之记录，然于此前后多有使者来往。"④朝鲜史书的这个"日本国"记录，反映的或非698年的实际情况，而是金富轼本人在公元12世纪获得的知识，故可略去不谈。日本史学界另有人认为，"日本"这一国号的出现，大约是在公元7世纪末到8世纪初期。其背景是，唐朝自建立后不断向周边各国施加影响，而日本彼时也在积极对外扩张：齐明天皇（在位655—661，594—661）于658年命令大臣安倍氏征讨肃慎（今萨哈林岛）人；663年，筑紫王朝军队在朝鲜白村江与唐军大战后败归。在唐朝派遣刘德高、郭务悰、司马法聪等人赴筑紫进行战后问题处理的过程中，大和政权认为，为取得与唐朝的对等关系，就必须将本国建成与唐朝一样的律令国家，并为此加快了制定律令的步伐：公元668年，天智天皇（在位668—671，626—671）制定了日本第一部律令《近江令》；689年，天武天皇（672—686，？—686）制定了《飞鸟净御原令》；701年，文武天皇（在位697—707，683—707）又制定了《大宝律令》。

然而单纯依据这些律令的制定年份，也未必能够确定"日本"这一国号诞生的具体时间，故迄今为止日本史学界仅能就其大致出现的时

---

① 著者无法查见此书，故其内容及成书时间皆不详。日本有学者对该史书进行了研究。参见滨田耕策《新罗国史的研究——来自东亚史的视角》，吉川弘文馆2002年版。
② 朝鲜现存最早的史书，以纪传体的形式记录新罗、高句丽、百济三国的历史，共50卷，由朝鲜高丽朝中期学者金富轼（1075—1151）等受高丽仁宗之命修撰，于1145年完成。
③ 佚名：《倭、大倭氏考（大和国造氏）》，引自日本网站，2010年8月31日，http：//www17.ocn.ne.jp/~kanada/1234-7-39.htm。
④ 金富轼编，井上秀雄译注：《三国史记》，平凡社1980年版，第223、260、283页。

第一章 "大和魂"中的"大和"及之前使用的"倭"与"日本"的含义

间作出推测。其中主要有两种说法：一种说法是出现在天武天皇时期。① 理由是"天皇"称号乃出现于天武治世，故"日本"称号也应该出现于相同时期。吉田孝推断，在689年的《飞鸟净御原令》中，"天皇"称号和"日本"国号应该同时被采用。② 另一种说法是，"日本"这一国号应该出现在701年《大宝律令》制定的前后一段时间。③ 神野志隆光认为，在《大宝律令·公式令·诏书式》中，"日本"这一国号已经被确定。④ 也有个别人认为，《日本书纪》"大化元年（645）七月"条记述，倭国在向高句丽、百济使者发布的诏书中使用过"明神御宇日本天皇"这一称号。但现在多数人认为，这并非事实，只不过是《日本书纪》的编撰者在《大宝律令·公式令》的基础上加以敷衍撰写而成。⑤

二　著者的疑问

问题还来自中国史书的记述，其中有的清晰，有的模糊不清。比如，张守节在其著《史记正义》（736）中就说得很明确："倭国，武皇后改曰日本。国在百济南，隔海依岛而居。"⑥ 而《旧唐书》和《新唐书》皆含糊其词，似在给人暗示：过去日本遣唐使至唐，或于彼时将"日本"这一国号通报给唐朝（大周）武则天。其中《旧唐书》先将日本列岛的部族分为两大政治势力，一曰倭国，一曰日本国，后在记述日本国称谓变更理由后说明"长安三年（按：公元702年），其大臣朝臣真人来贡方物"，⑦ 似乎意在将遣唐使粟田真人与"日本"的国号出

---

① 参见熊谷公男《从大王到天皇　日本历史03》，讲谈社2001年版；吉田孝《日本的诞生》，岩波新书1997年版。
② 吉田孝：《日本的诞生》，岩波书店1997年版，第127页。但天武天皇在《飞鸟净御原令》制定之前的686年已经去世。
③ 参见神野志隆光《何谓"日本"？》，讲谈社2005年版。
④ 神野志隆光：《何谓"日本"？》，讲谈社2005年版，第75页。
⑤ 古田东朔："国号"节"日本"项，载《国史大辞典》第11卷，吉川弘文馆1990年版，第98页。
⑥ 《史记》，中华书局1962年标点本，第126页。
⑦ 《旧唐书》卷199上，《二十五史》，上海古籍出版社1986年标点本，第643页。

"大和魂"史的初步研究

现联系起来（但古代日本人不这样看。《续日本纪》①"庆云元年（704）七月"条仅记述"遣唐持节大使粟田真人自唐归国",② 而并未提及武皇后更改国号或日本通报国号变更一事）。此外，《唐历》(762—779)③也提到公元702年日本国遣唐使至唐，但亦未提及更改国号为"日本"之事。以上史料典籍，除张守节一说之外，都未说明"日本"国号诞生的时间及其缘由。众所周知，《唐历》的作者柳芳在编撰《国史》时遇安史之乱。对于他来说，最要命的问题就是因战乱导致唐史馆史料的散失，所以可以想见，在许多场合他大概只能根据传闻"记述"玄宗后期和安史之乱期间甚或之前的历史，因此在《国史》的记述中难免存在缺漏舛误的现象。而《唐历》作为柳芳的一部私家著述，在编撰时应该也会面临相同的问题，其间亦难免存在道听途说的成分，而这些成分势必会对唐以后编修的新旧唐书产生影响。《旧唐书·东夷传·倭国·日本国》和《新唐书·日本传》的记述有的一致，但多数并不统一，相互抵牾，反映的或不完全是五代十国人和宋人的认识差异，而或是《唐历》作者的记忆不确和过去的历史失载给两书带来的混乱。例如，《旧唐书》记述："倭国者，古倭奴国也。……日本国者，倭国之别种也。以其国在日边，故以日本为名。或曰，倭国自恶其名不雅，改为日本。或云，日本旧小国，并倭国之地。"④ 而《新唐书》记述："日本，古倭奴也。……咸亨元年遣使贺平高丽……后稍习夏音，因恶倭名，更号日本。使者自言，国近日所出，以为名。或云日本乃小国，为倭所并，故冒其号。"⑤ 两段记述，除"国近日"、"国在

---

① 日本《六（部）国史》之一，共40卷，是继《日本书纪》之后编撰的、记载文武天皇（697）至桓武天皇（791）时代历史的编年体史书。编者为藤原继绳、菅野真道等，于公元797年完成。略称《续记》。
② 《续日本纪》卷3，讲谈社1992年版，第45页。
③ 著者柳芳，生卒年不详，约在唐玄宗后期出仕，到唐肃宗时转迁史官。《唐历》乃其私撰编年体史书，共40卷，写出后受到唐宣宗的认可。之后监修国史的宰相崔龟从等奉敕续写，人称《续唐历》，共30卷。因此《唐历》和《续唐历》都具备了国史的性质，成为一种编年体的史书。而原来编撰的《国史》后来反而成为编修正史的半成品材料。唐以后所修的《旧唐书》、《新唐书》等均以《唐历》为底本编写。
④ 《旧唐书》卷199上，《二十五史》，上海古籍出版社1986年标点本，第643页。
⑤ 《新唐书》卷220，《二十五史》，上海古籍出版社1986年标点本，第668页。《新唐书》的记述与《新罗国史》"670年倭国更名，号日本"的记述可相互照应。

第一章 "大和魂"中的"大和"及之前使用的"倭"与"日本"的含义

日边"和"恶其名不雅"、"恶倭名"的意思相近之外，其余则相差很大。《旧唐书》说"长安三年"即公元702年"其大臣朝臣真人来贡方物"，暗示于彼时可能通报国号变更一事，而《新唐书》说是"咸亨元年"即公元670年日本"遣使贺平高丽"时通报的；《旧唐书》说"日本旧小国，并倭国之地"，而《新唐书》说"日本乃小国，为倭所并，故冒其号"。《旧唐书》的"或曰"、"或云"，似乎不太可能专指遣唐持节大使粟田真人一人的"曰"、"云"，而带有编修者泛听不确的含义，而《新唐书》则言之凿凿，谓"使者"即粟田真人自己确有此言。此间的差异似乎可以说明，新旧唐书或无所本，其中记述的相当部分来自道听途说。不过两唐书分别提供的"倭国者，古倭奴国也（按：或指筑紫王朝？）……日本国者，倭国之别种也（按：或指大和政权？）"和"日本并倭国之地"，或"日本为倭所并，故冒其号"，之后都自称"日本"的信息，则给人留下想象空间，令人联想到日本古代筑紫王朝与大和政权相互争斗，最后以大和政权胜出的那段历史公案。总之，从以上信息中人们无从了解"日本"国号的确立时间，以及到底是中国在公元702年改"倭国"国号为"日本"，还是接受了"倭国"变更国号的通报并予以承认。

三　张守节及其《史记正义》

既然以上文献典籍都带有缺憾，那么是否可以采用国号变更一事发生的时间与被记述的时间，以及记述者与当事者的关系最为接近的史书进行思考？确切地说，即是否可以采用张守节的《史记正义》进行思考？众所周知，张守节生卒年份不详，但根据其著《史记正义》（736）序言中所说"守节涉学三十余年"，将时间上推30多年，即可算出他从事史书编写的时间与上面所说的702年这个年份相距不远，而且正好处在武则天掌权（690—705）、积极对外开放的历史时期。更为重要的是，张守节在开元年间曾官拜"诸王侍读宣议郎守右清道率府长史"。这三个官职中"宣议郎"乃散官，序从七品下，职位不高，"守右清道率府长史"也是一个官位不高的职务，但"诸王侍读"这个职务却值得考究。"侍读"一是指陪侍帝王读书论学或为皇子等授书讲学的人（人称侍读学士），二是指为帝王、皇子讲学的官员（其职务与侍读学士略同，但级别要低一些）。那么，"诸王侍读"大概就是指陪同各"封王"读书论学或为"封王"讲学的人。这个身份，决定了张守节与王室的接触当不在少数，他有可能亲耳听说过"倭国，武皇后改曰日本"之事。此外，众所周知，张守节是一位做事严谨之人，其所做的贡献光耀千秋，自有公论，即使在当下，也被认为是一位学识渊博，善于发潜阐幽，尤精于地理之学者。其所著的《史记正义》，是注解《史记》之作品，也是著名的《史记》三家注之一，不仅保存着大量司马迁当时所凭依的原著文字、古代佚书、古文字等，可纠正《史记》和徐广《史记音义》的失误，还能征引古地理著作，详加注释裴骃的《史记集解》等。其有关"倭国，武皇后改曰日本。国在百济南，隔海依岛而居"的这段记述，征引的就是唐初李泰、萧德言等人撰写的地理学著作《括地志》①中的史料，而从《史记正义》撰写的时间上说也最为接近"日本"这一国号变更的时间，所以其可信度似乎在新旧唐书之上。顺便一说，武后喜欢替人改名在中国历史上颇为著名，她不仅将"大唐"改为"大周"，还为改自己的名字自创了一个"曌"字。以此性格和霸道作风推论，她听到有人汇报，高兴时顺口将"不雅"的"倭"改为"日本"，似乎不是一件难以想象的事情。

四 "日本"一词的语义及其视角和日本的记录

然而，单说张守节的生平事迹和武后的禀性是不够的，还需要结合"日本"这个词汇形成的语言视角和当时日本的史书《古事记》、《日本书纪》对此未做记录以及为何不做记录这些问题继续加以分析。

从词源学的角度说，"日本"是一个偏正结构的词组，"日"修饰"本"，意思相当于"日之本"。"本"字是一个指事字，指人在粗大树根的上方画一条横线，表示这以下的部分即树根。"根"就是"本"。

---

① 《括地志》是唐朝的一部大型地理著作，主要记述唐贞观年间疆域政区的地理状况，又名《魏王泰坤元录》、《贞观地记》、《贞观地象》、《魏王地记》、《括地象》。由唐初魏王李泰主编，萧德言等撰。全书正文550卷、序略5卷。此书吸收了《汉书·地理志》和顾野王《舆地志》两书的编纂特点，创立了一种新的地理书体裁，为后来的《元和郡县志》、《太平寰宇记》开了先河。全书按贞观十道排比358州，再以州为单位，分述辖境各县的沿革、地貌、得名、山川、城池、古迹、神话传说、重大历史事件等。征引广博，保存了许多六朝地理书中的珍贵资料。原书字数无从查考，今《括地志辑校》有4卷，约13万字。

第一章 "大和魂"中的"大和"及之前使用的"倭"与"日本"的含义

"根本"、"本草"、"本立而道生"(《论语》)、"但使本根在,弃捐果何伤"(黄庭坚)等使用的就是它的本义,其反义词是"末、支"等。之后由此本义派生出许多义项,例如:(1)事物的中心;(2)起源、来源、起始、事物的肇始、开始发生。属于第二个义项的词汇则有"报本"、"资本"等。类义词为"元"。

我们知道,古代日本人在刚接触汉字时是严格按照汉字的字义加以理解和使用的,"江田船山古坟铁刀铭文"和"稻荷山古坟铁剑铭文"①说明了这一点。之后日本人在掌握汉字构词方法创造自己的词汇表示新概念时,也多半是参照汉字的字义与结构(改动原汉语词汇的字序和删除其中部分字词的做法属于另一种情况,其意思有的与汉语不同,有的则基本相似),因此,从"日本"一词的原意看,它似乎不像是古代日本人创造的词汇。因为说倭国是"太阳的本源或中心",也不符合古代日本人已掌握的逻辑思维(对于日本人来说,太阳是从太平洋的东方升起的)和汉字知识,而说倭国近于"太阳的升起处"则很容易为中日两国人士所共同理解。但这里存在一个视角的问题,确切地说,该词汇形成的视角反映的是太平洋西岸的中国人的视角,即"日本"一词的来源很可能是唐代的中国人。附带要说明的是,"日本"这一词汇自出现至今几乎都按音读(仿照中国语音)发声,而极少按训读(日本固有的读音)发声。我们仅在奈良时代和平安时代初期的日本古典文献中发现几个训读的特例:(1)《养老律令·诏书式》中"明神御宇日本天皇诏旨云云"的"日本"被标读为训读音"Hi no moto";(2)《万叶集》卷三中"日の本"(读音同上)作为枕词②修饰国号"大和",如"日の本の大和の国の镇ともいます神かも"[富士山如神,护守日本(大和)国];(3)《源氏物语》和《宇津保物语》中作为"日本国"的异名使用,如"ひのもとの末の世に生まれ給ひつら

---

① "稻荷山古坟铁剑铭文"为:"辛亥年七月中记乎获居臣上祖名意富比其儿多加利足尼其儿名弖已加利获居其儿名多加披次获居其儿名多沙鬼获居其儿名半弖比(表)其儿名加差披余其儿名乎获居臣世々为杖刀人首奉事来至今获加多支卤大王寺在斯鬼宫时吾左治天下令作此百练利刀记吾奉事根原也(里)。"附注:铭文为古汉语体,但人名等用万叶假名标注。

② 在和歌中冠于某些特定的词汇上,用以修饰该词或调整语调的词汇,通常为5个音节。

· 37 ·

"大和魂"史的初步研究

む"（生于日本之末世）和"日の本の国に忍辱の父母あり"（在日本国有我忍辱负重之父母）。

百度百科有篇短文，所说的意思与上文意旨大致相同，但该文在资料、思路和分析方面较之本节则丰富、开阔和深刻许多，值得一录：

> 最初给出日本国号的并不是日本人。为什么这么说？是因为地球上无论在哪里看太阳，太阳都是从东面升起的，在日本也是如此。但是，从中国方面看，日本是在日出的东方。那么，中国人问当时来华的日本人从哪里来，日本人会指向东方。听到这个回答，中国人会想到日出的地方，而日本人因此也领悟到自己就来自太阳之本。……"日出之地"是中国方面的观察，而从西方看来，中国也是"日出之地"。《北史·西域传》卷九七里有"祈愿日出之地汉中天子"的文字，即西方波斯人所说的中国。再举旁证：古代美索不达比亚文明中的 Orient 地名在拉丁语中的意思就是"日出之地"，这是从意大利半岛看到的景象。欧洲（Europe）一词来源于希腊语"黑暗"（Erebus）的意思。因为它在希腊的西方，即日落处。这样的看法在唐诗中也有。刘长卿诗《同崔载华赠日本聘使》中有"遥指来从初日外，始知更有扶桑东"句（《全唐诗》卷一五〇）；齐己诗《送僧归日本》中有"日东来向日西游，一钵闲寻遍九州岛"句（《全唐诗》卷八四七）。另一方面，日本的《万叶集》卷十九也有古代日本歌人称西方的中国为"日落之地"的描写。就此问题，日本史学家所功[1]也说："有关日本国号的建立，与其说是日本列岛内部产生的想法，不如说是基于日本西面的朝鲜或者中国的想法来得自然。"[2]

---

[1] 所功（1941— ），日本历史学家兼法制史学家，京都产业大学法学系教授，曾获法学博士学位，自 1995 年至 2004 年任京都产业大学日本文化研究所所长，专门研究日本政治史、法制史、皇室史等，在平安时代史、神社、祭祀等研究方面留下辉煌业绩，出版有《年号的历史》（雄山阁 1988 年版）和《日本年号的摇摆——"元号"问题的原点》（雄山阁文化书籍 13，1978 年版）等众多著作。

[2] 参见百度百科"倭"条项，2011 年 3 月 10 日，http://baike.baidu.com/link? url = 13evwdZ4HJnLe8f_ DIxicu9QZsgYkUQTm4oviuGQzLYLznlxbbTMvIb9ZCLwlXrl7s9wiWHVZBmLWDmClvBaI_ 。

第一章 "大和魂"中的"大和"及之前使用的"倭"与"日本"的含义

持有与此相似但本质不同的观点的学者在日本有数人。比如神野志隆光认为，按新旧唐书所说，"日本这一国号是基于视日本列岛于东方的中国大陆的视角而出现的。但这一词汇是古代日本人根据中国人的世界观而创造出来，之后被唐朝接受的"①。东野治之等人的观点也大致如此。不过他们的根据大都出自《弘仁私记》（成书于平安时代初期）序言中的文字。该序言说明，日本国相对于中国，在太阳升起的地方，亦即在中国的东方，这就是"日本"这一词汇的来源。以上学者还认为，不光是《弘仁私记》，而且在其他注解《日本书纪》的各种《日本书纪私记》中也都提到"日本"这一词汇是（日本人）根据中国的视角而创造出来的。②

五　著者的认识

如果事实确如以上日本学者所说，那么从时间上看，《古事记》（712）和《日本书纪》（720）就应该对"日本"这一国号的诞生及其时间做出说明，但它们都没有。而且，不管是日本在公元701年任命遣唐使，并行授刀仪式，有了"日本"国号，还是武则天在702年替日本人改了国号，自此新国号诞生起到《古事记》成书的712年也都有10年左右的时间，日本人是完全有时间将其记录到自己的第一部史书中去的。可《古事记》对此只字不提，仍旧使用"倭"为国号。而《日本书纪》已将"日本"作为自己的书名之一，其向世界的宣示意味极其浓厚，按理说应对"日本"这一词汇有所阐发，但其亦付诸阙如，它所做的工作仅是将《古事记》中的"倭"字换写成"日本"。比如，《古事记》中第一代天皇神武天皇被用汉字音注或训注为"神倭伊波礼毘古命"（Kamuyamatoiwarebikonomikoto），而《日本书纪》仅将此谥号改写成"神日本盘余彦尊"（日语读音同上），并在卷之第一"神代上"第四段就其读音作过说明："日本，此云耶麻腾。下皆效此。"③

---

① 神野志隆光：《何谓"日本"?》，讲谈社2005年版，第79页。
② 参见东野治之《遣唐使和正仓院》，岩波书店1992年版；神野志隆光《何谓"日本"?》，讲谈社2005年版。
③ 宇治谷孟：《日本书纪》（上），讲谈社1988年版，第32页。

"大和魂"史的初步研究

《古事记》中所说为本国统一作出重大贡献的英雄 Yamatotakerunomikoto 被用汉字标记为"倭建命",《日本书纪》仅将其改写成"日本武尊"。另外,《日本书纪》"神武天皇三十一年"条在叙述远古日本列岛诞生时还使用了"日本"这个词汇:"昔伊奘诺尊①目此国曰:'此国曰日本,浦安细戈千足国,矶轮上秀真国矣'(按:《先代旧事本纪卷》'第七'注解:'盖谓日本者,心安之国,利器多出之国,丽美整然之国也')。复大己贵神目之曰:'玉墙内国。'复饶速日命乘天盘船而翔行大虚也,睨是乡而降之。故,因目之曰:'虚空见日本国是欤。'"② 记叙仅此而已。而另外一个事实也很重要,不应被忽略,即古代日本人极其看重的姓氏"倭氏"却不曾因此被改作"日本氏"。

这说明了什么?著者认为这与"日本"这一国号并非古代日本人所创造有关。如果说在上古时代,日本人在听说和使用"倭"字时还有些懵懵懂懂,故未在史书中有所反映,那么在《古事记》尤其是《日本书纪》成书的日本国家意识极度高涨的年代,设若这个国号是日本人的原创,那么当时日本的统治阶级和御用文人是绝不可能就此不事声张,而会大张旗鼓四处宣扬的。至于《日本书纪》对过去的国号做了更改,应该说只是对中国所送的名号半推半就地加以适当处理的结果罢了。说其"半就",是因为这个说法对古代日本人来说其实并不坏:日本民族原来就崇奉太阳,现在又成为在太阳近旁的国家,搞不好还可能被人误认为是"太阳的中心";说其"半推",是因为这个名号又乃唐人所"赐",心中自然别有一番滋味,所以在使用"日本"这个新国号后依旧倾向于使用过去的"倭"国号,只是在"倭"字前加了一个"大"字,以示区别。一个最典型的例子,就是圣武天皇③在他任内的《宣命书》中不写"日本国",而写"大倭国"。另外,人们在"正仓院"保存的公元 730 年的《大倭国正税帐》中还可看到,账本表面不仅写有"大倭"的字样,还盖有"大倭"的印章。所谓的"正税帐",

---

① 伊奘诺尊,日本神话中一个司掌人类生命的男神。据说与一个名叫"伊邪那美命",也就是伊奘冉尊的女神交合而产生了日本国土和其他众神。
② 宇治谷孟:《日本书纪》(上),讲谈社 1988 年版,第 41 页。
③ 圣武天皇(701—756),其在位时间是公元 724—749 年,亦即在《日本书纪》成书年代之后。

第一章 "大和魂"中的"大和"及之前使用的"倭"与"日本"的含义

就是"国司"(地方长官)向中央政府提交的记载 1 年间的收支结算数字的账簿。由此可以看出,"日本"这个新国号即使在采用后的很长一段时间,也仅被用于对外的场合。猜度当时日本统治者的心态,可能仅是为了迎合唐人,使之带有宣传的意味,而在对内发布和提交的《宣命书》和《正税帐》中,则力求保留使用"倭"这个原国号。换言之,"日本"二字是时髦的,符合当时的时代潮流,而"倭"则是本土的,需要固守。传统姓氏"倭氏"不改称"日本氏",日本国内单处地名也绝不改称"日本",就出自这个道理。此时,原先来自中国的"倭"字已然变成日本固有的"传统"之一。另一些有力的证据就是,在"日本"此新国号形成和使用的前后一段时间,日本对"日本"这一国号既未做酝酿思考,也未表示出兴趣。请看:日本于 702 年的前一年即 701 年,在《大宝律令》中明确地将过去的国号"倭国"改为"大倭国";737 年又将"大倭国"改为"大养德国";747 年又再次改回为"大倭国";757 年则改为"大和国"(以上各国号日语都读作 Yamato)。这一系列的国号更改,反映出古代日本人在正式使用"日本"这一新国号之前,似乎对"日本"这个词汇并无特别的好感。

至于新旧唐书就日本国号变更的第二个理由——倭字"不雅",反映的也或不是当时日本的统治阶级及遣唐使的意思,而是以武则天为代表的中国官僚集团的一厢情愿。日本很有可能是被动接受和使用唐人词汇的。从上述圣武天皇在他的《宣命书》中的所作所为即可明了,他不觉得"倭"字有何"不雅",相反还要在"倭"字前再加上一个"大"字,以显示美好和与唐朝同心同德,亦步亦趋。[①] 这种动向也许武后在 702 年通过遣唐使已经得知,但未有很好的理解,故有越俎代庖,替倭国改国号的举动。然而在此之后,日本方面似乎并不百分之百地领情,而是半推半就,内外称呼有别。

---

① 日本在此期间曾出现按中国称呼改变地名的动向。如前述,《续日本纪》"和铜六年(713)五月二日"条记:"制,畿内七道诸国郡乡名著好字。"民部省《延喜式》也颁布了"凡诸国部内郡里等名,并用二字,必取嘉名"的饬令。二令要求仿照中国,以两个意象美好的汉字标注郡、乡地名,改变过去一至四字的不统一的地名标注或一个地名有几种写法的做法(参见《日本历史地名大系》,出版信息遗失),但实际上,此饬令的对象不仅针对郡乡,或也针对"国"(地区)和国号。

"大和魂"史的初步研究

以下信息值得再次关注：日本第七次遣唐使成行于701年，第八次遣唐使成行于717年。而在717年之前，"日本"这一国号在中国的墓志铭中已经出现，所以可以说在当时交通和信息传递不便的情况下，由第七次遣唐使传递与国号相关的信息，在时间上是最恰切不过的。

六 推论

至此可以做出推论："日本"这一国号似乎应该出现在武则天会见日本使者的公元702年当年或之前，其出自或如张守节所说，来源于武皇后的改名。附带要说明，2004年出土于西安某建筑工地的"日本人井真成"的墓碑铭刻时间为开元二十二年（734），晚于第一个使用"日本"称谓的储光羲诗（《洛中贻朝校书衡》）中题词"朝即日本人也"的时间（722），更大大晚于公元702年，不足以说明任何问题。但1998年台湾某学术杂志记述的、有关1992年发现的唐代官员墓志铭有"在朝廷与宰相一同会见日本使者"一语，却有着重大的参考意义。该墓志铭说，彼官员死于713年，葬洛阳。从时间上看，彼官员见到的应该是粟田真人一行。[1] 如果台湾学术杂志所说无误，那么就可以明确地说，不是新旧唐书，而是这个墓碑的发现，才将"日本"国号的出现时间准确限定在公元702年或之稍前。

通过以上三个国号的考证，人们不难看出，所谓的日本风情浓烈的"大和魂"、"日本魂"和"（大）倭魂"等在其诞生之前，都已经与中国存在着千丝万缕的联系。

---

[1] 张云方：《唐代日本留学生井成真墓志文初释》，《中日关系史研究》2005年第1期，第72页。

第二章 "大和魂"中的"魂"

第一节 折口信夫所说的"魂"

日本古代的"魂"的内涵和概念十分复杂。著者认为以如此短小的篇幅对此做出说明有不自量力的感觉，故以下结合本书主题，仅转述日本文化学大家折口信夫和奥村伊九良对日本的"魂"的观点，之后据此提出著者自身的看法。

折口信夫（1887—1953），日本民俗学家、"国文学"（传统文学）家和歌人，但却使用着一个禅意十足的笔名"释迢空"。1905年进入国学院大学[①]学习，受到三矢重松[②]的青睐。毕业后从事国文学的研究和短歌的创作。一次偶然的机会认识了民俗学家柳田国男，深受其影响，转而研究民俗学。1919年成为国学院大学讲师，后升任教授，至死都在国学院工作。1920年和1923年两次到日本中部和东海地区山村调查民俗，1923年间还二度赴冲绳采访民俗。这段时间的调查和采访，为他后来研究日本神道学等打下良好的基础。1924年折口接手三矢重松（1923年死去）的"源氏物语全讲会"工作。1926年到长野县和爱知县山区调查"花祭"和"雪祭"，1930年至1931年到日本东北地区旅行，因此可以说折口具有丰富的原野调查和现场采访的经验和所需的知识。1932年被

---

① 国学院大学，早先是1882年创立的"皇典讲习所"在1890年附设的"国学"学生培养机构，1920年因"大学令"改为"国学院大学"，1948年开始按新学制教学。位于东京都涩谷区。

② 三矢重松（1871—1923），国语学家，自国学院大学毕业后长期从事中国留学生教育等，后成为国学院大学教授，著有《高等日本文法》、《文法论》、《国语学》、《国语新研究》、《国文学新研究》等。

授予文学博士学位，1948年当选为第一届日本学术会会员。

　　折口的研究领域除国文学和民俗学外，还涉及神道学、国语学和民间演艺史。虽在国学院大学工作，但他不畏"传统"神道的权威，善于接受新理论，持有世界万般事物都处于变化发展的观点。他研习学问的方法，是在"国学"研究方法的基础上加入民俗学的研究方法，进一步再加上他个人独特的现场感受，目的是以此把握古代至近代的日本人的心理，包括他们的神道观和灵魂观。折口对日本文学和文化学的贡献，是在日本人的神观念中发现"外来神"的要素，将它定义为"异乡宾客"，并基于此"异乡宾客信仰"，提出日本文学和文化学发生的理论。著有《口译万叶集》(1916)、《古代研究》(1929—1930，三卷)、《日本民间演艺史六讲》(1944)、《日本文学的发生序说》(1951)和歌集、诗集、小说等。

　　折口的著作《古代人思维的基础》，① 就是融上述方法、观点进行研究的产物。让人颇感钦佩的是，他在那个年代，于该作各节都有大胆的发言和精到的见解："迄今为止的语源理论和因袭学说被次第推翻。国学四大人（按：指荷田春满、贺茂真渊、本居宣长和平田笃胤。下面除另有说明外，夹注皆为引者做出）利用该时代所有的知识进行研究。而我们在这个时代又必须通过我们这个时代的知识进行研究。前人的研究虽然可取，但我们必须超越它，改正因袭的学说。没有定论此说，而只有正确、不正确的问题。"② "有人只看到古代的优点，视之为神道，但必须排除这种常识，不拘善恶，将它视为（普通的）日本事物。即承认其长处、短处进行总决算，之后再发现优秀的日本精神。"③ "今天的神道，是在过去仓促的情况下创造出来的。明治政府为其方便利用了江户时代匆忙组织起来的神道，因而是'半生不熟'的。如今需要再次改正，使之闪现出古代精神。"④ 折口在此试图根据民俗学的

---

① 折口信夫：《古代人思维的基础》，初出于《民俗学》，1929年，后载入《折口信夫全集3》，中央公论社1995年版，引自日本网站，2011年3月30日，大和魂 site：www.aozora.gr.jp。
② 折口信夫：《古代人思维的基础》第九节"因袭的学说"。
③ 折口信夫：《古代人思维的基础》第十节"神典解释的古今"。
④ 折口信夫：《古代人思维的基础》第十二节"神道和民俗学"。折口的原话可能有误。原话是："今の中に、まう一度、訂正することなしに、捨てゝ置いたならば、古代精神を閃めかしてゐる。"

第二章 "大和魂"中的"魂"

角度和客观的态度重新解释神道，包括日本的灵魂观，即使在今天，他的这种做法和创见也依然闪耀着思想的光芒："过去轻视民间神道，将其称作俗神道而弃之不顾。这是江户时代学者骄傲自负的结果。他们认为俗神道过于受到阴阳道、佛家等的影响，而自己认识的才是古代的神道。然而他们的思想基础也是汉学和佛教，人们反而能从俗神道里闪现着的、自古代开始形态业已消失但还是传承下来的精神中发现其纯粹的古代精神，此即民俗学。"①

折口还敢于公开批评当时的日本文化界泰斗人物芳贺矢一："自从芳贺先生发表《国民性十论》后，有人一提到日本的国民性，就一味罗列其好的一面，但事实是并不光是好事。我们必须回溯至源头，弄清日本国民性之所以产生的周边的法则和民族性逻辑，即古代逻辑的产生原理。……日本人为何在拥有忠君爱国精神的同时又有'下克上'的想法？这无论如何必须回溯至古代逻辑重新思考。要解决这种种问题，必须再次倾注真正的热情，思考祖先的生活，以此研究古代的逻辑。"②折口的这些发言，不光是说给该时代的人听的，也是指导今天的我们进行研究的一个重要原则。

折口在该作中谈过不少问题，部分与本书相关，下面做概括介绍，同时提出一些疑问并做简单评述。

一 "御歌会"与"言灵信仰"

"贵族（自然也包括天皇）的生活成为神道的基础。我认为民间所称之神道，实际上是贵族的信仰向一般民众的延伸。""在和贵族过着同样生活的各'国'或各村也有着与前者大同小异的信仰。其间虽有相当不同的信仰，但后者采取事大主义，自然会追随贵族的信仰。其中也存在有意改变自己信仰的事实。……大化改新的根本精神实际上就是宗教改革，将地方的信仰统一到贵族的信仰中来。"③比如，在每年正月十五日举行的、具有神圣宗教意味的"御歌会"上，青年男女分站两

---

① 折口信夫：《古代人思维的基础》第十节"神典解释的古今"。
② 折口信夫：《古代人思维的基础》第十三节"国民性的基础"。
③ 折口信夫：《古代人思维的基础》第一节"尊贵族和神道的关系"。

侧。男的叫"召人","大抵是武官出身。但这些武官并非贵族子弟，而是五品以下的官员，多半来自乡下，即官位低的武官"。"与此武官相对的是宫中的高级女官，后来随着时代的变化，变为阶位低的女官。原先阶位高的女官是从采女中选拔而来。""为何要让采女和低级武士出场？那是因为……此前的采女是郡领——地方的郡长官——的女儿。她们被召入京结束任期后，除不多的人留在京城外，按规定都要返乡。返乡后她们将宫廷各种礼仪带回，或在其家族势力的范围内传播。""与采女相对的是郡领的儿子……即舍人。此舍人结束任期虽也有人留在京城，但在奈良朝之前大抵都要返乡，宣传宫廷的信仰。"总之，"宫廷的生活习俗渐次下移"①。著者认为这些话语大致不错，但未说明天皇、贵族信仰本身的来源。这从折口接下来的叙述中可以看出来。

"御歌会……时所唱的歌并非新作，而是各'国'的歌，献给神。这种歌叫'国风'，有起誓重新服从宫廷的意味……。然而之前采用的是'歌合'（赛歌）的形式。所谓的'歌垣'②和'论歌'③等即此。该方式次第引进宫中后在'御歌会'上斗歌，形成'歌合'。"④ 上述"有起誓重新服从宫廷的意味"是何意思？原来"各'国'都有自由活动的魂。在各'国'掌握实权的不可思议的魂即威灵，人附上这种威灵就获得掌握该国实权的力量。各'国'传承的歌就带有这种魂，将此歌献给某人，他就产生新的威力。采女、舍人奉献'国风'此歌后天皇就附上威灵。因此献歌就代表服从天皇"。"天皇因拥有各'国'所有的魂，所以能够领有整个日本国，若不知此事则无法触及神道的根本。有人说日本国靠武力征服，或由圣德治理，但从宗教上说，是因为有人献上各'国'的魂。""在古代，信仰和政治权力合一。有宗教力量的地方必伴有政治上

---

① 折口信夫：《古代人思维的基础》第一节"尊贵族和神道的关系"。
② "歌垣"有两种意思：1. 古老的形式。指古上古男女集合在山里或集市等相互咏歌并舞蹈游戏的仪式。实际上是一种求婚方式，实施性解放。《古事记》有曰："立于歌垣……取美人手"。2. 演变后的形式。男女相唱和的一种歌舞。进入宫廷后与"踏歌"合流，逐渐仪式化。《续日本纪》"三十年"有曰："男女二百三十人供奉歌垣。……男女相并，分行徐徐前进。歌曰……"
③ "论歌"，指评论和歌的好坏。《大镜·伊尹》有曰："于殿上出现论歌。"
④ 折口信夫：《古代人思维的基础》第一节"尊贵族和神道的关系"。

第二章 "大和魂"中的"魂"

的势力。"① 折口的这些话说得极好,但也存在费解之处。其所说的"下移"是指宫廷生活习俗的下移,可是作为宫廷生活习俗前身的"斗歌"这个形式本身,却来自民间的"歌垣",它应该产生于天皇或贵族朝廷甚或是日本原始政权形成之前。所以这里既要谈到"下移",也需要涉及"上移",如"歌垣"向"斗歌"转变的过程,而且要说明这个"上移"是先在的。另外,从折口的叙述来看,各"国"的"魂"是原来就有的,早先并不专属于天皇,它被献给天皇后天皇才获得新的力量,实际上能对天皇起作用的还包括各国的"魂",所以准确地说,日本"魂的信仰"并不都来自天皇及贵族本身。"贵族的生活成为神道的基础。……民间所称之神道,实际上是贵族的信仰向一般民众的延伸"这句话,似乎把其中的一些关系说反了。正确的说法似乎是,部分的民间信仰的神道(生活习俗等)也是先在的,而后天皇、贵族在此基础上又发展出自己的新的"神道",之后再影响其他"神道"的。因为无论如何,部落时期的民间"神道"这部分,也是神道的来源之一。

另一方面,"御歌会"的本质其实就是折口在文后所说的"言灵信仰":"古代存在通过言语改变事物的言灵信仰。古神道家说'言灵'是一个词汇或一个音节,但其只有在一篇文章或某个固定的句子中才能成为某个事实。他们认为因为文章具有灵妙而不可思议的力量,所以会起作用。"② 因此可以说在这种"御歌会"上的"斗歌"和下述的奈良朝前群臣在天皇面前所奏的"寿词"等,都带有使"言灵"发挥作用的意味。古神道家还"进一步认为,神的言语也具有力量,而且其中具有威力。可将其说成是'言灵',将其发挥威力说成是'言灵之幸③'"④。比如"天皇登上高处,口念'祝词',⑤ 无论何种季节都会转

---

① 折口信夫:《古代人思维的基础》第一节"尊贵族和神道的关系"。
② 折口信夫:《古代人思维的基础》第七节"数种的事例 二"。
③ 其实这种现象在东亚各国包括中国都广泛存在。它的来源是万物有灵论和萨满教。万物有灵论认为,自然界的所有事物都寄寓着灵魂和精灵,各种现象都由其意志和功能所发生。萨满教则相信有祖灵和精灵等。
④ 折口信夫:《古代人思维的基础》第七节"数种的事例 二"。
⑤ 祝词,在祭祀仪式上所唱诵、祝福的语篇,现存最古老的有《延喜式》卷8"祈年祭"及之后的27篇等。用"宣命体"书写。也可特别将"中臣寿词"之类的带有强烈祝祷意味的语篇说成是"寿词"。

为初春，其所登的高台成为高天原。……地面也成为高天原。此时天皇成为天神"。"因为天皇是在传达天神的御言，命令该土地和那里的人及魂。其间天皇如同天神。"①这一切也都是"言灵信仰"的表现。本书后半部分叙述的、不少人自幕末至二战期间竭力鼓吹的"大和魂"，其实也是这种"言灵信仰"的延伸表现。

二 "魂"和天皇的关系

人的"魂是移动的"，《万叶集》有一首歌，说："附着在天皇身上的近江国（今滋贺县）的魂从弘文天皇身上游离后转移到天武天皇身上，所以弘文天皇要将国家大事委托给天武天皇。""我们将此魂称作外来魂。"②"天皇是大和国的君主，所以附着大和国的魂的人成为天皇（'三种神器'③有其他的意思——原注）。此外成为天皇的魂即天皇灵。"此灵厉害，"若违盟者，天地诸神及天皇灵绝灭臣种矣（《日本书纪》"敏达天皇十年闰二月"——原注）这句话若用大白话说就是'稜威'。这个词汇似乎是表示神圣意味的修饰语，但实际上，它说的就是在大尝祭时附着在圣躬上的天皇灵"④。"稜威"一词从幕末开始至二战期间经常被使用，并且与尊皇发生联系，其源头就出自于此。

那么，这个"稜威"是如何附着在天皇身上的呢？"悠纪殿和主基殿分别建造的做法始于古代，也见于'天武纪'。如前述，两殿最初一定是同一个殿。其中最成问题的是在殿中设有御衾。神道学家中有人说其中装的是天照大神的尸骸。此话毫无根据且不严谨。古籍记载天孙降临时是披着'真床袭衾'而来的，大尝宫的御衾也采用这种形式。""尊贵而神圣的魂在完全附着于天皇身上之前，不能接触日光和空气。一旦接触空气则丧失神圣的意味，所以用'真床袭衾'包裹御身。（换言之）在包裹期间（天皇）复活了。"日本在"古代某时期前不具有明确的死亡意识。到平安朝仍不知道人是活着还是已死。我们知道《万叶集》记载的殡宫是收纳天皇和皇族尸骸的地方。将奉安殡宫的时间

---

① 折口信夫：《古代人思维的基础》第七节"数种的事例 二"。
② 折口信夫：《古代人思维的基础》第二节"威灵"。
③ 指剑、玉、镜。
④ 折口信夫：《古代人思维的基础》第二节"威灵"。

第二章 "大和魂"中的"魂"

定为一年,是为附和支那丧葬制度后的事情,而在此之前很长一段时间人们不知何为生,何为死。而只知未死者将转生,死者将魂寄托在他者的体内。用一床御衾覆盖附有天皇灵的圣躬和为附着新魂的身体,这就是镇魂术。""中途休息的圣躬若不复活,则其魂将转移至放置在旁边的另一个身体。因不明生死,所以就将两个身体放在一处。当后来生死观念次第清晰时,从信仰上说这就是复活,但事实是已认识到死亡。即使过去的生者出现,也认为它与一度死亡的人复活的情状相同。"这可能就是"将原来的一座御殿分为悠纪殿和主基殿,即分为生和死的原因。即使在两座殿内分别置放御衾,也可以认为是在那里将旧魂转移至新体"①。通过此,我们可以了解日本古神道内容的一部分,即口诵"魂"和转移"魂"对日本古人来说,是一件极其重要且具有成效之事。然而接下来折口又犯了与前述相似的错误。

折口认为,天皇为治理大和国(后来此"大和国"的意思扩大为全日本)就必须拥有大和之魂,但这个"魂"却不是他自己的。"一般认为,拥有大和之魂者乃物部氏。""物部氏……操魂的方法称物部'石上镇魂术'。……最初拥有此魂者又乃饶速日命②,他在神武天皇进入大和前已从天而降。本来天孙只有一人,但饶速日命在神武天皇进入大和时却突然出现在天皇面前,以弓矢为证据,主张自己是从天上降下来的。"③至此我们明白"天孙"原来不止一个,还有另一个"神"也坚称自己是"天孙"。从中我们可以蠡测,天皇说自己是天孙乃后来的事情。当时可能有一个拥有弓矢等先进武器的集团在大和一带活动,遇上东进的神武天皇军队但没能打胜它,反被天皇招安,成为天皇器重的人,之后也获得"神"的称号。对此折口是这样说明的:"此事无法正确解释,似乎具有政治意义,其实饶速日命是大和之魂,后来升格为神的。拥立此神的是长髓彦。饶速日命离开后长髓彦立刻死亡。因为失去大和之国君主所必须拥有的魂。祭祀该魂者即物部氏。"④ 折口的这个解释颇为随心所欲,

---

① 折口信夫:《古代人思维的基础》第二节"威灵"。
② 饶速日命,《记纪》(《古事记》和《日本书纪》的简称)神话说其先于天孙降临,娶长髓彦之妹三炊屋姬为妻。在神武天皇东征时杀长髓彦,归顺天皇。据传是物部氏的始祖。
③ 折口信夫:《古代人思维的基础》第二节"威灵"。
④ 同上。

有为"天皇"隐讳的嫌疑,而且改变了《记纪》神话的说法。看来自称"我们必须超越……改正因袭的学说"的折口,在天皇是神的那些日子,也不敢对"定说"投以彻底怀疑的目光。

折口还说,"由此可见,饶速日命和祭祀饶速日命的物部氏之间具有血族关系。想来物部氏是操魂团体,主要是在战争期间起到抑制对方(原文无'对方'的字样,乃引者根据文脉加入)魂的作用。因此,过去认为物部氏是武装团体的想法必须改变。亦即,物部氏是一个望族,除了负责为天皇提供大和国之魂外,还操控着其他各国的魂"。

然而,"天皇即位时不仅只是物部氏为其附魂,其他新服从的部落代表也会到来为天皇附魂。奈良朝之前,群臣中有'大臣'、①'大连'②家族的人出来,在天皇面前奏词。后来因重视朝贺仪式,所以改奏'寿词'。如今想来,除新服从的'国'之外,每一代天皇奏一次'寿词'即可,或许是因为感到不安,所以每年都奏'寿词'。可以认为这种信仰与每年都重复进行'新尝祭'相同,因为魂每年都需要复苏。这种复活魂的信仰在日本古代非常强烈"③。折口对此的新解释值得参考:"近世神道所说的'镇魂'意思多少有些误断。即让游离的魂再次附上某人的身体,曰之为'镇魂'。但上古是将外来魂(威灵)附在天皇的身上,带有'振魂'的意思。"④ 著者由此认为,不仅在古代,而且在幕末至二战期间,那些日本志士以及军人和民众吟唱"大和魂"歌,也有复活"魂"信仰和尊皇等的意味,希望借此振作民心,提高士气。

三 无意间透露出的天皇、贵族信仰的来源

"在日本神道被纯化的时代,神道学家说高天原⑤是神聚集的地方,

---

① "大臣",非现代意义的大臣的意思,指大和朝廷的执政集团之一,由拥有臣姓的诸氏中最有实力者担任,据《记纪》说起始于武内宿祢,后由其子孙诸氏世袭。大化改新时被灭的苏我虾夷是最后一任"大臣"。

② "大连",大和朝廷的执政集团之一,由拥有连姓的诸氏中最有实力者担任,通常为世袭。据《记纪》说由物部和大伴两氏中选人,与"大臣"共同执政,但6世纪末最后一任的"大连"物部守屋被"大臣"苏我马子等所灭。

③ 折口信夫:《古代人思维的基础》第二节"威灵"。

④ 同上。

⑤ "高天原"有两个意思:1. 日本神话所说的天神待的"天上之国",由天照大神支配,是一个与"根之国"(黄泉国)和"苇原中国"(日本国的地面)相对的概念;2. 天空。

第二章 "大和魂"中的"魂"

然而我认为神过去是待在日本国土之外的、大海远方对岸的某个地方。聚集在那里的魂定期会来到日本（按：'神'、'魂'在此是混说的），附着在人的身体上，这时就多了个人。"① 换言之，即众日本神先是在大海对岸的某个地方，后来才聚集到高天原的。折口的这个说法相当新颖，暗示着日本神、魂观念的部分起源地和参与日本民族建构的某些人群的出发地是大海西岸的某个地方。由此我们不难产生一个疑问：既然"天皇神"或"天皇魂"本身也诞生于大海远方的西岸，后来才转移到"高天原"，而按今天的说法，日本的水稻和水稻生产技术来自亚洲大陆，那岂不是等于说"天皇魂"或"天皇神"来自大海西岸，天皇等人本身就是移民？

对这个大海西岸的某个地方，折口有进一步的解释：它就是过去人们所说的"常世国，也就是净土、天堂（Paradise）或神的国度"。但"后来由于神道次第被纯化，所以宫廷的神道学家认为它是高天原"②。折口就此还做了一个近代人才有的想象和说明："过去人们认为，在大海的远方——地平线处的海面有处凹陷下去的地方，穿越彼处就是常世国。在地平线那里越走越远，总没个头，只有不可思议的东西才可以再往前走。另外，地平线那里海天一线，不知是天空还是大海。因为不知道海天的分界，所以后来人们的思维从大海的远方转移到天空。……并相信（高天原）那里有些处于统治地位的神。而常世国则集中着'国'、邑的魂，所以人们和'国'、邑的关系密切，自然会有血缘的想法，认为那里集中着父母、祖先的魂灵，因而产生了人的气息和亲近感，同时还带来了尊崇之心。这是一种由魂向神的思维转变的基础。"③ 折口的这种想象和说明还原了"神"（也包括天孙天皇）和"魂"的关系："神"先是作为"魂"待在"常世国"，亦即与彼关系密切的乡下（"国"、邑），后来才进入都市（宫廷）变为"神"，并由此生发出一个美好的想象——"高天原"国度。这种视"天皇神"的基础为"普通魂"的论调，我们在前面已经看到，它可以增强著者的前述观

---

① 折口信夫：《古代人思维的基础》第五节"信仰的变化"。
② 同上。
③ 同上。

"大和魂"史的初步研究

点。但让著者弄不明白的是，为何在日本学者的眼中，"神"、"魂"、"灵"这三个概念词经常是可混用的，但有时它们又是不同的物质，而一旦区分，则"神"、"魂"、"灵"三者的关系又经常是"神"伟大而"魂"、"灵"次之。

在这方面折口也一样："读日本神典，最感困惑的就是神和非神的区别不明显。"但他紧接着又说："《古事记》及其他书籍中出现的'有灵'的各类人的记录……其真实的情况不得而知。……在《古事记》中，有未成为神的灵性物质，也有成为神的物质。"①"日本的信仰具有一种不可思议的可起灵化作用的魂信仰。此乃最初的信仰，人们认为魂附着在人的身上，就会拥有发生或生产物质的力量。其魂称'产灵'（《记纪》神话——原注）。'产灵'非神。询问神道学家，也没有人将产灵神和神混为一谈。此神（按：何神未说明，似为'产灵神'）无形，比灵魂（按：原文如此）高一个等级，渐次变为真神。见日本神典，其中将'神'与'Tama'②分写，后者除了是一种有理由不可思议的带灵性的魂外，还是一种可以给人以力量的魂，即某人死后他本人所拥有的魂。此魂的一部分会附着在神圣的有资格的人身上，其他部分则仅属于某人。一'国'、一邑魂的数量是固定的。……该魂会爬进爬出。某人死后，该魂即附着于外部的尸体上，重新复活。"③

按著者的理解就是，折口也混说"神"、"魂"、"灵"，或将"神"和"灵"、"魂"说成是不同的物质，而后来"灵"和"魂"的一部分进入天皇的体内，变成了"神"，"神"也因此变得比"灵"、"魂"伟大。这是个很难理解但又非常有趣的说法，可以帮助本书阐释为何"大和魂"有着如此深广复杂的内涵，又为何会如此便利地融合其他各种信仰，包括天皇信仰。如果读者感兴趣，可以选择跳读本书的附录《日本宗教包容性原理的成因初探》。在著者看来，"神魂"、"神灵"抑或"灵魂"等东西其实都属子虚乌有，最早三者可能属于一个远古的模糊观念团块，不存在孰大孰小的区别，而且这种将"神"、"灵"、

---

① 折口信夫：《古代人思维的基础》第五节"信仰的变化"。
② 原文为假名。日文的"魂"和"灵"都可写作 Tama。以下出现的类似词汇都被改写成罗马字母，不一一作注。
③ 折口信夫：《古代人思维的基础》第五节"信仰的变化"。

"魂"视为一个观念团块的事例在古代东亚地区随处可见。后来由于时代的进步和统治阶级的出现，该观念团块有了分化，出现了"灵"、"魂"和"神"等的不同概念。古代中国如此，接受了汉语词汇和概念的古代日本同样如此。"神"后来之所以"伟大"，是因为统治者的需要，其中存在一种有意拔高"神"或以"神"取代或包容"魂"、"灵"的过程。正如折口所说的那样："随着神的资格上升，神社遍布全国。它伴随着国家组织的完成。"[1]

第二节 奥村伊九良所说的"魂"

折口信夫就日本古代的各种"魂"包括"大和国魂"做了分析，与本书追索的"大和魂"意涵存在部分的影响性关系，但关联程度不是很高。在这方面，倒是奥村伊九良做出较大的成绩，将自身的叙事重点放在对"Tama"（魂）和"Tamashihi"（魂）的区分与其性质、功用的分析上，影响到了战后的斋藤正二。美中不足的是，奥村讨论的Tamashihi（魂）虽与本书讨论的Yamatodamashihi（大和魂）的Tamashihi（魂）有关，但其叙述并不够充分和清晰。

一 "Tama"（魂）和"Tamashihi"（魂）

奥村在《大和魂——历史篇——》[2]中也说日本古代存在各种的"魂"，但如上述，对其中的"魂"（Tama）和"魂"（Tamashihi）做了区分和重点分析。这两种"魂"的意涵既有联系，也有不同。

折口说，"魂"的发展可分为抽象、具象、再抽象这三个过程，"原先抽象的、即可进入或移出人体的东西是Tama，但不知从何时开始，Tama被具象化，即只有原为Tama的象征物的矿石和动物的骨骸才被称作Tama，而（保留）抽象（意味）的那一部分则被称作Tamashihi"。而从"Yamatodamashihi（大和魂）或平安朝使用的词例等来看，Tamashihi一词不用于知识，而用于力量、才能等意味，带有活用和灵

---

[1] 折口信夫：《古代人思维的基础》第六节"数种的事例 一"。
[2] 奥村伊九良：《大和魂——历史篇——》，一条书房1934年版。

"大和魂"史的初步研究

动的力量的意思"①。折口的解释后半部分是正确的,但前半部分也许高估了日本古代先民的智慧,即他们具有可区分抽象和具象两种性质的能力。换言之,折口在以今视古。在这方面,倒是奥村解释得较为清楚:"Tamashihi 也叫 Tama。Tama 是原词。古代颇多 Tama 的用例。而在进入新时代(奈良朝)后才开始用 Tamashihi 一词。例如《万叶集》中有'昨夜今晨魂(Tamashihi)来访,我心犹痛爱之深'②歌等。同时 Tama 的用例开始变少。Tama 是具有不可思议的灵妙作用的物质,虽说是实体,但难以用肉眼看清,灵(Tama)、魂(Tama)、玉(Tama)等皆如此。……不言而喻,后来为了将神的灵力和人的灵力分开,古人将神明等的尊贵 Tama 说成是'御(Tama)',而将人的 Tama 说成是 Tamashihi。"③ 看来奥村认为 Tamashihi 就是 Tama,二者的区别只在于时代和人与神。但这里也会出现一个问题,即对 Tama 后面的 Shi 和 hi 怎么看。对此奥村坦陈"不清楚",只说"Hi 有'灵'(Hi)、'火'(Hi)、'日'(Hi)的意思"④(按:在古人看来,这些东西都具有一种不可思议的灵力),体现出一种知之为知之、不知为不知的科学精神。而今人对 Shihi 的 Shi 依旧避而不谈,只解释 Hi:"从宗教学的立场上看,'神'……包含两种不同的性质。一种如 Mizuchi(水的威力),Ikazuchi(雷的威力)等的 Chi,一种如 Musuhi(生产的威力)、Tamashi(灵魂的威力)等的 Hi,皆为如同磁力般在宇宙中行走的、目不可视的超自然咒力。"⑤ 日本著名文化学家和语言学家白川静支持这一观点,说"Hi(靈)就是宇宙所有活力的源泉和具有极大威力的物质",并说"中国是以雨作为生命的原动力('靈'是'雨'头),而日本则是以太阳光为生命的原动力,故在日语中'靈'与'日'一样读作 Hi"⑥。从构词法和逻辑上看,Hi 前面的 Shi 应该带有限定的意味,但著者遍查

---

① 折口信夫:《灵魂的故事》,《折口信夫全集3》,中央公论社1995年版,第23页。
② 原歌是:"たましひはあしたゆうべにたまふれどあが胸いたしこひのしげきに。"
③ 奥村伊九良:《大和魂——历史篇——》,一条书房1934年版,第97页。
④ 同上。
⑤ 《日本大百科全书》"神"词条。
⑥ 白川静:《字训》,平凡社2007年普及版,"灵"词条。

· 54 ·

日本古语辞典未看到相关的合适解释，只发现古日语词"其"也读作Shi。① 若将此"其"字放入"魂"和"灵力"之间，似乎可以解读为"魂，其灵力"或"魂自身的灵力"，用久了即可理解为"魂的灵力"。当然，这只是著者的一家之言。如果这种说法成立，那么Tamashihi就是Tama的派生词，即前者为新词，后者为旧词，只是新词在语义上更为明确，直接说明它是"魂"具有的"灵力或能力等"。

二 "二魂"皆有"实体"，而且可以"移动"

然而从新词Tamashihi带有旧词词根这点来看，可以说其基本意思应该与Tama没有太大变化，即都是具有"灵力"的"实体"，而且可以"移动"。按奥村的说法，这种"实体""有时看起来像肥皂泡那样，圆乎乎的，泛着微弱的光，但就其本体来说，还是呈现出一个人形"。当时的人们就像"盲人，虽然缺乏对人的姿态的视觉观念，但仍然可以感觉到有许多人的（影子）在自己的周围"②。

奥村举出的事例是《日本书纪》"卷第一"的故事：大国主命神独自一人创造出日本国土尚未完全成型的剩余部分，某日来到出云国（今岛根县东部）海岸，面对大海曰："吾经略日本，于今尽平强暴，而治理此国者仅吾一人。于吾之外可有与吾一道共治此天下者？"言毕海面出现一不明浮游物，且带有不可思议的光晕。彼物云："若无我，汝一人何以平定此国？汝得以大致治理此国，乃拜我附着于汝身之赐也。"大国主命神忙问："汝乃何人？"答曰："不知我乎？我乃汝之幸魂（Tama），亦奇魂（Tama）也。"之后大国主命神亲手将此魂葬于大和国（今奈良县）三诸山（三轮山）。③《古事记》的记述与此略有不同，说葬在三诸山的不是大国主命神自身的魂，而是他的守护神。两相比较，可以看出《日本书纪》反而保留较早的日本文化原型，与江户时代起的说法——《古事记》保留更多日本文化原型的说法刚好相反。《先代旧事本纪》比《古事记》和《日本书纪》要晚出

---

① 日本《学研国语大辞典》，学研社1988年版，"其"词条。
② 奥村伊九良：《大和魂——历史篇——》，一条书房1934年版，第102—104页。
③ 同上书，第109页。

约 100 年，其中也有相似的记述，但在细节上更为详细："时神光照海，忽有一物跃出波浪顶端，乃素装，持天之琼矛浮来。……曰：吾乃汝之幸魂、奇魂、术魂之神也。云云。"①《先代旧事本纪》因晚出，其中新旧概念杂陈，新的一如《古事记》的"神"、"魂"不分，旧的是一身不止有二魂，而有三魂，数量更多，显示出更古老的文化形态。然而在魂（Tama）会移动这一方面，前述三著是共通的。这种说法或是接受中国古代思想影响的产物，或反映出东亚各国和地区的共同或相似的思想，只是说辞有所不同而已。正如奥村所说："支那的文献记载，人有魂魄这两种 Tamashihi。不知其源于何时。也许属于南方传说，因为在地域上与日本相近，所以这是一种从日本、南洋一直到南部支那很早就有的思想。支那用阴阳思想解释魂魄，说人死后魂升天，魄与尸体一道归地，或说魄属于形（肉体），即所谓的运动中枢神经，而魂属于气（精神），即所谓思考问题的心。但这些都不过是后世的说辞，在多大程度上可以传达古代的原义似可存疑。也许后世流传的像'倩女幽魂'这一类具有双重人物性格的故事更能表达出其原始风貌。"② 不仅日本、中国如此，"前些年考古学或历史学专业杂志发表了一篇论文"，说"南洋、台湾（按：原文如此）等地，也相信每个人都具有两个魂"。③

三　日本对此"二魂"的不同解读

但在这"两个魂"上，日本人有自己的解读。《古事记》说，神功皇后出征新罗前将天照大神的御魂（Tama）放置在船上，并在海上漂浮着许多供品。而《日本书纪》记载得更详细，说皇后求告神明后得到指示，说须将天照大神御魂中的"和魂"（善魂）附着在皇后身上，

---

① 《先代旧事本纪》"国造本纪"，吉川弘文馆 2007 年版，第 26 页。此书乃平安时代初期编撰的史书，据书序说由圣德太子及苏我马子等人于推古天皇二十八年（620）撰录，但因为此书引用了许多《古事记》、《日本书纪》和《古语拾遗》等史书的资料，所以有人推测乃成书于 807 年之后。不过从此书的内容推断，可以确认它成书于平安时代初期，共 10 卷，从神代开始一直记述至推古天皇，还单独收录了"国造本纪"。著者不详，有人推测为物部氏一族。

② 奥村伊九良：《大和魂——历史篇——》，一条书房 1934 年版，第 108 页。

③ 同上书，第 107—108 页。

以镇守船只，保护圣体，将"荒魂"（恶魂）放置在先锋船上（按：目的未说，似有对付恶魔或破敌的意思）。具体的做法据说是皇后上船时带上了两块象征"魂"的石头，以此踏上征程的。① 此外，古代日本人除在祭有祖先魂灵的神社正殿祭祀"御魂"外，还经常会择地祭祀祖先的"荒魂"。魂分为善魂和恶魂，说这是日本古代人的特殊解读固无大错，但中国等东亚国家或地区在远古也大致如此。在古代中国的二元"气"理论中，"魂魄"在人未死（即有气）时是附着在同一人身上的，死后则开始分化，"魂"升天，"魄"留地。因"魂"与"神"通，故对人有益；而"魄"则通"灵"，需要审慎处之。若处置不当，则"魄"（鬼）必伤人。② 在这方面，中日两国的神魂观念有相似的一面。古代中国人还认为，须在家或祠堂按礼数祭祀祖先，若因故未能或不祭祀，则祖先魂会变成荒郊野鬼，殃及子孙。这种"气"的"二分理论"是否影响了日本于此不论，但至少在日本也出现了"二魂"思维，并且该"二魂"思维似乎还进一步衍生出 Tama（神之魂）和 Tamashihi（人之魂）的概念之分。

四 "魂"从"移动"进一步向"活跃"转变

在"魂"会分化、移动方面，奥村认为，魂大体呈现与人相似的形态。人照镜子，魂便会转移至镜子当中。所谓镜中的影像，就是人的魂灵（按：这与中国的说法是一致的。过去以慈禧为代表的老一辈的人都不太愿意多照镜子，更不愿意照相），而日本的神社也是将镜子作为神的凭依来祭祀的。《延喜式》就此解释："（大国主命神）取其自身和魂于八咫镜中，置于大御和（即大和）之神奈备（神社），称之为倭大物主奇御魂。"此处所说的"和魂"即"幸魂"或"奇魂"，乃大国主命神使之转移至镜子当中。《古事记》也说，天孙降临时天照大神曰："此镜即为吾魂，祭之如祭吾。"③

---

① 奥村伊九良：《大和魂——历史篇——》，一条书房1934年版，第111页。
② 详见本书附录"日本宗教包容性原理的成因初探"。
③ 转引自奥村伊九良《大和魂——历史篇——》，一条书房1934年版，第110页。

"大和魂"史的初步研究

　　这种魂会"移动"的思想到平安时代仍未改变。《宇津保物语》①中有一则故事，说的就是"魂"（Tamashihi）的"动"与"不动"的问题。原话是："如今于观学院大学，魂定才俊者仅藤原季英一人。"②季英即藤英，后者乃简称，汉学学问很好，但相貌不佳，且因家道中落装扮邋遢，在"大学"③混了20多年还未能出仕，屡屡遭人作践，仅有一个叫忠友的朋友。可就是这么一个人居然会爱上"左大臣"的美丽女儿贵宫，于某日挤进"左大臣"府邸外排开的诗文竞赛队伍，希望实现大臣允诺的胜出后将与贵宫结婚的梦想。比赛时，藤英格外卖力，作出超一流的文章。但考官不待见藤英，唯恐如此美文被"左大臣"看到，便故意将稿纸揉碎。藤英见状灵机一动，高声朗读起自己的文章，被"左大臣"听见，因而有幸被邀进入该大臣的房间。在"左大臣"和诸"博士"面前，藤英流泪诉说自己的境遇。"左大臣"听后询问众人的意见，但诸"博士"都说："诚然藤英乃优秀学者，但彼魂不定，不可出仕。若此人任官，于公于私皆有不利，故无法举荐。"藤英听后仰天长叹，之后便有好友忠友代他说出前引的、"魂定才俊者仅藤原季英一人"那一段话。"左大臣"相信忠友，说："有人光有地位而无才干，在境遇不好时也会表现出忧愁，何况有为青年藤英为现状怀忧当在情理之中。设若贫穷或别的什么也算作缺点，则我亦可算作有缺点之一员。魂定或不定多半与境遇浮沉有关。漫说心中怀忧对公私不利，即使原来是一个好人，魂也不会安定。反之，凡事皆可遂愿之时，恶人亦感到魂定。"④

　　上文所引的句子中"魂"与"才（干）"并列。"魂定"，换说成现代语言就是"心理把控能力强，遇事表现出沉着冷静的状态"。而按"左大臣"的说法则是"有人因境遇不好，心中愤恨不平，表现出魂不定的状态亦很正常"，显示出"左大臣"通情达理的一面。然而在那个时代（其实在任何时代都一样），遇事不惊，沉着冷静，是对官员的最

---

① 《宇津保物语》，平安时代中期的传奇故事，20卷，作者不详，但奥村伊九良说它由紫式部的父亲藤原为时创作，约成书于10世纪后半叶。
② 《新编日本古典文学全集·宇津保物语》，小学馆1999年版，第53页。
③ 具体意思请详见后文"《源氏物语》'少女'卷中紫式部的'大和魂'"一节。
④ 参见《新编日本古典文学全集·宇津保物语》，小学馆1999年版，第54页。

起码要求。如果因为心理失衡，举措失当，即"魂"移心荡，让"荒魂"乘隙伤害公事和自身，不被举荐则很正常。想来"左大臣"在内心也是认可这项规定的，所以忠友要替藤英说话："魂定才俊者仅藤原季英一人。"奥村的评论是，"《宇津保物语》的主体思想极其尊崇汉学和唐代的音乐……（也）重视贵族人物的行为规范，因此它将是否具备平稳圆满的魂视为做官的必要条件。总之，魂和才都必须具备，但还要看魂是否稳定。若魂不稳定，成为荒魂，则必将害人害己"①。因此最终藤英未能迎娶到贵宫。奥村还认为，这种"因为不遇而郁闷，要求打破现状的心理，与德川时代后期下级武士的尊皇式爱国心和庶民的殉国精神乃至勇猛之心是相通的。后面几项皆可称之为日本魂。若将这些问题合并起来考虑，那么就可以看出魂这个物质中的一个精神本质"②。换言之，这些"魂"都会"跃动"，要求改变现状。这直接影响了战后的斋藤正二的言论。

五 其后 Tamashihi（魂）占上风，Tama（魂）转入社会底层

《宇津保物语》用的是新词 Tamashihi（魂）。如前述，虽然奈良朝的《万叶集》中已出现了带 Tamashihi 词汇的和歌，但数量很少，"万叶"和歌多半吟咏的是 Tama（魂），如"有魂来相会，如与妹在床"或"令堂圆睁眼，我魂见吾妹"③等，表现的都是因女友母亲监视太严，所以只好通过自己的"魂"与女友相会的心情。到平安时期，Tamashihi（魂）的说法突然增多，而且它的意思也转变为"观念上的能力。尤其是外国（中国）思想在京城和上流社会形成支配局面之后，远古的思维方式不用说只能残留在古老宗教以及乡下和民众之间，尤其是妇女当中。古老的 Tama（魂）思想在平安时代转变为'物怪'、④怨灵、恶灵、活灵等形态。从足立（室町）时代到江户时代又演化为谣曲中的怨灵和戏剧中的幽灵。本来任何人都有的这些

---

① 奥村伊九良：《大和魂——历史篇——》，一条书房1934年版，第135页。
② 同上书，第137页。
③ 二首和歌断句的原文是"たまあはばあひ寝むものを"和"ははしもれどもたまぞあひにける"。
④ 作祟的死灵、活灵、邪气等怪戾之物。

"大和魂"史的初步研究

Tama（魂）是灵妙的，并不奇怪，但到藤原（平安）时代则转变为稍带恐惧感的物质，有些女性的姿态等很优美，但都变为戴着'般若'①面具的坏东西，不久则成了妖怪",② 如《源氏物语》"夕颜"卷和"葵"卷中的怨灵和"物怪"。"藤原时代之后，一方面，Tama（魂）的实体日益具体和发达，但同时其作用力在退化，成为'思人的游魂'，不久则变为纯粹的坏东西，甚至变质为怨灵。另一方面，实体和作用力同时都得到提炼，但实体逐渐稀薄，作用力则转为诸多方面，最终转为活跃（并作用）于外部的精神。"并且"带有积极作用于外部的才干的意味"③。不过，"这种 Tamashihi 若过于暴露"，则会带来不好的结果，所以"善良的官员"要"适当地收敛自己的 Tamashihi，即达到前说的'魂定'，那种既有学问而又几分机械的官僚才会得到抬举。但在另一方面，比起那种循规蹈矩的君主公卿，充满 Tamashihi 活力的淘气包更受人喜爱，被称作有 Tamashihi 的人"④。如后文我们将看到的藤原隆家等人。

"'魂定'是以魂能跃动（并产生作用）为前提，所以即使是定魂，但只要它是魂，就具有作用力。有魂即代表有作用力的事例很多"⑤，本书将要展开的各时代的多种事例分析就能说明这个问题。在这方面，奥村的叙述无疑是正确的。这表明日本在外来文化的刺激下已开始进入一个创造自身新文化的时代。从观念的进步来说，可谓此时的日本人已认识到 Tamashihi（魂）是一种"精神的能力"，而并非仅仅像过去所说的是一个"实体"和具有像腕力推动那样可驱使物体"移动"的力量。至此，Tamashihi（魂）已由过去的宗教观念转变为认识论的一种，而原来的 Tama（魂）则潜入民间或宫廷神道学家的意识底层。实际上，这种认识的提高，除了有外来文化的影响之外，主要还是通过长期的生活实践而获得的，有其合理和进步的一面。日本至此进入 Tamashihi（魂）活跃的时代，之后紫式部借用了其父藤原为时在《宇津保物

---

① 这里指日本传说中的一种面目可怖的女鬼。
② 奥村伊九良：《大和魂——历史篇——》，一条书房1934年版，第117—118页。
③ 同上书，第131页。
④ 同上。
⑤ 同上。

语》中说的 Tamashihi（魂）和赤染卫门的"大和心"中的"大和"这两个词汇，创造出一个新的概念词"大和魂"。①

第三节 著者所认识的"魂"

以下仅就著者所认识的日本"魂"的原始意义及该魂与天皇和"大和国"发生关联的几个侧面进行阐述，意在对折口信夫和奥村伊九良的说法作出补充。

一 日本远古"魂"的恐怖性和有益性

日本古代生产力低下，先民缺乏科技知识，对自然灾害和疾病等无能为力，对千变万化的自然现象也迷惑不解，于是产生了诸事顺从自然的原始信仰——"自然崇拜教"，相信"万物有灵"。而这些"灵"，如前述也就是"魂"，有的令人恐惧，有的则对人有益。

令人恐惧的事例很多，并不都像折口和奥村所说的那么美好。比如，日本先民的"来世"观念还不发达，他们认为人死后的灵魂特别是怨愤者或横死者的灵魂对生者是不利的，所以采取了一系列的措施阻止其归来。绳文时代（公元前12000—公元300）早期的屈肢葬，似乎就属于为上述目的采取的措施之一。有的先民在采取这种措施之后，还会在那些屈肢的尸体胸部上再放置一块大石头，或在尸体头部扣上深钵，或让尸体抱住石头等，以此进一步加大防范的力度。②及至平安时代（794—1192），日本人恐惧"死灵作祟"的观念仍未改变。最典型

---

① 奥村伊九良：《大和魂——历史篇——》，一条书房1934年版，第131页。
② 福永伸哉：《原始古代埋葬姿势的比较考古学研究——以日本及旧世界的事例为主》，研究课题编号：16520461，2006年，https://kaken.nii.ac.jp/d/p/16520461/2005/3/ja.ja.html。实际上，这种葬俗在中国和太平洋南岛等地可以大范围地见到。中国对此葬俗有许多种解释：一种解释主张屈肢葬俗属于秦国的文化传统，一种意见认为其目的是节省开挖墓圹的体积或节省人力，另一种猜测认为屈肢合乎休息或睡眠的自然姿态。第四种猜测是从宗教学观点出发，认为生者使死者屈肢，是为了阻止死者灵魂出走，对生人作祟。第五种意见认为古人可能根据对暴死、难产而死或其他死于非命现象的观察，觉得屈肢的姿态像胎儿在胎胞内的样子，象征着人死后还会回到他们所生的胎胞里面去。

"大和魂"史的初步研究

的就是统治者建了多座神宫来安抚菅原道真①、平将门②和崇德天皇③这三大日本著名怨灵，防止他们的死灵继续作祟。与此类似的做法在日本古典文学作品中也层出不穷。《远野物语拾遗》记述：有父女二人相依为命。父亲死后化为死灵出现在女儿面前，欲将其带走。为此女儿惊恐不已，将亲友找来一块儿居住。但即使如此父亲的死灵还是不断出现，直至一个多月后才销声匿迹。④ 与此相对，从平安时代一直到江户时代（1603—1867），还有"活灵"（活着的人的怨灵）作祟于人的诸多事例。《源氏物语》说源氏的情人六条御息所化为"活灵"，咒杀怀有源氏骨肉的情敌葵上。《今昔物语集》第二十七卷第二十（个）故事记述：十字路口站立的女子，实际上就是被丈夫抛弃的在近江国（今滋贺县）的原妻子的"活灵"。江户时代中期的随笔集《翁草》第五十六卷"松任屋幽灵"描述：享保（1716—1736）年间某京都女子爱上住在附近的某男子，因思念过度化为"活灵"纠缠于该男子身上，或在他耳边絮语倾诉衷肠，或让他身体剧烈颤动。最终男子不胜其烦病倒在床。⑤《曾吕利物语》中"女子因妄念迷走大街的故事"说，某女子在睡觉时梦见自己的"活灵"变成长有"辘轳脖"⑥的女子在大街游逛，

---

① 菅原道真（845—903），平安时代前期的贵族和学者，醍醐天皇时成为右大臣，但 901 年受左大臣藤原时平的谗言左迁为"大宰（今福冈县）权帅"，死于谪地。死后世间出现种种怪象，故朝廷尊道真的死灵为"御灵"，祭于京都北野天满宫。之后道真又转变为"学问之神"。

② 平将门（？—940），平安时代中期的关东豪族，乃被授予平氏姓的高望王第三子平良将之子，属桓武天皇第 5 世孙。因参与"下总国"（今千叶县北部和茨城县之一部）和"常陆国"（今茨城县大部）平氏一族的抗争以及此后席卷关东各"国"的战争，并在此过程中袭击国衙，抢夺印鉴，与京都朝廷对抗，故被逸自称"新皇"而成为朝敌。将门谋反的消息传到京都后，朝廷派出平贞盛和藤原秀乡讨伐。后平将门死于贞盛之手。之后屡屡作祟。

③ 崇德天皇（1119—1164），第 75 任天皇，鸟羽天皇第一皇子，名显仁。1142 年被逼将皇位让给上皇父亲宠妃美福门院的儿子近卫天皇。后于失意中发动"保元之乱"，兵败后被流放到"赞岐国"（今香川县）。1164 年 8 月 26 日死于流放地，之后屡屡作祟。

④ 柳田国男：《远野物语拾遗》，角川书店 2004 年版，第 153 页。

⑤ 上述三例出自柴田宵曲编《奇谈异闻辞典》神泽贞干撰写的"翁草"词条，筑摩书房 2008 年版，第 612 页。

⑥ 指夜间伸长脖子舔食灯油或脖子不翼而飞等怪异现象。据说成年姑娘或女佣在放松警惕或在寻求食物和水时常会出现伸长脖子的现象，属失魂症的一种。

第二章 "大和魂"中的"魂"

忽然间在路边被某男子追逐,惊醒后说:"梦见在外面被男人追逐。"①

另一方面,"魂"对人有益的事例也很多。所谓对人有益,一是指让死灵为人类的生存和发展做"贡献",二是指通过"施魂"方式,复活死人或安慰死灵,以及提振活人的精神或赋予人以超常能力的"结果"。此二者都属于巫术,仅存在于想象空间。先看"贡献"。日本远古的一些"魂"在某个历史阶段被某些特定的氏族供奉后成为"神"。而正是这些"神"创造了食物,对人类功不可没。《古事记》记载:素戈鸣尊(须佐之男命)② 被从高天原③赶出后向大气津比卖神④乞讨食物。于是大气津比卖神从鼻、口、臀处变出各种食物给素戈鸣尊。素戈鸣尊见后嫌脏大怒,杀掉大气津比卖神。之后被杀的大气津比卖神又在头部长出蚕蛹,眼睛长出水稻,耳朵长出小米,鼻子长出红豆,阴部长出小麦,肛门长出大豆。是神皇产灵尊(神魂神、神魂命、神产巢日神)⑤将这些动植物收集起来作为种子的。《日本书纪》记述:天照大神让弟弟月读尊⑥去苇原中国⑦保食神⑧处寻求食物。保食神将头部转向地面,口中吐出米饭,又将头部转向海面,口中吐出鱼类,再将头部转向山上,口中吐出野兽,如此这般,为月读尊准备食物。月读尊见后也嫌脏大怒,杀了保食神。之后天照大神派遣天熊人⑨将保食神尸体各部位长出的东西,如头部长出的牛马,额头长出的小米,眉毛长出的蚕蛹,

---

① 池田弥三郎:《日本的幽灵》,中央公论社1978年版,第186—190页;著者不详,高田卫编并校注:《江户怪谈集》,岩波书店1989年版,第13—15页都有记述。

② 素戈鸣尊,日本神话中伊奘诺尊(受天神之命与女神伊奘冉尊一道创造日本的国土和诸神,掌管山海草木的男神)的儿子,天照大神的弟弟。因狂暴无比,被从高天原赶出。

③ 高天原,日本神话中由天照大神支配、有号称"八百万"之众的诸神居住的天界。

④ 大气津比卖神,也写作"大宜都比卖神"、"大气都比卖神"、"大宜津比卖神"等,是日本神话中的神灵之一。名字中的"大"有"多"的意思,"气"等是"食物"的意思,据说是掌管谷物和食物之女神。

⑤ 产灵尊,日本神话中的造化三神之一,属开天辟地时出现的神。"产"字音在日语中与"儿子"、"女儿"、"草生"、"苔生"等词汇中的部分发音一致,都有"生成"的意思。

⑥ 月读尊,也写作"月夜见尊",是日本《记纪》神话中伊奘诺尊的儿子,天照大神之弟,素戈鸣尊之兄,月神。据说由其治理"夜食国"。

⑦ 苇原,指长满苇草的广大原野。古日语的"中国",也说成"中之国",指天上的高天原和地下的黄泉国之间的地界。"苇原中国"也称"苇原国"。

⑧ 保食神,日本神话中出现的掌管食物的女神。

⑨ 天熊人,何神不详,日本各大辞典和网站资料皆无此神的说明和记述。

眼睛长出的稗子，腹部长出的水稻，阴部长出的小麦、大豆、红豆带回，并将小米、稗子、小麦、大豆等种在旱地上，将稻子种在水田里。保食神尸体各部位长出的东西除牛马、稗子外，与大气津比卖神尸体长出的东西完全一致。

《古事记》和《日本书纪》的记载，在杀戮的"神"和被杀戮的"神"这两方面有所不同，在细节上也略有差异，但两书都谈到食用植物等的起源，而这些都来自某"女神"的死亡。换言之，即都依靠"死灵"的出现和幻化。

这让人联想到在绳文时代遗址中发现的被打碎并被掩埋或放置的"女神"土偶。据研究，已发现的土偶头部和躯干部是用不同的黏土粘在一起的，但都不完整，其碎片被埋放或放置在不同的地方。"在九兵卫尾根遗址第二号探方，有古人在地面凹处放上三块扁平的石头，之后在石头上面放置球状石和土偶头部。在小丸山遗址第七号探方，有古人在地面凹处放上平石，并竖立起棒状石和柱状石，在其中放置土偶碎片。令人感兴趣的是，在长野县增野新切遗址……土偶被摔碎成头、躯干、手、足各个部位，而这各个部位又分别被放置在不同的地方。……这些足以说明，土偶是为了配置在广泛的不同场所而特意制作的。"[①]

据平野仁启说，这些做法实际上都是为确保食物充足而进行的祈求丰收的农耕仪式。摔碎意味着死亡，破碎的土偶或被模拟为被杀的女神。[②] 而我们知道，土偶或女神拥有的产力，实际上就是它们身上包孕的灵力和灵魂的再生能力。先民通过这种巫术仪式，就可以使这些灵力幻化出各种食物。由此可见，绳文时代的"死灵"对人类而言并不都是恐怖的，相反还有益。

再看施魂的行为及其"结果"。日本自平安时代起广泛使用"镇魂"这个词汇，它有许多语义：第一个与"镇"字有关，指"招魂，将从肉体欲游离出或已游离出的魂'镇'在肉体当中"。第二个和第三个是"给予丧失活力的魂以活力，使之再生的振魂行为"和"慰灵行

---

① 平野仁启：《日本的诸神》，讲谈社1982年版，第24—25页。
② 同上书，第28页。

第二章 "大和魂"中的"魂"

为"。①

　　日本《先代旧事本纪》对"镇魂"仪式的起源做了如下说明：天神的祖先曾授予物部氏的祖先饶速日命"十种天玺瑞宝"，其分别是瀛津镜、边津镜、八握剑、长生玉、返死玉、足玉、返道玉、蛇领巾②、蜂领巾、品物领巾。当有人一边口诵"一、二、三、四、五、六、七、八、九、十，布留部，由良由良止，布留部"（"一至十"指各种瑞宝的名称，"布留部"指振动瑞宝发出的声音，"由良由良止"指振动玉石发出的声音，都是祓词），一边挥动这些祭品时，死人即可转生。饶速日命的儿子宇麻志麻治命曾用这十种瑞宝，"安镇"神武天皇和皇后的心身。③ 以上十种神宝，从大类上分只有四种，即镜、剑、玉、巾。日本先民将它们看作是包孕着"灵魂"的祭器，换言之即"灵魂"的载体，万叶假名写作"布留御魂"。"布留"，即此后日语标记的"振る"，在古日语中除表示"挥动、振动"④的意思外，还表示"移动神灵"等意思，具有一语双关的作用；"御魂"，即"魂"的美化词。二者拼读的意思就是"挥动宝物将神灵转移到天皇等人的身上"。

　　还要对"玉"做简单说明。日本不产玉，日语"玉"的训读音Tama与"灵"或"魂"的训读音完全一致，很可能受到《说文解字》"灵，灵巫，以玉事神"的解释影响。玉在中国可以是真实的东西，如古代墓葬中放置的玉璧、玉琮等，也可以是虚拟的、使其具有某种意象的说法，如皇帝的"玉座"、皇宫的"玉阶"等。在古代日本，玉也大致如此，除用于装饰之外，多半还以实物或虚拟——祓词的形式用于宗教和巫术场合，使其带有神圣、珍贵等的意象。日语中也有许多以"玉"为前缀修饰名词的词例，如除"玉座"、"玉阶"、"玉垣"之外，还有"玉串"、"玉裳"、"玉衣"、"玉栉笥"、"玉矛"等，但这些实物

---

① 参见日本《学研国语大辞典》。
② 日本古代的"领巾"有多种含义：（1）指具有驱风劈浪或驱除害虫、毒蛇等灵力的布料；（2）指奈良、平安时代女子的服饰，即一种披在脖子上向左右两边长垂的布帛，在人分别等时候可用于挥动；（3）平安时代用于擦拭（或装饰）镜台的布；（4）附在仪式所用的长矛等上面的小旗。这里应取第一种意思。
③ 进藤孝一：《秋田"物部文书"的传承》，无明舍1984年版，第65页。
④ 据维基媒介网站（https：//commons.wikimedia.org/wiki/）"神社"篇介绍，日本人在神社大声鼓掌以惊动神灵，再行祈祷这一行为源自《周礼》中所说的"振动"。

都不是玉做的，且多用于施魂祝祷。日本《皇台神宫仪式帐》记载的内宫斋王等人使用的"玉"器，都带有虚拟通神和振魂的意味：大神宫宫司手持用于发饰、粘在"御蘰"①上的棉花进来，跪坐后面对大神宫。女官接过棉花敬献给斋王。斋王击掌合十，接过棉花粘在"御蘰"上。之后大神宫宫司又拿来"玉串"②跪坐在那儿。女官接过"玉串"敬献给斋王。斋王又击掌合十，之后手捧"玉串"进入内部的"玉垣御门"入座。③类似的"振魂"事例下面还会介绍，这些"振魂"的行为在幕末以及一战、二战时期则扭曲变形为下级武士、士官等的尊皇、爱国心式的自杀行为和庶民的殉国精神。

二 "天皇灵"及其周围并不都充满柔情

"魂"与天皇发生联系并出现了专有名词"天皇灵"，经历了一段漫长的时光。"天皇灵的形成，并不仅与天皇一家有关，而是在产生酋长灵信仰这一新的构想之后，对此后日本历史文化作出重大规定的事件。而酋长灵信仰则是与祖灵信仰结合后形成的一对概念。"④

据武光诚所说，所谓的祖灵信仰是从中国江南地区和水稻农耕技术一道传入日本的。当时的先民认为，人死后其灵魂会飞往大海彼岸的美丽世界（即折口所说的"常世国"），但不时会回来照看子孙的生活。先祖的灵魂因能作用于自然物的精灵，操纵自然现象，故成为农耕神和鱼捞神。这种信仰因与"万物有灵"的自然崇拜有关联，故祖灵同时还成为"风神"或"水神"等。对此先民需要报答。日本正月立"门松"，请年神借此降临享用年糕和菜肴，之后烧"门松"送走年神，并将"御年玉"（"御年魂"）即供品的年糕让孩子分食，以及于盂兰盆

---

① "御蘰"，古代用花草制作的发饰。
② 日本神道教在祭祀时使用的一种供品，即在榊（日本自造字，常绿树的总称）树枝等上面扎上绢、麻、纸等而成的祭物。"玉串"又叫"玉签"。《日本书纪·神代上》在解释"玉串奉奠"时说："玉签，此云多摩俱之。"这里的"玉"并不是真玉，而指"魂"。而"魂"，据说过去即指神灵依附的小树枝。
③ 胡麻鹤醇之、西岛一郎校注：《皇太神宫仪式帐》，神道大系编纂会1979年版，第97页。
④ 武光诚：《"古代日本"诞生之谜——从大和朝廷到统一国家》，PHP文库2010年版，第81页。

节烧"迎火"迎接祖灵并宴飨之,之后烧"送火"送走祖灵等的习俗,仍强烈地显示出祖灵信仰的痕迹。而且先民认为,在祖灵信仰当中,所有先人的灵魂都应公平对待。村民除了在自家祭祀自己的祖先,还会在全村的合祭活动中祭祀村落的共同祖先。《魏志·倭人传》说卑弥呼"事鬼道,能惑众"的"事鬼道",即祭祀死者,其统治也属于祖灵信仰的阶段。①

然而我们不能同意武光诚的其他观点,比如"巫女消失后才出现酋长灵"、"(古代)日本没有专制和革命"、"酋长灵即天皇灵"以及是"大和王朝酋长灵的出现才导致了各地酋长灵的出现"等的说法,因为在政教一体的古代,以卑弥呼等为代表的女巫,既是宗教领袖,也是部族酋长。有关她和其他女巫如大物主神的妻子倭迹迹日百袭姬的祭鬼(灵)仪式,就反映了当时各部落的酋长灵信仰。实际上,天皇的前身也是占卜事鬼的巫师兼酋长。这从《日本书纪》的记载可以得到反推并证实:崇神"天皇"(生卒年不详,《记纪》传说中的第10任天皇)叫来两位"皇子"——丰城命和活目尊[后者即日后的垂仁天皇(生卒年不详)],说要根据他们的梦境来决定谁继承"皇位"。翌晨,丰城命说梦见自己"登三轮山,朝东舞枪弄刀"。而活目尊说自己"登三轮山,于四周绕网绳,以防麻雀食粟"。② 于是"天皇"让丰城命治理东国,立活目尊为"皇储"(此说受到儒家仁政思想的影响)。众所周知,所谓"崇神天皇"的名称是后来大和王朝追封的结果,而其本人,在当时似乎只是一个部落政权的酋长。武光诚的以上观点,出自他奉大和王朝为正统的立场。而事实似乎应该是大和政权在消灭其他政权后才将自身部落过去的酋长灵升格为至高无上的"天皇灵",并保留了部分过去与自己有同盟关系的部族酋长灵的,自然在神格上有所区别:天皇一系的天皇灵为"天神",而他系的酋长灵只能是"国(地)神"。据大和王朝的说法,"天皇灵"与天地诸神并非他物,而是各神明灵魂之一部分附着于天皇等人身上而形成的。至此"天皇灵"、酋长

---

① 武光诚:《"古代日本"诞生之谜——从大和朝廷到统一国家》,PHP文库2010年版,第84页。
② 坂本太郎、井上光贞、家永三郎、大野晋校注:《日本书纪》(1),岩波文库1994年版,第87页。

灵信仰和祖灵信仰、精灵信仰结为一体，共同筑就了后来的神道教信仰，皇祖神天照大神因此成为日本"八百万神"之长。

"天皇灵"的出现，不仅带来了因消灭其他酋长灵而产生的血腥，还为大和王朝开疆拓土贡献良多。《日本书纪》记载，日本武尊在讨伐虾夷前对其父说：我"尝征西年，赖皇灵之威，提三尺之剑，击熊袭国"，今欲再借"神祇之灵之皇威"①使虾夷臣服。同时"天皇灵"还发挥过震慑对手的作用。如前引，《日本书纪》记述虾夷首领绫糟兵败后被带到三轮山，面对该山发誓："臣等虾夷自今以后，子子孙孙以清明心侍奉天阙。臣等若违盟誓，天地诸神及天皇灵当灭绝臣种矣。"②此外，"天皇灵"还意味着其法力无边，垂佑天下。《日本书纪》记述：田间道守奉"垂仁天皇"之命到"常世国"将橘树带回，回想海途凶险，感慨曰："仅有赖圣帝御灵得以归还。"③《万叶集》载：大伴家持于749年听到陆奥国产出黄金，感动莫名，咏歌："天地神相诺，天皇灵助国。昔时无此物，盛世显身多。"④

然而"天皇灵"在拥有威力和法力的同时，也有在某时刻易受伤害或休眠乃至丧失的脆弱一面，故"镇（振）魂"术不可或缺。据说"天皇灵"在秋季"大尝祭"时会暂时离开自己的身体，这既是易受伤害的时刻，也是权力转移的一个过程和象征。《古事记》和《日本书纪》都记载：公元592年，苏我马子命令东汉驹在"大尝祭"这一天暗杀崇峻"天皇"（说日本自古就有崇拜天皇的传统，看来只是从晚近某时代开始的某些人的说辞）。之所以选择这个日子，是因为可以避免罪名，⑤按著者的说法，就是因为"天皇灵"此时已经离体，且"天皇"不算是正统天子。再则此时"天皇"比较虚弱，为此历代都要在

---

① 坂本太郎、井上光贞、家永三郎、大野晋校注：《日本书纪》（1），岩波文库1994年版，第75页。
② 同上书，第75页。
③ 同上书，第218页。
④ 原歌为："……天地の 神相うづなひ 皇御祖の 御霊助けて 遠き代に なかりしことを 朕が御世に 顕はしてあれば……"《万叶集》卷18"贺陆奥国出金诏书歌"（4094）。
⑤ 详见武光诚《"古代日本"诞生之谜——从大和朝廷到统一国家》，PHP文库2010年版，第80页。

这个时候对天皇"镇（振）魂"。据《年中行事秘抄》①的记述，宫中此时在举办"镇（振）魂祭"时要咏唱："三轮山上天皇灵，如今不振何时振？"②歌中的"天皇灵"，原文是"チカサ"（Chikasa），即"天皇灵"的别名，意为天皇身边的守卫。使其振作，即等同于让天皇振作。另外，"天皇灵"之所以有时在三轮山，是因为其祖先来自三轮一带。

这类歌咏实际上也反映出前述的日本古代"言灵信仰"。通过咏歌等"魂会进入天子的身体"，并"对那片土地产生力量"。③ 这些"寿词的奉献……每年都要重复一次，如同'新尝'④仪式每年都进行一次一样，是为了让魂每年都苏醒一次"。此即"让外来魂（威灵）附着于天皇身体，换言之即振魂"⑤。

农民的"新尝"仪式在皇家的更新举办就是"大尝祭"，即一种古老习俗的变形。首先，让各郡"国"奉献初次结成的稻穗。这"意味着让他们起誓服从宫廷和宫廷的神。在日本，稻穗即神，其中孕育着魂。而魂的内含即富裕、寿命和健康等。让各郡'国'奉献稻穗，即等于奉献这些灵魂，所以又等于绝对服从"。其次，"天皇在食用这些稻米之前，会将其先奉献给天照大神。所奉的东西，分为已煮好的米饭和未煮的稻穗……天子将各郡'国'送来的稻米煮成饭亲自奉献给伊势（即天照）大神，即奉献给祖神，即意味着（让他们）起誓服从"。当然过后天皇自己也要食用，对日本的"祖先信仰而言，人的威力源泉就是魂。附着此魂，人即产生威力，增加精气。天子为治理倭国，必须让此倭魂附体"⑥。最后，宫廷的舍人和采女会唱颂"祝（祷）词"。据说"延喜式祝词仅限于在皇宫仪式中唱颂。这是一种在神社大殿安

---

① 日本史书兼古代宫中记录。著者不详，成书年代约在镰仓时代前期。
② 原歌为："三輪山に ありたてる チカサを いま栄えでは いつか栄えん。"育德财团编纂会：《尊经阁丛刊》，育德财团1926年版，第68页。
③ 折口信夫：《国语和民俗学》，《折口信夫全集12》，中央公论社1996年版，第91页。
④ "新尝"，原为日本古代农民为复活水稻精灵，在水稻收割后举办的庆祝仪式，带有巫术色彩。此仪式后来转用于天皇的即位仪式，称"大尝祭"，即天皇亲自将当年收获的谷物奉献给天照大神以及天地诸神的、一任天皇才举办一次的重要仪式。
⑤ 折口信夫：《大尝祭的本义》，《折口信夫全集3》，中央公论社1995年版，第56页。
⑥ 同上。

置神体的地方小声唱颂的神秘语言。这种由宫廷采女等严加保密的语言已然消亡。在消亡之前这些祝词因固定不变而（随着时代变化）其意思难以理解，或被改作后让人似懂非懂。如果让人都懂，其神圣意味将大打折扣"①。这种做法可以说是通过制造神秘气氛，增强天皇的宗教权威，达到宣示执政合法的目的。但仅靠此其作用还不明显，所以让各"国"郡领等也唱颂魂歌，则"大尝祭"的政治目的会更加显现。"各国的郡领或其子唱颂家乡流传的魂歌后，其魂力就转移到被唱颂的天皇身上。天皇掌握了各'国'中所有的魂，即可控制全日本。不明此事则无法接触到神道之根本。"② 通过此我们可以知道，早期天皇的权威就是通过这种方式建立起来的。各郡领等和人民不存在与天皇间的天然感情。

折口或存在历史局限性，以上观点带有美化日本古代历史和强调日本文化特殊的痕迹。在叙述"不明此事则无法接触到神道之根本"后他接着说："有人说日本（的统一）靠武力征服实现，或说日本靠圣德治理，但从宗教上说，是靠各国献魂加以完成的。"③ 折口的表述也许欠明确。古代日本的统一，宗教的确起了相应的作用，但同时还必定伴随战争和武力威胁。而且在治理方面，日本也使用过没收其他部落的礼器，强迫被征服的"祭司"使用大和王朝礼器的做法，引起过社会的剧烈动荡。④ 另外，折口还说："宫廷风气（向地方）的传播，带来了宗教的统一，也就是政治上的统一。日本的政教一致，与世间了解的有所不同，而是在上述意义上的政教一致。"⑤ 对此，我们有不同看法。巫婆跳神、神汉扶箕、算命先生让自身腹中发出别人的声音等等，也都是使"他魂"附体的表现，在同为东亚国家的中国，至今在某些地方还可见到这种现象。其目的虽说可能是治病或算命，但无法排除在古代

---

① 折口信夫：《大尝祭的本义》，《折口信夫全集3》，中央公论社1995年版，第57页。
② 同上书，第51页。
③ 同上。
④ 石田一良：《日本文化史——日本的心理和外形》，东海大学出版会1994年版，第9页。
⑤ 折口信夫：《古代人思考的基础》，《折口信夫全集3》，中央公论社1995年版，第51页。

统治者也会使之用于政治和战争。古埃及的法老，也是在走进一间特殊构造的房间，使"神灵"附体后走出发布重大"神旨"的。表现形式虽各有不同，但精神本质完全一样，皆可谓当时"政教一致"之表现。

三 "大和国之魂"及其拥有者与后来的"大和魂"

如前引，折口说过"天皇是大和国的君主，所以要附着大和国之魂后才能成为天皇。而掌管大和国之魂的则是物部氏，其振魂的方式，称'物部石上镇魂术'"①。这里要对"物部氏"做些补充说明：(1) 据《记纪》神话记述，之前拥有大和国之魂的并不是物部氏，而是饶速日命神，他是物部氏的祖神和大和国的实际支配者，也属于"天神"之孙，其宗教资格似乎不低于天皇的祖神。另外，他先于天孙从天而降，娶大和地区某氏族的长髓彦之妹三炊屋姬为妻，故其政治资格也要老于后来才攻入大和地区的"神武天皇"。其妻兄长髓彦对饶速日命神不薄，并且一直将他视为"天神"，极尽忠诚，当"神武天皇"要求长髓彦出示饶速日命神是"天神"的证据时，长髓彦立即出示前述的十种珍宝。但即使如此，饶速日命神在归顺"神武天皇"后还是杀了自己的妻兄，② 其"事大主义"和机会主义的本质于此暴露无遗。因此物部氏的家传并不很好。(2) 物部氏不仅掌管祭祀，也掌管军事，从其祖先开始似乎一直如此。折口也曾引用《记纪》神话说，"神武天皇"在入主大和地区前饶速日命神是手持弓矢自天而降的。③ 故人们有理由猜想，其弓矢并非光打鸟兽，也一定用于战斗，且后来长期伴随他与"神武天皇"一道东征西讨。及至物部氏，据《日本书纪·天武纪》记述，朝廷没收了弱小部族的礼器，将其收纳在石上神宫的神库内，而负责没收并管理该神库的人正是"班祭神之物者"，即物部氏。之后朝廷又统一制作了礼器发给被兼并的各部族祭祀，这些祭器不仅有"八

---

① 折口信夫：《古代人思考的基础》，《折口信夫全集3》，中央公论社1995年版，第52页。
② 《朝日日本历史人物事典》，朝日新闻社，1989年，"物部氏"条。
③ 折口信夫：《古代人思考的基础》，《折口信夫全集3》，中央公论社1995年版，第53页。

十平瓮",还有"剑、盾和弓矢"。① 按著者理解,后者不仅带有宗教意味,而且还带有威慑其他部族的军事意味和负责纠察的警务意味。"继体天皇"时物部家族的麁鹿火②在进攻并消灭筑紫国"国造"盘井的过程中可谓居功至伟。凡此种种,皆可让人在某种程度上将"大和国之魂"的拥有者看作是"祭神"的同时还看作是"战神"。在运用宗教力量管理还奏效时,当然可以使用宗教力量,倘若宗教之力不管用时,当时的统治者想来不至于不使用武力。

那么,"大和国之魂"和"大和魂"之间的关系又如何?从折口的话语"天皇转移至大和后为治理大和需要拥有大和之魂"③和"物部氏是一个望族,除了负责为天皇提供大和国之魂外,还操控着其他各国的魂"④来看,"大和国之魂"和"大和之魂"实际是同一个魂,而且同一词汇在长期频繁使用的过程当中,助词"之"容易自然脱落,从而"大和国之魂"或"大和之魂"之后又可简说为"大和国魂"或"大和魂"。由于大和政权发祥于大和国(大和地区),故在该政权统一日本列岛后,原代表大和地区的"大和国魂"即可能上升为"日本国魂"。这时是否还需要使用原有的"国"字即成为问题(狭义的"大和国"即今奈良县的地名除外)。换言之,即原来的"大和国魂"有可能脱漏"国"字,被改称为代表"日本国魂"的"大和魂",之后还可能进一步转指生活在此的"日本民族心魂"。概言之,"大和魂"在此之后一个属于基本(原始)义,一个属于引申义,后者的"大和"义项从表示"地区"的意思向指称"日本国"的意思转变后还可能进一步转指"日本民族"。而"魂"的意涵则由原来的宗教意义向表示民族

---

① 石田一良:《日本文化史——日本的心理和外形》,东海大学出版会1994年版,第9页。

② 物部麁鹿火(?—536),5世纪末至6世纪初的政治家和武将,名字也写作"荒甲",据《先代旧事本纪》引用《天孙本纪》说是饶速日命神的第14代孙和麻佐良"大连"的儿子,看来在武烈朝时他已经是"大连",武烈朝死后和大伴金村、巨势男人等一道拥立男大迹王(后继体"天皇")。继体六年(512)日本将任那4县割让给百济时,麁鹿火被任命为宣敕使。继体二十二年为镇压筑紫国国造磐井之乱,曾作为大将军亲赴九州斩杀磐井。在安闲、宣化两朝都担任"大连"。

③ 折口信夫:《古代人思考的基础》,《折口信夫全集3》,中央公论社1995年版,第51页。

④ 折口信夫:《大尝祭的本义》,《折口信夫全集3》,中央公论社1995年版,第56页。

思想意义的"精神"转变。

四 "大和魂"可能的出典——"大和坐大国魂"和"倭大国魂"及其意义的流转

折口信夫使用过"大和国之魂"和"大和之魂"的词汇，但未说明其原型为何。著者认为它可能就是"大和坐大国魂"（Yamatoōkunitama）和"倭大国魂"（Yamatoōkunitama）。《延喜式》①"神名帐"在解释与伊势神宫齐名的日本最早的神社之一"大和神社"时说："大和国山边郡，大和坐大国魂神社三座，名神大，月次相尝新尝。"② 这其中的"大和坐大国魂"，用著者的话改说就是"大和尊贵地区之魂"。它源于对该词组拆分后作出的分析：（1）"大和"即今奈良县的古称，乃大和王朝发祥地；（2）"坐"是日本古代的敬词，没有实际的意义，仅起到尊称的作用（日本现当代研究著作有时保留使用"坐"字，有时舍去不用，用法并不统一，可作证明）；（3）"大"亦尊称，修饰后面的"国"；（4）"国"。根据《汉书·地理志》"乐浪海中有倭人，分为百余国，以岁时来献见云"和《后汉书·东夷传》"会稽海外有东夷人，分为二十余国"等记载，可知日本在公元前后即开始出现相当于今人所说的大型聚落，而这种大型聚落当时中国人称之为"国"。大和王朝建立后，日本仿照中国史书的说法（此说法或源自春秋战国时期），将"县"（其范围大小和意义不同于现在的"县"）以上的行政区划称作"国"。按现代意义理解，此"国"即相当于今人所说的"地区"。比如"大和国"就是"大和地区"的意思。因此，可以将"大和坐大国魂"换说成"大和地区的尊贵之魂"。

无独有偶，《日本书纪》"崇神纪六年"条对"大和神社"的起源也有一段说明："六年，百姓流离，或有背叛，其势难以德治之。是以

---

① "延喜"为平安时代前期醍醐天皇（901—923）朝代的年号；"式"为日本古代编修的律令实施细则，因此所谓的《延喜式》就是日本继《弘仁式》、《贞观式》后编修的律令实施细则。该细则用汉字记述日本平安时代初期朝廷的年中仪式和制度等，共50卷。905年由藤原时平、纪长谷雄、三善清行等受敕编修，时平死后藤原忠平继承此业，于927年编成提交朝廷，自967年起开始实施。

② 虎尾俊哉：《延喜式》（上），集英社2000年版，第926页。

晨兴夕惕，请罪神祇。先是天照大神、倭大国魂二神并祭于天皇大殿之内。然畏其神势，共住不安。故以天照大神神谕丰锹入姬命祭于倭笠缝邑，仍立矶坚城神篱（神社）。神篱，此云比莽吕岐。亦以日本大国魂神神谕渟名城入姬命令祭，然渟名城入姬，发落体瘦而不能祭。"[1] 因为《延喜式》"神名帐"和《日本书纪》"崇神纪六年"条都是针对同一神社作出解释的，所以《日本书纪》所说的"倭大国神"也就是《延喜式》"神名帐"所说的"大和坐大国魂"。他可与"天照大神"并列，说他是"大和地区的尊贵之魂"，其本质在于强调"大和地区之魂"的地域性和神圣性——具有至高无上的地位，这显然是在大和王朝建立之后才被刻意体现出来的。[2] 如此一来，"大和地区之魂"向"大和魂"的转变则顺理成章。须重申，如同现在的东京象征日本国一样，在大和政权统一日本列岛大部分地区之后，原大和地区的"大和国之魂"即可能成为"全日本国（共祭）之魂"，这时是否还需要使用原有的"国"（地区）字即成为问题（狭义的"大和国"即今奈良县的地名除外）。换言之，原来的"大和国魂"有可能脱漏"国"字，被改称为代表"全日本国之魂"的"大和魂"，之后还可能进一步转指生活在此国祭祀此魂（神）的"人们的心性"。再后又可以改说成"日本人或日本民族之魂"。而"魂"的意涵之后也有了变化，由原来的宗教意义向兼表示"本土"或"民族"的精神的意义转变。由于"魂"的性质在早期属于巫术，在日本民族传统思维中意义重大，具有强大的功能，故日后其派生出的"大和魂"每每被人提起。

五 "大和魂"的原始面貌——《宇津保物语》中的"魂"或"心魂"

日本自平安时代中期开始使用的"魂"或"心魂"的字词，多半带有宗教的意味，但也有一些已获得世俗文化的"精神价值"等意味，与同期或此后出现的"大和魂"或"大和心"这些合成词的意思比较

---

[1] 坂本太郎、井上光贞、家永三郎、大野晋校注：《日本书纪》（1），岩波文库1994年版，第77页。

[2] 武光诚《"古代日本"诞生之谜——从大和朝廷到统一国家》（PHP文库2010年版）第35—77页认为其乃发祥于大和地区的"天皇灵"，与本书的说明形异义同。

相似。比如在下述"《大镜》"卷四"中藤原隆家的'大和心'"一节，我们就看到隆家"具有出彩的魂"这样的文字。其中的"魂"，就是隆家的"大和心（魂）"。除《大镜》外，我们在更早时出现的《宇津保物语》（10世纪后半叶）中也看到了类似的词汇。这些作品中的有些"魂"或"心魂"，可以说就是"大和魂（心）"的前身。

《宇津保物语》是日本最古老的长篇小说，篇中共出现16个"魂"或"心魂"（后者的读音与前者相同，都是Tamashihi）的用例，其中与"精神价值"有关的语例有6个，含有与"汉才"明显比较或隐晦比较的意思的语例有3个（其中1个语例具有明显比较的意义，见前述）。以下分别举出一个含有隐晦比较和明显比较意思的用例。

例1：（清原）俊荫于廿三岁时乘贸易船只离开日本，卅九岁时返国。此时"父亲逝世三年，母亲离世亦有五载"，俊荫为此哀叹，悲伤守孝三年。有人向朝廷禀报，帝悦之曰："竟有如此优秀人物归来！"召之询问详情，俊荫一五一十如实禀奏。帝闻后不胜唏嘘，任命俊荫为式部少辅，① 允许其殿上行走，并使掌管东宫学士。俊荫曰："传艺一事望委之俊荫。此后当倾囊相授，按'才'（技能）施教，循世（理）齐人，使帝无忧。"

俊荫之容貌、做派胜于此世所有之人，故有女或有妹之人争先恐后欲招俊荫为婿或妹夫。然而俊荫回复："佛教以淫欲为罪，故吾仅以谨慎度日为盼。"第一代源氏"心魂"（人品或能力）胜于常人，仅生有一女，故俊荫之事令人遗憾至极。②

"才"在古日语中有两个意思：（1）平安时代男性贵族以汉学为自身所需的素养，故主要指汉学的学问和学识；（2）有时也指音乐等艺术才能（讲谈社《古语辞典》第14版）。无疑以上用例中的"才"使用的是第二个义项。据《宇津保物语》记述，这个"音乐之才"也来

---

① "式部"是"式部省"的简称，乃日本律令制八"省"之一，负责掌管国家礼仪、仪式、官员选任、考核和俸禄发放等的工作。"少辅"即式部省次官。
② 室城秀之等：《宇津保物语的综合研究》1"本文编"上，勤勉出版社2000年版，第15页。

"大和魂"史的初步研究

自中国。后句的"理"即"世理",原文没有解释到底它属于何种"道理"或"事理",但其中还指人在社会上的处世原则当无疑问,在上述语境中似乎不具备与"日本精神"或"日本意识"相对立的含义。而"第一代源氏"的"心魂"(人品或能力)一词,用在含有"佛"、"罪"字词的句子之后,在该语境中或指与戒淫欲的佛教态度相反的心理和行动的状态。换言之,"第一代源氏"拥有"人格"和性的双重魅力,即具备在视一夫多妻或一妻多夫为常态的"走婚制"下易获得女子芳心的身心优势。我们不知道当时的日本人是如何认识佛教的。如果它来自中国,也属于一种中国式的学问即"汉才",那么这里的"心魂"似乎就具备了与"汉才"(佛教学问、思想)对立的思想成分。由于原文对此缺乏详细的说明,所以这里姑且将它视为一种与"汉才"的隐晦比较。

> 例2:裏昔有称藤原君之第一代源氏,自幼声名远播,其容貌、心魂(人品或能力)、身之才学(原文有"身"字,"学"当指汉学)皆胜于人,且腐心于学问,亦精于游乐之道,故举世皆传"如贤君也。若称帝治国可使天下幸福"。此时公卿、亲王纷纷欲延揽藤原君为婿。其间藤原君与太政大臣独女相好,女子已有身孕,故大臣百般献殷勤,欲成就其二人好事。恰好此时又有皇妹、女一皇女看上藤原君,故乃父告之母后:"此源氏于今甚好,往后远景更佳。吾女必嫁此人。"之后招以为婿。①

文中的"容貌"、"心魂"与"身之才学"("汉学")三者处在并列的位置上,并且其中的"心魂"与"身才"已具有对比甚或对立的含义。按现代人的认识,所谓的"心魂"即"人品和能力",一般是通过后天的努力形成的。但在许多日本学者的眼中,这一类的"人品和能力"却具有在"日本"这个环境中先天形成的意味,而"身才"(汉学)则是通过后天努力所获得的学问。我们认为,所谓的"心魂"

---

① 室城秀之等:《宇津保物语的综合研究》1"本文编"上,勤勉出版社2000年版,第67页。

第二章 "大和魂"中的"魂"

（人品和能力），从远古文化的最早成因来说，不管在哪个社会都是当地的地理环境的产物，即一方水土养一方人。在当时与中国仅有不多的文字、器物和人员交流的日本，这种自然环境涵养产出的"心魂"基本可谓日本式的人品和能力，故该词汇应该已带有些许"日本民族"的意识。

当然这种意识还比较淡薄，至少在《宇津保物语》的成书年代还未能浓烈起来。该物语叙述，为学习中国文化，清原俊荫作为遣唐使随员渡唐学艺，在出国前接受了选拔。"此番被选出之遣唐使及随员皆为学问精深之学者。"① 到唐土后，俊荫的所见所闻均为浪漫唯美的仙境和仙乐。例如一匹白马引领俊荫到一片旃檀林中，使他得以见到三位仙人，并拜他们为师学到古琴技法。之后俊荫为搜求宝琴继续西行，获得该琴后又来到了一处美丽的西方花园，并在某个璀璨的春日阳光之下，身处白花丛中演奏宝琴，其乐曲之美引得天人纷纷乘坐祥云降至地面。这些所见所闻，反映的只是当时的日本人对唐土的憧憬和向往，并不真实。"但另一方面，作为一种判断标准和价值体系中的'唐'、'唐土'却极为真实，贯穿于整部作品之中"，"具有绝对的权威性"。②

这种权威性体现在学问和音乐等多个方面。例如，"俊荫"卷说俊荫自幼聪慧，7岁时便能吟咏汉诗。天皇听说后找来曾三次赴唐留学的"博士"中臣门人，让他出题测试俊荫的才学。之后俊荫不负众望，正确地回答出"博士"所出的所有难题，成为唯一的合格者。"吹上"下卷也说，嵯峨天皇称赞几位殿上行走之人汉诗做得好，说他们做的汉诗与赴唐留学的历代"博士"相比毫不逊色。在音乐方面，"俊荫"卷还说他弹奏的琴声有如天籁，天皇听后便举出唐例，说过去只听说唐帝弹琴时瓦崩石裂，六月飞雪，而不曾想本朝也有此例。甚至连天皇是否出巡、出巡几日也要模仿唐例。"吹上"下卷叙述，嵯峨天皇犹豫是否要出外巡视，这时大臣忠雅便举出唐例，说唐帝经常出远门狩猎，一去就是十几二十天的，所以去吹上四五天太正常不过。由此可见，不管是学

---

① 室城秀之等：《宇津保物语的综合研究》1 "本文编"上，勤勉出版社 2000 年版，第 12 页。
② 丁莉：《权威、大和魂与血乳交融——平安朝物语作品中的"唐意识"与"和意识"》，《日语学习与研究》2009 年第 2 期，第 31 页。

问、学艺，还是天皇出巡，所举的事例皆为唐例，说明在当时的日本，唐例的权威是判断日本事物的标准。因此可以说，唐例的绝对权威性是《宇津保物语》这部作品"唐意识"的最大特点。相比之下，"《宇津保物语》中的'和意识'要淡薄得多。'唐土'一词在作品中共出现33次，而'日本'只出现20次，而且几乎全部集中在第一卷，也就是俊荫渡唐的部分，主要用于说明俊荫的身份和来历，例如'日本国王使者清原俊荫'、'日本众生俊荫'等，或者单纯用指国名，并没有很明显的'和意识'或者'唐'与'和'的对比意识"，① 这可能也是《宇津保物语》在频繁提到"心魂"但不强调它是"大和"（日本）之"魂"的原因之一。然而无论如何，例文1、2中源氏的"心魂"应该只是古代日本国民的"人品和能力"，而不会是唐人的"人品和能力"。

---

① 丁莉：《权威、大和魂与血乳交融——平安朝物语作品中的"唐意识"与"和意识"》，《日语学习与研究》2009年第2期，第32页。

第三章 平安时代(794—1192)至室町时代(1336—1573)的"大和魂"和"大和心"

和《宇津保物语》一样,最早一批由宗教词汇转为世俗词汇的"大和魂"全部出现在文学作品或史书当中。自平安时代(794—1192)中期至镰仓时代(1180—1333)再到室町时代(1336—1573)初期为止,共出现过12次,其中6次分别出现在《源氏物语》(11世纪初)、《大镜》(1025年后60—90年间)、《今昔物语》(1120)、《中外抄》(1154年后,以上皆为平安时代)、《愚管抄》(1219,镰仓时代)和《咏百寮和歌》(约1340,室町时代)中;另有6次换说为"大和心"[1],分别出现在《赤染卫门集》(1041年前,2次)、《后拾遗和歌集》(1075—1086)、《大镜》、《今镜》(1170,以上皆为平安时代)、《愚管抄》中。[2] 下面不从字面意义区分,而将"大和魂"和"大和心"及有关的"心、魂"都看作是"大和魂",并按以上所述的三个时代分别加以说明。

---

[1] 平安中期日语"心"、"魂"二字已可换用。参见《广辞苑》(第5版)等辞典。下面还会就此继续说明。

[2] 此数据由整理斋藤正二《大和魂的文化史》,讲谈社1971年版,第162—266页和第291页所得。

"大和魂"史的初步研究

第一节 平安时代(794—1192)的"大和魂"

平安时代的语例都出现在日本政府应菅原道真①之请,停止派出遣唐使,进入自身文化建设期尤其是"摄关"(贵族通过嫁女儿给天皇,生下皇子后以外公自居以控制朝政,自命"摄政"或"关白")制度已建成的这段时间。此阶段是一个时代面目不清但日本意识逐渐抬头的年代,一方面中国的影响仍不容忽视,另一方面"王朝贵族对汉诗文的学习开始厌倦,出现了'回归日本'的倾向","民族信仰的因子这时以一种不可抗拒的势头渗透到宫廷贵族悠闲的文学创作之中",② 给"大和魂"涂抹出第一道本土的但并不亮丽的色彩。

一 《源氏物语》"少女"卷中紫式部的"大和魂"③

（一）迄今为止对紫式部"大和魂"的研究

中古时期"大和魂"的第一个语例出现于紫式部所著的日本古典文学名著《源氏物语》当中。该物语"少女"卷说："须以汉学为根本,再驱使用于世事之大和魂,方为牢靠。"④ 对此话语中出现的"大和魂",日本自室町时代起就有人不断地加以注释,到江户时代其注解越来越多,及至明治维新建立起科学的研究体系之后直至二战结束,则另有许多重量级的学者,比如黑川真赖、三矢重松、新村出、津田左右

---

① 参见第 5 页序言中"大和魂"出典解释的说明。因菅原道真死后不断地被牵扯到"大和魂"建构的过程中,故这里须再补充说明几点：(1)道真素有抑制藤原氏专权、实现天皇亲政的政治理想,故受到宇多天皇的信任,屡被拔擢,在醍醐天皇时代甚至官居"右大臣"。即使后来败于政争,死于谪地,但思慕天皇之心情始终不变。(2)公元894年,道真虽被任命为遣唐大使,但鉴于唐朝混乱及日本文化逐渐发达等的现实,废止了自奈良时代起延续下来的遣唐使政策,对此后来的"国学家"和勤王人士有着极高的评价。(3)道真遭受政治挫折,但因其学问极好,故死后被奉为"学问之神",至今在日本人中仍获得极高的评价。
② 斋藤正二：《〈新撰朗咏集〉的游宴世界》,《日本的自然观研究》(上),八坂书房1978年版,第523页。
③ 以《紫式部笔下的"汉才"与"大和魂"》为题发表于《日语学习与研究》2015年第3期。
④ 原文是"才を本としてこそ、大和魂の世に用ひらるる方も、強う侍らめ"。对此句何以如此翻译的说明须使用较多复杂的日语语法知识,因与本书关系不大,该说明略去。

· 80 ·

第三章　平安时代(794—1192)至室町时代(1336—1573)的"大和魂"和"大和心"

吉、高桥俊乘、加藤仁平、亘理章三郎、吉泽义则等人加入到这个解释队伍中来。其旨趣各有不同，于此无法一一尽录。二战后，日本虽说基本上已无人再关心这个话题，但还是有学者，如斋藤正二和古在由重对此继续研究，①其中前者在奥村伊九良研究的基础上，以其方法的进步对"大和魂"的六个古代语例研究得最为深入，本章受惠于该研究之处甚多。从上述可以看出紫式部的这句话及其中的"大和魂"在日本的影响深远程度。

另一方面，自《源氏物语》问世之后，不同时代的人还都喜欢引用紫式部的这句话及其中的"大和魂"，且引用的目的——换言之，也是一种变相的解释——亦各自不同。然而，尽管存在各种解释和引用，但有一点可以明确，即从作者的生平及所处的时代来看，彼时的"大和魂"显然出自一位表面生活悠闲，可内心充满纠结的宫廷女子的心理，而无论如何不会源于那种在战争或准战争年代主张武力的男性的心态。二战稍前和二战时的学者或许也都看到了这一点，但正因为他们都置身于明治维新至昭和前期那段风云激荡的年代，所以尽管都在《源氏物语》的研究方面取得了不凡的成就，但对此话语，连同它的"大和魂"，却大都只能嘴角嗫嚅，或言语含混不清。理由很简单，彼时仍在确立天皇制绝对主义国家体制，任何说辞都要为此目的服务。吉泽义则后来在回顾战前这一情况时说："当时有阿附军国主义的学者，将这句话理解成'须以汉学知识为本，而以大和魂为末'而大肆喧哗，并如获至宝地说，紫式部并非日本国民，《源氏物语》也非日本国民的著作。可悲的是有一些无知之徒也连声附和，将日本国的代表作《源氏物语》推向深渊。"②那么该如何看待这一度被葬身于深渊的《源氏物语》以及其中的这句话呢？我们需要先审视该"大和魂"出现的话语背景及其语境。

(二)　该"大和魂"出现的话语背景及其语境

光源氏的长子夕雾12岁生日那天举行了"元服"仪式。外祖母大

---

①　详见本书序言相关部分。
②　吉泽义则：《源氏物语今鉴》第一章"源氏物语所产的时世服装"，新日本图书1946年版，第21页。

"大和魂"史的初步研究

宫自然要跑来祝贺和观看。但元服仪式结束、夕雾升殿后,大宫发现外孙身穿浅葱色的官服,原来是仅被授予六品官衔。而按规定,大臣的公子在元服后都能获得四品官衔,所以大宫极为不满,向光源氏讨要说法。接下来就是光源氏的解释,亦即该"大和魂论"的前后文。

> 今勉力使其元服,而其尚幼。吾虽不欲因其元服而致其老,然一应使其元服。吾之本意,在于使其进入大学,研习学问。盖惟恐之后两三年荒废时光。彼若专心致学,则不期然间可成为朝廷栋梁之材,亦可自立门户。吾自幼生长宫中,不谙世事,昼夜逞娇于父皇桐壶院身边,虽略读汉籍,然毫不足道。父皇威严,亲自授业,然吾心尚幼,知之不深,汉籍音律,功皆不足,故多有不及。吾未闻亲愚而子贤,只知子必劣于亲。况且子子孙孙相传,才能之差距将代胜一代。思之心急如焚,故有使其研习学问之一策。高官子弟若对官职位阶随心所欲,于荣华世间骄横跋扈,则似无人苦心向学。且若耽于游戏音乐,对升官叙爵随心所欲,则趋炎附势之人必阴鄙阳奉。又则高官子弟于此间必自高自大,威仪八方。然遇时势变化,亲人离去,且自身权势式微,终将为人所轻,无所依靠,故须以汉学为根本,再驱使用于世事之大和魂,方为牢靠。眼下夕雾求学心切,设若累积修养,最终将成为国家栋梁,吾死后亦大可放心。今夕雾名虽不显,然有吾荫庇,想来世间无人敢于轻慢,曰之"此大学学生何以如此窘困"。此乃吾之所思所虑。①

引文较长,是因为从古至今"大和魂"的语义皆不甚明了,若不根据较长的语境进行对照、梳理则无法实施有效的分析并明确其语义和得出较能令人信服的结论。需要特别说明,含此处,以下本书分析多按此方法处理,敬请读者谅解。

(三)"大学"和"大学学生"

有必要对光源氏话语中的"大学"和"大学学生"做些解释。"大学"乃"大学寮"的简称,属于在律令制度下与地方"国学校"相对

---

① 译自《日本古典文学大系 14·源氏物语 1》,岩波书店 1958 年版,第 231 页。

第三章　平安时代(794—1192)至室町时代(1336—1573)的"大和魂"和"大和心"

应的、直属"式部省"的培养中央官僚的教育机构。在平安时代中期之前，皇族、公卿的子弟一般不会进入这种学校。因为世袭制度下的皇族、贵族子弟即便耽于游乐，也可迅速步入官场，飞黄腾达。"大学学生"虽被人视为"窘困书生"，但也并非指那些出身穷困家庭的孩子，相反，却是官职不低的特权阶级子弟。"大学不外乎是为了让五品及以上官阶的特权阶级能确保自己的地位所给予教育，并让朝廷的书记官'东西史部'① 能发挥书记功能，使其学习的场所。""据说通过秀才考试者在二百数十年间仅六十五人，而其中在元庆（平安前期阳成、光孝天皇朝代的年号，877—885）以前的数十人有大半是儒官及其他名门的子弟。宽平（宇多、醍醐天皇朝代的年号，889—898）以后则全部为儒官的儿子或孙辈。换言之，并非大学的学问创造官吏，而是血统产生官吏。大学不外乎是对能成为官吏的人在成为官吏时的功能加以确认的场所。"②

然而夕雾却与这些儒官和名门的子弟不同。按理说光源氏没有必要特意将夕雾送入"大学"，给予他"能确保自己地位"的教育。因为在氏族制残余势力仍十分强大的彼时，他生来就能确保自己的地位。因而对大宫来说，光源氏的话语无异于海外奇谈。然而夕雾却真的按父亲所说的去做了，而且做得极为成功。按《源氏物语》所述，成为大学学生的夕雾很快就崭露头角，在通过寮试后叙补"拟文章生"③，不到一年又成为"文章生"，并于同年秋天被拔擢为从五品侍从，再过半年又被任命为"左中将"④。实际上，夕雾被称作"大学学生"的时间不到一年，此后他便走上政界的阳光大道。他的平步青云，印证了他就学的

---

① 在大和朝廷担任文书、记录工作的世袭人物。应神天皇时将归化日本的王仁的子孙称作"西史部"，将阿知使主的子孙称作"东史部"。

② 高桥俊乘:《日本教育文化史》第六章"大宝令的学制"，讲谈社 1978 年版，第 137 页。

③ 在律令制大学学习"纪传诗文"后通过寮试的人，也称"拟生"。定员 20 人。再进一步通过"省试"，即成为"文章生"（进士）。

④ "左近卫中将"的略称，即左近卫府次官。近卫府乃当时六卫府之一，属于奈良、平安时代担任皇宫警卫，或在举办仪式时率仪仗队以增威严，或在天皇行幸时担任供应、警卫工作的武官府衙。公元 765 年改称"授刀卫"，为"令"外之官府。分为左近卫府和右近卫府，长官称"大将"，次官称"中将"、"少将"，判官称"将监"，主典称"将曹"。

"大学"确实是一个"对能成为官吏的人在成为官吏时的功能加以确认的场所"。不过我们也要看到,作者紫式部虽未就夕雾的受业内容作出说明,但他所学的"汉学无论如何对夕雾'完美形象'的形成不可或缺"①。他的聪明固不必说,但因为在律令制国家体制下,为维持朝廷的政治运转,需要使用汉文书写公文,发布敕令,所以在贵族身份和聪明的基础之上,夕雾还有了这种汉文阅读和书写的功底,自然可以为自己加分增色,以堵住别人的嘴,使他们不敢说自己只是个绣花枕头。

(四) 藤原为时和紫式部

以上的"大和魂论"出自光源氏之口,但该"知识产权"却属于紫式部。这些话其实反映的是紫式部眼中的"汉学"和"大和魂"的关系。有关紫式部的生平人们知之不多,但其父为藤原为时,其母为藤原为信之女却确凿无疑。为时乃藤原冬嗣第六子、藤原良门的第四代孙子。而紫式部的母亲,则属于藤原冬嗣长子、藤原长良的第五代孙女。两人出自同一宗族,属于远房叔、侄女关系(从这点也可看出氏族社会的法则仍在通行无阻),都拥有一代名门贵族的血统。然而,在"摄关"政治体制形成之后,该权力长期掌握在藤原冬嗣第二子、藤原良房这一支族手中,其权力的长跑接力棒经由良房、良房养子基经(长良第三子)一直到忠平、师辅、兼家、道长一代代交接下去,所以旁系的其他支族只能流着涎水在一旁观看,并一代又一代地走上政治的下坡路。到藤原为时时,他充其量只做到一个"受领"②,而且在担任"受领"之后,设若不在年底重新选任官员之前跑门子,托关系,则很可能丢掉这份工作。《今昔物语集》卷二十四"藤原为时作诗任越前守语第三十话"记载:一条天皇时,藤原为时在除目时落选,所以通过内侍所的女官将自己的"申文"(毛遂自荐的文章)寄给最高统治者,其中附有一段诗文为"苦学寒夜。红泪沾襟。除目后朝。苍天在眼",情景不可谓不凄惨。是这段诗文,最终感动了"关白"藤原道长和一条天皇,因此他们决定将原已授给道长的兄弟(并非亲兄弟,而是同

---

① 斋藤正二:《"大和魂"的文化史》,讲谈社1971年版,第171页。
② 原意为"从前任手中接受工作"。后转指诸"国"的最高长官,即赴任国执掌当地政务的最高统治者,与在京城"遥受"的"国守"有所区别。

第三章　平安时代(794—1192)至室町时代(1336—1573)的"大和魂"和"大和心"

吃一个奶妈的奶的兄弟）藤原国盛的"越前守"职位转授给为时。① 这个逸闻在《日本纪略》长德二年正月二十八日条、《本朝往生传》一条天皇条，以及《今镜》汉诗条、《古事谈》第一、《十训抄》第十"可庶几才能艺业事"等文献中都有记载，② 想来为时诗作之好及其产生的效果，给那时的人们都留下了深刻的印象。可以说，是为时的诗文打动了最高统治者的心，而其中的"红泪沾襟"，可能不光指求学时的艰难，还指求官时的艰辛，说明当时三四流的贵族阶级，只有依靠文才（汉学）接近权势者，此外别无自己的生存空间。

为时的才华有目共睹。不光汉诗，而且和歌也做得极好。但在那个时代，作为男子，会作汉诗比会作和歌吃香得多，所以他的名声主要来自汉诗。据《江谈抄》记载，当时为时与汉诗高手藤原孝道、源为宪齐名，有人甚至将为时置于三人之首。虽然为时的汉诗只在《本朝丽藻》留下十三首，在《类聚句题抄》留下五首，在《新撰郎咏集》、《江谈抄》各留下一首，总共二十首，但他的才名被当时最著名的汉学大家大江匡衡高度赞赏，说"为范、为时、孝道、敦信、举直、辅尹，六人皆超于凡位者也。故共甘贫"（《与藤原行成书》)③。由此可见，是这种文名才让他最终谋到"越前守"的职位，但也正因为门阀制度他只能"甘贫"。

父亲如此，紫式部本人的心情想来也好不到哪去。她不光目睹了父亲的超凡才能和贫困生活构成的不对称图景，而且自己也亲身体验到"摄关"政治体制的不公（夕雾通过学习"汉学"获得的"完美形象"似乎寄托着作者的理想，她也想让父亲和自己成为那种完美的人，但其实这对她父亲和自己都是一个嘲讽）。她于汉学也很在行，在《紫式部日记》中回忆道：父亲在教哥哥惟规学习汉籍时自己在一旁听讲，显示出不可思议的高度理解能力。"家父常叹曰：'惜哉！此女非男子，大不幸矣。'"④ 同样在《紫式部日记》中她还回忆："宫女皆非议'为

---

① 池上洵一：《今昔物语集 本朝部》（上），岩波文库 2001 年版，第 54 页。
② 以上资料转引自斋藤正二《"大和魂"的文化史》，讲谈社 1971 年版，第 173 页。
③ 以上数据和引文来自斋藤正二《"大和魂"的文化史》，讲谈社 1971 年版，第 173 页。
④ 池田龟鉴、秋山虔校注：《紫式部日记》，岩波文库 1964 年版，第 59 页。

何此女子竟能读汉籍'"①，以及为避免非议，自己只能背着众人，给道长的女儿、中宫彰子讲解《白氏文集》。她明白，自己能进宫为彰子服务，一是因为自己汉学功底深厚，二是来自父亲的政治庇护者道长的一道命令。但她不明白，为何当自己进入宫廷集团的核心之后，所见所闻的"摄关"政治体制内部却充满着无数有关"如何处世"的关系学，汉学实际上没有太大用场。说得准确一点，就是那些"不学无术，甚至智障的上层贵族阶级，只要使出所谓的大和魂，就可轻易地实现荣华富贵"②。

  这让紫式部的心灵很受伤。我们完全可以想象，父亲为时的遭遇和她本人的体验，让紫式部对"汉学"和"大和魂"拥有一种复杂纠结的心态：若不是因为父亲和自己在汉学方面才华出众，两人可能都得不到眼前的这份工作。而这都来自朝廷实际的政治需要和可供点缀门面的文化需要。同样，对饱读汉籍的中下层贵族来说这还有另一层意义：懂得汉学在当时不仅是一种能混口饭吃的工具，同时还是一种能满足虚荣心的资本。但光会汉学，不一定就吃得开。这大概引发了紫式部对当时的身份和门阀制度与"汉学"的关系的思考。有人没有"汉学"本事，但依靠身份和关系，照样可以平步青云；有人依靠身份和关系，再有了"汉学"的点缀，则更容易在贵族间的PK中胜出，所以她才有了看似矛盾的"须以汉学为根本，再驱使用于世事之大和魂，方为牢靠"的想法。从这句话可以看出，她对"汉学"其实还是看得蛮重的，而对"大和魂"却并不抱多大的好感。

（五）紫式部所理解的"汉学"

  话虽如此，但是否就意味着紫式部完全读懂了汉学的精髓，答案是否定的。从表面看，她借光源氏之口说出"吾未闻亲愚而子贤，只知子必劣于亲。况且子子孙孙相传，才能之差距将代胜一代"的话，让人对光源氏产生了他在自矜自骄的感觉，但实际情况并非如此。他说的，其实是在"摄关"政治体制之下，与其说是智力退化，毋宁说是体制规定带来的身份退化造成的现实。光源氏一族原先属于皇族，在光

---

① 池田龟鉴、秋山虔校注：《紫式部日记》，岩波文库1964年版，第61页。
② 斋藤正二：《"大和魂"的文化史》，讲谈社1971年版，第174页。

第三章　平安时代(794—1192)至室町时代(1336—1573)的"大和魂"和"大和心"

源氏父亲一代降为臣籍，被赐予源姓，到光源氏时他与皇室的关系已不亲近，所以他的官职并不太高。到光源氏的儿辈，按规定他的官职又要下降一等。在此情况下，夕雾之流于父亲余威尚存时当然还能获得不低的官位，并根据具体情况，通过运用关系学（"大和魂"），比如养个女儿嫁给小天皇，使自己来个咸鱼翻身亦未可知。然而遇上"时势变化，亲人离去，且自身权势式微，终将为人所轻，无所依靠"。因此，紫式部口中的光源氏岂但没有自矜自骄的感觉，相反却显得忧心忡忡但不乏远见卓识：不能光依靠自己与皇室的关系或最高统治者的同情，而要通过汉籍的学习，在这个世上谋得一个地位，这才是拯救自身未来的一种活法。说因此"可成为朝廷栋梁之材"，不免有些冠冕堂皇，而"可自立门户"，才是硬道理。

　　由此可见，紫式部或曰光源氏的"汉学"都带有强烈的功利主义色彩，与主张通过经典的学习，知道何为"仁义"，使人之所以为人的古代儒学的人文主义相去甚远。其实这不奇怪，日本在引进、推广儒学的时候，除少数例子之外，就没有将"仁义"等人文主义因素置于工作的重点，而是将这种新的意识形态作为证明当时正在建设的古代专制体制——律令制官僚体制具备合法性的理论和工具，使该体制"道德化"和"合理化"。而到紫式部生存的平安时代中期，这种新的意识形态已显露出老态，无法解决当时的问题，所以以明"经"明"法"为要务的"明经道"[①]和"明法道"[②]学科不再吃香，取而代之的是"纪传道"[③]（"文章道"）的异军突起并一枝独秀。"文章道"的学生，实际上对自我人格的形成和完善并不上心，而只想通过该

[①] 律令制"大学"的四"道"之一。此"道"学生必修《论语》、《孝经》，选修《周易》、《尚书》、《礼记》、《周礼》、《仪礼》、《诗经》、《左传》中的任一经典。本来日本仅以此"道"的课程作为"大学"的主要课程，故无特别的名称，但在平安时代前期，因有别的课程加入，故定此名。

[②] 律令制"大学"的四"道"之一。该"道"专攻"律令"，在奈良时代中期从"明经道"中独立出来，共设"明法（律学）博士"和"明法生"10人（后增加到20人）。平安时代以后，"明法"被人视为一种单纯的技术学科，故走向衰退。

[③] 律令制"大学"四"道"之一。主要学习《史记》、《汉书》、《后汉书》等史书和《昭明文选》等文学作品，并练习作文。奈良时代中期在"文章博士"中出现专攻"纪传"的学生，至平安时代初期该学科大为繁盛，故于公元840年左右被人称为"纪传道"。因此道由"文章博士"、"文章生"等构成，故也俗称"文章道"。

"大和魂"史的初步研究

"道"的学习,抓住扬名立万的机会。日本汉文学在一段时间之所以兴盛,一个很重要的原因就在于此。"文章博士的毕业生,过去都担任从七品下的官吏,但到弘仁(嵯峨、淳和天皇朝代的年号,810—824)十二年二月,升格到从五品下。因可用最快的速度发达致仕,所以不仅是贵族,而且后来的士族,包括平民,也都争先恐后地加入到此'道'的学习、求官中来。因此在当时的学问、艺术当中,此'道'的名士辈出。僧侣也一样,由于要接近朝廷、贵族和官员,所以自然也要苦读汉诗文。可谓当时是举世热衷于汉文学。"[1] 到平安时代中期,"文章道"已被一小撮特权阶级人物垄断,甚至有人在"大学"附近开设"大学别曹"[2],专门为这些学生服务。从这种社会整体的风潮来看,即使有人重视"汉学"的论调带有功利色彩,但也未必值得大惊小怪。它"毋宁说明在别无心情玩弄空理虚言这一点上,让人感受到古代末期的一种沉重的气氛。平安时代根本不是人们想象的那种优雅悠闲的时代"[3]。

(六)紫式部笔下的"大和魂"与"汉学"——日本对"和魂汉才"关系的第一次理论思考

接下来是问题的核心,即紫式部笔下的"大和魂"与"汉学"的关系以及它们的内涵究竟为何。如果参阅此"魂"出现的语境,那么人们很容易看出:(1)"大和魂"与"汉学"是一个对立的概念,互为反义词,关系犹如油水,二者泾渭分明,与日后出现的辩证思想"和魂汉才"大相径庭。这两个词汇的同时出现,反映出当时的世态百像:汉学依旧重要,仍盛行于官场光天化日之下的活动当中,但本土的意识和行为方式却并未因此被外来文化所覆盖,而照样在政治、社会生活的背荫处起到关键作用。(2)"汉学"为本,而"大和魂"为末。只要不带偏见,即可看出孰主孰次的关系。同样是吉泽义则,在战前对该本末的关系却有着另外一种解释:"大和魂有几个方面,而这一节,

---

[1] 太田亮:《日本新文化史 平安朝初期》第九章"文学和艺术",内外书籍出版社1942年版,第314页。

[2] "曹"即古汉语"曹司"或"曹子"的意思。这里的"别曹"指平安时代中期各氏族在大学寮附近设置的专用设施,目的是供自己的子弟寄宿,方便其接受教育。

[3] 斋藤正二:《"大和魂"的文化史》,讲谈社1971年版,第178页。

第三章　平安时代(794—1192)至室町时代(1336—1573)的"大和魂"和"大和心"

特意抽出'用于世事'之一面加以讨论。即紫式部自己提出了'那么如何才能让大和魂更强有力的活动呢'这一问题之后，又自己回答'必须以汉学作为基础'。大和魂是一个装置，而汉学则属于驱动这个装置的润滑油。紫式部是以这种关系来处理大和魂和汉学的，而绝不是将大和魂和汉学置于同等的关系上来考虑它们的本末优劣的。"① 吉泽义则始终是一个自由主义人士，也许这些话是他在那个年代，为保护紫式部不受军国主义者的非难，而有意为她的言论加以附会穿凿的，但以此仍无法改变紫式部所认为的何本何末的事实。(3) 大和魂的本质在于"用于世事"。那么什么是"世"呢？从紫式部言说时的环境来讲，就是"摄关"政治体制下的身份和门阀的世界及社会生活。因此，其之"用于世事"，在这里说的就是在这种世界中该"如何处世"，该如何讲求"关系学"，即一种与"汉学"主张所不同的人际关系处理方式。翻阅词典和过去的注释书解释，人们知道中古的"大和魂"有以下多种意思。比如"社会的学问、作为社会人的健全的判断力、先天具有的识见、灵活变通而带常识性的政治判断、处世的手腕、精通世故善于权变的手段、善于交际、对人生的理解力"等，总之都属于一种不同于汉籍及其教义所提倡的、用于实际生活（包括政治）的"智慧"与能力。在这方面，"大和魂"也具有明显的功利主义性质，与紫式部所理解的"汉学"不相上下，与贺茂真渊所说的乃日本古代"高迈、正直、威武的精神"更是相去甚远。

我们不能因此责怪紫式部。在"摄关"政府上层头面人物等都纷纷如法炮制"大和魂"的时候，② 她作为一名弱女子，发出"以汉学作为自身谋求活路的支撑，但也需要适时使用一点权变手法"——这似

---

① 吉泽义则：《源氏随考》29 "紫式部的大和魂观"，晃文社1942年版，第251页。
② 比如《紫式部日记》"宽弘五年（1008）十月"条记载："与中务宫家的儿女亲事，道长大人拼命地想促成。大人认为我与宫家关系比较近，故许多相关的事与我商谈。我在心里也为这桩亲事反复考虑了许多。"（紫式部：《紫式部日记》，载《王朝女性日记》，林岚、郑民钦译，河北教育出版社2002年版，第376页）平安时代贵族结婚时，妻家多半都要给予男方经济及仕途上的支持。出于对长子赖通的仕途考虑，藤原道长欲极力促成其与具平亲王女儿隆姬的婚事。因紫式部的父亲和已故丈夫都曾担任具平亲王的"家司"，故道长多次和她商量此事。藤原道长对长子联姻的考量无疑带有强烈的政治目的，但找紫式部商量，说明后者也多少具备一些"大和魂"，即洞悉政治、人事关系的能力。

乎是在为其父和自己辩护——的声音，又有何错呢？

二　《大镜》"卷二"藤原时平的"大和魂"

（一）有关《大镜》的几个问题

中古时期第二个"大和魂"的语例出现在《大镜》中。《大镜》是一个"历史物语"（历史传奇）作品，诞生于平安时代后期，记述的时间自文德天皇执政的嘉祥三年（850）开始，结束于后一条天皇在位的万寿二年（1025），共描写了14代天皇的176年的历史。

《大镜》的作者至今不明，过去人们认为它或为藤原为业[①]所作，或为藤原能信[②]所撰，或为其他人所著，但到近代，许多有说服力的研究证明它似乎由源氏一族的某位男性书写。从作品的许多地方都可以看出，作者是基于因果相报的"法理"，通过对藤原道长发达的真相和过程的描写，对道长进行猛烈的批判，同时还对"藤原氏列传"中各个人物做出辛辣批评的。这一切，似乎不像是藤原一族的所作所为，也与赞美藤原道长的女流作家作品《荣华物语》形成尖锐的对比。《大镜》还收录了一些逸闻和传说，以服务于对列传人物性格的描写。根据这些逸闻和传说，人们不仅可以多角度立体地把握作品中的人物，而且可以窥见当时知识分子和民众的思维方式和价值观，对了解《大镜》中的人物所拥有的"大和魂"不无参考意义。《大镜》还多用虚构和夸张的创作手法，但这些虚构并非是不顾事实的虚构，夸张也不是缺乏事理的夸张，以此也可让人看出作者对人物的善恶、正邪和美丑的评价。

《大镜》的创作结束时间至今也没有定论。为了突出反道长的"剧情"效果，该作特意在道长达到事业巅峰的时候突然停笔，说"今年乃万寿二年乙丑年"。这个"万寿二年"就是上文介绍的公元1025年。但据推测，其创作结束的时间在1025年后60—90年期间，也就是白河

[①] 藤原为业，生卒年不详，平安时代末期歌人。藤原为忠之子，出家后称"寂念"。有和歌作品收录于《千载集》及《千载集》之后的歌集。

[②] 藤原能信（995—1065），平安时代中期的公卿和廷臣，"摄政、太政大臣"藤原道长的第四子，官位为正二品，任"权大纳言"、春宫大夫，赠正一品太政大臣。

第三章　平安时代(794—1192)至室町时代(1336—1573)的"大和魂"和"大和心"

上皇开始"院政"① 的应德三年（1086）前后到鸟羽天皇退位的保安四年（1123）之间。

（二）藤原时平及其三个逸闻

第二个"大和魂"，出现在《大镜》"卷二"中。在标题为"左大臣时平"的这份记录当中，讲述的自然是藤原时平的所作所为。这让人联想起他对右大臣菅原道真进谗言而在历史上落下的骂名。记录的起首在介绍时平的身份和时年28—29岁这个岁数后，还介绍右大臣道真的岁数为57—58岁。之后就是一顿辛辣的批评："右大臣之才学与用心之周到皆极出色，而左大臣不仅年轻，于才学（汉学）方面亦极拙劣。"接着愤愤地说，这个拙劣无比的坏蛋因干了"卑鄙之勾当受蹩报而断子绝孙"。随后又像是补充似的加以评论："虽然（此大臣）极具大和魂。"②

我们该如何看待这个"大和魂"？这里不妨利用该记录中的三个逸闻做说明。第一个逸闻即该记录在说完此大臣"极具大和魂"后立即补录上去的一段话，似乎是对该"大和魂"作出的注解，所以可将它看作是一条线索。

延喜年间政治改革，然无法彻底贯彻《禁止奢侈令》。某日，时平大臣特意穿着华美进宫，站于大殿上。醍醐天皇自清凉殿东入口石灰坛南壁小窗见此模样后异常生气，招来内侍，曰："如今正严格执行《禁止奢侈令》，而作为左大臣，官职最高之行政长官，却衣着华美进宫，真是岂有此理！使之立刻退出宫去。"接听天皇旨意后内侍吓得不知如何是好，但还是出去，哆哆嗦嗦将圣旨告知左大臣。时平大臣听后惊恐不已，退出时未让随从鸣"声"开道，而是悄无声息急忙返家。宫廷众人皆不可思议，不知发生何事。之后时平大臣紧闭大门，甚至不踏出室外一步。有访客来即让手下告知"正在家反省"，拒不见客。左大臣如此，世间奢侈之风终于偃

---

① 即上皇或法皇在所谓的"院厅"执掌政治之事，指其政治形态。始于1086年白河上皇时代，形式上延续到1840年光格上皇死去。
② 《日本古典文学大系14 大镜》，岩波书店1958年版，第5页。

"大和魂"史的初步研究

> 旗息鼓。然据内线透露，此事乃时平大臣与天皇事先密商之结果，认为有此举动，奢侈之风自然可以平息。①

从以上叙述可以看出，藤原时平和醍醐天皇在演双簧，但幕后策划者当为时平无疑。这表明，他为了推行政治可以不择手段，之前对菅原道真进谗，使其谪居大宰府也是如此。斋藤正二说，这个逸闻反映出"大和魂"的一个"能动的侧面，就是一种可以随机应变的机智表现，也是一种积极、自由豁达、机智善断、作为务实家处理实际工作的精神表现。另一方面，还是一种甚至不惜做'卑鄙勾当'的、开放但缺乏价值观的精神表现。总之，是一种与学问知识和伦理精神截然相反的某种精神表现"②。而在我们看来，以上评论句句皆得正鹄，但用一句话概括，这里的"大和魂"似乎就是与"汉学"精神相对立的、为达到目的可以不择手段的"机智"能动的权变精神。至少《大镜》的作者是这么看的。

该记录的第二个逸闻似乎要为时平的"大和魂"做立体的展示，说是时平爱"笑"，而且一"笑"起来就停不下来：时平在与菅原道真共事时经常说些莫名其妙的话，而道真认为，不管怎么说时平也是一个身份高贵的人，"吾无法只顾自己，一味将自身所想强加于彼"。但同时也哀叹："由于乃左大臣所作所为，故吾虽觉不妥，然不知如何做好。"这时有一个任太政官文书的官吏听到，便毛遂自荐，说此"简单。吾仅需略施小计即能阻止左大臣之蛮横做法"。道真急了，连忙制止："胡说！何能如此。"那文书官说："看我怎做。"之后就坐在原来的座位上。不久，道真和时平又为一件公务争论起来。这时文书官将文件夹在公文夹里，故意作出一副粗鲁的样子，一边说"此公文呈左大臣"，一边放了个大屁，声音巨响。听后时平抑制不住笑意，颤抖的手也接不住递过来的文件，不久竟大笑不已："安得受此。今日之事全部委托右大臣。"话音未落即捧着肚子回家去了。因此菅原道真才得以处

---

① 译自《日本古典文学大系 14 大镜》，岩波书店 1958 年版，第 13 页。
② 斋藤正二：《"大和魂"的文化史》，讲谈社 1971 年版，第 186 页。

第三章　平安时代(794—1192)至室町时代(1336—1573)的"大和魂"和"大和心"

理那件公务。①

从此逸闻可以看出，时平有爱笑的习惯，而这个习惯，在日本中古、近世和近代的其他文献也有记录。《日本开化小史》的作者田口卯吉②在《史海》杂志上以《菅原道真》为题撰文，说："时平此人在史书上很少记录。惟记录其有笑癖，且一旦笑出则无法抑制。由此看来绝对无法想象其本性奸诈。又见其因醉酒夺取伯父国经之妻的记录（此事记录于《十训抄》，无法尽信，然宽平《遗诫》［指宽平九年（897）宇多天皇让位时写给醍醐天皇的规诫书，其中提及帝王的进退、动作、学问、任官叙位、仪式及臣下的贤否等］似亦有言于此），亦绝对无法想象其有深谋远虑。"③ 此外，时平的笑癖在江户时代中期安永年间还被编成故事，上演于歌舞伎狂言《天满宫菜种御供》第一个剧目。④ 到明治时期，还出现了名为《时平七笑》的独幕剧，其中时平被描写为一个伪君子而吃尽苦头。⑤

对此斋藤正二的评价是，这种"大和魂"中蕴含着"对事物敏感，而且在感知事物后能直率地再现事物这么一种充满年轻活力的精神因子"，甚或"具有通过将爽朗的笑声带入庄严的宫廷生活的缝隙，为在宫廷生活的人们带来精神卫生的意图"。⑥ 真相是否如此单纯？我们还是要看一下历史的其他记录。

时平少被史书记录的原因不明，但从一些历史记录可以间接反推出时平绝不是一个草包和任情误事、只会以笑声娱己娱人的人物，相反还是一个极其能干的"贤臣"。这个记录就体现在斋藤接以上评论所做的分析和图表之中。不过通过此也可以看出，即使如斋藤之伟大也有其疏漏之处，并且可以得出比他上述评价更为明确的结论。"时平参政的时

---

① 《日本古典文学大系14 大镜》，岩波书店1958年版，第16页。
② 田口卯吉（1855—1905），日本经济学家、文明史家，1879年创办《东京经济杂志》，提倡自由主义经济学和鼓吹民权，而且在实业界也极其活跃。1894年当选为众议院议员。著有《日本开化小史》、《支那开化小史》等，还创办杂志《史海》。此外还编辑刊行了《国史大系》、《群书类从》等书籍。
③ 斋藤正二：《"大和魂"的文化史》，讲谈社1971年版，第189页。
④ 同上书，第189页。
⑤ 同上。
⑥ 同上书，第190页。

间，似乎是在其父基经死后的第三年，即宽平五年（893）。当我查阅《类聚三代格》①时就会频繁见到有关自宽平五年以来经时平之手发布的'格'②的记录。现在我姑且按照自宽平五年至道真左迁这段问题频发的八年间发布的'格'的数字和经手这些'格'的人物整理出一份图表（此表乃参照雄山阁《异说日本史》第二卷 人物篇 二 制成）：

年号/经手人	源融	藤原良世	源能有	藤原时平	菅原道真
宽平五年	○	一	三	二	○
六年	四	○	四	三	○
七年	○	○	九	六	○
八年	○	二	六	一	五
九年	○	一	一	四	四
昌泰元年				四	一
二年				二	○
三年				二	○
……"③					

如前页脚注所见，日本当时仿照唐律制定的律令中多有不符合本国国情之规定，故为使这些律令在执行时具有一定的弹性，政府又制订一些补充规定，这个补充规定就是"格"。从上表中的累加数字来看，经时平之手发布的"格"有24个，而道真是10个。"当然，根据发布的'格'的数字来推测某政治家的地位和本事是不妥的。同样，根据数字推测说某政治家不发布'格'，一辈子无所事事就是有能耐的则更为荒谬。"但无论如何，敢于立足日本国内实际情况，以

---

① 平安时代的法令集。有人按照神社、佛事、废置诸司、"出举"（日本古代贷出稻子和财物收取利息的借贷制度。国家所为者称"公出举"，私人所为者称"私出举"）等事项，分类编辑出"弘仁格、贞观格、延喜格"这"三代格"，共三十卷，现存十五卷。编者不详，约成书于平安中期。

② 奈良、平安时代为补充律令之不备而临时公布的法令，又指编辑这些法令所形成的书籍。

③ 斋藤正二：《"大和魂"的文化史》，讲谈社1971年版，第193页。

第三章　平安时代(794—1192)至室町时代(1336—1573)的"大和魂"和"大和心"

"格"的立法形式对政策作出调整的政治家，一定具有相当的识见和行动力。因此从"宽平、昌泰年间藤原时平的政治活动情况来看，可以说他是当时名副其实的最有才干、最有手腕的一个人"[1]。后来的史实也证明了这一点。时平将道真赶走后在年轻的醍醐天皇的支持下，于延喜二年（902）三月连续发布了几个"太政官符"，[2] 试图重建已开始崩溃的地方行政体制。比如通过所谓的"延喜庄园整理令"，对皇族、贵族、神社寺院等豪门势力扩大自己庄园土地面积的做法进行"刹车"，使自桓武天皇时代开始松弛的"国司"工作交接程序再次严格执行，等等。进一步在延喜五年（905），时平还开始着手编撰"延喜式"[3]，并在延喜七年（907）铸造新货币"延喜通宝"，禁止皇族、贵族的手下先于官吏采买中国商船运来的商品的恶习。总之，时平显示出一位合格政治家的风范和改革家的行动力，其政策皆目标明确，符合时宜。

与此相反，菅原道真却在这种行动力方面大大失分。这可能与他的出身和性格有关。他在宇多天皇的庇护下奉行多一事不如少一事的政策，缺乏为国家长远大局考虑的眼光。从上表可以看出，虽然在某些年份他也制定了一些改革措施，但在大多数年份他都没有提出改革方案，而是采取了"维持大局稳定"的态度，对应当去除的朝廷内外的各种弊端视而不见。其所作所为，宛如一个从下层社会爬上政界高层的精致的利己主义者。甚至道真也做过一些见不得人的事情。例如，《醍醐天皇御记》[4]"延喜元年（901）七月十日"条显示，道真亲口向藤原清贯[5]透

---

[1] 斋藤正二：《"大和魂"的文化史》，讲谈社1971年版，第193页。
[2] 律令制下太政官向八省各司或诸"国"下发的公文书。
[3] 律令时代的律令实施细则，即对各官厅在执行事务时所做的详细规定。为便于执行政务，其后政府将这些规定编辑整理，形成了"弘仁、贞观、延喜三代式"及"延喜交接式、藏人式"等法律书籍。
[4] 醍醐天皇日记。也称《延喜御记》等，据传原有二十卷，但于今散失殆尽，仅有一部分残存于《延喜天历御记抄》中，从中可以读取到一些自宽平九年（897）到延长八年（930）的逸文。今人对本书评价甚高，认为是了解日本古代政务仪式的典故等不可或缺的书籍，其史料在《西宫记》、《北山抄》等礼仪书籍及其他书籍中多有引用。
[5] 藤原清贯（？—930），平安时代公卿，出身于藤原南家的"参议"藤原保则的第四子，官位正三品，"大纳言"。在菅原道真任赞岐守时曾做过道真的下属。

露他参与了"左近卫中将"源善①的阴谋。② 但后世却只将时平一人作为攻击目标,反映的或是时平的改革伤害了大多数皇族、贵族和有权势的神社、寺院的利益,所以他们需要在时平身上找到泄愤的出气口。在史书上不留下更多的记录,或许也是这种怨愤心情的表现。《大镜》作者的言辞和事例的选用同样带有相类似的性质。

或许时平真的爱笑,但这种笑,有时是一种自然的生理反应,有时也可能带有做作的社会因素成分。明治时期的独幕剧《时平七笑》视时平为伪君子,可谓颇具慧眼。作为一个伟大的政治家,竟然会为一个下属的屁声而仓皇逃窜回家,反映出的或是他善于在不重要或非原则的地方进行妥协,具有老成、圆滑而并不"充满年轻活力的精神因子"的一面。这个逸闻说明,时平的"大和魂"也还是一种为达到目的不择手段,包括掩饰自己,待时机成熟时再向政敌斗争和进攻的战斗精神和行动能力。

第三个逸闻说,"右大臣"菅原道真在谪地因抑郁死后成为北野天神,某日在京城显灵,将雷暴猛烈闪击在清凉殿的上方。这时时平大臣拔刀对着天空抗议说:"汝存世时位于吾下方,今日即便成神,然于此世亦须对我客气。无论汝作何想,事实岂不如此?"③ 于是雷声一度沉寂下来。逸闻接着补充,这不是因为时平大臣伟大,而是因为天皇的威灵无比广大,所以道真显示出了理智。

(三)何为藤原时平的"大和魂"?

看来上述第三个逸闻不完全是逸闻,而像是一个符合时平性格的真实记录。这个记录无疑承载着世人对菅原道真的同情,对时平的行为也做了传神但却略带丑化的刻画,并且不忘适时吹捧天皇。然而正是这种传神而略带丑化的刻画,也突显了"大和魂"的宿主时平的精神。过

---

① 源善(生卒年不详),嵯峨天皇曾孙,源舒之子。昌泰元年(898)在宇多上皇行幸吉野宫瀑时曾随驾奉歌(《袋草纸》)。昌泰四年(902)涉菅原道真事件,自"右近卫中将"官位左迁至出云国"权守"。

② 菅原道真谪居大宰府后朝廷仍不放心,派藤原清贯去道真处查问情况。据后来藤原清贯报告,菅原道真曾表示:自己"无所自谋,无法摆脱源善朝臣引诱。再者仁和寺(指宇多法皇)有言,故数度涉及承和故事耳"。报告中所谓的"承和故事",虽然可做各种解释,但从藤原时平这方面说,他完全可以将其变为"废立"天皇的代名词。

③ 《日本古典文学大系14 大镜》,岩波书店1958年版,第18页。

第三章　平安时代(794—1192)至室町时代(1336—1573)的"大和魂"和"大和心"

去有人说这表现了时平的勇敢和气魄确实不假,但从语境推论,我们还可以看到时平反应迅速、善于应对的一面,而这却是死读"汉书"的人所缺乏的,与下面所说的《今昔物语集》中的某汉学大师恰成对照。无论如何,雷声被镇回去了。而体现在时平身上的精神,即他的"大和魂",则透露出那个时期逐渐被褒扬的一种打破常规(并非奥村伊九良所说的"常规"或"常识")、自由奔放且充满机智的社会意识。

三　《今昔物语集》"卷第廿九"清源善澄的"大和魂"

(一) 关于《今昔物语集》

中世时期第三个"大和魂"的用例出现在《今昔物语集》中。

《今昔物语集》的成书时间不明,大约编成于保安(鸟羽、崇德天皇朝代的年号,1120—1124)元年之后不久即白河"院政"开始的时候。编者也不详。是由一人之手编成,还是由一人负责、多人帮助共同编成,至今在学者间仍有分歧。该集由天竺(印度)、震旦(中国)和本朝(日本)三个部分组成,天竺和震旦各五卷,本朝二一卷,共三一卷。现在从该书的结构、素材、文体等综合判断,编者可能属于一位佛教人士,但他对汉籍和日本古代文献也有十分精深的了解。有人怀疑《今昔物语集》就是那部今已不传的源隆国[①]所写的《宇治大纳言物语》。

《今昔物语集》和《大镜》的文体不同,但都编写于大致相同的"院政"时代。这个时代是一个贵族经济基础行将崩溃、民众势力已然抬头、社会各阶层分化组合、不同思想开始融合的时代。所以,过去宫廷使用的"大和魂"这个词汇很可能就此走入民间。换言之,这个词汇不仅通用于社会某个特殊的阶层和环境,还开始通用于庶民当中。按一般设想,平安末期的人们在听或读到"大和魂"这个词汇时,大致都能了解到它的基本意思。这种时势,为我们了解《今昔物语集》中的"大和魂"提供了很好的机会。

---

① 源隆国(1004—1077),平安中期公卿,历任"藏人头"(直属天皇处理机密文书的官员)、皇后宫大夫等,之后任"权大纳言"(定员外的"大纳言"),再后因生病出家,成为南泉坊僧俗的核心人物,编有净土教书籍《安养集》、《往生要集》等。因居住在宇治南泉坊,故又被称作"宇治大纳言"。

"大和魂"史的初步研究

(二) 缺乏"和魂"的清源善澄

《今昔物语集》"卷廿九 明法博士善澄被强盗杀语之二〇"中对"大和魂"做如下解释：

> 明法博士善澄被强盗杀故事第二十
>
> 有明法博士兼助教①清源善澄者，其道才无双，不劣于古代博士。年七十有余而为世间所用，家极贫万事不遂于心。某日，强盗入其家。善澄贤明，钻入（按：板条式）外廊地板下。强盗不得见，随心所欲抢夺物品，并击碎或踩踏物件，后怒骂离去。善澄因心疼不多之财物被抢被砸，故自地板下急忙钻出，于强盗出门后疾趋至大门，猛扣门扉，厉声急呼："吾见过尔辈面孔，待天明告'检非违使'②衙门长官，使其缉捕尔等无误。"强盗闻此云："听！兄弟，待吾等返回杀此人后再走。"之后众强盗齐齐返回。善澄见状惊恐逃至屋旁，急欲再次钻入外廊地板下，然因慌乱一时无法藏入全身，额部现于廊板之上。强盗跑来，拉出善澄，以大刀用力砍下其头部逃离。人们闻之，皆谤其死毫无价值。善澄汉才堪称精妙，和魂尽付阙如。因其心智幼稚而亡也。③

斋藤正二认为此段记录中的"和魂"就是"大和魂"。他说："内阁文库本及各版本都标注此二汉字，并未标注假名。而《国史大系》、《日本文学大系》、《日本古典文学大系》及其他活字印本，都根据与《今昔物语集》大致相同时代成书的《伊吕波字类抄》④ 中所见的 Ya

---

① "助教"，日本令制"大学"职员之一，即帮助"博士"辅导学生的教师，也称"助博士"。

② "检非违使"，日本平安时代担任警察、裁判工作的官职名称。

③ 译自池上洵一编《今昔物语集》"卷廿九 明法博士善澄被强盗杀语之二〇"。《今昔物语——本朝部》（上），岩波文库1991年版，第89页。

④ 平安时代的辞书，二卷本和三卷本标注为《色叶字类抄》，十卷本标注为《伊吕波字类抄》，橘忠兼著。二卷本是最古老的文本，三卷本为治承（平安末期高仓、安德天皇朝代的年号，1177—1181）时代增补而成，十卷本乃经镰仓时代大力增补而有。该辞书以单词的头音分为"伊吕波"四十七篇，并说明可以标注的汉字，是日本以国语为主的第一本辞书。

· 98 ·

第三章　平安时代(794—1192)至室町时代(1336—1573)的"大和魂"和"大和心"

(原文为假名)的叠字'和言',训注为大和魂的假名。"①

　　以上文本中的"大和魂"有几处地方值得关注:(1)它与《源氏物语》中的"须以汉学为根本"和《大镜》中的"于汉学亦极其拙劣"的"汉学",都构成对立的概念,而且这种对立,还反映出当时的社会已开始对"汉学"产生了一定的怀疑。(2)善澄"因其心智幼稚而亡"中的"幼稚",意思很明确,在此无须解释。但从此语境中可以反推出,与这个"幼稚"相对的概念就是"大和魂"。即它有"成熟"、"老练"、"善于处世"等的意思。(3)善澄本来可以不死,但因为心疼仅有的一点财物死于非命,可以说是"白死"。反过来又可以说,若有"大和魂"的人则绝不"白死"。以此对照后来的"大和魂",特别是二战期间的"大和魂",则可以看出"大和魂"的词意在近代发生了翻天覆地的变化。二战时日本军部和御用文人不断地向年轻人灌输所谓的"大和魂",鼓励他们"赴死",按今天的观点也就是鼓励"白死",而这绝对是违反"大和魂"的原意的。②(4)以此再来对照现在通行的一些著作和辞典对"大和魂"的解释,还可以发现,辞典的释意总体说来是正确的,但正因为"大和魂"的意思过于丰富而复杂,所以其释义还可以补充。比如,对上述《源氏物语》和《大镜》的"大和魂",斋藤正二等有自己的一些解释,但在别的书籍中,我们又看到了今人的其他解释:"'大和魂'是指一种精神力和判断力,即思考深刻、判断准确、懂得道理"(《日本古典文学大系》注释),又指"与后天学习获得的'汉学'相对立的、人们先天具有的胆识、机智、勇气、机敏"(《角川文库》注释),等等。然而我们根据语境,对《今昔物语集》中这段话进行分析后认为,"大和魂"的语意远不止于此。因为社会的情况复杂多变,所以作为一个"成熟"的人,除应有"胆识、机智、勇气、机敏"之外,还须有不固守"死理和古训"(这里的"死理和古训",也可以指"汉学"。换用今天的话说就是"不唯书"。不过我们也要看到,引号中的"汉学"其实并不代表真正的汉学。在真正的汉学中,也不乏根据时势、随机应变的精神),具体问题具体分析,不同情况分别对待的意识和心智。而

---

①　斋藤正二:《"大和魂"的文化史》,讲谈社1971年版,第203页。
②　同上书,第204、211页。

"大和魂"史的初步研究

这种能分辨场合、随机应变的意识和心智，就是《今昔物语集》中所说的"大和魂"。实际上，善澄既不缺乏"精神力和判断力"，也不缺乏"胆识、机智、勇气、机敏"，否则他不会在第一次强盗进屋前"贤明"地躲在廊板下。他的失败即被杀，来自于他缺乏上述能分辨场合、随机应变的"大和魂"。

（三）清原善澄的乖戾性格

结合其他史料和研究进一步思考，还会发现善澄的被杀，与他自身的乖戾性格也有关系。这种乖戾的性格，可能由他的独特气质造成。但即便如此，似乎善澄的被杀也不会与他缺失"大和魂"无关。

据布施弥平治的《明法道研究》，善澄并不是所谓的"明法道助教"。因为"明法博士中没有兼职'助教'的人，故可断定它显然是'明经博士'的误写。而在《续群书类从》[①] 收录的各种《清原氏家谱》中也未查见此人，故其来历不明。他很可能就是《官职秘抄》[②] 中所说的'直讲[③]令外官，（中略）自学生任例海善澄'的海善澄，后赐姓清原"[④]。然而根据斋藤正二研究，"查《官职秘抄下》和《续本朝往生传》[⑤] 等可以发现，作为'明经道'的教官，清源善澄在宽弘四年

[①] 《续群书类从》即《群书类从》的续篇。《群书类从》是塙保己一编撰的以国文学、国史学为主的一大丛书。塙保己一因担心古书散佚，于安永八年（1779）在祭祀菅原道真的北野天满宫发誓要刊行此书。后在江户幕府和各"大名"、寺社、天皇朝廷等的帮助下，收集了各种文献后编成此书，共收录自古代至江户时代初期已有的史书及文学作品计1273种。于宽政五年（1793）至文政二年（1819）以版刻形式刊行。正编由1273种，五百三十卷六百六十六册组成，分为25部。继《群书类从》之后，塙保己一计划编撰《续群书类从》，但没能实现这一目的。他死后，其弟子继承这一遗愿，编出《续群书类从》，并刊行其中的一部分。之后，"续群书类从完成会"于1924年以降刊行了全卷。《续群书类从》的正编和《群书类从》一样，都分为25部，共2103种，一千卷，乃另一大丛书，对研究日本的历史和国文学等都具有重要的意义。

[②] 《官职秘抄》是镰仓时代初期元治二年（1200）左右平基亲撰写的与官职、法令、装束、仪式有关的解说书籍，分上、下两卷，是就官职等进行解说的现存最古老的书籍。其中对是唯才是举，还是以家门作为任官优先条件的见解，与南北朝时代北畠亲房的精神相通。有人认为亲房曾受到该书的影响。

[③] 约类似于今天的教授。

[④] 布施弥平治：《明法道研究》第三部"明法家列传"，新生社1966年版，第135页。

[⑤] 《续本朝往生传》乃平安时代后期的往生传，一卷，由大江匡房撰写，在康和三年（1101）至天永二年（1111）之间撰成。书名有承续庆滋保胤的《日本往生极乐记》之意。记述一条天皇及之后的往生者（往生阿弥陀佛净土的）42人的略传。

第三章　平安时代(794—1192)至室町时代(1336—1573)的"大和魂"和"大和心"

从学生拔擢为'直讲',并于宽弘七年任'助博士',一条天皇治世时与任博士的哥哥广澄一道被赐予'清原'姓(本姓为'海宿祢')。"另外,"从《群书类从》第五辑所录《清原氏家谱》看,在广澄一项有'大隅守少外记正五下大内记宽弘元十二改海宿祢为清原真人儒业小野吉柯门人也或小野泷雄二男云云'的记载,可以认为此人继承了清原业恒的血统。业恒之弟中有深养父其人,深养父之孙为元辅,其女儿即清少纳言①。所以善澄和清少纳言有亲戚关系"②。

关键是这个"助博士"在那时都干了些什么?据斋藤正二说,他是平安时代一个不懂规矩、极不讲理、做事往往出人意表的人。③ 往轻里讲,就是宫廷的"人人嫌";往重里讲,实际上是一个"精神脱轨者"。这种"脱轨",就是上文所说的"不顾场合,不能随机应变"的表现。实际上,他在宫中的表现和被杀前的所作所为,是一个钱币的表里两面。

平安时代"最成功"的"摄政"、"关白"藤原道长④在其"具注历"⑤空白处写出的《御堂关白记》"宽弘⑥四年五月三十日"条记载:

卅日。乙丑。明经。明法。算等道博士。学生等。令论议。堂东簀子敷。敷圆座二枚。为问答座。内渡殿为博士等座。中岛为学生等［座］。讲说了后召诸道马场。赐飨。从中岛引参上着。先召

---

① 即著名散文集《枕草子》的作者。"清"为本姓"清原"之略写。"少纳言"是她在宫中的呼称。清少纳言,生卒年不详,是平安时代中期一条天皇的皇后定子的侍女,极有才华,中古"三十六歌仙"之一,本名亦不详。精通汉和学问,与紫式部齐名。另著有私家集《清少纳言集》。

② 斋藤正二:《"大和魂"的文化史》,讲谈社1971年版,第206页。

③ 同上。

④ 藤原道长(966—1027),平安时代中期贵族,藤原兼家的第五子,人称"御堂关白、法成寺入道前关白太政大臣",但实际上他并非正式的"关白",而仅是准"关白"。因建有法成寺,故也被称"法成寺摄政"。道长乃藤原氏极盛期的氏族首长。长女彰子成为一条天皇的皇后,养下后一条、后朱雀两天皇,次女妍子是三条天皇的皇后,三女威子又为后一条天皇的皇后,四女嬉子乃后朱雀东宫后妃。留有亲笔本日记《御堂关白记》。

⑤ 奈良、平安时代流行的历书(太阴历)。以汉文详细注释岁位、星宿、干支、吉凶等。有的历书每(日)张留有2—3行空白,可记日记。室町时代后庶民已不用此历书,而用假名书写的"伊势历"和"三岛历"等。

⑥ 平安时代中期一条、三条天皇朝代年号(1004—1012)。

"大和魂"史的初步研究

> 大博士广澄。令讲孝经。为忠问了后。直讲善澄。前得业生问答间。善澄如狂人。未如此奇事。众人成恐。若是狂钦。若醉钦。云是本性云云。追立。事了。学生三番问答了 明法三番问答。其论议尤美也。元亮朝臣。允正等候。次算道三番问答。忠臣朝臣。敦等也。礼传博士等候圆座。上达来有数。不来民部卿。式部大辅也。非时大和守赖卿朝臣。①

也就是说，1008年阴历五月三十日在道长的府邸举行了一场"学术研讨会"。参加的人有"明经道"、"明法道"、"算道"等各学科的"博士"和学生。在会上，明经道学术权威"大博士"广澄做有关《孝经》的演讲之后，"直讲"善澄与"得业生"②之间展开了一场问答论辩。兴许是学生有所冒犯，又兴许是话题渐入"佳"境，善澄竟然发起狂来（用现在的话说是"发飙"），让参会者惊骇不已。按道长的说法，是"从未见到有此等奇事"。有人问善澄："您是发狂了，还是醉酒了？"回答是"本性如此"——他根本没有将众人的意见当回事。结果由想可知，他被赶出会场。道长的记述看来是客观的。他在用淡淡的笔调写出"赶出，事了"之后，又写到学生的"明法道"三番问答"其议论尤美也"。接着又记述"算道"的三番问答，以及当天出席和缺席研讨会的人员名单。

这里牵涉到善澄的"本性"即他的性格。他太自以为是，不懂得顾及场所和人心。至宽弘四年，道长坐在"左大臣"（御堂关白）的宝座上已有12年整。在会场的人，包括善澄不会不知道这一点。但善澄不仅不把道长放在眼里，而且也没有把如此高规格的"学术研讨会"的性质放在心上，而为了坚持己见，竟采取一种决不合作和偏执的态度，可以说是具有一种艺术家般的执迷性格。而这在《今昔物语集》的作者的眼中，应该也算是"和魂尽付阙如"。在朝廷内部阵营缺乏"和魂"也就罢了，最多换来一个被赶出会场的结果，但后来他将这种

---

① 转引自斋藤正二《"大和魂"的文化史》，讲谈社1971年版，第206—207页。
② 古代对从"大学"各专业课程的学生中选拔出的少数成绩优秀者给予的身份。通过修学考试后即可任命为"大学"教官。此制度于天平二年（730）创设。"文章得业生"定员二人。

第三章 平安时代(794—1192)至室町时代(1336—1573)的"大和魂"和"大和心"

做法也用于——并且是最后一次用于——强盗的面前,得到的结果却只能是被杀。善澄的这种"本性",看来并不单纯出现在某种特殊的场合,而是贯穿于他的生活的全部。

由此可以作出总结。善澄缺乏的"大和魂",并不完全指缺乏"精神力和判断力"及"胆识、机智、勇气、机敏",而还指他缺乏社会常识、不善于处理人际关系和不懂得顾及人心和场合。贯穿于以上两处文献中的表现,就是在关键的时候不能自持和丧失理性,管不住自己的奇言奇行。

(四)清原善澄被杀的另一个原因

同时我们还要看到,若不是社会动荡,"奇人"未必被杀。当时汉学学科"四道"——"纪传道"、"明经道"、"明法道"、"算道"之一的"明法博士"(法律权威)或"明经助博士"受穷并死于强盗刀下这一现象,折射出的是贵族政治体制及其经济基础行将崩溃的现实,并让人们感到,过去与此政治体制和经济基础相联系的贵族的一部分人以及他们擅长的"汉学",业已成为迂腐的代名词和奚落的对象。不过这并不表明这时作为对比的"大和魂",就是后人推崇的优秀"日本民族之魂"。此时的"大和魂",其实不过是与汉文、汉经、汉诗能力相对的、日本社会的"日常、具体、现实的思维行动能力"和"本土、世俗、庶民的思维行动能力"①(其实这些"能力"的具备不单是日本社会所需的,在绝大多数社会应该都有必要);它还预示着一个新时代的来临,此时的强盗已可以随心所欲、大肆抢夺财物和杀人。史书的记载也是一样,他们除了袭击官府的仓库之外,还抢劫贵族甚至农民的财物。这些强盗,其前身也是农民,具体说来就是遭受律令制度迫害不得已流浪和逃亡的农民。他们结成团伙,有的已形成大型武装集团,与追讨他们的"六卫府"②或"检非违使厅"作战。然而在这时,律令官僚政府因自身的原因已不能对现有的政策进行彻底的改革,当然也就无法解决"强盗"的问题。同样在《今昔物语集》"第廿九"中还有40

---

① 古在由重:《和魂论笔记》,岩波书店1984年版,第95—96页。
② "六卫府",指平安时代初期以降所设的"左右近卫府、左右卫门府、左右兵卫府"这六个军事机构。弘仁二年(811)以前指"卫门、左右卫士、左右兵卫、中卫府"这六府。

"大和魂"史的初步研究

个故事，也都与被强盗袭击、强盗被抓、强盗又被释放以及相类的事情有关。任地的"国司"们面对政策的无力，岂但没有倾力追捕盗贼，反而以征讨的名义与豪农沆瀣一气，积蓄武力，继续压迫农民。如此恶性循环，自然使盗贼的数量越来越多，做法也越来越"猖狂"。与此同时，"受领"们也没闲着，已然当地化的二代、三代"受领"在侵蚀庄园制度的同时成为武家将领，一面吸收盗贼的能量，一面正准备走向政治舞台的中央。这，也是《今昔物语集》中有上述"汉学和大和魂之辨"的背景之一。

四 《后拾遗和歌集》"第二十卷俳谐歌"中赤染卫门的"大和心（魂）"

（一）关于《后拾遗和歌集》

《后拾遗和歌集》（1086）的成书时间比《大镜》（1025年后60—90年间）、《今镜》（1170）晚，甚至比《赤染卫门家集》（11世纪中叶）的成书时间还晚，但因为该集是后人编撰的前人歌作的集萃，所以从时间上推算，它所收录和歌的吟咏时间，应该比上述各著作的成书时间要早一些。引人关注的是在该集中出现的"大和心"这个词汇。根据以上分析，可以说该"大和心"是迄今为止可查到的最早出典词汇。为此，有关它和"大和魂"的关系要放在第二节做些说明。

《后拾遗和歌集》是日本古代第四辑敕撰和歌集，共二十卷，由藤原通俊[①]根据白河天皇的命令编成。其中收有和泉式部、相模、赤染卫门、伊势大辅等三百余名歌手的一千二百一十八首和歌。一如前述四位女性的人名所示，《后拾遗和歌集》十分重视女流歌人，附有假名序，显示着一个新时代已经来临。

《后拾遗和歌集》第二十卷收录的是"俳谐歌"。俳谐歌是和歌的一种歌体，带有滑稽和幽默的意味，历史悠久。日本最早的和歌集

---

① 藤原通俊（1047—1199），平安时代后期歌人，小野宫流派（典章制度学流派之一，以小野宫藤原实赖为鼻祖）的后人之一。其父为藤原经平，乃受领，有财力，其母据说是高阶成顺和伊势大辅（日本著名女流歌人）所生的女儿。通俊生于"受领"阶层得势的年代，得到白河院的信任，作为其近臣活跃于政治舞台，官至从三品参议"右大弁"。承保二年（1075）受命编撰敕选集，应德三年（1186）编成《后拾遗和歌集》。

第三章　平安时代(794—1192)至室町时代(1336—1573)的"大和魂"和"大和心"

《万叶集》就收有所谓的"戏笑歌",此歌即为俳谐歌的嚆矢。至《古今和歌集》,该集第十卷已录有大量的俳谐歌。之后这种做法形成一种传统,被后来的各敕撰集仿照施行。《后拾遗和歌集》的俳谐歌被放置在第二十卷,地位不高,但在我们看来,其部分和歌的意义和价值却非同小可。其中有一组由朝臣大江匡衡与其妻赤染卫门二人对咏而成的俳谐歌,"大和心"一词就出现在赤染卫门的歌里。它与"大和魂"不仅词形差别不大,而且词义也相差不多,仅有细微的语义区别。按古川哲史的说法,这个"'大和心'与'大和魂'相比,仅带有日常生活中略显文化性质（差异）的意味"[①]。关于此,我们要就日本宗教词汇"心"和"魂"的意义变迁略做说明。

（二）"心"与"魂"

上述二词汇中的后一个字由"魂"变"心",有其二者词义会通的必然性。不管是"魂",还是"心",其实都反映出古人对人类思维和精神活动的错误认识。或许在很早的时候,日本人曾受到借用汉字"魂"和"心"的概念影响,也认为"魂"就是"心","心"就是"魂","心、魂"二者只是人体某个东西的一体两面,都代表"精神活动"和"认知"等,所以后来"心、魂"二字在日语中也都用于指代人的智力或情意的精神功能。《宇津保物语》将"心魂"二字并说,就来自这种认知。

在远古,人类在捕杀动物或人后切开其胸腔时发现,五脏六腑中能跳动的只有心脏,而心脏停止跳动即人死亡后,一切的思维或精神活动即告终结。同时或之后人类还发现,当自身情感发生变化时心跳的速度也会随之发生变化,所以人类又将思维或精神活动与心脏联系起来。从历史的角度说,"魂"是古人眼睛看不见但可以感知的东西,而"心"却是古人肉眼可见并自认为可将其与思维、精神活动相联系的物质,这种认识反映了人类认知的一种"进步"。日语的"大和心"晚于"大和魂"的出现,说明的是同一种"进步"现象。再后来由于科学的进步,人类逐渐认识到参与思维或情感活动的人体器官,最主要的却是大脑,

---

[①] 《日本大百科全书》,小学馆1989年版,"大和心"词条。自此开始不注释出版社名"小学馆",仅注《日本大百科全书》。

"大和魂"史的初步研究

而不是"魂"或"心"。

时至今日,心理学家的研究对象仍与人"心"有关(这从汉语词汇"心理学家"一词可以看出),研究的内容是其活动规律。然而因为此"心"与传统的观念不易厘清,所以到今天为止还没有一个能被广大学者认可的关于"心"的定义。现在许多心理学家,都仍把人的知觉、记忆、感情、意志、智力活动等的心理过程与"心"连为一体,而且经常将"心"这个词汇用于下列意味:(1)与环境之间相互作用的心理过程的整体;(2)意识经验的整体;(3)为说明心理活动和意识经验所使用的概念;(4)主体、自身、魂或灵魂;(5)带有某种特征的行为或思考的方式。比如,现代人的"心"、未开化民族的"心",等等。因此"心"这个词汇还可以会通"精神"。以上概念的说明来自日本的心理学家宇津木保[1],但从中可以看出,它反映的不仅是日本学者的观点,还包括欧洲学者的观点。从这个意义上说,"心"通"魂"或"精神"等义,其实是一种很自然的世界性普遍现象,它不仅出现在日本一国,而且还出现在世界各地。

《学研国语大辞典》解释:"心"就是"掌管人类智力和情感等的一种精神功能。其概念与'身体'或'物件'等对立,也可用于比喻各种事物中与人心相当的东西,如'魂'和'精神'。"[2]

(三)大江匡衡的戏谑与赤染卫门的反击

根据以上说明,可以对《后拾遗和歌集》第二十卷中朝臣大江匡衡与其妻赤染卫门对咏的俳谐歌作出分析(日文在此照录,中文释义见后)。

めのとせむとてまうできたりける女のちのほそく侍りければよみ侍りける

儚くも思ひけるかなちもなくて博士の家の乳母せむとは

大江匡衡朝臣

かえし

---

[1] 《日本大百科全书》,小学馆1989年版,"心"词条。
[2] [日本]《学研国语大辞典》,"心"词条。

· 106 ·

第三章　平安时代(794—1192)至室町时代(1336—1573)的"大和魂"和"大和心"

さもあらばあれ大和心し賢くばほそぢに付けて荒す計ぞ

赤染衛門

　　大江匡衡（952—1012），平安时代中期著名的汉诗诗人与和歌歌人，天延（圆融天皇朝代年号）三年（975）24岁时成为"文章生"，翌年成为"文章得业生"，后任"右卫门尉"（担任皇宫警卫的警卫府三等官）和"检非违使"。38岁时官授从五品上，任"文章博士"（相当于唐代的翰林学士）。长德（一条天皇朝代年号）三年（997）任"东宫学士"，应侍于居贞亲王（后任第67任三条天皇。此前匡衡还担任第66任一条天皇侍读、侍从，兼任皇子敦康亲王侍读）身旁，讲授汉诗文和历史学。翌年官授从四品下，任"式部大辅"。宽弘（一条、三条天皇朝代年号）六年（1009）再任"文章博士"、正四品下"式部大辅"，属于当时日本最著名的学者、诗人和歌人之一。他还被赋予一项特殊使命，即专门负责查阅中国史籍，思考并提出新的年号，并以"大江家"（也简称"江家"）的名义对《孔子世家》一书作出解释。晚年曾三次担任尾张国（今爱知县西部）"国守"和一任丹波国（今京都府之大部和兵库县之一部）"国守"，著有诗集《江吏部集》三卷与和歌集《大江匡衡朝臣集》一卷。此外还在《本朝文粹》和《后拾遗和歌集》及之后的敕选和歌集中留下诗序和许多和歌。综观大江匡衡的一生，可以看出他的汉学学问等都好，但官职却不很高。他写的和歌中多有对自身境遇不满的感慨。

　　歌中丈夫匡衡打趣妻子："吾乃汉学大家，欲招乳母，然未曾想来人乳（日语"乳"、"知"发音相同，意通"知识"）房狭小，昧于汉学，如何可充吾家乳母？"卫门听后唱和："即使乳房狭小，昧于汉学亦无妨碍。老娘我具有大和心（'大和情怀'）和充分使用假名之能力，故可以此作为武器，以汝嘲笑之狭小乳房，麻利而迅速喂大婴儿。"从字面上看，匡衡说的是乳房丰满、汉学知识丰厚乃高官家庭乳母的必备条件，而答歌却说可借"大和情怀"和假名文化来弥补这一缺陷，但实际上二者关心的都不是真实的乳房大小和孩子的成长情况，而是一个在奚落对方缺乏汉学知识，一个反击说我虽如此，但"和学"知识和"大和情怀"却远胜于你。卫门敢说此话，与她所处的时代和拥有的才华、才干不无关系。

赤染卫门（生卒年不详），原名不传于世，究其现名，大概是借用了他父亲的官职"右卫门尉"（与匡衡最早的官职一样）。作为平安时代中期的女流歌人之一，她集日本中古"三十六歌仙"和宫女"三十六歌仙"这两个名头于一身，文名不可谓不大，人们习惯称其为"右卫门尉"赤染时用①的女儿。然而据《袋草纸》②说，她是平兼盛③的妻子带着身孕与时用再婚后所生，所以又被称作是兼盛之女，由此具有生父家学渊源的影响亦在情理之中。卫门先是与大江为基④恋爱，之后又与为基的堂弟大江匡衡结婚。因养父时用的关系，她得以入宫侍奉"关白"道长的夫人伦子及其女"上东门院"彰子，从而与当时的女文豪清少纳言、和泉式部、紫式部等都交往颇深。但从辈分上看，她应该属于同样服侍彰子的紫式部的"前辈"。卫门对文学的贡献主要是和歌创作，其名歌有《鹰司殿伦子七十寿辰祝贺屏风歌》和《小仓百人一首》⑤所收的那首代亲妹"声讨"其情人藤原道隆⑥的闺怨歌，以及她活跃在各种和歌比赛现场如长元八年（1035）《关白左大臣赖通歌合》、《后十五番歌合》、《贺阳院水阁歌合》、《弘徽殿女御十番歌合》中所作的众多秀歌。有人评价，在公开的和歌比赛中卫门比作为和歌首席大

---

① 赤染时用，生卒年及生平皆不详，据说还曾担任过大隅国（今鹿儿岛县东部，含大隅半岛及种子岛、屋久岛等大隅诸岛、奄美大岛）"国守"。

② 歌学书，二卷，藤原清辅著，约成书于保元二年（1157），集"歌会作法"、典章制度和逸闻等而大成。

③ 平兼盛（？—990），平安时代中期歌人，"三十六歌仙"之一，光孝天皇玄孙，骏河国（今静冈县中央部）"国守"，乃"后撰集时代"屈指可数的歌人，《天德四年大内歌合》咏者之一，著有家集《兼盛集》。

④ 大江为基（生卒年不详），"参议"齐光（934—987）之子，定基（962—1034）之兄，曾任"藏人"、三河国（今爱知县东部）"国守"和摄津国（五畿之一，今大阪府之一部，兵库县之一部）"国守"，并以"文章博士"身份活跃在文坛上。永祚元年（989）被免去摄津国"国守"，改任"图书权头"（国家图书馆副馆长，据《小右记》）。之后任"式部少辅"，晚年疑似出家。

⑤ 从一百个歌人作品中各选其一首和歌编辑的歌集。最有名的是藤原定家选撰的《小仓百人一首》。之后多有模仿的歌集出现。

⑥ 藤原道隆（953—995），平安时代中期的贵族，兼家长子。女儿定子是一条天皇的皇后。一条天皇时任"摄政、关白"。曾试图将权力让给儿子伊周，但其死后该权力被弟弟道长夺取。也称"中关白"。

第三章　平安时代(794—1192)至室町时代(1336—1573)的"大和魂"和"大和心"

家的和泉式部还要优秀。除和歌创作之外，卫门还著有《赤染卫门家集》，并据说在丈夫的帮助下撰写出王朝著名历史小说——《荣华物语》① 的正篇。② 匡衡死后，卫门出家，不久以80余岁的高龄谢世。

由是观之，不能不说卫门的"和学"功底十分深厚，她敢于反击丈夫也在情理之中，然而我们无法知晓，她作为"和学"大家，对自己是如何认识和评价的。我们只能通过与她交往颇深的紫式部的眼睛，对此作出揣测。过去有人评价，说卫门高尚、深沉、文雅而有气度——此话的重点似乎在"深沉"二字，而且为此引证的往往是紫式部的话语。但经仔细品读紫式部的原话，可以发现紫式部在公开场合不吝词汇褒扬卫门的确是事实，但在内心深处对前者似有一种难言的隐痛，而这恰好折射出卫门在"和学"方面处处压人一头的强势心态。

紫式部说："中宫彰子与藤原道长身边之人称丹波国国守正妻为'匡衡卫门'。渠出身并非如何高贵，但风采动人，从不以'吾乃歌人'之做派遇事即胡乱吟咏和歌。据我所知，渠于非重要场合亦尽力用心吟咏，歌作使我羞愧不堪。与此女官相比，动辄咏出劣歌、装腔作势、自以为了得之人则既可憎又可怜。"③

紫式部何许人也？作为《源氏物语》的作者，在当时不仅汉学了得，在"和学"方面也多有建树，能服侍中宫彰子一事本身就能说明问题。能让这种人感到压力并羞愧不堪的，想来一定是卫门的学问不错且二人在私下角力使劲的结果。然而紫式部性格温和，凡事不与人一争高下，尤其是在公众场合，对自己的"前辈"只讲她好话，但其内心的感受仍由想可知。有人看出这个问题，说以此"可以察觉出即使她有一些想讲的话，但也无法如实写出"④。我们若联系上述卫门代亲妹

---

① 历史小说，四十卷，编年体，假名书写，内容以藤原道长的荣华富贵为主。折口信夫等人认为该书应为男性创作，但通说认为，正篇的三十卷应为赤染卫门撰写。因为从笔法和心理描写来看，该著多带有女性的特点。正篇从宇多、醍醐天皇朝代起笔，到道长死亡翌年结束。续篇至堀河天皇朝代、宽治六年（1092）二月为止。前后共叙述了15任天皇两百年的往事，每卷都设有故事性标题。也称作"继世物语"。
② 福长进：《源氏物语因何产生历史故事》，《国文学》1972年第2期，第64页。
③ 池田龟鉴、秋山虔校注：《紫式部日记》，岩波书店1964年版，第32页。
④ Isshikijuku（作者名何汉字不详），《紫式部的女官批评②——赤染卫门——》，引自日本网站，2011年12月2日，www.isshikijuku.co.jp/takamura-blog/.../akazomeemon-ron。

· 109 ·

"大和魂"史的初步研究

"声讨"该情人藤原道隆的故事,以及明白下节《赤染卫门家集》中所说的"大和心"所为何事,则一定会增强以上认识。

赤染卫门不光有才华,还颇有处世的才干,善于利用"摄关"政治的体制弱点。而这似乎也可归入她的"和学"才能之一(参见"《源氏物语》'少女'卷中紫式部的'大和魂'"一节)。历史记载,卫门"为其丈夫升迁和孩子升官多次奔走"[①],最终都如愿以偿。这大概托了她在宫中服务的福。从这点看不能不说卫门是精通"关系学"的。长保三年(1001)和宽弘六年(1009)她两度随夫赴丹波国、尾张国,在为人妻做人母方面也获评甚高。此为何故?从下引的史料看,可谓丈夫匡衡在"政治"即如何为人处世方面脱离不了卫门。

话说藤原公任[②]为进一步升迁,打算提交一份奏报天皇的"表文"。他先是指使一些善于捉刀的儒者作文但皆不满意,于是委托大江匡衡。匡衡面对各种文案皆被否决的情况,为如何更好书写而冥思苦想。问明情况后卫门沉思稍许,说:"公任生来即很自负,但此次升官似乎不很顺利。因此表文中只要写'吾乃太政大臣长子,而命运于我至为不公',将其不满的心思写出即可。"匡衡听从妻子建议,写出的表文令公任大为欣喜,说"尽得吾意"[③]。从卫门的话里,可以看出她对"摄关"政治体制的弱点和人际关系的奥妙体会颇深。而在这方面她丈夫却无法相比。

难怪卫门敢对丈夫吟咏出以上和歌。不过理由不止于此,该时代因素在背后可能起到更大的作用。在崇尚生女重于生男的"摄关"时代,中古代表性文学作品如《竹取物语》、《宇津保物语》等在叙事时皆以一位美女为中心,使其周边逡巡众多男性。《源氏物语》虽说相反,舞台中央站立的是一位男性,周遭诸多女性或如众星捧月,或如彩云追

---

① 《朝日本历史人物事典》,赤染卫门词条,松田丰子解说,朝日新闻社1994年版。
② 藤原公任(966—1041),平安时代中期歌人,中古"三十六歌仙"之一,通称"四条大纳言",后出家。擅长文艺,诗歌、管弦无所不通,且精通典章制度。其书法被人视为"古笔"。编撰过《和汉朗咏集》和《拾遗抄》等,著有《北山抄》、《新撰髓脑》等。家集为《公任集》。
③ 朝川涉:《蜗牛进行曲与和歌中的恋歌》,引自日本网站,2012年8月1日,www7a.biglobe.ne.jp/~katatumuri/waka/koi20.htm。

第三章　平安时代(794—1192)至室町时代(1336—1573)的"大和魂"和"大和心"

月，但仔细观看后不难发现，光源氏与其说是一名演员，不如说是一名主持人，在安排众多的女明星或女演员轮流上场和下场。主持人自然也有表情和台词，比如他在发现熏大将并非己出时居然感到庆幸，说如是女儿，当然不能随便对待，可现在是个男儿，自可等闲视之。由是观之，完全可以想象当时统治阶级女性的地位该有多高！《后拾遗和歌集》也证明这个事实。歌集中女作者灿若繁星，所咏歌数令人咋舌。在全集1218首歌中（"第二十卷俳谐歌"除外），卫门竟占了32首，仅次于和泉式部的68首和相模的39首（作为《后拾遗和歌集》的编者藤原通俊的外祖母伊势大辅也占了26首）。其间还可见到紫式部和清少纳言的大名赫然在列。根据统计，在日本二十一代敕撰集中，卫门入选的和歌数量高达97首（《金叶集》"三奏本"还未计入）。

有此背景则可清楚看出，在上述与丈夫的酬唱歌中，卫门的语义虽说只是戏谑，且带有防守的意味，但实际情况绝非如此：她在运用自己的"日本"优势压制丈夫。如果将"大和魂"比喻为树，那么此树长出的新的语义枝丫，绽放的却是女性之花。这个女性之花，换用后来江户时期"国学家"的话说就是"女性之心"。其内容明显带有女性文化的要素，而其根则深扎于平安朝中后期渐失外来文明滋养的"摄关"政治文化土壤之中。它显示出此时"去律令化"的"魂"花（女流"国风文化"）已经能够与汉土的"才"木（男性"汉风文化"）分庭抗礼，并欲使对方屈服，其日本意识清晰可见。江户时代中期本居宣长在咏歌时重新启用卫门的"大和心"，不能说与此没有关系。

（四）赤染卫门"大和心"的本质

那么，这种日本意识，换言之即"大和心"又是什么？从总体上看，它与上述各种"大和魂"的性质相差不大，都属于"摄关"政治体制的文化产物，但从此开始有新的内涵发展：（1）卫门式的女性"大和心"，带有浓厚的"和学"知识色彩；（2）这种"大和心"不仅是和学知识，而且还包括使用这种知识的能力，与《源氏物语》中的"大和魂"在某一点上基本相似，其施行也以日本氏族制残余的"关系学"为背景；（3）它构成此后贺茂真渊等所说的日本"女性之心"的源头。但其真实的面目，却不像真渊所说的是日本古代"高迈、正直、威武"的精神象征，相反，却属于女性为达目的，以"柔"制刚的战法，也带有功利主义的色彩。

五 《赤染卫门家集》中赤染卫门的另两颗"大和心（魂）"

（一）"唐物"中丁香油制作的线香

为读懂卫门的前述"大和心"，还要参看《赤染卫门家集》中的另两颗"大和心"。该家集中有以下歌序与和歌（原文照录，释义见后）：

　　参河守菅原のためよしくだるとてきてはやうはらからにすみ
　し人なれば昔の人あらましかは近きほどにてよはらましなどいひ
　てかえりてうさの使にいきたりければ丁子ゑんなどさまざまつゝ
　みておこせて
　　唐くにの物のしるしのくさくさを大和心にともしとやみん
　　返し
　　始から大和心にせはくともおはりまてやはかたくみゆべき

歌序中的"参河守菅原"，即前注三河国的"国守"菅原为义。此人的生平未被日本各辞典收录，日本网站亦不介绍。他的点滴逸闻仅见于《大江匡衡朝臣集》中。该集说"听闻三河守曾有念想"①，说的就是为义惦记着自己的恋人赤染卫门。如此看来，为义是大江匡衡的情敌。不过根据前引歌序的后文判断，为义惦记的是卫门的妹妹，因此匡衡属于误解。再说根据日本当时的风俗，男子在追求某女子时，顺便与她的姐妹调情也不算稀罕事。

歌序提到"为义要去任所，故拐到自己这里打个招呼，并说已死去的妹妹过去是自己的恋人，若她活着，那么我在附近还方便些，可是……说完这些后就走了。之后他被任命为宇佐国（今大分县北部）'国使'，路过筑紫②，顺便买了一些从中国进口的礼物托人给自己送来，其中就包括'丁子圆'（用丁香油制作的线香）等"。在前歌中为

---

① 续群书类丛完成会：《续群书类丛》卷4，国书刊行会1969年版，第139页。
② 日本古代九州地区的统称，或指九州地区整体，或指九州地区北半部，或指肥国和丰国地区的合称，或指筑前和筑后，或单指筑前国或大宰府等，而大宰府负责管理对华贸易。

第三章　平安时代(794—1192)至室町时代(1336—1573)的"大和魂"和"大和心"

义问:"我托人送来许多中国的礼物,但不知是否符合您的'大和心'?或许您还认为我的'大和心'不足吧?"在后歌中卫门回答:"确实我最初认为您'大和心'不足,但后来经我指正,我发现您还不算是那种冥顽不化之人。"就这两首歌的作者人数斋藤正二分析:"有人说前歌乃菅原为义所作,但从本家集的'歌物语'① 性质来说,还是将它看作是卫门所作为好。"② 亦即菅原为义是否送卫门礼物暂且不论,但这两首歌都是卫门一人所作,也就是说,她在自编自导、自问自答方面显示出很高的作文作歌技巧;就内容看,这组歌一如她与丈夫的酬唱歌,也显示出卫门居其"和学"之高,临国守为义"汉学"之下的心态与口吻。

菅原为义为何送丁香油制作的线香不得而知。或许是舶来品中有此物品,故从中随便捡出托人送来而已,或许含有某种暗示意义。汉语"丁香"一词,译自阿拉伯语或波斯语的 Gomode。该植物原产于印度尼西亚马鲁古(Maluku)群岛,后转种于大食、波斯等地。《诸蕃志》卷下部分记载可能有误:"丁香出大食、阇婆诸国,其状似丁字,因以名之。能辟口气,郎官咀以奏事。其大者谓之丁香母。丁香母即鸡舌香也。或曰鸡舌香,千年枣实也。"③ 丁香可入药一事见于《开宝本草》:"丁香,二月、八月采。……可入心腹之药尔。"④ 自唐代起,中国从印度尼西亚进口丁香还用于烹调和入酒,也用于制造丁香油,再以此制作线香等亦不乏其可能。《诸蕃志》所说的"能辟口气,郎官咀以奏事",可能指的就是公元前210年爪哇国派赴中国汉朝的使者在觐见皇帝时口食丁香,以使口气芬芳,汉朝大臣受此影响,自此向皇帝起奏时也必须

---

① 平安前期"物语"文学的一种形式。即以特定的和歌为核心,再敷衍出与此和歌有关的故事的文学作品,以及类似于此的、集合各种短小故事的作品。如《伊势物语》、《大和物语》、《平中物语》等。

② 斋藤正二:《"大和魂"的文化史》,讲谈社1971年版,第312页。

③ 《诸蕃志》,中国宋代海外地理名著,亦名《诸蕃记》,南宋赵汝适撰。作者于宋宁宗嘉定(1208—1224)末年至理宗宝庆(1225—1227)初任泉州市舶司提举时,于"暇日阅诸蕃图",并"询诸贾胡,俾列其国名,道其风土与夫道理之联属,山择之蓄产,译以华言"。据此采辑成书。

④ 《开宝本草》,是指宋开宝六年(973)刘翰、马志等九人取《新修本草》、《蜀本草》加以详校,参以《本草拾遗》,"刊正别名,增益品目"编成的本草书籍,共20卷。

"大和魂"史的初步研究

口含鸡舌香除口臭一事。据日本学者汤浅浩史研究，在中世的阿拉伯等国，丁香还曾用于制作媚药，而日本在江户时代也曾仿照此使用丁香油。这种现象在井原西鹤的作品中有过描述。①

在中国古代文学作品中，丁香多用于表达哀愁。因为丁香花多成簇开放，似结，所以又被称为"丁结"或"百结花"。李商隐《代赠》诗中有"芭蕉不展丁香结"一句，使丁香带有高洁、美丽、哀婉的意象。而古代日本人对丁香的印象也有好有坏，好的是除用于焚香、制油外，还用作家徽和刀剑刃纹的图案，坏的是将其与愁肠百结联系在一起。日本古代的事例一时无法查见，但从近代的一些小说中可以反推出丁香的意象在古代也带有愁绪的一面。谷崎润一郎的小说《食蓼虫》说："澡盆里放入丁香子熬的水，使人联想起满是污垢的药汤。"② 幸田露伴在小说《五重塔》中说："方形灯罩座灯照耀着尚透着寒意的房间，因黏结着丁香子（按：实为灯花。下同）而显得昏暗。"③ 广津柳浪在小说《今户情死》中也说："方形灯罩座灯黏结着丁香子（灯花），油烟发黑。"④

不用说，菅原为义作为律令制政府的官员，是懂得丁香在古代汉籍中的意思的。然而不管为义送线香是取丁香的献媚之意，还是取其除臭[除汉学之"臭"（味）？]之意，抑或是取自己愁肠百结之意，都没有换来卫门的好感。相反，她在自己的家集记录中还对自己的"大和心"（大和情怀）战胜以汉学见长的为义而颇感志满意得，认为对方自此已屈服于自己的指教之下。

如此看来，卫门歌中的"大和心"在形式上采用的是与"唐物"对峙并战胜之的姿态，在内容上则高扬以她为代表的日本式的"女性之心"。换用日本近代学者吉泽义则的话说，就是日本古代女性文化要素的心理。⑤ 那么，这个日本式的"女性之心"具体又指什么？

---

① 《日本大百科全书》，"丁子"条。
② 谷崎润一郎：《食蓼虫》，岩波文库1985年版，第47页。
③ 幸田露伴：《五重塔》，岩波文库1994年版，第92页。
④ 广津柳浪：《今户情死》，《日本文学77名作集（一）》，中央公论社1970年版，第351页。
⑤ 吉泽义则：《大和魂与万叶歌人》，精兴社1939年版，第78页。

第三章　平安时代(794—1192)至室町时代(1336—1573)的"大和魂"和"大和心"

（二）与"唐物"相对的"女性之心"

其实，这个"女性之心"指的就是当时日本统治阶级女性为自己擅长使用假名并能创作各种假名文艺作品而陶醉的心理，其指向就是要重建日本古代社会的"女权"。

"假名的登场，从其社会意义上说，意味着女性地位的提高。"[1] 在平安时代初期，日本的文化思潮是"向中国一边倒"，无论是在法制、风俗、美术方面，还是在文学、艺术方面，无一不取向于中国。自《万叶集》（759）成书之后，在很长一段时间日本未再编撰过和歌集，取而代之的则是汉诗集的陆续出现，如《凌云集》（814）[2]、《文华秀丽集》（818）[3]、《经国集》（827）[4] 等。引领此"唐风"时代风潮的就是那位著名的嵯峨天皇[5]。然而自贞观（清和、阳成天皇朝代年号，859—877）时代开始，"国风"运动征兆渐起。由于唐帝国的迅速衰弱和日本停派遣唐使等原因，藤原政权在延喜（醍醐天皇朝代年号，901—923）年间以降急剧加快了日本化的速度，助推了传统文化的抬头和发展。其间假名的发展对推动日本文化进步的作用值得大书特书。

日本早先没有自己的文字。在接触到中国文化之后，为了书写日本语，古代日本人根据汉字发明出一种独特的文字表达方法和新型文字，这就是"假名"。前者称"万叶假名"或"真假名"，即一种抛开汉字的意思，仅采用汉字读音的书写方法；后者分为两种，一种是极度简化汉字的笔画，使其草体化和简略化的"平假名"，另一种是仅省略汉字

---

[1] 斋藤正二：《"大和魂"的文化史》，讲谈社1971年版，第312页。

[2] 《凌云集》，日本最早的敕选汉诗集，正式名称是《凌云新集》，一卷，由小野岑守等根据嵯峨天皇的敕令编撰，约成书于弘仁五年（814）。收录24名作者的91首诗歌（现存本）。它反映了在唐诗的影响下日本汉诗文的兴盛。

[3] 《文华秀丽集》，敕选汉诗集，三卷，弘仁九年（818）成书，由藤原冬嗣、仲雄王、滋野贞主等人根据嵯峨天皇的敕令编撰，收入嵯峨天皇以及28人的汉诗148首（现存本缺5首）。

[4] 《经国集》，敕选汉诗文集，二十卷，由良岑安世等根据淳和天皇的敕令，于天长四年（827）编成，收录自文武天皇至淳和天皇即庆云四年（707）至827年的作品，是日本最早的诗文总集，现仅存六卷。

[5] 嵯峨天皇（在位809—823，786—842），平安时代初期的天皇，桓武天皇的皇子，名神野，不仅使人编撰出《凌云集》、《文华秀丽集》等汉诗集，还使人编撰出法律条文《弘仁格式》和《新撰姓氏录》，擅长汉诗文，精于书道，是日本最著名的三位书法家之一。

一部分笔画的"片假名"。"假名"在古代读作 kanna，是 karina 的音转形式，其中 kari 即"假"、na 即"字"的意思，是一个与"真字"Mana（汉字）相对立的词汇。

关于假名的始创者，过去有人说是弘法大师空海，但迄今无证据证实此事。至于假名始创的时间，筑岛裕认为最早的字例可追溯到平安时代初期的 9 世纪末。① 而在现存最早的文献资料《宇津保物语》（10 世纪后叶成书）中假名有了很大的发展。该物语"天皇让位上"卷写到：故事的主人公清原仲忠在为皇族子弟传授用于开始习字的规范时说，这"并非男手，亦非女手"，并按顺序写出"男手"、"女手"、"片假名"、"苇手"这些词例。而且该物语"开市中"卷还说，须按照"女手"、"草"、"片假名"、"苇手"的顺序练习。② 此中的"男手"，即在奈良时代出现的由男人书写的万叶假名中的楷书或行书体文字；"草"即男子在书写时因手势自然运转而笔画相连形成的草书体文字；而"女手"则是女人在草书的基础上进一步使笔画相连形成的文字，即后来的平假名；"片假名"如前述，不赘；"苇手"是一种日本文字的戏书体，也称文字画，流行于平安时代。具体说来，就是将字形打乱，使其成为一幅画的形状，内容则以水边的芦苇为主，配以水流、岩石、青草、禽鸟等的图案。通过以上介绍，人们可以完整地看出日本假名文字的发展路径。

然而假名中的"女手"是否一定由女性创造至今尚无定论。从《源氏物语》"常夏"卷中的一段文字——"或因草体汉字尚不习惯，（此歌）似乎从头至尾并不相连"③——来看，当时的女性社会对草体字仍不太熟稔。因此不妨说"女手"是由男性的书记官或有文化教养的人创造出来的。至于为何后来将平假名称作"女手"，则很可能是在假名的形成过程中先是男女共同使用（最明显的是 10 世纪初全部由平假名记述的敕撰《古今和歌集》中的和歌和纪贯之的《土佐日记》），之后转为女性多用，最后才定名为"女性专用文字"的结果。《紫式部日记》记载：宫中女官看见紫式部在偷读汉籍，告诫之"若此汝将寡

---

① 筑岛裕：《假名》，《日本语的世界 5》，中央公论社 1981 年版，第 8 页。
② 室城秀之等：《宇津保物语的综合研究》1"本文编"上，勤勉出版社 2000 年版，第 79、132 页。
③ 《日本古典文学大系 14·源氏物语 1》，岩波书店 1958 年版，第 311 页。

第三章　平安时代(794—1192)至室町时代(1336—1573)的"大和魂"和"大和心"

幸矣！为何女子须读汉籍？过去女子读经亦会遭致他人制止"①。反过来说，她的意思就是女子读些假名文字的作品则可。这说明假名文字和汉字的使用区别在紫式部时代已很普遍，女子需读写假名文字。然而无论如何，正是这种"女性专用文字"即平假名的出现、完善和使用，才带来平安时代中期及之后宫廷女流文学的蓬勃发展。实际上这种文字分工的现象在很早前就已经出现。奈良时代以后，诏敕和太政官的布告以及所有的公文按规定都要用汉字书写，所以汉字又叫作"男文"，而平假名则叫作"女文"。自此用汉字书写诗歌和用假名书写和歌、日记、"物语"等，成为在一段时间内引导日本男女文学向不同方向发展的一个不成文规定。纪贯之②在他的《土佐日记》篇头写道："男子有（用汉字）写日记的习惯。今天我作为女子也想写出日记。"③ 不用说这个日记是用假名书写的。他故意仿冒女子，与其说是为了吸引眼球，提高宣传效果，不如说是在那种环境下，作为男子用假名书写日记已是一件不太好意思故需要解释的行为。由是观之，可以认为以和歌、物语等为代表的日本传统文化的发展，是和假名一道发展起来的。它们的存在和发展，反映的是宫廷女权的蓬勃高涨。"所谓《赤染卫门家集》中所见的'大和心'，就是高声喊出女权在此的宣言书。简单说来，驱动宫廷社会的力量已逐渐掌握在女性的手中，而这丝毫也不亚于男性。当我们在考虑国风文化的反弹和宫廷女权的提高这个社会事实时可以认为，所谓的'大和心'就是这种高呼'女性之心'的独立和存在的宣言书。"④ 难怪江户时代中期的"国学家"贺茂真渊和本居宣长等在与横行于彼时的日本朱子学抗争之时，会从中看出此"大和心"的意义，并为此作出了意义的翻新和扬弃。这个意义，就是日本古代曾出现过一次由"国风"取代"唐风"、由假名取代汉字的过程。

---

① 池田龟鉴、秋山虔校注：《紫式部日记》，岩波书店1964年版，第126页。
② 纪贯之（868年左右—945年左右），平安时代前期的歌人和歌学者，中古"三十六歌仙"之一，曾服务于醍醐、朱雀天皇，从保管宫中藏书的官员做到土佐国（今高知县）"国守"，之后官授从四品下，任"木工权官"，与纪友则等一道编撰《古今和歌集》，著有家集《贯之集》，还撰有《古今集假名序》、《大堰川行幸和歌序》、《土佐日记》、《新撰和歌》等。
③ 铃木知太郎校注：《土佐日记》，岩波文库1979年版，第7页。
④ 斋藤正二：《"大和魂"的文化史》，讲谈社1971年版，第314—315页。

六 《大镜》"卷四"中藤原隆家的"大和心"

(一) 敢打善谋的藤原隆家

《大镜》记述了藤原时平的"大和魂",还评价过藤原隆家的"大和心"。通过以下语例分析,可以发现它与藤原时平的"大和魂"没有太大区别。

《大镜》"第四卷 内大臣①藤原道隆②传"对藤原隆家的事迹是这样记述的:

> (隆家)于任国时刀夷国人突然起意攻打日本。渠等进逼大宰府时筑紫方面事先未做准备,情况危急。大贰③殿(按:实非"大贰"而为"权帅"④,即时任大宰"权帅"的藤原隆家)不懂弓矢之道,故为如何御敌犯愁,然此人不愧有大和心,迅速动员筑后(今福冈县南部)、肥前(今佐贺县和长崎县之一部)、肥后(今熊本县)等九国人马,并将府内一众人等招集起来与刀夷人作战,令对方死伤惨重。大贰殿虽出身名门,然于情况危急时却能迅速稳定局面。朝廷有人提出应拔擢其为大臣或大纳言,而大贰殿回京后不与公卿交往,故升官无望。⑤

如此记述,有的真实,有的却为虚构,而且其中的"大和心"究竟

---

① 内大臣是日本律令制下的一个官名,为太政官之一,太政官中的第四号人物,仅次于"太政大臣"和"左、右大臣",负责参与政务。属令外官,又称内府、内丞相、内相国、内仆射。定员一名,官阶为正二品或从二品。其俗称的"内府",乃中国唐代的内丞相的化称。

② 藤原道隆(953—995),平安时代中期的贵族,藤原兼家长子。女儿定子为一条天皇的皇后,故于一条天皇时成为"摄政、关白"。曾希望将权力交给儿子伊周,但其死后,权力被亲弟道长夺走。也称"中关白"。

③ 大贰,律令制中位于大宰府次官之上的上级官衔,相当于正五品上(后改为从四品下)。此为不设"权帅"时设于"帅"之下的官位,世称"大宰大贰"。"权"是"权且"的意思,"权帅"为"临时任官"的意思。

④ 大宰权帅,"大宰帅"的"权官",由"纳言"以上者担任,除用于安排遭左迁的中央高官之外,在亲王担任"帅"的时候代理总督府务。

⑤ 《日本古典文学大系 21 大镜》,岩波书店 1985 年版,第 152 页。

第三章 平安时代(794—1192)至室町时代(1336—1573)的"大和魂"和"大和心"

为何物根本无法弄清,因此自本节起,有时只能通过被评价人的生平和出典语境,对该人的"大和心"做间接分析。藤原隆家(979—1044),平安时代中期公卿,藤原道隆第四子,幼名阿古,通称"大炊帅",自幼性格顽劣叛逆,按《大镜》的评价,就是一个性格欠稳重的"顽童"或"淘气包",且具有"出彩之魂"。①《荣华物语》第五卷"江湖一别"也说:"世评中纳言(隆家)不贤明,然尤有魂。"此中的"魂",在当代日本学者的眼中大同小异,大都是"才略、思虑"②、"智慧、才干"③、"才干、才气"④、"精神、思考力"⑤等的意思。当然《荣华物语》说的不是隆家小时候的表现,而是针对他18岁左迁时与出尽丑态的哥哥伊周相比较而言的。⑥ 隆家小时候若"有魂",应该指的是其有"胆魄"。长德一年(995)隆家17岁时由"权中纳言"一职改任"中纳言"。长德二年(996)听闻花山法皇与"内大臣"伊周的情人有染,故与伊周商量后竟然派随从箭射花山法皇以威吓之,显示出隆家目中无人的鲁莽一面。不用说,这给了隆家和伊周的亲叔、长期与道隆一家作对的"关白"藤原道长以打击侄子的机会。结果伊周左迁"大宰权帅",隆家左迁出云国"权守",从此才变为一个懂思考、善进退的人物。997年,由于东三条院诠子(隆家与伊周的亲姑)生病,故隆家与伊周一道被召回京城(真实的原因是亲叔道长此时已完全剪除了伊周的势力,认为可以放他们一马),隆家任兵部卿,官授从三品。长保四年(1002)再任"权中纳言"。宽弘一年(1004)官授正三品,1007年授从二品,1009年再任"中纳言",官运依旧亨通。

然而隆家因亲叔的关系对中央政府已不抱希望,所以走了三条天皇的后门,希望到时常缺员的大宰府做事,对此道长暗中阻挠。恰好此时隆家患眼病,听说宋朝名医来日,故以方便接受治疗为名于长和三年(1014)就任大宰"权帅",官授正二品。到任后隆家在很短的时间内

---

① 《日本古典文学大系 21 大镜》,岩波书店 1985 年版,第 143 页。
② 保坂弘司:《大镜全评释·上》,小学馆 1979 年版,第 427 页。
③ 《日本古典文学大系 21 大镜》,岩波书店 1985 年版,第 143 页头注。
④ 保坂弘司:《大镜全评释·上》,小学馆 1979 年版,第 535 页。
⑤ 《日本古典文学大系 21 大镜》,岩波书店 1985 年版,第 189 页头注。
⑥ 松村博司:《荣华物语全注释 二》,角川书店 1971 年版,第 80 页。

"大和魂"史的初步研究

即有效地控制了当地的官僚和豪族，显示出极强的领导能力并获得很好的政声。上述击退刀夷（也称"刀伊"）国人来袭，获得威武英名一事就发生在此任期内。本来隆家因此可以获得褒奖但未果，所以干脆在那里放手从事国际贸易，为自己积累了巨大财富，此后才大摇大摆地返回京城①（真实的原因恐怕还是道长及其长子赖通害怕隆家在筑紫时间过长势力坐大，故将他召回京都）。回京后的隆家还要炫富，"时常于门前拴上三四辆马车。人们争相观看以至道路堵塞"，"于彼时确实极尽繁荣"②。这样的隆家当然不会被朝廷重用，于是他在治安三年（1023）辞去"中纳言"一职。虽然在长历一年（1037）他再次被任命为大宰"权帅"，但没过多久他又辞去该职。最终于长久五年（1044）正月一日死去。

隆家的一生，时人评价是具有"出彩之魂"，换言之即"具有瑰丽大和心"的一生。然而经我们分析，可知他的人生从表面看命运待他不薄，但却是一个在打压中能忍善谋、精于权变的战斗过程。他的亲姐定子是一条天皇的皇后，死后留下的儿子即敦康亲王，所以对道长来说，伊周死后承担复兴道隆家业重任的隆家始终是一个投鼠忌器式的存在。因此道长对隆家是既有防备又有笼络，否则隆家不能在受挫后很快就恢复"中纳言"的官职，也不能几度三番奔赴筑紫，又任官又辞官，半为官半为商。当然，这当中隆家的政治谋略也起了很大作用：他在屈服于命运的同时，还善于利用外甥敦康的声望，并屡次赴筑紫培植个人的政治势力，以与亲叔讨价还价。这说明隆家具有进退有度、收放自如的政治手腕。可以说，他的一生就是印证他的"大和心"的一生。

（二）勇猛"武魂"的最早出典

不过与他人的"大和魂"相比，隆家的"大和心"还具有明显不同的一面，被涂抹上了"勇敢威武"的色彩。这极可能是"大和心（魂）"被后人说成是"勇敢威武之魂"的最早的根据，而日本江户时期的"国学家"和战前的御用学者对此皆无关注。有人说隆家的行为"与忠勇义烈这些意义相距甚远，也不表明勇气和爱国心，只是一种不

---

① 《愚管抄》说"人称其为富人"，"以一种难以言喻之姿态返回京城"。
② 《日本古典文学大系 21 大镜》，岩波书店 1985 年版，第 173 页。

第三章　平安时代(794—1192)至室町时代(1336—1573)的"大和魂"和"大和心"

偏执的开放精神"①。这种说法在军国主义和极端民族主义盛行的二战前夕自然有其合理的一面，但若置于隆家当时所面临的险恶环境，包括反侵略战争的环境，说隆家缺乏"勇敢威武"精神，不爱国，显然讲不过去。话题要回到那场隆家灵活应对，率领军民英勇抗击刀夷人的筑紫保卫战。

"刀夷"乃朝鲜语，意思是"夷狄"，指古代居住在沿海州②地区的女真人。关于那场战争有多种说法，都比《大镜》的叙述要详细一些。一种说法是宽仁三年（1019）三月，刀夷人在袭击高丽后分乘50余艘船进犯壹岐、对马，之后又侵入筑前国（今福冈县）怡土郡，大肆掠夺志摩郡和早良郡。据报壹岐国（今长崎县壹岐郡）"国守"藤原理忠及许多军民被杀，生还者仅35人。前来进攻的刀夷人船只较大，有22米或十五六米长，每船配有30—40个划桨。乘员每艘30—40人或50—60人。持弓者与持盾者各为一组编成一队。10—20队上岸后即四处搜索，或斩杀煮食牛马，或捕杀老人儿童，抓到青壮年后即将其赶入船中，或焚火烧房，掠夺谷物。据统计，被杀者达400余人，被抓走者超过1000人。

接报后大宰府"权帅"藤原隆家在遣使飞报京都的同时，立即将大宰府官员派遣到各防卫阵地以加强防守。刀夷人试图火攻警备所的努力屡遭失败，欲焚毁筥崎宫③的蠢动也被击溃。当然，其中也有当地居民自发进行反抗的功劳。日本军民因此声势大振，迫使刀夷人在侵入对马后不到一周的时间内即从日本近海撤退。④ 能击退刀夷人，得益于当地官员的正确领导和军民的英勇抵抗，但隆家的有效指挥当数头功。按说朝廷对此应予表彰，但公卿间存有不同意见。有公卿认为，在发出表彰作战有功人员的指示之前战斗已经结束，故无须表彰（《小右记》

---

① 奥村伊九郎：《大和魂——历史篇——》，一条书房1934年版，第61页。
② 沿海州，今俄罗斯远东地区，东临日本海，西与中国接壤，北连中国的黑龙江，现中心城市为符拉迪沃斯托克（Vladivostok）。1858年因《瑷珲条约》由清王朝和俄罗斯共管；1860年因《北京条约》转为俄罗斯占领。古称东鞑靼。俄罗斯语为"普里摩尔斯基州"（Primorsky krai）。
③ 筥崎宫，位于福冈市东区箱崎的原官帑大社，所祭的神明是应神天皇，合祀神功皇后和玉依姬命，乃筑前国第一神宫，也称"筥崎八幡宫"。
④ 根据土田直镇《王朝贵族》（中央公论社1965年版）改写。

"宽仁三年六月二十九日"条)。但这种意见说辞十分牵强,暴露出已退位的道长及其长子"摄政"赖通在幕后运作,不愿意看到隆家因此事在政界得以抬头并可加强与任国的部下及九州豪族联系的心思。最后虽表彰了一些人,比如《小右记》所记,大藏种才被任命为因前任藤原理忠遭杀害而空缺的壹岐国"国守",但就具体细节未着一字。《大镜》的作者素持反道长的立场,但在书中似乎也忘了对隆家军功的叙述,仅说"皆赏"战斗有功的隆家部下和九州豪族,具体的事例也仅举出"种才叙任壹岐守,其子光弘任太宰监"[①]。这一切,无一不暗示着庙堂对隆家的警惕心理。

另一种说法来自学理性的归纳,可与以上记述互为补充:

> 三月二十八日 女真贼以五十余艘船来袭对马、壹岐。壹岐国国守藤原理忠被杀。
>
> 四月七日 在杀害两岛民后,刀伊军又进犯怡土、志摩、早良诸郡,掠夺谷米。
>
> 四月八日 刀伊军袭击能古岛。(隆家)将大藏种才、藤原明范、平为贤、藤原助高、大藏光弘、藤原友道等派遣至各警备所以做防卫。
>
> 四月九日 刀伊军来袭博多警备所。
>
> 四月十一日 刀伊军再袭筑前国早良郡、志摩郡沿岸。
>
> 四月十二日 酉刻(刀伊军)登陆。大神守官、财部弘延与其战斗。平到行、大藏种才、藤原致孝、平为贤、平为忠等也率兵参加战斗。
>
> 四月十三日 刀伊军攻略肥前国松浦郡。源知[②]迎战。刀伊贼退却。
>
> 四月十七日 大宰府驿使至京都。
>
> 四月十八日 右大臣藤原公孝及下属官员进宫协商对策。提出

---

① 《日本古典文学大系 21 大镜》,岩波书店 1985 年版,第 175 页。
② 源知,当时已退职的肥前国低级官员。《小右记》"宽仁三年六月二十九日"条记载:"前肥前介源知于肥前国松浦郡合战间多射毙贼徒,又上前活捉一人云云。"

第三章　平安时代(794—1192)至室町时代(1336—1573)的"大和魂"和"大和心"

要加强要害部位的警戒和向神佛祈祷。

四月二十一日（朝廷）向大神宫及以下诸神社（石清水、贺茂、松尾、平野、稻荷、春日、大原野、大神、住吉）奉纳祈祷。

四月二十七日（朝廷）下发《防御刀伊贼》官符予大宰府。于四天王寺修法。

五月中旬 退却后的刀伊军在朝鲜半岛的元山海面遭遇高丽水军，被击溃。

六月二十九日 朝廷评议大宰府提交的军功申请状。

九月 二百七十名日本战俘被送还至对马。战后事宜处理结束。①

又据大宰府报告，两周时间的战斗共造成 364 人被杀，被俘者 1280 人；牛马被杀 350 头（匹）。②

隆家的"勇敢威武"还表现在他与花山法皇斗法这件事上。某日，花山法皇看见隆家如此炫耀自己，勾起自身伤心往事，说："纵令竖子骄横如此，亦不敢通过我家门前。"隆家听后不服气，反问道："为何不敢通过？"之后定下一个日子，让人将健壮的牛套在轮箍结实的车上，自己则"头戴官帽，身穿朝服，鲜艳亮丽，并故意使紫葡萄色裤裙长长露出，将其踩在车轮踏板上，随裤裙穗带拖曳在地，宛如结束'葵祭'③后返家，在开满紫色花瓣原野上奔跑之公卿"。不仅如此，隆家还"将车帘高高卷起，一面让五六十名兵丁可着嗓子喊'回避！回避！'"一面气宇轩昂地向法皇宅邸进发。法皇当然不甘示弱，"派出七八十名彪悍法师和未剃度之大中个头少年，手持大石与五六尺长棍，于南北大门与……洞院后方布防"。于是一场光头党和官帽

---

① 根据关彦幸《武士的诞生·坂东士兵之梦》Ⅱ《叛乱—坂东之梦》（日本广播协会书籍1996年版）改写。
② 《小右记》"宽仁三年六月二十九日"条。
③ 葵祭，京都下鸭神社和上贺茂神社的祭礼。据说得名于当日人们用葵鬘装饰头冠、牛车和看台的帘子等。祭礼过去在阴历四月中的酉日、如今在 5 月 15 日举行。斋王代理和敕使等列队从皇居巡游至下鸭、上贺茂，有祭拜、跳东游舞、驰马等仪式。日本古代所说的"祭"即指"葵祭"。此祭乃三大敕祭之一，也称贺茂祭、北祭。

党"战士"的战斗在法皇宅邸大门附近展开。官帽党的"战士"虽数度逼近大门口，但最终无法通过，只得返回，赢来了光头党"战士"的哄笑声。隆家挠头笑道："啊，还是皇威了得。无论如何努力亦无法通过，太无趣。此番吃亏了。"① 法皇获胜无疑十分得意，但从此事可以看出，隆家不仅"勇敢威武"，而且善于审时度势，凡事皆适可而止。

（三）外交、内政皆有手段

有关战后事宜处理，《大镜》"隆家传"一节也有记述："壹岐、对马国人为刀伊军所俘甚众，故新罗皇帝②发兵将其全部索回，并派使者切实负起责任，护送其返回日本。大贰赠使者三百两黄金。此类事宜亦处理甚好。而入道殿（按：道长）视此帅如弃履。如此反倒让世间对大帅难以割舍。宫廷不知何时起门可罗雀，有时仅有三四辆马车、牛车停靠，有时附近大路亦空空荡荡，行人稀少。"③《大镜》作者不露声色，借淡淡的笔调，让读者认识到当时人心的向背以及道长等为一己之私打压有功之臣的险恶用心。

实际上在对外关系方面隆家也显示出很高的外交手腕。日本在天智天皇二年（663）败于白村江之战后从朝鲜半岛撤退，且自新罗统一半岛之后和新罗的关系日益恶化。至9世纪新罗海盗频频袭掠九州，迫使日本政府加强对新罗的戒备。此不信任感和戒备心到10世纪高丽王朝崛起后仍根深蒂固。能缓解此不信任感和戒备心的正是宽仁三年（1019）四月刀伊人入侵事件。五月中旬高丽出动千余艘兵船击溃刀伊人，夺回日本战俘300余人，并在六月派遣使节郑子良护送战俘赴日，送回日本男女259人。郑子良的访日大大缓解了日本对高丽的警戒之心。日本政府开始讨论如何对高丽释放善意，具体的做法就是在郑子良回国之际，让他带回日本政府的复信，并给予他布帛金钱。④ 应该指出的是，此评论中所说的日本政府，应该包括居于对朝联系第一线的九州

---

① 《日本古典文学大系 21 大镜》，岩波书店 1985 年版，第 174 页。
② 新罗皇帝，疑为高丽皇帝。
③ 《日本古典文学大系 21 大镜》，岩波书店 1985 年版，第 182 页。
④ 改写自森克己《续日宋贸易的研究》第二十三章"日丽联系和刀伊贼来犯"，国书刊行会 1975 年版。

第三章　平安时代(794—1192)至室町时代(1336—1573)的"大和魂"和"大和心"

大宰府，而彼时当地的最高官员就是藤原隆家。

"应对刀伊人的入侵，证明隆家的军事才能和有掌握人心的气度，以及可使九州豪族势力臣服的手腕。此外他还有外交处理能力。而道长只是将其召回京城……对其进行监视"，害怕他"在九州势力坐大。道长对隆家所做的就是一面通过怀柔术消磨隆家的不满，一面极力回避给予他实际的权力"。① 而此时的隆家已不像小时候那样"顽劣"、"淘气"和具有反骨了，开始隐忍和虚与委蛇。但无论如何，他一生中大部分时间显示的"勇敢威武"和"善谋"即"乘虚而入、适可而止"的精神不容忽视。回京4年后隆家辞去"大纳言"一职，不久又辞去大宰"权帅"的职务，于1044年离开人世。

如此看来，隆家的"大和心"即他的"勇敢威武"、"善谋"和"权变"精神的浓缩。

七　《今镜》"第三""天皇下"卷"内宴"中藤原通宪的"大和心"

（一）汉学、和学通吃

嘉应二年（1170）成书的《今镜》"第三""天皇下"卷"内宴"一节，也出现"大和心"这个词汇。

> 此帝（后白河院）乳母有两三人，如"修理②守③"藤原基隆与大藏卿藤原师隆之女等。渠等或抛头露面，或深居简出。另有一人曰"纪之御"，亦帝之乳母，与彼少纳言藤原通宪婚后生子多

---

① 胜仓寿一：《〈大镜〉道隆传中隆家的位相》，日本福岛大学教育学部论文集第74号2003年版，第16页。
② 修理，古代日语"修理职"一词的略称。"修理职"乃平安时代政府某机构名，专门负责宫中建筑的修缮和建造。
③ 此"守"非"国守"的"守"之意。古代日语的"守"即"上"的意思，是律令制四等官中最上位的官职，因机构的不同而命名的文字各异："太政官"称"大臣"、"神祇官"称"伯"、"省"称"卿"、"弹正台"称"尹"、"坊、职"称"大夫"、"寮"称"头"、"司"称"正"、"近卫府"称"大将"、"兵卫府、卫门府"等称"督"、"国"称"守"。826年以降，上总、常陆、上野等"国"将"介"称作"守"，将长官称作"太守"。

人。通宪因妻为帝之乳母,故出任八十岛①敕使,彼世无人出其右者。有闻其尝咏歌:"但求吾皇千秋在,于今得见住吉②松"等,诚为有能可信之人。彼少纳言,广学汉文,大和心亦出类拔萃。其甚或研习天文等,当属有才学之人。以年龄论渠不属老人,然于今世亦可钦可敬。③

首先,从以上不甚连贯的文字进行猜测,可以推知通宪的"才学"不单指他"广学"的"汉文",也指"和学"。前者可由《通宪入道藏书目录》④(收录于《群书类从》)得到印证;后者可由他编撰的《本朝世纪》、《法曹类林》等日本史书和古代重要法律著作看出。其中,后者似乎也构成了他的"大和心"的一部分。

其次,文中的"纪之御"即藤原兼永之女藤原朝子,其生卒年不详,也称"纪伊局"。"纪伊"一语取自其父曾担任纪伊国(今和歌山县之大部,三重县之一部)"国守"之意;"局"的原意是指"宫中或贵族宅邸中皇后、嫔妃或女官的居所",故二者合称的意思就是"以纪伊为号的侍奉于皇宫的女人"。纪伊局早先侍奉鸟羽天皇的妃子待贤门院璋子,在那里与同样服务于待贤门院的藤原通宪相识并结婚,之后又当上待贤门院之子雅仁亲王(即后来的后白河天皇)的乳母,从而官叙从二品,人们因此也称其为"纪二位(品)"。

"摄关"政治体制确立后乳母与天皇的关系,并非中国人想象的那种简单的奶水授受关系,而是一种血缘模拟制下的母子关系,其政治和社会的意义非同小可,所以不是只要奶水好、长相周正的妇人就可以充

---

① "八十岛",即"八十岛神祭"的省称。在古日语中,"八十"有"众多"、"岛"有"国土"的意思。"八十岛神祭"即于"大尝祭"的翌年,天皇选择吉日,派敕使赴摄津国难波(今大阪)祭祀住吉神、大依罗神、海神、垂水神、住道神等,以感谢神明生成国土,祈祷国泰民安的仪式。

② 住吉,地名。包括今大阪府西南面和住吉区、住之江区一带,位于上町台地南部,其南麓在古代是海湾,也是进入大和(奈良)地区的门户。坐落于台地南端的住吉神社在古代非常有名,合祀"底筒男命"、"中筒男命"、"表筒男命"和"神功皇后"四位神明。这些神明作为"国家镇护"、"航海守护"或和歌的神明,自平安朝以来受到朝廷以及贵族、武家、庶民的广泛而热切的信赖,为此甚至产生了一个词汇"住吉参拜"。

③ 河北腾译注:《今镜全注释》,笠间书院2013年版,第244页。

④ 通宪博学广识,曾编著出《通宪入道藏书目录》(如今仅有部分目录存留),其中收录了大量由中国传入日本的典籍,对国人研究中国古籍东传有重要参考作用。

第三章 平安时代(794—1192)至室町时代(1336—1573)的"大和魂"和"大和心"

任天皇乳母的,其出身和身份必须得到道长一族的确认。反过来,这种关系一旦确立之后,天皇对乳母及其一家也很信任,将其看作是一家人。一条天皇驾崩时,他的乳母及其儿子都被赐予素服参加葬礼。① 因此,"乳母及其家族成员一道,都与道长一族结成了一种新型的具有私人性质的主从关系。作为为道长一族工作的对价,乳母家族成员在叙位任官时可以获得优待"②。而且乳母本人的政治待遇也不差,有的居然可以直接参与朝廷的政治活动。比如宽仁元年(1017)十二月十六日,后一条天皇乳母、近江国(今滋贺县)"国守"藤原惟宪的妻子也可以作为"八十岛"敕使参加朝廷的重大祭神活动。③ 由于"纪二位"是后白河天皇的乳母,所以她的丈夫藤原通宪自然可以沾她的光,在贵族中脱颖而出,走进天皇及朝廷的视野并担任"八十岛"敕使,并因其他的表现,被《今镜》称赞为"彼世无人出其右者"。这似乎也是其"出类拔萃""大和心"的一个重要组成部分。那么,他是否仅凭上述两种"大和心"而被褒扬的呢?

(二)矛盾的藤原通宪

藤原通宪(1106—1160),平安末期的贵族、学者和僧侣,因为是藤原南家④贞嗣一族藤原实兼的儿子,所以政治地位不高,很迟才叙官正五品下,和妻子比起来有天壤之别,后来经过对朝廷展开工作才任"少纳言",但他却因《保元物语》⑤和《平治物语》⑥中频繁出现的"信西"别名〔通宪出家后的法名(号"圆空")〕和在那两场战乱中

---

① 参见《左经记》"长元九年(1037)五月十七日"条和《荣华物语》第三十三卷。
② 野野村缘:《摄关期乳母的谱系和历史作用》,京都大学研究生院人类环境研究科论文集2009年版,第214页。
③ 《小右记》"宽仁元年(1017)十二月十六日"条。
④ 藤原南家,藤原氏四家(南家、北家、式家、京家)之一。在此指藤原不比等的长子武智麻吕的子孙。据说此家名得自武智麻吕的宅邸在其弟弟藤原房前的宅邸南面。四家中以北家最为繁盛,该家族自平安时代到江户时代一直占据着贵族社会的中枢地位。显赫的藤原道长即出自北家。
⑤ 《保元物语》,镰仓时代初期的战争小说,作者不详,据研究与《平治物语》的作者为同一人。成书时间在《平家物语》之前。和汉混合文体。叙述保元之乱的始末。
⑥ 《平治物语》,镰仓时代初期的战争小说,作者不详,据研究与《保元物语》的作者为同一人。成书时间在《保元物语》之后、《平家物语》之前。和汉混合文体。叙述平治之乱的始末。

"大和魂"史的初步研究

所起的作用而广为人知。他还另有一个姓——高阶，得此姓的原因是天永三年（1112）他父亲实兼在"藏人所"①暴亡，7岁的通宪因此成为父亲的姻亲高阶经敏的养子。"因入他家"故通宪"不遂儒业，不经儒官"。②而通宪家族自曾祖父藤原实范以来代代都是学者（儒官），祖父藤原季纲甚至还担任过"大学头"③，相当于现在著名大学的校长。

高阶氏是"院厅"近臣和"摄关"一家的家司④，列祖列宗都任诸国的"受领"，在经济上相当宽裕。通宪在高阶氏的庇护下刻苦钻研学业，磨砺出不亚于其父辈、祖辈的才学，而且重要的是在保安二年（1121）左右⑤迎娶了高阶重仲（养父经敏的堂兄弟）之女为妻。因为这层关系，通宪得以与鸟羽上皇的第一宠臣藤原家成⑥的关系良好，故通过家成与平忠盛⑦、平清盛⑧父子也有来往。⑨如此看来，通宪虽因出

---

① "藏人所"在天皇身边掌管传旨、进奏、仪式及宫中大小杂事的机构，创设于平安时代初期，分有"头"、"五位藏人"、"六位藏人"、"出纳"、"杂色"等职务，但这些都属于名誉职务。宽平九年（897）设"藏人所别当"，总理宫中一切事务，由"左右大臣"兼任。

② 《尊卑分脉》"通宪"一词旁注："为长门守高阶经敏子而改姓。因入他家，故不遂儒业，不经儒官。"《尊卑分脉》正确的书名是《编纂本朝尊卑辨明图》或《诸家大宗谱》，是源、平、藤、橘、菅原等氏的宗谱。洞院公定著，约成书于室町时代之后。成书后经补订和传抄，有三十卷本和十四卷本等各种抄本。属于各宗谱中最值得信赖的宗谱。

③ "大学头"，律令制下大学寮的长官。相当于从五品上。也称"国子祭酒"或"祭酒"。

④ 家司，平安时代中期以降掌管亲王、内亲王、"摄政、关白"、大臣、三品以上官位家庭事务的工作人员。

⑤ 根据通宪的长子俊宪46岁时死于仁安二年（1167）（《山槐记》"仁安二年四月三十日"条），可以推算出他出生于保安三年（1122）。

⑥ 藤原家成（1107—1154），平安时代末期的贵族、"参议"藤原家保第三子，叙官正二品、"中纳言"，号"中御门"。在鸟羽"院政"时期作为鸟羽上皇的第一宠臣十分活跃。在中央政府与其堂妹美福门院一道深入参与国政；在各"国"拥有众多的庄园，获得令人瞠目的经济收益。

⑦ 平忠盛（1096—1153），平安时代末期的武将，平正盛之子，平清盛之父。因受白河、鸟羽两上皇的信赖于大治四年（1129）追捕山阳、南海二道的海盗且获得成功，并于保延一年（1135）再度平定西海的海盗而递升为刑部卿，获准进入宫中的清凉殿。忠盛还为日宋贸易作出贡献。后因得宠，在历任越前、伊势、河内、备前、美作、播磨、但马等国的"国守"期间，和西国地区武士形成了主从关系，扩大和构筑起自己的势力和经济实力。再后甚至参与"院厅"政治，对院领庄园的支配有极大的发言权。

⑧ 平清盛（1118—1181），平安末期的武将，平忠盛长子，也称"平相国"、"净海入道"和"六波罗殿"等。保元、平治之乱后取代源氏获得极大的势力，递升为从一品"太政大臣"，并使自己的女儿德子成为高仓天皇的皇后，后使其二人之子成为安德天皇，以皇室外戚身份声震四方。最后因其子皆成为显官，飞扬跋扈，故有多次欲铲除其势力的事件发生。清盛死后数年平氏嫡派灭亡。

⑨ 角田文卫：《平安之春》，讲谈社1999年版，第76页。

第三章 平安时代(794—1192)至室町时代(1336—1573)的"大和魂"和"大和心"

身旁支未被藤原北家看好,但因为"院政"体制的社会关系,他后来却又能一脚踏入高层政治领域。

通宪获得的第一个官位是"中宫少进"①("中宫"指藤原璋子),此记录始见于《永昌记》"天治元年(1124)四月二十三日"条。同年11月璋子颁布自己的院号后又叙补为"待贤门院藏人"。之后通宪还担任璋子之子即崇德天皇的"六位(品)藏人",但在大治二年(1127)重新叙爵时被解除"藏人"职务。此年通宪的第二任妻子藤原朝子被选为鸟羽上皇第四皇子雅仁亲王(之后的后白河天皇)的乳母,这给了他崭露头角的机会。

之后通宪成为"散官"②,从长承二年(1133)左右开始成为鸟羽上皇的"北面武士",以其举世无双的雄才大略和广博的学识作为自己政治发展的工具,最后递升为"院殿上人"和"院判官代"。"北面"的原意是上皇御所(皇宫)朝北的一面,由于那里设有保卫皇宫的武士警备室,所以后来"北面"转指担任御所警卫的武士,有时直接说成是"北面武士"或"北面侍者"等。依官位的不同,日本古代将四品或五品官位的武士说成"上北面",将六品的武士说成"下北面"或"北面下臈"(低级官位的武士)。"北面武士"一职始于白河法皇时期,直属上皇,可直接指挥畿内、近国的小武士军团,是支撑"院政"的重要武装组织,人数不定。"北面武士"的设置,成为后来武士进入中央政府干预朝政的契机。通宪在做"院判官代"后被任命为日向国(今宫崎县)"国守",并从这时开始编撰《法曹类林》③,开始有了较高的政治和社会地位。

通宪有自己的人生理想,但似乎很难具有明确的人生目标。他一面在"院厅"工作,一面却希望继承曾祖父和祖父的家业,担负大学寮

---

① "中宫上进",三等官,有"大膳职"、"修理职"、"京职"、"中宫职"、"春宫坊"等官职,位于"大进"官职之下。

② 散官,律令制下只有品阶而无官职的人,或因父荫有官位但无官职的人,或辞去官职的人的称谓,也叫"散位"或"散事"。

③ 《法曹类林》,平安时代末期成书的古代法制著作,原二三○卷,是通宪为法官判案的方便,根据日本古代律令格式,按不同事项,从《明法问答》及各法律咨询文书等中抽选出案例,并附上自己的案文编撰而成的。现仅存四卷,收录于《群书类从》、《续群书类从》、《新订增补国史大系》、《改订史籍集览》中。

"大和魂"史的初步研究

"大学头"或"文章博士"和"式部大辅"①的工作，以此重振书香门第的家声。然而在世袭化严重的"公家"（贵族）社会结构中，因为他入了高阶氏的户籍，所以被剥夺了继承曾祖父和祖父家业的资格，无法就任"大学寮"的官职。另外，他也想发挥自己作为技术官僚的才智，但在"院厅"政务实际上被"劝修寺家"藤原氏垄断的情况下，通宪要实现自己的人生目标非常困难。"劝修寺家"即从藤原北家分化出的"公家"一派，其名称来源于醍醐天皇的外祖父"内大臣"藤原高藤之子、"右大臣"定方所建的京都山科"劝修寺"（该家门的氏寺），所以该寺名即成为该家门的总称。"院政"时期，为房、显隆父子作为白河院的近臣都十分活跃，在分别担任太政官"弁官"②的同时还服务于上皇和"摄关"一家，掌控着"院"中和"家"中的所有事务，被称为"牟官家"或"名家"。之后为房的子孙一系还分蘖出"甘露寺"和"叶室"等各家派。在日本南北朝时代，"内大臣"藤原经显以"劝修寺"为自身家号；进入江户时代，含此家的一门十三家都统称为"劝修寺家"；明治维新设立华族制度后，"劝修寺家"被授予伯爵爵号。

通宪对此垄断局面颇感郁闷和失望，他无法认同比自己学问差但身份高的贵族在自己的头上飞扬跋扈，所以决定出家。同样好学的藤原赖长③听说通宪欲遁离此世，寄来一信说："以其才不居显官，寄已以遁世。才余世，世不尊之，是天亡我国也。"（原文为汉文。下同）④ 数日后通宪与赖长会面，感叹世道不公，说"臣以运之拙，不带一职，已以遁世，人定以为以才之高天亡之。弥发学，愿殿下莫发"。赖长回答

---

① "式部大辅，"律令制"八省"的次官，位于"少辅"之上。这里指式部省次官。
② 弁官，律令制官名，直属太政官，分"左右牟官"。"左弁官"掌管中务、式部、治部、民部四省，"右弁官"掌管兵部、刑部、大藏、宫内四省，负责受理文书、发布命令等工作，属于行政的中枢人物。"左右弁官"又分别设有"大弁"、"中弁"和"少弁"，于其下方又设有"大史"、"少史"。
③ 藤原赖长（1120—1156），平安时代后期的贵族藤原忠实次子，"左大臣"，好学问。赖长在父亲忠实的庇护下成为氏族族长，与其兄忠通对立，后因失去鸟羽上皇的信任，企图通过崇德上皇挽回自己的势力而发动了"保元之乱"，在战场中流矢而亡。时称"宇治左大臣"或"恶左府"。著有日记《台记》。参见本书"《中外抄》'久安元年八月十一日'条藤原忠实的'大和魂'"一节。
④ 《台记》"康治二年八月五日（1143年9月15日）"条。

第三章　平安时代(794—1192)至室町时代(1336—1573)的"大和魂"和"大和心"

"唯敢不忘命",泪下数行。① 通宪的话语除了流露出对自己因出身旁支而才不用世的怨恨之外,还表示自己要继续学习,走以汉学为生的道路,而劝赖长不学亦可。可见,他对自己在"摄关"政治体制下的命运看得很透彻,而对赖长的出身和身份——藤原一族族长"摄政"藤原忠实的宠儿和"左大臣"——带来的政治结果和文化取向也知道得一清二楚。

鸟羽上皇这时也发了善心,劝阻通宪出家。他于康治二年(1143)授予通宪正五品下的官位,又于翌年的天养元年(1144)允许通宪恢复藤原姓氏,并任命其为"少纳言"。也就是说,"少纳言"这个职务是通宪"闹"出来的。另外,上皇还发出诏书,同意通宪之子俊宪参加策论的考试,以让他获得就任"文章博士"和"大学头"所需的资格。然而通宪意志"坚定",还是于同年7月22日出家,改名"信西"。

（三）"换着淄衣不换心"和"一阔脸就变"

其实通宪并未真心出家,此举只表明他对上皇开出的价码过低不满而有不从。这从下述的两件事中可以看出。出家时通宪曾咏歌:"换着淄衣不换心,此衣只为留名声。"(《诣月和歌集》)他的内心世界于此一览无余。后来鸟羽上皇的政治顾问叶室(藤原)显赖②于久安四年(1148)死去,而其子尚幼暂无法接任时,出家人信西居然成功地夺取叶室家族的地位,开始编撰起《本朝世纪》③,以此加强了上皇对他的信任。不仅如此,作为出家人的信西后来竟然还两次插手著名的政治和军事动乱,在日本历史上留下不可磨灭的印记。

第一次是保元之乱。久寿二年(1155)近卫天皇驾崩,为选出继任

---

① 《台记》"康治二年八月十一日(1143年9月21日)"条。
② 藤原显赖(1094—1148),平安时代后期公卿,生于嘉保元年(1094),叶室藤原显隆的长子,母亲是藤原悦子。在历任丹后、丹波等国"国守"和"藏人头"后于天承元年(1131)任"参议",接着又晋升为"权中纳言"、民部卿,叙官正二品,作为鸟羽上皇的心腹拥有极大的权势,也叫九条民部卿,著有日记体著作《九民记》。
③ 《本朝世纪》,平安时代末期成书的历史著作,共20卷。也称作《史官记》和《外记日记》。通宪于久安六年(1150)以承继《六国史》为目的,开始编撰自宇多天皇(在位889—897)到堀河天皇(在位1086—1107)共15任天皇的历史。但该书已散佚,只留下自承平五年(935)至仁平三年(1153)的片段未定稿。因为该书是以《外记日记》(《太政官公务日记》)和"外记"官的私人日记作为史料,所以被视为平安时代后期的重要史料。片段稿收录于《新订增补国史大系》。

的天皇，朝廷召开所谓的"王者议定"会议，最早也是最被看好的"候选人"是重仁亲王①，但最后却以美福门院②另一个养子守仁亲王（之后的二条天皇）在即位前需要一个过渡性人物为由，让其父雅仁亲王在29岁仍未被立为太子的情况下即位，成为后白河天皇③。于是有人声称，守仁亲王年少，直接超越尚活着的生父雅仁亲王即位不成体统。

雅仁亲王成为天皇似乎不合情理，他既热衷于"今样歌"④，又喜欢四处游乐，当时似乎没有人会看好他。但信西却"慧眼识珠"，在经过冷静分析当时的政治状况和天皇家族内部的纷争以及各种人事关系等后，他或散布流言，或向鸟羽上皇献策，最终将雅仁亲王扶上天皇的宝座。似乎可以说，没有信西就没有后白河天皇。⑤ 另一层的原因，就是信西乃雅仁亲王的老师。他现在帮学生，将来学生也一定会帮他。

保元元年（1156）七月鸟羽法皇驾崩，信西在全权办理丧葬仪式后用计逼迫崇德上皇和藤原赖长举兵，并在大胆采用源义朝⑥的夜袭建

---

① 重仁亲王（1140—1162），平安时代后期的皇族，崇德天皇第一皇子。母亲为源行宗的养女（藤原北家小野宫季实儿子的女儿）兵卫佐局。乳母是池禅尼，法名为空性。重仁亲王诞生的前一年，根据鸟羽上皇的强烈意愿，父亲崇德天皇将自己的异母弟体仁亲王（之后的近卫天皇）立为皇太弟。重仁亲王出生后体仁亲王的生母藤原得子（美福门院）立刻认重仁为养子。近卫天皇即位后重仁亲王元服时官叙三品。美福门院视重仁亲王为己出，希望将他立为皇太子。久寿二年（1155）近卫天皇驾崩后父亲崇德上皇希望重仁亲王即位，但宫中流传上皇与藤原赖长勾结咒杀了天皇，闻之大怒的鸟羽法皇因此不立重仁亲王，而立上皇弟雅仁亲王（后白河天皇）。崇德上皇对此抱有强烈的怨恨，最终导致"保元之乱"的发生。

② 美福门院，即藤原得子（1117—1160），鸟羽上皇让位后的宠妃，近卫天皇的生母，生于藤原北家末茂流（藤原鱼名的后裔），父亲是"权中纳言"藤原长实（"赠太政大臣"），母亲是左大臣源俊房之女方子。美福门院是其院号。

③ 后白河天皇（在位1155—1158，1127—1192），平安时代后期的天皇，鸟羽天皇第四皇子，即位的翌年"保元之乱"勃起，在让位于二条天皇后于嘉应一年（1169）成为法皇，大肆建寺造佛，撰有《梁尘秘抄》。

④ "今样歌"，平安时代中期到镰仓时代初期流行的一种新形式歌谣，相当于现代的流行歌，其代表性的形式是4句，七五调，受到"和赞"（用日语缀成的佛教歌曲，内容是赞美佛和菩萨，形式是七五调）和"雅乐"（主要流行于平安时代宫廷的音乐。如今在宫中和神社仍有演奏）的影响。最早是行游艺人演唱的歌曲，后来宫廷贵绅也喜欢吟唱，再后来在宫中节会等上咏唱。《梁尘秘抄》乃集其大成者。

⑤ 不过山田邦和认为当时（后白河天皇即位以前）的信西并没有撼动皇位的政治力量，拥立雅仁亲王的是"关白"藤原忠通的决定。参见山田邦和《保元之乱的关白忠通》，收录于滝谷寿、山中章编《平安京和它的时代》，思文阁出版社2009年版。

⑥ 源义朝（1123—1160），平安时代末期的武将，源为义长子，下野国"国守"，"保元之乱"时加入后白河天皇一方，攻打白河院殿，任"左马头"（负责马匹、马具、马的养殖工作的官员），但因与平清盛不和，故与藤原信赖联手发动"平治之乱"，兵败后逃至尾张，被长田忠致所杀。

第三章　平安时代(794—1192)至室町时代(1336—1573)的"大和魂"和"大和心"

议后使后白河天皇的军队最终获胜。从夜袭一事人们可以窥见信西的胆识和决断能力。该夜袭计划最早是由对阵的一方、上皇军队的源为义①提出的，但被藤原赖长否定。而天皇军队的源义朝这时也提出了相同建议："此御所似由平清盛等守护。义朝当不失时机，于夜里杀入院之御所，一决雌雄。"听后信西立即表态："诗歌管弦乃臣下所精通也。今昧于其道，况于武道者乎？合战之谋有偏赖汝之所也。"②是这种信任和决断能力，再加上信西放手让平清盛的军队与源义朝的军队合流的英明举措，才赢来了战争的最后胜利。战后信西因此大为得势，躲在"院厅"的幕后左右当时的朝政，开始显示出一阔脸就变得狠毒和老辣的一面。在"保元之乱"战后处理问题上是信西恢复了自"药子之变"③后"公家"再未采用的死刑，让源义朝杀其父源为义，让平清盛杀其叔及其5个儿女。至于滥杀为崇德上皇卖命的许多清和源氏败将就更不在话下。他此时的目的很简单，清和源氏其实就是"摄关"一家的武装集团，给该集团以重大打击，就是为了剥夺"摄关"一家的军事力量。另外，信西对参与夜袭的平清盛的赏赐比对源义朝的要多，目的还是为了彻底抑制清和源氏的抬头。重用武家的平氏、排斥"摄关"一家、恢复天皇亲政体制、大力进行改革、整顿庄园等措施，其实都在同一条实现自己政治理想的延长线上。因为对同为藤原氏族但出身旁流的信西来说，权门"摄关"一家不过是自己憎恶和打击的对象，他的国家观念因此混乱而致扭曲。信西在此扭曲的心态指引下越走越远，近乎疯狂，发展到后来甚至不惜与"院政"近臣藤原信赖对抗，且因与平清盛勾结排斥源义朝而招致后者的杯葛，最后连自己的政治靠山后白河天皇都为此感到惴惴不安，以致后来要倚重信赖以制衡信西，可谓后者结怨甚多，为自己后来的杀身之祸埋下伏笔。

(四)"摄关"政治体制的掘墓人

信西在历史上所起的作用好坏参半，不易评说。但他所做的一切似

---

① 源为义（1096—1156），平安时代末期的武将，义亲之子，因成为"检非违使"而被称作"六条判官"，在"保元之乱"时保卫崇德上皇（白河殿），之后因兵败被杀。

② 永积安明、岛田勇雄校注：《日本古典文学大系31 保元物语·平治物语》，岩波书店1961年版，第249页。

③ "药子之变"，指810年为平城上皇所宠爱的藤原药子与其兄藤原仲成一道企图迁都平城（奈良）和使上皇重祚的事件。后因嵯峨天皇派的胜利仲成被处刑，药子自杀。

"大和魂"史的初步研究

乎都是为了摧毁"摄关"一家势力。为此他要重建天皇的权威，不惜大兴土木，建设皇宫内殿；重塑人们对神的信仰，下令恢复相扑这项古老的媚神竞技活动；推进天皇亲政，绞尽脑汁特意制定"保元新制"，重整"记录庄园券契所"等。而为了推行这些政策，他让自己的几个儿子分居要职，招致过去上皇的近臣和贵族的反感，其施行的强力政治改革也引起了普遍的反弹。在这种气氛之中，后白河天皇答应下野，鸟羽法皇过去指定的皇位继承人二条天皇于保元三年（1158）八月即位。这种皇位继承虽说也是通过"佛与佛的协商"，即通过信西和美福门院的协商而实现的，但由于二条天皇的即位，信西又将自己的儿子送到新天皇的身边，所以这次引来的却是新天皇侧臣的反感。也就是说，"院政"近臣和天皇侧臣双方都出现了反信西的动向。

由此导致了第二次动乱——"平治之乱"。"院政"派的藤原信赖和亲政派的大炊御门经宗、叶室惟方等人虽然在政治路线上存在不同意见，但在打倒信西这个目标上却是一致的。[1] 这时信赖的手中有平清盛，二条天皇也与源光保[2]联手，双方都组建了一支强大的军事力量。但当时最大的军事贵族平清盛因与信西、信赖双方都有婚姻关系，故采取中立立场，与亲政派和"院政"派都保持着距离。

平治元年（1159）十二月，因平清盛到熊野祭拜，京城出现了军

---

[1] 据《平治物语》说，后白河天皇曾咨询信西，问信赖是否可出任"大将"。信西在举出日本的先例予以阻止的同时，还画出以唐玄宗和杨贵妃爱情悲剧为题材的《长恨歌》画卷，将信赖比喻为一边受宠一边叛乱的安禄山，使天皇认识到这种做法的危险性。此画卷在《玉叶》"建久二年（1191）十一月五日"条有记录，可以确认其真实性。九条兼实见此画卷后不吝辞赞扬："此图乃为启发君心而作，表明信西对信赖已有省察，乃反映当时画作之规模与成为后代美谈之作品。末代才子孰可自比信西？可褒可感矣！"

[2] 源光保（？—1160），平安时代末期的武将，"院政"近臣，摄津国源氏的后裔、出羽国"国守"源光国第三子，讳名也记作源光泰。在代替其兄任鸟羽法皇的"北面武士"时以女儿（土佐局）成为法皇宠妃为契机成为法皇近臣，之后以异常的速度迅速升迁，保元元年（1156）叙正四品下（《兵范记》）。保元元年（1156）七月鸟羽院驾崩时以"院厅"近臣的身份与藤原信辅和信西等一道抬棺。又因与美福门院关系近，所以又成为她过去的养子守仁亲王（之后的二条天皇）的侧近人物。"保元之乱"时与外甥源光基（土岐氏之祖）一道加入后白河天皇一方。"保元之乱"后即位的二条天皇的亲政派和已退位的后白河上皇的"院政"派开始对立，光保因过去的关系始终站在前者一方。"平治之乱"爆发时率领嫡子光宗和外甥光基等人加入藤原信赖和源义朝一方，追踪首要的攻击目标信西，在山城国发现并杀害了后者，立有大功。

第三章　平安时代(794—1192)至室町时代(1336—1573)的"大和魂"和"大和心"

事空白,反信西派的源义朝和藤原信赖乘机举兵,袭击了"院御所"三条殿①,"平治之乱"就此爆发。

信西事前已察觉到危机的存在,逃到山城国田原避难,但听到三条殿被袭的消息后自知无路可逃,所以就叫藤原师光②等侍从将自己活埋以求自尽。全力搜索的光保发现此情况后从地下挖出尸体,砍下脑袋后返回京城报功。另一说较具传奇色彩:信西叫部下将自己藏身的箱子和一根用作通气的竹管埋进土中,当被追兵发现并起出地面后用竹管刺入喉部自尽。《平治物语》说被起出时信西眼睛尚能转动,也能呼吸。又据《平治物语画卷》"信西"卷说,死去的信西脑袋被挂在西面狱门的大梁上。信西的各个儿子也因信赖的一纸命令被流放到日本各地。③ 但信西和信赖角力的结果,却是权力最终落入武家的平氏之手,日本从此进入武家掌权的新时代。

《今镜》对信西的才能赞不绝口,一面说他的学问好,是一个在当时可与藤原赖长并驾齐驱、屈指可数的硕学鸿"儒",一面又评论说,因为他并非出生于阴阳道家而通天文,所以受到天谴的惩罚。事实是否如此不得而知,但《今镜》未就他的"大和心"与他的行为之间的关系作出说明,也未就信西的行为及所带来的结果作出解释,却都是不争的事实。回顾信西的一生,是否可以说,信西的"大和心"除了指他的"和学"学问和因"摄关"体制走红一事之外,更多的是指他的政治手腕和组织大规模行动的能力,尤其是为了达到目的善于权变的谋略精神。他能一时成为后白河天皇的"参谋"都因为有此"大和心"。《今镜》说其"诚为有能可信之人",其实多半是溢美之词,并不靠谱,而"换着淄衣不换心,此衣只为留名声"才是他的一生的真实写照。

---

①　不过河内祥辅认为,在打击信西的过程中,信西一族之外的几乎所有"院政"近臣都与信赖联手,以及在信赖受刑后并未立即解除对信西一族的处分,所以可以相信是后白河上皇为了排除信西势力,让信赖等人打击信西的。参见河内祥辅《保元之乱和平治之乱》,吉川弘文馆2002年版,第110—136页。

②　藤原师光(?—1177),平安时代末期后白河院的近臣,法名西光,曾与藤原成亲、僧俊宽等一道策划推翻平家,被发现后遭处死。

③　信西的各个儿子被处流刑,但被遣送到流放地却是在与二条"亲政派"联手的平清盛清除了信赖等后白河"院政派"势力之后的事情。此后当二条"亲政派"的经宗和惟方失败后信西的各个儿子又被允许返京。

"大和魂"史的初步研究

他在受益于"摄关"政治体制之前受制于"摄关"政治体制的现实,是促使他为了反抗该体制而不断更换门庭的动因之一,同时也是他的死因之一。信西的一生实可谓充满矛盾的一生。

关于信西的行为与其结果,似乎还可以说信西即藤原通宪,为了自身所谓的理想,竟给公武关系带来意想不到的变化,其后果是催生了平清盛的"六波罗政权",开辟了源赖朝[①]通往镰仓幕府的道路。说他是武家政权前进大道上的铺路石一点都不为过。人的理想,有时会带来拥有该理想的本人所未预期的结果。具有广博汉学和"摄关学"知识的藤原通宪,极大地改变了日本历史的发展方向,这是他过去根本不会也不敢想象的。

八 《中外抄》"久安元年八月十一日"条藤原忠实的"大和魂"

(一) 鲜有人知的《中外抄》

第五个"大和魂"的用例出现在《中外抄》中,具体内容详见本节的第三小节。因《中外抄》的整体内容,包括与"大和魂"相关的内容牵涉到较复杂的日本古代史知识,已然超出著者的学识范围,故以下仅介绍《中外抄》的大致内容和斋藤正二、林屋辰三郎、石母田正等人的观点,并就其中阐释不甚清晰的几个问题加以明确,供我国学人参考。

《中外抄》这部史书在日本也鲜有人知道,《日本大百科全书》等大型辞书皆不收录该词条。据说仅有日本史专业辞典对该抄做过介绍,但说明就十几行字而已。《中外抄》的内容主要是"关白"藤原忠实平时的谈话记录。记录者为"大外记"[②] 中原师元[③],分上、下两卷。上

---

① 源赖朝(1147—1199),镰仓幕府的第一任将军,源义朝第三子。母亲是热田大宫司藤原季范之女。

② "大外记",律令制政府的官职之一,位于"太政官"下属"少纳言"之下,负责诏敕、奏文的起草及朝仪的记录等工作,也参与执行除目、叙位等的仪式,分为"大外记"、"少外记"。

③ 中原师元(1109—1175),平安时代后期的廷臣,"大外记"中原师远的第三子,子嗣有师尚、清贞(平清盛的养子),女儿有藤原尹明室、二条天皇下宫(僖子内亲王生母),养子有祐安(清原赖业亲弟)等。任"明经博士"和"大外记",还历任出羽国(今山形、秋田两县之大部)及他国的"国司"。《中外抄》的书名即抽取姓氏"中原"的"中"字和"大外记"中的"外"字而成。

第三章 平安时代(794—1192)至室町时代(1336—1573)的"大和魂"和"大和心"

卷的记录时间自保延（崇德天皇朝代的年号）三年（1137）六月以后至久安（近卫天皇朝代的年号）四年（1148）闰六月，下卷（一名《久安四年记》）的记录时间自久安四年至仁平（同为近卫天皇朝代的年号）四年（1154）。内容或涉及古代官职、法令、装束、仪式，或涉及政务和"摄关"家事务，或涉及人物的评价，或涉及故事传奇等，对后人了解"保元之乱"①前"院政"时代的社会现实和朝廷斗争状况，都具有极其珍贵的认识价值和史料价值。特别是对了解藤原忠实为何宠爱次子赖长和摈弃长子忠通，并不惜与"院政"对抗，燃起"保元之乱"战火的心理也有很大的帮助。

（二）好斗的藤原忠实

《中外抄》作者说鸟羽上皇②即位时，其舅父"大纳言"藤原公实想成为摄政，后来此目的虽未达到，但公实的儿子实行、实能、实隆、通季和女儿——崇德院母亲、待贤门院藤原璋子却因此增强了自己的政治势力。对此局面，时任藤原氏族族长和"摄政"的忠实做出激烈的反应，说："左大臣之事外另有恶事。……有人辞退我大臣，此理可论。"③话中的"左大臣之事"，指的是前年即久安五年七月二十八日忠实的次子藤原赖长在30岁被任命为"左大臣"时有人反对，而"另有恶事"则指同年8月27日70岁的藤原实行被任命为"右大臣"，并于翌年8月还先于赖长爬上"太政大臣"的宝座。忠实为此激愤当在情理之中，但说出"此理可论"则显示出他的好斗性格。

忠实讨厌鸟羽上皇还因为另一件事。忠实不太喜欢长子忠通（1097—1164，其母为藤原显房之女），而宠爱次子赖长（1120—1156，其母为藤原盛实之女），甚至一度想把"摄政"的位子传给次子。为此

---

① "保元之乱"，保元（1156—1159）元年七月发生的内乱。因皇室内部的崇德上皇和后白河天皇、"摄关"家的藤原赖长和藤原忠通的对立激化，导致崇德上皇和赖长一方以源为义的军队，后白河天皇和忠通一方以平清盛、源义朝的军队为主力展开战斗，后以崇德上皇一方失败，上皇被流放到赞岐（今香川县）而告终。此乱成为武士步入政治舞台的一大契机。

② 鸟羽天皇（在位1107—1123，1103—1156），平安时代后期天皇，堀河天皇第一皇子，曾让位于崇德天皇，于大治四年（1129）继白河法皇之后成为第三任"院政"，在位28年，后排斥崇德上皇等。

③ 前田育德会尊经阁文库编：《中外抄》，八木书店2008年版（尊经阁善本影印集成45），第55页。原文标点译者做了修改。

"大和魂"史的初步研究

忠实数次与长子忠通商量，说"现在先把位子让给赖长，之后再还给你的后代"，但忠通始终没有正面答复。没有办法，忠实只能将此事禀报上皇，说："行或不行乃下一步之事，于今拟先听取旨意，望上皇表明意见。"上皇说，忠通曾回复："我知吾弟赖长之志向。若渠成为天皇则天下势必受损。不过若对家父说起此事渠将更加生气。若此吾将成为不孝之人。话虽如此，然而倘若吾应承家父则于国不忠，故吾只能仰天不答，凡事不问。"忠实听后心想："渠对己未有任何话语，却对上皇如此多言"①，因而更加为赖长担忧，并决定为他做些什么。此时正值久安六年（1150）夏天。

同年九月二十六日忠实终于翻脸，将过去给忠通的传家宝"朱器台盘"搬走，交给待在东三条藤原氏历代官邸的赖长。《公卿补任》②对此的记录是，"九月二十六日请族长印。请取朱器台盘"③。另外，赖长还在翌年的久安七年（1151）正月十日接到任"内览"④的谕旨，得到鸟羽上皇的宠爱。同年编撰的《本朝世纪》⑤记载："宫中杂事先触左大臣宜奉仕者。左府头弁⑥先参院。承敕参阵。头弁不奏主上。又不触申关白。依上皇御直宣下。"⑦可见，此时赖长的政治作用已不容小觑。因此忠通和赖长的政治斗争日益深化和表面化，并最终于6年后的

---

① 前田育德会尊经阁文库编：《中外抄》，八木书店2008年版，第71页。
② 《公卿补任》，按年次记录补任"参议"（"参与朝议"之意，日本奈良时代所设的"令外官"，直属太政官，仅次于"大、中纳言"的重要职务，从四品及以上官员中选任，属公卿一员）以上官职和从三品以上官位的人名及补任年月等的书籍，有80卷本和100卷本，原称《公卿传》，记录时间自神武天皇至村上天皇，撰者不详，成书时间亦不详。但之后代代相继，一直记录到明治元年。
③ 黑板胜美编：《国史大系 公卿补任》第1篇（新订增补 新装版），吉川弘文馆2000年版，第214页。
④ 原指"摄政"、"关白"或接受特别谕旨的大臣可事先看到奏报给天皇的公文，代行政务之事，后转指"准摄政关白"的职务。
⑤ 《本朝世纪》，平安时代后期的史书，乃藤原通宪根据鸟羽法皇之命编撰，是继《六国史》后的一部史书。但因通宪死亡，此书未能完成。现存的史书又有20卷，记录自承平（朱雀天皇朝代的年号，931—938）五年至仁平（近卫天皇朝代的年号，1151—1154）三年止，也称《史官记》、《外记日记》。
⑥ 头弁，指"弁官"兼"藏人头"的官员。"弁官"，见本章第一节"七《今镜》'第三''天皇下'卷'内宴'中藤原通宪的'大和心'"的注释。
⑦ 黑板胜美编：《国史大系 本朝世纪》，吉川弘文馆2000年版，第191页。

· 138 ·

第三章　平安时代(794—1192)至室町时代(1336—1573)的"大和魂"和"大和心"

保元（后白河、二条天皇朝代年号）元年（1156）七月，以鸟羽上皇死后有人对崇德上皇继任皇位不满为契机爆发了"保元之乱"。崇德上皇一方的赖长招源为义、平忠盛为大将，后白河天皇一方的忠通则招源义朝、平清盛为大将，各自率军展开激烈的战斗，最后忠通宣告胜利，成为藤原氏族族长，而赖长则因伤死亡。之后忠实蛰居"知足院"。该院院名起得倒是不错，但忠实的心里却似乎并不知足，相反却充满怨恨和怒火。以上是《中外抄》前半部分内容的介绍和说明。

（三）藤原忠实的回忆

在《中外抄》的后半部分我们看到"大和魂"这个词汇，但与此相关的文字不多。若缺乏语境，要了解这些文字的意思十分困难，故下面拟尽量保留相关文字，对该内涵做较详细的解释和说明。抄中忠实对大江匡房回忆道：

> 匡房彼时居于小二条。而二条殿（按：忠实之祖父师实）亦居于小二条，故匡房似有机缘引导，每日皆拐入二条殿家。二条殿亦日日焦急盼望匡房。二人相谈甚欢。彼时余尚年少，常登二条殿府邸。父后二条关白以手指余，曰：此儿尚可，惟遗憾者乃不喜习汉文。匡房答：欲成摄政关白者，未必有汉学才能亦可，仅具"大和魂"即可治天下。备四五卷纸，于其上书写今可令火速前来或今日甚好即可。如此连续书写十卷廿卷即可成为优秀学者。①

忠实对大江匡房此话的回忆不止一次，在《中外抄》"久安四年七月一日"条中已出现过相似的记录。看来他对此话十分受用，印象深刻。

> □□殿于余前□□□□曰：（此儿）一文不通□□。答曰：摄政关白诗作无益，公事重要也。欲学汉文，使其备纸三十张，令通汉文者坐于旁，书写今可令火速前来；今日甚好；依诏晋谒等。若

---

① 前田育德会尊经阁文库编：《中外抄》，八木书店2008年版，第75页。

"大和魂"史的初步研究

君不知汉文文字可问彼等。①

大江匡房出身于"文章道"世家,是当时日本最有汉学知识的人,此时却公然表示汉学无益,而欲成为"摄政、关白",不可或缺者仅"大和魂"而已。此话说明几个问题:首先,在平安朝末期汉学已走向极度衰微;其次,只有像匡房这样的汉学权威才有资格说出以上的话;最后,匡房是一个见人下菜碟、极具机会主义思想的代表人物。他与"摄关"家族关系良好,但其真实的身份却是与"摄关"家族作对的"院政"机构的智囊。按斋藤正二的说法,此话并不表明大江匡房对汉学有多少仇恨,"要唱衰汉学,而是他洞察出大和魂和摄关家的相互关系,故有以上尖锐的发言。翻阅大江匡房在《江谈抄》中的讲话,可知此人对公事(朝廷政务)和摄关家私事,事无巨细皆精通无比"②。

(四)"知足院殿"不知足

为了解此"大和魂"的真实含义,需要对藤原忠实及其与"院政"的关系和做出以上评价的大江匡房做进一步的了解。

藤原忠实(1078—1162),平安时代后期的贵族,世称"知足院殿"或"富家殿","关白"藤原师通(1062—1099)的长子。师通在38岁时英年早逝后忠实成为祖父的养子,于康和元年(1099)八月二十八日22岁时,在接受天皇的任命担任"内览"一职的同时,又成为自藤原良房起第十任、自藤原道长起第四任的藤原氏族族长,翌年被任命为"右大臣"。长治二年(1105)十二月二十五日,28岁的忠实成为白河上皇"院政"的"关白"。嘉承二年(1107)七月十九日鸟羽天皇践祚,"改(忠实任)关白为摄政"③。天永四年(1113)十二月十四日忠实成为"太政大臣",翌年因天皇元服又成为"关白"。在此之前,忠实似乎一路福星高照、官运亨通,但从保安元年(1120)开始他霉运连连。该年十一月十二日,忠实被撤销"关白"一职,因为他先是拒绝上皇的"好意",后又企图再让自己的女儿泰子入宫,遭到

---

① 前田育德会尊经阁文库编:《中外抄》,八木书店2008年版,第69页。
② 斋藤正二:《"大和魂"的文化史》,讲谈社1971年版,第225页。
③ 黑板胜美编:《国史大系 公卿补任》,吉川弘文馆2000年版,第248页。

第三章 平安时代(794—1192)至室町时代(1336—1573)的"大和魂"和"大和心"

白河上皇的怨恨。之后隐居在宇治长达 10 余年。保安三年（1122）三月五日，忠实的长子忠通担任"关白"。这下该怨恨的转为了忠实自己。大治四年（1129）白河上皇死去，鸟羽"院政"开始实行，忠实成功地让女儿入宫，并因此复归政界。保延六年（1141）获得"准三宫"①的待遇。之后的事情如前所述，忠实因不满长子忠通排斥自己成为"关白"而露骨地支持次子赖长，最终导致"保元之乱"战火的燃起。之后蛰居"知足院"，著有日记体著作《殿历》（即《知足院关白记》）。

回顾藤原忠实的一生，人们仿佛又走进了紫式部在《源氏物语》中描述的那个世界。在那里，贵族只因其出身而无须付出太多的努力——如果说还要努力的话，那不外乎就是通过让自己的女儿入宫，或与天皇搞好关系等办法——就可以进入政治高层管理天下。至于其子嗣是否能够"合法"接班，那也要看是否得到父亲或某个天皇的支持，而不管其是否贤明。从鸟羽上皇向忠实转告的忠通的想法来看，忠通似乎显示出较高的政治智慧，而且忠实过去也曾把传家宝"朱器台盘"交给忠通，看来他也曾希望忠通掌权，但结果却是仅凭忠实一时之见，将权力转交给次子，最终甚至不惜让兄弟在战场上兵戎相见。忠实如此，其早期的政治对手也不例外。忠实在本抄中与"大和魂"相关的前半部分，曾亲口对师元说，鸟羽上皇的舅父"大纳言"藤原公实的儿子实行、实能较有能力，但实行在 70 岁高龄时被任命为"右大臣"，并于翌年 8 月还先于赖长爬上"太政大臣"的宝座，表明忠实的对手依靠的也不是自己的能力，而更多的是依靠自己和实能、实隆、通季和妹妹——崇德院母亲、待贤门院藤原璋子的联手而增强的政治势力。斗争双方之所以能实现自己的愿望或后来转为失败，其原因大都在于身份制度和"关系学"，换言之即"大和魂"的"种子"或其运用的好坏。和紫式部在《源氏物语》中表明的观点几乎一样，可以说藤原忠实的一生，就是实践"大和魂"的一生。藤原忠实

---

① "准三宫"，平安时代以降为优待皇族和天皇的近亲或公卿等所设的称号，意思是准同三宫（皇后、皇太后、太皇太后）给付"年官"和"年爵"的待遇（简单说来都是以给付金钱的形式），在经济上给予优待，但此后则不给付"年官"和"年爵"的实际待遇，开始徒具虚名，也称"准三后"。

"大和魂"史的初步研究

和其他贵族官僚一样，也都是"大和魂"的拥有者和使用者。但和紫式部重视"汉学"的观点不同，藤原忠实的一生还表明，在他那个时代高层贵族已无须"汉学"的帮助，仅凭"大和魂"就可以通吃一切。

在明确"大和魂"即身份制度和"关系学"的基础上，我们也须看到忠实"大和魂"的另一面。比如忠实在政治失败后躲进宇治①的川濑，继续过着人间天堂般的生活。人们通过这种生活，可以充分领略他的风采、人品与其完整而立体的"大和魂"究竟为何。

《今镜》第四卷"宇治川畔"记载，忠实在宇治川畔"建富家殿……成日泛舟游乐于宇治川上，吟咏和歌，十分惬意"。"此富家大臣面颊丰满，神情俊朗，声音清丽……朗咏和歌等时其嗓音之俊美难以言表。而演奏之古筝音色如同天籁。"除此之外，忠实还读书，但不是汉籍，而是"《天台止观》②等书。……且每日不辍"。考虑到佛家经典皆由汉字书写，看来他不像《中外抄》所说对汉文一窍不通。虽然花费时间不少，但"经年月终于读完"。据说他还"喜好真言宗，因岁数大腿脚不便故让人抬着坐在滑竿草蒲团上，或乘坐轿子至寺院，甚至赴奈良或到某山中受戒，法名圆理"③。

从以上介绍可以看出，忠实的"大和魂"其实和当时大多数贵族一样，还表现出一种对风流和风雅的追求：夏日泛舟，冬日赏雪，或于廊殿间吹箫弄筝，或于树荫下吟咏和歌。当然内心也有焦虑的时候，为此再读些疗治精神疾患的佛家经典良药也在情理之中。

与《源氏物语》中的光源氏相比，忠实和光源氏都懂得"关系学"，而且在风流倜傥方面忠实虽略输光源氏一筹，但总体说来还不算太差。那么，忠实独特的"大和魂"又表现在哪里？答案还要加上一条，那就是他为捍卫律令制度敢与"院政"作斗争的精神。亦即"好斗"是其关键词之一。

---

① 宇治，今京都府南部城市，位于宇治川河口，乃茶的名产地。在平安时代是贵族的别墅区和游览地，有平等院和天檗宗本山万福寺。
② 《天台止观》，天台宗"三大部"之一，由中国隋代僧人智顗讲述，灌顶笔录而成，也称《止观》或《天台摩诃止观》。
③ 河北腾译注：《今镜全注释》，笠间书院2013年版，第249—253页。

第三章　平安时代(794—1192)至室町时代(1336—1573)的"大和魂"和"大和心"

忠实和白河上皇长期不和，除有性格互不投缘的原因之外，还来自他耳闻目睹过上皇和天皇因女人反目成仇、相互憎恶的糗事和丑态。① 为此忠实对白河上皇不得不有所防备，他拒绝白河上皇欲迎娶自己女儿泰子就是一例。然而，忠实和白河上皇对立的真正原因，与其说是来自人的情欲纠葛，不如说是源于双方政治经济政策取向的不同。

（五）何为"院政"

关于白河上皇于应德三年（1086）十一月二十六日在将皇位让给皇子即后来的堀河天皇的同时建立"院政"的原因过去有各种猜测。有人根据对古代文献《今镜》、《续古事谈》② 和《愚管抄》的研究认为，它是基于白河上皇为实现后三条天皇③的夙愿，试图压制"摄关"政治的结果。但这个说法在近代遭到原胜郎与和田英松的批评。原胜郎说："院政制度并非特意为褫夺以新的改革为目的的藤原氏政权而设。"④ 和田英松也认为："院政的起源既不出自后三条天皇的睿智，也并非白河天皇的夙愿，而是由各种原因偶然发生的。"⑤ 但二人的研究似乎并不深入，而且其后也都未在原有的基础上有了进一步的发展。到战后情况发生变化，林屋辰三郎就"院政"产生的社会历史条件提出新的学说："在政治方面寻求权力，替代摄关世家的'受领'阶层需要获得一处好的前进基地，以及在经济方面仰仗摄关世家的余威，建立使地方领主可重新依附自己的权威，这些基础性的欲望冲动成为在院政产生的同时又使其成长的培养基，并最终使这种新的政治形态得以建立。因此，院政的创立存在着其永恒的必然性。它并非出自打倒欲延续皇权的摄关政治的目的。这种体制在适应当时社会要求方面有其政治意

---

① 樱井秀：《平安朝史》下 第一章，国书刊行会1982年版，第75页。
② 《续古事谈》，故事集，六卷，编者不详，承久元年（1219）成书。此书模仿《古事谈》收录了许多史料和有关朝臣的生活、典章制度、社寺、歌舞等的故事和传说。
③ 后三条天皇（在位1068—1072，1034—1073），日本第71任天皇，名尊仁，后朱雀天皇第二皇子，曾试图压制藤原氏的专权，革新政治，发布了《庄园整理令》并设置"记录庄园券契所"。
④ 原胜郎：《日本中世史》，东洋文库1969年版，第79页。
⑤ 和田英松：《关于院政》，《国史学》第10号，国史学会1929年版，第67页。

义。"① 简单说来，就是已地方化的、在政治经济方面已积累起实力的"受领"阶层要求一个可代替摄关政权的政治机构，并为此承认白河院厅地位的。在后三条和白河两天皇亲政时代，"已然成为'院近臣'的一部分新兴'受领'阶层，表面上在迎合摄关政权势力，而在背地里却推出'整理庄园'的改革政策，挑战摄关政权。然而，只要天皇和摄关的地位都是合法的，那么新兴'受领'阶层要在政治方面崭露头角就不容易，所以他们最终把握了'院政'建立的这个机会，成功实现了自身权力的合理化"②。

在此基础上，石母田正就"院政"的产生及其政治形态的特征做了进一步的阐述：这牵涉到三个问题，"第一个是构成'院政'经济基础的庄园的问题。第二个是构成'院政'社会基础的官僚阶层和武士阶级的关系。第三个是'院政'的专制性格"。关于第一点，是"皇室慢慢地爬上最大庄园主的位置，意味着皇室从过去占据律令制度法律体系的最高地位转变为一个巨大的独立权势机构"。"这意味着古代天皇制的经济基础有了根本性的转变。更准确地说，是天皇制成功地在改变经济状况的基础上积极地自我适应的结果。但可以想象这个转变对作为律令体制一部分的天皇来说并不是一件容易的事情。因为天皇的地位来自传统，而这个传统本来就与律令体制密不可分，以天皇自身的地位进行这种权势机构的庄园扩大是很困难的。院政作为在法律上大致从这种地位和传统解放出来的更自由的政治形态，是为了进行这种转变唯一可以允许的形态。从中可以看出院政建立的一个必然性。"关于第二点，是作为暴发户的"受领"阶层和武士阶级以及垫底在"摄关"体制下的中小贵族阶层，只有通过被"院政"即法皇"组织起来并隶属法皇才能主张自身阶级的利益。不管他们的势力多大，但这种本质是不会改变的。并不是他们组织起院政，相反却是院政将他们组织进这种权势机构当中"。关于第三点，是"院政""不得不将经济基础置于对庄园的所有之上。因此不需要独立的国家体制，而毋宁需要从国家法律和传统

---

① 林屋辰三郎：《古代国家的解体》第一"关于院政的建立"，东京大学出版会1955年版，第124页。
② 同上。

第三章 平安时代(794—1192)至室町时代(1336—1573)的"大和魂"和"大和心"

解放出来的自由的权势机构。所以该权力具有个人政权的性质。实际上，院政就是以所谓的'治天之君'的名义集中所有的权力，在形式上作为天皇监护人式的存在"。这是一种"不被法律和机构制约，而是根据君主的旨意实施政治的专制形态。从这个意义上可以说它与律令制的专制主义有所不同，而是一种显示天皇制中豪族加个人独断一面的政治形态"，"具有一种超越和无视法律的独裁性质。与这种独裁相伴的是对收刮来的财物毫不吝惜的浪费、行乐和寺院的大兴土木，阴谋权术、败德和腐败，反复无常，缺乏朝气，淫乱和沉溺酒色。一言以蔽之，这个时代是日本历史上空前绝后的颓废时代"。①

"院政"这种做法无疑损害了律令政府的政治威信和经济基础，故在很早的时候就引起"摄关"领导层的不满和反对。忠实的父亲师通（后二条关白）就是与推行"院政"的白河上皇作积极斗争的一人。《今镜》第二卷"红叶斋戒"评价："师通公然批评，'于今竟有许多牛车（当时贵族出行乘坐的交通工具）停靠于已退位上皇府邸前面'。然其死后无人有此勇敢之评论。"② 师通一面借口向大江匡房学习汉学，以控制匡房代表的传统实务官僚阶层，一面对新兴"院政"近臣势力加以警戒，以不符合身份为由拆掉藤原显季③的府邸。④ 还对上皇不经《受领功过定》即重用近臣"受领"的现象加以制止。他甚至不惜动用武力镇压延历寺⑤的僧兵，或延揽官职低的有能之士等，力图对"院政"进行整肃。《本朝世纪》对此评价："嘉保永长年间，天下肃然。"⑥ 师通的儿子忠实，作为藤原一族的族长也不是孬种，同样显示

---

① 石母田正：《危机的深化与天皇制的形态变化》，《古代末期政治史序说》，未来社1956年版，第86—89页。
② 河北腾译注：《今镜全注释》，笠间书院2013年版，第184页。
③ 藤原显季（1055—1123），平安时代后期歌人和歌学家，父亲是"春宫大进"藤原隆经，母亲是白河天皇乳母从二品亲子，显季自己则为白河天皇的乳兄弟。藤原显辅的父亲，清辅的祖父。
④ 《吉部秘训抄》，小原君雄抄写，彦藩弘道馆藏书印，1800年。
⑤ 延历寺，位于滋贺县大津市的天台宗总寺院，山号是"比叡山"，起源于延历七年（788）僧人最澄建立的"一乘止观院"。11世纪以降，针对兴福寺（南都，藤原氏的氏寺）自称"北岭"，并针对本宗的围城寺（寺门）自称"山门"，拥有僧兵，一不如意即以武力示威，让朝廷十分惊恐。
⑥ 黑板胜美编：《国史大系 本朝世纪》，吉川弘文馆2000年版，第189页。

出与"院政"代表人物白河上皇堂堂正正对决的姿态。

《中右记》①记载，元永二年（1119）"关白"忠实命令上野国（今三重县西部）"国司"在该地设立五千町（1町约1公顷）的庄园。由于该庄园属于不交租的领地，"国司"因此无法从上野进贡作为斋院禊祭费的红花，所以将此情况报告院厅。白河上皇听后大惊失色，说"纵属山川薮泽，一国之中及五千町甚不便也"，要求忠实改变这一做法。然而忠实居然亲自上奏疏辩解："只如此庄园，以人寄为家领也。"②《中右记》"大治五年八月"条还记述，越中（今富山县）"权受"③雅光将新庄园献给忠实，忠实接受后让政务所下文批准。对此《中右记》惊呼："其间此新庄牢笼出来欤！"④想来是雅光在忠实的庇护下解决了此土地问题。而且，"庄司"⑤为远有次在文书中写作"新庄六十町"，但忠实根据在厅官员的公文将其改为九十余町。⑥另外，从《中右记》中还可以看到两条记录：（1）元永二年五月，伊贺国（今三重县西部）"国司"打算停止将春日神社的土地划入新设的庄园，但忠实不准，说这样的话会招致神的作祟；（2）此前一年的元永元年八月，针对"头弁"显隆上书反对将田地划归兴福寺管辖一案，忠实断然驳回奏疏，非难说："凡御寺事，件人恶样奏之由欤。氏人如此诉申条，尤不便也。"⑦（大意：凡涉及我方寺院之事，一般人由他如何说皆可。然本族人如此投诉，尤其难以接受。）必须说明的是，春日神社祭祀的神是藤原一族的氏神，而兴福寺则是藤原氏的氏寺。由此可以看

---

① 《中右记》，全名是《中御门右大臣藤原宗忠日记》，名称从家名和官名中各取一字而成，书中记录自堀河天皇至崇德天皇（1087—1138）五十余年"院政"时期的朝廷典礼、仪式和政治、社会各方面的情况，也叫《宗忠公记》、《中右抄》、《愚林》。

② 转引自川上多助《日本古代社会史的研究》八"平安朝的庄园整顿策"，河出书房1948年版，第412页。

③ "权守"，"国守"居京不在任地时为代替"国守"执行任务而被临时任命的"国守"，位于正式"国守"之下。

④ 川上多助：《日本古代社会史的研究》八"平安朝的庄园整顿策"，河出书房1948年版，第413页。

⑤ "庄司"，接受庄园领主的命令管理庄园的人。

⑥ 川上多助：《日本古代社会史的研究》八"平安朝的庄园整顿策"，河出书房1948年版，第415页。

⑦ 同上书，第416页。

第三章 平安时代(794—1192)至室町时代(1336—1573)的"大和魂"和"大和心"

出,族长藤原忠实是如何具有大无畏精神,为保卫律令制度,与上皇展开针锋相对的斗争的。

对此斋藤正二评价:"这与其说是英雄气概,倒不如说是他意识到在穷于应付时有必要讲求处理现实问题的能力。藤原忠实正是通过充分使用这个能力,与威胁摄关家族的新兴权势集团白河院作对抗的。"①我们认为,这个能力,概括说来就是两点:一是敢于斗狠;二是也不乏使用权谋。这些也都参与建构了忠实的"大和魂"。用今人的观点来看,忠实算不上是一位贤臣。他使用通过扩大自己的庄园面积以对抗上皇建立庄园的方法,在客观上也削弱了律令制度的经济基础。《愚管抄》"第四卷""鸟羽传"也提到了忠实的能力问题,说"知足院殿于人品与大和魂(谋划能力)上更胜一筹"②。评价相当的高,颇有以忠实为当时贵族标杆人物的意味。但当我们知道《愚管抄》的作者慈圆是藤原忠通的儿子,也就是藤原忠实的孙子时就不会为此感到奇怪了。这大概是因为在忠实死后人们再也见不到能与他比肩的,既有斗狠精神却也不乏权谋的这种人了。

(六) 虚伪的人:后"摄关"体制的催生婆

最后要对那位说过"仅具大和魂即可治天下"的大江匡房做补充说明。从表面看,匡房是对何种人能做"摄关"作出评价的,但他的话语则暴露了其内心的真实想法。换言之,这种"大和魂"观的知识产权拥有者却是匡房本人。

大江匡房,其祖先是"归化人",不来自中国,就来自朝鲜。匡房长久二年(1041)出生于信浓国(今长野县),父亲是大江成衡,换言之,即前述的那位冷落妻子赤染卫门的大江匡衡的曾孙,极具文才,曾官拜"式部大辅"并担任过一条天皇的侍读。他的家庭信息值得关注,即其父是"权守",也就是代理"受领",他的先辈过去长期都担任"受领"这个职务。

匡房作为文人官僚,不仅为日本的文化建设作出巨大贡献,而且

---

① 斋藤正二:《"大和魂"的文化史》,讲谈社1971年版,第236页。
② 参见本章第二节之一"《愚管抄》第四卷'鸟羽传'中藤原忠实的'大和魂'"的注释和说明。

"大和魂"史的初步研究

在日本的政治、历史发展方面也起到潜在的推动作用。他自幼即有"神童"的才名，康平一年（1058）策论①及第后，历任尊仁亲王（后来的后三条天皇）、贞仁亲王（后来的白河天皇）的东宫学士（东宫侍读）和堀河天皇的侍读，之后相继担任过"藏人"②、美作国（今冈山县北部）"国守"、"左大弁"、"式部大辅"等，宽治二年（1088）任"参议"，继而任"权中纳言"，二度任"大宰权帅"，直至官拜正二品"大藏卿"。匡房在为官的同时还撰有许多著作，比如有关典章制度的《江家次第》，收入汉诗、诗序、愿文③等正统诗文的《本朝无题诗》、《中右记部类纸背汉诗集》、《本朝续文粹》、《江都督纳言愿文集》和以时事逸闻为素材的《游女记》、《傀儡子记》、《洛阳田乐记》、《狐媚记》等，以及记录他平时谈话的《江谈抄》。匡房还参与编撰《续本朝往生传》和《本朝神仙传》，自编本人的和歌集《江帅集》，所作的和歌有许多被收入《后拾遗和歌集》及之后的敕撰集。根据以上介绍，说匡房在精通和学的同时，还是日本的汉学大家绝不言过其实。

重要的是，匡房在年轻时即被后三条天皇信任，成为"记录庄园券契所"的"寄人"④，为庄园的土地整顿工作尽心尽力。此后他以"院政"近臣的身份深度参与白河"院政"的工作，被任命为"别当"⑤，起到中流砥柱的作用。说匡房一生大部分的时间，特别是在晚年充当"院政"的智囊，是一个为瓦解藤原氏族经济基础出谋划策的核心人物亦绝不为过。匡房是一个变化虽缓但较深刻的时代的产物，他既是"摄关"政治体制的产儿，又是"后摄关"体制的催生婆，这在他的《江谈抄》中有所流露。因为他多半是在"摄关社会的制约下感

---

① "策论"，原意是回答写在"策"（木札）上的问题，策是古代中国在律令制下为采用官吏而举行的论文考试，简称"策论"，也指"策论"的答案。

② "藏人"，在天皇身边负责传达消息、上奏、仪式及操持宫中大小杂事的职员，令外官之一。

③ 愿文，求告神佛的文章。

④ "寄人"，平安时代后期公家领地或庄园的居民，隶属于不同于原土地领主的公家或社寺从事庶务的人。

⑤ "别当"，日本古代特殊衙门的长官或王府的首席执事。

第三章 平安时代(794—1192)至室町时代(1336—1573)的"大和魂"和"大和心"

受问题和思考问题的"①。为此他不能不虚伪。他在忠实的祖父师实面前说"仅具大和魂即可治天下"的"大和魂",看来不光指"摄关"体制和"后摄关"体制的上层头面人物的精神风貌,可能还流露出自己的内心活动状况。这个精神风貌和内心状况,说得不客气一点,就是一种随机应变的两面派作风。

第二节 镰仓时代(1192—1333)的"大和魂"

一 《愚管抄》第四卷"鸟羽传"中藤原忠实的"大和魂"

"大和魂"的第六个用例出现在《愚管抄》中。该抄诞生于镰仓时代,其间的"大和魂"宿主和《中外抄》一样,也是担任"摄政关白"的藤原忠实。通过《愚管抄》作者对藤原忠实"大和魂"的另一种评价,人们可以从一个新的视角,更全面而立体地认识"大和魂",尤其是镰仓时代有些人眼中的"大和魂"。

(一)有关《愚管抄》的几个问题

《愚管抄》是一部史书,也是一部文学作品,闪耀着史料价值的光芒和文学家的锐利目光,文体也很刚健。然而它又很难评价,属于一种"既不像历史文学,又不像历史哲学,既缺乏政治理论,又不是社会批评,与宗教信仰和道德理想也无关联的极其奇妙的语言遗产"②。如今它因时常被日本的史学和文学的论文提及而广为人知,但在战前却默默无闻。当时除了在一小部分学者间略有不公开的讨论之外,说此书曾"遭禁"大概并不为过。因为在该抄的第七卷即末尾部分,作者曾直接或间接地说过几件事:(1)将军事先已察觉后鸟羽上皇计划推翻镰仓幕府,并就此进行了劝谏,故将军并无反对上皇的意思;(2)讨幕计划不仅是一种轻率之举,而且有违皇室祖神的神虑;(3)因强行实施了这一计划,故上皇陷入悲惨的命运;等等。《门叶记》③ 中援引的《觉源日记》"仁治三年正月二十四日"条甚至记载,

---

① 斋藤正二:《"大和魂"的文化史》,讲谈社1971年版,第239页。
② 同上书,第240页。
③ 《门叶记》,尊圆法亲王编,大正藏图像部第十一卷,天台电子佛典CD4。

"大和魂"史的初步研究

坊间风传是慈圆死后作祟杀死了四条天皇的。由于这些事情从当时的文教政策来说很难被官方接受，所以将它禁锢在历史档案馆里不啻为最好的选择。

《愚管抄》的作者是谁在很长一段时间不甚明了。室町时代的史书《椿叶记》① 和《樵谈治要》② 都记述："乃慈镇（即慈圆）和尚所撰。"进入近世③后日本的文史考证学家有的赞成其为慈圆所撰（伴友信），有的则否认其乃慈圆所著（黑川春树），意见莫衷一是。到大正九年（1920），三浦周行④在杂志《史林》上发表《愚管抄研究》一文，确定了《愚管抄》乃慈圆所著这一事实。三浦能得出以上结论，主要得益于在青莲院⑤库房发现的两份史料。一份是慈圆的法门孙辈、青莲院住持尊圆法亲王所编《门叶记》中收录的慈圆给西园寺公经⑥的信件抄本。信中有一段话是："倾见所寄之愚管抄抄本。乃吾所作也。抄本似无不当。法师吾暂收下，待方便时寄回。吾每事此即感痛苦而扫兴欤！"⑦ 另一份是承久三年（1221）五月十八日（即"承久之乱"爆发后的第三天）慈圆为近江国坂本日吉神社所写的祭文抄本。至此，《愚管抄》为慈圆所撰已成不争之事实。

---

① 《椿叶记》，崇光天皇之孙、伏见宫贞成亲王所著，记载持明院系统崇光天皇一族盛衰的书籍，1434年成书。宫内厅书陵部编，吉川弘文馆1985年版，第47页。
② 《樵谈治要》，一条兼良向将军足利义尚阐释政治要谛的著作，一卷，1480年成书。参见黑川春树注释《樵谈治要》，同文馆1910年版，第65页。
③ 近世，日本史指江户时代，有时也包含安土、桃山时代。
④ 三浦周行（1871—1931），历史学家，日本法制史的开拓者，毕业于日本东京大学，任京都大学教授，著有《法制史研究》和《日本史研究》等。
⑤ 清莲院，位于京都市东山区粟田口的天台宗的寺庙，天台宗三胜迹之一，1144年由关白藤原师实的儿子行玄开创。其前身是最澄建于比叡山东塔南谷延历寺的青莲坊。自1153年鸟羽天皇皇子觉快法亲王入寺以来成为皇族门寺。之后皇族相继入寺，继承天台座主之位。第62代天台座主乃慈圆。其优秀弟子有法然（源空）、亲鸾等。第17世尊圆法亲王也是慈圆的弟子，以青莲院流（御家流）书道之鼻祖而闻名日本。
⑥ 西园寺公经（1171—1244），镰仓时代前期的公卿和歌人，也叫藤原公经，"承久之乱"后任"内大臣"和"太政大臣"，因在京都北山别墅区建立了西园寺，故以此寺为家名。作为歌人，有114首和歌入选《新古今和歌集》及之后的众多敕选集。
⑦ 原信为日本中古"候文"体书信，原文是"愚管抄所给候、一见事なり、恺候らん、法师便りに可下预候也、每事此苦痛に興醒候了"。翻译成"候文"训读体，大约是"愚管抄、给はり候ふ所、一见の事なり。恺かに候ふらん。法师の便りに預り下さるべく候ふなり。每事に此れ苦痛に興醒めに候ひおはんぬ"。

第三章　平安时代(794—1192)至室町时代(1336—1573)的"大和魂"和"大和心"

《愚管抄》的成书时间未有定论。三浦周行在同一论文中论证了它写于"承久之乱"之前。对此津田左右吉在大正十三年（1924）九月号《思想》杂志上发表了以《有关愚管抄成书年代的疑问》为题的文章，对三浦的观点提出质疑，认为《愚管抄》认可大臣废立并幽禁天皇，是慈圆为了使镰仓幕府在"承久之乱"后得以继续合法执政的一种理论造势行为，其具体的说辞是在第二卷"去去年"一词的旁注"乃承久二年"，以及其他的文本记载都不过是慈圆的假托而已。结论是《愚管抄》全文的写作时间应当在贞应元年（1222）即"承久之乱"之后。而村冈典嗣支持三浦周行的观点，在昭和二年（1926）五月号的《思想》杂志上发表了《愚管抄考》一文，主张第二卷的有关文字是在第七卷的序文写出后作者特地以"追记要说"的形式补出的。其有力的证据就是，文本记载的内容到承久元年之前就结束了，而绝不涉及承久二年。此后赤松俊秀于昭和二十年（1945）在青莲院发现了慈圆亲笔书写于贞应三年的《四大天王寺圣灵院愿文》，并通过这个愿文，弄清了《愚管抄》著述的根本动机，就在于慈圆在贞应三年的8年之前，即建保四年（1216）从圣德太子及日吉神社新宫得到灵告，以及在承久二年再度得到灵告。[①] 至此，《愚管抄》成书于"承久之乱"前的结论宛如板上钉钉。但斋藤正二认为，《愚管抄》乃乱前写作，乱后成书，理由是从慈圆的人品和一生的行为方式推断，他一定为此书的撰写和出版做了精心筹划，以便在自己死后可以将这部证明自己的主张是正确的著作散发到各地。并说现在虽未能就此拿出有力的论据，所以只能赞同"乱前成书说"，但笼统地将它看作是"承久之乱"前后的创作也许更为科学。[②]

（二）慈圆其人

要读懂《愚管抄》及其中所说的"大和魂"，就必须先了解慈圆的生平。慈圆（1155—1225）的祖父是"摄政"、"关白"藤原忠实，其

[①] 参见赤松俊秀《镰仓佛教的研究》八"关于《愚管抄》"，平乐寺书店1957年版。含此，以下各资料和引文除有脚注者外均引自斋藤正二《"大和魂"的文化史》，讲谈社1971年版，第242页。

[②] 斋藤正二：《"大和魂"的文化史》，讲谈社1971年版，第243页。

"大和魂"史的初步研究

父乃"关白"藤原忠通，母亲即"皇家门"女官"加贺局"①（太皇太后公文审查官藤原仲光之女）。他的同母兄有摄政关白藤原兼实②和太政大臣藤原兼房③，异母弟是大僧正④信圆⑤。可谓满门精英，非"摄政"、"关白"即"太政大臣"，再不济也是位高级僧侣。乃父忠通死后翌年（1165），慈圆11岁时出家成为比叡山延历寺青莲院住持觉法亲王的弟子，14岁时受戒。慈圆出家的动机至今不明，一说是因为失去父母成为孤儿；另一说是根据现存的慈圆肖像画，因他鼻子奇大所以出家。但这些解释似乎都难以成立。慈圆入延历寺后刻苦修行，21岁时开始所谓的"千日入堂"修炼。然而当时因寺院的学僧和堂众⑥之间发生激烈争斗，故慈圆只好独自进入那座僧人已作鸟兽散的无动寺修法，在修满一千天的功法之后于承治三年（1179）四月找到哥哥藤原兼实，说"此世无益，故欲隐居"。这大概是他对自己的出家理由作出的唯一交代。两年后的承治五年八月，慈圆在经过艰苦激烈的修行之后看到所谓的俱利迦罗明王。⑦他意识到自身出现了"灵验"，故明确了自己须

---

① "局"的原意是指"宫中或贵族宅邸中皇后、嫔妃或女官的居室"，后转指该女性。

② 藤原兼实（1149—1207），平安时代末期至镰仓时代初期的政治家，摄政关白藤原忠通的第三子，也是九条家的始祖，故也叫九条兼实或月轮殿、后法性寺殿，曾与幕府将军源赖朝勾结，掌握朝廷实权，历任摄政、关白、太政大臣，之后因败于与源通亲的政争于建仁二年（1202）出家，法名圆证，晚年皈依佛门，擅长和歌与书法，《千载和歌集》及之后的敕选和歌集收录其62首和歌，著有日记集《玉叶》。

③ 藤原兼房（1153—1217），摄政关白太政大臣藤原忠通的第十子，爱好和歌，但缺乏政治才能，其兄兼实在日记《玉叶》中感叹："无汉才，无功劳。"但藤原定家在日记《明月记》中说：其"不博识，然致仕时无谄媚贪佞之心，出家后因持律净戒而广为人知"。并善意地评价他为"末世贤者"。因兼房采取与权力拉开距离的态度，故避免了治承、寿永之乱的政治冲击，平家灭亡的元历二年（1185）升任"权大纳言"，5年后升为"内大臣"，建久二年（1191）继承乃兄兼实的官职，任太政大臣达5年之久。建久七年的政变后与乃兄一道被褫夺官位。正治元年（1199）47岁时出家，离开政界。

④ 大僧正，"僧纲"之一，位于"僧正"的上位，以745年行基为首任，相当于"大纳言"，是如今各宗的最高僧阶，即统领僧尼、统辖法务的僧官职位，始于624年设置的"僧正"、"僧都"、"法头"职务，之后改称"僧正"、"僧都"、"律师"，并设"佐官"（之后成为"威仪师"和"从仪师"）。

⑤ 信圆（1153—1224），平安时代末期至镰仓时代前期兴福寺僧人，曾任日本古代特殊衙门的长官或王府的首席执事，藤原忠通的第九子，与太政大臣松殿基房为同母兄弟。

⑥ 堂众，隶属大寺院各堂号从事杂役的下级僧人，平安时代后期开始习武，转为僧兵。

⑦ 俱利迦罗明王，也称"俱利迦罗不动明王"或"俱利迦罗龙王"，或简称"俱梨伽罗"，即作为不动明王化身的龙王。其形象是一条在岩石上被火焰包裹的黑龙，盘踞在一把剑上，欲吞噬该剑。据说这里的剑表示"异端"或"异教徒"，龙表示不动明王的智慧。

· 152 ·

第三章　平安时代(794—1192)至室町时代(1336—1573)的"大和魂"和"大和心"

振兴佛法的使命。养和元年（1181）十一月六日，慈圆在 27 岁时叙"法印"①，接受甘露王院"僧正"念和尚的灌顶后移居青莲院。

　　文治二年（1186），慈圆的哥哥九条兼实如愿当上摄政。在哥哥的关照下慈圆在建久三年（1192）十一月二十六日被任命为"副僧正"及第 62 代"天台座主"②，时年 38 岁。建久六年（1195）三月，慈圆与二度上京的幕府将军源赖朝③会面，相互间有许多和歌赠答，这些作品后来被收录在《拾玉集》④中。之后慈圆因"建久七年（1196）政变"⑤被迫辞去天台座主一职，被软禁在吉水。后鸟羽天皇退位后慈圆因杰出的和歌才能复出，于土御门天皇即位的建仁元年（1201）二月二十八日 47 岁时再任天台座主（第 65 代），但于翌年七月七日主动辞去该职。同年十一月二十七日任"检校"⑥，继而于建仁三年二月二十八日成为"大僧正"，时年 49 岁。元久二年（1205）三月二十六日《新古今和歌集》成书，收录了慈圆的许多和歌。顺德天皇（后鸟羽天皇皇子，后因兵败"承久之乱"被流放到佐渡岛）即位后的建历二年（1212）正月十六日，慈圆第三度补任天台座主（第 69 代），但于翌年

---

　　① "法印"，佛教用语，即"法印大和尚位"的略称，僧位中最高的职位，相当于僧官中的"僧正"。僧位即授予学德优异的僧人的阶位，8 世纪末设有"传灯"、"修学"、"修行"三个系列，其中分别设有"大法师位"、"法师位"、"满位"、"住位"、"入位"五个位次。864 年加设"僧纲"的位阶，在"大法师位"之上又设置"法印大和尚位"、"法眼和尚位"、"法桥上人位"，其中又分设"僧正"、"僧都"、"律师"的阶位。中世以降，佛工、医师等也被叙为"法印"、"法眼"、"法桥"的阶位。

　　② "天台座主"，比叡山延历寺的最高僧职，指统辖天台宗一门的长老，824 年就任的义真为其第一代座主。

　　③ 源赖朝（1147—1199），镰仓幕府的第一任将军。

　　④ 《拾玉集》，慈圆家集，五卷（流传本为七卷），尊圆亲王编于 1328—1346 年。该家集的歌集中多为带佛教思想的和歌，卷五的散文反映出慈圆的"歌道即佛道"的和歌观。

　　⑤ 镰仓时代初期发生的政变。在很长一段时间，源赖朝都以亲幕派的九条兼实为其在朝廷的代言人，但当源赖朝希望将自己的女儿大姬嫁给后鸟羽天皇时，发现兼实的女儿任子已是后鸟羽天皇的中宫，对此颇感棘手。这时源赖朝不是寻找兼实，而是与反兼实派同时也是反幕派的土御门通亲商量。1195 年（建久六）八月，中宫任子产下升子内亲王，十二月通亲的养女在子生下为仁亲王（之后的土御门天皇）。翌年的 1196 年（建久七）十一月二十三日，中宫任子被从后宫赶出；同月二十五日其父关白九条兼实被罢免，近卫基通任关白，源赖朝的妹妹坊门姬的儿子一条高能任参议，坊门姬的女婿西园寺公经任藏人头。同月二十六日，天台座主慈圆被软禁于寺中，太政大臣藤原兼房也被替换。

　　⑥ "检校"，监督社寺总务的职务名称。

正月十一日又主动辞去该职。同年十一月十九日慈圆第四度补任天台座主（第71代），而于翌年的建保二年（1214）六月十日再一次辞任，时年60岁。除"建久七年政变"被迫辞去天台座主一职之外，慈圆反复游走于就任与辞去座主之间而"乐此不疲"的原因也不明了，但通过此不能不说他是一个心气不定的人。此后在承久二年（1220）至贞应三年（1224）4年之间，即他在虚岁66—70岁之间创作了《愚管抄》。后堀河天皇即位的嘉禄元年（1225）九月二十五日，慈圆于东坂本小岛房逝世，被安葬在无动寺。慈圆共活了71年，但却经历了11任天皇和28个年号，实可谓其生活的年代是一个多事之秋。四条天皇即位后的嘉祯三年（1237）三月八日，应"大僧正"良快奏请，朝廷赐慈圆以"慈镇"的谥号[①]，大概是害怕他阴魂作祟。

　　回顾慈圆的一生，有几点不可忽视。首先是他身生于摄关家庭，尤其是他乃当时最高级别的政治家、"关白"藤原忠通的儿子和"摄政"、"关白"藤原兼实的亲弟。而且"后京极摄政"、"太政大臣"藤原良经还是他的亲侄。其次是在和歌创作方面慈圆颇有成就，与侄子情趣相投，在充任良经的监护人的同时对他在文学方面的成长帮助很大。值得一提的是，良经娶的妻子居然是源赖朝姐姐的女儿，所以良经与镰仓幕府将军有姻亲关系。良经的孙子九条赖经在两岁时当上镰仓幕府将军，是慈圆一手促成他在幼年即赶赴关东地区的。最后是慈圆作为一个"大僧正"，并不像前面他自己说的是个把俗世看得很坏故欲隐居的和尚，相反却是一个喜好交际和务实的人，对政治极其关心，而且心气不很稳定。那么，当他提笔写下《愚管抄》时，偏袒"摄关"九条家和提倡公皇武三家合体等就不会在人们的意料之外。简言之，他的出身决定了他有一种固定不变的政治取向，而他后来的经历，包括他不得不面对的侄子与镰仓幕府将军的姻亲关系，以及那个多变的时代，又决定了他有一种权变意识。而这一切，都决定了他在该著中所赞美的"大和魂"属于何种思想。

[①] 除评论，此部分的资料引自筑土铃宽《慈圆——国家、历史及文学》，三省堂1942年版；多贺宗隼《慈圆》，吉川弘文馆1959年版。

第三章　平安时代(794—1192)至室町时代(1336—1573)的"大和魂"和"大和心"

(三)《愚管抄》中"大和魂"的宿主

如前述《愚管抄》是一部难以定评的作品。还有不少人说它既是"预言之书",又是"韬晦之书";既是"谏言之书",又是"自我辩白之书";既是"规范'道理'"之书,又是"与现实妥协"之书。要解释这种现象绝非易事,也不是本节的任务。本节的目的是找出该"大和魂"的真实意涵。但正因为《愚管抄》是一部充满矛盾的著作,所以或许可以从这些矛盾中发现该"大和魂"最隐秘的信息。反过来,通过对该"大和魂"的解析,或许在不期然间也可以发现《愚管抄》何以矛盾的原因。

《愚管抄》由七卷组成,第一卷和第二卷是"皇帝年代记",记录自神武天皇至顺德天皇的历代功绩以及"摄关"、"三公"、天台座主的事迹;第三卷到第六卷是"别帖",叙述从神武天皇到顺德天皇时期治乱兴衰的历史;第七卷是"附录",也就是作者根据其独特的史观铺陈出的史论。我们所关心的"大和魂"用例,就出现在这叙述历代治乱兴衰的第四卷"鸟羽传"中。

> 鸟羽院践祚天皇,其母乃大纳言藤原实季之女茨子。权大纳言正二位东官大夫藤原公实为茨子之兄,亦即鸟羽院之舅。渠有摄篆之心,催逼白川院上皇曰:"吾家门乃久承九条右丞相(藤原师辅)血统。吾之身份亦为大纳言。自古以来,非外祖父或家舅者,无人于天皇践祚时任摄政关白。有时偶有娘家人不任摄关,亦仅限于大臣或大纳言中无人符合该项资格者。"白河上皇自身亦由藤原公成之女所生,故对藤原公实之语不加否认。然却一时无甚妙计,为此苦恼不已。无奈只能在自家卧房安上三道房门,以防他人进入,之后蒙头睡觉。①

也许中国读者对日本历史不太熟悉,所以下面有必要借用谱系图表将上文出现的九条右丞相藤原师辅、藤原公成、藤原实季、藤原公实等

---

① 根据冈见正雄、赤松俊秀注《愚管抄》)《日本古典文学大系》,岩波书店1967年版,第134页)译出。

"大和魂"史的初步研究

人之间的关系揭示出来。

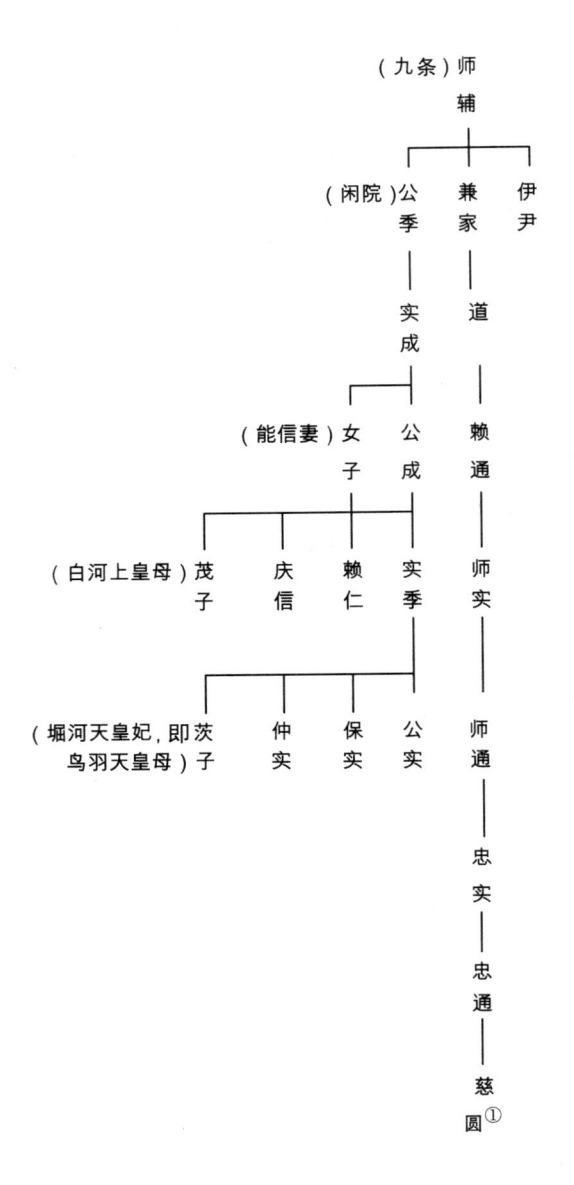

```
                                    (九条)师辅
                                    ┌────┬────┐
                            (闲院)公季  兼家  伊尹
                                │    │    │
                                实成  道   （略）
                                │    │
                          ┌─────┤    赖通
                  (能信妻)女子  公成   │
                          ┌──┬──┬──┤    师实
            (白河上皇母)茂子 庆信 赖仁 实季  │
                          ┌──┬──┬──┤    师通
  (堀河天皇妃，即鸟羽天皇母)子 仲实 保实 公实  │
                                        忠实
                                        │
                                        忠通
                                        │
                                        慈圆①
```

---

① 此图表根据斋藤正二《"大和魂"的文化史》（讲谈社1971年版）第248页加以补充后作出。

第三章 平安时代(794—1192)至室町时代(1336—1573)的"大和魂"和"大和心"

日本历史上自藤原良房于天安二年（858）被任命为第一任"摄政"，其养子藤原基经于仁和三年（887）被任命为第一任"关白"以来，政治权力一直都掌握在藤原北家这一支族手中。而且自平安中期以后，即使北家支脉繁多，但"摄关"一职也都由道长的子孙一系世袭。如以上图表左侧括号中的人物与其对应的最长纵线的人物所示，堀河上皇与藤原师通、鸟羽天皇与藤原忠实分别是同一辈的人，其中师通和忠实分别都担任该朝的"关白"和"摄政"。当嘉承二年（1106）堀河上皇驾崩、鸟羽天皇5岁践祚时藤原忠实已经是"关白"、"右大臣"了。按当时的观念和朝廷的惯例，鸟羽天皇践祚，藤原忠实就应该升任"摄政"。然而这时旁支的"权大纳言"藤原公实心有不甘出来搅局。

说来藤原公实的理由也很充分。他是鸟羽天皇的阿舅，而且作为"东宫大夫"在培养鸟羽方面有巨大功劳，所以当东宫鸟羽即位天皇时公实认为自己当"摄政"应该不成问题，因而催逼白河上皇，以致让后者"为此苦恼不已"。可是上皇的"院厅"长官源俊明"大纳言"（源隆国第三子）却不买账，强行闯入上皇的房间质问："摄政一职究竟何办？"对此上皇回复："无状况则一切如常。"源俊明得到这个回答后立即通知藤原忠实。角力的结果，是朝廷最终决定由忠实担任"摄政"。源俊明与上皇的这段对话及结果，出现在以上引文的省略部分。不同的人对此叙述会有不同理解，可能有人认为是上皇的"院厅"长官源俊明"大纳言"强逼白河上皇表态，并拿着他的话将藤原忠实扶上台的。但事实是上皇的表态和之前"为此苦恼不已"说明他对"东宫大夫"藤原公实不很放心。也许公实和忠实比起来在某些方面有所欠缺。这个"某些方面"，慈圆在接下来的叙述中有所说明。

> 虽为九条右大臣师辅之子，然藤原公季此人于器量而言难以想象可任摄政关白。况且经其子实成、其孙公成、其曾孙实季五代，靠谱之人已然绝迹，皆以普通公卿混事度日。至公实一代，似更难成为摄政人选。无论亲疏、关系远近、老少青壮、上下贵贱，皆以为自古至今无此先例。源俊明大纳言忖白河院为此稍感心烦亦在意料之中，故采取彼般手段。纵然如此，此公实亦乃大学问家，富于和汉之学，才情可追北野天神菅原道真，然与知足院殿（藤原忠

实）相比，倘若于人品与大和魂上更胜一筹，由此为世间有识之士评作如小野实资①般优秀人物又另当别论，而其仅以吾乃家舅为由欲成摄政。因为同样生于名门摄关家族，其子其孙又有较大差异，且为家舅者又不知何其多也。为何公实如此醉心于此？想来白河院亦不至操心如此。此间之原委最终以须保密为由而无人过问，故似乎不为世人所知，亦不流传。然就个人而言，行一事以兴家门自可理解。何况真为大臣、大纳言之高官，且为外祖、家舅与摄关家门子孙，不执掌摄关政治之事例一度未见，故公实或可醉心于既然如此则吾亦可任摄政之想法。此事并非彼世全然不知，故余转述于此。②

由此人们可以知道，在慈圆的眼中，藤原公实之所以不能成为"摄政"，除了在家门上不够格外，还欠缺"大和魂"，而它的良好宿主却是小野实资和藤原忠实，所以忠实理当成为摄政。

（四）《愚管抄》中的"道理"

慈圆对藤原公实不因出身"摄关"家庭，而仅因自身乃鸟羽天皇的家舅就想当摄政是相当不齿的，理由之一是没有"先例"，认为只有"摄关"家族的嫡系藤原忠实升任"摄政"才符合"道理"。以上的那段文字，实际上要说明的也就是慈圆在《愚管抄》中常说的"道理"之一。然而从今人的角度来看，公实也好，忠实也罢，如不参加竞选，则都没有当"摄政"的"道理"。可是这件事毕竟发生在日本的中古时期，故可另当别论。但即便是在中古时期，也无法说鸟羽天皇的家舅藤原公实其"适格性"就比"摄关"家族的嫡系藤原忠实要来得差，所以也不能因此说藤原公实若当"摄政"就全无"道理"。实际上，这话语中隐藏着慈圆欲包庇"摄关"嫡系一家而使用的一种诡辩逻辑。《愚管抄全注解》的作者在注释以上逸闻时也评价："著者说'此事并非彼世全然不知，故余转述于此'，使人有他自己不出面，而利用此内幕信

---

① 小野实资，也叫藤原实资（957—1046），平安时代中期的贵族，曾因继承藤原北家嫡系小野宫家的庞大资产而闻名于当世，故也被称作小野实资。详见此后说明。
② 冈见正雄、赤松俊秀注：《愚管抄》，岩波书店1967年版，第135页。

第三章 平安时代(794—1192)至室町时代(1336—1573)的"大和魂"和"大和心"

息的披露包庇摄关一家的感觉。"①

那么,慈圆的这个"道理"又是什么道理?其与慈圆在上面所说的要有"如小野实资般优秀",换言之,也就是要有能与藤原忠实比俦的"大和魂"又有什么关系?

《愚管抄》的关键词之一就是"道理"。例如,在《愚管抄》第三卷,慈圆在谈及写作目的时说:"经年累月所不断思索者仅此世事之道理。余一面宽慰老来时之梦寐不安,一面听任马齿徒长,同时亦谛观此世之万象,为自古至今流转不息之道理感叹不已。神代之事吾等不知,而至人代,自神武天皇之后已有百王,然存世者既少,迄今延续八十四代。""保元以后皆乱世,恶事横行,满目疮痍,令余厌倦。人们对此亦不管不问,愚昧不堪。世(之道)理就此不断变异衰颓。余欲阐明此间道理,并为之不断思索,而另一方面则诚如人言,事理惟不断变化而已。人们不作此思考,仅存违背道理之心,此世间亦惟有日益走向紊乱。余欲使不断思索之心灵安息,故提笔写下此文。"②读第七卷,亦可知其从头到尾几乎都在为此"道理"唱颂赞歌。即使是在鼓吹"公皇武三家合体"的那个著名段落当中人们也可以看到这个"道理"的存在:"世事移易,道理变化,人们丝毫无法理解,故余欲作阐释。而人们读此难以接纳吾意,则又更难实现吾心愿。此当如何是好?余以为可使摄篆家与武家合为一体,文武兼备,捍卫此世,辅佐天皇。"③ 因为慈圆多谈"道理",所以人们又将慈圆的史观称作"道理史观"。"然而这个'道理'是一个极其暧昧的概念,至少是一个违反逻辑和矛盾百出的概念。简单说来不过就是慈圆在直面一系列复杂事件,深刻体会到自己身边的时代和社会已进入一个重大的历史转换期的时候,为提出以何种最佳手段来处理这种局面而创造出来的一个理论,其内里包裹的就是末法思想或他的'道理'原理。这个合乎目的的'道理史观',归根结底不外乎就是对九条家,特别是对摄关家(族嫡系——引者)有利的、肯定现实的保守理论"④,以及著者需要在此特别补出的他的

---

① 中岛悦次:《愚管抄全注解》,有精堂1969年版,第143页。
② 冈见正雄、赤松俊秀注:《愚管抄》,岩波书店1967年版,第127页。
③ 同上书,第471页。
④ 斋藤正二:《"大和魂"的文化史》,讲谈社1971年版,第251页。

"公皇武合体"理论。

具体说来，这个"道理"就是他的"佛法至上"理论和"藤原摄关家族嫡系拥护"理论，以及"公皇武三家皆大欢喜"理论，其间无一不充满着诡辩。在第三卷中，慈圆谈及第 32 任天皇崇峻天皇被苏我马子暗杀时说，苏我马子大臣因信仰佛法，所以能于不期然间推翻国王。① 这真是为了证明己论的正确就可以不顾事实，信口开河！设若慈圆置身明治维新或二战期间，毫无疑义将立即被枪毙或送入监牢。接着慈圆又说，"大织冠"（藤原镰足）与第 38 任天皇天智天皇在消灭苏我氏后一道治世，但"倘若仅靠国王威势，则无此日本国，有之则惟有纷扰而已。乃佛法之力与臣下之谋结合……日本国方走至今日"②。可以看出，慈圆在此试图以佛法的名义赋予藤原政权以合法性。更为荒唐的是，菅原道真乃日本精通汉学的象征性人物，死后被称作"学问神"或"北野天神"，本是一个"摄关"政权"左大臣"藤原时平的受害者，但在慈圆的口中，此"天神"却"无疑幻化为观音，于（'摄关'政权）近旁守护末代之王法。……纵使其受左大臣藤原时平之谮而失去性命，亦不忘守护摄籙之家"③。总之，怎么对"摄关"一家有利，慈圆就怎么使用史料有"逻辑"地去论证它。如果说北野天神菅原道真的神灵出现是为了守护藤原"摄关"家族这种逻辑是一种"道理"，那么这个世界将没有不是"道理"的"道理"。坂本太郎在评价《愚管抄》这部作品时也说："慈圆虽遁入空门，但始终费心于如何保护生养他的这个九条家族的名誉和利益，为九条家族的兴衰一喜一忧。其自建保四年得到灵告之后一直耽于思索，耗费七年时光，恐指写作《愚管抄》需要大量时间思索这一事情。故《愚管抄》乃为这种世俗权力之扩张而喜、为保护该权力之未来所愿、主张自我的宣传和陈情的文字，其动机是极其现实和功利的。有人认为该著是根据纯真的学问动机而写的史学理论著作，对此我不得不说乃一种夸大其词的想法。"④

---

① 冈见正雄、赤松俊秀注：《愚管抄》，岩波书店 1967 年版，第 131 页。
② 同上书，第 132 页。
③ 同上书，第 312 页。
④ 坂本太郎：《日本的修史和史学》二 "物语式历史和宗教史论的时代"，至文堂 1966 年版，第 193 页。

第三章　平安时代(794—1192)至室町时代(1336—1573)的"大和魂"和"大和心"

至于慈圆为何要鼓吹"公皇武三家皆大欢喜"理论,并且有实际的行动——后鸟羽上皇举兵讨伐幕府时他曾和西园寺公经一道极力反对,但当"承久之乱"后,后鸟羽上皇和哥哥兼实的曾外孙仲恭天皇被废时慈圆又转而批评幕府,并向神佛提交"请愿书",希望仲恭天皇复位[1]——应该说都不是他的本意,而是出于无奈。镰仓幕府的建立靠的是武力。在经过多番较量之后"摄关"家族和皇室已无力在军事上与之对抗,只能走"和亲"与在文化上同化将军的道路。从慈圆自身来说为了弘法他当然要为国分忧,为民祈祷,也需要借助日本民族的精神支柱——皇室,但从骨子里说,他更希望的是"摄关"家族,尤其是他出身的九条家族嫡系能够存续和发展。然而在那个时代,他不得不收起"摄关家族嫡系优先"的大旗。他敏感的政治嗅觉和时代感觉告诉他,为了存续"摄关"家族,皇室的稳定必不可少,也需要镰仓幕府的保护。如果"公皇武"三家能够合体,那么皇室就可以避免威信继续下坠,将军也可以将战刀收进刀鞘,而位于这二者之间的"摄关"家族,亦可在此间发挥更重要的桥梁、纽带作用。慈圆曾一度为自己的晚辈、两岁的九条赖经就任幕府将军,成为文武兼备的新领导感到欣喜,说"如今此两岁小童已孚众望,相当老成",期待"此世不失,此国可兴"。并无比感慨:"此将军如此上任,乃出于大菩萨之圣虑。有此摄篆家人,文武兼备,有威严地护世保皇,乃此世此民此君之幸事,亦深得君心。"为此他还向后鸟羽上皇谏言:"于兹有此文武兼备之执政,乃宗庙社稷之神明安排。若憎恨嫉妒之则天皇将不天皇。"[2] 但是天皇拒绝了慈圆的好意。非但拒绝,后来天皇还对这两岁将军施以白眼,并最终挑战幕府,引燃了"承久之乱"的战火。

当然,慈圆的"道理"也未必完全如此。它还包括慈圆所谓的宏大的"成住坏空"宇宙观念和"灭罪生善"、"遮恶持善"的道德理论,以及他一而再、再而三地因受灵告刺激而产生的所谓的"事实感觉"。然而,"即便是对以上的理论打了折扣,《愚管抄》所显现出的始

---

[1] 《镰仓遗文》第3202号,贞应三年正月《慈圆愿文》。
[2] 冈见正雄、赤松俊秀注:《愚管抄》,岩波书店1967年版,第471、367页。

终如一的史观,也仅不过是历史事实的肯定和佛法至上理论"① 以及著者命名的"权变(机会主义,也即公皇武三家合体)理论"组合。人们说慈圆的思想保守,也许针对的是前面两点。然而慈圆的思想不完全保守,因为他也善于随机应变,与时俱进。

(五) 菅原道真、小野实资和藤原忠实

仅有以上分析或许人们看得还不够明白,若我们对慈圆的人物比较——"公实亦乃大学问家,富于和汉之学,才情可追北野天神菅原道真,然与知足院殿(藤原忠实)相比,设若于人品与大和魂上更胜一筹,由此为世间有识之士评作如小野实资又另当别论"——继续展开分析,则更容易看出慈圆及那个时代所具有的机会主义思想。

菅原道真(845—903),平安时代前期的学者和政治家,886 年在任赞岐国"国守"期间因向首任"关白"藤原基经提出"意见书",试图解决"阿衡"问题而深受宇多天皇的信任,于 890 年结束"国守"任期后返京做官。道真在扼制藤原家族抬头方面有功,所依仗的武器就是他的汉学学问。891 年基经死后道真立即被拔擢为"藏人头"。894 年道真被任命为"遣唐大使",但在此时却提出停派遣唐使的建议。道真能被选作"遣唐大使"而提出停派,说明他对中国了解很深,汉学功底自然不在话下。897 年"摄关"家族的藤原时平任"大纳言"兼"左大将",而道真却也能担任"权大纳言"兼"右大将"。同年,推举道真的宇多天皇让位,醍醐天皇即位,在这种情况下 899 年时平任"左大臣",道真也还能被任命为"右大臣",这在日本中古史上以学者身份为官并能在朝廷呼风唤雨,除了"遣唐副使"吉备真备之外就是菅原道真。道真的汉学学问在此间所起的作用不容忽视,当然其中还有他矢志不渝拥护天皇和扼制藤原家族的因素在起作用。虽然道真也精通和学,但两相比较,他的文名主要来自汉学,说他是日本汉学人物的象征之一并不为过。

慈圆没有说道真哪里不好,但言下之意,他更看得起小野实资和藤原忠实。小野实资(957—1046),原名藤原实资,乃平安时代中期公卿,因两件事在日本史上美名长扬:一是非常有钱。实资是"参议"

---

① 斋藤正二:《"大和魂"的文化史》,讲谈社 1971 年版,第 251 页。

第三章 平安时代(794—1192)至室町时代(1336—1573)的"大和魂"和"大和心"

藤原齐敏的第四子,后过继给祖父实赖当养子,因受喜爱继承了藤原北家嫡系小野宫家族的巨额遗产,并有此改姓之举。后来升任"从一品右大臣",故又被称为"贤人右府"。二是他还接收了祖父的海量文献资料,成为当时精通"摄关"政治典章制度和小野宫家族礼仪制度的第一流学者。实资对日本做出的最大贡献,就是写出日记体著作《小野宫右大臣家记》(简称《小右记》)和《小野宫年中节庆仪式》,为后人了解那个时代及"摄关"政治社会提供了珍贵资料。这些记录"摄关"家族也评价甚高,似乎很对慈圆的胃口,所以树他为日本文化标杆式人物。但这个标杆与道真的象征不同,显然代表和学,换言之,即"大和魂"的一种。

慈圆对实资惺惺相惜,还因为自己于和学也十分欣赏和在行。慈圆不仅也精通"摄关"政治典章制度,而且在和歌理论和实践方面还尤为出众,但却不喜好汉学。有人问他为何要用假名书写《愚管抄》时他说:"汉字虽好,然有极恶弊端,仅用于(官方)仪式,而日本国语汇则为本体,故欲明确表达复杂心情且使之生动活泼时当使用日本语汇。小童与女子于语言游戏时亦多用此语汇。和歌之大道乃显现于用此真意(假名)之时。欲亦使愚昧无知之人于内心深处明了事物道理,须使用假名书写。"[①] 与"汉字"对立的假名在这里也成为慈圆"大和魂"观的直观表现。

此外,让慈圆待见的实资在性格和政见上还有一些特点,那就是后者其实也精通机会主义。小野宫家族原属藤原北家嫡系一支,但后来旁落于嫡系之外,失去了在"摄关"家族中的主导地位,这大概是实资需要对"九条家族"和他能作为代表与"九条家族嫡系"抗衡的小野宫家族的过去和眼前的现实详细记录的一个重要原因。在《小右记》中实资不但事无巨细地记录他从任"藏人头"开始至兼任"右大臣"和"右大将"时的所见所闻,以及当时复杂的礼仪制度,还记述自己对政治的见解。在这记录过程中据说他能做到两点,一是不阿附权贵,二是实事求是。

不阿附权贵的事例有,999年道长女儿彰子入宫,其父让人做一具

---

① 冈见正雄、赤松俊秀注:《愚管抄》,岩波书店1967年版,第462页。

四尺长屏风,征募当时公卿名士和歌并刻入之,此时不仅多人应募,甚至花山法皇也送来御制和歌。但当时仅是"中纳言"的实资却说,"受大臣之命于屏风中作歌,前所未闻"①,并数度拒绝道长的催请;1018年3月后一条天皇11岁时道长又让第三女威子入宫做他的"女御"(嫔妃)②,并于10月使其成为"中宫"(皇后)。对此实资在《小右记》中大发感慨:"一家立三后,未曾有之。"③ 威子立后当天道长在自家设宴款待众公卿,面向实资等人即兴咏出那首著名的和歌:"此世当为我而有,犹如满月不曾亏"④,之后要求实资和歌,但实资予以拒绝。

在实事求是方面,实资在《小右记》中对权倾一时的道长的所作所为进行批判,但同时对道长的能力和人品也做出高度评价。对此道长亦对实资不计个人得失、维护道统的良好品质不予猜忌,敬佩有加。因为有此信任,所以当道长生病、情况危急之际,实资也投桃报李,忧虑地说:"朝之柱石将失。"⑤

然而仔细思考却可以知道,实资所谓的"不阿附权贵"和"实事求是"其实都是表象,因为他对道长的各种"批评"并未触及国家政策的根本取向,而是针对生活中的一些琐事和政策该如何实施这些小事。甚至我们还看到,实资有时会为自家利益拍道长的马屁。譬如为让养子资平能继承家业和保护家产,实资不惜放下身段,求道长和赖通父子作保,为此在就任"右大臣"时以"隐文带,旋钿剑"的装束拜谒道长和赖通。⑥ 本来这种装束仅用于天皇让位、立后、立太子、任命大臣等仪式时(《西宫记》),而道长在自己新制定的仪轨"御堂流"中,却要求臣下在拜谒"摄关"时也要"隐文带,旋钿剑"⑦。实资这么做,显示出对"九条摄关嫡系家族"示弱的机会主义姿态。而在过去写的《小右记》"宽仁三年正月二日"条中,实资却对采用完全相同装

---

① 仓元一宏编:《小右记》,吉川弘文馆2015年版,第86页。
② "女御",仅次于中宫的为天皇侍寝的女官,主要由"摄关"家的女儿担任,平安时代中期以后形成惯例,直接从"女御"中选拔皇后。
③ 仓元一宏编:《小右记》,吉川弘文馆2015年版,第95页。
④ 原歌是"この世をば我が世とぞ思ふ望月の欠けたることもなしと思へば"。
⑤ 仓元一宏编:《小右记》,吉川弘文馆2015年版,第119页。
⑥ 同上书,第101页。
⑦ 同上书,第93页。

第三章 平安时代(794—1192)至室町时代(1336—1573)的"大和魂"和"大和心"

束的藤原公任有过非难,说公任违反典章制度,谄媚道长。① 于此也可看出实资机会主义的一面。实资还对赖通有种同性恋般的情感②,在《小右记》中对秉承道长路线的赖通基本不做批判,而赖通也以实资为政界元老对他敬意有加。由此完全可以看出,实资的政治取向与"九条摄关嫡系家族"的道长、赖通二人其实没有本质的不同。可以说,实资在履职、施政和生活琐事之间,以及在为保护自家利益方面表现出相当明显的机会主义色彩。他的"大和魂"亦可谓"机会主义"的代名词。

不独如此,在实资身上慈圆还看到祖父藤原忠实的影子。这是另一个具有"大和魂"的标杆式人物,也是慈圆得以使前二者与藤原公实、菅原道真对比的原因所在。因在前节已有对藤原忠实的叙述和分析,这里不再赘述。简言之,他有两个特点:第一点即《中外抄》说他是"摄关"家人无须学汉学,只要有"大和魂"即可的主儿。第二点是忠实乃"摄关"政治制度的忠实维护者,其一生大部分的时间都在与"院政"作积极的斗争,但同时也极具权变即机会主义的色彩。这样的祖辈担任"摄关",在慈圆看来当然是最符合"道理"的。

(六)《愚管抄》中的"道理"和"大和魂"的关系

总结说来,慈圆强调要有"大和魂"才能当"摄关"的"道理",换言之,就是他自身"大和魂"观的一部分。而且这种"大和魂"观还包含他为实现自己的"道理"而采用某些机会主义手法的意识。慈圆主张祖父忠实应任"摄政"和提出"公皇武三家合体理论",都是这种机会主义意识的表现。另从慈圆的人物比较来看,他和实资、忠实甚至包括匡房,其实都是为适应日本历史变革而不得不采用机会主义做法的同道之人。只有这样认识,我们才能真正读懂慈圆有关"大和魂"和"流转不息之道理"、"事理惟不断变化而已"和"世事移易,道理变化"等的话语,说的可能不仅是希望"摄关嫡系"政治制度万世不变的"道理",而且也包括为使"摄关"政治制度存续下去,需要与自

---

① 仓元一宏编:《小右记》,吉川弘文馆2015年版,第87页。
② 据实资说,有时会梦见在清凉殿东厢与赖通相拥而卧,这时阴茎勃起。参见仓元一宏编《小右记》,吉川弘文馆2015年版,第132页。

"大和魂"史的初步研究

己的敌人联手的机会主义理由。

二 《愚管抄》第三卷"一条天皇传"中藤原伊周的"大和心"

慈圆在《愚管抄》第三卷"一条天皇传"中对该朝的"三公"做如下评价：

> 内大臣伊周人品与大和心皆有欠缺，唐才（汉学）虽好，尤擅长汉诗，然无法超越左大臣。而右大臣于长德元年（995）四月二十七日成为关白，于五月八日死去，世称"七日关白"。①

这话讲得很简略，也不明确，所以需要先就伊周等人物做介绍，之后再就慈圆的语意做分析。伊周即藤原伊周，即在"《大镜》'卷四'中藤原隆家的'大和心'"一节出现的主人公隆家的哥哥。据该节所引，《荣华物语》对他的评价不高，说他处世窝囊，出尽丑态。"左大臣"即后来的著名"关白"藤原道长，即伊周的亲叔。上文说伊周汉学好，但无法超越道长，似乎与事实不符。因为道长在汉学方面与伊周无法相提并论，所以该句的意思很可能是说伊周仅汉学好，但在其他方面无法超越道长；"右大臣"指藤原道兼，即伊周的另一个亲叔。之所以被叫作"七日关白"，是因为在长德元年（995）四月京都暴发赤斑疮疾病，公卿不断死去，这时伊周的父亲"关白"藤原道隆也病倒在床，故向天皇请求让伊周继任"关白"，但未被批准。道隆死后，天皇任命道隆的弟弟道兼为"关白"。但道兼就任仅数日也因病死去，做"关白"的时间过于短暂。

上文中的"大和心"也是作为汉学的对比物出现的，但具体的内容不明，与《愚管抄》中所说的"道理"是否有关亦不易看清，同样不好理解。除去古日语的非逻辑性表达的原因之外，不好理解之处有二：一是藤原伊周、藤原隆家两兄弟和其亲叔藤原道长都出身"摄关"九条家族，"根正苗红"，故从血统和身份上说，都天然地具备"大和魂"，在此方面似无优劣之分；二是慈圆对"左大臣"道长评价很高，

---

① 冈见正雄、赤松俊秀注：《愚管抄》，岩波书店1967年版，第120页。

第三章 平安时代(794—1192)至室町时代(1336—1573)的"大和魂"和"大和心"

而对"内大臣"伊周的评价是仅汉学好,但人品差、欠缺"大和心"。将这些话放在《愚管抄》这部作品的语境中品读,其言下之意很可能是说伊周失败的原因就在于此。但说伊周因擅长汉学,折损了他原有的"大和魂"(即有"欠缺"),故无法超越道长,导致后来的政治失败这个结论是否成立?由于慈圆没有就此展开论述,所以下面只能通过爬梳史料,在对伊周的生平及其与道长作斗争的过程做分析之后再寻求结论。

藤原伊周(974—1010),父亲是藤原北家九条嫡系、"摄政、关白、内大臣"藤原道隆,母亲是宫中"内侍"高阶贵子。伊周幼名"小千代",兄弟姐妹很多(下面要说的定子和之前提到的隆家只是其中两位),及长后也成为平安时代中期的公卿,最高官位达至正二品"内大臣",所以又有别名"帅内大臣"和"仪同三司"。其一生可谓坐在过山车上,先急速上升,后迅疾下降,之后又升升降降,峰回路转,险象环生,该过程大致可分为以下五个阶段。

(一)精通汉学,年轻时即飞黄腾达

伊周自幼接受过良好的汉学教育,而他掌握的那些汉学知识似乎未对他的早期发达带来什么不好的影响。

伊周是在公元985年他虚岁12岁元服时由幼名"小千代"改为此名的。据研究,他名字中的"伊"字或源于中国早期殷商王朝的名臣伊尹[1](伊周的祖父兼家有个担任"摄政"的同母兄也叫伊尹,其命名或也来自相同的理由),"周"字或采自灭殷的周公旦。总之,"伊周"这个名字似乎体现出他的家庭对古代中国圣贤的憧憬和仰望,也寄托着家庭对他的期待。这种情愫主要来自伊周的母亲高阶贵子。贵子先辈世世代代皆为汉学大家,其自身也是才女,擅长作汉诗。伊周继承母亲家族的传统,在青少年时期经刻苦学习很好地掌握了汉学,《枕草子》和《荣华物语》对此都有叙述。作为同时代的人,清少纳言在《枕草子》中还一再说伊周相貌端庄、高雅清丽[2],似乎对他蛮有好感。

---

[1] 伊尹,殷初名相,名挚,曾辅佐汤王消灭夏朝的桀王,平定了天下,故汤王尊称伊尹为"阿衡"。

[2] 参见《枕草子》"去淑景舍春宫时之事等"段落。

"大和魂"史的初步研究

　　伊周日后任"准大臣"时还自称"仪同三司"。这是古代中国使用的一个官职名称，在被借入日本后还增加了"准三公（大臣）"的意思。这个称呼似乎与精通汉学的伊周也十分般配。然而人们在藤原道长所著《御堂关白记》中却未见有"仪同三司伊周"的记录，由此可见道长和伊周之间存在一种微妙复杂的关系。伊周及长后被誉为一条天皇时代汉学第一人，曾给一条天皇进讲汉籍，更擅长作汉诗。《本朝丽藻》、《本朝文粹》和《和汉朗咏集》都收录了许多他的汉诗，其秀逸而富于情感的笔致时时催人泪下①。这从他后来失意时吟唱的一首汉诗也能看出："春归不驻惜难禁，花落纷纷云路深。委地正应随景去，任风便是趁踪寻。枝空岭徼霞消色，粧脆溪闲鸟入音。年月推迁龄渐老，余生只有忆恩心。"② 此外，伊周也精通和歌，算得上是一位敕撰歌人③。他创作的和歌《仪同三司集》今虽不传，但其中的和歌被《后拾遗和歌集》收录2首，被其他敕选和歌集收录6首。《大镜》将伊周后来的境遇不好归咎于他自身的"器量不足"（原话是：未见有如此不中用之器量狭小之人），但也要承认，伊周的学问放在日本如此小国算是可惜了。④

　　由此可见，青少年伊周学习的汉学并没有给当时的他带来多少坏处，和伊周早期的发迹和中年后的倒霉没有直接的关系。但《大镜》提到的伊周"器量不足"（典出伊周与道长比箭的那个著名故事）却值得关注，可与慈圆所说的"人品欠缺"相互照应，唯可惜该著未就伊周的何种"器量"不足做详细的说明。不过根据语境，可以猜出《大

---

① 《小右记》"宽弘二年（1005）四月一日"条记载：伊周在道长官邸"作文会"上的作品"句句有感，满座拭泪"。
② 题名"花落春归路"，作于1005年4月1日。在此几天前道长故意将"一条天皇第一皇子敦康亲王与天皇之见面仪式"和"第一皇女脩子内亲王之着裳仪式"这两大仪式合为一次办理，以降低它们的重要性。4月1日道长又举办了一次"作文会"，在此会上伊周作了这首汉诗。第一皇子敦康亲王和第一皇女脩子内亲王都是定子所养。换言之，伊周是二人的舅舅。
③ 国学院编：《敕撰作者部类》，六合馆1902年版，第136页。
④ 《日本古典文学大系14 大镜》"道隆传"，岩波书店1958年版，第92页。原话是"不中用ナル器量ノ人イマダナシ"，"この殿も御ざえ日本にはあまらせ給へりしかば"。

第三章 平安时代(794—1192)至室町时代(1336—1573)的"大和魂"和"大和心"

镜》所说的"器量不足",大概指的是伊周的"胆怯文弱"。但《古事谈》[①]不这么看,说伊周因"文"(才情)颇有人望,根据是"权大纳言"藤原经任(1000—1066)7岁任"童殿上"[②]时亲眼看见,伊周进殿时众公卿都对他表示敬意,而当道长进来时却因害怕而都躲藏起来。[③]此话表明伊周不因"文弱"反倒因"文质彬彬"受到尊敬,相反道长则骄横霸气。

《大镜》的以上提法非常关键,牵涉到伊周是否因为"器量不足"即"胆怯文弱"而导致后来政治失败的评价。在我们看来,伊周是否性格"文弱"是一个可以探讨的问题,而且他或受汉籍的影响,也确实有意在治理朝政方面显示出追求仁义、整肃浮华的务实一面,被人视为在政治上不够老练,但这是否导致古代日本人拿他与他的毕生敌人、擅长玩弄权术的亲叔道长和性格粗犷、行事泼辣的弟弟隆家相比评价偏低也不好说。问题的实质可能并不在此。因为伊周在"文质彬彬"、(汉学)才华横溢的年轻时候升官的速度岂但不慢,反而十分迅速。而他在已经倒霉的中年也曾为重振家门采取一些不入流的权变("大和魂")手法,却未能帮助他走出失败的阴影。先看他年轻时的辉煌境遇:

宽和元年(985)十一月二十日,伊周在12岁元服的同日被授予从五品下官阶,翌年七月二十二日在一条天皇即位仪式上获得升殿的资格,接着被任命为"侍从"和"左兵卫佐";永延元年(987)九月四日任"左少将",翌年正月十五日被允许穿着天皇以下公卿以上的颜色服装;正历元年(990)五月八日乃父道隆接祖父兼家的班任"摄政",同年十月同母妹定子被立为"中宫",伊周因此以"摄关"家族嫡男的身份迅速飞黄腾达,于当年升任"右中将"和"藏人头";正历二年(991)正月二十六日成为"参议"进入公卿行列,同年七月二十七日

---

① 《古事谈》,史实、典章制度和故事集,六卷,源显兼编,约成书于建历二年(1212)到建保三年(1215)。该书将流传于平安时代中期贵族社会的约400个短小传说故事按"王道后宫、臣节、僧行、勇士、神社佛寺、亭宅诸道"分类编成6个篇目,文体是汉文体和汉文假名夹杂体等。

② "童殿上",指平安时代以降为让贵族名门的孩子学习宫中礼法而使其到宫殿服务一事,或指学习的孩子。他们一般穿戴赤色的开腋袍子。

③ 《古事谈》"宽弘三年(1006)十一月二十日"条;佐竹昭广:《古事谈·续古事》,《新日本古典文学大系41》,岩波书店2005年版,第64页。

升叙从三品,九月七日升任"权中纳言",进一步又于正历三年八月二十八日升任"正三品权大纳言"(由同日辞任的舅舅源重光所让)。

(二)想当关白,并不文弱

正历五年(994)八月二十八日在道隆的积极安排下,21岁的伊周超越大他8岁的叔父道长以及其他两位竞争者升任"内大臣"(此时位于其上的"右大臣"是另一位叔父道兼),这为他下一步接替"关白"的位子打下良好基础。面对这种局面,一条天皇的生母东三条院诠子(道隆的妹妹)以及朝野上下极度不满,但碍于道隆的面子和威势,此不满暂未浮出水面。他们都认为这个位子应由道长来坐才最合适。而且从诠子的角度来说,让弟弟道长先任"内大臣"还有许多搬不上台面的理由,比如:(1)她对这个最小的弟弟有种特殊的偏爱;(2)对哥哥道隆的姻亲高阶氏族抱有太多的成见,因为自己曾是圆融天皇的嫔妃,所以对伊周母亲高阶贵子在担任圆融天皇"内侍"时的情况相当了解;(3)听信传言,认定高阶氏族是伊势斋宫偷生的孩子的后裔,遭伊势神宫的忌惮;(4)因理由(3)让具有这种血统的定子入宫难以接受;等等。当然,道隆的过于霸道也是人们反对他有此安排的一个重要原因。不久道隆死去,为诠子和其他的人提供了杯葛伊周和让道长夺权的绝好机会。藤原实资等人在此"中关白(道隆的别称)家"没落之际甚至发出讥讽之声:"积恶之家必有余殃。"[1] 可见,当时的人们还因对道隆有所痛恨而殃及伊周。

不过在这一过程中伊周也犯了几个致命的错误,但都与"胆怯文弱"无关,反而还很大胆:(1)对抗天皇。长德元年(995)二月开始道隆因病情逐渐加重,极力推荐伊周接替自己的职务。三月八日一条天皇命令"关白"道隆先兼任"内览"[2]("准摄政关白"),之后"内大臣"伊周再接替此职务。对此伊周以自己已从"关白"处接到"内大臣"委办"内览"工作的指示,而圣旨的内容与此相反为由提出抗议,结果如愿在翌日接获让自己任"内览"的新的圣旨。然而新

---

[1] 《小右记》"长德四年(998)三月十一日"条。
[2] "内览",原指"摄政"、"关白"或接受特别谕旨的大臣可事先看到奏报给天皇的公文,代行政务之事,后转指"准摄政关白"的职务。

第三章 平安时代(794—1192)至室町时代(1336—1573)的"大和魂"和"大和心"

圣旨中有"关白病间"任"内览"的字句，与原来伊周等人希望的"关白病替"差距很大，故伊周极为不满。据说此前还有一段隐情，说是见到此字句的"左少弁"高阶信顺（伊周的舅舅）要求撰写圣旨的"大外记"中原致时将"间"字改为"替"字，但遭到拒绝。我们有理由认为，是这件事才导致伊周走向最终的失败的。原来他并不像别人在表面上所看到的那样"文质彬彬"、谦恭有礼，更不"文弱"，而在内心也比较骄傲急躁，将矛头直指天皇。这当然会引起一条天皇及其家人的不满，并给了自己的政敌钻空子的机会。(2) 缺乏政治手腕。在担任"内览"后伊周迅疾发出《俭约令》，对公卿穿着衣物的长短及其他细节作出严格要求，这遭致公卿的强烈反弹，人们开始怀疑他的"器量"。似乎《大镜》所指的"器量不足"，还应包括他不能容忍奢侈旧习，尤其是官僚贵族阶层的享乐习气，对此过于认真。但即便如此，同年四月五日朝廷还是赐予伊周以"关白"一级的仪仗护卫。因为此时道隆还在。四月十日伊周失去自己最可靠的后盾——乃父藤原道隆，从此霉运连连。(3) 未参透"摄关"政治的本质。当时"摄关"一职未必都是世袭，例如"摄关"实赖、伊尹、兼通、赖忠的儿子都没有坐到"摄关"的位子上面。即使是伊周的祖父兼家，为将儿子道隆扶上"摄政"的宝座也花费了诸多的心思，有时甚至还要运用一些不光彩的手段改换天皇。宽和二年（986）兼家唆使第三子道兼将失去宠妃而丧魂失魄的花山天皇从宫中骗到寺庙，哄其出家。天皇失踪后宫中乱成一团，这时是道隆和弟弟道纲一道将神玺、宝剑等搬到东宫御所，让怀仁亲王（即后来的一条天皇）立即接替花山天皇的皇位。新天皇坐稳位子后他的婚姻立即提上议事日程。永祚二年（990）正月，道隆将长女定子以"女御"（嫔妃）身份送到天皇身边。这让"中关白家"获得了掌控新天皇的机会。同年五月兼家辞去"关白"职务，故道隆得以先做"关白"，再做"摄政"。然而到道隆生命的晚期形势开始发生变化，一条天皇母亲诠子的势力逐渐坐大，伊周这时想单凭以前"关白"嫡子的身份就任"关白"理由已不充分。而另一个天皇的外戚道长虽说在政治基础方面与伊周一样也十分脆弱，但由于这时妹妹诠子即天皇的母亲站在他身后，所以在道隆死后不久的995年五月十一日可以很快爬上"内览"的位子，并最终登上"关白、摄政"的宝座。实际上,伊周与道长相比在政治基础方面并没有太大的差别,而是否能成为"摄关"与家族势力的帮助关系重大,特别是与家族和天皇及其家人关系密切这一点上尤有关联,但伊周没有将这一点看得十分明白。不过在"摄关"政治体制下即使伊周看得明白,并且把翘着的尾巴收起来也无法改变此后的政治走向,何况他还未收起尾巴,继续与亲叔道长作斗争。

(三)与亲叔道长作斗争

在道长登上"关白"位子牢牢掌握权力之前,伊周与自己的亲叔还有一段较漫长的斗争过程。因为那时他还有一点本钱。道隆死后"关白"一职空缺了17天。995年四月二十七日道隆的第二个同母弟道兼出任"关白"和族长。按说这个二叔会罩着伊周,但他也因感染疫病,在做完"拜贺"仪式7天后即死去(即本节开篇所说的"七日关白"的来由)。至此围绕继任"关白"的位子伊周不得不独自与亲叔道长展开激烈的斗争。结果,当然对伊周不利。五月十一日天皇降旨任命道长为"内览",六月十九日道长超越伊周升任"右大臣",并奉旨担任族长并"执权天下"。在大获全胜的道长身影背后,是伊周也开始走后门但不得其门而入的黯然面孔。关于此间的内情《大镜》有所涉及:伊周此前曾通过深受一条天皇宠爱的宫中妹妹定子探听天皇的意向。为此素来对伊周不满的天皇生母也就是伊周的姑姑诠子忍无可忍,秉夜闯入皇宫向犹豫不决的天皇哭诉,最终使天皇将天平的砝码放到道长的秤盘这边。此前伊周还有动作,在阴历十月甲子日姑姑出外参拜滋贺县石山寺时靠近她的车辆诉苦,这时在一旁侍奉的道长大声叱喝,使其退下。这表明姑姑已完全不支持伊周。

伊周和道长之间的斗争烈火并未因此熄灭,反而在进入夏季后发展至白热化的程度。七月二十四日伊周与道长在公卿列坐的座席上就族长的领地账本发生激烈争辩,据说二人相骂之声甚至传到大殿外头,使在场的公卿惶恐不已。3天后伊周的同母弟藤原隆家的侍从与道长的侍从在京都街道上大打出手,最后发展到隆家一方的人于八月二日将道长的保镖秦久忠杀害。同时坊间还流传道隆的岳父"从二品"高阶成忠诅咒道长的消息,但道长不为所动。相对于性格急躁、年轻气盛的伊周、隆家两兄弟,老练的道长正在从长计议,静待打击对手的时刻到来。

第三章　平安时代(794—1192)至室町时代(1336—1573)的"大和魂"和"大和心"

（四）没落的过程

长德二年（996）对伊周兄弟而言不仅是个命数之年，而且也构成日本后期"摄关"史上的一个重要节点。因为此年发生了"长德之变"，起因是退位的花山法皇此时花心不改，与"太政大臣"恒德公藤原为光第四女频繁幽会。颇具戏剧性的是伊周此时也与为光的第三女走动密切，故将花山法皇的目标误认为是自己的心上人。气不打一处来的伊周在与隆家商量后一块儿埋伏于路旁，见法皇到跟前时让侍从向法皇放箭。该箭未射中法皇的身体，只是穿袖而过①，显然只是恫吓而已。虽说此类事情在当时的贵族当中并非罕见②，但针对退位的天皇放箭还是前所未闻的重大事件，故不可能不上升为严重的政治问题。

道长对此事的反应极其迅速（可见他早就掌握了这一情况），这从本应由"检非违使别当"藤原实资上报此事但无报告，相反却由道长通过信件通知实资这一做法可以得到证明。正月二十五日道长在"县召除目"（任命地方官）时命令撤去伊周所坐的坐垫，并有意听任该事件的流言在社会上广泛传播，以此左右一条天皇的态度。二月五日一条天皇批准藤原实资对伊周的府邸，纪伊国（今和歌山县大部，三重县之一部）前任国司菅原董宣（伊周的管家）以及"右兵卫尉"源致光（伊周的侍从）的住宅进行搜查。③ 十一日天皇在朝廷会议上命令"头中将"齐信将调查上报的"内大臣"伊周、"中纳言"隆家的材料通知

---

① 参见《荣华物语》卷第四"最后之梦"。又，据《小右记》说法皇侍从二人死亡。
② 关口力认为这种事情只是时而在借着酒气中发生的纠纷而已，但被扩大解释了（关口力：《摄关时代文化史研究》，思文阁2007年版，第234—235页）。仓本一宏认为事实只不过是隆家的侍从和法皇的侍从在为光的府邸前发生过纠纷，对伊周是否因女人问题卷入此事采取怀疑的态度（仓本一宏：《一条天皇》，吉川弘文馆人物丛书2003年版，第68页）。《小右记》同年"正月十六日至二月五日"间的记录有许多脱落。《三条西家重书古文书一》中《九条殿记里书》所引《野抄记》逸文仅有以下记录："正月十六日右府消息云，花山法皇、内大臣、中纳言隆家相遇故一条太政大臣家，有斗乱之事。御童子二人杀害，取首持去云云。"
③ 该敕令极其严厉，据说无须等待天皇的批准也可以搜查五品以上官位的贵族府邸。当时有传闻说"内府（伊周）多蓄私兵"，但实际情况是在董宣的住宅仅发现士兵八人、弓矢二具；从源致光的住宅逃出七八名兵士，不过这也足以引起社会哗然。有人认为"此事不仅针对伊周个人，也可能包含天皇以此为借口弹压整个藤原家族的意图"。2014年3月2日，http://ja.wikipedia.org/w/index.php?title=藤原伊周&oldid=43489371。

"大和魂"史的初步研究

有关官吏,之后才转告道长。这表明此后的调查工作将以天皇的意向优先,而将道长等人的决定置后,同时也说明天皇不希望此事广泛流传①和对伊周尚有体恤之情。四月一日法琳寺僧人奏报伊周私下在家修"大元帅法"②,而修此法原本只能以国家的名义进行。同月二十四日春季除目时,天皇下旨以箭射花山法皇大不敬、诅咒东三条院(此罪比箭射法皇更重,因为针对的是当权的一条天皇的母亲。表明诠子与伊周的关系已彻底决裂)、修"大元帅法"三条罪名,将"内大臣"伊周贬为"大宰权帅",将"中纳言"隆家贬为出云国"权守"。二人的异母兄弟、外戚高阶家族以及中宫乳母的儿子源方理等人也或被左迁,或被撤去在宫殿当值的木牌,妊娠中的"中宫"定子于上月初回到二条北宫的娘家。接着"左卫门权佐"惟宗允亮向待在"御在所"西厢房的伊周宣布谪迁的圣旨,但伊周称病不出。此后数日他与妹妹定子相互扶持不离房门,情势呈胶着状态。五月一日上午天皇降旨搜查"中宫御所"。据说"检非违使"率领武士破门进入"御所"后中宫不堪屈辱自行落饰,一众人等悲泣之声令围观者不忍卒听。但此时被捕的仅隆家一人,府邸内并未发现伊周的身影。伊周不顺从受捕是人们认为他"人品"不好或缺乏"大和心"的第一个理由。对此事件过程有详细记述的《荣华物语》"江湖一别"卷说,伊周此时到位于春日大社和木幡的父亲坟墓祭拜,于3天后假扮僧侣返家。数日后伊周也被捕,向谪所出发〔但五月十五日朝廷饬令伊周留在播磨(今兵库县西南部),隆家留

---

① 有人认为"作为'内览'的道长也是在听到齐信的报告后才知道调查上报的工作已经展开"。但根据《小右记》"二月十一日"条的记录,可以知道出席朝廷会议的齐信作为"藏人头"确实已向道长正式传达了圣旨,但无法判断作为"内览"的道长是否真的是在此时才知道调查上报的事情。即使从道长很早就向"检非违使别当"实资通报正月十六日事件的详情这一情况来看,说"道长仅承敕命"亦可值得怀疑。首先要考虑的是花山法皇曾一再隐忍,说"此事散布乃后代之耻"(《荣华物语》),希望将此事隐瞒起来,但为何后来会发展到大张旗鼓地进行调查原因不详。从调查上报伊周、隆家罪行的决定公布时"满座倾嗟"的状况也可以想象出,众公卿对二人将接受的处罚表示相当的惊讶和同情。反过来说,这意味着该事件的经过有许多疑点。2014 年 3 月 7 日,http://ja.wikipedia.org/w/index.php?title=藤原伊周&oldid=43489371。

② 按京都东寺真言密教的规定,在宫中等地为守护国家以大元帅明王为本尊而施行的修法时间为 7 天,从正月八日至十四日。此法始于仁寿元年(851),有时为降伏敌国也临时进行过。

第三章　平安时代(794—1192)至室町时代(1336—1573)的"大和魂"和"大和心"

在但马（今兵库县北部）〕，母亲贵子抓住车辆希望同行，但不被允许，不久即病卧在床。十月初伊周思念病中的母亲秘密入京，藏在"中宫御所"，但因平孝义等人告密于同月十一日被捕，再次被护送至大宰府，于年末到达。而贵子于此前的十月末死去。

同年十二月定子在失意和悲叹中产下一条天皇第一皇女脩子内亲王。这时天皇执意要定子入宫，而母亲诠子的病也总不见好转，因此朝廷于长德三年（997）四月五日以"女院"有灾需要大赦为由赦免"大宰权帅"伊周和出云国"权守"隆家，发出太政官符将二人召回。于是伊周于该年十二月返京。此决定的背景显然包括朝廷认为伊周等是"怨恨者"，需要安抚一下，这对诠子的康复有所帮助。但更重要的原因大概是定子生的是女儿，令道长大为宽心。

长保元年（999）十一月七日定子产下第一皇子敦康亲王。伊周听到此消息后欣喜若狂，认为重振家门有望。伊周有此想法十分在理，作为皇子的亲舅若能借皇子得到天皇的重新支持，对改变自己的处境大有意义。但在同日天皇却下旨御封入宫第六天的道长长女彰子为"女御"（嫔妃），之后道长又让"藏人头"藤原行成做天皇母亲和天皇的工作，于长保二年（1000）二月二十五日立彰子为后，改称其为"中宫"，而定子则转为皇后，出现了前所未闻的一帝二后现象。显然，这是道长为防止伊周势力乘机坐大而实施的一个既有前瞻性又有重大意义的阴谋。心力交瘁的定子于当年十二月十五日夜又诞下了第二皇女媄子内亲王，胎盘未下即于翌日凌晨死去。据说当时在一旁伺候的伊周抱着坐产姿态死去的妹妹放声恸哭。在皇后出葬的当天伊周步行在大雪之中吟咏："孰能死后留，雪覆汝可悲。"此歌后来收录在《续古今和歌集》中。

（五）重返政坛高点后步入失意的晚年

长保三年（1001）闰十二月十六日，病情加重并于 6 天后死去的东三条院诠子催促一条天皇让自己的侄子伊周官复本位（正三品）。也许这是因偏爱最小的弟弟道长而对哥哥一家采取过激行为的诠子在临死前所发的善心，但其中似乎也有道长本人的意思。因为此时他看出伊周

"大和魂"史的初步研究

已无还手之力。① 长保五年（1003）九月二十二日伊周官叙"从二品"。兴许在这背后伊周本人的心理也有了变化，开始缓和与道长的关系。宽弘二年（1005）二月二十五日朝廷正式下文规定伊周的座次在大臣之下、"大纳言"之上。三月二十六日被允许重新升殿。四月二十四日伊周秘密进宫面见天皇。② 十一月十三日参加朝议。宽弘元年秋天道长甚至对伊周所作的《到入宋僧寂照旧房》诗作唱和，上奏天皇后据说天皇也和了诗。这表明伊周和道长的关系有所改善。

总之，从长保年间到宽弘初年伊周逐渐复归庙堂。其背景似乎还包括中宫彰子无法生育皇子皇女，所以一条天皇让她帮助养育定子所生的敦康亲王，而道长则作为亲王的监护人伺候在旁。一旦敦康被立为东宫太子后即位，那么作为家舅的伊周就有在政治上翻盘的可能性。于是这时伊周需要与道长合作，必要时也应顺从一下道长。而道长也需要为自己留条退路，自然不敢怠慢亲王和伊周。这让人们对伊周又高看一眼，据说当时的公卿是白天服侍道长，夜晚则不断地密访伊周的公馆，此现象一直持续到敦成亲王（之后的后一条天皇）出生后才告结束。③ 不难想象，宽弘五年（1008）九月十一日彰子为一条天皇产下了第二皇子敦成亲王，对极度希望外甥即位的伊周打击很大。此前伊周于同年正月十六日被封为"准大臣"，并被"封千户"，自称"仪同三司"，在朝廷也逐渐有了发言权，但到此时心里又开始发虚，认为有拍道长和彰子马屁的必要了。这是人们认为伊周"人品"不好的第二个理由。在敦成亲王诞生百日的贺典上，伊周未受邀请即自作主张写下贺歌的"和歌序"，让在场的一众人等吓了一跳。该序文精彩倒是精彩，日后甚至入选《新撰朗咏集》，但据说擅自写作的举动遭致时人的批评。由此可见伊周不光汉学很好，而且和学也不差，换言之，也有"大和心"，而且还颇有"审时度势"的权变精神。宽弘六年正月七日伊周官升"正

---

① 据《权记》记载，长保二年五月二十五日道长向天皇提议让伊周复出，但因天皇甚怒只能作罢。《权记》即《"权大纳言"藤原行成日记》的简称，记录的时间从正历二年（991）到宽弘八年（1011），此后到行成死亡的前一年即万寿二年（1025）的日记仅有逸文残留，是了解藤原道长时代的重要史料之一。
② 《小右记》"宽弘二年四月二十五日"条。
③ 参见《古事谈》"伊周传"。

第三章　平安时代(794—1192)至室町时代(1336—1573)的"大和魂"和"大和心"

二品",但不巧在二月二十日又遇上"中宫"彰子和新生皇子被咒事件,为此伊周的舅母高阶光子入狱,伊周被禁止上朝。六月十三日事情总算有了着落,伊周恢复上朝,并享受佩剑的特殊待遇。这说明伊周没有参与该事件,也说明从此时的道长看来,伊周已在"危险人物"的范畴之外。通过此不同寻常的宽大处理做法人们可以想见,道长为自己的外孙能顺利地立为太子,正在向敦康亲王的外戚展示打拉结合的手法,以使他们彻底屈服。另外,《政事要略》[①]记录的与该事件相关的诏敕中还有一条天皇指名非难伊周的话语,这反映出一条天皇在希望敦康亲王继位方面和伊周心情一样,但又对伊周抱有不信任感的复杂情绪。因为自"长德事变"以来天皇对伊周已累积起不少的恶感。

伊周在此不尴不尬中于 7 年后的正月二十八日死去,时年 37 岁。[②] 临终前他没有向神佛祈祷,对两个正在按嫔妃(皇后候选人)培养的女儿说,若"进宫服务一定要善于自处,不要给父母丢脸"。看来伊周对养女嫁天皇之事已彻底绝望,并且认为即使她们嫁了也不能再为自己及家族翻盘了。之后对儿子道雅说:"与其追随别人活着不如出家。"由此可见,伊周至死心气都很高,不愿屈就于人,过去偶尔顺从道长不过是逢场做戏而已。伊周死前想到的先是女儿,之后才是儿子,反映出"摄关"制度不知是令人感到高兴,还是令人啼哭的一面。伊周死后该府邸"室町第"破败不堪,盗贼出入自由。儿子道雅与三条院(诠子)的皇女当子内亲王断绝恋爱关系后在官场上混得很不如意,有许多怪诞的行为,人们以诨名"荒三位(品)"称之。令伊周在九泉之下不知是欣慰还是气馁的是,其长女后来与道长的次子赖宗结婚(堂叔侄婚),居然作为正室还得到该家族的敬重,并生养出"右大臣"藤原俊家、"大纳言"藤原能长(赖宗的弟弟"大纳言"藤原能信的养子)以及许多的儿子,不管怎么说也算是延续了伊周一家的血脉。[③]

---

① 《政事要略》,平安时代中期的法制书籍,就朝仪、制度、吏务之事分类辑成,惟宗允亮撰,长保四年(1002)左右成书,原 130 卷,现存 25 卷。

② 根据《荣华物语》卷第八"最早开放之花"记载,伊周平时大量饮水吃食却消瘦,故可认为死于糖尿病(《新编日本古典文学全集 荣华物语》,小学馆 1995 年版,第 441 页)。

③ 除评论外,史料部分乃根据仓本一宏《藤原伊周的荣光和没落》(《摄关政治与王朝贵族》,吉川弘文馆 2000 年版)改写。

"大和魂"史的初步研究

（六）著者的质疑

慈圆对"左大臣"道长的评价较高，而对"内大臣"伊周的评价是仅汉学好，但"人品"差、欠缺"大和心"。然而我们根据以上史料很难看出伊周的人品具体差在哪里。相反，至少和过去看到的众多"大和魂"宿主相比，伊周的人品应该可以划在好的行列之中，否则清少纳言作为一位冷静的旁观者，是不会无缘无故以赞美的口吻在《枕草子》中讲述伊周的。是否可以认为，伊周的人品之"差"，是包括慈圆在内的当时许多不喜欢精通汉学之人的、成王败寇的思维定式和墙倒众人推的行为共同作用的结果。

就以上第一个推测而言，其实不止慈圆一人，而在他之前已有多人（如《大镜》的作者）做出与慈圆相似的评论，这表明汉学在当时已彻底失去原有的光环，成为"无用"之物的象征。在此方面伊周还受他母亲和第三妹的拖累。高阶贵子不光汉学好，于和学也十分出众。她在和伊周父亲"中关白"（道隆）恋爱时吟唱的和歌——"漫道终老勿忘我，此爱只在今日中"①——甚至被当作绝唱收录在《新古今和歌集》中。但正因为比起和学她汉学更好，在参加南殿（紫宸殿）某次节庆活动时所作的诗文让在座的男子都抬不起头，以及在另一次应召时不从"台盘所"（厨房或女官的房间）而从弘徽殿（后宫）大步走向"清凉殿"天皇常待的地方坐下，而被《大镜》的作者咒骂："人谓女子汉才过好乃大恶。请记取此内侍后来之所以极度堕落即起因于此。"② 伊周的第三妹藤原赖子曾嫁给冷泉天皇的皇子敦道亲王，据《大镜》说其继承了其母的血统，在有人书写汉文和讲课时因"具有汉才""高声评论此文好彼文恶"，"全然缺乏大和心"③，并举出其他一些"缺乏"此心的事例。比如，在僧侣等客人到来时将门帘高高卷起，袒胸站立，让客人进退失据，也让丈夫赧颜无措。再如，丈夫招集学者到家中作诗文时她会从屏风后扔出20—30两金币供人作兴，被时人斥为不合时宜。④然而这一切是否与她的"汉才"存在必然的联系根本无法看清，我们

---

① 原歌是"忘れじの行末まではかたければ今日を限りの命ともがな"。
② 《日本古典文学大系 21 大镜》，岩波书店1958年版，第213页。
③ 原文是"心ばえ"，意思与"大和心"几乎无异。此处不再展开说明。
④ 《日本古典文学大系 21 大镜》，岩波书店1958年版，第271页。

第三章　平安时代(794—1192)至室町时代(1336—1573)的"大和魂"和"大和心"

只能通过这种说明和事例说《大镜》和《愚管抄》等在此方面都存在偏见，反映出时人的共同"趣味"。

当然伊周也不是没有缺点，人们对他的部分批评不无道理。例如：（1）他缺乏好汉做事一人担的精神。在天皇下旨放逐伊周时，伊周以病重为由躲在二条御所拒绝上路，就让人有依靠妹妹这棵大树而缺乏大丈夫精神的感觉。当后来官吏奉旨闯入御所捉拿两兄弟时又是弟弟隆家一人在场受捕，而伊周却望风潜逃。直至在去谪地的途中还利用朝廷留置他在播磨的机会化装成僧侣偷偷溜回京都，和中宫定子密商，表明的也是相同的问题。（2）后来为了保全自身或图谋翻盘，竟然不知场合和进退运用拙劣的谄媚手法。伊周没有意识到在他败局已定的情况下，即使破罐子破摔也好，谄媚道长也罢，人们都不会再讲他的好话了。可在彰子产下敦成皇子伊周出席该亲王百日诞贺宴会时却未经邀请擅自写出贺歌的序言，不免让公卿有"准大臣为何擅自写序"，此举是否"无心"（思虑浅薄）的微词。究其原委，这可能要归因于伊周是在父亲道隆的强拉硬拽下到达政治高位的，缺乏实际的处世经验，但因此说伊周"人品差"则言过其实。另外，公卿对伊周的这个"无心"评价也不乏感情色彩。这可能是因为他们过去对道隆一家的飞扬跋扈素有不满，二来这件事若是道长做的，那很可能会换来满堂喝彩。然而不管如何解释，伊周此举都表明他已丧失了抵抗意志，与其说是在谄媚道长，不如说是他已经知道自己有几斤几两。失志如此，夫复何言?! 应该说伊周最大的问题在于缺乏担当精神和社会经验。

接下来的问题是，伊周是否真的缺乏"大和心"。这里牵涉到对"大和心"作何理解的问题。慈圆没有对平安时代的"大和心"发表过评论，仅在前面说过藤原忠实等具有"大和魂"。而忠实的"大和魂"乃何许魂也？按前面的归纳，他独特的"大和魂"主要表现在一不读汉书，二勇于捍卫律令制度，与"院政"作斗争，而不问这种斗争的手段和效果如何，换言之，就是一种"斗狠"精神。再如，他早先对朝廷不按自己的意思提拔自己的长子，以及政治竞争对手先于他的次子爬上"右大臣"和"太政大臣"的宝座做出激烈的反应，也体现出他的好斗性格。倘若按这种标准衡量的话，那么伊周缺乏的确实就是这种"斗狠"精神和汉学太好。因此，伊周的"大和心"要处于忠实的下风。

"大和魂"史的初步研究

但事情的真相又如何？从前面的介绍可以看出伊周的"彬彬有礼"只是表象，实际上在谋取权力的过程中他也曾"狠"过很长一段时间。例如，他对圣旨的内容与从"关白"处接到"内大臣"委办"内览"工作的指示相反时居然对天皇提出抗议。再如，伊周在父亲死后还敢和道长在公卿列坐的座席上就族长的领地账本发生过激烈争辩，相骂声甚至传到大殿之外。且在3天后藤原隆家的侍从还与道长的侍从在京都街道上大打出手，最终发展到于八月二日隆家一方的人将道长的保镖秦久忠杀害。隆家的人敢于向道长的人下手，没有伊周的首肯是很难想象的事情。而伊周兄弟俩箭射花山法皇一事更能说明问题。在日本历史上暗害天皇的事件不能说没有，但敢于正面与法皇交手，即使是恫吓也罢，除伊周和隆家外再无他人。另外，从伊周敢于公开要求公卿遵守《俭约令》，而他的前辈"左大臣"藤原时平却要为此问题与天皇合谋耍手段这一对比来看，在"比狠"方面伊周比起忠实及其前辈来实在是有过之而无不及。

但是，为何慈圆对忠实的评价比伊周要高？想来除了忠实是胜利者这个原因之外，与他在"斗狠"时占据的优势地位也有关系（他长时间担任"摄政"和藤原族长）。在这方面，道长与忠实相差无几，所以慈圆没有批评他们。但与前二者相比伊周就没有那么幸运了。那么，在玩弄权术方面忠实和伊周二人比较又如何呢？平心而论，忠实玩弄权术的时间和本事都胜过伊周，而伊周只是在为敦康亲王能顺利即位，图谋政治翻盘时和彻底失败后为保全自身才向道长低过一阵子的头，并耍过一些小手腕（如写"贺歌序"，如果这也算是权术的话）。如此看来，我们将迎来一个悖论。伊周耍些小手腕等即有人说他"人品差"，而人品若好，不敢或至少说不善于耍弄权术则又有人说他缺乏"大和心"，总之伊周如何做都里外不是人。那么，伊周真正缺乏的是什么？实际上他缺乏的只是社会经验和政治斗争经验。如此看来，慈圆在这里所说的缺乏"大和心"，似乎就应该指的是缺乏"社会经验和政治斗争经验"。

不过，我们对此结论还不甚满意。因为伊周的失败是否仅仅是由于社会政治经验不足即缺乏"大和心"造成的也不好说。伊周的一生经历过两个时代，一个是以乃父道隆为中心的时代，一个是以亲姑诠子和亲叔道长为中心的时代。在前一个时代，即使伊周的社会政治经验不足，他也能超越两位叔叔——道纲和道长而顺利出仕，以前所未有的速度成

第三章　平安时代(794—1192)至室町时代(1336—1573)的"大和魂"和"大和心"

为"内大臣",但在父亲道隆死后先是"关白"的职位被另一个亲叔道兼弄走,后是被道长反超——道长先坐上"右大臣"的宝座,最后担任"关白"。而在后一个时代,同样经验不足的伊周实际上吃的是关系比拼不过道长的亏。以下是伊周和道长二人在后一个时代的关系比拼情况。

　　藤原道长——一条天皇之母藤原诠子最小的弟弟,即一条天皇的家舅。
　　藤原伊周——一条天皇之母藤原诠子的外甥,与一条天皇是表兄弟关系。

如此看来,姑且不论是舅舅的辈分大,还是表兄弟的感情亲,仅从血缘的角度说,道长与一条天皇的关系也要比伊周与一条天皇的关系来得深。

不过伊周这时还有一张牌可以打,那就是一条天皇极其宠爱的中宫藤原定子乃自己的亲妹,况且她还为一条天皇生了个皇子(此前定子为一条天皇还产下过一个皇女。按《荣华物语》记载:定子和隆家在那时议论:"若是皇子则很麻烦。""不是皇子也行。"[1] 说明当时二人也对生有皇女可嫁新天皇抱有希望)。伊周敢在父亲死后与亲叔道长叫板,除了有乃父生前的余威鼓劲之外,仰仗的就是这位妹妹。但这妹妹即一条天皇的妻子和一条天皇的母亲诠子的地位在道隆死后的天皇心中孰重孰轻,众人一目了然。因此,藤原诠子可以在后来的政治斗争中起到决定性的作用。伊周先吃的亏是姑姑不喜欢自己,而喜欢叔叔道长,在一条天皇面前哭诉,让自己最小的弟弟坐上"关白"的位子。伊周吃的第二个亏是妹妹定子的早死,无怪乎他要抱着妹妹的尸体哭得那么悲怆。伊周吃的第三个亏是道长的长女彰子后来也为一条天皇养了个皇子,否则伊周仍有翻盘的机会。而妹妹死后可以说伊周能打的牌都打光了,他只能低眉顺眼地做些诸如抢在别人之前写"贺歌序"的事情,再也无法继续与亲叔斗狠了。如果说他欠缺"大和心",那么他缺的实际上不是斗狠的"大和心",而是比拼关系的"大和魂"(参见"《源

---

[1] 《新编日本古典文学全集 荣华物语》,小学馆1995年版,第371页。

氏物语》'少女'卷中紫式部的'大和魂'"一节）。在我们看来，在关系上搞不过对方，很可能是导致慈圆评价伊周缺乏"大和心"的最根本原因。慈圆的结论，说白了就是一种"成王败寇"理论的翻版。

还要顺便做个对比。伊周的弟弟隆家在历史评价上也是个具有"大和心"的人。他除了具有"勇敢威武之心"，做事"堂堂正正"，后来还占了些所占地盘优越的便宜。他的好名声主要来自在大宰府与刀伊人的英勇作战，在外敌面前充分展示了自己"斗狠"的"大和心"。然而设若他和伊周一样也待在京城的官场中，那么他的下场则很可能与哥哥一样，因失败而遭致负面批评，很可能也缺乏"大和心"了。隆家小时候十分"顽劣"、"淘气"和具有反骨，但在大宰府战斗胜利回京后他学会了隐忍和虚与委蛇。4年后他辞去"大纳言"和"大宰权帅"职务，惬意地消费着他在大宰府期间积累的巨大财富直至死亡，最终保全了自己的"大和心"品牌。而长期在京的伊周做不到这一点，在能与道长作斗争的时候他只能全力拼搏，一旦无牌可打时也只能俯首称臣，被冠以缺乏"大和心"。

（七）结论

慈圆对伊周的印象不好，很可能源于他对"汉学"存有偏见，但其明确地将伊周的失败归咎于他的"人品差"和欠缺"大和心"却难以为人首肯。而且他所说的"大和心"具体为何也不清楚。有人说伊周"不中用"大概是指他出生于"摄关"家庭，具有先发优势，但最后还是因"胆怯文弱"被人篡了权。

其实伊周何来"胆怯文弱"，相反，在早期和中年时却很骄横，并且还有其他欠缺之处，比如性格急躁，不善谋划。但这一切都不是致命的问题。在"摄关"政治体制下因学"汉学""文质彬彬"也好，不学"汉学"善于权术、老练圆滑也罢，决定最后胜负的不外乎是谁的关系和后台更硬。

伊周的失败还有许多偶然的因素在起作用。如果父亲不死或亲叔道兼晚死，那么后来掌权的就很可能不是道长，而是伊周；再如果没有姑姑诠子，没有姑姑对自己母亲的家庭出身和"汉学"家风怀有偏见，没有姑姑对其最小的弟弟道长的偏爱，那么也就没有后来伊周的失败；又如果道长的长女彰子像过去一样继续不能诞下皇子，那么定子产下的

第三章　平安时代(794—1192)至室町时代(1336—1573)的"大和魂"和"大和心"

敦康亲王一定会成为下一任天皇,那时笑的就不会是道长,而是伊周。这些因素在今人看来是迷信中的偶然,但在"摄关"政治当中却是必然。伊周吃的是"摄关"政治制度关系学的亏,不意味着他欠缺"大和心"。从"大和魂"在某种意义上代表着"关系学"这一点来说,伊周非但欠缺,相反却充满着"大和心",只是后来不幸失败了而已。

第三节　室町时代(1336—1573)的"大和魂"

(一)《咏百寮和歌》及其作者

和歌"百咏"的样式似乎来自中国。《新唐书·艺文志》中有"李峤杂咏诗十二卷"[①]的记载。具体说来,就是该杂咏诗分为"乾象、坤仪、芳草、嘉树、灵禽、祥兽、居处、服玩、文物、武器、音乐、玉帛"十二个部,各部又以十个题目分别配上一首诗,共有一百二十首诗。例如,在"乾象"部中以"日、月、星、风、云、烟、露、雾、雨、雪"为题,在"坤仪"部中以"山、石、原、野、田、道、海、江、河、路"为题,分别配上一首五律诗,因此李峤的杂咏诗又名"单题诗"。可惜该诗卷在中国早已亡佚,现"敦煌卷子"中仅存《杂咏诗注》残卷。所幸它在传入日本后被保存完好,并对平安时代的文人产生影响。不仅如此,该杂咏诗还和《蒙求》、《千字文》等蒙学教材一道成为当时日本贵族儿童的教科书,一时间竟达到家喻户晓的程度,被简称为"百咏"或"百廿咏"。

日本古代将"百咏""作为教科书的事例很多。例如,文德天皇作为皇太子时清内雄行曾侍读过'百廿咏'和《孝经》[《日本纪略》'元庆七年(883)六月十日'];藤原为光之子藤原诚信,据云自7岁那年秋天开始拜源为宪为师,读李峤'百廿咏',学而不厌[《口游·序》[②],'天禄元年(970)十二月二十八日'];菅原为长4岁[保元三年(1158)]那年春天于祖母怀中诵李峤'百咏'[《愿文集》四'天

---

① 《新唐书》卷60,《二十五史》,上海古籍出版社1986年标点本,第169页。
② 平安时代中期编撰的供儿童学习的教科书,一卷,源为宪作,序文写作的正确时间应为天禄元年(970)十二月二十七日。

文元年（1532）十一月二十一日逆修愿女条'］；源光行 10 岁时读'百咏'（《百咏·和致序》）；平清盛第八女（坊门有房之妻）'将百咏之心入画，绘于隔扇之下，并一笔成文，获后白河法皇褒奖'（《平家物语》长门本'清盛息女事'）"①。就"百咏"对日本文化的影响家永三郎曾评论："一如《平家勘文录》在叙述《平家物语》时有'我朝人士珍视《蒙求》、《百咏》、《乐府》等'之说法，《百咏》与《乐府》等在当时流传甚广，故与《乐府》入屏风画相同，《百咏》画于隔扇亦恐事实。""此画题于中国本土皆无先例，而完全出自我平安朝'文章道'之旨趣，然于文学艺术史上则表现出当时贵族绅士对中国文化之倾倒。"② 因此可以说，日本的"百咏"和歌正是诞生于这种文化背景之上。它作为一种文学样式，从平安时代开始到室町时代一直频繁被歌人使用。具体说来就是，歌人在作歌前会先拟定一个题目，然后限定一个时间咏出百首和歌。其目的有多种，比如锤炼和歌的技艺、追善祈祷等。歌人或一人，或多人，并不固定。其最早出现的时间可追溯于"院政期"仁安元年（1166）成书的《和歌现存书目录·汉文序》："百首和歌者，带刀长献素怀于春宫之阙，乙侍从致丹心于东国之社，是其始也。""带刀长"即源重之。③ 据说他在冷泉帝还是皇太子时，按春、夏、秋、冬为题各作歌二十首及恋歌、杂歌各十首，计一百首；乙侍从即相模④，她面对箱根的神社，一口气也吟咏出百首和歌⑤，但具体的题目和类型比率不详。

日本室町时代出现的一部以《咏百寮和歌》为名的小册子也属于

---

① 桃裕行：《平安时代学制的研究》第四章"平安时代的教科书"。转引自斋藤正二《"大和魂"的文化史》，讲谈社 1971 年版，第 275—276 页。自此开始除有注释外，多按斋藤正二同著中的史料和观点改写。

② 家永三郎：《平安时代倭画全史》第一章"作为初期世俗画的唐画"，高桐书院 1946 年版，第 312 页。

③ 源重之（？—1000 年左右），平安时代中期的官员和歌人，三十六歌仙之一，任"左马助"和"相模国权守"，旅行歌人，在冷泉天皇还是东宫时以"带刀先生"身份作百首和歌，是现存最古老的《百首和歌》。著有家集《重之集》。

④ 相模（生卒年不详），平安时代中期歌人，也叫"乙侍从"，相模国（今神奈川县大部）"国守"大江公资之妻，后离婚，与藤原定赖亦有染，曾以女官的身份侍奉于脩子内亲王，著有家集《相模集》。

⑤ 斋藤正二：《"大和魂"的文化史》，讲谈社 1971 年版，第 279 页。

第三章　平安时代(794—1192)至室町时代(1336—1573)的"大和魂"和"大和心"

"百咏"之一例，但与平安朝的"百咏"歌相比，该小册子的和歌在文学性上并不出众，作者也难以稽考。虽写为"高大夫实无"，但给人的感觉十分怪异，似乎不像真名。那么作者究竟是谁？检视《咏百寮和歌》可以看到，第六十六首是关于"奉膳"的和歌，而且是唯一一首与姓名有关的歌目："奉膳　滥竽高桥氏，此情孰可堪？"[1] 另外，结合《咏百寮和歌》成歌的基础性著作《百寮训要抄》"内膳司"条目"奉膳。同上（注·尚食奉御）。非高桥氏无以充任之官职"，似乎可以推定，担任宫廷内膳司"奉膳"一职的高桥氏中的某人很可能就是《咏百寮和歌》的作者。至于为何作为宫廷御厨的此人要咏出如此多的和歌，有人认为这"很可能是为皇室服务几百年的高桥氏中的某人在被罢免后或快被罢免时偷偷吟出的……指桑骂槐，发泄不满。此推论可以采信的理由是此歌集的完成时间在室町时代，当时开始出现所谓的'下克上'风潮。另外即便不出现'下克上'风潮，也极有可能出现因经济合理化的目的宫廷要裁减人员，或采用类似低价'承包'的新规定。因此可以推测，在此时厨子和宫廷之间发生了一些小纠纷。虽不好说此歌集就是宫廷厨子所做的讽喻歌集，但或许可以将它视为宫廷厨子委托某位亲朋好友代作的作品"[2]。

然而，无论其作者是宫廷厨子本人也好，还是被委托的亲朋好友也罢，在缺乏文学性这点上却有目共睹。而且正因其缺乏文学性，才反映出日本南北朝时期北朝宫廷文学集团的特质。因为室町文化的特征之一，就是舔平安王朝文学的残渣，缺乏革新求变的精神，所以在这种文化接受形式当中，《咏百寮和歌》这一类文学作品不仅不被当时的人们唾弃，相反还可能被归入好的作品而保留下来，为今天的我们所知晓。

（二）《咏百寮和歌》的主要内容及其中的"大和魂"歌

《咏百寮和歌》共收录108首和歌，其大致形式、内容及跋文如下：

---

[1] 原歌为"奉膳　高橋の氏に備るつかさをば猥りにたれか望わたらん"。
[2] 斋藤正二：《"大和魂"的文化史》，讲谈社1971年版，第267页。

"大和魂"史的初步研究

　　咏百寮和歌　　　　高大夫实
　　无神祇伯　使たついせのみてくらみしめ縄神たからをは職る人①
　　摄　　政　天下の政をもすか原のかみたる代にはとりそおこなふ
　　关　　白　政あつかりまふすみことのり他の国よりも始りてけり
　　大政大臣　ならひなき賢き人を求るに則かくる事をしそ思ふ
　　左大臣右大臣　わか君の左右リに立そひて世をまつりこつ助けとそなる
　　内　大　臣　冠をもいたたく人やそのかみの内のおととの始なりけり

　　…………

　　大　学　頭　此身终是世之光，学子窗内有明灯。
　　文章博士　翻阅新书桌不暗，自由开读大和魂。
　　助　　教　学ぶ身を助け教る人なくはいかにしてかは道に至らむ
　　直　　讲　昔よりたたちに道をならひ得てとき会ぬる人そ稀なる
　　明法博士　いましめの道明に守らむ立居に付てみたれなき人
　　算博士　君が代は兼てそしるき問占の亀の鏡に曇りなけれは
　　音博士　ならひをけあしけくもなし家家によみあやまりも伝古文
　　书博士　なには津もつつけえぬ身の頼こそ毫の知取博士なりけれ

　　…………

---

① 自此开始的各和歌因与本书关系不大，故大部分省去翻译，以下仅译出与本题相关的和歌。

· 186 ·

第三章 平安时代(794—1192)至室町时代(1336—1573)的"大和魂"和"大和心"

> 盖读此百首和歌之意趣,乃为知晓已故入道大殿①所撰和汉百官所掌之职。其中亦可见讽喻愿文等,可充吾辈之指导。内含忝作一首。前年遇祝融之灾,余于万念俱灰之际,自烟火处收集部分烧残纸片,故有此百首歌集。孔子曰,武王周公其达孝矣乎。夫孝者善继人志,善述人事者也。故余又以怀孝为诫,或可曰告诫。佛法王法无二,内典外典一致。以狂言绮语为因缘,或可生阿耨多罗三藐三菩提之业种。
>
> 歌曰 蜗牛离屋最凄惨,冀望生有争世角。②

《咏百寮和歌》起首吟咏的六首和歌,针对的是宫中职位最高的六个官职。之后是"大纳言"、"中纳言"、"参议"等阁僚。再后是中务省、内记局、监物局、太皇太后宫职、大舍人寮、图书寮、内藏寮、缝殿寮、阴阳寮、内匠寮、式部省的高官。接着就是与本书有关的各"大学寮"官职,即自"大学头"、"文章博士"至"书博士"的部分,计有八首。复后是治部省、雅乐寮、玄蕃寮、诸陵寮、民部省、主计寮、主税寮、兵部省、刑部省、大藏省、织部司、宫内省、大膳职、大炊寮、主殿寮、典药寮、扫部寮、正亲司的长官。其中的三首对明确作者来说最为重要,吟咏的是与"内膳司"有关的"内膳正"、"奉膳"和"造酒正"。其余的则是各官衙的高级主管。

卷末附有跋文,为人们了解《咏百寮和歌》的创作目的提供了重要线索。"盖读此百首和歌之意趣,乃为知晓已故入道大殿所撰和汉百官所掌之职"云云,说明此小册子是依凭二条良基③所撰古代典章制度书籍《百寮训要抄》而创作的,目的是要人们记住古代各官职及其所掌。事实上在比较前后二者之后也可以看出这100多首和歌,无论是排

---

① 古日语的"入道"指"出家"之人;"大殿"指从"摄政"位子退下任公卿的人。根据日本历史上写过《和汉百官所掌之职》书籍的"入道大殿"仅二条良基一人,故可知这里所说的人即指良基。

② 原歌为"あちきなや 家をはなれぬ かたつぶり 世にあらそひの 角をおらはや"。《群书类从》,续群书类丛完成会1960年版,第679页。

③ 二条良基(1320—1388),日本南北朝时代的政治家和歌人及连歌作者,号后普光园院,一条兼良的祖父。详见本书第四章。

· 187 ·

列顺序还是事项内容，都与《百寮训要抄》几乎完全一致。"前年遇祝融之灾"云云，或许是作者考虑到若说得过于直白，将涉嫌抄袭二条良基著作而采用的假托之辞。跋文后的和歌也许要说的是，现在因出现"下克上"的现象，礼崩乐坏，官职制度紊乱，人们无所适从，相互争斗，所以即便如弱者蜗牛也要生出"头角"保护自己。

问题的关键，是歌集中"文章博士"所咏的"大和魂"歌。由于此歌集出现在日本的室町时代，势必会反映当时支配宫廷的思想风潮和实际问题，所以该"大和魂"歌和相关的其他几首和歌，将会为揭示人们所关心的该时代"大和魂"的意涵提供一些不可多得的宝贵资料。

(三)《咏百寮和歌》的基础性著作——《百寮训要抄》

一如前述，《咏百寮和歌》和《百寮训要抄》在官职记述等方面非常相似，故对比二者将会有许多发现。后者收录在《群书类从》卷第七十二"官职部·三"中，其作者被明确记为"后普光园摄政良基公"。良基公即藤原良基，史上多称"二条良基"。该著起首部分有很长的一段话："所谓百官，乃随从天子之内外诸官也。员数未必成百。以百寮之仪谓之也。又，百为数多之义也。……谓宫内为'百敷'，乃指有百官座席之故也。昔条令所述之官，中古以来多有增减，不因官而求人。末代诸官任人不知其数。凡延喜、天历以往，以贤才而登庸也。村上圆融以后，累代用人而不论其身堪否。是为末代政之陵迟之故也。又及，上古时常定置诸官。今记录职员令所述官职之详情也。"① 通过这些话语，可以明确良基的写作动机：用中古前期设官之合理比照当世之混乱。另外，通过该著和与"大学寮"有关的记述，还可以明确它与《咏百寮和歌》的关系。以下是《百寮训要抄》中有关"大学寮"等的记述：

> 大学寮。国子监。此寮有先辈先师之肖像画。庙堂之谓也。由诸国选出之学者共住昼夜学文之地也。有寮试等。有所谓"灯烛费"，乃配给各学窗灯火，使其昼夜学习不息之经费也。是以（当

---

① 转引自斋藤正二《"大和魂"的文化史》，讲谈社1971年版，第270页。

第三章 平安时代(794—1192)至室町时代(1336—1573)的"大和魂"和"大和心"

时）出现各类优异学生。于今已了无此事。悲乎哉也。

［大学］头。儒道之辈，达其道有名誉者任此。

文章博士。翰林学士。此亦儒者最高官职也。尤应选有才名者。可有两名。

博士。大学博士。近来乃"大外记"①任之。能口传明经奥义、知典章制度之辈任之也。

助教。国子助教。此亦选明经之辈、有典章制度之器者。"外记"之辈亦任此。

直讲。直学生也。同前。

明法博士。律学博士。法曹儒才之人任此。尤应选有才名者。盖其嗜好律令格式。谓此法曹也。

算博士。算学博士。务算道之辈任此。尤应选有才名者。算道《易》出也。当时善家之辈任此。

音博士。音儒。因教音、司计，见于《令》。地下行走、六位"外记"等任此。

书博士。书儒。主事教授手迹。于今清中家"外记"一辈任之。

以上为纪传、南家菅家等儒也。相传史书。明经、中家清家外记。相传本经。法曹。道志之辈，相传律令。②

这种比较阅读，对理解《咏百寮和歌》中的"大和魂"歌很有帮助。按斋藤正二的说法，对上述二作"两相比较，实在是意味深长。设若其写作时间之本末与因果关系颠倒过来，则《百寮训要抄》的相关部分发挥着对《咏百寮和歌》文章博士歌'翻阅新书桌不暗，自由开读大和魂'的注释作用"③。

于此特别值得关注的是，《百寮训要抄》中有关"大学寮"的记述，即"有所谓'灯烛费'，乃配给各学窗灯火，使其昼夜学习不怠之

---

① 参见"大外记"。
② 转引自斋藤正二《"大和魂"的文化史》，讲谈社1971年版，第271页。
③ 同上书，第272页。

经费也。是以（当时）出现各类优异学生。于今已了无此事。悲乎哉也"这一部分。作者良基实际上在此哀叹他所处的南北朝时代已是末世，再无法供给"大学寮"的学子"灯烛费"，以致优秀的学者不能出现。似乎是为了呼应和抚平良基的忧愁，《咏百寮和歌》连续唱道："大学头　此身终是世之光，学子窗内有明灯。""文章博士　翻阅新书桌不暗，自由开读大和魂。"换言之，即《咏百寮和歌》的此两首歌提供了一种与彼时的现状完全不同的理想状况。

然而问题接踵而至。随着新时代的到来，当时从中国的赵宋进口或在日本翻印了许多"新书"，其中也可能包括汉诗集和朱子学的著作等。可是为阅读这些书籍，有没有"灯火"其实不是一个真实的问题，因为学者移到白天照样可以阅读，只是学习的时间须延长一些。那么，"文章博士"歌等除了提供一种理想的状况之外，似乎还想说些什么。揣测其大意，它似乎在说：在阅读这些书籍时对文章博士而言，所需的不外乎就是"大和魂"。而这个"大和魂"乃为何物是一个难解或有多解的问题。要解决这个问题，就需要对藤原良基本人先做个了解。

（四）藤原良基其人

提及藤原良基，人们在脑海里浮现的就是那位生活在日本南北朝时代、先为南朝的后醍醐天皇、后为北朝的诸天皇服务的"摄政、关白"和"连歌"[①] 大师，以及他为连歌发展所写出的一系列著作，诸如连歌理论书籍《连理秘抄》（1349）、《筑波问答》（1368）、《应安新式》（1372）、《近来风体抄》（1387）和受到救济[②]的帮助写出的日本最早的连歌歌集《菟玖波集》（1356）。由此可见，良基不仅是日本的政治家，还是连歌的理论家和实践者及其集大成者之一。事实上，连歌的创

---

① 日本文学艺术的一种形式，一般由两人以上交替吟诵，前一人先咏出相当于短歌上句的5、7、5长句，后一人接着咏出相当于短歌下句的7、7短句，二者之间的意思未必相连。连歌基本上以"连"出100句为主，号称"百韵"，追求品味句和句之间连接方式的微妙。成形于室町时代。

② 救济（1284年左右—1378年左右），室町时代初期的连歌师。在和歌方面向冷泉为相、在连歌方面向善阿学习，曾帮助二条良基撰写出《菟玖波集》和制定出《连歌新式》。与良基、周阿一道被称为"连歌道三贤"。

第三章　平安时代(794—1192)至室町时代(1336—1573)的"大和魂"和"大和心"

作方式正是始于顺德院①的《八云御抄》②，终至良基的《应安新式》，才得以最终完成的。据说良基一生阅歌达50万首之多，因此可谓是促进日本连歌走向兴盛的第一有功之人。

良基的生平在古代文献《尊卑分脉》③和《公卿补任》中皆有说明。但与之相比，今人斋藤清卫《南北朝时代文学通史》中的"二条良基年谱"④及木藤才藏⑤和小川刚生⑥的相关研究对他的一生所作的介绍可能更为全面而精当，故据此综合改写如下：

良基生于元应二年（1320），父亲是"关白"、"左大臣"兼氏族族长的藤原道平，母亲为前"右大臣"西园寺（藤原）公显的女儿。因属"摄关"家族的嫡子，故在少年时即飞黄腾达，嘉历二年（1327）八月九日良基7岁（以下均按实岁叙述）元服时即叙"正五品下"，任"侍从"；一个月后的九月二十一日任"左近少将"，数日后又官叙"从四品下"；嘉历三年正月叙"从四品上"，三月任"非参议"；元德元年（1329）六月良基以9岁的低龄担任"权中纳言"，官叙"从三品"，元德二年四月叙"正三品"。也就是说，"良基生于名门，10岁时就登上藤原定家⑦一辈子才好容易爬上的'权中纳言'的高位"⑧。

---

① 顺德院，即顺德天皇（在位1210—1221，1197—1242），镰仓时代前期的第84任天皇，名守成，通称顺德院、佐渡院。因败于"承久之乱"（1221）被流放到佐渡岛，在该岛生活了22年后死去。精通和歌，除创作《八云御抄》外还著有《禁秘抄》、《顺德院御集》。从顺德天皇的遭遇可以看出日本自此进入了一个"下克上"的动荡时代。
② 《八云御抄》，歌学书，顺德院撰，六卷，镰仓时代初期成书，分为"正义、作法、枝叶、言语、名所、用意"六个部分，属于日本古代歌学、歌论的集大成作品，也称《八云抄》。
③ 《尊卑分脉》，源、平、藤、橘等日本主要姓氏的族谱，洞院公定著，卷数不定，是日本古代各族谱中最值得信赖的族谱，现存的族谱在室町时代后多被增补、删除和订正。
④ 斋藤清卫：《南北朝时代文学通史》七"元中五年左右"，古川书房1972年版，第314—319页。
⑤ 木藤才藏：《二条良基的研究》，樱枫社1987年版。
⑥ 小川刚生：《二条良基研究》，笠间书院2005年版。
⑦ 藤原定家（1162—1241），镰仓时代前期的歌人，也称"京极中纳言"等，大学者藤原俊成的儿子，参与编撰《新古今和歌集》（共撰）及《新敕撰和歌集》，歌风绚烂巧致，堪称"新古今调"的代表，著有家集《拾遗愚草》及歌论书《近代秀歌》、《每月抄》和《咏歌大概》等；还参与《源氏物语》、《古今和歌集》、《土佐日记》等的古籍勘校工作；写有日记体作品《明月记》。其书风被后世称作"定家流"，为江户时代的茶人所珍视。
⑧ 久松潜一：《日本文学评论史·诗歌论篇》第一篇"连歌论史"，至文堂1933年版，第23页。

"大和魂"史的初步研究

然而世事多变，在"元弘政变"① 事发、后醍醐天皇被流放到隐岐的翌年即元弘二年（1332）四月，良基受父亲涉嫌参与倒幕运动的牵连被迫辞去"权中纳言"兼"左近卫中将"的职务，故对镰仓幕府仇恨颇深。元弘三年（1333）五月镰仓幕府被推翻，良基在返回京都的后醍醐天皇支持下恢复了"左近卫中将"的官职，姐姐荣子也成为后醍醐天皇的"女御"。六月良基以14岁的低龄叙"从二品"。建武三年（1336）三月良基于16岁时任"权大纳言"。可是此后又遇上足利尊氏反叛、后醍醐天皇逃往吉野开创南朝、室町幕府建立等一系列的事件。这时良基的叔父藤原师基奉后醍醐天皇之命任吉野朝（南朝大觉寺统朝廷）"关白"，其子藤原教基的女儿成为后村上天皇（南朝第二任天皇）的"女御"嘉喜门院，并生下后来南朝的长庆、后龟山两位天皇。而良基则留在京都，为皇室分裂后的北朝（持明院系统朝廷）服务，于建武四年八月叙"正二品"，并迭次供职于光明、崇光、后光严、后圆融、后小松各天皇的任下，最终成为北朝首位大政治家。

一个家族分为敌我两方，对良基来说在精神上势必会产生巨大痛苦。为安抚良基，光明天皇于历应元年（南朝延元三年，1338）让他兼任"左近卫大将"，并在两年后良基20岁时任命他为"内大臣"。自此良基作为北朝的公卿开始发奋学习日本"摄关"政治典章制度，努力恢复被破坏的朝仪和公家朝政事务。康永二年（南朝兴国四年，1343），良基被任命为"右大臣"，同时被任命的"左大臣"则是精通典章制度的大家、"闲院流"的洞院公贤。从此，良基和公贤在北朝宫廷里展开了长时间的竞争。康永四年"左大臣"公贤按惯例被视为"一上"，而良基则以无"一上"补任的圣旨为由提出异议，并表示自己要担任此职。② 这表明良基希望从公贤的手中夺取恢复朝仪和"公家"事务的主导权，以重建自己心目中的朝廷。同年良基写出最早的

---

① "元弘政变"，指后醍醐天皇企图推翻镰仓幕府，复辟"公家"政权而在元弘元年（1331）发动的政变。八月因事发天皇逃至笠置山，北条氏调动大军进攻，后将天皇流放到隐岐，并处分日野俊基等人。元弘三年天皇从隐岐逃脱，之后率领足利尊氏、新田义贞等人推翻了镰仓幕府。
② 参见《园太历》目录"康永二年五月十八日"条和《师守记》同年"七月十七日"条。

第三章　平安时代(794—1192)至室町时代(1336—1573)的"大和魂"和"大和心"

一部连歌理论著作《僻连抄》①，并于此年在春日神社手抄《金刚般若经》。贞和二年（南朝正平元年，1346）良基26岁时就任光明天皇的"关白"、藤原氏族族长和"内览"，并成为光严上皇的"院评定众"②一员，更加积极地恢复朝仪和"公家"事务。贞和三年九月良基27岁时任"左大臣"，叙"从一品"。因良基对自己所学的知识极其自负，认为自己才是"摄关"家族正统典章制度的继承人，所以在一次围绕崇光天皇即位仪式顺序的问题上与光严上皇和洞院公贤发生冲突，被公贤贬斥为"偏执"。③

观应二年（南朝正平六年，1351）足利尊氏投降南朝，日本实现了所谓的"正平一统"，十一月七日北朝天皇和年号被废，良基也被撤去"关白"一职，重新坐回后醍醐天皇时代的"从二品权大纳言"的位子。因当时有人提出"南北二统迭立"的主张，故在足利将军家族等的支持下良基恢复了"关白"的职务，至此开始为重建北朝呼喊尽力。比如在一次朝廷合议会上有人对没有"三种神器"④的北朝天皇是否可以即位提出异议，良基义正词严地说道："（足利）尊氏为剑（草薙剑），良基为玺（八尺琼勾玉），有何不可！"（《续本朝通鉴》）之后北朝后光严天皇开始重用良基，摈弃洞院公贤。文和三年（南朝正平九年，1354）末南军再次攻占京都，北朝天皇和良基等退避近江国。此前的战斗使北军的粮食供应严重不足，文和四年（南朝正平十年，1355）一月由于足利将军一族对北朝"关白"及以下"受困者"提供粮食才缓解了北军的窘状。⑤ 之后南军的攻势减弱，良基迎来了稍许安定的时光⑥，于文和五年（南朝延文元年／正平十一年，1356）和救济、

---

① 木藤才藏：《二条良基的研究》，樱枫社1987年版，第31—37页；小川刚生：《二条良基研究》，笠间书院1985年版，第24—29页。
② 所谓的"院评定"，即在院政体制下上皇或法皇主持的评议工作。有资格参加评定的"公家"人士称作"院评定众"。
③ 参见《园太历・别记》。木藤才藏：《二条良基的研究》，樱枫社1987年版，第39—44页；小川刚生：《二条良基研究》，笠间书院1985年版，第29—36页。
④ "三种神器"，作为皇位的象征，历代天皇在即位时继承的三件宝物，即"八咫镜"、"天丛云剑"和"八尺琼曲玉"。
⑤ 《贤俊僧正日记》"一月二十七日"条。
⑥ 康安元年（1361）底至翌年初南军第四度占领京都，后光严天皇第三度逃出京都，退避近江国。但南军很快被击退，天皇又返回京都。这是南军最后一次占领京都。

佐佐木道誉等人一道开始编撰《菟玖波集》，其中标注为三月二十五日的和文序言乃良基所写。该集至迟在翌年春前即编成，并在同年闰七月十一日被认定为"准敕撰"。①

延文三年（南朝正平十三年，1358）十二月，内定为下任将军的足利义诠②暗示良基辞去"关白"的职务，但良基依旧被赋予"内览"的职权，自号"太阁"，继续在朝廷发生巨大的影响力，同时还一如既往地积极参加文化活动。贞治元年（南朝正平十七年，1362）六月良基42岁时第三度任"关白"，翌年与二条派歌人顿阿一道写出《愚问贤注》。贞治六年（南朝正平二十二年，1367）八月二十七日应将军义诠的建议，良基再次无奈地将"关白"职务让给鹰司冬通，但在朝廷内部的权势并无改变。儿子经嗣在良基死后回忆这段时光说：父亲于"后光严院殿御代独步天下，公家政务殆在掌，世有归复（服）之威"③。当年年底义诠猝死，足利义满④任室町幕府第三任将军。应安二年（南朝正平二十四年，1369）良基的长子师良就任"关白"。应安四年（1371）后光严天皇让位于后圆融天皇。

1371年，藤原氏族寺院兴福寺发生内部纷争，朝廷以良基包庇纷争的元凶实玄为由，于应安六年（南朝文中二年，1373）八月六日对良基做出"逐氏⑤处分"的决定。此项针对担任藤原氏族族长的人士进行放逐的决定乃前所未有之大事，连政敌也都感到震惊。但良基不但没有因此谨言慎行，反而放言说敢于对春日明神的代言人"摄关"放逐乃违反天理之事，对此不予理睬。翌年后光严上皇病笃，良基自恃精通典章制度，立即赶赴宫中协商善后之策。⑥之后因非难兴福寺僧众的后

---

① 木藤才藏：《二条良基的研究》，樱枫社1987年版，第48—63页；小川刚生：《二条良基研究》，笠间书院1985年版，第43—48页。
② 此年四月尊氏死去，义诠成为事实上的将军。
③ 《荒历》"应永元年十一月六日"条。
④ 足利义满（在职1368—1394，1358—1408），室町幕府第三任将军义诠之子，在结束南北朝内乱后创造了幕府的全盛时期，曾向中国明朝输贡，开创"勘合"贸易，在京都北山建有"山庄"，建筑了世界闻名的金阁寺。法名为"道有"，后改为"道义"，也称"北山殿"。
⑤ 逐氏，指日本古代因做出对其所属氏族不利的行为而被放逐出该氏族的人。
⑥ 《保光卿记》"应安七年一月二十七日"条。

第三章　平安时代(794—1192)至室町时代(1336—1573)的"大和魂"和"大和心"

光严上皇病逝，僧众的情绪转忧为喜，情绪更为高涨，此时后圆融天皇的即位仪式在即，朝廷和幕府决定全面接受僧众的要求，于十一月八日恢复了良基的氏族身份。换言之，即良基成为"续氏"①。值得一提的是，在此前的应安五年（南朝文中元年，1372）良基又连续写出《筑波问答》和《应安新式》。②

应安七年（南朝文中三年，1374）末至永和元年（南朝天授元年，1375）举办了一系列与后圆融天皇即位有关的仪式。此时足利义满第一次进宫，良基即赠予他《圣德太子宪法抄》（一说为玄惠所著，一说为良基假托玄惠所著）。此举动表明良基根据"正平一统"后的政治现实，希望通过将武家政权的首领、室町幕府将军转化为公家政权的一员，使北朝趋于稳定。永和元年末师良将"关白"职务让给九条忠基。永和二年元旦良基叙"准三后"，时年56岁。这是南朝授予北畠亲房相同职务后九条"摄关"家族首次获得的殊荣。永和四年三月义满21岁时成为"权大纳言"，八月兼"右近卫大将"。由于"近卫大将"在行幸、节会等场合需要履行重要的职责，所以必须略通宫中的典章礼法和具备相应的文化素养，因此室町幕府开始寻找能向义满传授必要礼仪的人物。最初幕府委托洞院公定（公贤的孙子、《尊卑分脉》的作者），但良基此时再次毛遂自荐，并取得了幕府的同意。十月四日良基开始向义满讲授礼仪。这是后人批判良基迎合追从武家，与义满携手操纵政治的开端，也表明藤原氏族的威信下坠和义满的朝廷支配已然成为不可改变的现实，还可谓是良基为推进北朝和室町幕府的一体化，使北朝更趋稳定而迈出的具有战略性的第一步。康历元年（南朝天授五年，1379）四月二十八日参加"白马节会"的三条公忠后来在自己的日记体作品《后愚昧记》中将良基称作"扶持大树之人"。其中的"扶持"指教授礼仪的师傅，"大树"指将军，因此此话又可理解为良基是"将军的先生"。最值得关注的是，良基正是为了义满才写出那部《百寮训要抄》的。与此同时良基还开始时常在连歌会上与足利义满会面，并一同游览

---

①　"续氏"，指先被氏寺兴福寺开除氏人资格，后又恢复该资格的藤原氏族者，也称"继氏"。

②　木藤才藏：《二条良基的研究》，樱枫社1987年版，第97—107页；小川刚生：《二条良基研究》，笠间书院1985年版，第62—73页。

西芳寺和春日大社等，时年59岁。

永德元年（南朝弘和元年，1381）七月良基在61岁时出任"太政大臣"，于翌年四月成为"摄政"。永德二年四月十一日后小松天皇即位。按当时的礼仪幼帝元服时"摄政"、"太政大臣"要为之加冕，而位于次席的大臣（通常是"左大臣"）要为之理发。良基此前被任命为"摄政兼太政大臣"，明摆着就是要为新帝做"即位灌顶"仪式，并在5年后新帝元服时亲手为他加冕。而那时担任理发工作的也并非师嗣，而是已成为"一上左大臣"的义满。可以说，后小松天皇在即位后其政务都由义满和良基协商后才得以实施。后圆融上皇因对此异常反感而自杀，虽说自杀未遂，但"治天之君"的权威如此低下反映着一个新时代已经来临。在此期间良基与"五山"① 诗僧义堂周信也交往颇深。

嘉庆元年（南朝元中四年，1387）一月三日后小松天皇元服。67岁的良基此时已老颓不堪。但该得的荣誉全有了，所以良基带着满足的心情于5日后辞去"太政大臣"的职务，并于二月七日将"摄政"的职务让给近卫兼嗣。同年十一月十二日良基将《近来风体抄》交给友人"奉行众"② 松田贞秀。嘉庆二年因"摄政"兼嗣急逝，良基于四月八日再度担任"摄政"。但此时的良基已年迈体弱，余日无多，于六月十二日辞去"摄政"职务改任"关白"，但当日又将"关白"职务让给师嗣。十三日卯刻良基终于走完了自己一生的道路，时年68岁。此年距日本南北两朝统一仅早出4年。

综观良基的一生有三点值得关注：

1. 作为一个生活在动荡年代的"摄关"家族后裔，良基对在"摄关"政治土壤上产生的传统文化拥有一种天然情感和希冀发扬光大的巨大热情，而对汉字文化几乎不感兴趣。他作为一个南北朝至室町时代的大学者和大文人，研究日本学问的著述和创作甚丰，在当时无人可企及。比如：（1）创作连歌。（2）提出连歌理论。除前引的《筑波问

---

① "五山"，指日本的镰仓五山和京都五山。在这些地方产生的文学被称为"五山文学"。此文学泛指在镰仓时代末至南北朝时代于镰仓和京都的五山禅僧们创作的汉诗文。从广义上说，它是该时代禅林文学的总称，有日记、语录、汉文、汉诗等文学门类，其代表性人物有虎关师炼、义堂周信等，构筑了江户时代儒学勃兴的基础。

② "奉行众"，在宫中歌会开始前负责歌会事务的人。

第三章 平安时代(794—1192)至室町时代(1336—1573)的"大和魂"和"大和心"

答》外还写出了《九州问答》、《十问最秘抄》等。(3)制定连歌格式,为此说他是连歌之集大成者似不为过。(4)深化和歌理论。除《近来风体抄》外,良基还有《愚问贤注》(与顿阿的问答)等歌论存世。(5)著述过大量的假名文章。良基多以日记和随笔的形式对宫廷仪式和活动做出记录,如《女房官仪》、《二条殿御消息词》、《藏玉集》、《白鹰记》、《鱼鸟平家》、《山鸟之恋》、《小岛漫游》、《被衣日记》、《榊叶日记》、《云井之花》、《永和大尝会记》、《云井御法》等。据说他还是历史著作《增镜》的作者。另外,良基还为敕撰和歌集的《新后拾遗和歌集》作过假名序。(6)对当时社会评价尚低的"猿乐"[①]剧表示理解,保护过少年时代的世阿弥。不仅如此,良基还是当时连歌师等新兴艺术家的保护人。

2. 贪恋权势。良基在足利尊氏和义满的保护下五度(因算法的不同,也有人认为是四度)担任"摄政"和"关白",显示出对权力和名誉的孜孜以求,以至于不仅南朝的人讨厌他,甚至连北朝也有不少人对他感到厌恶,比如后圆融天皇和洞院公贤等人。不过客观地说,良基这么做自有他的苦衷。在当时动荡的政治社会环境中如果没有良基这样的著名人物为一种"理想"坚守在朝廷高位,以及不得不为北朝的生存耍些权变的手法,那么"摄关"政治将于更早的时候宣告全面垮台,当时的政治社会局面也将迅速武家化和庶民化。为此良基不得不钉在政坛高位上,为重建北朝及失范的朝廷礼仪而奋斗。他的权变意识也并非不好理解,因为良基在后光严天皇时代曾有三次被南朝军队从京都赶出去的痛苦经历,所以懂得与武家势力合作的重要性。他根据实际情况摸索出一套代表朝廷应对武家的方式,稳定了朝幕关系,延缓了"摄关"政治的衰亡。

3. 良基努力继承和运用在"摄关"政治土壤中产生的朝廷礼仪和典章制度,除了是一种希望"摄关"制度复辟的白日梦式的表现之外,

---

[①] "猿乐",起源于平安时代,表演时以滑稽的模仿动作和口技为主,多半上演于相扑比赛和"内侍所"御神乐夜间演奏时,后来将能一时取悦观众的滑稽动作也称作"猿乐"。广义上"猿乐"包括"呪师"(通过演技表现法会呪法内容的表演艺术)和"田乐"(在插秧季节等举办的农耕仪式上或鸣笛击鼓或载歌载舞的表演艺术)等。进入镰仓时代后被戏剧化,成为所谓的"能"和"狂言"。

还是一种迎合武家头面人物"贵族化"的要求,借此笼络、同化和规范武家政权的工具化诉求。他不惜二度排斥对手,毛遂自荐地当上义满的宫廷礼仪教师就充分说明了这一点。他特意为义满撰写的《百寮训要抄》更是这种绥靖思想的经典体现。

(五) 两种不同的文化解读

了解了良基此人,接下来的问题就是如何对《咏百寮和歌》中的"大和魂"歌进行解读。过去对此有两种不同的读法:一种如奥村伊九良所说,"翻阅新书"的"新书"指"在这个时代从支那输入许多含有宋学新思想的书籍,使我学界吃惊,予我思想界以强烈的冲击。有人说北畠亲房①、楠木正成②的思想及建武中兴的指导思想或因此得以产生。……新思想由新术语和新文章写就,所以单纯依靠奈良时代传下来的古汉学的学力不可能解读这类新书籍。过去文章博士的任务或是背诵《史记》、《文选》的古注,对此进行机械的照搬和引用,或是汇集一些套话创作诗文,或是几百年来一成不变地重复鹦鹉学舌式的讲义,如此即可度日。而到这个时代,光靠家门的传授或允准已无法读懂的书籍不断输入日本,所以……如何解读新书的文意则成为文章博士的任务。能反映文章博士新任务的这首和歌,仅靠写出这个新任务即可显示该时代文章博士的中心任务已发生改变"③。不过紧接此话,奥村又补充说"新书"还包括中国元代的诗文。

那么,又该如何去完成这个新时代的任务呢?奥村认为,"解读这种新书的能力即常识,换言之,不外乎就是通过日本式的直观进行求索的精神与单靠所学的学问根本无法说明而需要依靠与生俱来的聪明头

---

① 北畠亲房(1293—1354),日本南北朝时代的南朝公卿,镰仓幕府灭亡后奉义良亲王赴陆奥地区。1339 年写出《神皇正统记》一书,对当时和后世的日本政治思想产生巨大的影响。后在吉野辅助后村上天皇,成为南朝的支柱。还著有《元元集》、《职原钞》、《关城书》等。

② 楠木正成(1294—1336),日本南北朝时代的南朝武将,原为河内国(今大阪府东部)的土豪,1331 年应后醍醐天皇的号召起兵,在千早城与幕府的大军激战。建武政权建立后兼任河内国国司和守护,还担任和泉国(今大阪府南部)守护。后与东上九州的足利尊氏军队苦战,败死于凑川,也称"大楠公"。因其忠勇被后的历史和文学作品一再传唱。楠木正成从此成为一个"忠于天皇"的象征性人物。

③ 奥村伊九良:《大和魂——历史篇——》"大和魂的古义",一条书房 1934 年版,第 37—38 页。

第三章 平安时代(794—1192)至室町时代(1336—1573)的"大和魂"和"大和心"

脑,以及在人生广阔的领域具有的深刻理解和意趣的心魂。……此歌恰好反映了在向新时代转变的时候自镰仓时代末期至足利时代初期学界的新倾向。……文章博士任务的范围不仅扩大推移至新书的解读,而且其方法也从背诵转为探究,从训诂转为思索。歌作者将这个新学问的根本动力视为'大和魂',即常识和深远广大的直观力"①。

与此同时,奥村还就此"大和魂"与"爱国主义精神"或北畠亲房提倡的"大义名分论"做了切割:"若此新书是元曲和诗词等,则可毫无疑义地进一步说它是无须担心有人热衷于彼而伤害日本的戏曲(著者注:原文如此)和艳诗。即使这些宋书提倡大义名分,成为亲房、正成的教科书也无妨。因为热衷于此,则将益发激起勤皇之志,与日本魂不发生冲突。但若说热衷于宋学有悖于过去的汉学是一种热衷,则无异于主张大和魂与汉学即汉才沆瀣一气。"总之,奥村强调的"这个大和魂,并不是热衷于新思想的、坚定不移的爱国心和贼心②,而仅仅是常识或对人生的深刻理解力"。其"自由开读"说的则是"在研究汉学时不应持有因古义、古解而变得僵硬封闭的头脑,而应具有活泼柔软开放的精神"③。

奥村在极端民族主义和军国主义思潮开始抬头的20世纪三四十年代,能将"大和魂"与所谓的"爱国主义"做如此切割无疑值得人们尊敬。而且他的解释乍一看也极具说服力。因为在南北朝时代末期到室町时代这个阶段,日本处于一个思想文化的转换期,"日本主义"和神国思想正在抬头,学者之间开始具有一种对外来文化进行重新审视的自觉眼光。如果《咏百寮和歌》不是基于良经的《百寮训要抄》而创作的,那么人们将大可赞同奥村的观点。然而,斋藤正二对此则有另外一种不同的读法:"一个不容忽视的客观事实就是,《咏百寮和歌》的基础《百寮训要抄》的作者二条良基是一个不折不扣的讨厌宋学的人,

---

① 奥村伊九良:《大和魂——历史篇——》一"大和魂的古义",一条书房1934年版,第38—39页。

② 和大多数日本人一样,奥村站在南朝的立场,将与南军作战的北朝人的志向视为"贼心"。

③ 奥村伊九良:《大和魂——历史篇——》一"大和魂的古义",一条书房1934年版,第39—41页。

"大和魂"史的初步研究

也是与北畠亲房不共戴天的敌人。二者不仅处于对立的关系上，一个是北朝的'摄政、关白'，一个是南朝的'准大臣'，而且对社会文化的看法完全不同。在《神皇正统记》（1339—1343）中，北畠亲房鼓吹日本朱子学的'大义名分'，强调南朝的正统性。在写作该书的同时还写出了与朝廷的官职、仪典有关的书籍《职原钞》（1340）。良基的《百寮训要抄》和亲房的《职原钞》不约而同地同时（似在相差不多的时代）完成，但二者之间差别之大，只要看一下《职原钞》的记录即可明白。"[1] 故以下有必要抄录《职原钞》中有关"大学寮"的记述：

大学寮。唐名国子监。

头一人。 无权官。凡诸寮头有无权官不同。
相当于从五位上。唐名国子祭酒。

大学寮者。四道儒士出身之处。和汉寔为重职。纪传、明经、明法、算道谓之四道。又当寮安置先圣先师九哲。春秋二中释奠。有东西二曹。菅江二家为其曹主。诸氏出身之儒访道于此二家而已。寮头者儒中之撰也。但虽非儒又有例。

助。 权助。相当正六位下。 助大夫任之。
唐名国子司业。

允。 大。相当七位。 近代六位侍任之。
少。唐名国子司丞。

属。 大。 唐名国子主簿。
小。

文章博士二人。 相当从五位下。
唐名翰林学士。又云翰林主人。

纪传道儒士止撰也。异朝殊重之。居此职者必转于参政也。又，诏敕等悉学士之所书也。本朝同。虽主文章。于诏敕者内记之所掌也。

博士一人。 相当正六位下。
唐名大学博士。国子博士。

---

[1] 斋藤正二：《"大和魂"的文化史》，讲谈社1971年版，第275页。

第三章　平安时代(794—1192)至室町时代(1336—1573)的"大和魂"和"大和心"

明经道之极官也。中古以来清中两家依次任之。号大博士。近代五位官也。

助教二人。相当正七位下。唐名国子助教。同道辈任之。近代五位以上之官也。

直讲二人。相当正七位下。唐名直学生。同上。

音博士二人。相当从七位上。号音儒。同道末儒官也。近代五位以上。

书博士一人。相当从七位上。号书儒。同上。

明法博士二人。相当正七位下。唐名律学博士。

明法道之极官也。中古以来。坂上中原两流为法家之儒门。以当职为先途。

算博士二人。相当从七位下。唐名算学博士。

算道之极官也。算道者三善氏传之。仍一人者必用其家儒也。今一人小槻氏任之。善家习算术也。小槻氏为诸国调赋算勘居其职。云云。

凡四道儒第一等秀才。第二等明经。第三等明法。第四等算道也。见令条。纪传儒者古来多有登用之人。大业儒任大臣。菅氏及粟田大臣在衡公等是也。至今日野南家儒升纳言。日野俊光卿任大纳言毕。菅家者相续又任参议者也。明经者昔爱成为宽平侍读。听升殿。其后清中两流立其家以来。以外史局务为先途。或以候院上北面列执政家别当为极望。近至先朝清原良枝真人为二代侍读。为七旬耆老。口奉授六经之说。古今未曾有云云。仍有敕闻被听升殿。其子赖元又追父迹升殿毕。明法者昔允亮道成等以当道任廷尉佐勘解由次官等。坂中两家立家以来。以廷尉法儒大判事为先途。又候院下北面执柄家以下侍所辈有之。中原章织。其子章任等依为侍读致诉讼。被听院上北面。其后章任被任修理权大夫毕。算道者当初尤微微也。而三善雅衡属权贵起其家。子孙补六位藏人。至于

201

"大和魂"史的初步研究

远衡朝衡者剩听仙籍毕。①

由以上可以看出，同样是记述"大学寮"，亲房对各职务的所谓"唐名××"记录得一清二楚，显示出一种对历史的尊重和对中日两国之间的文化传承关系加以明确的态度。这在"（大学寮）头"部分看得尤为明显。亲房甚至在其《神皇正统记》卷三中还说过"无特别之汉才无以任大臣"②的话。另外，与《百寮训要抄》相比，《职原钞》对官制的沿革及某人、某家补任、升迁的过程说明得更为详细，在一定程度上也反映出亲房式的"大义名分观"。虽说亲房此举是为了证明南朝的正统性，但这种证明及其证明的方法与他是半个儒者，因此很自然地会使用当时中国传入的宋学思想大概不会没有关系。然而亲房的另一半还是个神道学者，他写作《职原钞》（1340）的时间与他写作《神皇正统记》（1339—1343）的时间大致相同，所以前者一定会烙上后者思想的印记，具有多元思想融合的色彩。亲房学识驳杂，年轻时学过儒学，中年后因失意曾捧读佛学经典，之后又迷恋上日本的神道教，故很难说他的思想究竟属于哪一个教派。对此《神皇正统记》可资做证。该记的记述起于神代，终于后村上天皇时期。其思想原理来自一种在"度会神道"③的基础上又掺杂了儒学和佛教的、具有亲房特色的神道思想。具体说来，这种思想糅合了几种观点：（1）"神国观"。即他认为日本国是一个"神孙君临"和"神明拥护"的世界无双的国家。（2）"皇位继承循法论"和"南朝正统论"。即他认为日本自神武天皇以来始终按照一种正确的"法理"继承皇位，而如今的南朝正是按照这种"法理"产生的正统朝廷。（3）"天皇藤原政体论"。即他认为执政者应限于作为神孙的天皇家族和藤原氏族。（4）亲房式的"政道观"。即治理朝政须体现"正直"、"慈悲"和"智慧"三德，而此"三德"几乎与儒教"三德"的"知"、"仁"、"勇"相当。（5）亲房式的"道德观"。即臣民当以服从天皇为自己的最高道德。（6）亲房式

---

① 转引自斋藤正二《"大和魂"的文化史》，讲谈社1971年版，第275页。
② 岩佐正注释：《神皇正统记》，岩波文库1975年版，第212页。
③ "度会神道"，也叫"伊势神道"，其名称来自该创始人伊势神宫的外宫神官度会常昌（1264—1339）。

第三章　平安时代(794—1192)至室町时代(1336—1573)的"大和魂"和"大和心"

的"历史观"。即历史乃皇祖神的意志和计划的显现。概括来说，亲房的思想既有浓烈的日本文化特色，也有皇权至上和以忠君为大义的儒家思想印痕。这种思想对后来的日本思想界产生了巨大而深远的影响。虽然有人批判说，"过去人们所说的亲房的宋学，多半应将其改说为亲房的易说"，"另外，对高唱伊势神道历史观的亲房来说，中国的正统论和名分论仅仅是在其历史观的一个范畴之内才是有用的"①。但即便如此人们也无法否认，亲房写下的《职原钞》和他的《神皇正统记》一样，都受到了当时日式宋学"大义名分"② 思想的影响。

与此相对，良基的《百寮训要抄》却显示出另外一种趣味和风格。虽说在他的"大学寮"记录中有许多与"儒"有关的字词，因为该"寮"制度本身就仿制于中国，但良基却有意或无意地淡化中国文化在日本的影响及痕迹，而对在"摄关"政治土壤上产生的"传统"文化抱有一种亲切、尊奉的态度和追忆、爱怜的情感。"所谓'灯烛费'，乃配给各学窗灯火，使其昼夜学习不息之经费也。是以（当时）出现各类优异学生。于今已了无此事。悲乎哉也"的记述，正是这种追忆、爱怜情感的集中爆发。说它是某类已近衰颓的宫廷风俗图志可能并不为过。面对呼应这种追忆、爱怜的文意而写出的《咏百寮和歌》中的"大和魂"歌，人们要从中发现刚传入日本的程朱理学是十分困难的。从这个意义上说，斋藤正二的见解是稳妥而正确的，而奥村受到近代思

---

① 和岛芳男：《中世的儒学》第三"宫廷的儒学"，吉川弘文馆1965年版，第168页。
② 这里所说的"大义名分"，是按照日本江户时代中期的词汇意义而使用的。在古汉语中，"大义"指臣下对君主忠诚的义务要大于人的其他道德义务。"名分"指按社会地位（名）进行的作用区分（分）。但在中国中古时代，"名分"一词仅见于法家和道家的文献，并未使用于儒家的典籍之中。"名分"成为儒学用语，是在北宋司马光之后的事情。司马光在其所著的《资治通鉴》起首说，君主为维持社会秩序，有必要尊重"名分"。南宋朱熹基于批判司马光历史观的立场编撰了《资治通鉴纲目》，但在其中以及他的其他著述中都未使用过"名分"这一词汇。这从朱熹的学说将判定道德行为是否正确的标准置于个人内心的动机，而未置于"名分"这种徒具形式的外在事物可以得到反证。所以中国古代包括南宋似乎并未真正使用过"大义名分"这个习语。日本在室町时代也同样如此。江户时代中期的山崎闇斋为教导人民顺应社会秩序，开始强调"大义"和"名分"的观念，是这些观念才构成了日本朱子学的特点。闇斋的门人浅见絧斋在其所著的《靖献遗言》(1688)中根据中国的史实，对日本朱子学意义上的"大义"和"名分"的重要性做过阐释。在《靖献遗言》等的影响下，日本至幕府时代末期正式开始用"大义名分"这个习语来表现作为相对于外国人的日本国民的自觉性和对君主、天皇的忠诚义务等。

想的影响，以今视古，做出以上引申可能是言过其实。

此外，奥村还犯了一个文史知识错误。即他说过"儒家经典的研究领域属于明经道的范畴"。但事实是"文章博士的专攻学问仅限于纪传道。……《百寮训要抄》特意为明经道分设了'博士、大学博士'、'助教'、'直讲'这些项目，对大学博士和文章博士做了区分。《职原钞》也如此"①。

（六）"摄关"政治制度的文化记忆

按日本学者评价，良基作为歌人或连歌作者都不成功，也绝不能称之为优秀。其作为典章制度学或古典文学的学者，与平安王朝的大江匡房相比只能算是一般水平。而作为随笔家也不及与他同时代的吉田兼好②那么优秀。那么，人们该如何评价这位名曰"大文人"而实际上只是半个政治家、半个学者的藤原良基呢？

过去日本国文学家对良基有两种评价：一种是良基作为文艺和政治的保护者，在自己身边豢养着诸如顿阿和救济等歌人，使自己成为连歌的集大成者之一；另一种是良基乃平白易懂的假名文章的确立者。比如斋藤清卫在指出良基的文章与和歌都显得沉闷、平淡之后又说："倘若转换角度，则可以说这种平淡是他的最大特色，同时又是平民思想旺盛的现代意识表现。作者作为'关白'一类的高官，生活在以写假名为耻的年代。而且在这个年代官员们使用的文体，不过是一种充满'和臭'的简化汉文体，但他们却认为理当如此。而良基出自其性情，似乎极其讨厌这种形式上的异质文体和虚张声势。从他的书写情况来看，其使用的假名远多于汉字。这可以解释成他将能平白易懂地表现思想感情的达意文字视为最好的文字。所以从这点来说，良基是该时代的先驱。"③ 换言之，良基在文体上是进步的。但同时清卫也指出，"他（良基）在思想上却决不能说是积极和进步的。相反在某些方面却可以说

---

① 斋藤正二：《"大和魂"的文化史》，讲谈社1971年版，第278页。
② 吉田兼好（1283年左右—1352年以降），镰仓时代末期的随笔家和歌人，俗名卜部兼好。因先祖是京都吉田神社的神官，故后世人们多称之为吉田兼好。早年服务于堀川家家司，后服务于后二条天皇，官至"左兵卫佐"。天皇驾崩后出家遁世。著有著名的随笔集《徒然草》及自撰家集等。
③ 斋藤清卫：《南北朝时代文学通史》，古川书房1972年版，第327页。

第三章　平安时代(794—1192)至室町时代(1336—1573)的"大和魂"和"大和心"

是完全消极和保守的。他不光讨厌汉文，而且不能在新传来的汉诗中读出一些趣味。在周围的人（如义堂周信和足利义满等）劝他信仰禅宗时他也一口回绝。当时社会流行的'和汉连歌'等呈现出一种日中交融的气氛，但他却顽固坚持日本式的作歌方法。因为他阳佛阴神（道），对春日神社①的信仰特深"②。

良基爱用假名，尽量不用汉字的心境从他创作的以下连歌也可看出：

松ハタテヌキハ紅葉ノ錦カナ	二条良基
秋雨灑如糸	义堂周信

（《空华日用工夫略集》③永德二年十月十三日之条）

カスマ千代名モ玉松ノ霰カナ	二条良基
歳晩喜回春	义堂周信
チル比ノ花ヤ山チヲカクスラン	足利义满
靴沓革欲匂	义堂周信
ケサミツル花ハムカシニチリナシテ	足利义满
春遊跡昔陳	普明国师
秋ノ田ノミツホノ国モラサマリテ	二条良基
冕旒拝紫宸	大　　清

（《空华日用工夫略集》至德元年十一月晦日之条）④

拿第一组连歌说明，良基的发句若使用汉字，可以改写成"松ハ

---

① 春日神社，位于奈良市春日野町的原官币大社，所祭之神为"武甕槌命、斎主命（经津主命）、天儿屋根命、比卖神"。迁都平城（奈良）后由藤原氏族创建于此地，之后一直被尊奉为藤原氏神。日本"二十二社"之一。也称作"三社之一"。今称"春日大社"。

② 斎藤清卫：《南北朝时代文学通史》，古川书房1972年版，第327页。

③ 原名《空华日用工夫集》，属日本南北朝时代五山僧人义堂周信的日记。"日用工夫集"带有义堂每日自省的意思，"空华"来自义堂的别号"空华道人"。共48册，但早已散佚，于今仅存抄本《空华日用工夫略集》四册。该日记中也记述与崇光上皇以及将军足利义满、关东管领足利氏和二条良基、斯波义将等公武要人的交往情况，是了解禅宗史和当时政治、社会、文化情况的珍贵史料。

④ 转引自斎藤正二《"大和魂"的文化史》，讲谈社1971年版，第281页。

"大和魂"史的初步研究

经纬ハ紅葉ノ錦カナ"（松经枫纬宛如锦），其间夹杂的就是日语的助词。再说这种连歌只不过是一种即兴的语言游戏，本不值得在还通行汉字的时代刻意求"工"，改通用的汉字为假名。可是良基在这种场合也要坚持使用日本式的作歌方法。

再从附句来看，当时日本文坛的时尚是欣赏和模仿禅僧从中国带回的汉诗，"秋雨灑如糸"等就是这种汉诗模仿的产物。可良基对此似乎一点都不欣赏，反而秉持一种对着干的态度。或许以上的连歌可说是一种"发句"为和式、"附句"为汉式的新型样式，使人有和汉杂半的新颖感觉，但即使如此，人们也很难找到他人作出和式"发句"，良基跟上汉式"附句"的歌例，似乎良基永远都希望能使用假名就使用假名。

由此可说，良基对通过汉字摄取禅宗精髓的武家社会新型教养培育方式至少是不合拍的，而仅想通过超限度使用假名的手段来维护"摄关"体制和公卿社会的教育机制。因为这时还较多地保留着假名乃"女性文字"，因而也是"大和文字"那么一种"摄关"政治全盛时代的记忆。"良基对春日明神的热诚信仰，也不能单纯解释为他偏袒神祇，讨厌佛教。他对佛教也具有与彼世相同的理解和同情的心理，而他更信仰春日明神，不外乎因为春日神社祭祀着藤原氏族的氏神'天儿屋命'。他之所以写下如此众多的有关典章制度的书籍，也一定是希望能将藤原摄关家族全盛时期的朝廷仪式典礼和法令、官职等的形式明确下来，虽然这种朝廷活动的惯例实际上已大部废绝。他一定意识到已转为一纸空文的彼时（室町时代）'文章博士'的任务，只是做些上述典章制度的记录，故自己也须以旺盛的精力提笔加以记述。可以说良基多用假名写文章，其意义与该做法给同时代和后世带来的启示完全相反，其实是一种从他作为摄关嫡子的自觉性迸发出的朝后看的'文化意识'使然。反过来，这种保守的'文化意识'也得到了津津有味地摄取公卿趣味的历代足利将军的支持。"[①]

如果我们再结合良基用后半生的时间为重建北朝和早已失范的"摄关"政治典章制度，在晚年毛遂自荐地当上义满的宫廷礼仪教师并特地为他撰出《百寮训要抄》这些举动，那么就不难看出这部《百寮

---

① 斋藤正二：《"大和魂"的文化史》，讲谈社1971年版，第289页。

· 206 ·

第三章　平安时代(794—1192)至室町时代(1336—1573)的"大和魂"和"大和心"

训要抄》不仅是一种绥靖思想的表现，而且还是一种希望"摄关"政治制度复辟的白日梦式的呓语。在这种认识的基础上人们有理由推断，那部完全以《百寮训要抄》的宗旨为宗旨的《咏百寮和歌》中的"文章博士""大和魂"歌，也只有放置在良基式的"文化创造"机制中才可能有其自身的意义。"文章博士"热切盼望的能"自由开读"的"大和魂"，实际上就是"摄关"政治体制中的各级文官的心魂，而要重新具备这种心魂，则只能等待"摄关"政治复辟时代的到来。然而，眼下的景况已是"礼崩乐坏"，"下克上"的现象不断出现，要重返过去那种辉煌的"摄关"政治时代似乎已无可能。但就是这样，《咏百寮和歌》的作者最终还不忘在"跋"文中鼓励一下自己："蜗牛离屋最凄惨，冀望生有争世角"——在这个基本已失去"摄关"政治制度保护的时候，必须让自己为实现那个白日梦做出一些抗争的动作。而这个"争世角"，似乎是此前良基为重建"摄关"政权的北朝有意在《百寮训要抄》中安排好的。

第四节　本章小结

除《宇津保物语》中尚未形成如"大和魂"等完整的词汇形态，但已能表示"精神能力"意思的"魂"或"心魂"这些词汇外，我们从以上12个"大和魂"或"大和心"的语例分析中能得出一些什么结论？

首先需要再次明确上述语例中的"大和魂"或"大和心"的使用者的身份和性别，与其所施用的对象、场景，以及该"魂"、"心"的性质。

《源氏物语》"少女"卷的"大和魂"，从字面看是"摄关"时代宫廷中一个有较高官位，且被理想化的男人所使用的词汇，用于教育他的儿子，但该词汇的实际使用者是一位宫廷女官。这个"大和魂"，是一个与"汉才"相对立的概念词，但其重要性却被放置在"汉才"的下方，"用于世事"，具有较功利的性质，带有权变的色彩。

《大镜》"卷二"的"大和魂"，其使用者是一位与"摄关"宫廷关系密切的男性文士，用于表示"摄关"时代某最高权力者的心性。

"大和魂"史的初步研究

此权力者年轻,但缺乏"汉才",十分顽劣,做了不少"坏事"。正因为如此,所以该"大和魂"与"学问知识"或"伦理道德"等无关,仅表示一种特殊的精神能力。简单说来,它反映在卷中所举的三个事例上:(1)为彻底实施《禁奢令》,该"大和魂"的拥有者与天皇私下商量,共同上演了一出双簧剧;(2)爱笑,而且一旦笑出则无法停止,表现出一种豁达不羁的精神;(3)不怕天神地祇和报应之说。当对手的"魂魄"化为雷神轰响时居然敢于与该神对峙,并最终吓跑该雷神。这个"大和魂"实际体现的是一种胆魄和谋略,也不免与权变思想有关联。

《今昔物语集》"卷第廿九"的"大和魂",其使用者也是一位与"摄关"宫廷关系密切的男性文士,用于表示"摄关"时代某著名汉学家惨死的原因。这个"大和魂"具有人的"常识、分辨力、老到的行动力"等意思,与仅具知识意味的"汉才"(其实未必如此)尖锐对立。该汉学家因缺乏常识——"大和魂",过去还被宫廷讨厌,在一次高规格的"学术研讨会"上竟然失态"发飙",故被主持会议的"关白"藤原道长赶出会场。因此他后来的死——因缺乏"大和魂"——也就不令人感到奇怪了。换言之,作者在这里也有暗指惨死者缺乏权变思想和行动力的意思。

《后拾遗和歌集》"卷第二十"俳谐歌中的"大和心",其使用者是一位"摄关"宫廷女官,用于与丈夫酬答的和歌当中,与丈夫提倡的"汉才"针锋相对。从表面看妻子的酬答带有戏谑和防守的意味,但真实的情况是妻子在用自己的日本文化优势压制丈夫。换言之,这个"大和心"就是古代日本的"女性之心",其内容带有"女性假名文化"的要素。它显示出此时"去律令化"(去中国化)的女流"国风文化"已经能够与来自汉土的男性"汉风文化"分庭抗礼,显示出很明显的日本民族主义情绪。

《赤染卫门家集》中的另两颗"大和心",其使用者同上,分别用于作者和她的前情人、"摄关"时代某官员的酬答歌中。前情人以歌问道:"不知我送来的中国礼物是否符合您的'大和心'?"作者回复:"我最初认为您'大和心'不足,但后来发现您还不算是那种冥顽不化的人。"此歌一如前述与丈夫的酬答歌,也显示出作者居其"和学"之

· 208 ·

第三章　平安时代(794—1192)至室町时代(1336—1573)的"大和魂"和"大和心"

高，临前情人"汉学"之下的心态与口吻。它反映的是"摄关"宫廷"女权"的蓬勃高涨。此家集中的"大和心"歌，就是高喊"女权在此"的宣言书，也显示出很明显的日本民族主义情绪。

《大镜》"卷四"的"大和心"，其使用者同上，也用于指代"摄关"时代某公卿的"魂胆"，即时人评价的"出彩之魂"，与同著"卷二"该"摄政"所具有的"大和魂"几乎如出一辙。它表明的是一种敢打敢拼，能忍善谋、精于权变的精神能力。而且与他人相比，此卷中的"大和魂"还被增添了"威武"、"勇敢"的色彩。这很可能就是"大和魂（心）"被后人说成是"勇敢威武之魂"的最早根据。

《今镜》"第三""天皇下"卷"内宴"条的"大和心"，其使用者是一位与"摄关"宫廷关系密切的男性文士，用于表彰"摄关"时代的另一位公卿。然而此公卿的"大和心"具体为何较难评价。因为该人不仅知晓"和学"，而且"汉学"更好，说他在自己大部分的政治生涯中靠"汉学"吃饭并不为过。不过通过回顾他充满矛盾的一生，可以说他的"大和心"，除了指他的"和学"学问和因"摄关"体制（妻子是天皇的乳母）走红一事之外，更多的是指他的"政治手腕和谋略"，尤其是为了达到目的，不惜屡次改换门庭、善于权变的精神风貌。他的和歌"换着淄衣不换心，此衣只为留名声"是其一生的真实写照，也是他的死因之一。

《中外抄》"久安元年八月十一日"条的"大和魂"，其记录者是一位"摄关"时代的高级官员，用于"摄关"时代最后一任"摄关"的回忆录中，是一个有关如何教育"摄关"家族子弟的词汇，也是一个与"汉才"对立的概念词。但与紫式部的相比，这个"大和魂"与"汉才"的关系发生了大逆转，远居于"汉才"之上。据回忆录中的那个当时最高汉学权威说，"大和魂"等同于"摄关"的政治能力。作为历史上最后一任"摄关"时代的"摄关"且作为藤原氏族族长，他用完善"大殿"的做法挑战白河法皇"院政"的作为，也使其"大和魂"蒙上浓厚的权变色彩。

《愚管抄》第四卷"鸟羽传"的"大和魂"，其使用者是一位高级贵族僧侣，也是"摄关"时代最后一任"摄关"的孙子和镰仓时代某"摄关"的亲弟弟或亲叔叔，用于"摄关"时代末期谁能担任"摄政"

的评论当中。论者说:"任藤原氏族族长者自然要担任'摄政',但如果和汉才学、人品与'大和魂'特别优异,且为幼帝之家舅,则可另当别论。"这里的"大和魂"与论者独特的"道理史观"密不可分。拆穿说来,该"大和魂"就是"摄关嫡系家族优先理论"的同义语和"皇公武三家皆大欢喜理论"即解决现实问题的处方。换言之,即一种极其明显的权变主义政治理论。

《愚管抄》第三卷"一条天皇"条的"大和心",其使用者同上述,用于比较"摄关"时代某"内大臣"和"左大臣"——"内大臣伊周,人品与'大和心'皆有欠缺,唐才(汉学)虽好,尤擅汉诗,然无法超越左大臣"。话中的"大和心"也是作为"汉学"的对比物出现的,但其具体意思不明,与同著中所说的"道理"是否有关亦不易看清。因为"内大臣"伊周和"左大臣"道长都出身"摄关"九条家族,均天然具备"大和魂",在此方面二人并无伯仲之分。不过从"内大臣"的一生来看,他之所以被评为缺乏"大和心",可能是因为:(1)他擅长汉学,折损了原有的"大和魂";(2)受汉学影响,在治理朝政方面显示出追求仁政、整肃浮华的务实一面,在政治上不够老练;(3)与道长比箭时显示出怯态,以及在政争失败后表现出各种懦弱的"丑态";(4)对自己的学生一条天皇不尊重,致使该天皇对他累积起不少的恶感;(5)不知道能否成为"摄关",与家族势力的帮助,特别是与天皇及其家人保持密切联系或作出妥协等这些事情相关。因此,这里的"大和魂"是"汉学"的对比物,其内含的"老练"和懂"关系"的意思,说白了也与权变思想有关。

《咏百寮和歌》中"文章博士"歌的"大和魂",其使用者似乎是一位与皇室有很深渊源关系但文化程度不高的厨子或厨子的亲友,用于"摄关"时代结束、武家时代(南北朝或室町时代)兴起、以重修徒具形式的"摄关"宫廷"职员令"为目的而创作的"文章博士"和歌当中。从该百首和歌的成歌基础著作《百寮训要抄》的写作目的来看,北朝"摄关"二条良基所构想的"文化创造"原理与南朝奉为圭臬的中世儒学思想冲突严重,它尊重的是"摄关"时代以降的"和文"(假名文化)思考方式。当时以二条良基为后援创作出来的和歌和连歌,意味着"摄关"时代文化的再创造,此间留在学者意识中的"大和

第三章　平安时代(794—1192)至室町时代(1336—1573)的"大和魂"和"大和心"

魂",不外乎是"摄关"时代宫廷仪式和各种活动的记忆闪现和"理想"的回光返照。它想说的是,作为"文章博士"若无假名文化的教养则无法钻研真正的学问。

在此总结的基础上,我们可以结合斋藤正二的研究成果[①],就此时的"大和魂(心)"归纳出以下几个特征和性质:

1. "大和魂"或"大和心"的词汇最早出现并通行于"摄关"时代中期的宫廷社会,其使用主体是贵族及贵族之类的人物,仅使用在"摄关"、公卿和宫廷女官身上,属于统治阶级的一种精神能力,与广大的农民和武士等无缘。这可以从"摄关"时代结束、武家势力崛起后近500年间"大和魂(心)"基本被人忘却一事得到反证。

2. 此时代的"大和魂"或"大和心",是作为一种与汉学和中国文化相对立的精神存在物,具有否定后者的性质,以及与汉字文化不同的、可独立运行并被逐步发扬光大的自律性功能。从价值上说,除紫式部的"大和魂"外,其余的"大和魂(心)"都居于"汉才"之上,多半采取一种能与"真名"(汉字,即"男性")文化思考相抗衡的假名("女性")文化思考的独立形态,显示出日本式的精神价值。它的出现,意味着日本文化创造的主体已从男性转移至女性,换言之,"大和魂(心)"的发现和自觉的过程,也就是"女性美学"取代"男性美学"并获得指导地位的过程。赤染卫门的"大和心"更是高唱日本假名文化和"女权主义"的宣言书,对后来的日本"国学家"产生极大的影响。需要补充说明的是,因为"汉才"与"大和魂(心)"在此时还处于一种后者被前者触发的共存关系,所以当时对汉字文化疏远的农民和武士等不可能产生"大和魂(心)"。另外,倘若贵族对汉字文化过于投入,则"大和魂(心)"无发挥的余地。"和魂汉才"一词出现在江户时代,时间虽然很晚,但也反映出当时贵族化的武士阶级知识分子对此问题已产生深刻的辩证认识。不过无论如何,"大和魂"的发现和自觉都表明了"汉才"在日本的地位逐步降低,而日本的本土意识渐次上扬。

3. "摄关"时代的"大和魂"或"大和心",与"汉学知识教养"

---

① 斋藤正二:《"大和魂"的文化史》,讲谈社1971年版,第292—306页。

"大和魂"史的初步研究

或"宗教伦理道德"无关,属于一种被宫廷人士褒扬的、可自由豁达、随机应变地处理现实问题,包括政治、经济问题的精神能力。这种能力的进一步扩张,很容易形成所谓的权变主义主张。究其根源,是因为中国文化和日本文化在某些方面存在难以调和的矛盾。"在平安时代初期,日本在表面上坚持律令制的政治方针,但(在实际运作的层面)则不断根据日本的国情对律令制度进行调整。如何对这种名义的政治和实际的政治进行平衡,是当时有能力的大臣被赋予的课题。不久,这种'反律令体制'的思想和闺阀政治联袂进入'摄关'时代。如此一来,宫廷人士最紧迫的任务,就是需要具备超出(汉学)学问的实际能力。大和魂自觉的背景,就活跃着这种'反律令体制'的思想。……近世时被人重新发现的大和魂,与当时的'反幕藩体制'思想也很容易结合起来。"可谓"日本人思维方式的底层,活跃着一种强烈的'现实即存在'的现实主义精神"[1]。

4. 这种所谓"大和魂"或"大和心"的精神能力,还可用于处理在复杂的人际关系中产生的各种社会矛盾。倘若缺乏这种精神能力,则被评价得很低,故不能担任"摄关"。在"摄关"时代,出人头地的关键是必须考虑如何加入和维护那张对自己有利的关系网,即使是"摄关"家族的后裔也不能例外。这种加入和维护的精神能力,即所谓的"大和魂"或"大和心",换言之,即一张通往"摄关"宝座道路的通行证或表明自己善于为人处世的烫金名片。若无这张通行证或烫金名片,那么任你本事再大也无法担任"摄关"。当然,作为当时的游戏规则,出身于何种家庭仍是一个先决条件。一般说来,出身"摄关"家庭的人,先天地具有"大和魂"或"大和心"。但要防止多读汉籍,以免折损原有的"大和魂(心)"。

5. 在解决实际的人生问题和人际关系时,所用的"大和魂"或"大和心"多半会显现出一种谋求个人或同族集团利益的功利主义态度。藤原忠实的"大和魂"就是其中的一个典型事例。因此在这些"大和魂"的宿主脑中,不存在为社会整体的福祉和幸福而奋斗的思想。其结果,在客观上还加快了"摄关"制度的灭亡。至明治时期复

---

[1] 斋藤正二:《"大和魂"的文化史》,讲谈社1971年版,第300页。

第三章　平安时代(794—1192)至室町时代(1336—1573)的"大和魂"和"大和心"

兴"大和魂"时，在许多政界人士的眼中，也只有"家族国家"的利益。日本在战后取得高速经济发展的过程中所显示的"经济动物"的能力，其"祖型"也在于这个"大和魂"。

6. 在"摄关"时代，"大和心"在显示出女性文化的一面的同时，还显示出"斗勇"和"尚武"的一面，这明显是一个矛盾。过去日本"国学家"将"尚武"等所谓的日本民族优秀气质与紫式部的"大和魂"挂钩，可能存在认识上的偏差。其实，"尚武"气质的源头最早只可追溯至藤原隆家的"大和心"。

7. 由以上可见，"大和魂"或"大和心"由于具有因个人或事态的不同而显现出各自相异的表现形式的性质，加之属于一种机会主义和"家族第一"的思想，经常只为眼前的利益而不断改变自己的原则和规范，所以从它诞生伊始就没有形成一种超越性的精神原理和价值体系，如像"仁爱"那样的思想和宗教、伦理的体系，故无法指导个人或集团的全部生活。紫式部根植于功利主义的"汉主和辅"式的"劝学篇"，除有其时代的合理性外，还存在明显的时代局限性及缺乏主体和精神原理的弱点。"'大和魂'本身不是按照'主人'的模样被创造出来，因此它要不断地寻找'主人'。此即所谓'二流'的精神能力，有时它甚至堕落为一种'奴隶'意识。明治时期'大和魂'之所以要变身为'武士道'自有其道理。"但当我们"接触到那些武士道的鼓吹者竟然没有一丝对人类普遍真理的爱意这个事实时，就会感到一种无法疗治的气馁。难道像山冈铁舟[①]那样的人也无法做到在自身之外不设置一个'主人'就不能发挥自己的美学特质吗？如此看来，因为'大和魂'是在摄关时代宫廷社会被发现的，所以从一开始就没有成长并完善为人类普遍的精神原理的可能性"[②]。

[①] 山冈铁舟（1836—1888），日本幕末和明治时期的政治家，精于剑道，乃"无刀流"的创始者，原名小野高步，通称铁太郎，出生于江户，原为幕臣，戊辰战争时因说服西乡隆盛与胜海舟会谈而名重一时。后成为明治天皇的侍从等。子爵。由其口述形成了《武士道》(1902)一书。

[②] 斋藤正二：《"大和魂"的文化史》，讲谈社1971年版，第304页。

第四章 镰仓时代(1192—1333)、室町时代(1336—1573)至江户时代前期(1603—1715)四本《源氏物语》注释书中的"大和魂"

第一节 《源氏物语》注释书

平安时代末期（1068—1185，包含"院政"期及平氏执政期）《源氏物语》已然古典化，即使是皇室成员和公卿贵族等也未必能够轻松阅读。藤原俊成①说过："未读源氏而咏和歌乃一大遗憾。"(《第六百次和歌比赛》) 从此话可以看出他对《源氏物语》评价很高，不过也可以蠡测当时能轻松阅读《源氏物语》的人已不很多。顺便要说明的是，《源氏物语》从创作到欣赏的整个过程都与女性关系密切。从紫式部为消除寡居的落寞提笔创作开始，该作品总是与致好友的书信一道传递，以在后宫"文学沙龙"间传阅等方式，流播在平安贵族女性之中。紫式部还自画自赞，该"物语"在写作伊始即在宫中成为话题，博得人气。比如她在《紫式部日记》"宽弘五年（1008）十一月十日"条说，自己在侍奉彰子的同时继续创作《源氏物语》，不仅在后者的授意下抄写、整理、装订该作品，还对入宫前在家中完成的原本加以修订和增补，其间甚至还发生藤原道长将原稿偷走交给"内侍督"（道长次女妍子）的事情，导致"刚着手改写的部分丢失"，

---

① 藤原俊成（1114—1204），平安时代末期歌人，俊忠之子，定家之父，皇太后宫大夫，《千载集》撰者。其咏歌清新温雅，号称"幽玄体"，有400余首收入于《新古今集》及之后的各敕撰集。著有家集《长秋咏藻》、歌论书《古来风体抄》等，还做过多篇和歌竞赛的判词。

第四章 镰仓时代（1192—1333）、室町时代（1336—1573）至……

使自己担忧将来"会招来让我在意的评论"。① 《更级日记》② 也说，该"物语"在来自京城的关东地区女性贵族间引起热议。作者菅原孝标女于日记中感叹："闻世有物语，乃思读之，不能自已。常于白昼、夜间听姐姐、继母等讲述各种物语与光源氏之片段，阅读之念日炽。"③ 这显示出《源氏物语》的读者层还扩大到"受领"阶层④的女眷中。然而《源氏物语》毕竟是一部女流作品，在平安时代中期的社会环境和风气的支配下，男性皇族和公卿贵族有多少人对该"物语"真正产生兴趣不得而知。正如源为宪在《三宝绘词》序中所言，物语之于日本平安时代的贵族而言，"乃女性消愁解闷之物"。⑤ 这一切可能会造成贵族男性及其后人对该"物语"或不了解，或知之不深。以致在镰仓、室町时代和江户时代前期，因语言、社会文化等的不断变化，即便是贵族阶层要读懂原作也变得十分困难（《东野州闻书》⑥）。

另一方面，中世"摄关"制度的崩溃让《源氏物语》等过去只有部分宫廷人士和公卿贵族才能阅读的书籍陆续走入武家政权人物、一般贵族甚或部分民间家庭，然而即使这样其阅读效果也值得怀疑。受印刷条件的限制，当时要弄到一本《源氏物语》并非易事。三条西实隆⑦曾

---

① 紫式部：《紫式部日记》，载《王朝女性日记》，林岚、郑民钦译，河北教育出版社2002年版，第321、320、356页。
② 《更级日记》，平安时代中期文学家及歌人菅原孝标之女（1008—？）所作，1060年成书，一卷，记录自1020年（宽仁四）9月其13岁时从乃父的任国上总（今千叶县中部）出发开始，至1058年（康平元）与其夫橘俊通死别结束，文词秀丽，多记述梦境。其父孝标乃著名学者菅原道真第5代孙。
③ 菅原孝标女：《更级日记》，载《王朝女性日记》，林岚、郑民钦译，河北教育出版社2002年版，第373页。
④ 菅原孝标女之父菅原孝标曾任上总国和常陆国"国守"，丈夫藤原俊通曾任下野国和信浓国"国守"，属"受领"阶层，是中下层贵族。
⑤ 大曾根章介编：《研究资料日本古典文学1·物语文学》，明治书院1983年版，第2页。
⑥ 室町时代歌论书，东常缘著，推定为1456年（康正二）成书，内容除了词句的说明和歌人的传记等与和歌解释有关的"秘传"之外，还介绍和歌的各种写法，是了解当时歌学的重要资料。
⑦ 三条西实隆（1455—1537），室町时代后期的歌人和学者，三条西家歌学鼻祖，官至"内大臣"。著有日记体作品《实隆公记》、家集《雪玉集》、《再昌草》和注释书《源氏物语细流抄》等。

· 215 ·

"大和魂"史的初步研究

哀叹"近来很长时间读不到源氏"(《实隆公记》"明应元年十一月十五日"条)。一般人的情况由想可知。况且武家人物及一般百姓受文化条件的限制，想来是读不太懂乃至完全读不懂《源氏物语》的。所以从平安时代末期开始直至江户时代出现了许多对《源氏物语》的引歌、典故及生僻词进行考证、解说的注释书，其中包括一些没落公卿贵族出于垄断和维护自身文化地位的目的而编撰的所谓《源氏物语》"秘注"。

一如以上藤原俊成所说，"读源氏"的最初目的是为了"咏和歌"，而最早对《源氏物语》的注释也是为了学习和创作和歌而开展的，"但在……室町时代特别是应仁之乱之后，对《源氏物语》的研究兴盛起来。这时的《源氏物语》已不是作为歌道书，而是作为古典文学作品被研究的。因为在应仁之乱之后（按：实际上在此之前）朝廷的礼仪渐趋衰亡，贵族开始回想上一代朝廷的繁盛景象，这时能反映这种景象的作品进入他们的视野理应不令人感到奇怪"[1]。但自江户时代中期开始，日本"国学家"为排斥儒佛，对《源氏物语》中的一些词汇和概念重新作出解释，形成了另一批《源氏物语》注释书，引发了他们与写出前一批固守儒佛立场注释书的儒者之间的口水战。明治时期以后，有人为普及的目的，用现代日语翻译《源氏物语》，其中与谢野晶子和谷崎润一郎的译本最受欢迎，曾数度再版，其译文也包含许多他们自身的解释，换言之，属于变相的注释书。昭和时代初期，政府以"明显含有侮辱皇室的内容"为由，禁止文人二次创作《源氏物语》（自然于其中包含他们自身的认识）和上演有关光源氏和藤壶"女御"故事的剧作。那些剧作有的看起来颇类似于注释。因与本书无大关联，此不赘述。

从时间上划分，自平安时代末期至江户时代后期的《源氏物语》注释书共有90本，其中8本涉及"大和魂"。先看下表：[2]

---

[1] 奥野高广：《战国时代的宫廷生活》，续群书类丛完成会刊，八木书店2004年版，第335页。

[2] 2012年3月4日，http://ja.wikipedia.org/wiki/源氏物语古注释书一览。

第四章 镰仓时代(1192—1333)、室町时代(1336—1573)至……

名称	成书时间	著者	卷册数	备注
源氏释	平安时代末期	藤原伊行	全一卷	最早的注释书
奥入	镰仓时代初期	藤原定家	全一卷	
水原抄	13世纪中叶	源亲行	五十四卷	散佚
紫明抄	13世纪后半叶	素寂	全十卷	
异本紫明抄	13世纪后半叶	不详	全五卷	别名《光源氏物语抄》
幻中类林	13世纪后半叶	华洛非人桑门了悟	七卷	别名《光源氏物语本事》
弘安源氏议论	1280年（弘安三）	源具显	全二卷	
雪月抄	镰仓时代后期	不详	不详	
原中最秘抄	1364年	源亲行	二卷一册	最早的"秘传"书形式的注释书
河海抄	1360年左右	四辻善成	二十卷	
仙源抄	1381年	长庆天皇	全一卷	最早的辞书形式的注释书
珊瑚秘抄	1397年	四辻善成	全一卷	《河海抄》秘说书
千鸟抄	1419年（应永二十六）三月	平井相助		
类字源语抄	1431年（永享三）十二月	师成亲王		辞书形式的注释书
源氏物语提要	1432年	今川范政	六卷	梗概书
一滴集	1440年（永享十二）	正彻	二卷二册	
山顶湖面抄	1449年（宝德元）	祐伦		
源氏和秘抄	1449年（宝德元）	一条兼良	一卷一册	
源氏物语年表	1453年（享德二）	一条兼良	二卷	
花鸟余情	1472年（文明四）	一条兼良	三十卷	
源氏物语之内不审条条	1475年（文明七）	一条兼良		
种玉编次抄	1475年（文明七）	宗祇	一卷一册	
源语秘诀	1477年（文明九）	一条兼良	一卷一册	《花鸟余情》秘传书
口传抄	1480年	一条兼良	一卷一册	

· 217 ·

"大和魂"史的初步研究

续表

名称	成书时间	著者	卷册数	备注
雨夜谈抄	1485年（文明十七）	宗祇	一卷	别名《帚木别注》
紫尘愚抄	1485年（文明十七）	宗祇	一卷	
源氏物语闻书	1489年（长享三）	肖柏	一卷	代表性源氏物语闻书。有数种同名注释书
源氏物语青表纸河内本分别条条	1490年（延德二）	猪苗代兼载	一卷一册	
源语花锦抄	1491年（延德三）	肖柏	一卷	
一叶抄	1494年（明应三）	藤原正存	十五卷十册	
三源一览	1496年（明应五）	富小路俊通	十卷十册	
源氏物语不审抄出	1496年（明应五）	宗祇	一卷	
弄花抄	1504年	三条西实隆		
细流抄	1510年（永正七）	三条西实隆	二十卷	
最要抄	1517年（应永二十三）	耕云		梗概书
源氏男女装束抄	1517年（应永二十三）	月村宗硕	三卷一册	
明星抄	1530年（享禄三）	三条西实枝	二十卷	
万水一露	1545年（天文十四）	能登永闲	二十八卷	
休闻抄	1550年（天文十九）	里村昌休	全二十卷	
长珊闻书	天文年间（1532—1554）至弘治元年（1555年）	长珊	五十四卷	
林逸抄	1559年（永禄二）	林宗二	五十四册	
浮木	1559年（永禄二）	桥本公夏	五册	
绍巴抄	1565年（永禄八）	里村绍巴	二十卷二十册	
山下水	1570年	三条西实枝	仅存二十四册	
觉胜院抄	1571年（元龟二）	觉胜院	二十五卷	

第四章　镰仓时代(1192—1333)、室町时代(1336—1573)至……

续表

名称	成书时间	著者	卷册数	备注
孟津抄	1575年（天正三）	九条稙通		
花屋抄	1594年（文禄三）	庆福院花屋玉荣	四卷四册	
岷江入楚	1598年（庆长三）	中院通胜	五十五卷	
玉荣集	1602年（庆长七）	庆福院花屋玉荣	一册	
源氏抄	1614年（庆长十八）	不详	二卷	
源义辩引抄	1650年（庆安三）	一华堂切临	二十卷	
十帖源氏	1654年（承应三）	野野口立圃	十册	梗概书
源氏须镜	1660年（万治三）	小岛宗贤、铃村信房	二册	梗概书
幼源氏	1665年（宽文五）	野野口立圃	五册	梗概书
首书源氏物语	1673年	一竿斋	五十五册	含文本全文
湖月抄	1673年	北村季吟	六十卷六十册	含文本全文
源氏外传	1675年（延宝三）左右	熊泽蕃山		
源氏注	1677年（延宝五）	中院通茂		
窥源抄	1685年（贞享二）	石出常轩	六十二册	别名《温故知新抄》
源偶篇	1685年（贞享二）	契冲		
源氏物语忍草	1688年	北村湖春		
源注拾遗	1698年	契冲	八卷八册	
紫家七论	1703年	安藤为章		
一箦抄	1716年	近卫基熙	七十三卷七十四册	
紫文蜑之啼	1723年（享保八）	多贺半七		俗语翻译
源氏官职典故秘抄	1736年	壶井义知		
源氏物语新释	1758年	贺茂真渊	五十四卷五十四册	
源氏物语年纪考	1763年（宝历十三）	本居宣长	一卷	
紫文要领	1763年（宝历十三）	本居宣长	二卷	
射干玉卷	1779年	上田秋成		

219

"大和魂"史的初步研究

续表

名称	成书时间	著者	卷册数	备注
源氏物语一人五智	1781年	伊势贞丈		
源语梯	1785年（天明四）	五井纯祯（兰洲）	全三卷	辞书形式的注释书
紫文红笔	1785年（天明四）	橘鹰		
源氏物语玉小栉	1796年（宽政八）	本居宣长	全九卷	
宇津保物语玉琴	1809年	细井贞雄		
董草	1812年	北村久备	全三卷	谱系二卷、年表一卷
日本纪御局考	1813年	藤井高尚		
源氏物语琼之御须磨琉	1813年	荒木田守训		
源氏物语玉椿	1816年	细井贞雄		
玉小栉补遗	1816年	铃木朖		
紫之因缘	1818年（文化十五）三月	山冈浚明		
少女卷抄注	1824年	铃木朖		
源注余滴	1830年（天保元）	石川雅望	五十四卷二十册	
源氏物语大意	1830年（文政十三）	天野直方、和田祖能	二卷二册	
湖月抄别记	1834年（天保五）	橘守部		
源氏雅语解	1834年（天保五）	菅原种文		
葵之二叶	1840年	堀内昌乡		
源氏类纂抄	1848年	松冈行仪		
源氏类语	1861年（文久元）	足代弘训		
源氏物语评释	1854年（嘉永七）至1861年（文久元）	萩原广道	十四卷	最后一本"古注释"书

根据时间和性质划分，《源氏物语》注释书可分为"古注"、"旧

第四章 镰仓时代(1192—1333)、室町时代(1336—1573)至……

注"和"新注"。① 至江户时代前期为止的"古注"和"旧注"有《源氏释》(北野本。平安时代末期，藤原伊行)、《奥入》(大桥本和定家小本。镰仓时代初期，藤原定家)、《水原抄》(13世纪中叶，源亲行)、《紫明抄》(13世纪后半叶，素寂)、《异本紫明抄》(著者不详)、《幻中类林》(又名《光源氏物语本事》，1264—1274，华洛非人桑门了悟)、《弘安源氏论议》(1280，源具显)、《雪月抄》(镰仓时代初期，著者不详)、《原中最秘抄》(1364，源亲行)、《河海抄》(1360左右，四辻善成)、《仙源抄》(1381，长庆天皇)、《千鸟抄》(1419，平井相助)、《珊瑚秘抄》(1397，四辻善成)、《源氏物语年表》(1453，一条兼良)、《源氏和秘抄》(1449，一条兼良)、《花鸟余情》(1472，一条兼良)、《源语秘诀》(1477，一条兼良)、《山顶湖面抄》(1449，祐伦)、《雨夜谈抄》(1485，宗祇)、《源氏物语青表纸河内本分别条条》(1490，猪苗代兼载)、《一叶抄》(1494，藤原正存)、《三源一览》(1496，富小路俊通)、《源氏物语不审抄出》(1496，宗祇)、《弄花抄》(1504，三条西实隆)、《细流抄》(1510，三条西实隆)、《明星抄》(1530，三条西实枝)、《长珊闻书》(1532—1554，长珊)、《绍巴抄》(1565，里村绍巴)、《觉胜院抄》(1571，觉胜院)、《万水一露》(1545，能登永闲)、《山下水》(1570，三条西实枝)、《孟津抄》(有的版本写作《孟津集》，1575，九条稙通)、《花屋抄》(1594，花屋玉荣)、《岷江入楚》(1598，中院通胜)、《玉荣集》(1602，花屋玉荣)、《首书源氏物语》(1673，一竿斋)和《湖月抄》(1673，北村季吟)等。

自江户时代中期开始的"新注"有《源氏外传》(1675，熊泽蕃山)、《源注拾遗》(1698，契冲)、《紫家七论》(1703，安藤为章)、《源氏物语新释》(1758，贺茂真渊)、《紫文要领》(1763，本居宣长)、《源氏物语玉小栉》(1796，本居宣长)和《源氏物语评释》(1854—1861，萩原广道)等。另外从性质上看，与上述注释书相似，

---

① 有人将《源氏释》到《河海抄》的注释书称作"古注"，将《花鸟余情》到《湖月抄》的注释称作"旧注"，将其后直至江户时代末期的注释称作"新注"。参见吉森佳奈子《讲座源氏物语研究》第4卷"镰仓、室町时代的源氏物语"中的"古注释和梗概书"，樱枫社2007年版。

· 221 ·

"大和魂"史的初步研究

对《源氏物语》中"大和魂"一词作出注释的还有辞典《增补语林倭训栞》（1777—1887，谷川士清等）。

以上详细列出"古注"、"旧注"和"新注"等的书名和成书时间等并非多余。因为它们的内容和数量多寡与"大和魂"在这些时代是否受到关注及其意涵为何有关。一般认为，"新注"部分反映出江户时代中期兴起的日本"国学家"的民族主义观点。如贺茂真渊在《源氏物语新释》、本居宣长在《紫文要领》和《源氏物语玉小栉》中多次提到的"和魂"，其内涵与"摄关"时代所说的"大和魂"有很大差异，二者所指的其实不是一件事情。而"古注"和"旧注"虽说数量众多，但很少涉及《源氏物语》所说的"大和魂"，如今能查到的仅有《河海抄》（四辻善成）①、《源氏和秘抄》、《花鸟余情》（作者均为一条兼良）②、《孟津抄》（九条稙通）③、《细流抄》（三条西实隆）④、《岷江入楚》（中院通胜）⑤和《湖月抄》（北村季吟）⑥这七部注释书，以及上面补充说明的《增补语林倭训栞》下卷（谷川士清）。

这些注释都类似于现代辞书的释义，与其前或之后的注释皆缺乏关联，且极其简略，人们无法通过语境看出注者为何要那样注释。但这些注释之间却存在某种传承关系，比如"大和魂，和国魂和才魂魄也"的注释始于《河海抄》，之后由《孟津抄》→《岷江入楚》→《湖月抄》一脉相承；"大和魂，我国鉴别之心也"的注释始于《花鸟余情》，之后由《细流抄》→《孟津抄》→《岷江入楚》→《增补语林倭训栞》代代延续；而"广学唐文可知日本之事"的《孟津抄》之注释，后来也出现在《湖月抄》中，可谓一代抄袭一代。因为这些原因，下面我们仅就四部具有代表性的注释书做一些分析和说明。

---

① 室松岩雄编：《国文注释全书》卷第九，国学院大学出版部1910年版，第208页。
② 前书"大和魂"注释出自《续群书类从》卷第五，第118页，后书"大和魂"注释出自室松岩雄编《国文注释全书》卷第十一，国学院大学出版部1910年版，第146页。
③ 天正三年版之跋。
④ 室松岩雄编：《国文注释全书》卷第九，国学院大学出版部1910年版，第269页。
⑤ 同上书，第137页。
⑥ 木刻本，延宝元年刊。

第四章 镰仓时代（1192—1333）、室町时代（1336—1573）至……

第二节 四部《源氏物语》注释书

这四部注释书中的"大和魂"是否具有与"摄关"时代相同或相似的意味？《河海抄》注："大和魂，和国魂和才魂魄也"；《源氏和秘抄》注："大和魂，我国之魂也"；《花鸟余情》注："大和魂，我国鉴别之心也"；《湖月抄》注："大和魂，和国魂，和才魂魄也。孟广学唐文亦可知日本之事也。"其注间的小字"孟"，指转引九条稙通所撰《孟津抄》中对"大和魂"的注释，皆语焉不详，有的似有所指，例如从表面看具有一定的日本主义色彩，有的则未必尽然。

关于这些注释中"大和魂"的含义，迄今唯有奥村伊九良和斋藤正二分别作过解释和说明。奥村稍详尽些，但仅就《河海抄》和《花鸟余情》中的注释作出评论："这样一种可谓具有洞察性的能力（按：指大和魂）存在支那学之外的想法从很早开始就有了，恐怕在应仁天皇时代引进支那学问时即已发生，但在镰仓末期到足利时代该意识才明显出现，在'不立文字'的禅宗流行时期则清晰地反映出来。将大和魂理解成这种能力的意思，与这个时代似乎特别吻合。"[①]"亦即过去的大和魂虽带有认识论的意味，但动辄用于处世术，而此时则却全部转为认识论。""《河海抄》注释欲阐释的意思是：'大和魂指常识，但《源氏物语》"少女"卷的大和魂却指和才精神的常识。'这种注释是错误的。此大和魂指常识，而不单指和才魂魄的常识。但无论如何，该注将大和魂理解成常识的意思（即便是有局限的常识）还是正确的。"[②]

奥村的解释不易理解，且有想象和偏颇之处，除有他语言表述的原因外，更多的是来自他的思想认识。他的话意归结起来有4点：（1）"大和魂"是一种相对于汉学的能力；（2）这种想法在"摄关"制度崩溃的镰仓到室町时代才表现得更为明显（但如何明显未有解释）；（3）它与禅宗的流行有关（但为何与禅宗流行有关亦只字未提）；（4）和他的一贯主张相同，即主张一种广义的日本人"常识"论。按

[①] 奥村伊九良：《大和魂——历史篇——》，一条书房1934年版，第43页。
[②] 同上书，第48—49页。

"大和魂"史的初步研究

他的说法,我们若将其完整地扩展开来,大概就是与食古不化的汉学学习精神相对应的一种日本式的圆通的处世"常识",换言之,就是(1)中所说的"能力"。

斋藤正二对此的说明很简略:"翻阅那么多的《源氏物语》注释书也全然未发现有'大和魂'一词及其注释。唯一的例外,就是在元军来袭后神国思想明显抬头的南北朝由四辻善成所著的《河海抄》,……(和在)进入室町时代后,……一条兼良在《源氏和秘抄》和《花鸟余情》……(以及)近世的北村季吟在《湖月抄》中对'大和魂'作出……的注释",结论是"大和魂""不在"的时间持续了五百年,它随着"摄关"制度的离去而基本被人遗忘。① 不过斋藤特意提到"在神国思想明显抬头的南北朝时代",似乎有自己不便明确说出的看法。

那么,从镰仓时代直至江户时代前期这四部注释书中的"大和魂"注解是否真的具备奥村所说的那些意义?还是真的像斋藤所说的那样其"摄关"时代意识已然全部消退,徒具形式了呢?一如上述,由于这些作品中的"大和魂"注释和其他注释一样,都仅是针对某个词句而实施的,各注释间呈互不关联的状态,缺乏句段和语篇上的联系,加之过去那些不多的评论或不清晰,或过简略,故著者只能通过上述三位注释家的生平、思想意识和所处的文化生态,以及该注释书的整体思想倾向作些不成熟的推论。

第三节 《河海抄》中四辻善成的"大和魂"

一 四辻善成其人其事

四辻善成(1326—1402),日本南北朝至室町时代前期的公卿、学者和歌人,顺德天皇的曾孙,1356年降为臣籍,受赐源姓(顺德源氏)。其妹智泉圣通嫁石清水神社祀官纪通清为妻,所生之女的良子是室町幕府将军足利义满和满诠的生母,故善成与将军有姻亲关系。善成本人还是"关白"二条良基的养子,得到良基的庇护,在文艺情趣和意识形态上受到良基的影响,参与过良基举办的各种文化活动。比如

---

① 斋藤正二:《"大和魂"的文化史》,讲谈社1971年版,第323—324页。

第四章　镰仓时代(1192—1333)、室町时代(1336—1573)至……

1350年(贞和五)良基举办过一次名为《年中仪式和歌比赛》的"第五十回合和歌比赛"(也叫"朝廷第五十回合和歌比赛"或"朝廷百首比赛"),目的是振兴当时因南北朝内乱而一蹶不振的朝廷礼仪和活动,包括和歌创作。和歌优劣的评审人是冷泉为秀,判词的执笔人为二条良基,参与者除此二人外还有多人,其中就有四辻善成。不仅如此,善成还是该活动的联络人之一,在良基和其他参与者间奔波往来,传递信息。①

因身兼皇孙、"摄关"后裔和将军亲戚三重身份,善成自然还得到将军足利义满和"管领"(总管)斯波义将的支持,于1356年(北朝延文元)叙"从三品",1370年(应安三)任"权大纳言",1381年(永德元)叙"从一品",最后于1395年(应永二)升任室町政权的"左大臣"。然而善成并不以此满足,想进一步获得"亲王宣下"②的称号,但在遭到斯波义将的反对后于同年8月出家,法号"常胜",直至死亡。纵观善成的一生,他可谓是一位公卿贵胄并具有贵族情趣,对武家政权也无恶感,但不可谓是一名纯粹的佛教徒,也不可谓是一名彻底的神道论者。再说当时日本暂未形成真正的神道理论,神佛之间的界限也十分模糊,而且在他存世期间日本未遇上民族和国家间的战争,故善成似乎难以产生如镰仓时代中期元军来袭而昙花一现的"神国"思想。

善成在为官、打坐之前或同时还是一位优秀的歌人和学者,这得益于他年轻时曾受到"河内(大阪)学派"源氏物语学者兼二条派歌人丹波忠守的影响。他后来能像丹波一样,有机会向将军、大臣以及诸国在乡领主和武士讲授古典作品,凭借的正是这个资本。《河海抄》一书就是他于1362—1368(北朝贞治)年间为将军足利义诠讲授《源氏物语》而撰写并呈献给后者的。此时日本南北两朝尚未统一,北朝统治阶级及其御用文人正忙于证明自己才是"正统",且动辄与南朝大打出手,尚未有闲心顾及与外国的关系,故善成似乎也不会有太多的民族主义思想。在撰成的《河海抄》卷首善成未用自己的真名,而是用了一

---

① 木藤才藏:《二条良基的研究》,樱枫社1987年版,第85—90页。
② 下旨允许皇兄弟、皇子女及皇孙等自称"亲王"的行为,始于奈良时代末期。

"大和魂"史的初步研究

个奇怪的笔名——"正六品上物语博士源惟良",体现出相当明显的"摄关"时代文艺情趣。善成不仅撰成一部《河海抄》,还整理出一部集合当时有关《源氏物语》秘说的、仅有33个条目的注释书《珊瑚秘抄》和另一部《源氏物语》注释书《千鸟抄》。但最后一部并非由他亲自撰写,而是大内氏家臣平井相(道)助将善成从1387年(北朝嘉庆元)开始讲授的内容记录后辑成的。值得关注的是,这后两部注释书都没有提到"大和魂"。

二 关于《河海抄》

《河海抄》全二十卷,内容广泛,涉及《源氏物语》的创作由来、写作时代、名称、作者传记和书中古迹、"物语"和歌道的关系等,在详细引用过去的考证成果的同时,还多以"今案"的字样表明作者自身的观点。从体例上看,《河海抄》与过去的注释书有很大的不同,篇目分为"作者"、"作意"、"时代"、"诸本之不同"、"题号"、"源氏姓"、"依据"、"此前称美"等几大部分,十分全面和规范。此方法一经作出,即成为之后"旧注"的范式被继承下来。其中的注释虽说有许多是此前注释的集成,但在不少地方体现出善成自身的思想,[①] 给后来的"旧注"以极大的影响。注释使用的几大类材料,一类是汉籍和汉土人物,一类是佛教典故,一类是日本自身的人、事、物等。有时数类材料并用,但于其间可看出注者的倾向。

首先是书名,虽说与注释无关,但却起着引领导向的作用。"河海"二字取自《史记·李斯列传》中"河海不厌细流,泰山不辞寸土"这两句话,原话的寓意是大人物气度要大,能够容纳不同意见。而此注释书的书名意思与原话寓意基本相似:欲包容采纳此前的各种释意,使本书成为最详尽的注释书;"抄"字同古汉语的解释,有"抽出难解的词汇进行记录"的意思。从书名的选用可以看出,注者不打算拘泥某时某地的某种思想,并具有很高的汉学素养。

其次是注释,其中引用很多汉籍和汉土人物,虽说有些引用在今天

[①] 伊井春树编:《河海抄》,《源氏物语 注释书和欣赏史事典》,东京堂出版2001年版,第45—50页。

第四章 镰仓时代(1192—1333)、室町时代(1336—1573)至……

看来十分牵强,但因此却显现出注者较明显的汉学倾向。先看注者对《源氏物语》的创作由来(内含注者的主题评价)即依据何目的写出的注释。在《河海抄》卷一"料简"起首部分善成注释:"(最早版本的)《源氏物语》乃自光源氏谪迁须磨之故事'须磨'卷写起"(按:这在当时是一个完全崭新的说法),并说该故事是仿照日本和中国政治家的左迁史实写出的:"光源氏乃依据左大臣,紫上乃凭依紫式部本人,并根据周公旦与白居易之事迹及引用在纳言和菅丞相之往事写出。其后次第写去终成五十四帖。"①

善成在此所说的各人物及相关事件需要简略说明。光源氏谪迁一事在"须磨"卷和"明石"卷都有记载,此不赘言。而"左大臣"则指源高明,他在"安和之变"②后左迁大宰府,情况与光源氏相似。事件的起因是高明的女婿为平亲王被选为太子,藤氏一族担心此后天下将归源氏,故排斥高明;"在纳言"即在原业平,乃平城天皇皇孙,因与清和天皇的皇后二条后藤原高子有不道德的恋情,被认为是光源氏与帝妃藤壶及"尚侍"胧月夜私通的榜样人物。但真相是否如此至今众说纷纭,《古今集》卷十八"杂歌下"(第962首)仅说其因"犯事""蛰居"须磨;"菅丞相"即闻名遐迩的菅原道真,因涉嫌废醍醐天皇,立女婿齐世亲王而于901年由"右大臣"左迁"太宰权帅"。有趣的是周公旦和白居易此二人,他们都不是日本人,但在善成的眼中竟也参与到《源氏物语》的成书过程中来。周公名旦,周文王之子,公元前1000多年的大政治家,曾帮助其兄武王灭殷被封为鲁王。武王死后,周公辅佐侄儿成王平定管淑、蔡淑之乱,立下丰功伟业,被孔子及后来的儒者视为圣人。据说周代的礼乐制度均由其一手创建;白居易(772—864),唐代官僚和大诗人,先任翰林学士、刑部侍郎等,后任刑部尚书。左暂善大夫当太子时,白居易于815年就武元衡暗杀宰相一事上书朝廷反被政敌中伤,左迁江州司马。

---

① 除有脚注外,以下的相关注释例文全部引自《明治大学人文科学研究所纪要》第65册,2009年中所收的日向一雅《〈源氏物语〉历史文化论的研究——注释史中的儒教言说和物语方法》。不一一注释。

② 969年(安和二)"右大臣"藤原师尹等藤原一族利用源满仲的密告,以"左大臣"源高明阴谋废立皇太子为由将其放逐,最终确立藤原政权统治基础的事件。

"大和魂"史的初步研究

　　换言之,即善成认为,《源氏物语》是为了让主人公光源氏身兼以上多种角色,也上演一回左迁和流谪的剧目而写出的,具有较明显的汉学讽喻和说教意识。这种认识与今人所说的是一部描写光源氏爱恋故事,以及江户时代本居宣长所说的是一部"物哀"(详见于后)作品等说法大相径庭。结合善成以下的话语可以认为这个"左迁说"还是善成对《源氏物语》的主题认识。

　　　　此著无不涉及君臣之交、仁义之道、好色之媒、菩提之缘。其旨趣确如庄子寓言欤! 其词之妖艳无以比肩。

　　从这些话中可以读出善成的最重要观点:《源氏物语》是一部类似于庄子寓言的中国式讽喻作品,其实质关乎儒家的道德学说,当然其中也涉及爱恋及其触媒、人物的命运与佛教的因果报应的关系等。比如在"贤木"卷中原作者说朱雀帝时外戚"右大臣"一家和太后弘徽殿专权,光源氏在桐壶院过世后陷入政治低潮,只好时常和"三位(品)中将"(旧"头中将")吟诗掩韵,[①] 以此忘却忧愁。某日"三位中将"败于掩韵请光源氏吃饭,到场的友人和部下皆同情失势的光源氏,纷纷做和歌、汉诗赞美他。由此烦恼一扫的光源氏吐露真情:"众人做和歌、汉诗赞美,吾深感自豪。吾曾自咏'文王之子,武王之弟'一节,仅提及该名头即感无比精彩。"对此《河海抄》引《奥入》等注释:此间之"文王之子,武王之弟"即周公旦,语出《史记·鲁周公世家第三》中"我乃文王之子,武王之弟,……一沐三握,一饭三吐,起而待士,犹恐失天下贤人"之典故,意在表明光源氏在此自比儒家理想政治人物周公旦,以夸耀自己能够担当大任。

　　如此看来,《河海抄》将光源氏避居须磨,也视为模仿周公旦的东居行为,以及将光源氏在到达须磨后遇上大风及在大风后的种种表现与周公旦也扯上关系,当不在意料之外。《源氏物语》"须磨"卷记述:光源氏到达须磨一年后于三月上巳日在海边举行被禊仪式,不料此时狂风骤起,"万物吹飞,乃未曾有之大风"。这本是一句平凡的话语,可

---

① 古人将诗的韵字隐去后猜测彼乃何字的文学游戏。

第四章 镰仓时代(1192—1333)、室町时代(1336—1573)至……

《河海抄》却援引《紫明抄》注释说:"《尚书》云,周公旦居东二年,秋大熟未获,天大雷电,以风禾尽偃,大木斯拔,邦人大恐。"在"明石"卷中原作者说光源氏返京后任"权大纳言",与他过去一道倒霉的人也纷纷官复原位,光源氏此时"如同枯木逢春心情激动无比"。还说朱雀帝将光源氏从明石召回,面对前来拜谢的源氏吟出一首和歌,希望后者不记前仇,并反复对自己过去的行为表示道歉。进一步朱雀帝还退居东宫,让光源氏以监护人的身份协助自己。就此《河海抄》及所引的《紫明抄》和《岷江入楚》的注释书都视其为古代中国的成王对周公的反省之意和所行的国家之礼,均引《尚书》"金縢"篇一节进行详细注释:"王执书以泣,曰:'昔公勤劳王家,惟予冲人弗及知。今天动威以彰周公之德,惟朕小子其新逆,我国家礼亦宜之。'王出郊,天乃雨,反风,禾则尽起。二公命邦人凡大木所偃,尽起而筑之。岁则大熟。"翻译成现代汉语,大意是成王欲召见周公,但因年幼不知周公之丰功伟绩,所以上天要发威示以雷电风雨之变,以表彰周公的功德。成王得知此事后亲自到郊外迎接周公,以国礼待之。以上注释,似乎要表明的就是善成所谓的"君臣之交"理据,但不免让人有牵强附会之感。

再者,光源氏从明石返京的翌年二月,朱雀帝让位于冷泉帝,光源氏担任"内大臣"。此时坊间认为光源氏还要接任"摄政"一职,但光源氏竟将该职让给致仕大臣。《源氏物语》"澪标"卷说:光源氏"须接任摄政"。面对如此普通的话语,《河海抄》的注者也不忘搬出自己的汉学储备详加注释:"摄政。异朝唐尧时举舜为摄政。殷汤以伊尹为阿衡。周成王幼而即位。叔父周公旦摄政。汉昭帝又幼而即位。博陆侯霍光奉武帝遗诏摄政。如周公故事。然乃周公旦、霍光为滥觞(也)。关白者。汉宣帝云霍光执政非幼主之故。霍光还政宣帝犹重其人。令关白万机。关白号自此而始云云。"《源氏物语》的作者是否有以上意思不得而知,但《河海抄》注者的心意却很明显——欲将光源氏还原为如周公旦般的理想政治人物。

善成还对中国的"禅让"故事颇感兴趣。《源氏物语》"薄云"卷说:冷泉帝向光源氏表明让位的意向,但光源氏回复,"圣帝时乱象横生,唐土亦有,我国更甚"。对此《河海抄》又搬出众多汉籍,诸如尧汤故事、《后汉书》"皇后纪第十上"、和熹邓皇后"德政"语、殷高

"大和魂"史的初步研究

宗和周成王话语、《贞观政要》卷一"政体"第二、贞观七年太宗故事，等等，不厌其烦详加注释，似乎是在表明对时局的看法。原作之意如何，光源氏是否答非所问暂且不论，但《河海抄》如此注释，"毋宁欲使人们关注有关圣帝、圣代认知模式的类型，希望人们在考虑中世之人如何欣赏《源氏物语》时，有必要关注他们是如何基于这种圣皇观和圣代观来读取物语的。我们有必要作此理解，这不仅是中世欣赏史的时代特色，还与唤来这些注释言论的《源氏物语》这部作品的本质有关。我们若不能正确或恰当地评价《源氏物语》注释史中的儒教言论，那么将使自己对作品世界的理解陷于平板化"[1]。总之，善成注释中的"《源氏物语》的主题与王权、政治、人伦、恋爱、宗教有关"[2]。"其整体把握即儒教观念的把握，乃儒教观念的展开。特别是'君臣之交、仁义之道'的观点，恐与言及周公旦一事密切相关。'菅丞相之往事'亦势必由此敷衍而出。"[3] 其目的，就是希望通过将周公或菅原道真等人与光源氏的结合，将"光源氏打造成最完美、具有高尚理想的体现者"[4]，以为注者的某种心意服务。

此外善成还过度使用自己的汉学知识，将汉籍没有的词句也加注到自己的注释书中。例如《河海抄》对"须磨"卷第四段"迎明石入道之舟"中"退而无咎"这句话注释为："孝经曰，不退有咎。"而现存的《孝经》一书却没有这句话。在对《源氏物语》的和歌及字词的注释上，我们同样可以看到善成欲以汉籍解释日人情感的倾向。例如："夜を知る蛍を見ても悲しきは時ぞともなき思ひなりけり"（萤知夜发光，不欲此时悲），是"幻"卷第四段中光源氏的独咏歌，表达着日本式的情感，而《河海抄》却引用汉诗对此歌的"萤"进行注释："蒹葭水暗萤知夜，杨柳风高雁送秋"（《和汉朗咏集·萤》，许浑）；再如：

---

[1] 日向一雅：《〈源氏物语〉注释史中的〈尚书〉言说》，《日本古代学》2009年第一号，第24页。
[2] 日向一雅：《〈源氏物语〉的依据和话语类型》序章"源氏物语论的方法和展开"，至文堂1999年版，第5页。
[3] 日向一雅：《〈源氏物语〉注释史中的〈尚书〉言说》，《日本古代学》2009年第一号，第18页。
[4] 藤原克己：《菅原道真和平安朝汉文学》，东京大学出版会2001年版，第67页。

第四章　镰仓时代(1192—1333)、室町时代(1336—1573)至……

"御涙の水茎に流れ添ふを"（泪水漫流过，故人墨迹洇）是"幻"卷第三段中光源氏的行为，但《河海抄》也注释："黄壤不知我，白头徒忆君。唯将老年泪，一洒故人文。"（《白氏文集卷》第五十一及《和汉朗咏集·怀旧》）①

最值得关注的是《河海抄》对《源氏物语》"少女"卷的注释。就夕雾进"大学"学习一事，《河海抄》一如对"薄云"卷所注，不断引用汉籍《尚书大传》、《论语》和日本史书《贞观格》、《三代实录》②的话语进行注释，特别是注释中对《本朝文粹》③卷二、太政官符"应补文章生并得业生复旧例事格"一节的批评，让人感觉善成对该时代贵族的"大学"教育观有某种批判的意味。④而就在此部分，善成对我们认为极其关键的"大和魂"一词仅简单地注释为："和国魂，和才魂魄也。"

由此可见善成的注释具有很强的儒学倾向，至少对止于《源氏物语》"藤里叶"卷的注释可以这么说，以至室町、战国时代的公卿和歌人富小路俊通要在其注释书《三源一览》中将《河海抄》、《花鸟余情》、《紫明抄》这三本注释书的作者四辻善成、一条兼良和素寂称作"接受中国文化后之三位贤人"。⑤这也是江户时代"国学家"本居宣长在《源氏物语玉小栉》中要对彼时的注释——包括将要说明的一条兼良、九条稙通、北村季吟的注释——进行非难的很重要的一个原因。

当然我们不能因此排除善成具有的其他思想倾向。他出生于皇族公卿世家，自然会对"摄关"时代的风物、仪式活动念念不忘。例如在《河海抄》"若菜"卷中，善成对平安时代贵族在春天举行"若菜祭"

---

① 涩谷律子：《河海抄所引万叶歌的训》，关西大学国文学会1990年版，第30页。
② 日本《六国史》之一，五十卷，编年体史书，记载清和、阳成、光孝三个天皇约30年间的事情。901年由藤原时平、大藏善行等奉敕编撰进献，也叫《日本三代实录》。
③ 《和汉朗咏集》，平安后期的汉文集，藤原明衡编撰，十四卷，将弘仁年间（810—824）至长元年间（1028—1037）427篇的著名文章按《文选》体裁分为39类进行编撰。
④ 日向一雅：《〈源氏物语〉注释史中的〈尚书〉言说》，《日本古代学》2009年第一号，第25页。
⑤ 《三源一览》也称《三贤一览》，1496年11月成书，十卷十册，乃是将《河海抄》、《花鸟余情》、《紫明抄》三书合一的成果。有人认为三条西实隆才是该著的实际作者。参见宫川叶子《三条西实隆和古典学》第二部第一章第七节"三条西实隆和《三源一览》""围绕实隆公记二之条的考察"，风间书房1995年版，第518—527页。

"大和魂"史的初步研究

时吃"七草"（日本吃12种植物）的仪式做了详细注释。不过这个仪式也带有浓烈的中国文化色彩，起源于中国古代春天吃七种植物的风俗。实际上，日本"摄关"时代的许多"传统"与中国文化有密不可分的关系。另一方面，善成也难免受到当时佛教思想的羁绊，在接受前代注释书儒学思想影响的同时，还深受那些著作的佛教思想影响。相比《河海抄》的"君臣之交、仁义之道、好色之媒、菩提之缘。其词之妖艳无以比肩"，《原中最秘抄》作如是说："君臣父子之态、仁义德行之道、烟霞雪月之游、诗歌管弦之道、菩提得脱之缘，词优艳更无比类。"其中"菩提之缘"的主题把握与"菩提得脱之缘"的主题把握实乃一脉相承。要问《河海抄》的另一个《源氏物语》主题把握——"观音化成说"来自何处，回答是也来自《原中最秘抄》。后者曾注释"或谓石山观音发愿而作，或谓作者即观音之化身"，① 而前者的"料简"卷也注释："作者或又为观音化身也云云。《水镜》云非紫式部作《源氏物语》，亦非凡夫所行也。"然而即使善成还分别存在"和学"、佛学的影响，其注释中明显的儒学倾向也是难以否定的。

这一点自然无法逃过后来日本"国学家"的法眼。本居宣长虽未直接批评《河海抄》，相反还对它的功绩做出很高的评价：乃"《源氏物语》注释第一"，② 但即使如此，他仍然按捺不住对"旧注"和"新注"中儒学倾向的仇视。宣长借对《源氏物语》"新注"的评论，对包括《河海抄》在内的儒学注释倾向做出猛烈的批判："自古皇国有识之士无一人不有谄儒媚佛之癖"，③ "安藤为章于《紫家七论》"（1703）中"论述物语之大要"，并详细考察紫式部之"才德"等，以及区分过去之"妄说"，"不过此类大要仅简单思及唐人书作之词例或句例，而未考虑物语之情趣，至今不知以物哀为本一事。视《源氏物语》为讽喻作品难脱儒者之心。"④ 不仅如此，宣长还将矛头对准熊泽蕃山的注释书《源氏外传》（1675），说："又有熊泽了介（按：熊泽蕃山）此

---

① 池田龟鉴：《源氏物语大成》卷七，中央公论社1962年版，第95页。
② 吉川幸次郎编：《源氏物语玉小栉》，《本居宣长全集15》，筑摩书房1969年版，第78页。
③ 大野晋、大久保正编校：《本居宣长全集》第四卷，筑摩书房1969年版，第181页。
④ 同上书，第229—233页。

第四章 镰仓时代(1192—1333)、室町时代(1336—1573)至……

人著《外传》等,全以儒者之心注释,于了解物语毫无助益。"① 宣长的言论是否完全在理暂且不论,但说他看不出过去各注释中的儒学倾向似乎也不客观,应该说宣长的批判在很大程度上是正确的。

三 《河海抄》时代的文艺趣味及该抄所处的文化生态圈

为理解《河海抄》中的注释意义,除了要考虑它所接受的前人影响及注者的思想倾向何在,似乎还应考虑两个问题:一个是南北朝和室町时代幕府的文艺趣味和文教政策,一个是《河海抄》所处的文化生态圈。

第一个问题,与接受善成《源氏物语》讲授并收到该注释书《河海抄》的将军足利义诠有关,而且与义诠之子、同样与善成有来往的将军足利义满更有关连。足利义诠(1330—1367),室町幕府的第二任将军,表面上说是一介赳赳武夫,但实际上具有辉煌的半军事半贵族的家世背景和怀旧的贵族情趣。其母乃北条久时②的女儿北条登子,亦即镰仓幕府最后一任"执权"北条守时之妹,其正室是涩川义季之女涩川幸子。义诠的所作所为,对已有名无实的"摄关"政权和当时自命为皇室"正统"的南朝来说都大逆不道,但他本人却对具有儒家忠君思想的人物且为自己作战对手的楠木正行景仰有加,在临死前说:"吾亡后将吾埋葬于观林寺(今善入山'宝筐院')吾素来敬仰之楠木正行墓旁。"义诠因何出此言史书未有说明,但众所周知,和义诠一样,楠木正行(1326—1348)也是南北朝时代的武将,不同的是二人服务的对象有异。他跟随乃父楠木正成(1294—1336)东征西讨,为南朝天皇尽忠效力,最终兵败自刃身亡。正行有此忠义举动,想来是吸引义诠最主要的原因,也与乃父楠木正成的示范不无关系。正成于1331年8月后醍醐天皇蒙难时响应后者的号召赶赴笠置,后将河内国赤阪的公馆改造为城池并在那里举兵,战功卓越,最后在湊川合战中与北朝足利尊氏军队大战失利后自刃

---

① 大野晋、大久保正编校:《本居宣长全集》第四卷,筑摩书房1969年版,第226页。
② 北条久时(1272—1307),足利尊氏女婿,曾兼任河内、信浓、日向、纪伊、摄津五国"守护",并被任命为"六波罗探题"(承久之乱后设置于京都的镰仓幕府派出机构和长官名称,统辖当时日本"西国"政务),后回镰仓进入幕政中枢。也擅长和歌创作,《新后撰和歌集》《风雅和歌集》《续千载和歌集》《玉叶和歌集》等都收录许多久时的作品。

身亡。正成因具有无比强烈的忠君思想，故被《梅松论》[①] 高度赞誉，在日本历史上美名久扬，直至太平洋战争时期还作为日本三大忠臣（后两位是和气清麻吕与名和长年）之一被日本军方利用。

值得思考的是，义诠及其父足利尊氏作为一方诸侯手握重兵，按说废弃天皇自立称王完全没有问题，但不知为何他们和镰仓幕府的先辈一样都不敢造次，也许都因有一定的"忠君"思想所致。前二者甚至一度还产生过模糊的皇室正统意识。1351年（南朝正平六/北朝观应二）阴历八月，义诠和足利尊氏经艰难选择，废除自己尊奉的北朝朝廷，向"正统"的南朝投降，实现所谓的"正平一统"。翌年北朝的光严上皇、光明上皇、崇光天皇及皇太子直仁亲王等重要皇族成员因战事重开但失利被南军俘虏，颜面尽失。或许是因为接受不了南朝如此无理的做法，认为北朝的天皇也是天皇，所以义诠又反戈一击，夺回被南军攻占的京都，并无奈地在没有象征"正统"的"三种神器"（草薙剑、八咫镜、八咫琼勾玉）的情况下拥立后光严天皇重建北朝。因此说义诠具有一定的儒家忠君思想意识可能并不为过，《梅松论》为此做出背书。

但在文化方面义诠和乃父足利尊氏却都对日本传统文学十分着迷，所做的连歌与和歌多有传世。据说日本第19部《敕撰和歌集》的《新拾遗和歌集》就是在义诠的提议下，以后光严天皇的名义下旨编撰出的。义诠着意学习日本古代小说《源氏物语》应该说也是这种意识的表现。

以上混杂不清的思想意识决定了义诠的其他表现。他在1358年（正平十三/延文三）阴历四月父亲死后于十二月继任"征夷大将军"一职。按说这个儒式称谓应该很符合他的心意，但义诠却对"摄关"政治制度的官职情有难舍，对"摄关"政权和武家政权的两种名号一个都不愿意落下。实际上义诠在5岁时就叙"从五品下"，至死那年升

[①] 《梅松论》，日本南北朝时代史书，二卷，著者或为与足利氏有关的武将，或为与室町幕府有关的文士，约成书于1352年后至1387—1388年前这段时间。该书记述南北朝动乱后至足利尊和足利直义两兄弟开创幕府的经过，旨在彰显室町政权的合法性和诸武将的战功，与基于南朝观点的史书《太平记》恰成对照。该书的"政道论"有两个重要思想：其一是有德者为君＝抚民仁政思想；其二是神孙为君＝血统思想。但从根本上说，其第二种思想受到依据天命观的第一种思想制约。

第四章 镰仓时代(1192—1333)、室町时代(1336—1573)至……

叙"正二品",死后还获赠"从一品左大臣"的官职。仅从获得的"征夷大将军"和"从一品左大臣"这些名号来看,人们似乎就可以洞察出义诠对日本当时复杂的政治生态拥有何种心态,以及在这种心态支配下日本当时社会所拥有的文艺趣味,即为何会熔儒学和日本"传统"学问等为一炉,由此又可以知道义诠在学习《源氏物语》时是真心的,对儒佛和三种思想混杂的《源氏物语》注释书也不感冒。说得明确一点,就是因南北朝战争和即便他赢得了这场战争其政权也始终不很稳固,以及将军自身思想意识的模糊,才导致室町政权和后来的室町幕府从未产生过自己的意识形态,所以在文艺取向上只能兼容并蓄,并有意舔食"摄关"文化所包括的汉学的牙慧。

义诠的这种文艺趣味在其子义满的身上得到延续,并影响了当时的文教政策。足利义满(在任 1368—1394,1358—1408),幼名春王,1366 年接受后光严天皇的赐名方有今人所知的这个名字。10 岁时继任将军,1378 年移居京都室町正式称自己的政权为室町幕府,1392 年逼降南朝、使龟山天皇统一日本后于 1394 年让位于其子足利义持,自任太政大臣,之后虽出家为僧,但仍掌握实权。

义满自年轻起就对中国明朝怀有憧憬之心。1394 年(北朝明德五)朝廷讨论改元时义满认为自己堪比明太祖洪武帝,故指使人将元号定为"洪德"。但因"洪"字通"洪水"不吉利,[1] 遭到公家的反对,才改用"应永"为年号。此前义满还一直期待与明正式交往,1374 年向明派出使节。但明朝误认为南朝的怀良亲王乃"日本国王怀良",即自己的交往对象,不认可与天皇的家臣(幕府)来往,所以义满的目的没有实现。1380 年义满又以"日本国征夷将军源义满"的名义与明联系,但明仍以不与天皇的家臣来往,而须派丞相前来为由拒绝其入贡。1401 年义满以"日本国准三后源道义"名义派遣博多商人肥富和僧侣祖阿使明。此时因怀良亲王大势已去,故建文帝册封义满为"日本国王",同时授予明"大统历"。1403 年朱棣称帝,1404 年准许日本国王以向中国皇帝朝贡的形

---

[1] 不仅是"洪",连"德"字在当时也成为问题。因为此前已连续使用过"永德"、"至德"、"明德"这些带"德"字的年号。若再使用"德"字则意味着连续四次使用。这让人联想到连续使用三次含"治"字年号的崇德天皇和连续四次使用含"元"字年号的后醍醐天皇。这些天皇在位时政治都不顺畅。

式开展"勘合贸易"。作为回报,日本应明要求开始镇压倭寇。

义满向明示好除在经济方面有所需求,希望从明获得所需的铜钱及商品,以及在政治方面借重明朝的抬举以增加自己在本国的权威外,和他的"憧憬中国"情趣也有关系。

义满在结束南北朝分立后的第五年开始创建所谓的"北山文化"。1397年他从西园寺家族手中获得京都北山的"北山第",在其原有的基础上建造以"舍利殿"(金阁)为主的山庄和"北山殿"(后称"鹿苑寺")。这些建筑和景观融合了当时武家、公家和中国(禅宗)的样式。不仅如此,义满还极度喜爱并搜求中国的书画珍宝,广泛罗织汉学造诣深厚的学者和画家,为他们从事文艺创作、研究和出版提供优良条件。令人惊讶的是义满在接待明使时居然一反常态,身穿汉人的衣装,迎迓甚欢。① 该示范效应及派生出的文教政策是导致日本在一时间形成中国风格明显的"北山文化"的最大原因。

由此可见,和义诠一样,义满也不排斥中国及其学问,包含儒学。他出家后起了一个与过去佛教界不同的、带有些许儒教意味的法号"道义",对带有儒家意味的称谓"征夷大将军"和朝廷公家的官名"内大臣、左大臣和准三后"(后者也模仿中国古代的说法)及"源氏族长"(作为武家人物义满是第一人)也一个不落,照单全收。但和乃父不同,义满在此时已有觊觎天皇宝座之心,不知是否也受到《梅松论》中儒家思想的影响?

我们不能说义满已篡夺了皇位,但至少可以说他为此做了各种准备。义满很早就分别使用着武家和公家的"花押",② 让自己第二个妻子康子成为"女院",使其享受如后小松天皇母亲的待遇,并强迫服务武家和朝廷的官员妻子供自己"享用",其中就包括常盘井宫满仁王"献出"的爱妾。义满还接收了过去天皇家才有的祭祀权和人事权,在进宫和参拜神社、寺庙时享受与上皇同样的礼遇。1408年(应永十五)

---

① 《教言卿记》,引自早岛大佑《室町幕府论》,讲谈社选书2010年版,第140—141页。
② 花押(花字"盖章"的意思),即在署名后再"盖"上手写的"印鉴",也叫"书鉴"。最早使用楷体,后使用草体,进一步图案化后成为"花押"。有"草名"、"二合体"、"一字体"、"别用体"和"明朝体"(中国明朝字体,上下有线条)。

第四章 镰仓时代(1192—1333)、室町时代(1336—1573)至……

3月后小松天皇行幸"北山第"时,义满屁股下垫的就是当时天皇和上皇才能使用的"繧繝缘"坐垫;4月义满在宫中为次子义嗣举办"元服"会,比照的就是亲王的仪式。而从明朝受封"日本国王"一事据说也是为达到以上目的所实施的手段之一。① 甚至义满还通过过去传达上皇、天皇旨意的"传奏官"发出命令,以推进所谓的公武一体化。② 如此做法被三条公忠评为"超越先例之事件"。③ 义满死后朝廷不知何意赠予他"鹿苑院太上法皇"的称号,但遭到第四任将军足利义持和"总管"斯波义将等的反对而被退回。然而义满生前把控的相国寺④却似乎心领神会,在"过去账"⑤上堂而皇之地记为"鹿苑院太上天皇",算是了却了义满生前的心愿。永乐帝在义满死后翌年派吊唁使到日本,送上了"恭献"的谥号,也不知是因为不怀好意,还是已经看出他真有几许儒家风范?

今谷明说义满不想自己成为天皇,而希望将次子义嗣变为天皇,自己成为"治天之君",即拥有实权的天皇家长,并推测义满此举强烈地受到中国(明)的影响,但他的举动并非出自"易姓革命的思想",而是利用了当时流行的《野马台诗》(即《大和诗》)。⑥ 该诗预言,天皇制在第100任⑦天皇时将终结,猿与犬称雄后日本将灭亡。前种说法即"百王说",在慈圆的《愚管抄》等著作中已见端倪,后一种说法指的是足利氏满⑧生于申年(但按今人计算则是亥年),足利义满生于戌年。

---

① 今谷明:《室町王权》,中央公论社1990年版;佐藤进一:《日本历史9 南北朝动乱》,中央公论社2005年版。
② 樱井英治:《室町人的精神 日本历史12》,讲谈社2009年版,第66—67页。
③ 同上书,第28页。
④ 相国寺,位于京都市上京区临济宗相国寺派本山,山号是"万年山",列名京都五山第二。1382年由足利义满建立。负责接受足利历代将军的皈依,自称五山的中心。
⑤ 寺院记载檀家、信徒死者的法名、俗名、死亡年月日等的账簿。也称"鬼籍、鬼簿、灵簿、点鬼簿、冥账"。
⑥ 今谷明:《室町王权》,中央公论社1990年版,第128页。
⑦ 按今人的算法,到后小松天皇时刚好是第100任,按当时天皇任数的算法却未必与今天一样。今人一般不认可弘文天皇、淳仁天皇和仲恭天皇即过皇位,而过去的人们却将神功皇后也看作是天皇。当时以北朝为正统,若按此算法,则第100任天皇是后圆融天皇。
⑧ 足利氏满(1359—1398),日本南北朝时代的武将,因倚仗过去有战功,所以抱有取代将军义满的野心,但最终因关东总管上杉宪春的死谏而作罢。

"大和魂"史的初步研究

但按我们的看法义满肯定不是一个儒家人物,但无论如何他的举动在当时的日本都可谓一种过去无人敢为的"儒家"做派。让我们感到惊讶的是,井泽元彦推测义满是读了《源氏物语》后从中得到"革命"思想的启发的。① 事实是否如此不得而知,但至少我们可以想象,义满在阅读《源氏物语》或《源氏物语》注释书时和乃父义诠一样,断然不会排斥其中的儒家思想倾向。

由此可见,义满很难在他的那个时代产生真正的反儒情绪和民族主义精神(1381年明太祖因倭寇与"贡表书辞又倨"事责问日本,要求日本国王"务修仁政,以格天心"。对此日本以《上太祖表》的形式复函,语气强烈,但那只是出于利益的博弈和摊在谁身上都会产生的一种民族情绪),似乎也难以产生真正的"神国思想",相反却对儒佛和混杂的思想和时代气氛十分心仪和满意。作为上述第一个结论即没有产生真正的反儒情绪和民族主义精神的部分证明,是继今谷明和佐藤进一之后日本有人提出,迄今未发现义满有将"日本国王"的封号用于国内的事例,他使用的这个"国王"封号其实不过是作为朝贡贸易的金字招牌而已。② 而对上面的第二个结论即难以产生真正的"神国思想",我们可以在下面对日本"神国思想"的起源和内涵及其在当时的意义做简略梳理后得到证明。

简单说来,"神国思想"就是认为日本是神统治的国家的想法,它发轫于《古事记》和《日本书纪》等古代文献成书之前或成书的那个时代,主要目的是证明大和政权或王朝的执政合法性。其具有两项内容,一项是日本处于神明的加护之下,一项是日本乃天照大神的神孙即天皇统治的国度。这种观念源于《记纪》神话的两项重要记述:一、日本国土乃伊奘诺尊(伊邪那岐命)和伊奘冉尊(伊邪那美命)二神创造;二、日神天照大神等诸神明诞生之后,该国土一直由日神神孙支配,且其支配将延绵万世。然而在日本上古,"神国"这个词汇基本未见使用,即使用了也仅限于表达第一项内容的意思。而"神国思想"

---

① 井泽元彦:《欲成为天皇的将军 此后的〈大平记〉足利义满的历史剧》,小学馆文库1998年版,第37页。
② 田中建夫:《前近代的国际交流和外交文书》,吉川弘文馆1996年版;村井章介:《中世的国家和在乡社会》,校仓书房2005年版。

· 238 ·

第四章 镰仓时代(1192—1333)、室町时代(1336—1573)至……

浮出日本历史的水面则是在中世时期,由两个契机促成,一个是元军进攻日本,国家的危机意识导致民族意识的觉醒,一个是该时代处于武家和公家的政治权力交替期,有人为保持以天皇为金字塔尖的古代贵族体制而提出了某种意识形态。此即所谓的"神国思想",至此才具有了第二项内容的意思。而提出者就是为南朝服务的重臣北畠亲房。他在其著《神皇正统纪》起首说:"大日本者神国也。天祖肇基,日神长传其统。惟我国有此事。异朝无此类。是以云此神国也。"[1] 至于近世"神国思想"与儒教思想结合,产生所谓的崎门学和水户学的国粹主义思想和之后产生的日本中心主义、古代主义、反儒教主义等的"国学思想",以及幕末维新时期的尊王攘夷思想与明治以后的敬神崇祖、忠孝一致的家国制国家道德思想等[2]都是后话,与足利义诠和义满无关。关键的问题是,在那个时代,义诠、义满等是否追随过那种"神国思想"?

答案是否定的。首先,"神风"将元军吹进大海后日本在南北朝时代已走出民族危机的深渊,武家和公家、天皇和天皇、贵族和贵族之间正在为国内的政治主导权大打出手,没有时间和精力来顾及与外国的关系。换言之,当时的日本不存在所谓的民族问题。即使是在室町幕府确立时期,武家头面人物的宝座也不很稳定,日本是否"神国"当不在议题之中;其次,所谓南朝重臣北畠亲房式的"神国思想",有的部分义诠和义满听听无妨,而有的部分就不爱听了。该书写于南军与北军激战正酣的1339年(延元四/历应二),修订于1343年(兴国四/康永二),目的在于供南朝天皇修身治政时参考。其思想糅合了"度会神道"和佛教、儒教,概括说来有"六论":一、神国论,即所谓的日本乃神孙君临和神明加护的世界唯一国家;二、皇位继承论和南朝正统论,即日本自神武天皇以来皇位一直是按照正确的法理继承下来的,而当今的南朝才是正统;三、政体论,即执政者仅限于神孙即天皇家族和藤原氏族;四、政道论,即为政者必须具备正直、慈悲、智慧此三德(与"智"、"仁"、"勇"的儒教三德如出一辙);五、道德论,即臣民以奉献天皇为自己的最高道德;六、历史论,即将历史视为皇祖神的意

---

[1] 岩佐正编著:《神皇正统记》,岩波文库1975年版,第6页。
[2] 以上参考了《日本大百科全书》"神国思想"条。

"大和魂"史的初步研究

志和谋划的体现。① 其间的二、三、五、六论都是武家头面人物极其不愿意听到或看到的。在这种情况下，简单地说在南北朝时期出现了神国思想，而武家人物特别是北朝的将军一定就要接受可能不符合情理。

第二个问题，是《河海抄》所处的文化生态圈。这个文化圈自然包括前述的武家头面人物及其精神，但主要是指公卿、贵族所撰的《河海抄》与之前的注释书、《河海抄》与它的姊妹书、《河海抄》与过去未被人广泛认识的书籍，以及作者善成与其养父二条良基之间的关系这种文化生态系统。可以说在这个文化生态圈内，基本上站立的是一批"大和魂"的失忆群体。道理很简单，"摄关"制度名存实亡，随着岁月的流逝，作为该制度意识形态之一的"大和魂"如未被刻意激发是不容易继续停留在贵族阶级的脑海之中的。这么说有几个理由：

1. 如前述，《河海抄》并不是最早一部的《源氏物语》注释书，而是集前注释书大成的著作，故不可避免地会受到前人注释的影响，虽说它有不少自己的创见。比如在《河海抄》之前有《源氏释》（北野本）、《奥入》（大桥本和定家小本）、《水原抄》、《紫明抄》、《异本紫明抄》、《幻中类林》（《光源氏物语本事》）、《弘安源氏论议》、《雪月抄》、《原中最秘抄》这些注释书，但它们都闭口不谈"大和魂"。因此，《河海抄》似乎对其也不感兴趣。虽然它对"大和魂"做了注释，但极其简略，可能是因为善成和其他注者一样，不觉得它是一个需要特别解释的词汇。

2. 同为善成，却写过三部《源氏物语》注释书，但简略提到"大和魂"的仅有《河海抄》，而其他两部（其中有一部在善成看来其重要性要远超过《河海抄》的"秘注"《珊瑚秘抄》）都避谈"大和魂"。这似乎可以从一个侧面说明，在善成看来，注释不注释"大和魂"在当时并不重要，而时代赋予自己的任务就是要运用自己的文化优势影响幕府，为此自然要考虑幕府的口味，同时还要保卫自身的文化身份和传统。于是一方面儒学等知识在注释中大行其道，包括众多附会之词，另一方面"秘注"接连出现，使人有知识被神秘化的感觉，但这种神秘化的对象却不包括"大和魂"。

---

① 以上参考了《日本大百科全书》"神皇正统记"条。

第四章 镰仓时代(1192—1333)、室町时代(1336—1573)至……

其实这种神秘化《源氏物语》词汇等的做法由来已久,《原中最秘抄》即其中一例。该《抄》以源亲行所注《水原抄》为底本,由亲行之子源义行(圣觉)和义行之子行阿这些"河内学派"学者一代代加笔增补,最终于1364年由行阿总结完成。其内容一如书名所述,就是"抄录《水原抄》中最隐秘的部分,并补充各家之说"的产物,而且还如该抄底页所说,包括"未被文书化之口传部分"。① 在这方面,《珊瑚秘抄》之于《河海抄》,就如同《原中最秘抄》之于《水原抄》,前秘传书仅集录《河海抄》省去注释的33条秘说,其来源或如《河海抄》中常说的"有秘说"或"记于他处"那样,也是采用口传或文书的形式记录保存下来的。

所谓"秘注",想来就是希望将某些不为人所知的词汇注释后再秘密保存起来,使人产生一种景仰的感觉和欲一窥堂奥的愿望。为何会有这些想法,日本古代文献似未有说明,我们只能借用《从一品丽子本源氏物语》这部抄本的作者心理对此进行猜测。《从一品丽子本源氏物语》的意思,就是一个名叫源丽子的贵族女子在平安时代末期抄录的《源氏物语》。抄者在抄本的末尾附有一首和歌,后来被收录在《新敕撰和歌集》卷七"杂二"中(第1199首)。歌中用比喻的方法说《源氏物语》今后有可能成为雪泥鸿爪,并就此消失,故我须抄录下来,希望将其流传给子孙。由此我们知道原来在平安时代,许多物语即便如《源氏物语》其地位也不很高,属于一种"女子儿童排遣无聊的游戏"和"虚构夸张的故事",许多物语在创作出来被阅读后即被抛弃,甚至《更级日记》的著者菅原孝标女在多读《源氏物语》等后还为自己沉溺于此感到羞愧。这种状况在平安时代末期因藤原俊成力说"不读《源氏物语》而咏歌乃一大遗憾"以及时势的变化才得到改变,《源氏物语》因之被古典化和神圣化。② 以此比照镰仓和室町时代的各"秘注",后者欲起到的作用其实与前者相差不大,也有因害怕失传故须对自己认为重要的词汇加以秘注后保存起来的意思。不过随着时代的改变,注者

---

① 伊井春树编:《源氏物语 注释书和欣赏史事典》,东京堂出版2001年版,第340—344页。

② 池田利夫:《源氏物语书写的黎明》,收录于《源氏物语的回廊》,笠间书院2010年版,第3—14页。

"大和魂"史的初步研究

的行为还增加了一层新的含义。由于贵族之于当时的社会,看客的意味浓厚起来,所以如不能保卫自己的社会地位,就需要捍卫自己的文化地位,有必要使自己熟悉的一部分东西神秘起来,换言之,即需要对《源氏物语》的话语权实行垄断。

我们在此绕了一个很大的圈子,就是想借此说明,如果"大和魂"这个词汇真的很重要,或一般的人不懂,那么也应该将它"秘注"起来。可善成及善成的前后辈们都不这么做。这似乎说明在他们心中的"大和魂"一词及其概念并不重要。为何《珊瑚秘抄》等不谈"大和魂"?结论无非两个:一个是"大和魂"乃不言自明的东西,故无须注释;一个是"大和魂"已然被人忘却,甚至被忘得几乎再无注释并秘藏的需要。虽然《河海抄》对"大和魂"一词做了注释,但与该抄其他大段大段的汉学注释相比,其"大和魂"注释显得过于简略,像是在应付差事。

3. 与《河海抄》编撰时间大体相同的年代里还有几部作品,也参与到《河海抄》的注释生成中来。它们是《词林采叶抄》(由阿)、《光源氏一部连歌寄合》(二条良基)、《源氏一部之简要》(一条兼良等)[①]和《和歌集心体抄抽肝要》(成阿)等。仅拿僧人由阿[②]编撰的《词林采叶抄》来说,作者在《万叶集》卷七的和歌"橡衣人者事无迹曰师时从欲服所念"的末尾注释:"源氏中有白橡可寻之",但未说明这个"之"之所在。据查,《源氏物语》"藤里叶"卷和"若菜"卷中各有一个"白橡"的词例,二者都指在朝廷贺宴上舞者穿着的服装。具体说来,这两个穿衣人就是光源氏和柏木,对此《紫明抄》、《原中最秘抄》和《河海抄》都有注释。但《河海抄》的注释与《词林采叶抄》的注释不同,说"藤里叶"卷中穿着"白橡"的光源氏是背负着

---

① 此书虽在江户时代编成,但其由一条兼良的《赋物篇》和一条兼良以《源氏一部之简要》为内题(不写在书的表面,而记在其扉页、序文、目录、正文篇首等的题名)的作品合缀而成。

② 由阿(1291—1379?),镰仓时代后期时宗派僧侣,在仙觉的影响下开始研究《万叶集》,后应二条良基的邀请上京都讲释《万叶集》,著有《拾遗采叶抄》和《青叶丹花抄》等。

第四章 镰仓时代(1192—1333)、室町时代(1336—1573)至……

有悖伦理的罪恶恋情迎来他的40岁寿诞的。① 在这里注者也体现出自己的儒学意识。概括说来，这些参与《河海抄》注释生成的作品所关注的问题不可谓不细致，但全都避谈"大和魂"，而且这些作者或是二条良基或都与二条良基有关。

4. 如上述，善成是"摄关"二条良基的养子，得到良基的庇护，在文艺情趣和意识形态上受到良基的影响，并参与良基举办的各种文化活动。而良基之于北朝的天皇和足利义满，就如同北畠亲房之于南朝的天皇，在北朝中发挥着重要的作用。即使是义满，在其得势前后也一直将良基奉为北朝的长老，并积极摄取良基为他准备的各种文化营养。

让我们回顾一下良基为北朝做出的贡献。他的后半生几乎都用在重建北朝和早已失范的"摄关"政治典章制度上，在晚年还毛遂自荐地当上义满的宫廷礼仪教师，并为义满特地写出《百寮训要抄》。按说良基对"摄关"制度的意识形态——"大和魂"不会没有了解，但他从未就此发表过任何评论。他的《百寮训要抄》以及他一手创作整理的和歌和连歌，虽可谓"摄关"时代文化的再创造，但在武家抬头和掌权的时代，那只不过是一种绥靖思想的表现和"摄关"时代宫廷各种仪式及活动的记忆闪现，以及是一种希望"摄关"政治制度复辟的白日梦式的呓语。在这种呓语中，虽说后来很难得地出现一首以《百寮训要抄》为宗旨的《咏百寮和歌》"文章博士""大和魂"歌，但那也只有放置在良基式的"文化创造"机制中才可能有其自身的意义，因此良基在彼时想必知道，要重新了解和具备"大和魂"，则只能等待"摄关"政治复辟时代的到来。然而眼下的景况已是"礼崩乐坏"，要重返过去那种辉煌的"摄关"政治时代已无可能，所以良基干脆避谈"大和魂"。良基如此，深受他影响的养子善成似乎也未能免俗。

四 小结

《河海抄》是善成和义诠、义满等权力中心人物为提高北朝和幕府的"文运"共同努力的结果，故不可避免地反映出幕府的贵族思想和

---

① 吉冈贵子：《中世源氏物语注释史的研究——以〈河海抄〉为主要对象》，博士学位论文，立命馆大学研究生院文学科，2009年，第42页。

情趣，其中也包含"摄关"时代的遗留物——汉学。它的儒家解释倾向，阻碍了对"摄关"时代意识形态"大和魂"的回望；同时《河海抄》还处于之前各种注释书和二条良基等组成的文化生态圈的包围之中，也难以避免受到该文化圈避谈"大和魂"的影响。时代不同了，除镰仓时代的一小部分时间，南北朝和室町时代基本上可谓是一个天皇及贵族势力下坠和"脱民族主义化"的时代，"大和魂"或许真被人遗忘了。虽然《河海抄》并非没有谈到"大和魂"，但与其他注释相比，其"大和魂"的注释"和国魂，和才魂魄也"显得过于简略，几乎像是在应付差事，因有类于一种自同律式的说明，所以等于什么也没有说，而且还涉嫌违反逻辑，因为"魂"等同于"魂魄"，但"大和"却未必等同于"和才"。至于何谓"和才"与"和才"之"魂魄"，看来善成是不屑多着一语的。

我们不能说善成的注释没有轻微的日本意识，毕竟他是日本人，但他的模糊"日本意识"具体为何又很难说清。至于说其注释来自"神国意识"（奥村伊九良）以及为崇神而反儒的思想就与事实差距大了。在日本三教（儒佛神）渐趋融合的时代，"儒"也成为日本文化的一部分，所以善成在继承儒学的同时，对何谓"和学"其实是缺乏认识的。这，就是他简单应付"大和魂"注释并出现逻辑错误的原因。在这方面，一条兼良、二条良基等也只能是五十步笑百步。

第四节　《源氏和秘抄》和《花鸟余情》中一条兼良的"大和魂"

在《源氏和秘抄》中一条兼良注释："大和魂，我国之魂也。"此注释明显抄袭四辻善成的"大和魂，和国魂也"，故可不作讨论。但在《花鸟余情》中兼良又注释："大和魂，我国鉴别之心也"，似乎有某种意涵，故需要对它进行分析。

一　"鉴别"的含义

以上的"鉴别"，是我们对兼良注释的古日语词"めあかし"的译词，原训注的汉字是"目证"或"目明"，有以下几种解释。

第四章　镰仓时代(1192—1333)、室町时代(1336—1573)至……

《广辞苑》(第五版)解释:"目证",(1)"鉴定、区分"之意;(2)指江户时代为抓捕纵火、偷盗的犯人及其他罪犯,在中下级司法官员指挥下工作的人。多采用过去犯过轻罪的犯人。也指捕吏、侦探、线人。因一条兼良未生活在江户时代,故这里只能取(1)的意思。

《国语大辞典》解释:"目明",使用眼睛审视之意:(1)鉴别事物的好坏;(2)战国时代在战场稽核将领和士兵是否有战功的监察人员;(3)战国时代揭露潜入本军的敌人,或核查被砍敌军将领首级是否确属该人的人。多采用投降或俘虏的敌兵;(4)江户时代……(略)。

二者都明确说明,"目证"或"目明"就是"鉴别"的意思。那么这个具有鉴别意思的"大和魂"到底要鉴别什么?是鉴别外来文化的影响,具有民族主义思想的意义?还是鉴别过去的学说或在当时发生的历史现象?因注者语焉不详,且前人不作评论,故在此也只好从一条兼良的生平,特别是他的经历和思想意识,以及《花鸟余情》的注释倾向加以探讨。

二　一条兼良其人其事

一条兼良(1402—1481),室町时代的公卿和古典学者,其祖父即大名鼎鼎的"摄政、关白"二条良基,父亲是"关白左大臣"一条经嗣,他本人的最高官位则至"从一品摄政、关白、太政大臣和准三宫"。然而兼良在1432年成为"摄政"一个多月后即辞去该职,之后对"关白"和"太政大臣"等职务也是屡任屡辞,境遇一直不顺。不过兼良作为学者的名气却很大,曾参与组织将军举办的和歌比赛等,1455年左右写出名著《日本书纪纂疏》。1467年1月补任"关白",但同年9月爆发的"应仁之乱"[①]不仅毁掉兼良的"关白"宝座,还烧光他在一条室町的宅邸和他的藏书处"桃花坊文库",故兼良只好让担任住持的儿子寻尊说情,于1468年(应仁二)8月委身于奈良兴福寺大

[①] 也叫"应仁、文明之乱",指在1467—1477年间(应仁元—文明九)以足利将军家及总管畠山和斯波两家的继承问题为契机,东军的细川胜元和西军的山名宗全各自率领诸"大名"在京都等地进行战争而产生的动乱。由此京都成为战斗的场所,幕府威信扫地,日本的社会文化迎来了一个新的重要转折点。

乘院。而正是在这段避难期间，兼良完成《源氏物语》的注释书《花鸟余情》。之后于1473年出家，法号"觉惠"。

1477年"应仁之乱"结束后兼良返京，不再任官，但得到第九任将军足利义尚及其生母日野富子的关照。因此他或给富子讲授《源氏物语》，或应义尚之请撰写并呈献《樵谈治要》这部政治著作，或于政道方面无论公武皆悉心施教。据小泽富夫研究，《樵谈治要》写于兼良临死的前一年即1480年［与该书主旨相似的著述还有《文明一统记》（1479）和为富子所写的《夜之梦醒》（1479年前后?）］，全书由八个部分组成，目的在于提醒将军及众人应对国家公务活动抱以关心，以及将军对此应抱有的心态，其分别是：（1）祭祀具有公共性，祀神仪式乃公务活动，而非私事；（2）应从儒佛一致的立场尊重佛法；（3）为政者须清廉正直；（4）司法应公正而无私欲，基于道理分别善恶；（5）选择将军侧近须有标准；（6）"足轻"① 乃"越分之恶党"和"日间强盗"，应停止长期使用；（7）女性参与政治须明白道理；（8）将军须参照史书与和汉故事，保持威严。以上各论点虽然都是基于观念性的道德而提出的人伦理想，并不带有现实、具体的策论作用，但人们据此可以了解他对当时的社会状况和武家政治思想的看法，② 以及这些看法与他在奈良兴福寺大乘院避难时完成的《源氏物语》注释书《花鸟余情》之间的联系。

兼良在世时被称作"日本无双之才人"，他本人也豪情万丈，说自己是"超越菅原道真之学者"。③ 事实是否如此不好判定，但兼良的学问涉及广泛，无论是文物典章制度，还是和歌、连歌、能乐等皆十分精通，确是一个不争的事实。不仅如此，兼良在古典研究方面也有很大的成就，光是为《源氏物语》所著的注释书就有四本，其分别是《花鸟

---

① 从词意上看，可理解为"步卒、走卒、最下级武士"等，但其在日本历史上所起的作用却不像词意所说的那么无足轻重。"足轻"几乎与武士同时产生，但在步枪传入日本、战法转为散兵作战之后，其作用大为提高。战国"大名"都大量雇用"足轻"，组织起步枪队，甚至还设立了"足轻大将"，成为威胁武士、公家阶级的武装集团。因其具有雇用兵的性质，在"应仁之乱"时在京都市内放火抢劫，所以真言宗东寺派总本山和教王护国寺禁止人们加入"足轻"，可见其已成为一个严重的社会问题。
② 以上参考了《日本大百科全书》"樵谈治要"条。
③ 日本维基（Wikipedia）网站《自由百科事典》"一条兼良"条。

第四章 镰仓时代(1192—1333)、室町时代(1336—1573)至……

余情》、《源语秘诀》(《花鸟余情》秘传书)、《口传抄》和《源氏和秘抄》,其中最成体系的著作是《花鸟余情》。① 另外还著有两部研究《源氏物语》的书籍,即《源氏物语内难解词条》和《源氏物语年表》。此外,兼良于日本史学亦有贡献,例如他在《樵谈治要》中将"应仁之乱"时代比拟为中国的春秋、战国时代。虽然严格说来,"关白"近卫尚通对此时代的表述要比兼良更为精确,例如尚通在自己的日记体作品《后法成寺尚通公记》"永正五年(按:1508)四月"条中将16世纪初的时代明确说是"战国"时代,② 但在当时的公卿当中,早于近卫尚通作出以上评价的除兼良之外似无他人。将让他吃尽苦头的"应仁之乱"年代比拟为中国的春秋、战国时期,应该与他在那段时间的感受和在《花鸟余情》中对"大和魂"一词所做的注释不会没有关系。

兼良享年80岁。去世后又有人以"五百年来无此才学"③来赞誉他的学问,不可谓评价不高,但此评价和前述"日本无双之才人"的评价均未涉及他的思想倾向。其实在学问方面,兼良受到宋学的影响。比如他站在某种合理主义的立场,提倡神佛儒"三教一致"就是其中一例。实际上这反映出室町时代共同的思想倾向。

三 《花鸟余情》的成就

《花鸟余情》被后世誉为可与《河海抄》并列的《源氏物语》注释书双璧,但其部分内容超越了后者。这种超越来自兼良时刻意识到后者的"不足与错误"。正如《花鸟余情》序文所说:"余乃为补正《河海抄》之不足与缪误而作。"④ 另外兼良在《源语秘诀》正文中还说:"有各种学说,然皆误也。不可信('榊'卷)";"旧说皆无根据,不敷使用('少女'卷)"。不过据西野强说,兼良在"由粗稿向正稿改

---

① 中野幸一编:《源氏物语古注释丛刊》第二卷"花鸟余情 源氏和秘抄 源氏物语之内不审条条 源语秘诀 口传抄"解说,武藏野书院1978年版,第469页。
② 原话是室町将军和细川总管一道从京都出逃的时期"如(古代中国之)战国时期"。
③ 同上。
④ 转引自三田村雅子《记忆中的源氏物语》第四章"一条兼良的《花鸟余情》",新潮社2008年版,第276页。

247

写的过程中曾使用《河海抄》做增补"。①

《花鸟余情》对以往注释书包括《河海抄》的超越和不同体现在以下几个方面：（1）就《源氏物语》创作"缘起"提出，其并非由紫式部委托大斋院（选子内亲王，村上天皇第10皇女）而写，也非紫式部在石山寺参拜时得到启发而作，更非紫式部从"须磨"卷开始写起，而是根据已散佚的《宇治大纳言物语》②的记述撰出，并根据中国《汉书》"前半为班彪，后半为其子班固编写"的说法，认为《源氏物语》是紫式部接替父亲藤原为时未竟的事业加以完成的。这种说法虽带有他个人的观点，但说他在此方面接受中国的影响并非言过其实。不仅如此，兼良还通过引用他人的研究，说明《源氏物语》的"宇治十帖"并非由紫式部，而是由其女"大贰三位（品）"创作的；（2）在词汇和篇章的解释方面倾注很大力气，并非像过去的注释书那样多半只是寻章摘句，而是时常引用长文加以说明；（3）注者自身曾担任过"摄政、关白"和"太政大臣"，所以在文物典章制度的记述方面更为详细和准确；（4）许多注释继承注者的祖父二条良基的秘说；③（5）与过去的注释书只设定极少数读者的做法不同，该书在刚开始撰写时即设想它可能广泛传播，所以在笔意上有所体现。在开篇的解说部分，兼良甚至说《花鸟余情》乃为"孩童"和"乡下人"而作；④（6）与《河海抄》以出典和依据等的考证为主不同，《花鸟余情》尽量避免烦琐的考证，将重点置于《源氏物语》文本的句意、歌意的说明和文脉的阐释上。另外，"过去人们对《源氏物语》的注释有各种各样的批评和解释，有人说这些注释荒唐无稽。但兼良说自己不懂就是不懂，在说法有分歧时则根据资料将两说并列，秉持中立的立场。而且在注释时还使用当时并

---

① 西野强：《中世古典学中一条兼良的研究》，博士学位论文，日本专修大学文学部，2007年，第53页。

② 《宇治大纳言物语》，已散佚，据传为源隆国所作，平安时代后期成书。该书名被许多书籍引用，对《今昔物语集》和《宇治拾遗物语》等后代书籍产生很大的影响。也有人将此书视为《今昔物语集》、《宇治拾遗物语》和《继承物语》等书的别称，曾引起混乱。

③ 伊井春树：《兼良源氏学的形成 从二条家的秘说到花鸟余情》，《国文学研究资料馆纪要 第1号》，国文学研究资料馆1985年版，第1—65页。

④ 武井和人：《花鸟余情》，收录于今井卓尔等编《源氏物语讲座8 源氏物语的本文和受纳》，勉诚社1992年版，第116—122页。

第四章　镰仓时代(1192—1333)、室町时代(1336—1573)至……

不流行的《徒然草》的资料。"① 这种做法影响到江户时代的北村季吟等人，等等。此外，《花鸟余情》在注释方法上还有一些创新。该书在卷首说明《源氏物语》的写作经纬即所谓的"作意"后，又在各卷卷首详细阐述卷名的由来和写作时间，之后再将需要说明的文字一一抽出加以注释。那些写作时间虽说是根据兼良自身整理的《源氏物语年表》而拟定的，但有些部分却是经过进一步的考察加以改写而成。②

四　《花鸟余情》的儒学注释倾向

受当时风潮的影响，兼良用佛道儒观点解释日本的古典和神明。于前者，将"天御中主尊"③ 比拟为大梵天王，称其为"婆娑世界之主"；将"高皇产灵神"和"神皇产灵神"配置为梵辅梵众；说"神道"也有"六道四生"或"三世"。于中者，将"混沌元气"说成是"灵明"之本体。由此看来，他也极可能用儒家的观点解释《源氏物语》。正如富小路俊通所说，一条兼良和四辻善成、素寂一样，是"接受中国文化后之三位贤人"之一，故《花鸟余情》的注释也一定会表现出较明显的儒学倾向，其思想与《河海抄》相比也不会有很大的不同，甚至还有超越后者的可能。比如"从《古今三鸟剪纸传授》中"就"可看出兼良对应仁之乱前的古典学问的态度，似乎可以说他是基于禅学和儒学构筑了新的注释精神"。④ 最典型的是他在《花鸟余情》中注释"阳成天皇"时说："阳成院母亲乃二条后也。业平'中将'（按：在原业平）与该母后有私情一事见于《伊势物语》。因之或云阳成乃'中将'之子。未有文献等对此明确记载。想必（《源氏物语》）

---

① 西野强：《中世古典学中一条兼良的研究》，博士学位论文，日本专修大学文学科，2007年，第49页。
② 伊井春树：《种玉编次抄的成书——从兼良到宗祇的源氏物语年表》三"兼良的年表"，收录于源氏物语探究会编《源氏物语的探求》第4辑，风间书房1979年版，第104—109页。
③ 天御中主尊，记、纪（特别是《古事记》）神话的最高级神明，天地开辟时现身于高天原的造化三神之一，后被视为主宰宇宙的绝对神。
④ 西野强：《中世古典学中一条兼良的研究》，博士学位论文，日本专修大学文学科，2007年，第47页。

"大和魂"史的初步研究

'薄云'卷女院之事乃准此写出。"① 相比善成在《河海抄》中暧昧地说过《源氏物语》乃"引用在纳言……之往事写出",兼良此说虽也有委婉之词,但其用意则更明显,显示出他的思想与重视血缘和正统的儒家意识是合拍的。在对天皇"万世一系"存疑这个方面,该提法具有划时代的史学和政治学意义。

就日本第57任天皇阳成天皇乃在原业平与二条皇后所生不义之子一事,二战后日本学者山口博持赞同态度,将《花鸟余情》所说作为史实加以论述。② 又据今西裕一郎说,当时宫中可能早有此传言。从《源氏物语》所写的光源氏和藤壶私通,以及后来他们的儿子"冷泉帝"即位一节来看,小说的内容与在原业平和二条皇后私通,以及后来他们的儿子阳成天皇即位这种说法十分相似,似乎其依据的就是那个宫中传言,《源氏物语》所说的"冷泉帝"和史实中的阳成天皇很可能是一个人。这么说主要是因为《源氏物语》提过"冷泉帝"之后皇统断绝,而历史中的阳成天皇让位后居住的殿宇正是"冷泉院",他也因此被称作"冷泉院(帝)"。加之《源氏物语》所说的皇统属于"一条天皇"的谱系,无法追溯到阳成天皇。若将阳成天皇视为正系中的人物,则《源氏物语》所说的皇统将是一个旁系的皇统。③ 亦即,此问题牵涉到日本的皇统是否"万世一系"。众所周知,日本历史上不光有父子相续而且还有兄弟相继的传统,有时甚至非兄弟的、血缘关系淡薄的

---

① 中野幸一编:《源氏物语古注释丛刊》第二卷 "花鸟余情 源氏和秘抄 源氏物语之内不审条条 源语秘诀 口传抄",武藏野书院1978年版,第47页。
② 山口博:《关于阳成帝的退位》,收录于《日本历史》,日本历史学会1968年第239号,第28—35页。当然对此也有不同的意见。参见角田文卫《阳成天皇的退位》,《王朝的影像》,东京堂出版1970年版,第202页。
③ 今西裕一郎:《〈源氏物语〉和日本的身份——〈源氏物语〉为何可写帝妃私通之事?》, http: //www. scs. kyushu - u. ac. jp/coe/21coe/seminar/iden/050902. htm, 2005年9月2日。按今西的说法,嵯峨天皇儿子即第54任仁明天皇之后,由文德、清和、阳成一系继承,但由于阳成天皇没有生育,所以藤原基经让其退位,狭义的皇统就此断绝。之后皇位回归到阳成的祖父文德天皇的异母兄弟仁康亲王(光孝天皇)那里,由宇多、醍醐、朱雀、村上、冷泉、圆融、花山直至一条天皇一路继承下来。其路径是:仁明(54)—文德(55)—清和(56)—阳成(57)—光孝(58)—宇多(59)—醍醐(60)—朱雀(61)—村上(62)—冷泉(63)—圆融(64)—花山(65)——条(66)。

第四章 镰仓时代(1192—1333)、室町时代(1336—1573)至……

旁系也可以继承皇位,如继体天皇①和光仁天皇②就是其中的两例。平安时代的宫廷如何看待阳成天皇因无文献记载不好说明,但至镰仓时代末期南北朝分立,北畠亲房特意为此撰写《神皇正统纪》,再次提出正统与非正统的问题,并以他侍奉的天皇为标准,认为南朝的天皇才是正统。可是到一条兼良时南北朝分立和皇统问题已经解决(实际上是被掩盖),他还敢直面并公开提出这种话题,不能不说十分大胆。虽说当时的政治环境比较宽松,但此类话题似乎只能出自"儒式"人物之口。

此外《花鸟余情》对《源氏物语》"少女"卷中某歌的注释也显示出它具有很强的儒学倾向。《源氏物语》写道:"内大臣对夕雾说:'此间几未见汝。汝为何如此刻苦学习?太政大臣(光源氏)亦知学问不比身子重要,然如此决定想来自有渠之道理。不过如汝这般成日闷于房内用功实在可怜。偶尔亦可做点旁事。笛之音声亦可传递古代圣贤教义。'说着便递来一把笛子。夕雾吹起笛子,笛声清脆动人,充满朝气,故内大臣暂时停止奏琴,取笏拍子不夸张地击打起来,并唱出《萩花染》等歌曲。"③

"笛之音声亦可传递古代圣人教义",说的是儒学认为音乐具有感化人心的作用,因是常识故兼良对此未作注释。但他对内大臣为何要唱《萩花染》这首歌作如下注释:"乃劝说夕雾早日升迁,脱去浅葱色六品官服。"④《萩花染》乃日本古代民谣《催马乐》中一首女子对情郎所唱的情歌,唱词是:"公子公子快更衣,吾衣染成萩花红。萩花长于

---

① 第26任继体天皇(?—531),《日本书纪》记载为"应神五世孙",出生于近江国(今滋贺县)高岛,在其母故乡越前国(今福井县东部)高向长大,后因大伴金村等人的推举成为"天皇"。
② 第49任光仁天皇(在位770—781,709—781)为天智天皇的孙子,娶圣武天皇之女井上内亲王为妻。圣武天皇死后成天酗酒以避免卷入皇位之争。770年称德天皇死后被藤原永手、藤原百川等人拥立为皇太子,同年即位。最初立皇后井上内亲王所生的他户亲王为皇太子,但772年光仁天皇以大逆不道为由,废除了皇后和皇太子,翌年立母亲为高野新笠的皇子山部亲王(桓武天皇)为皇太子,圣武一系之皇统就此断绝。
③ 译自《日本古典文学大系14·源氏物语1》,岩波书店1958年版,第239页。
④ 中野幸一编:《源氏物语古注释丛刊》第二卷"花鸟余情 源氏和秘抄 源氏物语之内不审条条 源语秘诀 口传抄",武藏野书院1978年版,第72页。

"大和魂"史的初步研究

篠原上，公子公子快更衣。"① 查萩花，其颜色绯红。按日本《养老律令》"衣服令"规定，四品官着深绯色、五品官着浅绯色朝服，故从字面上说兼良的说辞不无道理。不过在我们看来，兼良或许对"内大臣"的举动作过度的解读，但正因为如此，反而流露出他的儒学意识。因为日本"摄关"政治制度的朝服颜色也是接受中国古代宫廷礼制的产物。而这种礼制正来自儒家思想。兼良或许对自己的学问有所夸耀，但在无意间流露出他对包孕儒家思想的"摄关"政治制度礼法的认同。

兼良对色彩的注释也存在类似的现象。比如"今样色"，按今日日本的解释，其或是深红梅色（《广辞苑》第五版和《国语大辞典》），或是比深红稍淡的红色（《三省堂辞典》），或是平安时代流行的淡红色，② 似乎未有定论。而《花鸟余情》注释："所谓'今样色'指深红梅色，属一种既非深红又非红梅色之淡紫色，乃此段时间开始流行之色彩，故被称作'今样色'。"本来注释到此即可，但注者接着还不忘带上一句："大体与'许（听）色'相同。"③ 所谓"许色"，是指日本中古时代任何人都可以穿用的服装颜色，具体指红色或淡紫色等。与此相对的是"禁色"，指日本中古时代禁止下级官员使用上级官员服色的规定，也指该服色本身。具体说来就是禁止四、五（含部分六）品以下的官员及普通人使用天皇及公卿以上的人的服色黄栌色、淡黄绿色、赤色、黄丹色、深紫色等袍色。从这个注释来看，虽说兼良是站在一种客观的立场叙述的，但他特意提到这个规定，似乎也反映出他思想深处的儒学意识。

五 兼良经历的几个重大历史事件

兼良看重"礼制"和社会秩序，除与他的出身有关外，与他长大成人后屡次经历的社会动荡等更有关系。可以说兼良的一生几乎都是在剧烈的社会斗争中度过的。从 16 岁开始一直到 80 岁离世，他共遇上一

---

① 原歌是"更衣せむや さきむだちや 我が絹は 野原篠原 萩の花ずりや さきむだちや"。
② http：//p.tl/Nzgj，2013 年 10 月 23 日。
③ 中野幸一编：《源氏物语古注释丛刊》第二卷"花鸟余情 源氏和秘抄 源氏物语之内不审条条 源语秘诀 口传抄"，武藏野书院 1978 年版，第 93 页。

第四章　镰仓时代(1192—1333)、室町时代(1336—1573)至……

次小规模民族冲突和九次大的国内动乱。而正是这些动乱，特别是"应仁、文明之乱"，最终将日本送入"下克上"的历史轨道并滑向"战国时代"。一如前述，《花鸟余情》是兼良在69岁，即日本发生长达11年的、社会结构出现翻天覆地变化的"应仁、文明之乱"这段时间写出的。这次内乱让兼良吃尽苦头，想来不会不对他的思想和《花鸟余情》的注释产生影响。这或许也是他将"大和魂"注释为"我国鉴别之心也"的一个重要原因。以下须花费一些篇幅，简述上述民族冲突和层出不穷的国内动乱。

"应永外寇"，按朝鲜的说法是"己亥东征"、"己亥征倭役"或"第三次对马岛征伐"。事情起因于1418年（应永二十五）4月，亲李氏朝鲜的对马国（今长崎县之一部）国主宗贞茂（朝鲜史料称"宗贞芽"）去世，朝鲜担心倭寇再起。翌年5月果然有50余艘倭船侵入朝鲜忠清道庇仁县（今韩国忠清南道舒川郡），38艘倭船袭击黄海道海州（今朝鲜黄海南道海州市），于是太宗决定向对马用兵。李氏王朝共出动兵船227艘，官兵17825人，于6月19日离开巨济岛，连续10天向对马发动攻击，战果是夺取日方大小船只129艘，烧毁民房1939户，斩首104级并俘获众多日本人。朝军于7月3日返回巨济岛。11月室町幕府向朝鲜派出以妙乐寺第十二世住持无涯亮倪为正使、供职于幕府的归化人陈外郎之子平方吉久为副使的代表团，以确定蒙古、高丽联军是否准备再次攻打对马岛。对此朝鲜派出"回礼使"宋希璟到日本与幕府交涉，但并不顺利。1423年太宗去世，世宗掌权，宗贞茂之子贞盛被赋予管理朝日贸易的权力，由此朝鲜和对马的关系恢复，宗贞盛和李氏朝鲜之间签订了《嘉吉条约》。此时兼良16岁，不过因岁数和战火远离京都的关系，这次"外寇"应该未给兼良留下深刻的印象。给兼良带来刻骨铭心感受的，应该是接下来的九次国内动乱。

动乱可分为农民、市民及少数民族造反和下级军事贵族背叛幕府这两种类型。第一种类型的动乱有以下数波：

第一波是"正长年间土一揆①（造反）"。1428年（正长一）8月，

---

① 原意是"团结一致"或"一体同心"，具体指日本中世和近世时期农民为反抗统治者而展开的武装斗争。

受苦农民以要求"德政"为由在滋贺县造反，后波及京都、奈良等地，掀开了自 15 世纪至 16 世纪大规模的"德政一揆"大幕，给统治阶级以巨大的冲击。兴福寺大乘院住持、兼良之子寻尊在此后记述："自日本开国以来以此次农民蜂起为始。"这种造反运动后来还波及伊贺、伊势、大和、纪伊、和泉、河内、丹波、摄津、播磨等地，最后将过去深受高利贷之苦的广大市民也吸引进来。为此幕府不得不开始颁布所谓的"德政令"。

第二波是"播磨国一揆"，即 1428 年（正长一）开始至翌年在播磨国（今兵库县）发生的另一起"土一揆"运动。农民先是要求废除债务，后来发展为攻击各庄园征收年贡的官员，将守卫官兵及"国"中武士统统赶跑。为此京都"守护"赤松满佑命令播磨"守护"代理浦上等人进行镇压。但农民以"守护不入地"的矢野庄（今相生市）及许多寺院神社所领的庄园为据点，开始了郡级规模的大范围抵抗，至翌年仍有许多庄园继续爆发抵抗运动。兼良时年 26 岁。

第三波是"嘉吉土一揆"。1441 年（嘉吉一）8、9 月以京都为中心又爆发了"土一揆"运动。起因是该年 6 月爆发了"嘉吉之乱"，各地均出现不稳定的动向，"守护"六角为缓和于 8 月发生的滋贺县"土一揆"而发布了"德政令"。8 月末京都的"土一揆"开始跟进，要求第七任将军足利义胜发布"德政令"。9 月 5 日数万"土一揆"在东寺、丹波口及其他 16 个地方布阵，将京都团团围住，以致运输瘫痪、京都粮食供应不足。为此幕府于 12 日发布"天下一同德政令"。与此时间大抵相同，大和（今奈良县）的马帮也要求发布"德政令"，三河（今爱知县）、若狭（今福井县）等地的农民甚至将"守护"代理从当地赶走。兼良时年 38 岁。

第四波是日本少数民族反抗大和族的起义事件，时人称之为"kosyamain（人名，原文为假名）战斗"。1456 年（康正二）春，函馆近郊志浓里市志海苔町锻冶屋村一名和族人刺杀了当地阿伊奴族某青年。翌年（1457）以此事件为发端，阿伊奴人在酋长 kosyamain 的率领下向和族人寻仇，攻陷许多当时在渡岛半岛南端筑砦割据的和族人小豪族住宅。对此花泽豪族蛎崎季繁手下的武田信广指挥和族军队进行反击，射杀 kosyamain 父子，至此阿伊奴队伍急速转衰，终被镇压。兼良时年

第四章 镰仓时代(1192—1333)、室町时代(1336—1573)至……

54岁。

以上内乱，除"kosyamain战斗"属于偶发事件外，其余的均源于统治阶级横征暴敛，农民、市民苦不堪言。而接下来的"长禄、宽正大饥谨"更是将农民及城市居民逼入绝境，使日本面临更大的危机。1459年（长禄三）日本频发暴风雨，洪水连连，死人不断出现。至1461年（宽正二）日本又时而干旱，时而狂风暴雨，低温连绵，恶病流行，为求食许多饥民涌入京都。据说仅饿死者就超过8万人。看来幕府的"德政令"未能挽救当时的日本。兼良时年56—58岁。

与此同时还发生了第二种类型的动乱，即幕府和下级军事贵族为保卫和争夺领导权大打出手，酿成的几次大的政治军事动乱，这种动乱从1438年开始到兼良离世一直都未结束。

第一乱是"永享之乱"。1438年（永享十）"镰仓公方"[①]足利持氏为重建因上杉禅秀[②]叛乱而显混乱的统治体制，以高压态度对待关东地区诸氏族，激化了与他们的关系。接着又因未被选为将军继承人而公然展开反幕行动，继而还介入今川氏的"家督相续"问题和村上、小笠原二氏争斗，与幕府产生尖锐的对立，且与劝诫此事的"关东管领"上杉宪实的关系紧张起来。针对足利持氏的一系列动向，幕府通过做足利满直[③]的工作和设置"关东扶持众"[④]等措施试图牵制足利持氏。当看到持氏派军队追讨宪实后幕府终于忍无可忍，决定讨伐持氏。之后持

[①] 作为镰仓府长官统治关东地区的足利一氏的称呼，始于足利尊的儿子足利基，他任命"执事"上杉氏为"关东管领"。也叫"镰仓御所"、"关东公方"。

[②] 上杉禅秀（？—1417），室町时代前期武将，名氏宪，后成为"关东管领"，但于1416年（应永二十三）背叛足利持氏，后因失败自杀。

[③] 足利满直（？—1440），室町时代中期武将，第二任"镰仓公方"氏满的儿子，第三任满兼之弟。

[④] "关东扶持众"，即在室町时代与幕府征夷大将军结成直接主从关系的关东及东北地区的武士团体，也叫"京都扶持众"（当时的记录是"京都御扶持众"）。早先室町时代的关东地区由称作"镰仓公方"的将军代理人作为镰仓府的长官进行统治，实际上是由幕府间接统治。但由于"镰仓公方"逐渐与幕府对立，觊觎将军的位子，所以为牵制"镰仓公方"的动向，幕府与对立于"镰仓公方"的关东、奥羽武士团结成直接主从关系。这些武士团虽然属于镰仓府管辖，但没有服务镰仓府的义务，也不受"镰仓公方"的指挥，而直接听命于将军。幕府通过组织这些武士团进行反"镰仓公方"的活动。前述武士团在将军足利义持时代据说有十几个。室町幕府表面上批评他们的活动，但实际上在物质和思想方面都进行了援助。

"大和魂"史的初步研究

氏的许多官兵投降幕府，保卫镰仓的三浦时高也背叛持氏，而持氏则向宪实手下的长尾忠政投降，被幽闭在镰仓的永安寺，于1939年2月自杀。兼良时年35岁。

叛乱被镇压，"镰仓公方"对关东地区的实际统治结束了。但此动乱不但给后来关东地区的"结城会战"、足利成氏就任"公方"及其带来的"享德大乱"，以及之后"古河公方"的建立等带来影响，而且也成为日本历史发展的一个重要拐点。如果说上述农民等造反是人民的"下克上"，那么这次动乱则是下级军事贵族对幕府首开的"下克上"，其造成的危害要远大于农民等的造反。后来江户幕府大力重建儒学，提倡"礼制"，限制"大名"的权力，不能不说和这种"下克上"的经验总结无关。

第二乱是"结城会战"。下总国（今千叶县北部和茨城县一部）的结城氏朝受"永享之乱"的鼓舞开始与幕府作对。其手下的直光、基光二人在成为安房（今千叶县南部）、下野（今栃木县）的"守护"后也不断扩张自己的势力，加深了与试图向下野、常陆（今茨城县大部）方向发展的"关东管领"上杉氏的对立。此时上杉宪实在"永享之乱"后已掌握了关东地区的实际统治权，因此二者的对决不可避免。1440年氏朝拥立败死的足利持氏的遗孤安王丸和春王丸在结城举兵，幕府则派遣上杉宪实和上杉清方等讨伐。氏朝父子据城坚守一年，但还是在翌年4月16日因城被攻陷而自杀，安王丸和春王丸被捕押送京都于途中被杀。此会战虽说以幕府胜利告终，但由于之后上杉氏掌握了关东八州，引发了关东各诸侯反上杉的运动，以及各诸侯内部的分裂对立，关东地区的社会秩序始终无法恢复。兼良时年37岁。

第三乱是"嘉吉之乱"。相比于上述动乱发生在关东地区，此次动乱则发生在幕府的心脏地带京都。具体则指1441年（嘉吉一）6月24日，赤松满佑把将军足利义教诱骗至位于京都西洞院二条的自家宅邸，将其杀害后逃回领国，之后被幕府军讨伐，于9月10日自杀于播磨国（今兵库县西南部）"守护"所在地的越部城山城郡新宫町，该家族因此灭亡这一事件。起因是满佑在1427年父亲义则死后继承父职，但其所在的播磨国领地差点被将军义持没收。之后满佑在中央政界虽还享有较高的政治地位，但义持之子义教这时开始偏袒赤松氏庶子家的满政和

· 256 ·

第四章 镰仓时代(1192—1333)、室町时代(1336—1573)至……

贞村,疏远了满祐。不但如此,义教还于1439年(永享十一)讨伐"关东管领"足利持氏(即"永享之乱"),翌年杀害一色义贯[①]和土岐持赖[②],没收他们所在国的领地。满祐之弟义雅的所领也受牵连被没收。弑杀义教就是在此背景下发生的。

幕府于7月初决定讨伐,8月初下令发兵。以细川持常为大将的军队于8月下旬在明石人丸冢会战中击溃赤松军队,山名持丰的军队则从但马口攻入,使赤松的残部退却到书写山麓的阪本城(姬路市)。赤松残部接着又败于坂本城的攻防战,撤退至越部城山城,之后被山名军队包围。9月10日满祐等自杀。战后,播磨"守护"一职由山名持丰,备前"守护"由山名教之,美作"守护"由山名教清担任。此后幕府日益失去权威时,幕政则由有实力的"大名",特别是细川氏和山名氏、大内氏两派轮替执掌。兼良时年38岁。

第四乱是"享德之乱"。这是一场自1454年(享德三)至1482年(文明十四)延续近30年的关东大动乱,动乱开始时兼良54岁,但至兼良去世时仍未结束。它发端于第五任"镰仓公方"足利成氏暗杀"关东管领"上杉宪忠一事,之后形成了以幕府为一方、以山内和扇谷为代表的上杉一方、以"镰仓公方"(古河"公方")为一方的争斗,并迅速扩大到整个关东地区,拉开了关东地区战国时代的序幕。事件最早的起因是,"嘉吉之乱"中将军义教被赤松满祐杀害,幕府为稳定关东地区,答应越后(今新潟县大部)"守护"上杉房朝和关东武士团重建镰仓府,以与上杉氏的专制对抗的要求,允许拥立持氏的末子永寿王丸(足利成氏)为镰仓府的新领导人。自此足利成氏和上杉宪忠展开角力。

在重建的镰仓府内,让足利持氏送命的上杉宪实之子上杉宪忠不顾父亲的反对,在就任"关东管领"后开始辅佐成氏。但成氏却重用持

[①] 一色义贯(1400—1440),室町时代中期武将,官至兵部少辅、左京大夫、"修理"大夫。1409年乃父满范死后继承三河、若狭、丹后"守护"职务,兼"侍所头人"、山城"守护"。

[②] 土岐持赖(?—1440),室町时代中期"守护"大名,伊势"守护",土岐康政之子,也称世保持赖。1417年任伊势"守护"后不久,第四任将军足利义持之弟义嗣计划打倒将军,此举动被发现后持赖涉嫌支持义嗣,被撤销伊势"守护"职务。

"大和魂"史的初步研究

氏派的结城氏、里见氏、小田氏等，疏远了上杉氏，这引起宪忠对成氏派的反弹。山内上杉家的管家长尾景仲和扇谷上杉家的管家太田资清等人，为阻止结城氏等的势力扩张，于1450年（宝德二）发动进攻成氏的江之岛会战。此次会战不久即转为议和，但"镰仓公方"和上杉氏的对立并未因此消除。离开镰仓的宪忠不久被允许返回镰仓，但因景仲一方武士的土地被成氏没收，所以成氏和景仲等宪忠家臣的对立发展为土地的争夺。

1455年1月15日（享德三年十二月二十七日）成氏趁景仲不在镰仓，将宪忠招至自己公馆加以杀害。里见氏、武田氏等成氏侧近也袭击山内上杉宅邸，杀害长尾实景。原先在京的宪忠之弟房显此时继任"关东管领"，与堂弟、越后"守护"上杉房定合流占据上野平井城，"享德之乱"由此爆发。

景仲向幕府通报了宪忠被杀之事，要求征讨成氏，幕府答应。不久成氏的根据地镰仓被幕府军占领，成氏进入下总（今千叶县北部和茨城县一部）古河城，以此为根据地，自此被称作"古河公方"。1458年（长禄二）将军义政为对抗成氏将还俗的异母兄政知派到关东任"镰仓公方"，但不肯放权于他。政知因得不到关东武士的支持无法进入镰仓，无奈只能进入伊豆的堀越，自称"堀越公方"。1471年（文明三）成氏一方的千叶氏、小山氏、结城氏等攻入伊豆，政知败退。显定等上杉军队趁成氏主力攻打伊豆之际攻占古河城，但翌年又被成氏夺回。此间成氏不听幕府的改元指示，继续使用"享德"这个年号。1476年上杉氏有实力的家臣长尾景春因未被任命为"关东管领"家的"执事"而不满，在钵形城举兵，攻陷许多城池。对此抱有危机感的上杉显定于1478年与成氏讲和，结果是成氏一方取消使用"享德"元号。1479年成氏向幕府提出议和。1483年1月6日幕府与成氏达成议和，史称"都鄙（僻）合体"。于是成氏继续统治关东，而将伊豆的支配权让给政知。成氏的反幕行动停止了，但至此形成了两个"公方"，一个是拥有许多战将的成氏"古河公方"，一个是幕府认可的但其势力无法进入关东的政知"堀越公方"，幕府的权威进一步失坠。

关东地区的第四乱尚未结束，在幕府的心脏京都一带又发生了第五乱——"应仁、文明之乱"，彻底决定了日本此后历史发展的走向。此

第四章 镰仓时代(1192—1333)、室町时代(1336—1573)至……

动乱从 1467 年（应仁一）到 1477 年（文明九），共持续 11 年，但动乱真正结束实际上是在 1485 年，让 64—74 岁的兼良吃尽了苦头，并因此明确了自己对时局和政治的看法。这从乱后成书的《樵谈治要》可以清晰地辨识出来。动乱的原因很复杂。一般认为，室町幕府的政治基础是"守护"领国制，政权性质属于有实力"守护大名"的联合政权，其幕政是在该"守护"势力均衡的前提下展开的。将军义满虽曾一度拥有高度的亲裁权，但在义满之后幕政主要由以"三管领"、"四职家"①为核心的有实力"守护大名"参加的重臣会议决定。"嘉吉之乱"后各"大名"间的均衡被打破，能参与幕政的有实力"大名"逐步被淘汰，其结果是重臣会议的功能丧失了。于是将军义尚的生母日野重子和乳母"今参局"等身边女性参与到幕政中来。"今参局"被处刑后"政所执事"伊势贞亲和相国寺"荫凉轩主"季琼真蕊等不属于"守护"家的侧近势力逐步抬头，幕政陷于混乱。加之自 1441 年（嘉吉一）以来"德政一揆"频发，给幕府的财政带来沉重打击。另因关东地区事实上长期处于幕府的管辖之外，战乱的持久化和地方豪族的存在造成幕府直接领地的缩小，以及包含五山禅院在内的寺院夺占庄园等，也都给幕府的财政增加了不稳定因素。让幕府雪上加霜的是山名氏因"嘉吉之乱"继承了赤松氏的领地，成长为拥有横跨山阴（今鸟取县、岛根县、山口县、兵库县、京都府的日本海一侧）、山阳（今冈山县、广岛县、山口县及兵库县濑户内海一侧）地区七个分国的有实力"守护"；细川氏也保持着畿内、四国、山阳地区的八个分国，这两个"守护"以两分濑户内海制海权的形式暗中争夺幕政的主导权，他们的领袖分别是山名持丰和细川胜元。

爆发动乱的直接原因是"侍所②头人"和山城（今京都府南部）"守护"这一拱卫京都的要职自 1449 年（宝德一）以来一直由畠山氏兼任，但在 1450 年畠山持国将该职务让给自己的儿子义就后，后者与

---

① 所谓"三管领"即斯波、细川、畠山三家，"四职家"指担任"侍所所司"的赤松、一色、山名、京极这四家。
② 侍所，镰仓、室町幕府的重要机构，仿效原亲王、公卿家等的"侍所"而设立。1180 年（治承四）源赖朝设立后使其统制"御家人"和军事司法，长官称"别当"。室町幕府时其长官称"所司"，也参与京都的政治，由山名、赤松、一色、京极四家交替担任。

持国的养子政长发生对立。政长因此找到细川胜元说情，于是义就在 1460 年（宽正一）被幕府放逐和讨伐，亡命于大和（今奈良县）一带，对嗣后继承畠山氏家督和山城"守护"的政长怀有敌意，并寻找夺回"家督"和山城"守护"职务的机会。在此畠山家族的内讧中细川胜元始终支持政长，而山名持丰最初跟随胜元，但后来注意到义就具有独自与幕府作战的军事才能，故转而支持义就。此外，动乱的原因还牵涉到斯波义廉①和斯波义敏②的对立，以及因亲儿子义尚的出生造成将军义政和原将军继承人义视的③反目。不过动乱的主体基本上还是畠山义就和畠山政长，以及支持他们的山名和细川等有实力的"守护"。

由于这次动乱与兼良后来的思想认识高度相关（参阅《樵谈治要》），所以需要稍微详细地介绍动乱的经过和结果。

1466 年（文正一）9 月将军义政根据伊势贞亲、季琼真蕊等人的建议，将斯波家的家督由义廉更换为义敏，并企图暗杀足利义视。这一举动刺激了诸"大名"。义廉派的山名持丰和义视派的细川胜元分别将分国的军队集中在京都，贞亲和真蕊不得不逃往近江（今滋贺县）。这一事件被称为"文正政变"，说明义政的侧近政治已然崩溃，幕阁成为胜元和持丰两派争夺主导权的激烈斗争场所。斗争的结果是斯波义廉补任越前（今福井县东部）、尾张（今爱知县西部）、远江（今静冈县西部）三国"守护"，1467 年（应仁一）1 月义就重登畠山氏"家督"宝座。政长因此于同月 18 日在山城上御灵向义就的军队用兵，点燃了长达 11 年的"应仁、文明之乱"的战火。政长初战失败后持丰派完全控制了幕府。为此胜元进行反击，于同年 5 月在"奉公众"④ 的援助下成

---

① 斯波义廉（生卒年不详），室町时代中期的武将，也是室町幕府的"管领"，因与义敏争夺斯波氏的家督职位也导致了"应仁之乱"的发生。

② 斯波义敏（1435？—1508），室町时代中期的武将，义健的养子，曾一度继承"家督"的职位，但由于家臣施压而辞职，恢复"家督"职位后围绕该职位与义廉争斗，也导致了"应仁之乱"的发生。

③ 足利义视（1439—1491），室町时代中期的武将，义教之子，一度成为僧人，还俗后成为其兄义政的继承人，但义尚出生后被废，后受东军细川胜元拥护，也导致"应仁之乱"的发生。再后转入西军，也称"今出川殿"。

④ "奉公众"，室町幕府所设的官职之一，实际上也指将军直属的军事力量，由五个"番"组成，故也被称作"番众、番方"等。

第四章 镰仓时代(1192—1333)、室町时代(1336—1573)至……

功夺回将军的宅邸"花之御所",挽回了初战的不利。不得已持丰军队在堀川以西构筑阵地,因此之后胜元一派称东军,持丰一派称西军。东军因有将军支持,占据着有利的局面,逐渐剥夺了西军诸"大名"的"守护"职务,将自己一派的人补任为"大名"。但西军"大名"不甘示弱,顽强抵抗新任"守护"的进攻,战况呈长期胶着化的态势。

1467年5月26日京都城内巷战打响,西军略占优势,特别是义就的军队占据了自东寺到西冈一带的地方,义就自称"山城守护",直至战乱结束统治该地区达10年之久。1468年京都城外主要的神社和寺庙几乎无一不遭战火,施暴者就是被称作"足轻"的东西两军雇佣兵。据说此次内乱中雇佣兵第一次构成了主要的战力。它之所以活跃是因为此前由地方农民组成的军队长期驻扎京城已丧失战斗力。

三年后战场转向地方。1471年越前"守护"代理朝仓孝景投降幕府,东军因此占优。1473年两军元帅持丰和胜元相继死去,剩下的军事首脑厌战情绪高涨。尤其是山名政丰向东军倒戈,被幕府补任为山城"守护"之后,细川、山名二氏的对立格局完全改变,转为由原核心人物畠山政长和畠山义就代表的两军继续作战。1477年(文明九)9月畠山义就从长期占领的山城退去,同年11月大内政弘、土岐成赖等人撤回分国,以京都为中心的战乱终告结束。但义就此后继续在河内(今大阪)、大和、南山城一带向政长的军队发达攻击,不久完全控制了河内和大和,1482年攻入南山城,翌年占据宇治川以南,引发了"山城国一揆"。① 兼良在此一年前去世。

"应仁、文明之乱"的真正结束是在1485年,也就是"山城国一揆"成立之际,它意味着是畿内的农民和土豪结束了"守护大名"之间的争斗。之后参与动乱的诸"大名"已很难通过幕府的权威支配分国,而需要依靠自己的实力确保领国的统治。同时幕府的实际支配范围逐渐缩小,1487年征伐六角和1493年进军河内,幕府可动员的兵力仅限于畿内各国的"守护"军队和"奉公众"。幕府的司法行使权也仅局限于畿内。实际上,能帮助支撑接近政权畿内化的室町幕府的力量唯有

---

① "山城国一揆"指1485年在山城国南部发生的在乡小领主要求畠山义就和政长两军从该国退出,维持长达八年之久自治体制的运动。

"大和魂"史的初步研究

细川一族，但该族至此野心渐露。在"应仁、文明之乱"的乱中和乱后细川氏都将指挥部常设在京都，1493年4月干脆发动政变强行废立将军，并在暗杀政敌畠山政长后完全控制了幕阁主导权。有人说细川氏在畿内实现"战国大名化"的这一年即日本"战国时代"的初年。事实上，当时所谓的"政所执事"、"侍所开阖"①、"右笔方"② 等幕府机构已沦为细川氏的行政机构。

在地方，庄园制的解体已不可避免，"守护"代理阶层和有实力的在乡小领主逐渐崭露头角，他们中的一些人日后也成为"战国大名"。以庄园制和在乡领主制为支撑的中世国家框架的崩溃，也是这次动乱的重大结果之一。可以说，将日本历史大分为二（古代和近世及以后）的时代转换点就是这场大动乱。

六　小结：一条兼良要"鉴别"什么？

阅读至此，想来不难揣测出上述动乱和兼良的"鉴别"话语之间的联系。然而兼良具体要"鉴别"什么？虽然兼良语焉不详，但我们根据以上线索进行分析，认为兼良这时要"鉴别"的，不太可能是所谓的外来文化和本土文化的异同，其鉴别"之心"也不可能来自"万世一系的神国国体的信念和忠勇义烈的精神"，③ 而主要是针对当时日本国内的"下克上"现象。为此需要结合兼良所撰的两部主要著作加以辨别和求证。

1. 《公事根源》。兼良和他的祖父二条良基一样，都生活在武家掌权的年代，一生似乎都在追忆缅怀公卿贵族昔日的辉煌。但在那个时代，他们能做的只有写作，以此抒发对往事的赞美和陶醉的心情。良基除写出《百寮训要抄》外还写过《年中行事歌合》（《一年仪式活动中的和歌比赛》），而兼良写出的则是《公事根源》（《朝廷仪式活动之来由》）。据安藤为章和斋藤万古刀研究，《公事根源》就是《年中行事歌合》的注释书。虽然有人说兼良在撰写《公事根源》时也参考了《江

---

① 掌管文件收付、记录、文案工作的机构。
② 替高级官员拟定文稿的机构。
③ 奥村伊九郎：《大和魂——历史篇——》，一条书房1934年版，第48—49页。

第四章 镰仓时代(1192—1333)、室町时代(1336—1573)至……

家次第》① 和《建武年中行事》②，但至少他将《年中行事歌合》作为自己写作的主要参考文献之一。

在这部有关平安朝文物典章制度的书籍中，兼良详细解释了从正月一日"四方拜"到十二月除夕"追傩"这一年中宫廷各种活动的来源。这种对"传统"仪式的高度理解和追怀，其实与他书写的几部《源氏物语》注释书的许多注释是合拍的。实际上，日本在平安朝形成的所谓"传统"仪式多半是一种融入中国风俗信仰和日本古代遗风的仪式。请见下表：

月份	各种祭祀名称
一月	四方拜、元始祭
二月	皇灵殿祈年祭、春日祭、新年祭、御田植祭
三月	春季皇灵殿与神殿祭（三月春分日）、春日祭（三月十三日）
四月	神武天皇御例祭、贺茂祭、神衣祭
五月	端午祭（五月五日）、贺茂祭（五月十五日）
六月	神今食大祓、神宫月次祭幣帛派遣（六月四日）
七月	乞巧奠
八月	
九月	伊势例幣、重阳宴、秋季皇灵殿与神殿祭（九月秋分日）
十月	神尝祭（十月十七日）
十一月	新尝祭（十一月廿三日）、相尝祭、镇魂祭（十一月廿二日）、明治维新后的靖国神社例祭（五月六日、十一月六日）
十二月	大祓（十二月卅一日）、除夜祭（十二月卅一日）、追傩、后桃园院天皇御例祭（十二月六日）

仅就正月的"四方拜"和十二月的"追傩"来说也是如此。"四方拜"即天皇在元日清晨祭拜天地四方的仪式。具体说来，就是在清凉

---

① 大江匡房著，二十一卷，属于解释恒常和临时的朝廷仪式和"关白四方拜"等个人礼仪的文物典章制度书籍。又名《江帅次第》、《江次第》、《匡房抄》、《江抄》。

② 南北朝时代朝廷一年仪式活动的记录书籍，三卷，后醍醐天皇著，也称《假名年中行事》、《年中公事记》等，从正月的"四方拜"、"供御药"一直记录到十二月的"追傩"仪式。

"大和魂"史的初步研究

殿东庭用四幅屏风围起一个空间，于其中设座，并在座前设置一张白木桌，供上花束和灯火。寅时（清晨4时）天皇身穿黄栌色袍出现，先颂咒文，后拜谒属星①（据说是可支配该人命运的星宿），再拜天地和东西南北四方，继而又遥拜父母的陵地。该仪式起源于中国，自平安时代初引进日本后连绵运用至今。只是从明治维新起做法有了部分改变，改在皇居内神嘉殿南庭祭拜伊势两宫和四方诸神，褪去了部分中国思想色彩。此外公卿大臣家庭也可以在元日清晨祭拜四方。由此可以看出，日本早期引进的仪式等有许多与儒道思想相关，属于中国文化大系统（融合了儒道两教思想）中的一个子系统，其看重的是内含的儒家礼制思想，目的在于加强皇权和稳定社会。日本早期统治阶级包括兼良等贵族文人在学习和运用这些仪式的过程当中，不管是有意还是无意都可以了解并掌握那些儒道思想。

"追傩"即驱赶疫鬼的仪式，来源于《周礼》所述披熊皮、戴黄金四眼假面、着黑衣朱裳的方相氏（巫师）手执矛盾将疫鬼从宫中驱赶出去的做法。日本引进该仪式始见于706年（庆云三）诸国疫病流行，百姓多死，故造土牛、行大傩的记载。又据《延喜式》等记载，宫中每年除夕夜都有戴黄金四眼假面、着黑衣朱裳的"大舍人"（在宫中当值和侍奉的官员）装扮成方相氏，右手执矛、左手执盾驱赶疫鬼。这种"追傩"仪式也许来自一种更古老的被禊观念，不仅长期通行于宫廷，后来还流行于民间，比如在家举行撒豆仪式和在寺庙举行"修正会"②和"修二会"。③

"追傩"或被禊都与中国的阴阳道和五行思想有关，也参与到后来儒道思想融合的进程之中。这些思想具有学术和咒术之两面。在学术一面，它可以说明宇宙万物的生成和变化的原理，预测未来，但在现实中却多用于强调它的招福除祸功能，时常与祭、被、占、咒等混为一谈，也就是它的咒术一面。"祭"即祈祷长寿和荣达以及防御疫病和邪鬼的

---

① 属星，属于该年份的星宿，即子年的贪狼星、丑年和亥年的巨门星、寅年和戌年的禄存星、卯年和酉年的文曲星、辰年和申年的廉贞星、巳年和未年的武曲星、午年的破军星。
② 修正会，即从正月元日到三日或七日间在寺院举行的为祈祷国家繁盛的法会，据说日本始于768年。也称"修正月会"、"修正"。
③ 修二会，即于阴历二月初（今为三月）在寺院举行的祈祷国家繁荣的法会。其中尤以现在3月1日到15日举行的东大寺二月堂法会取水仪式最为有名。也称"修二月会"。

第四章　镰仓时代(1192—1333)、室町时代(1336—1573)至……

入侵;"祓"即在固定的日子,于预定的场所进行沐浴,以去除不幸和生病的根源;"占"即通过卜算工具,算出在何年何月何日何时应干什么和不应干什么,以及根据时辰和方位算出吉凶。并且还可以依据日食、月食、彗星、流星等天体现象说明人界的社会现象及寻找对策,有时还用于建议改定年号,参与到中日两国朝政的制定中来;"咒"(略)。从表面看古代日本的政治思想与中国一样,也以儒教为正统,隐性的道教观念则因它的阴阳变化学说和与佛教产生对立而具有反体制的一面,被视为旁门左道,最终从官学的科目中被排斥出去,但日本在中世及之前的情况并非完全如此。《日本书纪》记载,推古天皇十年(602)百济僧观勒赴日,带来了历书和天文、地理、遁甲方术书,当时朝廷指派3—4名书生学习该学问,表明阴阳道正式传入日本。100年后日本已在"中务省"内设置"阴阳寮",使该学问及其运用进入法制化的轨道,该寮的长官名为"阴阳头",下属"阴阳师"、"阴阳博士"及"天文博士"、"历博士",使其培养"阴阳生、天文生、历生"等并专司"阴阳道、天文道和历道"的研究。不过以"四方拜"和"追傩"仪式为代表的"阴阳道"等与其说是一门纯粹的学问,不如说是一个引导当时朝廷现实政治生活的指标。它的指向就是祈祷天皇政治永世不变,扼杀社会与自然的"罪恶"行径于无形,维护"摄关"专制等级制度。无怪乎兼良和他的祖父都认为兹事体大,念兹在兹。在这方面,兼良和日本许多古代学者一样无所谓何道、何儒、何神、何佛,只要它或它们能满足现实政治、社会的需要即可。而这种反映在《公事根源》中的仪式正是中国儒道思想和日本古代遗风融合的产物。一如前述他也受到宋学的影响,将儒道神佛混为一谈,说神佛儒是"三教一致"。[①] 故从他的学术思想和当时社会的一般倾向上看,他及旁人

---

① 兼良的这种思想,体现在他的《日本书纪》注释书《日本书纪纂疏》中。在仅对《日本书纪》"神代卷"注释的这部书中,他不仅运用日本的古籍,还运用汉籍、佛典和韵书等进行注释,代表着当时"神道思想"的一般倾向和兼良的"神道观"。兼良就是在此注释过程中将佛学混合于儒教思想,并融合了其父经嗣和卜部兼熙的学统,展开了自身的神儒佛"三教一致"说。虽然他在该书中对当时建仁寺僧人圆月所谓的日本皇室祖先乃吴太伯之学说进行了严厉的批判,赢得了后来日本学界的喝彩,但这种批判是在"三教一致"这个大框架内展开的,并无后来日本学者所说的民族主义气节和识见的存在。

· 265 ·

"大和魂"史的初步研究

原本并不在意要"鉴别"什么。

2.《樵谈治要》。兼良追思和欲复辟的"摄关"政治制度在遭受武家势力打击后基本不复存在,但"摄关"政治思想却在武家军事贵族政权的温存下阴魂不散。公家和武家能长期共存,靠的就是对那种以维护上层贵族阶级利益为核心的礼制的共同依赖。换言之,公卿贵族和军事贵族社会也都是一种礼制社会,讲求上下关系。但在室町时代中后期这种礼制被打破了,日本进入"下克上"的时代。为此与武家政权命运相连的兼良自然要根据实际情况,为防止继续出现这种现象支招。《樵谈治要》所说的主要内容在今人看来不少都难免有隔靴搔痒之嫌,但说其本质是防备"下克上"可能并不为过。顺便要说的是,和《河海抄》一样,《樵谈治要》的书名也取自汉籍,《文选》卷九扬雄的《长杨赋》说:"士有不谈王道者则樵夫笑之",意即"樵夫亦可谈王道"。

《樵谈治要》的主要意思此前略有介绍,于此稍详细补说,其间共谈八点意见,第一点即确立位次,将"政教合一"制中代表天皇的神祇官列为百官第一:"我国乃神国也。自开辟天地以来经天神七代、地神五代始有万事(万物)。又君臣上下皆神之苗裔。是以立百官次第,神祇官为第一";第二点是基于神儒佛一致的立场,强调应从儒佛一致的立场尊重佛法;第三点是指出为政者须清廉正直,其潜台词是"德政一揆"和武家政权的巧取豪夺有关;第四点是说明司法时应公正而无私欲,基于道理辨别善恶,其用意与第三点相通;第五点是提出选择将军侧近须有标准,暗含批评将军重用非"守护"的侧近势力,紊乱上下关系,致使幕政混乱的意思;第六点是关于诸国"守护"应有的品行:"诸国守护应以清廉正直为先",不存僭越之心,并告诫:"(过去)诸国国司一任不过四年,而今守护虽说与往昔国司相同,但可传其职务于子子子孙,与(中国)春秋时代十二诸侯、战国时代七雄无异。"[①] 意思是需要就"守护"的职务继承问题和尾大不掉的"下克上"政治现象作出考虑;第六点谈"足轻"问题。简言之,"足轻"即

---

① 塙保己一编:《群书类从》第二十九辑,杂部,第四七六卷,续群书类从完成会1959年版,第42页。

第四章 镰仓时代(1192—1333)、室町时代(1336—1573)至……

"轻装步兵",在平安时代末期的《平家物语》和南北朝时期的《太平记》中都有描述,其作战任务就是在战前深入敌方的市区纵火,秉夜潜入敌城等,属于一种专事游击战的雇佣兵,并非正规部队。兼良的宅邸和书籍毁于城市大火,想来与"足轻"的所作所为不无关系,故兼良斥之为"越分之恶党"和"日间强盗",建议停止长期使用。其间的"越分"一语也反映出兼良的礼制心态。但战争造成的破坏并不都来自游击队式的"足轻",可能与正规部队更有关联。兼良单挑"足轻"说事可能与其打心底里讨厌下层人士也有关系;第七点是女性参政问题。兼良用大量的篇幅论证日本自古以来就有女人参政的先例,显示出兼良的思想超越时代的一面。但他同时说明参政时男女皆须明白事理:"无论男女,若不昧于天下道理皆可参与政道,尽辅佐之力,且无麻烦。"①此说虽有拍富子马屁之嫌,更缺乏一种透视历史的能力,因为"应仁、文明之乱"的原因之一,就是富子等女子干预朝政,然而兼良能提出"不昧于天下道理"的观点,不能不说确实来自一种"鉴别"之心。不过这"天下道理"是何道理没有说明;第八点是建议将军要参照史书与和汉故事,保持威严。因为将军义尚当时还小,只有8岁。保持威严,即遵从礼教和礼数,使人知道上下有别,不存僭越之心,不做逾分之事。另外在《文明一统记》(1479)中兼良还希望将军尚武,不能向崇尚武力的"大名"示弱,对政治保持热情。以上各点,如果我们换个词汇加以说明,那就是必须具有"鉴别之心"。

还须补充说明的是,《花鸟余情》对一些词汇的注释很详细,对之前注释书认为心照不宣可以省略的部分也执拗地加以注释,如对原作会话中文气的"呼吸"、被省略词的意思、突兀语汇的意思、仪式的应有程序等,只要认为有必要即一一详细注释。有些词汇的注释更是被当作需要长期保密和垄断②的内容,则收录到另一本注释书《源语秘诀》中

---

① 塙保己一编:《群书类从》第二十九辑,杂部,第四七六卷,续群书类从完成会1959年版,第44页。
② 因识语的不同,《源语秘诀》还有不同的传本。从以下识语可以看出兼良对自己的学问欲进行保密和垄断。有"唯传一子之书也。不可出阃外。付嘱中纳言中将毕。文明九年二月吉日。老衲觉惠 草名"识语的,是传给子嗣冬良的传本,而有"唯传一子之秘说也。坚可禁外见者也。后成恩寺御奥书。同御判"识语的,则是在应他人的查询要求时所参考的传本。

去，这些注释共 15 条（有人说是 16 或 17 条），其中就包括"少女"卷中的一个词汇"垣下飡"①的注释（对礼法制度的说明）。但《花鸟余情》对同卷"大和魂"这个词汇的注释字数却极少，仅说其为"我国鉴别之心也"。是兼良认为该词汇属于老生常谈无须解释或多解释，还是另有原因我们无法得知，不过根据他在《源氏和秘抄》和《花鸟余情》中的不同解释，著者认为兼良在后者的注释中还是流露出一些他内心的独特想法。根据以上种种不完满的分析，我们推测兼良也持有与其祖父相似的观点，对过去"摄关"政治制度的大好时光充满怀念，并希望温存"摄关"政治思想的室町政权能够延续下去，故需要对构成威胁的"下克上"思想和做法保持警惕，即进行"鉴别"。兼良的"鉴别"，其实与日本国的后人提倡的儒式"大义名分"有几许相似，人们很难通过此看出其中是否具有民族主义情绪，即后来所谓的"日本中心主义"意识。

第五节 《源氏物语湖月抄》中北村季吟的"大和魂"

时间演进至江户时代，北村季吟在《源氏物语湖月抄》（以下简称《湖月抄》）中将"少女"卷的"大和魂"注释为："和国魂 和才魂魄也 孟广学唐土之文亦可知日本之事也。"文中小字"孟"指引注九条稙通所著《孟津抄》中的一句话。季吟的注释前半部分完全抄自《河海抄》，而引注部分似乎是说隔"国"不隔理，中国典籍包蕴的智慧亦可使用于日本，故学中国典籍即可知日本该如何行事。

季吟的注释和引注之间的关系为何？其引注九条稙通的话语目的何在？因为《湖月抄》的注释和此前的注释一样，依旧是各自独立互不关联，即缺乏文脉而导致人们不易理解，所以仍需就北村季吟和九条稙通的生平及思想倾向先作介绍和分析，之后再就该二人注释的用意作些推测。

---

① 参见"少女"卷"をしかいもとあるしの事"句的解释。指平安时代参加朝廷或公卿宅邸宴会时正客之外的陪伴人员在陪伴席落座后接受招待一事。

第四章　镰仓时代(1192—1333)、室町时代(1336—1573)至……

一　北村季吟的生平及思想倾向

　　北村季吟（1625—1705），近江（今滋贺县）人，名静厚，通称久助或再昌院，别号七松子、拾穗轩、湖月亭等，江户时代前期向中期过渡时期的俳人、歌人和古典作品注释家，精通和汉两学。有人说他是"国学家"，有人仅说其为"和学家"，并无固定的说法。据说其祖在兵农不分的战国时代经常参加战斗，故有武人的做派，而至其祖父宗龙和父亲宗圆时二人都以行医为业，业余时间则以吟咏连歌为乐。受此影响季吟自少年起也学习医术，并喜欢上连歌，但在16岁时去江户后却改向安原贞室和松永贞德学习俳句与和歌，被誉为"贞门派俳谐新锐"，25岁时即写出俳句理论书籍《山之井》。贞德殁后季吟又跟随飞鸟井雅章和清水谷实业学习和歌与和歌理论，显示出其在学问上的开放一面。之后季吟在创作俳句、和歌的同时开始对日本的古典作品进行注释。60岁时成为祭祀和歌歌神、衣通姬的新玉津岛神社"社司"，但物质生活始终不很如意。由于季吟继承"古今传授"（《古今集》传授即和歌学问）道统（其传递顺序是藤原定家→为家→为世→顿阿→经贤→尧寻→尧孝→东常缘→宗祇→三条西实隆→三条西公实枝→细川幽斋→松永贞德→北村季吟），在和歌创作方面有一定成就，故有人将他推荐给幕府（具体的推荐人和推荐路径是杉本道继→藩主松平直矩→幕府），使他以66岁的高龄进入幕府"歌学所"，担任"歌学方"①，负责指导将军纲吉及其近臣柳泽吉保创作和歌并向他们讲授"古今传授"学问，最终获得"法印"②这个高级称号。82岁时辞世，埋葬于正庆寺。

　　季吟一生创作众多的和歌和俳句，也写出不少俳句理论书籍，其中一部俳论著作《俳谐埋木》③，书名起得谦虚但内容却很出彩。与此形成对照的是季吟在俳句创作上似乎缺乏才能，始终未走出贞门派的藩

---

　　① 江户幕府时代负责编修歌书和咏歌事务的职务名。1689年北村季吟及其子湖春任此职务后其子孙一直世袭该职。
　　② 在日本古代有许多意思，其中或指"法印大和尚"，即最高僧位的略称，转指僧侣；或指中世以降仿照僧位授予儒学家、佛像塑造师、连歌师、医师、画工的称号。这里当取第二个意思。
　　③ 原意为"久埋地下的半炭化木"，转喻"被人世抛弃无人问津的境遇"。

"大和魂"史的初步研究

篱。可是值得他安慰的是其门下涌现出许多优秀俳人，如松尾芭蕉、山冈元邻、山口素堂等。季吟对日本文学做出的最大贡献是写出许多古典文学作品注释书，仅按日本新典社编辑出版的注释书等（内含部分自编的作品）统计就有：

《土佐日记抄》（一册）
《伊势物语拾穗抄》（一册）
《枕草子春曙抄》（二册）
《大和物语抄》（二册）
《源氏物语湖月抄》（十一册）
《徒然草文段抄》（二册）
《徒然草拾穗抄》（三册）
《和汉朗咏集注》（二册）
《八代集抄》（十五册）
《新敕撰和歌集口实》（二册）
《续后撰和歌集口实》（二册）
《百人一首拾穗抄》（一册）
《古今集序抄》（一册）
《假名烈女传》（二册）
《女郎花物语》（一册）
《歌仙拾穗抄·岩间杜鹃》（一册）
《万叶拾穗抄》（全六册，别卷一册）
《初雁文库本·古今和歌集教瑞抄》（全五册）[①]
《八代集抄》（册数不详）和《万叶集集穗抄》（册数不详）等

其精力之充沛，创作数量之庞大令人咋舌。其中以集镰仓时代至江户时代前期日本古典文学作品研究之大成的注释书《湖月抄》（1673）

[①] 《北村季吟古注释集成》，新典社1980年版。册数并非原书册数，而指新典社的影印册数。

第四章 镰仓时代(1192—1333)、室町时代(1336—1573)至……

最为著名。

从这些注释书和作品等可以看出：

1. 季吟具有较强烈的儒学思想倾向。首先须关注的是他在年轻时写的《假名烈女传》（32岁）和《女郎花物语》（38岁）。这两部书严格说来都不是注释书，而是神话传说集萃。一如字面所见，《假名烈女传》中的人物都是儒家盛赞的中国英烈女子。与此相对，《女郎花物语》的主人公则是日本的女性，其内容充满对日本女性的劝诫和说教。书分三册，中册开头记有某年轻"殿上人"[①] 某日在斋女选子内亲王[②] 的宅邸外偷窥屋内的情节。就此季吟评论："斋院等所虑之处与此有关。女子于深宫大院亦不欲被人轻易见到。《诗经》曰，'厌浥行露，岂不夙夜。谓行多露。''厌浥'指'湿淋淋'。'不夙夜'指女子于清晨或深夜不独自行路。圣人时代之女子，言厌此时道路多露，不于夜晨一人行路，且不欲于途中与可疑男子等碰面。此事女子必审慎之。"（季吟的注释与我们的理解有部分出入）与此类似的评论在他后来写的《湖月抄》和《伊势物语拾穗抄》中还能看到，可以说在这方面季吟的思想几无变化。其实这很正常，因为在江户时代幕府崇尚儒学和提倡严谨的生活作风。然而令人不解的是季吟在53岁时还编撰过一部奇异的作品集——《歌仙拾穗抄·岩间杜鹃》。此书也不是严格意义的注释书，内容关乎日本男性同性恋者、僧侣和"稚儿"[③] 之间的爱情。这类爱情形式屡有变化，但在日本古代直至近世长期受到追捧，或与神道有关。

季吟的前述两部作品及注释书中的部分言论当然受到儒者的欢迎。江户时代儒学家藤原直方（1650—1719）热衷于朱子学，曾因对赤穗义士（见此后脚注）的所作所为不满，说他们根本不是"义士"而在当时非常有名。他还猛烈批判天皇制度和女天皇，对《女郎花物语》

[①] 被允许进入宫中大殿的人，指五品以上的官员及六品的"藏人"（相当于唐官职的侍中）等有资格者。

[②] 选子内亲王（964—1035），平安时代中期歌人，村上天皇之女，从圆融天皇时期开始共在5位天皇任内57年间任"贺茂斋院"，人称"大斋院"。精通和歌，著有《大斋院前御集》、《大斋院御集》。且笃信佛教，著有家集《发心和歌集》。

[③] 听从公家、武家、寺院等召唤的男色对象少年。

高度欣赏。直方甚至还从季吟的《女郎花物语》中抽出24个故事，重新编为一本书，名曰《苎环》。① 不用说女性不能独自夜行的故事和《伊势物语》所说的有关和歌功用的故事都网罗其中。此外，他还从《徒然草》中抽出一些段落编成另一本书——《东云》，供训诫男性所用。直方认为，如果《徒然草》是一部适合男性阅读的最好的人生教育书籍，那么《女郎花物语》就是一部适合女性阅读的最好的人生教育书籍。直方在《苎环》的末尾还写下识语，说过去一直都提倡能够实行正确的"男道"和"女道"，但近年来几乎未见有关"女道"的书籍，所以自己在阅读《女郎花物语》后，特意将其中合适的部分抽取出来编成一书，以供训诫女子之用。在此识语中人们还可见到"不顺、不信、淫奔、丑行无所不至"② 等话语。

幕府大儒林罗山③对此类"人道"也很关心，亦撰写过一部《徒然草》注释书，名为《野槌》，认为可将《徒然草》作为一部"人生教育"书籍来读。如果说战国时代饭尾宗祇④当年所作的古典注释是祈求和平时代早日来临的话，那么江户时代的季吟、直方和罗山等人就是希望通过注释或编著发现所谓的"人道"，以克服当时轻佻浅薄的社会流弊。

这些说辞显然不会受到后来的日本"国学家"欢迎。但他们对季吟的上述做法却持有一种奇怪的态度：一方面认可季吟的注释方法，比如贺茂真渊居然对季吟颇有好感。重松信弘曾就《源氏新释》（1762）作过说明：此"乃真渊所撰，具有奇异通俗之启蒙之功，由《湖月抄》转引之处颇多。"⑤ 本居宣长也大体如此，他"使用的文献中有许多季

---

① 收录于日本古典学会编：《增订佐藤直方全集》卷一，鹈鹕社1979年版。
② 《增订佐藤直方全集》卷一，鹈鹕社1979年版，第573页。
③ 林罗山（1583—1657），江户时代初期幕府的儒官，名忠或信胜，僧号道春，京都人，向藤原惺窝学习朱子学，任德川家康及之后四任将军的"侍讲"。曾在上野忍冈建立"学问所"和先圣殿，即日后日本儒学教育基地"昌平黉"之滥觞。给许多汉籍注上训点（道春点）并刊行。著有《本朝神社考》等。
④ 饭尾宗祇（1421—1502），向宗砌和心敬等人学习连歌，向东常缘和一条兼良等人学习和歌和古典。据说后来从东常缘那里接受了《古今集》的秘说，从此开始"古今传授"，并成为当时连歌的主要指导者，著有《竹林抄》、《新撰菟玖波集》等。
⑤ 重松信弘：《新考源氏物语研究史（增补版）》，风间书房1980年版，第86页。

第四章　镰仓时代(1192—1333)、室町时代(1336—1573)至……

吟写的东西"。① 虽然宣长对《湖月抄》的注释多有不同意见，有时还会作出反驳，但却不像对待安藤为章和熊泽蕃山那样对季吟横加指责。甚至宣长在《源氏物语玉小栉》（1796）中还对《湖月抄》作出相当不错的评价："今世普遍使用者乃湖月抄也。此抄广泛援引此前诸抄中之注释，以头注②与旁注③形式作出，夹以'师说'或'今案'，皆有出处，值得信赖。"④ 一方面又指斥季吟为人"平庸"。与此相似，以《湖月抄》为基础撰写的《源氏物语》注释书还有"国学家"契冲的《源注拾遗》、铃木朖的《玉小栉补遗》、石川雅望的《源注余滴》、萩原广道的《源氏物语评释》等，个中的原因想来与季吟在注释时，广泛网罗此前的各种注释和单纯地对"古语与典故进行织缀"，⑤ 而很少做出自己的取舍选择及提出自身的主张，因而给后人留下多种解释的可能有关。但无论如何，在"国学家"看来那些训诫都毫不足取，因为日本女性的夜行或"淫奔"反映的是古代社会的生活和精神规范，其中存在着"美学价值"。这在后来宣长读《源氏物语》，将其主题一言以蔽之为"物哀"这种行为看得尤为清楚。此暂按下不表。

季吟的儒学倾向还体现在他临死前给子孙留下的话语当中。在其最后一部著作《疏仪庄记》中，季吟历数《伊势物语》、《百人一首》、《咏歌之大概》、《万叶集》、《八代集》、《新敕撰和歌集》、《续后撰和歌集》、《昭明文选》、《白氏文集》等和汉书籍后说："以此立家创一流。我子孙有志于此道者若学习之，何有菟裘之虚名乎？"⑥ 这除了是对自己子孙的期待，也是对自己一生的总结，显示出季吟善用中国典故说明人生哲学或处事道理的倾向。"菟裘"是中国古代贤人隐居的地名，最早转用于日本作品的是《十训抄》⑦，该抄卷十"庶几可才艺

---

① 本居宣长纪念馆，《宣长使用的古典文献》，2013年3月27日，http://www.norinaga kinenkan.com/norinaga/kaisetsu/kitamurakigin.html。
② 指在原文的上方辟出一个方框，于其中所作的注释。
③ 指在原文旁边所作的注释。
④ 本居宣长：《源氏物语玉小栉》，多摩通信社2013年版，第96页。
⑤ 同上。
⑥ 北村季吟：《疏仪庄记》，（丛书）三十幅卷二，无出版商名，第7页。
⑦ 故事集，三卷，或为六波罗二﨟左卫门入道所撰，1252年成书。按十个类别收录和汉古今许多训诫故事，与《古今著闻集》有密切的关系。

273

事"的卷首说，平安时代兼明亲王乃一流的文人，但被藤原兼家（道长之父）排斥，故辞去"左大臣"职务隐居在嵯峨。在那里他用汉文写下《菟裘赋》，表达对兼家和天皇的怨恨。然而亲王之子源伊陟乃不肖子孙，不知父亲作品中的"菟裘"是中国的地名，而将其认为是"兔子的皮毛"，并且不知《菟裘赋》中的成语"君昏臣谄"是批判天皇和"摄关"的，还让村上天皇看了这篇赋文。季吟在临终诫语中将自己比作兼明亲王，不希望子孙成为伊陟那样的人。

此外，从季吟在担任新玉津岛神社"社司"时给自己取的新字号"七松子"也可看出他倾心汉学的痕迹。先看"七松"。关于其来历，季吟在其著《新玉津岛记》中引用歌人顿阿的子孙尧孝的说法，说玉津岛神社建在礁石上，因无法立"鸟居"① 才种了这七棵松作为标识的。② 到室町时代初期，顿阿及其子孙在世人认为是藤原俊成的旧居上建了一个新神社——新玉津岛神社。建好后尧孝作歌庆贺："七松种在神垣里，祈君永存千万代。"这首歌前半部分吟咏的是玉津岛神社的旧况，后半部分祈祷新玉津岛神社和足利将军皆永世长存。季吟后来在担任新神社"社司"时取字号为"七松子"即与此有关。这个"新玉津岛神社＝七棵松"的理念，后来被移植到六义园的名胜之一"新玉松"（七棵松）里。但和尧孝祝祷足利幕府不同，六义园的主人柳泽吉保③和季吟在这名胜中祈祷的却是与足利氏族有相同源氏血缘的德川将军。

然而为何要种"七棵松"今不可考。据宫川叶子推测，新玉津岛的发音在日文中是七个字符，故植松七株。但据著者揣测，在当时未得志而自称"七松子"时，季吟的心中还可能有另一个解释版本，因为"七松"和"七松子"毕竟不是一个东西。后一个词汇的"子"字带有明显的汉文化痕迹，在汉语语境中经常用于表达"仙人"的含义。岛内景二认为："《太平记》卷三十七出现过'七松居士'这个人物。说是后光严天皇返回京都时宫廷已一片荒芜，故在修缮期间暂时住在北

---

① 立于神社入口，类似中国的牌坊。
② 岛内景二：《北村季吟 此世后世皆不思》，米涅尔瓦书房2004年版，第240页。
③ 柳泽吉保（1658—1714），江户时代中期的幕府"老中"，美浓国（今岐阜县南部）"国守"，后成为德川纲吉的近臣，位居"老中"，并成为甲府藩（山梨县中部）藩主，纲吉没后辞官。详情请见后文。

第四章 镰仓时代(1192—1333)、室町时代(1336—1573)至……

山西园寺家的旧居里。但这里也荒圮不堪，松树和柳树都未有人打理而长得十分繁茂。

> 经年荒颓，惨不忍睹。岩下松风疑雨，门前柳条乱丝。寂寞凄凉，想来五柳先生旧迹、七松居士幽居亦不过如此。

文中的'五柳先生'即在家门口种植五棵柳的陶渊明（陶潜），'七松居士'（七松处子）即在庭院种植七棵松的郑薰。郑薰将自己的居所称作'隐岩'。人们难以想象尧孝'七松'歌的背后有郑薰的故事，但也许在隐居新玉津岛神社自称'七松子'的北村季吟脑中有郑薰的人生掠过。"①

此话说的就是季吟和汉学的关系。

2. 季吟不光具有较明显的儒学倾向，还存在较显著的佛教思想。这种儒佛兼具的现象在日本江户时代中期及之前的文人间屡见不鲜。以《湖月抄》为例，有人说在这部注释书中季吟为迎合时代需求，试图去除《弄花抄》和《明星抄》等中的佛教色彩，而偏重于用儒学的方式进行解释。但事实并非完全如此，该注释书还存在浓厚的佛教思想，且不时闪现佛教"训诫"的光芒。这在《湖月抄》的序文、卷首的"凡例"、第一卷"发端"的注释和最后一卷"梦浮桥"末尾的语汇及跋文等中都有具体表现。

在序文中季吟对《源氏物语》的意义作如下说明："凡内典外典千万轴皆难解难纳也。因以权化②（假像）为方便③（手段）拾一代权实④（手段与真实）内外书典之意旨，归结于此一书。而其又不出四十七字假名，言尽世间荣达之万法，可谓事理清晰如临明镜欤！然则天地有始终，况人类乎？因此可深显盛者必衰、会者定离、生老病死、有为转变之理。此外立世间常住坏空之法文，显烦恼则菩提之法意，此物语

---

① 岛内景二：《北村季吟 此世后世皆不思》，米涅尔瓦书房2004年版，第241页。
② 指神佛为普渡众生，权且改变姿态出现于这个世界之事。也称"权姿"、"权现"。
③ （佛）（梵语 upāya）指教导众生的巧妙手段，或诱导人类接受真理而假设的教语。
④ （佛）指"权教和实教"，即"方便和真实"。

之大意也。"① 这种思想还具体体现在正文的注释中。在"桐壶"卷里原作者紫式部写道，受桐壶帝宠爱的更衣于某年夏天病倒。季吟在此部分的头注中一反不轻易表达自身想法的常态，亮明了自己的态度：此处"显示盛者必衰之情状"。当濒死的更衣辞别后宫打算返回故里时季吟接着注释："可见会者定离之理。"当桐壶帝发愿后更衣还是死去时季吟又注释：此"可显示有为转变之事例"。② 亦即季吟在"桐壶"卷里所看到的不外乎就是"盛者必衰、会者定离、生老病死、有为转变"之人生"真相"。

在卷首"凡例"中季吟再次对"盛者必衰"此话作了强调，引用九条稙通的话说："孟津抄云，见源氏者须端正心灵，坚守盛者必衰之心。若心灵不正，则徒然倾心于好色场面。故须有所操守再见源氏。"③ 看来季吟与《孟津抄》的著者九条稙通相似，二者所认识的《源氏物语》的"教训"，或可换说为主题，必定包括"盛者必衰"四字。

在第一卷"发端"注释部分仍可见到季吟的浓厚佛教情绪。《源氏物语》共五十四帖，各有一个雅致的小标题。这些小标题或来自该卷的某首和歌，或来自该卷叙述部分的某个词汇。人们称前者为"以歌取名"，称后者为"以词取名"。但这不完全正确。其实，《源氏物语》的卷名可分为四种情况：（1）取自该卷的某首和歌；（2）取自该卷的某个词汇；（3）既取自该卷的某首和歌，也取自该卷的某个词汇；（4）既不取自该卷的某首和歌，也不取自该卷的某个词汇。但就是针对这四种情况季吟也根据佛教教义，在"发端"注释部分将它们分别解释为：（1）"有门"；（2）"空门"；（3）"亦有亦空门"；（4）"非有非空门"。④ 实际上，"这与（季吟）对《源氏物语》的实际开篇'帚木'卷和最后一帖'梦浮桥'卷的注释即《源氏物语》全书的宗教、哲学的主题把握相关。"⑤

---

① 北村季吟著，有川武彦校订：《源氏物语 湖月抄（上）》，讲谈社学术文库1982年版，第6页。
② 同上书，第73页。
③ 同上书，第9页。
④ 同上书，第36页。
⑤ 岛内景二：《北村季吟 此世后世皆不思》，米涅尔瓦书房2004年版，第135页。

第四章 镰仓时代(1192—1333)、室町时代(1336—1573)至……

《湖月抄》最后一卷"梦浮桥"末尾的注释中有四句话,即"君臣之交(理想的主从关系)、仁义之道(理想的朋友关系)、风雅之媒(按自然规律男女相会结婚繁衍子孙)、菩提之缘(极乐往生西去天堂)",①似乎这些话还表明季吟的《源氏物语》主题认识,既有儒家思想,也有佛教思想。虽然它也抄自四辻善成和一条兼良等的注释。

在"跋文"中季吟的思想愈显复杂,转向对"儒佛神"的全面融合:"凡四书五经因远人耳而难使其入仁义之道。况其于女子等无德益。故始以书写近人耳且为人所好之淫风,作善道之媒,引人入中庸之道;终以使人开中道实相之悟。实乃方便之权教也。"②在这里季吟说得很清楚,《源氏物语》之所以不惮淫语,是为了使其作为日人喜闻乐见的"善媒"("淫风",习见于神道教),之后方可引导他们步入中庸之道(儒),最终实现"中道实相"的开悟(佛)。对最后这句话有人补充说,季吟是"用《法华义疏》解释《源氏物语》整部作品,以一种巧妙的方法彰显'开三显一'③或'因一之义'④,乃'权智⑤之作'。"⑥"跋文"的结论,就是季吟特意用汉字写出的"君臣之交,仁义之道,风雅之媒,菩提之缘"这四句话,与四辻善成及过去的注释者的总结一脉相承,不用说都存在儒佛神杂糅的现象。对这种儒佛神思想的融合事先有个认识,有助于我们了解季吟及其他人的思想追求和注释方法。

此外,在季吟的人生道路上还有两件事需要说明。一是他与柳泽吉保的关系,一是他在"古今传授"谱系中的地位,通过此我们也可以看出季吟思想中的儒佛神融合情况。

---

① 北村季吟著,有川武彦校订:《源氏物语 湖月抄(下)》,讲谈社学术文库1982年版,第1021页。
② 同上书,第1029页。
③ 开三显一("三"即声闻、缘觉、菩萨之三乘;"一"即法华一乘之意),佛语。天台宗从实践上对迹门开显时使用的术语。见→开权显实
④ 见圣德太子《法华经》正说义1:因一之义,万善皆是,乃(一乘之)因。
⑤ 指佛、菩萨为方便引导众生的智慧,即"方便智"。与日语的"实智"和佛教的"真实智"及照亮真理的"根本智"相对立。
⑥ 摘自五井野正博士于信州演讲会的内容,2013 年 4 月 8 日,http://trackback.blogsys.jp/livedoor/k12345kk-12345678910/19120663。

"大和魂"史的初步研究

季吟能进幕府"歌学所"且受到最高层政治首脑的重视,其才学当不一般,但他给某些人留下"平庸"的印象,可能不完全是因为俳句做得不甚理想,而很可能还与一个人有关,这个人就是第五任将军德川纲吉的近臣柳泽吉保。二人的相识起因于1689年季吟到江户任"歌学方",既教德川纲吉,也教吉保和歌,由此与后者结下亲密的关系。也许是因为吉保在历史上的评价不好,加上季吟的思想倾向模糊等,所以才有了"平庸"的评价。实际上季吟即使仅留下一部《湖月抄》供时人和后人阅读,也足以证明他在日本文学史上应占有一个较高的地位。至于吉保在历史上的恶评,据说与他作为实际负责人造成浅野长矩①和赤穗义士②的剖腹自杀有关。但这些似属传言,至今未得到证实。实际上吉保在江户时代的口碑还不算坏,其思想及政策为江户时代的社会稳定发挥了一定作用。

柳泽吉保(1658—1714),原名保明,1675年继承其父安忠的馆林藩(今群马县东南部)"勘定头"③职务,还充当时任藩主纲吉的"小姓"④。1680年纲吉就任将军,保明随即进入幕臣行列,但仍负责照料将军日常生活的杂务,由此成为纲吉的宠臣。之后升迁加禄不断,1688年被任命为"侧用人",⑤成为享有12000石俸禄的"大名";1694年成为"老中";1698年升任"左兵卫府"(负责幕府警卫)次官,地位超越"老中";1701年被允许使用"松平"的家号,并受赐纲吉的偏讳改名为吉保,其子安贞也改名为吉里;1704年吉保成为甲府城主,

---

① 浅野长矩(1667—1701),江户时代前期的大名,播磨国赤穗藩藩主,1701年担任接待"贺岁敕使""大纳言"柳原资廉的工作时向熟悉礼仪的吉良义央学习接待知识,但因未向后者行贿被拒绝指导感觉受到侮辱,故于3月14日在江户城中"殿中松廊下"刀刃义央。此消息通过柳泽吉保报告给将军纲吉,纲吉命令控制其于田村右京大夫建显的宅邸,于同日使其在该宅庭院剖腹自尽。义央仅受到免职的处罚。

② 为报上述藩主浅野长矩被杀之仇,46位赤穗浅野的家臣秉夜潜入仇敌吉良义央家中取其性命,事发后被幕府命令剖腹自杀,故有以上称呼,后来成为江户时期行"义"之人的代名词。

③ 负责财务的官员。

④ 此语有多种意思:1. 在有身份的人家或寺院等从事主人身边杂务的人,多为少年,有时也成为男色的对象;2. 武家的职务名,指在江户幕府中负责将军日常坐卧杂务的人。

⑤ 江户幕府的职务名,指在将军身边工作,将将军的命令传达给"老中"(总揽幕政的最高领导人)的职务,其地位与"老中"相等,但在职务的权力上却超越"老中"。

第四章 镰仓时代(1192—1333)、室町时代(1336—1573)至……

受封甲斐国（今山梨县）15万石的俸禄。而这是过去德川一族才能享受的待遇；1709年纲吉死去，其侄家宣就任第六任将军，吉保因此退隐，于1714年11月2日殁于自家的别墅六义园。

吉保的蹿升无疑来自将军纲吉的宠爱。当时坊间风传吉保是一个狠毒的阴谋家，其实"他并非坏人，也缺乏左右当时朝政的手腕，毋宁说是一个对纲吉亦步亦趋的近臣，几近愚钝，且无出色的才情，因此才能长期服侍在性格多变的将军身边。但吉保在任藩主期间还能悉心施政，受到百姓的喜爱"。① 在学问方面，吉保也存在迎合纲吉的一面，儒佛和学来者不拒，兼容并蓄。他或聘请荻生徂徕②等儒者到自家门下，或听取北村季吟有关"古今传授"的知识讲授，也试着写些和歌，另从20岁开始向龙兴寺住持竺道祖梵学习禅学，且得道颇深，于1695年从万福寺第五任住持高泉性敦③处获得"印信许可"。④ 吉保后来让徂徕等人将他和性敦的问答内容编辑成书，并承灵元法皇⑤敕题和作序，是为《敕赐护法常应录抄》。

吉保对学问和施政的看法与季吟很相似，这是二人结成亲密关系的基础。这种基础后来还深化于前者接受后者的影响。它既反映在吉保所接受的"古今传授"内容中，也体现在吉保听从季吟的建议所建的别墅六义园里。

六义园是一处在日本建筑史、美学史和日本史等方面都具有重要意义的园林，位于今东京都文京区本驹込六丁目，属回游式假山泉水园林，始建于1695年，完工于1702年，占地面积约86500平方米。园内有一个巨大的池塘，池中有小岛，岛上有巨石构筑的蓬莱石假山，池畔兼葭萋萋，无岸石围绕，充满大自然的情趣。这来自热衷于和歌的吉保

---

① 《日本大百科全书》"柳泽吉保"条。
② 荻生徂徕（1666—1728），江户时代前期至中期的儒学家，初学朱子学，后提倡古文辞学，著有《译文筌蹄》、《辨道》、《辨名》、《论语征》、《政谈》等。
③ 高泉性敦（1633—1695），江户时代前期黄檗宗归化僧，中国福建人，本姓林，讳性敦（也写作性激），号高泉，于明代赴日，在京都创建佛国寺，后继任黄檗山万福寺第五任住持，被认为是黄檗山中兴之祖，著有《扶桑禅林僧宝传》和《洗云集》等。
④ 佛祖承认弟子对佛教有所理解，或师僧证明弟子已经开悟的证明书。
⑤ 灵元法皇（在位1663—1687，1654—1732），江户时代初期的天皇，后水尾天皇第19皇子，名识仁，后让位于东山天皇。

为体现歌中所咏风物的创意。假山边还筑有一组巨大的瀑布石，以模拟大自然的景观，石间有丰沛的泉水流出。下游的"溪流"中又有许多鹅卵石，尽显深山幽谷之意趣，是该园最优美的景观之一。

六义园得名于《古今和歌集》序文中的一句话："和歌有六义。"吉保在自己的著作《六义园记》中说："游六义园如同优游于和歌之道"，说明"六义园"与和歌之间存在密切的关系。具体说来就是此园林乃模仿"和歌浦"① 而建，在此优游不仅可"百千里观不竢出户"（包括参拜位于和歌浦的玉津岛神社），而且可以体会和歌之道的"六义"精髓，其命名的意义于此可见一斑。而所谓和歌的"六义"，即和歌的六种分类方法，其实与中国《诗经》"大序"所说诗歌的六种分类法如出一辙，② 分为"讽歌"（讽喻歌，模仿《诗经》六义之一的"风"）、"徒言歌"（不借比喻平淡地将内心思绪咏出的歌，模仿《诗经》六义之一的"雅"）、"祝歌"（祝祷歌，模仿《诗经》六义之一的"颂"）、"数歌"（不比喻直抒胸怀的歌，模仿《诗经》六义之一的"赋"）、"拟歌"（以某事物比拟他事物吟唱的歌，模仿《诗经》六义之一的"比"）、"譬歌"（借自然风物表达作者心情的歌，模仿《诗经》六义之一的"兴"）这六种歌体。园内的各个景观就是基于上述不同的分类方法分门别类建成的，其中又分为从《万叶集》和《古今和歌集》中抽取意象而建造的"八十八景"。从这些情况来看，吉保和季吟都无意区分孰和孰汉。

这"八十八景"都有名称，但从那些景观的命名情况来看，六义园的意涵实际上超越了上述诗歌分类方法的传承意义。因为那些景观的名称，有的与和歌结缘，有的来自中国的诗文，有的则起源于佛教的变种禅宗。例如，其中就包含植有"七棵松"的"新玉松"这个名胜。

---

① 和歌浦（亦名和歌之浦）是位于和歌山县北部和歌山市西南部的名胜地域的总称，狭义指连接玉津岛和片男波的砂嘴和周边一带，广义指上述地区加上新和歌浦、与杂贺山相隔的渔业村落的田野、杂贺崎一带。

② 《毛诗序》说："故诗有六义焉：一曰风，二曰赋，三曰比，四曰兴，五曰雅，六曰颂。"这"六义"中"风、雅、颂"是指《诗经》的诗篇种类，"赋、比、兴"是指诗中的表现手法。日本和歌分类的序列是"讽歌"、"数歌"、"拟歌"、"譬歌"、"徒言歌"、"祝歌"，与《毛诗序》的排序完全一致。

第四章　镰仓时代(1192—1333)、室町时代(1336—1573)至……

显然这个名胜是模仿玉津岛神社和新玉津岛神社种植七棵松的传统而建。再如"八十八景"中还有一景叫作"词林松",该"词林"就来自《古今和歌集》"汉文序"中的"词林"一词。这些不同的名称,如同其景观一样被有序地收纳在一个空间之内,而不令人有奇异的感觉。这应该归功于"吉保接受了'古今传授'的思想,在六义园内将过去所学的儒教……禅宗和与之不矛盾的'和'(日本)思想融为一体,构建起日本、中国、天竺这三重结构的文化建筑(构筑起三位一体的世界观)"。[①] 换言之,六义园的建园理念就是合神道(和歌)、儒学(汉诗)和佛教(经典)三位于一体的思想,不仅是吉保自身理念情趣的体现,也是其接受的季吟"调和"(融合)思想的有意表现。从时间上推算,六义园于1695年(元禄八)开始建造,而季吟被授予"法印"的称号是在1699年(元禄十二),向吉保传授"古今传授"是在1700年(元禄十三),六义园建成的时间是1702年(元禄十五)。因此可以认为六义园的建设接受了季吟的"古今传授"影响。说六义园的设计与建造与季吟有关的最明显证据,是六义园中还建有新玉津岛神社。

"古今传授"是和歌学问中的用语之一,指师父通过口传、书简或抄本向弟子传授以各种《古今和歌集》解释为代表的和歌学问及相关知识,如《伊势物语》和《源氏物语》中的和歌解释,广义上涵括了发轫于中世前期的歌道的传授,狭义上指室町时代中期以降该传授的形式固定下来,形成二条宗祇流派和二条尧惠流派之后的和歌学问。

据新井荣藏研究,"自平安时代末期开始,(以藤原定家为代表的)歌人就围绕和歌解释、咏歌方法和歌会形式等相互夸耀自己的传承和自家学说。至镰仓时代,御子左家确立了和歌解释等的霸权,但不久就分裂为嫡系的二条家学派和庶系的含京极家、冷泉家在内的反二条家学派,并围绕《敕撰和歌集》的编修权等展开斗争,其歌道传授方式也显现多样的形态。南北朝时代二条家家道中落,但汲取其源流的二条学派仍占据歌道传授的主流。室町时代中期,在歌学理论接受神道和佛教

[①] 伊藤无迅:《近世的源氏文化与诗歌1》,读论文会,芭蕉会议研究室,2013年3月1日,http://www.basho.jp/index.html。

影响的同时，二条宗祇流派和二条尧惠流派也各自确立自己的传授形式，由此'古今传授'正式问世。宗祇流派的理论与'卜部神道'①有某种联系，而尧惠流派的理论则充满浓厚的天台教理。""宗祇流派在近世流入武家和町人（城市居民）阶层，对町人文化的形成做出贡献。而尧惠流派传至后柏原天皇和青莲院后因未有良好的继承人而在中世末期夭折。"② 后来的情况证明，卜部神道思想似乎未对宗祇流派产生过大的影响，相反其"古今传授"的内容却具有很大的包容性。这在它的终结者北村季吟的身上看得尤为明显，其特点恰恰是不排斥当时的某种思想，而是将各种学说熔于一炉，相得益彰。对"古今传授"的历史变迁及其意义新井荣藏强调，"应将其置于日本思想史及花道、茶道、书道等的总体文化中加以评价"。③

那么，季吟式"古今传授"的思想核心，换言之季吟所说的"为政者内心须把握"的精髓又是什么？按伊藤无迅的解释，其实就是一个"和"字。"《古今和歌集》的重点在于'和'。日本乃'和'国。日本文化即'和'国文化，由'和歌'来代表。而和歌之'和'又为何物？一如《古今和歌集》'假名序'所记乃'不发力而可动天地'的思想。这种思想，是一种可让男女关系顺畅，使欲创造人际关系的人们联系亲密，并促进其发展的思想。此亦'古今传授'之重要思想。此类欲发展人际关系的根本思想自然与连歌和俳句的作者欢聚一堂、创造出所谓的'泛众文学'的结果紧密相连。"④ 这里所说的"泛众文学"，指的是连歌或俳句等。为创造出这些作品大都需要众人的合作。无迅的解释朴实无华，虽出自文学的立场，但从季吟和吉保所处的时代背景及他们的文学、施政主张分析，似乎这种解释也颇符合当时的某些实际情况。这种解释，与柳泽吉保所建的六义园背后的季吟思想也大致

---

① 卜部神道，神道的一个派别，主张无须混入儒佛思想的纯粹的神道，由后土御门天皇时吉田神社的祠官卜部兼俱首创，故有此名。也叫"吉田神道"、"唯一神道"或"宗源神道"。
② 《日本大百科全书》"古今传授"条。
③ 同上。
④ 伊藤无迅：《近世的源氏文化与诗歌1》，读论文会，芭蕉会议研究室，2013年3月1日，http://www.basho.jp/index.html。

第四章　镰仓时代(1192—1333)、室町时代(1336—1573)至……

契合。具体说来，就是季吟认为欲使社会安定、和谐、顺畅，幕府既可借用儒学思想，也可参考佛教教义，当然和学必不可少，方法可以不拘一格。这种思想也反映在他的许多注释当中。

二　季吟的《源氏物语》观

与近世"国学家"的《源氏物语》注释书相比，《湖月抄》应被称为"旧注"。其正文注释五十四卷，加上"发端"、"谱系"、"告白文"、"云隐说"各一卷，"年表"二卷，共六十卷，堪称集既往注释而大成、文本最为完备的注释书，也是一部在江户时代最为通用的《源氏物语》注释书，据说当时姑娘出嫁时多以携带一部《湖月抄》为荣。

过去日本和中国对《源氏物语》的主题认识纷繁多样，有人说它表明了佛教的劝诫精神，有人说它是从佛教的教义出发对"好色"的批判，有人说它反映人的心理成熟历程，有人说它是对"劝善惩恶"和"因果报应"思想的确认，有人说它是人生指导书，有人说它体现了"物哀"的美学，有人说它是对当时政治的批判，有人说它是对天皇制的赞美，等等。总之，因该著思想的丰富，不同的人都可以从中看出自己愿意看到的东西。那么季吟从中看到了什么？

季吟对《源氏物语》主题的把握从《湖月抄》此书名可依稀看出。据说该书名得自紫式部参拜石山寺，见倒映在琵琶湖的明月而写出"须磨卷"这一传说。亦即季吟不想采用善成的儒家"左迁政治说"，[①]而希望回归过去于寺庙见月有感而作的佛教解释。从表面看，季吟在此显示出不同于善成等的儒学解释倾向，但实际上，从季吟的不少表述与上述《湖月抄》的序文、卷首"凡例"、第一卷"发端"的注释和跋文及许多注释来看，季吟是将《源氏物语》作为一部"警世喻言"来读的。为此他在《湖月抄》等一系列的注释书中，不惜反复采取当时习用的儒佛神融合的方法来阐明自己的文学观和政道观。

具体的做法可溯源于季吟在《俳谐埋木》中对和歌的"诽谐"和自身的"俳谐"的关系作出的说明。在该书中他借用宗祇的话："非道

[①] 参见善成的注释："（最早版本的）《源氏物语》是从光源氏谪迁须磨的故事'须磨卷'开始写起。"即该故事是仿照日本和中国政治家的左迁史实写出的。

而教道，非正道而劝正道"，对上述二者的关系作出定义："俳谐＝诽谐＝滑稽"。这种论法和定义乍一看令人不好理解，但经分析却可以明白，它也适用于季吟的《源氏物语》观和《湖月抄》的不少注释。

"非道而教道，非正道而劝正道"是季吟《源氏物语》观的根本。在季吟看来，表面上《源氏物语》讲的仅仅是私通和三角恋爱这些"非道"（反道德）的事情，但仔细阅读后却可以发现，作品在劝诫"非道"行为的同时，还劝诱人们走"正道"。此"正道"即"君臣父子之道"和"追求菩提之志"等。它和俳谐的精神是一样的。从表面看俳谐重视的是滑稽和有趣，但实际上它也追求"人道"（《俳谐用意风体抄》）。换言之，俳谐也属于古典研究的一部分。因为俳谐所指向的也是"道"或"正道"。究其思想来源，不外乎是宗祇的、将发现人生的教训当作文学目的的理念。可以说季吟的这种精神，和宗祇及细川幽斋①将《源氏物语》和《伊势物语》看作是经世之书和治世之书的精神是一脉相承的，都体现出较明显的"文以载道"的儒学文艺思想。《俳谐埋木》还说歌学的根本就在于"六义"。此"六义"也是俳谐的"六义"，王朝和歌的理论经由心敬②等人的室町连歌成为近世俳谐的"骨骼"。在该书中季吟列举自己和贞德按"风、赋、比、兴、雅、颂"的意思所做的12首俳句，这些俳句应该都属于"在此世实现正道"这一"为政道之文学"，③也是宗祇和幽斋及季吟所共同追求的目标。正因为如此，才使得季吟后来要到幕府工作，并借此接近朝廷显贵和幕府最高领导人。在宗祇和幽斋的时代，一些文人因战乱认为欲将荒颓的日

---

① 细川幽斋（1534—1610），安土桃山时代的武将、古典学者和歌人，晚年削发为僧，法号玄旨幽斋，通称兵部大辅、二位法印。1572年从三条西实枝那里接受"古今传授"，人称近世歌学鼻祖，曾服务于将军足利义晴和义辉。义辉被害后先是保护义辉之弟义昭，后于1568年说服织田信长，将义昭扶上将军的宝座。1582年"本能寺事变"后拒绝明智光秀的笼络，并通过山崎之战消灭了光秀。再后服务于丰臣秀吉，秀吉死后臣服于德川一家，在关原之战前曾被石田三成15000千余人的大军围困在田边城中，以不足500人的亲兵死守该战，坚持60余日。此时幽斋决心战死，但担心自己死后"古今传授"学问也一道失传，故派遣使者将该秘籍传授给八条宫智仁亲王。

② 心敬（1406—1475），室町时代中期歌人及连歌师。在比叡山修行后住山城十住心院，应仁之乱时为避战乱隐居于相模大山之麓，终老于该地。曾向正彻学习和歌，追求冷寂的歌风，著有家集《芝草》和连歌理论书籍《窃窃私语》等。

③ 北村季吟：《俳谐埋木》，出版者不详，延宝一年（1673），第27页。

第四章 镰仓时代(1192—1333)、室町时代(1336—1573)至……

本文化拉回正确的轨道,构筑为政者和被治者"君臣相和"的社会,就必须学习过去的理想社会——王朝的和歌和物语,而且这些和歌和物语的研究成果若不能为现眼前的政治所用,是毫无价值的。到季吟时虽然时局发生变化,但他仍拥有相同的认识。他追求"文=理念"和"政=实践"的一致,并使之贯穿于自己的一生。季吟似乎不是因为单纯的物质生活不足和有权力欲才到江户去的,而是以宗祇继承人的身份去的。这,正是后来他和柳泽吉保交往的基础。

三 季吟的注释方法

如上述,季吟被"国学家"肯定的同时还被指斥为"平庸",并不完全是因为他的经世致用文学观和《湖月抄》等的儒佛神并用的注释方法,而是因为季吟不能像其他注者那样提出自身带有个性的见解。确实如此,季吟在注释时大都将自己的意见隐藏起来,让前人所说的"先例"代替自己说话,最小限度地使用"愚按"。这从季吟对《源氏物语》"大和魂"的注释"和国魂 和才魂魄也 孟广学唐土之文亦可知日本之事也"和《湖月抄》卷首"凡例"的说明"孟津抄云,见源氏者须端正心灵,坚守盛者必衰之心。若心灵不正,则徒然倾心于好色场面。故须有所操守再见源氏。云云"[①] 也都可以看出。甚至还有人说季吟在"头注"中罗列的前人注释就像是一串念珠,引用复引用,一点创造性都没有。

有关此点,今人对季吟的评价也不高。小高敏郎说:"其学问内容仅以旁征博引为荣,罗列诸说为务,不仅其自身的判断不明确,而且在取舍选择方面也不充分。我对其旺盛的工作作风和为普及上述学问表示敬佩,但就其独特的学术价值和学问方法而言,不能不说其仅止于简单的集成,毫不足道。"[②] 季吟研究的大家榎阪浩尚也说:"与贞德、贞室等的俳句相比,(季吟的俳句)缺乏吸引力。正如(中岛)随流[③]所评,其'俳言不强,乃因其为歌人之俳谐。一句轻薄,缺乏色彩'。另

---

① 北村季吟著,有川武彦校订:《源氏物语 湖月抄(上)》,讲谈社学术文库1982年版,第9页。
② 小高敏郎:《松永贞德的研究》(续篇),临川书店1988年版,第251页。
③ 参见中岛随流《贞德永代记》,橘屋庄三郎出版,元禄五年(1692)。

一方面，其和歌温雅，无显著的特色。其注释则多以向门弟讲释的材料为基础，似乎多半是比较稳健妥当的解释。"① 对此，久松潜一则明确表态，我"对其学问的保守倾向不甚满意，曾考察过与季吟恰成对照的契冲的革新自由探究的精神"。② 究其原因，似乎有二：其一，季吟要在短时间内写出如此众多的注释书，只能采用直接抄录前人注释的做法（他转抄的多半是《河海抄》等注释书）；其二，季吟的性格有圆融的一面，否则他不会被将军及幕府领导人看好。其实他的这种注释方法，和他的文学追求和政治追求是一致的，他必须凡事做调和，以适应为政者的需要。在这方面，季吟与具有强烈个性、重视独创性的宣长形成极大的反差。就像过去尽量埋没个性的紫式部和强烈主张"本人之美意识"的清少纳言之间具有差别一样。

当然也有人说季吟的好话：他"不单纯是罗列和并举，虽说看上去未说过'愚见'，但明确表示采用'妥当的解释'。他自己不出面反而雄辩地说明了己见。这种作风也是紫式部的文学作风。……确实，若浅表地阅读《源氏物语湖月抄》则很少会见到季吟本人的解释和鉴赏，有之也只是试图总结出人生教训的态度。但季吟对之前各注释见解的'交通管理'确实是一清二楚的。若不深读不可能读出其真意。不轻率表达自己的意见，是《源氏物语湖月抄》的最大优点。"③

以《伊势物语拾穗抄》为例进行说明。在引用时季吟将一条兼良的《伊势物语愚见抄》标记为"一"，将细川幽斋（法名为玄旨）的《伊势物语阙疑抄》标记为"玄"，将师父贞德的学说标记为"师"，在并列这几种学说之后季吟说："愚按：此前二解释乃对立。因《阙疑抄》等解释广为人知，不新奇，故吾先介绍一条兼良《愚见抄》之说。"也就是说，季吟认为一条兼良《愚见抄》的解释是正确的。但在他引述兼良的解释后也详细介绍了《伊势物语阙疑抄》的学说。在并列介绍这两种学说后，季吟又以"师说"的形式介绍贞德的观点，说："'愚见'所说确有所本，然本流派所说亦极精彩，诚为叹服。总之可

---

① 转引自《日本古典文学大辞典》，岩波书店1984年版，"北村季吟"条"家系"、"事迹"、"创作风格"、"影响"、"著作"中的"创作风格"部分。执笔者：榎阪浩尚。
② 久松潜一：《松永贞德的研究》（续篇）之序文，临川书店1988年版，第4页。
③ 岛内景二：《北村季吟 此世后世无所思》，米涅尔瓦书房2004年版，第14页。

第四章　镰仓时代(1192—1333)、室町时代(1336—1573)至……

根据学者所好采用。"① 季吟所说的"本流派"指的是以下的一群人物：季吟的师父贞德乃幽斋的弟子，幽斋又就学于三条西家，其师父乃宗祇。也就是说季吟将始自宗祇的"古今传授"的嫡系流派称作"本流派"。这里的"本流派所说"指的就是影响至幽斋的、自宗祇以来的解释。从文脉上看，季吟和贞德都认为一条兼良《伊势物语愚见抄》的解释更为妥帖，但同时季吟又认为即使幽斋等的学说不算最好，也具有值得叹服的地方，故须一并介绍。总之未来的学者可根据自己的喜好采用两种学说中的任何一种，但自己觉得一条兼良的学说是正确的。

据岛内景二研究，对有多种可能的解释季吟认为还是应该尽量公平地加以介绍为好，但他并非简单地将其罗列出来。如果对前人注释的排列顺序认真阅读的话，是可以判断出季吟所认为的孰好孰坏的解释。有时为了整体文章的通顺，季吟还会改写部分前人注释的文字。②

然而以上说法包括季吟本人对自身注释的说明似乎都有缺漏。因为在不少注释中，我们岂但没有见到季吟的"不轻率"表现，相反却见到他感情直率的宣泄。尽管在那些地方季吟有时仍是借用"师说"来表明自己的观点的。这似乎也是其融合思想的表现。

四　《湖月抄》的部分注释内容

以下结合季吟的注释方法，再次审视他在注释中显示的思想倾向及他的文学主张，以辨明季吟的"大和魂"注释的真意。应当指出，受当时社会风气的影响，《湖月抄》的部分儒学解释倾向比之《河海抄》等毫不逊色。《源氏物语》"花宴"卷说，某日在紫宸殿观看众人进行汉诗比赛的有桐壶天皇、"中宫"（皇后）藤壶、春宫（皇太子）及弘徽殿"女御"（妃子）。对这位"女御"，《湖月抄》除旁注"乃春宫生母"外，有时还注释为"恶后"。究其原因是她虐杀了光源氏母亲桐壶更衣。③ 此"恶后"称呼来自中国，得名于汉高祖夫人吕后。吕后和该"女御"一样，在高祖临死前也为自己儿子继承皇位开了杀戒，所不同

---

① 岛内景二：《北村季吟 此世后世无所思》，米涅尔瓦书房2004年版，第74页。
② 同上书，第103页。
③ 更衣，平安时代后宫的女官之一，仅次于"女御"，负责为天皇更衣，也为天皇侍寝。

· 287 ·

的是，前者在高祖死后还虐杀他的妃子戚夫人。而后者不滥杀，但对和光源氏之间有不义恋情的藤壶来说，该"女御"始终是一把悬在自己头上的克里摩斯剑。藤壶担心一旦这种恋情被该"女御"知晓自己将成为日本的戚夫人。尤其是在桐壶天皇死后藤壶的这种担心与日俱增。对此季吟在《湖月抄》中未有记述，但我们在他的"句日记"中还是看到了这个"戚夫人"的身影："戚夫人来てや折るらん川柳／路见戚夫人，折断岸边柳。"① "柳"是中国对美女的喻称，而"折柳"这个行为则让人联想起吕后将戚夫人的四肢（树的枝条）砍去的情景。季吟在这里乃借用中国的"戚夫人"对古代日本人不尊重环境的行为作出批判，可见他知道"戚夫人"的存在。可以设想，如果该"女御"也对藤壶下手，那么季吟一定会使用"戚夫人"此词旁注"藤壶"的。

《湖月抄》在同卷还讽刺桐壶天皇的为人和他的"圣世"。《源氏物语》将桐壶天皇的"圣世"暗喻为醍醐天皇的"延喜②圣代"。而《湖月抄》的头注也数次提及此事。这似乎是在暗示："说什么圣代和圣世，桐壶天皇不是将与自己的儿子光源氏更为般配的藤壶收为自己的皇后吗？这不是好色吗？桐壶天皇在其更衣去世时哭得死去活来，但后来不是照样让藤壶入宫，并至少让多名后妃生出十个以上的皇子吗？如此好色的天皇，说他与更衣之间有着一种纯粹的爱情，似乎很难让人相信！"③ 用我们的话说就是，季吟和紫式部一样也在使用曲语，用日本的方式，重新演唱一遍白居易的《长恨歌》。但与中国不同的是，在这个"圣世"的面纱后面，藤壶和光源氏之间已经生有一个带孽障的儿子。

如果说上述注释为曲语，那么《湖月抄》"花宴"卷中引注的"师说"及季吟在其另一部著作《源氏物语微意》中的"秘说"则都显得毫不隐讳，再一次突显出季吟的《源氏物语》主题观。在介绍这个"师说"和"秘说"之前有必要重温《源氏物语》的"花宴"卷："花宴"结束，入夜后"弘徽殿女御"与桐壶天皇又睡到一起。这时光源

---

① 转引自岛内景二《北村季吟 此世后世无所思》，米涅尔瓦书房2004年版，第106页。
② 平安时代前期醍醐天皇朝代的年号（901—923）。
③ 岛内景二：《北村季吟 此世后世无所思》，米涅尔瓦书房2004年版，第167页。

第四章　镰仓时代(1192—1333)、室町时代(1336—1573)至……

氏也未闲着,想到藤壶的寝室偷窥,但发现其门锁紧闭,警卫也很森严,故只能放弃与她重温旧梦的念头。然而他"岂能就此罢休",于是趁着酒劲又向对侧(东侧)的弘徽殿走去。可是这里与藤壶的住宅完全相反,门户洞开,更不闭锁,下人也很少。光源氏想:"如此这般将犯下世间之错误(按:罪恶。下同)",但还是潜入该房内与胧月夜①成就了一夜"夫妻"。

　　日本王朝文学中"世间"一词多指男女关系。对光源氏性侵胧月夜一事,在季吟生活的年代以至近代有许多不同的说法。第一种说法是男女双方都有责任。与谢野晶子(1878—1942)在《新译源氏物语》(1913)中将上述光源氏的想法译为:"光源氏心想在此戒备松懈之际,男女双方都会踏上命运乖舛的道路,所以就悄悄地爬上檐廊,偷看屋内的动静。"②这种说法不无道理。因为胧月夜不仅没有紧锁门户,默许男方的"入侵",而且在深夜还独自一人四处游逛;第二种说法是男方有责任。江户时代是一个对"道德"、"人伦"要求颇严格的时代,幕府不断推出各项社会改革措施。宽政改革的推行者、"老中"松平定信(1758—1829)在其随笔《花月草纸》(1818)中就认为问题出在光源氏身上:"《源氏物语》之最大看点,乃光源氏于政治上失败后漂泊须磨之场景。紫式部就为何有此漂泊之事精心埋下伏笔。'花宴'卷曰:'光源氏一边想如此这般将犯下世间错误',一边又悄悄潜入女方房间,此乃左迁须磨之原因。此类因果关系之提示实在巧妙。"③《岷江入楚》(1598)也说:"因有(性侵胧月夜)此事件故有须磨海滨之漂泊。"④《湖月抄》头注所引前人注释亦有相同的看法。《弄花抄》(1504)认为:"世人皆有爱恋之过。然光源氏已自觉将发生过失,却仍有此不智之举";⑤《细流抄》(1510)评论:光源氏"陷于其所思也。世人之错

---

① 《源氏物语》中二条"太政大臣"之女,弘徽殿女御之妹,曾是负责朱雀上皇衣物缝制的女官,后成为"尚侍"(内侍司长官。原相当于从五品,后相当于从三品)。
② 与谢野晶子:《新译源氏物语》,角川书店 2001 年版,第 216 页。
③ 松平定信著,西尾实、松平定光注:《花月草纸》,岩波文库 1939 年版,第 39 页。
④ 《日本文学古注释大成 源氏物语古注释大成》第 1 卷"源氏物语岷江入楚"上,日本图书中心 1978 年版,第 75 页。
⑤ 伊井春树编:《弄花抄》,《源氏物语古注集成》第 8 卷,樱枫社 1983 年版,第 85 页。

皆出于如此想法"；《湖月抄》所引"师说"前半部分沿用此前说法："世间犯错之人皆以为身处此境当有此事。然虽有此想却沉溺于欲望之中，就此爬上檐廊。"后半部分则表明自己的态度："有人认为，光源氏心想若是此时别人将犯下错误，卷入不测事态，而它与己无关。本学派不采用此观点。"① 这一切都表明男方有错的观点；第三种说法是女方有责任。本居宣长在《源氏物语玉小栉》（1796）中说："此文意表明，光源氏察觉世间女子之所以犯下爱恋过失乃因忘却上锁。古代所有注释皆将'犯下世间错误'之'错误'解释为光源氏之'错误'，故意思不明，空留有多余之教训等。"② 按宣长看来，与藤壶紧锁门户相比胧月夜自身存在问题，不仅不上锁，还委身于男人。因此此段文意根本未向人提供什么人生或爱恋教训等。由此可见宣长的批判并非完全没有道理。实际上，《源氏物语》"花宴"卷后文的确还详细描写胧月夜独自夜行的场景，对宣长的批判似乎是一种支持。

《湖月抄》接下来引用的"师说"（其实代表季吟的观点）对胧月夜的独自夜行颇为激愤："此段文字皆为女诫。胧月夜如此轻率夜间独行方有上述过失。《礼记》曰：女不灯不夜行。《诗经》曰：道路露水既多，故女朝不疾行。尤须用心也。"③ 换言之，季吟也认为男女双方都有责任。因为紫式部先是细腻地描写男方犯罪的心理，而后又对女方犯罪的原因做了解释。然而无论如何，犯罪的结果常常是女方受到指责，所以女性尤须对此加以警惕。从表面看，《湖月抄》的"师说"与宣长的批评在某方面有异曲同工之妙，但其本质却有不同。季吟在1695年还写出另一部著作《源氏物语微意》，披露了自己在《湖月抄》中未及说出的"秘说"。这些"秘说"实际上就是几个"训诫"。即在"花宴"卷中藤壶不该心想"恶事恶行"，将饱含对光源氏思念的和歌披露给世间；而胧月夜也不该不上锁。因为有此愚笨的前提才有接下来的恋爱过失；光源氏更不该明知有错还要爬上胧月夜房屋的檐廊。他应

---

① 北村季吟著，有川武彦校订：《源氏物语 湖月抄（上）》，讲谈社学术文库1982年版，第217页。
② 伊井春树编：《源氏物语注释书与欣赏史事典》，东京堂出版2001年版，第318页。
③ 北村季吟著，有川武彦校订：《源氏物语 湖月抄（上）》，讲谈社学术文库1982年版，第217页。

第四章 镰仓时代（1192—1333）、室町时代（1336—1573）至……

该立即停止自己也认为是违反社会规定的行为。① 比起宣长，季吟无疑思索和解释得更为全面，但他似乎受制于时代的某种局限，从当时幕府要求的道德观念出发，放大了对平安时代"性道德"的要求。因为在那个时代氏族制遗风尚存，社会对男女双方的性道德约束力度都不算大。即使是在江户时代，男女爱恋超越社会规定的现象也时有发生。再说光源氏的政治失败，是否真来自他与胧月夜的一夜情亦难以说清。但生活在江户时代前期的季吟，其眼中时常有"教训"二字闪现，自有其时代的必然性。

五 季吟《伊势物语拾穗抄》的注释内容

其实这种儒学的注释倾向，在之前季吟所作的《伊势物语拾穗抄》中就初现端倪。以上两节介绍季吟《湖月抄》的注释方法和部分内容，下面有必要看一下《伊势物语拾穗抄》的注释内容及其与《湖月抄》注释内容的相似性，以及它们与之前各注释书的关系，从中发掘出一些认识意义。先看《伊势物语拾穗抄》与之前各注释书的关系。在此书中季吟引用的前人学说主要有三种：（1）一条兼良的《伊势物语愚见抄》；（2）细川幽斋的《伊势物语阙疑抄》；（3）季吟的师父松永贞德的"师说"。这三种观点存在以下关系。其中对《伊势物语》的解释兼良是站在追问战乱、憧憬王朝的立场上作出的。"应仁之乱之勃发，向连歌师深刻提出身逢乱世应将自身投入优雅王朝画卷中之意义。""此想法后来经连歌师饭尾宗祇及其弟子牡丹花肖柏与岛田宗长一直传递至细川幽斋。""于此思想认识基础上宗祇将《源氏物语》与《伊势物语》皆视为治乱世、实现理想政治之'为政者用心'之书。亦即，渠欲将500年前之王朝物语变为一部带现代意义之政治劝诫书。""细川幽斋继承宗祇所谓之《源氏物语》与《伊势物语》皆为政治劝诫书之观点，曰此二书于表面看皆描写男女间感情纠葛，然认真阅读则可发现对情郎思念阿妹、主君关心侍者此类理想人际关系之憧憬，方为此类物语之真正主题。"到江户时代，町人（城市居民）势力开始抬头，"自幽斋至贞德再至季吟，古典注释之劝诫意味渐有改变，带有人生劝诫色

---

① 转引自岛内景二《北村季吟 此世后世皆无思》，米涅尔瓦书房2004年版，第185页。

彩，然其政治劝诫色彩仍十分浓厚。"[1]

《伊势物语》第三段说的是在原业平[2]追求二条皇后的故事。二条皇后原名藤原高子，乃清和天皇皇后，她生的阳成天皇据说就是业平的儿子[3]。类似的事情也发生在《源氏物语》当中。集桐壶天皇宠爱于一身的藤壶中宫所生的"冷泉帝"，其生父就是光源氏。像这种反映"三角恋爱"或"私通"的故事有人认为是肮脏的，有人认为它虽超越了禁忌但表明了一种纯粹的爱情。后者以本居宣长为代表，代表的是一种"物哀"美学，而前者就是以季吟为代表的"训诫"观点。对此第三段季吟也引用"师说"，观点直接而鲜明："师写'其（二条皇后）入宫前乃凡人'，似为隐瞒其私通罪行。而直写其名乃春秋笔法，深以为戒也。此物语由伊势[4]写给七条皇后，欲挑明所有隐匿不为人知之事，亦可为后世所知。岂不为教训乎？"[5]

季吟认为，师父说业平和二条皇后犯错是她在入宫之前的事，乍一看或许是在为她辩护，但事实并非如此。其实这是一则为严厉审判二人罪行而写的故事，其笔法有如中国古代史书《春秋》，以直接点名的方式对其大加挞伐。它不仅严厉批判陷于不义恋情的当事人，也告诫未来的读者不可犯下同样的罪行。

这让人联想到《源氏物语》的"薄云"卷。该卷说藤壶死去后不久，某位在夜间当值祈祷的僧人向冷泉帝禀告光源氏和藤壶间的私情。这件事似乎也在向读者说明，尽管当事人存在侥幸心理，但罪行终究有一天会暴露。日本近代作家尾崎红叶在自己的小说《不言不语》中也写到，一名悲情女性试图隐瞒自己过去所犯下的罪行，但最终还是暴露

---

[1] 转引自岛内景二《北村季吟 此世后世皆无思》，米涅尔瓦书房2004年版，第109页。
[2] 在原业平（825—880），平安时代初期歌人，"六歌仙"或"三十六歌仙"之一，阿保亲王第五子，世称"在五中将"或"在中将"，长时间以来一直被混同为《伊势物语》的主人公，传说其"容姿端丽，放荡不羁"，是一位狂热的和歌作家和好色的典型美男，之后还成为"能乐"、歌舞伎和"净琉璃"剧中的主人公。
[3] 参见上述一条兼良《花鸟余情》中的"大和魂"。
[4] 伊势（？—939左右），平安时代中期歌人，"三十六歌仙"之一，伊势国国守藤原继荫之女，人称"伊势之御"，虽产下宇多天皇的皇子，但其早逝，中务（同为平安时代中期歌人和"三十六歌仙"之一，醍醐天皇之弟中务卿敦庆亲王之女，著有家集《中务集》）之母，著有家集《伊势集》。
[5] 北村季吟：《伊势物语拾穗抄》，新典社1976年版，第21页。

第四章 镰仓时代(1192—1333)、室町时代(1336—1573)至……

了。可见季吟和贞德并不孤立,具有这类心理和相同写法的人不在少数。可谓《源氏物语》"薄云"卷的先鞭故事就是《伊势物语》第三段。

《伊势物语》第六十九段"狩猎使"说的也是相同的故事:业平作为敕使被派到伊势国,而伊势的斋宫与业平非亲非故却热情接待了他。两人可谓一见钟情,在四目相对的一刹那间即感到相互间将发生一些事情。斋宫乃侍奉伊势神宫的斋女,身体必须洁净无瑕,但却忍不住与业平有身体的接触。对此季吟在《伊势物语拾穗抄》第六十九段的末尾注释:"斋宫于水尾帝(退位的清和天皇)时乃文德天皇之女,惟乔亲王之妹",直接将她的身份点明,其名字和身份就是恬子内亲王。之后季吟又搬出"师说":"如此详细列明渠身份乃春秋笔法,诚为后世之戒也。"[①] 这让人感到,季吟将仅犯过一次错误的斋宫的名字直接点出,也是试图面对后世的读者说,"如此恋爱千万不可。无论你如何隐匿自己的名字终将有一天暴露,使你遗臭万年"。

与此相对,《源氏物语》"若菜"卷的主题从光源氏的角度来说就是"因果报应",它昭示着过去自己和藤壶二人所犯错误的果报;从柏木的角度来说就是爱上不该爱的他人妻子的年轻人悲剧。贞德和季吟在读取此卷时的感受,似乎应该和他注释的《伊势物语》第六十九段所说的那样,就是"即使于侯门深院,若做出不道德之事,总有一天亦将暴露。"[②]

《伊势物语》属于平安时代的"和歌物语",[③] 作者不详,以业平的歌集形式反映了他一生的成长过程,所包含的125个故事说的都是以好色男女为主的风流韵事。对其中的和歌季吟也是以其具有劝诫的功用来认识的,这来自他的一贯认识——纪贯之[④]在和歌的经典《古今和歌集》"假名序"曾说:"咏歌而能知世事。"然而在《伊势物语》第一

[①] 北村季吟:《伊势物语拾穗抄》,新典社1976年版,第110页。
[②] 同上。
[③] 以和歌的形式串起的一段段故事。
[④] 纪贯之(868年左右—945年左右),平安时代前期歌人和歌学者,"三十六歌仙"之一,曾服务于醍醐天皇和朱雀天皇,和纪友则一道编撰《古今和歌集》,还撰有家集《贯之集》、《古今集假名序》、《大堰川行幸和歌序》、《土佐日记》和《新撰和歌》等。

"大和魂"史的初步研究

百二十段原作者说:"业平是'不咏歌而能知世事'。"这个"不咏歌而能知世事"是对"咏歌而能知世事"的反说。那么,歌人等是怎样才知道世事的呢?对此季吟依旧援引幽斋的话来说明。从这些话中可以清晰地看出季吟的文学观乃至政道观:"以此可知咏歌之人知晓有为无常①,明辨世间道理。此亦劝诫之一端,亦为治天下之事也。"② 也就是说,通过和歌的创作和欣赏,可以知道世间的道理,劝诫人们不犯人伦道德之错误,纠正天下的政道。在季吟看来,《伊势物语》表面只写了男女奔放的爱情,但若深入理解,就必须将它作为"教训"作品来读。这种读法,和将描写肮脏的"私通"和"三角恋爱"的《源氏物语》作为最好的"人生教科书"来读的观点是一致的。在这些方面,季吟的观点一点也不含糊。那么季吟等人为何能有这种思想认识?

六 季吟的融合思想和江户幕府的时代需求

神(在这里还指和歌)儒佛的融合并非始于季吟。从平安时代初期日本大规模引进佛教后,佛学就与先一步进入日本的儒学和传统思想一道为统治者和文人所青睐和使用。到平安时代中期紫式部撰写《源氏物语》时更是神儒佛并用,达到水乳交融的境地。之后的日本社会也不例外,从上述的四辻善成和一条兼良等人的思想和做派来看同样如此。至季吟的生存时代,江户幕府注重儒学,但佛教并未因此退出历史舞台,想来儒佛两大思想很早就内化为日本人的思想,只要社会和生活需要,时机合适,就会被分别或融合后与传统思想一道加以使用。《古今和歌集》"假名序"的思想是一种融合,许多《源氏物语》注释书的解释也是一种融合,其目的都有为王朝或幕府的长治久安服务的一面。

这种融合思想在季吟的第一本俳谐理论书籍《山之井》中就有体现:"花即樱花,然亦指大自然中千花万草。花下一刻宵,千金难替换。叹惜花落而自轻生命,夜不合眼而思念花朵。微睡间梦花,梦呓中言花。日间观花一日而忘返家之路,悲日暮而悦天明。谓雨露为双亲,

---

① (佛)即"有为转变",指此世界万象皆有因缘临时出现,所以不断变化没有常态。亦指世事易变。
② 北村季吟:《伊势物语拾穗抄》,新典社1976年版,第253页。

第四章　镰仓时代(1192—1333)、室町时代(1336—1573)至……

谓风雨为仇寇,其面容之凋萎,比西施病胸可爱,其笑靥,使贵妃百媚尽失。为此孔子亦惶惑倒地,释迦亦意志消沉。此爱慕之心谓之本意。"① 为说明日本俳句理论中的传统学术用语"本意",季吟以"花"为喻,但为了说明并非樱花专有的所有花朵的美丽,季吟居然将中国的代表性美女和儒佛的代表性人物全部动员出来。

　　由此可见,季吟不仅熟悉日本传统思想,而且精通儒佛两种学问,但这不意味着他是一个儒者或佛学家,或不热爱日本及日本传统。他希望自己掌握的儒佛思想是为日本服务的。在季吟和许多日本文人看来,儒佛乃稳定社会和家庭所需,而以和歌为代表的传统学问则是振兴日本的法宝。因为和歌一直都与辉煌的王朝联系在一起,象征着过去律令社会制度的美好。季吟在66岁时进入幕府工作,而自60岁起一直都在新玉津岛神社担任"社司",在那里举办过多次和歌比赛。该神社建于藤原俊成旧居之上,非普通神社,祭神为和歌神衣通姬,且附近是观松胜地,至今仍有"松原通"的名称,季吟的"七松子"别号部分也来自该名胜。季吟后来能当上"歌学方"并参与政治想来不是偶然的,不光是因为他和歌做得较好,很大程度还出自幕府的政治文化需要。这个神社和"七松子"的名称后来都出现在六义园中,成为季吟后来与幕府执权人之一柳泽吉保交往的一个重要符号。

　　江户时代是一个崇尚儒学的时代,注重上下秩序、尊重礼制的朱子学思想受到为政者的欢迎,成为维护封建社会的官方思想。与此同时,优秀的儒学家也层出不穷。以藤原惺窝(1561—1619)为代表的"京学"学派长期受到幕府的保护,其弟子林罗山(1583—1657)后来成为幕府儒官。由南村梅轩(生卒年不详,约生活在室町时代末期)开创、谷时中(1598—1649)继承的"南学"亦属朱子学一派,其门下出现了山崎闇斋(1618—1682)和野中兼山(1615—1663)等著名人物。尤其是闇斋,后来用儒学思想解释神道,创立所谓的"垂加神道"("垂加"乃闇斋的别号。因该神道道德性极强,鼓吹神道和皇德一体,故闇斋一派的"崎门学"也成为后来"尊王论"的理论基础)。当然朱子学也有不足,故中江藤树(1608—1648)及其门人熊泽蕃山

---

① 北村季吟:《山之井》第1卷,无出版商名,1648年出版,第32页。

"大和魂"史的初步研究

(1619—1691) 改学"阳明学"(蕃山因批判当时的政治被幕府幽闭在下总国古河，后病死。其著作《大学或问》蕴含批判幕政的意味，长期未能出版。另外他还认为对古代中国道德秩序囫囵吞枣的日本儒学是"死学")，试图站在批判现实、知行合一的立场解决社会矛盾，其革新精神招致幕府的警惕。与此同时，鼓吹直接回归孔孟"古说"的"古学派"兴起，山鹿素行（1622—1685）为其领军人物。他因刊行攻击朱子学、主张回归古代圣贤的《圣教要录》被幕府流放至赤穗。另外还根据视日本为"中朝"或"中华"的立场，写出名曰《中朝事实》的书籍。素行虽遭到幕府的惩罚，但同派的伊藤仁斋（1627—1705）、伊藤东涯（1670—1736）父子却在京都堀川、荻生徂徕（1666—1728）在江户分别建立了私塾"古义堂"和"蘐园塾"，并且后来徂徕还受到吉保的重用。徂徕的弟子太宰春台（1680—1747）之后发展了徂徕的经世学说，主张武士必须进行商业活动，通过专卖制度获利。这些儒者虽然观点不同，但由此开创出一种"百花齐放，百家争鸣"的学说局面，足以说明儒学在当时是深入文人之心的。季吟（1625—1705）生活在这种时代，持有儒学观点，显示出与幕府同步的姿态想来不难理解。

然而这一切不意味着当时佛教思想从日本社会的退场。第五任将军纲吉（1646—1709）的表现颇能说明这一点。纲吉自幼喜好儒学，在执政初期重用"老中"堀田正俊，推行文治政治即"善政"，其治世时期被后人称作"天和之治"。为将儒学精神反映在政治上，纲吉还经常向幕臣讲释儒学，在全国各地高挂奖励"忠孝"的标牌，设立表彰孝子的制度。并在汤岛建"圣堂"，定朱子学为官学。与此同时，纲吉也喜好佛学，他的"善政"即仁政，其背后隐藏着佛学的影子。据说这与其生母"桂昌院"有关，她在皈依佛教时为其举行仪式的僧人隆光说过，戌（狗）年出生的纲吉不能生育男孩，为规避此风险就要爱护犬类。没想到纲吉居然听进耳朵了，这不能不说他除了孝心之外还有佛心。1682 年（天和二）纲吉发布命令，要求将虐杀犬类的人处以死刑；1685 年（贞享二）纲吉又颁布《马爱护令》；接着于 1687 年（贞享四）颁布了《生灵怜恤令》，将保护的范围扩大到所有动物。从这些训令和 1694 年（元禄七）10 月 10 日颁布的相关训令来看，纲吉的用意在于以此培养社会

第四章　镰仓时代(1192—1333)、室町时代(1336—1573)至……

的仁爱精神。实际上当时要求爱护的对象不限于犬马牛，还包括鸟类。幕府甚至将因鸡被猫抓伤而杀猫的人和伤害跑到瞌睡人身上的老鼠的人等抓进监狱，并禁止渔舟钓鱼、耍蛇表演、饲养鸟龟，将金鱼放生到藤泽游行寺（清净光寺）的池塘中。1695年（元禄八）幕府在江户郊外的中野地区围出一块约52.8万平方米的土地以收容野狗，最多时野狗的数量高达42000头，年需费用36000两白银。1709年（宝永六）纲吉临死前还交代身边的人他死后务必继续遵守那些法令。

如此看来，兼用儒佛治天下是当时幕府的要求，对此季吟当然不会免俗，在《源氏物语》和《伊势物语》等注释书说出以上种种话语在所难免。然而一如上述，季吟还重视和歌。不过他所认识的和歌，除了是日本王朝辉煌的象征之外，还是稳定日本，使幕府昌盛、社会和谐的一种工具。这从季吟选择担任新玉津岛神社"社司"此事，以及后来他以该神社及附近景物为题材吟咏的和歌都可以看出。又如上述，新玉津岛神社建于"歌圣"藤原俊成的旧宅，其祭祀的神明是从和歌浦（今和歌山市）玉津岛神社分灵后迎请来的，即衣通姬，和歌的女神。衣通姬此名在《万叶集》中就已出现，她是《古今和歌集》"假名序"所说的著名女歌人小野小町的前辈人物。而藤原俊成是第七部敕撰和歌集《千载和歌集》的编者，树立了所谓的"幽玄体"和歌范式，并夯筑起"御子左家"[①]的歌家基础，其所作和歌有400余首收录于《新古今和歌集》及之后的敕撰和歌集中。因此我们大可推测在这个神社担任"社司"的季吟心理为何，志向何在。

将新玉津岛神社建立在俊成的旧居，据说是为了增加该神社的歌学权威和神圣感觉。例如，在足利义教时代，当要决定何人的作品可入选敕选和歌集时总是在该神社的社殿前抽签，这在无形中也增加了作为"社司"的季吟自身歌学的权威性。在这里季吟不光组织了多场和歌比赛活动，还亲自咏出许多和歌，寄托了自己以吟歌的形式恢复王朝盛况和古代社会荣光的心理。这从季吟特意为该神社撰写的《新玉津岛记》

[①]（原为醍醐天皇皇子、"左大臣"源兼明的宅邸，故有此称谓）指藤原俊成及其子定家确立的和歌范式体系。俊成一方面继承《古今和歌集》的正统，一方面又追求幽玄美。而定家进一步发展了父亲的歌学。定家的孙子为氏、为教、为相后来分裂为二条、京极、冷泉三家。

"大和魂"史的初步研究

也可以看出。在这作品中季吟记述两件事：一、《正彻物语》① 记载，俊成居所在五条室町。众人传说乃俊成本人将玉津岛衣通姬之神灵分灵后安请在此地的；二、室町时代歌僧顿阿的重孙尧宪（顿阿→经贤→尧寻→尧孝→尧宪）所著《和歌深秘抄》记载，足利尊氏在梦中得到灵告，故请人分灵后建了新玉津岛神社，以经贤为"别当"。② 后一条记述隐藏着一个重要信息，表明季吟使用"七松子"别号的来由及用意何在。《和歌深秘抄》录有一首尧宪之父尧孝的和歌：

神垣植有七棵松，祝祷我皇万世荣。③

这首和歌的用意不言而喻。并且季吟还在《新玉津岛记》中对该松树的来历做了说明："尧宪曰玉津岛乃礁石构成，无法建神社。将七棵松植于（模拟的）神社前，参拜者可将诗笺等挂于树枝上。海中可见'鸟居'等。"由此可见，"七棵松"乃玉津岛神社的替代品，也成为日后新玉津岛神社的象征。

神社的建立不光用于祭祀，还用于寄托人们对未来的企盼和希望。新玉津岛神社在足利幕府三代领导人（足利尊→义诠→义满）的关照和二条派三代歌人（顿阿→经贤→尧寻）的推动下不断成长壮大，后来竟发展成一个著名神社。在歌人等看来，传统宗教的复兴和美好愿望的实现与和歌的繁荣密不可分。这从在新玉津岛举办的和歌比赛的内容也可以看出。

《新玉津岛记》记载，1367 年（贞治六）3 月 23 日足利义诠在新建的新玉津岛神社主持一场《新玉津岛神社和歌歌合（比赛）》，顿阿、经贤等北朝 66 名著名歌人各做 3 首和歌。从表面看歌人吟咏的是"新建"，其实歌颂的是传统的"重生"。

---

① 室町时代前期歌僧正彻的和歌理论书，共二卷，成书时间有两说，一为 1448 年，一为 1450 年。
② 《北村季吟著作集》第一卷"道之荣"，北村季吟大人遗著刊行会 1962 年版，第 43 页。
③ 原歌是"七本の松を姿の神垣に君が八千代をなおぞ祈らむ"。

第四章 镰仓时代(1192—1333)、室町时代(1336—1573)至……

神宫久湮今泛光,玉津岛姬重现此。(三条为远)
于今增光玉津岛,此处往昔亦神宫。(冷泉为邦)
亘古不变有姻缘,玉津岛姬频泛光。(藤原为赖)

在歌人看来,歌神(和歌)的重生(繁荣)与神社的重生确实存在一种共振的关系,吟咏和歌本身除了代表一种对美好事物和时代的祝愿,还拥有使这些愿望实现的魔力,和歌似具有一种咒术般的力量。1417年(应永二十四)新玉津岛神社在建成后五十年重建,顿阿的曾孙尧孝又让人吟咏了100首和歌奉献给新玉津岛神社。这些和歌都是一位名叫飞鸟井雅缘的人咏唱的,其中的一首祝歌是:

神宫高大今移此,玉津岛姬原在渚。

雅缘之子飞鸟井雅世后来在担任选歌人时将这首歌选进最后一部敕撰和歌集《新续古今和歌集》(第21部敕撰和歌集)中。而尧孝每年1月1日都要到新玉津岛神社参拜,吟咏和歌。1月7日则冒雪在社殿向神明献上"若菜"(嫩菜)①。

又五十年后"应仁之乱"爆发,新玉津岛神社和其他神社寺庙一样都在战火中化为乌有,直至江户时代才开始重建。摄津国富豪涩谷信住因喜爱歌道,尊崇住吉明神和玉津岛明神,故花费巨资重建新玉津岛神社。季吟的好友、儒学家雄谷荔斋在得到涩谷信住的授意后劝季吟入住新玉津岛神社,所以才有后来季吟担任该神社"社司"之事。季吟不专职担任神官,其主要工作是给古典作品作注,当然也作和歌。搬进该神社后季吟又作歌一首,表达了对"和歌"不断蒙尘,如今又泛异彩,希冀它永世长存的心情:

昔名今存永不朽,可留千秋万代后。②

---

① 原指春初生长食用的野菜,但后来多指古代宫中于正月初子日内藏寮、内膳司供奉的以当年7种新鲜蔬菜做出的食物,据说可治百病,之后成为7天的节庆活动。也称"七草"。
② 原歌是"今もなほ昔ながらに残る名は千年の後の世にも朽ちせじ"。

"大和魂"史的初步研究

这首歌除回顾《平家物语》所说的、平忠度①战败赴死前到访"五条三品俊成"旧居的故事,还寄托季吟自身的希望——在此展开的和歌创作和注释工作同样可以为日本文化的重建在历史上留下自己的名字。歌中的"昔"字因袭平忠度临死前托付给俊成的名歌"志贺之都今废也,昔日山樱粲然开"②中的"昔"字;也使用与平忠度歌相同的、某个中文不易翻译的一语双关的修辞手法;"千秋"二字与俊成后来出于顾虑,将平忠度的和歌以"歌人不详"的形式收录在《千载和歌集》的书名"千载"也毫无二致。想来季吟和忠度、俊成一样,都希望自己的"歌誉""不朽",留名青史千载。季吟后来到江户叙"法印"后写的和歌表达的是相似的心情,但此时季吟的和歌却有着不同于先人和自己之前的"积极向上"意义:

君之世代如千秋,玉津岛姬岩石松。(将玉津岛神明分灵至江户)
自觉有愧受此恩,和歌浦道有神助。(元禄三年加增俸禄)
祈君千岁着此衣,玉津岛姬如意珠。(叙"法眼"称号)
天晦雨降今宵夜,玉津岛姬放神光。[1692年(元禄五)向将军献上《古今和歌集》摘抄]

季吟将自己能到幕府任"歌学方"一职看作是玉津岛姬的神助和将军的赏识。他在此歌颂的不是天皇,而是将军。他的感激是由衷的,但在内心深层之处他期待的是在将军的支持下实现自己更为远大的理想——将和歌用于辅政。1699年(元禄十二)季吟再叙更高级别的称号"法印",同日又受赐"再昌院"法号,吟出以下和歌:

十二月十八日叙法印,不胜欣喜。于玉津岛神前咏歌:

---

① 平忠度(1144—1184),平安时代末期的武将,平忠盛之子,平清盛之弟,正四品下萨摩国(今以萨摩半岛为中心的鹿儿岛县西部)"国守",也是歌人,留有许多逸闻,在日本谣曲等中颇为有名,后来在"一谷之战"时兵败战死。
② 原歌是"さざなみや志賀の都は荒れにしを昔ながらの山桜かな"。

· 300 ·

第四章 镰仓时代(1192—1333)、室町时代(1336—1573)至……

身受法印有神助,唯祝尊君永千年。

同晦日受赐再昌院法号

不料今日能见此,伏枥老骥喜无边。

可见季吟是个不甘寂寞之人,他年轻时(1676)曾写过一首题为《延宝七年正月试笔》的和歌:"柴扉日暮有谁栖?短暂鸟鸣自可期",① 表明自己拟将所学知识运用于现实政治的期待。② 这一点在后来他到江户后给留在京都的妻子的信中还可以看出:"平生所愿就此实现,至为喜悦。"当将军直接与他会面时所说的鼓励话语也让他感激涕零:"如此之事乃与获得千万人知音不可比拟。吾为此深感幸福。"③

然而从实际情况看未必是季吟单方面追求幕府,在那个时代幕府也在寻找像他这一类的人。第四任将军在先辈打下的稳定的政治社会基础上为发展文化,决定将京都的文化移植进江户,引进许多京都的文人,比如大学头林罗山、画师住吉具庆、神道教学者吉川惟足以及季吟本人。1699年(元禄十二)幕府授予季吟"再昌院"的称号就是取《古今和歌集》"汉文序""适遇和歌中兴,以乐吾道再昌"中"再昌"这个词汇,使季吟"再昌"和歌,"再昌"文化,进而"再昌"整个幕府和国家。不用说在这背后有吉保接受"古今传授"思想的因素在起作用,也与季吟的道统前辈三条西实隆的家集《再昌草》有着血脉的联系。但季吟的这种"再昌"任务只能是一个综合性的服务。因为在以推行儒学为要务的江户时代,和歌虽非只是个点缀物,但它作为日本的传统学问和艺术也必须与幕府的"天下之治"要求结合起来。

---

① 原歌是"日も暮れぬ 誰泊まるべき 柴の戸を たとひ暫しと 鳥は鳴くとも"。
② 转引自岛内景二《北村季吟古典研究的社会文化影响力的研究——从源氏物语研究的视角出发》,日本科学研究费资助金研究成果报告书,2007—2008年版,第53页。
③ 此信收藏于早稻田大学图书馆。

这种希望和要求正体现在儒学家兼佛学家及幕府"大学头"林凤冈[①]就季吟获得"再昌院"称号给季吟的贺诗中:

赠诗北村季吟并序

延喜之朝纪淑望于《古今和歌集》序曰:"适逢和歌之中兴,以乐吾道之再昌。"盖文华与时共盛衰者欤。洛人北村季吟,幼志和歌,人识其名。近岁应召东来侍候营中,叙法眼之位。己卯十二月十八日,进阶拜法印之位。闻尧孝尧宪之后,以和歌叙法印者殆希。进而感清时之盛,退而喜恩荣之厚。乃称再昌院,以贻家号。应其需作绝句一首:五七成章言叶抽,太平云物祝千秋。词源风送文明化,恩泽无穷敷岛流。[②]

序言和汉诗的大意是,尧孝和尧宪都属于顿阿一系与新玉津岛神社有关的歌人。而季吟能继其后再叙"法印"的确可喜可贺。过去王朝兴盛时代文明之花开放,其表征是《古今和歌集》的编撰,而如今将军纲吉乃一世圣主,有如延喜朝的醍醐天皇。于此圣主与季吟合力,使《古今和歌集》"汉文序"之"乐吾道之再昌"的局面再次出现,故季吟荣称"再昌院"又实为一件自然而又可喜之事。望君继续努力,以促进日本文化发展和社会太平,祝祷国家千秋万代永世不变。

七 小结

总的说来,季吟所作所为的目的和主张都略显模糊,但给人留下两种印象:

一是配合幕府。比如在《湖月抄》等注释书中时常会依据儒佛思想对人们进行劝诫,希望以此巩固江户政权的社会基础。岛内景二说得好,值得我们在此再次引述:在季吟之前"宗祇将《源氏物语》和《伊势物语》都看作是为治乱世、实现理想政治的'为政者用心'之

[①] 林凤冈(1644—1732),江户时代中期幕府的儒官,林罗山三男春胜的次子,名信笃,僧号春常。1691年(元禄四)圣堂移至汤岛时首次被允许去除僧形,后任"大学头"。之后此职务由林氏一家世袭。

[②] 德田武编:《凤冈林先生全集》卷六十一,勤勉出版社2014年版,第798页。

第四章 镰仓时代(1192—1333)、室町时代(1336—1573)至……

书。也就是说他欲将500年前的王朝物语变为一部带有现代意义的政治劝诫书。""细川幽斋继承宗祇所说的《源氏物语》和《伊势物语》都是政治劝诫书的观点,说此二书从表面看写的都是男女间的感情纠葛,但认真阅读则可以发现对情郎思念阿妹、主君关心侍者这一种理想人际关系的憧憬才是这些物语的真正主题。"到江户时代町人(城市居民)势力开始抬头,"从贞德再到季吟,古典注释的劝诫意味渐有改变,带上人生劝诫的色彩,但政治劝诫的色彩仍十分浓厚"。而且,《源氏物语》和《伊势物语》这两部物语还包含许多和歌。在季吟看来,欣赏其中的和歌也可以促使"咏歌之人知晓有为无常,明辨世间道理。此亦劝诫之一端,亦为治天下之事也"。① 也就是说,季吟对和歌的认识也与劝诫人们不犯人伦道德之错误,纠正天下的政道有关;

二是他的和歌观和他的《源氏物语》观属于一种比较特殊的观点。一方面他受到宗祇以来各前辈学说的影响,认为和歌和《源氏物语》等都可以运用于当代政治和成为庶民和平生活的手段。而作为文人自可通过对和歌与《源氏物语》等的研究将古典运用于当代,使理想的人际关系得以具体化和可继承化。柳泽吉保的侧室正亲町町子写的《松阴日记》也正是这种具体化和可继承化的表现之一。该日记的誊写本只有正文,而草稿本则除了有正文之外,在行间还有"旁注",行头之上还有"头注"。这种写法与季吟的《湖月抄》和《古今和歌集教端抄》等的写法完全一致。另外该日记的语汇和文体与季吟《源氏物语》注释书也相差无几,说明它是书写者在季吟辅导下阅读《湖月抄》的产物。《松阴日记》的主题是冀望和歌之"道繁荣",并以此为出发点将希望延伸至"家之繁荣"和"国之繁荣"方面;② 一方面季吟又认为和歌等古典作品具有一种天然的和合(融合)功能。在他看来"所谓的'和'思想就是'调和、和解、和合、和乐、平和'的'和'思想,而和歌就是为实现这些目的的文学样式。具有这种和歌思想的国家就是'和国'。明确地说代表这种'和'文化的就是《源氏物语》、《伊势物语》和《古今和

---

① 参见德田武编《凤冈林先生全集》卷六十一,勤勉出版社2014年版,第798页。
② 岛内景二:《北村季吟古典研究的社会文化影响力的研究——从源氏物语研究的视角出发》,日本科学研究费补助金研究成果报告书,2007—2008年版,第59页。

· 303 ·

"大和魂"史的初步研究

歌集》。"① 确乎如此,《古今和歌集》的序言本身就是一种神儒佛观念融合的产物,"古今传授"的知识也带有神儒佛思想融合的痕迹。季吟写的《古今和歌集教端抄》即"古今传授"之要说也提及汉诗与和歌六个种类的分类标准即"六义"。正是在这种思想的影响之下才有柳泽吉保所营建的六义园,并有吉保在《六义园记》中发出的"鸟鸣东都,治世之声,欢乐与共"② 的呼声。在这个体现神道(和歌)、儒学(汉诗)和佛教(教典)三位一体的六义园中,我们可以清楚地看到季吟的"和合"建园乃至治国理念——希望将日本打造成一个多元化的"文化国家",而不是用武力治理的国家,并且我们还可以将六义园看作是季吟实现了自己理想的乌托邦。而这文化("文而化之")的理念就来自汉籍。以此重读季吟对"大和魂"注释的引注:"广学唐土之文亦可知日本之事",我们可以知道汉学在季吟多元融合思想中所占据的分量。不管此论是否得当,季吟注释中的"日本中心主义"即民族主义的情绪都不浓烈,甚或不存在。如果我们秉持这种认识,那么就会对他的《湖月抄》"大和魂"注释看得更为清晰一些。

八 附:九条稙通和他的《孟津抄》

由于季吟的注释引用的是九条稙通的"大和魂"注释:"和国魂,和才魂魄也。孟广学唐文可知日本之事也。一禅说,日本鉴别之心也",③ 所以有必要顺便对稙通此人及其思想也做个简单介绍和分析。

九条稙通(1507—1594),战国、安土桃山时代("织丰"④ 时代)

---

① 伊藤无迅:《近世的源氏文化与诗歌 1》,读论文会,芭蕉会议研究室,2013 年 3 月 1 日,http: www. basho, jp/index. html。
② 岛内景二:《六义园记》注解,电气通信大学岛内景二研究室 2009 年版,第 34 页。
③ 野村精一:《源氏物语古注集成 4 孟津抄》上卷,樱枫社 1993 年版,第 241 页。
④ 指织田信长和丰臣秀吉。织田信长(1534—1582),战国、安土时代武将,在击败今川义元,剿灭各地军阀后于 1568 年拥戴足利义昭进入京都,但于 1573 年又将义昭赶走,推翻了室町幕府,建起"安土城",为统一日本迈出坚实的一步,后在京都本能寺被明智光秀袭击,自刃身亡;丰臣秀吉(1537—1598,一说为 1536—1598),战国、安土桃山时代武将,幼名日吉丸,15 岁时成为松下之纲的仆人,后服侍织田信长,改名羽柴秀吉,"本能寺事变"后消灭明智光秀,并在平定四国、北国、九州、关东、奥羽后一统天下。1583 年建起大阪城,1585 年任"关白",翌年受赐丰臣姓,任"太政大臣",1591 年将"关白"的职位让给养子秀次,称"太阁",曾因试图征服中国明朝而发起文禄、庆长战役,出兵朝鲜,在战场上病死。

第四章　镰仓时代(1192—1333)、室町时代(1336—1573)至……

的"关白"、歌学家和《源氏物语》注释家，通称玖山和九条禅阁，曾服务于柏原、后奈良、正亲町、后阳成四任天皇，"关白、左大臣"九条尚经之子，其母乃著名古典学家三条西实隆之女。作为"摄关"家族子弟，稙通出生后一路顺风顺水，于1514年（永正十一）8月27日元服，叙"正五品"；10月授"右权少将"，叙"从四品上"；12月29日叙"从三品"，此时稙通仅8岁。稙通这个名字，可能与此前将军义尹改名为义稙这个偏讳有关，说明在那时稙通家与将军家关系良好。同样的事例在当时还很多，比如近卫稙家、细川稙国、畠山稙长、伊达稙宗等人的名字皆有"稙"字。1516年（永正十三）8月稙通叙"正三品"，1517年（永正十四）9月叙从二品"少将"，1521年（永正十八）4月15岁时任"权中纳言"兼"右中将"，翌年即1522年（大永二）叙"正二品"，同年12月任"权大纳言"。1528年（享禄元）8月任"内大臣"，1533年（天文二）任"关白"和氏族族长，但后来因与幕府不和，于翌年辞去"关白"和"内大臣"职务。① 之后命运多舛，几经流浪后又被朝廷召回，颇受赏识。1555年（弘治元）稙通叙"从一品"，同年出家，法名行空或惠空。1594年（文禄三）1月5日死去，享年88岁。

　　稙通在日本历史上少有记述，故知道他的人不多，但从一些零散的记录可以看出他是一个很特殊的人。虽贵为公卿，但在性格上却有尚武好斗的一面，于当时的高级贵族中极为罕见。据说这种好斗的性格传自他祖父和父亲。其祖父政基也是战国时代的"关白"，文武兼备，曾与其子尚经一道赤手空拳将多行不义的"执事"② 唐桥在数打死。这种文武兼备的习性在后来的稙通身上也有体现，且更显著。稙通好斗的事例不少，一例是脾气暴躁的织田信长在平定日本后"拥戴"将军足利义昭进入京都，公卿、百姓见之如见鬼神，许多文人更是竭尽所能胁肩谄笑。贞德的师父绍巴（《源氏物语》注释书《绍巴抄》的撰者）当时曾献给织田两把扇子，并咏歌道："两柄（音谐"日本"）扇到手，今

---

① 参见《公卿补任》及《史料综览》"四年三月"条。
② 在室町幕府初期作为将军的代理辅佐军事、政务的长官。

"大和魂"史的初步研究

日喜何堪。"① 而稙通却不吃信长这一套，见面时站着对信长说："是上总大人吗？今日进京恭喜了。"说完即转身离去。"上总大人"这个称呼暗讥织田过去仅是"上总国"（今千叶县中部）的一个"介"② 官而已。而就是这位后来发迹的"介"官在出身名门的高官九条稙通面前，明知被耍也无法当场发作。据说后来信长在私底下满脸怒气，恶狠狠地说："九条大人就是这样给老子道贺来的!?"此前信长荡平天下，心想我完全有资格让九条稙通向自己低头，但没想到会碰到如此心高气傲且充满斗志的人。与此恰成对照的是正亲町天皇的失常表现，他将东大寺正仓院收藏的、来自中国的"兰奢待"③ 香木切出两片"赐"给织田信长。在"赐予"前天皇曾给稙通一封短信（写于1575年），其中有"意外"（古日语为"不虑"）的字样，流露出不想给但又惧怕信长的无奈心情；④ 另一例是1562年（永禄六）7月11日丰臣秀吉以近卫前久⑤的养子身份冒用藤原一姓，并成为"关白"。这时稙通赶往前久家以此事未曾与九条家商量为由向前久讨要说法。⑥ 虽然最终稙通未能阻止秀吉的僭越之举，且得到近卫家认可九条家为藤原姓嫡系的保证，但不能不说敢于冒犯秀吉讨要说法的，在当时仅有稙通一人。1576年（永禄十九）5月秀吉下令在京都周围挖护城河，但稙通不同意，说

---

① 日语中"两柄（把）"的发音与"日本"的发音相同。原歌是"二本（日本）手に入る今日のよろこび"。参见小濑甫庵《信长记》，现代思潮新设社1981年版。
② （"辅佐"的意思）属律令制四等官的第二位，平时辅佐长官，长官有事时代理长官，因部门不同而叫法有异。神祇官称"副"，省（部）称"辅"，弹正台称"弼"，巡查使称"次官"，职（律令制官厅的一种，如"中宫职、春宫职、大膳职、修理职"等）和坊（春宫坊职员的总称）称"亮"，寮（律令制机构的一种，多附属于省，如"大学寮、内藏寮"等）称"助"，近卫府（皇宫警卫）称"中将、少将"，兵卫府（律令制中负责卫兵的管理、天皇后宫各大门的警卫、朝仪的仪仗、行幸时的供奉、左右两京内巡检等工作的机构。分左兵卫府和右兵卫府。唐名"武卫"）和卫门府（职能与前者有重合）称"佐"，大宰府称"式"，国称"介"，郡司称"少领"。
③ 圣武天皇（在位724—749，701—756）时代从中国传来的名贵香木。日本东大寺正仓院宝物目录记为"黄熟香"。据说该繁体字"蘭奢待"暗含繁体字"東大寺"这3个字。
④ 参见《古文书时代鉴》，东京大学史料编纂所1977年版；永岛福太郎《百人书迹》，淡交新社1965年版和小松茂美《书信 人与书》，二玄社1964年版。
⑤ 近卫前久（1536—1612），安土桃山时代的公卿，曾任"关白"和"太政大臣"。
⑥ 参见松永贞德著，小高敏郎校注《戴恩记》，《日本古典文学大系95》，岩波书店1978年版。《戴恩记》，歌学书，两卷，约成书于1641—1645年，内容以歌学为主，但也涉及国文学，其中包括对九条稙通和细川幽斋等师父的追忆。

第四章 镰仓时代(1192—1333)、室町时代(1336—1573)至……

"帝都周围不适于挖沟。"① 与此对照后阳成天皇的表现也十分不带劲。该天皇（1571—1617）在1592年秀吉决定亲自带兵出征朝鲜时给秀吉写过一信进行规劝，但在信的结尾却不忘巴结后者一把，说此信"致太阁大人"。"太阁"者非平常疏松之语汇也，特指辞去"关白"职务但值得尊敬的人。而秀吉何许人也？众所周知乃一介农夫之子；又一例是稙通还敢与将军足利义晴对抗。稙通的领地在播州（今兵库县南部），1543年（天文十二）播州"守护"赤松晴政碍于面子将领地归还给到这里的原领主稙通，但将军义晴不同意，要求稙通退回领地，故稙通只好离开播州。1546年（天文十五）夏河内（今大阪府）军阀畠山和游佐等与将军义晴和军阀细川氏纲暗通款曲，压制另一个军阀细川晴元。为此晴元的部属三好长庆于8月调集重兵于堺市布防。这时稙通居然跑进战争气氛浓厚的堺市，于8月9日向长庆通报原领地归宿一事，明摆着要给将军脸色看；再一例是在此前的1528年（享禄二）10月4日，京都的实权派柳本贤治的同盟者三好政长试图吞并稙通的大臣西井山城死后遗留的领地。为此药师寺备后（属与政长对抗的三好元长的同党）做好战争准备。稙通这时又坐不住了，进入纪伊（今和歌山县和三重县一部）郡东九条的九品寺，就接下来如何作战运筹帷幄。②

作为前"内大臣"或前"关白"稙通的行为都是"轻率"的，但可以看出他是一个血气方刚、富有战斗精神的人，并可以猜出他的战斗精神是被逼出来的。而且他的战斗绝不仅仅是为了自己的利益和名誉，多半还是为了恢复"摄关"制度的荣光，针对的是当时已非常严重的"下克上"现象。必须说明，这种"下克上"的现象并非始自稙通的生存年代，在很早之前就已发生，例如在前述一条兼良的时代我们就已见到。稙通岁数不大时他家也屡屡发生被人盗抢的事情。1523年（永正三）2月26日盗贼又非法进入九条家，芝四郎（或为该家庭侍者）为

---

① 参见松永贞德著，小高敏郎校注《戴恩记》，《日本古典文学大系95》，岩波书店1978年版。《戴恩记》，歌学书，两卷，约成书于1641—1645年，内容以歌学为主，但也涉及国文学，其中包括对九条稙通和细川幽斋等师父的追忆。
② 井上宗雄：《九条稙通的生平》，收于野村精一《孟津抄》，樱枫社1984年版，第490页。

保卫主子献出自己的生命。闰三月"管领"细川高国与稙通的外祖父三条西实隆频频发生争执。或与此有关,4月16日"九条亚相（稙通）出京"。21日实隆将稙通招到自家宅邸"交代种种事情"。5月29日实隆又将九条大人遗诫和座右铭告知稙通,似为防止好斗的稙通可能再做出惊人之举。①但果不其然,日后的稙通却真的一而再再而三地针对武士集团领导人发难。

  稙通敢于与武士集团领导人叫板,可能还出于对自己所掌握的"饭纲"之法颇为自得。所谓"饭纲"之法,是指巫师或以祝祷为业的神官和僧侣使用"饭纲"这种小动物进行的宗教活动。据说"饭纲"是一种外形像狐狸、老鼠般大小的动物,但具体为何动物至今不明。总之,使用该动物实施占卜、诅咒等的做法就叫"饭纲"之法,使用该法的人叫"饭纲使"。另外日本当时还有一种信仰,认为"饭纲"会向主人汇报各地的见闻,将主人所希望得到的东西带给主人,由此发家致富。有人认为以各地"饭纲山"为据点的"修验道"人士所行的密教"荼吉尼"法就是"饭纲"信仰的来源。而稙通作为朝廷公卿居然不务正业,醉心此法,由此不能不说他还是一个另类人物。《戴恩记》记载,稙通在心情好的时候会叙说自己过去遇上的事情,"无论何事一旦做出即不可半途而废,而应坚持到底。余以为已成就饭绳（饭纲）之法。无论余睡何处,夜半时分总有鹰鸢飞来屋顶鸣叫。余行路时前方总有旋风刮起。"②

  稙通贵为公卿,且精通"饭纲"之法,但在经济方面却很窘困,因此经常擅离职守并动辄开口向亲戚要钱,而且索取无度。1534年（天文三）稙通因无钱朝拜天皇,干脆于11月21日辞去"关白"和"内大臣"职务,出走摄州（今大阪府和兵库县之一部),③ 开始流浪。当然他不是一人,而是带了自己的"女婿"和一批"御足弱众"（似为侍女）一道出走。1536年（天文五）稙通下但马国（今兵库县北部）,向尚经的养子光教强借廿贯钱。1540年（天文九）2月开始寄宿于大

---

① 参见《实隆公记》,大洋社1934—1941年版。
② 松永贞德著,小高敏郎校注：《戴恩记》,《日本古典文学大系95》,岩波书店1978年版,第56页。
③ 参见《公卿补任》,经济杂志社1897—1901年版。

第四章 镰仓时代(1192—1333)、室町时代(1336—1573)至……

乘院。光教在其 6 月 6 日的日记中记述:"向九条殿进献千疋之,御堪忍依难相调,即及御断绝之由,数度承候。以隐密如此候。"① 1541 年(天文十)稙通去播州,又写信向光教索要路费。光教通过"大夫"中江刑部给稙通寄去"鸟目"廿缗(两千疋即两万文)。1546 年(天文十五)稙通进入战争气氛浓厚的堺市,转向三好长庆请求经济援助,又得到两千疋钱。这时稙通似乎还通过长庆介入到将军家族及各政治势力的斗争中去。1549 年(天文十八)6 月 18 日光教在其母"庆寿院"的劝诱下又给稙通寄去两千疋钱,希望稙通返回京都,但稙通执意待在堺市。究其原因或是经济方面不如意,或是与京都的将军和近卫家族不和。1550 年(天文十九)5 月将军义晴死去,三好长庆开始控制京都,这时稙通又向光教讨要了三千疋钱并于 1551 年(天文廿)5 月 20 日进京。1553 年(天文廿二)4 月以准备晋谒天皇为由又屡次向光教要钱。翌年光教死去,自此稙通多居住在京都,并于 1555 年(天文廿四)12 月 5 日获得从一品的官位,《公卿补任》对此作了记述,并旁注"旷世未有"。为此稙通感到满足,同时似乎还有些无奈,于 8 日出家,时年 49 岁。

对稙通自天文三年开始到天文廿二年的流浪生活,《戴恩记》作以下总结:"玖山公年轻时天下大乱,公家执权时断时续无法居住京城,故或徘徊于和泉之堺市,或踯躅于九州。对女婿十川大人不离不弃,一心系于武勇。"② 而稙通自己则在《源氏物语竞宴记》序中补充说:"余生于摄禄之家,位于宰官之位,而未想之前离开北阙,奔赴南泉。经年徒居于海滨,祈愿于住吉大神。其或有灵验,余非本意悄然归京。"③ 就此含糊之词还是今人井上宗雄看得较为清楚:"稙通在做学问的同时还发现在战国这个时代,以摄关的权威和学识已无法克服时艰,故需掌握饭纲之法和武勇精神,与政治(不仅是权谋和案几上的政略,

---

① 此为日本"候文",即使用敬语"候"写出的文章。日本中世以来用于书简、公文、祷文、报告等。以上文字不译,因其意思大抵可猜出。参见《公卿补任》,经济杂志社 1897—1901 年版。
② 松永贞德著,小高敏郎校注:《戴恩记》,《日本古典文学大系 95》,岩波书店 1978 年版,第 55 页。
③ 《源氏物语竞宴记》序,出版信息遗失。下同。

还包括流血的战场）世界正面相对。《戴恩记》说十川是其女婿，但稙通没有女儿（饭绳之法不允许接近女人），所以他或是其养子，或是其养女婿，也可能就是叫作'鬼十川'的一存（三好长庆最小的弟弟）。稙通与他一道锻炼身体，相互激励练习武艺。从表面上看是性格刚毅，但实质似乎是希望确立朝廷、摄关家族的权威。"①

换言之，是那个"下克上"的时代让稙通有了以上种种刚毅的"怪举"。这些"怪举"表明稙通对幕府和那个时代不抱好感。不过他作为公卿，在那个时代能做的事情不可能很多，除练习"饭纲"之法和武艺并四处流浪和"滋事"外，只能是学习一些和歌知识和古典如《源氏物语》等，并且他的学习还不顺利。

稙通的和学功底得益于他的外祖父三条西实隆和舅舅三条西公条。此父子二人当时都是精通日本古典和文物典章制度的佼佼者。稙通结束流浪后于1555年（弘治元）闰五月十日开始正儿八经地跟随舅舅三条西公条学习《源氏物语》"桐壶"卷，为"盛者必衰"的道理所折服。此后他回忆说："余明了为深知此理，非读《源氏物语》不可。"并为此和外甥二条晴良商量，求舅舅公条讲解《源氏物语》。② 1558年（永禄元）稙通学习到《源氏物语》"桥姬"卷时，泉州（今大阪府南部）战火又起，故中断了学习，"立即返回播州"。③ 因为此时将军义辉重整实力卷土再来，京畿一带人心惶惶。11月义辉和长庆归于和解，但反长庆一派仍蠢蠢欲动，京都南面战事随时可能再开，稙通必须为保护其领地的安全在那守候。1560年（永禄三）8月29日稙通返回京都，9月重新开始学习《源氏物语》，11月5日学习全部结束。为此稙通欣喜不已，让土佐将监画一幅紫式部和如意观音的重叠画像，并附上公条的赞文，使其在宫廷展出。稙通的兴奋心情不言而喻，但他的《源氏物语》学习过程不顺利应该也会对他的《源氏物语》观产生影响。1563年（永禄六）12月公条去世，因泉州战火未熄稙通再赴堺市。

1573年（天正元）12月中旬之后稙通在嵯峨居住数月，写下《嵯

---

① 井上宗雄：《九条稙通的生平》，收于野村精一《孟津抄》，樱枫社1984年版，第495页。
② 《源氏物语竞宴记》序。
③ 同上。

第四章 镰仓时代(1192—1333)、室町时代(1336—1573)至……

峨记》。从该记开篇可以看出当时的社会状况和他的心情。"天正元年阴历十二月中旬,出屋远眺皇居四周,荒颓至极,心痛不已。"① 语中暗含对"下克上"造成的恶果的谴责。然而放眼望去更远的自然景物,如嵯峨一带的千年古道、宽广池塘、大井川和岚山,其风光依旧。此刻还在为《孟津抄》做最后文字整理的稙通面对与《源氏物语》描述的相同景物,为古代盛世的荣光激动不已。"年末""赴京城或下关东,见闻(风物)千变万化之情趣,不觉于今日感到一年即将逝去。"因之"作歌:闻千见万有不变,今日始觉又一年。"② 由此可以猜出,此时能安抚稙通的心情并让他有盼头的,是《源氏物语》及其中各种景物所寓意的"摄关"制度大好时光。

1574年(天正二)稙通出席外甥二条晴良举办的临时歌会,以"欣逢家业转右丞相('右大臣'兼孝)"为题作歌如下:"家风千世永相传,犹如吴竹节节长。"③ 这里的"家业"当指"摄关"家族的家业;"吴竹"指中国传来的一种竹子,也称"淡竹",叶细节多,曾种在皇宫清凉殿前庭。对此有人评述:"一言以蔽之",稙通的"思想骨骼就是祈愿(摄关家族)地久天长,万民快乐,……。"④

1575年(天正三)《孟津抄》成书,共二十卷,今已不全,现存本有十五册、二十一册、五十四册本等多种,有人以稙通的异名"九条禅阁"也将它称作《九禅抄》。《孟津抄》是在《河海抄》、《花鸟余情》、《弄花抄》等书的注释基础上补入三条西家源氏学的观点,再加上自己的部分学说而撰成的,属于当时最全面的诸注集成,代表着安土桃山时代《源氏物语》研究的最高峰。一如前述,《河海抄》和《花鸟余情》具有较明显的儒学倾向,而《弄花抄》则带有较强烈的佛教思想。虽然《孟津抄》的儒佛倾向不如前述几部书籍,但应该说稙通对儒佛还是抱有好感的。比如《孟津抄》这个书名就很有代表性。贞德

---

① 九条稙通:《嵯峨记》,《群书类从》二十七辑 杂部,续群书类从完成会1960年版,第592页。
② 原歌是"何とかと見つつ聞きつつ有きつつ今年をけふに暮しはてけり"。
③ 原歌是"家の風伝てしより呉竹のすぐなる儘に千世をへななむ"。
④ 井上宗雄:《九条稙通的生平》,收录于野村精一《孟津抄》上,樱枫社1987年版,第8页。

"大和魂"史的初步研究

曾对"孟津"的词义做如下说明：汉代张骞为寻找黄河源头，乘浮木花三年时间才到达某地，在那里碰到织女，于是问她这里叫什么地名。织女觉得奇怪，反问为何提出这个问题。张骞回答："欲查此河之源头。"织女笑道："爰乃津世，何以至源头？"也就是说张骞花了三年时间才到达源头入口的码头，因而他大惊失色，要了一块织布机的梭石后返回都城，由此始知黄河的源头乃天河。① 此说明来自黄河上游河南省"孟津"这个地名，据说那里是通往天河的入口。稙通在《孟津抄》序言中也说："黄河九曲自昆仑山出。为找源头张骞乘槎于三年后秋初至银河。遇二星问此处何名。答曰孟津。听后大惊而归。"② 稙通是出自谦虚而给自己的书籍命此名的，认为花十五年时间才写出这本注释书，但与《源氏物语》深刻的寓意相比，自己岂但没有穷尽它的微言大义，相反还只停留在它的寓意"入口"。为表明谦虚态度可以使用的方法很多，而稙通特意选用"孟津"这个典故作为书名，说明他对汉学知识了解很多，且使用十分贴切。

再看《孟津抄》的跋语："夫六经者所以载道而之后世也。以故虽千万世厥道惟存矣。吾朝有妇人曰紫式部，辩私汉风之翘楚者也。以本朝之假名选此物语，大藏五百函之密旨、诸子百家之源委、和歌之本流于此书至矣尽矣。壮岁就于次，精于倭歌，覃思于此书矣。囊（疑为'曩'）昔陪翁之讲筵，其言一一得窥堂奥，后数十年费功夫于萤雪，而河海花鸟之外，涉猎本源异流之大纲，抄于露者廿卷焉，后之贤者仿效翁甃亦宜矣。时天正乙亥第三 初秋星节 暮龄八八岁 陶化翁志焉。"③（以上标点由著者所加）由此可见稙通对中华思想和文化的熟悉和爱好态度。

另从《孟津抄》的一些注释也可看出稙通的慕华倾向。在对和歌"しなてるやにほの水うみにこぐ船のまほならねどもあひみてし哉（早蕨107）"中的"しなてる"进行注释时（对日语无认识的读者自此可跳过不读），稙通就"しなてる"（水光）和"にほてる"（湖光）

---

① 松永贞德著，小高敏郎校注：《戴恩记》，《日本古典文学大系95》，岩波书店1978年版，第8页。
② 野村精一：《孟津抄》上，樱枫社1987年版，第10页。
③ 同上书，第388页。

第四章 镰仓时代(1192—1333)、室町时代(1336—1573)至……

与"をしてる"① （海水的反光）这三个词汇做了比较，态度非常认真。他屡次怀疑是自己的师父公条记忆出了差错，以致没有对歌作做出正确的注释和评价。稙通坚持自己的观点，依据的是《河海抄》和《弄花抄》的注释。《河海抄》对以上三个词汇作如下解释："'しなてる'即'水海'（湖）之物名欤。与'にほてる'同义欤。'水海'读'しな'，'光'读'てる'也。《白氏文集》中与'湖光'（按：にほてる。原文中前一词乃旁注）同用。同一物欤。……'をしてる'为'盐海'②。"③《河海抄》的这个注释，意思大抵可以理解，但其说明方法存在一些问题。第一句的"'水海'之物名"，应该是"'水光'之物名"。如此才能与后文的"湖光"相对应；最后一句应该是"海水的反光"，而不单纯是"海"。如此才能就"淡水湖光"和"海水反光"作比较；"《白氏文集》"一句也费解。《白氏文集》中某诗句的"湖光"在某时代被日人注音为"にほてる"好理解，但为何"湖光"（にほてる）就是"水光"（しなてる）呢？是否白居易的话在当时就是最权威的论断？对《河海抄》的这些注释稙通未作深究，可能凭依的就是对《白氏文集》的崇敬并深信不疑。

其实这并不奇怪，它反映的是"摄关"制度下官员的通病。"摄关"文化虽说具有浓厚的日本特点，但实际上包含了许多中国的制度、思想、观念和知识。和其他注释家一样，稙通在《孟津抄》中也未对"下克上"的现象作出说明和批判，但联系上述作者的生平事迹不难想象，在那个时代，稙通对社会、时代的看法不免会渗透到他的一些注释当中，虽然有时他未明说。至此我们可以大致猜出稙通所说的"广学唐土之文亦可知日本之事也"，其潜台词很可能说的就是"广泛了解中国思想"，不仅可以知道诸如"胜者必衰"和"上下有别"（礼制）等道理，据此做出思考和防范，而且还可以知道日本的文学观念部分来自中国，故在许多方面二者是相通的。在某种意思上似乎可以说，稙通的"广学唐土之文亦可知日本之事也"和一条兼良依据中国战国时代的概

---

① 枕词。修饰地名"难波"（古大阪），如"おしてる難波の国"。为何如此修饰原因不明。也说成"をしてるや"。
② "海"意，与"湖"相对。
③ 野村精一：《孟津抄》上，樱枫社1987年版，第210页。

念说出的"我国鉴别之心也"观点比较相似，所以兼良会在"我国鉴别之心"后面加上"广学唐土之文亦可知日本之事也"这句引注。因为一方面他们的注释似乎都流露出对"下克上"现象不满的意思，希望用中国已有的知识、概念和智慧来克服这种现象，恢复日本"摄关"制度中的礼制，另一方面在表示警惕的同时，还本能地怀念和歌颂过去"克己复礼"的大好时光。

然而季吟所引的孟注"广学唐土之文亦可知日本之事也"的意思，与稙通所说的又略有不同。在季吟生活的年代，"下克上"现象已暂告结束，"士农工商"身份体制的确立，让他无须为"上下"的问题伤脑筋。他关心的是如何秉持江户幕府的旨意，按儒佛两教所说对大众进行"人生说教"。季吟所说的"大和魂云云"其实都不重要，重要的是他后面的那句引文（虽然人们有可能对此句引文与"大和魂"的关系如坠烟云）。而且季吟一如既往，为说明这个问题自己也不出面，而是借用九条稙通的话语，将欲混合汉和的思想表达出来。或许在他看来，日本当时的问题其实和中国一样，那么学好中国的思想就可以解决日本的问题。此结论是否正确著者不好确定，但认为它似乎就是季吟的真实思想。

第六节 本章小结

"摄关"制度的崩溃，使象征该制度代表人物心性的"大和魂"一道随之灰飞烟灭。自镰仓时代到江户时代前期能自称或被称具备"大和魂"的人物已不复存在，"大和魂"在日本历史的空缺时间长达500余年。这说明"大和魂"确属"摄关"人物之心魂。与此同时，这段时间出现的90部《源氏物语》注释书也几乎对"大和魂"视而不见。但此间也并非完全无人关心"大和魂"，有八部《源氏物语》注释书提及"大和魂"，但其注释的内容略有不同，且大都语焉不详，不易理解。以下仅根据上文的分析对其中的四部注释书作归纳总结。

《河海抄》。对其间"大和魂"的施注者为男性，一位被边缘化的朝廷公卿。其注释的"大和魂"语义不清："大和魂，和国魂"，乃一种同义反复，等于什么也没有解释；"和才魂魄也"，说明日本当时已

第四章 镰仓时代(1192—1333)、室町时代(1336—1573)至……

出现自己的学问,而统摄这个学问的精神就是"大和魂"。

《源氏和秘抄》和《花鸟余情》。对其间"大和魂"的施注者为男性,也是一位被边缘化的朝廷公卿。《源氏和秘抄》中所注释的"大和魂"同样语义不清,"大和魂,我国之魂也"也属于一种同义反复,等于什么都没有解释;《花鸟余情》中所注释的"大和魂,我国鉴别之心也"似有特别的意思,但其意义必须结合注者的生平和对社会的看法才能得到理解。根据该注释的引注"孟广学唐文亦可知日本之事也",可以认为其"鉴别之心"似有仿照中国"战国时代"的概念,对日本室町时代"下克上"现象加以警醒的意味。

《湖月抄》。对其间"大和魂"的施注者为男性,原来是一位城市居民和神官,后经努力跻身于统治阶级,成为一位为幕府提供意识形态的文官。其注释的"大和魂,和国魂,和才魂魄也"原样抄自《河海抄》,缺乏新意,显示出一种思想的倦怠。而"孟广学唐文亦可知日本之事也"一句也引自九条稙通所撰《孟津抄》中的话,说明引者认同被引者的观点。九条稙通亦男性,也是一位被边缘化的朝廷公卿。其所说的"孟广学唐文亦可知日本之事也"似乎也有特别的意思,其意义亦须结合注者的生平和对社会的看法才能理解。但因时代不同,《湖月抄》作者北村季吟所引的"孟广学唐文亦可知日本之事也",与被引者所说的意思有较大的不同,但在使用中国思想,认识和解决日本问题方面具有相似的精神。

认真分析可以发现,此阶段的"大和魂"有一个明显的共同特征,即在强调本"魂"是日本精神的同时,还承认它们都融合了他国文化的思想。究其原因,就在于"摄关"制度的思想本身就带有他国文化的思想要素。再说新时期的"摄关"政权必须依附幕府才能存活,不按照幕府的意思融合外国其他思想不行。此外,此阶段的"大和魂"还具有以下几种性质和特征:

一、自镰仓时代至江户时代初期,"大和魂"已从过去在宫廷实际使用的日常语汇转变为一种辞书性质的解释,且施注者几乎都是"摄关"人士,说明"大和魂"这种历史记忆还存留在一小部分公卿的大脑当中,仍然是一种统治阶级精神能力的体现,与广大的农民和武士无缘。

二、平安时代的"大和魂"或"大和心"是一种作为与汉学和中国文化相对立的精神存在物,具有否定后者的性质,以及拥有与汉字文化不同的、可独立运行并被逐步发扬光大的自律性功能。但在镰仓时代到江户时代初期,至少从外表上说"大和魂"已不再与汉学发生联系(北村季吟和九条稙通例外),成为较模糊的"日本精神"的象征,还成为日本自身学问(和才)的统摄思想。其发生的主要背景是此时日本较少与中国联系,原有中国思想的影响也在消退之中。至少在江户时代中期"国学运动"兴起之前,日本的皇室公卿在表面上已不再将"大和魂"作为汉学的对立物看待。

三、然而隐藏在上述性质背后的真相是,注释者没有想到自己在肯定日本精神价值的同时,那个所谓的日本精神即"大和魂"实际上已融入了相当部分的中国思想和其他外来思想。换言之,过去的中国思想等已内化为所谓的日本精神。这就是一条兼良在强调"大和魂,我国鉴别之心也"时,不期然要引注稙通注释"孟广学唐文亦可知日本之事也"的原因。由于兼良说过日本室町时代末期就是中国春秋战国时代的翻版,换言之,也"礼崩乐坏",所以我们可以认为,他所谓的"我国鉴别之心",其实与"中国的鉴别之心"相差不大,二者间存在着影响和被影响的关系。亦即,日本意味浓厚的"大和魂"在这时实际上已在无意识中被注入了部分中国思想。顺便一说,日本史学中使用的"南北朝"这个词汇,也是融合了中国历史思想的产物。

四、"摄关"时代的"大和魂"或"大和心",与"汉学知识教养"或"宗教伦理道德"无关,属于一种被宫廷人士褒扬的、可自由豁达、随机应变地处理现实问题,包括政治、经济问题的精神能力。这种能力的进一步扩张,很容易形成所谓的机会主义主张。然而在镰仓时代到江户时代初期,"大和魂"已演变为一种"正义的精神"和日本学问的指导思想。原因很简单,下级军事贵族造反了,皇室式微,为此公卿们感到愤怒。部分公卿觉得若不能在此时建立起一种"正义价值观",则包含天皇在内的所有"摄关"制度成员将无以存身。然而这种价值观不易寻找,故只能在过去朝廷鼎盛的平安时代某个概念中找个替代物,这就是"大和魂"。然而按以上第三个性质和特征来看,它居然有些类似于中国的"礼制思想"。不过这种努力成效不彰。说《源氏物

第四章 镰仓时代(1192—1333)、室町时代(1336—1573)至……

语》是王朝辉煌的象征物并不为过,当时的部分公卿醉心于彼及其注释也可以理解,但多数公卿对何谓"大和魂"皆无兴趣,部分感兴趣的公卿在试图阐明并建立起这种"正义价值观"时却也无法说清何谓"大和魂",以及为何"大和魂是我国之魂"的确切理由。

五、平安时代的"大和魂"或"大和心"是一张通往"摄关"宝座道路的通行证或行事时的烫金名片,可是在镰仓时代到江户时代初期却基本被视如弃屣,仅有区区几个公卿除外。在平安时代,"大和魂(心)"在显示女性文化一面的同时还体现出与该文化相反的"尚武"、"斗勇"的一面。而在镰仓时代到江户时代初期它成为部分"弃武男性"公卿(九条稙通例外)的心中幻象。从他们不完整的言论中可以猜出,他们大概是在对"大和魂"想当然,或通过想当然为捍卫已逝去的"摄关"制度荣光发出一两声警示的呼唤。

六、北村季吟这位幕府高级文官似乎也弄不清"大和魂"和中国思想的区别,以及中国的部分思想已内化为日本精神的事实,但他模糊地感到这二者之间有相通的一面,所以人云亦云,说"孟广学唐文亦可知日本之事"。在他令今人不知所云的注释当中似乎说的是日汉两国其实是一样的,所以在必要时还须合用儒佛观点对民众进行"人生教育",以稳定社会并巩固幕府的政权。他的观点,实际上是一种有意的"融合"即"和合"的思想。

七、此阶段四本《源氏物语》注释书的"大和魂",与当时日本的"神国思想"基本没有关系。诚然,日本在中世时期(镰仓、室町时代)曾出现过所谓的"神国思想",其背景之一是元军两次入侵日本但均被"神风"击退,增强了日本人自古以来对自己国家乃"神国"的认识;其背景之二是当时的日本人对世界的认识有限:世界仅有三个国家,即所谓的"本朝、震旦、天竺",而朝鲜是对日本和中国都输诚纳贡的一个"王国"。这种观念集中地体现在《今昔物语集》等故事当中。虽然日本过去在中国、朝鲜、印度的政治文化影响下建立起自身的国家权力,但或许是因为此时日本已久未与中国来往,与印度亦地绝遥远,在此状况下日本文化有了较长时间的独立发展,民族自立的精神也相应得到滋长,所以在这个时期,日本觉得为了与拥有儒教和佛教的中印两国抗衡,有必要确立自身独立的文化价值观。在没有其他可选择的情况下，日本只能在自己的历史传说中搜寻出远古的所谓"神国观"，试图使人承认日本也是一个可以文化自律的国家，并且是这个世界无法比拟的国家，而"神风"战胜元军的"事实"恰恰又证明了这一点。这在室町时代"三国一"或"三国无双"等流行语中所反映出的自大情绪里表现得尤为明显。① 然而我们也须看到，日本自进入南北朝和室町时代中后期，特别是在"应仁之乱"等一系列国内动乱前后，埋头于"下克上"征战的军事将领和蹙眉于"礼崩乐坏"的"摄关"文士如一条兼良等，似已无余力再关心日本是否"神国"这个话题。而江户时代前期的文士如北村季吟等，面对日本再次学习儒学，以此管理社会的现实，也似乎不太关心日本是否真是"神国"这个话题，所以在"日本精神"即"大和魂"是否"神国之魂"这个问题上，各《源氏物语》注释书几乎均未表示关注，仅有的四部注释书即使有所涉及但也语焉不详。一条兼良所谓的"鉴别之心"与其说是"神国之心"，倒不如说是"儒家之心"更为恰当。

八、与平安时代的"大和魂（心）"一样，镰仓时代到江户时代初期的"大和魂"仍然不是一种具超越历史性的精神原理和价值体系。

第七节　附言：日本的三教融合

日本宗教存在相当明显的融合现象，这种现象在四部注释书的注者身上都有体现，或许他们都代表着当时的一种倾向。其实这并不是日本的特有现象，这种追求融合的思想与当时东亚国家包括中国②，乃至当今世界的精神追求在本质上是相同的（尽管各国的旨归各有不同），具体说来其中可能存在两个原因：

---

① 参见村井章介《中世日本的国际意识》，《历史学研究》（另册），历史学研究会1982年版。
② 按陈支平的说法，是中国农耕经济的多元成分结构造就了中国文化兼容并蓄的包容性格。（《中国文化概论》第二章，北京师范大学出版社2014年版，第40页。）中国从上古起，就有"天下同归而殊途，一致而百虑"《易传·系词下》的说法。到秦汉时代，更有诸子百家学说精华相互包容荟萃的现象发生。如果我们要了解禅宗思想和理学思想对宋代士大夫的影响，只要读一下王安石、苏轼、黄庭坚等人的诗歌，就能对宋人融儒道释为一体的思想面貌有真切的把握。

第四章 镰仓时代(1192—1333)、室町时代(1336—1573)至……

一、日本引进过许多宗教,但在早先引进中国佛教时那个佛教就已经是儒、释、道三教合一的佛教了。从时间上看,释迦牟尼诞生于公元前483年,佛教传到中国或是公元1年或是公元67年,再通过朝鲜传入日本是公元552年[①],朝廷正式宣布"天皇信佛教,尊神道"是587年[②],也就是说佛教在传入日本之前,已经有足够的时间在中国和朝鲜被多次改造和融合。一般认为,外来宗教传入某国后一定会和该国的固有宗教发生冲突,引起争论,有时还会引发战争。中国虽未出现宗教战争的事例,但佛教能在中国站稳脚跟,势必经历了一个与本土宗教道教和儒教妥协、融合的过程。后汉末(3世纪左右)佛教开始在中国逐渐兴起,而道教在此时也通过整合民间宗教信仰开始形成一个完备的宗教体系。可以推想进入中国并扎下根的佛教,应当吸收了一部分道教的思想和宗教仪轨等。不仅如此,由于中国王朝自汉代起始终将儒教当作官方的意识形态和官民的道德指南,所以中国佛教还面临一个须与儒教妥协、融合的问题。于是就有了初步的儒、释、道三教合一的认识,其目的是不让佛教的教理与中国的老庄、孔孟思想发生冲突。齐、梁时代(5—6世纪)中国有人对儒、释、道三者的关系展开辩论,最后竟带来一种调和三者的思想。至隋(7世纪)出现了明确的"三教合一"思想。到唐代(7—11世纪)时佛教兴盛,形成了以佛教为核心的"三教合一"理论。唐宣宗(846年即位)时"三教合一"论调已如"国教",在皇帝生日的这一天,朝廷按惯例都要在宫中举行"三教谈论"大会。而日本大规模向中国派出遣唐使和遣唐僧是在公元630—894年这段时间,正好处于中国佛教最繁荣的时期,也处于道教受朝廷保护、势力急剧扩张的时期,又处于儒教作为王朝统治思想进一步得势的时期,因此可谓这个时期是一个儒、释、道三教合一但又各显风骚的时代。可以想象,在当时将中国视为绝对权威的日本留学生和留学僧所接受的佛教,当是一个三教合一的佛教。换言之,这个佛教已经包含着儒教和道教的思想,并且是一种"正统"的思想。"这种中国式的儒、释、道合一理论不仅作为教义和思想进入日本,还通过为日本人所喜爱

---

① 《日本书纪》"钦明天皇卷"。
② 《日本书纪》"用明天皇卷"。

的诗人和文人的作品进入日本。唐代的白居易和柳宗元、宋代的苏东坡等人及其思想很自然地会横跨三教,对以这些文人为师的日本人来说,接受其三教合一的理论乃至合一的思考方式是一件极其自然的事情,因此后来在日本出现了'神、儒、佛合一理论'也就不必大惊小怪了。"[1]

二、神道本身仅仅是一种习惯性的祭祀仪式(在镰仓时代末期出现所谓的"神道哲学"[2]之前,日本一直崇尚"不务虚言"的传统,只是在南宋宋学进入日本后神道教中才产生一些类似于哲学思想的东西,这要归功于佛教对中日两国思想的滋润),既与道德无关,也不是一种理论学说,就像是一个气球,其中可以填充氢气,也可以填充氦气或其他气体,所以日本在接触中国式的融合思想后也引发了大量的宗教融合现象。时间叙述上有些颠倒,但首个要提及的人物,就是与北村季吟同时代的幕府儒官林罗山(1583—1657)。用现在的话说他负责国家的意识形态工作,但就是这样一个儒者,为拯救自中世起神佛融合而导致的王道衰弱和使国家恢复到上古纯朴的世界,在发愤写出《日本神道考》或工作期间却成天一副僧侣的模样和打扮,说什么"本朝乃神国"[3]和"神道即尧舜之道"[4],皇祖皇宗的"正道"与儒教的精神一致,可谓日本后期"三教合一"的典型代表。林罗山及其子林鹅峰还受家康之命,编撰一部从"神代"开始到后阳成天皇庆长十六年为止的史书《本朝通鉴》,但就在这本记述"神孙"发展史的书籍开篇,却说日本皇室的始祖是吴太伯之后,这无异于将神道教混同于中国的宗教,其混淆日本和中国的用意于此可见一斑。据说这种说法后来遭到水户藩藩主德川光圀的责难,光圀因此下决心编撰一本反映历史"真实"的史书《大日本史》。[5] 不过光圀是否真正的神道信者也不好说。他或延聘山崎闇斋的弟子俊秀,使

---

[1] 山本七平:《何谓日本人?——探索从神话世界到近代其行动的原理》,PHP文库2006年版,第139页。

[2] 度会家行:《类聚神祇本源》。在此书中家行为了证明伊势神宫的外宫的地位不比内宫差,混合使用了道家思想、宋学"理气"说和佛教思想等。例如他在阐释何谓"心",何谓"正直"之德,何谓"清静"之德时,或采用五行说,或采用阴阳说,有时还将老子的学说和周公的太极图等用于解释日本的神话,俨然是一个思想大杂烩。

[3] 林罗山:《本朝神社考》,现代思潮社1980年版,第9页。

[4] 林罗山:《本朝编年录》,无出版商名,1600年出版,第37页。

[5] 安藤为章:《年山纪闻》,中村直道抄写1830年版,第24页。

第四章　镰仓时代(1192—1333)、室町时代(1336—1573)至……

之成为水户藩儒臣，或邀请明遗臣朱舜水至本藩，优待其至死。或许光圀的一生真像他生前亲自选定的墓志铭所说的那样，是"尊神儒，驳神儒，崇佛老，排佛老"，故很难对其做出评价，只能说其思想是一种以儒家"大义名分"学说包装起来的日本国体论。

其实这种"三教合一"的现象最早可追溯至日本奈良时代之前的所谓的"佛神融合"。公元698年，"多气大神宫寺"迁移到伊势神宫所在的伊势国（今三重县）度会郡，接着日本各地的大神社旁纷纷建起许多"神宫寺"。在此过程中日本人产生了两种思维方式："一种是将神乃罪报这种劣等感强加在神身上，让佛守护神；一种是反过来让神守护佛，以此祈求佛法。因此在佛教名山比叡山建有日吉大社，在奈良兴福寺建有春日神社，二者一体，僧侣神官不分"，① 也就极其自然，见怪不怪了。其中对"佛神融合"表现最为积极的是"八幡神"，② 其神号是"八幡大菩萨"。这种思维方式最终在平安时代形成了所谓的"本地垂迹说"。③ 具体说来就是，佛降临在伊势成为天照大神，天皇的祖先就是佛。《太平记》④ 则直言不讳地将天皇称为"佛体"。

与此相对，"道、神融合"似乎发生得更早。"天皇"、"紫宸殿"、"天人"、"仙人"、"神宫"、"神社"这些与神道有关的重要词汇都来自道教。但津田左右吉⑤说这一类词汇只是借用而已，其反映的思想与

---

① 《日本大百科全书》"本地垂迹说"条。
② 八幡宫的祭神，以所谓的应神"天皇"为祭祀对象，据说自古以来该神都被认为是弓矢、武道之神。
③ 本地垂迹说，属于一种佛神同体的理论，其具体的意思是日本的神乃印度（本地）的佛菩萨为救济众生改变形态降临（垂迹）日本的。这种说法始于平安时代，衰亡于明治时代初期的"神佛分离令"的实施。
④ 日本古代军事题材小说，四十卷，作者似为小岛法师，成书分为几个阶段，大约在1368—1375年和1375—1379年左右这段时间。小说用华丽的和汉混合文体描写始于北条高时失政、建武中兴直至南北朝时代这50余年间的历史动乱过程。
⑤ 津田左右吉（1873—1961），日本历史学家，早稻田大学教授，通过对日本古典作品严密地分析和批判开拓了比较科学的日本、东亚古代史和思想史的研究方法，著有《日本文学中的我国民思想的研究》等著作，获得日本政府文化勋章。但其观点带有否定中国对日本历史、文化、思想的影响和强调日本在世界上是一个与其他国家不同的国家，具有极为独特的文化的一面。

"大和魂"史的初步研究

中国的道教不同。① 实际上，在涉及宇宙、自然、人类形成这样一个对不同民族来说都至关重要的"本体论"认识上，日本的早期神道曾受到中国道教的强烈影响，并与道教进行融合。最早并不是中国人而是日本人在江户时代就发现，《古事记》和《日本书纪》中的"天地创造说"是根据中国道教公元前2世纪的著作《淮南子》和公元3世纪的著作《三五历记》等重新编撰而成的。该发现见于江户时代中期尾张藩（今爱知县西部）学者河村秀根父子共撰的著作《日本书纪集解》。

在道教看来，宇宙的最高神是天皇，也就是天皇大帝或玉皇大帝，住在"紫微宫"里。和地面的皇帝一样，天上的"天皇"也有辅佐的官僚，其高级官僚叫"真人"，低级官僚叫"仙人"。"天皇"命令各"官僚"监视地面，行善者将获赏，行恶者将受罚。在日本，将天上的这种治理方式在地面上重演一遍的就是，其最高统治者"天皇"也住在"紫宸殿"里，不过官员和机构的名称则基本参照大海以西的中国儒教政府。这和日本接受中国的道教和儒教的时间有关。中国的道教和儒教在许多方面都有相通的一面，例如"天命思想"。日本的天皇在继承道教的"天地创造说"的同时，也主张自己是"天孙"，即神的直系子孙，是为了说明自己具有"执政合法性"。可以说日本的天皇在让人"用（道教的）天地创造说进行《日本书纪》的记述和在律令制度建立后不久即开始编撰《日本书纪》时，他脑中一定存有唐王朝的宗教、道教中的上述世界观"② 和儒教的世界观。

因此，"天上的天皇大帝，就是天照大神以降各天皇的御灵。天皇在生前被称作'天皇'是近世的事情，而在此之前都被称作'院'，死后其谥号才加上'天皇'的字样，只有后醍醐天皇例外。这件事表明所谓的'天皇'是他死后在天上使用的称号，他死后作为'天皇大帝'在天上看护子孙的统治。"可以说神道的"最高统治者是天照大神。与此同时祈祷镇护国家的对象是佛。从而作为统治神学，儒释道合一论则变为神儒佛合一论，神社和寺院一体。为合理地说明这些而引用'本

---

① 津田左右吉：《日本的神道》，《津田左右吉全集》第9卷，岩波书店1973年版，第13页。

② 山本七平：《何谓日本人？——探索从神话世界到近代其行动的原理》，PHP文库2006年版，第142页。

第四章 镰仓时代(1192—1333)、室町时代(1336—1573)至……

地垂迹说'也并非不可理解。毋庸置疑，是所谓的道教式的天地构想才以这种形式与神道融合的。而且广义的道教具有中村元①教授所说的欧亚大陆的宗教因素，所以会以这种极其自然的形式与神道融合。"②

另外，日本的神道在接触中国思想之前几乎不提"死亡"二字，但在公元3世纪左右形成的日本"古坟文化"中却可以看到有关死后世界的思想，这也与中国道教思想的传播有关，其中体现的是"道神一理"。与此相对，圣德太子的《宪法十七条》则体现了"儒佛一理"。其实还不止于此，而是"儒佛法墨一理"，因为该《宪法》就像个思想什锦大拼盘，儒、佛、法、墨各家理论应有尽有；太子的"冠位十二阶"同样如此。冠名参考了儒教的德目，分为大小德、仁、礼、信、义、智12个位阶，各冠以浓淡不同的紫、青、赤、黄、白、黑加以区别，体现的则又是"儒道并举"。由此后来日本的僧侣讲授儒学，神官开释佛教当为题中应有之义。而"两部神道"③和"山王神道"④的创始人则又是另一种人物，既可谓佛教僧侣，也可谓神道人士，实为佛神

---

① 中村元（1912—1999），日本研究印度哲学的著名学者，东京帝国大学文学部印度哲学梵文学科本科、研究生毕业，于1950—1956年期间撰成《初期贝当塔哲学史》（全四卷），1957年获学士院恩赐奖。1968年创立东方研究会，1973年退休，与此同时开设东方学院，任该院院长。著述涉及印度哲学、佛教学、比较思想、世界思想史等，著作论文目录多达82页之巨。在这些著述中他一方面弄清了许多学问的真相，一方面又开拓了一些未知的学术领域，名声远播世界。1977年获日本政府文化勋章，1984年获"勋一等瑞宝"奖章，日本学士院会员。

② 山本七平：《何谓日本人？——探索从神话世界到近代其行动的原理》，PHP文库2006年版，第143页。

③ 一种以真言宗金刚、胎藏两部教理说明神的世界的神道说，以"本地垂迹说"为基础进行神佛调和，最早其萌芽见于行基、最澄和空海等学说中，最终该学说将菩萨、"权现"的名称附于神祇身上。也叫"两部"、"两部融合神道"。

④ 一种基于神佛融和思想产生的中世佛教神道（理论神道），说明的是日吉山王"权现"和天台教义的理论如何融合，也称"山王一实神道、一实神道、日吉神道或天台神道"。其基本的逻辑是用天台宗"三谛即一"的教理说明社寺双方的融合思想。该逻辑认为，用"山"、"王"二字即可解释"三谛即一"。因为"山"字为纵三画横一画，"王"字为横三画纵一画，二字与天台教义的"三谛即一、一念三千"的思想相通。该思想最早见于镰仓时代后期（14世纪左右）的文献《元亨释书》，到近世时僧侣天海基于这个思想，提倡独立的"一实神道"。东照宫的祭仪似乎依据的就是这个思想。最终它与"东照大权现号宣下"这种政治活动也发生了联系。

"大和魂"史的初步研究

二体同身。在神道开始抬头的室町时代后期,吉田兼俱①是"伊势神道"也称作"唯一宗源神道"的创始者,他将神置于佛、儒之上,但其理论体系的内容却又借自佛、儒,说它是"神佛儒同体"似乎并不为过。为化解这种借用的尴尬,兼俱创立了"反本地垂迹说"(与"本地垂迹说"颠倒个位置),认为是日本的天照大神到印度成为佛陀,后来又返回日本的,并由此创造出所谓的"根本枝叶花实"理论。具体说来,这个理论就是以天儿屋根命②的"神宣"为基础的日本神道思想为"根本","根"之上的"本"伸展开中国思想的"枝条",之后开出印度思想的"花朵",结"果实"后掉落在地面后返回日本。如此一来,神道利用佛、儒的思想将变得顺理成章,名正言顺。后世的"日本中心主义"和超国家主义思想或许就发源于此。

按山本七平的说法,之所以有上述现象是因为日本长期缺乏一部"宗教法",日本宗教史上从未出现过所谓的"宗教法律规定",除幕府后期镇压基督教徒的那一小段时间外,也不存在若不附属某个宗教就得不到法律保护的问题,更不存在信仰某宗教后须接受"差别对待"的事情。律令时代如此,幕府制定的《关东御成败式目》(即《贞永式目》,1233年)也毫无二致。该"式目"是一部武家法,其中没有任何与宗教有关的规定,似乎所有的宗教都是"国教",无一异端;对神官、僧侣的行为也未有限制,视其如俗人一般,法然③的弟子亲鸾④甚

---

① 吉田兼俱(1435—1511),室町时代后期的神道家,吉田神道的首创者,本姓卜部,吉田神社的祠官,在接近足利义政的夫人日野富子后在京都东部神乐冈开设戒斋场所和八神殿,自称"神祇长上",试图通过所谓的"宗源宣旨"将全国的神职置于其支配之下。
② 日本神话中"兴台产灵"之子,据说曾在天岩屋户前奏上祝词,祈祷天照大神的出现,之后跟随天孙下凡。下凡的有五部神,天儿屋根命乃五部之一,其子孙各代都司掌大和朝廷的祭祀权,被认为是中臣、藤原氏的祖神。
③ 法然(1133—1212),净土宗开山鼻,讳源空,因父亲遗言而出家,入比叡山,师事皇圆、叡空,43岁时专修念佛,在东山吉水讲授净土法门,又在大原与南都北岭的僧徒评论法门("大原问答")。1207年受弟子住莲、安乐的死罪事件牵连被流放到赞岐,但同年末即获赦免,著有《选择本愿念佛集》等,谥号圆光大师等,也称"黑谷上人"、"吉水上人"。
④ 亲鸾(1173—1262),镰仓时代初期的僧人,净土真宗的鼻祖,1207年因幕府镇压"念佛佛教"被流放到越后,于此间过起非僧非俗的生活,娶惠信尼为妻,1211年获赦免,赴关东地区传教,著有《教行信证》、《唯信钞文意》、《净土文类聚抄》、《愚秃钞》等。谥号见真大师。

第四章 镰仓时代(1192—1333)、室町时代(1336—1573)至……

至能携妻带子赴关东地区传教。比北村季吟略微晚出的石田梅岩①更是江户时代神儒佛融合思想的著名代表。他的名言是："名医须用可愈之药疗疾，发挥诸药之善性疗治。自古以来岂有抛弃可用药种者乎？一不弃，二不泥，能用者成名医。拘泥一方，不知时变，不可谓名医。"②用现代语言引申就是，"外国传来的思想全都是药，所以将它们有效地调和后全部吃下去即可"。③ 梅岩的"尽心知性则天知"是一种儒佛融合，"由心之形"的"形"是一种神儒融合。④ 从他每天讲学前的所作所为也可以看出，所谓的心学家信仰的是什么——"晨未明即起，洗面洒扫结束后先拜天照大神，次拜灶神，再拜家乡氏神，再拜孔子，再拜释尊，再拜先师，再拜先祖父母，渐次拜毕后吃早饭，吃饭后漱口，休息一会儿即开始上午讲课。"⑤ 之后朱子学（其本身在中国就是儒、释、道思想融合的产物）作为官学正式进驻日本，威风八面，但面临在当时社会拥有很大能量的"唯一宗源神道"时也必须与后者作出妥协。

话题又得回到在江户时代大力推行朱子学的林罗山身上。他的举动实在令人费解，但认真思考又觉得有其"合理"一面。林罗山原本是一名临济宗和尚，少年时在建仁寺不仅学佛学，还学儒学，1597年15岁时返家后专心研究朱子的《章句集注》，开始倾心于宋学，转而抨击佛教，发誓要将佛学从幕府中驱逐出去。但似乎他又不完全对佛教有成见，并相信朱子学一定要好过佛学，否则就不会成天一副僧侣的模样和打扮，张口闭口自己的僧号乃道春；而幕府用他也主要是看重他的学养可为实际的政治所用，并不完全是因为他懂得朱子学。⑥ 问题很可能出

---

① 石田梅岩（1685—1744），江户时代中期的思想家，石门心学的鼻祖，在京都开讲席，肯定商人的作用等，并对庶民进行教化，著有《都鄙问答》、《齐家论》、《石田梅岩语录》等。
② 柴田实编：《石田梅岩全集》上，"问答"三，清文堂出版1972年版，第119—120页。
③ 桥爪大三郎、副岛隆彦：《小室直树的学问和思想》，三弓社1978年版，第199页。
④ 黄海玉：《关于石田梅岩神儒佛融合思想的考察》，日本佛教大学研究生院纪要，教育学研究科篇，第39号（2011年3月），第22、24页。
⑤ 大川周明：《日本精神研究》序言，文录社1933年版，第110页。
⑥ 《日本大百科全书》"林罗山"条。

"大和魂"史的初步研究

在天海①和崇传②这两个人身上。天海和崇传是德川家康的左膀右臂，也都是"神佛融合说"的坚定信奉者，自然认为"神国"就是"佛国"。同样作为家康肱股之臣的林罗山此时若不打出"神国"就是"儒国"的旗号，可能对建立自己的权威不利，所以有以上神儒融合之举。再说林罗山做了儒官，不能再像过去那样落发披袈裟，可他却一意孤行，我行我素，直到幕府开口说再如此就不能当"大学头"后才勉强蓄发穿上官服。由此可见彼时神道势力已很强大，而佛教在日本人的心中所占有的地位也依旧不弱，林罗山要提倡儒学就必须部分舍去与佛教的关系，进行神儒融合。上述原因都是表层原因，而更深层的原因是中日两国都不存在一个类似于西方世界的一神独大的绝对人格神，所以不易出现排斥异己和宗教间易于融合的现象。关于此这里不展开，有兴趣的读者可以参见本著附录《日本宗教包容性原理的成因初探》。③

此外我们还要参看朝鲜的事例。以下仅从中国"虎溪三笑图"的诗文在朝鲜传播的视角，管窥朝鲜儒释道三教融合的现象，并以此反推日本当时的其他情况。"虎溪三笑图"始自唐代"虎溪三笑"的记载："流泉匝寺下入虎溪，昔远师送客过此虎辄号鸣，故名焉。陶元亮居栗里山南，陆修静亦有道之士，远师尝送此二人，与语合道，不觉过之，因相与大笑。"④ 五代时，丘文播据此作"三笑图"。北宋之后，昱师房、李公麟等人也先后画出许多"虎溪三笑图"。与此同时还有许多人陆续为其撰写题画诗，其中以李觏和苏轼最为著名。

"远师"即东晋隐居庐山的慧远法师（334—416），曾跟从中国佛教创始人道安研习佛学，后来奠定了中国佛教的基础，以其"沙门不

---

① 天海（1536—1643），江户时代初期的天台宗僧侣，自称南光坊，因受到德川家康的知遇，参与到幕府的内外大小政务中去。家康死后在家康"东照大权现"的谥号制定和改葬于日光山的问题上发挥了主导作用。天海还创建了宽永寺，刊行了《大藏经》，人称"天海版《大藏经》"。谥号为"慈眼大师"。

② 崇传（1569—1633），江户时代初期的临济宗僧侣，字以心，赐号圆照本光国师。足利氏家臣一色秀胜之次子，曾作为京都南禅寺住持住在塔头金地院，所以也被称作金地院崇传。1605 年被德川幕府所用，担任僧录司，掌管外国文书。后参与制定公家、武家以及各寺各宗的制度，被时人称作"隐身宰相"，曾和林罗山一道策划如何消灭丰臣秀吉家族。

③ 胡稹、洪晨晖：《日本宗教包容性原理的成因初探》，《世界宗教研究》2012 年第 4 期。

④ 见陈舜俞《庐山记》。

第四章　镰仓时代(1192—1333)、室町时代(1336—1573)至……

敬王者论"(僧侣不必向国王敬礼的主张)、请雨传说、"虎溪三笑"故事等广为人知;陶元亮即东晋著名诗人陶渊明(365—427),41岁时辞去彭泽县令,遁入田园过起隐者生活。虽然他被人视为"外儒内道"之人,但从他做过县令及其谥号"靖节"来看,姑且可以认为陶渊明基本上还算是一位儒者;陆修静(406—477),东晋末至南朝刘宋的道士,字元德,号简寂先生,谥号高道处士,因于467年在首都建康北郊建崇虚馆迎接宋明帝而享誉历史,是中国道教史上必须提及的一个人物。他对道教的贡献主要有三个:(1)制作《三洞经书目录》;(2)编撰《灵宝经》;(3)改革"天师道"。《三洞经书目录》是指公元471年4月陆修静应明帝之敕献给朝廷的中国最早的道教经典综合目录。自此目录制作后至今人们都按洞真、洞玄、洞神此"三洞说"对道教经典进行分类;《灵宝经》亦乃宗教融合的产物,它是南朝刘宋时代一些道士通过摄取佛教的大乘思想创造出的一批经典,世称道教的大乘经典。陆修静在校订编撰《灵宝经》时将它们整理分类为元始(天尊)和仙公(葛玄)这两大系统经典;改革"天师道"具体是指陆修静改革腐败堕落的天师道教团,规范道教的戒律和仪轨。但就是这两位当时的儒、道重要人物,却要跑到慧远居住的流泉匝寺与之"语合",说明佛教在彼时已占有不可撼动的领导地位。而"三笑图"此后经常出现在中国文人的笔端,则表明三教合流的思想在中国具有超越时空的广泛市场。这从宋代开始不断提倡儒、释、道三教合流的苏轼和黄庭坚等人为"虎溪三笑图"撰写的题画诗中反映得尤为明显。这种思想,"在与中国传统文化具有血缘关系的古代韩国,……成为一种内在的'召唤结构',暗合了韩国古代文人的文化心理。……并渐渐流播开来。"[①]而这里所说的"内在的'召唤结构'",应该指的就是著者在附录中说的远古东亚各国相似的宗教心理结构。

"从目前的资料看来,高丽朝(918—1392)的李奎报(1168—1241)可谓是海东歌咏'虎溪三笑'典故最多的韩国文人。他在长诗《走笔赠威知识》中写道:'明发师当去,我岂独受名缰縻。若许陪杖

[①] 崔雄权:《论朝鲜诗人徐居正的"虎溪三笑"题画诗》,《中国比较文学》2013年第2期,第74页。

履,且向丹崖碧嶂同栖迟。君不见远公在匡山,亦容陶陆相追随。"①
此诗无疑表露了李奎报追求隐逸于大自然、不与世俗同流合污的心理,
也表达了他渴望摈弃社会阶层和宗教的藩篱、人与人之间能够良好沟通
和理解的期待。更重要的是,它显示着与苏轼和黄庭坚等人所持有的三
教合流思想的趋同。同样的诗歌在李奎报的诗集中还有许多,如"陶
潜习气犹依旧,尚恐攒眉对远公"(《游冰靖寺示住老》)等。之后的李
齐贤(1288—1367)也大致如此。作为朝鲜历史上三大著名诗人之一,
他在中国生活了26年,与当时中国的许多文人都有交往,所以接受三
教合流的思想也在情理之中。李齐贤咏"虎溪三笑"典故的诗歌有:
"释道于儒理本斋,强将分别自相迷。三贤用意无人识,一笑非关过虎
溪。"(《庐山三笑》)在这首诗中李齐贤认为,儒释道三教本属一理,
不必强分。人们对慧远、陶渊明、陆修静相笑于虎溪的典故的热爱,仅
集中在其故事的趣味性上是不够的,还要考虑它的深层意义:为何三人
会内心契合?这种契合又反映出中朝两国文人在精神追求上具有哪些共
同的特征?

"三笑图"一词最早出现在朝鲜的李穑(1328—1396)和元天锡
(1330—1402)的诗作中。李穑在《答东菴禅师》中咏道:"……畴昔
先人在,契深三笑图。春风与秋月,诗酒为捣藕。超然名教外,肯复论
肥癯。鹤去云独留,伤心人世殊。豚犬亦何幸,藤蔓缠葫芦。卮酒不敢
辞,诗令不敢逋。醉吟视万古,扰扰同一途。"从李穑仰慕、变用苏轼
诗作的情况来看,《答东菴禅师》有模仿苏轼《三笑图赞》的可能。在
前诗中李穑表达了与苏轼相同的隐逸之意,那就是"超然名教外",
"醉吟视万古"。然而李穑和苏轼都未能真正实现"超然物外"和抛弃
"名教"(儒教),相反对儒学仍是念兹在兹。前者出生于名儒家庭,曾
在元国子监学习朱熹的学说,回国后任高丽朝成均馆"大司成"②和宰
相等要职,一生中大部分的时间都在研究性理学,成为在朝鲜传播、发
展朱子学的重要人物和理学大师,培养出如郑梦周和权近等著名儒学

---

① 崔雄权:《论朝鲜诗人徐居正的"虎溪三笑"题画诗》,《中国比较文学》2013年第2
期,第74页。引文中年数为著者所加。以下诗歌也引自该文。不一一注释。
② 大司成,官名。教导"世子"(贵族子弟)之官。

第四章 镰仓时代(1192—1333)、室町时代(1336—1573)至……

家。他在社会伦理方面宣扬朱熹的五伦纲常,维护封建的等级和身份制度,但于晚年被贬;后者也是儒者出身,一生积极作为,坚持用"仁爱"思想治理国家,虽在党争中吃尽苦头,但在神宗驾崩、哲宗即位后因旧法恢复又回到天子身边,官至礼部尚书。因此在此二人的思想深处,何为道、何为释、何为儒实在难以说清。实际上古代朝鲜和中国一样,臣子伴君如伴虎,所以他们都知道,在自己的人生旅途上驱车时必须儒道两轮并驰,再带上一个佛教牌的备用轮毂,穷则隐逸山林,达则翻看"四书五经"兼济天下。

元天锡,号耘谷,也是高丽王朝末期的理学家,在李氏王朝(1392—1910)建立后拒绝为官,成为一名隐士,"其名遂泯泯不传于世"。[1] 然而通过不多的记录,人们可以知道他既是一位理学家,又是一位态度鲜明的三教合流论者。元天锡留有一组汉诗,名称就叫作《三教一理》,其中包括题为《儒》、《道》、《释》和《会三归一》的诗歌,还留下一首题为《题三笑图》的汉诗,充分显示出他排除狭隘的思想观念,主张三教交流会通的精神。

徐居正(1420—1488),李氏王朝的"大提学"[2] 和著名理学家,同时也是文学评论家和诗人,一生创作的与"虎溪三笑"有关的诗歌高达30多首,显示出他对此类文化题材的强烈关心。其中有诗曰:"庐阜高僧卧不出,风流二老时往携。问渠三笑笑何事,不觉今朝过虎溪。"(《题双林心上人所藏十画·虎溪三笑》)"不出庐山三十秋,如何来到虎溪头。相逢儒老成三笑,千古三门胜事留。"(《题永川卿画八首·虎溪三笑》)这些都表明了"对于虎溪三笑典故中人物的赞美与艳羡,也有对于三教相互交汇胜事的颂扬",通过此"更能看到一个理学家的包容精神"。[3] 和日本明治维新后崇神排佛一样,朝鲜在当时崇儒排佛的倾向也相当严重,但就是在这种时代气氛中,徐居正却能坚持三教会通的观点,不认同狭隘思潮的偏激做法。不仅如此,他还故意矫枉过正,"扬"佛"贬"儒"贬"道。在《题双林心上人所藏十画·虎

---

[1] 朴东亮:《耘谷行录序》、《诗史序》。
[2] 大提学,高级文官,相当于明朝殿阁大学士。
[3] 崔雄权:《论朝鲜诗人徐居正的"虎溪三笑"题画诗》,《中国比较文学》2013年第2期,第80页。

· 329 ·

溪三笑》一诗中,他让"高僧卧不出",并使儒、道"二老时往携"。这个"不出"和"往携"基本符合中国的实际情况,但徐居正对此做的刻意强调,带有亲佛倾向和隐逸之思。在他的"虎溪三笑"诗歌中有不少诗句故意将虎溪三笑典故和万德山白莲寺并提:"从今数面忻羊脾,三笑庐山也不迟。……欲寻懒子烧红芋,肯许香山社白莲。"(《题省敏上人诗卷四首》)徐居正有时会产生皈依白莲寺即佛教的想法:"已作晚年莲社计,丁宁有约话青灯。"(《送闍上人还龙门寺》),有段时间还希望寻找一位名叫一庵专上人的高僧,在朝鲜续写"虎溪三笑"的故事:"拟一往而相寻也,续三笑于虎溪兮,孰不曰方外之知音也。"(《送一庵专上人辞次姜晋山韵》)当然徐居正不会出家,这样做仅仅是为了期待有人与他进行精神上的沟通,排遣现实生活的孤独感。据认为他的孤独感与当时儒家思想在朝鲜的排他性地位,以及世祖篡位导致"生六臣、死六臣"的政治事件有关。"在徐居正看来,一方面,没有了儒、释、道三家的交流,儒学或理学就缺少了生命力和发展的动力;另一方面,世祖篡位并屠杀忠良的行为严重地违背了儒家伦理,而现实又无法改变。"所以他"将僧人作为知己并与之亲近的行为就表明了作者对于现实政治的不满与无能为力"。[①] 另外,在"陶靖节远法师"、"东坡已逝佛印死"的情况下,他还有一处能去的地方就是隐逸的世界,在那里"是非忧乐荣辱生死都两忘"(《清寒访还诗以为谢》)。作为结论,可以说在许多朝鲜文人的眼中,"无论是儒也好,还是佛、道也罢,它们本就是同一文化中的不同思想形式与样态,是一个根上的不同果实。也就是说,虽然它们可能有不同的社会旨归,但是却有着共同的社会与文化基础。"[②]

当我们将视线转向日本,就可以发现在相当长的一段时间,其所作所为与朝鲜没有本质的区别,只是在表达思想的形式方面有所差异(不用诗歌,而多用散文)。即使到昭和时代初期国粹主义和极端民族

[①] 崔雄权:《论朝鲜诗人徐居正的"虎溪三笑"题画诗》,《中国比较文学》2013年第2期,第82页。

[②] 同上书,第84页。

第四章　镰仓时代(1192—1333)、室町时代(1336—1573)至……

主义日益抬头时，大川周明①仍将当时世界最"文明"的欧洲思想视为与儒教、佛教、道教都相通的思想，也显示出欲使多教融合的一面。②对这种现象，我们在下文要详细说明。

　　令人惊奇的是，相似的宗教融合现象在强调"一神"专制的欧美国家也曾经或正在出现，显示出世界趋同的积极意义。20世纪50年代的美国生态诗人格雷·史奈德（Gary snyder）就是其中的一位杰出代表。史奈德在自己的诗歌中竭力使用佛教的"色空"观点遣词造句，读者可以"理解为何在史奈德诗歌中会出现诸多关于'空'的表现，如'空'的'留白'形式、'空'的'外实内空'的形体、'诸法性空'的概念等，且它们均能产生隐喻式的'语言能量诗行'，譬如：'empty/dancing mind'（空/正在舞动的心智）；'the silence/of nature/within./the power within./the power/without'（自然寂静/位居中/能量/存于内/寄于外）。例句中的'without'是双关语，既指与'within'相对的'在外面'，又指'没有'，但这并非通常意义上的'无、没有'，而是存有'silence'和'power'的'空'，即'有的空'，在大脑心智空间飞舞的'空'。"③这让我们联想起北村季吟对《源氏物语》卷名的四种注释方法，即（1）"有门"；（2）"空门"；（3）"亦有亦空门"；（4）"非有非空门"。

　　对于诗学中的"色空"关系，史奈德还推崇中国文论家陆机在《文赋》中所阐述的"馨澄"观："馨澄心以凝思，渺众虑而为言；笼天地于形内，挫万物于笔端"，以求达到诗人创作出神入化的境地。"他将陆机这种以'馨澄心'而'笼天地于形内'的心理空间称之为'calm transparency'（平静透明），并一再强调自己的抒情诗受到中国古典诗歌的影响，简短、易懂、透明。这种'平静透明'或'馨澄'境

---

①　大川周明（1886—1957），国家主义者，日本东京大学毕业后进入"满洲铁路公司"，之后结成"犹存社"、"行地社"和"神武会"各团体，以此接近军部，参与了"三月事件"和"五·一五事件"等。第二次世界大战后被定为A级战犯，著有《近世欧罗巴殖民史》等。
②　参见大川周明《日本精神研究》序言，文录社1933年版，第5—11页。
③　谭琼琳：《〈心经〉的英译与改写：格雷·史奈德的生态诗学色空观》，《外国文学评论》2013年第2期，第194页。又，原文中的英语文献、佛教文献和道家文献的出典为引者删去。下同，不再注释。

界就是老子所提倡的'致虚极守静笃。万物并作,吾以观复。夫物芸芸各复归其根。归根曰静'。"① 无疑,史奈德还从《道德经》英译本中汲取精华,借鉴老子的"有无"观来丰富其诗歌中的"色空"观。在道家体系中,"无名天地之始,有名万物之母"指的是当天、地、万物有了区分时,自然就有了天、地、万物的名;而道无名,故"天下万物生于有,有生于无"。在史奈德看来,《道德经》中的"有无"与《心经》中的"色空",实则构成了老子所指出的"同出而异名,同谓之玄"的关系。对于这种玄妙的关系,史奈德在其著作《中国之野性》一文中也有过描述:"'山水是宇宙规律的有形表现,而宇宙规律复归于静、无、空;无生万物,而奇妙的空仍居于万物之中。'"②

如果说史奈德仅仅是"试着将这些不同源泉的东西融合在一起,想弄明白它们是怎样共同产生(诗歌)效应的"那就错了,实际上这种"融合"还是史奈德的一种社会运动实践,表明了他欲拆除世界宗教间的藩篱,使人类信仰得以相互沟通的意志。"散文诗《绕行塔玛佩斯山》就真实地记录了史奈德与他的两个好友艾伦·金斯堡和惠伦一起进行的一种变异的户外佛教仪式:他们吟唱着《心经》绕行塔玛佩斯山一天。这群美国诗人每到一个景点,就停下来吟唱'摩诃般若波罗蜜多心经/消灾陀罗尼/四弘誓愿',或在其中增添《大悲心陀罗尼》亦即《大悲咒》中的一些咒语,如:'Hari Om Namo Shiva'(唵南无湿婆神);'The Sarasvati Mantra'(妙音天女曼陀);'Om Shri Maitreya'(唵弥勒菩萨);'Hari Krishna Mantra'(克利须那神曼陀);'Gopala Mantra'(高帕拉曼陀)等等。""惠伦认为此次绕行塔玛佩斯山的佛教仪式吟诵'更像萨满教传统',并赞同史奈德的观点,'古老的巫术传统,至少在佛教里,已经转化为一种行走冥想'。其实,惠伦所说的是中国禅修的一种方式。南禅《坛经》有云:'一行三昧者,于一切处行住坐卧,常行一直是心也。'北禅《圆明论》亦云:'行住坐卧常

---

① 谭琼琳:《〈心经〉的英译与改写:格雷·史奈德的生态诗学色空观》,《外国文学评论》2013年第2期,第195页。
② 同上。

第四章　镰仓时代(1192—1333)、室町时代(1336—1573)至……

在禅。'"①

  引文虽长，但十分必要，它充分说明了宗教融合是一种不可抗拒的世界历史趋势，于当时的日本也不能例外。镰仓时代至江户时代前期部分公卿的说辞证明了这一点，而且日本在此后还产生了愈演愈烈的文化融合现象。不过我们也要看到，在接下来的一段时间，日本在进行文化融合的同时，还开始出现借宗教融合之名，行抬举神道、排斥外来思想之实的倾向。

---

  ① 谭琼琳：《〈心经〉的英译与改写：格雷·史奈德的生态诗学色空观》，《外国文学评论》2013年第2期，第200页。

第五章　江户时代中期(1716—1829)部分神道教人物和"町人"眼中的"日本魂"

由前述可知，从镰仓时代到江户时代前期"大和魂"基本被人忘却，部分注释书虽有提及但语焉不详。然而自江户时代中期开始，这一现象发生了巨大逆转，"大和魂"等重新且频繁地登场，有的还被改头换面说成是"日本魂"，有的则回归为传统的"日本心"，而且语义开始转向比较明确，其蕴含的"日本中心主义"意识相当明显，并有日益走强的趋势。至于该词汇的使用者则由过去的公卿或文化权贵转变为普通的"儒者"、神道教人物或町人（城市居民）。若林强斋和西川如见就是其中的两人。

第一节　若林强斋——从"大和魂"走向"日本魂"的第一人

"日本魂"的出现，其背景是此时日本一方面开始积贫积弱，社会矛盾尖锐，另一方面天皇长期未能亲政，皇室式微。为扭转这一不利局面，部分日本"儒者"及其精神导师——个别公卿认为必须提倡尊皇，反对来自孟子的"放伐"思想，实现日本的精神独立，进而发展日本国自身。作为这种思想的口号之一，"日本魂"（"大和魂"）一词的提出实可谓名至实归。这似乎是因为部分"儒者"及其精神导师——公卿们想不出还有其他的词汇可以概括自己的这种思想，另外还因为该词汇的出典《源氏物语》诞生于平安时代，象征着皇室过去的灿烂辉煌，其中的"大和魂"一词从外表看也雄壮而铿锵有力，所以

第五章　江户时代中期(1716—1829)部分神道教人物和"町人"眼中的"日本魂"

拿它作为自身的思想口号之一不失于一种较好的选择,而不管该词的原意到底如何。

说来由当时幕府的宠儿"儒者"的一部分人提出这一口号多少有些令人感到不可思议,但仔细想来却不尽然。一方面,儒者"四书五经"读多了,"大义名分"的思想就容易冒出来。对他们来说,日本国民的真正主人应该是"肇国"的天皇及其子孙,而眼前这种不伦不类的"公武二元"政治是违反儒家教义的;另一方面,日本的儒者毕竟也是日本人,自然会有"爱国心",而且会比一般人来得强烈。他们很自然地认为,眼下的许多问题都来自幕府,而为了重振日本,就需要有一种新的精神引领,并且这种精神只能在代表皇室的日本传统思想资源中寻找,因此"大和魂"或其化身"日本魂"等被重新挖掘出来,并赋予新的内涵,自有其合理的一面。不过,此时日本的部分"儒者"在这个问题上话说得还比较隐晦,而不像幕末时期的尊皇攘夷人士那样,公然举出"大和魂"的旗帜对幕府进行讨伐。因为对幕府而言,前一种"大和魂"等部分思想也比较危险,暗含着挑战自己篡夺国家公器的意味。

一　若林强斋的《神道大意》及其中的"日本魂"

"日本魂"一词首先出现在"儒者"兼垂加神道信者若林强斋所撰的《神道大意》[①]一书中。与此同名的著作在当时还有许多,表明谈论神道为何物已成为当时的一种时尚。比如在"吉田神道"教派中有兼夏、兼敦等人撰写的同名书籍;在"垂加神道"教派中有玉木正英的同名书籍;在"复古神道"教派中有富士谷御杖、权田直助等人的同名书籍;在"云传神道"教派中有天如的同名书籍;在"儒家神道"教派中有熊泽蕃山的《神道大义》(使用的字词略有不同)。除此之外,就这些《神道大意》进行注释的书籍也有许多,其中以吉田兼俱等"吉田神道"信者编撰的著名注释书——《神道大意集注》[②]最为著

[①]　近藤启吾:《垂加神道》(下),《日本神道大系》论说篇13,神道大系编撰会1978年版。
[②]　吉田神社编:《吉田丛书》第1编,内外书籍1940年版,第85页。

"大和魂"史的初步研究

名。不过在这些著作中,强斋的著述有一点自己的思想特色,这就是他为本派的神道理论创造的一个新概念词——"日本魂"。在使用这个概念词之前,强斋花费了大量的篇幅,对该词汇的内涵作铺垫和解释:

> 夫神道大要,如同汲水,水中有水神,该水神曰罔象女[①],不可轻视;如同点灯,灯中有火神,曰轲遇突智,[②] 必须敬畏;即令使用一木,其中亦有木神,曰句句迺池;[③] 一草亦此,有草神曰草野姬。无论何物,所触所近之处皆有神明,戴而祭之,崇而祭之,谨慎斋戒,乃神道耳。此情状亦乃常住[④]之功夫也。就目前各人而言,子孝亲之心,乃天神所赐之魂,故不可不孝。臣忠君之愿,亦天神所赐之魂,故不可不忠。须拥戴、慎守此天神之赐物,万不可贬损、欺侮、毁坏之。[⑤]

概括说来,强斋此话的意思,一是何物、何事都是"神",换言之,他在主张一种泛神论;二是"孝"和"忠"都属于"魂"(精神)的范畴,也都来自"神",但这个"神"是"天神"。在这里所谓的神道与"孝"、"忠"的概念发生了联系,神儒有了新的融合。为"拥戴、慎守"这种"天神之赐物"就需要"立志"。然而,

> 立志并非限于此五尺之躯存续期间。形气或衰或毙,无论何时皆须以天神所赐之魂,作为自身忠孝之魂,于复命天神,忝列八百万神之下座。成为奉君护君、安定国家之神之前,皆须坚守此志。如是,则不介意生死存亡。若无此重要之魂,不孝不忠,则无论生死,于天地无穷之际皆罪不可赦。孔孟程朱之教亦然。然而风土不

---

① 掌管水的神灵。见《日本书纪神代上训注》,出版者不详,江户时期成书。
② 也写作"迦具土神"。《记纪》神话说它是日本国土开创神、伊奘诺和伊奘冉二尊的儿子,掌管火的神灵。因其诞生时烧死母亲而被其父斩杀。也叫做火产灵神。
③ 也写作"久久能智神",木神,木的守护神。
④ 指无生灭变化、永远存在之事,特指与迷幻世界的无常相对的开悟世界的永恒性。
⑤ 近藤启吾:《垂加神道》(下),《日本神道大系》论说篇 13,神道大系编撰会 1978 年版,第 156 页。另请参见若林强斋《神道大意》,《皇学丛书》第一辑,大阪府望楠义会 1938 年版,第 77 页。

第五章　江户时代中期(1716—1829)部分神道教人物和"町人"眼中的"日本魂"

同，不介于通事——迂回言说则意有所隔。（于日本）道为神道，君为神孙，国为神国。盖天地开辟之时，诺、冉二尊承天神之诏，手持琼矛，自天降于此大八洲后，（略）送日神于天上，使（天孙）即其皇位。自此天下万世无穷，君臣上下不移。日神所愿，惟在慎守父母之命，斋祭天神地祇，祈祷宝祚无穷，天下百姓平安。神皇一体如是，祭政一理如是。辅佐天孙之诸臣诸将，（略）下至天下苍生，皆须恪守此令，永无相悖。敬畏天地神明冥虑，不贬损欺侮之，则众人势必各自分工，祭政一理。神道、神孙、神国，大致此谓也。（目下）碍难接受者，乃不遵守上古神祖之教，上则有恐不言此事，下则只读唐书而不知吾国之意，迷信浮屠而不尊神明，侍奉君上、敬畏冥虑之心几近于无，诚不哀乎？然自开天辟地至今，君臣事理不移，上古史实犹存。（略）如今虽为末世，然不可自轻吾身。天地乃曩昔之天地，日月照鉴于今自当更新，故须涤荡众人黑心，时时幽则崇祭神明，明则敬奉君上，爱人惜物，万事不违条理，则我等将不失坠自身一箇日本魂。①

在这段话中，强斋强调了"忠孝"的重要性，认为它们的意义超过了人的"生死"。此概念显然来自儒家，而"君臣上下不移"说的也是儒家的礼制规范。但强斋学说的特别之处在于，对日本的特殊"国情"做了强调——乃"神国"，"神孙""天皇""天下万世无穷"。因此人们要做的不外乎是"忠孝"一体，"慎守父母之命，斋祭天神地祇，祈祷宝祚无穷"，以达到"神皇一体"，"祭政一理"，恢复天皇亲政。而眼前的现象却是"上"（似乎指的是将军）"不遵守上古神祖之教"，"下"（指的是儒者、佛教徒等）"只读唐书而不知吾国之意，迷信浮屠而不尊神明，侍奉君上"，暗含对将军和流行于社会的儒教、佛教思想的批判。为排除这种现象，强斋认为需要"涤荡众人黑心"，"幽则崇祭神明，明则敬奉君上（天皇）"，如此才能"不失坠自身一箇日本魂"。联系上文可以明白，在强斋看来，神道就是"忠孝"之道，"忠"的对象是天皇，其衍生出的"日本魂"，实际上就是"忠孝观"

---

① 若林强斋：《神道大意》，大阪府望楠义会1938年版，第77—78页。

"大和魂"史的初步研究

的代名词，说得明确一些就是"忠皇"的精神。

实际上，强斋不止提到"日本魂"，之前也提过"大和魂"。比如中国唐代韩愈作《琴操》诗，其中涉及《拘幽抄》此曲名，对周文王不批判大逆不道的商纣王，反而采取对他绝对服从的态度大加赞赏（实际情况是文王为崇侯虎所谗，纣囚之于羑里，故文王申愤而作《拘幽抄》）。对此强斋表示："文王之拘幽抄乃神道之极品，……此即大和魂。"① 这个"大和魂"和我们在上面分析的"日本魂"如出一辙，言下之意是即使统治者有错也不能批判，其目的还是尊皇。

从强斋的弟子松冈仲良②用假名 Yamatodamashihi 标注其著作名《神道学则日本魂》中的"日本魂"三字来看，可以推知该读音与"大和魂"的读音完全一致。此外，强斋的同门学长谷川士清③后来在解释《源氏物语》的词汇时，也将"少女"卷中的 Yamatodamashihi（"大和魂"）说成是"日本魂"，④ 为当时"日本魂"如何发音作出旁证。至于是否强斋首次将"大和魂"改说成"日本魂"现在无法确证，有可能是强斋的神道学教师兼"国学家"的玉木苇斋⑤先有这种读法，又或许是苇斋的师父、过去的某位公卿已按此读音，但由于目前缺乏明确的史料，所以暂时只能认为是强斋第一次将"大和魂"改说成"日本魂"的。这种"创新"非同小可，它表明"大和魂"的内容和意义都有了更新和重大转变，决定了日后它的发展方向——尊皇、日本乃神国以及须热爱神国即皇国这种新的精神指向。那么，其具体的意义"创新"又在何处？

---

① 若林强斋：《望楠所闻》，转引自小林健三《垂加神道的研究》，至文堂1940年版，第274页。

② 松冈仲良（1701—1783），江户时代中期的神道家，尾张国（今爱知县）热田神社祠官之子，先向若林强斋学习儒学，后向玉木正英学习垂加神道，因发表《神道学则日本魂》一书而被正英赶出学门，之后成为京都吉田家的侍读，名雄渊文雄，通称多助，号玄斋、浑成翁、蓼仓精舍等，著有《神代卷师说》、《中臣祓抄》等。

③ 谷川士清（1709—1776），江户时代中期的国学家和神道学家，也是一位重要的语言学家，号淡斋，信奉垂加流神道，著有《日本书纪通证》和字典《和训栞》等。

④ 谷川士清：《增补语林倭训栞》。

⑤ 即玉木正英（1671—1736），江户时代中期的神道家，京都梅宫大社神官，曾跟随正亲町公通和山崎闇斋等学习垂加神道，后引进该秘传，集大成为橘家神道，自立一派。号苇斋、五十鳍翁、潮翁，著有《玉籤集》、《神代卷藻盐草》等。

· 338 ·

第五章　江户时代中期(1716—1829)部分神道教人物和"町人"眼中的"日本魂"

二　"日本魂"的"创新"意义所在

首先，"日本魂"是一种神道教人物的"国情"认知，它欲表达的意思虽然比较隐晦，但其指向明眼人看得一清二楚，针对的是江户幕府。因为幕府崇儒，提倡朱子学，让失去社会话语权的部分神道教学者心中不爽，所以后者通常先要辨别"国情"问题，说日本与"人国"的中国不同乃"神国"。《神道大意》开篇的大段话语自不待言，后面所说的"孔孟程朱之教亦然。然而风土不同，不介于通事——迂回言说则意有所隔。（于日本）道为神道，君为神孙，国为神国"，其表明的也正是这种对日本"国情"的认知。而这，也构成了日本后来的反儒人士的基本认知。

其次，"日本魂"还是神道教人物的国体论认识。在前述"国情"认知的基础上，强斋搬出"盖天地开辟之时，诺、冉二尊承天神之诏，手持琼矛，自天降于此大八洲后，（略）送日神于天上，使（天孙）即其皇位，自此天下万世无穷"这种国体论调，目的是要证明"日神所愿，惟在慎守父母之命，斋祭天神地祇，祈祷宝祚无穷，天下百姓平安。神皇一体如是，祭政一理如是"。此话说得逻辑并不严整，但意思却很清晰，那就是必须按照"神皇一体"、"祭政一理"的"法理"，恢复天皇的亲政。它的重要性在于提出"执政合法性"的问题。因为幕府并未"肇国"，其领导人也不是神孙，缺乏"祭祀"的资格，所以必须让位。

再次，"日本魂"是一种以儒学对付儒学的战法理论。强斋毕竟儒学出身，按照"大义名分"的礼制思想，倡导"自开天辟地至今，君臣事理不移"、"君臣上下不移"、"臣忠君"、"侍奉君上"和"奉君护君"等，自然是小事一桩，手到擒来，也让幕府对此犹如哑巴吃黄连——有苦难言。说白了，强斋就是要用幕府提倡的儒学理论，以子之矛，攻子之盾，实现"君君臣臣"，让幕府自动回归到臣子的座位上。不过强斋的"君君"，并非中国儒学式的"君君"，而是日本天皇的复位与亲政。

复次，包含"日本魂"一词在内的《神道大意》还是一封对儒佛思想的宣战书，其中公然表示，"如今……为末世"，人心为"黑心"，

"大和魂"史的初步研究

"碍难接受者,乃不遵守上古神祖之教,上则有恐不言此事,下则只读唐书而不知我国之意,迷信浮屠而不尊神明,侍奉君上、敬畏冥虑之心几近于无,诚不哀乎?"这里的"上"到底是指幕府还是天皇,强斋没有明说,但结合语境,可以认为他指的是前者。可是在此段话中,强斋批判的重点不是幕府,而是幕府的意识形态——朱子学,以及佛学。要说为何有此批判,其部分理由就在于天皇要按"上古神祖之教"行事,自然会使神道教人物有用武之地,包括政治上的运作空间,而幕府则挤缩了他们的发展前景。

最后,"日本魂"是一种披着儒学外衣的神道政治"理论",具有鲜明的政治含义和战斗意志,而绝非像奥村伊九良所说的,此《神道大意》"毋宁说以教化审慎的道德为主",是一种"温吞水式的、告诉他人如何不失坠和如何培育日本魂的方法和日常生活所持的修养",即"一种作为个人道德的日本魂"。① 说它披着儒学外衣,是因为它还使用着当时时髦的"忠孝"话语,但其躯体却充塞着神道教式的"魂灵观":"形气或衰或毙,无论何时皆须以天神所赐之魂,作为自身忠孝之魂。"这种"忠孝之魂"居然不来自某种血缘观念和政治伦理,而来自"天神""所赐"。在这里,强斋也对不同的宗教信仰做了融合,但其目的不仅与前述神道教人物的复权思想有关,而且有煽动人们为天皇尽忠而死的嫌疑:为"复命天神,忝列八百万神之下座,成为奉君护君、安定国家之神","则不介意生死存亡。若无此重要之魂,不孝不忠,则无论生死,于天地无穷之际皆罪不可赦。"可以说,是强斋首次将"日本魂"和死亡发生联系的。正如奥村后来补充说明的,"这个日本魂,已不是过去那种穿着长袖宽袍的贵族用平假名所写的 Yamato-damashihi,而是在脑袋中央剃出半月形发型、腰佩双刀、令人景仰的正义男子的日本魂。"②

总之,"日本魂"这一概念抛弃了过去"大和魂"中"大和"这一比较绵柔的意象,强调的是相当孔武有力的"日本"③"神国"和天

---

① 奥村伊九良:《大和魂——历史篇——》,一条书房1934年版,第151页。
② 同上。
③ 参见第一章 第三节 六"从国号'大和'重回国号'日本'"。

第五章　江户时代中期(1716—1829)部分神道教人物和"町人"眼中的"日本魂"

皇"神孙"的新形象，开启了"日本中心主义"的先河。其表面说辞是"尊皇"和"忠君爱国"等，但其潜台词却是"反幕"二字，可以说是最早的一通"反幕"檄文，为后来的倒幕运动奠定了理论基础。

然而，让我们纳闷的是强斋作为一名儒者却何以要暗中反对以朱子学治国的幕府？同时让我们纳闷的还有，在当时中日两国基本没有来往的时代，强斋为何要拿中国说事？这还须从若林强斋其人其事及其师承的学说说起。

三　若林强斋其人其事及其师承的学说

若林强斋（1679—1732），江户时代中期的儒者，名"正义"，通称新七，号强斋，也号宽斋等，生于京都。这个天皇的居住地对强斋以及生活在这里的人的思想形成具有特殊的意义。24岁时强斋拜儒者浅见絅斋①为师，苦学10年后因学问突出与山本复斋、西依成斋一道被人称作絅斋门下"三杰"。絅斋殁后，强斋继承师业向门人宣讲崎门（山崎闇斋学派）朱子学，但之后不知何故也和师父一样为神道所吸引，开始服膺师父之师父山崎闇斋（之前也是儒者）创立的"垂加神道"（其理论构成混杂，以"吉田神道"为基础，再加上朱子的学说、性理、太极、阴阳、五行等学说），② 改跟从玉木苇斋学习"垂加教派"的"深奥"理论，在儒神两道方面均继承山崎闇斋的学统。此后强斋仿照师父浅见絅斋的别号，在京都开了一家名曰"望楠轩"（"楠"字为忠皇义士楠木正行的简称）的私塾，并给自己新起了一个与神道有关的名号"守中灵社"。他号召学生必须基于儒神一致的观点兼学儒教和神道，可谓将朱子学日本化的先驱之一。强斋一生著述不少，留有诗文集《强斋遗稿》和著作《家礼训蒙疏》、《强斋语录》、《若林子语录》等。其生前的话语后来还由其高足山口春水记录整理出版，名曰《强斋先生杂话笔记》。在此过程中山口春水深得师父的意旨，此后亦采用以神道学解释朱子文献的方法，写出《大学序讲义》等著作。

---

① 浅见絅斋（1652—1711），江户时代中期儒学家，名安正，通称重次郎，别号望楠轩，近江（今滋贺县）人，拜山崎闇斋为师，时称崎门三杰之一，重气节，鼓吹尊王论，著有《靖献遗言》等。

② 参见本书第四章 第五节 之六"季吟的融合思想和江户幕府的时代需求"中的注释。

"大和魂"史的初步研究

其实强斋等人的这种做法并不奇怪，因为自古至今日本就少有纯正的儒者。相反以调和儒神或儒×为业的学者却大有人在。如前述江户幕府的儒臣林罗山就认为"神道即尧舜之道"，皇祖皇宗的"正道"与儒学的精神一致。德川家康之子、同样爱好儒学的德川义直①继承林罗山的观点，在其著《神祇宝典》中一面排斥佛菩萨"本地垂迹说"，一面主张"神道即王道"。这里所说的"王道"即尧舜之道，亦即儒道和圣贤之道。义直还从中国古籍寻找根据，说："易云，圣人神道设教，而天下服矣"，②并为此作了调和："日本乃神灵棲舍之所，故称神国，其宝称神器，守神器之人称神皇，其兵称神兵。神意人心本是一理，剑、玺、镜即勇、信、智，玺、镜为文，剑为武。"③ 强斋继承的朱子学派儒者山崎闇斋创立的"垂加神道"学派④也大体如此，儒神并重，尤其重视君臣关系。比如他们认为，"凡生于日本国者，气化之初即为二尊及皇天二祖之臣民，仰赖御恩，其血脉延续至今，身体发肤皆天君所赐。"⑤ "日本以君臣之道为本，先于父子之道。"⑥ 阳明学派儒者中江藤树亦提出："神明即良知之本体。"⑦ 其门人熊泽蕃山以此为旨著《神道大义》，也主张神儒一致，"以神明之本体为良如"，"神道以正直为体，知、仁、勇为三德"，三种神器分别象征着"知、仁、勇"。⑧ 被幕府器重的儒者荻生徂徕的门人太宰春台在其著《辨道书》中也指出，神道即《周易》观卦《象》传中的"观天之神道，而四时不忒。圣人以神道设教，而天下服矣"⑨。所以强斋等人或儒或神，或儒神不分，

---

① 德川义直（1600—1650），尾张藩（今爱知县）德川家族的祖先之一，家康第9子，兼好儒学和神道。
② 德川义直：《神祇宝典》序，《神道大系38》神社编3，总记（下），神道大系编撰会1983年版，第7页。
③ 同上书，第39页。
④ 山崎闇斋创立的垂加神道的"垂加"二字来自他本人的号，但这个号却来自伊势神宫外宫所撰"神道五部书"中"宝基本纪"的一段话："神垂以祈祷为先，冥加以正直为本"。
⑤ 玉木正英：《神篱磐境之传》，转引自小林健三《垂加神道研究》，第274页。
⑥ 冈田磐斋：《中臣祓禊草》，转引自小林健三《垂加神道研究》，第246页。
⑦ 正宗敦夫编：《蕃山全集》第5册，蕃山全集刊行会1943年版，第220页。
⑧ 同上书，第221页。
⑨ 太宰春台：《辨道书》，《日本思想斗争史料》，名著刊行会1969年版，第82页。

第五章　江户时代中期(1716—1829)部分神道教人物和"町人"眼中的"日本魂"

或阳儒阴神,当不在人们的意料之外。

与此相对,当时神道阵营中的人物也神儒不分,且有向儒学靠拢的迹象,其代表性人物度会延佳①受林罗山的影响,曾一度热衷于收集日本战国时代以降散逸的"神宫旧记"和"神书",于其中导入儒、道的"理气说",撰出《中臣祓瑞穗抄》、《神代卷讲述抄》和《太神宫神道或问》等神道著作。他创立的伊势神道以《周易》的易理为"神道",强调"神道乃日本之主身体力行且教导万民之道也",认为儒佛虽为异国之道,但都可以称为神道的羽翼。并说"古代儒者入此国,守礼从宜,与倭国之神道毫不相悖,甚至也着本朝衣服,以日本国为根本,故不称为神道之害。"② 这种现象至江户时代中后期才有所改变。

比较而言,强斋受其师浅见䌹斋(1652—1712)学说中的儒教部分影响较大,但给人的感觉是他接受的儒教同时也是神道,因为他对䌹斋在其著《靖献遗言》中所说的"大义名分"理论尤为赏识。䌹斋最初以行医为业,后师事于山崎闇斋(1618—1682),成为崎门学派"三杰"之一,最后因不尊奉闇斋的"垂加神道"学说,二人的关系逐渐疏远。但闇斋死后䌹斋开始对神道产生兴趣,于是对着师父灵像焚香谢罪,决心痛改前非,继承师父遗志。䌹斋的学说还可用"尊王斥霸论"一语概括,其主要著作是《靖献遗言》(1684—1687)。该著采用对屈原、诸葛孔明、陶潜、颜真卿、文天祥、谢枋得、刘因和方孝孺此八人展开评论的形式写出,对幕末的勤皇倒幕志士产生重大影响。

因为这个缘故,强斋自然间接受到山崎闇斋的影响。闇斋和䌹斋对神道和儒学都有自己独特的看法,二者的立足点均可用"日本中心主义"一语概括。如前述,闇斋的神道思想受到"吉田神道"的影响很大,可以用一个"敬"字概括(因其试图附会朱熹的"敬"思想,后

---

① 度会延佳(1615—1690),江户时代前期的神道学者,伊势外宫的"祢宜"(神主之下、巫祝之上的神职。在伊势神宫则位于"少宫司"之下,"宫掌"之上,具体的工作是接受宫司的指示进行祭祀并执掌宫内各种事务),对伊势神道的振兴作出贡献。延佳还创建了宫崎文库,著有《阳复记》、《鳌头古事记》等。延佳的学问特征是将易学附会在"传家"的学说中。

② 出口延佳:《太神宫神道或问》(上),《神道大系35》神宫编5,太神宫补任集成(下),神道大系编撰会1986年版,第74页。

"大和魂"史的初步研究

来被平田笃胤贬斥为"俗神道"或"伪神道"或"理学神道"），但为了说明这个"敬"字，他或创造所谓的"土金传"（由阴阳五行中的"土金"演化出伊奘诺尊和伊奘冉尊）理论，或采用《易》的说辞，牵强附会，几如文字游戏，以致他的高足佐藤直方①和三宅尚斋②最后都与之断绝关系。同时闇斋的儒学思想也与众不同，具有很鲜明的尊内卑外的精神，与当时其他的儒者差别较大。他反对"汤武革命"理论，否认"放伐思想"，或仅站在日本国的立场而不管他人尊奉的理论为何。这从某次闇斋向弟子发出的离奇提问可以看出：余"尝问群弟子曰，方今彼邦以孔子为大将，孟子为副将，率数万骑来攻我邦，则吾党学孔孟之道者为之如何？弟子咸不能答，曰小子不知所为，愿闻其说。"接着闇斋回答："若中华以孔子、孟子二人为大将攻打我国，自当奋力一战，生擒之以报国恩"，③ 之后此话成为日本的名言。以此看来，作为儒者的闇斋对儒学的鼻祖孔孟是相当不敬的，也是当时其他儒者所不敢说出口的。他关心的只是如何借用儒学的影响将朱子学与神道融为一体，以振兴所谓的"神国日本"。从这个意义上说，闇斋也可谓是后来日本"国学家"的思想先驱之一。闇斋在京都开办过私塾，除前述两位被气跑的高足外，还培养出大批优秀门生，其中就有浅见䌹斋此人。这些人的后人之后大都成为明治维新、王政复古的重要推手。

这种"尊内卑外"的精神在闇斋的弟子浅见䌹斋的身上体现得尤为明显。所谓"崎门三杰"中的"二杰"佐藤直方和三宅尚斋都跑了，理由是纯儒不应有这种思想，自己没有办法接受师父的这种儒神合一的说法。但䌹斋不跑，虽然他对其师的这种理论也很难接受，但在尊王思想和"日本中心主义"方面却是青出于蓝而胜于蓝。因闇斋有榜样在先，故䌹斋对孔孟也不尊敬，说若"孔孟率军来袭自不待言。有时亦须服从

---

① 佐藤直方（1650—1719），江户时代中期儒者，备后国（广岛县东部）福山人，先于京都向山崎闇斋学习儒学，主张彻底贯彻朱子学，后在福山藩（今广岛县东南部）、厩桥藩（今群马县前桥市）、彦根藩（今滋贺县东部）等地宣讲儒学，与门人稻叶默斋共编《蕴藏录》。

② 三宅尚斋（1662—1741），江户时代中期儒者，入山崎闇斋学门后与佐藤直方、浅见䌹斋一道被称为"崎门三杰"，著有《默识录》等。

③ 转引自井上哲次郎、上田万年监修、小柳司气太校订《先哲丛谈》前编，春阳堂1936年版，第124页。

第五章　江户时代中期(1716—1829)部分神道教人物和"町人"眼中的"日本魂"

其礼仪德化，但不服从孔孟本人，此乃真正孔子之道。"并且䌷斋还冒用师父的话语，在其基础上有所发展，说："山崎先生曾言，唐欲使日本臣服，即令以尧舜文武为大将率军来攻日本，则以滚石火矢击溃之，此乃大义也。即令唐国欲以礼仪德化使日本臣服，则不做其臣下亦可。此即春秋之道也，吾之天下之道也。"① 由此可见，䌷斋所说的"礼仪德化"，肯定不是孔孟式的"礼仪德化"，而是日本民族主义的"春秋大义"式"礼仪德化"；其所说的"天下之道"，也并非来自"世界中央之国"的"中国天下观"，而来自日本欲精神独立的"天下观"。

䌷斋对日本因学儒而有自轻自贬的情绪也相当不满，曾不惜文字对此进行抨击："中国夷狄之名来自儒书久矣。吾国盛行儒书，久读其者以唐为中国，以吾国为夷狄，甚者有人悔叹吾生于夷狄之地。其过莫大于焉。读儒书者失读书样，不知大义名分之实，可哀之至也。夫天包地外，行各地而无不戴天，然各地风俗各异，若各地戴天，则各戴一分天下，互无尊卑贵贱之分。相闻唐土地处九州，上古以来风气不变，言语风俗相通，自有其天下也。"② 这段话的重点在于"各地戴天"和"各戴一分天下"，"无尊卑贵贱之分"，目的就是主张日本的精神独立，回归那种秦始皇一统天下之前春秋列国的平等关系。此语一出，自然获得日本社会的满堂喝彩，想来即便是幕府也不敢恶语呵斥，因此该说法一直被习用至今，让人屡听不鲜。

䌷斋的师父闇斋还持有一种儒学的"正统"观念，其前提是中国已不"正统"，不值得再尊重。他将林罗山等都斥之为"俗儒"，将符合朱子某说法的思想奉为"正统"，认为在"正统"思想的引导下建立起某种秩序才属于一种理想国度。闇斋为何有此想法？因为朱熹著有《资治通鉴纲目》，对司马光在《资治通鉴》中说的"臣愚诚不足以识前代之正闰，窃以为苟不能使九州合为一统，皆有天子之名而无其实也。……虽华夏仁暴，大小强弱，或时不同，要皆与古之列国无异，岂得独尊奖一国谓之正统，而其余皆为僭伪哉。……是以正闰之

---

① 近藤启吾编：《靖献遗言》议义下，中国辞，《浅见䌷斋集》，国书刊行会1989年版，第93页。

② 同上书，第99页。

"大和魂"史的初步研究

论，自古及今，未有能通其义，确然使人不移夺者也"①（换言之，即我不欲论正统，于现实中掌有权力，能统一、治理中国者即正统）的言论做过批判。不消说这种"正统"思想对日本后来的史书《大日本史》② 等也都产生重要的影响。不过就孰"正统"孰不"正统"这个问题，在中国始终没有定论，日本也是如此。而且站在司马光和朱熹的角度说，两人都没有错，其观点的差异是他们所生存的年代不同。司马光生存于北宋时代，享用仁宗、英宗、神宗、哲宗四代皇帝的俸禄，当然要说主子的好话。北宋之前是军阀割据的五代十国时期，各政权在富"国"强兵的同时，还要面对抗击契丹、收复燕云十六州的国家统一问题。这时，趁征讨契丹之机，节度使赵匡胤（在位960—976）陈桥兵变，黄袍加身，取代了最后一个中央政权——后周（951—960），建立了大宋王朝。赵匡胤的行为是否"合法"，换言之，其政权是否"正统"，就是在中国也长期是一个问题，否则赵匡胤就不会谎说他如此做来并非出自己意，而是部下强行让他坐上皇帝宝座的。而司马光不想讨论"正统"问题，也说明他不认为赵匡胤此举符合"程序"。但朱熹所处的时代与司马光不同，在南宋末期，中国政治文化中心所在的北方被金国占领，所以朱子才认为不管是谁占领了中国北方都不"正统"，不能承认。

这种思想不仅受到闇斋的欢迎，还促使他的门生绚斋就此作出进一步的引申："全九州（中国）既不正统，亦非正统。"并且绚斋还对何谓"正统"制定了三条原则："朱子不认篡臣、贼后、夷狄为正统。"也就是说，臣下杀了皇帝篡位不算正统，武则天改了李姓不算正统，夷狄占领中国不算正统。接着他对司马光的理论做了批驳：此"学说有不足之处。若于此三个标准外岂可谓控制并治理国家者即为正统乎？汉、唐、宋皆类此。若追究之则皆缺乏大义。"③ 亦即，在他看来开国

---

① 见《资治通鉴》"臣光曰"。
② 德川光圀国等编撰，此工程自1657年设史局开始，至光圀殁后继续进行，于1906年（明治三十九）完成，共397卷。以汉文记传体写作，记述了"神武天皇"至后小松天皇的历史。该史书将"神功皇后"列入"皇妃传"，将"大友皇子"列入"本纪"，以南朝为正统，对幕末的勤王思想产生重大影响。
③ 《靖献遗言》议义下，中国辞，《浅见絅斋集》，国书刊行会1989年版，第101页。

第五章　江户时代中期(1716—1829)部分神道教人物和"町人"眼中的"日本魂"

者都是篡臣，何来大义？其实纲斋这个话是说给幕府听的：篡位者即使有效统治数百年也不能算"正统"。他在《靖献遗言》"刘因"卷中还有评论，"刘因住保定，虽三百年为夷狄所治，亦不认可该夷狄（政权）为正统。与此相同，幕府始创后即使统治九州（日本）三百年，非正统者即不正统。"① 从这点来说，纲斋比其师父闇斋要观点鲜明得多。因为闇斋还是幕府"老中"保科正之②的师父，所以无法直言幕府"不正统"。而纲斋没有享受幕府的俸禄，因此不仅直接挑战幕府，还对朱子的言论不足进行批判："若按朱子所说，则中国无一王朝正统。究其根源，《纲目》亦无法自圆其说。"③ 换言之，因开国者都是篡位者，故从《纲目》的"正统论"说没有一个王朝是"正统"的。就朱子言论的这个矛盾，纲斋还穷追猛打，所举出的事例就是文王和武王。他认为文王受到商纣王的虐待，但绝不抵抗，始终保持自己作为臣下对受天命者的服从（但事实是文王在陕西西安附近建造新都丰邑后，曾率各诸侯试图讨伐商纣王，只是没有成功而已）。而文王之子武王就不一样，敢于"放伐"，他将纣王杀了自己即位。那么"放伐"是否正确，这在江户时代也始终是个问题。对此纲斋进一步说明："朱子惟阐述中国所无之理想。于现实中国，无一王朝符合朱子正统论之定义。有之则只有日本。"④

这下人们总算明白了，他说中国"不正统"，就等于说幕府"不正统"，幕府罪恶的渊薮在中国；他说"有之则只有"的"日本"，实际上指的是受命神喻、肇国亲政、万世一系的天皇掌权的日本，而绝非也采取"放伐"手段的历代幕府的日本。这一切在后来纲斋所写的文字中看得尤为明显："吾国自开天辟地以来正统相续，万世君臣大纲不变。此三纲三大者也，非不及于他国。（略）此后有人自我偏执，自称

---

① 《靖献遗言》议义下，中国辞，《浅见纲斋集》，国书刊行会1989年版，第121页。
② 保科正之（1611—1672），江户时代前期的大名，会津藩（今福岛县西部）藩祖，德川秀忠庶子，曾辅佐将军家纲，建社仓，护"国"民。因喜好儒学而延聘山崎闇斋，也学习吉川惟足的神道学说，得其真传，谥号为"土津灵神"。
③ 《靖献遗言》议义下，中国辞，《浅见纲斋集》，国书刊行会1989年版，第103页。
④ 同上书，第104页。

禽兽，无病呻吟，岂非浅薄？！"① 概言之，他在表面骂的是儒者，而实际指斥的却是，现在的问题都来自幕府学了坏样，以致天皇不能亲政，日本的精神不能独立。

绚斋所说无疑有其正确的一面，不过他忽略了一个问题，那就是因为有了司马光，才有了后来师父闇斋和自己要求与中国对等和日本精神独立（于绚斋而言还包括天皇亲政）的想法。事实上，司马光的思想除了在中国得到肯定之外，还广泛流播于此后的日本、朝鲜、越南等东亚各国，对促进这些国家民族主体性的自觉和文化发展发挥了影响。东亚史证实了这一点。因为"宋"代"唐"（之前是一个世界帝国）僵，且有了司马光的上述辩护之词，所以才给了东亚各国及中国少数民族的自立提供了活动空间和理论支持。此后在日本，"正统"的且多半采取"向中国一边倒"政策的平安王朝让位于"不正统"的镰仓武士政权；在朝鲜，军事色彩浓烈的高丽王朝在半岛勃然兴起；在越南，首次独立于中华帝国的吴朝、李朝先后诞生；在中国北方，辽、西夏、金、蒙古部族递次崛起，它们无一不在外交、政治方面要求与中国或中国中央政权对等，并由此发明出自身的文字和壮大了本国或本部族的传统文化。

其实闇斋和绚斋的真正用意并非要和中国过不去，因为当时中日两国间基本没有正式的政治、经济、文化交往，也没有军事冲突。师徒二人在此只是借中国说事，反对幕府推行的中国思想，尤其是"放伐思想"，为天皇鸣冤。但这种做法无疑开启了批判中国的先河，为后来日本"国学家"的"批判中国"提供了榜样和理论基础，他们的观念甚至一直延伸到荷田春满直至平田笃胤等人的头脑当中，为后来的尊皇倒幕、维新运动提供了思想动力。有必要在此先介绍一下，和闇斋与绚斋一样，后来的"国学家"平田笃胤早年也跟随朱子学者中山青莪学过儒学，但之后亦转向神道教，著有《古道大意》（这又是一部类似《神道大意》的著作）和《俗神道大意》两书，在后者中他指斥其他神道派别为"俗神道"，还批判太宰春台的《辨道书》，说"中国自古革命不断，乱臣贼子众多。日本因输入儒学而也战乱频仍。"②

---

① 《靖献遗言》议义下，中国辞，《浅见绚斋集》，国书刊行会1989年版，第107页。
② 平田笃胤：《古道大意》，平田学会1912年版，第142页。

第五章　江户时代中期(1716—1829)部分神道教人物和"町人"眼中的"日本魂"

总结说来,闇斋是一个半儒半神但时而神大于儒的人物,其内容混杂但别具一格的神道理论中有三个关键词,即"维护皇室"、"日本中心主义"和"日本文化独特"。而绚斋也基本上是神大于儒,而且较之其师在某些方面有过之而无不及,尤为尊皇,其独特而著名的主张就是要排斥"汤武放伐"理论。绚斋称赞楠木正成是"至中大公",并给自己取号为"望楠公",在所佩长刀的刀锷刻有"赤心报国"四字,这一切无疑都来自他的尊皇情结。据说其一生都居住在茅屋,并在那里开办私塾,鼓吹尊皇大义,一步也未离开京都,目的就是与衰弱的天皇长相厮守,更不愿意踏上关东地区一步。虽然当时各藩藩主不断派人上门邀请他做官,但他均以"名节"为由坚拒不仕,被时人视为"变态儒者"。也许正因为如此,绚斋的名声和影响力才更深广,在四大日本"国学家"(荷田春满、贺茂真渊、本居宣长和平田笃胤)中受他影响的就有两位,即荷田春满和平田笃胤。其实他的影响不止于这些人,甚至还一直延续到二战时期。

四　若林强斋本人的学说

有其师必有其弟子,强斋对尊皇理论的贡献,在于他最早提出"日本魂"此一概念。该概念的基础有两个,一个是儒学,另一个是神道学,但强斋所学的二者分别都有局限,无法自圆其说。因为当时的学问基本上无法脱离师传的学统,所以强斋无法真正超越前辈的理论。他先是在儒学方面就学于浅见绚斋,实际上也间接学自山崎闇斋,与此同时自然也会接触到闇斋的神道思想。然而闇斋的"垂加神道"学说(其中包含着儒学)存在许多自相矛盾的地方,以致他的学生都要与之断绝关系,因此强斋在运用闇斋式的儒家思想和"垂加神道"思想建立他的"日本魂"(尊皇)理论方面无疑不会成功。强斋后来转向玉木苇斋的"橘家神道"以寻求帮助,就有这方面的原因。

说强斋是一个恪守师辈学说的人物,鲜有自己的学说创新,有以下几个理由:首先,从他和绚斋的关系可以蠡测一二。绚斋的另一个特点是脾气很坏,为人固执严苛,以致许多门人好友都和闇斋的那两位高足一样,也纷纷离他而去。不仅如此,绚斋还善于清理门户,其弟子三宅观澜①就因为接受水户藩（今茨城县中部，以崇儒闻名，建有著名景点孔庙、彰考馆和弘道馆等）藩主德川光圀②的邀请到武家政权任官，并在该地创建新的学说，将"垂加神道"注入到所谓的"水户学"（一种变异的日本儒学）中而被䌷斋逐出门庭。但就是这样一个倨人却能容得下强斋，说明强斋和䌷斋不仅脾气相投，还志向一致，在学问上惺惺相惜。强斋是在20岁时才投到䌷斋门下的，距德川光圀于1692年（元禄五）在湊川（今神户市中央区）建"楠公碑"仅迟了6年，但因为他在掌握闇斋和䌷斋的学问方面做得最好，所以在䌷斋殁后才会被众门弟推举，开了那家私塾——"望楠轩塾"，这其中寄托着强斋对乃师遗志的追怀。

其次，从强斋的学说来看，他的思想主张并未超越䌷斋。强斋的忠君思想是以䌷斋晚年所写的代表性著作《拘幽操》的学说为出发点的。而《拘幽操》的精神核心就是所谓的"缱绻恻怛"。③ "缱绻"即"情投意合，难解难分"之意；"恻怛"即"悲伤、心痛"之意，它来自朱熹评价屈原（公元前343—278）的一句话："原此人其志行或过于中庸，不足为法，然皆出自忠君爱国之诚心。原所书……皆生于缱绻恻怛、不能自已之至意。"④ 䌷斋对屈原的这种"缱绻恻怛"的忠君心情十分欣赏，所以将屈原这个人物写入《靖献遗言》的首章。对此强斋亦步亦趋，他在后来给门生授课时特意为这种"缱绻"的忠君之心做以下解释："缱绻"乃"欲忘而不能忘（之意），其心如难解之线头连绵不绝。"⑤ 屈原之忠心于中国人而言无须赘述，但其投入汨罗江前曾作《怀沙赋》一事则相对少有人知道，想来当时的日人对屈原的情况知之更少。䌷斋将《怀沙赋》放在《靖献遗言》的开篇就有宣传屈原

---

① 三宅观澜（1674—1718），江户时代中期儒者，原为浅见䌷斋、木下顺庵的门人，擅长史学，服务于水户藩后任"彰考馆"总裁，之后被拔擢为幕府的儒官，著有《中兴鉴言》等。

② 德川光圀（1628—1700），水户藩藩主，为奖励儒学设置"彰考馆"等，撰有《大日本史》，在湊川建"楠公碑"，曾邀请明朝遗臣朱舜水入藩，世称"义公"。

③ 转引自佚名《超越生死利害，自认守护皇统》，《月刊日本》，K&K新闻社2013年2月号，第42页。

④ 转引自近藤启吾《续若林强斋之研究》，临川书店1997年版，第141页。

⑤ 同上。

第五章　江户时代中期(1716—1829)部分神道教人物和"町人"眼中的"日本魂"

和解释自己为何写作该著的用意,于此可见《怀沙赋》和忠君之间的关系如何。强斋对师父的用意自然是心领神会,对门生说:屈原"身沉河底亦不忘君。如此忠义不已即缱绻恻怛之心全部转化为《怀沙赋》一文。"①

可以说强斋从师父《靖献遗言》中所学到的东西不完全是其中列举的一个个中国古人的"义举",而主要是对其间"缱绻恻怛"这四个字的体认和自识,并将它们作为自己的行动指南。强斋自1717年(享保二)9月开始讲释屈原的作品《楚辞》,以加深自己对"缱绻恻怛"之心的体认,增强对维护皇统的自觉,加快自己向神道学说的倾斜。和其师纲斋一样,强斋在讲释《楚辞》后所著的《诗集传师说》1719年(享保四)和《中庸章句师说》1721年(享保六)中也试图超越朱子学说,而以神道学说对中国的传统思想进行重新阐释。1724年(享保九)强斋从山本主马②那里接受闇斋之后的神道各秘传,翌年8月1日参拜多贺神社后又拜谒垂加灵社,并在开始抄写闇斋的著作《风水草》的同时,向门人讲释自己的《神道大意》,其中就包括那个著名的"日本魂"论。

强斋通过此举欲达到的目的,从他祭奠门人广木忠信的祭文可以看出:卿"夏不着扇,冬不近炉,艰难穷乏,时常合日而食。对此卿不惧困苦,益发勤勉。而余亦有所求卿。雪之晨,月之夕,相与瀹茶湑酒,议经论义。……"紧接着强斋就说到卿"悲今慕古……"③从这些文字可以看出,强斋对幕府是不满的,而对皇室的惨状也是悲愤的。他希望所有人都能像忠信那样,"不求名利,不事文辞,以义为务。所谓为己之学盖如此矣。若夫感慨激奋,举盃悲歌,不顾死生利害之气象,实有古人义烈之风。"④强斋的这些话和他在《神道大意》中所主张的"日本魂"其实是异曲同工。和闇斋、纲斋相比,并没有太多自己的东西。

不过严格说来,强斋和闇斋、纲斋一样,也都并非是鼓吹尊皇的第

---

① 近藤启吾:《续若林强斋之研究》,临川书店1997年版,第141页。
② 江户时代中期京都祇园神社祠官,也是"垂加神道"人士之一。
③ 近藤启吾:《续若林强斋之研究》,临川书店1997年版,第161页。
④ 同上书,第162页。

"大和魂"史的初步研究

一人，在他们的理论背后，存在着一个共同、深远且广泛的历史和时代背景。从神道学的角度来看，这种尊皇思想最早似乎可以追溯到镰仓时代伊势神宫的神官们。出于对职业、自身权益和地位的考虑，他们很自然地要提出祭神的重要性和天皇的神圣性，为此排斥汤武的"放伐"理论即孟子的"匹夫讨"；从儒学的角度来看，尊皇思想的提出最早能溯及儒者的中江藤树①。进入江户时代后儒者们出于自身的立场和谄媚幕府的需要，认为"放伐思想"乃放之四海而皆准的公理，可是藤树却力挽狂澜，独树一帜，提出"放伐思想"并不具有普世和时代价值，这从他在缅怀尊皇派代表人物菅原道真时写的一篇祷文看得尤为清楚：

> "采蕨而非折梅枝，方知首阳饿死人。"② 折梅一枝可知伯夷之风雅，而采蕨方可思伯夷之事。吾不知折梅能否回想首阳山③之往事。世间儒者皆以武王为明君，而以伯夷为器狭；以武王为中道，而以伯夷为偏异，并报颜粗脖欲将武王之举推行天下。此非知道之人。（略）近来吾始通伯夷之志，崇伯夷之行，感泪沾襟，梧桐得月。呜呼！以伯夷之志为心时，非士者于此始知赞美夫子伯夷之心也。④

自从有了藤树，攻击"放伐思想"者即不绝如缕，比如藤树的弟子熊泽蕃山也说，"勿用支那道理，判断我尊贵、万世一系之皇统。"⑤ 就连终生思考"一国（藩）一家正统继承人"问题的水户藩藩主德川光圀也认为："文王乃圣人，而武王难称圣人。伯夷谏武王为正道，武

---

① 中江藤树（1608—1648），江户时代初期的儒者，日本阳明学派的始祖。名原，近江（今滋贺县）人，早期学习朱子学，曾服务于伊予国（今爱媛县）大洲藩，后返回故乡，提倡王阳明的致良知说，被称作"近江圣人"。门人有熊泽蕃山等人，著有《孝经启蒙》、《翁问答》、《鉴草》等。
② 原歌是"思ひきや 蕨にあらぬ 梅が枝 を折て首陽の 人をしるとは"。
③ 围绕此山，中国自春秋战国时代起就有各种各样的传说，特别是在伯夷、叔齐二人因劝谏周武王勿伐商后隐居在此并饿死而变得非常著名。
④ 志村己三助、斎藤耕三编：《藤树全书初编》卷五，川胜鸿宝堂1893年版，第57页。
⑤ 熊泽蕃山著，宫崎道生校订：《三轮物语》自笔本，三轮明神大神神社1991年版，第89页。

第五章　江户时代中期(1716—1829)部分神道教人物和"町人"眼中的"日本魂"

王篡弑之议难通。"① 曾遭幕府发配的复古儒学大家山鹿素行②亦排斥汤武放伐的思想，提出在一般场合，君臣等词汇也可指大名和家臣的关系，但在正式场合，则必须推崇朝廷（按：指在京都的天皇），③ 并说："武将代代守护京都，尊朝廷，重官位，以朝廷为朝廷，存君臣上下之法则。"④ 素行甚至公开表明："为何不可居今世而专念复古之事？甚不知时宜损益。"⑤ 总之，这些儒家人物言论都有为天皇鸣冤，不满幕府篡权夺位、架空皇室的意味。然而这些儒者的主张，都不过是一己之见，均未能从儒家经典中获得明确的"先师理论"依据，以致缺乏"权威性"和有效性。这也难怪，在重视学统权威和师说的时代，就连闇斋也只能说不服支那反倒属于孔子之正道，而未能提示明确的反对汤武放伐的理论依据。绚斋在《靖献遗言》"中国辞"中虽然能看出司马光和朱熹的学说差异，似乎找到了证明"放伐"不符合儒家学理的根据，但那仅不过是不认可"支那即中国（中央之国）"的一种预设性立场的发言，从坚信"天为一故天下为一"、支那终归是中国的日本儒家的立场来看，要实现"反放伐说"还是很困难的。

对此强斋困惑不已，希望另寻学统，以找到彻底击溃汤武"放伐思想"的理论工具。幸运的是与强斋几乎同龄，且曾是闇斋门人的玉木苇斋手中握有"新"的思想武器，那就是"橘家神道"的尊皇精神。苇斋虽说是闇斋的学生，但对乃师的儒学不感兴趣，而只专注他的"垂加神道"学说，这或许跟他的职务是神官有关，也表明在《神皇正统记》诞生后神道教人物仍在试图摆脱被边缘化的局面而进行反扑。苇斋不管什么"有德者为王"的儒学理论，直言不讳地说"君虽无德，然仅需有三种神器即可仰之为有德之君。此乃橘家之传。无论

---

① 德川光圀：《西山公随笔》，吉川弘文馆1974年版，第358页。
② 山鹿素行（1622—1685），江户时代前期儒者、兵学家，复古儒学的鼻祖，名高兴或高祐，生于会津（今福岛县西部）。向林罗山学习儒学，向北条氏长等学习兵学，因著有《圣教要录》排斥朱子学而招致幕府的震怒，被流放到赤穗（今兵库县西南部），后获赦免回江户。著有《武教要录》、《配所残笔》、《山鹿语类》、《中朝事实》、《武家事纪》等。
③ 山鹿素行：《山鹿语类》，山鹿素行全集刊行会1926年版，第326页。
④ 山鹿素行：《武家事纪》，新人物往来社1969年版，第679页。
⑤ 山鹿素行：《治平旧事》，《山鹿素行全集》第一卷，国民精神文化研究所1936年版，第64页。

"大和魂"史的初步研究

何人何地,皆须熟知尊崇天日(天皇)一事。"① 所谓"橘家神道",乃"垂加神道"大家苇斋后来向橘以贞②学习、整理并使之大成的神道学问,因其著作中多有"橘家○○传"的文句而得名。据称其源头是日神以降口口相传的道统,由敏达天皇传授给皇子难波亲王,之后亲王的玄孙橘诸兄(?—757)后裔又传给橘家。其传授的内容主要是"劝请神体、祓禊、破土动工"等仪式,以及"鸣弦驱魔、射箭降魔"一类的修法。而苇斋的贡献,是将橘家的仪式和修法内容掺入"垂加神道"的学说之中,使之成为一种新的神道,竟然风靡日本社会一时。此时苦于找不到反对"放伐思想"学统依据的强斋,眼中燃起希望的火光,感慨万分地说:"神道中竟有我国不论君德是非之理论,实为难能可贵也"③,并急忙投入苇斋门下。得到如此权威的学统依据的强斋从此日益自信,认为再也无须拘泥于儒学的道统,之后又将楠公精神掺入到"橘家神道"之中,创造出更为尊皇的所谓"望楠轩神道"。以下逸闻可以说明强斋的尊皇精神是如何炽烈。某日强斋的弟子松冈仲良④回来向师父夸耀:今日有人维护汤武放伐说,放言"不独汉土,即令我国亦复如是。下有汤武之圣,上有桀纣之暴。若此则可放伐之。"因而被我暴打一顿。岂料强斋不仅没有高兴,反而斥责:"汝过矣。我国万世一系,皇流何必杂以他姓。放伐说不臣至极。汝何不戮彼而还?"⑤ 这种言辞,与他在《神道大意》中所说的几乎一样,那个天神(即皇祖)所赐之魂,就是自己和众人都必须坚守的忠皇之魂。若不孝不忠,无论是谁,"于天地无穷之际皆罪不可

---

① 玉木苇斋:《杂话剳记》,出版信息遗失。
② 橘以贞(薄田以贞)(?—1705),江户时代的兵法家和神道家,薄田信秀之子,因嗣子早死而家道断绝。年轻时学习家学的橘家神道、军事学知识和"蠢目鸣弦"的仪式等,后流落于近江大津,其间向好友玉木苇斋传授家学。
③ 山口春水:《强斋先生杂话笔记》,《续日本随笔大成》第12卷,吉川弘文馆1981年版,第92页。
④ 松冈仲良(1701—1783),也名雄渊、文雄,江户时代中期的神道家,尾张国(今爱知县)热田神社祠官之子,向若林强斋学习儒学,向玉木苇斋学习垂加神道,因写出《神道学则日本魂》被苇斋赶出宗门。后成为京都吉田家侍读,著有《神代卷师说》、《中臣祓抄》等。
⑤ 若林强斋:《杂话续录》,《神道大系》论说编13,垂加神道(下),神道大系编撰会1978年版,第213页。

第五章　江户时代中期(1716—1829)部分神道教人物和"町人"眼中的"日本魂"

赦"。如果说强斋的学说有一些自己的特点，那就是忠皇式的"日本魂"论加上"橘家神道"。

由此可见，强斋和乃师一样，奉行的都是以尊皇为核心内容的"日本中心主义"。无论是䌹斋的"我之天下乃独立也，天皇乃我君上，何能尊崇他国天下？我国即使德不及支那，于我国人而言亦为中国，何况于重要之处优于万国"[1]的说法，还是强斋的天子德与不德皆为天子，不允许放伐言论存在的主张，都属于当时已成风气的"以日本为主"的"忠皇"思维方式。对这些人而言，既然其生为日本人，以日本为中心，当无任何奇怪之处。

至此要介绍伴部安崇（1668—1740）的言论，以与强斋的学说作对比和提出结论，因为在思想方面他对强斋的影响亦不容忽视。安崇与强斋大致同龄，也是神道家，江户出身，通称武右卫门，号止定斋、八重垣翁，先向佐藤直方[2]学习崎门儒学，后向跡部良显[3]学习"垂加神道"，1718年其从正亲町公通处获得神道"秘传"，之后在江户四谷开办私塾，著有《日本书纪考》等。从以上经历来看，他不能算是䌹斋的学生，换言之即强斋的同学，而仅仅是和䌹斋的门人跡部良显一块学习过闇斋垂加神道。然而从辈分和精神向往这两重关系来说，似乎可将他视为䌹斋的学生和强斋的同学。安崇著有《神道问答》（也称《和汉问答》）一书，对"内尊外卑说"做出比闇斋、䌹斋、强斋等更为直接、尖锐且"精到"的说明。

在该书中安崇假设闇斋提问，自己作答（这种设问句式的写法在当时十分流行）。

问：将万事优于我国的中国儒教丢弃，改用何事皆不劣于中国的我国神道如何？

---

[1] 浅见䌹斋：《靖献遗言》议义下，中国辞，国书刊行会1989年版，第131页。
[2] 佐藤直方（1650—1719），江户时代中期的儒学家，在京都求学于山崎闇斋，彻底倾倒于朱子学，曾到福山藩、厩桥藩、彦根藩等藩讲学，著有《蕴藏录》。
[3] 跡部良显（1658—1729），江户时代前期—中期的神道学家，幕臣。向正亲町公通学习山崎闇斋的"垂加神道"，向佐藤直方、浅见䌹斋学习儒学，信奉闇斋的神儒一致说，通过刊行《垂加文集》等普及和发展闇斋学，著有《南山编年录》、《神代卷浑沌草》等。

答：我国君臣之道既明，天皇万世一系，故无须禅让。我国国体终非支那（原文如此。安崇在此或用中国或用支那）可以相提并论。

问：荻生徂徕非难，称不可将天下之风俗这一词汇用于表达"日本之风俗"，仅中国可以称天下，而日本称天下为谬误。

答：是以我国自贱也。乃指斥乘舆也。不敬者何甚于焉！

接着安崇又假设有儒者

问：圣人之道堪称完备，东夷南蛮皆须尊之信之，此外无需区区之论。

答：不可不言我国神圣。总之，日日用此却不知此（指神道）即此事也。

又答：奉承异邦与溢美我国皆非，而溢美我国比奉承异邦毋宁其罪轻也。[1]

以上《神道问答》一书乃集1711年（正德元）、1714年（正德五）、1716年（正德七）等其他年份安崇的言论而大成。和这个神道代表人物相比，可能号称儒者的强斋，包括其师绚斋乃至闇斋都显得暗淡无光。因为后三人都是儒者出身，均摆脱不了师传的束缚。为证明以尊皇为核心内容的"日本中心主义"的正确，闇斋和绚斋都仅能举出伯夷、叔齐或孔子《春秋》大义中的事例。强斋虽然试图从"橘家神道"的理论中获得灵感，但其目的最终仍只是想说服儒家人物，获得该阵营的支持，故此三人都显得不够硬气。他们的最后出路，都只能是向神道教靠拢。可以说强斋的"日本魂"充其量只是一种屈服于神道教的儒学主张，他所放弃的儒教也仅仅是与"日本中心主义"相悖的那部分儒教，强斋"无法在更广阔的世界主义立场上打破自己所信仰的儒家思想，因此不免被人嘲笑是小国式孤陋寡闻的信念。换言之，他的

---

[1] 伴部安崇：《神道问答》，山本信哉编：《神道丛说》，国书刊行会1911年版，第286页。

第五章　江户时代中期(1716—1829)部分神道教人物和"町人"眼中的"日本魂"

'日本魂'若仅来自支那学和神道学的话，则无法更有力、更清晰地进行自我说明和主张。"① 按奥村伊九良的说法，这个"更广阔的世界主义立场"在西川如见写出《町人囊搜底》之后才有可能实现，所以接着我们必须阅读和分析西川如见式的"世界主义立场"到底是何种立场。

第二节　西川如见《町人囊搜底》中的"日本心"等

西川如见是一个"町人"，即城市居民，准确地说属于商人阶层，位处江户幕府规定的社会序列"士农工商"的最后一个序列，地位自然低下。本来他经商或做其他工作则可，但不知为何后来也开始从事写作，并就日本社会的许多问题提出自己的见解，包括提倡"日本心"等。其"日本心"和过去的"大和魂"或"日本魂"相比有哪些新意？这需要从他的出身与经历说起。

一　西川如见的出身与经历

西川如见（1648—1724），也叫安井算哲，原名忠英，如见是他的字，江户时代中期的天文地理学家，出生于肥前国（今佐贺县之一部和长崎县之一部）长崎的一个商人家庭。据说其祖上在战国时代末期即由武士转变为商人，祖父忠政到过吕宋和柬埔寨从事海外贸易。② 父亲忠益在从商的同时还兼学天文地理，给如见以不小的影响。1672年如见25岁时向儒者南部草寿③学习儒学及和学，又向林吉右卫门的门生小林义信（谦贞）学习天文、历算、地理等。父亲死后如见继承家业，但除兼学天文地理外还干了些什么无人知晓。有人说他兼做"通

---

① 奥村伊九良：《大和魂——历史篇——》，一条书房1934年版，第167页。
② 西川忠亮（西川如见第9代孙）编：《西川如见遗书》，出版者西川忠亮，1898—1907刊行。
③ 南部草寿（？—1688），江户时代前期的儒者，1672年应"长崎奉行"之邀在长崎教授8年儒学，成为"圣堂祭酒"，还担任"唐船书籍"检察官。1681年（天和元）服务于越中富山藩，奠定了该藩藩学的基础。著有《职原钞支流》、《徒然草谚解》等。

事"（口译），① 然而缺乏史料的证明。不过从如见后来写的几部书籍可以推测出，他于此间与在长崎活动的"唐通事"（汉人翻译）过往甚密，其中一位"唐通事"还成为他的姻亲。② 另外如见与当时在长崎工作的荷兰人也有来往。③ 这段经历对他后来形成自己的世界观和事业观应该具有重要的意义，也是他后来思想混杂和相互矛盾的原因所在。可以说，是当时唯一能与外国通商交往的长崎这个地方造就了如见这个人物。又有人说如见有文名，应归功于他在京都时受某书商劝说，将过去藏于书袋（箱底）的随笔作品拿出来发表。于是这些书就有《町人囊》（1718—1720）和《町人囊搜底》（1719。《町人囊》续篇。"搜底"的意思是"全部翻出"）等名称。④ 由此看来如见之前对写作和发表著述不甚积极。然而实际情况并非如此。如见在1695年48岁时即发表日本第一部世界地志《华夷通商考》，是日本第一个提出"地球球形说"并能制作简单浑天仪的人。1697年如见开始隐居，专门从事写作，撰出十几部与天文地理有关的著作，著名的有《增补华夷通商考》、《日本水土考》、《四十二国人物图说》、《天文或象》、《天文义论》等。这些著作都以中国古代天文地理学说为主，辅以在长崎获得的欧洲相关学说，其中夹杂许多对政治和社会的看法。较有特色的是如见在《增补华夷通称考》中按国别对中国、西洋、南洋的风土和文化做了归纳和介绍，在《日本水土考》（1720）中基于"地理环境决定论"的学说，提出因风土的不同，人情风俗也会有不同的观点。

这种观点，山鹿素行过去也有提及：日本的风土与中国一样，具有

---

① 奥村伊九良：《大和魂——历史篇——》，一条书房1934年版，第170页。
② 西川如见的著作《四十二国人物图说》和《两仪集说》的序文都说，刘善聪（彭城素轩，1740年殁）在1714年曾寄来序文。刘善聪是一位"唐通事"。《两仪集说》的序文还说："于西川子姻亲也。"（《西川如见遗书》第十五篇）宫田安在《唐通词家系论考》（长崎文献社1979年版）中说得更为明确，就是西川之女嫁给善聪长子（之后继善聪成为"唐通事"）。西川如见另一部著作《华夷通商考》（1695）所使用的资料，有许多来自当时另一位著名"唐通事"林道荣（1640—1708）所著的《异国风土记》（鲇泽信太郎：《关于〈异国风土记〉》，出版信息遗失）。
③ 西川如见的著作《百姓囊》（1721）和如见的次子西川正休所著的《长崎夜话草》（1719）中都提到了荷兰人的生活习惯和如见与他们的谈话内容。
④ 奥村伊九良：《大和魂——历史篇——》，一条书房1934年版，第171页。

第五章　江户时代中期(1716—1829)部分神道教人物和"町人"眼中的"日本魂"

"中和"的特点，优于万国，而日本的地理环境又优于中国。① 可是如见比素行强，不像后者那么主观，他运用一些当时还不多见的世界地理知识，对以上观点作出新的阐释。不过从主体上看，他和素行一样，运用的都是中国传统的阴阳五行说。必须说明，如见的这部书对后来日本四大"国学家"之一的平田笃胤产生了特殊的影响。后者在其著《古道大意》中引用过该书，以此作为"日本优秀论"的依据。可谓如见在此方面和素行一样，都属于"日本地理优越论"和"日本国体优秀论"的始作俑者之一。从下文可以看出，笃胤后来的所谓发展和创新理论——日本天生国体优秀，乃神国，君臣人民都是神的子孙，故比外国人尚武勇敢聪明优秀等等，其实很早就见之于如见的作品。

如见的《町人囊》、《町人囊搜底》和《百姓囊》（1721。日语"百姓"是"农民"的意思）等都是其晚年所写的作品，均属专谈政治社会问题的著作，其目的是向城市居民和农民宣讲道德。他所说的"日本心"等就出现在《町人囊搜底》这部书中。这些政治性和社会性的著作，与他前期的天文地理学著作的关系为何，自然会引起人们的关注。而且他和幕府之间的关系更值得世人的玩味。后一个关系，说的是如见由于在天文地理学方面的贡献颇大，所以第 8 任将军德川吉宗于 1718 年将他召至江户，以备相关知识的咨询。但如见待在江户的时间不长，很快就返回长崎。和北村季吟相比，这一点颇令人玩味。1724 年如见逝世，享年 77 岁。其子西川正休受父亲的影响，在天文地理学方面也颇有成就，于 1747 年（另一说为宝历改元之际，即吉宗去世的 1751 年）被任命为幕府的"天文方"（主管天文的官员），算是在政治方面有所进步。

二　西川如见涉及的三个问题

如见一生写过 20 余部著作，大体谈了三个问题。② 第一个问题是关于农民的地位、性质和作用；第二个问题有关他的自然观即天文地理

---

① 山鹿素行：《中朝事实》，《山鹿素行全集》思想篇，岩波书店 1940 年版，第 75 页。
② 以下的论点和资料，部分参考了佐久间正：《西川如见论——町人意识、天学、水土论——》，《长崎大学教养部纪要（人文科学篇）第 26 卷第 1 号——二十九》，1985 年 7 月，但评论大都出自著者。

"大和魂"史的初步研究

观;第三个问题涉及日本的风土与神国观和天皇制度的关系,体现出如见的"日本中心主义"思想。综观他的各论点可以认为,如见作为一个晚期封建社会的商业资产阶级代表,思想是比较混杂、矛盾和令人费解的。他在为城市居民(商人)张目的同时,却具有较明显的儒学倾向;在阐述先进科学知识的同时,又带有许多封建迷信的色彩;在肯定和套用儒家学说的同时,却时刻将天皇放在日本最高政治领导人的位置上,带有冷落幕府的意味。这一切可能与他所处的政治环境、当时的社会思潮和在长崎接触到的人、事有关。但我们光做如此理解,还有一些不易说明的地方,即这些儒学因素和西方科学因素等如何会促使他产生神国和尊皇思想——用他的概念词概括,就是"日本心"或"日本姿"?简言之,他谈的这三个问题是否会与"日本心"等存在着某种联系?

第一个问题,首先集中在对当时武士阶级本位社会"贱商意识"的批判方面。在他看来,商业乃"通天下财物,达国家之用"。"近世时农民、手工业者皆经商。亦有武士从事类似于商业之行当",[①]值得肯定。但商人在幕府规定的"士农工商"社会序列中处于最末的位次,深受歧视,因此首先要解决他们的地位问题。如见认为:"从根本上说,人无尊卑之理。须知人类仅由生长环境决定。"[②] 人"作为阴阳五行神明"之产物,"其始无尊卑之隔,无都鄙(僻)之异。只是自出生后渐次为所处环境影响,始分尊卑都鄙之品相。""即令下贱家庭之孩童,出生后若使其于富贵家庭成长(受惠于其优异的文化、教育环境),亦多可出现能书善文之著名人物。"因此,"于人之本质而言,何有贵贱之别?"[③] 从这些话可以看出,如见具有平等思想,还是一个"环境决定论"者,可谓日本早期朴素唯物主义的代表人物。不过他对人的本源性的认识却来自阴阳五行理论。他说这些话的主要目的是肯定商人的作用和地位,要求"平等",以突破幕府身份制度的限制。但如

---

① 西川如见:《町人囊》卷1,《日本思想大系59 近世町人思想》,岩波书店1968年版,第88页。
② 西川如见:《町人囊》卷4,《日本思想大系59 近世町人思想》,岩波书店1968年版,第134页。
③ 同上书,第133—134页。

第五章 江户时代中期(1716—1829)部分神道教人物和"町人"眼中的"日本魂"

见的求"平等"却因时因地因人而异。从后文看,他对农民的地位评价就不"平等"。然而总的来说,如见对推行身份等级制度的幕府是不满意的,所以他很可能希望有一种势力能帮助商人改变(至少是改善)现状。这种势力,在当时只能是以天皇为代表的公家势力。同理,这种"环境决定论"似乎也会影响到如见对日本风土与日本国体和天皇制度关系的看法。虽然这种强行结合的关系会令今人感到不好理解,但在如见看来,这种关系是存在的,而且是他所期待的。

如见虽然对身份等级制度不满,但他作为一个封建社会的知识分子,却无力摆脱幕府意识形态的束缚,所以只能跟着提倡等级制度,至多是对该制度做些修修补补的工作,于其间塞入一些自己的"私货",以利自身阶级的发展。他提出的所谓"五伦四民"制就是这种修补型的新等级制度:"考(中国)圣人之书,人分五种品类,可谓此为五等人伦。第一曰天子,第二曰诸侯,第三曰卿大夫,第四曰士,第五曰庶人。"如见特地说明,"于日本言说时天子即禁中大人(天皇),诸侯即诸大名,卿大夫即旗本诸官,士即诸旗本无官之辈"①。值得关注的是,他所说的将军在此"五伦"中仅属于"次于禁中大人之诸侯之主","作为(天道代表之)天子代表,掌控天下政道。"② 这无疑是在肯定儒教的等级观念,于制度上在把将军置于各大名之首的同时,又限制了将军在现实政治权力中的主体地位。换言之,天皇与将军的关系是一种"委托和被委托"关系。在如见看来,日本的政治权力来源于天皇。其潜台词是希望天皇能发挥一些作用。

如见的"四民"分级同样如此,也有其自私自利的一面——将大部分武士都划入庶民的行列。这是一种将别人拉下来就意味着自身地位相对提高的"战法"。具体说来就是,他将武士阶层分为两个部分,一部分属于"五等人伦"中第四等的"士"及"士"以上的阶层,一部分属于第五等的"庶民",即他的"新四民"(部分的士+农、工、商)中的"士",亦即除"公方家侍臣"(幕府重臣)以外各大名的家

---

① 西川如见:《町人囊》卷1,《日本思想大系59 近世町人思想》,岩波书店1968年版,第87页。
② 西川如见:《町人囊》卷5,《日本思想大系59 近世町人思想》,岩波书店1968年版,第138页。

"大和魂"史的初步研究

臣(陪臣、内臣)及广大武士。这意味着大部分的武士都成为了"庶民"。① 这与过去中江藤树、熊泽蕃山、山鹿素行等武士出身的儒者所说的"庶民"即"农、工、商"的说法有很大的不同,反映出当时武士阶层的地位已大幅下降和商业阶级地位的相对上升,预示着江户时代的社会矛盾正在形成。

这种城市居民势力上升的背景,是商人的物质生活不仅超越了农民和手工业者,甚至还超过武士,而且精神品位有了很大的提高。与此相对的是社会秩序和道德开始紊乱(这一点如见没有提及)。用他的话说,就是"自古町人位于农民之后,但不知何时变得有钱,天下金银财宝皆集中于町人手中。有时町人被邀至贵人(公家、武家)府第,其品相似逐渐在农民之上。"不独如此,而且"百年以来,因御代天下静谧,儒者、医者、歌道者、茶汤风流诸艺者多出于町人之中。"② 城市居民(主要指商人)阶级的崛起,意味着幕府以农为本的社会政策和等级制度的失败,不仅引发了武士阶级的嫉妒,还诱导出政治危机。对此如见当然不愿意看到,出于责任感他不惮僭越发表自己的观点,但开出的处方却与幕府一致:城市居民"生于此盛世,生于此品相,诚不有幸者乎?居下而不凌上,不羡其他威势,守(生活之)简略质朴,安于本分。如牛以牛流之辈为乐,可享一生欢乐。"③ 如见要求节俭的想法可以理解,但"安于本分"却与他的前述主张相矛盾。

在谈及对农民的看法时,如见虽对农民的地位低下和处世艰辛有所同情,但还是认为:"此类被轻视(脱离良好物质、精神生活)之习俗,方为农民长久之本,应以为幸。隐忍而不奢侈,忝陪四民下座,诚惶诚恐,严守公家规定,"④ 种好田,管好家,才是农民的本分。在恪守本分、勤俭节约方面,如见对城市居民和农民的要求是一样的,但他

---

① 西川如见:《町人囊》卷4,《日本思想大系59 近世町人思想》,岩波书店1968年版,第87页。
② 同上书,第87—88页。
③ 同上书,第88页。
④ 西川如见:《町人囊》卷1,《日本思想大系59 近世町人思想》,岩波书店1968年版,第158页。

第五章　江户时代中期(1716—1829)部分神道教人物和"町人"眼中的"日本魂"

在对农民"尤需谨慎对待国王恩典",① 即肯定自身卑贱现状和以谦恭态度顺从统治者这个要求方面,其程度要远高于城市居民。质言之,他对城市居民和农民的态度是不同的,甚至可以说在这方面他是站在统治阶级的立场对农民发号施令的。由前述可以看出,如见的政治、社会观点和主张是存在矛盾的。他一方面肯定城市居民和农民的价值和作用,另一方面又希望将这种价值和作用限制在幕府提倡的儒家等级制度和生活方式当中;一方面迎合幕府,另一方面又对幕府不满,希望天皇势力能对将军有所制约。

第二个问题即如见对天文地理学的看法。在此方面如见有两个贡献:一是批判古代中国在拥有较先进的天文地理知识的同时却存在运用不足的现象,并由此肯定西方人在此方面的成就:地球为球体这个知识"中华圣人于航海时不用,而其四千年前即已知此。"② 与此相对,西方人不仅知道地球为球体,而且"知其地周有万国围居","自传来航海图以来自是天学地理之利多多。"③ 这些话在日本锁国时代,对促进日本地学和国际贸易发展有着积极意义。然而即使如见拥有如此认识,他也不忘为中华圣人遮丑,大脑中充满主观成见:"古圣置之不语,盖圣人明事物之理,晓总提而遗细凿。即令已知大地周围有多国一事亦恐人怪疑,故其语焉不详亦未可知"④,表明如见既认知汉学缺陷,又认同儒家思想的意识;二是如见指出中国人和西方人在天文地理学研究上的差异(这种差异暗含其带来对东方国家不良后果的意思),并为弥补这种差异提出自己的看法:"唐土天学以测天为先,测地为后。外国(在此如见将'唐土'排除在外国之外)天学以测地为先,测天为后。及至其终,二者共测浑天一崮。然天无可观之界限,地有可识之绝境。是以须先穷地理而后验天文。当今天学应详尽浑地之测法并用之,以助益

---

① 西川如见:《町人囊》卷1,《日本思想大系59 近世町人思想》,岩波书店1968年版,161页。
② 西川如见:《天文议论》上,三枝博音编:《日本哲学全书》八,第一书房1937年版,第63页。
③ 西川忠亮编:《西川如见遗书》十五《两仪集说总提》,出版商名不详,1898年出版,第8页。
④ 同上书,第78页。

"大和魂"史的初步研究

天测。历学星学之徒，不知地理者不可得其全。"① 这种看重地学的认识，对推动东方人包括如见自己对地理学知识的研究和运用无疑起到积极的作用。如见后来试图利用"水（风）土学"知识论证日本神国国体的伟大和尊皇的正确，可能也来自上述认识的推动。

另外，如见对西方人何以在地理学进而在天文学上取得比东方人更大的成就存在以下认识："传闻戎蛮红毛之类，无武家商家区别，专擅整备船舶，以往来阇海通达万国为功业。故彼锻炼行舟之术，穷尽罗盘之经，世界之大半无所不至，能知万国地理，环绕大海东西，知大地球形万国围居之义。"② 这种认识，无疑是正确的，尤其是其中暗含的、西方社会能取得如此成就，其先决条件就是无身份差别和不锁国的观点。然而如见还认为，西方人之所以满世界乱跑，纯粹是为了求利："君子以天学穷道德性命之理，红毛以天学穷不仁贪欲之理。嗟夫惜哉！红毛仅达形气之天学，何知命理之天学？去好恶之癖，取红毛之天学，勿取红毛之贪欲。"③ 如见这个评价，应该是谬误大于正确。西方人（包括后来的东方人）从事国际贸易，赚取利润，在今天看来是一件很正常的事情。而将"求利"与"不仁贪欲"挂钩——这无疑来自儒家的观点，以及将儒家的"道德性命"观视为绝对价值并置于"不仁贪欲"之上，都说明如见的这个主张与他在《町人囊》中所提出的观点相悖，同样也存在矛盾，或可谓他对国际、国内的情况分析持双重标准。

不仅如此，如见在这里所说的"红毛仅达形气之天学，何知命理之天学"，还与他过去批判宋儒存在缺陷，提倡要加强对"形气之天学"研究，不可仅"以道德性命理见言之"的说法产生矛盾。如见曾对宋儒做以下评价："唐土上古天文"随时代变化渐失其真意，"中古以来天文（学）失落，人们不辨圣人不易之正说，妄自堕落于阴阳祸

---

① 西川如见：《天文议论》上，三枝博音编：《日本哲学全书》八，第一书房1937年版，第62页。
② 同上书，第63页。
③ 《西川如见遗书》十一《大略天学名目抄》，出版商名不详，1898年出版，第75页。

第五章　江户时代中期(1716—1829)部分神道教人物和"町人"眼中的"日本魂"

福之事,仅有其圣器而不察其理。"① 此中"仅宋儒能辨自古以来天文家之所误,发先人未发之义,其功于天学为最多矣。"② 然而宋儒"因疏于测量,追随理见,空发议论,故七曜左旋说及其他学说无不谬误。"如见甚至指名道姓,批判程颐、程颢和邵雍:"譬如程子曰,可云日轮每日一日,亦可云万古一日。"③"此乃远离测量,以道德性命理见言之,非论日轮之形体。天文家何可从之?(正确者)须测量之。或云,邵子曰,天以理尽,而不可以形尽。浑天术以形尽天可乎?天文学乃学形体之天,何无以形尽天之事?"④

如见说此话时可谓旗帜鲜明,语调铿锵,掷地有声,谓其为日本实学之祖并不为过。但此话音刚落不久,他就对西方人看不惯了,说:"红毛仅达形气之天学,何知命理之天学。"⑤ 言下之意就是"命理之天学"要比"形气之天学"崇高、伟大得多。由此如见还对宋儒之说做了"七分是而三分未是"⑥ 的评价,肯定了宋儒对"命理之学"的贡献。据此我们实在难以判断如见的真意何在。其实他所发表的自然观议论,也是因时因地因人而有不同,并且矛盾众多。那么如见的问题到底何在?回答是其很可能出在他囿于时代局限,如钟摆般时常往复于近代科学和宋学之间难以停止。不过就其倾向来看,最终他还是像一口挂歪了的时钟,将摇晃的钟摆甩向朱熹一侧。这一切,和如见在本质上景仰朱熹,站在维护封建统治和朱子学(比如上述为圣人辩护之词)的立场,将"天"分为"理气之天"和"形气之天",但"理"大于"形"的认识是分不开的,尽管他删去了朱熹所说的三种天——"苍苍"(自然、物理的天)、"主宰"和"理气"⑦——中的"主宰"之天。

需要补充的是,如见天文观的源头之一无疑来自耶稣会带入中国和

---

① 西川如见:《天文议论》上,三枝博音编:《日本哲学全书》八,第一书房1937年版,第63页。
② 《西川如见遗书》十四《右旋辩论》,出版商名不详,1898年出版,第54页。
③ 《西川如见遗书》四《二程全书》,出版商名不详,1898年出版,第78页。
④ 西川如见:《天文议论》下,三枝博音编:《日本哲学全书》八,第一书房1937年版,第92页。
⑤ 《西川如见遗书》十五《两仪集说总提》,出版商名不详,1898年出版,第67页。
⑥ 同上。
⑦ 《西川如见遗书》一《朱子语类》,出版商名不详,1898年出版,第28页。

"大和魂"史的初步研究

日本的西方天文学知识,这些知识在中国形成了《天经或问》一书,并输出到日本,在日本则形成了《乾坤辩说》等一批西学天文书籍。《天经或问》的著者是游艺子六,他的朋友在该书序言评价他是虔诚的"朱子学者"。而学习朱子学的如见,其实是在《天经或问》的基础上形成自己的天文思想的。朱子学将宇宙分为"形而上之道"和"形而下之器",如见则据此将天(文)学分为"命理之天学"和"形气之天学"。"天有二义,即命理之天与形气之天。命理之天非声色,虽云近在人身,然穷知此难,稍有差池则踏入邪路。形气之天苍苍在人头上。仰望七曜众星轮替运行。……夫论此二天之位次,则命理在上而形气在下。"①按如见看来,西方的天文学在形态论和运动论方面研究颇为深入,但在对天文学背后的哲学意义思考方面还是东方占优。因此他对西方学问的态度是"惟取用器物测量而已"②。幕末佐久间象山提出的"东洋道德,西洋艺术(技术)"在日本思想史上占有重要地位,但如见的上述主张和象山大同小异,二人接受西方文化的范式也基本相同,所以可谓如见是象山的先驱。③

关于如见"理气之天"和"形气之天"之两分,继承乃父学问的西川正休做出以下定义:"夫天学有二义,即理气天学与形气天学。穷性命五常之道理,此乃命理天学也。修日月五星之运行推步测量,此乃形气天学也。命理与形气本非二物。"④说的是二者形有异而实相同。对此如见说得更为明确:"夫论此二天之位次,则命理在上而形气在下。然原本不相离,无先后高下。须臾离其性气时其命理亦无所搭挂。"⑤反之亦然。⑥如见有时将"形气之天"暂时独立出来,对近代

---

① 西川如见:《天文议论》下,三枝博音编:《日本哲学全书》八,第一书房1937年版,第261页。
② 《西川如见遗书》十一《天学初学问答·大略天学名目钞》,第93页。
③ 改写于石田一良编《日本史小百科·日本思想史辞典》未刊本。
④ 《西川如见遗书》十一《大略天学名目钞》,出版商名不详,1898年出版,第53页。此著作其实是正休所作。因为后人往往将其父子的著作混为一谈,所以有以上叙述的混乱。
⑤ 西川如见:《天文议论》上,三枝博音编:《日本哲学全书》八,第一书房1937年版,第57页。
⑥ 对此如见在《水土解辩》"气运盛衰辩"、《天人五行解》和《町人囊搜底》中都有说明,强调的都是以"理"为主的"理气相即"说。详见柳泽南《西川如见的儒学思想》,《日本思想史学14》,东北大学研究生院文学研究科日本思想史研究室1982年版。

第五章　江户时代中期(1716—1829)部分神道教人物和"町人"眼中的"日本魂"

科学后来在日本的落地、生根和壮大有所助益，但无疑他的"形气之天"是依附于朱熹的"理气说"的，而绝不是对后者的否定。这从他的"理气学"至"形气学"的三段式演化论可得到证明："夫天学乃天下之天学也。岂可安于一人之见而怪未见其哉？德自古即明，业（天文测量）成于末代，天文测量时其图器之制可为吾学所用，何不取其哉？"① 如见肯定"图器之制"的作用并没有错，但结合上述他批判西方人的话语，对此三段式的"德"→"业"（天文测量）→"图器之制"的前进路经进行分析，仍然可以看出如见是将"命理"置于"形气"之上的，他对治理人心的"命理"看得比"天文测量"的实学更重。

甚至如见为了证明儒家思想的正确，还置儒者兼神道教人物的部分正确理论于不顾，不惜使用汉学中的迷信说法。针对"分天"（如浅见絅斋）之说，即倡导日本精神独立的"天非一邦之天，乃万邦之天。似无广大星空皆为唐土一邦独占，仅示唐土其天变之义之理"的说法，如见回答："以广大之天配唐土一邦，占卜天变之事似无道理。然深察时亦可见其理。虽云周天星辰非为一邦运旋，然以其国民疑机间出现之变异与物象，占诀我邦国之灾兆祥瑞，又似有其理。"②

如见受西方学说影响，在思想上拥有许多合理的成分，但遇上实际问题，他又多半坚持朱熹学说，包括迷信思想，或是对东西方的思想进行糅合，左右逢源。究其根本，就在于他具有时代局限性和不想触碰幕府意识形态的底线。由于如见的思想不甚坚定，既不想反对幕府，但又希望有人可以对幕府有所制约，所以这个"命理之天"在他看来，既可为幕府服务，又可为其以尊皇为代表的"日本中心主义"服务。比如他鹦鹉学舌，说孟子的书与日本的"水土"不服，贩运其要遭"天罚"就是这种思想的表现。以下需对他讨论的第三个问题，即日本的"水（风）土"和日本的国体及尊皇的关系进行分析。

---

① 《西川如见遗书》十五《两仪集说总提》，出版商名不详，1898 年出版，第 82 页。
② 西川如见：《天文议论》下，三枝博音编：《日本哲学全书》八，第一书房 1937 年版，第 75 页。

三　西川如见的"日本中心主义"

如见运用"地理决定论"说明日本乃神国，有必要尊皇，主要体现在他写的三本书中。首先，在《水土解辩》"气运盛衰辩"一节中，他一方面坚持儒家"天不变，道亦不变"的观点，一方面又认为，根据各个国家所处的地理位置和环境的不同，风俗民情也有不同，并试图糅合东西方国家的不同思想，因而也多有矛盾。例如他说："因天地无始无终"，"故万国乃同时盛衰变迁。""然而由于万国水土时运不同，又有天地变异、人情风俗改变之事。"① 如见后一部分的阐述，应该说是符合普世真理的，但也暗含为"日本（文化）独特论"张目的用意。

不独如此，如见还善于使用相对主义的视角，从地理学上对"中国中心主义"做出批判，以便为他的"日本中心主义"打下"客观"的理论基础："夫唐土于天地万国而言不及百分之一。若唐人以唐土为天地中国，则天竺人亦可以天竺为世界中国。其他外国亦可各自以其国为世界中国。"② 此话说得一点不错，作为一国国民赞美本国也没有问题，可问题却出在如见用错了方法。在其所写的《日本水土考》中他说："浑地万国图乃异邦所制，地理学可凭此察其水土。盖万国各自以其国为上国，而以自国之说断自国之美，难脱有私称之偏。如今以异邦之图，察我国之美，则非私称之美。实可由此得知我国为上国之理。"③ 如见不根据本国成见"自美"，而以他国的地图作为赞美本国的依据有其"客观"的一面，但问题是他依据的那张"外国地图"，准确地说是他通过"阴阳五行说"的有色眼镜观看的那张外国地图，却无法给他的"日本上国论"（日本优秀论）提供任何科学依据，反而让人觉得那是一幅混杂着东西方思想油墨，但中国阴阳五行学说的色彩要浓于西方近代自然科学的奇异地图。

如见将世界（五大洲）分为"三界"：第一界是"亚细亚、欧罗巴和利未亚"，第二界是"亚墨利加"，第三界是"末瓦腊尼"，但没有

---

① 西川如见：《日本水土考、水土解辩、增补华夷通商考》，岩波文库1968年版，第42页。
② 同上书，第29页。
③ 同上书，第13页。

第五章 江户时代中期(1716—1829)部分神道教人物和"町人"眼中的"日本魂"

说清要这么区分的理由，只是说第一界属"水土之正"（五行），而亚洲又是"第一界中之第一"。① 在对此没有任何说明的情况下，如见又迅速将话题转向日本和美洲的对比："辰旦（震旦即中国）之东头有日本国。日本之东乃溟海远阔世界第一之处，地势相绝。见地图亚墨利加洲位于东方，而按地形（圆球状）则接于西方，其水土阴恶乃偏气之国。按地球浑圆之理，则亚墨利加属于西极。地球浑圆，本难定东西。而以一物一乾坤之义观之，则个个无不具一大极。应以此理定方位。"②

"按地球浑圆之理，则亚墨利加属于西极"在今天也算是个"公理"。然而著者毋宁相信如见所说的"地球浑圆，本难定东西"。因为东方、西方其实都是人类人为规定一个基点后得到的方位概念。不过如见却没有说清为何美洲"水土阴恶乃偏气之国"。也许是因为他认为"日本位于万国东头"，"拥有阴阳中和之水土"，属"四时中正之国"，③ 所以位于"西极"的美洲才会如此糟糕。实际上，如果按如见所说，既然东西方都是一个相对的概念，那么就无所谓有日本、美洲的"气"的区别。如见明知这个道理，却还要对日本和美洲的地理附上某种价值意义，其判断的来源还在于朱子学。在他看来，朱熹的"此理"要大过地球的"浑圆之理"。于此他有自己的目的。

其实如见是想运用阴阳五行说来论证日本的"水（风）土"优于万国的。"此国位于万国之东头，乃朝阳始照之地，阳气发生之初，震雷奋起之元土，主卯，故属木德。寅卯之震木生巳午之离火，故火德之日神主于此国，乃与自然相应。又，吾国号日本，与此义最为相当。"④ 用现代汉语和图式解释，就是东方（方位）＝卯（十二支）＝木（五行）＝震（八卦），并且震（八卦）木（五行）会生出离（八卦）火（五行），火又等于日，所以日本国被叫做"日本"，也就是世界的中心。不光如此，位于此中心的日本人，还因此五行拥有优于他国人种的禀赋："吾国位于艮（八卦中的东北方向。按如见附加的说明，这是因

---

① 西川如见：《日本水土考、水土解辩、增补华夷通商考》，岩波文库1968年版，第19页。
② 同上书，第19—20页。
③ 同上书，第23页。
④ 同上书，第20页。

· 369 ·

为日本还位于'第一界之南，赤道之上'①）震极端之地，乃阳气发生之始。阳气初生者其质稞弱，其气强壮，故日本人多仁爱之心，乃笃于禀震木发生之气；专勇敢威武之气，乃得于艮山强力之精。"②在此话语的延长线上，日本自然就成为优于他国的"神国"："吾国乃神国之义，出于水土自然之理。《史记》云，东北为神明之舍，云云。东北艮位之地，乃阴阳始终之地，且为阳神来、阴鬼往之地。于节气而言则为除夜之处。冬阴杀气退而春阳生气来。故于此夜户户迎阳神，追阴凶，此与日本水土之习俗相适。此皆神国礼仪。敬信神明，（吾国）胜于异邦。"③必须说明，除夜"迎神追凶"等也是古代中国的礼仪之一，未必"神国"日本专有。

接着，如见还将"皇统无变"（天皇万世一系）与此阴阳五行式的日本水土发生联系。"日本国土不广不狭，其人事、风俗、民情相齐，混一易治。是以日本皇统自肇始至今不变，可谓万国中唯日本独有。此岂不出自日本水土之妙？"④简言之，日本之所以是"神国"和皇统之所以会"万世一系"，与日本的风土都有关系。这种说法我们在他的第三本书《町人囊》，甚至在它的续集《町人囊搜底》中还会屡屡见到，由此不难想象他在这些书中所说的尊皇学说等该有多么主观。

四　西川如见的"日本心"等

在《町人囊搜底》中，如见有关"日本皇统"和"外来文化本地化"的成因解释可以用两个词组概括，即日本"水土的自然化"和"智者的意识化"。说得明确一点，就是"日本皇统"和"外来文化本地化"这种现象，除了是日本"水土"自然作用的产物，还是一种"历史化"的结果。这是如见学说的一个重要特点，也是其创新意义之所在。

首先，如见承认日本过去的事物除"神道和歌道两道外多由唐土

---

① 西川如见：《日本水土考、水土解辩、增补华夷通商考》，岩波文库1968年版，第20页。
② 同上书，第21页。
③ 同上书，第22页。
④ 同上书，第25页。

第五章　江户时代中期(1716—1829)部分神道教人物和"町人"眼中的"日本魂"

传来",① 受到中国的许多影响，然而，"所有自唐土传来之风俗，于吾国皆自然演变为吾国之风气"，因为它有许多"与我国水土之理相悖"。② 亦即日本"水土的自然化"使然。此外，日本"智者的意识化"也是造成"外来文化本地化"的另一个重要原因。"于其始吾国智者察吾自然之理，虑其所传之唐土事理难为我世所用，故以符合吾国人心之<u>形式</u>（按：自此开始做出的下画线皆为著者所加），③ 使其改变后用于我世，易于操作。即令有事物按人国（指中国，与神国相对）所传行之于世，亦次第变为吾国水土自然形成之状态，换言之，即<u>非人为之日本状态</u>，此无疑为神之所赐。由此将生或已生于吾国之人，何以可憎此日本状态，厌恶<u>日本心</u>（原语为假名 Yamatogokoro，即日本魂 Yamatodamashihi），一味以唐土姿态为佳。"④

如见此话不难理解，但因为说得比较抽象，且牵涉到"日本状态"和"日本心"这些不易为人理解的问题，所以需要进一步加以分析说明。其实，他这话含有批评幕府推翻天皇统治，且不尊重天皇的意思。这从他接下来的话语可以得到证明。"《五杂俎⑤》曰：倭国信儒佛书，皆重价求购中国书，然只无《孟子》。若中国人携《孟子》前往日本其舟必覆溺。此又一奇事也。"⑥ 对此如见回忆，我过去对《孟子》遭禁一事将信将疑，但后来读《皇明通纪》才知道，明太祖读孟子的"土芥寇仇说"⑦ 后非常生气，意欲废除孟子的庙祀，故衍生出《五杂俎》传说。如见猜测，是太祖害怕人民接受孟子的"土芥寇仇说"，对皇上犯有些许错误即以孟子学说对其批判，所以才讨厌孟子的。接下来的如

---

① 西川如见：《町人囊搜底》上，岩波文库1968年版，第152页。
② 同上书，第153页。
③ 原语为"日本姿"，意思是（日本式的）"姿态"或"形式"。因"姿态"一词在现代汉语中略带有"主动显示"的意味，故在此译为"自然显现"的"形式"或"状态"。然而根据情况，当下文出现如见要求日人学习、坚持日本式的作风或形式等语意时，也会将此"状态"改译成"姿态"或"做派"等。
④ 西川如见：《町人囊搜底》上，岩波文库1968年版，第152页。
⑤ 《五杂俎》，笔记著作，十六卷，明代谢肇淛撰，分天、地、人、物、事五部分记述，1619年成书。具有否定阴阳、风水等迷信思想的合理化倾向。但就是在这部书中，也记有船载孟子书赴日而沉没的传说。
⑥ 西川如见：《町人囊搜底》上，岩波文库1968年版，第166—167页。
⑦ 见《孟子·离娄》下。

"大和魂"史的初步研究

见说辞是其重点关心之所在:"唐土亦有此原委,何况日本之人情乎?纵然下有大德君子,上有桀纣君王,亦无弑君夺天下之理。此乃吾国人情难允之处。偶有意图夺皇位者亦不久存,遭天罚而亡。是以除神裔外不升帝位,此乃本朝水土风俗礼仪也。"① 在后面这句话中,如见也将尊皇和日本的"水(风)土"发生联系,强调只有神裔才可坐帝位。而且如见还认为,孟子的"土芥寇仇说"和"一夫桀纣论"②"于日本属须忌惮天子之语",所以古代才会有禁孟子书之事,《五杂俎》所言不虚。在此段文末,如见的话语意味深长:"余疑乃其后武家建政,直至将天子流放远岛后出于口实,方说断无禁孟子书一事。"③

以此观之,如见的"日本状态",既包括日本的"水(风)土"(自然地理状况)形成的"神国状态",也包括日本"智者的意识化"产生的结果,其"日本心"就是这种意识化的产物,想来其中蕴含认可这种"神国状态",否认中国的"革命"理论,希冀皇统延续(万世一系),不容其他势力挑战的政治信念。而这种信念似乎也将如见本人划入那个"智者的"行列。此外如见还有许多言论,它们和以上尊皇说一样,也都构成他所谓的"日本心"和"日本姿态"的内容:"唐土儒道与日本神道似是而非,不辩此理之学者即非神民,……纵有唐土传来之圣人之语,吾国亦须存学习本朝风气④之心,……吾国须尊崇吾国之姿态。此风气之姿态,乃无以从他国习得之朴素正直之神风。"⑤"佛

---

① 西川如见:《町人囊搜底》上,岩波文库1968年版,第167页。
② 见《孟子·梁惠王》下。
③ 西川如见:《町人囊搜底》上,岩波文库1968年版,第167页。在此方面,我们不得不认为如见颇有见识。查最早传入日本的《孟子》,是宋代朱熹校注的《孟子集注七卷》,元延祐元年(1314)万卷堂刊本,共三册,现藏于宫内厅书陵部。卷首有《孟子朱熹集注序说》。另外还有14世纪日本南北朝时代(1331—1392)南朝写本《孟子》十四卷,题"(宋)朱熹撰"。卷中有朱笔"乎古止点"。各卷末皆有抄校者"识语",如"天授……"。此"天授"系南朝长庆天皇年号,相当于公元1375年至1383年。《孟子集成十四卷》卷中有室町时代(1393—1573)与江户时代(1603—1867)朱笔点圈并有墨笔汉字假名注音。天头地边间有眉批。此外还有14种藏本藏日本各地,皆为宋元明时期刊本并于元明时代进入日本。见严绍璗:《日藏汉籍善本书录》,中华书局2007年版,第206—209页。话虽如此,因著者尚未查及有更早传入日本的《孟子》,故只好暂从西川如见的说法。
④ 此处原文是"学彼",即指前面的"圣人之语",似有矛盾之处。现根据上下文改译成"本朝风气"。
⑤ 西川如见:《町人囊搜底》上,岩波文库1968年版,第153页。

第五章　江户时代中期(1716—1829)部分神道教人物和"町人"眼中的"日本魂"

法乃与天竺水土相符之教也。……日本以威武勇敢为本，文笔为末，乃百世不易要冲之国，世界第一。人情、风气、文笔、器物万国无类，别具风姿。……此乃本国水土之神风所致。然末代儒佛书渐多，玩唐土天竺学问之人剧增，于不觉间染异国习气，喜异国风体，鄙吾国风（俗礼）仪，以后者为俗，而以异国姿态为真，……不赏吾国常风，……于今已逾百年，众人皆虞此后本朝将化为异国风体，失却日本魂（原语为假名 Yamatodamashihi）。"① 此处的"日本魂"，意思与前述的"日本心"基本一致，它欲表达的除有继续强调日本因"水（风）土"不同，故须崇奉神国、尊重皇统的意思外，还有主张日本精神独立的意念。

总结说来，如见的思想是相当混杂和矛盾的。他作为拥有近代科学知识的成员之一，在宣传和普及先进的天文地理学说、改变当时日人陈旧观念方面无疑具有时代的进步意义，但在说明一些具体的地学问题时却动辄使用阴阳五行学说，而且往往使后者优先于前者；他作为新兴商业阶级的一名"町人"，在为改善自身阶级的发展环境，争取商人的地位和力说商人的价值，以及为实现这个价值而预设前提——提倡日本的精神独立方面（其中暗含规劝幕府改变部分政策的主张），也具有常人难以达到的识见。然而，他在实现上述目的时采用的方法却也新旧杂陈，相互抵牾。这个"旧"，就是他通过长期耳濡目染获得并沁入皮骨的儒家学说。因为这个学说对他的影响实在太大，所以不自觉间就冒了出来。比如他在排斥日本乃后进国家这种说法时使用最多的也还是阴阳五行学说："开基早为贵国，开基晏为贱国，此语岂不愚昧？若问何出此语，乃因天地开辟之始仅有阴阳五行，有情者则生于后。……草木杂庸类先生，灵秀物后生。……人凡庸者先生，圣人后出。……此非圣者贵物迟而贱者早之理？世界万国开基，其水土偏于阳气处早开基气化，偏于阴气处迟气化，具阴阳中正之气处，于迟速中间开基气化。所有物气皆有始、中、终，始与终非形气之中正，应以中气为正气，天地万物应尊重中正之气，而不应尊重国土开基之早"。② 这种优异的日本"中

---

① 西川如见：《町人囊搜底》上，岩波文库1968年版，第166页。
② 同上书，第137页。

"大和魂"史的初步研究

正"风土导致迟建国者反而后来居上的思想,也是如见所谓的"日本心"或"日本魂"内容的一部分,但其生成的逻辑却仍脱离不了中国的阴阳五行理论。

如见的"日本心"或"日本魂"是一种很独特的"日本中心主义"思想,也就是他的"町人意识、神国(风土)意识和尊皇意识"及其他日本意识的混合物,而并非单纯指他所说的日人喜好"清爽闲适"[①]、"朴素正直"[②]、"清洁淡泊"[③]之心和"多仁爱之心"及"专威武勇敢之意"。而构成这一切的思想理论基础,居然也多与中国的儒家等级制度和阴阳五行思想有关。从这个意义上实可谓如见的"日本心"或"日本魂"是一种儒家思想和神道思想,甚至是与西方思想混杂的奇异产物。

不容忽视的是,如见的"日本心"等可能还受到浅见䌹斋和若林强斋等人的影响。正如他在《町人囊搜底》中说的那样,如今"众人皆虞此后本朝将化为异国风体,失却日本魂",[④]但这个"日本魂"或许并非如见第一个所说,而很可能是他受当时其他人的影响而借用这个词汇的。从时间上看,虽说如见(1648—1724)比䌹斋(1652—1711)的岁数略大,更可算是强斋(1679—1732)的前辈,而且《町人囊搜底》的写作时间是在1719年之前,比强斋《神道大意》的写作时间或许要早一些[后者的具体写作时间不详,从强斋在1726年(享保十)向门生讲释该书的情况来看,似乎此书是在《町人囊搜底》之后写作的],但考虑到如见生活在一个"日本中心主义"意识已逐渐抬头的时代,还曾去过京都,《町人囊》和《町人囊搜底》就是他在京都时受到当地书商的劝说后才开始写作的,想来他一定在那里接受过京都儒者和神道人物的影响,比如他的不同国家因有不同的风土而应有不同的文物制度的言论,就似乎受到䌹斋的各国应有不同的"天"("分天论")的思想影响,所以如见的"日本魂"等也有可能是在他听到若林强斋或浅见䌹斋之流的言词后才借用的。反过来,若林强斋及其弟子松冈文雄

---

① 西川如见:《町人囊搜底》上,岩波文库1968年版,第153页。
② 同上书,第166页。
③ 同上书,第168页。
④ 同上书,第166页。

第五章　江户时代中期(1716—1829)部分神道教人物和"町人"眼中的"日本魂"

（1701—1783）等人似乎也受到如见的影响。比如强斋在《神道大意》中说的"孔孟程朱之教亦然。然而风土不同，不介于通事——迂回言说，则意有所隔"，与如见的"日本水土说"就很相似。文雄的"夫天地原为一物，……万国一撮之土也。……若比喻为身，则……神明镇守方寸膻中（心），其妙用在四肢百骸。万国亦然。西土天竺皆如手足口鼻。春华秋实，乃主宰天地全体之国常立之妙化，国常立镇守于如万国中人之方寸膻中之国，为万国之用。万国中位于方寸膻者吾国也。故特云吾国为神国。""吾大祖国常立尊，……建于天地枢纽，居于四极纲纪，而出类拔萃，跨八纮，越六合，独擅此美"① 这些话，也与如见的总体思想如出一辙。可见学者的相互影响在当时是广泛存在的，更早说出"日本魂"此话的或许并非就是如见。

然而无论如何，如见的学说因为既有历史论方面的认识，也有自然环境决定说的"印证"，所以在这之后，其历史论的认识影响了以历史方法论见长的富永仲基②，其自然环境决定说的"印证"则影响了以"自然环境决定说"取胜的本居宣长③。从这点来说，如见也是神道派儒者和日本"国学家"的思想先驱之一。

第三节　本章小结

一、在江户时代中期，使用"日本魂"或"日本心"等词汇来表达自身社会和政治观点的人，已由过去的公卿或文化权贵转变为普通的儒者和下层神道人士，以及一般的城市居民。这表明日本社会的主体已

---

① 松冈文雄：《神道学则日本魂》，《日本思想大系39》，岩波书店1987年版，第258、252页。

② 富永仲基（1715—1746），江户时代中期的儒者，出生于大阪，号谦斋，幼年时在怀德堂随从三宅石庵学习儒学，但据说自十五六岁起就开始批判儒教，写出《说蔽》一书，招至师父石庵的不满。之后师事荻生徂徕的挚友田中桐江，成为该结社吴江社的一员。20岁左右出家，在黄檗山校勘《一切经》，培育了他的批判佛教思想的能力。其所著的《出定后语》提倡"加上说"，对佛教的各种思想展开猛烈的历史性批判。进一步仲基还用简便的假名文字写出《翁文》一书，提倡废弃神儒佛三教，用"诚道"代替各种宗教。这种学说在一方面被佛教徒非难，但在另一方面又极大地影响了本居宣长和平田笃胤等人。

③ 详见后文的说明。

"大和魂"史的初步研究

不单纯是由皇室、武士集团及其御用文人等构成,过去处于社会较低层次的人士此时因经济、文化权力的增长而逐步上升为社会主体的一部分,有能力就事关自己或自身阶级的问题发表见解,日本已进入一个较为多元的文化发展环境。此时的皇室自不待言,幕府的势力和威信也进入一个相对下降的通道。

二、此时出现的"日本魂"或"日本心"等,分别都被注入新的复杂内涵,其中既有儒教的"忠孝"观念,也有神道教的"神国"意涵,等等,与此前《源氏物语》注释书中的"大和魂"有很大的区别。最重要的是其指向最终都归集在"尊皇"这个目标上,暗含为天皇鸣冤,指责幕府篡夺国家公器的意味。其背景是人们开始对长期存在的"公武二元"政治抱有的不满正在破茧而出。

三、过去的"大和魂"和此时的"日本魂"读音是一致的,但将"大和魂"改写成"日本魂"等则表明"日本中心主义"的精神正在抬头。这种改写的意义非同一般。与此前的"大和魂"相比,这时的"日本魂"等内涵不但有了重大转变,而且决定了当时和日后"大和魂"的发展方向——尊皇、日本乃神国以及须热爱此神国即皇国这类新的精神指向。在此时的日本社会,虽然幕府大力提倡朱子学,但儒学的势力和神道教的势力基本处于势均力敌的状态,有时甚至神道教势力还略占上风,这从鼓吹"日本魂"等的人物都是先学儒学、后转学神道学并推崇后者这个现象可以看出。当然,日本宗教的儒神难分,也是促使这些人物最终倒向神道教的一个重要原因。然而至少从表面看,诸如《神道大意》这一类的著作在当时的大量出现,表明谈论神道已成为一种社会时尚。在这类作品中出现带有尊皇意味的"日本魂"这件事,说明该词汇于此时已与神道教发生密切的联系。其实这不难理解,天皇的宗教基础在于神道教,社会广泛谈论神道,自然会为此时的"日本魂"注入神道教的成分。但与此同时,既然日本宗教儒神难分,那么"日本魂"掺有儒学的成分谅不至让人大惊小怪。实际上,若林强斋的"日本魂"还只能算是一种屈服于神道教的儒学主张。如见的所谓"日本状态",其背后也隐藏着许多中国阴阳五行理论。

四、此前的"大和魂"等都与人的积极进取的"生命"状态有关。而到此时,若林强斋却首次将"日本魂"与死亡发生联系。这可谓一

第五章　江户时代中期(1716—1829)部分神道教人物和"町人"眼中的"日本魂"

种日本人思维的大逆转。究其原因，是这种"日本魂"所追求的目标带有一定的政治社会风险，为此可能付出生命的代价。另外，当时从"忠孝"到"忠义"的词汇演变，也为上述的精神准备做出注脚。日后许多勤皇攘夷志士的英烈行为，更为这种牺牲精神做出背书。

五、必须承认，如见的"日本心"等包含着部分的科学因素。如果按照他的这种思路继续前行，"日本心"或"日本魂"等将可能会有一种不同于以往的革命性发展，但遗憾的是，如见一方面阐述日本文化发展的背后存在日本"水土的自然化"过程，另一方面又过分肯定"智者（人）的意识化"作用。而他的"日本心"就是这种"意识化"的产物。他的"日本心"与强斋的"日本魂"大致相同，都希望认可日本的"神国状态"，否定中国的"革命"理论，冀盼天皇"万世一系"。最终如见和强斋一样，都将"日本心"等带往一个错误的方向。

第六章 《菅家遗诫》中的"和魂"与"汉才"

——对"和魂汉才"关系的第二次理论思考

第一节 伪书《菅家遗诫》及之后于其间窜入的两个章节

一 伪书《菅家遗诫》

《菅家遗诫》（以下简称《遗诫》）是一本伪书，其作者和创作年代《日本大百科全书》（小学馆）等日本权威辞典和事典几乎都不做解释，做出说明的辞典仅有三部，且说明的篇幅短小。《广辞苑》（第五版）说："训诫书，两卷，作者不详。写于平安时代末期或镰仓时代。由某人假托菅原道真列举公家须留意的事项，共35章。文末叙述和魂汉才说。"《国语大辞典》说："也称菅家遗训，训诫书，两卷。有人称乃菅原道真所著，但或为伪书。镰仓时代末期之前成书。谈神事、田猎、武备、刑罚、冠婚葬祭等公家须注意和遵守的事项，共35章。"《三省堂超级大辞林》说："也称菅家日记。训诫书，两卷，作者不详，记公家须留意之事。有人认为乃菅原道真遗训，但现存本创作于平安时代末期后至室町时代初期之前。因提及和魂汉才说为思想史学界注目。"上述各辞典对此书乃伪作的解释基本一致，都提到"和魂汉才说"，只是在成书时间上的说明有所不同。此外，各辞典都未就"章"字做解释。其实作品中所谓的"章"的篇幅很短，仅相当于现代文章中的一个很短的段落。

以上辞典说其"伪作"是今人的解释，但在过去很长一段时间，日本人都认为《遗诫》就是菅原道真的作品，直到江户时代中后期，

第六章 《菅家遗诫》中的"和魂"与"汉才"

经"国学家"六人部是香①和黑川春村②（在普遍持有尊皇观念的"国学家"中能出现追求真理的此二人实属不易）的考证，时人方知该书乃伪作。但即使如此，当时似乎许多日本人也不愿意改变自己的观点，因为尊皇的气氛逐渐浓烈。

《遗诫》第二章说："凡本朝者天照大神之裔国，而天孙琼琼杵尊临位之地，尝禘祭之法无可因汉土之法，斋卜两家之氏人以之预有司之员云云。"③（含此，标点为引者所加。江户时代大"国学家"平田笃胤及其之流的标点大多出自自身需要而显荒诞不经）对此章的部分说辞，六人部是香产生怀疑，在其著《篤乃玉筴》说："'尝禘祭之法……，斋卜两家之氏人以之预有司之员'等难以置信。"④ 与此相同，就祭祀的主体是谁这个问题黑川春村也有疑问，但其质疑更为清晰："所见斋卜两家即斋部⑤和卜部⑥。而过去参与祭祀者乃中臣⑦、斋部两氏。卜部所役乃神部⑧之事，此皆见于《神典》。……以斋、卜取代中、斋之例于《旧记》未见。无端去除中臣而标示斋、卜，乃出于自抬本家之需，因而为伪作。以此观之，可谓《遗诫》出自卜家无疑。《盐尻》、《辩卜抄》、《巫学谭弊》等书所言虽粗，但藉彼亦可知乃卜家伪

---

① 六人部是香（1806—1863），幕末的"国学家"和神官，通称缝殿等，号葵舍，出自大"国学家"平田笃胤的门下，强调民间的产须那神的作用，著有《显幽顺考论》、《产须那社古传抄广义》等。
② 黑川春村（1799—1867），江户时代末期的"国学家"兼歌人，著有《音韵考证》、《并山日记》和《硕鼠漫笔》等。
③ 转引自加藤仁平《和魂汉才说》（增补版），汲古书院1987年版，第188页。但《遗诫》文本不引注。又，原文多有不符合古代汉语句法和词法之处。现原样照引，以保留原作风貌。
④ 同上。
⑤ "斋部"即"忌部"，古代氏族之一，参与朝廷的祭祀活动。据《广辞苑》第五版。
⑥ "卜部"指在古代从属于各"国"的神社以占卜为业的神官。在律令制下有的从属于神祇官，代代世袭自称"卜部氏"，后世学者辈出。据《广辞苑》第五版。
⑦ "中臣"，古代氏族，参与朝廷的祭祀活动。中臣镰足时被赐姓藤原，自此其子孙与中臣氏分道扬镳，成为藤原氏。据《广辞苑》第五版。
⑧ "神部"，服务于大和朝廷祭祀的神官，特指在律令制下从属于神祇官而服务于祭祀的下级神官。据《广辞苑》第五版。

作。或为卜部兼俱①卿所作。"(《硕鼠漫笔》)② 春村说"或为卜部兼俱""所作"不免武断，但他指出《遗诫》乃伪作和给出一个大致作伪的时间还是值得后人充分肯定的。

第三章也有作伪嫌疑："凡神事之枢机者，以正直之道心事之，则神照降于此，玄至游于此。故中臣镰子③神照之表曰，神明如水，神德如池水，神明与神德分一而无分一之理。云云"。《篶乃玉笺》对此也提出质疑："正直道心云云、中臣镰子神照之表等事碍难置信"。④ 言下之意就是，在公元7世纪时是没有所谓的"正直道心"和"神照之表"这些词汇的。对此作伪山冈明阿⑤或许挖掘得更为深入："菅家遗诫一册乃彻头彻尾之伪书。人称菅家御作，书中时有宋学者之语。故乃后人借其御名而作。俗书中有菅丞相往来等类书。"⑥ 这里所说的"宋学者之语"，乃指此章"神明与神德分一而无分一之理"中的"分一而无分一"这句话，有人将它看作是宋学者所说的"理一分殊"的日语表达。

第四章说："凡治世之道，以神国之玄妙欲治之，其法密而其用难充之，故夏殷周三代之正经鲁圣之约书，平素簪之冠之，服膺而当至其堺界"。此章极其重要，之后被人改头换面，以第廿一章和第廿二章的形式窜入《遗诫》。谷川士清⑦在其著《日本书纪通证》一卷"小字注"中也引用过此第四章，说"今按中古以来之治世也，兼取周孔之教，以为之羽翼。是故国学所要虽亡论涉古今究天人，非倭魂汉才不能

---

① 也叫吉田兼俱（1435—1511），室町时代后期的神道家，吉田神道的首创者，本姓卜部，吉田神社的祠官，后因接足利义政的夫人日野富子，在京都东部神乐冈开设戒斋场所和八神殿，自称"神祇长上"，试图通过"神宣"的形式向各神社颁发所谓的"神格"或"神号"等，将全国的神职置于自己的支配之下。
② 加藤仁平：《和魂汉才说》（增补版），汲古书院1987年版，第189页。
③ 即藤原镰足（614—669），7世纪中叶的中央豪族，藤原不比等之父，与中大兄皇子（后为天智天皇）等一道打倒苏我氏，成为大化改新政府的内臣，创立了律令体制的基础。藤原氏族之祖。
④ 加藤仁平：《和魂汉才说》（增补版），汲古书院1987年版，第190页。
⑤ 即山冈浚明（1726—1780），江户时代的"国学家"和"旗本"，字子亮，号梅桥散人，通称左次右卫门，等，先学汉学，后向贺茂真渊学习"国学"，著有江户时期的百科事典之一《类聚名物考》及大量的游记、随笔等。
⑥ 山冈明阿：《类聚名物考》五，近藤出版部刊1905年版，第725页。
⑦ 详见此后说明。

第六章 《菅家遗诫》中的"和魂"与"汉才"

阚其阃奥矣"。① 也就是说，因为有了这第四章才产生了谷川士清的"今按"，之后由此"今按"又出现了那窜入的第廿一章和第廿二章。黑川春村也以此章为依据，认定《遗诫》为伪作："以神国玄妙其用难充为由，使用汉书（中国书）等至其堺（用即治世）等岂非臆断，令人生疑？菅公何能说出此话？"②

如果说黑川春村对第四章的批评不很清晰的话，那么第六章和第七章的某些用语则更能让人清楚地看出《遗诫》并非写于菅原道真生存的时代。第六章说："凡治天之君者，因准于先王之法则、太古之传和而治之，民无妖灾夭殇之苦，土无水旱蝗蛙之辛，矧于神孙之皇国乎？与尧舜治天之德，其贵有其天孙，其乐有八十河原之神燎之神乐。"此章的"皇国"一词须注意。有学者认为，该词汇在元禄③时代以前未见使用，所以《遗诫》应伪作于元禄时代之后；第七章说："凡人租贡税之法者，大概法先王之道，监察蕃国神风之奥机令格，吏干之刺史，无甲乙左右之民役，专烹鲜者，魁之爱治之正之，则神明夜守日护。护幸给国土与高天原之无穷可同尊趣焉。"对此《篤乃玉笺》评论："于汉文而言，'神明夜守日护护幸给'等文字岂不可惧之至，不足与论？此外与宽平④、延喜⑤年间之事亦多有不符。无疑此非菅公之书。"⑥《遗诫》的汉文表达确如六人部是香所述糟糕至极，不可能出自平安时代汉学大家之手。此章中"护幸给"中的"给"字，是古日语尊敬助动词 Tamahu 的借用汉字，仅用于日语文章中，而不会用在汉语文章内。

第十一章也多有破绽："凡歌什咏吟之弄者，鬼神交游之阶梯，夫妇偶合之基也。……故伴黄门者述鹊霜之情，柿三品者赋诸山之霙，举一之丽趣也。"《遗诫》"屋代本"附笺说："黄门即（大伴）家持⑦，

---

① 加藤仁平：《和魂汉才说》（增补版），汲古书院1987年版，第191页。
② 同上书，第193页。
③ 时间为1688.9.30—1704.3.13，是江户时代中期东山天皇朝代的年号。
④ 时间为889.4.27—898.4.26，是宇多、醍醐天皇朝代的年号。
⑤ 时间为901.7.15—923. 闰4.11，是平安前期醍醐天皇朝代的年号。因辛酉革命等而改元。
⑥ 加藤仁平：《和魂汉才说》（增补版），汲古书院1987年版，第195页。
⑦ 大伴家持（717？—785），奈良时代歌人，三十六歌仙之一，最早任越中（今富山县）守，后历任中央和地方官员，783年（延历二）任"中纳言"（"黄门"的日语说法）。

三品即人丸（柿本人麻吕①）也。然须知此书乃《古今（集）》以后之著述。"② 与之相比，《篇乃玉笺》对"伴黄门者述鹊霜之情，柿三品者赋诸山之霖"二句作出更为详尽的解释："伴黄门乃大伴家持，……此歌乃自所谓《家持集》中摘出编入《新古今集》，于《新古今集》后方脍炙人口，非后者撰出前可引之歌。原本此歌非家持之歌。又，柿本人麻吕诸山之霖歌指《古今集》……歌，歌之左注曰此歌不注人丸歌。按左注可知，推为人麻吕歌乃强说。不独于此，曰人麻吕为三品，乃据《古今集》序后之'逸入本'。菅公时不称人麻吕为三品。《本朝文粹》③ 更无此事。其后《古今集》真（汉）字序仅记麻吕为大夫。"④ 这个解释也有力地论证《遗诫》乃伪作。

第十三章记述："凡震雷，指在（按：有版本写为'有'）朝家者左右之侍臣、近席之侍女，以火炉之香烟可供主上之尊耳也。公家者以其分限亦可如此也。"对此《篇乃玉笺》说，"曰公卿为公家，乃五百年前首次有之，……此章等如此记述，恰证此书乃五百年前所著。"⑤ 最后六人部还说："按，可视其乃据四五百前法家末书等以菅公之名伪作。"此外，《硕鼠漫笔》还阐述了一个观点，即过去确有此书但遗失，现有的则是伪作，而且早就有人看出此问题："小山田与清⑥曰，此书亡而不传，今本乃后人伪作。《拾芥抄》亦云（该书）此前已失。信矣。"⑦ 和《拾芥抄》一样，前述《遗诫》"屋代本"附笺等也看出《遗诫》存在许多问题，但当时鲜有人就此进行深入的探讨。究其缘故，则如前所说，那时尊皇的气氛渐转浓烈，作为其基础的神道思想也

---

① 柿本人麻吕（生卒年不详），也称"人丸"，万叶时代歌人，三十六歌仙之一，服务于天武、持统、文武三个朝廷，官位六品以下，属低级官员（舍人），但因作歌出色，后世将其与山部赤人一道称作歌圣。
② 加藤仁平：《和魂汉才说》（增补版），汲古书院1987年版，第173页。
③ 《本朝文粹》，平安时代后期的汉文集，藤原明衡编撰，十四卷，仿《昭明文选》体裁将弘仁（810—824）—长元（1028—1037）年间的著名文辞427篇分编为39类。
④ 加藤仁平：《和魂汉才说》（增补版），汲古书院1987年版，第173页。
⑤ 同上书，第203页。
⑥ 小山田与清（1783—1847），江户时代后期的"国学家"，号松屋，喜搜集群书，将其书库名之"拥书楼"。精通考证学，受德川齐昭知遇后撰《八洲文藻》和《扶桑拾叶集注释》，并著有《松屋笔记》等。
⑦ 《硕鼠漫笔》一四，第256页。

第六章 《菅家遗诫》中的"和魂"与"汉才"

在高涨。

二 菅原道真此人

《遗诫》要加上"菅家"二字作为定语，想来有几个原因：（1）菅原道真是一个大学问家，不光汉学好，其水平甚或超越当时中国的著名文人，而且和学知识也鲜有人可比，说某个东西是他写出，自然会增加社会的信任度，有利于推销自己夹带的观点；（2）道真是一个值得同情的悲剧人物，在注重出身的平安时代能靠读书最后官至"右大臣"的，除他外再无别人。而就是这么一个有学问的人后来竟客死异乡——福冈大宰府，准确地说是死在"左大臣"藤原时平罗织的诬陷网中，的确令人悲叹。可以说道真的一生就是一出精彩的悲剧大戏，观看时或可引人击节拍掌，或可使人热泪横飞，所以用他的名字作为票房卖点，获得的经济效益自然不低；（3）最为重要的是道真乃一名铁杆保皇人物。以他的话语作为行动指南，在当时登高一呼的号召力绝非他人可以比拟，所以为了尊皇请出道真是再好不过的选择。那么，道真是否真的尊皇？如何尊皇？他的由衰转红又有何因？

道真的一生可分为四个阶段，即前期得意的阶段、在赞州（今香川县）的失意阶段、后期得意的阶段和之后流放大宰府的阶段。[①]

道真于845年（承和十二）出生在汉学世家、"参议"菅原是善的家庭，排行老三，幼名阿古，道真是他的讳名。862年（贞观四）道真成为"文章生"，虚岁仅18岁。867年（贞观九）获得"得业生"[②]的资格，870年（贞观十二）接受"方略试"，[③]但成绩中等仅勉强及格，说明道真不太熟悉国家事务的具体工作。27岁时道真进入政界，任"玄蕃助"，相当于我国今天的国务院外事办公室副主任，同时还担任

[①] 以下资料引自斋藤正二《菅家文草》，《日本自然观的研究》上卷，八坂书房1978年版，第417—425页。评论由著者作出。

[②] "得业生"，日本古代给予从"大学"各专业学生中选拔出的少数成绩优秀者的身份，修学考试及格后即可成为"大学"教官等。创设于730年（天平二）。"文章得业生"通常定员为二人。

[③] 也叫"方略策"，是日本古代官吏录用考试的一种形式。例如，就国政的根本问题出题目有"为何周代多圣人而殷代少贤人？"要求用汉文作两篇文章。进入律令制后成为秀才科的考试科目，之后又成为"文章得业生"的考试科目。

"少内记",负责起草外交文书。某次渤海国①客使杨成规等来日,道真被派前往接待客使,同时起草"与客使敕书",这两件事使他顿时声名鹊起,由此可以想见道真的汉语水平该有多高。874 年(贞观十六)道真任"兵部少辅",官叙从五品下,一个月后转任"民部少辅",再后三年据说热衷于学习和处理地方与财政事务。877 年(元庆元)转任"式部少辅",兼任"文章博士"。道真在 33 岁时能进入"式部省"执掌文官任命和礼仪大典的工作,说明他的儒学家世和自身的学问起到很大作用。然而,在律令制度的背后还有血统、门阀和学阀制度在暗中发力,人们在光亮的政府议事大厅的办公桌下相互使脚绊子,非藤原氏族出身的菅原道真能被绊而不倒,说明当时律令制度尚起着主导作用,"摄关"制度还在蓄力的过程之中。883 年(元庆七)道真以加贺国(今石川县南部)"权守"的身份独自处理对渤海客使的外事工作,才能不断得到发挥。对此道真不能不由衷感谢律令制度和主导该制度的天皇。

此后道真交上厄运,去赞岐国。886 年(仁和二)关白藤原基经的长子时平(16 岁)元服仪式结束后不到半月即开始春季"除目"(地方官员人士调动),道真被免去"式部少辅"、"文章博士"和加贺"权守"的三个职务,改任"赞岐守",时年 42 岁。在赞岐国府厅待了 4 年的道真此时正好遇上所谓的"阿衡事件"(指仁和三年宇多天皇即位时发动的针对藤原氏族的示威活动。而秘密进京,或向"关白、太政大臣"基经写谏书,或为"左大辩"橘广相辩护,运用自己的汉学知识为解决"阿衡"问题做出贡献。对此宇多天皇对道真是感激的)。

在后期得意阶段道真复归中央政坛和文坛,再任"式部少辅",并被拔擢为"藏人头"兼"左中辩"。892 年(宽平四)参与编撰《三代实录》,893 年(宽平五)进一步拔擢为"参议"和"式部大辅",不

---

① 渤海国约于 7—10 世纪(698—926)在中国东北地区东部兴起,据说是由高句丽遗民大祚荣率领靺鞨族建立的国家。该国王被唐册封为"渤海郡王"后模仿唐朝文化,吞并高句丽旧领地日渐繁荣,727 年开始与日本通交,于第 15 任国王时被契丹所灭。首都除上京龙泉府外,还有 5 处京城。

第六章 《菅家遗诫》中的"和魂"与"汉才"

久又升任"左大辩"兼"勘解由使"①和"春宫亮②"。894年（宽平六）被任命为"遣唐大使"。不过道真出于各种考虑建议停派遣唐使，导致这种活动就此终结。这就是后来道真被许多神道人士和"国学家"等高度赞扬的最重要原因。895年（宽平七）升任"中纳言"（从三品）和"春宫权大夫"，超越其祖父和父亲的地位。896年（宽平八）兼任"民部卿"，其长女衍子入宫。897年（宽平九）任"权大纳言"和"右中将"，于醍醐天皇即位时授正三品兼"中宫大夫"，道真至此已到了在政界、文化界皆红得发紫的地步。如此急速的职务蹿升自然会遭至同僚的不满和抵制。然而道真的好运尚未到头。898年（昌泰元）道真和"大纳言"时平一道获得"内览宣旨"的权力，899年（昌泰二）升任"右大臣"（"左大臣"为时平），道真到达自己人生事业的顶峰。和许多人一样，道真也许并不真正知道顶峰之后就是下坡路，而想在新帝面前继续发挥作用。900年（昌泰三）道真将祖父清公的6卷文集《菅家集》和父亲是善的10卷文集《菅相公集》附在自己的12卷诗文集《菅家文草》中献给16岁的新天皇。然而后者并不看重这些东西，在此后的第6个月宫中有人提议罢免道真，三善清行③甚至写信劝道真急流勇退，但道真恋栈不离朝廷。

接下来是道真被流放到大宰府的阶段。901年（昌泰四）辛酉正月七日时平与道真同时叙从二品，这对道真来说并不是好消息。月底天皇突然下旨宣布放逐菅原道真，藤原时平和菅原道真的角力、醍醐新帝和宇多法皇的斗争最终都以前者的胜利而告终。次月1日道真谪迁大宰府，四个儿子也被分别打发到不同的远方领国。道真出京后两年于903年（延喜三）在失意中死于谪所，仅59岁。这意味着一个时代的结束和一个新时代的来临，具有传统氏族色彩的"摄关"政治制度开始

---

① 其职责是在国司等交接工作时审查后任者交付给前任者的文书（解由）。令制外官之一。

② "亮"，次官、典侍等，属四等官，位于"职"、"坊"系列官制的第二位。这里是教授皇子学问的官员的意思。

③ 三善清行（847—918），平安时代前期的官员和学者，出身于"文章得业生"，后任"文章博士"兼"大学头"，901年（延喜元）提议"革命改元"，914年奉上"意见封事"，死前一年任"参议"。也称"善相公"。

"大和魂"史的初步研究

抬头。

道真具有文才，在从政的同时编撰出多部文集（如《三代实录》和《新撰万叶集》等）并写过众多诗文，其中包括500多首汉诗。这些汉诗充分反映出他的心境和情绪，与他的政治地位或浮或沉而有好有坏，有高有低。从以下选取的三首与重阳节有关的汉诗也可以看出，他并非像后人说的那样，不分青红皂白一律尊皇，而只是尊重对自己好的天皇。"国学家"等对道真尊皇精神的崇拜，乃出自对后者的各取所需，断章取义。且看以下几首与重阳节有关的汉诗：

《菅家文草》第40首　九日侍宴，赋山人献茱萸杖，应制
　　萸杖肩舁入九重，烟霞莫笑至尊供。南山出处荷衣坏，北阙来时菊酒逢。灵寿应惭恩赐孔，葛陂欲谢化为龙。插头系臂皆无力，愿助仙行趁赤松。

《三代实录》"八六七年（贞观九）九月九日"条记载："重阳之节，天皇御紫宸殿，宴于群臣。召文人，命乐赋诗，赐禄各有差。"以上道真的诗句就是应天皇的这个要求而写出的。其中的"山人"就是仙人，具体或指吉野山或大峰山的修行者。茱萸此植物中国人不陌生，据说其功用是在九九重阳节这天将它的果实插在头上或系在臂上可驱邪而至长寿。另外重阳节这天还要登山饮用菊花酒，其作用也是避邪消灾，王维诗《九月九日忆山中兄弟》的"遥知兄弟登高处，遍插茱萸少一人"句说的就是这个意思。而道真这个诗作的祝愿对象却是天皇：九九重阳节这天，修行者抬着用茱萸制作的拐杖进入宴会场所。他们模仿俗人将茱萸拐杖献入宫中不免可笑，但因为是祝愿天皇不老长寿又另当别论。仙人来自南山（吉野山）岩石之间，所穿衣物自然破烂不堪，这时来到北阙（天子居住之地）恰逢菊酒之会，理当有所表现。我感谢仙人献上的茱萸杖，因为它能让天皇获得超越凡人的长寿。如若将其丢入水中又岂不会幻化成龙？这是因为过去人们头插、腕系茱萸皆有无力虚幻的感觉，这次我希望眼前的茱萸杖能借助仙人的修行，让天皇能和神农时代进入昆仑山的巫咒师赤松子一样获得不老长寿。

贞观九年是道真处于上升通道的一个黄金年代，他歌颂清和天皇当

第六章 《菅家遗诫》中的"和魂"与"汉才"

不在人们的意料之外。《菅家文草》第 442 首汉诗也是如此。

九日侍宴，观群臣插茱萸，应制

单方此日插茱萸，不认登山也坐湖。收采有时寒白露，戴来无数小玄珠。口嫌酒菊吹先去，身愧汤兰煮后枯。岂若恩光凝顶上，化为赤实照霜须。

《日本纪略》"八九七年（宽平九）九月九日辛巳"条记载："天皇御紫宸殿，赐重阳宴，题云，观群臣插茱萸。"道真应题制作的就是以上的汉诗，其大意是：此日可达长寿的单方就是头插茱萸，无须登山或游湖。白露（阴历九月初八左右）这天，群臣头插茱萸正逢其时，一眼望去群臣头上的茱萸就像是无数的小玄珠（发黑的小红球，在《庄子》天地篇中"玄珠"是"道"的本体之喻体）。按说用嘴吹走菊花瓣后饮下可得长寿，但吹后花瓣不仅没有沉入酒下，反而移出酒杯，使人不快。又说沐浴兰汤后可得长寿，但兰花煮后枯萎也让人意趣全无。然而今日所赐的茱萸却非如此，天子的恩光已凝结于臣下头顶之上，化为颗颗赤色的果实，映照如霜的胡须美丽无比，可谓此即乌托邦在日本的演示。897 年（宽平九）仍旧是宇多天皇掌权的年代。是他重用菅原道真，抑制藤原氏族势力，刷新日本律令政治。对道真而言，宇多是他最大的恩人，当然自己要尽最大努力，赞美和尊重宇多天皇。

然而在宇多天皇父亲执政的时代，即道真在赞州失意的时期，同样是在重阳节道真却不尊皇了，这种情绪反映在《菅家文草》第 197 首汉诗中。

重阳日府衙小饮

秋来客思几纷纷，况复重阳暮景曛。菊遣窥园村老送，萸从任上药丁分。停杯且论输租法，走笔唯书辩诉文。十八登科初侍宴，今年独对海边云。

道真是在 886 年（仁和二）正月人事调动，被除去"式部少辅"、"文章博士"和加贺"权守"职务后来到赞岐担任"国守"的，这笔账自然要记在于背后玩弄政治阴谋的藤原氏族头上,但也很难说与光孝天皇没有关系。在这里,道真与繁华的宫廷生活和风光无限的中央政治生活无疑是绝缘的,心中不免存在愤懑和迷惘。在到达赞岐的半年之后他写下"府衙小饮"之诗。诗中说重阳菊是村庄老头赠送的,茱萸是衙门花匠匀给的,喝酒上头后所谈论的仅仅是如何征收租税的问题,取笔写出的也不外乎是针对百姓诉讼的判决书。烦死了!自己18岁时就通过"科举"考试,过去每当重阳节时必定以文官身份列席宫廷重阳诗宴,而今年的重阳节居然要独自面对南海愁云,心事重重。在这首诗中人们哪里可以看出道真的尊皇与爱国之心,反而可以看出他牢骚满腹、心有不甘、作为一个真实的人的另一种形象。难怪斋藤正二要评述:"从根本上说"道真是一个"自私的人,而且是一个喜好华美的宫廷贵族诗人,一旦……被逐出宫外,就会沉浸在'自身内面诗歌'的底部。特别是他晚年的作品集《菅家后集》更是忙于挖掘这种内部世界。"① 他的一生是"极度追求出人头地"、充满"奋斗、野心、好运、荣耀转而衰败"② 的一生。并且道真的退场还宣告着一个时代——律令制和"唐风"时代的结束,昭示着一个能真正代表本土文化的"摄关"政治制度和"国风"时代的到来。如果后来的神道人士和"国学家"能看到这一点,那么他们就不会那么褒扬菅原道真,而反而要夸赞道真的死对头藤原基经和他的儿子藤原时平。据记载,在道真第一次失宠的前一年即885年(仁和元),为解决凋敝的农业问题藤原试图复活班田制度,"在土佐国(今高知县)实施新的土地分配,即分与正丁四段③,次丁及次子两段,不课田一段,女五十步"④,以满足农民的要求。而在与土佐相邻的赞岐国(今香川县)道真却像他诗中所说的那样,或念念不忘宫廷宴会,或调侃当地的农民和下属官员。而藤原时平的行政改革更为彻底,从《类聚三代格》等史料可以推测出是时平积极推行

---

① 斋藤正二:《菅家文草》,《日本自然观的研究》上卷,八坂书房1978年版,第435页。
② 同上书,第419页。
③ 1段等于300步(坪),约991.7平方米。在丰臣秀吉之前面积更大,约360步。
④ 北山茂夫:《王朝政治史论》第一章"律令专制君主制的动摇和倾斜",岩波书店1970年版,第85页。

第六章 《菅家遗诫》中的"和魂"与"汉才"

"格"的立法,颁布数个太政官符,重建行将崩溃的地方行政,如发布"延喜庄园清理令",严格自恒武天皇以来即名存实亡的国司交替时的交接工作等,对巩固"摄关"政权和改善地方农业采取一种认真负责的态度。① 从以上的对比来看,道真实际上不算是一个好官员。

道真死在谪迁大宰府的任上,但他之后的走红——被抬升为"天神"和"学问神",成为人们的信仰对象说来也不很光彩,在开初仅与民间的巫觋或宗教人物有关,而与后来所谓的神国、尊皇无关。关于北野天满宫的创建经纬,在昭和初年即有长沼贤海指出,是真言宗的某些低级寺僧为证明自己无所不能而抬出所谓的菅神怨灵作为证据的产物。② 另外宫地直一还经考证,认为当时有一批巫觋之徒为了证明自己法术的效验而故意宣传有灵作祟才创建了那个社殿。③ 而在战后,则有西田长男论证,是多治比奇子、神良种和太郎丸这批巫觋以及与他们有关的星川秋长、狩弘宗等俗人和满增、增日、最镇、法仪、镇世等僧侣,再加上其他民间宗教人物和宗教艺人等,合力完成创建北野神社这一伟业的。④ 而这些人的目的,与神道人士和后来的"国学家"没有任何关系。此外斋藤正二还指出,"就其根源来说,天神信仰本身来自中国,只是一种舶来的宗教。而宗教越是新兴或舶来的其传播力越强。当然,(当时的)社会状况也在其中发挥很大作用。天满宫信仰是在菅原道真本人完全不知情的情况下形成和普及开来的。"⑤

另一方面,道真之所以被神道人士和"国学家"夸赞,并在伪书《遗诫》前加上他的家姓还有其他理由,那就是他建议停派遣唐使,为日本国体和民族尊严争了一口气。然而真实的情况是否如此?关于道真停派遣唐使的真实缘由,从他于894年(宽平六)阴历九月十四日提

---

① 斋藤正二:《菅家文草》,《日本自然观的研究》,八坂书房1978年版,第426页。另请参见本书第三章 第一节 二"《大镜》'卷二'藤原时平的'大和魂'"。
② 长沼贤海:《天满天神信仰的变迁》,收于《日本宗教史的研究》,教育研究会1928年版,第312页。
③ 宫地直一:《缓和怨灵的思想》,收于《神道史》上卷,理想社1957年版,第56页。
④ 西田长男:《北野天满宫的创建》,收于《神社的历史研究》,墙书房1966年版,第49页。
⑤ 斋藤正二:《菅家文草》,《日本自然观的研究》上卷,八坂书房1978年版,第419页。

"大和魂"史的初步研究

出的奏文《请令诸公卿议定遣唐使进止状》看得很清楚：

> 右臣某。谨案在唐僧中瓘去年三月附商客王纳等所到之录记，大唐凋敝，载之具矣。更告不朝之间，终停入唐之人。中瓘虽区区之旅僧，为圣朝尽其诚，代马越鸟，岂非习性。臣等付检旧记，度度使等，或有渡海不堪命者，或有遭贼遂亡身者，唯未见至唐有难阻饥寒之悲。如中瓘所申报，未然之事，推而可知。臣等伏愿以中瓘录记之状，遍下公卿博士详被定其可否。国之大事，不独为□身，且陈欵诚，伏请处分。谨言。

这篇奏文想说明的是，在安史之乱后唐朝已凋敝之至。过去日本派留学生或留学僧赴唐，遇上的仅仅是渡海中出现的问题，而现在因战乱在唐的留学生和僧人等还"有难阻饥寒之悲"，更何况有人告知"终停入唐之人"（是中瓘本人还是唐政府有人通过中瓘告知原文语焉不详），所以没有必要再派人去。说明以上建议和日本国体和民族尊严没有关系。

除此之外，《菅家文草》还载有《太政官牒在唐僧中瓘报上表状》：

> 牒奉敕者中瓘表悉之。久阻兵乱，今稍安和。一书数行，先忧后喜，□源荼等准状领受。诚之为深，溟海如浅。来状云：温州刺史朱褒特发人信，远投东国，波浪眇焉，虽感宿怀，稽之旧典，奈容纳何，不敢固疑。中瓘消息，事理所至，欲罢不能。如闻商人说大唐事之次多云：贼寇以来，十有余年，朱褒独全其部，天子特授忠勤，事之仿佛也。虽得由绪于风闻，苟为人君者孰不顾耳以悦之。仪制有限，言申志屈。迎送之中，披陈旨趣。又顷年频灾，资具难备，而朝议已定，欲发使者，辨整之间，或延年月。大官有问，得意叙之者，准敕牒送，宜知此意。沙金一百五十小两，以赐中瓘，旅庵衣钵，适支分□。故牒。

这个文档，与上一个文档在某方面似乎是矛盾的。上一个文档说有人告知"终停入唐之人"，但这个文档却说温州刺史朱褒通知日本

第六章 《菅家遗诫》中的"和魂"与"汉才"

可再派遣唐使,或是当时的中国在朱褒的力挽狂澜下形势已有好转。不过日本方面仍有顾虑,一是因为"温州刺史朱褒特发人信,远投东国"此事只是中瓘来信所说,日本方面似乎并未看到原信,仅"由绪于风闻";二是因为日本连年天灾,为派遣做准备有困难,在阴历七月间还想"或延年月"。至于日本政府为何在阴历八月突然下决心任命菅原道真为遣唐大使,今因资料匮乏无法确知,或是有人暗中唆使而致。这让道真犯难,所以才会把是否停派遣唐使的问题提出来让公卿自由讨论。然而无论如何,这两个文档都说明道真并不是出于日本国体和民族尊严,而确实是因为情况不明和实际效果有限而提出停派主张的。阴历九月三十日宇多天皇准允停派遣唐使,算是为道真解了围。①

日本"雅虎"网站某评论说,菅原道真如此决定不易,因为停派遣唐使对他家族自祖父清公以来三代人的传统来说都是一种背叛,也容易被人指责是不敢越洋冒险的怯弱表现。但道真毕竟勇敢地根据实际情况提出停派建议,这些实际情况包括:(1)唐朝战乱频仍,凋敝至极,遣唐使即使登陆还会遇上众多艰难险阻,而收益不至很大;(2)北方新罗势力入侵对马岛一线,南边海盗猖獗于北九州一带,遣唐使船只无法受到保护。在这些具体情况面前,是道真出于对形势的判断才提议停派遣唐使的。它的客观结果,是延续两百六十四年的派遣传统自此结束。但评论没有说道真在主观上是因为出自对日本国体和民族尊严等才作出以上决定的。

三 伪书《菅家遗诫》中窜入的两个章节

以上是《遗诫》为何乃伪作和律令制终结期的代表人物菅原道真身世、事迹的介绍,以及道真并非出自日本国体和民族尊严大义,而是出于现实考虑而停派遣唐使的说明。从此可以看出,室町时代或之前有人将菅家的姓氏冠于伪书《遗诫》之前实在是张冠李戴,别有用心。不仅如此,而且在《遗诫》出现之后又有人在其中窜入两个章节,以

---

① 时间和事件的详情请参阅日本"雅虎"网站"藤原清贯"词条中出现的菅原道真事迹介绍。评论由著者作出。

"大和魂"史的初步研究

满足自己提倡尊皇和民族主义的需要。它们分别是：

> 凡神国一世无穷之玄妙者不可敢而窥知。虽学汉土三代周孔之圣经，革命之国风可深加思虑也。（第廿一章）
> 凡国学所要，虽欲论涉古今究天人，其自非和魂汉才不能阐其闻奥矣。（第廿二章）①

以下将此两个章节简称"两章"，并对窜入的时间和有关情况及窜入的背景和意义作简单评介。

第二节　有关伪作《菅家遗诫》中"两章"窜入的研究

　　加藤仁平认为，"和魂汉才"——最早出自紫式部的话语——的古意是在近代开始才被扭曲为"神国"日本的赤子报国之心，而这种扭曲始于一部分人对伪书《遗诫》的故意曲解，并且这种曲解必须追溯至近世的谷川士清。② 士清在其著《日本书纪通证》中引用过《遗诫》的第四章，并在后面加上自己的按语。这说明他认为《遗诫》此书是真书。士清的误认，其实来自江户时代初期山崎闇斋及其后的"垂加神道"人物曾用"和魂汉才"这一成语说明"大和魂"的本质。之后"国学家"平田笃胤③继续循此概念，说"和魂汉才"的意思是"以日本人之方式稳固自身心魂，于做学问时如汉人那般周到用心。"④ 继而

---

① 转引自加藤仁平《和魂汉才说》自序（增补版），汲古书院1987年版，第1页。
② 谷川士清（1709—1776），江户时代中期的"国学家"和神道学家，伊势人，奉行垂加神道，因著有《日本书纪通证》和《和训栞》等而也被人视为一个重要的国语学家。其具体事迹详见后文说明。
③ 平田笃胤（1776—1843），江户时代后期的"国学家"，"国学四大人"之一，秋田县人，本居宣长殁后作为其门人努力学习"古道"（神道），欲使"复古神道"体系化，其学说作为"草莽国学"对后来的尊王运动产生很大影响，著有《古史征》、《古道大意》、《灵能真柱》等。其具体事迹详见后文的说明。
④ 《平田笃胤全集1》，平田学会，法文馆书店1911年版，第83页。

第六章 《菅家遗诫》中的"和魂"与"汉才"

笃胤的门生大国隆正①进一步扭曲师父见解，在其著《大和心》中说："和魂汉才"应解释为"若非和魂，学汉学亦不能阚其阃奥。"并且说："和魂之古意指为主家、主君不惜自身生命之真心。""尧舜禅让与汤武放伐皆为汉意滥觞，而伯夷、叔齐方为忠义之祖师，和魂之嚆始。"②到隆正的门生福羽美静③时曲解再一次升级。他在回顾"石洲津和野菅公九百五十年祭"的情景时感慨万千，说若菅公在世，则定会进一步提倡"和魂洋才"。④因为那时已是明治年代，日本引进西方文明，欧化主义阔步横行的现象让美静看不下去，所以他想用以"和魂"为代表的"神道"来平衡西洋文明。⑤

仁平还认为，"两章"是在元禄年代⑥即江户时代中期以后被窜入《遗诫》的，而《遗诫》必定在元禄之前写出。以上两个结论，是仁平为撰写学士毕业论文寻求熟人帮助时，因偶然的机会加上自身的努力得出的。据他回忆，自己在写作论文《山鹿素行之学派研究》期间拜访过山鹿素行亲弟的后裔、京都大学图书馆馆长山鹿诚之助，在等待后者接待时偶然在书架中发现元禄时代"摄政、关白、太政大臣"近卫家熙亲笔抄写的《菅家遗诫》此书。等山鹿诚之助接见时，仁平请他将近卫家熙的抄本和幕末时期的木刻本一块拿出来对照时发现，抄本中并

---

① 大国隆正（1792—1871），幕末国学家和歌人，津和野藩（今岛根县西南部）藩士，曾跟随平田笃胤学习国学，在昌平黉学习儒学，并向村田春海学习和歌及音韵学，也研究西洋学问和梵书等，著有《六句歌体辩》、《语言正道》、《古传通解》、《本学举要》等。其具体事迹详见后文的说明。

② 大国隆正：《大和心》，《大国隆正全集3》，有光社1937年版，第69页。

③ 福羽美静（1831—1907），幕末和明治时期的"国学家"，出生于津和野的一个藩士家庭，1853年（嘉永六）开始向大国隆正，之后还跟随平田铁胤学习"国学"。1860年（万延一）返藩，成为藩校养老馆"教授"。1862年（文久二）赴京都与尊皇攘夷派人士交往。翌年8月18日政变后和七卿一道西下返藩，奉藩主龟井兹监之命与长州、艺州、因州诸藩联系，在幕末时期积极倒幕，非常活跃。1868年（明治元）政府开始征士，隆正成为政府神祇事务局"判事"，翌年成为天皇侍讲，1870年被任命为"神祇少副"，积极推行神道国教化的政策。之后历任元老院议官等，1887年封为子爵，1890年成为贵族院议员，著有《古事记神代谱系》、《近世学者歌人年表》等。

④ 加藤仁平：《和魂汉才说》（增补版），山本健吉序，汲古书院1987年版，第4页。

⑤ 此段中各原话皆引自加藤仁平《和魂汉才说》（增补版），汲古书院1987年版。恕不一一标注页码。

⑥ 时间是1688.9.30—1704.3.13，江户时代中期东山天皇朝代的年号。

未出现所谓的"和魂汉才"和"革命之国风"那两个章节。①

此后仁平就以上"两章"是在何时,又是如何被窜入伪书《遗诫》进行考证,承担许多政治风险并做了大量工作,成果是伟大、客观和公允的,不应被历史埋没,也应为中国人所知,而且它对人们加深"大和魂"的认识和助推部分人的其他研究也都有助益,所以下面不厌其烦,为之介绍和宣传。

仁平发表《和魂汉才说》(初版)的时间是1926年(大正十五)3月22日。此时日本仍在强化天皇制,任何对尊皇言论的质疑都会遭到严厉批判,甚至死亡威胁。正如他在"自序"中所说的那样,自己的写作一方面要照顾这种广泛弥散于日本社会的情绪,另一方面要显示追求和坚持学术真理的精神,所以可以想象,他的工作是何等的艰难,但正唯其如此,也显示出他思维精巧的一面。至于他所做的超出常人想象的海量工作,因篇幅仅能择其大要做简单介绍。

在资料的收集和考证方面,仁平做了三方面的工作:(1)对有关《遗诫》的抄本进行搜寻和核对;(2)对有关《遗诫》的木刻本进行搜寻和核对;(3)对含有"和魂汉才"字样的石碑进行搜寻和核对。在核对时仁平加入自己简短的评论。需要说明的是,因时代的关系,仁平的短评乃至全书的叙述有些并不清晰,许多场合欲言又止,文字也较粗疏,所以著者将根据情况,对仁平的部分叙述进行必要的补正和梳理。有兴趣的读者可参见加藤仁平的原著。

一 《菅家遗诫》抄本

据嘉永②五年版《菅家遗诫》僧正光通"序言"说,"其书流传至尠"。由此可以推定有关《菅家遗诫》抄本的数量不会很多。据仁平获得和通过一些材料推断出的、与他研究有关的抄本大约有三四十种。以下是这些抄本的名称及相关的评述。

1. "菅给事庸安本"。此抄本与以下两抄本皆与"近卫家本"有关。但"菅庸安"为何年代人士?属何种人物?是否是菅原道真后裔?

---

① 加藤仁平:《和魂汉才说》(增补版),汲古书院1987年版,第10页。
② 时间是1848.2.28—1854.11.27,江户时代后期孝明天皇朝代的年号。

第六章 《菅家遗诫》中的"和魂"与"汉才"

此"庸安本"后来的演变情况如何？它与最初的伪作本的关系等，世人全然不知。据仁平核对，以下所述的"近卫家本""识语"中有"右二卷之遗诫者自菅给事庸安朝臣传写之毕"的字句，而"北野文丛本"中也有相同的"识语"，且多出一个抄写时间："元弘①二年（1332）五月下旬。"因此他认为，如果我们相信"近卫家本"的话，那么可以认为过去曾存在"菅给事庸安本"此抄本。不过由于"近卫家本"的"识语"本身也有可能是后人伪作的，所以是否存在该抄本令人生疑。著者按："给事"为明代（1368—1644）官职。如果过去确实存在此抄本，那么它的出现时间必定很晚，至少在明代或明代之后。

2. "藤原实纯（元弘二年）本"。"近卫家本""识语"之后有"开府仪同②藤原实纯"的字句。据"近卫家本"，该"识语"是在嘉吉③二年（1442）之前，而据"北野文丛本"，该"识语"是在元弘二年五月下旬抄自"菅给事庸安本"的。但仁平经查找未能发现实纯此人出自何族、何谱系，故该抄本的真伪也不得而知。

3. "藤原定常（嘉吉二年）本"。"近卫家本""识语"之后有"右之遗诫者依青门之主恩昉拜写之尤儒门之秘文也。嘉吉二年十月廿二日　翰林学士　藤原定常"，故该抄本的年号和"藤原实纯本"不同。在这方面，"近卫家本"和"北野文丛本"都一样。据仁平查找，亦未发现定常出自何族、何谱系，故可能也是作伪之本。

4. "近卫家本"。此抄本被推定为乃元禄时代的"摄政、关白、太政大臣"近卫家熙亲笔抄写。抄本中并未出现那两段有关"和魂汉才"和"革命之国风"的章节。这是一个重要的发现，也是仁平的学术功绩应被历史铭记的原因。其"识语"仅有五行：

---

①　时间为1331.8.9—1334.1.29。镰仓时代末期、后醍醐天皇朝代的年号。针对元弘二年4月28日北朝第一代天皇光严天皇将年号改为"正庆"一事，南朝后醍醐天皇仍旧保留使用"元弘"这个年号。

②　一指"三公"以外的将军等被允许拥有设立"王府"资格的人。始于中国汉末，之后单独成为武官的称号；二指"准大臣"的别称。

③　时间为1441.2.17—1444.2.5，属室町时代后花园天皇朝代年号。因辛酉革命而改元。

· 395 ·

"大和魂"史的初步研究

右二卷之遗诫者自菅给事庸安朝臣传写之毕

开府仪同　藤原实纯

右之遗诫者依青门之主恩昹拜写之尤儒门之秘文也。

嘉吉二年十月廿二日

翰林学士　藤原定常

著者注:"近卫家本"系列包括1—4。

5. "东坊城家本"。与"近卫家本"的"识语"仅有五行字相比,"北野文丛本"的"识语"增加了一倍以上,其开始部分是:

右二卷之遗诫者自菅给事庸安朝臣传写之毕

开府仪同　藤原实纯

右之遗诫者依青门之主恩昹拜写之尤儒门之秘文也。

嘉吉二年十月廿二日

翰林学士　藤原定常

右以东坊城家藏本写之者也因云右件云云

根据最后一句说明可以推知,在"北野文丛本"被编辑的文政①、天保②年间,东坊城黄门③聪长家可能存在此一抄本。但据仁平说他在该家族现存的图书目录中未发现有此抄本,也未获得该家族在这方面的调查报告,所以现在是否有此抄本不详。著者按:有关5和之后的6、7、8、9的抄本信息均出现在"北野文丛本"中。

6. "菅家本"。此菅家指何家不明。据菅家后裔之一的清冈子爵说,除东坊城家外不知还有何人收藏此抄本,所以它或指东坊城家本亦未可知。据"北野文丛本"的"识语",可知该本不存在那所谓的"两章"。

---

① 时间是1818.4.22—1830.12.10,江户时代后期仁孝天皇朝代的年号。
② 时间是1830.12.10—1844.12.2,江户时代后期仁孝天皇朝代的年号。
③ 黄门:一指官职"中纳言"的唐名,因类似于唐代门下省的次官黄门侍郎的职务,故有此官名;二指德川光圀的异称——水户黄门。

第六章 《菅家遗诫》中的"和魂"与"汉才"

7. "青门室本"。青门指京都粟田"青莲院门迹"①。从该院现存的图书目录看未有该抄本。据上述"藤原定常嘉吉二年十月廿二日""依青门之主恩旴拜写之"的"识语",似乎过去有此抄本,但因为"北野文丛本"的"识语"本身就有疑点,所以是否真有此抄本似无讨论的必要。据"北野文丛本",所谓的"青门室本"也没有那所谓的"两章"。

8. "野宫家本"。京都大学文学部陈列馆收藏的子爵野宫定殻藏本,亦即明治四十一年(1908)11月誊写的野宫家藏书目录二卷乾十九丁寅中有"菅家遗诫一册"的记录。但据野宫家旧臣说,该藏书于维新前后和明治末年或散佚或因鱼蠹而毁;又据和辻哲郎②的回忆和东京大学图书馆的报告,移入该馆的其他野宫家的藏书包括《遗诫》的刻本和抄本,但因1923年关东大地震全部被烧毁。具体情况不得而知。然而无论如何,根据"北野文丛本"可以推知该家本中也没有那所谓的"两章"。

9. "北野八岛家本"。所谓的"八岛家"指北野神社中的"御供所",也就是"神馔所"兼集会的场所。据该神社山田宫司说"八岛家抄本"今已不存。根据"北野文丛本"可以推知该家本中也没有那所谓的"两章"。

10. "塙检校本"(《续群书类从》本)。"北野文丛本""识语"中说的"塙检校本"第一卷末没有所谓的"两章"。仁平认为,所谓的"检校本"可能就是所谓的《续群书类从》本,在《续群书类从》目录下卷第九百四十六中,除可见到"实语教、童子教、君子教、君慎、假名教训"这些篇目外,还可见到"菅家遗诫"这一书名。但此书为未刊本,所以具体情况不详。著者按:10和下面的11都属于《续群书

---

① 青莲院,位于京都市东山区粟田口的天台宗寺院,始于最澄在比叡山东塔南谷所建的青莲坊,1150年"关白"藤原师实的儿子行玄成为该寺的住持,在京都市内也修建了殿舍。之后皇族相继入寺,君临日本佛教界。门迹,原为"一门之法迹"的意思,后来一指继承祖师法统、统领一门的寺院,也指该寺僧;二指皇子、贵族等入住的特定寺院的名称,也指该寺院的住持,始于宇多天皇出家,入住仁和寺之后。室町时代成为表示寺格的词汇。至江户时代,幕府将其分为"宫门迹、摄家门迹、准门迹"等,从此制度化。

② 参见此后注释。

397

"大和魂"史的初步研究

类从》本。

11. 黑川家所藏《续群书类从》本。据黑川真道说,现在读者读到的《日本教育文库本》的脚本之一,就是黑川家收藏的《续群书类从》本抄本。在该抄本第一卷末和第二卷末"识语"中也没有所谓的"两章"。

12. "中将嗣义本"。从官职看嗣义是一个朝臣,但具体为何人不详。仁平根据《改正增补诸家知谱拙记》记载,推测其可能就是高仓嗣义。此人曾叙正四品下的官阶,于延享①二年(1745)五月十九日辞世,但其所属学派为何等信息不详。并且仁平根据下引天明②四年(1784)村井古岩的"奉纳本",判断该抄本的出现时间久远,猜想其中并未写有那所谓的两个章节。著者按:12 和之后的 13、14、15 都属于"中将嗣义本"系统。

13. "神宫文库本"。《神宫文库图书目录》中对该抄本有"合本写"的注释。又据该文库的说明,该抄本与天明四年村井古岩的"奉纳"有关,其中有以下"识语",但第一卷末没有那所谓的两个章节。

此一册以中将嗣义朝臣之本书写讫

右京权大夫　贺茂清茂

需要说明的是,所谓的"奉纳"指村井从家藏的"和书"中选出两千七百零七部书捐献给伊势林崎文库一事,时值天明四年甲辰八月。所谓的林崎文库之后与其他文库合并,于明治三十九年(1906)改名为神宫文库。塙保己一在校辑《群书类从》时曾赴林崎文库,选用的村井"献本"达数百部之多。著者按:此"神宫本"其实就是"中将嗣义本"。

14. "三手文库本"。上贺茂神社三手文库所藏《遗诫》,与前述"神宫文库本"属同一系统,没有所谓的两个章节,其"识语"中有以

---

① 时间为 1744.2.21—1748.7.12,是江户时代中期樱町、桃园天皇朝代的年号。因"甲子革命"而改元。

② 时间为 1781.4.2—1789.1.25,是江户时代后期光格天皇朝代的年号。

第六章 《菅家遗诫》中的"和魂"与"汉才"

下文字：

此一册以中将嗣义朝臣之本书写讫

右京权大夫　贺茂清茂朱印

"朱印"二字由同一支笔黑墨写出，显然抄自"神宫文库清茂本"。该本施有训点。

15. "宗武本"。此本出自佐佐木竹苞楼，"识语"中有以下文字：

此一册以中将嗣义朝臣之本书写讫

右京权大夫　贺茂清茂

以清茂本令书写毕　宗武

宗武似为京都和学家樋口宗武。该本全由白话写出，也没有所谓的两个章节。

16. "白井宗因本"。宗因出生于大阪，是医生，也是"国学家"，殁于宽文①七年（1667）。在他所著的《神社启蒙》第三卷中有对《遗诫》的说明："问菅家遗戒者有几卷乎？曰小册子也。摘平素彝伦之要而其列目几三十条，尤有补于后世者矣"（按：原文无标点。标点乃引者所加）。② 据仁平分析，此文没有说明准确的条数，但既然是"几三十条"，那么与其认为是三十五条，不如认为是三十三条更为稳妥。如此看来，这个叙述也是一个重要资料，它表明那所谓的两个章节的窜入时间很晚。不过在著者看来，这个条数分析不免有些粗疏、武断。著者按："宗因本"与何本存在关系不详。

17. "谷川士清本"。士清在宝历③二年（1752）版《日本书纪通证》卷一十八丁表小字注中引用过《遗诫》的文字，但和白井宗因一样，他是否收藏《遗诫》的抄本不得而知。不过可以肯定的是，他在

---

① 时间为1661.4.25—1673.9.21，江户时代前期、后西、灵元天皇朝代年号。
② 原注：《大日本风教丛书》第八辑收录的《神社启蒙》卷之三，宽文十年木刻本，第31页。由平假名、汉字夹杂刊出。
③ 时间为1751.10.27—1764.6.2，是江户时代中期桃园、后樱町天皇朝代年号。

"大和魂"史的初步研究

宝历二年之前读过该抄本。据仁平在其著第二章论证，当时士清所读的抄本尚未窜入第二十一和第二十二两章，而且第二十二章的"凡国学所要云云"，属于士清自身所写"今按"之后的文字。士清除引用《菅家遗诫》第四章外，还引用过其中的另两段文字（标点为引者所加）：

菅家遗诫曰，仁君之要政者以抚民为本。民者神明赍也。
又曰，本朝之纲孝者以敬神为最上，神德之微妙岂有他哉！

（《日本书纪通证》卷一十二丁表）

菅家遗诫曰，大鹿岛之命为祭主之时者，神器及阙弊（引者按：疑为"币"）则以真坂树连叶为平敷，以膳手之叶为叶椀，令足其便。中大兄皇子者新冠不在其头，则以真木之群蔓为冠，向拜乎天皇焉。彼神臣此储王古迹之影照，万世之子臣最以神而入玄者也。

（《日本书纪通证》卷一十三丁表里）

著者注：士清本与何本存在关系不详。

18. "屋代弘贤所得本"。"屋代弘贤所得"此话出自六人部是香所著的《筹乃玉笺》一书。据六人部研究，是该抄本首次窜入第二十二章。但同时他又说自己未亲见该抄本。关于此仁平有较详细的说明。见下文。

19. "屋代弘贤本"。此抄本曾收藏于江户时代形成的"不忍文库"中。该文库目录"仁、有职类五上"记载，有"菅家遗诫一册"，说的就是这个抄本。此抄本有与"近卫家本"完全相同的"识语"，该"识语"后又有屋代弘贤的亲笔"识语"：

享和①元年十一月廿日课门人冈野
　　　　　　　　　　　　　　　山口　书写了　源弘贤

---

① 时间为1801.2.5—1804.2.11，是江户时代后期光格天皇朝代的年号。因"辛酉革命"而改元。

第六章 《菅家遗诫》中的"和魂"与"汉才"

并且该抄本多处贴有附笺。其第一卷末没有"凡神国一世云云"那段文字,但附笺上写有以下几句话(标点乃引者所加):

> 凡国学所要,虽亡论涉古今究天人,自非和魂汉才不能阚其闾奥矣。
> |
> 其イ

据异本记载,イ处有说明"和学论将闽记作囮,乃误写"。

此外正文中也加有"据异本云云"这些文字。除"其"字外,皆用朱笔书写。由于辑成于江户时代的"不忍文库"目录中记有"菅家遗诫一册",而此抄本又有弘贤亲笔书写的"识语",所以六人部在《篶乃玉笺》说的"屋代弘贤所得"一语不确,"屋代弘贤本"就是"屋代弘贤所得"本。至于"和学论云云"中的"和学论"为何年代的书籍不详。据仁平研究,此附笺所写的时间应早于平田笃胤撰写《古史开题记》第一、二卷的文化①十三年(1816)。六人部曾在《篶乃玉笺》中回忆,自己当时频频造访屋代,欲弄清一些问题,但因后者"他事纷繁"最终未能见上一面。他因此推测,是某个奸人将谷川士清《日本书纪通证》的那句话稍作省略和改变,附在该抄本的上卷卷末,并伪作"识语",使其像是一本好书,伪称异本,以谋私利。

20. "天览本"。六人部在《篶乃玉笺》中说过以上的话后接着又说:"此文字出现后许久,有人见世间悄无声息,便将该异本抄本献于高贵之人,使其心中留下种种印象。"由此可知过去曾存在一册该异本的抄本。据仁平推测,此"高贵之人"并非贵族,而指万乘之君的天皇。文化十五年(1818)之前是光格天皇的朝代,而自文政②元年(1818)始为仁孝天皇的朝代。光格天皇的驾崩是天保③十一年

---

① 时间为 1804.2.11—1818.4.22,是江户时代后期光格、仁孝天皇朝代的年号。因"甲子革命"而改元。
② 时间为 1818.4.22—1830.12.10,是江户时代后期仁孝天皇朝代的年号。
③ 时间为 1830.12.10—1844.12.2,是江户时代后期仁孝天皇朝代的年号。

"大和魂"史的初步研究

（1840），那么人们不难看出此抄本与天皇的那首"倭锦"御歌[1]存在着何种关系。

21."尾张本"。六人部在《篤乃玉笺》中还说："近来有版刻书加入凡神国一世无穷之玄妙者云云一章。此乃尾张（按：今爱知县西部）人由其国携来抄本刻出，加于上卷卷尾。然其本无此国学所要一章。按，此本与彼弘贤本相同，乃近世人伪作，加于卷尾以欺人。"是香就此未附上任何史料加以说明，但可以认为该抄本曾存在。著者按：18—21似属同一系列的抄本。

22."群书一览本"。自序序尾标注为"享和元年冬至日浪华尾崎雅嘉"的《群书一览》木刻本五、八十三丁、教训类第一这一部分，详细叙述了此世还存有三十二条（章）抄本的事情（标点乃引者所加）。

  菅家遗诫抄本二卷　　三十二条中有三、四条重复，始于凡仁君之要政以抚民为本云云；次举尝禘祀祭之法一事（略），举武备之艺等事以上第一卷。

  又举放鹰猎兽之事、僧侣之事、扬名之官职之事等。卷末凡震雷在朝家者（略），公家以其分限亦可如此也。以上遗诫毕以上第二卷。

根据此三十二条本说明，可知其第一卷末没有窜入"两章"。而且在三十三条（章）本之外还存在一个三十二条（章）本。著者按：此本似为独立的抄本。

23."伴信友[2]校本[3]"。大国隆正在其著《大和心》中曾提到伴信友的校本。但《伴信友全集》和本居大平门生鹫见家藏的伴信友亲笔书信，以及伴信友遗族伴信兴都未提及有这个伴信友的校本，所以只能

---

[1] 参见此后注释。
[2] 伴信友（1773—1846），江户时代后期的"国学家"，近世考证学的泰斗，若狭小浜藩（今福井县西部）藩士，1821年（文政四）致仕后努力学习和汉之学，成为本居宣长殁后的门人，著有《比古婆衣》、《假字本末》、《长等山风》等。
[3] 原注：此乃刻本抑或抄本难以推断，但姑于此抄本一节叙述。

第六章 《菅家遗诫》中的"和魂"与"汉才"

通过大国隆正《大和心》的说法进行推测。该书说："凡国学所要云云"部分，"伴信友之加点亦为'自非和魂汉才'"。同一章节"信友之校本以'亡论'为正本，而旁注'欲'ィ。"也就是说，信友看到了"欲"字，但也将它视为异本所说，而写作"亡论"。接下来，隆正引用了第廿一章即"凡神国一世云云"此章，说"伴信友校本未见有此章，故有人怀疑。云云。"可见在隆正说此话时"凡神国一世云云"一章尚未窜入《遗诫》。著者按：此校本与其他抄本的关系不详。

24."《北野文丛》本"。这是一份有说服力的重要资料。《北野文丛》是沙门宗渊所编的一套丛书。有关《遗诫》的"《北野文丛》本"既有刻本，也有抄本。宗渊的抄本现藏于京都市北野神社的书库内。据仁平说他见到的该抄本没有那所谓的两个章节；另外，宗渊在引用东坊城家本"识语"后还写有以下的一段话：

> 因云右件御遗诫传曰出于神著者欤，亦或谓后人之作乎云云。今乃于其实则虽未识之，且写以收此中者也。近来关东士于第一卷末文文备之两条者也之次，妄作二章以窜入，其文云凡神国一世无穷之玄妙云云，凡国学所要云云。然诸家所传古藏菅家本、青门室本、野宫家本、北野八岛本、墙检校本，皆无彼二章之文矣。诸本凡武备之艺事乃至两条者也。菅家遗诫卷第二云云。尚得正本可精校者耳。（仁平注：抄本无标点，刻本有返点。著者注：原文如此，有难解之处。根据著者的理解，将文中标点按现代汉语习惯重新标出）

在这里，宗渊已提及某抄本该"两章"乃"后人之作"，还认为是"关东士于第一卷末文""妄作二章以窜入，其文云凡神国一世无穷之玄妙云云，凡国学所要云云。"并说"然诸家所传古藏菅家本、青门室本、野宫家本、北野八岛本、墙检校本，皆无彼二章之文矣。"其中所谓的"近来"，说的似乎就是几年前之事。仁平证之于收录在《北野志》中的"宗渊传"，认为这个"识语"大约写于文政—天保年间（1818—1844）。

接着仁平对宗渊此人做了详细考证，因篇幅著者在此大部略去。简单说来就是，宗渊出身神官家庭，后来自己也成为神官，再后进入寺院升任"大僧都"。因自幼博闻强记，著述甚多，所以当时有重要人物让他编书。为编撰《北野文丛》，宗渊走南闯北，参阅大量图书。因此宗渊的"识语"可信度很高（仁平注：据《北野志》）。关于"宗渊传"，仁平还考证说是宗渊在编撰《北野志》时由北野神社有关人士编撰而成，意在表明"宗渊传"的可信度也很高。著者按：此本与其他抄本的关系不详。

25. 黑川春村所谓的流传本。春村在《硕鼠漫笔》中说："见世间流传之遗诫，仅不足十纸，而强分为一、二两卷（第一卷有廿一章，第二卷有十三章），乃拙作，文理不通云云。"还说"第廿一章"并"非凡神国一世云云"，而是"凡国学所要云云"。"流传本'自'字之上有'其'字。又有异本将'欲'字写作'亡'或'无'。此处以'欲'字为宜。"这是一个相当有趣也非常重要的异本。仁平认为，缺"其"字属抄者之笔误。不写"欲"而写"亡"或"无"，则起源于谷川士清的"按文"中有"亡"字。这对了解窜文的来龙去脉是一条非常重要的线索。

26. 黑川春村藏抄本。该抄本是"日本教育文库本"的来源之一，但于今不传（据黑川说明）。因此，其流播的方式如何，有无那所谓的两个章节皆不详。不过，如果我们认为该抄本与春村曾使用的文本为同一文本的话，那么通过比较春村在其遗著《硕鼠漫笔》卷十四《菅家遗诫考》中所引用的文字和各种抄本的文字，则可以推测出该抄本的内容如何。按春村的引用，第四章末有"服膺而当至其堺，细尘莫违"的文字；第二章有"凡本朝者天照大神之裔国，而天孙琼琼杵之尊临位之地也。尝禘祀祭之法，无可因汉土之法。斋卜两家之氏人，以之预有司之员"的文字。以此可以推测该抄本比之木刻本更接近木刻活字本。

27. "曼殊院本"。嘉永五年（1852）版《遗诫》有"北野寺务宫院家法云院僧正"光通所作的序，序中说"其书流传至尠，鲁鱼（著者按：即蠹鱼）殊多，我王府旧藏一本，因梓以行世云云。"曼殊院位于山城国（今京都府南部）爱宕郡修学院村字一乘寺内，属天台宗门迹之一，也称"竹内门迹"或"竹内御所"。村上天皇皈依该院后于

第六章 《菅家遗诫》中的"和魂"与"汉才"

947—957 年（天历年间）草创北野神社，特意下敕自任"别当"。前述序言因此还有"竹里王院家"一语。由此可见光通所谓的"我　王府"即指曼殊院无疑。据仁平考证，该抄本今已不存。因该抄本即嘉永五年版《菅家遗诫》的原本，所以若存世于今，则可成为考察那所谓的两个章节窜入问题的良好资料，可惜未能发现。不过从嘉永五年版《遗诫》丙本的"跋"可以推想，在当时那所谓的"两章"尚未窜入。著者按：此抄本与其他抄本的关系不详。

28．"大宰府本"。大宰府刊印的文久①元年（1861）版《菅家遗诫》有前"权中纳言"菅原为定所写的序。序中有"公有遗诫二卷稿藏京都曼殊院及筑之大宰府"之语。以该抄本为蓝本的文久元年版《菅家遗诫》的刻版现存于大宰府神社。文久元年的 18 年前即天保十一年（1843），那年《北野文丛》的编者宗渊正好带着两位抄写生到大宰府，翻阅过该神社的藏书数十种并让抄写生留下眷写，但后来《北野文丛》却对是否有该抄本不置一语。仁平因此对文久元年版《菅家遗诫》刻本出现的那所谓的"两章"是否出自原抄本表示"颇为怀疑"。据称现在大宰府神社书库不存在该抄本（大宰府神社"社务所"语）。若存在此抄本，对研究那所谓的"两章"窜入问题也有很大帮助。著者按：此抄本与"曼殊院本"属同一系统。

29．"座田维贞②藏本"。京都府图书馆中藏有"学习院"的图书书目和"迎阳院藏"书书目，有人用朱笔标示乃"座田维贞献"。在该书目中又有人将"菅家遗诫一册"、"三条实香笔"的文字用笔划去。由此可知，过去还存在一本座田维贞收藏的《遗诫》抄本。

30．"松森本"。据东京商科大学商学系有马祐政教授说，长崎市西山松森神社（天满宫）有带"识语"的《菅家遗诫》抄本。但据该神社的内伊奈熊之助给仁平的回信（1925 年 4 月）说似乎过去曾经看到过，但现在到书库中查看没有发现。今后若有机会再行搜索。之后再无音信。

---

① 时间为 1861.2.19—1864.2.20，是江户时代末期孝明天皇朝代的年号。因"辛酉革命"而改元。

② 座田维贞（？—1857），汉学家，姓纪，字子正，号梅首，通称座田右兵卫大尉，京都人，曾著《国基》一书，供仁孝天皇睿览。

· 405 ·

31. 其他抄本。通过各种文献可以知道山岗俊明、小山与清、大石千引、平田笃胤、六人部是香、大国隆正、八田知纪、狩谷金作等人曾使用过一些抄本，但这些文献都不是对这些抄本本身作出的研究，所以并不重要，有关事项请参见后述的刻本研究部分。

32. 所谓的大宰府"卷物①"。1917年出版的《新撰国体论纂》第二编"教育之基础"第一章"日本之国体与教育之基础"，乃根据金子坚太郎②子爵的谈话编辑而成，其中有一段话："筑前大宰府天满宫神社所藏《菅家遗诫》，由三十余条构成，乃一书卷物。余幼年拜读，其中之一句（著者按：似指'凡国学所要云云'）令余感佩不已，认为彼即日本帝国之学问精神。"③

之后仁平就此询问大宰府天满宫神社社务所。答复是，现仅存文久元年版的《菅家遗诫》，不知有彼"书卷物"。于是仁平直接求证于金子子爵，不久后收到他的回复（1925年11月6日）。其中有以下话语（原文无标点）：

一、余记忆中见《菅家遗诫》乃于明治三四年左右（著者注：1870—1871年）；

一、该书（著者注：非书，为抄本）仅为书卷物，似乎既无序，又无跋，仅记有菅公之遗诫；

一、毋庸置疑，其条项皆未记载第一章、第一、第二等等。亦无"一"之序号；

一、"凡神国　凡国学"之二句，位于该卷物中央；

一、六人部是香小字注中有"诗歌、侍女之评论列举如下云云"。然该卷物全无此等诗歌或侍女之评论；

一、该卷物有"凡国学所要虽论涉古今究天人"之语，然无"亡"字；

---

① 据《广辞苑》（第五版），1. 指收卷在挂轴上的书画；2. 指卷在木轴上的成套的和服衣料、绸缎和布匹。这里当取第一个意思。

② 金子坚太郎（1853—1942），明治时代的官僚和政治家。详见后文"金子坚太郎的'和魂汉洋才'"的说明。

③ 佐伯重夫编：《新撰国体论纂》，大日本国体会1918年版，第125页。

· 406 ·

第六章 《菅家遗诫》中的"和魂"与"汉才"

一、不知神社于今是否保存。余所见者乃于道真公之后世代侍奉大宰府神社之宫小路康文所藏。余曾命宫小路抄其卷物后妥为保存，然焚毁于前年大地震火灾；

一、大宰府神社因九州岛津、龙造寺、大友等战乱频罹火灾而焚毁，故该神库或无此书；

一、侍奉神社之诸家保存此卷物如神宝，故联络西高辻男爵或故宫小路康文遗族等或可知仍存于彼处；

一、《菅家遗诫》或为神社侍奉者于道真公薨后蒐集其言论辑录而成。欲公言其乃伪作等须负责任写出明确之证据。

于是仁平又向大宰府神社宫司西高辻男爵求证，之后接到该神社社务所的回复："经查神社无该卷物。宫小路宅亦无该卷物。"

金子坚太郎的回复尽管很详尽，但其中疑点颇多：（1）坚太郎实际阅读的时间有矛盾。他说"余幼年拜读"《菅家遗诫》。按他的生年（1853）计算，此"幼年"应该是在 1860 年或之前。而在回复加藤仁平的信中他又说："余记忆中见《菅家遗诫》乃于明治三四年左右"（1870—1871 年）；（2）所读抄本为何不明。"余幼年拜读""大宰府天满宫神社所藏《菅家遗诫》"和"余所见者乃于道真公之后世代侍奉大宰府神社之宫小路康文所藏"二句，没有说清到底坚太郎读的是大宰府天满宫神社所藏的《菅家遗诫》，还是"道真公之后世代侍奉大宰府神社之宫小路康文所藏"（家藏）的《菅家遗诫》。另外坚太郎还说"曾命宫小路抄其卷物后保存（在他自家里），但焚毁于前年大地震火灾"，且因战火，神社保存的抄本或也已焚毁，所以让仁平去神社或宫小路后人处访查。然而后来据该神社社务所转来的西高辻男爵和宫小路后人的回复，该"神社无该卷物。宫小路宅亦无该卷物。"因此我们不知道坚太郎是否真的读过该神社或宫小路家保存的"卷物"，有可能他读的"卷物"是另一个抄本；（3）既然神社"因九州岛津、龙造寺、大友等战乱频罹火灾而焚毁，故该神库或无此书"（一般说来重要的书籍都会保存在神库中），那么他如何还能看到此"卷物"？并且事后还能"命宫小路抄其卷物后妥为保存"？（4）所谓的"岛津、龙造寺、大友等战乱"，分别指肥前国（今佐贺县之一部，长崎县之一部）大名龙

"大和魂"史的初步研究

造寺隆信（战国时代武将，1529—1584）与九州国守大友氏等和与萨摩岛津氏的战争，还指1578年大友宗麟与岛津氏在日向、耳川的会战。而这些战争的时间都很早，是否在这些战争后另有抄本出现仁平不作深究，仅说此"卷物"原本至早也仅是1801—1816年（享和、文化年间）之前的抄本（参见19."屋代弘贤本"），故对考证"两章"窜入的问题帮助不大。

从以上32个抄本的简介来看，可以认为，（1）过去是否存在如此众多的《菅家遗诫》抄本值得怀疑，有些所谓的抄本是以讹传讹的产物亦未可知，因此窜入"两章"的抄本数量会更少。因为事后经仁平核对，那些抄本持有人的后人或相关的机构与人士等，或回复无此抄本，或回复被火焚毁，或回复被蠹鱼啃噬，其间的理由有的可以理解，有的难免令人生疑。由于这个原因，仁平本人也未能亲见过任何一本窜入"两章"的抄本；（2）可供分析窜入时间和内容的抄本是"屋代弘贤本"和"北野文丛本"。根据"屋代弘贤本"，可知是某个人将谷川士清在《日本书纪通证》中所写的"今按"后面那句话稍作省略和改变后，附在该抄本的上卷卷末，形成了所谓的"凡国学所要云云"那个章节。时间应早于1817年（文化十三）。根据"北野文丛本"，可知在宗渊的时代已有人说过该"两章"乃"后人之作"，具体说来就是某位"关东士于第一卷末文""妄作二章以窜入，其文云凡神国一世无穷之玄妙云云，凡国学所要云云"，时间在文政、天保年间（1818—1844）；（3）"两章"是分阶段窜入的，先是"凡国学所要云云"，后是"神国一世无穷之玄妙云云"。"凡国学所要，虽欲论涉古今究天人，其自非和魂汉才不能阚其阃奥矣"一章，表明民族主义情绪在此时已在高涨，日本进入对过去的"和汉关系"进行思考和总结的再"理论化"阶段。"凡神国一世无穷之玄妙者不可敢而窥知。虽学汉土三代周孔之圣经，革命之国风可深加思虑也"一章，则显示着上述民族主义情绪是以"神国"这一形式表现出来的，其针对的对象是崇尚"革命之国风"的中国。该说法也是对过去的"和汉关系"进行思考和总结的再"理论化"体现。

二 《菅家遗诫》刻本

1. "神宫文库藏刊本"。《神宫文库图书目录》中仅有"刊"字。据该文库工作人员介绍，该刻本为木活字版，两卷皆 7 页，共 14 页，每页 20 字乘 10 行。活字时有不同，无序、跋，出版年代不详。第一卷末无"两章"，第五章与第四章连行即不改行，第四章最后的几个字是"当自其堺细尘莫违"。

2. "内阁文库藏本"。据该文库目录，该藏本为两卷，并为一册，木活字版，未载明出版年代。又据该文库工作人员樋口龙太郎介绍，其编排和无序、跋等与神宫文库藏刊本完全一样，无"两章"。另外该书过去收藏于"学习院"①。仁平曾得到樋口的同意誊写过该藏本。

3. "嘉永五年版甲本"（皇纪②2511 年，1851 年）。该本的原本是"曼殊院（抄）本"，共 11 页，2153 字，卷首有题为"北野寺务宫苑家法云院僧正光通仅识"的序文。该书有多个版本，仁平将仅一个序文的称为甲本，将有两个序文的称为乙本，将有多个序跋的称为丙本。甲本序在对菅原道真的德才两面进行高度评价后还说（原文无标点）：

> 公曾录遗诫，以为后世之教，盖虽仅仅小册，然所谓吉光片羽，亦足以补风教，裨国家矣。而其中要语二则，为读汉籍者下顶门一针矣。纪维贞③特表章此，勒之石，以建于北野。云云。

在这个版本中"两章"都已窜入。其目的很清楚，就是要"补风教，裨国家"和"为读汉籍者，下顶门一针矣"。第一卷末在"两章"后面还特意加上一句话："右二则者遗诫中之眼目也。既记于北野社东

---

① 私立学校之一，1847 年在京都开始设置，目的是教育"公家"子弟。1877 年（明治十）在东京复办，转为教育皇族和华族子弟。1884 年由宫内省直辖管理。1885 年其女子部独立出去，名曰"华族女学校"，即后来的"女子学习院"。1947 年学习院与女子学习院合并，成为学校法人，向社会开放。1949 年以旧制高等科为母体设立"学习院大学"，总部在东京都丰岛区。

② 1872 年（明治五）明治政府制定的纪元方式。其元年即《日本书纪》所记"神武天皇"即位之年（公元前 660）。

③ 即上文所说的座田维贞。

之碑焉。学汉籍者可用心之第一也"，以为上文呼应。

4. "嘉永五年版乙本"（皇纪2511年，1851年）。此书第二个序文与甲本光通的序文完全一样。第一个序文末尾注明"嘉永壬子仲春正三位大常卿大中臣教忠撰并书"。教忠此人见于《公卿补任》第十一卷①，安政②（1855）乙卯夏六月叙正三品"神祇大副"的官位，曾为纪维贞的《国基》一书写过序。因第二个序文透露出的信息量很大，故不惮其烦，全文照录（原文仅有逗点）：

盖中古朝廷所以设太学及遣唐使留学生者，将资彼制度文物以饰我治具耳。若夫国祚悠久万世不拔之基，在风俗之质愨与人心之义烈，而不在制度文物。文物既备矣，治具既张矣，无复所资于西蕃。此菅公所以罢遣唐使也。留学生在唐，或艳其文物，受其官爵，辱国亦太甚矣。此公之所以垂和魂汉才之诫也。然寓其地，化其俗，犹或可恕。犹在近世学者，身未尝至其地，目未尝窥其俗，而心已醉于空词浮文之毒，动辄内彼外我，曰中华，曰中国，曰日东，曰大东，曰东方之国，甚者自称夷人。噫，文之灭质，败风俗，害人心，不亦酷乎！公之言曰：外蕃下裔之客，来朝寓鸿胪者，公卿不可往见。此数语，在今日实为救时良药矣。明氏之亡也，僧心越归化，寓长崎，见一小儿误触楹伤头，即挥拳打楹。叹曰，若使我乡人尽如此儿，岂至为清虏所夺乎。可见西土人读万卷书，而不及我一小儿。岂非以空词浮文之毒染心邪。本邦学者不省于此，相率颂此辈所著之书，而不知失固有之义气美俗，而摇万世不拔之基，可不深畏而重戒乎。此纪维贞所以表章此书也。世之学者宜三复此书，而后读汉籍，可以无大过矣。维贞又请公之裔孙黄门聪长卿，书篇中要语二则勒碑，树之北野菅祠。宪章之意，可不谓勤矣哉！

---

① 田口卯吉编，黑板胜美校订：《国史大系》第五卷，经济杂志社1904年版，第859页。
② 时间为1854.11.27—1860.3.18，是江户时代末期孝明天皇朝代的年号。

第六章 《菅家遗诫》中的"和魂"与"汉才"

此本窜入"两章",序文也提到此"二则"和"和魂汉才"之事,对其评价很高。序中"明氏之亡也,僧心越归化,寓长崎,见一小儿误触槛伤头,即挥拳打槛。叹曰,若使我乡人尽如此儿,岂至为清虏所夺乎"部分,出自内野常正的"戏作"①《灵魂换宿》中的一则故事,二者的情节和话语几乎一致。内野是平田笃胤的门生,文化九年(1812)平田笃胤特意为他的这个"戏作"作序。

序中还有几句话值得简单分析一下。首先,它故意歪曲菅原道真"罢遣唐使"的真意,使之为自己的政治目的服务。其次,它的民族主义精神上接山崎闇斋、浅见䌹斋等人的思想,下与当时鼓吹日本"风俗之质悫与人心之义烈"、反对"动辄内彼外我""以空词浮文之毒染心邪"的"国学家"主张声气相通。它还有一句潜台词,就是中国现在已为清夷所辱,不值得再学习。说它充分体现了江户的时代精神并不为过。这一点我们在下一章会看得更为清晰。

5. "嘉永五年版丙本"(出版时间不详)。该本的两个序文、"两章"的窜入及"提醒字句"(指前记"右二则者遗诫中之眼目也")与乙本完全相同。从序、跋的作者和内容及"提醒字句"来看,可以推知该本与北野建碑和"嘉永五年版乙本"有密切关系。但丙本有自己的特色:(1)在第二卷末,附上从《源氏物语》、《今昔物语》、《后拾遗和歌集》、《愚管抄》及《咏百寮和歌》中摘出的与"大和魂"、"大和心"、"大和意趣"、"和魂"、"才"、"汉才"、"和魂之才"等有关的语例。这些语例我们在前面已做较详尽的分析;(2)有两个跋文。一个是汉文短跋,一个是和文长跋,前者由纪维贞作出,后者由"侍奉北野宫松园坊前住现竹林坊法眼清根"写就。纪维贞的汉跋极具"个性"色彩,也值得一录(原文仅有逗点,下画线由引者作出):

菅家遗诫一书,神意玄妙,固非肉眼所得而窥知也。维贞旦夕庄颂有年矣。近闻有国学者流,疑其真伪,卖弄聪明,妄议先贤,

---

① 江户时代中期以降主要在江户发展起来的俗文学,特指小说类,是当时日本的"故事集"、"滑稽读物"、"青楼文学"、"笑话读物"、"讽刺读物"、"插画读物"、"恋爱小说"等的总称。

"大和魂"史的初步研究

吾不知其何心也？<u>即出他人之手，苟可以训人报国，则当尊信而表章之</u>，况出公之手乎。和气久公请书尾，因题一言。

纪维贞在此说得很清楚，《菅家遗诫》出自"神意"不好懂，故不能"妄议"。即便是伪作，但只要对日人、对国家有利，也应该相信，何况其并非伪作。但他没有兴趣去证明是否作伪。序中的"和气久公"是某历史名人（参见后文）的后裔，也是当时"曼殊院"的大人物，所以此丙本应该是"曼殊院"出资出版的。

清根写的和文跋篇幅很长，内容与维贞的相似，大意是神力无边，幻化出菅原道真。道真聪明，学什么像什么，儒学自然不在话下。他知道神意玄妙，不易理解，故以人们易掌握的儒学治世，但断然不肯接受革命的国风。后因汉学日盛，影响皇国之风，蒙蔽人们思想，所以道真写下《菅家遗诫》以告诫人们。其中纪维贞识货，抽出该"两章"，让菅黄门聪长卿书写并勒之于石，广泛宣传。然而有人竟大为不敬，怀疑其乃伪作，罪大恶极。须知皇国久远，此遗诫当为皇国稳定做出贡献，人们不应忘却皇恩。文后清根作歌一首，以此作结。[①]

6. "文久元年版"（皇纪2521年，1861年）。此书正文第一卷末窜入"两章"（这在大宰府［抄］本部分已有叙述），但没有嘉永五年版的"右二则者遗诫中之眼目也"这个"提醒字句"。序、跋也与嘉永五年版的大相径庭。此版有两个序文，第一个序文由"权中纳言"菅为定书写，为汉文，未提及"两章"和尊皇精神，仅赞美菅公的德行和强调版本出自京师"曼殊院"与大宰府神社的合理性，故在此不录。第二个序文未署名，为和文，内容涉及皇国即神国与"和魂汉才"的关系，以及该版本的问世来由——福冈大城的志士捐资出版，没有提及"两章"及"提醒字句"，故也不录。只是序文末尾有"赤心报国"四字，旨在表明通过辨别"和魂汉才"的本末可强固"赤心报国"的基础之意。其"赤心报国"一语，让人联想到浅见䌹斋在其佩刀上镌刻的"赤心报国"四字，凸显了作者的勤王之心。跋文由"权大僧都"法印信全写就，意思与和文序相近，于此略去不录。

---

① 参见加藤仁平《和魂汉才说》（增补版），汲古书院1987年版，第43—45页。

7. "明治六年版"（皇纪2533年，1873年）。此书序文和正文与嘉永五年乙版的完全相同，而且印有发行书肆的名称，这在明治以前从未见过，说明当时的销售规模已颇大。

8. "北野文丛刊本"（皇纪2566年，1906年）。此本由东京国学院大学于1906年根据收入《北野志》三卷之中卷，即《北野文丛》卷八的前述抄本印刷而成，文字错误甚多。具体内容请回见同名抄本。

9. "日本教育文库本"（皇纪2569年，1909年）。此刊本收于同文馆编辑局（总编辑为黑川真道）于1909年编纂的"家政篇"第55—60页中。从该刊本的"解说"部分可以了解此书的由来和真道本人的观点。"解说"（原文为日文，仅有逗点）说：

> 据传此书为菅公所作，然不能不疑。姑以旧本编之。或为菅公后裔中某人所作。乃涉及政事、文学等诸方面之训诫。此书全卷不传，其一部有脱文等。现根据"续群书类从本"及"文久元年版"、"黑川藏抄本"等补订。

"续群书类从本"和"文久元年版"、"黑川藏抄本"前面已有叙述，但据真道说，此"教育文库本"其实用的是有教忠、光通序文的底本，即本节第4的"嘉永五年版乙本"，或第7的"明治六年版"。

与真道有相同观点的还有本居内远①此人。他于其著《和歌之浦鹤》中有以下一语："其为菅公御作或为菅公后裔所作不详，即令如前二条亦含有此意。若不基于此明确问题，颇难以置喙。"②

在此部分仁平对"解说"所说的《菅家遗诫》的条数提出自己的看法。许多人认为是三十二条，但他认为是三十三条，如"屋代弘贤本"所示，列举时某条不改行，故致使三十三条变为三十二条。

三 "和魂汉才"石碑

"和魂汉才"石碑即刻有"和魂汉才"字样的石碑，据查有5座，

---

① 本居内远（1792—1855），江户时代后期的"国学家"，旧姓浜田，号榛园，跟随本居宣长的养子本居大平学习"国学"，后成为其养子。服务于纪州藩藩主，学风以考证为主。
② 《本居内远全集》"和歌之浦鹤"，出版社名不详，第1009页——加藤仁平原注。

"大和魂"史的初步研究

从碑文可以看出建碑的目的,有的还可以看出"两章"窜入的情状:

1. "北野神社碑"(皇纪2508年,1848年)。此碑在"嘉永五年版乙本"的两序文和甲、乙本的第一卷末都有提及,现位于京都市上京区马喰町北野神社东面,碑上刻有以下文字:

嘉永元年四月应右兵卫大尉纪维贞需　菅原聪长

右遗诫要文二则宜为后世龟鉴□（仁平注:□为故）请三十一世东坊城

黄门公书属庆延坊卜神意惟卜协便勒石建之庙东以示诸人云

嘉永戊申初夏　右兵卫大尉纪朝臣维贞

此碑的建立时间比《菅家遗诫》"嘉永五年甲、乙版"的出版时间早4年。

2. "高雄山碑"(皇纪2511年,1851年)。京都市右京区高雄神护寺刊行的《高雄山略志》第16页记有以下文字(原文仅有逗点):

和气清麻吕公墓,位于本寺背后山腹,坟旁自古有自然石,上刻和魂汉才、实事笃行八字。

此碑与"赠正一品"和气清麻吕①的坟墓建设有关。该墓重建于明治三十一年(1898)四月十五日。时任"和气会"会长、正三品公爵的鹰司熙通②亲自题写上述八字,并让人在坟旁自然石左侧分两行刻上。石头右肩上另刻有印章图样,内刻"温故而知新已可为师矣"十字。左下分刻两部分内容,第一部分在中央刻上"关白"二字,"关

---

① 和气清麻吕(733—799),奈良时代官人,本姓磐梨别公,僧侣道镜与宇佐八幡神官勾结窥视皇位时,秉承藤原一族意旨的和气清麻吕作为敕使接受宇佐八幡的神讬,阻止了道镜的行为,因而招至道镜怨恨,被改名"别部秽麻吕"后流放至大隅。道镜失败后奉诏回京侍奉光仁、桓武两天皇,为迁都平安贡献良多。任民部卿和造宫大夫,官阶"从三品",死后被祭祀于护王神社。

② 鹰司熙通(1855—1918),关白鹰司政通之子,日本华族、陆军军人,曾任皇室侍从长、贵族院议员,最后官至陆军少将从一品勋一等公爵。鹰司姓即过去的藤原姓。

第六章 《菅家遗诫》中的"和魂"与"汉才"

白"左右各刻有两个圆形印章图样,右圆章内刻"寿比南山",左圆章内刻"福如东海",各四字。第二部分刻有一个方形印章图样,内刻"至诚如神"四字。

此石碑旁是否"自古"以来就有"自然石"不详,并且它原来并不在神护寺后山。据明治三十四年(1901)十月刊行的汤本文彦《和气公纪事》六十五丁表记载,嘉永四年颁发神号的宣旨下发时,"关白"鹰司政通①亲书上述八字后勒石,立于京都市上京区护王神社前方,社殿迁往乌丸街时碑石仍在高雄山的神社旧址,"今移于墓前"。明治四十五年(1912)半井真澄所编《赠正五品座田维贞君小传》说:"今高雄山护王神社旧址刻有关白政通公所书和魂汉才、实事笃行八字石碑亦君之所建"。和气清麻吕的被"赠位",似乎与维贞的建议和政通的奏折有关,以上两个文献,也说明该石碑的建立来自二人的共同努力。"笃行"二字见于中国"四书五经"中的《中庸》一书。

3. "大阪天满宫碑"(皇纪2512年,1852年)。从碑文可以看出建碑人、建碑时间的信息以及此碑与"两章"和纪维贞等人的关系。碑文是

(右横面)
土佐左近将监光文　　　执事　小谷能登介
松梅　　　　　　　　　两笔
土佐伊势守光清　　　　干事　井　上　宗祥
(正面)
凡神国一世云云
凡国学所要云云
应右兵卫大尉纪维贞需　菅原聪长
(左横面)
余谒北野圣庿观东坊城君所笔菅公遗诫之碑文不胜感钦

---

① 鹰司政通(1789—1868),江户时代末期的公家和政治家,1823年(文政六)任"关白",1842年(天保十三)任"太政大臣",位居"关白"一职达30年以上,在朝廷拥有极大权力。

"大和魂"史的初步研究

　　　　仰之至模上石以建于浪华天满祠内
　　　　嘉永五年岁壬子夏六月　　大仓法桥菅原信古经白

此碑刻有松梅图案，颇有中国文化元素，建立的时间比"大宰府石碑"早六年。

4."大宰府神社碑"（皇纪2518年，1858年）。文久元年版"权大僧都"法印信全的跋文（日文，无标点）写道：

　　　　雄镇筑紫国之我大神所遗遗诫中有和魂汉才之文字，今世举国景仰。今选千人所曳之重石勒之，立于此神社前。

但没有谈及碑文由谁书写。据藤井甚太郎说明：乃"安政五岁次戊午初秋，前权纳言菅为定"写出。在"两章"后还写有"有欲建碑大宰府天满宫者应其需书之"的文字。因此碑文的书写者就是文久元年版序文的撰写人。大宰府位于今福冈县中部，大宰府神社也叫大宰府天满宫，所祭之神即菅原道真，据说该社前身就是埋葬道真尸骨的安乐寺。建碑的发起人和赞助人几乎都是"勤王"人士，其中著名的有"国学家"铃木重胤。

5."汤岛天神碑"（皇纪2553年，1893年）。此碑建在东京都文京区汤岛，该地过去建有祭祀孔子的圣堂。也许菅原道真不光自己学问好，还是主宰他人学问的圣人，而孔子亦为学圣，所以后来在此地也建起祭祀菅原道真的神社。但祭祀孔子和祭祀菅公的意义自其诞生之日起即有不同。如前述，这时已是明治时代中期，欧化现象严重，日本需要用神道教来平衡西洋文明。仁平在此未提及这一点，也没有叙说自己是否亲见过该碑。

此碑于1893年（明治二十六）由子爵福羽美静所建，刻有"两章"。美静是幕末"国学家"大国隆正的门人，生于石见国（今岛根县西部），素来尊崇柿本人麻吕[①]和菅原道真，著有《菅公一千年》一书。

---

①　柿本人麻吕（生卒年不详），大和时代的歌人，据说是日并皇子和高市皇子的舍人，7世纪后叶开始侍奉持统、文武两天皇。和铜年间（708—715）50岁左右时死亡。

第六章 《菅家遗诫》中的"和魂"与"汉才"

他在其著序文中回忆在石见时遇上菅公950年大祭,"听过恩师大国隆正对菅公所做之思考等,至今难以忘怀",并将恩师在《大和心》中就《菅家遗诫》所作的文章作为自身著作的附录。《菅公一千年》也引用过《菅家遗诫》第廿二章的文字,说:"遗诫文字之读法,与世间常见之读法有所不同。此按恩师大国翁所说读作""自非和魂汉才云云"。关于此碑文由谁所写,美静在其著第16页断言是"大国隆正翁写出"。然而据汤岛菅公神社社务所的人说,"凡国学所要虽欲论涉古今究天人云云"这段文字乃野之口隆正所写。而"野之口"与大国隆正的初姓"野々口"很相似。

总结说来,"和魂汉才"石碑数量很少,且建造时间皆迟,均建于19世纪中叶或末叶,其中三座与纪维贞此人有关,剩余两座中一座与福冈的"勤王"人士和"国学家"、另一座与明治政府高官有关。

四 "两章"分别窜入和共同窜入的时间

从抄本、刻本和石碑的介绍可以初步看出"两章"分别或共同窜入的时间。刻本仅是"嘉永五年版"及之后的刻本窜入了"两章";石碑碑文都窜入了"两章",且均在嘉永元年(1848)之后。而抄本窜入"两章"的仅有五种,即窜入廿二章的所谓"屋代弘贤本"和"伴友信校本",窜入廿一章的所谓"尾张本",以及窜入"两章"的所谓"曼殊院"和"大宰府"两抄本。为更清晰地了解抄本窜入的情况,以下需对仁平的研究做归纳和梳理。

第廿二章窜入的时间大约是抄本19和23所介绍的屋代弘贤和伴友信此二人生存的年代。其被发现的过程是,伴友信的校本出现了"凡国学所要云云"这一章节,而友信的弟子谷森善臣在谷川士清《日本书纪通证》中发现了它的出处。之后继承这一发现的平田笃胤的门人六人部是香,为了订正恩师的误解,在《篇乃玉笺》一书中确认是"屋代弘贤抄本"首次窜入了第廿二章。"屋代弘贤抄本"完成的时间是享和元年(1801),伴友信从事校勘的时间应该是在他致仕时即文政四年(1821)之后,总之是在18世纪末到19世纪初这一段时间或稍早的一些时候。对此六人部在《篇乃玉笺》说得很清楚:"师翁《古史开题记》曾引该书,举'凡国学所要自非和魂汉才不能阕其闽奥矣'一语,自此古学之

· 417 ·

"大和魂"史的初步研究

辈于此于彼皆感珍贵,遂无止息。……然此语乃谷川士清首次言出,其又乃吾友谷森种案发现,菅公御语中断无此语。其《通证》一卷小字注:'《菅家遗诫》曰,凡治世之道,以神国之玄妙,欲治之其法密而其用难充之,故三代之正经、鲁圣之约书,平素簪之冠之,当至其细尘。'今按,中古以来之治世也,兼取周孔之教以为之羽翼,是故国学所要,虽亡论涉古今穷天人,其自非和魂汉才不能阙其闻奥矣。'凡治世'至'当至细尘'乃《菅家遗诫》之文,'今按'即士清之今按,今无任何疑惑。……同书中另有'今按夫大者天地,其次君臣,道云教云,岂有他哉!……自非深浴日德,妙味土金,则孰能发此言矣。'由此可想二者文脉相同。……其时屋代弘贤所得异本识语中亦有此语,人所共赏,彼(指师翁)写入《开题记》未经熟考,故有误解也。"①

就第廿一章的窜入时间,六人部没有做出明确的说明,仅认为此章"伪作者在书写时,本应将其置于上卷第四章和第五章之间,但却将其放置在评论诗歌或侍女等之后,其乃新添之伪作不言自明。"(十四丁)② 按六人部的设想,如果伪作者将此章置于第四章后面,因前后二章语句的相似和思想的变化可能还不会让读者怀疑,但由于谈神国以及国学的第廿一、廿二章与谈诗歌、侍女等文武两备之第廿章之间缺乏联系,所以伪作是十分拙劣的。六人部的这些分析甚好,只要今后没有发现新的史料,我们就只能相信六人部的推断。

不过六人部所说的"屋代弘贤所得异本云云"有误,因为弘贤是让门人冈野和山口抄写,而且其中的第廿二章是某人用朱笔写在附笺内后粘在抄本上的。或是六人部未亲见此抄本而出现上述谬说。另外如下所示,六人部未经比较研究就说"识语"也是窜入者伪作的,这也有欠考虑之处。再者,六人部所说的"师翁《古史开题记》曾引该书云云",可能指的是《平田笃胤全集》卷十二《古史征》一之卷第273页中的一段话,但这段话与六人部所说的有所不同,而且笃胤对某些问题的认识也不完全错误,这与笃胤后来故意曲解、宣传"和魂"有很大的不同。笃胤说的是"北野坐神御语有'凡国学所要自非和魂汉才不

---

① 加藤仁平:《和魂汉才说》(增补版),汲古书院1987年版,第79—81页。
② 同上书,第75页。

第六章 《菅家遗诫》中的"和魂"与"汉才"

能阚其阃奥矣'一句,此甚有益。须留心和有魂、汉有才此语,方可辨汉才亦非全无作用。○因曰,有人云和魂此语乃吾师(指本居宣长)就中世女子首度言出,然可有于其妇人之前菅家神即有该御语?"① 然而无论如此,六人部对该抄本真伪的判断仍然是正确的。《鹭乃玉笺》十三丁说:"吾虽未见此书,然经熟考可以认为,此乃(士清)写出《通证》该语(指"今按")后,……有某奸人将士清该语稍加省略附于上卷卷尾,并伪作识语使其看似古本,称其为异本牟利。"② 六人部是平田笃胤的门生,也是"国学家",但他不为尊者讳的态度和坚持真理的精神,永远值得人们的尊敬和学习。

与此相对,第廿一章"凡神国一世无穷之玄妙者云云"的窜入时间较不明确,或许是在第廿二章窜入后不久的一段时间。黑川春村的所谓流传本说过:见"凡国学所要云云"一章窜入,但未见有"凡神国一世无穷之玄妙者云云"此章。春村在《硕鼠漫笔》中论证《菅家遗诫》乃伪作后,又在该"上卷第四章"说:"此有不明之处。人谓嘉永之初京师官人座田某将此二章刻石,立于北野社头。余获其拓本见之,有凡神国一世无穷之玄妙者云云。此或来自后人对前述抄本之笔削,或来自其他异本,总之文意颇有冲突。余曾见五六种抄本,但未见有与此章相同之文字。不可思议,不可思议也。"③ 春村所说的"冲突",似乎指的就是仁平所说的第四章和第廿一章的形似而神异。

第四章说:凡治世之道,以神国之玄妙欲治之,其法密而其用难充之,故夏殷周三代之正经、鲁圣之约书,平素簪之冠之,服膺而当至其堺界。

第廿一章说:凡神国一世无穷之玄妙者不可敢而窥知。虽学汉土三代周孔之圣经,革命之国风可深加思虑也。

此两章相似之处有三:(1)"神国之玄妙"和"神国一世无穷之玄妙";(2)"其法密而其用难充之"和"不可敢而窥知";(3)"夏殷周三代之正经、鲁圣之约书"和"汉土三代周孔之圣经",三处几乎都是

---

① 加藤仁平:《和魂汉才说》(增补版),汲古书院1987年版,第82页。
② 同上书,第82页。
③ 同上书,第96页。

419

"大和魂"史的初步研究

同义语之反复。而且在第二章也有"汉土"这个词汇。然而若认真仔细地分析，就可发现二者间存在根本性的差异。第四章说的是，以神国之玄妙治世，其法密而其用难充之，所以必须深入研究支那圣人的学问并实行之。而第廿一章却认为，即使学支那圣人的学问，但也要注意中国革命之国风。前者以儒为主，而后者则以日本的国体为主。①

而六人部在《篤乃玉笺》中详说"凡国学所要云云"章乃窜入的文字之后，则引用前述"尾张本"，说："近来有刻板书加入'凡神国一世无穷之玄妙者云云'一章，此乃由尾张人由其国携入京城，该章亦附于上卷卷尾。其书无'此国学所要'一章。按，此书与彼弘贤本相同，乃近世之人伪作加入卷尾以欺人。"② 据仁平解释，所谓的"携入京城"的"京城"，是指一般人所说的京都，还是指江户不明。如果将其理解为前者，那么说明在"两章"共同窜入之前，此"尾张本"或与此相同系统的抄本已进入江户（著者按：原文如此，似为京都），但如果将其理解为后者，则无须再做复杂的研究，只要考证出六人部何时待在江户，就可大致推断出"尾张本"进入江户的年代。然而据仁平说，他向六人部的后人、向日神社的六人部克已求证这个问题时回复是不清楚，所以第廿一章的窜入时间只能推定为在第廿二章窜入后不久的一段时间。

至于"两章"共同窜入的时间，仁平也只能作出大致的推测，但似乎不无道理。按黑川春村所说"嘉永之初京师官人座田某将此二章刻石，立于北野社头。余获其拓本见之"，则他是在嘉永元年（1848）建碑后数年才第一次见到有此"两章"。而六人部第一次见到并说"近来有刻板书加入'凡神国一世无穷之玄妙者云云'一章"，则是《遗诫》"嘉永五年版"刊出之后的事情。然而《遗诫》"嘉永五年版丙本"法眼清根"跋"在论说北野建碑的由来时，曾提到此书是按某抄本刻出的：

　　纪维贞于熟读《遗诫》后感叹如此尊贵之御教书人们却知之甚少，为使之广闻于天下，寻其抄写古本，勘合异同，订正谬误，并

---

① 加藤仁平：《和魂汉才说》（增补版），汲古书院1987年版，第76页。
② 同上书，第97页。

从中拔出尊贵之二章为主旨，乞请菅黄门聪长卿御笔书写，云云。①

可见在东坊城聪长执笔的嘉永元年（1848）四月之前存在过某一共同窜入"两章"的古抄本。按仁平的理解，这个古抄本很可能就是"北野文丛本""识语"中所说的那个"近来关东士于第一卷末文文备之两条者也"，"之次妄作二章以窜入，其文云'凡神国一世无穷之玄妙者云云''凡国学所要云云'。"另据前述《宗渊传》，可知《北野文丛》的编辑工作乃从文政（1818—1830）初年开始，最迟至天保（1830—1844）末年结束，所以那个"识语"也是在天保末年之前写出的。这个"识语"对弄清"两章"共同窜入的时间非常重要，但由于仅通过"北野文丛抄本"无法了解到那个某古本的信息，加之宗渊的后人久松尚楠也说不清楚此方面的情况，因此只能大致推定其为"识语"执笔稍前的一段时间。仁平最后认为，从"屋代本"抄于享和元年（1801）和平田笃胤致藤田的信件写于文化十三年（1816。其中有"菅家御语有和魂汉才"一语）这些事实判断，可以认为有人在 1816 年后的关东或就是江户，将"屋代本"窜入的第廿二章和尾张人携入本窜入的第廿一章一道于天保元年（1830）至天保十五年（1844）之前共同窜入于《遗诫》。

第三节 "两章"窜入的背景及其意义

"两章"的出现并不是偶然的，它具有深厚的时代背景和历史积淀，源于多种学派思想的共同滋养，粗分起来其养分大致来自以下几个方面：

一 《遗诫》本身带来的影响

准确地说，就是《遗诫》第四章本身蕴含的思想带来的影响。第四章所说的"凡治世之道，以神国之玄妙欲治之，其法密而其用难充

---

① 加藤仁平：《和魂汉才说》（增补版），汲古书院 1987 年版，第 99 页。

"大和魂"史的初步研究

之,故夏殷周三代之正经、鲁圣之约书,平素簪之冠之,服膺而当至其堺界"的思想,在第廿一章的"凡神国一世无穷之玄妙者不可敢而窥知。虽学汉土三代周孔之圣经,革命之国风可深加思虑也"和第廿二章的"凡国学所要,虽欲论涉古今究天人,其自非和魂汉才不能阚其闽奥矣"中都能找到它的原型,只不过是这个原型在新的时代被某些新的思想外力冲击,以致部分地方发生了重大扭曲。考虑到《遗诫》很可能诞生于室町时代(加藤仁平也持同样的认识),所以可以认为在室町时代乃至稍早之前,日本已经产生了所谓的"和魂汉才"辩证思想。而这种思想最早可以追溯到紫式部的"大和魂"论。不过按照以上说明,紫式部的"大和魂"论也好,《遗诫》的第四章也罢,当时的"汉才"还都优越于"和魂"。因为《遗诫》本身也都是当时或之前某些思想的产物。

二 《源氏物语》注释书及辞典等的影响

如前述,在九十部自平安时代末期至江户时代中期的《源氏物语》注释书及一辞典《增补语林倭训栞》中,对"大和魂"进行注释的共有八部,我们有必要对其做简单的回顾:

1. 《河海抄》(1360,四辻善成):大和魂 和国魂 和才魂魄也。

2. 《源氏和秘抄》(1449,一条兼良):大和魂 我国之魂也。

3. 《花鸟余情》(1472,一条兼良):大和魂 我国鉴别之心也。

4. 《源氏细流抄》(1510,三条西实隆):大和魂 日本之鉴别等心也。

5. 《孟津抄》(1575,九条稙通):大和魂 和国魂 和才魂魄也 广学唐文可知日本之事也 日本鉴别之心也 一禅说。

6. 《岷江入楚》(1598,中院通胜):大和魂 和国魂 和才魂魄也 花(引者注:指《花鸟余情》),我国鉴别之心也。

7. 《湖月抄》(1673,北村季吟):大和魂 和国魂 和才魂魄也 孟广学唐文可知日本之事也 才,抄此指汉才。

8. 《增补语林倭训栞》(1777—1887,谷川士清等):大和魂,日本魂也,《源氏物语》中有……一语。按一条禅阁所说,乃日本之鉴别之意也。

第六章 《菅家遗诫》中的"和魂"与"汉才"

需要在此补充的是《日本国风》（延享五年序，1748，度会常彰）这部著作。该书卷二中也对"大和魂"作出解释："抄云，大和魂，日本之鉴别等心也。按，此为我国之本，指尊父母之国、不失日本之本心也。"①

这些注释或解释，虽说语意不明，内涵也极其粗疏和简单，而且除8 和《日本国风》外，其中所暗指的"汉才"仍保持对"和魂"的部分优势，但无论如何，上述九项以日本固有事物为中心的"日本主义"思想已经冒头。这种现象的背景之一就是，过去那种中日两国文化大规模交流的停止和之后日本很快出现的"下克上"的政治形势，对此日本有人在反思为何会出现这种情况以及如何克服这种皇室被逐渐架空的局面。皇室的政治和宗教基础在神道，于是自然有人会在神道以及日本人的"魂魄"上面下功夫。"鉴别"虽说有辨明"下克上"的意思，其原动力来自中国的礼制思想，但很难说没有要弄清何以会出现这种情况的原因的意思。"尊父母之国、不失日本之本心"，也来自中国孝道思想的影响，但其真正的目的，是创造"父母＝养育自己的国家＝神国＝日本＝天皇"这种逻辑，让人们爱皇尊皇，反对孟子的"革命"思想。

三 垂加神道学派的影响

度会常彰体现的是伊势神道的思想。而糅合了儒学和神道教的垂加神道思想也给"两章"出现的背景抹上自身浓厚的色彩，其油彩当推垂加神道代表人物若林强斋在《神道大意》中所说的那一席话：

如今虽为末世，然不可自轻吾身。天地乃曩昔之天地，日月照鉴于今自当更新，故须涤荡众人黑心，时时幽则崇祭神明，明则敬奉君上，爱人惜物，万事不违条理，则我等将不失坠自身一箇日本魂。②

---

① 转引自井上哲次郎、有马祐政共编《武士道丛书》下卷，博文馆1905年版，第53页。
② 参见本书第五章 第一节 一 "若林强斋的《神道大意》及其中的'日本魂'"。

"大和魂"史的初步研究

从以上话语可以看出,强斋的"日本魂"已带有明显的尊皇和反对"革命"思想(涤荡众人黑心)的意味。

同属垂加神道门派的松冈文雄①接受若林强斋的说法,在《神道学则日本魂》中也积极地为这种"日本魂"作出定义(原文为汉文,标点为著者所加):

> 第三则　第令儒生释徒异端殊道之顽,村町野夫贾贩奴隶之愚,悃悃欵欵,祈国祚之永命,护紫极之靖镇者,此谓之日本魂。予所以呶呶然如此,其不已者实惧日本魂之教不著也,非好辩也。学者谅诸。

文雄的所谓"大和魂",以保神国和尊天皇为内涵,它要反对的明显是中国式的"禅让"和"革命"思想:

> 第二则　唐虞之隆,事业虽可见,文章虽可观,禅让之举,酝酿伦理泯绝之祸,驯致纲常沦敦之灾;汤武之世,治迹虽可称,风化虽可嘉,革命之举,造天纲解纽之厄,扬地维脱结之变。邦说之魁,暴行之首孰大焉。(略)故予教学者读六经,语孟之书,则以充博学洽闻之。资知草木鸟兽之名,为期勿费力于其蕴者,为是故也。

作为定义的结语,文雄明确指出,"日本魂"即"尊皇":

> 附录学则答问　生于我国之人,除朝暮奉祝吾君(按:天皇)千秋万世之外无其他之魂。此吾常教有志此道之人不可失此日本魂

---

① 即松冈雄渊,也叫松冈仲良等(1701—1783),神道学家,生于尾张热田神社神主家庭,最初跟随吉见幸和学习神道,后在京都师事若林强斋,再后跟随玉木正英传授垂加神道。1733年(享保十八)刊行《神道学则日本魂》。此书否定中国的禅让、放伐思想,强调天皇皇位的"天壤无穷"。

第六章 《菅家遗诫》中的"和魂"与"汉才"

之故也。①

文雄没有使用"和魂",而是使用"日本魂"这个词汇,但他的注音和"和魂"一样,都是Yamatodamashihi,因此他文中"日本魂"的意思和"和魂"是一致的。谷川士清在其著《日本书纪通证》卷一二十二丁表中,也引用过文雄的"悃悃欵欵,祈国祚之永命,护紫极之靖镇者,此谓之日本魂"这句话,所以他的"今按……"和由"今按……"衍生出的第廿二章中的"和魂",与此"日本魂"的意思应该也差距不大。由此可以进一步推断,第廿一章所要表达的意思被高度浓缩在这"和魂汉才"或"和魂"之中。这从谷川士清同著中的另一些话看得尤为清楚(原文为汉文,标点为著者所加):

西土之建国,以篡弑为基业。尧舜之圣,虽尽禅让之美,然实非天地常经矣。(略)又曰:西土之为国,有汤武之大圣,既为放伐之始,孟子之大贤复为祖述之,则儒者纷纷有不得已之论,亦必到之势也。今按,《五杂俎》曰:倭国亦重儒书,凡中国经书皆以重价购之,独无《孟子》。云有携其书往者,舟辄复溺,此亦一奇事也。《武备志》② 亦举日本国嗜好部,曰"四书",则重《论语》《(大)学》、《(中)庸》而恶《孟子》,此亦可以徵矣。西土既有刺孟疑孟等之作,本邦益亦有其人也。夫当孟子时,周尚为天下共主,然数说放伐以动齐梁君,此所以我神人不慊闻之也。松下氏以《五杂俎》为讹言,且曰日本有《孟子》千年有余,古来宗之。是徒知考有无而不深究其实,不亦固乎?近有《自警语》③ 载于《护法集》④ 中,其论国脉议孟子,实有见焉。宜与王臣传论并行。师炼⑤、

---

① 松冈文雄:《神道学则日本魂》,平重道、阿部秋生校注,岩波书店1972年版,第94页。

② 中国明代兵书,茅元仪著,二四○卷,成书于1621年(天启元)。此书叙述明代形势部分最具有史料价值,是明代史研究的重要文献。书中收录战阵图和地图等,其中的《郑和航海图》成为南海史研究的重要史料。

③ 《自警语》,村上素道著。素道此人生卒年与事迹不详,但著有许多佛教书籍。

④ 《护法集》即第426页①的《经山独庵叟护法集》,是独庵玄光(见第426页注释①)著作的集大成者,"护法"即指维护佛祖慧命,该集包含日本近世佛教史上重要的典籍、经典解释和诗歌等。

⑤ 虎关师炼(1278—1346),镰仓时代末期—南北朝时代的临济宗僧人,京都人,居于东福寺海藏院,擅长诗文,是"五山文学"的先驱者之一,著有《元亨释书》、《济北集》等。也称海藏和尚。

"大和魂"史的初步研究

> 玄光①固虽发长之徒，予窃有取焉。独惟（怪）我朝之人生乎？君君臣臣、忠厚诚笃数万岁之邦，何苦乃信外国二本之说，悍然不顾其天诛神罚之为何物也？②

谷川的"君君臣臣……数万岁之邦"，其实想说的是"天皇万世一系"的"君君"，而幕府将军只是个臣子，故要像一个臣子那样行事，即"臣臣"，所以没有必要"信外国""之说"，否则将会"天诛神罚"。以上文字虽然没有写成"革命之国风深可加思虑也"，但明显具有这种含义。

不独如此，而且"和魂汉才"这个成语也直接来自"垂加神道"流派。"和魂汉才"一语最早出现在谷重远③的《秦山集》中。在该集二十一、杂著、甲乙录七、第二页，重远记录其师涩川春海的一些话，其中牵涉到对三条实教的批评（原文为汉文，仅有逗点，以下标点乃引者所加）：

> 三条殿博学严毅，公卿无双，于后苑于旅琐未尝脱乌帽子、狩衣，虽遇仓促，威仪不少变。有职故实，和魂汉才，其学无津涯，故虽获罪而蛰居，公卿莫不慕向，正亲町亦每赏叹之。予尝白公通卿，曰实教公可谓正矣。然生平无和，与人交皆不合，不知后如何收杀，可虑。后闻嫡男虽及三十岁，公不请朝参。人讽之，乃只言泄世耳。其矜简之气象如此，故嫡某虽资质优美，竟不元服，只名某丸，卒之，遁世灭迹，可哀哉。凡此皆高才博学辈，所当敬

---

① 独庵玄光（1630—1698），江户时代前期僧人，属曹洞宗派，肥前佐贺人。曾追随明代到长崎的中国僧侣道者超元学习佛教，后继承皓台寺的月舟宗林法。善诗。别号蒙山和睡庵。著有《经山独庵叟护法集》。
② 谷川士清：《日本书纪通证》，国民精神文化研究所1937年版，第91页。
③ 即谷秦山（1663—1718），江户时代中期的"垂加神道"家、历法家和儒学家，本姓大神，名重远，通称丹三郎，号秦山，土佐国长冈郡八幡村八幡宫神职谷神兵卫重元的第三子，17岁时赴京都，师从山崎闇斋学习儒学和"垂加神道"。闇斋殁后师从其弟子浅见絅斋。32岁时通过书信向闇斋的弟子涩川春海求教，自修天文历法，著有《神代卷盐土传》、《中臣祓盐土传》、《土佐国式社考》、《秦山集》、《保建大记打闻》等，对后来的"勤王"运动产生巨大影响。

· 426 ·

第六章 《菅家遗诫》中的"和魂"与"汉才"

思也。①

所谓的三条殿,按《改正增补诸家知谱拙记》记录是三条西实教。而"三条西"这个姓氏,则是从藤原氏北家闲院流正亲町三条家中分出的家名,也称"西三条"。其祖辈三条西实隆(1455—1537),在前面有过介绍,也就是《源氏物语》注释书《细流抄》的作者,以及室町时代后期的学者和三条西家歌学的鼻祖。他曾向飞鸟井学习和歌,得到宗祇的"古今传授",通古典,善书法(三条流),官至"内大臣",著有《实隆公记》、家集《雪玉集》和《再昌草》等,总之不是一个等闲之辈。作为他的子孙,实教也官居高位,承应②四年(1655)受封"权大纳言",官居正二品,自然有骄傲的本钱。以上所述实教的为人,想来与此不会没有关系。不过实教的"和魂汉才",与谷川士清所说的意思有较大的不同,似乎仅是说他博学,懂得和学和汉学,而且语中不无含蓄的批评意思。说其正直、矜持、严谨,"所当敬思"等等,当然都是好话,但其"与人交皆不合,不知后如何收杀。可虑"这些话,准确地说就是他不随和,不懂得变通。如此看来,他不缺"汉才"与"和才",缺的却是"和魂"。不过仅从上述引语还不好说就是谷重远最早创造出"和魂汉才"这个成语的,也有可能是乃师涩川春海先前已经说过,之后被重远记录在《秦山集》中的。然而无论如何,"和魂汉才"这个成语都源自"垂加神道"学派,谷川士清作为其成员之一,将它意思改变后有意用之也很正常,之后也成为"两章"出现的背景之一。

需要借此明确的是,过去有人认为,将"大和魂"或"大和心"理解为尊皇和反对孟子"革命"思想的代名词这一举动起源于"国学家",但实际上这种思想发轫于"垂加神道"学者。从这个意义上说,"国学家"后来一系列的尊皇、反华言论只能算是"垂加神道"学派的附流。

---

① 转引自亘理章三郎《日本魂的研究》八,中文馆1943年版,第78页。
② 时间为1652.9.18—1655.4.13,是江户时代前期、后光明和后西天皇朝代的年号。

四　菅家大祭的影响

所谓的菅家大祭，是指在天满宫神社举办的纪念菅原道真逝世若干周年的活动。以此活动为中心，"垂加神道"学者和"国学家"，甚至儒学家等都会有意无意地做出一些举动，以纪念这个人物，并悄悄贩卖一些本非道真本意的私货。加藤仁平制作了一张年表，从中可以看出菅家大祭也是"两章"窜入的背景之一（日本古代年号由引者略去，皇纪年改为公元年）。

1748	谷川士清写出《日本书纪通证》
1752	菅公逝世八百五十周年大祭，《日本书纪通证》刊行
1790	本居宣长"大和心"歌诞生
1801	窜入第廿二章的《菅家遗诫》"屋代本抄本"出现
1802	菅公逝世九百周年大祭
1816	平田笃胤向藤田寄出有关"和魂"的信件
1819	平田笃胤开始撰写《古史问题记》
1830	自此年至1844年有人写出《菅家遗诫》"北野文丛本""识语"，"两章"共同窜入
1847	"学习院"讲堂长联及其"学则"① 问世
1848	北野神社建碑
1851	高雄山神社建碑
1852	菅公逝世九百五十周年大祭，《菅家遗诫》"北野版"刊行，大阪天满宫建碑
1854	中条信礼《和魂迩教》刊行
1855	六人部是香《簹乃玉笺》刊行

（1748—1852 共一〇〇年）

---

① "学习院"，1847年在京都设置，目的是教育"公家"子弟。1877年（明治十年）在东京复办，转为教育皇族和华族子弟。1884年由宫内省直辖管理。此"学则"即长联，内容是"履圣人之至道，崇皇国之懿风。不读圣经何以修身，不通国典何以养正？明辨之，务行之。"（标点为引者做出）与第廿一、廿二章的内容十分相像。一说是由"勘解由使"小路资善、东坊城聪长创作，三条实万公挥毫写就；一说是由三条"大纳言"实万卿即前述实万公创作，鹰司"关白、太政大臣"政通挥毫而成。

1858　　大宰府神社建碑
1861　　《菅家遗诫》"大宰府版"刊行①

　　该大祭自何时开始举办不详，具体的做法是，每隔五十年举办一次，由此形成一种惯例。耐人寻味的是，菅公逝世八百五十周年大祭和《日本书纪通证》的刊行为同一年，应该不是一个巧合。如上所述，在《日本书纪通证》中谷川士清曾多次引用《遗诫》的话语，并且后来还将此书奉献给北野神社，这说明先是《遗诫》影响了士清及其他学者，后来则由其他学者在士清的认识基础上伪造并在《遗诫》"屋代抄本"中窜入了第廿二章。1801 年《遗诫》"屋代本"的问世，似乎就是为翌年菅公逝世 900 周年大祭而准备的。从《日本书纪通证》刊行算起，到菅公逝世 950 周年大祭，再到《遗诫》"北野版"刊行，直至大阪天满宫建碑，总共花费了整整 100 年的时间，"两章"至此已彻底融入《遗诫》而不易被人们辨识。可以认为，是大祭和部分人的运作以及二者的互动，才使"两章"有了窜入的余地和继续发挥影响的空间。

五　"国学家"的影响

　　在"两章"窜入的过程中不少"国学家"起到推波助澜的作用，其带来的影响极为广泛。因牵涉的人物众多，内容也复杂，所以需要另辟一章叙述。相关内容详见第七章。

六　"两章"窜入的意义和日本所谓的"尊皇史"

　　从室町时代《遗诫》的伪作到江户时代"两章"的窜入，经历了一段漫长的岁月。但室町时代的《遗诫》仅反映出部分"公家"的怀旧情绪及其主张的处世原则，以及对那个时代的现实主义态度，其尊皇和反对孟子"革命"思想的情绪并不强烈。与此相对，在菅公逝世 850 周年至 950 周年大祭这一百年期间，也就是在"两章"逐次窜入的江户时代，尊皇思想逐步抬头。同时尊儒思想，准确地说是幕府的意识形态也在遭受质疑，甚至受到反弹和摈弃。"两章"包括其中所谓的"和

---

① 引自加藤仁平《和魂汉才说》（增补版），汲古书院 1987 年版，第 101—102 页。

"大和魂"史的初步研究

魂汉才说"的出现可谓正逢其时,代表着这一反抗思潮。它的主要目的,是为上述尊皇和反儒的思想作出理论概括和提供行动指南;它的重大意义,是为后来的"勤王倒幕"运动准备了理论基础,最终推动并实现了明治维新,将大政奉还天皇。

这里要提出并回答一个问题,即为何有人从江户时代开始要提倡尊皇?首先可以认为,提倡尊皇,换个角度说就是因为有人不尊皇。其次需要回顾日本历史,以确认在江户时代之前的漫长岁月中日本是否尊皇或真正尊皇。因篇幅,以下仅通过一部有代表性的、能集中反映尊皇思想的、日本著名学者和辻哲郎的大作《尊王思想及其传统》[①] 进行分析,即可得出与作者结论相反的结论:自平安时代末期至"两章"出现的这一漫长时间,人们不太尊皇或不尊皇。需要说明的是,哲郎曾留学德国,在那里接受过近代科学思维的训练,但或因他的这部著作改编于1943年他在皇宫面对天皇和皇室成员所做的演讲报告(报告的题目与后来的书名相同),所以从面子和心理上说,哲郎当然要说一些场面上的话,并且受时代的制约,也难免会有违心之语,因而在他的著作中随处可见其自相矛盾的言论,有时甚至还可见到他说出的许多实情。根据哲郎的这些表现,我们可以进一步说,所谓日本的"尊皇史",其实就是一部截至"两章"出现为止的皇室"屈辱史",皇室光荣的时间短而苦难的时间长。了解这些,有利于帮助人们认识"两章"窜入之意义。

首先就天皇的权威来源哲郎在该著中做了美化:日本古代的大王和天皇"并非'通过权力的支配',而是单凭(宗教)'权威的表帅'"来管理国家。理由之一是"治者和被治者之间没有出现过压制性的支配和对这种支配的屈从和反感等。虽有战争,但没有证据表明将战败者和俘虏用作奴隶。"[②] 此说比较武断,只要参见本书第二章"'大和魂'中的'魂'"的史料就可以看出,即使在古代统治阶级高层内部,也不乏相互杀戮和压制性支配的现象,死亡伴随的痛苦可能不仅仅是屈从和反感可以形容的。从世界范围说,在政教合一的时代,不管何地都存在

[①] 和辻哲郎:《尊王思想及其传统》,《和辻哲郎全集》第14卷,岩波书店1962年版。
[②] 同上书,第21页。

第六章 《菅家遗诫》中的"和魂"与"汉才"

被统治阶级的反抗和统治阶级集团内部的争斗，所以只要是执权者，都不会不采取"先武后文"或"文武并用"的方式，用武力管住对方的身，再用宗教笼络对方的心。司马迁说："轩辕之时，神农氏世衰，诸侯相侵伐，暴掠百姓，而神农氏弗能征。于是轩辕氏乃习用干戈，以征不享，诸侯咸来宾从。"(《史记·五帝本纪》)之后黄帝先后与炎帝和蚩尤大战，胜利后"诸侯咸尊轩辕为天子，代神农氏，是为黄帝。天下有不顺者，黄帝从而征之，平者去之"（同上）。从黄帝传至禹，禹死后传至启，先是"益干启位，启杀之"（《竹书纪年》），继而"有扈氏不服，启伐之，大战于甘"，"遂灭有扈氏，天下咸朝"（《史记·夏本纪》）。商朝的建立同样处处以武力为先，"汤始征，自葛载，十一征而无敌于天下。"（《孟子·滕文公下》）周武王以武力推翻商纣王后，西周王室规定诸侯要定期朝聘周天子，如违反规定，"一不朝，则贬其爵；再不朝，则削其地；三不朝，则六师移之"（《孟子·告子下》）。想来大和王朝建政前后的大王或天皇也不会例外，他们的权威无非来自两个方面：一个是武力的胁迫，一个是对祭祀权的垄断，而后者有时也需要武力的配合。这种"文武"双管齐下的做法，对统治者维护自己的权威起到了很好的作用。我们这么说，并没有排斥造神和宗教祭祀在一国政治上的功效。

天皇等人在用武力控制日本的大部分土地之后，先是通过编造《记纪》神话，证明天皇之"神圣权威由何而来，又如何延续下去。比如'国土'创生故事、高天原统治的'继承'故事和事关大八岛统治的天孙降临故事等等，都为显示天皇的神圣性"而"叙述了一个神代史"。这个"神代史即一种'尊王之道的自觉形态'，而不是因为有神代史才树立起尊王之道。天皇的权威在先，而神代史在后，即使不承认神代史为历史，天皇的权威也不会崩溃。神代史作为对这种神圣根源的解释，向人们昭示了以其背后存在的物质作为媒介、通往无限的神圣道路（并非固定的终极之路，而是通往无限的道路）。"[①] 哲郎的以上话语不仅费解，而且自相矛盾，但他要说的意思我们大致可以明白，即天皇

---

① 和辻哲郎：《尊王思想及其传统》，《和辻哲郎全集》第14卷，岩波书店1962年版，第22页。

"大和魂"史的初步研究

本身就是神,故一定会受到尊重,而自祭和被他祭对建立天皇的权威不可或缺。

之后,天皇等人又通过在他管辖下的其他氏族扩大祭祀的范围来扩张自己的势力,强化自己的权威。"神代史的主题即'祭事的统一'。但它不将崇拜皇祖神作为唯一的祭事,而是现御神(天皇)通过祭祀其他各路神明来强化皇祖神的权威。诸神被定位在一个宗教谱系上,血缘的统一不仅与单纯的支配和服从有关,而且意味着'被统一的神明'是由一个'统一的神明'赋予权威的。所有的神明及其祭祀在以皇祖神为中心的口号下被统一地组织起来并加以实施。这种诸神的血缘关系,也被认为是一种全国性的团结意识。通过这种祭事的统一,地方部族的团结实现了国民的团结。祭祀本身不外乎是整体性自觉的一种形态。"① 事实是否全如哲郎所说姑且不论,但按我们的理解,说天皇的政治基础来自宗教,具体的做法则是天皇作为"总揽",自封为大神和封人为小神并让众人一道崇奉,使之形成一张金字塔式的宗教信仰网络,以此控制国家是不错的。由于这种宗教后来转变为所谓的神道教——一种似有似无教义经典和宗教仪轨的信仰,所以我们可以将上句改说为天皇的政治基础在于神道教。天皇的这种努力颇有成效,其成果之一就是后来日本大多数神社的祭器基本上都转用天皇这一支系的祭器——镜、剑、玉,宗教信仰得到大致统一,所以至少可以说在平安时代末期之前,皇室通过祭祀等牢牢地控制着日本的社会和人心。

在奈良时代,日本出现了一种名曰"明神"的思想。人们在"大化改新"后的诏敕中经常可以看到"按天神之命治理各国"和"以明神身份治理天下"这一类句式,将天皇作为"现人神"加以尊崇,换言之即让天皇具有圣性并借此获得至高无上的法律统治地位。进一步,皇室还以诸如"天日嗣高御座之业"(文武天皇即位)、"治慈"(圣武天皇)、"惠抚公民"(文武天皇)、"明、净、直、诚之心"、"清、直心"等词汇,宣示天皇因有圣性和仁慈之心(后者似乎来自儒家典籍的影响)等而具有统治日本的资格。不仅法律如此规定,文艺作品也

---

① 和辻哲郎:《尊王思想及其传统》,《和辻哲郎全集》第14卷,岩波书店1962年版,第25页。

第六章 《菅家遗诫》中的"和魂"与"汉才"

是如此。《万叶集》中"大化改新"的完成者天武天皇时代的和歌也有这种"明神"的思想表现。所以当时"皇神"的说法屡见不鲜,可谓一种套话。至奈良时代末期及平安时代,桓武天皇即位"宣命"时所用的仪式最终成为一种惯例,延续了一个世纪竟未有较大的变化。该仪式表明,天智天皇所规定的"皇位继承顺位法"不应改变,"现人神天皇"的思想将得到继承,臣民必须秉持"忠明之诚"(后改为"正直之心")尊奉天皇。另外,桓武天皇时"明神"指新即位的桓武天皇,而"现人神"则指让位的光仁天皇,之后让位的天皇不再冠以"现人神"的名号。

需要关注的是,前述中为配合天皇合法掌权而出现的一系列"宗教伦理"词汇——"明、净、直、诚"等,这些词汇后来被"国学家"们津津乐道,反复引用,最后以"无私"一语概括。因此在"通过祭祀达到宗教团结形成的感情融洽的共同体中,怀有'私心'的人物必须加以排除,无私地皈依整体的心境即'清、明之心',是否皈依整体的权威最终将归结于是否皈依皇祖神的权威。若将其视为伦理的原则,则其价值就是'清'与'污'。皈依天皇神圣的权威=尊王之道的'清、明之心',就是舍'私'殉'公'的善心。'清'的价值就是去'私',《记纪》中主要人物的优良品性,就是放弃个人的利害考虑和排空自己,追求生命的恬淡与勇气等。这在后来的武士道中可以看到它的影响。"与此相类,"直"与"诚"指的就是对天皇的忠诚。另一方面,对统治者而言,"专制君主是按照'私心'统治赏罚的,而唯一神是正义之神,则按照自己的意志来统治赏罚。但神代史的神并非专制君主,它不以'私心'支配世界,而是站在去私和大公的立场实现正义。""尊王之道即尊崇正义之道,权威政治最终为实现正义构成一个人伦国家。"[①] 让人"清、明"和自己"清、明",即让人服从、尊奉天皇和天皇自己尊重自己。这种为确立宗教伦理而付出的努力,说明当时天皇的执政基础还不甚稳固,需要以神的名义和创立概念的方式,对天皇的权威加以反复强调和提醒。

---

① 和辻哲郎:《尊王思想及其传统》,《和辻哲郎全集》第14卷,岩波书店1962年版,第26页。

"大和魂"史的初步研究

　　在飞鸟（推古）时代，"天皇"势力逐渐抬头，但仍然无法凭借一己之力推行政治。587年圣德太子（574—622）必须联手"大臣"（行政最高长官）苏我马子（？—626）才能消灭物部守屋，实现引进佛派的愿望。苏我氏族在当时专横跋扈，气焰熏天，对此前一位"天皇"崇峻（？—592）素有不满，后者因此欲除去马子，但没想到马子竟先下手为强，于592年杀掉崇峻，拥立自己的外甥女额田王为"天皇"，是为推古"天皇"（在位592—628，554—628）。换言之，若没有苏我氏族，则没有后来的"天皇"推古和"太子"圣德。马子死后，其子苏我蝦夷（？—645）成为"大臣"，待推古"天皇"一死又拥立舒明"天皇"，也开始专横跋扈，权势竟凌驾于"天皇"家族之上。后因罪恶多端，怕人报复，在645年其子苏我入鹿被暗杀后即焚毁自家并自杀。说日本有尊皇传统，看来从一早就缺乏史实根据。

　　自平安时代前期开始，不把天皇当回事的主儿则换成了藤原一族。文德天皇（在位850—858，827—858）原希望立长子惟乔为太子，但因为忌惮藤原良房，不得已改立末子惟仁。惟仁即位后称清和天皇（在位858—876，850—880），甫9岁良房即以外祖父身份摄政，从此拉开了"摄政"、"关白"统治日本的历史大幕。自此各天皇宛如傀儡，被"摄政"、"关白"用丝线操控着跳跃在政治舞台上。清和天皇不到21岁即厌倦于此，遁入空门，禅位于太子即后来的阳成天皇（在位876—884，868—949）。此时良房已去世，其子基经接替"摄政"职务。阳成天皇或许不堪基经重压，"疯狂无度"故"基经废之"，[①]迎立文德天皇的父亲仁明天皇的第4皇子为光孝天皇（在位884—887，830—887）。因为政事均须通过基经上奏，所以光孝天皇在位不到4年即黯然退出政坛。于是基经又立宇多天皇（在位887—897，867—931）。宇多天皇在日本历史上是一个必须提及的人物，是他重用菅原道真，抑制藤原氏族，使日本政治焕然一新，然而在任职不到十年宇多天皇也让出位子，传位于其子醍醐天皇，并写出《宽平遗诫》告诫其子如何行事。以上的"辉煌"业绩出自现在的日本教科

---

① 赖山阳：《日本乐府》，富士川英郎、松下忠编：《诗集 日本汉诗 第十卷 日本乐府》，汲古书院1986年版，第545页。

第六章 《菅家遗诫》中的"和魂"与"汉才"

书,但实际上宇多天皇活得也不容易。其父光孝天皇在位时曾询问诸"博士""太政大臣有职掌否?于唐朝中何官?"回答是"不概见"。①前语显然带有不满藤原氏专权的意思。宇多天皇继承父志,试图将基经称作"阿衡"。②可基经根本没把宇多天皇放在眼里,下令今后奏事皆须"关白"于基经,"关白"的称号由此出现,并长期为藤原氏专用。

由此可见藤原氏已很专权,不过在当时他们还不敢过于公开轻视天皇,而是巧妙地借用天皇的权威,通过将女儿嫁给天皇的方式,自己充当天皇的外公控制朝政。《源氏物语》也告诉我们,其中心人物这时已不是天皇,而是一个被降为臣籍、仕途不太顺利的藤原氏外孙。虽然该小说未直接提及光源氏来自外戚制度,但从以下史料可以看出,如果历史确有这么一个人物,那么他肯定是外戚政治的产物。因为自"良房的养子基经成为关白后,各朝的摄政、关白、太政大臣多出自北家(藤原良房一系),'中宫'(皇后)也多是北家之女。例如良房之女明子是文德天皇的'女御'(为天皇侍寝的高级女官,地位仅次于'中宫')和清和天皇之母;基经之女稳子是醍醐天皇之后和朱雀、村上两天皇之母;师辅之女安子是村上天皇之后和冷泉、圆融两天皇之母;伊尹之女怀子是冷泉天皇的'女御'和花山天皇之母;兼通之女媓子是圆融天皇之后;兼家之女超子是冷泉天皇'女御'和三条天皇之母;兼家另一女诠子是圆融天皇的'女御'和一条天皇之母;道隆之女定子是一条天皇之后;道长之女彰子是一条天皇'中宫'和后一条、后朱雀两天皇之母。道长的另一女妍子是三条天皇的'中宫',又一女威子是后一条天皇之后,再一女嬉子是敦良亲王(之后的后朱雀天皇)之妃和后冷泉天皇之母,等等。"③如此看来,天皇在此时哪里有权,又从何谈起有威?如果说有,那一定要得到藤原氏的首肯。哲郎说"作者(紫式部)暗中贬斥藤原氏的威权,

---

① 赖山阳:《日本乐府》,富士川英郎、松下忠编:《诗集 日本汉诗 第十卷 日本乐府》,汲古书院1986年版,第545页。
② 参见第六章 第一节 二"菅原道真此人"。
③ 《日本大百科全书》"藤原氏"条。

"大和魂"史的初步研究

将荣誉的源泉归于皇室"① 是不错的,但天皇无权才是从这部作品底部传来的回声,否则紫式部就不会自怨自艾乃父和自己生不逢时,因为靠血缘而不靠汉学知识发迹的时代已经来临。菅原道真也是如此,要不是藤原氏专权,就不会死在藤原时平的手中。换言之,即天皇也无法保护他。藤原时代确实就像道长和歌所唱的那样,是一个藤原氏族"犹如满月不曾亏"的年代。而《荣华物语》(1028年后至1107年成书)和《大镜》(1086年后一段时间成书)正是对那个时代的一种回望或事实记载。

至平安时代中期,藤原一族开始对天皇肆无忌惮。花山天皇(在位984—986,968—1008)即位后努力亲政,大力整顿庄园,并立皇子怀仁为太子(后来的一条天皇)。怀仁母乃藤原兼家之女,故摄政兼家为去除花山的影响,有意尽早让怀仁坐上天皇的宝座,让其子藤原道兼("右大臣"兼"关白")设计陷害天皇。刚好此时花山因宠妃(藤原为光之女)死去而情绪低落,道兼乘机哄骗花山说,皈依佛教可以让妃子早日转世。若陛下去位臣亦奉从。更恶劣的是待花山入华山寺落发后道兼又说,臣暂归面辞父母,而后即来履约。不料事后竟一去不回,让前天皇花山后悔不已。藤原兼家还有一子,即咏唱和歌"犹如满月不曾亏"的藤原道长,历侍一条天皇、三条天皇和后一条天皇。三条天皇痛恨道长擅权,有次因避火灾不得已行幸道长"枇杷第"。道长见天皇患眼疾即让自己的医生奉上金液丹,不久天皇即失明。之后道长又"讽喻"该天皇立自己的外孙为后一条天皇。② 另外,在律令时代,"隐文带,旋钿剑"的装束仅用于天皇让位、立后、立太子、任命大臣等仪式时(《西宫记》),但在"摄关"时代,道长为自己制定了新的仪轨"御堂流",开始要求臣下在拜谒"摄关"时也要"隐文带,旋钿剑"。③

后一条天皇的孙子后三条天皇(在位1068—1072,1034—1073)在抑制藤原氏专权,设立"记录所",清理来路不明的庄园,改正积弊

---

① 和辻哲郎:《尊王思想及其传统》,岩波书店1962年版,第43页。
② 赖山阳:《日本乐府》,富士川英郎、松下忠编:《诗集 日本汉诗 第十卷 日本乐府》,汲古书院1986年版,第548页。
③ 仓本一宏编:《小右记》,吉川弘文馆2015年版,第261页。

第六章 《菅家遗诫》中的"和魂"与"汉才"

等方面扬名日本历史。他在储位的二十多年间，对自清和天皇始外戚一直干政，宇多和醍醐天皇虽颇有威权，但人一走政治旋复如故的现象十分不满，所以一即位即欲建立自己的权威，让藤原赖通（道长长子，历任后一条、后朱雀、后冷泉三任天皇长达52年的"摄政"、"关白"）心生忌惮。原因是赖通在后三条被立为东宫时，不肯按惯例将名曰"壶切"的尚方宝剑传给后者，说"纵虽正位青闱，非藤原氏出则不可得"，[①] 根本没有将后任天皇放在眼里。

至平安时代中后期，天皇出于私利，自坏家门，设立"院政"以培植自己的经济基础，并培育起自身的武装力量——武士；由此开凿了自取其辱的历史通道。后白河天皇第1皇子二条天皇（在位1158—1165，1143—1165）逊位后太子顺仁继任，是为六条天皇（在位1165—1168，1164—1176）。然而此时的后白河法皇（退位后的天皇自称"法皇"）又欲立第7皇子宪仁，让5岁的六条天皇让位于宪仁，即后来的高仓天皇（在位1168—1180，1161—1181）。在这背后，高仓后来的岳父、武士集团首领平清盛起到很大作用。清盛在"保元、平治之乱"以后，取代源氏[②]获得极大势力，官至从一品"太政大臣"。因此高仓纳清盛的女儿德子为皇后极其自然。此时平氏一门皆成公家和殿上人，身为外戚达到权力的顶峰。后白河法皇此时方感不妙，与"院"近臣等讨论如何讨灭平氏。不料事发清盛最终幽闭法皇于鸟羽殿，废止"院政"，建立起自己的独裁体制"鹿之谷事件"。继而又于1180年逼高仓天皇让位，让德子所生的言仁亲王即位，是为安德天皇（在位1180—1185，1178—1185），清盛以外祖父名义控制朝政。此时的平氏

[①] 赖山阳：《日本乐府》，富士川英郎、松下忠编：《诗集 日本汉诗 第十卷 日本乐府》，汲古书院1986年版，第549页。

[②] 以皇族被降为臣籍时所赐的姓、源姓为姓的氏族。始于814年（弘仁五）嵯峨天皇赐予皇子源姓，使其降为臣籍。此即嵯峨源氏。之后又有淳和、仁明、文德、清和、阳成、宇多、醍醐、村上、花山等诸源氏产生，历史上最为著名的是清和源氏，如源义朝及其子源赖朝。源赖朝1185年（文治一）灭平氏，在相模国镰仓（今神奈川县镰仓市）建立幕府。许多日本学者都认为，从此开始直至江户时代的德川家族以武力夺取政权的领导人都是清和源氏的子孙。据说在镰仓幕府被灭时极度活跃的新田氏（德川氏族的祖先）和建立室町幕府的足利氏，都是清和源氏始祖之一的源义家之子源义国的后裔。换言之，即天皇的后裔攻打并消灭天皇的后裔。

"大和魂"史的初步研究

和过去的藤原氏刚好掉换个位子。

这些由家养武士变身的职业军人推翻了大化改新确立的国家体制，推动整个日本向武士社会转变。其变革胎动于平安时代中期，但在镰仓幕府建立后达到顶点。这时有人"受到社会变动的刺激，对历史的关心徒然高涨，创作了以历史叙述和史实为素材的'军记物'（军事小说），于其中记述了尊王思想。这种对历史高度关心的结果，是镰仓时代的史书超越了平安时代的史书，将其记叙回溯至远古年代。《水镜》（12世纪末成书）继承了《大镜》的传统，书写了自神武天皇以来直至《大镜》的皇统。然而这时的史书却因'为言忌惮甚多'而省略了神代史。"[1]"忌惮"谁？为何"忌惮"？于此无须赘言。到所谓的"历史理论书籍"《愚管抄》出现时，这种"忌惮"的心情更为明显。据说该书就是为了劝谏发动"承久之乱"、试图打败幕府再次亲政的后鸟羽上皇而写的。慈圆在这部史书中站在幕府的立场故意含糊其辞，一面试图阐述自神武以来第84任天皇变迁的"道理"，一面以"不知神之御代"为由，不肯承认皇位之所以神圣的道理。对慈圆而言，大神宫、鹿岛大明神和八幡大菩萨等，[2] 才是共同支配神代以来日本历史变迁的"冥冥之中的道理"。慈圆在《愚管抄》"卷三"谈及第32任天皇崇峻被大臣苏我马子暗杀时还妄说，后者因信仰佛法，所以能够于不期然间推翻国王。[3] 设若慈圆身处明治时代或一战、二战时期，将毫无疑义立即被射杀或送入监狱。

对此现象哲郎还是说了一些公道话："这个时代的史书害怕将诸神与皇统直接联系，是因为平安时代藤原氏利用皇室，通过外戚关系获得权势，使神圣的皇室下降至接近凡人的地位。之前与皇室共为一体的诸神，受到一种'冥力'的作用与皇位分离开来了。神代史中的皇位与

---

[1] 和辻哲郎：《尊王思想及其传统》，岩波书店1962年版，第51页。
[2] 由于慈圆思想的多元和混乱，后世对慈圆的这种说法也有反论。有人根据慈圆的"国体论"，将慈圆的国体思想总结成三个部分：1. 日本乃神国，由伊势大神宫神、八幡大菩萨、鹿岛春日神等共同治理；2. 国王自神代开始连续相系；3. 国王在其下设置辅弼者执掌国政。但即使是这样也无法掩饰慈圆对镰仓幕府将军和藤原氏族的偏爱，他尊奉的神不止一个，还包括幕府的八幡大菩萨和藤原氏的鹿岛春日神。
[3] 参见本书第三章 第二节。

第六章 《菅家遗诫》中的"和魂"与"汉才"

神的密切关系就此弛缓。"不过即使这样,哲郎还是坚持认为,"因武力获得权势的武士不像藤原氏那样利用皇室。因为他们理解、尊重皇室的权威是一种自远古而来的传统。"①

然而史实绝不像哲郎所说的那样,我们毋宁看到的是另一番景象。源义仲②被称作日本历史的恶人,进入京都后因放纵部下抢夺与后白河法皇发生冲突。他甚至还召集仆从,说"我义仲一向遵奉一天之君,故无往而不胜。然而如今却纠结于是成为主上(天皇),还是成为法皇。欲成为主上,则不能不保持童子状(即装扮成当时年幼的天皇样态);欲成为法皇,则又需先成为法师,岂不可笑?也罢也罢,就做关白吧。"③ 显露出一副藐视皇室、厚颜无耻的嘴脸。哲郎引用义仲"一向遵奉一天之君"这句话,试图证明武士也尊皇,不知是否故意断章取义,其实义仲只是口头说说尊皇而已。义仲和平氏一族对打,理由也冠冕堂皇,说是后者亵渎皇位,胁迫小天皇并携带三件"神器——八坂琼勾玉、八咫镜、草薙剑"逃出京都。由此可见,另一大武士集团的平氏一族也不是尊皇的主儿。据说在义仲占领京都之前,从平家之手逃脱的后白河法皇曾向平家发布"院旨":"须将主上和三种神器归还都城"。④ 然而平家未能很好执行,最后几经周折,"勾玉"和"镜子"返回了京城,但"剑"却掉进海中。

镰仓时代还出现几部史书,即《承久军物语》(镰仓时代中期成书)、《吾妻镜》(镰仓时代后期成书)和《承久兵乱记》(成书于镰仓时代或室町时代初期)等。哲郎说:"《吾妻镜》等与镰仓幕府有关的史书成为人们讨论的话题,涉及对幕军攻入京都,击败鸟羽上皇军,将上皇流放到隐岐的'承久之乱'做何种叙述?幕府真没有尊王的意识吗?《吾妻镜》将幕军的行为归咎于天皇身边的逆臣,说幕军的讨伐目

---

① 和辻哲郎:《尊王思想及其传统》,岩波书店1962年版,第53页。
② 源义仲(1154—1184),平安时代末期—镰仓时代初期的武将,其父被源义平杀害后在木曾山中由中原兼远抚养,故也称木曾义仲。曾奉以仁王的旨令举兵,西上北陆道后于1183年(寿永二)攻占京都,与东国的源赖朝和西国的平氏三分天下。不久与后白河法皇反目,进军法性寺攻击法皇。后被范赖、义经击败,在近江粟津原战死。
③ 福田晃等校注:《平家物语》,三弥井书店1993年版,第97页。
④ 同上书,第92页。

"大和魂"史的初步研究

标也是逆臣,不承认幕府将刀锋对准皇室。尼将军政子①否认倒幕的圣旨是真的圣旨,说其只是'不忠谗臣'的伪作。北条义时②也'为君尽忠,未有不义',说明幕府并无向皇室盘马弯弓的意思。"③ 对此人们很难相信哲郎在阅读史书时会如此缺乏辨别能力。实际上,在源实朝死后政子代行"镰仓殿"的职务,于"承久之乱"时以"谢幕恩"为由积极策动东国武士进攻京都。与此同时,义时也调动军队包围京城,最终制服朝廷和贵族,将后鸟羽、土御门、顺德三位上皇全部流放远地,并在"承久之乱"(1221)后将自己的"御家人"派遣到从公家和对立武士那里没收的土地上,任命他们为"新补地头"。④ 如果说这就是"尊皇"的表现,那么日本将没有人不尊皇。

在政子和义时的身后,有个人因广受历史"骂名"而不得不提,他就是日本的儒者大江广元(1148—1225)。广元出生于平安时代以来的学问大家,是著名汉学家大江匡房的曾孙,最初在京都朝廷任"外记"(研究撰写诏书和公文、协办皇宫活动礼仪等的官员),属皇室骨干官僚,1184年(元历元)左右受邀赴镰仓后任幕府"公文所""别当"(长官)。1191年(建久二)"政所"(幕府管理政务的机构)开张,改任该所"别当"及"明法博士"(法律权威)、"左卫门大尉"(警备副司令)和"检非违使"(警察总监),可谓幕府的火箭式干部和重臣,以及参与幕政的京都出身官员的代表人物。他作为源赖朝的心腹,不仅来往于京都和镰仓之间为朝幕穿针引线,还为幕府的军国大计建言献策。赖朝死后他又与政子、义时亦步亦趋,努力夯实"执权"(协助将军管理政务的最高负责人)的政治基础。"承久之乱"时广元的长子亲广任幕府派驻京都的"守护"(领主),但与后鸟羽上皇同穿

---

① 即北条政子(1157—1225),镰仓时代前期的政治家,原名平政子,北条时政的长女,通称二位尼或尼将军,源赖朝(镰仓幕府第1任将军)的正室(妻),源赖家(第2任将军)和源实朝(第3任将军)之母。其夫源赖朝死后政子成为尼僧,参与和控制幕政多年,为镰仓幕府的生存和发展作出重大贡献。
② 北条义时(1163—1224),镰仓幕府第2代"执权",通称江马小四郎,号得宗(德宗)。北条时政的次子(嫡子),政子之弟,泰时、朝时、重时、政村、实泰之父,和政子一道把持着幕府的实权。
③ 和辻哲郎:《尊王思想及其传统》,岩波书店1962年版,第54页。
④ 《日本大百科全书》"北条政子"、"北条义时"条。

第六章 《菅家遗诫》中的"和魂"与"汉才"

一条裤子,可广元就能大义灭亲,积极主张攻击京都,将幕军引向胜利。这也难怪,儒学提倡"革命"思想,日本的大儒之一广元为此当然不觉得有何不妥,开了儒者反对天皇的坏头。

将天皇流放的不只北条政子等人。1331年(元弘元)后醍醐天皇(在位1318—1339,1288—1339)在笠置山再次举兵讨幕,史称"元弘之乱"。幕府派足利高氏出兵镇压,大败后醍醐天皇军,将参与倒幕的贵族和僧侣逮捕、处决和流放。后醍醐天皇则被流放到隐岐岛,取而代之的是幕府拥立的持明院系统的光严天皇(在位1331—1333,1313—1364)。

南北朝时代,南朝重臣北畠亲房在后醍醐天皇死后于吉野写出《神皇正统记》一书。按哲郎的说法,这又是一部提倡尊王思想的书籍。因为在该书开篇作者就写道:"大日本乃神国。1. 天祖肇基,日神久治;2. 惟我国有此事,而异朝无此类。3. 故谓神国也。"① 亲房提倡尊皇不假,但反过来看,提倡本身却说明当时有许多人包括重要人物不尊皇。亲房极力维护的南朝天皇的遭遇就印证了这个说法。后醍醐天皇于1333年从隐岐脱身,在伯耆(今鸟取县)的名和长年等人的支持下于6月返回京都。由于此前5月镰仓幕府覆灭,所以南朝的天皇废黜幕府拥立的北朝光严天皇,开始"建武新政"。所谓的"新政",简单说来就是不按照过去的传统,不设"征夷大将军",由天皇亲自统率公武两家。但此"新政"不久即遭足利尊氏的背叛,后醍醐天皇只得仓皇逃往吉野,于失意间死去。此外重要的是,我们要弄清亲房的写作动机。主子死了,南朝岌岌可危,亲房对此忧心忡忡,试图有所作为。尊自己维护的天皇当然没有问题,但由于当时南朝、北朝各有一个天皇,泛泛地说尊皇可能会引起巨大的政治麻烦,这一点作为政治家的亲房不会不知道。其实在他心中,尊皇不尊皇倒在其次,而辨别其中的一个天皇属正统才是王道。书名《神皇正统记》很清楚地道出亲房的心声。对此他还说:"仅我国自开天辟地始……接受日嗣统治不移。同一姓中有时偶有旁系继承,但(不久)仍会回归正途。须保全之。"② 对此哲

---

① 北畠亲房著,岩佐正校注:《神皇正统记》,岩波书店1975年版,第11页。
② 同上书,第79页。

"大和魂"史的初步研究

郎也不否认，说亲房承认："皇位继承乃正统，但又认可正统之中有旁有正，主张须回归正途。因为亲房没有将皇统旁正之别说成是'兄弟继承'，所以此书的中心意思在于前半部分。"① 由此可见哲郎不是不知道这一类浅显的道理，而是屈服于现实，有意模糊问题，单纯强调尊皇而已。

这种认识我们也可以移用到对《太平记》的解读上。此书叙述了一个历史故事，说皇室欲"建武中兴"，击溃武士的专权，但后来又不幸失败。这"必定会煽动起读者对皇室强烈的忠诚之情。而且这些读者都是一般大众。""对刺激江户时代末期的尊王思想而言，此书比《神皇正统记》要来得有效。其中尤为醒目的是'楠公崇拜（天皇）'一节，江户时代的尊王思想与此楠公崇拜有着密切的关系。"② 一如前述，当时有两个天皇，尊此皇就必定不尊彼皇，说"建武中兴大业行将崩溃之时，为支撑此濒于危殆的圣运，楠木正成揭竿而起，击败足利高氏，但不久即战死于凑川。他的死，意味着在圣运将倾的同时，一种'七生报国'的尊王思想的新的苏醒"，③ 反而从另一面证明了在南北朝时代有武士不尊皇甚至攻击皇室，使其"圣运将倾"。另外从楠公的行为也会牵扯出何皇正统、须尊何皇、同时摈弃他皇的问题。这个问题实际上一直困扰着日本皇室和后来的明治政府。1913 年（大正二），代表北朝天皇后裔皇室利益的明治政府干脆下令停止讨论这个话题，算是给《太平记》的作者和楠木正成等都打了一记闷棍。此为后话。

让我们再阅读一位以"尊皇"自任的文学大家所写的文字，借此也可看出当时的日本武士是否尊皇："参加建武中兴的武士的大部分是为自己的利害关系和恩赏而行动，因此这些武士不希望看到公家势力的再度复兴，公家与武家颇为不和。吉野时代的动乱起因于足利尊氏违背后醍醐天皇的亲政意志，试图复兴武家政治。当时的武士阶级了解'大义名分'的人极少，更多的武士是因利害私情而动，昨日为宫方④，

---

① 和辻哲郎：《尊王思想及其传统》，岩波书店 1962 年版，第 56 页。
② 同上书，第 57 页。
③ 同上。
④ 宫方，指南北朝时代的吉野（南朝）一方，在当时是与足利一方的"武家方"相对的语汇。

第六章 《菅家遗诫》中的"和魂"与"汉才"

今日又为武家方,今日为武家方,明日又为官方,动摇不定,遂使足利氏达至自己的野心。"[①] 武家后来也开始讲究"大义名分",要求下级服从上级,忠于幕府,来自儒家思想对日本的影响。这在后文将会提及。

时间进入室町时代前期,这是一个"下克上"风潮涌起,造成"应仁之乱",甚至将战火燃遍京都城内,皇室势力较之于南北朝时代更为低下的年代。初期的幕府领导人面对天皇和天皇、武家和"公家"、贵族和贵族之间为政治主导权大打出手的局面不知所措,同时自身缺乏文化根基,在意识形态上只能对各种思想来者不拒,兼收并蓄;另一方面,作为室町联合政权的盟主却始终不能坐稳自己的宝座,故日本是否"神国"自然无法列入会议议题。

1351 年(南朝正平六年/北朝观应二年)阴历八月,足利尊氏及其子义诠废除自己尊奉的北朝朝廷,向"正统"的南朝投降,实现所谓的"正平一统"。但到翌年,北朝的光严上皇(在位 1331—1333,1313—1364)、光明上皇(在位 1336—1348,1321—1380)、崇光天皇(在位 1348—1351,1334—1398)及皇太子直仁亲王等重要皇族成员因战事重开失利被南军俘虏,颜面尽失。义诠或是因为无法接受南朝如此无理的做法,所以又反戈一击,夺回被南军攻占的京都,并无奈地在没有象征"正统"的"三种神器"的情况下拥立后光严天皇(在位 1352—1371,1338—1374)重建北朝。初期的幕府如此反复无常,说没有一定的尊皇意识也不客观,但认真追究起来,还是那句老话,尊此皇就不能尊彼皇,说到底还谈不上真正尊皇。

1381 年(南朝弘和元年/北朝永德元年)7 月,二条良基在 61 岁时出任"太政大臣",于翌年 4 月成为"摄政"。1382 年 4 月 11 日后小松天皇(在位 1382—1412,1377—1433)即位。按当时的礼仪,幼帝元服时"摄政"、"太政大臣"要为之加冕,而位于次席的大臣(通常是"左大臣")要为之理发。良基此前被任命为"摄政兼太政大臣",明摆着就是要为新帝做"即位灌顶"仪式,并在 5 年后新帝元服时为他亲手加冕。而那时担任理发工作的也并非师嗣,而是已成为"一上

[①] 菊池宽:《二千六百年史抄》,《菊池宽全集》第十八卷,文艺春秋 1995 年版。2015 年 4 月 5 日,(http://www.aozora.gr.jp)。

"大和魂"史的初步研究

左大臣"的义满。可以说后小松天皇在即位后其政务都要由第三代将军足利义满和良基协商后才得以实施。后圆融上皇（在位1371—1382，1358—1393）因对此异常反感而自杀，虽说自杀未遂，但"治天之君"的权威如此低下反映着一个新时代已经来临。[①]

不仅如此，而且第三代将军义满还起了觊觎天皇宝座之心。因有前述，此不赘。此外，幕府的这种做法不会不影响到当时的意识形态。彼时上流阶级中出现了两个著名人物，一个是一条兼良，另一个是吉田兼俱，都对神及神道发表过议论。另一方面，民间则出现了参拜伊势神宫的热潮。按哲郎的说法，这是一种上层人物"皇室情结"和广大民众在"下克上"风潮中从过去的文化束缚中解放出来，自发产生"尊皇思想"的表现。[②] 事实果真如此吗？

如前述，一条兼良在"应仁之乱"的20年前担任过北朝的"关白"和"太政大臣"，在历代"关白"中最有才情，和学自不待言，还通晓程朱理学和佛教哲学，视野十分开阔。不过兼良对尊皇问题并不上心，对"神国"概念也缺乏热情，不知是否与他当时面临的局势长期不明和他作为北朝重臣并倚重幕府，缺乏"法统"（正统）的制高点有关，抑或干脆是他的性情兴趣使然。诚然，他写过神代史注释书《日本纪纂疏》，但在该书中，他热衷于将外国的哲学思想和日本的神明结合在一起，说神儒佛三教都追求同一个真理。在他看来，《日本书纪》开篇的"混沌""一物"和唯识哲学的"阿赖耶识"[③] 或"一心"是相同的，不外乎就是宋学所说的"理气"的融浑。这个终极原理也可称之为"神"，而神代史的诸神就是这种原理衍生出的外在形式。"一心"、"神"和儒学之"道"，是三而一，一而三的。神道教所使用的"三种神器"正好就显示出这个真理。总之，他所做的，就是将佛教哲学和宋学的形而上学融入到神代史中，而只字未提所谓的尊皇思想。这

---

① 木藤才藏:《二条良基的研究》，樱枫社1987年版，第97—107页；小川刚生:《二条良基研究》，笠间书院2005年版，第62—73页。
② 和辻哲郎:《尊王思想及其传统》，岩波书店1962年版，第78页。
③ （佛）阿赖耶识（梵语 ālaya-vijñāna 的译名），指构成人类存在基础的意识流，是人类积累经验、形成个性或所有心理的基础。唯识派所说的八识中的第八识。旧译"阿梨耶识"。也可略称阿赖耶、赖耶、阿梨耶和梨耶。

第六章 《菅家遗诫》中的"和魂"与"汉才"

或许也与他出身藤姓，其祖辈过去和天皇爱恨交织有关。又如前述，他在《花鸟余情》"阳成天皇"的注释部分，甚至将该天皇的底子抖落出来，说他是在原业平的私生子，丝毫不顾皇室的面子，在客观上使天皇"万世一系"的神话归于湮灭。这种不管不顾的人，说他是尊皇人物或在"憧憬皇室"可能都不客观。兼良还为将军足利义尚（室町幕府第9代将军，在职1473—1489）写过一部政论书籍《樵谈治要》。在这部书中他虽也认为"我国乃神国"，并力劝将军敬神，但始终未提诸神和天皇的关系，仅说要具备敬神的心态。面见将军时也仅说些要修建神社和举行祭祀这一类的话。可以说，兼良对尊皇思想是淡漠的，尤其是避谈所谓的"现人神"思想，仅知道在哲学方面拉长神道的宽度和深度。

吉田兼俱（1435—1511），本姓占部，出身学者家庭，比兼良小33岁，因提倡"唯一神道"而广为人知，自称其所著《神道大意》乃祖述于其九世之祖所著之《神道由来记》，但据后人考证，此二书皆由兼俱一人所撰。《神道由来记》曰："神非常神，谓先于天地之神。道非常道，谓超于乾坤之道。神性不动而动，灵体无形而形。是即不测之神体。于天地谓神，于万物谓灵，于人伦谓心。心则神明之舍，混沌之宫。混沌……心之根元，心乃一神之本，一神即我国常立尊。国常立尊无形之形，无名之名，名曰虚无大元尊神。"[①] 兼俱的文体颇有老子《道德经》的风范，思想上也受到李聃的部分影响，但他同样追求三教融合，其"混沌一心"即"虚无大元尊"的宇宙观把握，与兼良的认识极为神似，结果是同样回避了"虚无大元尊"和"现人神"的关系。可以说"唯一神道"肯定不包含尊皇思想，它只强调神道乃"儒佛之宗，万法之源"，肯定神道的先验性地位，将该神道与过去的神社神道和佛神融合神道区别开来，并根据所谓神代史的传统，基于神社的"正确渊源"，主张日本国的神的绝对性。兼俱的这种认识，具有纯化神道的意味，但其自身并不单纯，思想内容呈现三教融合的混杂现象。兼俱的追求，其实并不彻底，而仅仅是想通过宣传所谓的"正统"神社，比如他指定的"二十二社"和"三十番神"等，将人们从信仰佛

---

① 吉田兼俱：《神道由来记》，山本信哉编：《神道丛说》，国书刊行会1911年版，第4页。

教的现实拉回到信仰神道的方向上来。

可是与兼俱的期待相反，民众参拜伊势神宫的人数却与日俱增。按哲郎的说法，过去认为"伊势神宫是天皇本人参拜的神社，其他人即使是皇子和后妃，未得到敕许也不得进宫奉献币帛（祭品），但在彼时似乎并不禁止民众参拜。毫无疑问，在镰仓时代有庶民参拜的事例，还有记录说源赖朝曾向神宫奉上神马、砂金和剑等。甚至僧尼也可以参拜。"其原因是"由于元军来袭导致祈祷伊势神宫成为国民关心之事，伊势神道由此勃兴。"[1] 需要指出的是，这里所说的神宫参拜和伊势神道勃兴，似乎与尊皇没有太直接的联系，而与当时的国际局势和伊势神宫本身的经济问题有关。

至"镰仓时代末期，参拜现象日益显著，就参拜者的祭品处理，内宫和外宫之间出现纷争。内宫攻击外宫贪污祭品，而外宫则反驳说禁止私祭的神宫本来就不该有私人的祭品，问题的根源是未禁止庶民参拜和借宿。这些都是'建武新政'之前的事情。自'应仁之乱'前后到战国时代，伊势参拜现象"[2] 越发显著，对此哲郎作出的解释是："自古以来神宫受到国家保护，但因庄园的发达和武士的勃兴，后来逐渐失去官帑的资助，不得不默认贵族、大名等的私钱。即使后来庶民的私款如参拜者的借宿费等进入神官的私囊，但维持神宫的费用仍然由统治阶级负担，而不来自民众。然而到室町时代，由于朝廷的保护日渐衰弱，大名的奉纳也渐趋稀少，故神宫自应仁前后已几乎不能期待上述二者的接济，于是下级神官的御祷师[3]开始频繁活动，谋求全国民众和神宫的联系，以募集零散的资金维持神宫的存在。但新设的关卡阻挡了参拜者的脚步，因此御祷师亲自走向地方，或发放护身符（换钱），或收集刚收割的稻谷，谋求做参拜者的代理人。他们还将日历作为礼物送给庶民，或仿效佛教的'讲座'，在地方开办'伊势讲堂'，按各国的情况设定缴纳的金额，缩小与参拜者的距离，有时也提供人生指导的意

---

[1] 和辻哲郎：《尊王思想及其传统》，岩波书店1962年版，第98页。
[2] 同上书，第99页。
[3] 御祷师，伊势神宫的神职之一，属于在年末向人发放日历和护身符，或引导参拜者参拜和介绍住宿的低级神官。

第六章 《菅家遗诫》中的"和魂"与"汉才"

见。"① 引文很长，目的在于让读者看出这段时间，为何有贵族、大名乃至民众参拜伊势神宫，以及代表皇室的伊势神宫因为经济困难，神官们不得不使出浑身解数，引诱民众化缘。

总之，"足利氏雄踞一方长达二百余年，对外以'日本'为号，不以天皇为意。"② 但比足利氏更对天皇"不以为意"的是江户幕府的德川一族。赖山阳说织田信长和丰臣秀吉都不尊皇，而德川家康尊皇，③可能是没有看清问题的本质。对这一点哲郎还算是个明白人："战国群雄挥师以京都为目标，希望挟皇威而制霸全国。织田信长④曾帮助皇室修缮内宫，迁移并复活了奄奄一息的伊势神宫。他本人在'本能寺事变'当年还负担了 20 年后的伊势神宫迁宫费用。而丰臣秀吉⑤既不做将军，也不开幕府，仅以朝臣的身份统一了全国。"⑥ 此话的关键信息是"战国群雄皆""希望挟皇威而制霸全国。"江户幕府第一代将军德川家康（在职 1603—1605）于 1616 年去世，其灵柩于翌年安置于清水久能山的"久能山东照宫"。之后幕府在日光同样建立了"日光东照宫"，两宫共同祭祀他的亡灵，此举也潜藏着挟天皇以令天下的意图。⑦

家康生前"鉴于镰仓幕府和室町幕府的政策，制定了针对皇室的十七条'公家诸法度'（著者按：《禁中并公卿诸法度》），阳崇阴压皇室"，不仅限制天皇的行动，还干涉朝廷的官位授予，"而天皇则专门奖励人们研讨花鸟风月的学问，对须行天下、有利于经世的学问则似乎

---

① 和辻哲郎：《尊王思想及其传统》，岩波书店 1962 年版，第 123 页。
② 严绍璗：《汉籍在日本的流布研究》，江苏古籍出版社 1992 年版，第 138 页。
③ 赖山阳：《日本乐府》，富士川英郎、松下忠编：《诗集 日本汉诗 第十卷 日本乐府》，汲古书院 1986 年版，第 627 页。
④ 织田信长（1534—1582），战国、安土时代的武将，在桶狭间击败今川义元后东征西讨，于 1568 年（永禄十一）拥戴足利义昭进入京都，但在 1573 年（天正元）赶走义昭，终结了室町幕府。
⑤ 丰臣秀吉（1537—1598，一说 1536—1598），战国、安土桃山时代的武将，投靠织田信长后在"本能寺事变"中消灭明智光秀，之后平定四国、北国、九州、关东、奥羽，统一了日本。1585 年任"关白"，翌年被赐姓"丰臣"，任"太政大臣"，1591 年将"关白"职务让给养子秀次，自称"太阁"。
⑥ 和辻哲郎：《尊王思想及其传统》，岩波书店 1962 年版，第 127 页。
⑦ 严绍璗：《汉籍在日本的流布研究》，江苏古籍出版社 1992 年版，第 138 页。

"大和魂"史的初步研究

置若罔闻。此外德川氏对皇室在各方面都缺乏诚意。"① 对此后水尾天皇（在位 1611—1629，1596—1680）当然不爽。他虽立第二代将军德川秀忠（在职 1605—1623，1579—1632）之女和子（东福门院）为皇后，但最终还是无法忍受幕府的压迫，于 1629 年（宽永六）将皇位禅让给明正女帝②。这显然违背了幕府的意志，所以第三代将军德川家光（在职 1623—1651，1604—1651）亲率 30 万大军进驻京都，一面展示武力，一面以献上"仙洞御所"和在京都、大阪、奈良、堺市向町人（城市居民）赠送银两等手段怀柔天皇。等政局稳定下来之后，第四代将军德川家纲（在职 1651—1680，1641—1680）又建造了"修学院离宫"，第五代将军德川纲吉（在职 1680—1709，1646—1709）还复活了"大尝祭"和"葵祭"，并修复了历代皇陵，以此进一步怀柔皇室。③从中可以看出，德川家族对皇室的做法是大棒加胡萝卜，十分虚伪，与尊皇精神相距甚远。对此还是菊池宽说得直接："德川氏未继承（信长和秀吉尊奉皇室的）传统，不管是家康还是秀忠，对皇室始终都采取实用主义的态度。江户幕府对朝廷的态度，对阅读国史的人来说，有太多地方令人感到愤怒。通过后水尾天皇的和歌：'芦苇欲长疯狂长，此世绝非有道邦'，④ 也可觉察出幕府的恣意妄为。"⑤

江户幕府之不尊皇还表现在对两个事件的处理上：一个是"宝历事件"。1758 年（宝历八）儒者兼神道学者竹内式部根据崎门学派的垂加神道和"大义名分"理论，在自家开办的私塾宣讲《日本书纪》、《保建大记》⑥ 和《靖献遗言》等，鼓吹要恢复被武家夺取的天皇权力，并激烈地抨击将军。对现状不满的门徒如德大寺公城、正亲町三条公积、乌丸光胤、西洞院时名等公卿深有感触，为"涵养君德"，将听

① 菊池宽：《两千六百年史抄》。2015 年 2 月 4 日，（http：//www.aozora.gr.jp）。
② 明正天皇（在位 1629—1643，1623—1696），江户时代初期的天皇。后水尾天皇的第 2 皇女，名兴子，母亲是东福门院和子。
③ 和辻哲郎：《尊王思想及其传统》，岩波书店 1962 年版，第 132 页。
④ 原歌是"葦原やしげらばしげれおのがまゝとても道ある世とは思はず"。
⑤ 菊池宽：《两千六百年史抄》。2015 年 2 月 4 日，（http：//www.aozora.gr.jp）。
⑥ 《保建大记》，史书，栗山潜锋著，一卷，约成书于 1700 年。该书站在哀叹皇室式微的立场，记叙自"保元之乱"（1156）到建久三年（1192）源赖朝开创幕府这段时期的政治活动。

第六章 《菅家遗诫》中的"和魂"与"汉才"

到的《日本书纪》等转述给年幼的桃园天皇（在位 1747—1762，1741—1762）。前"关白"一条道香担心此事将恶化朝幕关系，故一方面鼓动天皇的嫡母①"青绮门院"罢免德大寺等人的官职，处彼等终生禁闭，将他们从天皇的身边清除出去，另一方面还与"京都所司代"②松平辉高联系，委托幕府对式部进行处罚。1759 年 5 月京都"町奉行"（幕府派驻京都的最高长官）"重追放"③式部。式部被赶出京都，避居伊势国（今三重县）宇治山田。这是一起典型的弹压朝廷内外尊王论者的事件；另一个是"明和事件"，指写出《柳子新论》④鼓吹尊王思想的山县大贰和藤井右门等被以谋反江户幕府的罪名判刑的事件。山县大贰是江户的浪人、儒者和兵学者，开办过多处私塾，拥有众多弟子。1766 年上野国（今群马县）小幡藩发生内斗，大贰的门人并任该藩"家老"的吉田玄蕃因管家松原郡太夫告密遭罢黜监禁。有人捏造说大贰正在实施阴谋，玄蕃也是同伙，偷听到这个消息的大贰弟子、浪人桃井久马、医师宫泽准曹等害怕连累自己，向幕府举报大贰阴谋计划倒幕，因此大贰和同住的门人藤井右门等被"町奉行"逮捕（1766 年 12 月）。翌年 8 月 21 日判决下达，说阴谋缺乏根据，但讲解兵书和日常言论对幕府构成威胁和大不敬，故判处大贰死刑，将死在狱中的右门暴尸于狱门外，同时将参与"宝历事件"的竹内式部流放到伊豆群岛南部的火山岛八丈岛。

幕府的态度自然会影响到御用儒者。藤原惺窝（1561—1619）、林罗山、中江藤树等人善于看主子的脸色，对尊皇态度消极。与挟天皇令天下的做法相似，他们为推行儒教，多采用融合神儒以及佛教的做法。

---

① （出自庶子的称呼）父亲的正妻或父亲的嫡妻。

② "京都所司代"，江户幕府的职务名。指人在京都掌管有关朝廷、公家的事务，监督京都、伏见、奈良"町奉行"的官员。也执掌近畿的诉讼，管辖神社寺庙。其前身是室町幕府的"所司代"，1867 年（庆应三）废止。

③ "重追放"，江户幕府的刑罚之一，内容是将罪犯放逐后，禁止他们重新踏入犯罪地、居住地及关东八"国"和山城、摄津、和泉、大和、东海道筋、木曾街道筋、肥前、甲斐、骏河。附加刑是没收田地、房产和家财。

④ 《柳子新论》，山县大贰所著的政道论，一卷，成书时间不明，其中就 1758 年的"宝历事件"谈到"大义名分"，主张批判幕政。

藤原惺窝在其著《假名性理》（即《千代元草》）①中，通俗阐述了"天道"的性质和五伦思想及因果报应学说：所有自然现象都是"天道之产物"，"天道"于人为"心"，磨心则为"明德"，"诚"乃天之本体，表示天道的一切功能，如"梅开梅花、樱开樱花即诚"；于人而言，就是"对君忠节，对亲孝行，施慈悲于人乃诚之根本。""天之本心怜悯，使天地间万物繁荣。"因此"为人之要在于施慈悲于人"，② 换言之，即天道与慈悲相通，天道之功能与自然之诚和人类之诚相通，自然法则和人伦之道归一。室町时代兼良所说的"一心"在此演变为"天"或"天道"。另一方面，惺窝也不忘拉拢天皇，将神道装入儒学的框架中，说："日本之主子"乃天照大神，怜惜万民，历代天皇因守此陈规，替天行道，故皇统繁盛。此"天照大神之陈规"即神道，"专以行正，怜惜万民"，③ 故神道与天道无异。

哲郎认为，这种神儒一致的思想，是一种以天道为原理的实践思想，并将尊奉天照大神陈规的做法也纳入天道的范畴之中。其所谓的尊皇思想比之兼良还不如，甚至大大地倒退。并且还给予慈悲这种佛教思想以很高的地位。④

惺窝的门生、家康及其之后三代将军的"侍讲"并兼幕府意识形态总设计师的林罗山在积极推行儒学的同时，也提倡神儒融合，对尊皇态度冷淡，这在其著《神道传授》中表现得尤为明显。他认可吉田唯一神道的说法，说："卜部（吉田唯一神道）曰，此五神本来一体，号大元神，国常立尊乃一切诸神之根本。……所有人无不接受此神之气。万物之初，皆基于此神。"⑤ 此外，罗山的"心乃神明之舍"或"民即神之主"等，与唯一神道的说法也相通，但这些说辞都不外乎要证明他的"天理立场"："神乃天地之根，万物之体。……有此根故生人生物。……等于空而不空，虚而为灵。此亦可谓无色无形之神，无始无终

---

① 后来也有人认为其并非惺窝所撰。
② 《日本思想大系 28 藤原惺窝、林罗山》，岩波书店 1975 年版，第 138 页。
③ 同上书，第 139 页。
④ 和辻哲郎：《尊王思想及其传统》，岩波书店 1962 年版，第 154 页。
⑤ 三枝博音、清水几太郎编：《日本哲学思想全书》第 10 卷（宗教 神道篇、基督教篇），平凡社 1956 年版，第 97 页。

第六章 《菅家遗诫》中的"和魂"与"汉才"

之理。有始终,有古今常之道神。成万物之始,成万物之终。此乃神道之奥义。""神道即理。万事不在理之外。理为自然之真实。"① 这种神道,实可谓他所说的"理当心地神道",目的就是证明程朱理学的"理"和"神"的同一,而与唯一神道的"五伦书"有很大的不同。该主张的关键是,不立天照大神,而立国常立尊,强调一神,主张神道即王道。在他看来,皇室的尊严并不因为天皇的神圣,而因为神儒的同一,三种神器亦即儒教三德的表现,"镜即智,玉即仁,剑即勇","以此治理国家","三种神器齐备则王道可得,王道神道理一。"② 其言下之意就是,幕府若实行王道政治,则也会获得同样的尊敬。由此可见,罗山不仅谄媚幕政,还对皇室不敬。

更为严重的是罗山还提倡"放伐论",在1612年3月与家康讨论汤武放伐时说:"汤武应天命,顺民心,讨桀纣。自始即无为己之心。其本意仅为天下除暴,救万民于水火。断不能说其为恶。"③

著名儒者中江藤树似乎患有多重性格症,一方面反对"放伐"思想,另一方面却对尊皇表现冷淡,在其著《翁问答》中坚持,须"以孝为万事万物之道理",其独特的思想在朱子学和阳明学中所未见。在藤树看来,"孝"即"以太虚为整体"的永恒道理,反映在人身上即成为"立身行道"这个人伦的道理。他的所谓"立身",也就是"将我身视为父母之身"和"将父母之身视为我身","立敬爱有加,物我无隔之大通④一贯之身"。然而"父母之身受于天地,天地受于太虚",我身本来也是"太虚身命的分身变化",所以立身从根本上说就是"明太虚神明之本体而不失之"。所谓行道,就是通过体现太虚神明之身,"交人伦、应万事之事"。"虽说故乡、世界之差别千姿百态,但其根本皆为太虚神道中开辟之国土,故神道十方世界皆一。""虽说因国隔语言

---

① 三枝博音、清水几太郎编:《日本哲学思想全书》第10卷(宗教 神道篇、基督教篇),平凡社1956年版,第101页。
② 同上书,第103页。
③ 堀田璋左右、川上多助编:《东照宫御实纪附录》,国史研究会1915年版,第78页。
④ 藤树所说的"大通"之义不明。查日本《汉字源》辞典,有三个意思:1. 道家所说的人之道;2. 深入探究某领域的事理;3. 精通于某事。结合语境,藤树似乎用的是第1个意思。

风俗不同，然其心于根本上来自同一体之神道，故唐土、天竺、我朝以及所有国家无丝毫差异。"①

按哲郎的解释，就是在藤树看来，"虽说神道是世界共通的，但藤树决不说我国之神在他国之神之上。藤树阐释的仅是儒道，而不是唯神之道。他尊崇大神宫，但其教为'圣人天道教'，与皇统和天皇的神圣无关。在尊王思想方面，他比罗山消极得多。"②

直至家光死后，下一拨的著名儒者，如山崎闇斋和熊泽蕃山、山鹿素行（这些多半是一些不被幕府重用而怨恨幕府的人），以及水户藩藩主光圀③及其儒者门客，还有稍后出现的幕府儒官新井白石等才开始主张尊皇，但有的倾向明显，有的则不明显。另外由于闇斋后来转向"垂加神道"，他的半儒半神或神道门徒包括浅见絅斋和若林强斋等也加入到尊皇的队伍中来。

浅见絅斋和若林强斋的事迹在前文已有阐述，在此需对山崎闇斋做补充说明：山崎闇斋（1618—1682），京都人，早年为比叡山僧人，后来在高知向谷时中④学习朱子学，25岁还俗成为儒者，38岁时在京都开私塾，门人达数千人之多。林罗山死后闇斋到江户，成为保科正之⑤的师父，因而变得异常有名，之后在江户认识吉川惟足⑥，转而对"垂加神道"产生兴趣，著有《垂加文集》等。闇斋的性格炽烈而偏执，这或许也是他后来积极鼓吹尊皇的一个重要原因。

---

① 《日本思想大系 29 中江藤树》，岩波书店 1974 年版，第 21—23 页。
② 和辻哲郎：《尊王思想及其传统》，岩波书店 1962 年版，第 203 页。
③ 德川光圀（1628—1700），水户藩藩主，字子龙，号梅里，奖励儒学，设置彰考馆，编撰《大日本史》，在凑川建立楠公碑，还延聘明朝遗臣朱舜水。曾任"权中纳言"，人称"水户黄门"。晚年隐栖西山庄，自称西山隐士。
④ 谷时中（1598—1649），江户时代初期的儒者，创建土佐朱子学（南学）。名素有，僧名慈冲。就学于南村梅轩，后还俗，以教授儒学和医学为业。门人有野中兼山、小仓三省、山崎闇斋等。
⑤ 保科正之（1611—1672），江户时代前期的大名，会津藩藩祖，第 2 代将军德川秀忠的庶子，保科氏的养子，曾辅佐将军家纲，建"社仓"以保民，因喜好儒学延聘山崎闇斋，又学习吉川惟足的神道学说，得其真传，谥号"土津灵神"。
⑥ 吉川惟足（1616—1694），江户时代前期的神道家，号视吾堂和湘山隐士，江户人，在京都跟从萩原兼从学习吉田神道，后开创吉川神道，于 1682 年（天和二）成为幕府的神道顾问。

第六章 《菅家遗诫》中的"和魂"与"汉才"

"垂加神道"的名称来自"神道五部书"中天照大神的神托:"神垂以祈祷为先,冥加以正直为本"(接受神的"垂①下"即恩惠以祈祷为第一要务,接受冥加即神的"加护"以正直为本)中的两个字词。闇斋在52岁时还开始接近"伊势神道",从度会延佳那里得到"真传",自此狂热地崇拜伊势神宫,并在家里挂起上述神托的条幅。度会延佳是伊势神宫外宫的神官,对内宫一枝独大素有不满,所以要另找"思想理论",以加强自己在神宫内的地位。他根据《周易》的原理阐释神道,说神道自然地符合易理,国常立尊即太极,与天御中主神同体异名,是外宫的祭神。此神还是太极生阴阳、阴阳又生出的火德之神,故世上没有一神比外宫此神更伟大。不仅如此,闇斋还受到"吉田神道"的影响,因为吉川惟足也涉足"吉田神道"。惟足写过《神道大意注》一书,于其中注释卜部兼俱("唯一神道")的《神道由来记》,说神即万殊之源道体之一理,故"虽有儒佛天主之道,但由此一元而起","于理而言并无差异","于理天竺、汉土、日本无异。然事有大隔。"他运用五行说的方法,论证此无形之大元成形的路径,试图证明大元显现的天照大神和人伦百态都由此一理而展开。这种由道体一理形成的天人一贯之道,属于一种独善的神道思想。②

但闇斋在受到"吉田神道"影响的同时也发展出自己的独特思想,他的"天人唯一说"是一种使"无形之形"变为"具体之形"的独特学说,力图不循儒教路径,而用神道自身来理解神道,可谓日本"尊皇神道"的先驱人物。吉田派的"唯一",属于一种排斥儒佛神融合以纯化神道的主张,而闇斋的"唯一",则强调贯通上天的道的同一性和天与人的直接同一性——因"天人唯一"而存在的人体神"即帝王御太祖、御人体御血脉之本源",与国常立尊同体,此"御人体之御神"在"苇芽出现之初至国土形成之后永不消失,使国、君长立",故"称国常立尊。"换言之,造化神即人体神也即皇室祖先,"神代记"乃"我国帝王之实录","大君御血脉之本元"。闇斋试图以此阐明"天壤

---

① 指供奉神前的玉串(树枝)、草绳等下垂的穗状物。古代用棉花,后来用纸,也叫纸垂。

② 和辻哲郎:《尊王思想及其传统》,岩波书店1962年版,第203页。

"大和魂"史的初步研究

无穷之皇统",显示出一种力图在皇统中发现天皇之神圣的独特思想。进一步闇斋还认为,"异国于大君之上有天帝",而"我国大君即所谓之天帝",故须"理解敕命即所谓之天命",主张日本的天皇优越于外国的大君。这种思想与不尊重敕命的幕府立场互不相容,成为一种危及幕府的尊皇思想,最后发展为幕末时期的讨幕思想。①

具体说来,闇斋之余提倡尊皇但倾向不明显的著名儒者是以下三种人:

第一种人如小闇斋1岁的、中江藤树的弟子熊泽蕃山(1619—1691)。蕃山著《神道大义》和《三轮物语》,具有合理和批判的意识,但命运多舛,曾因侍奉池田光政②获三千石年俸禄而遭嫉妒于39岁时辞职。又著有《大学或问》一书,因批判幕政而遭幕府忌恨被幽闭于古河,四年后死去。

《三轮物语》是一篇貌似故事的政治评论作品,说是于战国时代在三轮山麓,有代表"祢宜"③(神道教)、居士(佛教)和王族(儒教)的一群人围坐在一起各自发表意见,展开激烈讨论。作品的思想有费解之处,但大致表达出以下几个观点:(1)日本并非万国之本;(2)但也无须崇拜支那;(3)皇室式微的原因在于公卿的颓废;(4)三种神器表明"镜"即正直,"玉"即慈爱,"剑"即果断;(5)天地之道不因国而异;(6)日本皇室特殊,与本国文化有关,故须尊重。④

第二种人如山鹿素行(1622—1685)。⑤此人早熟聪慧,所处环境

---

① 和辻哲郎:《尊王思想及其传统》,岩波书店1962年版,第204页。
② 池田光政(1609—1682),江户时代前期备前冈山藩藩主,基于儒学,提倡仁政,曾主导藩政改革,废除"地方知行"(指将相当于俸禄的一定土地的领有权分给幕府的旗本或大名的家臣,使其直接支配该土地的政策)等。并延聘熊泽蕃山,开设乡学校"闲谷黉"。获"左近卫权少将"官职,世称"新太郎少将"。
③ 神主之下、巫祝之上的神职。在伊势神宫位于"少宫司"之下,宫掌之上。受宫司之命参与祭祀,管理事务。
④ 自此引用的史料,皆取自和辻哲郎《尊王思想及其传统》,岩波书店1962年版,第204—225页。不一一做注。
⑤ 山鹿素行(1622—1685),江户时代前期儒者、兵学家,复古儒学的鼻祖,名高兴或高祐,生于会津(今福岛县西部)。向林罗山学习儒学,向北条族长等学习兵学,因著有《圣教要录》排斥朱子学而招致幕府的震怒,被流放到赤穗(今兵库县西南部),后获赦免回江户。著有《武教要录》、《配所残笔》、《山鹿语类》、《中朝事实》、《武家事纪》等。

第六章 《菅家遗诫》中的"和魂"与"汉才"

优越,兼修儒学、兵学、和学、神道,在 20 多岁时即成为许多"大名"的老师,并因侍奉播州浅野家领主获年俸千石。当他后来读《近思录》①知道"无极说"来自佛教,萌生了超越朱子学和阳明学,直接回归孔孟之学的念头,在其著《圣教要录》中提出"古学"的主张。这种攻击朱子学的做法自然会触幕府的霉头,结果被幕府命令蛰居赤穗。

素行在蛰居赤穗时写出《中朝事实》一书,除认为必须摆脱宋学,无须崇拜支那,日本才是"中国",开始提倡"日本中心主义"外,还试图在所谓的仁德"天皇"②时代之前(接受儒教影响以前)的日本发现所谓的本国"圣教的事实"。他的这种"创见"也领先于后来的"国学家"本居宣长等。其方法是通过对也具有"古学"精神的《日本书纪》记述进行研究,而最终这种研究后的"发现"竟成为他迸发出"日本中心主义"激情的源泉。③

不仅如此,山鹿素行还排斥"汤武放伐"的思想,提出在一般场合,君臣等词汇可指大名和家臣的关系,但在正式场合,则必须推崇朝廷(按:指在京都的天皇),④并说:"武将代代守护京都,尊朝廷,重官位,以朝廷为朝廷,存君臣上下之法则。"⑤素行甚至公开表明:"为何不可居今世而专念复古之事?甚不知时宜损益。"⑥不过他的即便是武家也"仍旧贵王室,存君臣之礼"⑦这一类的尊皇言论,仍属于儒教式的尊皇言论,与后起的"国学家"等还有较大的不同。

第三种人是统治阶级圈中之人如水户藩藩主德川光圀(1628—

---

① 《近思录》,宋代朱熹和吕祖谦共编,十四卷,1176 年刊。为便于初学者理解,二人从周敦颐、程颢、程颐、张载等人的文章中抽出对日常生活有用的章句 622 条,分成 14 个门类,编成此书。在朱子学中,此书和《四书》、《小学》一样受到尊重。

② 仁德"天皇",《记纪》中记载的 5 世纪前叶的"天皇""应神天皇"的第四"皇子",名大鷦鷯。据称是奠都难波(大阪)的最初的"天皇"。又传说他是一位仁慈的君主,免除百姓三年租税。

③ 德川光圀:《西山公随笔》,吉川弘文馆 1974 年版,第 358 页。

④ 山鹿素行:《山鹿语类》,山鹿素行全集刊行会 1926 年版,第 326 页。

⑤ 山鹿素行:《武家事纪》,新人物往来社 1969 年版,第 679 页。

⑥ 山鹿素行:《治平旧事》,《山鹿素行全集》第一卷,国民精神文化研究所 1936 年版,第 64 页。

⑦ 转引自和辻哲郎《尊王思想及其传统》,岩波书店 1962 年版,第 223 页。

"大和魂"史的初步研究

1700）及其儒家门客。光圀比素行年长6岁，其雇用百名以上学者编纂《大日本史》的时间也比《中朝事实》早十几年。在前面这部巨著中，光圀体现的是一种"尊神儒而驳神儒，崇佛老而排佛老"、坚持日本思想开放的同时又须独立自主的精神。在他看来，当时民众的伊势神宫参拜现象只反映出神官们的堕落，因为作为日本宗庙的伊势神宫不应轻易接受百姓的祭品等。这似乎又流露出他的"尊皇"和拒绝民众尊皇的矛盾态度。与此相对，光圀对武士的作为却寄予厚望，认为他们不仅要具备献身精神，还要拥有学问："士者须明了四书五经之文义与人伦大义，以《春秋》通鉴为古今治礼之镜鉴，余暇时以嗜诗文为盼。"①

其实这是一种否定室町战国时代的"下克上"现象和秩序失范，为实现礼制、仁义的新型武士的主张。因而其"尊皇"思想也和素行一样，仅仅是站在儒教士道立场的尊王贱霸思想，强调的是朱子学的"大义名分"学说。但在当时，这种属于中国古代春秋时代的"大义名分"思想，是否适用于日本一直成为问题，但光圀对此心无芥蒂，他的这种主张在日后与他最初的设想相反，竟然也演变为尊王讨幕思想的源泉之一。看来光圀在彼时仅仅是想编纂一部"正确"的日本史而已。按哲郎的说法，在《大日本史》中"描写的史实，显示着超越武家幕府立场的日本风貌，阐明了超越政权变更而持续的皇位传统。这种日本史实自然反映出天皇的神圣"，② 在不经意间体现出一种"尊皇名分论"。对此评论我们可以有条件地接受，因为它并非出自光圀的本意，毕竟光圀与熊泽蕃山和山鹿素行一样，都具有儒家情节，尊皇情绪不像山崎闇斋等人那样炽烈。"在后期水户学那里，按照'名分论'（封建等级制度）思想，天皇被置于封建统治秩序的最高点。但这种安排只不过是一种政治谋略，仅想利用天皇具有祭祀日本祖先的神秘权威而已。实际上，后期水户学根本没有期待天皇能够作为日本统治者君临天下，履行治理国家的政治责任。按后期水户学的政治观点，掌握日本最高政治实权的依然是幕府，天皇只有最高之名，而无最高之实。所以在

---

① 转引自和辻哲郎《尊王思想及其传统》，岩波书店1962年版，第225页。
② 同上书，第238页。

第六章 《菅家遗诫》中的"和魂"与"汉才"

水户学那里,'尊皇'和'尊幕'是有机结合在一起的。"①

又据哲郎说,新井白石(1657—1725)②也是江户时代的一位尊奉皇室的人物,同时还是一位具有仁政和合理主义思想的卓越政治家,这得益于他在公武关系和谐的好时代参与幕政。白石出身贫困武士家庭,17 岁时读中江藤树的《翁问答》颇有感触,30 岁时投入木下顺庵③的门下,37 岁时被举荐给第 6 任将军家宣,在变更应对"朝鲜通信使"的做法、改革币制和促进对外贸易等方面,尤其是在废止皇子、皇女出家的惯例,创立"闲院宫家"④,改善与皇室的关系这些事情上作出很大贡献。

尽管官职不高,但事实上白石在此时已是幕府的最高顾问。然而白石却对皇室抱有好感,他在自传《折柴记》中,凡牵涉到官职皆以朝廷官制称呼,说幕府的职制仅具有私人的性质;在《读史余论》后还附录了对将军家宣的讲义草稿,就朝廷衰弱的历史过程进行考察,批判了"摄关"的公卿政治,并说北条氏的"执权"除泰时一人外皆为奸逆之徒,室町时代的好官也仅限义尚一人。另外他还贬斥织田信长和丰臣秀吉,单独礼赞家康一人,说武家政治只有实现仁政才算合法,这种思想对后来赖山阳的《日本外史》产生了影响。不过即使如此,我们也只能说"白石的指向在于建立仁政,而不完全在于尊皇"。⑤此不展开。

从对白石的评论人们也可以看出,自"摄关"公卿政治开始到北

---

① 郭连友:《吉田松阴与近代中国》,中国社会科学出版社 2007 年版,第 143 页。
② 新井白石(1657—1725),江户时代中期的儒学家和政治家,名君美,字济美,通称传藏或勘解由,出生于江户,曾任筑后国(今福冈县南部)国守。属木下顺庵门人。第 6 代将军德川家宣时任幕府儒官,参与幕政,著有公务备忘录《新井白石日记》以及《藩翰谱》、《读史余论》、《采览异言》、《西洋纪闻》、《古史通》、《同文通考》、《东雅》和自传《折柴记》等。
③ 木下顺庵(1621—1698),江户时代前期的儒学家,名贞干,别号锦里,京都人。向松永尺五学习朱子学,后侍奉于加贺藩,继而成为第 5 任将军纲吉的侍讲。著有《锦里先生文集》等。门人有新井白石、室鸠巢、雨森芳洲、榊原篁洲、祇园南、三宅观澜等。谥号为恭靖先生。
④ 闲院宫,旧宫家名,四亲王家之一。基于新井白石的建议,幕府以重视朝廷为名,于 1710 年为东山天皇第六皇子直仁亲王创建此"宫家",于 1718 年赠予闲院宫的称号。
⑤ 和辻哲郎:《尊王思想及其传统》,岩波书店 1962 年版,第 254 页。

"大和魂"史的初步研究

条氏、足利氏"执权",直至战国武士集团首领织田信长、丰臣秀吉包括后来所谓实行仁政的德川家康,尊皇和比较尊皇的历史著名人物实在是少之又少,这与他们的居心叵测和漫长的公武二元政治体制不无关系。在那种双重政治体制下,要出现真正的尊皇思想本身就不合情理,也很困难,而依附于武家政治体制的许多儒者要真正热爱天皇也无从谈起。至于公卿人物,他们当然会念想到过去天皇掌权的"摄关"制度的好处,但此时已好景不再,故无论是一条兼良,还是北畠亲房,都要一边说天皇的好话,一边安抚为他们打战卖命的武士,同时亲房还要分辨谁是真正的天皇。在这种情况下,要让他们从内心真正尊皇兴许是一件困难的事情。而愿意尊皇的则是以山崎闇斋为首的"垂加神道"学者和编造、鼓吹《兼家遗诫》"二章"的其他神道人物,以及第四种人"国学家"们。因为前者有些人出生于京都等关西地区,受该地"皇威"的气氛影响,以及浸染在神道教中的时间很长,且在性格上有偏执和反社会主流思想的倾向,而后者则多半是一群体制外的人物,不讨幕府的欢心,对幕政素有不满,再加上受到前者的影响,故在阅读和研究"传统"书籍的过程中渐渐养成了尊皇和摆脱幕政的想法,以至后来竟然形成一种强烈的尊皇思潮,最终推动日本实现了明治维新和"大政奉还"。

第七章　江户时代中、后期(1716—1867)几大著名"国学家"鼓吹的"大和魂"

在前述尊皇气氛渐浓的影响下,"大和魂"一词被赋予"尊皇"的意义当在意料之中。此外该词还开始具有"排外"和强调"日本思想独立"的义项。在"国学四大人"① 之一且为"国学"集大成者的本居宣长眼中,"大和魂"还是"汉意"的对立物,它以所谓的"物哀"和"脱离心机、表里如一、坦率纯朴之心"② 为特征,代表着与儒佛不同的日本传统延续下来的固有精神。由于提倡这些精神的"国学家"本居宣长、贺茂真渊等人实际上都受到谷川士清的影响,所以本章要从士清及其"日本魂"说起。

第一节　谷川士清及其"日本魂"

谷川士清(1709—1776)在学统上属于何宗何派难以说清。有人视其为"垂加神道"人物,有人视其为"国学家"贺茂真渊的附庸,《广辞苑》(第五版)说他是"江户时代中期的国学家和神道学家",至今没有定论。不过根据日本"国学"的思考方式和内容,诸如排除后世对古代文献的儒佛注释和任意解释,用文献学的方法,以古代语言文字为媒介,"忠实"地再现古典的意思,或原样接受古典记载的"事实",注重人的自然情感,将所见所闻都看作是神的旨意和所为这

---

① 即荷田春满、贺茂真渊、本居宣长、平田笃胤。
② 详见后文说明。

些思想和做法来看，我们倾向于将士清视为混合神儒思想的"国学家"之一。加之士清做的几件大事，与后来的"国学家"在工作性质上有诸多相似之处，甚至在思想上还影响了后者，更让我们觉得士清是一个"国学家"。比如，是他首次以汉文所写的古代典籍《日本书纪》为对象，对其加以神道式的解释，撰出《日本书纪通证》，开创了正式而有系统的"国学"研究的先河。尤其是其在该著一卷"小字注"中，还首次提出"中古以来之治世也，兼取周孔之教，以为之羽翼。是故国学所要虽亡论涉古今究天人，非倭魂汉才不能阐其阃奥矣"，[1] 开启了新一轮讨论"倭魂"和"汉才"关系的运动，使"国学家"贺茂真渊（1697—1769）和本居宣长（1730—1801）等人都从该书中获得许多研究灵感；再如，是士清编撰出国语大辞典《和训栞》。虽然有人批评它在体例上取范于海北若冲[2]的《和训类林》，在内容上参考了新井白石的《东雅》和贺茂真渊的研究，但不可否认的是，它系日本第一部以五十音图顺序编出的辞典，并附有日本第一个动词活用表，直至今天日本学者在研究日本国语史和日本历史时还都将其作为一部必备的参考书。这部辞典收录约两万一千个语汇，其中虽有汉语词，但以日本古语、雅语、方言、俗语等日语词为主，体现出士清的"日本中心主义"倾向。

需要说明的是，我们之所以在士清是"国学家"的字眼前加上了"混合神儒思想"的定语，是因为他虽然相信神道，但不排斥汉学，这种现象不只发生在士清一人身上。其实在其他的所谓排斥汉学的"国学家"身上，我们也能看到他们所受到的儒学影响，只不过是他们嘴上有意不承认而已。

士清在《和训栞》和自创的和歌中两次提及"日本魂"。《和训栞》注释："大和魂，日本魂也，《源氏物语》中有……一语。按一条禅阁所说，乃日本之鉴别之意也。"但就这个"鉴别之意"，士清没有作出进一步的解释。或许是因为他的工作量太大不得已而为之，又或许

---

[1] 参见加藤仁平《和魂汉才说》（增补版），汲古书院1987年版，第191页。
[2] 海北若冲（1675—1751），江户时代中期的"国学家"，号岑柏，大阪人。就学于契冲，致力于古训的研究，著有《万叶集类林》、《万叶集作者履历》等。

第七章　江户时代中、后期(1716—1867)几大著名"国学家"鼓吹的"大和魂"

是因为他本人也说不清《源氏物语》中的"大和魂"所包孕的具体含义到底为何；士清自创的和歌是："若问因何献我身，答之应为日本魂。"① 其中的"日本魂"即"大和魂"，但也语义不清。不过这首和歌却对本居宣长发生了影响，因为后者那首脍炙人口的"大和心（魂）"歌"若问大和心何物，清晨映日山樱花"② 在形式上就与士清的和歌十分相似。

然而，宣长的那首和歌在内容上仿效的却是其师贺茂真渊在1756年（宝历六）2月，于自家举办的歌会上所做的和歌："和煦春光天地心，喷香吐蕊山樱花。"③ 以上事实表明了士清和宣长、真渊三人之间存在着某种思想交集。

二战期间日本的报纸和广播反复提及的就有士清和宣长的这两首和歌。当时的说辞是，日本国民应像士清所说的那样，为皇国粉身碎骨也在所不惜，并应像宣长所说的那样，以一颗如樱花般的毫不眷顾的飘落之心，为神人一般的天皇和神国日本尽忠。可是很显然，士清和宣长和歌中的"日本魂"或"大和心"的意思，与二战时日本军部和政府的主张没有直接的联系。因此我们要追问，士清和宣长和歌中的"日本魂"和"大和心"的意思具体为何？二者的和歌精神是否一致？如果不一致，其差异又在哪里？要回答以上这些问题，需要从士清的生平事迹和思想追求，并结合他与宣长、真渊在思想上的交集进行说明。

一　谷川士清的生平及事迹

谷川士清（1709—1776），字公介，号淡斋，通称养顺，出生于伊势国津（今三重县津市）八町的一个医生家庭，其父谷川义章既是医生也是学者。受父亲影响，士清后来到京都学习医学，并在余暇时间向玉木苇斋学习"垂加神道"。27岁时回到津市后成为一位著名的产科医生，并因在神道上学有所成还在自家开办私塾"洞津谷川塾"和神道

---

① 原歌是"何故に砕きし身ぞと人間はばそれと答へむやまとだましひ"。
② 原歌是"敷島の大和心を人間はば朝日ににほふ山桜花"。
③ 原歌是"うらうらとのどけき春の心よりにほひいでたる山ざくら花"。

· 461 ·

道场，广收门人。此后士清又向有栖川宫职仁亲王①学习和歌并自学"国学"，撰有"国学"巨著《日本书纪通证》和大辞典《和训栞》以及历史评论书籍《读大日本史私记》、考古学著作《勾玉考》等。由此可见，士清与宣长在许多方面有共同和相似之处。比如出生地相同，年轻时都到京都学医，均在无人指导的情况下自学"国学"，都尊重神国国体，在"国学"学术史上皆有成就——前者在研究《日本书纪》、后者在研究《古事记》上作出贡献。

此外，二人在撰写各自的著作时还多有联系。贺茂真渊存世时对士清的学问屡有批判，而作为真渊的弟子，宣长在给士清写的第一封信中也充满批判士清思想的内容，然而真渊一死，宣长和士清即成为忘年交（宣长比士清小21岁），二人书信来往频繁，尤其是在分别撰写《和训栞》（由宣长作序）和《古事记传》等时还都不顾情面，相互提出意见，并频频借出自己的藏书。在此过程中士清对宣长的《古事记传》著述产生过较大影响。据说在二人间起联系作用的，最初是宣长妻子的娘家人"草深家"，之后是蓬莱尚贤。尚贤是士清的女婿，之后又投入宣长的门下。②

但与宣长及当时一些学者不同的是，士清对自己的作品抱有怪癖——将书写的草稿全部埋入地下，并在其上方立墓石，时间是1775年即士清辞世的前一年，现在该墓石仍矗立在福藏寺南边谷川（原为古世子）神社境内。这种做法不管是在过去还是在今天都极为罕见。一般说来，将著述草稿丢弃是当时日本学者的通行做法，据

---

① 有栖川宫，世袭"四亲王家"（号）之一，其第一代是后阳成天皇皇子好仁亲王，于1625年（宽永二）创立了高松宫家（号）。第二代是后水尾天皇皇子良仁亲王，曾自称自家为花町宫和桃园宫，之后继承皇位（即后西天皇）。在14年家号空白期后，1667年（宽文七）后西天皇皇子幸仁亲王继承第三代宫家家号，改称有栖川宫。第四代正仁亲王早逝，第五代由灵元天皇皇子职仁亲王继承，之后的几代分别是织仁、韶仁、帜仁、炽仁、威仁亲王。第10代威仁亲王的王子早逝，所以由大正天皇第三皇子宣仁亲王以高松宫的称号继承祭祀权。此宫家在歌道、书道方面皆有家学渊源，炽仁亲王在幕末及之后还深度卷入政治、军事等活动。谷川士清能向有栖川宫职仁亲王学习和歌，说明当时他的社会地位和影响力已不可小觑。

② 《谷川士清小传》，谷川士清彰显保存会1972年版，第37页。

第七章　江户时代中、后期(1716—1867)几大著名"国学家"鼓吹的"大和魂"

说上田秋成[①]就曾将其草稿丢入井中，后来由其门人偷偷起出才得以保存至今。而士清这么做的目的，据说是因为害怕自己死后，那些具有与主流思想不同观点的草稿流向社会误导后人，所以才将它们收纳在"石棺"里并埋入地下的。[②] 不仅如此，士清还在墓石正面刻上"反古塚"三字，而在背面刻出的就是前述的那首和歌"若问因何献我身，答之应为日本魂"。如此看来，这里所说的"日本魂"与士清写后埋在地下的东西就具有内在的联系。有人说："从反古塚可以看出谷川士清对学问的一种良心和真挚的态度，以及对自己倾注心血写出的草稿的一种思念之情。"[③]

"反古塚"建立后发生了奇迹，一种名为玉虫的昆虫聚集而来，并停留在上面整整三天才离去。士清知道此消息后视其为"祥瑞"，通知女婿尚贤等身边人和朋友前来，要求他们撰写"玉虫歌"，并给宣长写信希望他也寄歌来。宣长及其门人果然不负士清所望，纷纷寄来和歌。

不过认真想来，以上"有人"所说的话语未必尽然，立墓石当然包括思念之情，但也可能隐藏着士清的某种想法，而玉虫的"聚集"其实也大有玄机，很可能是属于士清事先谋划的结果。

"反古"在日文中：1. 指写坏或画坏的书画等；2. 转指"无用之物"[《广辞苑》(第五版)]，以此来看它与"良心和真挚的态度，以及……思念"没有太大的关系。士清立此"反古塚"墓石和视玉虫聚集为"祥瑞"可能另有他意。

神道学者认为，人写的东西可分为两种，一种是可公开示人的著述等，一种是不可示人的作品，在某个时候应当烧掉或掩埋。这从过去山崎闇斋和玉木苇斋等人都是一对一地当面对弟子传授教理，即所谓的"秘传"做法也可得到印证。当时的神道传统是，某一代师父的讲义原稿或秘传的文字等在其死去前都要烧掉或掩埋。士清也这么做，或反映

---

① 上田秋成（1734—1809），江户时代后期的"国学家"、歌人和"读本"（小说的一种）作者，本名东作，大阪人，曾师事加藤宇万伎，通《万叶集》和音韵学，与宣长屡有学术论战，在日本学术史上非常著名，著有《雨月物语》、《春雨物语》、《胆大小心录》、《癇癖谈》、《藤篓册子》等。
② 《谷川士清小传》，谷川士清彰显保存会1972年版，第38页。
③ 同上书，第45页。

463

出神道学家共同的神秘倾向，但似乎还隐含着自己不为世重，害怕那些文字牵连后代的心理。必须指出，士清是一个不受幕府欢迎的人，许多与他相熟的朋友都在幕府的淫威下被逼自杀，士清本人也长期被幕府限制出行。然而士清还算勇敢，因为他将自己为理想即使遭受幕府迫害，粉身碎骨也在所不惜的精神刻写在"反古塚"墓石上，并将此精神喻为"日本魂"。

至于"玉虫"聚集也大有玄机。日本的神社和坟冢周边多生长朴树和光叶榉树，这些树都含有芳香烃，锯切或搓揉其枝叶后有香味溢出，有一种名为"玉虫"的昆虫就因喜爱这些香味而啃食它的树叶。"玉虫"的学名是 Nihondamamushi，与"大和魂"的日语读音 Nihondamashihi 非常接近。通过日本网络检索，可发现"玉虫"的读音现在竟被讹读成 Nihondamashii，不知是受到士清的事迹影响，还是今人已缺乏辨别能力。士清立此"反古塚"墓石后引来众多"玉虫"爬至其上，说明士清博学广闻，在安排立石前就考虑到上述因素，之后又借此自然现象大肆张扬，让人作歌，以"玉虫"的"祥瑞"帮衬出他的"日本魂"的神奇，这还说明士清对自己所谓的"日本魂"是看得很重的。

二　谷川士清的思想追求

然而，士清的"日本魂"具体包含什么内容，不能仅凭他的和歌和著述中的一两句话就作出判断。对此我们可以试做几方面的分析，以得出初步的结论：

1. 如前述，士清对幕府持有不满，这从他长期遭受幕府打压和人身限制可以推知一二，因此他的"日本魂"带有暗中挑战幕府的意味。

2. 因幕府推崇，"那时许多汉学家过度仰慕支那，忘掉日本精神，故士清叹之，在行医余暇召集弟子讲习神道，使之明了尊皇大义。另外他认为，为明了国体就需知道建国之由来与皇统之无穷，故有志于研究国史和古日语，最终倾其心血20年后写出卷数达35卷的《日本书纪通证》（著者按：其实该举动并非他第一次做出，一条兼良在室町时代末期也写过一本有关《日本书纪》的巨著《日本书纪纂疏》。但因后者的尊皇倾向不明显，故受到关注的程度较低），又著有卷数达93卷的

第七章　江户时代中、后期(1716—1867)几大著名"国学家"鼓吹的"大和魂"

《和训栞》……，与《古事记传》并列为我国学会的至宝。"①

事实正是如此，士清在其历史评论书籍《读大日本史私记》劈头就说：须"批评（水户藩）彰考馆史臣"之错误史观，因为"日神以降天统定于一以至今日"，日本虽有许多史书但皆"不符吾邦历史本意"，所以他从"神武天皇"开始一直评论至文末的"肃慎"②人，对水户藩史臣的"错误"说法一一作出修正。③ 而在《日本书纪通证》中，士清直言不讳地赞颂神国天壤无穷，天皇万世一系，巍然屹立于世界，等等。其开篇"汇言"中的一席话，简言之就是"神皇一体，祭政一致，万世一系，神道即王道"：

今按，我神人国于天地，与立有自，启造化伦理之征，明天人一致之妙。以神皇一体，同殿共床（地板）。祭政一训，乃主祭乃执政。圣子神孙继继承承，则天地以御宇内，崇神化以布教令。故谓之神道。林罗山曰，神道乃王道。④

又如前述，士清在《日本书纪通证》一卷"小字注"中还引用过伪书《菅家遗诫》第四章，说"今按中古以来之治世也，兼取周孔之教，以为之羽翼。是故国学所要虽亡论涉古今究天人，非倭魂汉才不能阐其阃奥矣"，强调的则是"日本中心主义"的精神。这种尊皇思想和"日本中心主义"精神，应该也都可以看作是他的"日本魂"之一部分。这也是他不讨幕府喜欢的一个重要原因。

3. 与"反古塚"折射出的神道式神秘主义精神一致，《日本书纪通证》全篇也充满神道的气息。与此相似，士清所写的另一首和歌就很能说明问题，其47个字符一个未重复，体现出作者极高的传统文字

---

① 《津市乡土读本》，转引自津坂治男《谷川士清和日本魂》，樱枫社2011年版，第10页。

② 也称"息慎"或"稷慎"，见于中国古籍的中国东北地区的某民族。后汉称挹娄，隋唐称勿吉或靺鞨，但其具体情况不明。《日本书纪》记载钦明天皇时肃慎人来佐渡，齐明天皇时阿倍比罗夫征讨之。

③ 谷川士清先生事迹表彰会编纂：《读大日本史私记》，大日本图书株式会社1913年版。

④ 谷川士清：《日本书纪通证》，国民精神文化研究所1937年版，第13页。

运用水平，堪与日本最早也极优秀的"いろは歌"① 相提并论，但其目的却在于挑战充满佛臭的"いろは歌"：

　　天地湧き　神さぶる日ノ本成りて　居社を　大嘗斎庭　うら設けぬこれそ絶えせぬ　末幾世②

此歌前两句说明神国日本的起源，中三句描写在"大尝祭"这一天于庭院搭建神社祭祀的场景，后两句属有感而发，赞美神国日本天长地久，万世无疆。这种神道精神与上述尊皇精神和"日本中心主义"存在暗合，也属于士清"日本魂"之一部分。

4.《日本书纪通证》通篇充满神道教气息，但几乎都用汉文写出（士清的研究对象《日本书纪》也系汉文撰写），其间仅施予日语的训点和注音以方便阅读，甚至士清还举出许多中国史书和韵书的事例作为证据，读后颇令我们感到惊讶。这种写法在当时许多日本文人笔下也有出现，而且一直持续到二战结束后不久（至二战结束时日本的公文在使用汉文体或"候文"③ 体的同时，有时还会直接使用汉文）。与此相对，在士清存世的年代，已有不少"国学家"坚持不用汉文写作，特别是宣长，他认为汉文反映不出日本人的实际生活和情感，所以在研究和写作时坚持使用假名。如下文所见，宣长本身汉文功底也相当了得，但难得见其使用，只是某次在批评士清的《日本书纪通证》时偶一用之，大有"比拼"汉文水平但正义在我的凛然之气："或曰有奉垂加氏学者，颇有才识，著日本纪考证及和训释。……见所著日本纪考证，则宛然儒者之言也，非神道之意。……如垂加之辈，则惟假神典说儒道者

---

① 原歌是"色は匂へど散りぬるを我が世誰ぞ常ならむ有為の奥山今日越えて浅き夢見じ酔ひもせず"。其中的汉字配上假名，刚好是47个字符，一个不重复。据说歌意欲体现的是《涅槃经》第十四圣行品的偈语"诸行无常，是生灭法，生灭灭已，寂灭为乐"的意思。相传为弘法大师所作，但实际上属于平安时代中期的作品，那时大师已经死去。也称"色叶歌"。

② 转引自名岛政方《暗语》，双树苑藏版，1826年。

③ 指使用位于文末的礼貌语"候"（Soro）写出的文章。日本自中世以来至二战结束多用于书简、公文、向神佛的请愿书和报告等。

第七章　江户时代中、后期(1716—1867)几大著名"国学家"鼓吹的"大和魂"

也。……夫若阴阳乾坤五行之说，亦惟空理而已，云云"①。从这点看士清和宣长有较大区别，并不排斥汉文。这是因为和宣长一样，士清在年轻时也学习过汉文和汉医书，另外在学习神道书籍、接触神道教思想时继承闇斋的"垂加神道"，当然也会同时接触到闇斋的儒学思想及汉文资料。儒家提倡"尊皇"，这在中国古代典籍屡见不鲜，因而主张"垂加神道"的学者也提倡尊皇并非不好理解。从这个意义上说，《日本书纪通证》的写作指导思想和与前述的神儒混合思想差异不会太大。士清在"汇言"中引用的"林罗山曰，神道乃王道"这句话，正是这种思想的集中表现，也是他不忌讳使用汉文的原因。这种神儒不分的融合思想，似乎也应包括在士清的"日本魂"中，而这才是同样尊皇但欲纯化神道思想的"国学家"们也对他不满的主要原因。

三　谷川士清神儒不分的其他表现

江户时代前中期的武士及其后裔，因无须再参加战斗，故除部分人做官外，有许多人转为经商或行医来养活自己，能以撰写"时文"（附和幕府要求的文章）和做和歌、俳句和小说等养活自己的人，如松尾芭蕉、井原西鹤、近松门左卫门等人则很少。一般认为，武士后裔依靠作文为生大概要等到文化、文政时代才有可能。士清出身武士家庭，祖父、父亲和他都以行医为生，所以必须学习汉文和汉医。据说士清在11岁时就读完中国古代医书《素问》和《灵枢》。此二书都来自中国最古老的医书《黄帝内经》（前汉，公元前200年左右），《素问》属于理论书籍，《灵枢》属于实践书籍，二书都编成于8世纪的唐代。在学习前期士清接受父亲的指导，在阅读的过程中难免会接受儒道两家思想的影响。

及长后士清到京都继续学习汉文和汉医，同时还开始学习神道，接触并继承闇斋学派的"垂加神道"思想。正因为如此才使得士清的学问倾向模糊不清，让人较难辨出他到底是一个儒者，还是一个"国学家"，抑或是一个神道学者。或许这和士清的性格比较温厚、不公开选边站队也有关系。到京都后士清所拜的神道师父是玉木苇斋，苇斋的弟

---

① 资料信息遗失。

"大和魂"史的初步研究

子松冈文雄相当于"助教",故也算是士清的老师。在士清学习的过程中同为先生的文雄和苇斋后来为一本书的出版反目成仇,结果是苇斋将文雄赶出宗门。此书即前述的《神道学则日本魂》。如前述,"学则"第三则为"日本魂"下过定义:"第令儒生释徒异端殊道之顽,村甿(氓)野夫贾贩奴隶之愚,悃悃欵欵(款款),祈国祚之永命,护紫极之靖镇者,此谓之日本魂。"① 换言之,这就是闇斋开创的"垂加神道"的思想精髓。

在该书"附录学则问答"中另有一段对话:

问:造化(造化为天地创造之神,乃独神)之国常立其血脉延至人体二尊(伊奘诺尊和伊奘冉尊),汝当何看?
答:国常立之道备全身,由土金至极生出之物不外乎二尊。

这显然反映出"垂加神道"欲以五行思想解释神道的用心。另外,在问及对中国王朝交替采用禅让和放伐的方式汝当何看时,回答是"以日本魂观此皆乱臣贼子之栋梁(枭首)也"②,又显现出话者同情"国学家"的立场。同时此书还说:有人"往往不免巫祝之陋等",语中暗讥师父苇斋热衷于"秘传"而不主张"日本魂"一事。③ 如果士清真的像他后来那样尊皇或拥护"国学家"的主张,那就应该站在文雄的立场与"助教"一道出走,可他没有,只是在很久之后才在其著《日本书纪通证》卷一、二十二丁表中引用过文雄的"悃悃欵欵(款款),祈国祚之永命,护紫极之靖镇者,此谓之日本魂"这句话,表明了自己的立场。其实文雄和士清一样,其"悃悃欵欵(款款),祈国祚……护紫极……之日本魂",也不外乎是神儒思想的混合物而已。

苇斋将文雄赶出宗门的原因很复杂,但其中存在的"实践"和"理论"的冲突,似乎是师徒二人关系恶化的一个导火索。苇斋当时正在推行神道的"秘传"化,热心于"巫术修炼"一类的工作(具体内

---

① 松冈文雄:《神道学则日本魂》,平重道、阿部秋生校注,岩波书店1972年版,第94页。
② 同上书,第94页。
③ 同上书,第102页。

第七章　江户时代中、后期(1716—1867)几大著名"国学家"鼓吹的"大和魂"

容不详,大约是做"奉神灵、奏神乐、宥神虑或伺神意、发神馔"这一类的活计),认为不修炼、光写文章则对神和神的创世理论的理解过于简单,甚至产生误解,所以对文雄写作和出版《神道学则日本魂》很不满意。想来士清对此不会不知道,可他却在1731年(享保十六)将《神道学则日本魂》完整地抄了下来。另一方面,士清对苇斋的指示也不敢怠慢,为完整体会神道的所谓微言大义,也进行过努力的修炼,并于1732年(享保十七)年9月27日获得苇斋签发的"神道(毕业)证书"。

证书写道:"天儿屋命之嫡传垂加灵社直传相承之神道,汝笃志克务是以汝之师文雄诸传悉面授口诀毕。"①"天儿屋命"是日本神道传说中的一个重要人物,据说在天照大神躲进山洞时曾在洞前念咒文,迫使大神出洞。天孙降临时又和琼琼杵尊(迩迩艺命)②一道同行,之后演变为王朝重臣中臣氏(藤原氏),积极"维护皇统"。其后的大意是,因你笃志研习天儿屋命嫡传的垂加灵社(闇斋)直传相承的神道,故乃师文雄已悉数将神道秘诀口授完毕。能得到这样的证书,说明士清在苇斋的眼中不光神道学问好,而且对师父忠诚。获得证书两个月后,士清又从苇斋那里获得"龟卜口授",他后来写出的《龟卜集说》和《龟卜相传秘事》等书依据的就是师父的这些知识(其实这些知识也大部来自中国)。另外,在获得证书的此时文雄和师父苇斋的关系还没有破裂。从证书似乎可以猜出,即使文雄的《神道学则日本魂》写得再好,但对自命得到闇斋真传的苇斋来说,那些东西实在只能算是小儿科水平。文雄和师父的关系破裂之后,士清与文雄开始保持距离,继续所谓的修炼,并于1734年(享保十八)将苇斋口述的《神代卷八重柴篱》记录下来,翌年7月又将师父写的、被称为是"垂加神道"秘传集大成的《玉笺③集》重抄写了一遍。可见苇斋对士清是充分信赖的,但反过来也可看出士清是一个思想和立场都不甚坚定的人。

---

① 引自津坂治男《谷川士清和日本魂》,樱枫社2011年版,第35页。
② 日本神话中的天照大神之孙,天忍穗耳尊的儿子。为遵照天照大神的命令统治日本这个国家,从高天原降至日向国的高千穗峰,娶"木花之开耶姬"为妻,生下火兰阑降命、火明尊、彦火火出见尊这些火神。
③ 所谓玉笺,即奉神时所用粘贴在榊枝上的棉花或白纸。

"大和魂"史的初步研究

　　身为"国学家"的贺茂真渊和本居宣长（于后者而言是一段时间）对士清的评价都很低，因为士清或使用汉文写作，或使用中国典籍作为注释，或使用闇斋式的阴阳五行学说对神道重新解释。在"国学家"看来，汉文即儒学即汉意，都是一些所谓治世的空言。宣长的批评如前述，真渊则在背后痛斥士清："此为学儒之人所作，故文字出处等尚可首肯，然文意之解析大谬。尤为不知（日本）古文、古歌。不偏离后世歌、后世意或儒意无以成事。不足取。"① 并且屡次拒绝士清欲拜访自己的请求。总而言之，士清的神道思想是一种很奇怪的思想，带有闇斋式的神道与儒学融合的意味，其"国学"著作《日本书纪通证》居然被真渊认为是"学儒之人所作"，所以士清既不受大多数的"国学家"欢迎，也不被幕府喜欢。

　　此外，通过对士清不就《古事记》而就《日本书纪》进行注释（之前的一条兼良也是如此）这个行为推测，似乎也可以看出士清的政治用意。津坂治男说，一般认为，《古事记》的成书时间比《日本书纪》要早，但实际上前者在9世纪初才问世，晚于后者的成书时间，其第一部抄本则是在14世纪中叶于真福寺②完成的。江户时代有人说它是伪书，但一些人因为受到宣长热心研究古代文献的精神感染，才逐渐产生《古事记》乃日本最早的史书的认识。战后中国史研究专家冈田英弘撰文，说现在通行的《古事记》乃宣长篡改而成。对此观点津坂治男表示支持，认为《古事记》的成书年代应该是在恒武天皇迁都平安京之后，因为该书记载着"韩神"和"曾富理（Sohori）神"。而这些神，都是先前占据今京都内宫周边土地的外来民族秦氏所祭祀的神灵。它们的前身，一个来自百济（韩神），一个来自新罗（曾富理园神）。③

---

① 贺茂真渊：《论学》（日文名为《学びのあげつらひ》），《贺茂真渊全集》思想篇下，吉川弘文馆1908年版，第67页。
② 位于名古屋市中区的真言宗寺庙，也称宝生院，通称大须观音寺。建久（1190—1199）年间建于尾张国中岛郡大须乡（今岐阜县羽岛市），时称中岛观音堂。1612年（庆长十七）移建于名古屋市中区。藏有《古事记》、《日本灵异记》等古抄本，称"大须本"或"真福寺本"。
③ 见津坂治男《谷川士清和日本魂》，樱枫社2011年版，第34—35页。

第七章　江户时代中、后期(1716—1867)几大著名"国学家"鼓吹的"大和魂"

对此二神宣长在《古事记传》中做过考证："韩神""名义未得考。韩为借字或正字乎，乃地名乎，或与韩国有关，皆难知晓"。[1] 接着又说："《书纪》记载素戈鸣尊渡海至新罗之Soshimori（按：原文为假名。下同），而此地名与下述地名Sohori（曾富理）相似。"[2] 就"曾富理"，宣长说"此亦未得考，或为地名。"[3] 之后又详细叙述自己调查的"园韩神"和位于宫内省（当时的"御所"）的神社情况，以及自己想到的一些问题。此外宣长还考证了有可能是新罗神的"白日神"和百济神的"圣神"。也就是说，宣长仅叙述了一些当时人们都知道的"事实"，并未解决上述问题，也可能是他不愿意继续深入研究下去。因为韩国与日本的历史渊源很深，《续日本纪》甚至说天皇的祖先是韩国人，所以深究下去反而对宣长没有好处。至于他说"素戈鸣尊渡海至新罗之Soshimori，而此地名与下述地名Sohori相似"，则很可能是想说明该地与日本神素戈鸣尊有关，是后者到韩国后将此地名带回日本，才有了此神。[4]

就《古事记》的原貌，治男还指出许多疑点。他认为《古事记》存在许多不必要的描述，与史书《日本书纪》相比，前者简直就是一部故事书。比如倭建命的传承问题，《日本书纪》载：倭建命赴上总，渡"驰水"（走水）之海时船只即将下沉。此时同船之弟桔媛曰："卑妾愿入海以赎王命。"之后"乃拔澜入海，暴风即止"。很简洁。而《古事记》则增添了许多描写的成分，说："以菅叠八张、皮叠八张、绢（按："绢"为"绢"之意）叠八张敷于波上""入海"。对在战时倭建命能否携带如此多的席子治男存有疑问，说："宣长与其说是在检视事实，倒不如说是仅在说明菅叠的出典或延佳本等记述绢叠乃绢制作等细节。也许是因为《古事记》自身在叙述历史事实的同时，还极具临场感地收录了各种传说故事，所以这一类的润色可谓画蛇添足，但其中也包括宣长以此与'汉意'的对抗意识，所以他才会如此言之凿凿，

---

[1] 引自津坂治男《谷川士清和日本魂》，樱枫社2011年版，第35页。
[2] 同上。
[3] 同上。
[4] 同上书，第36页。

宛如是历史事实……。虽然言者宣长自身并没有完全的根据。"①

对《古事记》的原语言形式，治男做如下表述："记纪皆用汉文体写出（《古事记》的骨架大致也是汉文……比如在'创造国土'那段开篇部分，几乎都用汉文书写：'于是天神诸命以。诏伊邪那岐命伊邪那美命二柱神。修理固成是多陀用幣流之国。赐天沼矛而。言依赐也。'），在'走水'此部分，《纪》写作'王之命'，但《记》却写作'御子之御命'等，故意使之带有恭敬、庄重的语调，岂不有些过分？我记得有人说过，折口信夫曾反问道，《古事记》的写法原先难道不应该更简洁有力吗？"② 虽然治男在许多方面的表述不很清晰，但他的结论就是，《古事记》的成书时间很晚，并且存在诸多疑问，所以士清和兼良才会弃《古事记》而就《日本书纪》进行研究。另外治男的主张也发人深省："做学问时检视所用文本的可靠性不可或缺。然而我们持续两百多年以上，囫囵吞枣地接受了先行者（因接受当时的局势影响而得出的）相当情绪性的结论已成为一个大问题。"③

至此我们推测，士清不选择《古事记》而选择《日本书纪》进行考证是有所考虑的，或许他也听到过《古事记》是伪书或至少被篡改的说法（例如，北畠亲房在《神皇正统纪》中就说过"能追溯至古代之唯一史书即《日本书纪》"。④ 从此话也可以看出《古事记》在过去一直被人忽视），认为用汉文书写的《日本书纪》才能反映当时的实际历史面貌。而这种认识与"国学家"有意纯化日本文化的意识存在差异，反过来也可以说，士清的认识正是一种不纯的神儒混合的表现。借此我们至少可以看出，在这方面士清的头脑是清晰的，他在选用自己认为正确的文本的同时，对神道和尊皇的关系却一点也不含糊。因为时代在此已发出了召唤，士清当然不会免俗。神道自镰仓时代、室町时代到江户时代的逐渐兴盛，与日本公武二元政治的长期存在有关。随着幕府逐渐由强走弱，有人开始期待皇室，并以神道作为

---

① 引自津坂治男《谷川士清和日本魂》，樱枫社2011年版，第38页。
② 津坂治男：《谷川士清和日本魂》，樱枫社2011年版，第39页。
③ 同上书，第40页。
④ 北畠亲房著，岩佐正校注：《神皇正统纪》，岩波文库1975年版，第82页。

第七章　江户时代中、后期(1716—1867)几大著名"国学家"鼓吹的"大和魂"

天皇亲政合法性的理论依据。另外一个很重要的原因，就是在此前不久发生的震惊日本的岛原之乱①，当时有许多日本人为基督教献身，其执着的信仰来源就是《圣经》。这让当时的一些日本人，或也包括士清感到困惑。思来想去，他们认为同时能与幕府和基督教及其《圣经》抗衡的，不外乎就是日本国的天皇及其圣典《日本书纪》（在"国学家"看来，则是天皇和《古事记》）。总之，在士清和当时的一些人看来，要尊皇就需要知道日本的古代及诸神，为此就必须先了解汉文书写的正史《日本书记》。

四　谷川士清"日本魂"的含义及后世对其的评价

《和训栞》中不收"大和心"这个词条，不知士清于此存有何种心思。而宣长却对"大和心"此语十分喜爱，积极使用，或许这反映出士清和部分"国学家"关注点的差异。在《和训栞》中士清对"威武、雄壮"（Oshi、Oshiki，原文为假名）这些与男性有关的词条做了详细解释："Oshi——日本书纪曰雄壮、雄拔等。O 为男子义也。见之有威武感。与 Memeshiki（著者按：女人气、文弱）相对立。"并举出许多句例，比如"崇神纪，幼时好雄壮"等。接下来是 Oshiki 词条的解释："Oshiki 乃有男子气之义也。与 Memeshiki 相对。"并也举出多条句例。② 对"大和魂"这个词条，如上述士清也仅是就《源氏物语》等著作出现的几种用法做了简单介绍。或许士清看不出在《源氏物语》等著作中的这几个"大和魂"词汇所蕴含的意义到底是什么。

《和训栞》中也不收"日本魂"这个词条，而是将它看作是"大和魂"的一个注脚，然而通过以上对士清"日本魂"的分析和讨论，我们可以认为，他所说的"日本魂"显然与过去的"大和魂"有着本质的不同，而与闇斋系统的若林强斋、松冈文雄的"日本魂"相似。实际

---

① 岛原之乱，1637—1638 年发生在天草（今熊本县天草岛）和岛原（今佐贺县高来郡岛原村）的农民起义，起义军中多基督徒，首领是益田四郎时贞。他率两万数千名战士占据原城城址，幕府派出的"上使"板仓重昌进该城时战死，继而"老中"松平信纲指挥九州诸大名攻陷该城。也称"天草（岛原）暴动"或"天草之乱"。

② 《和训栞》下卷，名著刊行会，1967—1973 年。

上，他歌作中的"日本魂"与埋在"反古冢"下的著作精神是一致的，都带有一种政治的坚守和使命感，似乎在向人们叙说：如果有人问你为何要如此尽力，以至粉身碎骨，那么我的回答就是，我对生在与神相接的日本国感到喜悦，并以这种喜悦奋力解释神和人的历史和语言。可是他的解释方法和选用的文本材料与当时渐占上风的其他"国学家"不同，代表着士清本人的"国学"和神道思想，且暗含挑战幕府的意味，所以不被当时和后世所重视。

比较士清和宣长，后者的名气比前者要大，在昭和时代，政府为二者所建的神社也是宣长大而士清小。原因何在？歌学家佐佐木信纲[①]说："宣长作为医生并不行时，在这方面士清的社会评价却很好。"而且，"宣长属于温厚君子，而士清却铁骨铮铮"。[②]对此，治男有不同意见，说"从画像上看，宣长确实温厚，但其眉毛和鼻梁都显示出一种不与社会和他人妥协的坚强意志，否则在那个时代，他无法与儒者进行激烈的论争。相反，士清也有一种雄壮般的温厚（著者按：原文如此）。"实际的原因是士清的"门下没有出现能将师父的名声发扬光大的学生。"[③]

其实这些说法都有问题。说温厚与否与一个人的名气大小实则关系不大。说宣长有名，是因为他死后门生中出现了诸如平田笃胤这样的奇才，其提倡的"国学"在那时成为民间的一种意识形态，改变了幕末的日本走向，似乎有些道理。可是严格说来，笃胤并不是宣长的学生，而且后者在幕末乃至明治维新直至大正时期是否有名，都可以打个问号。宣长虽然门生很多，其"门人帖"记载有494名，分布在43个藩国，实际数量可能更多，据说达到一千多人，但从后文可以看出，宣长的真正成名实际上是在极端民族主义和法西斯主义抬头的昭和年代，有其时代的必然性。而士清却没有那么幸运，面临着在江户时代及其之后时代和于朝于野都不讨好的尴尬境地。

[①] 佐佐木信纲（1872—1963），歌人和国文学家，出生于三重县，东京大学毕业，以研究《万叶集》而闻名于世，著述达二百几十种之多，如歌集《思草》、《日本歌学史》等。1934年成为日本学士院会员，1937年成为日本艺术院会员，获日本第一届文化勋章。

[②] 津坂治男：《谷川士清和日本魂》，樱枫社2011年版，第73—76页。

[③] 同上。

第七章　江户时代中、后期(1716—1867)几大著名"国学家"鼓吹的"大和魂"

在江户时代，士清跟随闇斋太紧，其提倡的神道掺杂许多中国的阴阳五行学说，对此幕府当然没有意见，但他的"祭政一致说"和"大义名分说"等肯定会引起幕府的不满而招致打压。而宣长提倡排除儒学的"自然神道说"和"人情说"，实质上仅是一种指桑骂槐，对此幕府虽也不快，但因为未触及"君君臣臣"的礼教本质，给人以仅宣传普及传统文献知识、可满足当时一部分人崇尚古代精神需要的印象，所以幕府未对宣长采取任何行动，只是将他"晾晒"起来而已；而在昭和时代，日本出现了军国主义和法西斯主义思潮，需要一种纯粹的神国意识形态支持，过去的"国学"理论刚好可以满足这个要求，而士清的半神半儒的神道式国学于此时必然仍旧没有市场。可以说在昭和年代之前宣长和士清都没有太大的名气，而在昭和年代，前者死后享用的神社一定会大过后者。

不过，倘若我们从纯学术的角度看，则可以认为士清的功绩以及由此带来的名气更大，更为不朽，是他编出第一部用五十音图标注的日语辞典，为人们学习日本古典及了解当时日本人的生活和思想提供了帮助。虽然他的初衷是为了帮助人们了解神道和日本"国学"。

第二节　贺茂真渊的"大和魂"

一　"国学家"的特征与批判中国的诸时代背景

在评论以贺茂真渊为代表的"国学家"的"大和魂"之前，需先介绍这些人物的特征和他们批判中国的诸时代背景。该特征之一，就是他们皆为一些不受幕府欢迎的人，几乎都不在政府任官，这点与谷川士清相同。而与士清不同的是，这些人均为公开批判中国的人物。在中日两国都因锁国而几乎没有政治、经济、文化交往的彼时，为何有如此众多的"国学家"要批判，有时甚至还极为尖锐地批判中国呢？这背后存在诸多的时代背景因素。

1. 对"慕夏思想"的反弹。山本七平说这种"慕夏"思想曾长期而广泛地存在于日本社会，并且许多国家也都曾存在一种"理想主义"的倾向，而这种倾向又多以"复古主义"的形式出现。例如，中国古代的孔子等人就以重现尧、舜、周公之治为理想；西欧过去

"大和魂"史的初步研究

也以培理克莱斯①时代为其所谓的"黄金时代";既是犹太教也是基督教的《圣经》也不例外,伊甸园姑且不论,就是后来的大卫和所罗门②时代甚或约书亚王时代("申命记"③时代),也都被后世的犹太教徒和基督教徒视为理想的时代。从这个意义说,"理想主义"就是"复古主义"的代名词。日本过去不好说没有自己的理想时代,但在"垂加神道"学者或"国学家"出现之前,"日本毋宁是将中国当作自己的理想国度。这种歆慕中国的思想被日本人称作'慕夏思想'"④。

"慕夏"一词据说来自韩国人金忠善写的《慕夏道文集》,但此人及其著作内容于今皆不明了。传说忠善原是加藤清正⑤的部下,因仰慕韩国在日本发动文禄、庆长战役后定居在那里。今天韩国某村落乡民都自称是忠善的后代,由此似乎可以认为历史上确有金忠善此人。借用该文集的名称加以扩大解释,则可以看出,古代日本人"所谓的'慕夏思想'指的就是将中国理想化和绝对化、让自己的一切像中国那样即可的思想。这是否可以说是一种理想主义不得而知,但似乎在某种意义上可以说它是一种变形的理想主义。"⑥

其极端事例即"天皇乃中国人"这个说法。它由日本南北朝时期

---

① 培理克莱斯(Perikles,公元前490年左右—429),古希腊政治家,因倾力建设雅典,奖励文学艺术,实行彻底的民主政治等创造了一个所谓的雅典黄金时代,即所谓的培理克莱斯时代。

② 所罗门,希伯来大卫之子,在位期间为公元前960年左右—公元前922年左右,犹太民族英雄之一,以色列第3代国王。其父大卫原为贝斯莱姆(Bethlehem,据说是耶稣的诞生地,位于耶路撒冷以南约8公里,阿拉伯语叫拜特朗 Bait Lahm)的牧童,因征服众敌统一以色列和作为《旧约圣经》"诗编"的作者而闻名于世,被称为圣母玛利亚的丈夫约瑟夫的祖先。其统治范围北至达马斯加斯,南及红海,创造了以色列国的最辉煌时代。

③ 申命记,原标题为"Hebraer Debarim",《旧约圣经》开篇"摩西五书"的第五书。其中以神选对以色列的爱和以色列对此爱的责任为主题,提倡要遵守律法。

④ 山本七平:《山本七平图书室12》,收录于山本七平《现人神的创造者》,文艺春秋社1983年版,第231页。

⑤ 加藤清正(1562—1611),安土桃山时代的武将,丰臣秀吉的臣下,通称虎之助,于文禄、庆长战役时在韩国蔚山作战,威名远扬,但在关原之战时倒向德川家康,后领有肥后国。

⑥ 山本七平:《山本七平图书室12》,文艺春秋社1983年版,第231页。

第七章　江户时代中、后期(1716—1867)几大著名"国学家"鼓吹的"大和魂"

一个名叫中岩圆月①的和尚首次提出。之后林罗山在其著《本朝通鉴》初稿中也附和这种说法，但因为他是幕府重臣，所以后来只得将这个说法删去。然而无论如何，在江户时代之初仍有这种说法并非不可思议。当时有许多日本人认为，"因为天皇是中国人才尊贵而绝对，而我们是夷狄。既然中国是绝对的，那么作为中国人的天皇当然也是绝对的"，换言之就是将"这种慕夏思想和天皇的正统性结合起来。"②《本朝通鉴》曾一度遭遇祝融，但还是留下部分文稿，罗山的儿子林春斋后来找人将这些文稿刻版印出，到大正时代还被改为活字印刷，至今仍保存在日本国立国会图书馆。

具体说来就是，圆月将天皇认作是吴太伯的子孙。太伯即泰伯，据说是周太王古公亶父的长子和季历之兄，由于察觉到太王有意将王位传给季历，所以就和其他诸弟一道逃到荆蛮之地（吴地，当时吴地还未并入中国版图），创建了吴国，成为该国的始祖。对此《史记》有所补充，说是周朝时兴禅让，太伯认为自己妨碍弟弟季历就位才逃到吴地并"文身断发"的。因为一旦文身断发就不算中国人了，所以也就无法继位。之后太伯的子孙跨海来到日本，成为天皇的祖先。对此《晋书》记载：倭人"自谓太伯之后，……昔夏少康之子。"③

此外，当时有些著名的日本文人还歆慕孔子及其开创的儒教，并乐意将自己称为"夷人"。大儒荻生徂徕曾在孔子像上作赞，之后题款："日本国夷人物茂卿"。④中江藤树也十分尊孔，在画孔子像后还转录北宋米芾的文字作为自己的赞词——"孔子孔子，大哉孔子。孔子以前，既无孔子，孔子以后，更无孔子。孔子孔子，大哉孔子。"⑤为此伊藤仁斋将《论语》说成是"最上至极宇宙第一"之书，并赞美孔子："呜呼与天地同大，与日月同其照。超于三皇，跨于五帝，独为天下万世帝

---

① 中岩圆月（1300—1375），镰仓、南北朝时代临济宗僧人，1324年渡元，归国后历任建仁寺、建长寺等寺庙住持，"五山文学"的代表人之一，著有《东海一沤集》等。
② 山本七平：《山本七平图书室12》，文艺春秋社1983年版，第233页。
③ 《晋书》卷97，《二十五史》，上海古籍出版社1986年标点本，第295页。
④ 荻生徂徕：《徂徕集》卷十四，浪华书林，文海堂藏1869年版，第32页。
⑤ 转引自伊藤仁斋《论语古义》总论，六盟馆1907年版，第68页。

王臣民之师表者，其惟孔子一人为然。非知道者，孰能识之？"① 这种思想与中国的"革命"思想，即"有德者为君"的思想还长期相通，有些儒者甚至希望德川将军直接登上皇位，将天皇废为"大和公"。涩川春海②说过："据大田藤九郎报告，近年有伊藤源助（即仁斋）给纪州侯③写信，说天无二日，而日本有二日，因此号令不一。将军可践帝位，天子应封大和公。纪州侯读之大怒，说妄言如此，若报江户可处死刑。云云。"④ 涩川春海此语不可全信，但由此可以窥见当时日本儒者和一般人的心态如何。

这种"天皇乃中国人"的学说和推崇儒学的现象非常有趣，此后有"国学家"等出于对本国历史传统的热爱，为"正本清源"，批判这种"理论"乃至中国也在情理之中。

2. "日本中心主义"思潮的兴起。最早提出日本乃"中国"并向中国发难的是儒学家山鹿素行。素行是日本（儒学）"古学"的开山鼻祖，先是向林罗山学习儒学，后又自学老庄、禅学以及神道、和学等，还兼通兵学，被人称作无所不通的秀才，于其生命的前期是一个提倡儒佛老三教一致的人物，35岁之前曾坚定地站在朱子学这边，然而在这之后，他发现朱子学的观念性思辨游离于日常生活之外，仅注重内心的修养，所以开始著述《山鹿语录》，要求人们不读汉唐宋明的书籍，而须直接倾听中国古代圣贤的教诲，这就是人们将他奉为日本"古学"第一人的原因。这种思想在后出的《山鹿语录》"圣学篇"的姊妹本《圣教要录》中得到进一步的深化。

由于《圣教要录》含有排斥朱子学的言论，被幕府斥为"不敬书物"，因此素行被流放到播磨国的赤穗，直至1675年（延宝三）才被允许返回江户。此间素行坚持自己的观点，写出批判朱熹《四书集注》

---

① 伊藤仁斋：《语孟字义》卷下，希堂图书1705年版，第6页。
② 涩川春海（1639—1715），江户时代前期的天文学家和历学家，幕府主管天文的官员和围棋棋师，通称助左卫门，号新芦、都翁，向山崎闇斋学习朱子学，向土御门泰福学习神道，提倡天敕教。1684年（贞享元）改宣明历，创贞享历，著有《天文琼统》等。
③ 也叫纪州家或纪伊家，德川氏三家之一，以家康第十子赖宣为祖，领有纪伊和伊势之一部分，每年俸禄为五十五万五千石。纪州，旧国名，位于今和歌山县全境和三重县南部。
④ 谷秦山：《新芦面命》，抄写年代不明，约在江户时代中期，第34页。

第七章　江户时代中、后期(1716—1867)几大著名"国学家"鼓吹的"大和魂"

的书籍《四书句读大全》，同时其观念还发生一些变化，写出提倡"日本中心主义"的著作《中朝事实》和可谓武家百科全书的《武家事纪》等。回江户后素行主要从事兵学的教学和著述，未受到幕府的重用，逝世时仅64岁。

《中朝事实》是一部站在日本本位的立场，第一次将日本视为"中华"的有关"神代"、古代的历史论著，由"皇统"和"附录"两部分构成，前者分"天先"、"中国"、"皇统"、"神器"等十三章，于其中援引《日本书纪》及《先代旧事本纪》、《古语拾遗》、《令义解》、《神皇正统记》、《本朝神社考》等古代文献，详细论述日本"神代"和古代的皇统及文物的渊源；后者以问答的形式，回答人们提出的各种问题。同样有趣的是，此书仍旧以古代"中国"为"理想"，将日本称为"中华"、"中朝"和"中国"，其理由是日本"水土卓尔于万邦，人物精秀于八纮"，以及中国古代圣人的政治理想在日本得到完整的体现。这种论说具有相当明显的"日本中心主义"的倾向，影响到后来的西川如见等人，但它与后来完全否定儒教本身的日本"国学"还是有所不同。

《中朝事实》面世的背景之一是明亡清代，有许多中国政治亡命者逃到日本，这些人曾愤愤地说过："清国不能代表中国正统的政府，已然成为畜牲之国。""畜牲之国"这句话后来在林春斋所译郑成功请求日本军事援助的书信中也曾出现："大明国已成畜牲之国"，换言之中国"已不是中国"。[①] 如此看来，素行等人的"日本乃中国"即"日本中心主义"的说法并非完全没有道理，它给日本带来了一场思想革命，即认为中国和日本的地位出现反转，中国开始走向堕落，由原来文明高度发展的中华，逐渐变成了野蛮的夷狄，而日本则从夷狄变为"中华"。重要的是，它的"日本中心主义"和"恢复古学"的主张启迪了后来的"国学家"心智。可以说"国学家"的"反中"和"复古"行状与素行不会没有关系。

3. "垂加神道"学说的推波助澜。与山鹿素行几乎同时代的一些人对"慕夏思想"也有反弹，认为中国已不是中国，不值得再尊敬，

---

① 《日本大百科全书》"山鹿素行"条。

并且也提倡"日本中心主义",鼓吹日本式的"大义名分"。这类人早先也是儒者,后来转向"垂加神道",其代表人物就是上述的山崎闇斋及其门人,于此不赘。这些理论也给"国学家"以精神鼓舞。

4. 对佛教泛滥和神道颓废的愤恨。佛教刚进入日本时以其深奥的学说和庄严的仪式等震撼和捕获了日本人心。然而佛教是一种厌世和摈弃人欲的宗教,与日本的国民性不符,这是"国学家"攻击佛教的最大理由。不仅如此,佛教因其思想的深邃还迫使日本自奈良时代起就进行所谓的"神佛融合"。至南北朝和室町时代,佛教信仰风靡日本,从当时受众最广的《太平记》[①]一书来看,其中漠视日本古代传说,用佛教神明代替日本神灵的语句比比皆是,最明显的当数该书的卷十八、卷二十、卷二十六。进入江户时代后,神道受真言宗和天台宗的影响开始较彻底地佛教化和神秘化。有记载:"或问梨木三位(山崎闇斋的弟子鸭祐之),神道临终亦有密付否。三位附耳低声曰:南无阿弥陀佛,南无阿弥陀佛。"[②]"垂加神道"的代表人物玉木苇斋则在自己的神道学说中混入儒学、易学和阴阳道学,使之不断神秘化:

> 忌部口诀,所谓乾道独化者,状如无而有。犹天养万物之神也。此之由也。水火之神,各奉一尊号,分阴阳之由也。木金土神,各奉三尊号,分阳中阴、阴中阳之由也。六代者,造化之神也。第七代伊奘诺尊、伊奘冉尊,兼造化气化之神也。造化者无形也。气化者有形也。地神五代者,身化之神,有形也。以伊奘诺尊、伊奘冉尊,交结造化人事,以开示天人唯一之道。卜部口传所云,未生之伊奘诺尊、伊奘冉尊,已生之伊奘诺尊、伊奘冉尊,此之由也。[③]

[①] 军事小说,四十卷。据说是小岛法师所作,约成书于应安年间(1368—1375)。此书以汉和混交文体记述"正中之变"、"元弘之变"、"建武中兴"及其失败、新田义贞和足利尊氏的斗争、南北两朝的对立、室町幕府内部的倾轧等自文保二年(1318)至正平二十二年(1367)动乱时期的各种世态。

[②] 土屋弘伯毅:《近世丛谈》卷二,丙午出版社1925年版,第43页。

[③] 八盐道翁授,玉木苇斋记:《玉笺集》卷一,四化之传,抄本,刊行年代不详,第67页。

第七章　江户时代中、后期(1716—1867)几大著名"国学家"鼓吹的"大和魂"

该神道教派的金科玉律是"土金传",其具体内容有:

> 土之训为 Tsuduku、Tsudumaru、Itsutsu(按:原文为假名。下同)。金之训为 Kaneru、Neru。此为古来训传也。土不闭、土闭,云此为忌。斋戒人体生金。非土金,人不全云云。①

这完全是一派牵强附会、不知所云的密教说法。与此相似,"伊势神道"人物也将儒学、易学、阴阳学和神道混为一谈。度会延佳说:

> 左物不移右,右物不移左,左左右右,左返右回,万事不违。左阳右阴,左返右回,不违万事阴阳之理。此为侍奉太神云云。圣人之教,左物为左,右物为右,更无别法。……如此做法,侍奉太神也。此法固化,自然有成,其地位与太神一致也。②

其融合诸教和神秘主义倾向达至无以复加的程度。"唯一神道"此时自称"元本宗源神道",以调和神儒佛三教为务,其经典《唯一神道名法要集》有以下对话:

> 问:宗源者何哉?
> 答:宗者,明一气未分之元神。故归万法纯一之元初。是云宗。源者,明和光同尘之神化。故开一切利物之本基。是云源。故颂曰,宗万法归一,源诸缘开基。
> 问:万宗诸源两坛者,何哉?
> 答:唯一神道两界之名目也。世以不流通。故以真言之比量,加会释。
> 曰,万宗坛者,金刚界是也。诸源坛者,胎藏界是也。此两坛者,天地阴阳之元图,内外两宫知本像,内天外天之表相,池中海

---

① 八盐道翁授,玉木苇斋记:《玉笺集》卷一,四化之传,抄本,刊行年代不详,第67页。
② 度会延佳:《阳复记》,讲古堂1739年版,第16页。

底之印文也。①

或许人们有所不知，在明治维新之前神道教的地位并不高，经常附庸于佛教，神社与寺庙几乎不分，诵经声终日不绝于耳。这一切在"国学家"看来都不啻为颓废和堕落，为此他们需要寻找和发现儒佛等教进入之前的日本。

5. 幕府中期文教政策的相对宽容。幕府于此间在推行朱子学的同时，对建设传统文化也不掉以轻心，并且还试图调和儒神佛等，以营造所谓的政治和谐气氛，前述北村季吟和吉川惟足被幕府分别任命为"歌学方"和"神道方"，就是这类政策的具体体现。这给日本"国学家"提供了较大的活动空间和展开自由研究的机会，催生出"国学"和神道学的繁荣局面，使他们可以较为自由地批判中国和佛教。另外，从幕府执权者的心理来说，将军等人也是日本人，也有以本国为傲的民族自尊心，只要"国学家"不直接触及"君君臣臣"这个敏感话题，借中国的由头指桑骂槐在某种程度上还是可以接受的。

应该指出，被后人特别是明治以后的政府和御用文人评价至高的"国学家"们，其尊神崇皇的主张虽与"天皇乃中国人"的说法完全不同，高扬的"理想"是日本古代的美好社会和天皇的亲政，但也属于一种"理想主义"即"复古主义"。如前所见，贺茂真渊批评谷川士清"尤为不知（日本）古文、古歌"就是此类表现之一。不过他们都不能算是最早批判中国、主张复古的那一拨人。他们所接受的影响，主要来自儒学阵营的人物和半儒半神的"垂加神道"的人物，其实并不算是这方面的先知先觉和先驱人物。

二 贺茂真渊其人其事

贺茂真渊（1697—1769），江户时代中期的"国学家"和歌人，通称三四，也称渊满，出生于远江国敷智郡（今静冈县浜松市）浜松庄伊庭村。冈部家世世代代都担任贺茂神社的神官，但其父政信因分家而务农。真渊在很小的时候就跟从儒学家太宰春台的弟子渡边蒙庵学习汉

---

① 吉田兼俱：《唯一神道名法要集》，国民精神文化研究所1935年版，第68页。

第七章　江户时代中、后期(1716—1867)几大著名"国学家"鼓吹的"大和魂"

学,有一定的汉学基础,11岁时在诹访神社的大祝(神官)家认识"国学家"荷田春满的弟子杉浦国头和京都伏见稻荷大社神官森晖昌等,之后开始接受他们的指导,有时还出席他们举办的歌会并作歌。真渊与荷田春满相识就是在这种歌会上。国头不仅是荷田春满的弟子,而且还迎娶春满的侄女真崎为妻,有人说真渊小时候的师父其实还包括真崎。

真渊30岁时到京都投到荷田春满的门下学习神道、歌道和古日语,并且还跟从荷田在满[①]学习春满所研究的国史、律令和文物典章制度。春满死后真渊赴江户,应邀成为教师讲授《源氏物语》和《万叶集》等。1746年50岁时由在满推荐成为"御三卿"[②]田安德川家的"和学御用挂"[③],代替已退任的在满侍奉德川宗武[④]。从这些经历来看,可以说真渊是春满学派不折不扣的传人,也是春满学派在江户的代言人。此时的真渊将自己的名字改为"冈部卫士",似乎是想要"保卫"些什么。5年后荷田在满去世,7年后森晖昌也死去,而杉浦国头则逝世得更早,荷田学派这时已失去所有的核心人物和前辈,真渊理所当然地成为荷田学派的领袖,进一步说还是当时日本的和学大佬,拥有"和学第一人"的名声。1763年真渊在去伊势神宫的途中夜宿伊势松阪的旅店,接受本居宣长的拜访,给后者以一生难忘的影响,促进日本"国学"和历史的进一步发展。此二人在"松阪的一夜"相遇,在昭和时代被写入日本的小学国语教科书而家喻户晓。

真渊在春满的指导下,通过研究《万叶集》等古典作品来探索古代日本人的精神,主张尊重和歌的"古风"(古代歌调)和复活"古

[①] 荷田在满(1706—1751),江户时代中期的国学家,春满的外甥及养子,曾侍奉于田安宗武,继承养父的学问,著有《国歌八论》,为歌道的革新作出贡献。

[②] 德川氏支族田安、一桥、清水3家中的1家,仅次于尾张、纪伊、水户3家,在宗家无子嗣时,有资格继承宗家。

[③] 指旧制中接受宫内省等官府命令从事专门工作的职务。但这里所说的工作与朝廷无关,仅侍奉于田安宗武。

[④] 即田安宗武(1715—1771),江户时代中期的"国学家"和歌人,第8代将军吉宗之子,因将宅邸设于江户城田安门内,故称"田安殿",田安家一名也由此而来。任"参议"和"权中纳言"。先是接受荷田在满、后接受贺茂真渊的指导,刻苦学习"国学",以"万叶调"歌人而闻名,著有《国歌八论余言》和《天降言》等。

"大和魂"史的初步研究

道"（古代精神）。毋庸置疑，此"道"很容易通往尊皇的方向，因此他后来和荷田春满、本居宣长、平田笃胤被崇奉为"国学四大人"。真渊门人极多，形成的门派被真渊自称为"县居学派"或"县门"（模仿过去本家族担任贺茂神社神官时人们对自家的称呼"贺茂县主"），著名的学生除本居宣长外还有荒木田久老、加藤千荫、村田春海、楫取鱼彦、塙保己一、内山真龙、栗田土满、森繁子等，其中特别优秀的三名女性被称作"县门三才女"，最优秀的四名男性被称作"县门四天王"。据弟子加藤千荫回忆，师父"乍一见与普通人差异极大，头脑反应迟钝，缺乏敏锐，不过话语中时常迸发出日人之真诚之心，渠仅于说此类话时方变为极其雄辩，无懈可击"[①]。真渊著有《歌意考》、《万叶考》、《国意考》、《祝词考》、《新学》、《文意考》、《五意考》、《冠辞考》、《神乐考》、《源氏物语新释》等。因其在"国学"上的贡献，其实更主要的是因为有了他的复古、尊皇主张，才有了后来的"恢复古制，大政奉还"的那一天，所以明治政府以"真渊之前无真渊，真渊之后无真渊"（似为中国成语"前无古人，后无来者"的翻版）为由，追赠他从三品官阶，并在他家乡的神社前为他建了个大"鸟居"[②]，之后还将他的著述编为全集出版，而且卷数不断增加。比如明治时期刊行的《贺茂真渊全集》（国学院编，吉川弘文馆）仅有六卷，而昭和时代初期刊行的《增订贺茂全集》（佐佐木信纲监修，吉川弘文馆）则增至十二卷，另出版有《校本贺茂真渊全集》（弘文堂）思想编上、下卷两卷。至昭和时代后期，刊出的《贺茂真渊全集》（久松潜一监修，续群书类从完成会）则为二十八卷本（但有七卷未刊出）。据说后来受政府青睐的靖国神社第二代宫司贺茂水穗就是真渊的后人。

三 真渊的"大和魂"和"和魂"

在《源氏物语新释》、《歌意考》和《新学》这三部著述中，真

---

① 见《贺茂翁家集》序文，收录于《新编国歌大观》第九卷之一，角川书店1983年版。
② 神社入口的门楼，在功能上与我国的牌坊有相似之处。

第七章　江户时代中、后期(1716—1867)几大著名"国学家"鼓吹的"大和魂"

渊都涉及"大和魂"和"和魂"。在《源氏物语新释》中，真渊故意歪曲《源氏物语》"少女"卷的本意，对"大和魂"做任意的解释："此间专以汉学治天下，故吾写于此。皇朝期间古皇威严民安，仅以武威服民，任天地之心而治也。而可谓人心做作之理学，不见其可治国。因（有人）过于偏信，故天皇忧心殷殷，尊贵而悠闲，任由臣下治世也。此间人不知斯事。不可以女子之心忖度之。"① 自此开始"大和魂"的语义又发生大逆转。在此真渊说明了自己的注释目的，一是针对现在"专以汉学治天下"，而"不见其可治国"的现实；二是赞美"古皇威严民安，仅以武威服民"，其重点在于提倡"古代"的武治，否定幕府的文治。具体说来就是"任天地之心"即"自然"之心"而治"，而不要按"做作人心之理学"而治。真渊未能说明"以武威服民"和"任天地之心而治"的关系，让人产生他在提倡"丛林法则"的联想。当然，他的最主要目的是希望天皇不要"尊贵而悠闲，任由臣下治世"。以上这一切，就是真渊希望通过注释"大和魂"，诉之于当时人心的全部内容，似可用"大和魂＝古皇威严＝武治＝反儒（理学）＝尊皇"这一公式概括。另外，"不可以女子之心忖度之"一句，表明真渊不认可紫式部对"大和魂"的理解。他的"新释"与紫式部的原意，以及室町时代的公卿注释相比，实可谓相距何止千里。

在《新学》② 中，真渊于比较《万叶集》和《古今和歌集》时说：

> 男由荒（砺）魂、女由和魂所生。然此国之女子与他国有异，其高尚、正直之心得见于《万叶集》，其艳美之姿可观于《古今和歌集》，诚可谓皆女子优秀之作。其心其姿又源于当今京城初建时之气息也。有人惟效仿《古今和歌集》，然彼多心狭弄巧，故后世

---

① 《贺茂真渊全集》第五卷，吉川弘文馆1908年版，第4950页。
② 这是贺茂真渊就日本国学和歌论写的一部最重要的论著，共一卷。它将和歌视为"国风"的一种表现，认为和歌的研究应与古代的研究互为表里，除在书中比较了《万叶集》的"男风"和《古今和歌集》的"女风"外，还提出有必要阅读《古事记》、《日本书记》、《续日本纪》的"宣命"、《延喜式》的祝词和律令，显示出真渊对"国学"、歌论和古道的基本态度。

"大和魂"史的初步研究

之人亦趋赴狭巧，忘却高尚、率直之大和魂也。……此女子之大和魂其劣于孰乎？[①]

真渊这段话，表明他中意《万叶集》而嫌弃《古今和歌集》的心情，本无可厚非，但其中一些说辞因多有矛盾而令人费解。因为《万叶集》收录的女子和歌很少，几乎都是男性的作品，而《古今和歌集》也多半属于男子的创作，因此可认为他所说的女子其实也包括男子，故日本古代歌集《万叶集》中的精神——高尚、正直的"大和魂"或"和魂"，既是"女人之魂"，也是"男子之魂"。

这种"男子之魂"用真渊的话说又可换曰为"男子之气"，在《新学》中还被说成是"荒（砺）魂"，在《万叶集》中的确屡见不鲜。《万叶集》将具有此"魂、气"的男子写作"益荒男"或"丈夫"，意思就是"伟男"或"有勇气的刚强男子"，它可作名词也可作形容词使用，"益荒男振（姿）"或"丈夫风"就属于后者的用法，说的就是"男性落落大方、威武之歌风"。真渊及其他人将此"魂、气"视为和歌的理想，并将其与《古今和歌集》及之后歌集中的"手弱女振（羸弱姿态）"进行对比。于此我们被真渊在《新学》所说的"女子"属性搞糊涂了。不过在这种比较中，我们看得较清楚的是他批评的《古今和歌集》"多心狭弄巧"，即视野局促狭窄，仅重视技巧和形式，而《万叶集》则坦荡大方，光明磊落，呈现出一种"高尚、正直"的品质。这种品质，按真渊的理解，既是"荒（砺）魂"，又是"和魂"，也就是"大和魂"。换句简单的话说，就是"男性的威武气派"。

而真渊在《歌意考》中所说的"大和魂"又是另一种心性："事物若开端不好，则其后必多有困难。万事若仿效邪恶，则人心必失却原有之大和魂。是以虽偶有所得，却碍难走向耿直、纯朴之千年古道。"[②]这里所说的"开端"时即拥有的心性，似乎指的就是远古日本人所拥

[①] 贺茂真渊：《新学》，《日本思想大系39》前期国学，岩波书店1972年版，第360页。
[②] 贺茂真渊：《歌意考》，《日本思想大系39》前期国学，岩波书店1972年版，第353页。

第七章 江户时代中、后期(1716—1867)几大著名"国学家"鼓吹的"大和魂"

有的"大和魂",但这种魂后来被"邪恶"即外来思想遮蔽了,因此后世的日本人很难返回到与"邪恶"相对的"耿直、纯朴"的"千年古道"上。以此看来,日本远古"开端"时有的心性是"大和魂",而帮助人们返回"千年古道"的也是"大和魂"。按某日本学者的理解,真渊的这个"大和魂"就是他"对日本古代能准确评价事物的心性作出的规定。这是一种不被唐土的思考和文化歪曲的心性"[①]。

由此看来,真渊的这些"大和魂"比此前"日本中心主义"色彩渐浓的"大和魂"更进一步,具有更多更浓批判中国和崇古尊皇的色调,深刻影响了他的门人本居宣长等,特别是宣长的未入门弟子平田笃胤。另外,他表面夸赞"女子和魂",实为尊崇威武"男性之魂"的论调,还给近代日本带来一种恶劣的影响,为尚武的国民性和军国主义的养成奠定了基调。不过宣长在这方面与其师刚好相反,他尊崇的是"女性"和"女性精神"。

四 真渊所接受的影响

"国学家"包括贺茂真渊鼓吹的是日本的"传统"、国体的尊严和本国文化的优越性,即"日本中心主义",反对的是遮蔽这种主义的外来思想。真渊的这种心态并非凭空产生,除有前述几大时代背景因素的共同影响之外,还来自以下多种思想的直接滋润,它们分别是"伊势神道"的大成者度会家行[②]的《类聚神祇本源》和镰仓时代末期至南北朝时代的公卿北畠亲房的《神皇正统记》,以及"唯一神道"的创始人吉田兼俱[③]的

[①] 贺茂真渊:《歌意考》,《日本思想大系39》前期国学,岩波书店1972年版,第353页。

[②] 度会家行(1256—1362,一说1256—1351),南北朝时代伊势外宫的神官,著有许多神道著作,其中最重要的是《类聚神祇本源》。在该书中家行引用神宫"古典"与和汉各书,讨论天地开辟、天照大神的出现、神宫的"镇座"、神宣及神道。该书被后宇多上皇和后醍醐天皇及北畠亲房阅读,给南朝以巨大的思想影响。

[③] 吉田兼俱(1435—1511),室町时代中期的神道家,本姓卜部,京都吉田神社的祠官。在"反本地垂迹"的口号下引入儒教、佛教、道教的教理,确立了吉田神道即唯一神道。后因巴结朝廷和幕府,不断扩大自己的势力,在吉田神社设立道场以控制全国的神社,获得授予神位、神职位阶的权限。

"反本地垂迹说"①中的"根叶花实论"②与儒、道的各种思想。可见真渊反对"外来思想"的部分武器，居然也包括"外来思想"本身。以下除神道思想之外，姑且举出两种主要的外来思想：

1. 神道思想的影响。真渊家族世世代代都是神官，这对真渊的思想形成无疑具有决定性的影响。然而在当时对真渊产生直接影响的，还有乃师荷田春满和"吉川神道"的创始人吉川惟足③。不过两相比较，真渊只是在形式上接受了春满的影响，④而在思想的深处却与惟足心心相印。在《神道大意讲谈》中惟足说："吾日本国乃万国本源之国也。三国（按：中国、印度和日本）中日本位于东方也；万洲中日本位于中央也。夫东方者，春也，朝也。春，不惟四季之始，亦乃万物之始也，故天地开辟理当亦由东方开始也。""因我国乃千界之本源，故称日本。"⑤为了证明日本属于世界的本源且是一个文明国度，惟足还说：我国原有一种名曰"神代文字"的文字，一直使用至应神天皇⑥时代，但他不解释后来日本为何不继续使用这种文字。接着惟足将话题转向佛教，说："佛教以禁鱼肉、断夫妇关系为道，不能说其恶，然此乃天竺之道，吾国不可用。人之个体自身由父母所生，乃天命也。故可谓不绝夫妇之道，繁衍子孙，绵延共祭即为孝。绝夫妇之道，不独对父母不孝，而且有违天命，故属天地神明之罪人。"作为结论，惟足对佛教徒发难："吾国乃世界本源，吾神道亦先于其他宗教而生，""无论生于何

---

① 与过去日本佛教所说的"本地垂迹说"（神的本国本体是佛菩萨）相对的、佛菩萨的本国本体是神的主张。诞生于镰仓时代。

② 据说是吉田兼俱所著的神道书，也称"三教枝叶花实论"，反映出吉田神道以神道为本，欲融合佛、儒、神各教的立场。这种学说将佛教比喻为花实，将儒教比喻为枝叶，将神道比喻为根本。原话是"吾日本生出种子，震旦显为枝叶，天竺开出花实。故佛教为万法之花实，儒教为万法之枝叶，神道为万法之根本。彼二教皆为神道之分化也。以枝叶、花实显其根源。花落归根，故今此佛法东渐。"

③ 吉川惟足（1616—1694），江户时代前期的神道家，江户人，在京都跟随萩原兼从学习吉田神道，后开创吉川派神道。由于吉川神道只反佛，不反儒，并积极地将儒学融于神道之中，所以受到幕府的欢迎，于1682年（天和二）成为幕府的"神道方"（神道学顾问）。

④ "春满的神道说仅是就《日本书纪》《神代卷》进行一种带特殊方向的形而上学的解释"，与真渊的"国学的基本方法有着根本的态度差异"。阿部秋生：《契冲、春满、真渊》，《日本思想大系39》近世神道论·前期国学"解说"，岩波书店1972年版，第587页。

⑤ 佐伯有义、中岛博光、大宫兵马编纂：《神道丛书》，思文阁1971年版，第142页。

⑥ 《记纪》中所想象出来的天皇，时间被推定在公元5世纪前后。

第七章　江户时代中、后期(1716—1867)几大著名"国学家"鼓吹的"大和魂"

国,无论何人,听闻此理能不仰视吾日本乎?然有人生于吾国,且为神之子孙,食神国之粟,崇他邦之道,不知吾先祖之道,即令读书万卷,亦可谓如一字不识之文盲,尤可怜哉!"① 从后文叙述的真渊反佛言词中都可看出,惟足的这些思想直接影响了真渊。

必须指出,近世的神道信者仅反佛而不反儒,甚至还套用中国的华夷观和儒家的"孝"道观及道家的阴阳五行观作为自己的思想武器,是因为在平安时代末期之后儒学势力退潮,不太受到人们重视,"只是作为僧侣的一项业余工作被研究,可谓佛教的附属物。特别是在室町时代以后,儒学只在禅宗五山的僧侣间才好容易保住余脉。而到了德川时代,儒学离开僧侣的手肘扶持,具有自我独立的倾向。过去属于僧侣但研究儒学的人开始还俗,并公开亮出儒学的招牌,是代表此过渡期的社会现象之一"②。林罗山、山崎闇斋等人皆为此类人物的代表。而在德川家康奖励儒学80年后的元禄时代,儒学竟一时蔚然成风,之后才引起神道学家和"国学家"的注意并成为他们的攻击靶子。

2. 儒学思想的影响。说真渊等"国学家"受到儒学的影响可能令人感到惊讶,但从真渊的学习经历和他提倡"复古"的思想根源来看,可以认为即使是真渊,其潜意识中也受到较多儒学的影响。一如清水浜臣③所说:"犹如人们所见之契冲与仁斋、真渊与徂徕、宣长与春台、千荫与南郭之关系,或可云真渊与南郭④在学术思想上也有过交流。"⑤前面说过,真渊在学习"国学"之前还跟随渡边蒙庵学过汉学。蒙庵是太宰春台的门人,而春台又是荻生徂徕⑥的高足。众所周知,和儒学家山鹿素行一样,徂徕也是儒学界"古文辞学"的鼻祖之一,其论文、

---

① 佐伯有义、中岛博光、大宫兵马编纂:《神道丛书》,思文阁1971年版,第144页。
② 清原贞雄:《国学发达史》,国书刊行会1980年版,第58页。
③ 清水浜臣(1776—1824),江户时代后期的国学家,号泊洎舍或月斋,江户人。其国学自村田春海所学,善歌文,一生积极校勘古籍,著有《浜臣翁家集》、《泊洎笔画》等。
④ 服部南郭(1683—1759),江户时代中期的儒者和诗人,京都人,早年因擅长和歌和绘画侍奉于柳泽吉保,后投入荻生徂徕门下,善作古汉诗文,著有《南郭文集》等。
⑤ 转引自河野省三《日本精神の研究》,大冈山书店1941年版,第131页。
⑥ 荻生徂徕(1666—1728),江户时代中期的儒学家,名双松,字茂卿,通称惣右卫门,本姓物部氏,原叫物徂徕,江户人。初学朱子学,后提倡古文辞学,开家塾名曰"蘐园"。门下有太宰春台和服部南郭等。著有《译文筌蹄》、《蘐园随笔》、《辩道》、《辩名》、《论语征》、《南留别志》、《政谈》等。

排斥秦汉之后的文章，其论诗，不取唐代以后的诗歌，其作文，必以拟古为之。其门下蘐园一派皆仿效于此。清原贞雄认为，"真渊不仅以专门研究万叶以前之古学为己任，自身也模拟上代古文著书，又以万叶调咏歌，然其开端不能不说有赖于蒙庵。……渠投奔春满门下之动机之一，或亦受到蒙庵思想之影响。"① 真渊在研究"古道"的过程中产生的对本国历史文化的尊重精神和对蘐园学派尊外卑内的仇恨情绪，从表面上看是以反抗儒学的形式出现的，但从其思想根源上看，不能不说与其接受的蒙庵复古儒学思想有关。此外，真渊的"天皇为日月，臣子如星辰"②的言论，也暗示他早已接受儒学"大义名分"的思想。当然，"国学家"的复古和儒学家的复古，形式上有所相似，但在国家道德的建设和崇拜对象的内容方面却不尽相同。

3. 老庄思想的影响。真渊对老子评价颇高："老子此人曰任天地之心，诚为契合天下之道也。"③ 换言之，即夸赞老子的无为思想，主张万事须符合自然。真渊在其最重要著作《国意考》中使用的两个高频词，一个是"自然"，一个就是"任天地之心"，虽然他不说这两个词汇都来自老子，但在精神实质方面它们都与老子有关，只是在语言表现上与汉语有所差异而已。其实他著作中的一个派生词"自然之事"，也就是老子所提倡的"自然之道"。用真渊所打的比方来说，神道就是"自然之道"，犹如"荒山原野间自然出现之道路，日本古代诞生出神代之道，因而国道自然繁盛"④。这个"国道"，指的就是在某种自然状况下，无须人类使用些小伎俩即可实现无为而治的治国道路。真渊进一步认为，"唐人云人乃万物之灵"，而在自己看来，"人乃万物中最恶之物。因为天地日月不变，鸟兽草木也如古代一般不变"，"而唯有人类小智发达"，"生出种种恶心，最终乱世"。或在"人治"的过程中常常出现相互欺诈的行为，所以"从鸟兽之眼看人类乃最恶之物"⑤。另外，

---

① 清原贞雄：《国学发达史》，国书刊行会1980年版，第117页。
② 贺茂真渊《国意考》，《日本思想大系39》前期国学，岩波书店1972年版，第383页。
③ 同上书，第377页。
④ 同上。
⑤ 同上书，第379页。

第七章　江户时代中、后期(1716—1867)几大著名"国学家"鼓吹的"大和魂"

他还认为，日语的发音简单，"仅有五十音"，"然其乃天地之音。包孕其中之义即为自然之事（生活法则）。"① 而且"古代词少，事物亦少，人心纯朴，繁难之教化无用"，"教化不多反更易于遵守。因按天地之心而动，不教亦可"。我国过去仅"按天地法则，天皇为日月，臣子如星辰。若如星辰守日月"，"则世间平稳而治"。② 关于真渊的这些论述，我们在下文还要说明。总之，真渊接受老庄思想的影响当无疑问。他没有全面否定中国，说老子的"自然之道"是无为而治，符合天下之道，说明在他心中古代中国也有可取之处。然而他的"可取"，针对的仅是远古和当时部分中国人的心性。他称赞老子，也就是称赞古代的日本，并想借此复活远古的日本，这就是我们将真渊的学说称之为"复古"学说的原因所在。

综上，即使是试图改变社会现状的贺茂真渊，其提出的主张也多半是基于前人的思想，至少是得到前人思想的启示，其实并不纯正，也包含着三教（神、儒、老）的因素。真渊的国学之所以还被称作是"前期国学"，可能与此有关。实际上，在契冲、春满和真渊之前，如果说北村季吟和加藤磐斋③的《源氏物语》、《伊势物语》、《枕草子》等的研究还算与所谓的"国学"有关，那么再无其他可称之为"国学"的研究存在。日本的"国学"发轫于契冲，但它是否"纯正"至今也有异议。虽然本居宣长说"吾古学由契冲开创久矣。彼儒古学（复古儒学）始于伊藤仁斋等，与契冲大抵时间相同。然契冲时间略前，伊藤略后，荻生徂徕又更后，如何可说契冲学于渠等"，④ 但过去乃至今天还是有很多人认为，"复古国学"是受到"复古儒学"的启发才逐渐发展起来的。客观厚道的说法似乎应该是，当幕府的官学朱子学已走到历史的尽头，无法解决日本的现实问题之时，无论是儒学阵营，还是刚冒

---

① 参见贺茂真渊《国意考》，《日本思想大系 39》前期国学，岩波书店 1972 年版，第 380 页。
② 同上书，第 383 页。
③ 加藤磐斋，也叫加藤磐磐斋或等空（1749—1823），"国学家"，生平事迹不详，著有《紫式部日记解》、《土佐日记考证》、《蜻蛉日记解环》、《长明方丈记抄》、《清少纳言枕草子抄》、《伊势物语图解》、《梁尘后抄》等。
④ 本居宣长：《或云》，《玉胜间》卷八，《日本思想大系 40》，岩波书店 1972 年版，第 264 页。

头的"国学"阵营,在当时缺乏其他理论引导的情况下,都会很自然地产生回归古代并借助那时的"声望"和影响以克服世艰的认识。从这意义上说,"复古国学"和"复古儒学"在精神上是相通的。

五 真渊的"古道"

真渊的"国学"研究方法大致可分为两种,一种用公式概括,就是知"古歌＝古语＝古意＝古道＝神皇之道",一种是在研究的过程中,将这些古代的东西与儒学思想即"汉意"进行对比,目的是从中发现与中国"烦杂、夸张之人道"[①]相反的日本"天地自然之心",亦即日本古代的、理想和美好的政治模式,以及日本人独特的精神世界。就此真渊有许多著述,其中包括六篇考证文章——《万叶集考》、《歌意考》、《冠辞考》、《语意考》、《文意考》、《国意考》。几个"考"在内容上有所不同,但精神是相通的,其中最重要也最具有代表性的是《国意考》,以上概括的公式"古语＝古意＝古道＝神皇之道"就来自该《考》中的一段话:"以古歌能知古词,以古心古词能推知古世状况,知古世状况再往前推可知神代之事。"[②]《国意考》是真渊研究《万叶集》以阐明古道的成果。通过此《考》可以了解真渊对古道的看法:日本的古道好,能治国,而儒学不可治国。日本在接受外国文化影响之前的社会最为理想,该时代的国民道德完美无缺,而这个道德还可用"大和魂"一语概括。换言之,这个古道就是"自然之道",也是"神皇之道"。本来日本在这个古道上继续行走是可以繁荣富强的,但后来儒教等的进入打断了这种发展过程。由此可见,他的复古主张是与他的儒教批判和"大和魂"等联系在一起的。

具体说来,《国意考》大致可分为14个方面的内容(其阐述顺序著者做了部分改变)[③]:

1. 儒教不可治世

---

① 贺茂真渊:《国意考》,《日本思想大系39》前期国学,岩波书店1972年版,第378页。
② 同上书,第380页。
③ 同上书,第374—393页。

第七章　江户时代中、后期(1716—1867)几大著名"国学家"鼓吹的"大和魂"

2. 儒家所说之圣贤之世乃妄说空言
3. 儒教文化比佛教更能乱世
4. 说治世之根本，即美刺褒贬之议论有害无益
5. 人类乃万物中最恶之物
6. 汉字太多且无用
7. 因果报应之佛教学说如同狐狸伎俩，乃迷妄之说
8. 日本古代崇尚威武勇猛之道
9. 须学习兵道
10. 和歌之功效及其中所说之风俗可以振兴国家
11. 和歌之心乃以"和"为本
12. 知日本古言，可知往昔耿直之心态
13. 日本古道乃渐变、圆润、平滑之事物
14. 尽人心后方可促区别

就此仅择要做简单说明。真渊在《国意考》中所作的各种批判和阐述，具有清晰的指向。这种指向，不仅针对当时日本社会广泛流传的各种儒佛学说，还针对其门人的说辞，可见当时儒佛学说在日本的影响很大。真渊门人双璧之一的村田春海（村田春道的儿子。另一璧是加藤千荫。春海善文，千荫擅歌）的意见极具代表性："吾国所取之道乃周公、孔子之道。舍周公、孔子，吾不知我太古取何道也。和字并非我字，而是假汉字而充我音。衣冠服饰皆取隋唐之制，百官有司皆学唐制，仅对此略做修改而已。律令格式皆仿唐制。明经、文章、天文、阴阳、律、算、音诸科皆立博士，却未立和学歌集博士。本朝制度文物皆奉周公、孔子之遗法，信佛者亦少。吾国之习惯，乃若年奉儒，老则信佛。即非儒即佛。舍此二道另立别道之事，吾未予闻。今和学者以吾国无别道为耻，故牵强附会，妄引我古史，欺人欺己而已。"[①]

对此真渊回避了一些在他看来难以回答的问题，而仅站在"国学家"欲恢复古制和尊皇的立场，在文章开篇即第1至第3部分，说与日

---

① 转引自角田简大可《续近世丛语》，冈田屋嘉七刊行，1845年，第58页。河喜多真彦编《近世三十六家集略传》（金花堂1848年版）也有此记录。

"大和魂"史的初步研究

本崇尚自然的纯朴古道相反，中国的儒教最坏，是一种彻头彻尾的"人为"之道和一种夸张、死板和烦琐的教义。从形式上说儒教无所不备，但要真正实行却很困难，所以中国在实际上于任何方面都比日本要乱。中国虽然主张将天子之位禅让给善人，但却出现了如纣一般的恶人，所以说择善而让（禅让）的圣贤之世只出现在上古，而不适合于现在。

对儒学有德目而日本古代无德目这个问题，真渊也有不同看法。他批评，有人说我国古代无"仁、义、礼、智、信"这些观念，故国语中也无相应的词汇是只知其一，不知其二。中国立这些德目，将违反这些德目说成是恶，可天下大凡自然具有"五常"之道，犹如其有四时一般。即令无春、夏、秋、冬名称，天气也有寒暖交替。因此即令不立"五常"之目，"五常"之道也自备于人心。总之，万事自然最好。若按此自然方式行事，即令有不理想的事情出现，但人心若自然地有所限制，也不至于跑极端。若像中国那般创建烦琐教义，即令一时可以治乱，但于某时也会发生严重的乱伦事件，如弑君杀父等。相比毫无变化的百年之世，多少有些起伏但大致可治的千年之治更为理想。换言之，比起描绘根本无法实现的极端理想，能大致维持格局的千万年的平安无事反而更好。

对春海所说的汉字真渊也无好感，说有人提出我国本来没有文字，只是在借用汉字后才有了自己的文字，而"中国文字有三万八千个，极其烦琐，除徒然耗费人们精力外再无何益。而印度仅有五十个清音，二十个左右浊音，书写五千余卷佛经无任何不便。（日本之）五十音乃自然之音，五十字乃自然文字。若我国不从中国输入文字，则此种自然文字会发展起来，而如今因输入中国文字而发展受阻"[①]。此外，真渊还举出荷兰的语言，说其仅有二十五个字母，更少，但表达事物无任何障碍。真渊进一步引申说，我国古代词汇少，是因为事物少，心灵纯朴，因而无须繁杂的教化。若教化少，人们反而能够更好地遵守。我国过去仅按天地法则行事，天皇如日月，臣子如星辰，如星辰守护日月那

---

① 贺茂真渊：《国意考》，《日本思想大系39》前期国学，岩波书店1972年版，第380页。

第七章　江户时代中、后期(1716—1867)几大著名"国学家"鼓吹的"大和魂"

般,臣子自然守护君王,故天下平稳而治。

相对而言,真渊对佛教的批评比较和缓,但从他的批佛言论也可以看出,他的思想是相当混乱和荒诞不经的:"首先,罪报以杀人者为最大。然距今仅上一个时代（按:室町、南北朝时代）,世道大乱,经年累月皆有战争杀人之事。其时一人未杀者,于今仅平头百姓一个。而少杀人者,于今为'旗本'①。多杀人者,于今为'大名'②。又更多杀人者,则为一国之主。无限度杀人、欲壑难填者世代繁荣,有何果报哉?"③真渊此语同时带有讽刺佛教和将军及藩主等的意思,但不知是否他认为,因为没有果报就可以胡乱杀人?因为有了佛教的"作祟",就应该恢复日本古代崇尚威武勇猛之道和学习兵道?事实上这说明,真渊本人也是一个不知区分正义、非义,单纯推崇武力甚或暴力之人。对此有人评论,"这是因为日本人自古生性尚武勇猛,后来由于提倡因果报应的佛教传入,此尚武之德断绝,故真渊之言并非全无道理"④。以上所言所评,世人听后夫复何言!必须说明,真渊所谓的"尚武勇猛"还包括"简劲质朴,听凭天意（自然）"⑤的特点。他在《新学》中对此"质朴"的意思做了细分,其中就包含与"邪恶"对抗的"勇猛之心",⑥但并未说明何为"邪恶"。难道仅"凭天意（自然）"就可断定孰好孰坏,并使用武力?真渊一直认定,日本古代是一个"尚武勇猛"之国,观察以此心咏出之古歌,可知我大和国乃大丈夫之国度,古代女子亦仿效威武男子,故《万叶集》歌皆充满伟男子的印记。后来不勇猛的原因,就在于外来思想特别是佛教的作祟。并且还认为,日本将首都从奈良搬到京都后,这种勇猛之势则转向文弱（原文是"女人气

---

① 江户时代俸禄不超过一万石的幕臣总称。有资格谒见将军的官员叫"旗本",无资格谒见者叫"御家人"。该词汇最早的使用意思,是守卫帷幕和军旗的将士,因为"征夷大将军"的汉语说法叫"幕下"。到江户时代初期,"旗本"的语意转为全部幕臣的总称,与"御家人"的区别不明显,但至17世纪后半以降,二者已严格区分开来。

② 江户时代俸禄在一万石以上的诸侯。

③ 贺茂真渊:《国意考》,《日本思想大系39》前期国学,岩波书店1972年版,第388页。

④ 清原贞雄:《国学发达史》,国书刊行会1980年版,第132页。

⑤ 贺茂真渊:《新学》,《日本思想大系39》前期国学,岩波书店1972年版,第367页。

⑥ 同上。

度"),而皇威自然日渐式微。① 这种思想最后被平田笃胤继承。他也说:"因为佛教传入,导致古代威武、雄壮、勇猛之大和心消失。"②

在《国意考》第 10 部分,真渊谈及和歌的功效及所涉及的风俗(兄妹婚)可以振兴国家的问题,借题发挥,对中国古代有同姓不娶的规定而日本近亲结婚属于蛮风的说法提出批评。说当人们看到中国甚至有人奸淫其母的事情,就知道同姓不娶在中国仅是一种理论,与实际的情况不符。进一步他又作出反论——但逻辑不很清晰,说即使同姓不娶这种教义可以得到遵守,但如果真的遵守同姓不娶的话,那么就不会弑君。弑君杀父,坏了规矩,却又以同姓不娶为自得,乃何其愚昧!③ 在这方面,还是后来的平田笃胤说得较为清楚——但也类比牵强:"中国规定同姓不娶,而以我国异母兄妹婚为禽兽行为。异母兄妹婚反而基于自然之人情。如果说讨厌禽兽行为,那么夜寝晨起亦如禽兽,是否睡懒觉更好?又如禽兽怜子亦为禽兽行为,则为人不怜弃之可否?中国有许多恶习,……却单挑同姓婚非难我国,实为恶劣。经百世亦不许同姓婚乃周公规定,此乃虚假作风之起始。汉亦承周制。"④

在第 11 部分,真渊说和歌之心乃以"和"为本(按:不知此"和"与他的"尚武勇猛"之心如何调和?),无须像汉诗那样,一味强调说理。真渊对这个"和"字的理解,还体现在他对日本"古道"的另一种认识上。这就是真渊在第 13 部分为说明日本"古道"而打的比方。针对中国的春、夏、秋、冬四季严格区分,真渊说春不是立即变成夏,夏也不是立即变成秋,等等,而是缓慢平滑过渡的。日历也如此,日本只有 500 年一轮回的大数和虚数。总之,中国喜用方角,而日本之"古道"乃依据天地自然、圆润平滑之大义,如同荷叶上的圆形露珠。治世也一样,无须语言,自然平滑治世最为理想。

---

① 贺茂真渊:《新学》,《日本思想大系 39》前期国学,岩波书店 1972 年版,第 367 页。
② 平田笃胤:《出定笑语》(也称作《佛道大意》),姜园刊行 1849,庆应义塾大学数字化处理时间为 2010 年 11 月 29 日。
③ 贺茂真渊:《国意考》,《日本思想大系 39》前期国学,岩波书店 1972 年版,第 391 页。
④ 平田笃胤:《呵妄书》,《新修平田笃胤全集》第 10 卷,名著出版社 2001 年版,第 49 页。

第七章　江户时代中、后期(1716—1867)几大著名"国学家"鼓吹的"大和魂"

以上是《国意考》的精神大要，也包含真渊对日本"古道"的认识。其基本的方法是用日本古代的生活规范比照中国儒家制定的各项规定，得出的结论就是，我"上代"不喜言辞，所以人心纯朴，无为而治。这在《国意考》最后一句"无论何事，皆须返回我古人纯朴之心"① 看得最为清楚。总之，在真渊看来，与日本古代相比，中国从整体上说是一个极其恶劣的国家，所以无论如何教化，表面如何华丽，但内里绝非如此，最终都会做出坏事，乱了世道，绝不会长治久安。

另一方面，我们还要结合真渊的《歌意考》来加深对《国意考》第10和第11部分的认识。真渊的"国学"研究发端于其对《万叶集》的研究，之后也大都集中在古歌上，故其古歌研究也属于其"古道"研究的一部分。正如他在《万叶集考》卷六中所写的那样："见古文可知古心、古词。欲知古心、古词须亲近古歌，欲亲近古歌须先读万叶集。至大体可读解万叶，即可知古心、古词，亦可知古心之诚挚、朴实、威武、典雅。若此则古代盛世之事不言自明。"②

在《歌意考》撰出之前，已有一些和歌评论书籍面世，著名的有荷田在满的《国歌八论》、田安宗武的《歌体约言》和《国歌八论余言》，以及贺茂真渊的《国歌（论）臆说》。简单说来它们的不同在于，在满和他的养父春满一样，都认为和歌不过是语言的游戏，而真渊和田安宗武则认为，和歌是人们的"真心"抒发出的声音，自然具有教化人类的功德，对治国理政也有很大的功效。1769 年（明和六）③ 真渊写出《歌意考》，再次重申自己的观点：

1. 我上古时人心质朴。因质朴，故所营业态亦少，业态少则语言不多。心有所思则咏之于歌。此即古歌。因此古代亦无专门咏歌之人。

2. 然而唐人思想和语言进入日本后事物渐转为繁杂，其结果是质

---

① 贺茂真渊：《国意考》，《日本思想大系 39》前期国学，岩波书店 1972 年版，第 393 页。

② 贺茂真渊：《万叶集考》，《贺茂真渊全集》2，续群书类从完成会 1977 年版，第 51 页。

③ 这个年份很重要。如前所述，幕府在此 3 年前即 1766 年发动了一场打压尊皇人士的运动，逮捕并在翌年处死了山县大贰和藤井右门，并将此前抓捕的宝历事件涉事者竹内式部流放到远方海岛。由此可以推见真渊反对幕府的心迹。

朴人心进入邪道，语言也因此混乱，至末世（政治道德等衰颓之时代）歌语与日常用语分道扬镳，吟歌则歪曲自身真意，刻意求工，不模仿古人，不求我真心，犹如明镜蒙尘，故须拂去蒙尘，恢复原有姿态。

3. 天地不变，鸟兽草木也如古代一成不变，由此推知人亦无变化之理。然人类智小浅薄，相互斗嘴，故自然进入邪道，人类社会最终发生变化。知此为恶之人须对此加以改变。若有此认识，希冀万事时皆须如古代，同时读歌、文，则可见拭去蒙尘之镜鉴再度泛光，亦可知古代之伟大。纵令屡屡改朝换代之唐土，亦有崇尚古代之思想，何况于万世一系、天孙治国之此皇国，更不可不思及回归古代天朝盛世。唯以末世为旨，依时代情状而咏歌云云，乃私心膨胀之表现。

4. 此世逐渐堕落。与此对照，吾等先祖之国风尤佳；虽仰慕古代，然见上古之文深奥，存难以接近之感，故后世之人无法正确了解彼时，且为外国思想所误，以致忘却其宗旨。只此古歌永无改变，流传至今，其时代气息色调俱存。唯有了解此古人之歌，方可不受些许尘埃污染，明了古代人心之质朴、语汇之优美、身姿之雄壮高昂。

5. 以古歌知古人之心后，见古文时始可眼中无物无事，不预设，不做作，不强求，不教诲，仅按天地自然之心施行政治，明了古代安定国家之欢乐人道。古代和歌之德其实在于知古代。[①]

将上述内容与《歌意考》中说的"事物若开端不好，则其后必多有困难。万事若仿效邪恶，则人心必失却原有之大和魂。是以虽偶有所得，却碍难走向耿直、纯朴之千年古道"这些话联系起来，就可以认为，《歌意考》所说的"古心"，也就是真渊所说的"大和魂"，而这种"魂"则是引导后世的日本人返回"千年古道"的必备心理。该"考"大意用几句话概括，就是要通过对古歌的学习，知道日本祖先正确的心智和生活方式，去除自己的邪恶心智并将本心还原到祖先正确的心灵轨道上。

听到这些话幕府自然不会高兴。"国学"刚兴起时，幕府对位列"国学四大人"首位的荷田春满待遇还算不错，而名列第二的真渊在他生存的年代就没有那么幸运了。真渊没有到过中国，也没有中国朋友，

---

① 贺茂真渊：《歌意考》，《日本思想大系39》，岩波书店1972年版，第348—357页。

第七章　江户时代中、后期(1716—1867)几大著名"国学家"鼓吹的"大和魂"

是否对儒学以及中国历史和本国历史做过深入研究亦无从知晓。他为何对中国存有以上认识，过去几乎无人说明。其实，作为日本人，真渊出于不健康的民族自尊，对儒学泛滥，事事言必周公、孔子有一种反感之心是可以理解的，但问题是他并非完全是出于民族自尊要和中国过不去，他的许多话其实是说给幕府听的："自我国歆羡仿效唐土后仅宫殿、服饰转为华美，天皇身份亦徒有尊贵而已。而人心却变为愚昧，犹如女子。其结果乃臣下过于'贤明'，凌驾天皇，实施政治。……臣虽不至成为古代天子，如唐土僭称为皇，污秽皇帝，但天皇却如有似无。……此过错全然来自忘却本国之道，而模仿人国之道。"① 将此话与前述《国意考》第14的"尽人心后方可促区别——上下须端正自身说话态度，方可说出合乎道理之话"联系起来，就可知道真渊到底想干什么。

真渊到江户时先是寄居在村田春道的家中教授"古学"（"国学"），之后名声渐起，这时"町奉行②"派了一个叫加藤枝直③的人化装成听众去听真渊在说什么。据说没想到枝直在听的过程中竟对真渊萌生仰慕之心，便邀请真渊到自家（北八町堀）附近居住，并自称是真渊的学生。真渊后来受在满推荐到德川宗武的府上任"和学御用挂"，也只是奉献自己的"和学"学问而已，并未参与实际政务。从以上事例可以看出，幕府对当时社会思想的控制还是较严厉的，也不打算让真渊做官，这是真渊不敢公开反对幕府但在内心不满的原因之一。

实际上，真渊等一些"国学家"的抗争仅仅属于一种意气之争，幕府不会因为他们说了些什么而改变崇奉朱子学的政策。并且真渊并未说清"古道"究竟是个什么事物。说"知古心、古词能推知古世情状，知古世情状再往前推可知神代之事"、"虽曰古道皆绝，然天地不绝则

---

① 贺茂真渊：《国意考》，《日本思想大系39》，岩波书店1972年版，第385页。
② 武家时代的职务名。指接受上级指示，主要担任、执行、监督一部分行政事务的官员。始于镰仓幕府，至江户幕府时，除任命寺社、街道、财政三"奉行"外，还在中央和远国设置数十个"奉行"。
③ 加藤枝直（1692—1785），江户时代中期的国学家和歌人，橘氏，千荫之父，号芳宜园等，伊势人。到江户后成为南町"奉行"治下的"与力"（相当于现在的警察小头目）。后来与贺茂真渊成为师友，共同研究"国学"。

"大和魂"史的初步研究

古道不绝"、"我国古道不可推知,随天地法则,天皇日月也,臣子星辰也。星辰既守护日月,则如今不掩日月。天之日月星自古不变,此天皇日月,臣子星辰亦不变"等等,仅仅是一种呓语般的逻辑推演。若问真渊到底"古道"或"神皇之道"为何,则他的回答是仅读古典即可。要是再穷追下去,他一定回答,那就是儒佛之道进入日本前的"日本之道"或"随天地而行之自然之道"。

阿部秋生说得好:"所谓的古道,仅是在解释古典时产生的",要弄清"那是否真反映日本古代人的生活,则需要根据那些文献的性质。从这个意义上说,那确实是一种文献学的研究方法。不过仅仅如此则不能成为一种思想。思想需要体系和逻辑,进一步还要追求规范性,因而更需要高强度的抽象性。从结论上说,要让思想对现实生活产生影响力,就需要极尽人智地进行理论构建。仅凭天地自然的朴素之心就说其乃思想是困难的,要成为近世人的生活规范也是困难的"。因此在真渊之后,"国学将自己的方法固定下来成为一种思想冲向社会时,因为没有制约它的东西存在,所以有时发展为一种肆无忌惮的运动"[1]。

真渊要引导日本人返回"千年古道"所凭依的"大和魂"——"古道"的换说——也是如此,同样让人如坠朦胧烟雨之中,不过日后它也如脱缰之马,不可掌控,终至闯祸。

第三节 本居宣长的"大和魂"和"大和心"等

一 宣长其人及其诸多的"大和魂"

本居宣长(1730—1801),江户时代中期著名的"国学家"和歌人,日本国学的集大成者,出生在伊势国(今三重县)松坂本町一个家号为"铃屋"的商人家庭,自12岁起跟从岸江之仲学习"四书",22岁时随"正住院"住持学习"五经",[2] 到京都游学期间,先是投在堀景山门下学习汉学,对汉学比较精通,这从他批判谷川士清时使用的

---

[1] 阿部秋生:《契冲、春满、真渊》,《日本思想大系39》"解说",岩波书店1972年版,第593页。

[2] 清原贞雄:《国学发展史》,大镫阁1957年版,第171页。

第七章 江户时代中、后期(1716—1867)几大著名"国学家"鼓吹的"大和魂"

纯正汉文和《本居宣长随笔》"卷二"引用的许多汉籍都可看出。堀景山（1688—1757）的父亲堀玄达不很出名，但其祖父堀杏庵（1585—1642）在江户时代初期却也算是一个人物。早年曾受教于儒学大师藤原惺窝，又向曲直濑正纯学习医学，之后先后服务于广岛藩和尾张藩（幕府重藩），获得"法印"称号。因还喜好历史，故晚年曾应招前往幕府编修德川诸家族的家谱。堀景山生于京都，幼年跟随父亲学习儒学和医学，1719年（享保四）成为广岛藩藩主浅野吉长的儒臣，往返于京都和广岛之间。景山对来京都学医的宣长很有好感，甚至让他住在自己的家里，向他传授荻生徂徕的"古文辞"等，使宣长具有较好的汉学基础。宣长日后产生的复古思想，或与此有关。

当然宣长不光学习汉学，按照伊势国的风俗他还热衷于学习猿乐①、谣曲②、茶道、射术等日本传统文化技艺。22岁时在京都学习汉学的同时，还受师长堀景山的影响，读了许多"国学"大师契冲撰写的书籍。27岁时宣长返乡开诊所，专治儿科疾病，在从医的闲暇继续自学日本的古典作品，如《源氏物语》等。这奠定了他的人生观和世界观，为其日后成为"国学"大师打下了基础。1763年（宝历十三）贺茂真渊参拜伊势神宫路过松坂时宣长求见，见面后即投入真渊的门下，立志研究"古道"，最终花费30余年的时间，于1798年（宽政十）写出日本文化研究巨著《古事记传》，共四十四卷。此外宣长还撰写出众多作品，著名的有《紫文要领》、《石上私淑言》和《源氏物语玉小栉》等，其主要目的就是让人明确日本文学的本质为"知物哀"三字，以此排斥儒佛的文学观和人生观，促使他们返回日本的"古道"。宣长另撰有研究日语助词及其部分活用的《てにをは纽镜》，研究神道教的《直毘灵》，研究和歌的《古今集远镜》、《词玉绪》、《玉胜间》，研究社会经济问题的《秘本玉栉笥》，研究中日关系的《驭戎慨言》，研究务学精神的《初山文》等，学问不可谓不广，因此与荷田

---

① 平安时代的娱乐技艺，以滑稽的动作模仿和语言表演为主，过去多在天皇及贵族观看相扑时和"内侍所"祭神当晚等时候表演，后来走向民间，其滑稽的动作也可供宴席余兴或一时取乐。广义上也包括法会前的滑稽表演和农事期间田间的滑稽表演等。镰仓时代起开始戏剧化，转为"能（乐）"和"狂言"（都属于日本传统戏剧）。

② "能乐"的词章，也称"能谣"。

春满、贺茂真渊、平田笃胤一道并称"国学四大人",但宣长于其间名声最响,影响最大,又被称作"铃屋大人"。

再者,在这"四大国学家"中,宣长还是谈论"大和魂"、"大和心"和"倭魂"等在数量上算第二多的人。他涉及的这几个词汇字眼虽有不同,但意思相差不大,而且与《源氏物语》都有密切的关系。不过和真渊一样,宣长也对该词本意做了歪曲。

宣长在日记中曾记述他自1759年(宝历九)至1794年(宽政五)曾多次讲释过《源氏物语》。如:"宝历九年(按:宣长29岁)正月十三日夜开讲《源氏物语》。此《源氏物语》讲释自去年夏开始,至仲冬讲毕'葵'卷后又自'今宵榊'卷开讲。宝历十二年二月廿二日今夜讲释《源氏物语》,自'柏木'卷始。此前之十九日'若菜'卷完毕也";"明和六年己丑年(按:宣长40岁)四月廿六日今夕讲毕'处女'(按:即'少女')卷";"安永六年丁酉(按:宣长48岁)十二月六日今夕讲毕'乙女'(按:即'少女')卷";"宽政五年癸丑(按:宣长64岁)十月廿日今夕讲毕'处女'卷"。①

自宝历九年至十二年,宣长没有在日记中详记各卷的名称,但可以推测他在宝历九年至十二年应该也讲释过"少女"卷。由此看来,宣长一生中至少讲释过4次"少女"卷。这个举动,说明《源氏物语》此书及"少女"卷在宣长心中的分量,也与他后来说的"大和魂"、"和魂"、"倭魂"、"大和心"这几个词汇存在某种内在的联系。

比如"大和心"。宣长在他花甲之年曾为自己画像(实际是摹写别人画的本人画像)并自赞:"若问大和心何物?清晨映日山樱花。"② 时间是1790年(宽政二),③ 也就是在他第3次和第4次讲释《源氏物语》"少女"卷之间的某段时间。

又如"倭魂"。1791年(宽政三)正月十五日宣长在给横井十郎左卫门的信中写道:"此人被视为具有倭魂,但此前专以汉学为务,似

---

① 根据本居清造编《本居宣长稿本全集1》,TRESS出版2012年辑出。
② 原歌是"しきしまのやまと心を人とはば朝日ににほふ山桜"。
③ 平田笃胤:《玉手襁9》,《平田笃胤全集4》,平田笃胤全集刊行会2013年版,第379页。

第七章　江户时代中、后期(1716—1867)几大著名"国学家"鼓吹的"大和魂"

对吾著述不感兴趣。"① 时间也是在他第 3 次和第 4 次讲释《源氏物语》"少女"卷之间的某个时点。

再如"大和魂"。在结束第 4 次讲释后 5 年的 1798 年（宽政十），即他 69 岁的那一年，他写出《初山文》。这篇文章乃为拟初次攀登"国学"学问高峰的人而作，具体阐述了"国学"研究的态度和方法，仅 20 来页纸，但竟 6 次提到"大和魂"，1 次提到"倭魂"。它们分别是：

"认真读此类书（按：指《古事记》等）可坚固大和魂，不失坠于汉意。若有志学道，须先清除汉意、儒意，坚固大和魂。"②

在说明为获取读古书的能力"需兼读汉籍"后，宣长又说："须记取，读汉籍时若不坚固大和魂，则时常为其所惑。"③

接着宣长批评将日本的"皇国学问"说成是"和学"或"国学"的说法，称其"极其恶劣"。理由是这些都是本国的知识，所以只需说成"学问"即可，而应将中国的学问称作"汉学"。倘若与"汉学"并说，那么"可说成皇朝学等"。若说成是"和学、国学"，则有将皇国视为外国的嫌疑。唐、朝鲜、荷兰等国这么说说则可，而我们不行。在详细说明这个问题后，宣长说："此亦为坚固大和魂之一部分，故须强调。"④

宣长还对"汉意、儒意"表示忧虑，认为"汉意、儒意"沁润日本人心已千年有余，如同痼疾难以简单清除。即使是明白儒意之恶而欲去除之人亦无法自清，所说的话语仍充满汉意。"不清除汉意将难以得道。神学之辈须首先去除汉意，坚固大和魂。犹如武士上战场前须备妥马镫，坚固铠甲。若不坚固自身，读神典时则如不穿甲胄，裸身接战，则必败于敌手，陷于唐心。"⑤

宣长又说："读汉籍于学问多益。然若坚固大和魂后而读之，即令

---

① 宣长给横井十郎左卫门的信，《本居宣长稿本全集 2》，TRESS 出版 2012 年版，第 510 页。
② 本居宣长：《初山文》，《本居宣长稿本全集 4》，TRESS 出版 2012 年版，第 602 页。
③ 同上书，第 603 页。
④ 同上书，第 604 页。
⑤ 同上书，第 608 页。

昼夜惟读汉籍，则无虞为其所惑。可叹世人倭魂难固，读书易为所惑，行路蹒跚趔趄云云。"①

以上6个"大和魂"和1个"倭魂"句（实际上前述"大和心"歌和信件中的"倭魂"句也）都与"坚固"该魂和"去除""汉意"和"唐心"有关，语意不断重复，有违一个大学者的风范。然而从该举动可以看出，宣长对"大和魂"等有多看重！对与此相对的"汉意"和"唐心"又有多厌恶！其欲通过"去除"后者而"纯化"日本文化的决心和意志又有多大！

这里需要先说明何谓"汉意"和"唐心"。此二者皆系宣长自创的词汇，最早指出这一点的是江巾者通高②，他在《和汉一致博议》中说："以'和'为宗者（宣长）对世人主张汉宋诸儒学说、蔑视和魂之行为十分愤慨，故新设'汉意'一词极力排斥之，杯葛剔抉无所不至。"③但据津田左右吉说："似乎是《神道俗说问答》中的'支那魂'、'天竺心'此二词触发了宣长创造'汉意'、'佛意'的灵感。"④因为《神道俗说问答》刊行于1732年（享保十七），作者叫源寂仲，其属何学统、与宣长的关系为何皆不明，但书中所说的"支那魂"、"天竺心"、"支那根性"、"佛灵"等词汇，都约略早于宣长自创"汉意"一词的时间50—60年，所以这些词汇与"汉意"之间可能存在某种联系。津田还提出一个假说，说"汉意"也有可能是宣长对荻生徂徕学派动辄即说"和习"、"和俗"的一种反弹，以及对其脱胎换骨后的产物。⑤其具体的意思日本有网评："'汉意'（'唐心'之意）乃本居宣长所提倡的思想概念和批评用语之一，指与日本古代不假思索，对善恶同样尊崇的纯朴态度相对的，在中华文明中以伪饰事物、强说理

---

① 本居宣长：《初山文》，《本居宣长稿本全集4》，TRESS出版2012年版，第613页。
② 此人生平事迹不详。据日本网络"盛冈藩士家系名录"记载："江巾者五郎……万延元年（1860）成为明义堂（旧盛冈藩国学校）'教授'。庆应二年（1866）明义堂扩建改称作人馆时成为该馆文、武、医三科中的文学馆修文所'教授'，草拟过该馆学制，提倡和汉一致、文武一途的学风，并刊行《学轨》一书。"
③ 日本文部省编：《日本教育史资料5》卷十三，日本文部省1890年版，第489页。
④ 津田左右吉：《文学中国民思想的研究 平民文学的时代》中，岩波书店1986年版，第522页。
⑤ 同上书，第522页。

第七章　江户时代中、后期(1716—1867)几大著名"国学家"鼓吹的"大和魂"

由、夸大其词、使己说正当化或掩饰自己不当行为为特点的牵强态度。"[①] 不过著者根据宣长崇敬乃师真渊并继承其衣钵这一事实，认为"汉意"该词也有可能是宣长受乃师所说的"国意"启发而创造的新词。附带要说明的是，真渊《国意考》中的"国意"一词也是他自创的词汇。

至于"唐心"似乎无人就其出处作出说明，日本《角川类语新辞典》仅说其通"汉意"，指醉心于中国文化的心理倾向；《学研国语大辞典》也说其指学习汉籍而被唐（中国）文化思想感化而呈现的心醉状态，是近世"国学家"使用的语汇，反义词为"大和心"；《自由百科事典》则明确指出："唐心"即"汉意"，是本居宣长提出的思想概念和批评用语之一，指学习汉籍后醉心于中国文化思想的心态。著者根据《学研国语大辞典》的提示，认为"唐心"或与宣长所说的"大和心"有关，或是他在使用"大和心"时心有所属，灵机一动而创造出的一个新的反义词。另外，它与日本过去所用的"唐才"（使用于平安时代至镰仓时代，颇类于中国洋务运动时提出的"中体西用"的"用"）一词也有关联。因为"汉意"可针对"国意"，此"唐""心"亦可针对彼"大和""心"。从这些词汇的创造可以充分看出宣长欲去除"汉意"、纯化日本文化的决心。

二　宣长欲"纯化"日本文化的几个典型事例

这种"纯化"表现在多个方面。在具体阐释宣长的"纯化"思想与其各种主张的关系之前，有必要就宣长排斥"汉意"、"佛意"等典型事例作简单说明。如前述，宣长不喜欢本国最早[②]且最著名的史书《日本书纪》。原因就在于它体现了"汉意"。首先是书名。他认为中国各代都有自己的国号，故需要进行区别，史书也一样，如《唐书》、《宋书》等。而日本永久不变地使用一个国号——"日本"，故无必要模仿中国，在本国史书前特意加上"日本"二字。并说明，从当时的

[①] 2014年5月3日，http://p.tl/HFKj。
[②] 参见"谷川士清"部分有人论证《古事记》是伪书，而且出现时间较晚的说明。

情况看，河村秀根①在撰写《书纪集解》时也不在书名前加"日本"。实际上，这是宣长等人故意无视日本国号发展史的表现。因为日本在使用"日本"这个国号前还使用过"倭"、"大倭"、"大和"等国号。对此宣长的门生橘守部也表示反对，说"此乃宣长责备元禄、享保年间醉心于异朝而忘记本末内外之儒者等、批评彼等不知古人心词而有之说辞，终归不符合道理。上古人认为我皇国尊贵无比，世界无二，故于诸多事物前皆加'日本'二字。说其为《日本书纪》并不为错。因此河村秀根不写《日本书纪集解》，而写《书纪集解》亦为谬误"。②

另外，宣长还认为，写作"日本书"是中了儒家华夷思想的奸计，将日本看作是中国的藩国，因为人们可作以下推理——《日本书》和《汉书》、《晋书》、《隋书》等是并列的。宣长的这一观点影响深远，现在日本学者也常说《日本纪》，而不说《日本书纪》，就是这种观点的延伸。其实《日本书纪》的作者并无这种意识，而只是单纯模仿中国，将史书说成是"日本"的"史实纪录"。实际上宣长也没有办法避免使用"书"这个字，他在《古事记传》中对不同于《古事记》的记录也插入"一书曰"（指《日本书纪》）的说明。其次宣长不喜欢《日本书纪》还因为它系汉文书写，且受到中国思想和史书编写方式的严重影响。

与此相对，宣长喜欢的是《古事记》。照他看来，《古事记》的神话传说保留着更多日本古代人的思想、信仰和心情。然而在江户时代之前，几乎没有人对《古事记》有过关注。若硬说有，则似乎仅有一部在镰仓时代出现的、卷末时间注为文永十年（1273）二月十四日的《古事记里书》，作者是卜部兼文。但从内容看，该书也多半是用中国的纬书、《周易》、《毛诗》等与《古事记》作简单的对照。只是到江户时代中期宣长才第一次对《古事记》做彻底的研究。由此不仅可以看出宣长对于挖掘、宣传日本古典所做的努力，还可以看出他欲借此排斥外来文化的决心。

---

① 河村秀根（1723—1792），江户时代中期的"国学家"，通称复太郎，号苇庵，尾张国藩士，主要研究神道和古代的典章制度，称这些东西为"纪典学"，著有《书纪集解》、《续（日本）纪集解》等。

② 转引自清原贞雄《国学发达史》，国书刊行会1980年版，第288—289页。

第七章　江户时代中、后期(1716—1867)几大著名"国学家"鼓吹的"大和魂"

对"佛意"宣长也极力排斥，甚至连天皇崇佛也猛烈批判。奈良时代日本举国皈依佛教，《宣命》①记载，圣武天皇对卢舍那佛自称"仕奉三宝之奴天皇"。对此宣长极为不满，说此语"过于可耻与可悲……有心之人可闭目不看"②。不过宣长对圣德太子在《宪法十七条》第二条写的"笃敬三宝"倒不批评，然而碰上道镜③在朝廷得势的史实又难以抑制愤恨心情，再次抨击：此事"不应出现于吾神国……天皇乃为佛书之妄语所欺"。④ 至于其他人以此心事佛，宣长就更不能忍受。

宣长对之前的神道也有不满，亦欲"纯化"之。"伊势神道"后期的代表人物度会延佳认为，过去的神道，尤其是"两部神道"带有较浓的佛教气息，因此需要排斥过去所谓的神佛融合，但受习惯势力和时代风潮影响，延佳又不由自主地转向神儒融合。简单说来他的"融合说"有两个主要观点：(1) 神儒双方具有天然共通的一面。我国神道"并非与儒融合之神道，但难以否认二者具有天然相符之处"，"此外生于神国之人，思神代之昔，慕国法之古，亦与儒道本意相通"。(2) 神大儒小。"将《易》道视为等同于我国之神道乃厚道之做法，而将神道说成相同于《易》道之道则成何体统？"⑤ 延佳还认为，在佛教传来之前日本就存在传统的神道教，它包括两部分内容：(1) 神道乃上古自然有之，来自神代之质朴人心，其乃以此质朴之心观天文、察地理之结果。而后来由于人心不古，方产生所谓之"说教"（佛教）（由此可见，这种思想对后来的本居宣长产生了重要的影响）。(2) 神道即构成人类所有生活之基础性思想，"人们日常生活中无一事非神道。君以神道临下时则为仁君，臣以神道仕君时则为忠臣。父以神道养子时则为慈父，子以神道事父母时则为孝子也。夫妇、兄弟、朋友间皆以神道交往，此

---

① 宣命（宣敕命之意），指宣布天皇命令一事，或指文书，属于诏书的一种形式。奈良时代用于元旦朝贺、即位、改元、立后、立太子等仪式，平安时代后仅用于修建神社皇陵、任命大臣、赠位等的布告文字。
② 本居宣长：《历朝诏词解》，《本居宣长全集7》，筑摩书房1993年版，第53页。
③ 道镜（？—772），奈良时代的僧人，生于河内国，弓削氏。入宫后因治病有功为称德天皇信任，被任命为太政大臣禅师和法王。后来自称收到宇佐八幡神喻开始觊觎皇位，被代表藤原一族意志的和气清麻吕阻止。天皇死后左迁下野国药师寺"别当"，死于配所。
④ 本居宣长：《历朝诏词解》，《本居宣长全集7》，筑摩书房1993年版，第59页。
⑤ 度会延佳：《阳复记》下卷二，讲古堂1739年版，第56页。

"大和魂"史的初步研究

外饮食亦有神道,一举手一投足无一不为神道。"① 延佳其实并未说清什么是神道。综合整部《阳复记》来看,他的神道似乎就是"自然"或"真诚"二字。即以真(自然之)心事神、求神则神必感应、回报。以此事神的真(自然之)心推及其他所有的生活即为神道。在这点上,"延佳神道"与后来的"复古神道"所说的"自然"神道是相通的,其求"真"精神也影响了宣长等人。但不同的是,这种神道乃接受儒教思想影响的结果还是可以分辨出来的。

对此"国学家"们坚决反对。在宣长之前,荷田春满及其门人贺茂真渊就都主张"古道"即神道,由此产生了"复古神道"。在此方面宣长亦复如此,反对将儒佛和神道混为一谈:"大凡天下之人,无论上、中、下人,贤人愚人,包括樵夫、猎人无人不信佛。其中略懂汉字者又掺入大半儒意,以此推定世间万事。如此能知神之真诚之道之人,千万人中仅一二人而已。其余信仰神社者中亦仅思自家家业,偶尔尊奉神道。此类人中多半带有佛意儒意。又,神道亦皆由儒佛之意枉说,真诚之道几乎等同断绝。……无人忧虑神社衰颓,神仅用于祈福祛病,神道如同无用之物。人惟云自古即有之神道'全废',吾于梦中亦未见未闻有人明了此神道乃开肇天下、治理国家之先务要道。岂非可叹之事哉?"②

三　宣长的"大和心"与他的"物哀"、"人情"及"女性"的关系

1. 宣长的"大和心"

宣长欲"纯化"日本文化,其标志还体现在他提倡的"大和心"等。如前述,宣长在花甲年曾赋歌一首:"若问大和心何物?清晨映日山樱花。"然而此歌包括其中的"大和心(魂)"语意皆晦涩,连当时的文人都不明白它到底要说明什么,伴信友③在听闻此歌后很久,还提

---

① 度会延佳:《阳复记》下卷二,讲古堂1739年版,第56页。
② 本居宣长:《玉胜间》,《本居宣长全集》第四卷,筑摩书房1968年版,第91页。
③ 伴信友(1773—1846),江户时代后期的国学家,近世考证学泰斗。若狭果小浜藩藩士。1821年(文政四)辞官后倾力研究汉学,本居宣长死后成为其门人,著有《比古婆衣》、《假字本末》、《长等山风》等。

第七章　江户时代中、后期(1716—1867)几大著名"国学家"鼓吹的"大和魂"

出到底该自赞歌歌意为何的疑问。对此，宣长的门人，后成为养子的本居大平回答说："先师说过仅美丽洁净而已。"① 换言之，即不要找任何理由，只要对着纯洁的樱花发出赞叹"啊！真美"就是"大和心"。

大平之答词虽为一家之言，但通过对宣长歌意的揣摩和大平的解释，我们至少可以读懂以樱花为象征的"大和心"就是"洁净纯真"的代名词和美丽无须说明"只凭感觉"的赞美之意。"洁净纯真"的"洁净"，与神道主张的"清"和"净"这两个概念一脉相承，其潜台词是"汉意"污浊不堪；"纯真"又与"古道"提倡的"真诚之道"概念相通，其前提是儒学充满着谎言："唐书（善于）隐藏真情，做作伪饰……刻意隐瞒，乔装打扮，自作聪明，乃抹杀真情之思想，并非本然之情"；② "只凭感觉"针对的则是儒学每每崇尚"虚言"的态度："古代神世，了无关乎'道'之言语之辨。若曰有道，则惟有'即物'之道"③（按："即物"指"具体的感觉"）。"古国乃人神和融（按：指人神一体、半神半人之状态）、无须言语之国度。"④

山本健吉慧眼识真，说"与'大和心'相对的概念，按他（宣长）的说法即为'唐心'。'唐心'是在判断事物时总是依据中国典籍、观念先行的产物，也可以说是与'真心真意'相对的'虚情假意'"。而"'大和心'则是去除了所有先入之见后的无私无垢之心，或曰'真心真意'。"⑤ 根据健吉的说明，可知宣长的"大和心"其实就是日本式"真心真意"的另一种表述，其"无私无垢"与上述"洁净纯真"的山樱形象亦属同质性关系，表明了对"山樱"和"大和心"的意义读取无须"先入之见"的精神告白。概言之，即无须儒学的"理性"参与，反映的正是日本"古道"不务"虚言"，有时甚至无须语言，推崇

---

① 转引自山田孝雄《樱史》附录《日本精神和本居宣长》，讲谈社1942年版，第411页。原话是："先師はただうるはしきよしいひ置かれたるのみに候。"
② 本居宣长：《紫文要领》，《本居宣长全集》第四卷，筑摩书房1968年版，第95页。
③ 本居宣长：《直毘灵》，《本居宣长全集》第四卷，筑摩书房1968年版，第170页。
④ 此句是宣长引用《古事记》为反对"虚言"作过的说明。转引自高坂史朗《日本文化的视角——纯化、包容、风土、古层、普遍》，《日本文化诸面貌》之拔萃，风媒社2006年版，第217页。
⑤ 山本健吉：《古代日本人的理想图像》，《山本健吉全集》第四卷，讲谈社1984年版，页数遗失。

"率真"和"感性"的精神，其本质就是求"真诚"。

健吉的评论让我们再次联想到宣长模仿"唐才"一词生造出"唐心"这一词汇的举动，并由此得出结论：该举动丰富了平安时代赤染卫门"大和心"的精神内涵，表明了宣长以其日本意识与中国理学划清界限的意志。为中国意识做"虚情假意"的标贴，正是为了凸显所谓的日本的"真心真意"。另外，健吉还比较了宣长的"大和心"和他的"物哀"观的关系，说：宣长"过度阐释了物哀，并未将其停留在风流、风雅方面，而是给予了覆盖日常全部生活的意义"①。以上述宣长的"大和心"对照下面以感叹词形式出现，以当感动时应感动、务求"真实"为内容的宣长的"物哀"观，可知其"大和心"也就是他的"物哀"观。

2. "大和心"与"物哀"

日本平安时代（794—1192）出现的"物哀"② 精神是该王朝的重要文学精神和美学观念之一。这当然是后人的总结，当时仅指一种纷繁杂乱的贵族优雅情调或情绪，即"因机缘或耳闻目睹某事物产生的深刻的情趣和哀愁"（《广辞苑》第5版）。这种情趣、哀愁由心底涌现却难以言说，只能以古日语"啊！"的呼叹声宣泄，故有人以"物哀"一词命名之（详见后文说明）。及至江户时代，本居宣长通过其著作《石上私淑言》、《紫文要领》和《源氏物语玉小栉》重提"物哀"，对其内涵作出新的解释，试图给予"国学"以意识形态的支持。宣长从和

---

① 山本健吉：《古代日本人的理想图像》，《山本健吉全集》第四卷，讲谈社1984年版，页数遗失。

② 该词译自日语词组"もののあはれ"。"物"字原为"もの"，"の"为表示限定意义的格助辞，"哀"字原为"あはれ"。该词组至今语义模糊，且具争议。"哀"字何以与"あはれ"发生联系，因腹俭未见有人对此作出考证，但推测这可能源于日本自平安后期起因佛教和社会动乱影响，悲天悯人的风气曾盛行一时，故有人将碰巧发音相同、表示"哀愁"之意的名词"哀"与本身也含有"哀"意的感叹词"あはれ"混为一谈，用以表达自己的厌世心情并获得共鸣就此沿用下来。但即使如此，平安时代的日语词"あはれ"也不单纯表示"哀"意，还可以表示其他许多意思，如"强烈的感动、爱慕、思念之情；同情慈悲之情；感叹赞美之情；爱恋；爱怜"等等。宣长也说过："后世以'哀'字代'あはれ'，只解为哀愁之意。然而'あはれ'并非限于悲哀，举凡喜悦、意趣盎然、欢悦、有趣好笑之时，皆可感之曰'ああはれ'。此皆'あはれ'也。"为避免不必要的纷争，这里保留使用"物哀"一词。

第七章　江户时代中、后期(1716—1867)几大著名"国学家"鼓吹的"大和魂"

歌、"物语"（传奇故事）评论入手，融合江户文学世界中的"人情"概念，将平安朝"物哀"情调或情绪提升为一个思想概念，这其中经历了一段文献考证和对和歌、物语文学本质的论证过程：1758年，他根据《旧事纪》、《古语拾遗》等古籍，撰写《安波礼弁》（《物哀辨》）。文章虽短小，且属雏莺试鸣，但论及和歌、物语的"本质"却毫不含糊："由神代至今，及至末世无穷，吟咏之和歌，不外乎物哀一词；至于《伊势》、《源氏》等物语，若探寻其本意，则亦可以物哀一言蔽之。"① 之后宣长又写和歌论著作《石上私淑言》，针对"和歌起源不甚了了，究竟和歌缘何而起"的提问，则以在他看来很清晰的概念作出回答："和歌起源于知物哀。""物哀说法虽各有异，然其意皆同。即因所见所闻所触之物事，感之情深之谓也。……举凡喜悦、有趣、欢娱、悲哀等等，感之于情者，皆物哀也。"② 由此确立了以"情"为核心的"物哀"概念。概括说来，此概念当指和歌中反映的人的本源性和共通性心情无疑。又与他处女作《排芦小舟》中的另一概念"心中所思"意思相通。所谓"心中所思"，按他的说法，即和歌之所本，亦即喜怒哀乐等各种心理活动，故被视为"物哀"的另一说法。日本著名文艺评论家子安宣邦对此评价说："这不仅意味着宣长发现了作为理解日本和歌、物语文学关键所在的概念，还意味着他重构了以平安朝文学为代表的日本文学的基础概念。"③ 然而著者认为，上述概念似乎还应包括宣长对日本传统文学精神两大要素的独特理解，也就是他的思想创新所在：（1）对古代审美情趣要素的确认，其中隐含对王朝唯美精神的追怀，强调要先"知"后"感"，即先"于心了然花月物哀之情趣方能感之之情趣。不知此物哀情趣之情动，即令面对繁花皎月，亦无所感"；④（2）对情感要素特别是"恋"的肯定。在他看来，人的情感是多样的，然而"哀、恋"等则代表着最为深刻之物哀。"惟哀、

---

① 大野晋、大久保正编集校订：《本居宣长全集》第二卷，筑摩书房1969年版，第34页。
② 同上。
③ 子安宣邦：《本居宣长是谁?》，平凡社新书2005年版，第84页。
④ 大野晋、大久保正编集校订：《本居宣长全集》第四卷，筑摩书房1969年版，第41页。

忧、恋等，举凡心有所思而不堪忍受之情状，方为最深刻之情感，故……可曰之为物哀。"① 但实际上，于上述三者中，他与其说看重"哀"等，毋宁更重视"恋"。此"恋"非今人所说之恋爱，也不全是作爱，而是一种日本学者广泛推介的接近 Erōs 的概念，即柏拉图所说始于肉欲，由爱上升的某种憧憬和冲动。借用宣长的原话，就是"好色"："所谓深刻之物哀，其中必多包含淫事。此为天理，源于好色尤与情深相关。因不好色而难以反映深刻之物哀，故多写好色之事。""人情之深刻，无胜于好色。若此，则人心就其风流韵事感觉深刻，知物哀者无不出于此。"②

诚然，宣长谈的是和歌与物语，其中的概念阐释大多也并未与当时的显学儒学直接相关，但其指向明眼人一目了然。对他来说，最需要辩护的，其实就是《源氏物语》及和歌中赞美的"淫乱"与"好色"。这种对抗情绪还表现在以下两个方面：（1）其恩师贺茂真渊一生反对"虚伪"，对弟子殷切有期，但就宣长所做和歌偏离革新、丧失社会情感却大失所望。而宣长居然不为所动，坚持与荷田在满的"玩歌论"（做和歌如游戏之论调）保持一致。不过仔细想来，这仅仅表现为形式上的对立，与恩师的公开反儒其实是殊途同归，款曲暗通。表面上他要的不是恩师所说的社会意义，而实质是冀望既排斥政治意义，又排斥道德意义。以此观之，他的"物哀""恋"观针对儒学道德之含义也就不难理解；（2）在《排芦小船》中，他写道："和歌之本体，既不为辅政，亦不为修身，不外乎言心中所思。"③ 由此可见，宣长在阐释"物哀"概念时心中还装有儒学，其部分指斥时而隐晦，时而露骨。另外还需指出，宣长作为一位大思想家，却在幕末年代不为时重，他的最重要的著作《源氏物语玉小栉》刊行较早，但也只是在他临死前两年的1799 年（宽政十一），因石州浜田藩藩主松平"周防守"康定的提请才出版的。而其初稿《紫文要领》和处女作《排芦小舟》等过去皆以

---

① 大野晋、大久保正编集校订：《本居宣长全集》第四卷，筑摩书房1969 年版，第63 页。
② 同上书，第299 页。
③ 大野晋、大久保正编集校订：《排芦小舟》，《本居宣长全集》第一卷，筑摩书房1969 年版，第41 页。

第七章　江户时代中、后期(1716—1867)几大著名"国学家"鼓吹的"大和魂"

抄本的形式流传，一直须等到昭和时代初期才正式活字印出，影响力始终不大，而且于政治方面阒阒无闻，直至明治时代仍难为人知，应该反映出某种问题。据子安宣邦考察，村冈典嗣（1884—1946）所撰名著《本居宣长》于1911年出版后几未售出，原因如出版社经理所评"顾客不知道本居宣长为何人"。宣长的走红以及成为国民的代表人物，则是在极端民族主义、法西斯思潮开始抬头的昭和时代初期，源起反映他和恩师真渊在松阪初次会面的事迹被收入《小学国语读本》一事。从此其"物哀"概念才深入人心，家喻户晓。这一切让我们很难忽视宣长与幕府及社会的关系，并自然会联想起那段鼓吹朱子学和"劝善惩恶"观念，包括以此重新解释平安时代文学的历史。宣长作为"国学家"，当然无法接受这种做法。他能做的，仅是希望通过重新梳理和歌与《源氏物语》，正本清源，找到日本人"本真"精神之所在。而这个所在，就是他提出的"物哀"。可以说，是宣长将平安朝纷繁杂乱的"物哀"情调或情绪提炼为一种思想，赋予其新的视角和特别的含义，使之成为能与其他民族文学，尤其是儒家文学以及中华民族心性区别开来的特征及标志性概念。

"物哀"一词最早并不出现在《源氏物语》中，原本是平安时代一个很平凡的词组[①]，其意思和李白诗句"桃花潭水深千尺，不及汪伦送我情"中的"情"很相似，同属"深刻的情趣和哀愁"这一审美心理范畴。而宣长在《源氏物语玉小栉》中则对此做出了定义及词源解释和社会学引申，有着不同于平安朝使用者的含义。定义和词源解释是："知物哀，即凡以谓之'あはれ'者，盖就所见所闻所触之物事感于心发于口之呼叹声也。今之俗语所云'ああ'或'はれ'，即为此意。例如观花月而有感：'ああ（啊）！多美的花呀！''はれ（哦哦）！月亮如此皎洁！'等等。所谓'あはれ'，即此'ああ'与'はれ'拼合而

[①] 该词组最早出现在平安歌人纪贯之的《土佐日记·十二月二十一日》中："探棹难知底，君情似海深。"当我们作歌告别时，舳公不知人世间之<u>情谊</u>（下画线——著者。下同），却兀自将酒一饮而尽，说："快走罢。"……原文是"竿棹せどそこひも知らぬ海神の深き心を君に見るかなといふ間に、舵取り、<u>もののあはれ</u>も知らで、おのれし酒を喰らひつれば、早くいなむとて、…"。

成也。汉文有'呜呼'等词,读为'ああ',亦即此意。"① 由此可见,宣长对"物哀"的定义和词源解释是很简单素朴的,即"感叹声",意思类似于今人的自然情感释放。

社会学的引申很重要,而过去长期未有人提及:"大凡为人,无论何事,遇应感之事,知应感之心。而有感者,可谓知物哀也。反之,遇应感之事而心不为所动,如无感觉,可谓不知物哀,亦可谓无心之人也。人之情之所感,以恋情为最,是以深刻、难以承受之物哀,殊多为爱恋。"②(按:江户时代日语的"人情",除了有"人的情感"这个意思外,还有"人性"等的意思。③ 就"人情"的表述,宣长多用训读词"人の情","情"字的读音与"心"同,偶用汉语词"人情",但注音不详)以上引申,牵涉到知"物哀"与否和"有感"、"无心"等关系,更牵涉到属社会性情感的爱恋问题,已然超越平安朝的"深刻情趣或哀愁"。其重点在于"应感"和"遇应感之事而心不为所动",即所谓"真实"与"虚假"的区别。换言之,即强调与儒家思想的对抗。具体说来,就是宣长所说的:"与异朝书比","歌物语不选其善恶、邪正、贤愚,唯详细叙述自然所思之真实感情,显示人情此类事也。见此可知人之真实感情即知物哀也。""所有人心,其真实感情皆愚昧、懦弱也。"④ 由于宣长的"物哀"实际上牵涉到"有感"、"无心"这些与"人情"(等于"人性",以下所引用的"人情"都带有"人性"的意思。不一一注释)有关的问题,所以下面要转入对宣长的"大和心"与他的"人情"观的关系讨论。

3. "大和心"与"人情"

以上引申实质上也反映了当时儒家观念和日本本土观念的冲突,与

---

① 大野晋、大久保正编集校订:《本居宣长全集》第六卷,筑摩书房1969年版,第67页。

② 同上书,第71页。

③ 根据日本《角川类语新辞典》的说明,"人情"是指与"义理"(社会规范和道德良心)相对的、作为人性自然显现的男女爱欲和骨肉亲情等。

④ 大野晋、大久保正编集校订:《紫文要领》,《本居宣长全集》第四卷,筑摩书房1969年版,第29页。

第七章　江户时代中、后期(1716—1867)几大著名"国学家"鼓吹的"大和魂"

朱子学在日本的传播及其在江户时代被泛道德化——这里不用"礼教"而用"泛道德化"的概念，是因为与中国清政府对西南少数民族"改土归流"时采取断绝女性参与社会生活、限制自由婚姻和性交往的严厉做法，导致纳西族人一日之间10对青年男女同时殉情有所不同，日本在当时类似中国的礼教施行程度并不算高——的"义理"过程和"人情"[①] 反抗有关。

圣德太子引进儒学后不长时间，儒学势力曾一度衰退，日本从平安朝中期开始盛行"国风"（贵族文化，以假名文字和女流文学等为代表）。但在江户幕府建政后，执权者认为有必要重拾儒学，以强化政治秩序和武士、庶民的社会责任感，使之成为一种政治伦理实践。

必须指出，日本早期儒学作为一种政治观念，仅对政治产生影响，与当时社会道德实践几乎不曾发生联系。而到江户时代，日本朱子学开始强调政治与道德的结合，具有政治原理和社会道德规范互为一体的线形思维方式，传统儒学的"仁、义、礼、智、信"与"三纲五常"发生了联系。例如新井白石就说过："臣以君为天，子以父为天，妻以夫为天。……除三纲（君臣、父子、夫妇）五常（父子之亲、君臣之义、夫妇之别、长幼之序、朋友之信）之外，别无奉天之道。"[②]

作为政治伦理实践的配套措施，是"存天理、制人欲"（与朱熹的"灭"相比，日本尚显宽容），具有破天荒的道德意义：在家庭、社交和婚姻方面，江户幕府要求妻妾服从丈夫与公婆，对丈夫固守贞操，妻妾与人私通以死罪论，提出男人和女人分别应有的言谈举止、音容笑貌，逼迫人们按社会阶层结成婚姻，致使有情人难成眷属；在文学方面，提倡经世济民，扬善惩恶，忠肝义胆；等等。这一切通称"义理"。在幕府看来，由天理派生出的"义理"就是遵守社会秩序的道

[①] 江户幕府认为"义理"是遵守社会秩序的道德，"人情"是经过伦理道德净化的人类爱情，不懂义理人情则为畜生。而现代人则往往简单地认为"义理"（社会）和"人情"（自然）是对立的。但也有人认为，"义理"中也有上下序列，君臣"义理"重于亲子，亲子"义理"重于夫妇。武士因属统治阶级，自觉将重心置于"义理"，而町人为被统治阶级，易流于"人情"。引自石田一良《日本文化史 日本的内心和外形》，东海大学出版社1994年版，第172页。

[②] 石田一良：《日本文化史 日本的内心和外形》，东海大学出版社1994年版，第131页。

德，而"人情"则应是经过伦理道德净化的人类爱情。不懂"义理"和"人情"之区别则禽兽不如。最典型的，是儒学家山鹿素行要求作为统治阶级的"士"尽自己最大的职责，"使人伦之道遍布天下"。[①]究其缘由，是因为原以奉公为媒介的主从间情谊关系此时已被进入官僚组织机构中武士的"薪酬"收受关系取代，武士尽忠不独通过武力，更重要的是承担道德教化、稳定社会秩序的责任。而为胜任此职责，武士必须显示出高于农、工、商的道德水准，具备道义性的人格，包括在为人行事上抑制感情，摒弃儿女情长。

这种泛道德政治伦理实践功效卓著，对当时及近现代日本国民性的塑造起到决定性作用。新渡户稻造在其著作《武士道》中的评论可以作证："武士在面部流露出感情，被认为不是男子汉大丈夫。'喜怒不形于色'，是在评论伟大人物时使用的话。最自然的爱情也要受到抑制。""男人也好，女人也好，当感到自己的心灵激动时，作为第一个本能，就是悄悄地抑制住这种激动的外露。"[②]

然而，这种泛道德政治伦理实践尽管对统治者执权和武士等人格塑造有积极的一面，但对普通国民而言毕竟是一种非内生的"宗教教义"实践，与传统的生活感情和宗教信仰格格不入。人们表面对此的顺从难以掩饰私底下对自然情感的执拗关心。日本人在接受中华文明之初就拒绝同姓不婚和阉人等制度，对人类感情中的恋情最视珍贵，有时甚至对乱伦恋、第三者恋也抱以事属无奈的神情甚至是肯定的态度。比如宣长就认为，哪怕光源氏与继母藤壶之间保持的是一种乱伦关系，但因为他们是"知物哀之心"的，所以也值得肯定。他甚至认为"之所以要描写光源氏和藤壶的乱伦关系，就是为了让人们更能充分地体味物哀之情的缘故"[③]。故可以说，即使是在江户时代，日本也未受到后期儒家禁欲思想的彻底洗礼。在儒教文化圈，利用汉字创造出"义理"和"人情"这一对复杂概念并以此演绎出许多可歌可泣文学艺术的，大概唯日本一国。这从一个侧面显示出江户时代儒学观念

---

① 田原嗣郎：《日本的名著 12 山鹿素行》，中央公论社 1975 年版，第 125 页。
② 新渡户稻造著，张俊彦译：《武士道》，商务印书馆 2004 年版，第 63 页。
③ 引自张龙妹等编《日本古典文学大辞典》，人民文学出版社 2005 年版，第 942—943 页。

第七章　江户时代中、后期(1716—1867)几大著名"国学家"鼓吹的"大和魂"

与日本本土观念的冲突和日本人对"人情"的依恋和执着。所以稻造会接着说，这仅是"表面上的禁欲主义的国民性格"。"我国国民实际上对柔情的敏感并不亚于世界上任何民族。""我国国民的多愁善感的确要胜过其他民族好几倍。因为抑制感情的自然发作的努力本身会产生痛苦。"①

有痛苦就有反抗。江户时代对朱子学漠视"人情"和道貌岸然的批评来自四面八方——神道信者、町人、国学家等，甚至包括儒学中人也都不难理解。有个例子很典型，值得一录：神道信者增穗残口，在町人中举办讲座时批判朱子学拘泥礼仪、无视"人情"，认为男女结合必须相恋，没有爱情的婚姻是许多男女不幸的原因，并大胆指出，即使属于通奸，但只要是献出真爱，哪怕赴死亦无不可。残口甚至说，男尊女卑是中华思想的产物，而日本神道自古就主张男女平等。② 残口是用日本原始或古代的生活规范即传统"人情"观批判朱子的。而宣长的任务则不同凡响。日本"国学"（亦称"古学"或"和学"）的做法是通过对古典文献（包括《源氏物语》）的再诠释，使之显现"古意、古道"（传统观念和传统宗教、价值观），以与儒学、佛教等外来思想对抗的。但就"国学"中的文学批评而言，其着眼点与残口无大差别，表现出的基础观念如以上所说的"物哀"等也是用日本古代生活的精神意识即传统的"人情"观比照中国的儒家思想，其批判在很大程度上集中在对人的自然情感的评说方面，不消说与上述社会历史背景有着密切关系。

明确此一背景，可以明了宣长"物哀"思想的部分指向是日本朱子学。在此基础上，再结合宣长以下的具体言论，可以看出其"物哀"思想与他的"人情"观非常相似，都出自批判儒学泛道德化和欲"纯化"日本的需要。此结论与小林秀雄在其著作《本居宣长》的相关总结基本一致：（1）宣长是在契冲、真渊思想的延长线上发展出自己的思想的。真渊和宣长的"国学"，具有鲜明的与儒学对抗的色彩；

---

① 新渡户稻造著，张俊彦译：《武士道》，商务印书馆2004年版，第64页。
② 家永三郎：《日本文化史》，岩波新书1981年版，第181页。

"大和魂"史的初步研究

(2)"物哀"即真渊的"国意"①（日本传统意识），亦即脱离"汉意"（一味凭依中国的意识），投身"古意"之意。②但若明确其具体内容，可以认为此"国意"包括了日本传统的"人情"观。平安时代的"物哀"，往往与"有心"同义。宣长在《石上私淑言》中论证《古今集》与"物哀"的关系时也说："《古今集》序有'和歌以心为种，生万言之叶'一说。此'心'即知物哀之心也。继而又有'世人诸事繁杂，常借所见所闻之事，吟咏我心之所思'之谓。所谓'我心之所思"，亦即知物哀之心也。"③但此"心之所思"之"心"之概念又不甚清晰。重读宣长著作，发现"情"的注音多为"心"字的发音，可见宣长的"心"与"情"、"物哀"同义。这种"心"，我们也可以将它看作是"大和心"的一种。

如前所述，宣长在解释"好色"时，或用"人情"，或用"物哀"，"物哀"与"人情"可互换（此"情"的注音与"心"同）。除此之外，我们在宣长的"物哀"解释用语中，见到最多的仍是一个"情"字，如"情深"、"感于情"、"有情"、"情动"、"情感"、"情不感"、"人情"、"真情"等，不一而足。无怪乎子安宣邦要说，宣长在《石上私淑言》中使用的词汇无非两个，"一个是围绕古言、古语的考证词汇，一个是人情论的言说"④。以下仅列举与女子、孩童有关的"人情"言说。在《排芦小舟》中宣长写道："人情者，如幼稚小儿女也。"⑤ 在《紫文要领》中批评道："在描写武士毅然决死战场时，通常都会刻画他的行为如何勇敢，值得称道。但若追究彼时他心中之真实想法，如实写来，则武士一定会眷念故乡之父母，也想见一眼妻子与儿

---

① 贺茂真渊在《国意考》中，力倡"古道"和"古言"（传统语言），认为其中存在着"诚挚的心"，并号召为去除儒佛语言和与"汉意"对决，须将"国意置于文意、歌意、语意、书意之上"。（《校本贺茂真渊全集思想篇下》，弘文堂1942年版，第87页。）他在1763年第一次见到宣长就不忘耳提面命："你应该果断远离汉意。""此旨源于《源氏物语》。"（松冈正刚：《千夜千册》，2007年10月27日，http://cache.yahoofs.jp/search/cache?）
② 小林秀雄：《本居宣长》下，新潮文库1977年版，第132页。
③ 大野晋、大久保正编集校订：《本居宣长全集》第一卷，筑摩书房1969年版，第98页。
④ 子安宣邦：《本居宣长为谁?》，平凡社新书2005年版，第93页。
⑤ 大野晋、大久保正编集校订：《本居宣长全集》第一卷，筑摩书房1969年版，第23页。

518

第七章　江户时代中、后期(1716—1867)几大著名"国学家"鼓吹的"大和魂"

女,多少也会惋惜自身生命。此为人之常情,不可避免。无论是谁,无情无意,则草木不如。若如实写来,则武士如同女子孩童,凡心未泯,愚钝至极。"[1] 当有人批评《源氏物语》中光源氏及其他人如同女子孩童没有一点男子气时,他斩钉截铁地回答:"是的,皆与女子孩童无异!"[2](《源氏物语玉小栉》)在《石上私淑言》中他说:"无论人如何贤明,但倘若问及心底深处,则与女子孩童无大差异,皆多为脆弱啜泣之物。"遇事如女子哭泣为"难以避免之人情"。也是"不事伪饰之真情"。[3] 宣长反复提及并肯定女子、孩童,不光有与孔子"惟女子与小人为难养者也"言论打擂台的意味,更是将他们视为一种未受儒学污染,能表露"真实想法",当感动时应感动的"纯真"象征。在宣长的潜台词中,男性代表着儒学和幕府的"义理",而女子、孩童则代表着日本传统的"人情"。这种去"无情无意","如实写来"的"不可避免"的"人之常情",与他对"物哀"一词的社会学引申——"有心"之人当感动时应感动,不感动即为"无心"——的表述何其相似乃尔!在此我们看到的是对人的"真情实感"的反复赞美:当感应感就是"有心(情)",即真诚。有感不发就是"无心(情)",即虚假。借用子安宣邦的话说,就是:"这种人情论不仅重构了物哀作为理解和歌、物语关键所在的概念,还以国学的意识形态重构了日本人的心情概念。""人情和物哀通过'汉(外)'与'大和(内)'的对比,重构了日本人的心情。而且这种心情具有与'虚伪'对立的'真诚'的价值。"[4] 综上,宣长强调"女子、孩童"和"人情",就是尊重不该受到压抑的"真情实感",推崇感性,知晓物哀;就是去除幕府的"义理"价值观念,反对借自中国儒学的"虚伪""理性"。

4."大和心"与"女性"

从以上论述可以看出,宣长对"女性"是有巨大好感的。他特意采用平安时代《后拾遗和歌集》第二十《俳谐歌》赤染卫门"返歌"

---

[1] 大野晋、大久保正编集校订:《本居宣长全集》第四卷,筑摩书房1969年版,第47页。
[2] 同上书,第45页。
[3] 同上书,第96页。
[4] 子安宣邦:《本居宣长为谁?》,平凡社新书2005年版,第94—95页。

"大和魂"史的初步研究

中的"大和心",咏出那首自赞歌"若问大和心何物,清晨朝日山樱花",就出自这种心理。然而宣长喜欢的这个"女性",不单指性别上的女性,还指心理上的"女性"。说得准确一点,即"女性"的心理。用宣长的话说,就是"めめしさ"(女人气、女人样、懦弱、柔弱)、"未练"(不成熟、不干脆、懦弱)和"しどけなさ"(幼弱)等。这些词汇经常出现在他的话语之中,比如:"此类有心者皆不果敢,显现出不可避免之人情。虽常卖弄小聪明,显示出伶俐之一面,然于深刻感动时必定显现出<u>女子般柔弱</u>(下画线——引者,下同。原文是'めめしさ')之另一面,其情可叹。……此即真诚之人情,孰亦无法避免。"[①]"所有人心,其真实之心情皆愚昧<u>懦弱</u>(原文是'未练')。"[②]查看宣长《紫文要领》的原稿,此"未练"一语被作者加笔修改为"めめしき"。

这种对"女性"心理的褒扬,也存在与儒学对抗的意味。吉川幸次郎说:"めめしさ"等"可以将它改说成汉语的'文弱'或'优柔寡断'",并说:"宣长认为,此类心理正是人的真实心理,由于有此心理才具备知物哀的能力,换句话说才有可能成为善人。其反义词是'おおしさ'(英勇、雄壮)或'きっとしたる'(雄壮有力)。宣长将这些形象视为来自中国式思考的虚像,或'近代崇尚武士气概之心象'和'近世武士之气象'并加以排斥。这是一种对武士伦理的抗议。"[③]

这种主张"女性"心理的反武士伦理精神,在江户时代极其少见。这不奇怪,上(幕府)有所好,下必甚焉,包括部分"国学家"。例如在真渊眼中,古代的一切都充满"英勇"、"雄壮"的男子印记:

  古时万事皆学男风,万叶女歌与男歌无异。可谓皇朝古代女子之风气。

---

① 大野晋、大久保正编集校订:《石上私淑言》,《本居宣长全集》第一卷,筑摩书房1969年版,第152页。
② 大野晋、大久保正编集校订:《紫文要领》,《本居宣长全集》第四卷,筑摩书房1969年版,第29页。
③ 吉川幸次郎:《文弱的价值——知物哀》补考,《日本思想大系40》,岩波书店1978年版,第603—604页。

第七章　江户时代中、后期(1716—1867)几大著名"国学家"鼓吹的"大和魂"

可敬可畏之伊邪奈美大神，与男大神一道始创国土及世间万物，后及有事，竟发动黄泉军与男神相对论理。

天照大神战时身负箭篓，手执强弓，武勇如男子，制服荒木大神。

不独如此，她在管理国家方面，还于

政治安定时亲见亲闻世间所有祸事祸言，遂定出天津日嗣（皇位或继承皇位）千五百秋御法。

皇孙之女木花之开耶姬，纵火于无户屋宇，袒露（自身）清明之心；五十狭茅天皇之皇后自火光冲天之稻城出走，与之论理；息长足姬使三韩归顺。（按："息长足姬"即亲自率军攻打朝鲜半岛的神功皇后）

广野姬皇后助军队立功；橘姬代皇子（日本武尊）入海（平息暴风）。（"橘姬"即日本武尊之妃）

山边皇女（天智天皇之女主动）与夫大津皇子（天武天皇之子）一同服罪（此事指丈夫大津皇子因谋反罪被处死时，皇女散发跣足趋前殉死）。

幡梭皇后以善言平息（倭）建天皇怒火；重日足姬天皇亲自祈雨而降水。[1]

总之，古代的女神、皇后、贵族女子个个英勇无比，但真渊未说明草民女子是否也如此。而在宣长的眼中，古代天照大神却带有怯弱女巫的意味。宣长在用万叶文字创作的和歌《玉铧百首》中，先是对天照大神咏道："吉事连凶事，凶事转吉事。凶吉凶吉凶，世道皆如此。"（第56首）接着又吟咏："天神有威德，亦恐凶神宰。躲进天岩屋，否极又泰来。"（第61首）[2]

---

[1] 根据贺茂真渊《新学》，《贺茂真渊全集19》，续群书类从完成会1980年辑出。
[2] 大野晋、大久保正编集校订：《玉铧百首》，《本居宣长全集》第十八卷，筑摩书房1969年版，第324页。

宣长还对古代中国人掩饰真情、不愿谈论恋情的事例进行批评，其中所用的方法，仍是以日本的"女性"心理比照中国人故意显示出的"雄壮"精神。在《玉胜间》第十卷"汉人说情深无如夫妇关系"条中，宣长批评明代何仲默（何景明）《明月篇》的序文从表面看是尊重恋情的诗歌，但其实那仅是对君臣、朋友关系的一种比喻，"思之可谓彼国诗本无恋诗，吟诗仅装点门面，显示雄壮，不言诚心，耻谈柔弱，其本质在于隐藏、掩饰。而皇国多恋歌，其歌道在于咏叹真情"①。宣长的目的，就在于以"柔弱"的"和意"排斥"雄壮"的"汉意"，哪怕为此自相矛盾也在所不惜。在第十一卷"皇国学者之奇癖"中宣长又说：我国学者"尊称本国之事时其文皆豪气逼人，而谄媚他国（中国）为文时又柔弱不堪，愚拙不敏"②。换言之，宣长一方面认为"柔弱"是有价值的，但另一方面，问题一旦牵涉到中国，他又说日本的"柔弱"是"愚拙不敏"。

吉川幸次郎对宣长在主张"英勇"的江户时代能大胆提出"柔弱"的价值观表示敬意，但他仅说对了一半。宣长虽然对幕府心存不满，但他不敢公开批评将军。他能做的，就是通过批判儒学和拾朱熹牙慧的本国学者，对幕府指桑骂槐，其实并不勇敢。这点我们在下面还要说明。

联系前引山本健吉所说的话，可以认为，宣长的"柔弱"，其实说的就是他的"大和心"，即"去除了所有先入之见后的无私无垢之心"或曰"真心真意"，而与此相对的"雄壮"等，就是中国式的"虚情假意"，所以必须加以批判。

四 宣长的"纯化"在日本不会成功

远古洪荒的事情不易说清，但日本进入弥生稻作时代之后，其文化的形成与中国和朝鲜等国无法分离，和日本人关系最为密切且具有表达思想、情感功能的假名文字也是在借用中国文字的基础上产生的。另外，没有汉字以及汉字的学习，日本文字的进一步发展（日后使用的

---

① 吉川幸次郎：《文弱的价值——知物哀》补考，《日本思想大系40》，岩波书店1980年版，第320页。

② 同上书，第366页。

第七章　江户时代中、后期(1716—1867)几大著名"国学家"鼓吹的"大和魂"

汉字、假名掺杂的文字),日本历史、文化的记录,最澄、空海等人的佛教典籍消化、菅原道真等人的汉诗文创作等都绝无可能。进一步说,若没有汉字和假名的混写,以及中国其他文化要素的参与,日本要创造出和歌的新样式和所谓的物语文学,包括所谓的敕撰《古今集》和《延喜格式》等也不可想象。由于文字和文字的使用会决定一个民族的思维方式,所以只要日本人使用并继续使用汉字,只要日本不主动割断与中国等国的文化交流,使用者的大脑中就必然会与中国等国产生某种联系,出现某种思想情感的共鸣。宣长也一样,虽然他极不情愿,但也被迫使用过许多汉字、汉语词汇和中国思想的概念。他的第一部语言著作《てにをは纽镜》这个书名,其后半部分就是中国韵书的常用词汇。另如前述,宣长喜爱并研究的《古事记》最早似乎也应该是用汉字书写的。这从它的篇首文字可以依稀辨识出来。文化,即不同的事物被文(纹,杂驳交错)而化之之后产生的新的东西。从这个意义说,这个世界不存在一种纯粹的文化,原因就在于文化经交流后即难分彼此,融为一体。宣长要"纯化"本国文化,实在是一件极其困难而且愚昧的事情。顺便一说,受宣长以及后来日本学者的影响,当今中国也出现不少宣扬"日本文化特殊"的言论,读后、听后不免令人惊讶,感觉匪夷所思。如果硬要说日本文化在哪里"特殊",那么其特殊之处就在于善于融合他国文化。

具体到这个篇目,自然还要再次提及宣长的"知物哀"(他的"大和心")说,因为这在他的学说中占有非常重要的地位,从表面上看也十分日本化。但认真分析就可以看出,即使是宣长极力强调宣传的这个重要概念,也与中国思想存在"剪不断、理还乱"的关系。

据吉川幸次郎研究,宣长的"知物哀"来自中国古代典籍的一个重要概念——"感于物"。[①] 这令我们十分惊讶,对强调"日本文化独特"和欲"纯化"日本文化的宣长和其他日本学者以及许多中国人士来说,也是一个很大的讽刺。"感于物"是《礼记》"乐记篇"即说明

[①] 以下部分根据吉川幸次郎《文弱的价值——"知物哀"补考》,《日本思想大系40》,岩波书店1978年版,610—614页改写。著者希望借此表明,此观点不来自中国,而先来自日本。

音乐起源的文章中的一个语汇，也是宣长极力反对的朱熹在其《诗经》新注《诗集传》序文中说明诗歌起源时使用的一个短语。"乐记篇"开篇说："凡音之起，由人心生也。人心之动，物使之然也。感于物而动，故形于声。乐者音之所由生也。其本在人心之感于物也。是故其哀心感者，其声噍以杀；其乐心感者，其声啴以缓；其喜心感者，其声发以散；其怒心感者，其声粗以厉；其敬心感者，其声直以廉；其爱心感者，其声和以柔。六者非性也，感于物而后动。"此外，"乐记篇"还提到了"天性"和"人性"的关系："人生而静，天之性也。感于物而动，性之欲也。"之后此话成为宋儒提出"天理人欲说"的根据。

这些话似乎宣长都很熟悉。因为在他早年的记事体文章《和歌之浦》和处女作《排芦小舟》的开头部分也有相关的记录。于前者中，宣长引注："诗经集注序曰，朱氏"，"感于物而动性也"。之后又分注："性之欲即所谓情也"，[①] 但此分注没有说明它的出处。于后者中，宣长引注了"乐记篇"的另一段话和白居易的《与元九书》、《世说新语补》、《文学篇》中王武子的话，以及李卓吾的评论、《汉书·食货志》中的一段话与颜师古的注等，[②] 故可以认为，"知物哀"在此时仅仅是"感于物"的一种日语改说。这很好解释，当时的日本文人大都阅读和相信汉籍，早期的宣长为证明"知物哀"这个概念是正确的，所以必须使它符合汉籍的说法。这种改说最明显的则体现在《石上私淑言》卷一当中。在引用"感于物"这个词组之前，宣长罗列了由"物"带来的各种感动："所谓动，即有时喜，有时悲，有时生气，有时欢悦，有时快乐有趣，有时恐惧忧虑，有时爱怜，有时憎恶，有时思慕，有时不快，心中有各种情感，此即知物哀而动也。"[③] 而这个说法，与"乐记篇"的言论十分相似，充其量只可说是一种引申。之后针对"知物哀为何事"这一提问，宣长明确回答："具体来说'感于物'即'知物哀'。"这说明宣长不仅知道，而且还引用了"感于物"这个《礼记》

---

① 大野晋、大久保正编集校订：《本居宣长全集》第十四卷，筑摩书房1969年版，第611—612页。
② 大野晋、大久保正编集校订：《本居宣长全集》第二卷，筑摩书房1969年版，第4页。
③ 同上书，第100—101页。

第七章　江户时代中、后期(1716—1867)几大著名"国学家"鼓吹的"大和魂"

中的词汇，将二者等同起来。

　　进一步宣长还特意用片假名标注"感"字后的动词词尾，就"感"这个汉字的语意作出详尽的解释。这又表明宣长是在充分意识到汉籍典故的情况下展开自己的论述的："所谓'感'，一般仅将其说成对好事之感动，其实并不尽然。'感'字于字书中亦注为'动也'，亦可说为'感伤'、'感慨'等。指无论何事，凡遇之心有所动者也。"[①] 也就是说，在《石上私淑言》卷一中，宣长是在"感于物"这个汉字短语框架内展开自己的论题的。宣长没有说明这个"字书"是哪一部字书。但查《康熙字典》可以发现其"感"字的第一个释义，举的就是《广韵》中"训，动也"这个字例。或许宣长觉得仅此还不够尽意，又花了许多篇幅说明"感"字的训读音"卖豆留（Mezuru）"无法覆盖此汉字的全部意思，于是作出结论："无论何事，心有所动，喜悦抑或悲伤，陷于深思者皆为感动。此即'知物哀'也。"[②] 至此宣长仍觉得意犹未尽，在后来写出的《源氏物语玉小栉》卷二中继续说明："汉文有'感鬼神'一语，《古今集》'汉文序'中亦有此语，'假名序'将'思鬼神'写作'阿波礼'［按：即'哀'（Aware）］。'阿波礼'即知晓感于物。"[③] 换言之，"知物哀"不外乎就是汉籍中的"感（物）"或"感于物"。因此"阿波礼"这个日语词就不限于悲哀的感动，而指所有的感动。

　　朱熹在《诗集传》序文开篇就诗歌的起源问题也提及"感于物"。从宣长的以上说辞来看，他接受的影响可能更多来自朱熹的文字："或有问于予曰，诗何为而作也？予应之曰，人生而静，天之性也。感于物而动，性之欲也。夫既有欲矣，则不能无思。既有思矣，则不能无言。既有言矣，则言之所不能尽。而发于咨嗟咏叹之余者，必有自然之音响节奏而不能已焉。此诗之所以作也。"[④] 按吉川幸次郎的说法，就是

[①] 大野晋、大久保正编集校订:《本居宣长全集》第二卷，筑摩书房 1969 年版，第 101 页。
[②] 同上。
[③] 大野晋、大久保正编集校订:《本居宣长全集》第四卷，筑摩书房 1969 年版，第 69 页。
[④] 朱熹：《诗集传》，中华书局 1958 年版，第 1 页。

"大和魂"史的初步研究

"朱子的议论,绝不仅仅显示'感于物而动'和'知物哀'的联系。《石上私淑言》议论的重要部分,让人感到是朱熹话语的日语改版。《石上私淑言》所说之'歌乃不堪物哀时所生',也许是《古今和歌集》序'和歌以心为种'此话的演绎,未必来自朱子的'既有思矣,则不能无言'。然而,宣长进一步所说的、如此生出的和歌必'将词中存有之事(思)音声拖长,施文于词'却一定与《古今和歌集》序的思想无关,而朱子的'自然之音响节奏',才是宣长改说的母胎。"[1]

朱熹的序文中还有与"感物"有关的词组:"曰,然则其所以教者,何也?曰,诗者,人之心感物而形于言之余也。心之感有邪正,故言之所形有是非。"[2] 但这种思想是宣长所不具备的,他反对将文学视为载道和扬善惩恶的工具。宣长对中国的《诗经》评价颇高,认为它与日本的和歌无异,并无后世中国"经学"出现后的说教气息,也属于"感于物"后吟唱的诗歌,反映出他的一贯观点。"今见'风'、'雅'诗经三百篇诗,语汇为唐,然心情与我国和歌无丝毫差异。""见彼诗经,仅有纯朴、稚拙之感,无后世讨巧之心。""唐人常自作聪明,而《诗经》咏唱不伪饰之诚心却十分精彩。孔子将其备作《六经》之一。"[3]

除此之外,宣长接受汉籍的影响还反映在诸多方面。比如在《排芦小舟》中宣长反复强调和歌远胜于汉诗,之后又说:"此愚之所以按也。然人心如其面,人人不同则可从其好也。""譬喻言之,如人面,唐人与日人,贵人与贱人皆无不同……。然谓有不同之处,即千万人中无同一面相之人也。各有些许差异也。人情亦然。"[4] 这些话语则来自《左传·襄公三十八年》之"人心之不同,如其面焉"。在同文中宣长还谈到和歌不仅需要吟咏真情,还要讲求修饰。作为旁证,他也引用《礼记》的"哭礼":"唐土定丧时哭礼,即令为一时之需,亦可导出真

---

[1] 吉川幸次郎:《文弱的价值——"知物哀"补考》,《日本思想大系40》,岩波书店1978年版,第614页。
[2] 朱熹:《诗集传》,中华书局1958年版,第1页。
[3] 大野晋、大久保正编集校订:《石上私淑言》卷一,《本居宣长全集》第二卷,筑摩书房1969年版,第150—151页。
[4] 同上书,第39、46页。

第七章　江户时代中、后期(1716—1867)几大著名"国学家"鼓吹的"大和魂"

情,由其法可见圣人智慧之深也。"① 也就是说,因为中国葬式的哭法有一定的规则,可导出真情,所以和歌也要有所谓的节律等。

因此,宣长后来批评中国一味讲求"雄壮"(不"知物哀"),肯定日本的"柔弱"("知物哀")并没有太大的道理。再说中国也长期存在"柔弱"的一面,有时甚至还很"懦弱"。梁启超在辛亥革命前曾写过一篇文章《论中国积弱之根源》,其中就提到"懦弱"是中国的一大通病。只是宣长有意不看到这一点而已。实际上,重文在中国历史悠久,《礼记》"经解篇"就说过:"温柔而敦厚,诗之教也。""优柔"、"和柔"、"宽柔"等都是具有价值的语汇。虽然班固在《汉书·元帝纪·赞》中说:上"少而好儒,及即位,征用儒生,委之以政,而上牵制文义,优游不断",所以该父"孝宣之业衰焉",有批评元帝"文弱"的意思,但"文弱"在中华文化的大语境中,并不总伴随负面的意义。《世说新语》"赏誉篇"说,晋代大文学家和书法家陆机、陆云两兄弟的弟弟"士龙文弱可爱",反映出在产生这部书籍的魏晋南北朝时代,"文弱"是受到较高评价的。进入宋代后中国进一步崇"文"而轻"武",这点与宣长的主张也比较相似,之后虽有反复,但重文的风气始终大于尚武的风气。再比如宣长最讨厌的"儒"与其他词素组合的词汇"儒雅"、"儒缓"等等,与其说是尚武,不如说是崇文。从"儒"的字源看,"儒"通"柔"。《说文解字》注"儒,柔也,术士之称",原指"专门为人料理丧葬事务的神职人员。这些人便是早期的儒,也可称为术士。他们精通所在地区多年形成的丧葬礼仪,因此久而久之便形成一种相对独立的职业。但是,由于这种职业地位毕竟低微,收入菲薄,既无固定的财产与收入,还要看主人的眼色行事,故而形成比较柔弱的性格,这便是儒的原初本意——柔。"②

《论语集解义疏》(南朝梁皇侃)还注:"儒,濡也。""濡"字后指学习先王之道浸润其身的人,但其原意是"沾湿"、"润泽",即程度

---

① 大野晋、大久保正编集校订:《本居宣长全集》第二卷,筑摩书房1969年版,第39、46页。
② 百度《互动百科》"儒"字条。

"大和魂"史的初步研究

不大的遇水结果，其词组有以下三个意思：（1）微湿：濡笔、濡湿、濡染等；（2）停留、迟滞：濡滞；（3）含忍：濡忍。后面的两类词组都可转为"不干脆、不尽情、不彻底、懦弱"等意思，与宣长推崇的"柔弱"在性质上也很相似。"儒"字的右偏旁"需"的原意是"将雨未雨，需耐心等待的状态"，后转指"柔软"，该字族汉字都与"软"、"柔"之义有关。加"肉"字旁是"臑"字，意为"软肉"；加"衣"字旁是"襦"字，意为"柔软的内衣"；加"米"字旁是"糯"字，意为"黏性大的米"；加立心旁是"懦"字，意为"胆怯"；加人旁即"儒"，如上述释义。这一切与"雄壮、威武"本无关联，但宣长却故意忽视这一点。可以说他在反儒的同时却又偏好"儒"的本意。

实际上这还来自宣长所受的影响和阅读的偏差。吉川幸次郎说："萩生徂徕推崇的中国明代《唐诗选》具有偏向，算是一个例外，其中专选一些歌颂雄壮的诗歌。故宣长也不能从那就是中国的这种偏见中解脱出来。"① 有个现象很有趣，宣长和当时几乎所有的学者，包括自己的养子本居大平都不一样，从不在腰间佩刀或在身旁置刀，"这个人在日本毋宁说是一个罕见的具有中国性格的人"②。这样的人反对儒学，不能不说只是一个时代的错误。

并且，在幕末、明治维新之后，日本的许多"国学家"和官员也大体都存在与宣长相似的问题。风传铃木重胤③是一个性格分裂者和两面派，一面与宣长和笃胤的"讴歌现实"不同，极力排斥武人政治，另一面又运用自己广博的中国历史知识，帮助幕府调查废帝的史实。同时还贬低儒佛，鼓吹皇国本位，冠绝世界东方。他的性格分裂，就来自其身陷儒学与和学合流形成的知识旋涡而不可自拔；平田笃胤的忠实门

---

① 吉川幸次郎：《文弱的价值——"知物哀"补考》，《日本思想大系40》，岩波书店1978年版，第614页。
② 同上书，第614页。
③ 铃木重胤（1812—1863），江户时代后期的"国学家"，淡路国人，自幼接受父亲的启蒙教育，及长到大阪、神户"奉公"时积极钻研学问。1832年（天保三）通过书信向平田笃胤求教，但未会面。笃胤亡后于1834年（天保五）左右投入大国隆正的门下，把家安在江户，赴越后和出羽等地推广他的学说。之后重胤开始批判笃胤的学说，于1857年（安政四）和笃胤的养子铗胤等产生不和，翌年被平田家赶出宗门。最终于江户居住期间被暴徒暗杀。

第七章　江户时代中、后期(1716—1867)几大著名"国学家"鼓吹的"大和魂"

生矢野玄道①在维新后提出与"祭政一致"有关的各项政策，可是在阐述那些皇国大道之后，玄道希望教化、引导世人的主张，仍然是儒学的"五常"，除举出的事例被换成日本古代神话的人物和天皇，以及个别所用的字词不同外，几乎都与中国的说法如出一辙——"君臣之道、祖儿（父子）之睦、妹背（夫妇）之中（仲，关系）、兄弟之爱和朋友之义"。②但这些概念却又都被他说成是"随神之道"（人神融合）的一部分。他所祖述的这些"古道"后来基本都被明治政府采用，宣长等人的愿望也因此得以实现，然而其中所说的"五常"等，或许对宣长等人来说都不啻是一种反讽。

由此可见，儒家思考方式乃至生活方式，在无意识间已经渗透到日本人的日常活动体系之中。明治维新后的《教育敕语》表明，"绝对主义政府还是看重儒学的价值的，因为它具有可以直接诉诸日本人生活感情的'亲近性'，并作为国民教化的基本方针一直延续至二战日本战败"③。它在"文明开化"的初期一时退潮，但因为它同时还是绝对主义政府推进文明开化的动力，所以在政府后来对抗自由民权思想的过程中，尤其是自由民权分子主张颠覆专制政府时，儒学又再次浮出水面，站在政治舞台的中央是一件极其自然的事情。可以说这是明治政府的一种自卫本能。担任明治天皇"侍讲"的元田永孚④就是一个主张重启儒学的代表性人物。他在《教学大旨》⑤中希望将洋学定义为"才艺之学"，将儒学定为日本"国教"。宣长欲"纯化"日本文化的举动在此时又一次宣告失败。

---

① 矢野玄道（1823—1887），幕末明治时期的"国学家"，伊予人，通称茂太郎或谷九郎，字子清，号谷蟆或梅廼舍等。平田笃胤死后的门人，曾写有《献芹詹语》，于其中提出王政复古后的政权架构设想，著有《皇典翼》、《神典翼》等许多作品。
② 《矢野玄道〈献芹詹语〉解说》，《日本思想大系51》，岩波书店1980年版，第716页。
③ 山崎正一：《近代日本思想史》，青木书店1957年版，第87页。
④ 元田永孚（1818—1891），儒学家和教育家，号东野，熊本藩藩士。维新后历任"侍讲、宫中顾问官、枢密顾问官"等，是明治天皇的侧近人物，参与《教育敕语》的起草工作。著有《幼学纲要》、《经筵进讲录》等。
⑤ 《教学大旨》指1879年（明治十二）元田永孚起草、以明治天皇的名义提交给政府要员的教学意见书，主张批判"文明开化教育"，采用儒教主义，以防止自由民权运动的高涨。原文全书名是《圣旨教学大旨》。

而在以民主主义理论为武器的自由民权运动面前,一度承担官方意识形态重任的神道却对此无能为力,这种情况暴露出神道理论的巨大缺陷。因而明治政府后来不仅改变了对儒教的态度,还改变了对佛教的态度。其背景是,一批佛教徒多年积极追随绝对主义政府,提出要利用自己在民众中的教化网络开展"护法运动",为官方意识形态服务。他们在成功运作之后设立了"教部省"的下属机构"大教院",还通过该院制定了所谓的"十一兼题"和"十七兼题",[①] 以此培养僧侣干部。最终日本佛教界以东、西两本愿寺为核心,重新摆脱对神道的依附,走上独立发展的道路,于1890年取得在意识形态方面压倒神道教的成果,显示了日本佛教界善于应变——比如借用当时欧洲的奥斯特华德(W. Ostwald, 1853—1932)的"能源论"对佛教理论进行重新解释,为所谓的绝对主义"万古不变的先天国体理论"服务——和充满理论自信的一面。但因为佛教也存在着先天的形而上学的性质缺陷,所以最终还是不得不将绝对主义天皇制正统意识形态的地位拱手让给儒教。

同时,明治初期的基督教徒有不少人在信教的初始也并未充分意识到要与传统的儒教告别。比如他们根据儒教的"天帝"、"上帝"的概念来理解基督教的唯一人格神,或按照儒教的禁欲伦理来解释新教徒式的基督教禁欲伦理。"幕末志士高杉晋作在长崎读圣经,居然指出基督教和阳明学具有相似性。可见以'良知说'说明'知行合一'的阳明学,起到从儒教过渡到基督教的重要作用。"[②]

五 江户时代"国学家"等对宣长的批判

由上述可见,宣长的各种学说与他的"大和心(魂)"都有关联,其理论的破绽随处可见,即使是当时的"国学"阵营人物也不认同他

---

① 前者指明治政府通过大教院制定的、针对拟担任佛学教导职务的教徒的考试题目及其研修目标,共有11个科目,比如"神德皇恩说、人魂不死说、天神造化说、显幽分界说、爱国说、神祭说、镇魂说、君臣说、父子说、夫妇说、大祓说"等。后来又增加了"皇国国体说"和"富国强兵说"等17个科目,即后者,合并后共有28个科目。这28个科目实际上是由"三条教宪"[1. 体敬神爱国之旨;2. 明天理人道;3. 奉戴皇上,遵守朝旨(《明治文化全集》宗教篇)]敷衍而成,前者的主要内容是神道知识,后者的主要内容是有关政治、社会、时事等问题。

② 山崎正一:《近代日本思想史》,青木书店1957年版,第104页。

第七章　江户时代中、后期(1716—1867)几大著名"国学家"鼓吹的"大和魂"

的理论。贺茂真渊的弟子村田春海①对宣长一味从"神代"出发，强说自古就有，并要求人们凡事均须坚守的"大和魂"十分不满，批驳说："按宣长之教，唐心为邪恶，非大和魂，强信此心则使人走向愚昧。此乃借大和魂使人相信妄说之奸术。若真信神代事迹为实，则可谓宣长为至愚之人。……有人信此，毁谤儒学，糟蹋名教，必将成为此世之累赘。"② 对此宣长的门人和泉真国进行反驳，说："近世有沉醉于拾唐人牙慧之太宰（春台）《辨道书》等糟粕，曰往昔日本无道等。……无日本魂，则不知真道。"③ "汲贺茂之流者千万不可忘却此日本魂。"④ "汝辈嘲笑天皇御书，侮辱皇卿，……所责备者以吾皇国魂看即大和魂。"⑤ "先师教诲，天地间除吾皇国外无可尊崇之道。此即所谓之皇国魂。"⑥ "汝辈毁谤宣长之教等同于不受不施御藏门徒之邪法。以皇国魂言之，此亦为天主教奴仆也。可鄙可恶。"⑦ 其中的"日本魂"和"皇国魂"都是"大和魂"的另说，读音和意思亦皆相同。这招致春海更猛烈的批判，其中不乏辱骂之词："宣长之流堂而皇之宣扬大和魂等，试图找碴，……以吾儒教看，汝辈之把戏皆为小人伎俩。汝辈之心追求大和魂，若大和魂为汝辈之心，则其为卑鄙、冥顽、肮脏之心。"⑧ 从春海的话可以看出，儒学的势力在当时还很强大，即使作为真渊的门生，春海也敢自称"吾"乃"儒教"人士。另外我们还认为，某人在日本古代属于什么教派并不重要，关键是看他能否实事求是地说清问题。

实际上，双方的论争都未击中对方的要害，皆有意气用事的成分，但就此论战的本质和泉真国心知肚明，他在同年三月十八日（阴历）致本居大平书简中指出，这属于纯化"大日本"的斗争："与春海论争

---

① 村田春海（1746—1811），江户时代中期的"国学家"和歌人，号琴后翁、织锦斋。贺茂真渊的门人，擅长和歌、雅文、书法和汉学，著有家集《琴后集》，论著《歌语》、《和学大概》等。
② 和泉真国：《和泉真国、村田春海答问书》抄本，也称《明道书》，藏于京都大学国文学研究室，第二十五丁至二十六丁。
③ 同上书，第九丁。
④ 同上书，第十丁。
⑤ 同上书，第五十三丁。
⑥ 同上书，第九十三丁。
⑦ 同上书，第九十四丁。
⑧ 同上书，三十五丁。

"大和魂"史的初步研究

若为一般事体则可一笑置之,然其谓本居之道悉为妄说等则无法接受,故有一通论战。窃以为(宣长)大人之教实为纯粹大日本(按:下画线——引者)之学,与普照天地之天照大神之心相通,向有志之士展示其方向也。"① 这为我们了解宣长为何倾力宣传"大和魂"等提供了一个不可多得的视角,也是我们将宣长视为"纯化"日本文化的人物的一个重要原因。

此外参与论战的还有一些人,如沼田顺义②。其属何教派不清,也对宣长《葛花》中的观点进行批驳:"本居称汉国将祖宗配于天等毫无道理,乃误说。此即以日本魂一语蔑视震旦国、贬低圣人之妄言。蔑视震旦国姑且不论,而贬低圣人则无异于开启混乱之端绪,故不可与言。"③ 其中也包括对"大和魂"的批判。更有甚者,据平田笃胤在《旧事纪疑问之卷首所记》中回忆,沼田还认为本居门派为旁门左道,以诽谤圣人、有违制度为由向幕府密告,希望停止该门派的活动。④

而上田秋成⑤则属真渊门生的门生,也对宣长的"大和魂"提出批评。宣长写过一篇名曰《呵割蒛》⑥的文章,书名有"呵斥大阪坏人"上田秋成的意思。其中的"割蒛"一语双关,意通"此行为之坏"。它来源于宣长的一首和歌,大意是:"兼蒛长在清洁大道上,大阪人嫌其挡道欲割去兼蒛,可不责备渠也?非也,应责备!"⑦(在此"兼蒛"和"清洁大道"都象征"国学"所说的"古道")。在《呵割蒛》的引

---

① 本居清造编:《本居宣长稿本全集2》,塔莱斯出版2012年版,第319页。
② 沼田顺义(1792—1849),江户时代后期的学者兼医师,字道意,号乐水堂,生于上野国(今群马县)一个世代殷实的农民家庭,曾跟随大熊松泉、矶野公道等学习医术,学成后在武州川越(今埼玉县川越市)开业。后因失明叙补"检校"(盲人的最高官名),到江户后居住在汤岛,自称三芳野城长。后投入林述斋门下学习,和汉之学造诣皆深,颇有名声。著有《级长户风》、《国意考辨妄》等,从神儒一致的立场批判贺茂真渊和本居宣长等"国学家"的日本中心主义和反儒教主义。
③ 沼田顺义口授:《级长户风》,出版人不详,1830年,十九丁。
④ 《平田笃胤全集15》,内外书籍1921年版,第32页。
⑤ 上田秋成(1734—1809),江户时代中期的"国学家"和歌人兼"读本"(小说)作者,本名东作,大阪人,曾师事于真渊的高足加藤宇万伎,通《万叶集》和音韵学,与宣长有过论争,著有《雨月物语》、《春雨物语》、《胆大小心录》、《痴癖谈》、《藤篓册子》等。
⑥ 本居宣长:《呵割蒛》,《本居宣长全集6》,吉川弘文馆1926年版。
⑦ 原歌是"清めおく道さまたげて難波人あしかるものを咎めざらめや"。

第七章　江户时代中、后期(1716—1867)几大著名"国学家"鼓吹的"大和魂"

文中，可以看到秋成对宣长的言论做出一系列的批判，如针对宣长的"左衽右衽说"，秋成说："万国皆左衽，则无由说唯一国应为右衽。若经历万国发现右衽之国多则又该如何？……动辄将皇国置于万国之上，与以彼智术妄自尊大之汉土之道和毁谤之说无异。""所谓日本魂，其偏颇时等同于汉籍之意。"① 秋成还对宣长将万国音调之长视为不正，将本国仅为单音视为正确的说法进行批驳："各国之发音皆出于自然，无须讨论。我尊他卑之说如何可谓纯朴之御国魂？"② 此处的"御国魂"也是宣长的"大和魂"的另说。

秋成在对宣长的"凡我国习俗皆优于他国"的说法做批判后，还将宣长的"世界各国皆由少彦明神③开创"的说法归纳为一种"自我尊大"，并否定宣长将天照大神作为日本固有之神、将日本置于世界万国之上的说法，不认同天照大神是世界的主宰神。其语调略带挖苦："日神照耀四海万国一事意义如何？按此神传说，其光华明彩，彻照六合之内，然而又说其闭天岩屋户而隐身不出也。自古高天原皆暗，苇原中国亦悉暗，因此惯常夜行。所谓六合，原意为天地四方，然在此仅指我国，并非四海万国之义。此外，天照大神不仅照耀我国，还悉照天地中异邦之传说于他国皆无。"④

对宣长的"皇国优秀论"秋成也做了反驳："打开万国地图，看吾皇国仅一小岛，犹如广阔池面中之一枚小枝叶。可有人对外国人说，此小岛先于万邦而有，存于此处者乃本国。因此万邦无不受我恩光，奉贡来朝。此时若有一国不服其言，存疑问道何以出此言？则有人出示吾太古传说。若对方回答，吾国亦有此传说，则孰能断何言为正哉？"⑤ 就此秋成在其他书籍中还用极尽挖苦的语调总结，就是切勿"动辄说大和魂等。无论何国皆有该国之魂，即该国之风气也。于自身肖像书写'若问大和心何物，清晨映日山樱花'，不外乎乃于自身肖像上再置放

---

① 本居宣长：《呵割葭》，《本居宣长全集6》，吉川弘文馆1926年版，第267页。
② 同上书，第273页。
③ 日本神话中高皇产灵神（《古事记》说其为神产巢日神）的儿子。据说体小敏捷，忍耐力强，曾协助大国主命经营国土。
④ 本居宣长：《呵割葭》，《本居宣长全集6》，吉川弘文馆1926年版，第276页。
⑤ 同上书，第256页。

一幅自我尊大之大哥像。吾之答歌为：'若问大和心何物，胡言乱语又樱花。'①"②

　　此外，秋成对宣长在研究古代神话时偏听偏信《古事记》或《日本书纪》的做法也十分不满，指出不能因为某事在《古事记》或《日本书纪》上有记载就将它认为是不可动摇的事实，特别是针对宣长排斥《日本书纪》而尊奉《古事记》为"无上神典"、几乎达到盲信的做法展开批判，以自己的"古代"观回击宣长的"古代"观："《日本书纪》乃日本第一部史书"，而"近来有一老者（宣长）推崇《古事记》而排斥《日本书纪》。然而历代朝廷自古以来代代皆举办《日本书纪》讲筵，而一度未开办《古事记》讲筵。故无仅推崇《古事记》之理"③。秋成还就宣长"此世间所有事物中属善事者乃直毘神所为，属恶事者乃祸津日神所为"④ 的说法进行驳斥，说此说"毫无根据。……乃编造之言"⑤。并敏锐地指出，这些都是近来"皇学大开"的结果。因为否定《古事记》推崇说和直毘神"善神说"，动摇宣长理论的基础，所以宣长对秋成恨之入骨，说他是"古道之贼"。然而环视日本江户时代优秀的学者则可以发现，秋成是最具有理性和近代科学精神的学者之一。应该说，相比于村田春海等"国学家"，秋成的辩驳是最富说服力的，其理论也最客观和具有普世价值。只可惜在此后国粹主义、极端民族主义乃至军国主义日渐抬头的日本，秋成的言论淹没在宣长式的过度民族自尊的声浪之中。

六　著者的评论

我们无意贬低宣长对日本传统文化研究所做的贡献，但要指出：

1. 宣长其实并未真正实行过他的"文学游戏论"（这种观念在当

---

①　原歌是"しき島のやまと心のなんのかのうろんな事をまた桜ばな"。
②　上田秋成：《胆大小心录》，《上田秋成全集9》，国书刊行会1918年版，第386—387页。
③　上田秋成：《安安言》，《上田秋成全集》，国文名著刊行会1923年版，第312页。
④　大野晋、大久保正编集校订：《直毘灵》，《古事记传》，《本居宣长全集》第一卷，筑摩书房1968年版，第43页。
⑤　上田秋成：《安安言》，《上田秋成全集》，国文名著刊行会1923年版，第312页。

第七章 江户时代中、后期(1716—1867)几大著名"国学家"鼓吹的"大和魂"

今日本仍颇流行),他的以"大和心"等为表征的各种"纯化"日本的学说,反映出的只是当时日本社会对外来思想的反弹与一部分人追求"真实"、反对"虚假",尊崇感性、反对理性的心声。宣长推崇"大和心"等,除欲排斥以"理性"为内容的朱子学外,更希冀体现日本古代崇尚感性,不欲虚言的传统,目的是要唤起人们的历史记忆、文化情感和价值认同。其意义在于,如果说平安时代的"大和心"表明了日本意识的觉醒,那么宣长的"大和心"则表明了日本意识的反抗;如果说平安时代的"物哀"是当时文学和人生的理想实现,那么宣长的"知物哀"则是在江户时代欲实现的文学和人生理想——呼唤"人情",回归日本传统。宣长的"物哀"已然不再是平安时代"深刻的情趣和哀愁",与他的"大和心"即"人情"一样,也不仅仅是一个文学概念,而是一个政治概念,体现出宣长的"日本中心主义"精神。

2. 这种对传统的回归,还表明了宣长对日本远古"女性文化"的向往。宣长重拾平安时代女流文学的"大和心"词汇和梳理同为平安时代的女流作品《源氏物语》得出"物哀"即"人情"的结论,以及反复强调"女子"等,都可谓他的"大和心"表现。因为由历史、风土形成的日本文化的核心是"女性文化"。在绳文时代以及之前,日本的进化机制是岛国型的,"缓慢的进化和落后的心智是绳文文化的两大外部特征"。"弥生时代外部力量的过早介入,切断了日本通过自我进化不断提高的路径","而内部的原生文明则被'封存'和'定格'在外部力量第一次进入的那个时期,而这一时期恰是日本处于母系氏族部落时期的绳文期,为此日本的氏族本位社会具有浓厚的女性色彩。绳文文化因此成为日本民族的灵魂",在其后的年代"每每发挥着核心文化的作用"。[①] 光源氏作为统治阶级的男性成员,在《源氏物语》中头顶女性色彩的光晕,徜徉在多处的感情舞台上,既不自耻,也不被他耻,靠的就是这种源于绳文时代"女性文化"的舆论支持。宣长认可这种"人情"即"大和心"的炫耀,以及赞美"女子"等,反映出的正是这种内在的"女性文化"的坚韧和后世舆论势力的强大。从这个意义

[①] 武心波:《"不变"与"嬗变"——日本文化"二元分属"的双重结构分析》,《日语学习与研究》2008 年第 3 期,第 82 页。

说，宣长的"大和心"或换言之的"物哀"等，还是日本"女性文化"在江户时代的幽谷回声及精神化身。①

3. 在几大"国学家"中，宣长是说理最充分的一个，逻辑也较周全，这可从他的许多著作，尤其是他的经济著作《秘本玉匣》中看出来。根据后面这一部著作可以知道，宣长实事求是，对社会的观察比较深入，提出的对策建议基本触及当时社会问题的本质，也在强调"人的作用"。但为何他就不能将这种观点移用于政治、文化等领域呢？究其原因，其中可能存在他的有意为之，欲"矫枉必须过正"的一面，也存在他由于缺乏其他领域相关知识，比如考古学、人类文化学和社会学等的知识而不得不求助于"神"的一面。具体说来，就是宣长可能也认识到自身学说有难以说清事理的部分，故作为解决方案，他将一切难以说明的事因都归入"不可知"："神代之事，以及常世间之事，其理其事皆难以测知者尤多。""不传之事仅因为难知。此乃事物本来之面目。"② 说宣长在这个方面是个"不可知论者"或"神学者"应不为过。

宣长说日本古代好，但自从学习中国后变坏，所以要恢复日本古代的面貌（"古道"即他的"大和心"）。但宣长的学说存在矛盾和重大缺陷：（1）他的"古道"在于排除人的作用，即他说的"小智"，然而他对好神、坏神的区分，又体现出人的"小智"，与自己的学说相抵牾，曾招致当时儒学家的一致批判；（2）宣长说"古道"好，但没有拿出一个证据（有的仅是举出当时生活中的几个事例用于打比方），甚至未对"古道"下过定义，相反却说"无须特意论'道'，仅须去除污浊之汉心，恢复清洁之御国心（大和心）即可。会意此即为知神（古）道。"③

就此高坂史朗解释："照宣长看来，语言说明，亦即设定概念性问

---

① 如果读者对以上各种阐述有不理解之处，请参阅胡稹《一位"煽情家"的求"真"呼叫：本居宣长"物哀"思想新探》，《外国文学评论》2009年第3期。
② 大野晋、大久保正编集校订：《葛花》下卷，《本居宣长全集》第八卷，筑摩书房1972年版，第71页。
③ 大野晋、大久保正编集校订：《直毘灵》，《古事记传》，《本居宣长全集》第一卷，筑摩书房1968年版，第76页。

第七章　江户时代中、后期(1716—1867)几大著名"国学家"鼓吹的"大和魂"

题,探究'道'究竟为何物一事本身就是'汉意',也因此偏离了大和魂。宣长追求的不是这种概念性的论证,而是追求一种根据'物'的变化而出现的心灵摇曳以及大和魂式的心情。他守望的不是形成概念的对象本身,而是一种情绪的状态,一种'物哀',一种被禊后倍感清爽的皇国观的心情。"[①] 如此看来,宣长的"大和心(魂)"还象征着追求无须言语、崇尚感觉之日本"古道",亦即能与喜用概念和语言说明的儒学思想区别开来的远古传统心性。然而高坂史朗还说:这种"大和魂"="古道"的追寻并不成功,宣长寻找的"那条小道在不觉间消失了"[②]。意思似乎是,在剔除中国等国的事物后,所谓的日本文化已所剩无几。再说"古道"的"古"算到哪里才是"古"呢?弥生时代算不算"古"?如果算,那么在那时已没有太多所谓的纯粹的日本事物,该社会文化中已掺杂许多中国的制度、技术和思想。另外,宣长没有考虑到远古的日本是受到母系氏族社会的影响才有那种"心性"的,也没有考虑到因发展阶段的不同会给现实带来的诸多问题。他实际上是用日本远古社会的精神规范批判中国。如果人们发问,当代天皇和日本政治家也如同光源氏那般,则会出现何种情况?他将如何处之?我们的回答是,在宣长生存的幕府社会,也早已过渡到需要对公众人物的言行和私生活大致进行限制的社会阶段。

4. 由以上可知,宣长的"古道"即他的"大和心(魂)",亦即既是"物(Mono)",也是"神",换言之即"自然"(在宣长看来,此"自然"并非"大自然"的"自然",而是"自然有之"的"自然")的产物,他的"古道"也因此成为"自然之道"。这个"自然",在我们看来与老庄的"齐物说"有相通的一面。虽然他在与市川匡麿论战时争辩:"彼老庄与神道相似之处颇多。此乃厌倦彼国之自作聪明(即上文所说的'人之小智'),尊重自然之故也。……然彼等之道,本出于厌倦自作聪明而强立之自然之道,故其自然并非真实之自然。若一切委之于自然,则于其自作聪明之世,大可自作聪明无妨,如此方符合真

[①] 高坂史朗:《日本文化论的视角——纯化、包容、风土、古层、普遍》,《日本文化诸面貌》之拔萃,风媒社2006年版,第217页。

[②] 同上。

实之自然。而其厌恶自作聪明,反而有悖自然之事。……吾神道,并非厌倦自作聪明而推立自然之道,本为神道自有之道。何以此与彼老庄相同乎?后世所说与彼老庄极其相似,然实则彼说自然,此说神道自有也。如此看来,即令于末处有所相似,然亦不可说于其本质相似。又,亦不可强以相似为厌,而应不论人们如何言说,仅说古传(神道)本有之也。"① 尽管如此,但我们还是认为,宣长并未说清为何神道的"自然"和老子的"天地自然"的"自然"有所不同,只是说明了日本在"自然天地"出现之前即有了"神道",其言说充满主观武断和想象的成分,而且他也在使用"概念",与老庄思想难脱干系。

最后要对宣长的"大和心"即"物哀"等思想不易为他人理解的原因作些解释:

1. 宣长尽量不使用汉语词汇,否认概念的普遍性。日本在接受中华文明之前有自己的词汇系统,但概念词在明治维新之前几乎都来自中国,包括日本人最崇尚的"自然"一词。宣长有意避免使用带有"汉意"的中国概念词汇,试图利用传统生活词汇解释一切,是造成其语义令人费解的重要原因,而且成效不彰。比如在阐释《古事记》时,他光是为说明文首的"天地"二字,已显示出其费力与不堪。实际上,经过长时间消化吸收改造,汉语词已成为日语中的一部分并有了意义上的创新。若宣长能摈弃用传统语言解释一切的做法,采用当时已广泛使用的汉语词"人情",那么,人们对"物哀"的认识或许会稍微清晰一些。当然也有例外,宣长在他第一部处女作《排芦小舟》中确实也使用过"人情"这个词汇:"所有雄壮、正义凛然之做派,皆不包含于'人情'之中",② 但他没有坚持使用下去。

2. "古道"思想的作祟。宣长的"古道"具有绝对性和排他性,显示出反科学的经验式神秘主义色彩,排斥了对日本传统思想作逻辑化和抽象化的整合和排序。这除了受到真渊的影响外,还与宣长年青时游学京都远离李时珍医学,倾向古医学,接受其"自然"研究方法,排

---

① 大野晋、大久保正编集校订:《葛花》下卷,《本居宣长全集》第八卷,筑摩书房1972年版,第163页。

② 大野晋、大久保正编集校订:《排芦小舟》,《本居宣长全集》第二卷,筑摩书房1968年版,第91页。

第七章 江户时代中、后期(1716—1867)几大著名"国学家"鼓吹的"大和魂"

斥所有存在和现象间的"所以然",认为万物皆与"自然"使然有关。

3. 方法论的问题。日本思想评论家丸山真男对此有过精彩评述:"宣长等国学家的儒学批判源于厌恶和蔑视整体意识形态,采取'直接'进入对象的态度(其结果是不承认解释的多样性,使自己的直观解释绝对化),认为清晰的世界只存在于明确可触的感觉的日常世界中,将历史过程中的理性(规范或法则)一律斥之为'公式'=牵强附会。"指出"由于宣长否认意识形态批判本身是学理性的,所以其批判不能从感觉的层次抽象出来,成为延续至今的文学或'庶民'的批评家对社会科学思考厌恶和反感的思想根源"[①]。

4. 政治上的软弱。宣长不像吉川幸次郎所说的[②]那么勇敢。物哀反映的"人情"与"义理"的冲突,使他未敢直接、公开地批评幕府。他常用指桑骂槐的方法,说儒学的本质在于"欺诈",是统治者或篡位者为隐蔽或美化现实的意识形态:"唐土道者,究其意旨,亦不过止于欲夺人之国与惧于为人所夺。""天命者,自古于彼国而言,仅为灭君夺国之圣人为避己罪而设之托词耳",[③] 但这并未触及幕府的痛处。因为幕府权力来源可疑,将军无法按照儒家学说真正解决与天皇公家的"君君臣臣"关系。其软弱性还表现在在奉本藩纪州侯之命写作《秘本玉匣》时,根据其"古道"立场对公武二元政治[④]进行调和,标榜幕藩体制也是皇祖神的杰作,提倡必须顺从。宣长政治上的软弱,决定了他在批儒时回避涉及儒学的本质——礼制,其泛道德化批判自然属于无源之水,无根之木,缺乏深刻和理性而流于模糊和感性。其批判充其量只是一种迂回作战和隔山打牛,这也造成了今人对其"大和心"及"物哀"等思想的认识模糊。

---

① 丸山真男:《日本的思想》,岩波新书1966年版,第21—22页。
② 吉川幸次郎有过评论:"这种以女人气质为正面价值,以男性气概为负面价值的主张,除宣长外在江户时代寥落晨星。""我对宣长在至少是表面的、以武力专制为价值的武士统治年代,能大胆主张女人气质的价值表示最大敬意。"吉川幸次郎:《文弱的价值——知物哀补考》,《日本思想大系40》,岩波书店1978年版,609页。
③ 大野晋、大久保正编集校订:《直毘灵》,《本居宣长全集》第一卷,筑摩书房1968年版,第52页。
④ 此处的"公"指京都天皇朝廷,"武"指武士政权,即幕府。日本历史长期存在"公武"二元政治体制并存的现象,难免多有矛盾。

"大和魂"史的初步研究

然而无论如何，宣长作为一个江户时代中期的学者，能为我们留下众多的批判儒佛的文字（真渊批佛甚于批儒，而宣长批儒甚于批佛），对我们更完整、全面地认识儒学、佛学及其缺点，以及当时日本的社会文化状况与未来的发展，都不啻为一件有益的事情。在批判的过程中，宣长鼓吹的"日本中心主义"和"皇国"思想肯定是不正确的，但他作为"町人"（城市居民），主张恋爱、经济"自由"和承认"女子"地位等的观点，不能不说带有新兴资产阶级的思想因素，值得肯定。而且，正是他的这种"国学理论"和尊皇言论，为后来的倒幕运动和明治维新提供了初步的思想动力。同时他的排外主张也很容易被明治以后的天皇政府利用，为日本在国际上留下骂名打下基础。然而也正因为此，决定了宣长及他的"国学"在当时并没有太大的市场，甚至寂寂无闻。日本"国学"要获得大的发展，只有等待时机和另一位大"国学家"——平田笃胤的出现。

第四节　平田笃胤的"大和魂"

一　平田笃胤其人其事

平田笃胤（1776—1843），江户时代后期的"国学家"，也是日本"国学四大人"之一，生于秋田藩藩士大和田祚胤之家，通称大壑，号"真菅乃屋"和"气吹舍"等，自称是本居宣长殁后的门人（但实际情况并非如此）和宣长"古道学"的继承人。笃胤对日本"国学"的贡献在于使"复古神道"体系化，其所开创的"草莽国学"和"水户学"一样，后来都成为幕末"尊皇攘夷"运动的精神支柱，其学问由其养子铣胤及大国隆正、矢野玄道等人继承。这些人在明治时代初期形成了新设的神祇官体系的主体，比如铣胤于1868年（明治元）被任命为神祇官"判事"，继而成为明治天皇的"侍讲"，接着又晋升为"大学大博士"，后转为"大教正"。然而随着政治化的"国家神道"的形成，平田派势力被从明治政府中枢排挤出去，影响力逐渐消失。

笃胤毕生讳谈自己的少年时代，一说是因为双亲不抚养他，另一说

· 540 ·

第七章　江户时代中、后期(1716—1867)几大著名"国学家"鼓吹的"大和魂"

是因为自幼缺少家庭关爱：父亲骂他头脑不好，像对待奴仆般使唤他，[①] 所以性格出现缺陷，喜欢编造故事和用秽语骂人。20 岁时笃胤放弃藩籍出逃江户，立志做一个当时已颇受人抬举的"国学家"。25 岁时成为备中（今冈山县）松山藩藩士平田笃穗的养子，自此改姓平田。笃胤在平田家读了许多"国学"书籍特别是本居宣长的著作，为其深受感动而希望投入他的门下，但因宣长死亡而未果。必须说明，笃胤早年也学过汉学，其师乃朱子学者中山青莪。29 岁起笃胤陆续写出《新鬼神论》、《古道大意》和《灵之真柱》等"有分量"的"国学"著作，在文坛崭露头角，后逐渐变为一个广为人知的"国学"大人物，由此还应邀兼任当时最具"正统性"、最有势力和以因循守旧闻名的"吉田神道"派"教授"，成为该神道事实上的领导者。在笃胤横空出世、俨然形成一大学派的天保年间（1833—1838），日本因粮食歉收饥馑不断，社会动荡，这给了笃胤进一步被国人了解的机会。其学说以具有实践性和日常性的优点在广大农村和渔村获得许多信众，为当时的社会改造和之后的尊皇倒幕运动提供了理论基础。1841 年（天保十二）1 月 1 日笃胤出版了批判江户幕府历制的《天朝无穷历》，被幕府责令返回故乡和停止一切著述，于两年后死去。之后在其门人的指导下日本诞生了许多武装组织，也为明治维新的实现作出应有的贡献。

综观笃胤的著述，可以看出他在知识和学问方面具有以下几个特点：

1. 知识面广，堪称天才。笃胤一生共写出几十部著作，除"国学"和神道学外，还涉及儒学、（荷）兰学、佛教、道教、基督教等，被时人称作"八家学问"之主。此外，笃胤还精通西方医学、历学、易学、军事学和拉丁语等，让人很难想象在那个年代，他是如何通过自学掌握如此众多的知识和在学术方面如何能获得那般高产的。但正因为他的学问体系广泛而驳杂，所以也让人看出其学说的不自然融合和相互矛盾之处。

2. 在许多方面继承宣长的思想，二人共同的目的都是为了阐明仅在日本流传的"古道"，但笃胤未继承宣长的文献学研究方法。与宣长

[①] 参见渡边金造《笃胤的游学》，《平田笃胤研究》，六甲书房 1942 年版。

将"古道"视为古代的"事实"相对，笃胤将它视为"现实"的"规范"，二人在思想、学问的性质上差异较大。而且笃胤的学说具有更多主观、随意的成分（详见后文）。

3. 善于编造。笃胤似乎是在宣长殁后两年的 1803 年（享和三）才第一次知道后者的。据说笃胤为了成为宣长殁后的门人曾给本居春庭写信，说是在梦中见到宣长并结下师徒关系的。又据《笃胤传记》说他在 1801 年（享和元）就知道本居宣长，欲投在其门下，但不巧该年宣长死去，所以将自己的名帖放在"铃屋塾"，由此成为宣长殁后的门人。《大壑君御一代略记》和笃胤向秋田藩提交的文书[①]也都明确记载，笃胤是在享和元年投入宣长的门下的。但后来的研究证明这一切均为虚构，因为宣长"门人帐"中没有这个记录。[②] 想来只是笃胤及其门人有此主张而已。笃胤反复说明自己在宣长存世期间就知道后者，是因为他需要将平田学派打造为"国学"的正统，以致有篡改"履历"此举。

在学术方面笃胤也善于编造。笃胤毕生的追求就是构建他所谓的"幽冥"世界。1820 年（文政三）秋末，江户纷传"天狗[③]小僧"寅吉来到人间，寄食于江户豪商兼随笔家山崎美成的家里，自称到过仙界，从神仙那里学到巫术后返回尘世。笃胤原本就倾心于异界，所以不仅造访山崎家，还将此"天狗少年"迎进自家，当作养子照顾了 9 年，并将在此期间从寅吉那里听到问到的异界情况记录下来，于 1822 年（文政五）以《仙境异闻》（也叫《寅吉物语》）的书名出版。对此事当时就有人批判，说是笃胤利用了少年，让他为自己代言。不过笃胤本人却很认真，不将批判当一回事。当寅吉再次去仙界时笃胤还让他捎去一封书信，向那里的神仙请教。如果人们认为笃胤仅有此认真精神那就错了。他在此后还不知疲倦，连续写出《胜五郎再生记闻》、《幽乡真语》、《古今妖魅考》、《稻生怪物考》等一系列有关"幽冥"世界的著

---

① 渡边金造：《平田笃胤传记资料》，《平田笃胤研究》，六甲书房 1942 年版，第 62 页。
② 参见村冈典嗣《宣长和笃胤》序说，《日本思想史研究 3》，村冈典嗣著作集刊行会 1957 年；三木正太郎《平田笃胤的研究》第一章第四节，神道史学会 1969 年版。
③ 天狗，日本传说中栖息于深山的一种怪物，据说似人形，脸红、鼻高，有翼，具有神通力，能自由飞翔，手中持有羽团扇。《今昔物语集 20》说天竺国也有此怪物。

第七章　江户时代中、后期(1716—1867)几大著名"国学家"鼓吹的"大和魂"

作。不独如此，笃胤从49岁到54岁时还花费数年时间，翻阅过中国的道藏经典和印度的古文献记录等，对这两国的神仙进行研究，写出《葛仙翁传》、《扶桑国考》、《黄帝传记》、《赤县太古传》、《三神山余考》、《天柱五岳余论》、《三五本国考》等著作。笃胤还伪造出所谓的"神代文字"（对此我们在下面要继续说明），仅由此就可以想象笃胤的学术主张存在许多想当然和编造的成分。

4. 与宣长被动地适应幕府政治和具有优雅情调不同，笃胤的思想充满着实践性和日常性，比较亲民。笃胤在与学者和有识之士交流学问的同时，还向广大庶民传授知识，经常用讲故事的方式口述宣讲的内容，让弟子记录下来后再整理出版。这些出版物以其具有的实践性和日常性得到町人（城市居民）和豪农阶层的支持，对"国学"思想的普及和日后的日本社会变革做出很大贡献。庶民阶层之所以比较容易接受笃胤的学说，是因为后者的思想带有普通人生活中常见的民俗倾向。在倒幕和明治维新时期，平田派神道家在社会上拥有很大影响力印证了这一点。必须说明，上述种种与笃胤的"大和心"等都存在诸多内在的联系。

二　笃胤的诸多"大和心"

笃胤一生使用过大量"大和心"等词汇，在"国学四大人"中是使用"大和心"等最多的一人，其中所包含的意思也各自有异。分析归纳起来，笃胤的"大和心"等大致包括以下内容。必须说明，以下分类仅出于叙述上的需要，其实有时各项内容反映的思想是一致的，或相互关联：

1. 笃胤的"大和心"定义："女魂"和"男魂"杂陈。该定义及其中反映的思想融合了数人不同的观点并带有矛盾之处。在《古道大意》中，笃胤对"大和心"作以下定义："御国人生而有之之勇猛、正直之心，谓大和心或御国魂。"紧接此笃胤又冀望众人"不枉不忘、修得此大和心或御国魂，将吾心磨砺为正直、清洁、美丽之大和心"。为此他还引用一首"古歌"激励人心："武士既佩此长刀，须臾不忘大和魂①"。② 此外，笃胤还就宣长和歌"若问大和心何物，清晨映日山樱花"的"大和心"作出引申："御国人内心皆有此美丽清洁之心，然于今大抵移入外国之心，使本心蒙尘暗淡。因此须磨砺之，使之恢复原本之美丽。此大和心、御国魂磨砺不足，主心骨动摇，则诸事皆乱。若问大和心如何磨砺，不若读我翁（宣长）所著之书。终日忙于生计与上年纪之人等无法读书，可询问明辨大和心之人。"③

从笃胤的"大和心"定义和他的冀望、引申来看，其中的"清洁、美丽"主张来自宣长，而且笃胤也认为古歌传递的都是"女人气息"，不善伪饰而求真，表达了"物哀"。④ 从这些话中，我们不仅可以看出笃胤的"日本中心主义"倾向，还可以看到他以女性为尊的思想，而这种思想也反映在他的宇宙支配结构中。在笃胤看来，宇宙乃由天、地、（黄）泉三部分组成，天照大神管天，须佐之男命管地，大国主神管（黄）泉。其秩序是女在上，男在下。另外，笃胤在说明日本第一大神"天之御中主神因其御名之大，故其事不传，无法窥知其神德，然其于二柱皇产灵神之前即有，兼有女男御德，乃无为而司产灵之根源，寂然而坐。女男产灵大神，由其神灵生出，分持产灵德用"⑤ 时，其主张与宣长的思想也很合拍。二人共同流露出的是日本古代母系氏族社会的遗风和推崇"女性"的心理。可是笃胤的"正直、武勇、高尚"的主张又来自真渊，甚至可以说笃胤的"大和心"更偏向真渊，而且有所发展。真渊始终认定日本古代是一个"勇猛"之国，后来不勇猛的原因在于外来思想特别是佛教的作祟。并且认为日本将首都从奈良搬到京都后，这种勇猛之势转为"文弱"，而皇威自然日渐式微。这种思想被笃胤接受，故他也说"因佛教传入，导致古代威武、雄壮、勇猛之大和心消失"⑥。另外，笃胤在《伊吹于吕志》中还说，"尊神祇，

---

① 原歌是"武士の取り佩く太刀のつかの間も忘れじと思ふ大和魂"。作者不详。然而从武士这个词汇及其与"大和魂"的关系来看，此歌绝不能称之为古歌。
② 平田学会编：《平田笃胤全集1》，法文馆书店1911年版，第79页。
③ 同上。
④ 同上书，《歌道大意》，第50页。
⑤ 平田学会编：《古史传》，《平田笃胤全集7》，法文馆书店1911年版，第79页。
⑥ 平田学会编：《出定笑语》（也称作《佛道大意》），《平田笃胤全集1》，法文馆书店1911年版，第275页。

第七章　江户时代中、后期(1716—1867)几大著名"国学家"鼓吹的"大和魂"

以大倭心①之雄壮、威武为旨"②。并将汉语的"豪杰"或"英雄"与"大和魂"等量齐观:"说道、学道者须不留意人们信与不信。即令无一人信,亦须特立独行,自立节操,自学真道。以汉语说此可谓真豪杰,真英雄,亦可谓大倭魂。"③ 对此本居大平评论:"笃胤之倭魂原本勇猛雄壮。"④ 另外,笃胤在《志都能石屋》(一名《医道大意》)中又说:"为医者须认真学习用药之法,具有正直、雄壮之大丈夫魂(大和魂),自然也须严肃其容貌。此为秘诀。"⑤

对于为何从医需"具有正直、雄壮之大丈夫魂(大和魂)"笃胤未说明。诸如此类莫名其妙的"大和心"还有一些。在回忆自己幼年共观看过四次人体解剖时笃胤说:"鄙人既往与医者有缘,自幼学医。然之前仅学汉学,于梦中亦未得知大倭心之典雅等,心中充满狡黠之唐心,故一任血气方刚看过四次,于今无言以对(后悔不已)。"⑥ 笃胤为何要引用自己观看解剖的事例说明"大和心"的"典雅"和揭露"唐心"之"狡黠"无从得知,而且从他忽而认为"大和心"为"女性""美丽、典雅"之心,忽而又认为是"男子""雄壮"之心,也可看出他的矛盾之处。这种矛盾,在下面所说的笃胤试图糅合基督教和儒教等多种思想该部分还能看到。

2. "幽冥"思想。笃胤认为,"知帝道之大意,立学问之真柱,有大倭心之镇"⑦。人们初读此话时可能不易理解,但若读到笃胤所说的其他话时就可以明白,它说的是"习古"之人的学习顺序和应有心得——"为寻找所有神世古代事实,知晓天地初发之义,须先善于观察天地世间情状,胸中有一部神代卷,于此基础上再读国史,了然《古事记》序所说'乾坤初分,叁神作造化之首'句及……等,坚固不怕火烧、不畏水溺之和魂真柱后再学汉学,掌握学问之才,探知他国

---

① 同"大和心",是笃胤发明的用语之一。此外笃胤还生造了许多词汇。见后文说明。
② 平田学会编:《平田笃胤全集1》,法文馆书店1911年版,第315页。
③ 同上书,第316页。
④ 平田笃胤:《天说辨辨》转引本居大平所说的话。参见平田学会编《平田笃胤全集2》,法文馆书店1911年版,第64页。
⑤ 平田学会编:《平田笃胤全集1》,法文馆书店1911年版,第141页。
⑥ 同上书,第76页。
⑦ 平田学会编:《玉襷》,《平田笃胤全集4》,法文馆书店1911年版,第398页。

"大和魂"史的初步研究

之事。"①从该话中我们还知道,"真柱"就是"和魂"。"真"即"真正"的意思,"柱"顾名思义就是起到支撑整栋房屋作用的基础性构件。

接下来人们肯定要询问,这个"真柱"具体指什么?在笃胤另写的一部名曰《灵之真柱》的重要著作开篇部分,笃胤回答,"欲筑牢、筑高此大倭心(真柱),其第一要务即知晓人死后灵魂之去向及其安定之所在。"② 为知晓灵魂的去向以及安定之所在,就必须了解天、地、(黄)泉这三个世界所形成的"事实",以及与此有关的神的功德与经纬。笃胤的"论证"过程和方法十分烦琐和费解,不得已下面要费笔墨作说明和分析。

按笃胤的说法,这个宇宙乃由天、地、(黄)泉组成,人死后不是像宣长所说的那样去"夜见国"(亦即"黄泉国"之一种,肮脏丑恶之地,人去后无法从那里逃脱,必须接受此悲惨的现实),而是去大国主神支配的"幽冥国"。死者灵魂去的虽是死者的世界,但这个异界却遍布在此世的各个角落,而且就像诸神坐列于神社那样,死者的灵魂有时会停留在坟墓上。人们从此世无法看见幽界,但死者的灵魂即使离开此世,也会在人们身旁的幽界观看这个世界,并通过祭祀与生者交流,永远看护着亲人和亲戚。换言之,笃胤承认"黄泉国"("幽冥国")的存在,但不认为那是死者的国度,即他界与此世并未分离。据此笃胤认为,知道去这种地方可令人安心,安心后才能做学问。必须说明,笃胤的这种认识与近代以来日本民俗学所阐明的传统他界观非常相似。不过准确地说,应该是日本近代民俗学强烈地受到平田"国学"的影响。

笃胤或许也知道他的这种逻辑一般人"难懂",故须引用"古传"作为"事实"来证明。为此他不仅引用日本的"古传",还引用印度的古代传说,将它们与人们大脑中的既有观念结合,使之成为一种"事实"。例如在《印度藏志》中,笃胤"论证"了印度阿修罗王传说其实是日本的须佐之男命和大国主神的传说在印度融合了该国传说后才传开的,而帝释天就是日本古代的迩迩艺命,大梵自在天神就是日本古代的

---

① 平田学会编:《古史征》二上,《平田笃胤全集12》,法文馆书店1911年版,第96页。
② 平田学会编:《灵之真柱》,《平田笃胤全集2》,法文馆书店1911年版,第5页。

第七章　江户时代中、后期(1716—1867)几大著名"国学家"鼓吹的"大和魂"

产灵大神和伊邪那岐大神与印度神融合的产物。

和这种论证思路相同，笃胤还在其著《黄帝传记》、《葛仙翁传》、《毉宗仲景考》、《三五本囡考》、《大扶桑囡考》，尤其是在《赤县太古传》中，以中国古代传说，特别是孔子之前的道教经典为证据材料，对日本古代的"事实"作出证明。《赤县太古传》认为，老子的"自然"与日本古代典籍所说的"惟神"是一个东西。另外，道教的上皇太一神就是日本的天御中主神；盘古在印度叫梵天王，但在日本就是皇产灵神；道教的天皇、地皇就是日本的伊邪那岐和伊邪那美二神，人皇即须佐之男命；太昊、伏羲即大国主神；道教中所谓的天子即日本的迩迩艺命。由此得出结论：中国的古代传说表达了与日本的传说相同的"事实"。它们都在异界看护、保佑后人。

此外，笃胤的其他著作，诸如《三易由来记》、《太昊古易传》(《易经》类)、《春秋命历序考》、《弘仁历运记考》、《三历由来记》、《太皞古历传》、《天朝无穷历》(历书类)和《皇国度制考》、《赤县度制考》(度量衡类)的"论证"思路也与上述完全相同：中国古代传说中的人物即日本古代神话人物，比如制作《易》的伏羲是大国主神，开创世界历法中最原始历法的是伊邪那岐命，中国的尺是以伏羲即他认为的大国主神的化身的身高为基准的，乃日本的古尺传至中国后中国方有自己的尺。可以看出，笃胤的这种做法，是一种新版本的"反本地垂迹"学说。

笃胤还写过许多有关仙人的东西为他的"幽冥"理论服务。如前述，在《仙境异闻》中，笃胤说遇见一个15岁的"天狗小僧"寅吉，他7岁时被一个隐居山中、名叫杉山组正的人带往幽界，而且还去了外国，因掌握了巫术故在日本相当有名。很显然，笃胤的目的就是要宣传寅吉可"显身于世，往返于幽冥"。[①] 在《胜五郎再生记闻》中笃胤写道，胜五郎此少年自称原名藤藏，死后在"冥界"遇上"产土大神"，之后才转生为胜五郎。笃胤不光与他见了面，还做了"调查"，结论是胜五郎的转生是"产土大神"的恩赐，也是"幽冥"国主宰神大国主神分掌幽政的行为。

---

① 平田学会编：《平田笃胤全集2》，法文馆书店1911年版，第37页。

"大和魂"史的初步研究

笃胤还将妖怪视为"幽界"的一种存在，在其《稻生怪物录》和《古今妖魅考》中，他不是通过古书和古代传说等对这些"幽冥"的形成展开研究，而仍旧将它们作为"事实"加以证明。为此本居学派的门人非常愤慨，说此"幽冥"观（死后的去向）亵渎了先师宣长，笃胤是"山师"（骗子）。笃胤与宣长门人的关系因此疏远，但他不为所动，说"世间流传种种奇异之事有不可信者，亦有可信者，信不可信者为凡人，不信须信者为'生汉意'（见以下说明）之人，皆有思考不周之处。"① 这意味着他坚信自己的"思考"，即使别人表示不认可自己也要相信。"不知神道之人怪异其乃不可有之事，而熟知神道之理之人则不觉其怪异。"② 由此不难看出，他的"神道"也就是他的"幽冥"观，以及与前二者密切相关的"大和心"乃何方神圣。用村冈典嗣的话说，这是"事先预设一个凡事应有之理，然后强行在古典中寻求其证据的论证方法。"③

3. "日本中心主义"（或"本国至上主义"），同时也是笃胤所欲坚固的对象之一。从笃胤对"大和心"的定义以及以上种种分析都可看出他的"日本中心主义"倾向。尤其是从《灵之真柱》的叙述来看，笃胤在说明宇宙的起源和天、地、（黄）泉这三个世界的形成及其相互间的关系，以及这些"事实"特别是"幽冥"世界存在"事实"的"真实性"时，还完成了证明日本国和日本神是四海万国神的最高级存在形式的任务。让我们重读一遍上引的文字："为寻找所有神世古代事实，知晓天地初发之义，应先善于观察天地世间情状，胸中有一部神代卷，于此基础上再读国史，了然《古事记》序所说'乾坤初分，参神作造化之首'句及……等，坚固不怕火烧、不畏水溺之和魂之真柱后，再学汉学，掌握学问之才，探知他国之事"就可以明白，在他心中本国永远是至高无上的。不仅如此，笃胤的"大和心"有时还会溢出于海外，主宰当地的人们。例如，和宣长以及所有的"国学家"和神道学家不同，笃胤笔下的大国主神地位很高，是天孙降临前统治日本的最

---

① 平田学会编：《玉襷》，《平田笃胤全集4》，法文馆书店1911年版，第93页。
② 同上。
③ 村冈典嗣：《宣长与笃胤》，《日本思想史研究3》，村冈典嗣著作集刊行会1957年版，第71页。

第七章　江户时代中、后期(1716—1867)几大著名"国学家"鼓吹的"大和魂"

高领导者,① 在笃胤所画的"古道大元显幽分属图"中,大国主神竟然与天皇平起平坐。笃胤"研究"说,"经津主神"和"健御雷之男神"被从高天原派遣至日本国,"以高皇产灵神之使"身份让大国主神交出权力:"汝所分得苇原中国者乃吾御子所统领之国也。依言赐也。故先遣吾二神令驰平之,汝意如何?当奉避不乎?"听后笃胤代大国主神回答:"汝等云乃御使至此,甚疑。汝等视吾为何物?吾继承尝创生国土之二柱大神及须佐之男大神之功业,奉天皇祖神修固此国之诏命,今已悉修固此国,且荡平邪鬼,抚慰皇祖所赐之苍生,求经世之便,不计其数。又班遣众多子弟于四方外国,使我和魂亲渡四海,蒙恩成就其创造之绩。如此方成为大国主,……汝等非御使,……所言不从。"②

笃胤的代答,也反映出他的善于编造。按现有的资料,日本在远古是否有胸怀"和魂"的人赴海外不得而知,相反却有很多人自大陆前往日本。重要的是,在笃胤看来,大国主神之所以伟大,不仅是因为奉诏修固了日本国,完成了许多民生工程,还因为他派了"众多子弟"到海外开疆拓土,将"和魂"带往四面八方。可以说在这个文脉里,大国主神的执政合法性除来自奉诏行事,还源于派人到海外和让自己的"和魂"亲渡四海。这让我们联想到笃胤在《赤县太古传》和《三五本国考》中所说的话:中国乃日本神灵渡海西去后接受其支配管理之国度,③ 所谓的中国"三皇五帝",也是日本渡海西去的诸神演化而成的。④ 从这些言论,我们都可以清晰看出笃胤的"日本中心主义"及其与"和魂"的关系。

拥有"和魂"的大国主神已如此伟大,那么在他上方的天之御中主神则更伟岸无疑,这是包括笃胤在内的日本"国学家"所提倡的"日本中心主义"的共同理论基础。笃胤同意宣长在《古事记传》中所说"此神位于天之正中,乃世界之神"的观点,但又补充说,"此大神自宇宙未成之前即位于天上,更可说其为世界第一之神","主宰宇宙

---

① 平田学会编:《古史传》,《平田笃胤全集7》,法文馆书店1911年版,第76页。
② 同上书,第79页。
③ 平田学会编:《平田笃胤全集6》,法文馆书店1911年版,第31页。
④ 平田学会编:《平田笃胤全集15》,法文馆书店1911年版,第64页。

"大和魂"史的初步研究

万物",① 使人想到此神更是拥有"和魂"之主。无怪乎笃胤要对坚固"大和心"念兹在兹:"欲论坚固大倭心之心得,须……。"② "应曰此亦为坚固雄壮之大倭心。"③ "奇妙坚固之大和魂雄壮英武,不喜外国教唆。"④ "坚固灵之真柱之基础,振奋大倭魂。"⑤

此外笃胤还为坚固"大和心"作歌:

> 应某人之请,抄录师翁于其画像所作"若问大和心何物,清晨映日山樱花"歌并咏:
> 若问大和心何物,清晨映日花隐现。⑥
> 赠藏版书于此人(堀家政富主)之稚子辉丸主,因作:
> 幼稚也须坚固之,可学乃父有倭心。⑦
> 樋口英哲返国(乡),因作:
> 轿行益见猛男气,悬镜研磨大倭心。⑧
> 三月中旬梅津君家樱花盛开,于樱林中饮酒,与众人共读万叶集,因作:
> 赏花读此歌,此君意态熏。不问其所欲,亦有大和心。⑨

于此顺便要补上笃胤伪造"神代文字",鼓吹"日本中心主义"的

---

① 平田学会编:《古史传》,《平田笃胤全集7》,法文馆书店1911年版,第79页。
② 平田学会编:《气吹廼舍文集》一之卷,《平田笃胤全集2》,法文馆书店1911年版,第112页。
③ 平田学会编:《千岛白波》自序,《平田笃胤全集2》,法文馆书店1911年版,第136页。
④ 平田学会编:《石楠屋祝言》,《平田笃胤全集2》,法文馆书店1911年版,第138页。
⑤ 平田学会编:《应山口忠雄之请添笔之隐文》,《平田笃胤全集2》,法文馆书店1911年版,第141页。
⑥ 平田学会编:《气吹廼舍歌集》,《平田笃胤全集2》,法文馆书店1911年版,第121页。原歌是"志貴島のやまと心の人とはば朝日にゝほふ花や見えまし"。
⑦ 同上书,第122页。原歌是"稚くともはや固めませちゝの実の父にならひて倭心を"。
⑧ 同上书,第124页。原歌是"進りたつこしの益荒雄ます鏡かけてとぎてよ倭ごころを"。
⑨ 同上书,第127页。原歌是"花見つゝ此ふみよます此君のやまと心は問はずても有む"。

· 550 ·

第七章　江户时代中、后期(1716—1867)几大著名"国学家"鼓吹的"大和魂"

事例。从日后笃胤门流的话语来看，它也属于笃胤式"大和魂"的表现之一。

日本"神代文字"伪造于1811—1819年，首见于笃胤的著作《古史征》第一卷的《古史征开题记》。该"记"分春、夏、秋、冬四卷，所谓的"神代文字论"出现在"春卷"。《古史征开题记》于1819年春由笃胤的门人高桥国彦、相田饶穗、佐藤信渊以《神字日文传》为名重新翻刻出版，这比朝鲜国世宗大王编修的《训民正音》要晚400多年。

笃胤伪造"神代文字"的动机在开初非常简单，那就是他不能容忍《祝词》中出现汉字或改自汉字的假名。所谓《祝词》，即在祭神时于神前朗读，向神祈祷的文章，有"神愿文"、"感谢文"、"祝颂文"、"献供文"、"侍奉文"和"装饰文"等各种内容。这种文章大量使用汉字、平假名和片假名，让笃胤心中十分不爽。在笃胤看来，汉字来自中国，与儒教有关，而平假名和片假名又与佛教有关，使用于神道祭祀不啻为冰火两重，互不相容，所以必须改变。

之后笃胤的思想还有升华。他认为，通过伪造"神代文字"，是向民众推销神国思想的好方法之一，也可将所谓的日本精神推向更遥远的"神代"。由于日本文化是在本国的"元"文化接触或接受外来文化后形成的，要寻求所谓的"纯"日本精神非常困难，然而通过向民众展示"神代文字"——一种由日本的神传授下来的文字，不仅可以增加百姓对"神代"的"神秘感"，还可以加强他们对神的认同感和归宿感。为此笃胤将自己伪造的文字说成是"神字"、"皇字"或"国字"等，将当时使用的日本文字（汉字、平假名、片假名）说成是"异字"。

笃胤的思想在继续深化。当时日本仍然处于中华文化的巨大影响之中，虽说有一些人反对朱子学说，但夸赞儒家思想的还大有人在。另外"兰学"（荷兰学）也在进入并侵蚀日本文化，逐步扩大自己的生存空间。为扭转这种局面，说日本有"神代文字"，不仅可以克服对中华文化或欧洲文化的崇拜和迷信，还可以在国外提高日本的威信，向世界展示神国日本意识形态的优越性。我们可以在某种程度上理解笃胤的用心，但问题是这种国粹主义的思考方式后来走得太远。自明治维新开始

"大和魂"史的初步研究

到二战结束，日本"神代文字"与日本对外扩张侵略如影随形，说日本自"神代"起就有如此优异的本国文字，成为世界文字的母体，就等于说日本人是世界的一等公民，日本是世界的文化国家，① 有理由统治世界。

简单说来，笃胤伪造了两套的"神代文字"，一套是所谓的"真书体"，另一套是所谓的"草书体"。按笃胤的说法，"草书体"是远古上流阶级男性使用的文字，而"真书体"是女性使用的文字。从这种伪造思路看，笃胤仍局限于日语有平假名和片假名的文字两分格局，缺乏原创的含金量，只是将来源于汉字草书的平假名通用于女性，来源于汉字正字（楷书）的片假名通用于男性这个一般现象颠倒一下而已。

据韩国釜山外国语大学教授金文吉说，所谓的"草书体神代文字"酷似日本的古文字，这种古文字经常混入日本的古文书中。他在阅读日本的古文书时，很快就能明白笃胤伪造"神代文字草书"的原理。② 另据他说，所谓的"神代文字"是在对韩国文字略加变形后创造出来的，共有47个字符，基本可以与韩国文字对应。笃胤的这种"神代文字"有5个母音和9个子音，母音叫"母字"，子音叫"父字"，"母字"和"父字"合起来组成1个文字。和韩国的"训民正音"稍有不同的仅是×××、×××和××（原文为韩语，故以叉号代替）这些文字。③ 结论是，笃胤的所谓"神代文字"是通过改变韩国文字伪造出来的。具体的论据和论证过程于此割爱。

笃胤虽然主张"训民正音"是在"神代文字"的基础上产生的，但却不说明这种"神代文字"在朝鲜国世宗大王提出引进要求后于何时被引进朝鲜。当他听说有传言"神代文字"乃由朝鲜的文字改变而成时辩解说，从朝鲜古代使用的"元祐通宝"来看，该铜钱是朝鲜国世宗大王创造"训民正音"之前使用的货币，其上方刻有"Ya"（指日本"神代文字"）字。根据这种资料，怎么都无法说"神代文字"和

---

① 山田孝雄：《所谓神代文字论》，《艺林》1953年第四号，第97页。
② 金文吉：《神代文字和日本基督教——国学运动和国字改良》，出版信息遗失，第2页。
③ 同上书，第3页。

第七章　江户时代中、后期(1716—1867)几大著名"国学家"鼓吹的"大和魂"

朝鲜的"训民正音"相似。①

关于"神代文字"的起源，笃胤的说法也很有趣，但依旧是信口开河，胡编乱造。他先引用日本古代故事：建速须佐之男命不从父亲伊邪那岐（伊奘诺尊）的命令，思恋已故母亲伊邪那美（伊奘冉尊）居住的黄泉国。父亲知道后大怒，将建速须佐之男命赶出家门。后者于是到姐姐天照大神居住的高天原告别。姐姐看见弟弟被士兵围拥着走来，误以为有人来攻打自己，所以对弟弟发动攻击。结局对天照大神不利，于是她躲进"天之岩屋户"。此后世界陷入一片黑暗，妖魔鬼怪横行。

见此光景，八百万神只好商量如何将天照大神骗出来。智者神、思金神想出一个妙计，让伊斯许理度卖命做一面镜子，玉祖命做珠子，天牟力命做一柄剑，并设一祭坛将各自的礼物献上，最后让声音动人的神天儿屋根命吟诵"祝词"，于是"天之岩屋户"户门洞开，天照大神出来，世界恢复光明，妖魔鬼怪离开。②

对此笃胤说，这个祝词就是天儿屋根命首次用"神代文字"创作的祝词。后来通过天儿屋根命的子孙，将这种文字传给对马国卜部阿比留家，人称"阿比留文字"。卜部阿比留将这种文字说成是"天日字"。③而且笃胤还煞有介事地说，天儿屋根命是根据火烧鹿肩骨后骨头呈现的纹样创造出"神代文字"的，骨背的纹样成为"神代文字"的"真书体"，骨面的纹样成为"草书体"。这种"神代文字"后来因日本受大陆文化的影响，引进汉字后被深藏于寺庙和神社中，在漫长的武家统治下不见天日。到江户时代后期，佐藤信渊开始收集这种文字，朱子学大家新井白石通过研究"神代文字"后才使之重见天日，并且国民现在也能使用这种文字。④

这种论调与宣长"上代无文字，人们以口传耳听方式传达意思，因外国传来书籍才开始读写文字"⑤（《古事记传》）的言论完全相反。

---

① 平田笃胤辑考：《神字日文传》，无出版商名，1819 年（文政二），第 31 页。
② 神一行编：《古代日本之谜》，《神秘故事日本史》第 1 卷，畅销社 1990 年版，第 27—28 页。
③ 平田笃胤辑考：《神字日文传》，无出版商名，1819 年（文政二），第 195 页。
④ 同上书，第 184 页。
⑤ 转引自山田孝雄《所谓神代文字论》，《艺林》1953 年第四号，第 22 页。

笃胤的同学伴信友不同意笃胤的说法，在《假字之本末》中作出批判：
"朝鲜文字早期进入日本变形后成为'日文传'（按：即所谓的'神代文字'），它与朝鲜谚文存在不可分之关系。""如今日本炒作神代文字，而于江户时代前无任何有关之议论，而且文献中亦不存在神代文字。"①不仅如此，在江户时代末期"祭祀国学运动"兴起时，"国学家"阵营人物也异口同声说日本远古"神代"不存在固有文字。同为"国学家"的近代大学者山田孝雄，在引用 807 年（大同二）斋部广成所说的"据闻上代无文字，老若男女、贫富无差皆口传耳听"②（《古语拾遗》）这句话后，也否定了笃胤的说法。

可是这一切并不能阻挡"神代文字"学说的继续流播。"国学家"落合直澄（1840—1891）的弟子、日本基督教领导人和国文学家之一的宫崎小八郎，在 1937 年后日军不断取得中国战场的胜利，并于 1941 年发动太平洋战争时出版了一部名为《神代文字》的书籍，说日军之所以取得关岛、马尼拉、马来半岛、上海等地的胜利，不外乎是因为有"大和魂"精神和有"神代文字"。③ 可谓是笃胤的最大知音。

4. 尊皇。该精神与笃胤的"大和心"即"日本中心主义"和反儒反佛精神都有关联。在《俗神道大意》中，笃胤称赞和气清麻吕④有高尚节气："设若此时无清麻吕之大倭心，则将发生某些祸事。八幡神之神敕夸赞此卿之大倭魂难得，可尊。"⑤ 其所说的"祸事"，指道镜和尚与宇佐八幡的神官勾结，欲篡夺皇位。据说当时清麻吕作为敕使，接受宇佐八幡的神喻，粉碎了道镜的阴谋。这里所说的"大倭魂"等即指"尊皇"之心。在同文中笃胤还攻击精通汉学、佛学的空海和尚，说："弘法大师奸险，其歹毒之心深不可测，如同麴町⑥与堀兼之井⑦，……

---

① 转引自山田孝雄《所谓神代文字论》，《艺林》1953 年第四号，第 32—35 页。
② 同上书，第 2 页。
③ 宫崎小八郎：《神代文字》，霞关书房 1973 年版，序文及第 259—260 页。
④ 参见"第六章《菅家遗诫》中'和魂'与'汉才'的关系 第二节 有关伪作《菅家遗诫》中'两章'窜入的研究 三'和魂汉才'石碑"的注释①。
⑤ 平田学会编：《平田笃胤全集1》，法文馆书店 1911 年版，第 24 页。
⑥ 麴町位于高台地，井皆深，故古代日本和歌常用其比喻深不可测之事。
⑦ 堀兼井是武藏野的一处名胜，位于埼玉县狭山市堀兼神社境内。日本古代和歌常用其作为"枕词"，修饰"深"。

第七章　江户时代中、后期(1716—1867)几大著名"国学家"鼓吹的"大和魂"

故须依据大久米命①之精密古学，瞪大辨别道理与真伪之眼，仔细观察。若不奋起大倭心则难以辨别。"② 这里的"大倭心"，则又指可与儒佛之心抗衡、具有辨别事物真伪能力的心智。笃胤将上述心态或心智提高到"知国恩"的高度，说："能辨别此国恩之难得、具有大和魂之人，必曰吾手舞足蹈，欢悦无比。"③ 不仅如此，笃胤还将此"大倭心"提高到"国体论"的高度："虽为儒者，然不失大倭心之人，如山崎闇斋之门人浅见䌹斋、水户中纳言（德川）光圀卿之家臣栗山愿助、土佐藩之谷丹重远、赞岐藩丸龟人佐久间大华、武学家松宫主铃俊仍等（按：此间所说的部分人的字、号被引者删去）各著其书，对此有所辨别，但犹醉迷于彼国国籍，为仅重视表象之拟圣人（按：朱子）等所束缚，难辨清洁和美丽。"④

结合上述信息，重读《灵之真柱》开篇部分所说的"欲筑牢、筑高此大倭心，其第一要务乃知人死后灵魂之去向与安定之所在"即可知道，"了解灵魂之去向就是坚固大倭心，也可以了解真道。反过来说，了解真道，正确地生活，就了解了幽冥的目的。根据这个文脉，可以说明确幽冥之事，就是为了在此世正确地生活"⑤。那么什么是正确地生活呢？那就是知道我国为四海之中心，天皇是万国的大君，"畏惧皇美麻命（天皇）之统治，无论其好恶，皆应服从该制度，按产灵大神赋予之正确、完善之真性行事。"⑥ 用公式概括，就是：知"幽冥"＝坚固大和心＝了解真道＝正确生活＝尊皇。于此"大和心"也与"尊皇"发生了联系。

1816年（文化十三），笃胤在日本历史上首次采信"屋代弘贤本"

---

① 大久米命，也叫大来目命，据说是久米部族的远祖神和天津久米命的子孙。神武天皇东征时，随军与道臣命一道讨伐大和豪族兄宇迦斯。后担任宫中警卫重任。
② 平田学会编：《平田笃胤全集1》，法文馆书店1911年版，第32页。
③ 平田学会编：《伊吹于吕志》，《平田笃胤全集1》，法文馆书店1911年版，第24页。
④ 平田学会编：《西籍概论》（一名《儒道大意》），《平田笃胤全集1》，法文馆书店1911年版，第5页。
⑤ 田原嗣郎：《〈灵之真柱〉之后的平田笃胤思想》，《日本思想大系50》解说，岩波书店1978年版，第584页。
⑥ 平田学会编：《古史传》，《平田笃胤全集7》，法文馆书店1911年版，第82页。

中窜入的有关"和魂汉才"的第廿二章,① 利用当时已获得的学术名声对此大肆宣传,使全国上下无所不知,认为此第廿二章真的就是菅原道真所作。可以说笃胤为了尊皇,在推广、普及伪作、伪章方面劳苦功高。他既是时代诞生的儿子,也是诞生时代的父亲。

5. 既反佛也反儒,但二分儒学。笃胤和其他"国学家"一样,是儒佛皆反,但真渊反儒胜过反佛,宣长反佛胜于反儒。笃胤与宣长比较相似。笃胤在早期受宣长的影响颇大,他的处女作《呵妄书》就直接参考了宣长的著作《直毘灵》、《古事记传》、《玉胜间》、《初山踏》和《葛花》。② 这些书为他坚固"大和心",儒佛皆反的思想奠定了基础。待笃胤成名后,他在《玉襷》九之卷中对诸先哲做出评价。先是针对荷田春满说"其大义中具有深刻内涵之大倭心,故倏忽成为皇国学之良师",③ 继而又评价贺茂真渊:"与今人不同,乍一见渠不甚聪明,心智迟开,然其于无意间说出之……倭心,其言并无不雅。"④ 其所著《万叶考》乃由"已然成为吾等之心之大倭心指引,随心连缀而成"⑤。评价的都是他们的"倭心"。笃胤对上述"国学二大人"皆有好评,还因为除他们几人外,"近来学古(学)之辈,视右学(神道学)如土芥,其多为歌作者,不知真道,仅读些许皇典,却自诩惟吾掌握神道,言说大和魂如何如何。其或尊腐儒之拟圣,或信老妪(所信)之阿弥陀,(其间虽有争论,然)可谓五十步笑百步,令人气愤(因仅耳闻些许皇典,何以可曰知神道,何以可谓其乃具有大和魂之人?)"⑥ 按笃胤看来,只有知"真神道"者才会具有"大和魂"。换言之,笃胤的"大和魂"亦即他的"真神道"。

从以上可以看出,笃胤和宣长一样,对儒佛皆有仇视,但有时反佛胜于反儒。我们除在上面见到笃胤攻击"弘法大师奸险,其歹毒之心

---

① 其次有东坊城聪长、大国隆正和座田维贞此三人。参见"第六章《菅家遗诫》中'和魂'与'汉才'的关系 第二节 有关伪作《菅家遗诫》中'两章'窜入的研究 —《菅家遗诫》抄本"。
② 村冈典嗣:《宣长和笃胤》,第 33 页。
③ 平田学会编:《平田笃胤全集 4》,法文馆书店 1911 年版,第 353 页。
④ 同上书,第 364 页。
⑤ 同上书,第 370 页。
⑥ 同上书,第 395 页。

第七章　江户时代中、后期(1716—1867)几大著名"国学家"鼓吹的"大和魂"

深不可测"和在《灵之真柱》中就"死魂"的去向严厉批判佛教外,[①]还看到他在《出定笑语》(一名《佛教大意》)中说:"佛法之趣、释迦之教即如此,悖逆人之真性。"[②] 笃胤对佛教甚至不惜使用污言秽语攻击:"此时学古之徒,表面佯装具有大和魂,然于背地热切拥护佛法,如同施放粪球。"[③] 另外,和宣长一样,笃胤不完全排斥儒学,但力说学习儒学要有前提,即必须在掌握"大和魂"后方可学习:"未能掌握大倭心者或小儿等学习汉学,最终不过囫囵吞枣,生吞活剥",[④]丧失自身思想和立场。并且笃胤还为教与学的顺序做出安排:"先教敬神之道,次述幼童须知之事,终使辨读文学大意。待其稍可理解读书之事,可使之习读《古事记》序与各代纪及令、式、格等,使之明了帝道大意。目的乃为树立学问之中心之柱,有大和魂作镇,方可使之尽心读取汉籍四书五经、诸子百家,印度西洋书籍等。"[⑤] 相比宣长,笃胤要求他人学习的东西要多一点,但在坚持"日本中心主义"和"尊皇至上"方面,他与前者无大差别。并且,"大和魂"都是他们心中的定海神针。

此后笃胤成为一个名人,为此欣然得意:吾"出身低微,然于学问方面立于千万人之上"。[⑥] 笃胤这时已大可模仿宣长等人生造词汇。除前面所说的"大倭心"外,笃胤在《呵割蕟后篇》中还生造过"生贤汉意"[⑦]、"汉意之生贤"[⑧]、"生贤心"[⑨](日语的"生"有"不成熟"、"不自然"、"不充分"等意思;"贤"有"小聪明"、"精明"等意思)这些词汇,其中都有贬斥中国和日本儒者的意味。再后笃胤愈

[①] 平田学会编:《平田笃胤全集2》,法文馆书店1911年版,第113—115页。
[②] 平田学会编:《平田笃胤全集1》,法文馆书店1911年版,第73页。
[③] 平田学会编:《平田笃胤全集2》,法文馆书店1911年版,第88页。
[④] 平田学会编:《玉襷》九之卷,《平田笃胤全集4》,法文馆书店1911年版,第412页。
[⑤] 同上书,第398页。
[⑥] 平田学会编:《平田笃胤全集2》,法文馆书店1911年版,第6页。
[⑦] 早川纯三郎编:《上田秋成全集》,国书刊行会1923年版,第464页。
[⑧] 同上书,第430页。
[⑨] 同上书,第436页。

"大和魂"史的初步研究

发起劲,还生造出诸如"生狡意之学者"①、"极为生心之辈"②、"生唐心之小智"③、"世间生狡意之人"④、"生狡意不信神之世人"⑤、"传递极生之事"⑥、"大凡世间生古学者"⑦、"今世生古学者"⑧、"生语释"⑨这些词汇,大有用自己生造的新词轰炸日本文坛之势。最终笃胤甚至将"生"字用在"倭心"和"倭意"之上,"某人所写生倭意之文字"⑩、"生汉意、生倭心之人以后世之心思古",⑪ "世间学古之徒以其生汉心屡遭斥责,然仍有生倭心,毫无醒悟"⑫、"因云,世间学古之徒多半仍有生倭心。生倭心之人必有生汉意。唐人亦有真心,有符合真倭心之处。如吾师和歌'人说圣人非圣人,我说孔子是好人'⑬所云,孔子虽为汉人,然具大倭心。世间有生倭心之人,应对此戎人生出愧意。"⑭ 至此我们明白,这里的"生"还有"假"的意思,因为与"真倭心"相对的应该是"假倭心",上述的"生贤汉意"、"生唐心"等也就是"假心"和"假意"。

这种言论在当时就遭到宣长思想的传承人本居大平的反对,他曾作歌转引他人的话语批评笃胤:"其言尽为卑语声。"⑮ 至明治维新后,连具有保守意识的日本近代大思想家津田左右吉都看不下去,也批评说"该时代国学家采用先人臆说,于此基础上又进一步加上自身臆说,叠

---

① 平田学会编:《俗神道大意》,《平田笃胤全集 1》,法文馆书店 1911 年版,第 62 页。
② 同上书,第 62 页。
③ 同上书,第 103 页。
④ 平田学会编:《志都能石屋》,《平田笃胤全集 1》,法文馆书店 1911 年版,第 30 页。
⑤ 同上书,第 39 页。
⑥ 平田学会编:《气吹舍笔丛》,《平田笃胤全集 2》,法文馆书店 1911 年版,第 3 页。
⑦ 平田学会编:《天说辨辨》,《平田笃胤全集 2》,法文馆书店 1911 年版,第 23 页。
⑧ 同上书,第 56 页。
⑨ 平田学会编:《俗神道大意》,《平田笃胤全集 1》,法文馆书店 1911 年版,第 412 页。
⑩ 平田学会编:《尽意鞭笞》,《平田笃胤全集 2》,法文馆书店 1911 年版,第 1 页。
⑪ 平田学会编:《灵之真柱》,《平田笃胤全集 2》,法文馆书店 1911 年版,第 24 页。
⑫ 同上书,第 92 页。
⑬ 原歌是"聖人と人はいへども聖人のたぐひならめや孔子はよき人"。
⑭ 平田学会编:《灵之真柱》,《平田笃胤全集 2》,法文馆书店 1911 年版,第 92 页。
⑮ 转引自日本维基网站"平田笃胤"条。原歌是"人のつらかむばかりものいひし人けふあひみればにくくしもあらず"。本居大平曾围绕《三大考》的论争批评过笃胤,但因笃胤到访过大平家,并在家门前送上一首悲戚戚的和歌,所以大平在批评笃胤多"卑语"之后,还为挽回气氛补说"今天一见,似乎(笃胤)长得并不那么难看"。

第七章　江户时代中、后期(1716—1867)几大著名"国学家"鼓吹的"大和魂"

床架屋，益发空言，以此为得意。因为渠等原本即不以事实为依据。笃胤以宣长之大和心、汉心为基础，进一步生造出'生倭意'、'生汉意'等词汇，从此亦可看出渠之为人态度。"①

准确说来，笃胤对儒学的态度是采用"两分法"，即排斥它的"革命"理论的一部分，而肯定它符合日本国情的另一部分。他著《古道大意》，除提出日本人都是神的后裔外，还以中国自古革命不断、乱臣贼子众多为由，论证日本自输入儒道以来也战乱频仍。他对孟子赞成殷周革命，失却君臣大义的言论极为反感，说："承久大逆事件②乃乂时接受大江广元此奸儒所劝，以所谓汤武之道为榜样"③造成的结果，而"吾天皇以万姓为臣之君臣之道，乃天照大神所定之御道，并非私事。……定迩迩艺命为苇原中国之君，使之自天而降。君臣名分既定于此，故国人之心无不尽为其臣。"④ 这种"尊皇"之心，既是他在《俗神道大意》中所说的"大和心"，也与儒学的礼制和君臣名分思想息息相通。同时笃胤在该书又说：真渊、宣长排斥儒学，是因为当时"无人知古道，仅转述汉意为学问"，所以"欲改变其旧弊，应将汉式教育、讲习等斥为拙陋风气。目的在于改变旧习，使人走入皇国古道，以古道为学问之精髓，于此基础上，再使人学习所谓五伦之道等"⑤。在坚持"古道"优先的前提下，笃胤不仅赞同儒学"三纲五常"的伦理，还鼓励人们多读这一类的书："无论男女，更不论侍奉君亲之人，未有君亲之人亦欲实行人道，不能不事神，不能无夫妻，不能不交友。斯所谓五伦之道。汉籍等多记有某某之道，应常读此讲释也。"⑥ 笃胤在明治维新后获评依旧较高，和他的这种务实精神不无关系。

6. 神道教、基督教、佛教和道教、儒教思想的混杂物。其逻辑可用公式表述为：幽冥观＝笃胤式"大和心"＝各种思想的融合。首先，

---

① 津田左右吉：《文学中的国民思想的研究4》中，岩波文库1955年版，第527页。
② 指1221年（承久三）北条义时率领军队进入京都，压制朝廷和贵族，将后鸟羽、土御门、顺德3位上皇流放到远地，巩固幕府政权的事件。
③ 平田学会编：《玉襷》一，《平田笃胤全集4》，法文馆书店1911年版，第210页。
④ 同上书，第221页。
⑤ 平田学会编：《玉襷》七，《平田笃胤全集4》，法文馆书店1911年版，第267页。
⑥ 同上书，第269页。

"大和魂"史的初步研究

在笃胤的学说中，我们竟然看见"此世"与"来世"的对立和报应观念。其次，是善恶的观念。再次，是道教的创世观念。笃胤认为，大国主神在诸神中占有极其重要的地位，除管理"幽冥国"外，更重要的作用是"奖善惩恶"（儒学）。"君上无论如何聪明，世人亦知仿效，人之思幽之心更甚。恶行若不暴露，无以处罚，善心善行若不外显，无以奖赏。而治幽冥之大神洞察一切，赐现世报，……断判善恶，罚悖逆产灵大神所赐之性（真心。下同）之罪犯，赏克尽性情有善行之人。"①亦即："善恶既分，功罪已定，赏善罚恶，乃幽世大神之大权，其有轻重迟早之差，然绝无不行与善恶相适之赏罚之事。现世不能见其赏罚，回幽世后必有审判。"② 并且，笃胤还将此世视为暂居之世，将后世视为"真世"和"幸福之世"："此世因有神判定吾等善恶，故为一时生存之寓世，而幽世方为吾等之本世。""入幽世后可永得大神之赏，是谓真福。"③

"此世"与"来世"的观念无疑来自基督教理论或佛教理论，过去日本的"国学家"和神道学家从未说过此话，而且其中充满儒学或佛教的"奖善惩恶"色彩，与宣长所提倡的日本古代不分"善恶"，摒弃"人之小智"的学说截然相反。值得关注的是，笃胤的这个学说在此又陷入自相矛盾之中。例如，在《出定笑语》中笃胤在解释"性（真心）"时说："人生而有之者谓性，能分辨与之相反之事物，孝顺父母，恩爱妻儿，彼之七情生出之真心亦因时因地而动，此为人之自然。"④此"性"也就是他在前面所说的产灵大神所赐予的"正直、善良之真性"，充满对此世的留恋和关爱，对来世并不关心。笃胤还在《气吹于吕志》中说："死入幽冥，归返大国主神跟前，施惠于存留此世之子孙，各自不离其处，居于无穷。拙者因云，毛虫与佛，皆厌恶死亡"，"亦知人们尽速赶赴极乐世界之心情。而较之极乐世界，仍以此世为乐。先说与彼生活程度相应之人，以美浓米煮饭，喝钏菱酒，配茶渍鳗与鲜松鱼。闲时喫干果冻，喝椟堂花茶，抽囤分烟草。无法如此行事之

---

① 平田学会编：《古史传》，《平田笃胤全集7》，法文馆书店1911年版，第77页。
② 同上。
③ 同上书，第78页。
④ 平田学会编：《平田笃胤全集1》，法文馆书店1911年版，第38页。

第七章　江户时代中、后期(1716—1867)几大著名"国学家"鼓吹的"大和魂"

人亦有其相应之乐事——以煤炭点烟，用嘴嚼碎粗茶以水煎服，其心情如同与鸱尾对视，不亦乐乎。"① 由此可见，笃胤是说到哪儿算哪儿，与上述"入幽世后可永得大神之赏，是谓真福"的言说可谓方枘圆凿，缺乏一贯性。

如果说这个"此世"与"来世"的观念在基督教和佛教中都有，人们一时难以区分笃胤到底受了哪个宗派的影响，那么在他的《本教外篇》（一名《本教自鞭策》）中，我们则看得十分清楚，他受到了基督教（也可能是道家）的影响："天之主宰大体已定。既知此，则亦易知有天帝方有天地。""天地运行，万物化生，无不系于天帝之全能。至于论善恶之事，详考本教之古传，则不可笼统归于天帝。天神至上，人由上帝而生。然如《中庸》所云：'天之命谓之性，从性谓之道'，被赋予至善之性灵者，其必至善。然为恶本由人所自造，与天命相悖。"②

笃胤在此所说的"天帝"，到底是比拟日本"古传"中的哪位大神不明，有人说笃胤引用的"天主、天帝"之语不指天之御中主神，而指产灵大神，③ 对此我们不好接受。理由之一是，笃胤此前说过："天地万物有大元高祖神，御名天之御中主神，无始无终，位于天上，蕴含可生天地万物之德，无为寂然主宰万有。"接着又说："次有高皇产灵神与神皇产灵神，分持天之御中主神之神德，生天地万物，主宰天地万有。"④ 对此我们很难分清"天之御中主神"和"高皇产灵神、神皇产灵神"分别属于何种性质的神灵，仅感觉它们像三个模糊的影子在《古事记》开篇一闪而过，之后再无出现，似乎是对应道家的"一生二，二生三，三生万物"的理论而被刻意创造出来的三个神，起创生作用后即稍纵即逝。而"天帝"一词也来自道教。笃胤只说前一个是第一性的神灵，"可生"并"主宰万有"，后两个是"生"而"主宰天地万有"，总之三者都或"可生"或"生"出并"主宰万有"。虽说

---

① 平田学会编：《平田笃胤全集1》，法文馆书店1911年版，第72页。
② 平田学会编：《平田笃胤全集2》，法文馆书店1911年版，第315页。
③ 参见海老泽有道《南蛮学统之研究——近代日本文化的谱系》第九章，创文社1958年版。
④ 平田学会编：《本教外篇》，《平田笃胤全集2》，法文馆书店1911年版，第315页。

"可生"不等于"生",但一定要它生它未必不能生(如它能生二神那样)。三者其实并无明显的区别。理由之二是产灵大神有两个,到底万物由哪位产灵所生,包括笃胤在内过去谁都没能说清此事。按我们理解,笃胤是试图用一个"上帝"或"天帝"来笼统对应日本的三大神明的,而无意于使其一一对号入座,这与宣长欲赶走一切外来文化的"纯化"理论相比有了很大的退步。由此可见:(1)笃胤和其他"国学家"一样,都有逻辑不清、概念不分之短板,然而笃胤还有自己的特色,说他在此囫囵吞枣,原样照搬基督教或佛教或道教用语并不为过。这种做法在过去的"国学家"和神道学家中一度未见;(2)笃胤为证明自己的"幽冥"观是正确的,什么理论都可以照单全收,不管不顾,而不怕玷污其乃"国学家"或神道学家之伟名。

不仅如此,笃胤在引用基督教或道家用语和概念的同时,还一再追随儒家学说。同样在《本教外篇》中笃胤还说:"此显世并非人之本世。天神生人于此世,乃为测试其心是否诚而有德,而使人暂寓居此世。……试毕后人入幽世,尊者自尊,卑者自卑。人之本世不在显世,而在幽世。……灵与身既有区别,身遗蓐床而不知事,灵出身外忽免痛苦,如梦如现,非我而入幽世。既已辨神,定目视之,来到产土神前,旋而相伴进入幽冥大神神庭。大神逐一判断吾之一生所作所为,无一遗漏。乃因于显世期间其诸罪已先为详知。混淆神道,侮辱神明,尊崇异端,伪诈欺世,诬神无畏,君不君,臣不臣,亲不亲,子不子,夫不夫,妇不妇,士不士,友不友,兄不兄,弟不弟,伯叔不伯叔,侄娣不侄娣,农不农,工不工,商不商,表廉里贪,外正内邪,有过不改,不从正义,心藏非道,所有人眼不及之处一一举发,无可掩藏。……神判既终,善人由幽世大神率领,升至天上,复命天神,永处此国土之幽世,各得其所,往来天上,各创功业。恶人因罪遂被逐至黄泉国,遭受无穷之苦难,懊恼痛苦而永世不得翻身。可悲,可怜。"[①] 笃胤的表述比较烦琐,其所说的不外乎就是儒家倡导的"三纲五伦"和基督教或佛教的天堂地狱学说的融合。如果我们将笃胤的名字隐去,那么人们很可能认为该文乃由一位儒者或牧师或和尚所撰。实际上,从神道学的眼

---

① 平田学会编:《本教外篇》,《平田笃胤全集2》,法文馆书店 1911 年版,第 319 页。

第七章　江户时代中、后期(1716—1867)几大著名"国学家"鼓吹的"大和魂"

光来看，笃胤本人就是"混淆神道"的一个"异端"。这种融合，在我们先前所见的"大和魂"中已屡见不鲜。

三　笃胤对时代的影响

《灵之真柱》第一和第二个序文，是他人吹捧笃胤的文字，谈的也都是如何坚固"大和心"之类的问题。第一个序文由"侍奉大江户远朝廷之堤三五郎源朝风"所作，其中有曰："论坚固大倭心有诸多文字，然首读时不若读平田吾兄灵之真柱此文。"① 第二个序文由"正三位藤原贞直"所作，其中有关"大和心"的部分几乎照搬笃胤的文字："灵之真柱云，著书之旨即建立此灵柱，为协助古学之徒建立大倭心也。此语如鸡鸣导引。"② 对此，笃胤在其著《天说辨辨》中沾沾自喜地回应："吾未闻有何人说过应如何向世人荐此大倭心"；③ 该著还引阿波国（今德岛县）某人信中的话自夸自赞："人我皆赞叹笃胤大人所说之天下倭心雄壮。"④ 又据笃胤于1823年（文政六）9月29日，"与平厚胤共向源中庸秋津彦美豆樱根大人命之大御灵之大御前献词"："有藩国来书云，此学能坚固倭魂，外国八十国、本岛八十岛无一不传，天下有之。此书所言力透纸背。"⑤

从这些文字来看，其中虽有夸大之词，但足见笃胤的影响在其生前已不可小觑，许多人都对他的"大和魂"产生共鸣。据统计，宣长的门人有491人，而笃胤有525人，若算上笃胤殁后的门人1330人，该数字则更为惊人，而且这些人遍布全国各地。另外从门人的结构看，宣长的门人中武士的比例只有约14%，为68人，而笃胤门下却占约31%，为163人，其余大多为町人（城市居民）、农民和神官。⑥ 这表明在笃胤的时代，"国学"的社会阶层已在下移，幕末的"国学"与其

---

① 平田学会编：《本教外篇》，《平田笃胤全集2》，法文馆书店1911年版，第2页。
② 同上书，第3页。原文为万叶假名。
③ 同上书，第25页。
④ 同上书，第68页。
⑤ 转引自加藤仁平《和魂汉才说》（增补版），汲古书房1987年版，第156页。原文为万叶假名。平田铗胤所编《毁誉相半书》（一名《本教道统传》）之附录"余论"也有此记载。
⑥ 芳贺登：《幕末国学的开展》，塙选书1963年版，第292页，附表。

说是文人、思想家在书斋的精神活动，不如说是一批"草莽"根据各地域具体生活状况和政治社会动向，以及针对外部带来的危机感而采取的有清晰目的的实践活动。幕末的"国学"被称为"草莽国学"，原因就在于此，其实践意义要大于其理论意义，而这些实践，与笃胤的"大和魂"多有关联。

在叙述笃胤对时代的影响之前，要先说明时代对笃胤及其门人的影响。应该说，笃胤及其门人首先是时代的儿子，之后才是创造时代的父亲。

1. 时势造英雄。在笃胤的青少年时代或更早之前，江户幕府就出现了各种危机。据说笃胤出逃江户，除有对自身家庭不满的原因外，还有一个缘由就是当时的秋田藩已陷入财政危机，藩士的薪俸不断被藩主"强借"，因此出现了"御家骚动"。① 笃胤的父亲不让儿子出仕可能与此有关。所谓的"御家骚动"，是指在江户时代的"大名"中，藩主一族及各家老②等可成为藩内领袖的一些人因建立帮派而产生的内部纠纷。斗争的主要原因是家臣间就主导权和藩政方向问题的对立，如家臣中老贵和新贵的对立、伴随藩政改革带来的守旧派和改革派的对立，以及幕末时期藩内工作方针的对立等，动机各有不同。此外还有藩主和"家臣团"之间的倾轧，其中既有藩主试图排除有实力的家臣，以强化自身权力的情况，也有家臣因利益受损，关押无能的主君或使其退隐的事例，亦有因争吵，家臣从"大名"家出逃，引发全藩骚乱的情景。总之，江户幕府的政局已处于十分不稳的态势。

从本居宣长《秘本玉匣》和铃木雅之的《民政要论》等的内容来看，江户幕府产生这些问题的原因，首先与诸藩和不少政府官员在政治、经济方面的"越分"和腐败有关，"人们之做派与其身份、地位相比，上、中、下皆有越分。先说上，大名身份之重，远胜于上古天子和中古大将军等"，③ 以致上行下效，骄奢风气盛行，财政不堪重负。其次是幕府官员和高级藩士的工作失范，导致农村租税过重，土地兼并加

---

① 日本维基网站"平田笃胤"条。
② "武士家臣团"中的最高领导层，有数人，通过合议，辅佐、实施藩内的政治和经济。
③ 本居宣长：《秘本玉匣》，岩波书店1934年版，第57页。

第七章　江户时代中、后期(1716—1867)几大著名"国学家"鼓吹的"大和魂"

剧，贫富差别扩大，货币经济渗透，农民贫困愚昧、迷信流行、道德下降、任意堕胎，人口减少，村政紊乱，盗贼赌博横行，物价飞涨，乡民离村等一系列社会问题的出现，饥民们不得不铤而走险，"一揆"（造反）事件频发，部分人被迫提出"改造社会"的口号。"天保饥馑"大盐平八郎暴动前所写檄文中的"四海穷困，天禄永终"正是这种社会困局的写照。[①] 用另一位"国学家"橘曙览的话说，就是"永禄、天正"年间出现了新的"下克上"运动。据经历过罢免满愿寺"庄屋"运动（1790 年，宽政二）和"一揆"镇压（1828 年，文政十一）的"国学家"桂誉重回忆："当时……下批上之政事，论有司之可否，下司强于上司。臣不见用时心中怨君，子不事亲时远走他乡。妻追于夫后，弟子轻师"。[②] 这一切都让幕府及御用文人头痛不已。面对这种局面，"国学家"们也发起多种多样的运动，虽说这些运动在政治思想上显示出多义性，但其中的共同之处就是，通过保存良好的"古风"，恢复"古代"社会，以挽回颓废的时势。可以说没有幕末的这种局势和一波波的农民起义，以及后来又出现的西方殖民者叩关导致的民族危机，笃胤及其门人要在运动中施展自己的影响并逐渐成为气候，进而在明治维新前出尽风头是很困难的事情。

铃木雅之对此开出的处方是：首先，要明确"主权在皇"的意识，"于天皇而言，将军、大名、家臣、农民同为臣民，无绝对差别，士民统治权在天皇一人，大名不能任意处置家臣和农民"[③]。其次，政府官吏要知民情，不能"只收年贡夫钱，以抓恶徒为职"。[④] 且因如今多半"名主"（受郡长或其"代官"支配，负责管理町、村和收税工作的人。关西地区称"庄屋"）"缺乏气量，无官威"，所以需要在"每里设一长，掌检校户口、课殖农桑、度察违法、催促赋役之事"[⑤]。再次，需

---

① 铃木雅之：《民政要论》，转引自芳贺登《幕末变革期的国学家运动和逻辑》，《日本思想大系 51》解说，岩波书店 1968 年版，第 681 页。
② 桂誉重：《世继草摘分》，出版商不明，1883 年，第 50 页。
③ 铃木雅之：《民政要论》，转引自芳贺登《幕末变革期的国学家运动和逻辑》，《日本思想大系 51》解说，岩波书店 1968 年版，第 680 页。
④ 同上书，第 681 页。
⑤ 同上。

"大和魂"史的初步研究

加强对人民进行"复古"思想和道德的教育，包括多养孩子。从这些建议来看，雅之的主张（"主权在皇"和"复古"）与笃胤的"大和魂"有所共鸣。而桂誉重提出的主张略有不同，但其"复古"的本质亦与雅之无异，说是要"复归"幕藩体制刚形成时的"庆元（年号）之质朴"，加强对人民的辅导教育，尤其是神祇教育。具体的做法是，"朝廷若敦厚人民习神之心，以此大御心（按：意通'大和心'）为心，由诸有司一直传达至国守、郡司、保长、村长，教育训诫大御宝（人民）"①。此中的"大御宝"又来自笃胤的"产灵"思想，也属于"大和魂"的一种表现（详见后文）。在这种"复兴神祇"的过程中，一种名曰"神葬祭"的运动应运而生。这些"复古"主张不能不说都活用了笃胤的思想。一些崇尚务实的"国学家"还到农村，与那些在乡的"国学家"一道鼓励农民"勤勉于家业"。比如佐藤信渊就亲赴农村，用自己从中国农书学到的先进生产知识帮助农民，以提高农业的生产力。无疑这也来自其先师笃胤的影响。因为笃胤本人对农业问题也十分关心。他在1841年（天保十二）闰正月七日给友人的书简中说："近来正修改《农业余话》著作，乃蒲生村仁左卫门所作也。甚佳。"② 另外，笃胤还在宫负定雄《农业要集》的序文中对作者大加赞赏："爰有吾弟子下总松泽村宫负定雄此一男子年轻有为，……写出此书。吾将'耕耘之事问老圃'此一支那古语改说为'种田之事问此若圃'。"③

由于"国学家"和其他人的努力，日本农村的经济有了一定的恢复，社会风气部分好转，但未解决根本问题。屋漏偏逢连夜雨，恰在此时美国海军将军佩里率舰来到浦贺湾要求日本开国。这给日本朝野以极大的震动。针对这个前所未有的民族危机，"国学家"长泽伴雄写出《挫夷君诰》和《挫夷本论》，藤井高雅写出《清醒一书》，等等，都对海防显示出强烈的关心。此时一批"国学家"们又将工作重点转为"祈祷防御异国船"，在表明抵抗意志的同时，还巧妙地利用当时的局势，将招致与幕府勾结的寺院激烈反对的"神葬祭"运动引入对自己

---

① 桂誉重：《世继草摘分》，出版商不明，1883年，第56页。
② 转引自芳贺登《幕末变革期的国学家运动和逻辑》，《日本思想大系51》解说，岩波书店1968年版，第681页。
③ 同上书，第682页。

第七章　江户时代中、后期(1716—1867)几大著名"国学家"鼓吹的"大和魂"

有利的方向。在部分"国学家"看来，要对付"内忧外患"，就需要明确"我大君乃一天四海之大君，天下为大君统治之天下，而非天下人之天下。为臣者僭越做大，即使威严八方，其官位正朔亦由朝廷所赐，仅侍奉朝廷而已。此即臣统之故"。"大皇国以天壤无穷之神敕为道之大本，下人及其下人，须按古辙行事，尊奉其上，追随朝廷制度"①，则一揆"无须可惧"，②"异人"侵扰也不在话下。这些话无疑是说给幕府听的，其精神类似于笃胤的敬神尊皇的"大和魂"思想。在乡"国学家"竹川政胖（竹斋）不仅在乡村文化建设和民生救济方面多有贡献，还为日本的国防写出《护国论》一书，提出加强日本北大门的警戒、防备来到浦贺的黑船、制造战舰大炮、近海海运、录用人才等建议，其中也论及元军入侵和鸦片战争等问题。政胖将此书先后寄给胜海舟和京都朝廷，之后又为回答其嫡子的提问写出《护国后论》，提倡兴利殖产，富国强兵，其思路与明治维新政府的所作所为几乎一致。这些意见是针对当时的新情况而产生的，在笃胤的言论中自然所未见，但其注重实践的思想，与时代和先师笃胤不会没有关系。

2. 英雄造时势。笃胤的影响主要体现在他的政治伦理实践思想方面。从以上幕末"国学家"的言论可以发现，它们有的来自笃胤的直接影响，有的则来自间接影响，但笃胤在其中所起的作用都不小。过去宣长只论"道"而不行"道"，而在幕末这种"论道"已演变为一种"行道"，即政治伦理实践，这个思想就来自笃胤。宣长认为，"行道，乃大君与某人之职责，非学者之责任。学者之责任乃思道寻道"③。并要求"位于下者，无论道之好坏，仅需秉承上意去做则可"④。"守公家时有变化之规定，从世间之风俗礼仪，即神道。"⑤ 换言之即一种被治者的从动式神道。而到笃胤时代，因为其门人数量的扩大和"国学"阶层的下移，"国学"的内容带有十分浓厚的日常生活色彩，神道对百

---

① 竹尾正胤：《大帝国论》，收录于《日本思想大系51》，《国学运动的思想》，岩波书店1971年版，第493页。
② 同上。
③ 本居宣长：《玉胜间》，《日本思想大系40》，岩波书店1972年版，第293页。
④ 同上。
⑤ 本居宣长：《葛花》，《本居宣长全集8》，筑摩书房1972年版，第593页。

姓来说，已变为一种具体的生活实践。"盖我皇神道之旨趣，以清静为本，厌恶污秽，忠孝君亲，恩惠妻儿，多生子孙，和睦亲族，专信朋友，怜悯奴婢，思家族繁荣。此为神传之真道。"① 再联系笃胤在《伊吹于吕志》中所描绘的"极乐世界"（现实世界）图景，我们可以发现，笃胤所谓的神道观与普通人的生活观几乎没有差异，它规定了日后"草莽国学"的日常生活伦理和实践的基本方向。也就是说，宣长以雅致的"物哀"观支撑起的神道观念，在笃胤的手中被改造成普通人的现实欲求，包括生殖欲望。笃胤的门人宫负定雄在其著《国益本论》对"国益"的认识非常简单："国益，即专一于向天下人授道，且繁殖人种。"② 铃木重胤后来甚至将基于男女生殖行为的发展观归结为神道观念的本源，与笃胤的所谓"产灵"观念颇为契合，将加强对人民的"复古"思想和道德教育与多养孩子结合起来。如此生活化和通俗化的"国学"，易于吸引人心并使人们走向实践。

此外还可以发现，不管是铃木雅之，还是桂誉重、竹尾正胤，他们的主张都是一种"大政委托论"（天皇暂时将权力交给将军）的翻版。而这种"大政委托论"就源于笃胤的"神之御子唯有天皇"的思想。"国学"天皇观的一个显著特点，就在于将天皇视为神的后裔，并使之神格化。然而随着幕末"国学"的神道日常化，原先被神格化和绝对化的天皇被"国学家"从云端拖回现实世界，成为一个支撑政治秩序和生活规范的活生生的权威。天皇后来之所以真正成为"现御神"或"现人神"，与此有很大的关系。笃胤的门人和泉真国对此的总结是："吾皇国崇奉神祇乃国政之大事，亦即祭世治人之道。"③ 尊皇攘夷派的领袖真木和泉提出的"天皇亲政论"和"攘夷亲征论"也来自这种思想主张："只如天似或帝般看天皇，而臣自身不失权柄，此乃旧弊之第一条，希尽早打破。"④ 唯"恐天朝之仪，七百年来不预天下之事，亿兆民众仅以神明视之。今日攘夷之举悚动天地，士民一心瞻仰天朝，实

---

① 平田学会编：《玉襷》，《平田笃胤全集4》，法文馆书店1911年版，第405页。
② 宫负定雄：《国益本论》，《日本思想大系51》，岩波书店1972年版，第293页。
③ 和泉真国：《明道书》，《日本思想大系51》，岩波书店1972年版，第202页。
④ 真木和泉：《上三条公书》另纸，出版商不详，文久三年三月。

第七章 江户时代中、后期(1716—1867)几大著名"国学家"鼓吹的"大和魂"

为应有之壮举。然此终为久违珍稀之事,天朝尤以深虑为盼"①。

这一切用现代语言说就是"祭政一致",其思想源头也来自笃胤:"御祭事与御政事原本为一。此乃神国之谓也。今之俗人将祭神与治国视为不同之事,乃大谬。"② 它表明宣长的被治者神道正在向治者神道发展。与宣长的"政事观"相比,不用说笃胤的这种思想对日本此后的政治走向所起的引领作用要大得多。因为宣长说过:"无论何人,皆认为大君治国万事中祭神乃最重要之事,故可涵括其余之事,政事即祭事。诚哉斯言。然熟思后发觉其言不得其鹄,'政'应为侍奉之事,天下臣连八十伴绪(按:指'臣下')奉天皇大命,各司其职,即天下之政。"③ 其主张的是被动和服从的政治,治者仅享有一定的政治裁量权。而此事到笃胤的嘴里,却变成治者也要侍奉神,服从神威。因此不光被治者,而且治者也感到极大的压力。在至高无上的神面前,治者的权力只是暂时的,最终也应为神服务。也就是说,被治者和为政者的立场被笃胤模糊起来。这个思想后来被笃胤的门生中条信礼概括得一清二楚:"政令教诫为一,万民一心,四海同风之神国,惟神是举,服从尊奉,无须言词。民祭臣,臣祭君,君祭神。"④ 也就是说,上级的上级还有上级,一级一级要尊重上去。"君祭神"的具体内涵和目的除天皇外谁也弄不明白,但"臣祭君"却是一件实实在在、谁都心知肚明的活计,即服从天皇。有趣的是,信礼竟将这种逐级尊奉的信条视为"和魂",包含以上"和魂"词汇的他写的著作还被他命名为《和魂迩教》,⑤ 这种信条与笃胤的尊皇"大和心"明显具有传承关系。

同时"国学家"还主张改善君臣关系,须基于上至天皇、下至万民同为"产灵"所生的概念,"爱民如子":"以神与君之大御心为心,视百姓如我所生之子,贴身生荫,爱怜教育。"⑥ 因为按照"国土万物"皆为神的"恩典"所创的观点,不仅是天皇,而且所有的人民都是神

---

① 真木和泉:《上野宫定功卿书》,出版商不详,安政五年六月。
② 平田学会编:《大道或问》,《平田笃胤全集10》,法文馆书店1911年版,第74页。
③ 《古事记传》,《本居宣长全集9》,筑摩书房1968年版,第316页。
④ 中条信礼:《和魂迩教山口枽》,出版商不明,1857年(安政四)刊,第61页。
⑤ 即《和魂迩教山口枽》的简称。
⑥ 桂誉重:《济生要略》,《日本思想大系51》,岩波书店1972年版,第250页。

的"产灵"所生，人民也是"皇祖天神的分身"乃至"分灵"。① 信礼将"治理万民之天皇直至奉祭之之万民均称作大御宝"，② 就来自这种思想。其结果是构筑了一种家族式的拟制血缘关系，突破了过去冰冷的君臣关系和权力结构，使幕藩的身份秩序转化为朴素的民族同质关系和家臣关系，拉近了天皇与人民之间的距离，为尊皇倒幕运动和明治维新争取到大量的人心。吉田松阴就是其中的一个。他说："以平头之士治国平天下，听来过于僭越，……仅为士，身离农工商，用心于治国平天下，须有辅佐此世治安、政治和平之诚心。"③ 这种意识不来自别的，就源于"大凡君与父，其义为一。我君即令昏愚，离生国去他国寻君，与我父顽愚，出家以邻家翁为父相同"④ 这种思想，不能不说它与笃胤在"幽冥"说中所提倡的"天皇统治大义"和"产灵"思想有内在的关联，也是笃胤式"大和魂"的一种换说。不仅如此，这种来自"产灵"思想的拟制血缘君臣观念也对"家业勤勉论"和"祭政一致论"起到重要的推动作用，三者形成一种经纬交织、相得益彰的作用。

3. 笃胤对时局和后世的政治伦理型实践的影响，主要来自他及其他"国学家"擅长宣传工作，以及他们的后人拉起武装力量这些方面，它们都为笃胤的影响力扩大和明治维新的实现做出了贡献。在宣传方面，笃胤采取了养子、弟子、自己三条腿出版著作的方式。1810 年（文化七）铗胤成为笃胤的养子后，即以"气吹舍藏版"的形式增加笃胤著作的出版数量，并鼓动门人积极赞助出版，其中以信州伊那谷的笃胤弟子最为卖力，发起刻印笃胤著作的活动，出版《弘仁历运历考》和《古史传》。笃胤本人也未闲着，通过设立"社中雕刻挂银（准备金）"和"进学会积立金（基金）"等，让门人和江户、京都、大阪"有身份的人"捐资出版。这些著作的发行，不仅扩大了笃胤的名声和影响力，也为尊皇思想的普及创造了条件。从序言看，信州的笃胤弟子在出版《古史传》时冒用了"东照大神君（按：指德川家康）发起古学之道"的名义，但实质上却在宣传"天皇中心主义"："纵传美名于

---

① 铃木重胤：《世继草》，《日本思想大系 51》，岩波书店 1972 年版，第 234 页。
② 中条信礼：《和魂迩教山口栞》，出版商不明，1857 年（安政四）刊，第 58 页。
③ 吉田松阴：《武教全书讲录》，《日本名著》，中央公论社 1973 年版，第 213 页。
④ 吉田松阴：《讲孟余话》，《日本名著》，中央公论社 1973 年版，第 179 页。

第七章 江户时代中、后期(1716—1867)几大著名"国学家"鼓吹的"大和魂"

万代,横显善志于六十余州,对先祖与父母之孝道由此建立,益子孙之长久良策亦就此形成,报国恩于万倍。"① 而笃胤的师父宣长却做不到这一点,他只能通过藩主的支持出版某几部主要著作。

与此同时,有的在乡"国学家"为防御西洋人的入侵还建立起炮台,并拉起多支武装队伍,如远州的弓箭队和枪队等。这些队伍后来在戊辰战争②时转变为"远州报国队";部分信奉"国学"的乡民也表现神勇,如豪农北原稻雄在成为笃胤殁后的门生时遇上"南山骚动",不仅拒绝与官军配合,而且还在暗处帮助义民,成为"农民大将"。在骚动中稻雄立起三面"产灵旗",代表天照大神、八幡大神和春日大神。骚动平息后,稻雄还花钱刻印笃胤的《弘仁历运记考》,继续领导农民进行减轻赋税和保卫乡土运动,再后也成为一个尊皇攘夷的支持者。1866—1867年(庆应二—庆应三)局势动荡期间,又积极投身于"本学灵社"的建设运动。在之后的戊辰战争中协同"东山道军"作战,后因有事回乡,让一个儿子代替他参见戊辰战役;武藏国大里郡青山村豪农根岸友山,自称是笃胤殁后的门人,于1862年(文久二)成为清川八郎等的"新征组"队员,在进入京都时写下《吐血论》一文,强调日本国体优越于万国,我国民必须以忠义奉献国家,并区分所谓的忠臣和逆贼、奸贼。他对逆贼和奸贼作以下区分:"反对此般可贵之大君者为逆贼。阳饰志、阴谋逆,欲夺天下者为奸贼。"③ 如此一来,源赖朝则成为奸贼,江户幕府的德川一族则成为逆贼:"次有德川氏,代丰臣氏掌握天下大权,人民不知大义,不辨名分,以为天下乃德川氏天下。其愚实甚。然于今德川逆罪暴露于天下,奉萨长二藩朝命,讨伐德川,真愉快也。"④ 回乡后友山依旧以"关东草莽"自居,坚持倒幕,组织并武装农民进行军事训练;等等。

---

① 转引自芳贺登《幕末变革期的国学家运动和逻辑》,《日本思想大系51》解说,岩波书店1968年版,第673页。
② 戊辰战争,从1868年(庆应四年或明治一年为戊辰年)到翌年进行的新政府军和旧幕府军的战斗总称,包含鸟羽、伏见之战、彰义队之战(上野战斗)、与长冈藩和会津藩之战、箱馆五稜郭之战等。也叫戊辰战役。
③ 根岸友山:《吐血论》,《新编埼玉县史 资料编 12 近世 3 文化》,第307页。
④ 同上。

质言之，笃胤生前不能预料到他生后发生的事情，也未为倒幕运动做过一项实际的工作，但他的尊皇实践思想，包括其实践性的"大和魂"精神，为此后的倒幕运动提供了理论基础和战斗的勇气，也为明治维新的实现指出一个大致的方向。1868年江户幕府时代结束，明治政府建立，继承笃胤思想的弟子们大举进入新政府，揭开了新时代的大幕。

第五节　大国隆正的"大和心"

一　大国隆正何许人也？

大国隆正（1793—1871），幕末、明治维新时期的"国学家"，也姓野之口，号佐纪乃屋，字子蝶，早年名叫秀文或秀清，出生在位于江户樱田的津和野藩藩邸，其父是石见国（今岛根县西部）津和野藩藩士。自幼好学，涉猎广泛，1805年投入平田笃胤的门下学"国学"，同时到昌平黉[①]跟随古贺精里[②]学儒学，并分别向增山正贤和菊池五山学习绘画和汉诗。当隆正听说本居宣长精通音韵学后，又转随宣长的门人村田春门学习音韵学，当然在此过程中也会接触到"国学"。1818年隆正继承家业后赴长崎游学，拜吉尾权之助为师学习"兰学"[③]和梵学，因此具有较广博的知识和开阔的眼界。在著名的几大"国学家"中，进昌平黉学习汉学和赴长崎学习"兰学"的唯有隆正一人。而学习梵学的除笃胤外也只有隆正。

之后隆正不再与日本的文人交往，回家乡专心研究"神代"的"古事"和"五十音图"等，写出《古传通解》和《矮屋一家言》等著作。1828年隆正因激愤于津和野藩同僚的诽谤而脱藩，时间长达20

[①] 昌平黉，江户幕府开办的以学习儒学为主的学校，起源于林罗山在上野忍冈开创办的弘文馆。1690年将军纲吉将该校与孔庙先圣殿一道搬至汤岛昌平坂，让林家后裔主持学校工作。1797年成为幕府直辖的"学问所"，主要教育"旗本"、"御家人"的子弟。也称"昌平坂学问所"和"江户学问所"。

[②] 古贺精里（1750—1817），江户时代后期的儒者，宽政时代"三博士"之一，名朴，初学阳明学，后奉朱子学，为藩校的创建做出贡献，因此被幕府重用，成为昌平黉的教师，著有《四书集释》、《近思录集说》等。

[③] 江户时代中期以降出现的西欧学问，通常指用荷兰语撰写的医学、天文学等书籍。

第七章　江户时代中、后期(1716—1867)几大著名"国学家"鼓吹的"大和魂"

多年。其间赴大阪和京都、摄津（今大阪府和兵库县之一部）教授"国学"，但将该学问改称为"本教"或"本学"，其民族主义情绪由此可见一斑。自 1836 年开始，隆正先后到播磨国（今兵库县西南部）小野藩和姬路藩、备后国（今广岛县东部）福山藩等地教授"本学"。在此过程中隆正于提倡复兴皇道的同时阐明日本是神国，其国体"尚武"，该思想完整地体现在其著《大和心》之中，因此差点受到幕府的处罚。1850 年（嘉永三）1 月 14 日隆正谒见"关白"鹰司政通，借机在宫中讲释"皇典"和鼓吹皇室复兴。翌年，因得到津和野藩藩主龟井兹监的同意恢复藩籍，担任该藩藩校"养老馆"的"国学"教师，但待遇不高，俸禄仅可供一家 5 口人生活。

1853 年（嘉永六），美国海军将领佩里[①]率舰来到日本海面，要求开国，日本朝野上下不知所措。为此隆正著《文武虚实论》，阐述海防之关键在于排斥"虚文虚武"，而须"实文实武"，并要求巩固"和魂"，发扬"武道"，以此让"日本冠绝宇内"，不受洋人欺负。[②] 1855 年（安政二）隆正又著《本学举要》，详细阐述日本国之所以"冠绝世界万国"，是因为天皇皇位"天壤无穷"，理应君临世界。此说为稳定当时的人心和即将到来的尊皇倒幕运动做出一定贡献。隆正门人众多，其中包括维新勤皇人士玉松操、福羽美静、西川吉辅、师冈节斋等人，还有前述的那个两面派"国学家"铃木重胤。后来玉松操成为明治政府重臣岩仓具视[③]的门客，福羽美静担任明治天皇的"侍讲"，被授予子爵爵位。

1868 年（明治元）隆正成为"征士"（被政府录用任官的藩士和庶民），任神祇事物局"权判事"（副大法官），但因岁数原因不久即辞职，改任神祇局顾问。在这段时间隆正做过两件大事，一是通过弟子玉

[①] 佩里 (1794—1858, Matthew Calbraith Perry)，美国海军将领，于 1853 年（嘉永六）任东印度舰队司令官时率领 4 艘军舰抵达日本浦贺海面并呈上国书，要求幕府开国通商。翌年签订《日美和亲条约》，约定开放下田、函馆港口。著有《日本远征记》一书。

[②] 大国隆正：《文武虚实论》，《大国隆正全集 1》，有光社 1937 年版，第 8、35 页。

[③] 岩仓具视 (1825—1883)，幕末和明治时代前期的贵族和政治家，曾推动"公武合体"，但之后转为宫廷中讨幕运动的中心人物，维新后成为政府的重臣，为改变不平等条约率使节团访问美欧。

"大和魂"史的初步研究

松操向岩仓具视提议,须基于神武天皇伟业发布"王政复古大号令",将"神祇官"置于"太政官"之上,将纪元方式改为神武纪年(将传说中的神武天皇即位的年份即公元前660年定为纪元元年。也称"皇纪"或"圣元")。二是和旧藩主龟井兹监一道提倡"神佛分离"和"废佛毁释"。这些建议都被明治政府采纳,对明治初年的神祇政策产生了巨大影响。1871年(明治四)隆正死去。1915年(大正四)11月被追赠"从四品"。

二 大国隆正的"先驱性"

隆正对日本学术的"贡献"体现在诸多方面。首先是将荷田春满、贺茂真渊、本居宣长、平田笃胤四人奉为"国学四大人"。此提法过去闻所未闻,而且也有争议,有人认为日本的"国学"肇始于僧人契冲,所以应将契冲也算上。但隆正不将契冲而将春满定为"国学四大人"之一的理由是:"契冲之古学仅与歌书有关,而春满先生将此回溯至神典(按:指《古事记》和《日本书纪》等),故将其定为我古道学始祖。"[①] 由此可以看出在隆正的心中歌书和"神典"(《记纪》)孰更重要。另外,隆正将契冲踢出"大人"行列,立春满为"大人",似乎有强调自身学统来自正宗的目的。因为他所举出的"四大人"在学统上是连贯的,都研究"神学",而自己在"神学"研究上也成果斐然。由于隆正在明治维新后地位很高,"学术成就"也大,所以有人提出应该在过去"四大人"的后面再加上隆正,合称"五大人"。如果隆正当时不让契冲出局,那么日本"国学"史上很可能出现"六大人"。

隆正强调自己的学统,然而与本居宣长的成就相比,日本"国学"自平田笃胤开始至大国隆正时已大大退步,变为一种无须文献考证分析,只凭"信念"和"热情"就可信口开河的"学问",而且在"日本中心主义"和"本国至上主义"这条道路上越走越远。隆正甚至不认为"国学"这个词汇是正确的,也反对将"国学"称作"皇国学",而将有关日本古典的学问称作"本学"或"本教",将神道学说成是"本教神理说"。应该说这是隆正对日本传统学术的最大"贡献"。关于"本学",

---

① 大国隆正:《学统辩论》,《日本思想大系50》,岩波书店1973年版,第472页。

第七章　江户时代中、后期(1716—1867)几大著名"国学家"鼓吹的"大和魂"

隆正解释说，"古书中未见本学此名，而有本教一说。本学即学习了解本教之旨之学术，故称其为本学"①。至于"本教"，隆正说它源于"《古事记》序将我国之古事称作本教，其旨意包蕴于宝祚无穷之神敕之中。天之御中主神乃此神敕之本源，天照大神即此神敕本主"②。换言之，"本教"即天地形成的"古事"（古代事迹）和说明古代"大道"的"宗教"。由此可见，隆正所追求的仍不能避免将日本古代"事实"绝对化、视日本为世界中心的毛病。"本学"和"国学"只是说法不同而已，其实质也还是以日本为"本"，建立对他国的优势——儒佛"之教皆疏远于本。吾国将教称作本教，将国称作日本，乃因其位于火热之日光下方。吾神典传天地之本，五十音图定语言音韵之本，如日之强光"，③自然位于外来宗教上方。"尽管儒佛二者尊说其道，余仍遵从吾本教之旨，推吾古传为大道，贬儒佛为此神道中之小道。然其可用之事物，如民献贡于君之类做法不妨用之，其巧说亦可用于辅政。"④结论是："盖我国之教称本教，尊本之教也。神为人本。因此以祭神为政事之本。"⑤"皇国之古传为世界之本教，最终世界教法皆亡，归于一教。"⑥

不仅如此，隆正还在其著《金坑辨》第一卷将日本的学问称作"日本学"⑦，故可谓日本历史上提出此概念的第一人，堪称时代先驱。我们没有想到，如今大量使用的"日本学"这一词汇，竟然来自隆正。然而，隆正并未也无意说清这个"日本学"的概念，其实稍加观察，就可以知道这个"日本学"就是"本学"的另说。在该书中，隆正强调金银的重要性，说应不惜用此于国防，但不可开采以满足私欲和奢侈心，也绝不能流出海外。此话应该说是正确的，但在该书卷首，隆正却有以下"声明"，再一次显示出他"日本中心"或"本国至上"的坏毛病："世人大凡认为，神代卷仅属日本国之神代卷，非也。世界万国

---

① 大国隆正：《本学举要》，《大国隆正全集1》，有光社1937年版，第81页。
② 大国隆正：《直毘灵补注》中，《大国隆正全集2》，有光社1937年版，第73页。
③ 大国隆正：《音图神解总说》二，《大国隆正全集6》，有光社1937年版，第291页。
④ 大国隆正：《三教一致辨》，《大国隆正全集1》，有光社1937年版，第51页。
⑤ 大国隆正：《天津祝词太祝词考》一之下，《大国隆正全集7》，有光社1937年版，第81页。
⑥ 大国隆正：《三道三欲升降图说》，《大国隆正全集2》，有光社1937年版，第72页。
⑦ 大国隆正：《金坑辨》第一卷，出版商不详，1924年，第8页。

之始皆为日本之神创造。又有人说吾天皇仅为日本国天皇，若认真读取神代卷，亦非也，天皇实为四海万国之总帝。"① 继而隆正承接笃胤的思想，就外国文化与日本的关系作出叙述：由于存在如此尊贵的"神思"，外国才有进步的一天，而日本借助外国的力量则日益发达。"不仅文字、医道，其余举不胜举之事物，（神思）皆使其传入唐土后于彼处精炼打造，之后方令其返回日本，成为日本之必需品。有人讨嫌唐土之事物乃外国舶来品，其心狭隘。"② 那么如何才能改变这种狭隘的心理？隆正将它与"日本学"发生了联系："皇国与五大洲经纬长短不同，可谓造物主之妙手天成。振兴日本学之秘诀，首先在于关心大理、大道，由此产生吾国尊贵之意识。以唐土、西洋皆为吾国领地之观念视之，彼处制造之物于吾国无害亦可用之。心地狭隘而讨嫌之，可谓与神思相悖。"③

隆正的时代"先驱性"还表现在他提出的在天皇领导下的"万国共荣论"。日本在二战时期于亚洲推行的"东亚共荣圈"就来自隆正的这一构想。我们很难想象，在日本国力尚很弱小的当时隆正是如何产生这种思想的。在《新真公法论》中，隆正批判西方的万国公法，主张世界各国应归于日本这一皇国所有，建立一个在日本领导下真正的国际联盟，在地球上实现和平。有当代日本学者称隆正为"具有地球规模的气度宏大的人"。同时隆正还批评当时日本所谓的攘夷论为"器（量狭）小"和"谬误"，强调应将这种"小攘夷论"转化为"大攘夷论"，最终实现"八纮一宇"："我隆正认为，流传于日本国之古事与借此古事、古言得知之神道、神理，以及通过此神道、神理，上帝造物主④向人们显示之大道，以本体之'真'为经线，以相助之'诚'为纬线，将人类世界之万事交织为一体。本体之'真'，于支那而言即

---

① 大国隆正：《金坑辨》第一卷，出版商不详，1924 年，第 2 页。
② 同上书，第 4 页。
③ 同上书，第 15 页。
④ 隆正在此所说的"上帝造物主"，似乎指的是日本神话传说中的天之御中主神、高皇产灵神、神皇产灵神。因为隆正对基督教并无好感。他在《金坑辨》中说："如耶稣基督教，虽可取其为末，然其本为恶，应禁不可用"（第 24 页）。不过我们仍旧弄不明白，隆正为何要使用这些词汇。此或反映出隆正的赶时髦心理和对宗教原理不做鉴别、囫囵吞枣的幼稚品性。

第七章　江户时代中、后期(1716—1867)几大著名"国学家"鼓吹的"大和魂"

忠、孝、贞，此为本。相助之'诚'，首先指家庭内相助，还指同村、同业、同家族相助，日本国内部相助，最后亦指引异族相助。异族皆相助，以日本国为本，以我天皇为人类世界之大本而受崇敬时，方符合上帝造物主之最初心愿，堪称正确。此可谓真公法。"① 为此他建议，应取消西洋纪元，采用神武天皇纪元："说西洋取本有误，乃因其不立国王为本，而以教主为本。""西洋云纪元一千八百五十年，乃以教主为本。""吾与之相反，显日本国体，以神武天皇为本，立中兴纪元二千五百年此纪号。"②

隆正的另一个时代先驱的表现是，为应对当时险峻的国际形势和畏缩不前的避战心理而提出日本乃"武国"的主张。这种言论也是前所未闻。"日本国乃武国，有武道。""或云今人不知其武道发生之来源。如今武士孱弱，难以为用。隆正云不然。于今武士皆可用。然曰可用则须使之明白神道必胜之道方可用之。"③ 那么什么是"神道必胜"的道理？隆正也将它归于日本古代的神典："神武天皇纪曰存志必克，此即神道必胜之路标。无论武夫如何刚强，若不知神道必胜之道，赴战场必有危险。兹显示神道必胜之道，以表明日本国武道有其本源。"④ 日本后来出现军国主义式的"武士道"及提出"武运长久"等口号，与隆正的这个思想不无关系。在隆正看来，一个军人的勇敢首先源于心中有神，即有天皇。它导致后来日本军人在战场厮杀或赴死前必高呼"天皇万岁"的情况。说隆正的"武国"理论是后来日本军国主义式"武士道"精神母体并不为过。而这种精神母体和上述隆正的思想，也可以说是隆正的"大和心"。

三　大国隆正的《大和心》

隆正使用"和魂"、"和心"等词汇的数量也不在少数。自1855年（安政二）4月写《本学举要》及其附录《驭戎问答》开始，至《真尔

---

① 大国隆正：《新真公法论》神理一贯书卷一，《大国隆正全集3》，有光社1937年版，第36页。
② 大国隆正：《本学举要》卷上，《大国隆正全集1》，有光社1937年版，第51页。
③ 大国隆正：《文武虚实论》，《大国隆正全集1》，有光社1937年版，第141页。
④ 同上。

园翁歌集》、《吾师大国隆正翁明治初年向某显贵建言抄本》[①] 为止，隆正不断使用这些词汇。甚至隆正还以专文论述"大和心"，此即其著《大和心》。该《大和心》集中反映了隆正的各种思想，从中可以看出他的"大和心"到底属于何种心性。

《大和心》原名《倭魂》，除正文外在每节的下方均有注释，乃模仿本居宣长《直毘灵》等的写法。共分两卷，第一卷前半部分谈"忠"，后半部分谈"勇"。第二卷谈"忠、贞、孝"三者的关系。在第一卷前半部分，隆正从"大和心"的定义、伪书《菅家遗诫》中出现的"和魂"和"汉才"这两个词汇的意思，一直谈到日本古代各类书籍中出现的"大和魂"或"大和心"所反映的"事实"，强调它们皆与"忠皇"有关。虽然其中也提到所谓的"相扶附本"等与"家职产业"有关的事情，但其中的"本"仍与"本教"的"本"即"忠皇"有关，可谓其主要含义就是"忠君"的一个"忠"字。隆正希望将此引申为日本国民的信念、道德意识和国民生活的根本。以下跟随隆正的思路，先就其"忠君"的"大和心"做些分析。

在《大和心》开篇隆正即说："大和心或大和魂，未见于神世之书，然常见于此千年之书籍当中。遍察此心魂，可谓其全部涉及大臣不觊觎天皇之大位，任何时候皆遵守臣下名分，侍奉天皇之事。"[②] 这一句可视为隆正对"大和心"下的定义，那就是一个"忠"字。这从后文隆正就《源氏物语》"少女"卷的"大和魂"所作的注释："隆正首次详考古人用例，将敦厚忠义之心定为大和心"[③] 可以得到印证。如果我们再参看其著《鼻子比赛草子》（故事、传说）中的一段话，则更可以加深对以上定义的理解："生于日本之人，遇万事仅须以'真诚'为本，具有雄壮、正直、洁净、高雅之心，为国为君不惜性命，永远克制自身。"[④] 也就是说，与过去的"国学家"相比，隆正的"大和心"在许多方面与他们是相通的，但多出一个"忠"字。不过稍加辨析就可看出，隆正的"忠君"只是过去"尊皇"的换说，没有更多的新意，

---

① 抄者为片冈正占。刊载于《国光》第三卷第四号，国光社 1891 年 11 月 12 日发行。
② 大国隆正：《大和心》，《大国隆正全集 3》，有光社 1937 年版，第 2 页。
③ 同上书，第 57 页。
④ 大国隆正：《鼻子比赛草子》，《大国隆正全集 2》，有光社 1937 年版，第 46 页。

第七章　江户时代中、后期(1716—1867)几大著名"国学家"鼓吹的"大和魂"

只是过多地强调"忠"字而已。另外他的"为国为君不惜性命",承接的是若林强斋为"奉君护君、安定国家……不介意生死存亡"的概念,也不算是他的"创见"。

在阐述这个"定义"之后,隆正在下方作注:"近世丰臣(秀吉)太阁不惮夺唐土自立国王仍侍奉天皇,乃因其有自挫权威、不忘其本、跟从天皇之大和心。舜禹汤武听其志后应耻于其忠心。王莽曹操等听此亦将自觉其肚量之小。"① 之后隆正还赞美秀吉对朝鲜展开的大规模"征伐"。《大和心》异本《耶麻登许许吕》②(万叶假名,意为"大和心")之"大和心"定义下方,隆正另有注释:"菅原赠太政大臣道真公虽为儒者,然有定见,指忠心为倭魂。此后有心之博士皆仿效此意,将忠心说成大和魂或大和心。云云。"③ 在这个注释中,隆正还将上古的"己君"思想和"中昔"(中世)的"主从"思想结合起来,说:"一旦结成主从契约,即须将吾命奉献其主,乃自动规定之大和心。"④ 隆正的这一说辞将武士道的忠义观和"大和魂"的忠义观等同起来,反映出他对现实社会的关注,然而其中问题也很多。例如,截至隆正时代的"大和心"等"案例"(即他说的"博士"、武士事例)是否都与菅原道真有关?是否谈的都是"名分"与"尊皇"?武士"结成主从契约,即须将吾命奉献其主"的这种武士集团内部上下关系和赏赐报恩的利益交换关系与"尊皇"之"忠心"是否具有同等性质?对此我们无须多言,读者自有公断。

此后隆正继续展开"详考",但得出的结论仍不外乎是一个"忠"字,而且隆正将它提高到国体的高度:"思君之真心,此大日本胜于且深于诸外国。虽曰日本为外国所胜之处颇多,然仅以此而言可喜可贺。古人常思及于此方有以上结论。"⑤ 所谓的"思君之真心",在这里指的也是"忠君"的心情,即须将天皇视为神,"敬畏此大君"并侍奉他。

---

① 大国隆正:《大和心》,《大国隆正全集3》,有光社1937年版,第57页。
② 这些字为万叶假名,意同"大和心"。和普通版本一道刊载于《大国隆正全集》第三卷。
③ 大国隆正:《耶麻登许许吕》,《大国隆正全集3》,有光社1937年版,第57页。
④ 同上。
⑤ 大国隆正:《大和心》,《大国隆正全集3》,有光社1937年版,第6页。

"大和魂"史的初步研究

为此隆正举出《后拾遗和歌集》"杂六俳谐歌"的事例:"'吾家欲寻一乳母,未想到来人乳房扁平,故大江匡衡朝臣吟唱:はかなくも思ひけるかな、ちもなくて、博士の家の乳母せんとは。'(大意:太不可思议,此女乳房扁平,且无汉学知识,如何可做吾家乳母?)作为回答,赤染卫门匡衡妻吟唱:'さもあらばあれ、大和心し賢くば、ほそぢにつけてあらすばかりぞ。'(大意:老娘乳房虽小,且无汉学知识,然而我有大和心。即令有以上缺点,亦可麻利养育儿童)匡衡的'无乳'一句,'乳'通'智'(按:=汉学知识),指无才智。答歌中的'大和心'指只要有服务主家之贤惠忠心即可。……读此歌,可知该女子之大和心指为主家不惜生命之真心。"①

隆正一定被他的"忠"字迷乱了双眼。此匡衡和卫门的戏谑歌分明说的是,自命为熟读汉文典籍的博士丈夫奚落只懂假名和和歌的妻子,而妻子不甘示弱进行反击,试图用和学的优势压制丈夫,表明的仅是日本意识的觉醒,如何可说妻子在对丈夫"效忠"?对此,具有浓厚尊皇情绪的昭和政府御用文人河野省三②也不得不报以苦笑,说"隆正在这点上反而暴露出因过于苦心积虑而终有一失的弱点"③。下面我们还要多次引用省三的评论,因为用他的视角读取隆正做学问的态度更能说明问题。

因为隆正认为"大和心"就是"忠心",所以凡是与此相悖的"大和心"都不入他的法眼,即使是对自己的祖师爷本居宣长的和歌也敢排斥。在评论匡衡和卫门的俳谐歌后隆正说:"本居先生之'若问大和心何物,清晨映日山樱花'歌,仅为本居一家之大和心,并非古人所说之大和心。"④ 对此省三又评:"此乃浅薄地理解宣长和歌深刻内容的

---

① 大国隆正:《大和心》,《大国隆正全集3》,有光社1937年版,第13页。
② 河野省三(1882—1963),明治、昭和时代的神道研究家,乡社、玉敷神社宫司河野禄郎次子,1905年毕业于"国学院"师范部国语汉文历史科,1908年毕业于"国学院"研究科"道义科"。1918年任"国学院"讲师、教务科长,1920年升任教授,1935—1942年任"国学院"校长,在二战期间积极追随日本军国主义,在文部省国民精神文化研究所等从事"国民道德推进活动",发表过许多错误言论。战后辞去"国学院"大学教授职务,受到"不适合担任公职"的处分。1951年处分取消,继续担任"国学院大学"研究生院教授。
③ 河野省三:《大和心——大国隆正的思想》,光文社1942年版,第24—25页。
④ 大国隆正:《大和心》,《大国隆正全集3》,有光社1937年版,第31页。

第七章　江户时代中、后期(1716—1867)几大著名"国学家"鼓吹的"大和魂"

结果，是一种对大和心特性及其自觉内容以及时代发展不关心造成的误解。"① 接着隆正又说："有人将勇猛、威武说是大和心。与彼家乳母皆有相似之处。"并解释："吾所理解之大和心，非众人以各自定见所云之大和心。乃按古人用例所说之大和心。"② 我们很钦佩隆正"以古视古"的学问精神，但不知道隆正是如何看待赤染卫门这位古人的，难道这位"乳母"还懂兵学和善武不成？

隆正搬出的另一个"古例"是《菅家遗诫》：古时"有以汉文撰写神遗诫一书。以达意为旨而无文采。朝廷谨承为宇多天皇之御遗诫。博士以小聪明视其为菅家遗诫。大和魂此词见于该书。"③ 在此隆正将《菅家遗诫》视为宇多天皇所作，故其所说的"和魂"必须"谨承"。另外如前所述，之前许多学者，包括后来的省三都认为："《菅家遗诫》恐伪书，至今已大致成为定论。"④ 但隆正对此没有兴趣，接着写道："即令为伪书，亦可知其符合神思。"⑤ 也就是说，只要能说明自己的问题，材料的真假对隆正来说并不重要。另外省三还质疑："《菅家遗诫》仅出现'和魂'二字，是否读 Yamatodamashihi 本有疑问。隆正断言《源氏物语》'少女'卷之大和魂是依据《菅家遗诫》使用的，这点难以首肯。"⑥ 接下来，隆正将话题集中在窜入第廿一章（涉及中国"革命"国风）和第廿二章（谈"和魂"和"汉才"的关系）的双料伪书《菅家遗诫》上，说"《菅家遗诫》曰，凡国学所要，虽无（隆正根据其他版本，将'欲'或'亡'等字写作'无'）论涉古今究天人，其自非和魂汉才不能阚其阃奥矣"⑦。但奇怪的是，隆正的下文不是将重点放在对"和魂"的解释上（也许他认为"忠"的释义已深入人心），而是就"其自非和魂汉才"的"自"字做出考证。需要指出，隆正就此所作的努力也有问题。因为"凡国学所要，虽亡（按：谷川士清所

---

① 河野省三：《大和心——大国隆正的思想》，光文社1942年版，第25页。
② 大国隆正：《大和心》，《大国隆正全集3》，有光社1937年版，第32页。
③ 同上书，第39页。
④ 河野省三：《大和心——大国隆正的思想》，光文社1942年版，第25页。
⑤ 大国隆正：《大和心》，有光社1937年版，第39页。
⑥ 河野省三：《大和心——大国隆正的思想》，光文社1942年版，第26页。
⑦ 大国隆正：《大和心》，有光社1937年版，第41页。

写）论涉古今究天人，其自非和魂汉才不能阚其闳奥矣"一句，并非谷川士清在其著《日本书纪通证》中所引，而是他在该著中所说的话，对此前文已有说明。而对这个问题隆正也不愿意加以区别，而是以讹传讹。之后隆正将话题转向"国学"，批评说："幼稚学者将此国学误认为倭学。此国学即汉才。《令》[①] 中说国学指郡司子弟学习汉籍之处。学令中有大学、国学……。读该文可知国学不指皇国学。须知其指汉学。"[②] 对此省三也不赞同，说"士清在世时或早在近世初期，国学即指与神道有关的学问。元禄、享保时期已指神道学"。隆正"虽付出苦心和讨巧，但终归这一切都只能化为水泡[③]。隆正为坚持己见，还在该"国学"说明部分的下方注释："恐于此国学之上脱落'大学'二字"。[④] 对此省三评价：此"亦为穿凿附会之误"[⑤]。

继而隆正对"汉才"和"和魂"的关系做探讨："汉才指读取汉籍之才"，并举《源氏物语》"帚木"卷用例说，"若无大和心，即令有读取汉籍之才，亦不可窥汉籍之堂奥。"[⑥] "同书（指被窜入第廿一章和第廿二章的《菅家遗诫》——引者注）中有'凡神国一世无穷之玄妙者，不可敢而窥知。虽学汉土三代周孔圣经，革命之国风可深加思虑也'句，须与前文合读。汉才中自有汉心，此句明矣。汉才可取，而汉心不可取。"[⑦] 和笃胤一样，隆正对汉籍做两分法值得肯定。他这里说的"汉心"，指的就是孟子的"革命"学说，与对天皇"忠心"的"大和心"相对立，当然隆正要说"不可取"。这个说法最终导向隆正的"《书经》不经论"："《书经》记载禅让放伐之事，隆正不觉其为经

[①] 古代东亚各国法典。和"律"一道发源于秦汉以来的中国，大成于隋唐，后波及周边各国。日本模仿唐令，于天智朝（668—671）尝试编纂，于天武朝（673—686）改定，于持统朝的689年施行"净御原令"，于701年（大宝一）和"律"一道统称"大宝律令"，718年（养老二）做出改定，称"养老律令"，共三十编950余条。隆正在此所说的"令"指"学令"。

[②] 大国隆正：《大和心》，有光社1937年版，第42页。
[③] 河野省三：《大和心——大国隆正的思想》，光文社1942年版，第27页。
[④] 大国隆正：《大和心》，有光社1937年版，第42页。
[⑤] 河野省三：《大和心——大国隆正的思想》，光文社1942年版，第27页。
[⑥] 大国隆正：《大和心》，有光社1937年版，第43页。
[⑦] 同上。

第七章　江户时代中、后期(1716—1867)几大著名"国学家"鼓吹的"大和魂"

书。吾宝祚无穷之神敕、天押日命①之言说方为经书。乃因其为万万世不变之大道。此非妄讥圣人之书，乃阐述革命之国风可深加思虑也之菅公遗意。唐人以本国古事为由强以为经，乃出自忠于本国之心，不恶。而日本儒者不知天地之真经在吾国，将唐土之不经说为经，贬低吾国体，乃为恶。"②

因此隆正才说菅公乃"我徒之学文之师"和"可敬仰之神"。③ 之后隆正将话题转向《源氏物语》等出现的"大和魂"："此大和魂渊源久远。追寻其发端，可确知既有大和心，也有汉心。以下详解此心。"④ 在此文本下方，隆正注释："隆正首次详考古人用例，将敦厚忠义之心定为大和心，然有人于背后说闲话。日本亦非全无不忠之人。自保元至庆长年间犯上作乱者多，说其非忠义之国亦可。然此等皆为细枝末节，其大本可谓皇统不变。"⑤ 就此隆正不惜千言，尽情发挥，从神的诞生，"宝祚之隆盛及至天壤无穷"，天神天孙为本，民众为末，位于下方者须维护"宝祚无穷之神敕"，一直谈到儒学的以民为本，道家的以天为本，佛教的以心为本，结论是"我国之大道以君为本，臣民不顾自身。仅我国皇统连绵，于今如太古不变"⑥。总之，就是强调一个"忠"字，必要时应该"为大君死"和"为国死"。⑦

不过以上隆正的"两死"也并非一味地愚忠，在日本面临或即将面临外族入侵的当时有很强的现实意义。隆正在谈到"为大君死"和"为国死"后笔锋一转，一面与清国进行对比，一面将话题转向"忠勇"的"大和心"。"唐土近年因鸦片与外国军事冲突，最终难以防守，内部分裂，每年送黄金、白银于外国，约定以此让洋人息兵。秦桧多、

---

① 即天忍日命，日本神话中的一个神明，据说是大伴氏的祖神，在《古事记》和《日本书纪》天孙降临的篇章都出现过。据研究其属于军神，《记纪》说他和久米氏的祖神天久米命一道手持武器充当琼琼杵尊的先导。《古语拾遗》和大伴氏族谱等都记载，天忍日命是高皇产灵尊之子，神武东征时伴随其左右，似乎也属于军神。然而天押日命并未说过"日本国之忠勇外国无法比拟"这一类的话。日本古代神话中本国意识和外国意识的区别并不强烈。
② 大国隆正：《大和心》，有光社1937年版，第44页。
③ 同上。
④ 同上。
⑤ 同上。
⑥ 同上。
⑦ 同上书，第46页。

"大和魂"史的初步研究

岳飞少之唐土,空有广大国土,令人可怜,毫不足道。而日本国绝不如此。人人皆岳飞,如何可向吃牛肉之西洋人下跪?唐人甚而避听如此言论,空谈不使生灵涂炭,欣喜于无用议论,沉醉于吃猪羊肉,悠闲度日,何等愚昧。郡建难防外寇,沈德潜《郡建论》[①] 早有评议;鸦片烟有害,王大海《海岛逸志》[②] 言之。虽似有先见之明,而其时实为无勇?吾愤之。"[③] 隆正为此作长歌"七解百五十句",谈海防、天皇、人心等,同时也不忘批评唐人,之后强调,磨砺忠勇的"大和心"比高筑城墙重要:"吾日本乃万国无双之武国,偶因沐浴太平德化,防御外寇之心淡薄。庶民虽有不预,然百姓町人,磨砺义无反顾、不死于悠闲之忠勇大和心,当胜于沟堑高墙。前述不敏长歌与笨拙文字,人有所笑,然吾难抑为国之心,示"[④] 其于此。这里所说的"笨拙文字",即接下来隆正展示的一篇用中古文字写就的《雄武备》。因篇幅长,从略。

《大和心》异本的《耶麻登许许吕》也刊载讴歌此"大和魂"的长歌。在长歌的正歌和答歌之间,隆正特意就"忠"、"勇"做出说明:"有忠而无勇,无价值,有勇而无忠,无助益。日本国如天押日命所言,其忠勇外国无法比拟。自太古以来忠勇弛缓现象皆无。今世太平德化,环顾诸藩国忠勇之风犹盛。思忖为君死不顾吾身之人尚多,无上欣喜,此世繁荣。"[⑤] 从加强日本思想国防这点来说,上述言论无大不当,但隆正在此后又将话题转向日本的古代典籍和神代史,以及他的"幽冥论",对神、儒、佛的关系作出回顾和批判。究其本意,还是要坚持"今日世界日本国为头,万国为身"[⑥] 的观点,将日本国打造成"世界

---

① 沈德潜(1673—1769),似未写过题为《郡建论》的书,但著有《唐宋八家文读本》,其中提到"郡县既设之后,自有不能封建之势,于此而欲复成周之制,虽圣人不能一朝安也"。似乎与隆正所说的"郡建"有关。
② 王大海,生卒年不详,清代人,字碧卿,福建龙溪(今龙海市)人,清高宗乾隆四十八年(1783)赴爪哇,前后侨居巴达维亚、三宝垄等地10年,归国后撰《海岛逸志》六卷,载《小方壶斋舆地丛钞》。这是一部有关爪哇岛和马来半岛的游记,内容包括地方志、人物志、方物志、花果类等,与隆正所说的是否"忠勇"关系似乎不大。
③ 大国隆正:《大和心》,有光社1937年版,第46页。
④ 同上书,第48页。
⑤ 大国隆正:《耶麻登许许吕》,《大国隆正全集3》,有光社1937年版,第67页。
⑥ 大国隆正:《大和心》,有光社1937年版,第48页。

第七章　江户时代中、后期(1716—1867)几大著名"国学家"鼓吹的"大和魂"

之总本国"。因为这个"总本国"即"神国",以此可树立人们对日本和日本国体的信心:"将神视为古代事物之人,认为神代卷仅出于古代日本,其气量之小可叹。有损国体也。"① "不认可有神祇幽界乃小人之学,非大人之学。"②

接着隆正从"国体"谈到"真正之皇国学",说应将"和魂"装入这"真正之皇国学"中,反对唐土的"不忠":"自此探讨唐心之本。《菅家遗诫》'自非倭魂'一句之'倭魂'指'心'。其'革命之国风深可加思虑也'一句之文意,须以此心理解。"③ "火升水下。岂但如此,万物万事皆有相反。反对一世无穷之神敕者乃尧舜之禅让;反对为大君而死之誓言者乃汤武之放伐。合此二者者即可定其为唐心之源泉。"④ 就此隆正还有生发,说正直、永恒的根本在于人的真情,而"忠心"正植根于这个人类共同的真情,而唐土欠缺:"孕育于天地者本无不忠之人。后有不忠之人乃因有爱己身、贪土地财宝之心,克彼真情成为不忠之人。其真情日本厚,古代深,唐土薄,后世浅。可谓此由风土时势造成。而磨砺此真情后世胜于古代,唐人胜于日人,彼诸葛孔明即此类人。"⑤ 日本"真情厚"的原因是与"异教"的儒道不同,"崇尚血脉","何时皆不失君臣名分,此即我大和心"。⑥ 话题再次与"忠心"发生联系。

另外隆正还认为,唐土也有具"和魂"之人,比如伯夷、叔齐以及郑成功等。"夏末与殷末相似,伊尹与吕尚相同。与伯夷、叔齐相似者于夏时尚无,唐土尚未遇见大和心萌发之时运。该伯夷、叔齐之名奇妙,'夷'为吾日本古名,'齐'有等同之意,如'齐心'。唐土自伯夷、叔齐后始萌发大和心。妙也。"⑦ 之后隆正又说:"唐、虞、夏、殷间虽有圣贤,但唐土无一位忠臣。殷末周初始有伯夷、叔齐,唐土应视

---

① 大国隆正:《大和心》,有光社1937年版,第48页。
② 同上书,第49页。
③ 同上。
④ 同上书,第50页。
⑤ 同上。
⑥ 同上。
⑦ 同上。

"大和魂"史的初步研究

此兄弟为忠义之祖师。此（二）人于唐土首开倭魂后，唐土不断出现具和魂之人。为此需做高洁忠臣谱以示其大概。"① 该谱用汉文写出，约4页纸，"其要点在于表明，禀赋日本魂生于彼土者，显示彼土除圣学外另有斯道②。自伯夷、叔齐始，有王蠋、龚胜、诸葛亮、陶潜、颜真卿、张巡、文天祥、谢枋得、岳飞、方孝孺、朱（郑）成功等。" 隆正还分别就不同的人做出批注：或"即夷齐之意"，或"即伯夷道统"，或"亦伯夷遗意"。③ 最后隆正寄希望于通晓汉籍之人能继承己志，选出与伯夷、叔齐道统有关之人，做出更多的高节忠臣谱。至此《大和心》卷一结束。

在卷二中，隆正基于他的"忠"观念谈到"忠贞孝"三者的关系，但认为"忠"大于"孝"，"贞"为真孝。"忠贞孝三者人之要道。尽忠尽贞孝在其中。教男儿女子忠贞，父母之道也。世无喜看我子不忠不贞之父母。若有则为不道之人。……即令有违父母之命，然尽忠于其君，尽贞于其夫，即真孝道。"④ 隆正还将此"忠贞孝"视为"道"之大本，与神道的要义联系起来："忠贞孝乃人之真情，属通达天下万国之大道。"⑤ 此语无意中也融合了神儒观念。而且这个以"人之真情"为本的观念，据隆正说又与老庄的学说十分相似。隆正原本就倾心于老庄，在称赞"老庄雅致而有深度"⑥后还就孔、老二子做对比，说他们都有"忠心"即"倭魂"："老子乃孔子师父，然其道相反。隆正详考老子、孔子，老子属黄帝学流，以自然为本，不取尧舜之后，不谄时世，传造化之真之人。孔子下承老子之教，亦逆时世（按：原文是"亦不逆时世"。恐笔误），乃使诸侯知礼、尊崇皇室之人。""老子以幽为旨，将显世之礼委托于孔子。而孔子则说其显，将幽事委托其师老

---

① 大国隆正：《大和心》，《大国隆正全集3》，有光社1937年版，第52页。
② 《日本国粹全书》第14辑，日本国粹全书刊行会1916年版，《大和心》用汉文标注："忠也者，我太平君子国之达到也。然而夷、齐得焉，孔孟不与矣。故为作之谱，以示西土圣学之外别有斯道。"
③ 大国隆正：《大和心》，《大国隆正全集3》，有光社1937年版，第52页。
④ 同上书，第53页。
⑤ 同上书，第52页。
⑥ 同上。

第七章　江户时代中、后期(1716—1867)几大著名"国学家"鼓吹的"大和魂"

子，不言。"① 隆正此话不太好懂，但他的意思大约是，唐土也有人比日人更懂"国恩"（按：隆正对此"国恩"的注音与"大和心"的读音相同），所以日人更不可数典忘祖，须将"我古传（按：神道＝和魂＝忠心？）立为世界之本"，② 以"洞悉宇宙之倭魂"③ 要求自己，批评外国学者时亦不可逸脱"世界之公道"。④ 结论是，"应将伯夷仰视为汉土之倭魂祖师，将孔子视为汉才之标志，以黄帝、老子为其本学习之。此为倭学者读汉籍之原则"⑤。隆正还推测，孔子的真意是敬慕日本国，并就日本国的特性作各种推理，以此结束卷二。

附带要说明，隆正《大和心》的异本《耶麻登许许吕》卷一提及，"孔子乃以孝立教之人。非以忠立教之人。之所以曰此，乃因其忠乃忠恕之忠，非忠孝之忠。""唐土始立忠道之人，伯夷、叔齐也"，⑥ 与普通版本《大和心》略有差异。但在说明"日本国乃自上古起，即以忠孝贞三者为教之本与以人道为经之国"⑦ 这个方面，与普通版本《大和心》是一致的。隆正分别引经据典，说："于宝祚无穷之神敕中之孝为本，于天押日命所言中之忠为本，于'神语歌'须势理姬⑧之和歌中之贞为本。"并断言"此三者天地间忠孝贞之大本。"⑨

异本《大和心》的《耶麻登许许吕》卷一、卷二，还多引中国文献说明中日两国的特性，其中一节可视为《大和心》的主旨，也是隆正对日本人民发出的号召："日本之天命乃以君为天，以君为本。与此相反，唐土之天命以民为天，以民为本。为天之民无思君之真心。遵奉真心、淡薄民心之英杰称圣人，该圣人所立之道称大道，颇符合……唐土之性。圣人之大道符合唐土风土之道，不符合日本风土之道。日人永

---

① 大国隆正：《大和心》，《大国隆正全集3》，有光社1937年版，第54页。
② 同上。
③ 同上。
④ 同上。
⑤ 同上书，第55页。
⑥ 大国隆正：《耶麻登许许吕》，有光社1937年版，第69页。
⑦ 同上。
⑧ 须势理姬，翻译成中文是"芹女"的意思，日本神话中的女神，须佐之男命之女，大国主神的正妻。
⑨ 大国隆正：《耶麻登许许吕》，有光社1937年版，第70页。

远守护日本国之大道、宝祚无穷之神敕、天押日命之言语与须势理姬之神歌，不可失以君为本之忠心。因此菅公将忠心称作倭魂。"①

此外隆正的和歌："君本民本各相异，其道乖舛是唐土"②、"心中常有双亲在，有事为君献此身"③，也可算是他对《大和心》一书的总结。

四　日人与著者对隆正的评价

对隆正的各种言论，当时的社会反应并不好，连隆正自己也说许多"国学家""各将耳孔塞住，对隆正所言充耳不闻。……本居学派以本居学理堵塞耳孔，平田学派以平田学理堵塞耳孔，不听隆正所说。"④而且，其开创的所谓的藩学改良运动也收效甚微："据吾（隆正）所知，播磨姬路有好古堂别馆，以本学为旨……播磨小野有归正馆，……石见津和野亦有养老馆本学寮，……然于今不足谓其业盛。若有大力推进此学之君王则好。隆正年老，无法满足本藩津和野之主，更何况能满足他藩藩主。"⑤从这个自我评价来看，当时许多"国学家"和各藩藩主对隆正"本学"的反应都很冷淡，而且因隆正的"流民"身份，其"本学"主张亦未形成广泛的社会基础。对隆正独断的学风，平田笃胤在朝廷中的弟子六人部是香也在《篤乃玉笺》中批评："原本无本学之事。""近来有人为古学立新奇之说，暗中抄袭彼神道者流之说法，假托为古言以惊悚世人……此乃贪一时名利之所为，于学者而言殊为可耻。乃学文之末弊。"⑥是香在说明《源氏物语》"少女"卷部分还特别提到："有人固执于以彼遗诫之文所写之物，其大谬无以为甚。岂但不知和魂汉才之语乃士清所说，甚至似乎不辨此遗诫乃于《源氏》之

---

① 大国隆正：《耶麻登许许吕》，有光社1937年版，第71页。
② 佐伯利磨、加部严夫共辑：《真尔园翁歌集》，《续日本歌学全书》第11编，博文馆1897—1903年。原歌是"そのもとは君と民とのたがひあればゆきなたがへぞもろこしの道"。
③ 同上。原歌是"おやのため常はをしみて事しあらば君ゆゑすてむ命なりけり"。
④ 大国隆正：《神道要论》一，转引自芳贺登《大国隆正的学问和思想》，《日本思想大系50》，解说，第637页。
⑤ 大国隆正：《驭戎问答》上，《大国隆正全集1》，有光社1937年版，第64页。
⑥ 六人部是香：《篤乃玉笺》，出版商和出版年月皆不明，第57页。

第七章　江户时代中、后期(1716—1867)几大著名"国学家"鼓吹的"大和魂"

后写出。"①

明治时代的宫崎幸麿写出一书,名《好古类纂》,其中谈及隆正在撰出《大和心》后的遭遇:"(隆正)为福山藩藩主阿部侯(伊势守正弘)延聘,……翁(隆正)适著书,题为倭魂,呈阿部侯。侯下之于其藩黉使人评论。儒员江木繁太郎、铃木平之助、北条新助之徒极力驳难,以此书为异端,众口一词曰,我侯若信此书,又延聘此类学者,则臣等绝无可能尽教育辅导之责。侯又示此书于驻江户藩邸儒员门田行助,使其阐述所见。行助亦非之。盖江木之徒已致意门田,告以所言。侯又示其于前田夏荫,问其说。夏荫,江户人,国典有其名。读颂一过,大为感叹翁之学识,对曰,所见固不无小异,然皇学之本源实如此书所述。侯颇惑,复问幕府儒员林大学头。大学头示其于筒井肥前、林图书之助、佐艺舍藏等,使之论评。皆以为异端之甚,且曰,仿平田笃胤之例,当以焚其书、处其流刑为宜。侯益苦于处理。夏荫于侧闻此内议,大骇,私与水户藩藩士西野新治谋救护之策。新治告其主前中纳言(德川)齐昭卿。卿惊而内喻阿部侯,姑暂缓处分,需先见其书。然筒井肥前等已将其书隐匿于圣堂,不示他人。于是卿委托大阪城代土屋侯(采女正寅直)寻之。土屋侯嘱座摩社司佐久罗东雄。东雄求之于翁。翁大喜,使门生再誊写一本,不写标题呈之。卿一读,亲题书名为《大和心》,交西野新治曰,斯乃皇学骨髓也。新治退下读一过,赏叹无措,以齐昭卿评语告前田夏荫。夏荫喜而告阿部侯其状,纷纭竟寝,翁得无事。"②

按宫崎幸麿说明,隆正险些吃官司的原因是写出"提倡皇道复兴"、含"异端"观点的《大和心》。这好理解,而且我们借此还知道此前平田笃胤也因相同原因书被焚,人遭处流刑(实际上是被遣送回原籍),幕府对提倡尊皇思想的人的处罚有时还算严厉。但我们隐约觉得,幕府儒官的其他恶评被幸麿有意淡化了。其实隆正真正存在的问题,是几乎不按历史事实和文献进行客观的分析和研究。按加藤仁平的理解,"和魂汉才说在文化、文政时代之后的日本未必是一种危险的思

---

① 六人部是香:《篶乃玉笺》,出版商和出版年月皆不明,第63页。
② 河野省三:《大和心——大国隆正的思想》,光文社1942年版,第21页。

想。即使如笃胤那般令人反感的人进行宣传，也受到和汉两学的学者欢迎。力说'本教'的狩谷金作的意见虽被加贺藩加藤甚左卫门阻止，但左卫门并不正面反对'菅公之御神诫'。然而大国隆正写《大和心》，因过度阐释遗诫要文，而且咒骂'书经'，才招致儒臣的愤恨，差点受到处罚"[①]，"他得以免除笔祸，乃仰仗水户派德川齐昭之力。……从水户学和攘夷论上说，齐昭对隆正颇感兴趣。齐昭的《弘道馆记》在思想上有一半与隆正学是相通的"[②]。可以说隆正的问题，主要在于为了一个目的可以不顾事实，信口开河。与平田笃胤相比，隆正距离其祖师爷本居宣长的文献式研究越来越远，充满更浓厚的神学色彩。对这一点，幕府儒官以他们的水平还是能看出来的。但因为隆正谈的是"皇学之本源"，所以上述这些问题被幸麿及明治时代的其他人都忽略不计。

昭和年代河野省三对隆正的评价是："与过去国学家的思想学说相比，他的言论往往出人意表。"[③] 省三作为一个尊皇色彩极其浓厚的学者，在那个时代当然会竭尽所能对隆正的著作及思想做高度评价，但以上这种用手绢打情人式的批评态度，仍难掩他对隆正的失望。战后芳贺登对隆正进行"纯客观"的评价，但也说隆正的"国学扎根于偏离文献学的肆意解释古典"[④]。

著者认为，隆正不顾事实，竭力提倡"泛忠"论有其历史原因，在当时缺乏可用的理论和面对外敌入侵而缺乏合适的国家领导人的情况下，提出"忠皇"的口号确实可以起到团结、凝聚人心的作用。但和其他国学家一样，隆正在"忠皇"的道路上走得太远，不免掉入鼓吹"日本中心"和"本国至上"的泥坑，而且其论证的"根据"也与史实差距过大。比如，隆正仅凭儒家典籍的只言片语就得出"唐土之天命以民为天，以民为本"的结论，是完全错误的，因为孟子"君轻民贵"中的"民"在中国不指"人民"，而指在野的贵族等，其中不乏有

---

① 加藤仁平：《和魂汉才说》（增补版），汲古书房1987年版，第234页。
② 同上书，第234—235页。
③ 河野省三：《大和心——大国隆正的思想》，光文社1942年版，第20页。
④ 芳贺登：《大国隆正的学问和思想》，《日本思想大系50》，岩波书店1973年版，第644页。

第七章　江户时代中、后期(1716—1867)几大著名"国学家"鼓吹的"大和魂"

人与周王室存在瓜葛；"君"则指各"国"的诸侯王。中国古代的情况与日本根本不好比较。隆正所说的"日本之天命乃以君为天，以君为本"也不是绝对的，乃因时因地而屡有改变。实际上，在公武二元政治长期并存的日本，真正"以君为天""为本"的时间是很短暂的，至少在江户时代不完全如此，这恐怕也是引起当时日本儒者反弹的一个重要原因。幕府要处分而明治政府要重用隆正，大概都出自一个共同的原因——其《大和心》的荒诞不经。

另外，和宣长的"被治者"哲学不同，隆正和笃胤一样都站在"治者"的立场，提倡"须常以抚民为本"，① 对为政者提出建议，对老百姓指手画脚。虽然他的"忠、孝、贞、义、敬、诚"和"相互扶持"，② 以及和其他"国学家"相同的推进"家职产业"思想，有促进家庭、村庄、国家内部团结和帮助恢复经济的作用，但效果有限，其促进"万国相互扶持"③ 更是无从谈起。其实他的最大目的，如其说话的顺序所示，仍在于"忠皇"，而"孝"和"贞"都在其次，而且都得服务于这个"忠"。比如他先是说"青人草（老百姓）以我身快乐为旨，忘记家业，不思大君、父母、丈夫、兄弟及世间事物"，④ 显示出隆正为家庭、社会的博爱情怀，但在谈论忠君的万叶和歌"渡海不惧成为落水之尸，登山不惧成为草裹之尸，为吾大君而死义无反顾，绝不在安逸中死"时又说：这里的"义无反顾，即不顾吾身、吾妻儿、吾家之心。而青草人则执着于吾身、吾妻儿、吾田宅、吾财宝而忘道"⑤。亦即，只有通过不顾自己、妻儿、财宝等方可立道。只有站在这个道上，才具有真正的"大和心"。可见在"忠"的面前，家业等与"贞"、"孝"发生联系的东西都是第二性的。而且他的博爱、顾家、劝业等都不是绝对的，而是有条件的。

隆正试图让人相信"吾日本国在忠、贞、孝此三方面皆正确"，目

---

① 大国隆正：《耶麻登许许吕》，有光社1937年版，第71页。
② 大国隆正：《家训》，转引自河野省三《大和心——大国隆正的思想》，光文社1942年版，第49—50页。
③ 同上书，第50页。
④ 大国隆正：《大和心》，有光社1937年版，第48页。
⑤ 同上书，第49页。

的当然与"自古（天皇）宝位不动摇"① 有关。为此，他在国际局势紧张的情况下还号召国民须"以保卫天皇宝位为旨，不骄不奢"。"于今异国船常来吾国，……天皇亦须坚守于大位，大将军执国政，鼓励下民忠、贞、孝，自动显示吾大帝爵之国体，诸大名各守其分国，表不辱武国之名，里不失忠贞孝之诚。"② 隆正将这个思想归纳为"吾所立之本学大意"，对此"本学"或"本教"其主题也离不开一个"忠"字，其余的都在其次："吾本教即舍弃吾身，以吾大君为吾自身之教导。其次，以君、亲、父为吾自身，以吾国为吾自身，并推及一切众生。"③

隆正在上面提到的"大帝爵之国体"，指的是皇道国家体制，与他所说的神道也有关联，"本学"或"本教"的提出，就是为了扶助这个皇道国家体制的实现。其目的除上面所说的"忠皇"和抵御外敌外还有两个：一个是基于神道的观念，坚定日本的神的统治地位，进而将日本推向世界的领导地位："应将自中兴（神武天皇登基）起经百二十余世、二千五百年道统不变之吾国天皇定为世界总王。"④ "吾大道将世界总帝定于日本国，继而于各地设置政府，将大政府设于江户，以显大帝爵之国体，等待万国臣服，然本国不强求。"⑤ 从这些话语可以看出，该思想和前述隆正的《新真公法论》一脉相承，也见之于同为"国学家"的八代知纪的《大公法论》等，二者都希望将此国体一块输出海外。另一个是"教导万民尊君、父、夫，为其尽诚，守家职产业，得彼好处，敬上惠下，加强武备，防止外国寻衅等，即'随神'之大道，自然符合神道之诚。"⑥

隆正的言论，一部分来自笃胤思想的影响，从总体来说逻辑都不甚清晰，强说之词和呓语随处可见，这可能来自他不切实际的"日本中心主义"和"皇国至上主义"，又必然会导致他不正确地反佛批儒：

---

① 大国隆正：《本学举要》卷上，《大国隆正全集1》，有光社1937年版，第73页。
② 同上书，第74页。
③ 大国隆正：《古传通解》卷三，《大国隆正全集6》，有光社1937年版，第36页。
④ 大国隆正：《驭戎问答》上，《大国隆正全集1》，有光社1937年版，第60页。
⑤ 大国隆正：《古传通解》卷三，《大国隆正全集6》，有光社1937年版，第38页。
⑥ 同上书，第52页。

第七章　江户时代中、后期(1716—1867)几大著名"国学家"鼓吹的"大和魂"

"佛道违背神道，……儒道与神道于大本相异。"①　"俗儒顽固崇拜外国圣贤，乃皇国心腹大患。"②　为此隆正呼吁，应该在思想上也展开一场攘夷运动："吾所说之攘夷，非形式皮相之攘夷，而源自实理大道之攘夷，意在于西洋夷人间唤起尊皇之心。此攘夷还意在去除蔑视吾皇国皇威之夷情，以及趋从夷情之吾国奸徒。由此最终显现大帝爵之诚心。"③隆正的话语让人益发糊涂，去除儒佛思想在当时的日本确有必要，但要一同让西洋夷人也持有尊皇之心，不知其思想是否过于简单？于解决外敌叩关问题有何帮助？不过隆正的后一句话却明白无误："去除将吾日本视为夷狄之儒者之固陋，此亦为攘夷之一。之后于日本兴起真公法，挫败西洋公法，使万国服从于日本，此方为真正之攘夷。"④　此即他的"大攘夷"观。而这也是他的"大和心"之一。

第六节　本章小结

继半儒半神的学者提出"尊皇"口号后，在此阶段，尊皇情绪通过日本"国学家"的努力得以强化，民族主义声浪也逐渐增强，同时必然伴随反"中"的杂音。

自谷川士清至大国隆正，于阐述各自的"大和心（或魂）"时，都不约而同地将话题集中在中国的"革命国风"上，而且对彼的评价都很低。这表明日本在江户幕府建政后，因采用程朱理学作为官方意识形态，不免怠慢天皇而招致神道学家和"国学家"的共同反弹。从神道学家的立场来说，他们必然会与天皇及天皇制产生天然的思想和感情联系，而以研究"神代史"为务的"国学家"们对天皇自然也会产生某种同情。在对谷川士清至大国隆正的"大和心"等做小结之前，需要先查看一下日本历史上是否从未有过"易姓革命"，换言之即天皇是否"万世一系"。

有关日本是否存在"易姓革命"的问题，过去中国似乎鲜有人做

---

① 大国隆正：《本教神理说》卷一，《大国隆正全集5》，有光社1937年版，第93页。
② 大国隆正：《怜驳者》卷上，《大国隆正全集2》，有光社1937年版，第68页。
③ 大国隆正：《尊皇攘夷异说辩》，《大国隆正全集2》，有光社1937年版，第74页。
④ 大国隆正：《新真公法论》，《大国隆正全集3》，有光社1937年版，第56页。

"大和魂"史的初步研究

出说明。查汪向荣著作《古代中国人的日本观》①，其中有"日本有易姓革命吗？"一节，阅读后感觉该部分或许在彼书不占重要地位，所以不仅引用的资料少，观点和表述也含糊不清。在篇首作者说："日本天皇之是不是万世一系，从其肇国以来，一直是一脉相承是另一个问题；但其不像其他国家，例如像中国、朝鲜那样不断有异姓革命、改朝换代的事则是事实。"并引黄遵宪在其著《日本国志》的一段话"若夫传世百二十，历岁二千余，一姓相承，绵绵延延而勿坠统绪者，其唯日本乎云云"作为证明。② 根据这个说明，我们很难明确日本历史上到底是有还是没有"易姓革命"。因为按正常的理解，虽然并"不……不断有"，但只要有，哪怕是只要有一次或数次也意味着存在"易姓革命"。接着汪向荣又说，实际上黄遵宪和其他人也知道，掌握日本政权的"在古代和中世纪是摄关、是幕府；到近现代是内阁"。"除了大和政权刚建立，从原始氏族社会走向建立国家政权时，以及个别的亲政者以外，一般（天皇）都只作为日本这个国家的象征而存在，和日本的政局，日本人民的现实生活并不发生任何直接联系"③ 这一段话，实际上也回避说明日本历史上是否有过"易姓革命"。

之后汪向荣谈及天皇是否"万世一系"的问题：从"中国史籍中最早出现的有关日本列岛上统治者的记载"，"谁也无法确言""是不是万世一系"。像《宋书》和《梁书》的"记载都很零碎，很难从片断的文字中看出和前代的统治者有什么世系上的连续性，也就很难看出有万世一系的痕迹"。后来有了《隋书》和《新唐书》，其"一系列天皇名号的记载中，并没有提到一姓相承、万世一系的话；但从其记载方式，用'次'、'死，子立'等，而没有易姓的记载看来，说明《新唐书》撰修时，已有可能知道万世一系这件事"④。也就是说，作者在论述的前半部分明确否定了日本天皇"万世一系"的说法，但在后半部分又改变了自己的观点，说是中国人在这时"已有可能知道万世一系这件事"。这种说法很含糊，似在说明日本后来确实存在天皇"万世一

---

① 汪向荣：《古代中国人的日本观》，上海古籍出版社2006年版。
② 同上书，第127页。
③ 同上书，第128页。
④ 同上书，第130—131页。

· 594 ·

第七章　江户时代中、后期(1716—1867)几大著名"国学家"鼓吹的"大和魂"

系"。因为按一般的理解,"知道"了某事即说明有此事。

汪向荣进一步说明:"中国人之知道日本天皇一姓传继、万世一系的事,见诸文字记录的,当以此(《宋史·日本传》)为始。"并说"显然这是奝然①提供的"。这里所说"提供"的指奝然向赵宋王朝献上的《王年代记》,其中详细论述日本的天皇代数和历史。汪向荣据此得出结论:"在这以前,中国人仅仅知道日本的国王以天为姓,可是不知道其一姓相承、万世一系的事。""到 10 世纪奝然到中国的时候,……(此万世一系的事)才为中国人所知道。"② 最后作者总结:"在中国人对日本的认识了解上,奝然的贡献是不可泯灭的,尤其在中国人知道日本皇室是一姓仍袭,不像中国那样有改朝换代、易姓革命这一点上。"③ 也就是说,汪向荣在表面上只是就中国人于何时知道了日本无"易姓革命"、天皇"万世一系"这件事做出说明,但在字里行间却流露出认可日本无"易姓革命"、天皇"万世一系"的想法。

对此著者认为,作为中国人,与其自己匆忙论述,不如先借用日本学者的研究结果进行分析,再得出结论似乎更为稳妥。日本网站曾刊出一部日本出版的学术著作,作者不详,但从内容、书写格式和笔法来看绝非等闲之辈,书名是《〈古事记〉——日本最初的"革命"之书》,④ 就日本历史是否存在"易姓革命"和天皇"万世一系"做出回答。之后我们还要重温本书"第四章 镰仓时代(1192—1333)、室町时代(1336—1573)至江户时代前期(1603—1715)四本《源氏物语》注释书中的'大和魂'第四节《源氏和秘抄》和《花鸟余情》中一条兼良的'大和魂'四《花鸟余情》的儒学注释倾向"的部分说明,以加强对此问题的认识。

《〈古事记〉——日本最初的"革命"之书》的第一章是"问题的

---

① 奝然(938—1016),俗姓秦,生于京都,幼入东大寺从观理习三论宗,又从石山寺元杲习真言密教。983 年(宋太平兴国八)为弘佛法,克服诸僧的反对和在老母的支持下,请得东大寺的入宋牒,率领弟子成算、祚壹、嘉因等四五人乘宋商陈仁爽、陈仁满之船入宋求法,曾获得宋太宗的召见。
② 汪向荣:《古代中国人的日本观》,上海古籍出版社 2006 年版,第 132—133 页。
③ 同上书,第 132—136 页。
④ 2014 年 2 月 21 日,http://members.jcom.home.ne.jp/fwge1820/newpagea4.htm。

设定",谈及人们在思考日本思想史时,大脑中浮现的一定是神道→佛教→儒教这一时代发展序列。即日本自古的宗教是神道,之后在古代王朝国家建立前后接受了佛教,到江户时代儒教始成为日本国的支配思想。作者认为,稍加思考就可以知道这种认识并不正确。因为以"四书五经"为代表的儒教在汉代(公元前220—202)就确立了自己的地位,而日本人熟悉并掌握汉字是在中国的六朝时代(222—589),所以可以认为中国思想在六朝时代就已经流播于日本。① 事实正是如此。681年天武天皇下诏命令编纂"帝纪与上古诸事",由此日本开始了编纂史书的工作。从712年编成的《古事记》序文乃由烂熟于中国六朝时代的四六骈俪体书写,② 以及该序文直接袭用《易经》的"乾坤、阴阳"等语汇都可以明显看出,日本列岛在经过壬申之乱(672)③、大海人皇子以天武天皇名号即位(673)并确立天皇制的这段时间,以"四书五经"为代表的儒教已经传入日本社会,④ 并且在此后对日本产生深远而广泛的影响,其具体表现可见诸本著的大量篇幅。后来之所以会出现"江户时代儒教始成为日本国的支配思想"这种错误的观念,可能是因为有人欲对日本"古代神道"进行"纯化"和再构成,而有意无意地排斥或去除中国思想的影响。这些人无疑就是活跃于江户时代的"国学家"们。

对此丸山真男也有评述,说"针对儒教对日本社会文化产生何种影响存在两种对立的极端见解","消极评价日本儒教影响的学者也不得不承认在德川时代儒教在某种程度有一定的社会适应性",所以儒教等于江户时代的政治思想这种通俗想法,在一定程度上似乎可以得到学术界的支持。⑤ 另外,佛教传到日本是在538年或552年。崇佛派的苏

---

① 2014年2月21日,http://members.jcom.home.ne.jp/fwge1820/newpagea4.htm,不一一说明。参见山本七平《何谓日本人》,PHP研究所1989年版,第47页。

② 参见次田真幸《古事记》上,讲谈社2000年版,第17—22页。

③ 壬申之乱,指天智天皇死后,原占据吉野的该天皇儿子大海人皇子(天武天皇)于672年(壬申年)夏针对拥立长子大友皇子(弘文天皇)的近江朝廷发动的叛乱。经1个月余的激战,大友自杀,大海人于飞鸟净御原宫即位,成为律令制确立的端绪。

④ 参见西孝二郎《记纪和易经》,彩图社2002年版;藤村由加《古事记的暗号》,新潮社2002年版。

⑤ 参见丸山真男《日本政治思想史研究》,东京大学出版会1999年版,第7—8页。

第七章　江户时代中、后期(1716—1867)几大著名"国学家"鼓吹的"大和魂"

我稻目与废佛派的物部尾舆就是否接纳佛教产生对立。587年苏我马子消灭物部守屋,其结果是司掌神道的物部氏就此消亡,过去习用的鹿骨占法被废,取而代之执掌神事的中臣氏开始用龟甲占卜。① 龟甲占卜始于中国殷代,其方法比在周代同时使用的占筮(也叫"易")法要先进。② 梅原猛说"龟甲占法的移入就是某种合理思维方式的移入",③但他没有说明龟甲占卜象征着中国思想,特别是《易经》的重要思想,它的引进是日本思想史的一个重大事件。

苏我和物部的对立及物部的被灭,其主观意图另当别论,但结果却成为引进佛教思想甚至是儒教思想的一个契机。从以上考察完全可以推定,在《古事记》成书的681年到712年这段时间,日本已在相当程度上接受了儒教和佛教。那么,儒教是怎样被当时的日本社会接受的?日本是否从未接受过儒教思想中的"易姓革命"思想?④

在同书"第二章 日本社会和'易姓革命'思想 第一节 日本社会接受'易姓革命'思想"中作者写道:所谓的"易姓革命",指的是孟子根据"四书五经"中《书经》记录的殷汤王讨伐暴虐的夏王桀和周武王讨伐暴君殷纣王的故事而提出的"暴力革命拥护论"。⑤ 其具体意思是"改姓革天命",而"天命"则指人民的意志。⑥ 山本七平解释,孟子的"革命"论就是对通过"贼(损)仁贼(损)义"⑦ 成为一夫(独夫)的帝王说"不",承认"行仁行义"的未来帝王继位的政治思想,但这个思想与近代法国大革命和俄国十月革命的变革体制思想不同,仅着眼于为政者的替换。⑧ 过去日本始终认为这个"易姓革命"思想从未在日本社会产生和扎根。例如本居宣长在《玉胜间》卷十四中

---

① 参见梅原猛《隐藏的十字架》,新潮社2001年版,第163—164页。
② 参见竹内照夫《四书五经入门》,平凡社2001年版,第46—50页。
③ 梅原猛:《隐藏的十字架》,新潮社2001年版,第164页。
④ 参见山本七平《何谓日本人》上,PHP研究所1989年版,第19—20页。
⑤ 金谷治:《孟子》,岩波新书,岩波书店1984年版,第93页。
⑥ "革命"一词最早见于《周易·革卦·彖传》"天地革而四时成,汤武革命,顺乎天而应乎人"。
⑦ 《梁惠王章句下》:齐宣王问臣下,讨伐先帝、夺取天下者汝何看,孟子答:"贼仁者谓贼,贼义者谓残。残贼谓一夫。吾闻诛一夫纣,未闻弑君。"
⑧ 山本七平:《日本革命的哲学》,PHP研究所1982年版,页数遗失。

"大和魂"史的初步研究

就激烈批评《孟子·离娄下》说："以此章即可知孟轲为大恶人。虽曰其为劝君王之语，然未有如此随心所欲之恶言。此书非人臣可见之书，乃教人臣不忠不义之书。曰去彼国而不回望彼国，何以视彼国为仇寇？其言之恶无以为甚。可怖！可怖！"① 并因此断言"易姓革命"思想不会为日本社会所接受。

然而根据早川庄八②、狩野直喜③、泷川政次郎④和关晃⑤的研究则可以知道，日本历史也并非没有"革命"举动。770 年（宝龟元）8 月女帝称德⑥死去，后来又因光仁天皇⑦死于非命，其儿子桓武天皇"仿照基于天命思想的易姓革命"，将天皇的血统由天武天皇一系改变为天智天皇一系。不过早川和村井章介⑧同时还认为，这种"革命"意识是与神祇信仰和佛教、皇孙思想并存的，并不全盘照搬中国原有的"易姓革命"思想。基于这种观点早川、村井做出结论，日本的"天命思想"是一种皇孙思想框架内的天命思想，其逻辑并未否定皇孙思想。但接下来的情况就不同了。镰仓幕府在与朝廷对决取得胜利（1221）后，将朝廷的首犯——后鸟羽上皇处以"流刑"，并制定和发布了武家法律"贞永式目"⑨（1232）。在此前的"承久之乱"中，镰仓军政最高领导人北条泰时有一句话非常经典："如今为此君御代，国乱无有安所，上下万民无不忧愁。若不一统，则祸及四海，忧及天下，人民无安

---

① 本居宣长：《玉胜间》，《日本思想大系 40》，岩波书店 1972 年版，第 204 页。
② 早川庄八：《律令国家和王朝国家的天皇》，《天皇和古代国家》，讲谈社学校库 1987 年版。
③ 狩野直喜：《我朝的模仿唐制和祭天之礼》，《读书纂余》，东京弘文堂 1949 年版。
④ 泷川政次郎：《革命思想和长冈迁都》，《京制和都城制的研究》，角川书店 1967 年版。
⑤ 关晃：《律令国家和天命思想》，《东北大学日本文化研究所研究报告 13》，1977 年。
⑥ 称德天皇，日本第 48 任天皇（在位 764—770，718—770），即重祚的第 46 任天皇孝谦天皇，重用僧人道镜，放任其专制。
⑦ 光仁天皇，日本第 49 任天皇（在位 770—781，709—781），天智天皇之孙，志贵皇子之子，称德天皇死后在藤原永手和百川等人拥立下即位，左迁道镜于下野，召和气清麻吕回京，改变了前代偏重佛教的政治局面。
⑧ 村井章介：《易姓革命的思想和天皇制》，《前近代的天皇》第 5 卷"世界史中的天皇"，青木书店 1995 年版。
⑨ 也称《御成败式目》，镰仓幕府的基本法典，共 51 条，1232 年（贞永一）制定，是一部与公家法、本所（庄园）法并存的第一部武家成文法典。

第七章　江户时代中、后期(1716—1867)几大著名"国学家"鼓吹的"大和魂"

大憝。对此吾不敢存私不语。……此并非无先例，周武王、汉高祖既及此义欤。"① 从此话可以推断出，"易姓革命"这个词汇和概念，至少在古代王朝时代到 13 世纪左右的日本社会被各级武士领导层频繁使用。

在同书第二章"第二节 日本的'革命'形式"中作者继续写道：接下来的问题是，日本社会通过"易姓革命"这个词汇会联想到何种"革命"思想呢？那种"革命"果真能称作"革命"吗？对此山本七平为"革命"作出如下定义："在现体制外设置某个绝对者，并基于那个绝对者意志打倒现体制，建立新体制。"七平还分析，对中国的"易姓革命"而言绝对者是"天"，其"天"的意志表现在"民心"，所以基于这个"民心"的动向建立新王朝即"革命"，并未设想要变革"体制"。另一方面，在西欧社会的"革命"思想中，绝对者是"唯一神"，因为地面上的体制是与该"神"契约的产物，所以必须要通过更改与绝对者的契约才能变更"体制"本身。七平根据这两种"革命"的形式，就"承久之乱"的性质作以下说明：比如有 A 国，代表该国某阶级的 B 者不服从统治者，故 A 国皇帝会发出讨伐该代表的敕令，由此开启战端。但 B 者却一举攻占首都，追放皇帝一族，让皇帝退位，并安排自己信任的人继位，同时还处罚过去策划讨伐的人，甚至无视自己拥立的皇帝，任意发布未经皇帝同意或签字的基本法，公开宣布此法与过去皇帝公布的法规毫无关系。据此七平认为，"承久之乱"超越了"不改变体制，只改变支配者"这种"易姓革命"的框架，创造了新的制度即基本法。从这个意义说，它属于"限定式西欧型革命"。② 如果我们认可七平的这个解释，那么就可以说，日本也存在超越"易姓革命"框架的体制变革型"革命"。并且可以说，日本存在过从氏族制度到律令制度、武家制度、明治维新、战后的民主化等大的体制变革即"革命"。

在同书"第三章《古事记》是'革命'之书吗？"中作者写道，如第一章所述，《古事记》是 681 年天武天皇下令编纂"帝纪与上古诸事"后开始撰写的，于天武天皇第三代（按：实际情况是指天皇的任

---

① 平尾洸全译注：《明惠上人传记》，讲谈社 1980 年版，第 270—271 页。
② 参见山本七平《日本的革命哲学》上，PHP 研究所 1992 年版，第 37—46 页。

"大和魂"史的初步研究

数,不指辈分)后,也就是在天武天皇之女、草壁皇子的妃子元明天皇[1]执政期的712年编成。大海人皇子在兄长天智天皇(中大兄皇子)671年死后,与兄长长子大友皇子对决,取胜后于673年即位,是为天武天皇。关于天智天皇和天武天皇的对立,有人说与二者的包括海外局势在内的时代认知有关。[2] 但按作者来看,二者在应对当时的国际局势,希望改变日本社会体制,确立律令体制这一点上目标是一致的。当时中国于618年建立唐朝,发展迅速,其影响甚至远及朝鲜半岛。而当时的朝鲜半岛高句丽、新罗、百济三国鼎立。655年高句丽和百济联合进攻新罗,新罗向唐高宗求援,唐、新联军大败百济军,百济灭亡。支持百济的中大兄皇子(天智天皇)于661年奉齐明天皇[3]之命出兵朝鲜半岛,但在663年白村江一战败于唐、新联军。在这种时代背景下,天智天皇和天武天皇都否定"过去的氏族制度"和世袭化的职业组织,希望仿效中国的律令制,建立起以公地公民制(将所有土地和人民国有化)为基础的中央集权官僚制"律令国家"。

从这个意义上说,圣德太子、天智天皇、天武天皇所指向的都是日本社会的体制变革,即所谓的"限定式西欧型革命"。那么天武天皇下令编纂的《古事记》包含何种目的?在这种历史文脉中,《古事记》根据中国"四书五经"之一的《易经》所写这个事实,在日本历史上具有极其重要的意义。《易经》是占卜之书,如果我们认为,对当时的政治政策制定而言,"占卜"是一种常见的重要方法,[4] 那么《古事记》对日本体制变革将具有重要的精神指导意义。山本七平解释,在实施重大改革,导入律令制时,日本领导人只有通过《古事记》乃至《日本书纪》,将发挥改革主导权的天皇的正统性依据置于已持续500年以上、作为祭祀

---

[1] 元明天皇(在位707—715,661—721),奈良时代前期女帝,天智天皇第四皇女,草壁皇子妃子,文武和元正天皇之母,名阿闭。她对日本历史的贡献是将首都迁往大和国的平城(今奈良),让太安万侣撰写《古事记》,并让诸国奉上《风土记》。
[2] 藤村由加:《古事记的暗号》,新潮社2002年版。
[3] 齐明天皇(在位655—661,594—661),即重祚的皇极天皇,孝德天皇殁后于飞鸟板盖宫即位,翌年迁都飞鸟冈本宫。为救援百济迁都筑紫朝仓宫,在该地死去。
[4] 参见竹内照夫《四书五经入门——中国思想的形成展开》,平凡社2000年版,第46—47页。

第七章　江户时代中、后期(1716—1867)几大著名"国学家"鼓吹的"大和魂"

对象的神话中的诸神身上，才是明智的选择。[1] 该书作者认为这种解释是妥当的。对此梅原猛则更为直截了当地说："新权力需要新的历史。"[2]

在同书"第四章 结论"部分，作者引用丸山真男的话："像儒教那般、由产生那种思想的社会特殊条件所深入渗透的思想，经普遍化后在适用于不同国土、不同历史、不同社会的结构时经受了显著的抽象化，极端地说，有时它仅存在于语言的共通性之中。"[3] 并因此认为，儒教的"易姓革命"也是作为一种具有与中国的原义不同意味的词汇在日本社会传播的。但是，这个事实并不意味着日本社会自古完全未经体制变革而发展至现代。自圣德太子、推古天皇的改革到645年的"乙巳之变"[4] 和672年的"壬申之乱"；从氏族制度转变为律令制度；经"源平合战"[5] 于1192年镰仓幕府成立，再经13世纪初"承久之乱"[6]、1603年江户幕府建立确立起武家体制；明治维新；1946年的八月革命[7]，日本至少经过4次"体制"变革。结论是，在导入第一次"体制"变革的律令制时，为证明新政权的正统性，根据当时的超级大国中国的思想编纂出的就是《古事记》这本书。用著者的话说，就是"革命"的形式有所不同，但在通过暴力改变社会体制这个性质方面，日本与其他国家没有本质的不同。所谓的日本的"限定式西欧型革命"，在烈度上其实还超越了中国式"易姓革命"。

以上所说的是日本是否存在"革命"的问题。与此问题相表里的是天皇是否"万世一系"。如前所述，日本历史上不光有父子相续，而且还有兄弟相继的传统，有时甚至非兄弟的、血缘关系疏远的旁系也可以继承皇位。这里需要补充的是外人篡夺皇位和外国人血统混入日本皇

---

[1] 山本七平：《日本的革命哲学》上，PHP研究所1992年版，第129—130页。
[2] 参见梅原猛《日本人的"彼世"观》，中央公论新社2000年版，第191页。
[3] 参见丸山真男《日本政治思想史研究》，东京大学出版会1999年版，第8页。
[4] 指645年（大化一）中大兄皇子（天智天皇）和中臣镰足等人消灭苏我大臣家族，建立新政权的政变。因645年属于干支乙巳年，故有此名。
[5] 也叫"治承寿永之乱"。指1180年（治承四）武士源赖朝举兵与另一武士集团的平氏作战，到1185年（寿永四）平氏一门在坛之浦灭亡的内乱。
[6] 承久之乱，指1221年（承久三）后鸟羽上皇讨伐镰仓幕府兵败，反而招致公家势力衰微、武家势力强盛的战乱。
[7] 芦部信喜：《宪法》，岩波书店2002年版，第22—32页。

"大和魂"史的初步研究

室的事例。先说继体天皇（？—531。也有人说其卒年是527年或534年），按《记纪》记录他是日本第26代（任）天皇，属第15代（任）天皇应神天皇的第5世孙，名"男大迹"（《古事记》记为"袁本杼命"），别名"彦太尊"。这些记录皆可存疑，因为继体的祖上应神天皇本身的出自和事迹就不明确，有许多是后人编造的。《记纪》说他名"誉田别"，是第14代（任）"天皇"仲哀"天皇"的第4皇子，母亲是"神功皇后"，而且在出生时充满神话色彩，具体为何人不详，现在日人只能含糊地说他是5世纪前后的天皇。而"继体天皇"在日本历史上则比较著名，因为在他即位期间，日本在朝鲜半岛的势力开始衰弱，将任那4县割让给百济，筑紫方面又发生所谓的"磐井之乱"。据说继体出生于近江国（今滋贺县）高岛，在其母的故乡越前国坂井郡三国（今福井县东部高向地区）长大，6世纪初从越前或近江进入大和（今奈良县），但因反对势力强大，故只得先在河内国（今大阪府枚方市）樟叶宫即位，后来才在奈良磐余宫建立起新的王统（王朝）。① 如果这个说法正确，那么日本天皇的世系在"继体天皇"的时代就已断裂，原王朝消失。《日本书纪》又说，"武烈天皇"没有子嗣，所以大伴金村大连等人将"男大迹"从越前的三国（《古事记》说从近江淡海国）迎入宫中。然而，从"继体天皇"的出生、为何要从远地的越前或近江来到奈良、进入奈良竟要花费20年的时间，以及说他是"应神天皇"第5世孙但与其祖上间的谱系不明这些情况来看，说"继体天皇"原是地方的一个豪族，后来乘"武烈天皇"死后大和王权混乱，篡夺了皇位成为一个新王朝的始祖也许并不为过。②

不过对此有人持不同看法，也照录于此。有人根据成书时间早于《记纪》的《上宫记》③记载的继体父系和母系的详细谱系、继体娶

---

① 参见黛弘道《继体天皇的谱系》，收录于《论集 日本历史1 大和政权》，有精堂1973年版，第96—98页。
② 同上书，第99页。
③ 《上宫记》，据推定为7世纪左右成书的日本史书，比《古事记》和《日本书纪》的成书时间要早。一直流传至镰仓时代后期，之后散佚，现仅在《释日本纪》和《圣德太子平氏杂勘文》中留有逸文。据认为《释日本纪》卷十三所引的继体天皇的出自谱系可填补《古事记》和《日本书纪》的研究空白。

第七章　江户时代中、后期(1716—1867)几大著名"国学家"鼓吹的"大和魂"

"仁贤天皇"之女"手白香皇女"为后，以及接受了继体的大和王权本身在机构和政策上没有本质的改变这些线索，将"继体视为大和王权内部的一个王族"①。

再看光仁天皇（在位770—781，709—781）。据说他是日本第49代（任）天皇，讳白壁，天智天皇之孙，母亲是纪诸人之女橡姬。圣武天皇死后，娶其女井上内亲王为妻的白壁王为避免卷入争夺皇位的政治旋涡成日酗酒。770年（宝龟一）称德天皇死后被藤原永手、百川等人拥立为皇太子，同年即位。最初光仁天皇立皇后井上内亲王所生的他户亲王为皇太子，但以772年大逆事件②为由废黜了皇后和皇太子，翌年立母亲为高野新笠的皇子山部亲王（后来的桓武天皇）为皇太子，从此圣武天皇的皇统断绝。值得关注的是，桓武天皇的母亲具有朝鲜血统。据《续日本纪》记载，她是百济送往大和朝廷的人质武宁王的第10世孙女，归化后被赐和姓。也有人认为，即使和氏不是百济王的后裔，但也是相当早归化日本的外来移民。2001年（平成十三）12月18日，明仁天皇在记者招待会上坦陈：我"深感与韩国间的渊源关系。《续日本纪》记载，桓武天皇的生母是百济武宁王的子孙"③。这个含有"渊源关系"的发言在当时日本的全国性大报中只有《朝日新闻》一家全文刊出，而《每日新闻》、《读卖新闻》、《产经新闻》等主要报纸都不刊登此"渊源关系"的发言。然而这在韩国却引起极大反响，媒体纷纷以"日本皇室带有韩国人血统"、"日本皇室起源于百济"、"日王暴露隐秘事实"等标题报道。④ 此外，当时的金大中总统在年初记者招待会上也对此表示欢迎。⑤ 不过明仁天皇不以为意，在2010年（平成二十二）"平城迁都1300年纪念大会"上再次说自己和百济有"渊源

---

① 参见黛弘道《继体天皇的谱系》，有精堂1973年版，第104页。
② 史书并未记载用意，只说772年（宝龟三）井上皇后因诅咒天皇，犯大逆罪突然被废，他户亲王即皇太子也因此被废，从京城赶出。可以认为这个事件的背后存在藤原、百川等人的阴谋。
③ 日本宫内厅："天皇陛下诞生日前记者会见的内容"，2008年11月7日。
④ 朴正薰：《日王首次言及和朝鲜半岛的血缘关系》，《朝鲜日报》2001年12月23日；金基哲：《"日王承认自己为百济后裔"韩国学者的主张》，《朝鲜日报》2001年12月24日。
⑤ 记者（佚名）：《金大中总统在年初记者招待会的讲话》，《每日新闻》2002年1月15日。

"大和魂"史的初步研究

关系"。①

桓武天皇将首都搬到京都，日本进入平安时代（794—1192）后，天皇的谱系再次发生断绝。始作俑者是第51代（任）天皇平城天皇（在位806—809，774—824。桓武天皇第1皇子）的皇孙在原业平。他与第56代（任）天皇清和天皇（在位858—876，850—880）的皇后二条后藤原高子所生的不义之子，后来当上了日本第57代（任）天皇，即阳成天皇。该天皇后来的退位，是否与父母的秘密曝光有关不得而知。按今西裕一郎的说法，在嵯峨天皇之子、第54代（任）天皇仁明天皇之后，皇位由文德、清和、阳成一系继承，但由于阳成天皇没有生育，所以藤原基经才让其退位，狭义的皇统就此断绝。之后皇位回归到阳成的祖父、第55代（任）天皇文德天皇的异母兄弟仁康亲王［第58代（任）天皇光孝天皇］那里，由宇多、醍醐、朱雀、村上、冷泉、圆融、花山直至一条天皇一路继承下来。②

至镰仓时代末期南北朝分立，南朝重臣北畠亲房为此专门撰写《神皇正统纪》，正式提出皇位"正统"与"非正统"的问题。当然在他眼里，他侍奉的南朝天皇代表"正统"。在书中亲房还首次提出天皇"万世一系"的主张，给日本近世和近代的思想带来巨大影响，也开启了神道学家和"国学家"讨论此问题的先河。亲房说："唐土为著名动乱国家。……自伏羲（传说是在公元前3308年即开始治世的中国最早帝王）时代至今已经历36个朝代，其间动乱难以尽数。惟我一国自天地起始至今皇统不移，不可侵犯。"③

因为亲房的说法也掺杂许多佛教和儒教的学说，所以他的天皇"万世一系"理论从根本上说不可能自圆其说。亲房认为君主必须保有"三种神器"，说这是坐上皇位不可或缺的条件，但另一方面，他又受到《佛祖统纪》④和宋学，特别是《春秋》、《孟子》和《周易》的影

---

① 记者（佚名）：《金刚学园出演"歌垣"连接起韩日中关系 平城迁都祭 一道歌唱"花一两"》，《民团新闻》，刊发时间资料遗失。
② 参见本书第四章。
③ 岩佐正校注：《神皇正统纪》，岩波书店1975年版，第27页。
④ 《佛祖统纪》，中国南宋僧人志磐于咸淳五年（1269）撰写的佛教史书，共五十四卷，强调天台宗为佛教正统。

第七章　江户时代中、后期(1716—1867)几大著名"国学家"鼓吹的"大和魂"

响,强调除血统外君主还要有"德"。这直接影响了他的"万世一系"理论的有效性。作为论据,亲房在书中批评引发"承久之乱"的后鸟羽上皇,对抗拒官军的北条义时及其子北条泰时竟然还有善评,理由是实施了"善政",说"泰时忠实于天照大神之意"。① 这种逻辑的矛盾众人一目了然,但在重视"德治"的亲房看来却是"正理"。另外,按说天皇是"不可侵犯"的,但亲房不仅对后鸟羽上皇的被流放没有批评,而且自己还亵渎天皇:《神皇正统纪》书写的主要目的是供新天皇修身、治政参考之用,但在献给新帝后村上天皇的此书跋文中却有致"某童蒙"一语。上述这些也都对天皇"万世一系"理论打了折扣。南北朝统一后,与北朝关系密切的室町幕府自然不买亲房的账,否认亲房南朝"正统"理论的《续神皇正统记》(小槻晴富)的出现也就不在人们意料之外。可是三十年水流东,三十年水流西,德川光圀在《大日本史》中对亲房却评价甚高,甚至肯定会被亲房否定的江户幕府也时常引用泰时的事例,表明自己"武家实行德治政治"的正当性。亲房一定没有想到,自己认定的"正统"南朝竟然败于"非正统"的北朝,室町幕府拥立的北朝天皇自此一路顺风顺水,在宝座上一直坐到今天,并且有"深感与韩国间渊源关系"的发言。明治时期,有人再次提出南北朝的"正统"问题但被政府制止。这说明,天皇的"万世一系"在亲房时代已被撕成两"系",后来明治政府的讳莫如深也似乎在表明"万世一系"理论的无效。

我们且不从基因可能逐渐被"稀释"的角度说明血统是否纯正的问题,仅从光仁天皇和"继体天皇"的"文献"血统来看,天皇"万世一系"说就有很大的问题。后来出现的"血统狭义断绝论",虽然没有给"万世一系"理论造成严重的伤害,可是到亲房的时代此问题的严重性却在加剧。虽说天皇姓氏并无改变,但其已非"一系"而是两系。南北朝分立带来的"正统"和"非正统"之分,以及后来的日本政府对此的讳莫如深,都注定"一系"学说终将走向破产。

另如前文所说,天皇真正亲政的时间很短,实际上很早就被历史边缘化,且其苦难来自信奉中国"革命"思想的武士集团。这是神道学

---

① 岩佐正校注:《神皇正统记》,岩波书店1975年版,第41页。

家和"国学家"鼓吹尊皇和"万世一系",反儒反佛的一个重要原因。当然在大国隆正时代,因外族入侵需要提倡建立新的权威,以凝聚人心,也是尊皇思想蹿升的一个重要原因。对照上述,我们可以对本章做出小结。

这段时期"大和魂"等的内涵已非常复杂。虽然各"国学家"根据自己的理解,赋予"大和魂"等不同的含义,有的视其为"女性"之心,有的视其为男性的尚武、勇猛之魂,有的视其为"女男"同体但阳刚多于阴柔的心性,但其本质大都与复古、反儒佛和尊皇有关,暗含讥刺幕府追逐中国的"革命国风"、学坏了样的语意。有的还表现出相当鲜明的"纯化"日本文化、提倡"本国至上"的意图,但严格说来,这些"国学家"都难以抗拒日本文化易与外部文化融合,从而造成自身面目不清的大格局。

一、谷川士清。必须肯定,是他早于本居宣长撰出《古事记传》,完成"国学"巨作《日本书纪通证》,开创出正式而有系统的"国学"研究先河。尤其是他在该著一卷"小字注"中,还首次提出"中古以来之治世也,兼取周孔之教,以为之羽翼。是故国学所要虽亡论涉古今究天人,非倭魂汉才不能阐其闾奥矣"的观点,使伪书《菅家遗诫》有被窜入第廿一章和第廿二章的可能,开启了新一轮讨论"倭魂"和"汉才",以及"革命国风"和尊皇的关系的运动,放大了此前已有的"日本中心主义"论调的音量。说士清的这个"和魂"含有统御"汉才"以及"崇神"和"尊皇"的意义并不为过。

士清在《和训栞》和自创的和歌中分别提到"日本魂"。其中的"日本魂"是否就是他在《日本书纪通证》中所说的"和魂"无法确认。因为《和训栞》仅解释:"大和魂,日本魂也,《源氏物语》中有……一语。按一条禅阁所说,乃日本之鉴别之意也。"而且士清没有就这个"鉴别"词意作出说明。士清自创的和歌"若问因何献我身,答之应为日本魂"中"大和魂"也语意不清,但在形式或在思想上都对本居宣长产生影响,导致后者"若问大和心何物,清晨映日山樱花"歌的产生,并引发了后来一系列"若问大和心何物"的和歌诞生(歌作略)。不过根据士清的生平及其政治倾向和对他歌作用意进行揣摩,可以认为他的"日本魂"与他埋在"反古冢"下的著作精神是一致的,

第七章　江户时代中、后期(1716—1867)几大著名"国学家"鼓吹的"大和魂"

都带有一种政治坚守感和使命感，像是在说：如果有人问你为何要如此尽力，以至粉身碎骨，那么我的回答就是，我对生在与神相通的日本国感到喜悦，并以这种喜悦奋力解释神和人的历史和语言。

自然士清的"日本魂"也不免神儒融合的通病，他在《日本书纪通证》》"汇言"中引用的"林罗山曰，神道乃王道"这句话，正是这种思想的集中表现。这也是同样尊皇但欲"纯化"神道思想的"国学家"们对他不满的主要原因。然而他的"日本魂"，显然与平安时代和室町时代的"大和魂"有着本质的不同，承接着山崎闇斋系统的若林强斋、松冈文雄的"日本魂"精神，具有强烈的尊皇倾向。这在其著《日本书纪通证》卷一、二十二丁表中所引的松冈文雄话语"悃悃款款，祈国祚之永命，护紫极之靖镇者，此谓之日本魂"，以及"汇言"中所说的"神皇一体，祭政一致，万世一系"这些话，都可以明白无误地看出。后面的这些话，直接影响到幕末的平田笃胤和大国隆正。因此士清本人的"国学"和神道思想还暗含挑战幕府，暗讥后者"革命"篡位的意味。这是他不受幕府喜欢的重要原因之一。同时他的神儒融合的通病，也使得他在大力"纯化"神道教的明治维新初期不被政府欢迎。

二、贺茂真渊。从若林强斋和松冈文雄开始，各神道学者就对"大和魂"做符合自己心愿的任意解释，将所谓的"日本魂"等与尊皇发生联系。这种倾向在真渊的身上有了进一步发展，主要表现在以下三个方面：(1) 故意回避《源氏物语》"少女"卷的本意，说"不可以女子之心忖度之"，以利于自己对"大和魂"做随意的解释。其目的之一是针对当时"专以汉学治天下"的现实，之二是赞美"古皇威严民安，仅以武威服民"，否定江户幕府的文治。当然他的最终目的，是希望天皇不要"尊贵而度日，任由臣下治世"。以上这一切，似可用"大和魂＝古皇威严＝武治＝反儒学文治＝尊皇"这一公式概括；(2) 认为"大和魂"是一种"高尚、率直"之魂，既代表日本古代女性之"和魂"，更是古代"伟岸男子"或"有勇气之刚强男子"之"荒(砺)魂"，表现为坦荡大方，光明磊落，即所谓的"诚"。语中虽多有矛盾，但其偏向"尚武勇猛"之一面却清晰明了，带有暗讥幕府已不勇猛，其原因在于提倡"儒学文治"的意味；(3) 使"大和魂"象征日本的"千年古道"，即"对日本古代能准确评价事物之心性作出之规定"、"乃一种不被唐土思想与文化歪曲之心性"。说到底，就是与后来"邪恶"的儒学思想做斗争的工具。与此同时，这种"大和魂"还是引导此世与后世日本人返回"千年古道"的指针，可以将日本人的本心还原到祖先正确的心灵轨道上来。

总结说来，真渊的这些"大和魂"，比此前日本色彩渐浓的"大和魂"更近一步，具有更多更浓的崇古尊皇的色调，深刻影响了他的门人本居宣长，特别是宣长的未入门弟子平田笃胤。虽然真渊的"大和魂"没有直接涉及中国的"革命国风"，但从他"天皇日月也，臣子星辰也。星辰既守护日月，则如今星辰不掩日月。天之日月星自古不变，此天皇日月臣子星辰亦不变"的话语中，我们仍然可以感受到他对幕府仿照中国思想的篡权行为进行批判。另外，从真渊所说的"若按中国那般创建烦琐的教义，即使一时可以治乱，但在某时却一定会发生严重的乱伦事件，比如弑君杀父，而相比毫无变化的百年之世，多少有些起伏但大致可治的千年之治更为理想"这些话中，也可以看出真渊对中国的"革命国风"有多仇视，对反映"古道"的"大和魂"有多期待。

因真渊在"国学"上的贡献，更主要的是因为有了他的复古尊皇主张，才有了后来"恢复古制，大政奉还"的那一天，所以明治政府以"真渊之前无真渊，真渊之后无真渊"为由，追赠他"从三品"的官阶，并在他家乡的神社前为他建了个大"鸟居"。

三、本居宣长。宣长对日本最大的"贡献"，是有系统地对本国文化进行"纯化"，试图找出外来文化进入日本之前的、所谓本国固有的语言、信仰和传统。有人将他视为"国学"的集大成者和他在"国学四大人"中名声最大，原因可能就在于此。宣长的"大和魂"说几乎都围绕着这个"纯化"任务而展开。而要"纯化"日本文化，就需要坚定对"传统"的信念，排斥"汉意"和"佛意"等。他说要"认真读此类书（指《古事记》和《日本书纪》等），可坚固大和魂，不失坠于汉意。若有志学道，首先要清除汉意、儒意，坚固大和魂"等就出自这个目的。

宣长为"纯化"日本，甚至不惜生造词汇，比如在上述的"汉意"和"佛意"之外还有"唐心"等。而且宣长为说明问题竟不顾语意重

第七章　江户时代中、后期(1716—1867)几大著名"国学家"鼓吹的"大和魂"

复,有违一个大学者的风范。从这些举动可以看出,宣长对"大和魂"有多看重,对与此相对的"汉意"和"唐心"有多厌恶,其欲通过"去除"后二者而"纯化"日本文化的决心和意志又有多大。

然而,宣长的"大和心"等语意也不明确,可供其自由发挥的空间也十分广大。不过通过分析,我们还是可以知道,他的"大和心"等其实也就是他的"物哀"观、"人情"说和"女性"论等的改说。

简言之,宣长的"大和心"="物哀"观=承认人的内心"感动",指"去除了所有先入之见后的无私无垢之心,或曰'真心真意'。"这里所说的"去除""先入之见",即无须儒学的"理性"参与,反映的是日本"古道"中不务"虚言",有时甚至无须语言,推崇"率真"和"感性"的精神,其本质是追求"真诚"。为了这个"真诚",宣长认为即便写的是"淫乱"与"好色"也无妨,因为人们在恋爱时的情感最为真挚。以此观之,他的"物哀"观="恋"观="大和心"中针对儒学道德之含义也就不难理解。

宣长的"人情"说其实也是他的"物哀"观的另一种表现。在他的著作中,"物哀"与"人情"这两个词汇基本可以换用,而且其中的"情"的注音大都与"心"相同。再者,宣长的"人情"说大都与女子、孩童有关。比如他说的:"人情者,如幼稚小儿女也";"武士如同女子孩童,凡心未泯,愚钝至极";光源氏及其他人"皆与女子孩童无异";"无论人如何贤明,但倘若问及心底深处,则与女子孩童无大差异,皆多为脆弱啜泣之物";遇事如女子哭泣为"难以避免之人情",也是"不事伪饰之真情";等等。宣长反复提及并肯定女子、孩童,不光有与孔子"唯女子与小人为难养者也"言论打擂台的意味,更是将他们视为一种未受儒学污染,能表露"真实想法",当感动时应感动的"纯真"象征。在宣长的潜台词中,男性代表着儒学和幕府的"义理",而女子、孩童则代表着日本传统的"人情"。

从以上论述可以看出,宣长对"女性"是有好感的。他特意采用平安时代《后拾遗和歌集》第二十《俳谐歌》赤卫染门"返歌"中的"大和心",咏出自赞歌"若问大和心何物,清晨朝日山樱花"就出自这种心理。因此我们还可以将宣长的"女性"论和他的"大和心"画上等号。然而,宣长喜欢的这个"女性",不单指性别上的女性,还指心理上的"女性",说得更准确一点应该是"女性"的心理。这种对"女性"心理的褒扬,也存在与儒学对抗的意味。宣长认为,此类心理正是人的真实心理,由于有此心理才具备"知物哀"的能力,换句话说才有可能成为善人。其反义词是"英勇、雄壮"或"雄壮有力"。宣长将这些"男性形象"视为来自中国思维的虚像,或"近代崇尚武士气概之气象"和"近世武士之气象",并加以排斥。这是一种对武士伦理的抗议。在这点上他与其师贺茂真渊等有很大的不同。

和真渊一样,宣长也没有直接涉及中国的"革命国风"问题。相反,他在奉本藩纪州侯之命写作《秘本玉匣》时还根据其"古道"立场,对公武二元政治进行调和,说幕藩体制也是皇祖神的杰作,必须顺从。但宣长因不勇敢,善用指桑骂槐的方法,说儒学的本质在于"欺诈",是统治者或篡位者为隐蔽或美化现实的意识形态:"唐土道者,究其意旨,亦不过止于欲夺人之国与惧于为人所夺。""天命者,自古于彼国而言,仅为灭君夺国之圣人为避己罪而设之托词耳。"这些话都反映出他对中国的"革命"思想是有所认识的。宣长还说日本古代好,但自学习中国后变坏,所以"无须特意论'道',仅须去除污浊之汉心,恢复清洁之御国心(=大和心)即可。会意此即为知神(古)道",语中带有将幕政恢复为古代天皇亲政的含义。

因此,宣长在幕府时代注定不会受到将军等人的欢迎。虽然宣长也极力宣传神道乃开肇天下、治理国家之先务要道,鼓吹"皇国优秀论",将日本置于世界万国之上,他的门生将此统称为"皇国魂"(="大和魂"),但这些言论在宣长的学说中不占主导地位,而且在当时已成为日本社会部分人的共识,所以在明治维新成功后,未见政府像对待贺茂真渊及其后裔那样,对宣长及其后裔有何重大的褒奖,直至1911年书店的"顾客(还)不知道本居宣长为何人"。宣长的走红以及成为国民的代表人物,是在民族主义、法西斯思潮开始抬头的昭和时代初期,源起于反映他和恩师真渊在松阪初次会面的事迹被收入《小学国语读本》一事。从此宣长才逐渐深入人心,家喻户晓。需要说明的是,宣长的"纯化"活动并不成功。因为各国的文化经交流后已是你中有我,我中有你。要靠一己之力从本国的文化中清除他国文化,在这个世界从未有成功的先例。

第七章　江户时代中、后期(1716—1867)几大著名"国学家"鼓吹的"大和魂"

四、平田笃胤。在"国学四大人"中是谈论"大和魂"最多的一个人,而且其"大和魂"的内容驳杂,相互矛盾之处随处可见。从笃胤的"大和心"定义和引申来看,其中的"清洁、美丽"、"女人气息"、不善伪饰而求真、表达"物哀"等这些主张都来自宣长,而其"正直、武勇、高尚"的主张又来自真渊。但两相比较,可以说笃胤的"大和心"更偏向真渊,而且有所发展。笃胤说:"尊神祇,以大倭心之雄壮威武为旨。""以汉语说,此谓真豪杰,真英雄,亦可谓大倭魂。"

笃胤的"大和魂"还有一些自己的独特之处,意通他所谓的"幽冥",但语意牵强。从笃胤的话语"知帝道之大意,立学问之真柱,有大倭心之镇"。"坚固不怕火烧、不畏水溺之和魂之真柱后再学汉学"这些话可以看出,"真柱"就是"和魂"。于此"真"即"真正"的意思,"柱"顾名思义就是起到支撑整栋房屋作用的基础性构件。再从笃胤《灵之真柱》的话语"欲筑牢筑高此大倭心,其第一要务即知人死后灵魂之去向与安定之所在"来看,其"真柱"和"和魂"又与"幽冥"有关。按笃胤的说法,这个"幽冥"世界就是"灵的去向以及安定之所在",为此"必须了解天、地、(黄)泉三个世界形成的'事实',以及与此有关的神的功德及经纬"。

另外,笃胤的这个"大和魂"还是"日本中心主义"或"本国至上主义"的代名词。事实上,笃胤在说明宇宙的起源和天、地、(黄)泉这三个世界的形成及其相互间的关系,以及这些"事实"特别是"幽冥"世界存在"事实"的"真实性"的同时,还完成了证明日本国和日本神是四海万国最高存在物的任务。"为寻找所有神世古代事实,知晓天地初发之义,应先善于观察天地世间情状,于胸中有一部神代卷,在此基础上再读国史,了然《古事记》序所说'乾坤初分,参神作造化之首'句及……等,坚固不怕火烧、不畏水溺之和魂之真柱后,再学汉学,掌握学问之才,探知其他国家之事。"在笃胤的心中,本国永远是至高无上的。不仅于此,笃胤的"大和心"有时还会溢出于海外,主宰当地的人们。"班遣众多子弟于四方外国,我和魂亲渡四海,蒙恩成就大造之绩。"

和若林强斋和松冈文雄等人一样,笃胤的"大和心"也是尊皇的

· 611 ·

代名词。"设若此时无清麻吕之大倭心,则将发生某种祸事。八幡神之神敕夸赞此卿之大倭魂难得、可尊。"这里所说的"祸事",指道镜和尚与宇佐八幡的神官勾结,欲篡夺皇位。据说当时清麻吕作为敕使,接受宇佐八幡的神喻,粉碎了道镜的阴谋。可见这里所说的"大和心"等即指"尊皇"之心。笃胤甚至将"大和心"提高到"知国恩"和"国体论"的高度,说:"能辨别此御国恩之难得,具有大和魂之人们,必说我将手舞足蹈,欢悦无比。""虽为儒者,然不失大倭心之人们,如山崎闇斋之门人浅见䌹斋、水户中纳言(德川)光圀卿之御家臣栗山愿助……各著其书,对此有所辨别,但犹醉迷于彼国国籍,为仅重视外表之拟圣人等所束缚,难辨清洁和美丽。"

为此笃胤不仅抨击重视儒学的学者、藩主,还攻击精通汉文和佛学的空海和尚,说:"弘法大师奸险,其歹毒之心深不可测,如同魏町和堀兼之井……故须瞠大如大久米命一般、我精密古学能辨别道理与真伪之眼,仔细观察。若不奋起大倭心则难以辨别。"因此笃胤的"大倭心",则又指可与儒佛之心抗衡、具有辨别事物真伪能力的心智。笃胤还对神道学者有所批评:"近来学古(学)之辈,视右学(按:神道学)如土芥,其多为歌作者,不知真道,仅读些许皇典,却自诩唯我掌握神道,言说大和魂如何如何。其或尊腐儒之拟圣,或信老妪(所信)之阿弥陀,(其间虽有争论),但可谓五十步笑百步,令人气愤(因仅耳闻些许皇典,何以可曰知神道,何以可说其乃具有大和魂之人?——原注)"因此在笃胤看来,只有知"真神道"者才会具有"大和魂"。换言之"大和魂"亦即"真神道"。

笃胤的上述言论在当时就不被他人接受,有人批评笃胤:"其言尽为卑语声",即骂阵之声。日本近代大思想家津田左右吉也批评说:"该时代的国学家采用先人的臆说,在此基础上进一步加上自己的臆说,叠床架屋,益发空言,以此为得意。这也因为他们原来就不以事实为依据。笃胤以宣长的大和心、汉心为基础,进一步生造出'生倭意'、'生汉意'等词汇,从此也可以看出他的为人态度。"

笃胤在其著《古道大意》中以中国自古革命不断、乱臣贼子众多为根据,论证日本输入儒道以来也战乱不断。他对孟子赞成殷周革命,失却君臣大义的言论极为反感,说"承久大逆事件乃义时接受大江广

第七章　江户时代中、后期(1716—1867)几大著名"国学家"鼓吹的"大和魂"

元此奸儒所劝,以所谓汤武之道为榜样"造成的结果,而"我天皇以万姓为臣之君臣之道,乃天照大御神所定之御道,并非私事。……定迩迩艺命为苇原中国之君,使其自天而降,君臣名分既定于此,包孕于国内之人无不尽为其臣。"虽然笃胤在生前并不能预料到他生后可能发生的事情,本人也未为倒幕运动做过一项实际的工作,但他及其弟子以"大和魂"为代表的尊皇、祭政一致等思想,为后来的倒幕运动准备了理论基础和实践勇气,也为明治维新的实现指出了一个大致的方向。1868年江户幕府时代结束,明治政府建立。由于此时笃胤已经死去,没能沾上多少天皇的光,但继承笃胤思想的弟子们却因此大举进入新政府,揭开了一个新时代的大幕。

五、大国隆正。与本居宣长相比可知,日本"国学"自平田笃胤开始至大国隆正时已大大退步,变为一种基本无须文献"考证分析",只凭"信念"和"热情"就可信口开河的"学问"。隆正的著作《大和心》可谓这种仅凭"信念"和"热情"的产物。

隆正所说的"大和心"几乎可用一个词汇替代,那就是"忠心":其"常见于此千年之书籍之中。遍察此事,可谓(全部涉及)大臣不觊觎天皇之大御位,任何时候皆遵守臣下名分,侍奉天皇一事"。"我国之大道以君为本,臣民不顾自身。因此仅我国皇统连绵,于今如太古不变。"这种"忠心"不仅指向"尊皇",还暗批幕府篡夺天皇地位的含义。不仅如此,隆正还直接引用被窜入第廿一章和第廿二章的《菅家遗诫》,说"有'凡神国一世无穷之玄妙者,不可敢而窥知。虽学汉土三代周孔之圣经,革命之国风可深加思虑也'句,须与前文合读。汉才中自有汉心,此句明矣。汉才可取,而汉心不可取"。批评日本有人采用"革命"的"汉心"。为了这个"忠"和改变中国式的"革命国风",隆正甚至鼓励人们应该"为大君死"和"为国死",起到了承前(若林强斋)启后的作用,吉田松阴(1830—1859)后来咏出的和歌"吾尸纵曝武藏野,白骨犹歌大和魂",不能不说没有受到隆正的这种"劝死"思想的影响。

这种"忠心"自然还会衍生出"勇心"。隆正的"大和心"因此还变为"忠勇"之心,并被认为比之武器、形胜更为重要:"我日本乃万国无双之武国,偶因沐浴太平德化,防御外寇之心淡薄。庶民虽有不预，然百姓町人磨砺义无反顾、不死于悠闲之忠勇大和心，当胜于沟堑高墙。"这种要求巩固"和魂"、发扬"武道"的目的，除具有保卫日本领土主权的积极意义外，还意在让"日本冠绝宇内"，"优越于世界万国"，使日本成为"世界之总本国"，而"万国为身"，同时因天皇皇位"天壤无穷"理应君临世界各国。

隆正的言论一部分来自笃胤思想的影响，总体说来逻辑都不清晰，强说之词和呓语随处可见。这种"皇国至上主义"又必然会导致他不正确地反佛批儒："佛道违背神道，……儒道与神道在大本上相异。""俗儒顽固崇拜外国圣贤，乃皇国心腹大患。"为此隆正呼吁应在思想上也展开一场攘夷运动："吾所说之攘夷，非形式皮相之攘夷，而乃源自实理大道之攘夷，……此攘夷还意在去除蔑视吾皇国皇威之夷情，以及趋从夷情之吾国奸徒。由此最终显现大帝爵之诚心。"

隆正因自己的言论差点受到幕府的处罚，而且，当时社会对他的反应普遍不好，连隆正自己也说，许多国学家"各自将耳道塞住，对隆正所言充耳不闻。……本居学派以本居学理堵塞耳孔，平田学派以平田学理堵塞耳孔，不听隆正所说"。他开创的所谓藩学改良运动也收效甚微。

然而成王败寇，1868年（明治元）隆正成为"征士"（被政府录用任官的藩士和庶民），任神祇事物局"权判事"（法官），后改任神祇局顾问。在这段任期，隆正通过弟子玉松操向岩仓具视提议，须发布"王政复古大号令"，将"神祇官"置于"太政官"之上，将纪元方式改为神武纪年，并且和旧藩主龟井兹监一道，提倡"神佛分离"和"废佛毁释"。隆正的"大和心"终于一一得到实现。1915年（大正四）11月隆正被追赠"从四品"。

从谷川士清到大国隆正，日本"国学家"所提倡的"大和魂"各有自己的内容和特点，但也反映出某种共同的思想倾向，这个倾向就是都强调神道的重要性及其对他国的优势。在此过程中，日本的"国学家"们虽说不同程度地都受到儒学、道学包括佛学的影响，但均以反儒、反佛为目标，对所谓中国"革命国风"也皆持排斥的态度。他们认为幕府的政策失败，与引进使用的儒佛思想尤其是儒家思想——在过去是孟子的思想，在当时是朱子的思想——有关，所以要改变日本的

第七章　江户时代中、后期(1716—1867)几大著名"国学家"鼓吹的"大和魂"

困局,只有"复古"包括恢复神道和重新抬出天皇一途。毋庸置疑,神道自镰仓至室町而江户时代的逐渐兴盛,与日本公武二元政治的长期存在有关。随着幕府的由强走弱,有人开始替皇室鸣冤,并以神道作为天皇亲政合法性的理论依据。于是"尊皇"的思想和口号——"大和魂"就被推出并放置在历史舞台的正中央。这种"大和魂"不可避免地要与幕府产生冲突,并且遭到儒学家包括许多"国学家"的猛烈反弹,所以"大和魂"的提倡者在他们生存的年代,尽管个个饱读"歌"书,但几乎未有一人受到重用。斗转星移,以"天皇亲政、大政奉还"为目的的明治维新实现了,"国学家"似乎有了翻身的一天,但事实并非完全如此。实际上,"国学家"被明治政府利用了,大国隆正及其弟子大举进入政府后没过几年就纷纷退出历史舞台。因为这时的天皇已经亲政,明治政府创建出自己的"国家神道",同时还迫切需要"欧化主义"和"科学主义"的帮忙,以远古的神话传说为"理论"依据的"复古神道"已不敷时代的需求。另外,经过实践,明治政府认为要治理好一个国家,尤其是一个东方国家,儒学还是有其用处的,于是儒家思想再度泛起。明治天皇的"侍讲"仍由儒学家元田永孚而不是其他人担任,就是该证据之一。不久,以神道和儒学为两翼的《教育敕语》和《军人敕谕》的问世,也是其明证之一。由此日本"国学"也走到了历史的尽头。

本著的出版得到国家教育部人文社科基金审批委员会（项目名称：《日本精神的实像和虚像："大和魂"的建构与变异》，批准号：12YJA752012）、福建省社会科学联合会基金审批委员会（项目名称：《基于中日文化交流视域的日本文化实质研究》，批准号：2011b264）和福州外语外贸学院学术著作出版基金的资助。

『大和魂』史的初步研究（下卷）

胡稹 著

中国社会科学出版社

目 录

下 卷

第八章 江户时代后期(1830—1867)部分著名儒者笔下的"大和魂" ………………………………………………… (619)

第一节 赖山阳吟唱的"大和魂"歌 ………………………… (619)
  一 "大和魂今样歌"的作者 ……………………………… (619)
  二 赖山阳一家及山阳的《日本外史》和《日本政记》 …… (621)
  三 《日本乐府》 …………………………………………… (630)
  四 对山阳及其后代的评价 ……………………………… (637)

第二节 吉田松阴的"大和魂"歌等 ………………………… (641)
  一 "大和魂"频出的天保至幕末年间 …………………… (641)
  二 吉田松阴的"大和魂"及他的出生与学养 ………… (647)
  三 "明知有虎偏山行,欲罢不能大和魂" ……………… (651)
  四 "吾尸纵曝武藏野,白骨犹歌大和魂" ……………… (657)
  五 松阴的《留魂录》 ……………………………………… (662)

第三节 本章小结 …………………………………………… (665)

第九章 从"和魂汉洋才"到"和魂洋才"——日本对"和魂"与"外(汉洋)才"关系的第三次理论思考
    ——从幕末到明治时代(1830—1912) …………… (668)

第一节 佐久间象山的"东洋道德,西洋艺术(技术)" ……… (669)
  一 "和魂汉洋才"的前身 ………………………………… (669)

· 1 ·

二 "东洋道德,西洋艺术(技术)" …………………… (672)
三 "东洋道德"的实质是"以我为主,会通东西" ………… (674)
第二节 桥本左内的"机器艺术取于彼,仁义忠孝存于我" …… (677)
一 桥本左内 …………………………………………… (677)
二 松平庆永 …………………………………………… (678)
三 桥本左内的儒、"兰"并用 ………………………… (679)
四 生死皆为"仁义忠孝" ……………………………… (682)
第三节 横井小楠的"明尧舜之道,尽西洋器械之术" ……… (684)
一 固守东方道德,实现与西方的双向交流 …………… (684)
二 小楠的政治理想:仁＝道德＝君主的内心修养 …… (688)
第四节 阪谷朗庐的《意见书》:"日本学"、"汉学"和"洋学"
的关系 …………………………………………… (692)
一 阪谷朗庐此人 ……………………………………… (692)
二 《意见书》和《白鹿洞规》 ………………………… (693)
三 "理"(儒)先"气"(洋)后与和汉不分 ……………… (694)
第五节 井上淑荫《学范》中的"和魂"("皇朝学")、汉学和
西学 ……………………………………………… (696)
一 "和魂"为主,汉学、西学为次 ……………………… (696)
二 《国学辨》中"三学"的"并立并行" ………………… (698)
第六节 旧神户藩藩校"教伦堂"《学则》中的"和魂汉
洋才" ……………………………………………… (699)
一 首次使用的"和魂汉洋才"成语 …………………… (699)
二 "苟用于国家"可"不分彼我" ……………………… (700)
第七节 旧高知藩藩校"致道馆"《教场规则大意》中的
"和魂汉洋才" …………………………………… (701)
一 高知藩及其第15任藩主山内丰信 ………………… (701)
二 "和魂汉才之全学" ………………………………… (703)
第八节 《评论新闻》中的"日本魂"与"和魂汉才,兼备
洋学" ……………………………………………… (705)
一 《评论新闻》 ………………………………………… (705)
二 "和魂汉才,兼备洋学"的木户孝允 ………………… (707)

目 录

第九节　金子坚太郎"日本之国体与教育之基础"中的
　　　　"倭魂汉才"和"汉洋才" ·················· (713)
　　一　金子坚太郎的少年时期 ······················ (713)
　　二　进入哈佛学法律 ···························· (716)
　　三　回国后不久被伊藤博文看中 ·················· (718)
　　四　日俄战争期间赴美打宣传战和舆论战 ·········· (720)
　　五　与伊藤博文等一道制定《明治宪法》 ·········· (724)
　　六　金子坚太郎的"和魂汉洋才"与他后来的变异 ··· (732)
第十节　本章及此前部分相关章节的小结 ·············· (736)

第十章　明治时代(1868—1912)海老名弹正的"大日本魂"和
　　　　吉野作造的"国家魂",以及幸德秋水和木下尚江对
　　　　它们的批判 ································ (746)
第一节　海老名弹正的"大日本魂" ··················· (746)
　　一　海老名弹正及其《思考日本魂之新意义》 ······ (746)
　　二　今人和时人对海老名的批判 ·················· (752)
　　三　海老名的"大日本魂"与日本当时"大国殖民主义"
　　　　思想等的关系 ································ (754)
第二节　幸德秋水对海老名弹正"大日本魂"的批判 ····· (758)
　　一　幸德秋水的调侃式批判 ······················ (758)
　　二　态度摇摆的幸德秋水 ························ (760)
第三节　吉野作造的《何谓"国家魂"?》 ··············· (763)
　　一　《何谓"国家魂"?》要说的是什么? ············ (763)
　　二　吉野作造其人及其政治主张 ·················· (766)
　　三　吉野作造与中国 ···························· (773)
第四节　木下尚江对《思考日本魂之新意义》和《何谓
　　　　"国家魂"?》的批判 ·························· (777)
　　一　反近代天皇制国家和国家主义的勇士 ·········· (777)
　　二　木下尚江对海老名弹正和吉野作造的批判 ······ (781)
　　三　木下尚江对"大日本魂"和"国家魂"的批判未画上
　　　　圆满的句号 ·································· (782)

· 3 ·

第五节　本章小结 …………………………………………（786）

**第十一章　"大正（1912—1926）民主运动"时期富于个人色彩的
　　　　　　"大和魂"的种种表现及原因** ……………………（791）
　第一节　对"大正"年号意思的不同解释 ………………………（791）
　第二节　"大正民主运动"的诸过程及其显示的意义 …………（794）
　第三节　此阶段的各种"大和魂" ………………………………（798）
　　一　被调侃、挖苦、讽刺的"大和魂"——以夏目漱石、
　　　　内田鲁庵、冈本绮堂为代表 ……………………………（798）
　　二　被批判的"大和魂"——以泉镜花、宫本百合子、
　　　　户坂润、堺利彦、岸田国士为代表 ……………………（812）
　　三　形象不清的"大和魂"——以梦野久作、森鸥外、
　　　　新渡户稻造为代表 ………………………………………（843）
　　四　带自由主义色彩的"大和魂"——以正冈子规、
　　　　小出楢重、长谷川时雨、中里介山为代表 ……………（878）
　第四节　本章小结 …………………………………………………（892）

**第十二章　甲午战争（1894—1895）至二战时期（1931—1945）
　　　　　　超国家主义和军国主义的"大和魂"** ………………（894）
　第一节　日本的"进取心"和"大和魂" …………………………（894）
　第二节　"大和魂"与五个关键词——"尊皇"、"正义"、
　　　　　"战争"、"勇气"和"赴死" ………………………………（898）
　　一　诗歌 ………………………………………………………（899）
　　二　大正、昭和时代的部分小说 ……………………………（933）
　　三　戏剧 ………………………………………………………（947）
　　四　军事著作 …………………………………………………（950）
　　五　报刊和杂记中的"大和魂" ………………………………（958）
　第三节　本章小结 …………………………………………………（959）

**第十三章　"大和魂"是否科学并符合"现代精神"？
　　　　　——昭和时代日本两位科学家对此问题的追问** ……（963）
　第一节　永井隆《长崎之钟》中的"大和魂" …………………（963）

第二节　寺田寅彦《天灾和国防》中的"大和魂" ………………（971）
　　第三节　本章小结 ……………………………………………（980）

第十四章　一半是"商品代言人"，一半是"政治宣传员"
　　——二战后的"大和魂" ………………………………………（982）
　　第一节　商品名称或商业、体育活动噱头 ……………………（983）
　　第二节　新"日本文化论" ……………………………………（995）
　　　一　上田正昭的"大和魂" …………………………………（995）
　　　二　田中英道的"大和心" …………………………………（997）
　　第三节　本章小结 ……………………………………………（1004）

第十五章　为重振日本民族信心开出的"药方"
　　——"大和魂"在21世纪的其他表现 …………………………（1006）
　　第一节　小田全宏的"大和魂" ………………………………（1006）
　　第二节　伊井春树的"大和魂" ………………………………（1012）
　　第三节　神谷宗币的"大和魂" ………………………………（1020）
　　第四节　与国秀行的"大和魂" ………………………………（1025）
　　第五节　本章小结 ……………………………………………（1035）

总结语代跋 ………………………………………………………（1039）

附录　日本宗教包容性原理的成因初探 ………………………（1064）

主要参考文献 ……………………………………………………（1076）

下卷

第八章　江户时代后期(1830—1867)部分著名儒者笔下的"大和魂"

第一节　赖山阳吟唱的"大和魂"歌

一　"大和魂今样歌"的作者

赖山阳（1781—1832），出生于大阪，后随父移居广岛，其生存与活跃的年代与平田笃胤（1776—1843）相仿，但身份却是江户时代后期的儒者、汉诗人、历史学家和思想家，名襄，字子成或山阳，号"三十六峰外史"。此号来自他所著的《日本外史》一书，据说该书对幕末的尊皇攘夷运动影响颇大。

与笃胤热衷于"大和魂"不同，山阳基本不谈此"魂"，显示出他作为历史学家的理性一面，但他也在某首"今样歌"①中吟咏过一次"大和魂"：

花明照吉野，春晓望四方。汉人高丽人，心追大和魂。②

和前人所咏的各"魂歌"相似，此歌歌意亦不好懂。不过据河野省三说，弥富破摩雄③在他编著的《大和心》中，有言此歌并非山阳所

---

①　平安时代中期到镰仓时代初期流行的新形式和歌，一般由4句7字加5字的句子组成。
②　转引自佐藤太平《樱花与日本民族》，太空社1937年版，第11页。原歌是"花より明くる三芳野の春の曙見渡せば唐土人も高麗人も大和心になりぬべし"。
③　弥富破摩雄（1878—1948），"国学"及和歌研究者，毕业于国学院大学研究科和东京帝国大学文科大学（今东京大学），自1882年（明治四十五）至1915年（大正四）任昭和天皇皇太子侍从和教师。1926年任弘前高等学校教授。

作，而由福冈藩藩士大隈言道（1798—1868）的师父、儒者二川相近（1767—1836）所咏。① 就此著者进行查寻，发现该《大和心》的作者并非弥富破摩雄，而是中岛广足，刊发的时间是1819年，现收藏于日本国立国会图书馆，其封皮书名为《山迹古古吕》（万叶假名，意为"大和心"）。中岛广足（1792—1864）此人不知何故不太为世人所知。他属熊本藩藩士，少年时曾是藩主侍童，24岁开始专心学习写作，是当时较著名的歌学家和"国学家"之一，写出130余部著作，所论涉及国语学、歌文、考证、注释等，尤精于国语学研究和歌文。再查弥富破摩雄对上述"今样歌"的叙述，所论虽不无道理，但结合其所说的该"今样歌"作者二川相近的思想倾向来看，后者是否会写出此般和歌令人生疑。二川相近是福冈藩藩士、藩"书学师"（书法教师）、儒者兼歌人，年轻时曾刻苦学习阳明学和晋唐名家法帖，开创出所谓的"二川流"书法，声名远扬，虽也学习过日本"国学"，但对汉学比"国学"更有好感，这从他喜爱并录写的众多中国诗句中都可以看出，比如他摘录的

文与可有诗见寄次韵答之东坡

　　为爱鹅溪白玺光，扫残鸡距紫豪芒。世间郡有千寻竹，月落空庭影许长。

　　因此著者猜测，能写出"花明照吉野，春晓望四方。汉人高丽人，心追大和魂"这样带有本国至上情绪、贬斥他民族的歌句的人，不太可能会是二川相近，而很可能是赖山阳（详见后文）。日本现当代学者佐藤太平等人也视此"大和魂今样歌"为赖山阳所作，恐出自相同的道理。当然我们这么说需要提供根据。下面拟结合赖山阳写的两部史书《日本外史》、《日本政记》，特别是他的汉诗集《日本乐府》，对该"今样歌"作出观照。为此需先简述赖山阳的生平，以及他所写的两部史学作品——《日本外史》和《日本政记》。

---

① 河野省三：《大和心——大国隆正的思想》，光文社1942年版，第4—5页。

第八章　江户时代后期(1830—1867)部分著名儒者笔下的"大和魂"

二　赖山阳一家及山阳的《日本外史》和《日本政记》

山阳父亲赖春水（1746—1816），朱子学者，在艺（广岛）藩"学问所"创设时被录用为"教授"，之后不仅为该校制定学制，而且还将学风统一到程朱理学的轨道上来，为后来"宽政异学禁"令的推行打下较好的思想基础。此外春水还善诗文，喜读史书，对水户藩德川光圀所编的《大日本史》景仰不已。但在同时，他又认为《大日本史》属纪传体史书，体例不好，因此产生了自己编修一部编年体史书的念头，且在一段时间内付诸实践。该书名为《监古录》，有仿照中国"以史为鉴"的意味。在编修之初春水意气风发，希望《监古录》能"发国家之御光，成不朽之盛事"①，但后来由于他"官事繁多"，这项修史事业最终没能完成，如今仅存一百来行文字。

该"史书"文字虽少，但几乎全部涉及古代天皇，其中以"神武天皇"的记述为最多，显示出一定的尊皇倾向。春水在"神武天皇即位元年"条下，附有"三器论"、"祭政一致说"、"始祖附会吴泰伯辨"等标题，其具体内容因未写出而不详，但从标题推测，其尊皇情绪和强调日本有别于中国的思想较明显。不过和《大日本史》一样，《监古录》也用汉文撰写，反映出春水的儒学思想倾向。这或许是因为江户时代汉学风头很甚，读书人大都使用汉文，对他们而言，使用假名即为无文化的表现。甚至春水的祖上还把自己的日本姓氏改为单姓，也有效仿中国文化的意思。其实有此做法的不仅赖姓一家，当时许多著名人物也是如此。比如荻生（物部）徂徕在著文后多署名"物茂卿"；诗人菅波茶山简称"菅茶山"；宽政时期"三博士"之一的柴野栗山亦简称"柴栗山"；甚至连"老中"新井白石也曾署过"新白石"的姓名。当时日本崇汉却又希望有别于汉的心态由此可见一斑。此外，春水在草稿中还多引用《大日本史》的说法，比如在不多的文字中，却有诸如"赞薮曰"、"彰考史臣云"等引语。想来在当时缺乏资料仅凭一己之力修史的情况下，春水有大量引用其内容的打算。《大日本史》的优点很

---

① 《广岛县史》近世资料编Ⅵ，"思想与教育"，广岛县志编辑委员会1963年版，第79页。

"大和魂"史的初步研究

多,其中之一就是引用了海量的文献,此不赘述,但其中的一个思想特色,就是它打破长期以来的"常识",视南朝天皇为"正统"。综合上述可以说,春水和当时许多儒者一样,思想都比较混乱。他一面推行朱子学,服务于幕府;一面又强调尊皇和"正统",心系南朝,或反映出当时的政局混沌和时代风潮。不过认真想想,这种思想与宋学的"大义名分"和"正统"观念也颇为契合,所以春水和德川光圀以及《大日本史》的编者一样,看似思想矛盾而实质并不矛盾。这种思想的"混乱"对后来的山阳产生了显著的影响。

山阳的母亲也是文人,雅号梅颸(颸即凉风,词组意为含有梅香的春风),江户时代后期的汉诗人、画家和歌人,大阪儒医饭冈义斋的次女,名静(日文名叫静子)。山阳幼年随母住在外祖父家,春水去江户后他很少见到父亲,所以山阳的启蒙教育来自母家,外祖父义斋为此也出力不少。比如他为外孙做的第一件衣服颜色是黄加黑,寓意《千字文》首句的"天地玄黄",待山阳长大后,还从大阪购回《大学》、《中庸》、《论语》、《孟子》供外孙阅读,其儒学世家的烙印于此可见一斑。

与此相对,来自父家的儒学教育也一点不差。如前述,春水素来敬仰朱子,曾倡言"本天道,主人伦,本末皆备,传之无弊,惟程朱为然,……程朱之学,乃古圣贤之学"。同时还在广岛藩校力排异说:"其或陷于卑近,或骛高远,皆害其政(正)者,是之谓异学,不可不斥。"[①] 山阳的叔父杏坪也曾吟诗:"已是渊源谬思孟,奚为传教违程朱?"[②] 祖父亨翁更不例外,在孙子回大阪时还把唐崎常陆介[③]在某巨石上刻的"忠孝"二字拓下,送给山阳以作激励。由此可以想见山阳身受的教育和他后来为何会具有"忠君"的情怀。山阳 13 岁时曾作诗寄

---

① 转引自网络论文——春水斋《烟霞到处总君恩——赖山阳传》。此文由某中国人从日本某传记性论文移译而来,春水斋为何人不详,似为译者笔名,又或为某日人笔名。但所引资料似皆有本,可以采信。以下仅注作者名和书名,不标页码。2014 年 3 月 8 日,www.poemlife.com/thread-537638-1...html。

② 春水斋:《烟霞到处总君恩——赖山阳传》。

③ 唐崎常陆介(1737—1796),江户时代中期的"国学者"和尊攘活动家,其家庭世代皆任广岛县矶宫八幡宫祠官。曾跟从谷川士清学习国学,在宝历事件中受牵连。与高山彦九郎交情甚好,在彦九郎自杀 3 年后也自刃,仅活 60 岁。

第八章 江户时代后期(1830—1867)部分著名儒者笔下的"大和魂"

给在江户的父亲：

述怀（癸丑岁偶作）

十有三春秋，逝者已如水。天地无始终，人生有生死。安得类古人，千载列青史。①

此诗中的"古人"无疑指具有"忠君"思想和民族大义的中国修史人士。昌平黉"教授"柴野栗山读后告春水："此子甚奇，恐其为诗人耳，当使读史；读史则当自《通鉴纲目》始。"② 于是春水让山阳研读《通鉴纲目》。《通鉴纲目》即朱子的《资治通鉴纲目》，其中的"正统"思想和民族大义，对之后的山阳影响至深。据说某日家中晒书，山阳无意间读到苏东坡的《史论》大喜，叫道："哇哟，天地间竟有如此文章！"并抄于一纸挂在壁上每日诵读。山阳在读中国史书的同时，还喜读日本的《绘本保元平治物语》和《义贞记》等"军事传奇"类史书，读后常堆土垒石作城砦，模仿书中人物语气说："吾乃（织田）信长。今川义元前来！"后来山阳也立志修史，说要"继承父亲遗志，成就此（修史）伟业，使艺州书籍与人物驻留于日本所需之大典"③。这与他接受父母双方家庭的影响和阅读的书籍都有关系。

山阳18岁时曾游学江户一年，返乡后在21岁时脱藩出走，被叔父杏坪在京都发现带回。作为藩士嫡子，犯"脱藩罪"按规定必须问斩，但经家人求情，山阳以癫痫病发作为由，仅被处废除嫡位和幽闭于自家。在幽闭期间，山阳还获藩准可以读书，这给了他专心学习、思考和写作的机会。《日本外史》的构思和初稿都在这段时间完成。3年后幽闭结束，山阳接着修改，于28岁时大致完稿。30岁左右山阳应儒者菅茶山邀请任后者经营的"廉塾""都讲"（教头），一年后为宣传自己前往京都，在开办私塾的同时继续修改《日本外史》，于其中补入"论赞"之语。随着山阳的文名日显，该史书逐渐为世人所知，甚至连退

---

① 春水斋：《烟霞到处总君恩——赖山阳传》。
② 同上。
③ 《广岛县史》近世资料编 Ⅵ，"思想与教育"，广岛县志编辑委员会1963年版，第217页。

"大和魂"史的初步研究

隐后的松平定信①也差人前来索书。对此山阳当然乐意，另抄了一部并附上献辞呈给定信。

《日本外史》有两个特点，一个是类似于文学作品，严格说来不是史书，一个是内容仅限于武家人物，从源、平二氏一直写到德川第三任将军。前一点或源于山阳曾耽读"军事传奇"作品，又或与山阳的诗人气质有关。《日本外史》的大半内容都以《源平盛衰记》、《太平记》、《信长记》等"军事传奇"为素材，山阳的工作只不过是将其翻译成汉文而已。因未有严密、细致的考证，所以从学术角度来看，史实中多有谬误。② 其优点是所用的汉文优美华丽，简洁明快，具有强烈的感染力，可读性强；后一点令人思索和值得研究的地方较多，那就是它的单纯武家内容和人物安排。山阳为何不按编史常规，先记述天皇再介绍武家不得而知，他本人及过去的史家皆未有说明。我们猜想这可能与山阳当时的心境、条件和对历史的认识有关。比如，因为山阳被幽禁，时间和资料都很有限，故山阳只能将武家人物先写出来，而将更宏大的修史事业留待他日。再者，山阳生活于江户时代后期，是统治阶级内部的成员之一，但对德川幕府的所作所为似乎不很满意。受朱子学"大义名分"学说的影响，他希望通过自己的方法，对幕府有所警醒和推动——能调整和皇室的关系。换言之，这部书是写给武家看的。

据说山阳18—19岁时在江户的生活并不愉快，品行不端，言辞中更视江户为秽土，显露出对德川幕府的反感。三国幽眠③回忆："山阳在江户见江户城广大，城门巍峨精美，上野、芝之家庙（德川氏家庙即宽永寺和增上寺）皆镂金错碧，恶其僭越，愤曰：'江户乃秽土。江

---

① 松平定信（1758—1829），江户时代后期的"老中"，原陆奥（今青森县大部和岩手县一部）国白河藩藩主，田安宗武之子，号乐翁。据说因尽力于藩政，天明饥馑时该藩无饿死者。田沼意次下台后成为"老中"，主导宽政改革，著有《花月草纸》、《宇下人言》等。

② 川田甕江：《日本外史辩误》（未刊）。其中详细指出赖山阳《日本外史》的错误。有关问题在大久保利谦《关于川田刚博士的外史辩误》，《大久保利谦历史著作集7》，吉川弘文馆1978年版，第247页，以及之后"卷一"部分有所介绍。

③ 三国幽眠（1810—1896），名直准，字士绳，通称大学，别号鹰巢、碌碌山人，江户时代至明治时代的儒者。越前（今福井县）三国地区某豪商之子，与幕府"大老"井伊直弼曾是同学。后到京都担任鹰司家"侍讲"（儒官），与梁川星岩等"尊攘派"有交往。在"安政大狱"时受到革职处分，维新后任"教部省权大讲义"（副总教官），著有《孝经傍训》等。

第八章　江户时代后期(1830—1867)部分著名儒者笔下的"大和魂"

都非洁士所可长置身之所也！'一日，慨然有去江户之志。"其父春水的日记里也有这时"久太郎郁症"的记录。① 幽眠的说法值得参考，但他未必洞察出山阳的心机。然而无论如何，这段生活都会影响到山阳后来脱藩的行动和撰写《日本外史》的态度。

另一方面，山阳在元服仪式举行的那年还写过史论《古今总议》，也多将注意力集中在幕府身上，显示出对日本封建时代政治的关心："上古明王（神武天皇）创治，经二十余世而大变乱。当其时也，制度简易，天下皆兵，而天子自任将军。……藤原氏败落，武门及武士始兴，最初是平家，次之有源氏握兵马之权，一变大势。其后，北条氏窃夺权柄，失去民心，朝廷一时收揽大权。再有足利氏横出，大势更变。直至战国之世，织田信长取代足利，平定群雄，续而丰臣秀吉统一天下，完成封建之象。故大势共有三变。"② 以此比照30年后的《日本外史》绪论和内容，其关心的对象和基础思想少有改变。

此外，《日本外史》也可能是针对新井白石的《读史余论》(1712) 而写。从前者的结构看，该书由正文和附于各卷前后、冠以"外史氏曰"一语的"论赞"（评论）两部分组成，格式为记传体，目的是仿照中国史书，使其为执政者的道德镜鉴，宣传"正者"子孙繁荣，"邪者"走向灭亡的果报思想。在此观念上，《日本外史》与北畠亲房的《神皇正统记》、德川光圀的《大日本史》及新井白石的《读史余论》相同。而且"外史氏"的"论赞"也多模仿《读史余论》的"谨按"。再者，山阳在《古今总议》中对武家政局的变化使用"三变"的说法，也来自《读史余论》对日本历史的变化所用的"×变"的说法，其仿效新井白石的用意比较明显。然而在判断正邪的价值标准上，《日本外史》和《读史余论》有很大的不同，后者要求执政者要"仁政安民"，而前者认为"勤王"或"尊皇"是武士的最高道德义务，此观念的推演，必然会导致否定中国的"易姓革命"思想。这些差异在评价北条义时和北条泰时两父子等方面明显地表现出来。特别是在"足利氏正记"末尾"论赞"处，山阳提到"或曰"（新井白石）

---

① 春水斋：《烟霞到处总君恩——赖山阳传》。
② 同上。

"大和魂"史的初步研究

"世态既变，则应因其变而制一代之礼"①，指足利氏得天下，但仍以将军自称，不符合实际状况，而应像天子那样，制定礼乐，创设官爵。从此话可以看出，白石认可足利氏代替天皇成为新的君主。与此相对，山阳坚持认为"名分所在，不可逾越"②，批判白石的言论是反"道德"的，希望将君臣关系固定下来。不仅如此，山阳还认为"丢弃深入人心之'千岁因袭之名'，将失去统合民心之手段，于政治上并非得策。这意味着山阳对传统权威作用人心的非合理手段非常重视，视其为政治统治之不可或缺要素"③。从这个意义上说，山阳认为足利氏的衰亡就是因为缺乏这种政治智慧。为此，山阳举出织田信长、丰臣秀吉、德川家康的事例，说后三者能相继掌握天下，就是因为他们都尊重"尊王之义"。这种说法是否代表山阳的真心不得而知，但他一定存在规劝幕府之意。

《日本外史》模仿《史记》的"十二本纪、十表、八书、三十世家、七十列传"的编排格式，将武家人物按"三纪、五书、九议、十三世家、二十三策"排出，其中的"三纪"山阳又写作"正记"，"十三世家"又分别写作"前记"或"后记"，大约相当于《史记》的"世家"和"列传"，形式比较特别，但这也是一个相当大胆的举动。也许山阳还有承认现实的一面，将武家人物也看作是皇帝。明治维新以后有人大肆宣传，说《日本外史》鼓吹尊皇思想，对实现"王政复古"做出巨大贡献。其实看了以上山阳的编排就可以知道，山阳未必否定幕藩体制，希望天皇亲政。他只希望幕府懂得一些政治智慧——尊皇。

这种思想在山阳的另一种人物编排上也能看出。"三纪"配源氏（镰仓幕府将军）、足利氏（室町幕府将军）和德川氏（江户幕府将军）此三氏没有问题，人们好理解，可在《日本外史》的"正记"里，又多出一个新田氏该如何解释？查史料，新田氏前身乃上野国（今群马县）豪族，称清和源氏，以源义家之孙义重为祖。平安时代末期，义重成为新田庄"下司"（庄官），改称新田氏。该氏在镰仓时代被幕

---

① 赖山阳：《日本外史》（上），赖成一译，岩波书店1988年版，第163页。
② 同上。
③ 同上书，第12页，尾藤正英解说。

第八章　江户时代后期(1830—1867)部分著名儒者笔下的"大和魂"

府冷落，于是在新田义贞一代，该氏族响应后醍醐天皇的号召，于1333年（元弘三，正庆二）攻陷镰仓，多数人因功被任命为各地的"国司"或"守护"。南北朝时期该氏族和义贞一道，分裂为属于南朝的肋屋、大井田、大馆、堀口等氏族和属于北朝的岩松、山名、里见等氏族，新田庄归岩松氏管理。1338年（延元三，历应一）义贞败死后，其子义兴一伙在越后、上野一带仍有势力，但至1358年（正平十三/延文三）义兴死后，新田氏逐渐衰弱。支配新田庄的岩松氏居住在金山城，满纯一代参与"上杉禅秀之乱"（1416—1417）后失败，不久其支配权被家臣横濑（由良）氏篡夺。之后由良氏也自称是新田氏的后裔。[①] 就是这样一个氏族，山阳却将它列入"正记"，"原因"是德川氏亦自称新田氏后裔。可是从以上研究来看，德川氏与新田氏本没有关系，愿意搭上新田氏的名头，可能出自攀龙附凤（清和源氏也即贵族，其源头还可追溯到嵯峨天皇）的心理。再说新田一氏的历史沉浮也无多大光彩，仅是在新田义贞一代响应天皇的号召攻陷镰仓值得一提。但山阳无意讲究于此，他在"论赞"中想说的不外乎就是，因为德川的先祖在勤王中出过力，所以两百年后天运惠彼，其子孙才坐上如此耀眼的宝座。

对此尾藤正英也评述："论南朝忠臣，应将楠氏（楠木正成）放在首位，然而将这种特别的待遇赋予新田氏，是因为山阳想将它置于上述（果报）的因果关系中。强调新田氏对南朝的忠诚，是想从历史方面提供德川幕府建立的必然性。……这并非山阳一人的想法，其思路与江户时代主张的尊王思想是相通的。……《大日本史》的'论赞'也有同样的旨趣。"[②] 正因为如此，幕府"老中"松平定信在看到这部书后才不仅没有责备，反而有所赞许。另外要补充的是，山阳虽然对足利氏没有好感但也将其列入"正记"，或也反映出他承认和尊重现实的一面。

总结说来，《日本外史》继承中国的历史思想，体现了视历史为执政者道德镜鉴的精神，但鼓吹在伦理上支配日本历史进程的有两种

---

① 参见千千和实《新田氏根本史料》，国书刊行会1974年版。
② 赖山阳：《日本外史》（上），赖成一译，尾藤正英解说，岩波书店1988年版，第13页。

"大和魂"史的初步研究

"天报应"观：一种是因政治得失而变化的报应，另一种是因皇室祖先积德之深而天皇君主地位永世不变的报应，强调通过此二者，可知为政者之荣枯兴衰与政权交替之不可避免（此处或暗含警醒德川幕府的意思），以及即便如此，天皇及皇室也可永世长存。山阳在《日本外史》中所说的政治之得，不在"仁政安民"，而在于是否"尊王"。按他的说法，同为幕府将军，足利氏因不尊王而蹈覆亡的厄运，而织田、丰臣、德川三氏，就因重尊王之义而能相继掌权。"世家"中的楠氏也是如此，将因尊皇永垂千古。①

在《日本外史》（1827年成书，1829年刊出）获得很大成功之后，山阳受到很大鼓舞，同时开始著述《日本乐府》和《通议》，还完成了《日本政记》的初稿，并且不断充实其中的"论赞"。亦即，我们可以从《日本政记》等的写作思路，看出《日本乐府》的创作思想，并通过后者与"大和魂今样歌"做对比。

《日本政记》和《通议》可以说是姊妹篇。《通议》三卷通论日汉古今（朝鲜尚未进入山阳的视野），目的在于明确当时的政治得失，系统阐述经世济民的方法，是一部政论书籍。而《日本政记》叙述和评论的，则是日本在各个时代、不同历史条件下的政治状况，可谓一种史论和政论的结合，与"故事"史书的《日本外史》有很大的不同，在评价政治得失的标准上，向以新井白石为代表的儒家主流意识形态方向偏移。它反映在以下两个方面。

首先是编排，《日本政记》全部以天皇为条目，按执政时间的先后（编年体）次第写出，在一些条目中分别安排进武家人物的事迹，显示出强烈的尊皇情绪。其次是内容，该书可分为A神武（卷一）——近卫（卷九）、A'后白河（卷九）——后小松（卷十四）、B称光（卷十四）——正亲町（卷十六）、C后阳成（卷十六）四大部分。A即古代部分在分量上占总页数的一半以上，其中有九成的资料从纪传体《大日本史》的"本纪"和"列传"中摘出，目的是"创造出一部使《大

---

① 赖山阳：《日本外史》"楠氏论赞"，岩波书店1988年版，第93页。

第八章　江户时代后期(1830—1867)部分著名儒者笔下的"大和魂"

日本史》简化的编年体日本通史"①。在这部分，山阳因缺乏古代知识广受诟病。值得关注的是，A 部分篇幅如此之大，显示出古代天皇亲政的历史在他心中所占据的分量。A′即中世部分的史料也主要来自《大日本史》，但将军事迹部分的比重相对增大，反映了公家势力衰退，武家势力抬头的现实。B 部分虽然仍以某天皇作为条目，但内容几乎都与武家人物事迹有关，如"长庆天皇"条，除简述天皇的生卒情况和即位、"禅让"外，其余都是武家人物的行迹。② 该资料大部分来自《日本王代一览》③，部分还直接取自《日本外史》，表明此时的山阳因健康日趋恶化，已不像书写 A、A′部分那样富有活力。在这部分，山阳对武家人物的评价开始出现某种变化。C 部分即 B 的结尾，由其门人关藤藤经书写，几乎完全摘自《日本外史》。和《日本外史》一样，《日本政记》的史实亦多有错谬，而且其"论赞"也受到新井白石《读史余论》的影响，此外，还借有安积澹泊④《大日本史赞薮》的许多评论。

其次是内容。植手通有对其"在何种程度上能保持首尾一贯和均衡，正文和'论赞'间在何种程度上保有有机的联系，《日本政记》作为一部著作是否完整"方面都持有疑问⑤。他举的一个事例就是，《日本政记》的内容前后性质不一。山阳在平安时代中期之前的部分，将重点放在各政治制度和民生关系方面，而在此后这类记载几乎绝迹，叙述的重点转向战争的胜负和权力者的交替。这当然与历史状况的变化和史料的多寡有关，但这种现象是许多日本史书所共有的，据说如今的日本通史仍未有改变。

对此我们要补充的是山阳对武家人物的评价改变部分。在《日本外史》中，山阳的评论是，足利氏因不尊王而蹈覆亡的厄运，但在

---

① 赖山阳：《日本政记》，《日本思想大系 49》植手通有解说，岩波书店 1977 年版，第 659—660 页。
② 同上书，第 592 页。
③ 林罗山子林鹅峰编撰的史书，编年体，1652 年（庆安五）成书，共七卷，记叙神武天皇到正亲町天皇（1557—1586 在位）的历史。
④ 安积澹泊（1656—1737），江户时代中期的儒者，名觉，水户藩藩士，跟从朱舜水学习朱子学，通史学，任彰考馆总裁，参与编纂《大日本史》，著有《大日本史赞薮》等。
⑤ 赖山阳：《日本政记》，《日本思想大系 49》植手通有解说，岩波书店 1977 年版，第 666 页。

《日本政记》卷十四"称光天皇"条却说:"足利氏之所以能得天下者。由其多割土壤。与诸将不悋。而所以不能治天下者。亦由于此。"① 并未提到与尊皇的关系。同样在《日本外史》中,山阳对"仁政安民"不太重视,但在《日本政记》中,他对国家权力的来源和天皇政治的合法性又有了新的认识:"北条氏之悖逆极矣。承久之事。既所不忍言。敢废立天子。……而其家得传九世。无天道也。赖襄曰。有天道故也。天之立君。为民也。非为君也。而暗君以为为己也。犹君之置相为民也。非为相也。而庸相以为为己也。吾前圣王。若仁德。若天智。若光仁、恒武、宇多、后三条。则不然。知天之立己为民也。是以自勤俭以养民。其相臣亦知君之置己为民也。是以体君之心以养民。……至于(足利)高时。一为骄奢淫逸。则天诛不旋踵。呜呼。岂无天道哉。"② 将足利氏灭亡的原因基本归于"不仁政安民",以及"天道"所起的作用,其儒家倾向和前后不一的思想矛盾于此一览无余。

然而无论如何,山阳在《日本外史》和《日本政记》中的尊皇基调并无多大改变。他将《日本政记》改为编年体,有方便他人阅读和易于自身解释的一面,但可能还有其他考虑。作为一部囊括整个日本历史的史书,编年体当然要以天皇条目编出,尊皇的意味不言自明。同时编年体还有混淆"本纪"和"列传"的作用,不使天皇与将军之间有明显的区隔,在保留天皇权威的同时,给将军留下尽可能多的面子。《日本外史》中的将军实际上处于"本纪"的位置,而在《日本政记》中该如何处理将军将成为一个很大的问题。用编年体将天皇和将军混写在一起,对天皇,对将军,以及对作者山阳来说,都将会是一个容易接受的最好选择。

三 《日本乐府》

如果说山阳在《日本外史》和《日本政记》中要尽量讲究史实,给人以客观的感觉,那么在与《日本政记》几乎同时写出的文学作品

---

① 赖山阳:《日本政记》,《日本思想大系49》植手通有解说,岩波书店1977年版,第600页。
② 同上书,第600页。

第八章　江户时代后期(1830—1867)部分著名儒者笔下的"大和魂"

《日本乐府》中，山阳则畅所欲言，随意发挥，这点与"大和魂今样歌"的写法十分相似，一些诗歌的意思和"大和魂今样歌"的歌意也相当一致。《日本乐府》乃仿照中国汉代兴起、流行于魏晋南北朝的长短句交织的乐府体诗而作，凡六十六阕，意通当时日本六十六州，乃诗史，从景行天皇皇子"日本武尊"写到丰臣秀吉，与《日本政记》从神武天皇编至丰臣秀吉的时间设定相差无几，人评"上自人皇，下至近世，其间君臣之邪正，世道之污隆，逐次罗列，巨细略备"。"其美刺皆能（不）似诗人之比兴否？其取舍皆能不畔麟经之褒贬否？"[1] 从该评论我们不难看出，言者十分赞许诗作的尊皇情调和对不忠叛臣的贬斥。

《日本乐府》诗数较多，但归纳起来主题不外有三个：

第一，鼓吹民族主义和"本国至上主义"，有时甚至语带沙文主义的倾向。这在山阳自己的跋文和开篇的第一、第二阕都有表现。在跋文中山阳说："唐宋元明以来汉诗惟杜甫与韩愈外皆有不足，"吾欲继"汉魏歌谣……至敕勒歌绝响"，显示"我国风气人物，何必减西土"[2]。实际上在山阳的心里，日本哪里是不"减西土"，而是超越西土，国运蒸蒸日上，社稷兴旺昌盛。

第一阕　日出处

日出处。日没处。两头天子皆天署。扶桑鸡号朝已盈。长安洛阳天未曙。嬴颠刘蹶趁日没。东海一轮依旧出。（按：由圣德太子国书曰"日出处天子致书日没处天子"之事而咏）

首先要说明，圣德太子的执政时间远在日本武尊之后，按诗史说，他的事迹介绍应该放在武尊之后，但山阳却将太子置于第一阕，似有以此为整部诗集定调的意味。在此诗中，山阳先说日本的天皇和中国的皇帝是平等的，本不存在册封朝贡的关系。而且闻名世界的秦始皇和汉刘

---

[1] 富士川英郎、松下忠编：《诗集 日本汉诗 第十卷 日本乐府》，日本乐府序一，作者未标，汲古书院1986年版，第540页。
[2] 同上书，赖山阳自跋，第558页。

"大和魂"史的初步研究

邦等都先后退出历史舞台。只有日本，如其国名，像朝阳般每日都从大海喷薄而出，生命无限。

第二阕　三韩来

东征涉冥渤。吾妻先我没。西伐入嶔屼。吾儿先妻没。何知娘子摄军捣巢窟。两死社稷昌其后。患难持家有健妇。胎中天皇腕肉凸。肖乃父祖非肖母。龙颜垂泪侍臣哀。先皇不目三韩来。（按：后半部指应神天皇生相神异，及长以武力逼迫新罗、百济、高丽来贡后，哀叹先帝未能亲睹此盛世一事）

此诗赞美天皇家族军功卓著，个个英勇无比，与山阳在《日本政记》所说日本乃"武国"的精神一致。又说应神天皇生相神异，肖似父祖。但全诗的重点是称颂他使古朝鲜臣服，为日本在过去某时接受过的朝贡政策报一箭之仇。这种反抗册封的精神在最后一阕依旧可以见到。

第六十六阕　裂封册

史官读到日本王。相公怒裂明册书。欲王则王吾自了。朱家小儿敢爵余。吾国有王谁觊觎。叱咤再蹀八道血。鸭绿之流鞭可绝。地上阿钧不相见。地下空唾恭献面。

此诗说丰臣秀吉攻打朝鲜时，小西行长纳沈惟敬和议，谓秀吉曰，明人畏殿下威，遥上尊号。秀吉因此许之延见明、韩使者，听本国僧人承兑（自足利政权开始，日本均让僧人）念册书，当听到"封尔为日本国王"时大怒，取册扯裂之。说吾掌握日本，欲王则王，何待髯虏之封？且吾而为王，如天朝何？并即日逐明、韩使者。又复令征兵，再伐朝鲜。朝鲜分八道，隔鸭绿江与明接壤。此时秀吉已意不在朝鲜，而在明朝。阿钧即明神宗翊钧。恭献是足利义满接受明册封后死去明人赠给的谥号。从诗歌的语气和内容来看，山阳对明神宗很不客气，而对丰臣秀吉却充满敬意，因为他拒绝了明朝的册封，与死后接受了"恭献"这个谥号的足利义满形成了鲜明的对比。与此相类似的诗句还有"尝

第八章 江户时代后期(1830—1867)部分著名儒者笔下的"大和魂"

卻明使壮本朝,岂与恭献同日语"(《下筑后河过菊池正观公战处感而有作》)①。《日本乐府》以第一阕"日出处"开篇,以第六十六阕"裂封册"压轴,可以说明许多问题,对我们理解"大和魂今样歌"也有帮助。

第二,鼓吹尊皇。从本意说山阳对秀吉的印象并不好,但因为后者手握重兵,甚至敢攻打明朝,却无推翻皇室之心,对天皇执臣下礼,所以前者要在《日本乐府》的最后一阕和在《日本政记》的尾卷大力赞颂丰臣秀吉。同样,在《日本乐府》中歌颂尊皇人士和直接赞美天皇的歌数还有许多。据著者统计,直接赞美天皇的歌数有20阕,占总歌数的30%多。批评天皇的有2阕,仅占总歌数的3%左右。山阳赞美天皇,有多阕从后者实施仁政这方面着手,表明前者自写作《日本政记》和《日本乐府》开始,已将天皇执政合法性和皇统长久落在其是否实施仁政这一点上。以下姑引三阕,不标阕数。

炊烟起

烟未浮。天皇愁。烟已起。天皇喜。漏屋敝衣富赤子。子富父贫无此理。八洲缕缕百万烟。簇拥皇统长接天。

此诗歌颂仁德天皇某天登高台见民家炊烟不起,知百姓困乏,乃躬俭,宫垣颓败不修,除课税,振穷困,比及三年复登台,望见炊烟盛起。天皇喜,谓皇后曰,朕既富矣,复何忧乎?后曰,屋漏衣敝,何谓富乎?天皇曰,民既富,则朕亦富也。未有民富而君贫者也。

脱御衣

深宫宵寒脱御衣。朕身聊验民冻饥。一事喧传民未补。何知祖泽沦海宇。朕衣税。朕食租。民不足。朕有余。早免租。水舍逋。兵役蠲。疫厉除。君不见二十二史外有史。册册总如汉文纪。

此诗歌颂醍醐天皇曾于寒夜减御衣,曰百姓多冻馁,朕何可独重袭

---

① 揖斐高译注、解说:《赖山阳诗选》,岩波文库2012年版。

"大和魂"史的初步研究

哉！据称日本历史自崇神下至宇多、醍醐天皇，圣明之君重熙累洽，水旱疫厉，辄有振恤之政，或除租税，或蠲徭役，类以为常例。山阳学识渊博，说中国二十二史中唯有《汉书·文帝纪》似之。

大弦急

> 大弦急。小弦绝。君王驭下自有诀。谁知张弛不自由。小弦大弦皆失节。琴声一角欻欲裂。

此诗先说朱雀天皇（在位930—946，923—952）性仁慈，议者以为政过宽，或言之。朱雀天皇答，朕闻政如张琴，大弦急则小弦绝。朕若严急下民何堪。应该说，诗者对朱雀的仁政是肯定的。然而诗者还认为政过宽也会带来问题，有被架空的危险。其时政由藤原一族所出，天皇形同虚设。平家也开始造反。

两首批评天皇的诗歌是《翻覆手》和《剑截箭》。前首说天皇赏罚随意，"天予天夺翻覆手"，引起武士赤松圆心造反，后只得仰赖新田义贞平定之；后首有"不庇克用庇朱温"（比喻新田氏和足利氏兵争，肖似唐末李克用和朱温），"天子虽醉天不醉，裔孙（即新田氏）却管此天地"句，既批评了天皇，还顺便褒扬了德川氏的"前身"新田氏。

第三，歌颂尊皇的好"摄关"、好将军。这些人与天皇多有交集。此外，还吟诵尊皇的武士和土豪及忠于其主的乳母，歌数多达30余阕，反映出日本历史上"摄关"、将军掌权时间较长的现实，其中也不乏对不忠臣子批判的诗句。以下略去"摄关"、将军诗，仅抄录歌颂尊皇武士和土豪及忠义乳母的诗以窥一斑。

南木梦

> 梦南木。梦觉君王心自卜。四外羽书杂飞镞。拥卫万乘一木足。南木兴。帝座宁。南木覆。帝座麽。帝座已安遗所庇。获鹿丧鹿真梦寐。老根蟠地护病龙。犹有由蘖战北风。

此诗说后醍醐天皇图谋讨伐北条氏，谋泄，后者来犯阙，天皇逃于笠置山，征兵勤王，然而应者寥寥。天皇忧懑，一夕天皇梦紫宸殿南有

第八章　江户时代后期(1830—1867)部分著名儒者笔下的"大和魂"

一大树，南枝最茂，有二童跪奏，天下唯有此可安帝座耳。天皇梦觉异之，意有姓楠者出辅帝位。问之当地人，乃得楠正成，征至托以大事，终得其力。及天皇还阕，宠爵足利高氏，正成官止廷尉。已而高氏反，再犯阕，廷尉献策，朝臣沮之不用，战死凑川，遗诫其子正行与北朝军战，再图恢复。及天皇南迁，依楠氏拥护，得偏安50年。

十字诗

君勾践。臣范蠡。一树花。十字诗。南山万树花如雪。重埋銮舆无还期。蠡也自许亦徒为。谁使越王忘会稽。吴无西施。越有西施。

此诗说北条高时废后醍醐天皇，流放之于隐岐时，备前国土豪儿岛高德欲救天皇未果，夜诣御馆美作院庄，削樱树书曰："天莫空勾践，时非无范蠡。"旦日天皇见之，欣然知外间有勤王者。后宫"三位局"藤原（阿野）廉子从帝于隐岐，既还，益宠幸专房。足利高氏深结之，遂构陷大将军护良亲王，中兴大业就此泡汤。天皇再度播迁吉野，建立南朝。吉野山多樱树。

两块肉

影前抽刀哭声长。臣腹可屠无他肠。不果屠汝腹。却屠哀哀两块肉。乳媪无刀在手里。犹能即时啮舌死。

室町前期武将足利持氏与其执事上杉宪实相嫌隙，遣兵攻之。宪实诉于京师幕府。将军足利义教出兵助宪实。持氏遂败乞降。宪实幽之永安寺，为请宥其死。幕议不可，迫使自杀。宪实代为"关东管领"，而悔杀其主，自诣永安寺持氏影堂，抽刀欲自杀，遇从者止之，乃削发退居。持氏有二孤，为上杉兵所害。犹有一子，逃匿信浓，义教召乳母诘问之，乳母不答，啮舌而死。

由此不多的引诗至少可以看出：1. 江户时代谈论"尊皇"和"忠义"的风气很盛，不光神道学家和"国学家"言必称尊皇，连儒学人物也不例外；2. 但山阳的"尊皇"和"忠义"与"国学家"等有所不

· 635 ·

同，是有条件的，那就是需要符合儒家的"仁"、"义"思想。如果不符，山阳照样批判天皇。这一点为"国学家"们所不能企及；3. 山阳等儒者对幕政采取一种极为现实的态度。既然尊皇，则多半会对眼下的事物和将军看不顺眼，以至发出批评。可是山阳却对德川氏执权持肯定态度，甚至有意拔高后者的出身，使之与天皇的血缘联系起来，从果报的角度证明幕府的执政合法性。其实山阳并不愿意天皇亲政，让将军下台。他想做的，只是让将军等也尊皇，能用历史的"因袭"力量协助治世。他的心态和思想很复杂，看上去手法也"老练"，但同时也可说是糊涂，不小心即暴露出矛盾的一面。可是在那个时候，这种糊涂和矛盾的想法也许才最聪明。松平定信能高看山阳一眼，也许正是冲着他的复杂、糊涂而矛盾的一面；4. 山阳可以算是一名日本儒者，从儒家的角度出发，讲究"君臣之别，大义名分"极为自然。中国儒者要尊皇帝，日本儒者则要尊天皇。同时和中国儒者一样，也不乏"本国至上"的毛病。正因为如此，他对本国一些人的行为取向——中国的历史和日本的现状很不满意。山阳没有直接批判孟子的"革命"思想，但想来对中国的"风水轮流转"，皇位"明年到我家"的做法是反感的，这见之于山阳在《乐府》跋文中提到的欲使"人苟耐读，尽头至尾于治乱之机，窥名教之是非也"①的那句话。这个"是非"，其实就在于是否"尊皇"。或许山阳还借此对中国自宋开始"蛮夷"长期入主中原一事表明了日本的优势。《日本乐府》的《蒙古来》诗句"东西次第期吞食。吓得赵家老寡妇。……可恨东风一驱附大涛。不使膻血尽膏日本刀"证明了此点。

用以上观点重新阅读山阳的"大和魂今样歌"，过去不易理解的歌意大致可以理解了。从字面上看，山阳写的只是日本美景，认为汉人与高丽人皆有艳羡日人生活在如此美好的人间天堂之意，而实则不然。当时用樱花象征日本，鄙视中韩的人很多，如高本紫溟（1738—1814）。此公也是江户时代中后期的儒者，但与本居宣长有来往，亦主张学问的

---

① 富士川英郎、松下忠编：《诗集 日本汉诗 第十卷 日本乐府》，赖山阳自跋，汲古书院1986年版，第558页。

第八章　江户时代后期(1830—1867)部分著名儒者笔下的"大和魂"

主旨在"皇国"的古典，曾作歌："东风唐土频吹时，正是大和樱盛开。"① 有趣的是，紫溟的祖先居然是朝鲜的王族，在"文禄战役"时被日军俘虏带入日本。另外，让唐人等看吉野樱（日本皇室的象征）也是江户文人的通例。贺茂真渊就作歌："欲叫唐人见山樱，此花长在吉野山。"② 以此我们可以猜出山阳也有这样的意思：汉唐和三韩都不如日本。因为彼地易姓革命不断，且常遭外敌入侵，社会动荡不止，而此地天皇"万世一系"，将军等人亦有尊皇之心，国运因此蒸蒸日上，自然汉人与高丽人皆有追随日本之意。

实际上，日本社会此时已是风雨满楼，勤皇倒幕运动的大幕不久将被吹开。我们很难深究山阳此时内心的真实想法，但从他如此鼓吹尊王、赞美好将军等的言辞来看，觉得他对公武矛盾和社会冲突不会没有感受。他为挽救公武并行体制，只能如此两头说好，但牺牲的却是别国的政统。不管山阳是否意识到这一点，实际上他此时已加入了日本"华夷之辨"③ 的大合唱，他的"大和魂"实质是中华思想"华夷之辨"的日本版，但其歌意此时已是"和强汉弱"。

四　对山阳及其后代的评价

"单就汉诗而言，赖山阳是一个擅长利用史事制造幻想的人物，喜牵入个人情感，有如台下人拍掌为戏中人喝彩。至于别种（他的其他）著作，也是积习难脱。严格说来，山阳不是学者而是政论家，其矛盾之处也在于此，他著述的目的无一不是为了谈论现实，而他本人却对社会毫无影响，把大部分精力用在描述几百年前的历史上，终身未曾担任官职。"④ 这或许是因为山阳本属于旧时代的日本，而不幸生在该国即将大变革的时代。幕府此时已经开始内外交困，面对打出尊皇旗号的人又岂止山阳一人，故不会将山阳以尊皇名义辅助统治的良苦用心放在心

---

　① 原歌是"もろこしも　東風吹くたびに　匂ふらし　大和島根の　花の盛りは"。
　② 佐藤太平：《樱花与日本民族》，太空社1937年版，第11页。原歌是"もろこしの人に見せばや三芳の吉野のやまざくら花"。
　③ 指江户时代的日本变"华"、中国等变"夷"的学说争辩。
　④ 春水斋：《烟霞到处总君恩——赖山阳传》。

上。这让山阳感到心灰意冷："策汉过秦同一意，无人识得贾生心。"①并且如他在《庄子梦蝶》中所说，只能"胡蝶庄周孰是非，枉齐物我费心机。不如此梦终无觉，趁絮穿花随意飞。"②

山阳在《日本政记》跋文中还提到松平定信对自己的知遇："响乐翁公，索襄外史，既览，手笔题数言其后。大意曰，叙事适繁简之宜，论事不任偏私，而洞中机先。……余感知己之谊，又有以自劝，其后作《通议》二十八篇，泛论古今制度，政体得失。近又仿荀悦《汉纪》之意，修《国朝政记》（即《日本政记》），起于开辟，至于辇近，记其大事，著论八十余首（按：实有九十二篇），于所谓不任偏私洞中机先者，未知能不负公言否乎？而公逝已四年矣。襄今亦获笃疾，殆乎不起。俯仰今昔，抚卷慨然。"③ 不知此话是否亦含有对自己毕生未直接参与政治感到的憾意。山阳并不像一些"国学家"和神道学家那样放肆和勇敢，因此未受到幕府的惩罚，但也没有受到重用和褒奖。有不少人说山阳的思想对幕末的尊王运动产生了巨大的影响，但也有人说，山阳在生前名气不大，只因他的《日本外史》在其死亡后出版被幕末志士阅读才让山阳有了较大的文名。④ 明治维新之后，新政府并未对山阳及其家属做过能称得上抚恤之类的事情。这不能怪明治天皇及其御用文人不识货，因为山阳的思想倾向始终都不明确，很难说他是亲幕府还是亲天皇。

不过照著者看来，明治天皇及其后裔都应该感谢山阳。他逝世前猪饲敬所前来拜访，讨论日本历史上南北朝孰为正统的问题。猪饲敬所（1761—1845），江户时代后期的儒者，服务于津藩（今三重县之一部），因对朱子的新注不满而改读《四书》及中国古代诸子书籍，著有《论孟考文》、《荀子补遗》、《管子补正》等，所创造的功绩据说超过当时中国的学者，其本人对此也十分自负。在病榻前他询问山阳："今之朝廷，即北朝之裔，君又安得不为北朝之臣？"山阳反驳："今之朝廷，盖神武正统禅让，非大一统之朝廷耶？何得以北朝支派自树其党？

---

① 揖斐高译注、解说：《赖山阳诗选》，岩波文库2012年版。
② 同上。
③ 赖山阳：《日本政记》跋文，《日本思想大系49》，岩波书店1977年版，第625页。标点为著者修改。
④ 《日本大百科全书》"赖山阳"条，作者揖斐高。

第八章　江户时代后期(1830—1867)部分著名儒者笔下的"大和魂"

北朝盖谓延元、元中之年，天子迁于吉野，贼臣私相拥立，时以南为正，北为伪，耻仕北朝，固其分也。且夫北与南者，特设名号以为区别，自后龟山天皇时与北朝和议既成，复禅让皇位，以后小松天皇居之。后小松天皇敬事龟山，以太上皇视之。按其分派，本出天然，复朝廷之清明，为大一统，其后又安有力言北朝之必要？"① 据江木鳄水②说，病中的山阳越说越气，最后甚至怒目轩眉，说："使北朝而为正统，则新田、楠诸公为乱臣贼子欤？"③ 之后儒者篠崎小竹（1781—1851）从大阪来探望山阳，山阳将此事告诉小竹。《日本政记》书成，以上争论之事也附于书中。小竹回忆："是时余来问疾，子成大喜，且出南北正当论，曰猪饲翁乃当时巨擘而出此言，大非细事。仆本羸病，强为论辩。此其稿本也。"④ 山阳为皇室因分裂而长期苦于解释孰为正统时能代其转圜，自圆其说，按说明治天皇应颁奖他一枚大勋章，但可惜没有。原因何在？因为山阳在说明此问题时，还不忘再次提及德川氏族的"祖先"——尊皇的武士新田氏。前面说过，山阳"论事不任偏私"，其实是为公武两头说好，结果却是无一方承其之情。

山阳育有三男一女。女儿阳子事迹不详。长子辰藏四岁夭折。次子赖支峰继承父业，开设私塾，1868年（明治元）应召入江户修史局，任"大学二等教授"，翌年改任"大学少博士"，1889年（明治二十二）在京都去世，无大建树。幼子赖三树（1825—1859）后来成为幕末"尊攘派"志士。名醇，号鸭崖，生于京都，8岁丧父，先后在父亲的门生儿玉旗山、牧百峰和后藤松阴的私塾学习，16岁时到大阪的朱子学者篠崎小竹门下接受教育。1843年（天保十四）小竹托幕府高官羽仓简堂将三树带到江户，使其入"昌平坂学问所"（即前"昌平黉"）学习。羽仓简堂和"学问所"同意接受三树，说明幕府对山阳的业绩有感念之情。

也许三树秉承父亲年轻时的坏脾气，关心时事，却不思幕府恩情，于同年在上野宽永寺不忍池畔的弁天堂，借酒力推翻刻有德川氏家纹的

---

① 春水斋：《烟霞到处总君恩——赖山阳传》。
② 江木鳄水（1810—1881），福山藩即今广岛县儒者、洋学家和"开港论"者。
③ 春水斋：《烟霞到处总君恩——赖山阳传》。
④ 同上。

石灯笼，并痛骂德川一家，于三年后即 1846 年（弘化三）被勒令退学。为何要等三年才处分三树原因不明，或许校方对山阳的子嗣有怜惜之意，或另有他因。退学后三树漫游日本东北地区，探察虾夷地，游历奥羽、越后、北陆等，直至 1849 年（嘉永二）正月方返回家乡，时年 25 岁。回京都后，三树在经营家塾的同时结交父亲旧友兼尊攘志士梁川星岩[①]，与他和梅田云滨、池内陶所等共称"叛逆四天王"，支持逼退幕府"大老"井伊直弼，拥立德川庆喜（水户藩藩主齐昭第七子，后来成为第 15 任也是最后一任将军），重整幕政。1858 年（安政五）"攘夷敕谍降下"（降"攘夷圣旨"于水户藩）事发。所谓"敕谍（也称'戊午密敕'）降下"，指 1858 年 8 月 8 日孝明天皇向水户藩发出圣旨之事。不通过幕府而直接向水户藩降旨，属前所未闻、极其异常的事态。据说圣旨先传至水户藩驻京都办事处长官鹈饲吉左卫门，之后又被迅速交给在江户的水户藩藩邸，两天后才被通告幕府。其内容一是批判《日美修好通商条约》，二是批评对水户家和尾张家的处罚，三是要求举国攘夷。

这给"大老"井伊直弼和幕府首脑机关带来强烈的危机感，引发了"安政大狱"事件。其背景之一是，直弼未获敕许即在《日美修好通商条约》上签字，并逼退德川庆喜，立德川家茂（纪伊第 11 任藩主齐顺之子）为将军（第 14 任将军）；之二是，孝明天皇素来讨厌外国人，据说当他得知《日美修好通商条约》缔结后不禁怒火中烧，并哀叹自己大可逊位。这时在背后挑动天皇的是萨摩藩的西乡隆盛和水户藩志士及攘夷派公卿等人。他们要求罢免井伊直弼，解除对德川齐昭的处分，力行攘夷。对此井伊直弼不得不反击，兴起"安政大狱"案，三树受牵连被捕，于 1859 年（安政六）正月被槛送江户，10 月问斩，时年 35 岁。1860 年（安政七）直弼在"樱田门事变"中被刺杀，1862 年（文久二）德川庆喜开始辅佐家茂将军，三树被"赦免死罪"。但这个决定来的太迟，三树已死，算是为他平反。其实"安政之狱"主要针对的是提倡尊皇攘夷的庆喜派"大名"和公卿，当然也要警告尊皇

[①] 梁川星岩（1789—1858），江户时代末期的汉诗人，名孟纬，美浓（今岐阜县南部）人，先到江户跟从山本北山等学习儒学，后到京都交结勤王志士，多做慷慨之诗，著有诗集《星岩集》等。

第八章　江户时代后期(1830—1867)部分著名儒者笔下的"大和魂"

攘夷志士，三树等人因受梅田云浜牵连才被处刑，所以在庆喜势力抬头后即被"免刑"。不过这在后来的明治政府看来，颇有幕府间的"内斗"之嫌，故在维新后未予三树太高的评价。三树第5代孙中有一人叫赖惟勤，是日本现代著名的中国文学研究专家。

第二节　吉田松阴的"大和魂"歌等

一　"大和魂"频出的天保至幕末年间

确如赖山阳所说，中国（清王朝）此时已日暮西山。1840年鸦片战争时，英国仅以区区数万军队，竟能逼迫清政府签订不平等条约并开放五个通商港口城市。然而日本此时也并非如山阳所说的那样正朝霞万丈，其实和中国一样也很孱弱。美国于1853年（嘉永六）将"黑船"驶入日本浦贺海面，要求幕府"开国"时曾引起日本朝野震惊。此时正值日本天保（1830—1844）至嘉永（1848—1854）年间。村田清风[①]为鼓舞士气，模仿本居宣长那首著名魂歌，以镰仓中期元军进攻日本，"执权"北条时宗拒绝忽必烈的臣服要求为内容作歌："若问大和魂何物？时宗怒斩元来使。"[②] 清风是个大人物，下面我们还会提到他的名字和事迹。

与此歌相似，天保至幕末年间，歌颂"大和魂"的著作、文章、和歌、汉诗等急速增加。除上述"国学家"外，众多文人包括儒者等也加入到使用"大和魂"这一流行语的队伍中来。据传甚至光格天皇（在位1779—1817，1771—1840）也以"大和魂"入歌。这些"大和魂"有的受到《菅家遗诫》的影响，有的则与菅原道真所说无关，反映出一种时代风潮。所传光格天皇御制的和歌是：

[①] 村田清风（1783—1855），江户时代后期长州藩藩士和该藩政改革的推进者，1831年（天保二）成为幕府"当役用谈役"（政治财经顾问），对幕府的财政重建、兵制改革和士风整顿都起到重要作用。少年时曾就学于藩校明伦馆，后到江户投入埔保己一的门下，自此开始对海防建设报以深切的关心。1819年（文政二）任官于藩府，为第13代藩主毛利敬亲所重用，成为天保改革的建议者和推进者。天保改革的各项政策，如1. 设立江户藩校"有备馆"；2. 实施西洋式军队大操练；3. 废除淫祠；4. 调查农村实际状况；5. 改建和整顿藩校明伦馆；6. 扩充藩直营会所；7. 强化藩专卖制等，全部由清风提出。

[②] 原歌是"しき嶋の大和心を人問はば元の使を斬りし時宗"。

"大和魂"史的初步研究

> 倭心织进绣锦里，更显色红我大和。①

从字面意思看，光格天皇此歌的歌意也不甚明了，但结合阅读以下三首据说也是他吟咏的和歌，则前述歌意立刻显现出来。

> 科户风吹千重雾，高天原月更光明。②
> 儒教佛教如不弃，奇道可置岛一端。③
> 生于神国厌神道，可去外国羡佛儒。④

加藤仁平查《列圣全集》"御制集"发现无此四首和歌，但又说因为它们均创作于幕末，所以都代表着一种民族主义和排外情绪却是难以否认的。⑤

此时专论"大和魂"的主要著作有：

东条义门⑥《日本魂》（被焚毁）

户泽正令⑦《皇朝魂辨》[天保六年（1835），勤王文库]

贺茂规清⑧《乌传⑨日本魂复古酒（之）乳》（乙丑，浅仓屋古书目录）

千田玄孝⑩《倭魂考》[抄本，完稿于嘉永六年（1853），京都大学图书馆]

---

① 原歌是"敷島の大和錦に織てこそから紅の色もはえあれ"。
② 原歌是"八重霧を科户の風にはらはせて高天の原の月ぞさやけき"。"科户之风"，风的异称，来自"科户神即级长户边神"的名字，最早见于《祝词·大祓词》"如科户之风吹散天间八重云"一句，特指将所有的罪孽和污浊吹散的神风。
③ 原歌是"くしの道釈迦の教もすてずしてつくゑの島のかたはしにおけ"。
④ 原歌是"神様の国に生れて神様の道がいやなら外国へ行け"。
⑤ 加藤仁平：《和魂汉才说》（增补版），汲古书房1987年版，第322页。
⑥ 东条义门（1786—1843），国语学家、真宗大谷派的僧人。
⑦ 户泽正令（1813—1843），"土佐国国守"。
⑧ 贺茂规清（1798—1861），江户时代后期的神道家，"乌传神道"的创始人。
⑨ "乌传"，"乌传神道"的简称，据称该神道传八咫乌，是一种大众神道学说，与日常生活关系密切，但因为多涉及当时的政治、经济问题，所以让幕府十分恐惧。
⑩ 千田玄孝（？—？），即藤原玄孝，生平事迹不详。

第八章　江户时代后期(1830—1867)部分著名儒者笔下的"大和魂"

大国隆正《大和心》（见前述）
中条信礼《和魂迹教》（见前述）
英立雪①《日本魂·志士必读》[明治十八年（1885）]

最后这部著作发表的时间不在幕末时期，但从其目录和主要精神来看，可谓是对幕末时期志士精神的总结，故也放在这里一并说明。其目录如下：

绪言
第一章　总论
第二章　日本魂之用
第三章　日本魂之相
第四章　日本魂之体　上
第五章　日本魂之体　中
第六章　日本魂之体　下
第七章　别论　上
第八章　别论　下
第九章　结论

与此相对，含有"大和魂"语汇的主要文章和著作等有：

《本居春庭·本居大平·本居内远全集合本》（吉川弘文馆1903）
斋藤彦麿②为户泽正令《皇朝魂辨》和《道之辩》所作的序[勤王文库，天保六年（1835）九月十九日]
吉田令世③《声文私言》　[日本文库第四编，天保十年

---

① 英立雪（？—?），生平事迹不详。
② 斋藤彦麿（1768—1854），江户时代后期的"国学家"。
③ 吉田令世（1791—1844），江户时代后期的"国学家"，常陆（今茨城县之大部）水户藩藩士，藤田幽谷的门人，娶幽谷之女为妻，与藤田东湖属内兄弟关系，任彰考馆"助教"。在德川齐昭任藩主的过程中出力甚多，曾作为侧近为藩政改革作出贡献。

"大和魂"史的初步研究

(1839）刊]

安积信①《艮斋间话》[天保十二年（1841）刊，收录于《武士道丛书》，嘉永四年（1851）刊，第322页]

德川齐昭②《明训一班抄》自序[日本教育文库《家训篇》弘化二年（1845），第688页]

曲亭马琴（1767—1848）《南总里见八犬传》[有朋堂文库本，嘉永元年（1848）刊，第438页]

曲亭马琴《椿说弓张月》（帝国文库，《四大奇书》上卷1807—1811年刊，第846页）

松本直秀③《灵能一都罗》卷上[勤王文库嘉永六年（1853）刊]

中林竹洞④《治明记》（国民道德丛书本，出版年不详，第241页）

小泉康敬⑤《国基》序[安政二年（1855）刊]

中根雪江⑥致三国幽眠⑦书简[安政五年（1858）三月十八日，收录于《昨梦纪事》]

物集高世⑧《菶屋文集》，文久三年（1863）一文

---

① 安积信（1791—1860），儒者，二本松藩校"教授"，晚年被任命为江户"昌平簧""教授"。
② 德川齐昭（1800—1860），水户藩藩主，创立弘道馆，奖励文武，锐意改革藩政，也为辅佐幕政出过大力，后因幕末外交问题被井伊直弼"大老"所忌，被迫永远蛰居，死后谥"烈公"。
③ 松本直秀（1791—1865），生平事迹不详。
④ 中林竹洞（1776—1853），江户时代后期文人画家，具有强烈的批判精神，著有《画道金刚杵》、《竹洞画论》等。
⑤ 小泉康敬（？—？），生平事迹不详。
⑥ 中根雪江（1807—1877），通称靭负，福井藩藩士，幕末攘夷义士，曾为公武合体运动奔走，后短期参与维新政府工作，著有《昨梦纪事》、《再梦纪事》、《戊辰日记》等。它们皆属研究明治维新运动的重要资料。
⑦ 三国幽眠（1810—1896），见之前注释。
⑧ 物集高世（1817—1883），江户时代后期—明治时代初期的"国学家"。

· 644 ·

第八章　江户时代后期(1830—1867)部分著名儒者笔下的"大和魂"

　　武市瑞山等的誓文①

　　田内惠吉②书简

　　伊达千广③《和歌禅话》（明教书肆 1877）

　　内藤忠明④《内安录》（近古文艺温知丛书第 3 编，第 10 页）

　　井上文雄⑤语录（佐佐木信纲《日本歌学史》，第 449—451 页）

　　栗田宽⑥《天朝正学》（国光社 1896）

　　《公议所日志》⑦第九号"欧议天主教"

此时还有人以汉诗吟诵"大和魂"，比如藤田东湖⑧、小川幸吉⑨、

---

　　① 武市瑞山（1829—1865），幕末尊皇攘夷义士。该誓文指 1861 年（文久一）他在江户和同乡大石弥太郎、岛村卫吉、池内藏太、河野敏镰结盟的誓约。同年瑞山返乡后又纠合 200 名余同志结成"土佐勤王党"，并游说土佐藩"参政"吉田东洋"举藩勤王"，但未被吉田接受。瑞山于文久二年 4 月暗杀吉田。

　　② 田内惠吉（？—？），武市瑞山之弟，幕末志士，土佐勤王党党员，在土佐藩厅镇压该党时于 1863 年（文久三）11 月入狱，因难以经受监察府的严刑拷打开始招供，后因害怕讲得太多而服毒自杀。

　　③ 伊达千广（1802—1877），幕末和歌山藩藩士，歌人兼历史学家。其子为陆奥宗光（1844—1897），即第 2 届伊藤博文内阁外相，曾参与甲午战争开战的决定和"下关条约"的签订。

　　④ 内藤忠明（？—？），曾担任安房国（今千叶县南部）"国守"，1849—1852 年担任长崎"奉行"此一重要职务。

　　⑤ 井上文雄（1800—1871），江户时代末期"国学家"、歌人，著有《伊势家苞》、《调鹤集》等。

　　⑥ 栗田宽（1835—1899），幕末、明治时期的汉学家、历史学家和文学博士，1858 年（安政五）入彰考馆，将其几乎一生的时间都奉献给《大日本史》的修史事业，该书的《神祇志》、《食货志》和《国郡志》全部由其所撰，维新后任大学教授。

　　⑦ "公议所"，日本最早的立法机构，创建于 1869 年（明治二）3 月，由"公议人"组成，同年 7 月因官制改革改称"集议院"。"公议所"的"议事录"后以《公议所日志》的名称逐次出版，达 19 号 27 册。还有 2 册有关"贡士对策所"的制度法令和策问。全部 29 册后来收录于《明治文化全集·宪政编》。

　　⑧ 藤田东湖（1806—1855），水户藩天保改革派中心人物之一，也是后期水户学的集大成者之一，幕末著名学者藤田幽谷的次子，继乃父于 1827 年成为"彰考馆"编修，1829 年在藩主继嗣争论时成功拥立德川齐昭，后参与齐昭的幕政，被任命为幕府海防顾问，与横井小楠、桥本左内等诸国志士有交往，其思想对尊王攘夷运动产生巨大影响，安政大地震时被压死，著有《正气歌》等。

　　⑨ 小川幸吉（1785—1881），生平事迹不详，22 岁时赴北海道从事渔业生产，曾就扩大渔场面积设法改良渔网，为日本的渔业发展作出贡献。

"大和魂"史的初步研究

麻田狱①、山田方谷②、元田永孚③、僧人月性④、村田清风等人。最后的二人与松阴都有精神上的交集。史料记载,月性于1855年(安政三)3月来到松阴的故乡长州藩荻地,并与松阴通过书信,其所作的汉诗中有"精忠满腹大和魂"句。而清风当时是长州藩的政治财经顾问,在他任职的同年,松阴首次在藩主毛利庆亲面前讲授《武教全书》"战法篇",二人不会不相互认识和了解。清风的诗句是"雾岛之峰神戟存,乃是日本兆民魂。"以上诗句皆充满民族主义精神。不过清风不仅擅长汉诗,还善和歌,故又以"大和魂"作歌,即上述"若问大和魂何物?时宗怒斩元来使"之句。

此时咏出这种和歌的不仅只有清风一人,还有太田蜀山人⑤、八木桥诚之进、福谷好长、井上文雄、黑田与一郎、真木保臣(和泉国国守)、广田诚一郎、加藤千浪、儿岛草臣、僧人赤城、黑泽时女、近藤岩五郎、权田直助、右侍女清子、深濑繁理、冈见恒成、橘曙览、佐野竹之助、平野国臣、千屋孝树、村井政礼(负责修理建造皇居等建筑的官员)、森五六郎、佐伯鞆彦、武田绪女、小川幸吉、寺岛昌照、户泽正令、铃木重胤、野村望东尼、吉田松阴等人。其中吟咏"女子和魂"的有三人;本人既是巾帼英雄而又以"和魂"入歌的有五人,如野村望东尼;咏唱"武士大和魂"的也不乏其人,如本节的主人公吉田松阴。野村望东尼(1806—1867)是幕末歌人兼勤王家,福冈藩藩士野村贞贯

---

① 麻田狱,生卒年和事迹不详。

② 山田方谷(1805—1877),通称安五郎,幕末、明治时代的阳明学家,与松阴的老师佐久间象山等关系密切,幕末期成功地整顿松山藩的财政和改革藩政。

③ 元田永孚(1818—1891),江户时代后期至明治时代的儒者,肥后熊本藩藩士,属横井小楠等的"实学党"。明治四年任官于宫内省,成为明治天皇的"侍讲"(宣讲《论语》,以儒教的德治主义为理想,后成为宫中顾问官和枢密顾问官,为教化国民,编辑修身书《幼学纲要》,起草《教育敕语》。

④ 月性(1817—1858),江户时代末期净土真宗本愿寺派僧人,著名勤王人士。15岁时游学九州,修佛教和汉学,之后游历诸"国",与文士、志士相交达17年,名声大震。特别与吉田松阴、赖三树三郎、僧人黙霖意气相投,常忧虑国家前途,论海防之必要,被人称作"海防僧"。曾与梅田云浜一道讨论纪州(今和歌山县)海防,或独自前往藩署说服纪州藩老,并打算以本愿寺开教僧的身份前往北海道,开拓蝦夷之地,后因病壮志未果,著有《清狂遗稿》二卷、《佛法护国论》和《鸦片始末考异》等。其"男子立志出乡关……"诗曾风靡一时,脍炙人口。

⑤ 因人数较多,自此不一一注释。

第八章 江户时代后期(1830—1867)部分著名儒者笔下的"大和魂"

的后妻,丈夫死后剃发,自称招月望东禅尼,与反幕义士高杉晋作、平野国臣、西乡隆盛交往密切并保护过他们,后来被藩府流放到姬岛(今福冈县西部玄界滩上的小岛),翌年在高杉晋作的帮助下从那里逃脱。她的和歌是"孰身皆有而不知,神之遗物日本魂",① 反映出她的"大和魂"不仅是神意的产物,还是义士为实现尊王攘夷愿望,在神意引领下战斗的精神浓缩。吉田松阴的和歌有两首,即至今仍脍炙日本人之口的"明知有虎偏山行,欲罢不能大和魂"② 和"吾尸纵曝武藏野,白骨犹歌大和魂。"③ 后一首歌抄录在其遗书《留魂录》④ 的扉页,其中的"魂"应该也属于松阴的"大和魂"。这些歌、文与松阴辞世时吟咏的汉诗"吾今为国死。死不负君臣。悠悠天地事。鉴照在明神"可互相照应。这些"魂"的出现背景都大致相同,日本出现了民族危机。

二 吉田松阴的"大和魂"及他的出生与学养

如前述,自天保年间至幕末的"魂歌"、"魂论",其创作主体来源广泛,既有藩主,也有"国学家"、儒学家和神道学家,还有僧人,包括女尼姑等,其中天皇竟然也赫然在列,显示出全民共谈"大和魂"的局面,并且不少"魂歌"、"魂论"还因日本民族危机的出现,被涂抹上战斗的色彩和蕴含愤懑的声音,其中表现最为独特的当属松阴的"魂歌"。对此有几点值得关注:1."大和魂"过去绝大多数只与生,而极少与死(自若林强斋始)发生联系。而松阴的和歌都与死有关,和若林强斋、大国隆正的"魂论"一样,都可谓是"大和魂"源流发生大逆转的分水岭;2. 过去"魂歌"、"魂论"的创作主体,不是宫廷贵族,就是文人书生(包括女子),但自松阴开始,"魂歌"等的创作主体已从贵族、文士等转变为武士。从本章第一节所引众多御用文人的出身来看,他们也大多是藩士,亦即武士。这表明,武士此时不光在政

---

① 原歌是"誰が身にもありとは知らでまどふめり神のかたみの日本だましひ"。参见《歌学论丛》(佐佐木信纲,博文馆1908年版)的《向陵集抄》。但也有人认为此歌非望东尼本人所写。
② 原歌是"かくすればかくなるものと知りながらやむにやまれぬ大和魂"。
③ 原歌是"身はたとひ武蔵の野辺に朽ちぬとも留め置かまし大和魂"。
④ 古川薫译:《吉田松阴留魂录》,讲谈社1977年版,封页。

"大和魂"史的初步研究

治方面是时代的主角,而且在文艺创作方面也引领着时代的发展方向;3. 与江户时代中期鼓吹"大和魂"的主体是"国学家"不同,在江户时代后期和幕末时期,儒学家也加入到"魂歌"、"魂论"的创作队伍中来,而且人数众多,体现了儒者忧国忧民、用舍行藏的良好品德。不过如前述,日本并没有真正的儒者,"半神半儒"始终是过往时代"儒家人物"的肖像宣传照和自这个时代开始至明治维新以后的时代最强音。我们之所以将松阴放在这个章节,也是出于这方面的考虑。

松阴是一个比较复杂的人物,也是日本历史的一个神奇人物。"右翼共鸣于他的'尊皇攘夷'民族主义精神,左翼不惜为他的变革热情表示敬意,其余的人则为他的纯真感到爱怜和同情。"作出以上评论的藤井省三还为松阴"谢幕前的内心紧迫和彻底觉悟",以及他作为一个人的"精神极限""感到恐怖",并"难以言说地感动。"[①] 因而省三还为松阴的一生作出总结:他并非有思想的人,而是行动的人;并非创造的人,而是仅具气魄的人。原因在于"制度性的东西"即社会的秩序被打破,只要行动必能成功的时代已经来临。按省三的分析,幕府为重建行将崩溃的德川社会作出的最后一次改革——天保改革,和面对"黑船"放弃决定权而向"公家"询问该如何处理,导致了"诸论沸腾",要求幕府改革首脑机关(继嗣论),之后德川又转而镇压,最终演变为"安政大狱"。再后5个月井伊"大老"被暗杀,接着又是一连串的暗杀、袭击和打砸抢,这所有的一切都显示出幕府的自信不足和需要向亡灵式的存在(天皇)与传统势力问计的无能一面,还显示出实质上的权力放弃和统合各诸侯势力的能力下降。这种将政治行动的权力让渡给亡灵式的存在,和让"诸论沸腾"的做法,必定会导致"浮浪之徒"如松阴式的人物活跃于各政治舞台。另外,作为德川时代最后的意识形态"理论体系"的"水户学"在"安政大狱"后也分崩离析,散存于各地的江户时代所出现的所有"学派"也丧失了学派应有的有序性(理论的首尾一贯)而碎片化,作为江户时代社会基础的"身份制度"也被质疑。[②]

---

① 藤井省三:《日本思想大系54》"解说",岩波书店1978年版,第597页。
② 同上书,第597—598页。

第八章　江户时代后期(1830—1867)部分著名儒者笔下的"大和魂"

省三的评价和分析相当中肯，但似乎他过分关注外部世界即他所说的"状况性存在"对松阴的影响，而忽视了对松阴内心世界的探索。这说明省三具有唯物主义的观点，但缺乏辩证的思想。因为同处一种社会状况下，不同的人会作出不同的判断和选择，所以要说明一个人的行为方式，也必须就他所接受的教育和既有的思想积累作出分析。实际上，要评说具有复杂思想和有"神奇"举动的松阴，就不能回避他所接受的各种儒家思想与他独特的尊皇佐幕思想之间的关系，以及这些关系最终无法调和，迫使他主动走向死亡的事实。而这一切，与松阴的"大和魂"都有或多或少的关系。

在对吉田松阴（1830—1859）的"大和魂"做出分析之前，有必要先看一下他的生平和所接受的教育。松阴出生于长州藩长门国（今山口县）萩城下松本村，父亲是长州藩藩士杉百合之助。因幕府催缴谷物和天灾等，在松阴出生的那年8月上关（今山口县东南部）一带、两岁时的7月长州藩全境、7岁时诸藩相继多次爆发农民起义，8岁时的2月又发生了著名的"大盐中斋（平八郎）之乱"，并再次波及长州，此时的日本已进入多事之秋。1834年（天保五）松阴5岁时成为"山鹿派兵学"教师、叔父吉田大助的养子。1838年（天保八）进入藩校"明伦馆"学习，据说翌年9岁时已在该馆工作，教授家传的兵学。1838年（天保十一）松阴11岁时竟可以在藩主毛利庆亲面前讲授《武教全书》"战法篇"，15岁时还开始讲授《孙子》"虚实篇"，可谓是一个聪慧而早熟的爱武少年。在此两年前即1842年（天保十三），松阴的另一个叔父玉木文之进创建"松下村塾"，松阴和哥哥杉梅太郎等还成为该塾的学生。塾中同学的一人即日俄战争期间"享誉"日本和世界的军队高级将领乃木希典。这段时间除不断爆发农民起义运动外，各藩的财政状况也在渐次恶化之中，更让日本人感到可怕的是，继英国人打赢鸦片战争后，美国的舰船也来到日本的海面。松阴小小年纪即以兵学崭露头角，可谓与这种时代不无关系。然而松阴不光输出还输入知识。松阴在"明伦馆"和"松下村塾"的学习内容文献记载不清，但《松阴年谱》说他21岁时还曾当着藩主的面讲授过《中庸》"慎读

"大和魂"史的初步研究

篇";① 另有书籍说他"六岁始读《四书集注》";② 还有人说松阴在少年时期和哥哥梅太郎一起干农活,经常随着父亲一面除草或耕地,一面诵读《四书五经》。③ 从这些信息可以推测出,松阴自幼年起即熟读《四书五经》,至少是朱熹的《四书集注》。当然,说松阴兄弟跟随父亲读书的这个人为强调松阴的尊皇思想其来有自,还说过兄弟俩跟读的内容包括《文政十年诏书》、④《神国由来》⑤ 及《赖山阳诗抄》等。⑥

不过从松阴后来所写的《幽室文稿》等来看,他阅读的儒学书籍范围十分广泛,其中包括阳明学的著作,对此康有为及其弟子梁启超都曾言及。此外,松阴还阅读过信奉心学的李贽的书籍(这些书表明李贽深受"阳明学"支流"泰州学派"的影响),其所著的《李氏焚书抄》和《李氏续藏书抄》等就是一个明证。松阴的名言"志士不忘在沟壑,有望死而不朽当即速死",⑦ 就来自李贽在狱中写下的绝命诗:"志士不忘在沟壑,勇士不忘丧其元。我今不死更何待?愿早一命归黄泉。"松阴的另一名言"立志尚特异,俗流与议难",⑧ 也与李贽声称自己为"异端"的做法十分契合。现有的研究多提及松阴的民本思想来自孟子,论据是松阴还写有《讲孟札记》等。殊不知孟子确实提过"民为贵,君为轻,社稷次之"的主张,但李贽对此有更明确的说辞:"天之立君,本以为民",这句话与松阴的主张——"师旷(按:春秋时代晋国的乐师)曰:'天,生民而立之君,司牧之而使不失其性。……岂使其一人肆于民之上,以纵其淫而使弃天地之性乎?……'按,是虽不可使人之臣民闻,然在人君可谓良轨"⑨——更为接近。简言之,对松阴思想的形成,阳明学及李贽精神,以及《四书五经》尤

---

① 《吉田松阴年谱》,《日本思想大系54》,岩波书店1978年版,第629页。
② 日本名著《吉田松阴31》,中央公论新社1984年版。
③ 海原彻:《江户旅人吉田松阴》,雅典娜书房2003年版,第25页。
④ 指有人针对朝廷任命第11代将军家齐为"太政大臣",但家齐不到京都,仅在江户城接诏的无礼行为而写的悲愤激昂的文字。
⑤ 贺茂神神官玉田永教所写的有关"国体论"的文字。
⑥ 海原彻:《江户旅人吉田松阴》,雅典娜书房2003年版,第26页。
⑦ 川口雅昭:《吉田松阴》,致知出版社2011年版,第236页。
⑧ 2014年4月26日,http://ja.wikipedia.org/wiki/吉田松阴。
⑨ 日本山口县教育委员会编:《吉田松阴全集》第6卷,岩波书店1938—1940年版,第37页。

第八章　江户时代后期(1830—1867)部分著名儒者笔下的"大和魂"

其是《孟子》等都功不可没。他后来撰写的大量文字具有良好的汉语写作水平也都证明了这一点。

三 "明知有虎偏山行，欲罢不能大和魂"

从此歌可以看出，松阴注重"行动"，不畏艰难险阻，其强大的心理支撑即他的"大和魂"。在分析他的"行动"和"大和魂"的关联之前，有必要比较一下王阳明的心学和程朱理学的不同。简单说来，松阴所信奉的阳明学思想核心可用三句话概括，即"心即理"、"知行合一"和"致良知"。这些话不仅体现了心学和程朱理学的不同，也是松阴后来失望于作为幕府意识形态的日本朱子学而改追求日本心学的努力方向，只是松阴没有在自己的著述中明确说出而已。"心即理"是阳明学中的基础概念。心学与程朱理学最根本的区别就表现在对"心"和"理"这二者关系的认识。程朱理学认为"心"和"理"是分开的，如王阳明所说，朱熹"以吾心而求理于事事物物之中"，[①]而"吾心之良知，即所谓是天理也。"[②]"夫万事万物之理不外于吾心"[③]。换言之，即朱熹认为"理"存在于天地万物的客观事物之中，提倡"居静穷理"，"格物致知"，希望通过静态实践即对客观事物的观察中获得正确的认识。但王阳明却认为世上的所有一切都由心产生，"心外无物"。获得"理"，不应该通过观察客观事物，而要通过探索自己的内心来实现良知，因为人心才是世界的本源。

良知和"知行合一"的"知"，主要指人的道德意识和思想观念；"行"，主要指人的道德实践和实际行动，所以"知行合一"的本质其实就是"认识"与"实践"的统一。王阳明以"心即理"为基础提出"知行合一"，而程朱理学因为将"心"和"理"分开，所以他们主张"知先行后"。[④] 王阳明的"知行合一"鼓励人们将正确的认识运用于实践中去，打破了程朱理学的教条主义。从心学的"知之真切笃实处

[①] 王阳明著，于自力注：《传习录》，中州古籍出版社2008年版，第135页。
[②] 同上书，第135页。
[③] 同上书，第138页。
[④] 潘畅和、郭德君：《中日阳明学不同社会文化功能之探源》，《人文杂志》2003年第6期，第33—38页。

即是行，行之明觉精察处即是知"① 就可以看出，王阳明反对空谈理论，希望人们能积极发挥主观能动性，投入实践中去。王阳明还说"知是行的主意，行是知的功夫，知是行之始，行是知之成。"②

"致良知"即在以"心即理"为基础的条件下，要想做到"知行合一"，就要通过"致良知"这一方法来获得正确的认识。王阳明将《孟子·尽心上》"人之所不学而能者，其良能也，所不虑而知者其良知也"的思想，和《大学》"致知在格物"的思想结合在一起，提出了"致良知"这一学说。③ 他晚年概括自己的哲学思想时又提出"知善知恶是良知"。④ 所以，阳明学中的"良知"就是判断认识正确与否的唯一标准。而"良知"存在于每个人的心中，这又与前面所说的"心即理"有了联系。亦即，它要求人们要重视自身的道德修养，探索内心。因为每个人心中都有"良知"，所以只要能够做到"为善去恶"，⑤ 加强自身修养，获得正确认识则人人都可以成为圣人。"致良知"就是让正确的认识推动人们的实践活动。

不过日本的阳明学者在吸收心学时却有意抬高"心"的地位，提高人的主观能动性，肯定了人的作用，在思想深处暗含反抗，激励人们反权威和反封建。⑥ 松阴是否可以划入日本的阳明学者暂没有定论，他也不像儒家人物那样好谈抽象的人性，人们甚至较难在他的著述中，找到他直接引用心学的语录来反对朱子学的论述。相反，他对朱子的"理气二元"理论在整体评价上还是不错的，⑦ 这可能与他在"明伦馆"的师父、"学头"山县太华本身就是一位朱子学者有关。然而松阴的行动则明显地表明，他与日本的阳明学者在内心是相通的，而且比他们走得更

---

① 王阳明：《传习录》，中州古籍出版社 2008 年版，第 129 页。
② 同上书，第 10 页。
③ 孙琬姝：《日本阳明学的特点及其影响》，硕士学位论文，延边大学，2009 年，第 8—9 页。
④ 王阳明：《传习录》，中州古籍出版社 2008 年版，第 322 页。
⑤ 同上书，第 322 页。
⑥ 李晓东：《日本阳明学的思想特质及其影响》，《郑州轻工业学院学报》（社会科学版）2008 年第 9 卷第 1 期，第 44—46 页。
⑦ 日本山口县教育委员会编：《吉田松阴全集》第 3 卷，岩波书店 1940 年版，第 282—283 页。

第八章　江户时代后期(1830—1867)部分著名儒者笔下的"大和魂"

远。松阴的诸多话语也已证明他认可王阳明，而与朱子多有轩轾："今云有气质之厚薄多少而无一样者笑止也。云是与不仁之甚。故气质之说于教化大为有害。"① 亦即，松阴无法接受用朱子的"气质之性"来解释人的道德差异，并对"气质之性"带来的人的差别合理化给予否定；"性则理也心也。为性理心者，不应有形色声臭之见闻。唯就其已然之迹而见则自明也。……凡玩空理忽实学者之通病也。是为空疏迂僻之辈之所藉口，而笃学实行之士之不欲闻也。"② 这说明，松阴和心学的主张一样，强调行动，不谈空理。因为按照"知行合一"和"致良知"的理论，既然"认识"与"实践"是统一的，而且每个人心中都有"良知"，所以只要"行动"就能做到"为善去恶"。松阴还认为："人性即天理也。天理无恶，故性岂有恶哉。"③ 即人的本质是善的。但他的"性善"不同于朱熹的静态善性性质，而被赋予了动态的实践个性。松阴基于这种认识，在他所被给定的历史框架之内，就是希望打破封建身份制度，实现人尽其才，用行动解决民众生机和民族危机："天生才也，不别贵贱。然逾贵者逾钝，逾贱者逾敏也。……盖贱者非必成材，然穷而善思，思而善成材。贵者非必成材，然逸而善怠，怠而善成不材。"④ 松阴后来的"草莽崛起"理论，正是这种思想的升华。松阴甚至直指"四民"身份的弊端，说"凡人有四等，云士农工商"，"今之为士者，朘民之膏血，攘君之俸禄，实当云天之贼民。"⑤ 与之相反，"农工商称国之三宝，各各有其职业，于国缺一不可。"⑥ 对于自身，松阴是这样定位的："吾之自处当以学者为之。所谓学者，非谓读书作诗之谓，唯尽身之职以供世用而已。"⑦ 换言之，就是和王阳明的"知行合一"中的"行"偏向道德修养上的实践不同，松阴将"行"与改造世界相联系，"行"的内

---

① 日本山口县教育委员会编：《吉田松阴全集》第 3 卷，岩波书店 1940 年版，第 604 页。
② 同上书，第 412 页。
③ 日本山口县教育委员会编：《吉田松阴全集》第 5 卷，岩波书店 1940 年版，第 369 页。
④ 同上书，第 102 页。
⑤ 日本山口县教育委员会编：《吉田松阴全集》第 4 卷，岩波书店 1940 年版，第 212 页。
⑥ 同上书，第 211 页。
⑦ 日本山口县教育委员会编：《吉田松阴全集》第 2 卷，岩波书店 1940 年版，第 25 页。

容扩展到社会政治的实践和改革。藤田省三说松阴不是"研究的人物,而是行动的人物",① 其原因就来源于此。事实证明,松阴是最善于行动的日本阳明学者。

鸦片战争清国败于英国的现实,使松阴痛感自己擅长的"山鹿派兵学"已落后于时代。为了解西洋兵学和"夷人"信息,松阴于1850年(嘉永三)8月私自从荻地出发前往九州,在长崎向汉人译官郑干辅学习口语,并参观"唐馆"和"兰馆",乘坐荷兰舰船体验,至12月方返乡。之前还特意前往江户拜佐久间象山为师。当然这次行动得到藩主的默许。其背景是松阴在出发前藩内各重要人事有了变动,改革开始受到重视。同年中国还爆发了太平天国运动。两年后松阴又与朋友宫部鼎藏等约好一同前往日本东北地区考察。为遵守出发日期,松阴未等到长州藩下发通行证即离开荻地,这意味着他已"脱藩"。由于没有得到藩主的许可,他在翌年以"流亡罪"(脱藩罪)被遣返回荻地,并被开除士籍,剥夺世袭的俸禄。照我们看来,松阴在事前是可以预见到这一切的,所以严格地说不是幕府剥夺了他的士籍,而是他主动抛弃士籍,这表明松阴并不在乎别人看重的身份,而只希望为改变日本付出自己的努力("行动")。

"至诚而不动者未之有也"(《孟子·离娄上》)是松阴的座右铭。同年12月松阴又坐不住了,向藩主提交"游学诸藩十年"的请愿书。这时"夷情"更为紧迫,此前的6月份沙俄舰船开到下田,8月荷兰商馆负责人劝诱幕府开国,村田清风为此越发忙碌,要求加强海防。1853年(嘉永六)1月松阴获批到诸国"游学",6月听闻美军舰船打算又来浦贺,向幕府递交美国总统的亲笔信,故赶往该地,途中给在藩邸的濑能吉次郎写信,其中有"听闻黑船来浦贺,(略)心甚急如飞,如飞"一语。之后他与师父佐久间象山一道查看过海面上的"黑船",为先进的西洋军事技术所打动,决心留学外国。9月松阴打算和同乡兼最初的弟子、原长州藩"足轻"金子重辅乘坐寄靠长崎港的沙俄军舰"普查金"号赴欧,但该舰因克里米亚战争提前返回俄罗斯,故松阴的计划失败。1854年(安政元)3月美军将领佩里又率

---

① 藤井省三:《日本思想大系54》解说,岩波书店1978年版,第600页。

第八章　江户时代后期(1830—1867)部分著名儒者笔下的"大和魂"

"黑船"来到下田,此时日美间已签订《日美修好通商条约》,日本答应开放下田、函馆二港口,并给美国最惠国待遇。松阴觉得这次再也不能失去机会,无论如何也要登上美船。3月27日白天,松阴发现有美军士官登岸,将折叠好的日文信("投夷书")交他。是日夜晚松阴和弟子偷窃一艘小船,向抛锚的"黑船"驶去。不料小船无橹杭[①](船主怕船被偷而卸去),故松阴用自己的兜裆布绑在橹上,无效后又用腰带绑在橹上,用尽力气才划近美舰"密西西里"号。此时已是28日的凌晨2点左右。松阴借着美舰的灯光用汉文写下一张纸条,待攀缘绳梯到甲板后交船员阅读。信中说"吾等欲往美利坚。君可将此交大将(佩里)。"无奈船员不懂汉文,只用手比划着附近的旗舰,意思是说:"到波哈坦号去!"因此松阴等只好再次艰难地划着小船,向约一百米开外的旗舰划去,之后在甲板上见到懂日语的传教士威里阿姆斯,请求说"如纸条所示,我等希望亲眼见到美国。请带我们去。"此时佩里躲在提督室,将所有的一切都看在眼里,而且之前还读过松阴的"投夷书",但就是不现身。他也许担心此时美日刚签订通商条约,如果带松阴等去美国,将会破坏好不容易才获得的两国"友好"气氛;又或许怀疑松阴是幕府派来的刺探,以这种行为来测试美国是否遵守日本法律。于是威里阿姆斯说:"你们的志向非常令人敬佩。但我们两国间有条约,所以不能带你们离开日本。"听后松阴哀求:"若返回我等一定被处死,请务必带我们去美国。"但最终松阴等还是被美军用救生艇送回岸边。[②]

松阴在被押到江户的途中,肯定不会想到他的日文"投夷书"和汉文的纸条,后来被很好地保存在美国耶鲁大学图书馆,而只是在路过东京都港区高轮的泉岳寺时,一面想到埋在该寺的赤穗四十七义士的遗骨,一面咏出那首"明知有虎偏山行,欲罢不能大和魂"的慷慨之歌。

不能否认,松阴的"大和魂"表现出他试图成为"猛士"的战斗

[①] 船的橹床端所设的小突起,将此插入橹孔,以作摇橹时的支点。
[②] 小田全宏:《日本人的神髓——大和魂,向八位先贤学习》第三版,太阳标志社2009年版,第44—47页。

"大和魂"史的初步研究

精神（其名号之一就是"二十一次猛士"，而且时刻不忘自己是一位武士①），也充满着忧国、忧政、忧民的儒家情怀。说其忧国，是他希望日本能自保和独立，因为此前的鸦片战争使中国陷入半殖民地国家的境地，让松阴痛不欲生；说其忧政，即在此时他还希望"公武一和"，让幕府和天皇团结起来，共同御敌；说其忧民，是他希望幕府能关心人民生活，以致不像中国那样出现"日奸"，②并因此提出"海防与民防并重"的方针。这说明松阴眼界阔大，目光如炬。他不仅发现了《海国图志》的价值，还能指出魏源对西方国家的认识不足以及只重视"海防"，不重视"内患"（太平天国革命）的弊病，提出"外患内乱既必然联系，则海防与民政并举，自不待言。"③ 然而松阴知道他这么做的后果：去美国等地是远水解不了近渴，而幕府也不会简单地听他说些什么，甚至还会杀他。因为井伊直弼的心腹长野主膳和宇津木六之丞在"安政大狱"前一年就将目光盯在松阴身上，认为除梁川星岩、赖三树三郎、池内陶所、梅田云浜④外，"长州有吉田寅次郎者，极具能力，恶谋之智拔群"，并打算为去除"骚动之基"，对这类人"无奈只能坚决处置"。⑤ 此次松阴偷渡，刚好给幕府爪牙以口实，师父佐久间象山受牵连也被下狱，幕府部分高层人物当时也主张判处松阴和象山死刑，后因首席"老中"阿部正弘反对，二人才免于一死。松阴受信仰、理想和"欲罢不能"的"大和魂"驱使，其偷渡可谓行动草率，但或许是为了以此唤起幕府和国人的注意。

---

① 松阴在说过"吾之自处当以学者为之。所谓学者，非谓读书作诗之谓，惟尽身之职以供世用而已"之后还说："又当以武士。所谓武者，非粗暴之谓，事君而不怀生耳。"日本山口县教育委员会编：《吉田松阴全集》第2卷，岩波书店1940年版，第25页。

② 松阴十分关心鸦片战争中的"汉奸"问题，认为"汉奸勾引"是导致该战争中国失败的重要原因之一。对此他有许多论述，右引的话语即其中之一："余观满清鸦片之乱，大患在于汉奸内部之勾引。盖由邻里乡党之制废，伴助扶持之教荒耳。吾邦宗门之制令，伍组（保甲制度——引者注）精明而尤不仅足以防邪教之染，万一出现变故也应无汉奸勾引之虑。"日本山口县教育委员会编：《未焚稿》，《吉田松阴全集》第1卷，岩波书店1940年版，第107页。

③ 日本山口县教育委员会编：《读筹海篇》，《吉田松阴全集》第4卷，岩波书店1940年版，第39页。

④ 此四人与吉田松阴、桥本左内在"安政大狱"中一道被杀。

⑤ 藤井省三：《日本思想大系54》"解说"，岩波书店1978年版，第619页。

第八章　江户时代后期(1830—1867)部分著名儒者笔下的"大和魂"

四　"吾尸纵曝武藏野，白骨犹歌大和魂"

此歌是日本首次将"大和魂"和死亡联系在一起的和歌，诞生于松阴被杀之前。1858 年（安政五）松阴得知幕府在没有得到天皇敕许的情况下，就与美国签订《日美修好通商条约》后极度愤怒，为表明自己的讨幕意志，计划暗杀首席"老中"间部诠胜。然而弟子久坂玄瑞、高杉晋作和木户孝允等反对这一计划，最终因事败松阴被捕，被囚于野山监狱，于 1859 年（安政六）10 月 27 日问斩，享年 30 岁（足 29 岁），终生未婚。临刑前松阴在狱中写下遗书，是为《留魂录》，其开篇所附的"辞世歌"即上述"魂歌"。

松阴不惧死亡，暗杀"老中"，充分凸显了他的行动能力，而支配这种行动的心理基础，很可能也来自中国明末清初的李贽。松阴在死前一年曾热衷于阅读李贽的《焚书》等，并抄录其中的一节。此前松阴除写出《焚书抄》外，还在其著《鸿鹄志》中引用《焚书》的许多话，表明自己对李贽的感同身受和最大敬意。松阴还抄录过李贽晚年的保护人周友山的一段评论："李长者性方行独，身世孤单，生平不喜见俗人，闻俗语，以故身世益孤。唯喜读书，读书每见古代忠臣烈士辄感慨流涕。故亦时常喜闻人世忠义之事。"①《焚书》中记有一段轶事：僧人明玉对李贽说起兴福寺的缘起。此寺乃古寺，至一位名曰无用的僧人来寺时已颓圮不堪，时被恶民侵害。无用十分气愤，用竹枪刺死十多名恶民后自首。县令悯其志，欲使其逃匿，但无用不从，自刎而死。人们感其以死护法、保护万民的至性，遂立其为乃寺开山第一祖。李贽听后对明玉说："此僧若在家，即真孝子矣；若在国，则真忠臣矣；若在朋友，则真义士矣。……<u>盖天地间只此一副真骨头耳。不问在世出世，但有此百事无不成也</u>（下画线——引者）。"② 松阴在抄录周友山的评论后，又抄下上述带下画线的这一句，表明了自己的心迹。李贽后来割喉而死，模仿的无疑是无用的自刎，而松阴计划刺杀间部诠胜未果被抓，

---

① 转引自沟口雄山《"孤单"的知己——松阴心中的李卓吾——》，《日本思想大系61》月报，岩波书店1978 年版，第 1 页。
② 《焚书》、《续焚书》全五册，中华书局1974 年版，第 222 页。

在"评定所"(幕府最高"法院")毫不隐瞒地供述:"拟在江户路边伏击老中间部下总守",以及详细交待反幕活动这一自寻绝路的情景("有望死而不朽当即速死"),也像是李贽夸赞的"不从""逃匿"的无用。松阴在《自赞》一文中,评价自身性格是"褊激"、"狂癡"和"率易",以此自比李贽,甚至在1859年(安政六)3月13日给品川弥二郎的信中还说:"此文三人对坐,精密熟读。自耻过像李卓吾,是吾真骨头也。"① 松阴在抄录的《焚书》卷一"复宋太守"的文字旁,还记入李贽的另一句话:"经世之外,宁别有出世之法。出世之旨,岂复外于经世之事。"② 对此"经世出世"之一体,有人说这里的"出世"是"发达"之意(广濑丰),也有人说是"出家"之意(沟口雄山),但结合上述松阴所抄的"盖天地间只此一副真骨头耳。不问在世出世,但有此百事无不成也"的语录分析,似乎这里的"出世"还可作"他世"解释。"仆去冬以来,大有发明死之一字。李氏焚书功多(《安政六年七月中旬致高杉晋作书》)。"③ 想来在记下李贽话语的时候,松阴已下了赴死的决心。

  松阴的主动赴死,带有文人"死谏",以此作为变革日本的契机的意味,反映出他原先对幕府寄予希望,后来失望,因此欲实施倒幕的心路历程。"吾邦中自存有可恃者,封建制侯伯也,士禄之将士也。"④ 然而早先的这种希望后来变为失望:"今虽如何田夫野老,然见夷狄之轻侮莫不愤懑切齿。……然自堂堂征夷大将军、自列国诸侯大名、自幕府之老中、诸奉行、自诸家之家老、用人,皆无以身殉国、扫荡夷狄之处置。何也?其智非不及田夫野老。……将军、大名、老中、奉行等……初念素非无忧国疾夷之心。但及战争则姬妾数百千人至于何地?珍玩奇器藏于何地?甲胄之穷屈不如绢布团之安稳;兵粮之粗粝不如膏粱之滋

---

① 沟口雄山:《"孤单"的知己——松阴心中的李卓吾——》,《日本思想大系 61》月报,岩波书店 1978 年版,第 2 页。
② 同上书,第 2 页。
③ 同上书,第 3 页。
④ 日本山口县教育委员会编:《吉田松阴全集》第 2 卷,岩波书店 1940 年版,第 49 页。

第八章　江户时代后期(1830—1867)部分著名儒者笔下的"大和魂"

美。……故堂堂高贵而不能及田夫野老，不能忧国疾夷。"① "方今天下清宁，自上相将至下士庶，偷安玩岁，因循苟且，至于武事率措而不讲，居其职而素其餐，为其事而无其功。……况今羯狗窥我，日甚一日。一旦有变，何以对君上，何以对祖宗，何以对万民，何以对本心耶？"② 松阴对幕府不履行攘夷的政治责任表示失望可归结于一语："幕府失天下之心久矣。"③ 并认为"若征夷大将军之类，天朝之所命，唯称其职得居于是，故若使征夷如足利氏之旷职，直废是亦可也。是与汉土君师之义甚相类。"④ 在此松阴公开提出孟子的"革命"主张，说可以倒幕。松阴之前还屡用孟子的"仁政"观规劝幕府："外患内乱常相因自古其例不寡……今日外患之事诚迫。人人莫不皆云海防海防。然未闻有人云民政民政。……孟子对梁惠、齐宣之说，甚且事务，望当路之大臣认真领会。"⑤ 松阴坚持海防、心防并重的思想极具洞察力，但说久了幕府不听，自然会对它深深地失望，说"故余非惜梁王不能用此策，切惜今人之不用。并望后人之用也。"⑥

既然对幕府失望了，松阴则很自然地将求救的目光转向天皇，因为日本终需一个领导力量。过去的研究说松阴乃尊皇人士，其真实的原因其实在此。松阴的尊皇言论很多，如"征夷大将军之类，天朝之所命"、"天下乃天朝之天下"⑦、"天下非万民之天下，乃一人之天下"⑧、

---

① 日本山口县教育委员会编：《吉田松阴全集》第3卷，岩波书店1940年版，第385页。
② 日本山口县教育委员会编：《吉田松阴全集》第2卷，岩波书店1940年版，第44页。
③ 日本山口县教育委员会编：《与兄杉梅太郎书》，《吉田松阴全集》第8卷，岩波书店1940年版，第189页。
④ 日本山口县教育委员会编：《讲孟札记》，《吉田松阴全集》第3卷，岩波书店1940年版，第59页。
⑤ 日本山口县教育委员会编：《与兄杉梅太郎书》，《吉田松阴全集》第8卷，岩波书店1940年版，第214—215页。
⑥ 日本山口县教育委员会编：《讲孟札记》，《吉田松阴全集》第3卷，岩波书店1940年版，第32页。
⑦ 日本山口县教育委员会编：《将及私言》，《吉田松阴全集》第1卷，岩波书店1940年版，第287页。
⑧ 2014年4月26日，http://ja.wikipedia.org/wiki/吉田松阴。此话乃松阴与藩校明伦馆原"学头"山县太华争论时，针对德川家康"天下非一人之天下，乃天下之天下"的言论而说。

"大和魂"史的初步研究

"人君养民，以继祖业。臣民忠君，以继父志。君臣一体，忠孝一致，唯吾国独然"① 等等，不胜枚举。然而确如有人所说，"实际上，松阴在接触后期水户学之前，对所谓的日本国体问题并没有太大的兴趣，也没有日本国是特殊和独特的想法。只是在和后期水户学接触之后，才意识到所谓日本国体的特殊性。在接触之前，松阴的思想资源不如说是儒家式的。"② 同时他是"在幕末这一非常时期，作为克服日本面临的国内外危机的一种方策，……（才）提出'一君万民'的政治体制"③的。而且松阴的这种尊皇是有条件的。他是"在使将军相对化的同时，……对天皇的尊崇和期待急速升温，于是才形成了他的所谓'尊皇'思想"④的。松阴作为当时的日本人，虽说难以克服血统的观念，指出"以天皇为核心的政治主体论是立足于日本独特的传统思想（'记纪'神话）的，但看内容我们就会发现，其中蕴含着许多孟子的'王道思想'。"而且"问政的'民政论'也是一个必不可少的附属条件。"⑤ 亦即，松阴作为一名藩士和儒者，未必与天皇有一种天然的精神联系和物质上的输送关系，和盲目尊皇的中世神道政治人物和"国学家"大有不同，但与暧昧尊皇的后期水户学派有些许相似。"在后期水户学那里，按照名分论（封建等级制度）思想，天皇被置于封建统治秩序的最高点。但这种安排只不过是一种政治谋略，仅想利用天皇具有祭祀日本祖先的神秘权威而已。实际上，后期水户学根本没有期待天皇能够作为日本统治者君临天下，履行治理国家的政治责任。按后期水户学的政治观点，掌握日本最高政治实权的依然是幕府，天皇只有最高之名，而无最高之实。所以在水户学那里，'尊皇'和'尊幕'是有机结合在一起的。"⑥

松阴的确承认过日本君臣关系的永恒性和绝对性，但他否定臣下对

---

① 吉田松阴：《士规七则》，足立栗园编：《吉田松阴修养训》，富田文阳堂1914年版，第15页。
② 郭连友：《吉田松阴与近代中国》，中国社会科学出版社2007年版，第137页。
③ 同上书，第80页。
④ 同上书，第115页。
⑤ 同上。
⑥ 同上书，第143页。

第八章 江户时代后期(1830—1867)部分著名儒者笔下的"大和魂"

君主的绝对服从,而提倡君臣之间应履行各自的权利义务,即君像君,臣像臣。在这方面,松阴接受了《孟子·离娄上》"人人亲其亲,长其长,天下太平也"的思想影响,说"此语天下至论也。君君臣臣,父父子子,兄兄弟弟,夫夫妇妇,天下岂有不平乎? 然天下不平,在于君不君而臣不臣,臣不臣而君不君,二者常相待而后天下不平。……若君不君而臣臣则天下尚平也。若臣不臣而君君则天下尚平也。此处乃所入功夫也。君宜尽君道而感格臣。臣宜尽臣道而感格君。"(《讲孟札记》)① 他理想的君主是在作为政治活动主体的同时能收敛自己,尽量"爱民":"师旷曰:'天,生民而立之君,司牧之而使不失其性。……岂使其一人肆于民之上,以纵其淫而使弃天地之性乎?……'按,是虽不可使人之臣民闻,然在人君可谓良轨"② "虽云下民愚,人君尊,……然若上无诚心,虽云税敛徭薄役轻,民尚不知以上为德,以上为恩。不可不慎。"(《讲孟札记》)③ 松阴较少直接谈及尊皇,而且在谈论天皇尤其是"佩里来航"后的天皇时观点也多不明确,但从他"非始有勤皇而攘夷,而因攘夷必须勤皇"④ 这句话可以清楚地看出,他的勤皇(尊皇)是基于日本主权独立的目的,而并不具有绝对的尊皇性质。换言之,即一种出自国家安全和国防战略考虑的"尊皇"。具体说来,其含义就是强调君主的领导和表率作用,期待他在国家危难时能挺身而出,打破封建割据,建立全国规模的攘夷体制,凝聚人心,在治国方面实现"仁政"、"安民",在战争中"身先士卒",将日本从目前的危机状态中解救出来。其实松阴和后期水户学派一样,也有利用天皇的嫌疑。附带要说明,松阴终生未使用过"一君万民"这个词汇。

无奈此时的天皇也无法让松阴如愿,幕府的表现则越来越差。按松阴的理解,武士应效忠其直接服务的"君主"(藩主),藩主应效忠其

---

① 日本山口县教育委员会编:《吉田松阴全集》第 3 卷,岩波书店 1940 年版,第 182 页。
② 日本山口县教育委员会编:《吉田松阴全集》第 6 卷,岩波书店 1940 年版,第 37 页。
③ 日本山口县教育委员会编:《吉田松阴全集》第 3 卷,岩波书店 1940 年版,第 389 页。
④ 原文是"始めに勤皇ありて攘夷にあらず。攘夷なるがゆえに勤皇たらざるべからず"。转引自中西辉政《人物叙说的日本近代史 第二集 吉田松阴 为保卫祖国未来的战略》,《历史街道》,2008 年 7 月号,第 119 页。

上方的"君主"（幕府），幕府应效忠于"天朝"（朝廷即天皇）。让自己直接服务的"君主"实现对其上方的"君主"的"忠义"，即松阴的忠义。但在天保年间（1830—1844）以后，这种由下至上的效忠水泵被所谓的"奸人"堵塞。另外，脱藩后的他业已失去"谏言者"的资格。为了使自己的行动正当化，松阴一方面广泛涉猎"谏臣"、"谏死"的历史故事，一方面以"猛士"自居，希望用非常规的行动改变幕府——日本的悲惨局面，即使一"死"也要证明自己的"忠义"。此时的他希望"谏死"实现"忠义"而不可行，故只能"天诛"妨碍行"忠义"的"奸物"——将在"天朝"身边的幕府"奸物"锄掉，袭击间部诠胜。但他至死都没有搞清自己要忠于谁，所以最后只能忠于日本国。而且一旦他认为"忠义"无望时，则发出"已无需天朝，无需幕府，无需君侯，为尽忠义有此六尺微躯即可"① 的声音，也就不难理解。松阴说"维持思想精神必须疯狂"② 也来源于此。

此后松阴已脱离封建制度的常轨，公开呼吁"草莽崛起"。"草莽"在《孟子》中指躲在草木间的隐者，后被人转指一般大众；"崛起"说的是"众人一块站立"，整句话即"在野之人！站起来"的意思。此话出自松阴在"安政大狱"收监前于1859年（安政八）4月7日写给友人北山安世的信中："于今幕府与诸侯皆醉，扶持无术。惟望草莽崛起之人。然如何能忘本藩之恩与天朝之德？以草莽崛起之力，近助本藩，远辅天朝中兴，如负匹夫之谅，则可云神州有大功之人。"③

五 松阴的《留魂录》

松阴不仅希望"草莽崛起"，而且自己也身体力行，为"草莽"行动指引前进方向。这一切都是在"松下村塾"完成的。1855年（安政二）松阴出狱后被幽禁在自家，1857年（安政四）继承叔父创立的"松下村塾"的名称，在自家也开办"松下村塾"。学生基本都来自长州藩，而且后来都为日本的倒幕、明治维新及之后的政军走向的变化出力甚多，居功

---

① 藤井省三：《日本思想大系54》解说，岩波书店1978年版，第604—605页。
② 川口雅昭：《吉田松阴》，致知出版社2011年版，第214页。
③ 2014年4月27日，http://ja.wikipedia.org/wiki/吉田松阴。

第八章　江户时代后期(1830—1867)部分著名儒者笔下的"大和魂"

至伟，其中的著名人物必须一一指出，即久坂玄瑞、① 高杉晋作、② 伊藤博文、③ 山县有朋、④ 吉田稔麿、⑤ 入江九一、⑥ 前原一诚、⑦ 品川弥二郎、⑧ 山田显义⑨等。⑩ 据称松阴在"村塾"并非单向地教授弟子，而是和他们一道交换意见。这些意见不仅关涉语言文学等，而更多的是当时的局势和

---

① 久坂玄瑞（1840—1864），幕末志士，长州藩藩士，吉田松阴的妹夫，提倡尊王攘夷，1864 年（元治一）率兵进入京都，在"蛤御门之变"中与会津（今福岛县西部）、萨摩（今鹿儿岛县西半部）等藩军队作战，负伤自尽。

② 高杉晋作（1839—1867），幕末志士，长州藩藩士，藩校"明伦馆"教师，曾奉藩命考察上海，自此成为攘夷派的急先锋，归藩后组织"奇兵队"，在下关（今山口县西南端某市）与英、法、美、荷四国舰队作战，败北后亡命筑前（今福冈县北部和西部），返乡后将藩论统一到倒幕方向上。1866 年（庆应二）从长州出发，击溃幕军。

③ 伊藤博文（1841—1909），明治时期政治家、元老、公爵。周防（今山口县东部，属长州藩之一部）出身，曾积极参与讨幕运动，维新后在藩阀政权内部扩张自己的势力，成为制定日本第一部宪法的核心人物，历任首相、枢密院议长、贵族院议长，4 度组阁，策划过甲午战争等，创建"政友会"，1905 年（明治三十八）任韩国"统监"。后在哈尔滨被朝鲜独立运动人士安重根暗杀。

④ 山县有朋（1838—1922），长州藩藩士，"奇兵队"军监。维新后任日本陆军大将、元帅，制定"征兵令"等和创立近代陆军，人称"国军之父"和"日本军阀之祖"。后历任内相、首相，甲午战争期间任第 1 军司令官，日俄战争时任参谋总长。再后任枢密院议长，可谓元老中的元老，在军界和政界创造出一个庞大的派阀，拥有巨大的权力。公爵。和伊藤博文一样，他们都是明治维新时期从社会底层爬到权力最高峰的代表性人物。

⑤ 吉田稔麿（1841—1864），幕末志士，长州藩藩士。师父松阴被押送江户后为其获赦免积极出力。松阴死后稔麿脱藩，在江户和京都组织反幕活动。归藩后组织"贱民"（被差别化的部落民）队伍讨幕，翌年上京，被"新选组"（江户幕府警备队，用于镇压反幕势力）袭击自刃身亡。

⑥ 入江九一（1837—1864），长门国（今山口县）萩土原村出身，幕末尊王攘夷运动志士，认识吉田松阴后赴江户，参与暗杀"老中"间部诠胜的计划。1859 年（安政六）根据在狱中的松阴的指示，为尊王攘夷运动东奔西走，后入狱。出狱后在下关协助高杉晋作创建"奇兵队"。"蛤御门之变"中作为"浪士队"参谋与幕军奋战，中弹后剖腹自尽。

⑦ 前原一诚（1834—1876），长州藩藩士，幕末维新时期的政治家，积极参加尊王攘夷运动，维新后任"参议"、"兵部大辅"，因与新政府意见不合而下野，1876 年（明治九）发动"萩乱"被斩首。

⑧ 品川弥二郎（1843—1900），长州藩藩士，幕末明治时期的政治家，与高杉晋作等一道积极参与讨幕和"戊辰战争"。1892 年（明治二十五）曾作为松方内阁内务相破坏当时的选举活动。

⑨ 山田显义（1844—1892），长州藩藩士，军人和政治家，陆军中将，参加过"戊辰战争"和"西南战争"，历任司法卿和司法相，对日本的法典编纂贡献良多，曾创建"日本法律学校"（"日本大学"的前身）。伯爵。

⑩ 高杉晋作和久坂玄瑞被称为"村塾双璧"，并且与吉田稔麿、入江九一被合称为"松门四天王"等。

· 663 ·

政治、军事，甚至还包括西方知识的内容，如欧洲的语言科技、如何开设工厂、建设海军、航海通商等。说"松下村塾"是日本最早的一所近代政治军事院校也许并不为过。通过该学校松阴培养出自己的政治、军事人才，将自己的思想、战法延续下去。高杉晋作后来组织"奇兵队"（队员有浪人、农民、相扑力士等）反幕，不能不说来自师父的教诲。

松阴因参与刺杀镇压倒幕运动的"老中"间部诠胜被处死，临刑前在狱中写下给弟子的《留魂录》，其中有一段话："吾等生三十，不长不短，自有四季，春华秋实。然吾不知此实乃冇谷，抑或饱满之粟粒？同志诸君中若有继承些许吾真心之人，则如同所播之种不绝，谷物年年结实。同志！切望虑此。"① 此《留魂录》和另一封题为《永诀书》的信，在松阴被处斩后通过监狱牢头的帮助，交到松阴弟子饭田正伯的手里，之后又转交给高杉晋作等人。《留魂录》的"魂"最终如愿留了下来，成为其门人实现松阴遗志、前仆后继时手捧的经典。维新成功后松阴作为"维新第一人"被载入史册，就因其"大和魂"乃为开国九死不悔、为民族舍身反抗的象征。

在引颈就死前的这段时间，松阴对自己没有太多的想法，而对国家的"未来"却念念不忘，其中就包含侵略亚洲、扩大日本经济腹地和增强国力，以此对抗西方列强的思想："今急修武备，舰略具炮略足，则宜开拓蝦夷，封建诸侯；乘机夺堪察加、鄂霍次克；谕琉球，使其会同朝觐，比内诸侯；责朝鲜纳质奉贡，如古盛时；北割满洲之地，南收台湾、吕宋诸岛，渐示进取之势。"② 后来松阴不光想到朝鲜、台湾等，还将侵略的目光投向中国内地，并提倡对欧美列强暂时示好："俄美讲和一定（按：指与俄、美两国签订"和亲通商条约"），我绝不可破此和约失信于夷狄，而须严章程，厚信义，以其间养国力，征服易取之朝鲜、满洲、支那，于交易中失于俄美之处，以土地偿之于鲜满。"③ 它

---

① 日本山口县教育委员会编：《吉田松阴全集》第 7 卷，岩波书店 1940 年版，第 182 页。
② 日本山口县教育委员会编：《幽囚录》，《吉田松阴全集》第 1 卷，岩波书店 1940 年版，第 596 页。
③ 日本山口县教育委员会编：《狱是帐》，《吉田松阴全集》第 8 卷，岩波书店 1940 年版，第 181 页。

第八章　江户时代后期(1830—1867)部分著名儒者笔下的"大和魂"

预言了日本在 35 年后侵略朝鲜、中国等国的现实。藤井省三讥讽松阴的这个想法是"空中楼阁"和"国际性的胡乱议论",[①] 可能低估了松阴及日本未来"超国家主义者"的能量。因为"松下村塾"的学生后来有多人成为明治政府的核心人物,所以松阴的思想对日本侵略亚洲的政策产生莫大的影响。客观地说,松阴之所以在明治维新后乃至今日仍获得如此高的评价,除有上述倒幕功绩外,还与其在维新前最早提出侵略思想,对日本未来的"发展"有关。后来果真按此方略逐步征韩、征"满"、征"支"的维新重臣和松阴的亲传弟子木户孝允、伊藤博文、山县有朋等人怎能不给师父奉上"维新第一人"之桂冠并为之建庙。维新后松阴受赏"赠正四品"官阶,至今仍享馔于樱山神社、松阴神社和靖国神社。

至此可以对松阴的"大和魂"作出归纳:1. 人们有理由相信,是松阴的英名和他的"魂歌"方推动"大和魂"日后向肯定侵略和舍身战死的方向转变。在此之前,"大和魂"歌只与生,而从未与死发生联系。松阴于此可谓是一座"和魂"歌源流发生大逆转的分水岭;2. "大和魂"至此已有"鲁莽"的语义。因其刮起"肯定战死"和谋划对外侵略的"理论"之风,故也吹开了日本未来悲剧的大幕;3. 松阴的"大和魂"并不单纯,是中国的阳明思想、李贽思想和孟子学说以及日本民族主义思想的混合物。然而其民族主义思想日后转向极端民族主义和超国家主义膨胀意识,并向外溢出成为军国主义的理论支撑则难以为人首肯。因为对日本的爱国之心,不能成为给其他民族和国家可能带去灾难的理由;4. "魂歌"、"魂论"的咏作主体,自此已从女性、贵族、文士等转为武士和御用文人,当然其中也包含部分进步人士。

第三节　本章小结

一、赖山阳一方面是儒者,熟悉中国典籍,擅作汉诗,修史论史,一方面又在自己的史书和诗歌中提倡尊崇天皇(在此他明显受

---

① 藤井省三:《日本思想大系54》解说,岩波书店1978年版,第609页。

"大和魂"史的初步研究

到中国的忠君思想和尊卑观念的影响），贬低中国和朝鲜的政治体制，具有较浓烈的民族主义思想。在山阳时代，中国和日本因锁国基本没有交往，但为何山阳要以中朝两国为贬斥对象，以突显尊皇的必要性和重要性？想来是因为日本此时已进入多事之秋，他需要让幕府懂得一些政治智慧，通过尊皇，达到"公武合体"，挽救日本——但这并不意味着山阳要否定幕藩体制，希望天皇亲政，故山阳对与日本政治体制相异、不断发生"革命"的中朝两国都发出斥责的声音。山阳歌中的"大和魂"，受到了当时的"国学家"影响，在尊皇和贬低外国民族和事物方面与他们异曲同工，具有较浓烈的民族主义和"日本至上主义"的意味。它出现的背景是幕藩体制已日暮西山，走进历史死胡同，需要寻找新的出路和精神支柱，故不管是"国学家"，还是部分儒者，在此时都不约而同地想到能代表日本文化特色和精神信仰的尊皇这一手段，并着力为此大声疾呼。不过，山阳的努力并不成功，他模糊的政治倾向，让他在明治维新之后未得到应有的评价。概言之，山阳的"大和魂"即"尊皇"和"日本至上主义"的象征。

二、吉田松阴的"大和魂"也产生于幕藩体制陷入危机，并叠加上外敌即将入侵日本这一危难时刻，故具有抵御外敌、拯救民族、挽狂澜于既倒的意味，并带有战斗的色彩和蕴含愤懑的声响。然而松阴的战斗并不轻松，在他看来，幕府的无能是他实现攘夷的障碍，这迫使他不得不站起来反抗幕府。他原希望通过"公武合体"团结人心，整合全民族的力量反抗外敌，但此时的天皇也不可靠，所以他只能鼓吹"草莽崛起"——让人民奋起攘夷的号角，但也因此给他自己带来无穷的麻烦。他的"大和魂"因此也被抹上"鲁莽"的色彩。要"革命"就会有牺牲，"鲁莽"在"革命"的初期是必须付出的代价，也是唤起人心，使他们参加"革命"的一种昭示手段。因此，松阴的"大和魂"在此又有"主动赴死"的意味，换言之，即"死亡"的象征。在这方面松阴和中国"戊戌变法"中主动牺牲的谭嗣同有相似的一面。此时松阴的"大和魂"，早已不是过去的"女性之魂"和"贵族之魂"等，而是以战斗为职业、以死亡为归宿的"武士之魂"，具有保家卫国、发展日本的民族主义意味。然而这种民族主义思想在日后被人扩大利用

第八章 江户时代后期(1830—1867)部分著名儒者笔下的"大和魂"

(也有松阴主动为之的成分),还不幸成为极端民族主义和超国家主义膨胀意识,并向外溢出转为军国主义的理论支撑。从这个意义上说,松阴的"大和魂"也蕴含对外侵略思想的因子,在日本对外侵略的历史中开了坏头。

第九章 从"和魂汉洋才"到"和魂洋才"
——日本对"和魂"与"外（汉洋）才"关系的第三次理论思考
——从幕末到明治时代（1830—1912）

"和魂汉洋才"是加藤仁平根据当时的文献整理总结出来的一个词汇，可用于解释那个时代的各种精神现象，但问题是仁平对这个词汇缺乏解释，是"和魂＋汉才＋洋才"，还是"和魂＋汉魂才＋洋才"无从了解。从后文的分析可以看出，正确的似乎是"和魂＋汉魂才＋洋才"。因为"和汉"的对立在这个时代已很模糊，"和"与"汉"已融为一体。而"洋才"与东方的学问差异很大，所以有人要将"和魂汉魂才"与"洋才"做对比，并鼓吹二者也融合。

如前所述，"和魂"与"汉才"的对立最早出现在《源氏物语》中，其思想可谓源远流长，但"和魂汉才"这个成语，直至谷重远（1663—1718）所著的《秦山集》中才正式出现，不可谓时间长，且具有辩证的意味。之后谷川士清在《日本书纪通证》一书中使用这个成语，引发了伪作《菅家遗诫》盗用该语汇并使之广泛流传的现象发生。此成语所包含的意思因时代和人的解释不同而有不同，在"和魂"与"汉才"的内涵皆有变化的这一漫长时期之后，中华文明衰弱了，取而代之的是西方文明的高速发展并大步向东方走来，因此"和魂汉才"在形式和内容方面，都不得不向"和魂汉洋才"直至"和魂洋才"的方向转变，即"'和魂汉洋才'的思想不久（或几乎同时）发展成'和魂洋才'的思想。不仅有这种思想，而且这个成语也在此时的某一

第九章 从"和魂汉洋才"到"和魂洋才"……

个时间被创造出来"①。据著者核查,最早说出"和魂洋才"这个成语的是福羽美静,即那位将大国隆正亲笔书写的"和魂汉才"四字勒石立在汤岛的公卿。他在《菅公一千年》一文中说:"此时主张和魂汉才之菅公,将进一步提倡和魂洋才。须按文明之罗盘,操方向之楫,蹴波浪于火轮之后,使彼我万国交通,则何有不喜不暸晒棹楫②之事?"③ 明治维新后所说的"士魂商才",实际上也是"和魂洋才"说法的一种变形。④ 欲说明"和魂汉洋才"的发生和变化的历史,就不得不从吉田松阴的师父佐久间象山的"东洋道德,西洋艺术(技术)"说起。

第一节 佐久间象山的"东洋道德,西洋艺术(技术)"

一 "和魂汉洋才"的前身

佐久间象山无疑具有时代的先驱性,但不能因此说他是在一个空白的历史条件下,突然显示出他这种特性的。"我们不能忘记他几乎所有的思想要素,在他之前的时代就已经准备好了。比如他对西洋文明的关心和评价,仅集中在科学技术的方面,但这种仅对西洋科学技术的关心,从18世纪中叶开始就以'兰学'⑤的形式具体出现了。"⑥ 以下需要举出两个人的事例,一个是上文已有说明的西川如见(1648—1724),他虽说不是严格意义上的"兰学家",但其思想却受到了许多"兰学"知识的影响;另一个是比象山大33岁的帆足万里(1778—1852)。

如见的事迹和思想需要补充说明如下。据庐千里《长崎先民传》记述,如见出生在一个世代从事国际贸易的商人家庭,20岁时跟从长

---

① 加藤仁平:《和魂汉才说》(增补版),汲古书房1987年版,第346页。
② 因船只航行不断而无暇晾晒桨橹。比喻通航船只众多。
③ 福羽美静:《菅公一千年》,松成堂1902年版,第55页。
④ 加藤仁平:《和魂汉才说》(增补版),汲古书房1987年版,第108页。
⑤ 江户时代由荷兰人传入的西洋学问,日本人简称"兰学"。
⑥ 植手通有:《佐久间象山思想中的儒学、武士精神和洋学——通过与横井小楠的比较——》,《日本思想大系55》,岩波书店1971年版,第652—653页。

崎孔庙祭酒南部草寿①学习朱子学，除了熟知中国圣贤和先儒的经典外，还精通南蛮（欧洲）学和天文学，多有发明。②他发表的一部著作是用日文训点中国的天文学典籍《天经或问》③（1730年刊行，实为改写）④，属当时日本最先进的科学知识。其实这个学问来自欧洲，由耶稣会传教士先传入中国，经游艺⑤整理补充形成《天经或问》此书后再传往日本。而直接传入日本的另一部欧洲天文著作是《乾坤辩说》（1659）。它们的依据虽然都是欧洲中世纪经院哲学的"地心说"，但具有完整、系统且统一的宇宙观和天文观。

对《天经或问》这部著作，如见运用自己所学的朱子理论——"形而上之道"和"形而下之器"作出解释，分天文学为"命理之天学"和"形气之天学"："天有二义。即命理之天与形气之天。命理之天非声色。虽云近在人身，然难以穷知。仅有差错即入邪路。形气之天苍苍在人头上。仰观七曜众星轮替运行。……论此两天时命理在上，形气在下。"⑥从这些话可以看出，如见对中国古代天文学抱有好感，认为欧洲天文学虽在形态论和运动论方面论述甚详，但在天文学背后的哲学意义思考方面逊于东方，因此对欧洲学问"惟取用于器物测量而已"⑦。幕末时期佐久间象山提出"东洋道德，西洋艺术（技术）"，其接受欧洲文化的基本模式或思想态度就来自如见。

帆足万里出生于丰后国（今大分县）日出藩木下家"家老"的家

---

① 南部草寿（？—1688），江户时代前期的儒者，著有《徒然草谚解》、《职原抄注》等。
② 庐千里：《长崎先民传》，出版商名不详，1731年（文政二）刊，第73页。庐千里是江户时代中期的天文学家，长崎的文化人，其祖先叫庐君玉，明朝福建人，1612年（庆长十七）初到长崎，生下子孙后回国。
③ （清）游艺撰，齐鲁书社1997出版。原载于《四库全书存目丛书》影印本。从该书序言看，游艺属虔诚的朱子学家。
④ 日本版《天经或问》，出版商名与刊行时间皆不详。日本"古书店网站"说明，此训点本乃由如见的第三子正休（1693—1756）所著。正休继承父业，刊行著作很多，成为幕府第一代"天文方"（天文顾问）。如见和正休父子虽然分别以自己的名字出版著作，但如见的著作中也有正休所写的东西，二者的区别不甚严密。例如，1898年（明治三十一）刊行的《西川如见遗书》全十八册（求林堂藏版）就对该父子的著作不加区别，混收在一起。
⑤ 游艺，生卒年不详，约在明末清初，福建省建阳市崇化里（今书坊乡）人。
⑥ 西川如见：《天文义论》，出版商名不详，1712年（正德二）刊，第48页。
⑦ 西川正休：《天学初学问答》，泉本八兵卫，1794年（宽政六）刊，第35页。

第九章 从"和魂汉洋才"到"和魂洋才"……

庭，属藩士，视儒学为"正教"，说"天下之教有二，曰正，曰权。儒为正教"，而西洋虽亦有教，但仅为权教，况且"西洋国偏西北，其人愚钝少才智"[①]。当然，万里也认为西方人制造的工具比日本优秀，使用这些工具进行观测得到的数值精度也比日本高得多，但"余读西书，发觉其穷理说虽细，然于精微需思考处，除算式工具吾不及外皆有误"[②]。换言之，即西方科学书籍在叙说原理方面虽然致密，但除算式、工具和知识抽象外都有舛误，原因就在于西方人缺乏才智。可以看出，江户时代引进的西方科学一直被当时的日本人视为"形而下之学"或"技术之学"，与"穷命理之学"的东方学问差距很大。万里的后一句话出现在其著《东潜夫论》中，该书名显然模仿后汉末期针砭时弊的王符的《潜夫论》，从此可以看出万里对中华思想的态度。《东潜夫论》广泛涉及社会、经济和国防议题，其中提议须在江户附近设置"大学"，教授诸学，建造洋式巨舰、大炮，加强操练，此外还须用石头修筑"大名"城郭，在南北国境新设"大名"，充实防御体系，以防西"力"东渐。这种"时务论"如同一个硬币的两面，一面雕饰有"兰学"知识的精美花纹，一面镌刻着儒学经国济世意识的深沉图案。

从后世的研究可知，帆足万里虽被称为日本的"近世科学史巨星"，但其传统思想的比重却大大超过西方近代科学知识。其著《穷理通》八卷本中，共有120处诸如"帆足子曰"、"万里按"、"今按"等字样，这些都被万里自称为"己说"，皆散发出批判西方科学的精神。[③]据高桥正和研究，《穷理通》八卷本草稿今已不存，但在1959年壶井秀生发现的、被推定为初稿的《穷理通》一卷本中，已含有大量与八卷本"帆足子曰"等批判西方科学思想的内容几乎相同的字样。万里还著有《穷理小言》一书（口述本，记录者为胜田季凰），其内容介于初稿与八卷本之间。从"帆足子曰"及其他"己说"的文字相似性看，可以认为《穷理通》八卷本的形成源自以下过程：《穷理通》初稿→《穷理小言》下卷→《穷理通》八卷；从内容看，其构成源自以下过

---

① 帆足万里：《入学新论》，稼堂先生著书刊行会1934年（昭和九）版，第5页。
② 帆足万里：《东潜夫论》，抄者名不详，1844年（弘化一），第63页。
③ 参见五郎丸延《帆足万里的西洋科学批判》，《文明研究》第1号，东海大学文明研究会1982年版，第21—33页。

"大和魂"史的初步研究

程：志筑忠雄①的《历象新书》→《穷理小言》上卷→《穷理通》八卷。值得关注的是，在《穷理通》初稿中完全不见《穷理通》八卷本中的西洋科学思想的说明，而仅是以儒学内容为主的"己说"。可以说万里在八卷本中的"己说"，实际上奠基于志筑忠雄的"引力一元论"，属于一种源于其初稿的、与西洋科学思想无关的东西。② 以是观之，我们不仅可以对帆足万里等人的所谓近代合理主义③做出全面的评价，还可以使之成为观察此后的"和魂汉洋才"思想的良好工具。

二 "东洋道德，西洋艺术（技术）"

最早提出"和魂汉洋才"说，即"东洋道德，西洋艺术（即技术。以下隐去'技术'该词）"的是吉田松阴的师父佐久间象山④，该说出现的背景，是西方列强在逼迫清王朝"开国"得手后将攻击的矛头逐渐对准日本。此时儒者和藩士的象山看出，西方以兵船火器等为代表的科学技术远在日本之上，幕府无法通过锁国进行攘夷，因而提出应引进西方科技增强日本军力，以确保幕藩体制的继续存在。于是他作为一个"程朱纯粹之学"的信奉者，积极学习"兰学"，并将其从少数的医者手中解放出来，到武士阶层去普及，其中就包括自己的门生吉田松阴、胜海舟、坂本龙马、加藤弘之、津田真道、西村茂树（后三人在明治维新后推行的启蒙运动中发挥过巨大作用）和非门生的高杉晋作、西乡隆盛等。具体说来，"东洋道德，西洋艺术"这句话出现在象山受门人松阴偷渡事件牵连被关进监狱时写出的《省訾录》中："君子有五

---

① 志筑忠雄（1760—1806），江户时代中期的"兰学家"，最早真正研究荷兰语语法的日本人。长崎人，祖述牛顿的天文学，编撰《历象新书》，提倡"星云说"。另著有《求力论》、《锁国论》和《助字考》等。

② 高桥正和：《稿本穷理通的研究》，菖蒲书房1973年版，第178页。

③ 参见帆足图南次《帆足万里和肋愚山》，《日本的思想家 儒学篇33》，明德出版社1978年版。在其中，帆足图南次对万里评价甚高："通过之前谁也无法写出的大部头科学书籍《穷理通》，可以明显看出，万里的基本思维方法中已萌生出一种近代的合理主义精神。换言之，其思想的近代化已结出丰硕的成果。"

④ 佐久间象山（1811—1864），朱子学家、幕末思想家和兵学家，信州（今长野县）松代藩藩士，通"兰学"和炮术，积极主张海防，1854年（安政一）受门人吉田松阴偷渡事件牵连被囚禁，1864年（元治一）受幕命上京，被攘夷派浪士暗杀，著有《海防八策》、《省訾录》等。

第九章　从"和魂汉洋才"到"和魂洋才"……

乐。……生乎西人启事理之后，而知古圣贤所未尝识之理，四乐也；东洋道德，西洋艺术，精粗不遗，表里兼该，因以泽民物，报国忠，五乐也。"① 这里象山所说的"东洋道德"当指以儒家思想为理论指导的封建伦理道德和政治制度无疑。而"西洋艺术"就是西方的军事科学技术等。象山还明确指出，"东洋道德"即孔教，它与西学的关系如同人们每日摄入的主食和副食，缺一不可："人谓泰西学盛，孔子学必衰。予谓泰西之学行，孔子之教滋得其资。夫泰西之学艺术也，孔子之教道德也。道德譬则食也，艺术譬则菜肉也。菜肉可以助食气，孰谓可以菜肉而损其味耶？"②

之后象山在给小林又兵卫的书信中继续就这种东学和西学的关系做出说明："仅汉土之学不免空疏之议。然又仅西洋之学，不讲究道德义理，故纵令可成大事，惊人眼目，而亦与圣贤所作有所悬隔。若不合并二者，则难以玉成完全之事。就其事吾有一诗，可置一笑。

东洋道德西洋艺，匡廓相依完圈模。大地周围一万里，还须亏得半隅无。

末句意为道德、艺术相济，譬如亚细亚与欧罗巴相合而成地球，若缺一隅难成圆形。如此道德、艺术缺一，则不成完全者。"③ 归结起来，也还是"东洋道德，西洋艺术"的意思。

象山还以汉诗的形式，继续填充自己的"东洋道德，西洋艺术"理论：

东边拓地三千里，曾效荷兰设学科。我邦空说英雄迹，百载无人似泊多。（按：泊多，当时彼得［大帝］的译音。《咏史》）
外藩学艺老且巧，我独游戏等孩童。守株未知师他长，矮舟谁

---

① 佐久间象山：《省諐录》，《日本思想大系55》，岩波书店1971年版，第244页。
② 安政四年春，《题孔子夫画像》，信浓教育会编：《增订象山全集》第1卷，象山文稿，信浓每日新闻1935年版，第77—78页。
③ 佐久间象山：安政元年三月，《致小林又兵卫书翰》，《增订象山全集》第4卷，信浓每日新闻1935年版，第242—243页。

能操元戎。(略) 安得起君九原下，同谋戮力驱奸凶。终卷五洲归皇朝，皇朝永为五洲宗。① (《题那波利翁像》)

在这两首汉诗中，象山借用俄罗斯彼得大帝和法兰西拿破仑皇帝学习欧洲当时的先进科学技术，最终实现后发优势的事例，讽喻幕府不要守株待兔，昧于师他所长，空说英雄大话。当然象山学习西方先进科学技术的目的，只是为了保护日本的国家主权不受侵扰，封建政治制度得以延续。或许他也知道，说"终卷五洲归皇朝，皇朝永为五洲宗"等不过是过足一下嘴瘾而已。还是他在给藩主的回信中说得实在："以汉土圣贤道德仁义之教为经，以西洋艺术诸科学为纬，只盼皇国御威棱（威势）炽盛。"② 换句话说，象山仅仅是希望以"东洋道德"和"西洋艺术"为两翼，使日本强大起来，维护国家独立和制度不变这一"大本"（根本目的）。于此，"和魂汉洋才"的理论雏形初现。

三 "东洋道德"的实质是"以我为主，会通东西"

由上引"仅西洋之学，不讲究道德义理"这句话可以看出，象山并不认为西方社会的一切都好，相反却认为那里是一个无道德的世界。这或反映出象山及其他日本人对当时西方政治社会制度的无知，在这方面象山大大落后于对西方民政制度与其国力间的关系颇为了解的弟子吉田松阴。也许在象山看来，西方各国虽然实现产业革命，建成近代科学的社会，但从鸦片战争的起因和结果来看，绝不能说那些西洋人是道德的。欧美"彼国唯求一利，成此习俗"③，并且崇尚武力。象山所说的"力即正义"④ 一语，除道破当时在世界各地以强大军事力量疯狂抢夺殖民地的西方列强本质外，还表明他视国际关系为"力与力"较量的

---

① 樱云山人编：《近世大家诗集》，东云堂1897年版。
② 佐久间象山：嘉永五年，《托松代藩留守居津田转致庄内侯信函》，《增订象山全集》第4卷，信浓每日新闻1935年版，第111页。
③ 转引自百度百科"佐久间象山"条。2014年5月1日，http://baike.baidu.com/link?url=nZUbXir8wKT3DbBtO8H4V7W1ux8Z8yVuKho5uVQnG3DA4WRKtC2dZ8jO3vqVL380。
④ 坂本保富：《佐久间象山的洋学研究及其教育的开展——以幕末时期军事科学为媒介的洋学普及现象》，信州大学出版社2011年版，第15页。

第九章 从"和魂汉洋才"到"和魂洋才"……

弱肉强食权力政治观。事实上,他所说的"吾惟欲述者则国力之义"[①],也流露出他欲"以军事为蓝本,坚持力量之观点"[②],以求日本自保的心声。与此相对,他认为在关涉人的存在意义和价值的"道德"理解和实践方面,东方社会要优于西方。

然而,按今人看来,象山所谓的"东洋道德"不免有迂腐和偏狭之嫌。诚然,象山没有就自己的"东洋道德"做过详细的阐释,但他的一些言行,可以为其"东洋道德"的本质做出说明。这就是"礼"或"礼制"。日本朱子学希望将"熏陶育成"(自己陶冶)的精神植根于武士阶层,使他们在产生"责任伦理"的同时,还要将幕藩体制的"上下定分之理"(上下身份差异的"先天性"和"宿命论")植入各级武士心里。换言之,日本朱子学就是一种将个人身份的上下关系正统化的理论。作为虔诚的朱子学者,象山笃信儒学的"礼制"。此"礼制"在幕藩时代,一种是可见的有形物象,比如朝廷的礼仪,以及不同等级的着衣形式和各种外在形态的"礼节"(象山在弟子入门时,也极重视使其履行各种礼仪手续);另一种是不可见的无形事象,也就是"社会秩序"。在这方面,象山的思想也大大落后于立志打破身份制度、唤起"草莽崛起"的弟子吉田松阴,而与后期水户学派的会泽正志斋[③]和藤田东湖[④]的主张十分相似。正志斋说过,"君臣之道……乃天地之大道……治民者为士,农、工、商皆供给君与士之日用,受其治教。劳力者养人而治于人,劳心者养于人而治人。……有君有臣之事乃天地之自然也"[⑤]。即士、农、工、商的社会身份秩序如同天地自然规则,不可改变。东湖也认为,封建身份等级制度亘古不变,如同自然现象:

---

① 转引自百度百科"佐久间象山"条。2014 年 5 月 1 日,http://baike.baidu.com/link?url=nZUbXir8wKT3DbBtO8H4V7W1ux8Z8yVuKho5uVQnG3DA4WRKtC2dZ8jO3vqVL380。

② 植手通有:《佐久间象山思想中的儒学、武士精神和洋学——通过与横井小楠的比较——》,《日本思想大系55》"解说",岩波书店1971年版,第661页。

③ 会泽正志斋(1782—1863),江户时代后期儒者,水户藩藩士,"彰考馆"总裁,著有《新论》等,于其中提倡尊王攘夷,对幕末政治运动产生巨大影响。

④ 藤田东湖(1806—1855),幕末儒者,水户藩藩士,辅佐藩主德川齐昭,推进天保改革,成为齐昭的侧近人物,也是一名狂热的尊攘论者。安政江户大地震时为救助母亲被压死,著有《回天诗史》、《弘道馆记述义》等。

⑤ 高须芳次郎编:《迪彝篇》,《水户学大系》第2卷,《会泽正志斋集》,井田书店1939年版,第357—358页。

"上古父子、君臣、夫妇之分严而一定，如天之尊地之卑。上令下从，男唱女和，亦犹如天施地生，万物自遂其生。"① 象山在这方面亦有自己的说辞。1862 年（文久二）秋，幕府迫于朝廷的压力，任命一桥庆喜②为"将军监护人"，松平庆永为"政事总裁"，并改革花销巨大的"参勤交替"③制度。针对这种情况，象山十分不满，说"贵贱尊卑之等级，天地自然与礼之大经有之"，对不少高官为表示节俭之意而身穿布衣"初闻疑为讹传"，理由是"古先圣贤，以衣服之制，显现尊卑上下，不啻法制大典"④，之后对减少侍从数量的措施也表示反对："侯伯随身护卫，此又礼之极处，绝非可予免除"⑤，强调再困难也必须坚持儒家的"礼制"，而根本不考虑幕藩政治体制的困境和改革。象山的所作所为，不免让人们联想到此后中国洋务运动中坚持"中学为体，西学为用"的守旧人物。

另外，仔细品读象山的其他说辞，还可以发现他的"东洋道德"和"西洋艺术"的关系，不完全是一种以西洋技术弥补东洋道德固有缺陷的关系，而带有调和二者并试图将西学纳入东学的含义："汉人之天地说……影响虽多，而得其实甚少，读而厌之。故某以西洋实测之学补大学格致之功。"⑥然而，"西洋穷理亦符合程朱之意，故程朱二先生格致之说放之四海而皆准。依程朱之意，则洋学皆吾学之一端，本非他物"，其乃"实理"，"皆足以资吾学"。⑦故象山的"东洋道德"，实际表明的是维护儒学的自尊，实现以我为主，会通东西，使儒学现代化的精神。总之，象山十分重视封建社会的各种礼仪和秩序，即使引进西

---

① 今井宇三郎等编：《弘道馆记述义》，《日本思想大系 53》，岩波书店 1973 年版，第 206 页。
② 德川庆喜（1837—1913），江户幕府第 15 任也是最后一任将军（1866—1867）。1862 年成为将军家茂的监护人后积极推进公武合体政策。
③ "参勤交替"，指江户时代幕府每年让各藩大名到江户参觐，留妻儿于江户作人质的制度。
④ 佐久间象山：《文久二年九月关于时政给幕府之上书稿》，《日本思想大系 55》，岩波书店 1971 年版，第 305—307 页。
⑤ 同上书，第 308 页。
⑥ 佐久间象山：《致梁川星严书》，《日本思想大系 55》，岩波书店 1971 年版，第 347 页。
⑦ 同上书，第 330 页。

学，也希望将它限制在封建伦理道德秩序和制度的框架之内。

第二节 桥本左内的"机器艺术取于彼，仁义忠孝存于我"

一 桥本左内

儒者、藩士兼医者的桥本左内（1834—1859）也提出大致相同的主张："机器艺术取于彼，仁义忠孝存于我"[1]，认为学习西方技术在民族存亡的危机下是必要的，但以"仁义忠孝"为代表的"东洋道德"必须保存。这个主张与象山的"东洋道德，西洋艺术"如出一辙。左内诞生的福井藩（今福井县东部）属"亲藩"[2]，藩主的祖先是德川家康的次子松平秀康，所以此藩在幕末多事之秋注定不会平静。与父亲及祖辈一样，左内年轻时也是藩医，俸禄仅二十五石，刚够养活一家5口人，因此经常哀叹："呜呼！徒呼奈何。吾生于医家，屈身于贱技，不得遂吾初年之志。"[3] 由此可以想见，左内具有一种改善自身处境、适时表现自己的愿望。当然，儒学"治国平天下"的抱负也是他后来积极投身于政治的动力。不仅如此，左内在年轻时还受到时代风潮影响，就学于大阪的绪方洪庵[4]学塾，接着又到江户跟随杉田成卿、坪井信良学习"兰医"、"兰学"及西方学术，据说其外语水平很高，可以直接阅读英语和德语的原著。在这种环境成长起来的左内，因兼通儒学和"兰学"，且具政治识见，在当时属不可多得的人才，所以在1856年（安政三）被拔擢为藩校"明道馆"的负责人，并于翌年荣升为藩主松

---

[1] 转引自松冈正刚《千夜千册》第六百八十六夜（0686），2010年12月27日，http://www.isis./ne.jp/mnn/senya/senya0686.html。
[2] "亲藩"，指属江户时代将军近亲的诸侯，如尾张（今爱知县西部）、纪伊（今和歌山县大部和三重县之一部）和水户（今茨城县中部）等。与此相对的是"谱代"，指在对江户幕府建政而言具有决定性意义的"关原之战"之前，服务于德川家的"大名"。还有"外样"，指非将军一族出身的诸侯（家臣）或旁系诸侯以及非正统、非直系的藩主。
[3] 桥本左内：《启发录》，讲谈社1982年版，第531页。
[4] 绪方洪庵（1810—1863），江户时代末期的"兰医"，曾施行过种痘，后被幕府聘为"法眼"、"奥医师兼西洋医学所总办"，其门生除桥本左内外，还有许多对日本近代社会产生重要影响的人物，如大村益次郎、大鸟圭介、福泽谕吉。著译书有《病学通论》、《扶氏经验遗训》等。

平庆永的侧近,为维护德川统治积极活动,一时间竟成为聚光灯下的人物,但后来也在"安政大狱"中死于非命,年仅25岁。

由于左内和后文的主角横井小楠都以自己的儒、"兰"学问侍奉松平庆永,与后者在思想上多有交集,而且先后都在福井藩乃至幕府的政治舞台上发出光芒,最后还咸与庆永共进退(左内属被杀"退"去),所以有必要在介绍松平庆永的生平事迹后再分析左内的思想。

二 松平庆永

松平庆永(1828—1890),"田安家"(德川家族三大姓氏和"三卿"之一)德川齐匡的第八子,1838年11岁时继承"越前家"家业成为第16任藩主。此后二十年间先是重用中根雪江和铃木主税,积极推进藩政改革,采用"兰学",研习西方炮术和训练洋枪队以强化军事力量,并设立藩校"明道馆",于其中附设"洋书习学所",以及引进种痘技术防病等。1853年(嘉永六)美军将领佩里率舰来到日本海面,庆永呼吁加强海防,并以具体的方策,积极说服幕府在江户湾等地实施沿岸防备。1857年(安政四)庆永起用熊本藩藩士横井小楠,开始接受其开国通商思想,嗣后又拔擢桥本左内,通过他运作京都朝廷,试图拥立一桥庆喜接替第13任将军德川家定,且与萨摩藩(今鹿儿岛县西部)的岛津齐彬、宇和岛藩(今爱媛县一部)的伊达宗城和土佐藩(今高知县,以上各藩皆为"外样"雄藩)的山内容堂等人一道,与幕府的主流派形成对立。1858年"大老"井伊直弼在未得到京都朝廷同意的情况下,就与美国签订《日美修好通商条约》,并决定"纪伊家"的德川庆福(即之后的第14任将军家茂)为下一任将军。对此,庆永提出强烈抗议,因而在同年7月,与参与抗议的水户藩藩主德川齐昭及上述各"大名"一道接受"软禁"的处罚,"退隐"后将藩主的地位让给同族的德川茂昭。

1860年(万延一)井伊直弼被暗杀,庆永恢复自由,两年后(文久二)复归政界,同年7月就任一桥庆喜将军的"监护人"和"政事总裁"职务,开始领导幕政,推进公武合体。1864年(元治一)还临时就任"京都守护"一职,参与"朝议",也受到京都朝廷的极大信任。1866年(庆应二)12月庆喜就任将军,庆永在其施政中发挥了很大的影响力,同时还与伊达宗城、山内容堂、岛津久光(齐彬的异母弟)一道作为"四侯"列席京都朝廷会议,试图通过"公武合体"进行国政改革。对此,幕府有自己的小算盘,希望利用"公武合体"的口号和朝廷的名望,继续以过去的威权凌驾于诸侯之上。换言之,有挽回在国内政治失分的意味。后来将军庆喜在顺利处理长州藩(今山口县)反叛、允许兵库开港和为此获得京都批准等方面都得益于这种盘算。此间,庆永的大力协助功不可没。"大政奉还"和"王政复古"后,庆永被任命为维新政府的"议定"(参议)之一,1869年(明治二)任民部卿和大藏卿"兼务"(顾问),1870年7月42岁时辞去一切职务,1890年6月62岁病逝。

三 桥本左内的儒、"兰"并用

与庆永学习、引进西方科学技术只是为了维护德川家族封建统治一样,桥本左内能走上政治舞台,依靠的也是运用"西洋艺术"保卫"东洋"封建制度和道德的套路和本事。但与守旧派不同,左内走的是一条开明、现实的延续封建制度的道路。1856年(安政三)7月至翌年8月,左内在任藩校"明道馆"学监时即开始学制和藩政改革,指斥过去崎门(山崎闇斋)学派内省和思索式的治学方法为"谈空理,无益于世道"[1],要求以"政教一致"和实学精神指导教学:"学馆,人才教育之场所,无不与政事一体。"[2]"有人舔古人糟粕,恍惚于文字之间,人云亦云,可谓鹦鹉学舌。""虽曰圣人之道,然毕竟其无外于人伦日用,非物外之道。"[3] 可以看出,这种思想与儒学家王阳明注重"实学"的精神相通,也导源于"兰学"的理论联系实践的精神。左内的这番话,可用其强调学问实用性的其他语汇"实功实益"、"经济有用"来概括。

---

[1] 桥本左内:明治八年五月二一日,《桥本左内小传》,《桥本景岳全集》,东京大学出版会1977年版,第13页。
[2] 桥本左内:安政四年四月一二日,《关于学问所事件之布令原案》,《桥本景岳全集》,东京大学出版会1977年版,第247页。
[3] 桥本左内:安政四年闰五月一五日,《关于学制的意见剳子》,《日本思想大系55》,岩波书店1971年版,第542、545页。

"大和魂"史的初步研究

　　这种学问观在佩里舰队来到日本海面后还进一步朝政治方向发展，以下所述的左内行为，可谓咸为"仁义道德存于我"。左内原来对水户派理论人物藤田东湖十分景仰，在制定藩校"明道馆"学规时依据的就是后者所撰的《弘道馆记述义》，有段时间在抄录东湖的《回天诗史》时还对人说："我感觉东湖死后又得一东湖。"① 然而，左内知道水户藩后来改变攘夷的态度时对该藩失去信心。左内在大阪绪方洪庵学塾和在江户跟随杉田成卿等学习"兰学"时，阅读许多欧洲的原著或译著，接受西方部分的自由思想②和国际政治学说，在1857年（安政四）8月进入松平庆永的帐下后，公开表明"攘夷论"乃暗于时事的蒙昧之说，建议可利用列强之间的矛盾，在西方国家的夹缝中求生存，于增强日本国力之后再图谋与西人一决高下。这些观点清晰地见于1857年（安政四）11月左内给村田氏寿的信函：不远的将来可能出现两个霸主——俄罗斯和英吉利，我国应于其对立的夹缝中，与"有信、邻境"之国俄罗斯订立攻守同盟，且与美利坚保持亲密关系，引进洋式兵制技术，兼并近邻弱小国家，发展壮大自己，做好最后不惜与英吉利一战的思想准备，以此进入国际社会。③ 从左内的这些话来看，他和吉田松阴一样，为保护和发展日本、牺牲亚洲其他弱小国家利益的诉求也很明显。左内也许没有想到，后来的历史竟然和他开了个玩笑，最终日本依靠的是英吉利，而不是俄罗斯，并且与后者殊死决战过一场。左内还大力提倡发展国内产业和国际贸易，以此富国强兵。④ 这些观点显然是水户藩文人空谈攘夷所不及的。左内的主张比较务实，现在匆忙开战，"无异于赤手空拳搏击数只狂犬。惟惜士兵生命恐为夷狄所取"⑤，所以必须暂时隐忍，在完成上述目标后再与英吉利决战，实施真正的攘夷。

---

　　① 桥本左内：安政三年三月一九日，《安政丙辰日记》，《桥本景岳全集》，东京大学出版会1977年版，第130页。
　　② 山口宗之：《日本思想大系55》"解说"，岩波书店1971年版，第694页。
　　③ 桥本左内：安政四年一一月二八日，《致村田氏寿书简》，《日本思想大系55》，岩波书店1971年版，第565—570页。
　　④ 桥本左内：安政四年五月左右，《关于殖产兴业的建议》，《日本思想大系55》，岩波书店1971年版，第536—537页。
　　⑤ 桥本左内：安政五年二月中旬，《呈三条实万书简》，《日本思想大系55》，岩波书店1971年版，第555页。

第九章 从"和魂汉洋才"到"和魂洋才"……

　　左内对水户藩转而不攘夷的批评声音至此音量转小,但似乎从中也可感到他的某种失望,这从他早先批评"水府慷慨胜之弊"① 此诗句可以推测出来。这时他要做的是加快推举新将军,以维护幕府颜面和权威的步伐。其背景是此前首席"老中"阿部正弘面对佩里的开国要求无计可施,只能随机应变地答应,先收下美利坚总统的国书,待研究后于明年回复是否开国。之后他将国书让各藩"大名"传阅,使他们提出对策。此举让众"大名"对将军的权威产生怀疑。因为过去幕府一贯上议下达,独裁专制,从外国舰船首次出现在日本海面直至暂收国书之前,从未征求过各藩的意见,对来自京都方面要求"警戒海防"的敕书(1846/弘化三)也仅回复可"奏闻事由",然而后来都不过是事后报告而已。此时庆永根据中根雪江和铃木主税的意见,提出应扩充军备但避免迎战,这与当时各藩提出的开港避战这一多数言论相比,相同的是"避战",不同的是"不开港",其实并不高明,再说根据当时的情况也无法高明起来。庆永不开港的理由是,幕府若答应开港将违背祖训,并将自身控制力衰弱的窘态暴露无遗,可能招致与足利时代末期相似的诸"大名"叛乱危机。同时他还建议,为防止出现这种现象,必须推举一位掌握兵马权的最高军事指挥官——大元帅,以取代将军。② 这个大元帅人选庆永没有明说,但一般认为就是人望极高的"海防论"泰斗级人物、水户藩藩主德川齐昭。为何庆永要提出这个奇葩的主张似乎未有人说明,现有的评论是庆永也推崇齐昭,但著者仔细品味,认为其用心在于,若开启战端可将社会攻击的矛头从幕府转向水户藩。

　　然而这种期待并未实现,更坏的是幕府居然同意签订《日美修好通商条约》,这不仅违背了祖训,也使幕府背上引狼入室的恶名。然而庆永此时又想到拥立新将军的招数(因第13任将军德川家定多病且平庸,并可能无子嗣),这样可以转移国人的注意力,避免幕府的颜面继续蒙羞。1856年(安政三)在庆永的幕后运作下,阿部正弘向各藩征求对新将军的看法,希望将积极要求参与国政的各"大名"热情吸引

---

① 桥本左内:嘉永四年五月一〇日,《致冈田准介书简》,《桥本景岳全集》,东京大学出版会1977年版,第18页。
② 中根雪江:《昨梦纪事》一,东京大学出版会1989年版,第65—71页。

到幕府继续执政的局面中去，这样既可一道应付外部危机，又不致让各藩向批判德川政权的方向转变。值得注意的是，这种构想表面出自所谓的"中将（庆永）之思虑"①，但在幕后提出这个建议的却是左内。他的设想是从开国的角度出发，将拥立新将军（德川齐昭的儿子一桥庆喜）和对旧的幕藩体制进行调正，与通过网罗众雄藩建立联合体制一事联系起来，使开明的将军得以继续坐在该体制的上方，建成一个新的专制统一国家。其证据就是1857年（安政四）8月左内辞去"明道馆"学监的职务赶赴江户，作为庆永的智囊人物进入幕府决策层。

四　生死皆为"仁义忠孝"

左内开始的主要工作是强化中央政府——幕府的体制和海防，为达到这个目的，他提出首先需要一个"贤明君主"，政令由他而出而不被"老中"垄断，可使诸"大名"心服口服，此乃"天下正理公道"，可防"亿兆人心涣散，慷慨之士窃抱愤懑不平，……诸侯……轻视幕府"②。左内此时的所作所为，简言之就是强化幕府的权威，恢复中央政府的威信。左内在1855—1856年（安政二—三）曾写过《西洋情况书》，于其中详细说明西方近代的国王经常视察民情，实行仁政，不骄不奢，吸收民意，决不独裁，并积极培养、录用人才，殖产兴业等③。然而在幕府工作期间他已顾不上前述的一些事了。在他看来，此时的日本，国体必须是将军亲政，而且国家必须重现当初德川家康君临一切的盛世景象——庆元之治，这才是自己"他日盖棺之后，神州之忠臣所为之事"④。

显然左内所谓的臣子之"忠"并不指向天皇，而指向幕府。过去有人强调左内是在"勤王的大旗下一面与幕府斗争，一面纵横捭阖"，将他与吉田松阴等尊皇人物联系起来。可是和说"非始有勤皇而攘夷，

---

① 桥本左内：安政五年八月初旬，《致村田氏寿书简》，《桥本景岳全集》，东京大学出版会1977年版，第1050页。
② 桥本左内：安政四年一二月一九日，《致田宫如云书简》，《日本思想大系55》，岩波书店1971年版，第575—576页。
③ 同上书，第590—593页。
④ 同上书，第576页。

第九章 从"和魂汉洋才"到"和魂洋才"……

而因攘夷必须勤皇"的松阴一样，左内也难免有利用天皇之嫌。必须承认，在将军、"老中"内外交困、尊皇思想成为风潮的幕末时代，谁都无法说自己不尊皇。左内当然也不会免俗。当这种心态"超越个人内心的伦理范围，在政治舞台上与攘夷开国两论对立纠缠在一起时，常识般的尊皇心未必会与尊皇派人物联系起来"①。左内虽然也知道天皇的政治作用，并受庆永的派遣到京都活动，图谋天皇降旨任命庆喜为新将军，可是他对天皇并无感念之情，甚至对天皇所在的京都也无好感，说彼地为"俗地，不堪猥杂"②。左内还弹劾偷偷接近京都朝廷的几个"大名"，说其做法"如同南北朝时反复变换立场之'国守'所为，实为可恶之至"③。在该弹劾信中，左内断然否定王政复古的必要性，再次说明掌握国家机器的必须是将军和幕府。实际上左内和吉田松阴等人一样，仅仅是从现实的保卫国家目的和道义的人伦国体角度出发，发表过一些有限度的尊皇言论，与一味提倡神州思想、无条件地视天皇为神秘的道义和人伦规范象征的尊皇派有很大区别。而且左内从未提及天皇在未来统一国家体制中的地位，相反却在京都活动期间，对天皇势力向外溢出发出警告，在幕府未得到敕许即签订《日美修好通商条约》时也没有批评将军和"老中"的道义责任。④ 与仅想利用天皇神秘传统权威的水户学派不同，左内干脆认为连这种宗教装饰都无必要，他要的是在一位英明将军领导下能网罗并控制众雄藩、集结现有一切力量保卫日本的封建集权统一国家。

然而左内的目的并没能达到，遵奉血统第一、英明第二传统的"大老"井伊直弼开始反击。1858年（安政五）7月5日，庆永被要求退隐并自我禁闭，左内为不牵连藩主而放弃所有的政治活动。然而屋漏偏逢连夜雨，1858年9月14日（安政五年八月八日）又发生了"戊午

---

① 山口宗之：《日本思想大系55》"解说"，岩波书店1971年版，第702页。
② 桥本左内：安政五年二月一二日，《致川路圣谟书简》，《桥本景岳全集》，东京大学出版会1977年版，第687页。
③ 桥本左内：安政五年二月中旬，《呈三条实万书简》，《日本思想大系55》，岩波书店1971年版，第556页。
④ 山口宗之：《桥本左内》第九章，吉川弘文馆1962年版，第331页。

秘救"① 事件，这让左内有惶惶不可终日的感觉，哀叹"天下倾倒，吾家之衰运"来了②，并日夜祈祷庆永能够得到赦免。③ 同年10月22日，左内因赴京都一事接受幕府的审问，翌年10月2日入狱。狱中所接受的讯问仍然是进京都所为何事，左内的回答是奉主命行事，为将军着想，乃光明正大之事。幕府虽然对左内的所作所为心知肚明，但仍以左内系陪臣，身份低微却干预天下大事，实属越分为由④判处左内死刑。左内实际上是庆永的替罪羊。1859年（安政六）10月7日，年仅26岁的左内倒在幕府的刀下。他一生刻苦学习西洋的"机器艺术"，并以活用这种知识维护德川封建政治制度为己任，但最终却死在代表上述制度利益的东洋"仁义忠孝"道德（包括身份制度）的刀下，不知是否可以瞑目？左内和"大老"井伊的斗争，拆穿来说只是幕府内部的派争，与儒学道德和是否尊皇都没有关系。

第三节　横井小楠的"明尧舜之道，尽西洋器械之术"

一　固守东方道德，实现与西方的双向交流

横井小楠的"明尧舜之道，尽西洋器械之术"这句话，和左内的"机器艺术取于彼，仁义忠孝存于我"如出一辙。横井小楠（1809—1869）比桥本左内大25岁，出生在九州熊本细川藩的一个年禄150石（米）的武士家庭，8岁起进入藩校"时习馆"学习当时属于正统学问

---

① 指孝明天皇隐瞒水户藩之外的"御三家、御三卿"等，仅将敕书下给水户藩一事。其内容有三：1. 呵斥幕府未经敕许即签订《日美修好通商条约》（《安政五国条约》），要求对此做详细说明；2. 命令"御三家"及诸藩协助幕府，实现公武合体，幕府应改革幕政，推进攘夷；3. 将以上内容传告诸藩。另有消息说萨摩藩拟派兵200—300人进京，攻陷井伊家城堡彦根城，并暗杀"大老"井伊。天皇将敕书直接交给属于将军臣下的水户藩，意味着幕府遭到蔑视，威信全无，所以幕府对此秘而不宣，并根据"大老"井伊直弼的意思发动了"安政大狱"。

② 桥本左内：安政五年七月一五日，《致中根雪江书简》，《桥本景岳全集》，东京大学出版会1977年版，第1021页。

③ 桥本左内：安政六年九月朔日，《致母亲书简》，《日本思想大系55》，岩波书店1971年版，第577页。

④ 桥本左内：安政六年七月三日，《评定所（法院）内问讯笔录》，《日本思想大系55》，岩波书店1971年版，第588—590页。

的汉学,未正规学习过一天"兰学"。虽然后来因国际国内局势骤变,小楠不得已要学习海外知识和西方近代文明,但从整体上看,他也属于一个纯粹的朱子学者。① 小楠出生于"外样"藩,却被德川幕府的"亲藩"福井藩看重,受邀来到松平庆永的帐下并得到全面信任,说明小楠绝非一个尊皇攘夷倒幕派,而是一个彻头彻尾的佐幕派或公武合体派。井伊直弼被暗杀后,庆永从1863年(文久三)开始柳暗花明,复归中央政坛,担任幕府"政事总裁"。这时小楠又被庆永带到江户,成为左内死后庆永的另一个智囊人物,积极斡旋于幕府和京都朝廷之间。和左内的主要工作是推举新将军不同,小楠的主要工作是推进公武合体,与尊攘倒幕派周旋,但此二人在主张开国,引进开明思想,以巩固德川封建制度方面却多有相似的一面,堪称庆永的左膀右臂。

小楠也提倡"实学",反对空谈:"学在于人事日用之上,……道在于日用人事之上。"② 光死读书,"非学古人所学,可谓古人奴隶"③。小楠在批评姬路藩学风时说:"崎门学其弊深陷固陋,林(罗山)门派专矫其弊,诗文多识,然各偏一隅,毕竟无人有识力。"④ 他还评论某一奉崎门学的友人:"毕竟乃读山崎家讲义之学者,无任何心术之工夫,外驰之大病甚焉。"⑤ 由此看来,小楠并非一个十分纯粹的朱子学者,而更像是一个阳明学者。因为日本的心学也主张"知行合一",反对日本朱子学静态的"居静穷理"、"格物致知"。小楠后来也接受了部分西方学问和思想,应该说与上述认识有关。但无论如何,小楠是一位坚定的儒者无疑。

在佩里率舰船来到日本海面要求开国,日本存在空前民族危机的最初阶段,小楠曾是一名攘夷论者,对主张超越藩国利益、建立"天下"

---

① 今中宽司:《幕末变革死刑的血脉——横井小楠的表现》,《日本思想史学》创刊号,1969年。
② 横井小楠:日期不明,《致伊藤庄左卫门书简》,《横井小楠遗稿》,日新书院1942年版,第660—661页。
③ 横井小楠:《讲义,学而之章》,《横井小楠遗稿》,日新书院1942年版,第932页。
④ 横井小楠:嘉永四年,《游历见闻书》,《横井小楠遗稿》,日新书院1942年版,第842页。
⑤ 横井小楠:嘉永六年五月三日,《致福井藩士冈田准介书简》,《横井小楠遗稿》,日新书院1942年版,第192页。

"大和魂"史的初步研究

意识以攘夷的水户藩理论人物藤田东湖也十分心仪,在1839年(天保十)游学江户时曾与东湖"虚心交膝忘予,议论不热冷于水"①。不仅如此,小楠对东湖的主子、在嘉永年间至安政初年人气急升、被视为超凡脱俗能领导日本的大人物水户藩藩主德川齐昭也赞叹不已,说:"大人之监护(指齐昭隔日登上江户城指导海防之事)无与伦比,天下中兴之一大时机已至,何悦可比?"② 对此,齐昭投桃报李,也高看小楠的才学,甚至考虑邀请他到水户一道做事。

然而不久,小楠知道齐昭丧失气节,放弃攘夷后感到失望,说他因"尊智术之计策","忍耻乞和,日后决无中兴之事"③。并对过去自己心中的"天下柱石"进行猛烈批判:齐昭流于"阴险智术",迷于"利害之心",丧失公理和正义,"此心术之不正毕竟来自其学问之偏颇"④。不过后来的事实证明,在强大的外国军力面前,小楠不比齐昭高明,也再无法继续空谈攘夷。他在为1853年(嘉永六)赴长崎,接待俄罗斯使节普查金的友人川路圣谟所写的《夷房接待大意》中开始改变态度:"凡我国对外夷之国是有二也,乃有道之国许以通信(来往),无道之国拒绝之。""不分有道无道,一切拒绝,必将昧于天地公共实理,最终失信义于万国。"⑤ 这个仍带有部分攘夷和坚持东方道德意味的态度,最终在幕府签订《日美修好通商条约》后的形势变化面前,以及他阅读魏源的《海国图志》之后,进一步向不加对象选择地开国、理解西方近代文明的方向转变。嗣后小楠还倒打自己一耙,说:"夷人岂非此天下之一分子?若此则须以天地仁义之大道待之。"并对其他水户学派理论人物(此时东湖已死)施以别样的痛击:"无特别见识,故无大策。仅会饶舌大和魂等之人,见夷人即视之为无道之禽兽,更有甚者于

---

① 横井小楠:《东游小稿》,《横井小楠遗稿》,日新书院1942年版,第863页。
② 横井小楠:嘉永六年八月一五日,《致东湖书简》,《横井小楠遗稿》,日新书院1942年版,第204页。
③ 横井小楠:安政二年三月二〇日,《致立花壹岐书简》,《横井小楠遗稿》,日新书院1942年版,第220—221页。
④ 横井小楠:安政二年一一月三日,《致立花壹岐书简》,《横井小楠遗稿》,日新书院1942年版,第471—473页。
⑤ 横井小楠:嘉永六年,《夷房接待大意》,《日本思想大系55》,岩波书店1971年版,第434页。

最初视之为仇寇。以天地之量、日月之明视之，此为何事？对此冥顽陋习危害国家苍生不胜痛惜！"① 从小楠的前话可以看出，他对"东方道德"的"天地仁义之大道"看得很重，认为其具有普世意义，即使是"夷人"也适用此"天地大道"；从他的后话中，人们虽不知是水户藩的何人说过有关"大和魂"的何种话语，但可以猜测出小楠对当时普遍以尊皇、攘夷为内容的"大和魂"持何种态度，以及他具有的普世主义之心——"以天地之量、日月之明视"彼"仅会饶舌大和魂等之人"，"此为何事？"实际上，小楠和左内一样，对鼓吹神儒合一、表面提倡尊皇的水户学理论从未表示过认同。

小楠后来对西方文明和开国通商的认识，比之自己过去和他人的一味排斥当然进步了许多，但他的开放论调并不表明他只想单方面接受西方的思想和技术，而具有将其归化为东方固有的道德和技术，以此实现双向交流的意味。小楠高度评价美国总统华盛顿具有"真实公平之心"，其"消弭宇内战争"符合"天理"，是实现世界和平的唯一一位西方政治家。特别是华盛顿拒绝总统世袭制，不传子而"让国于贤"②，宛如中国古代禅让的明君。以至小楠要吟咏："嗟乎血统论，是岂天理顺。"③ 他后来先后被尊皇和攘夷人物行刺和杀害，想来都有理路可寻。小楠还评价西方机械文明为"便于民生日用，其皆造作极其讲究"，"得圣人之作用"。④ 换言之，在小楠看来，在西方机械文明的发展背后也存在一种与东方圣人政治理想相近的政治精神。这或许也是他要坚持"东方道德"的部分原因。之后他的这种思想又进一步发展："明尧舜之道，尽西洋器械之术，何止富国，何止强兵，布大义于四海而已。"⑤ 这说明，小楠决心在接受西方器物的同时，还要将儒教思想反输出到世界各地。在小楠心中，西洋技艺仅是"富国强兵器械之物，并非磨砺

---

① 转引自大川周明《日本精神研究》，文录社1933年版，第10页。
② 横井小楠：《沼山对话》，《日本思想大系55》，岩波书店1971年版，第504页。
③ 横井时雄编：《沼山闲居杂诗》，《小楠堂诗草》，《小楠遗稿》，民友社1889年版，第35页。
④ 横井小楠：《沼山对话》，《日本思想大系55》，岩波书店1971年版，第507页。
⑤ 横井小楠：庆应三年六月二六日，《致伍子左平太、太平书简》，《横井小楠遗稿》，日新书院1942年版，第508页。

德性、阐明知识之真正学问",而"于道者,除尧舜孔子之道外世界所无,应予分明"①。换言之,即西方器物的引进只是为了维护东方的封建制度,而儒教道德要永远优于西方思想。小楠作为幕藩体制中一名中层武士的阶级性和封建制度、道德的卫道士嘴脸于此一览无余。

二 小楠的政治理想:仁＝道德＝君主的内心修养

小楠不光是这样想的,也是这样做的,一以贯之以德治国的精神。② 如前述,通过拥立一桥庆喜,实现新将军亲政,建立统一国家的构想被井伊"大老"击碎后,庆永只能谨言慎行,每天在家盘点还有多少可供自己继续消费的时间。井伊后来被暗杀,幕府面临新的内部危机,迫使"老中"安藤信正③祭出"公武一和政治"大旗,试图以此摆脱困境。然而这种构想又因信正于1862年(文久二)1月在坂下门外被袭负伤而告受挫。之后长州、萨摩等所谓的"外样"雄藩开始介入幕府中央政务,要求改革幕政。最终萨摩藩藩主岛津久光凭借敕命,让一桥庆喜和松平庆永分别坐到第14任将军德川家茂(在职1858—1866,1846—1866)的监护人和"政事总裁"的位子上。一桥派的目的虽说部分实现,但仍有两件事情让他们放心不下,一是他们辅佐的幼年将军无法视政,难以期待他有大的作为;二是作为反幕大本营的京都朝廷的地位和政治发言权开始增强。这意味着幕府若不借助京都朝廷的权威,将无法维持自己的权力,发挥政治的功能。于是"公武合体"的问题就摆到幕府新领导人的面前。与此同时,他们还要面对雄藩联合、尊重公议舆论、开国通商、富国强兵等一系列棘手的议题。

这时作为庆永智囊的小楠被寄予厚望,然而小楠的表现实在难以为

---

① 横井小楠:庆应三年六月二六日,《致侄子左平太、太平书简》,《横井小楠遗稿》,日新书院1942年版,第508页。

② 除另有注释外,自此开始的叙述参考了山口宗之《日本思想大系55》"解说",岩波书店1971年版中的部分史实和观点。

③ 安藤信正(1819—1871),幕末"老中",磐城平藩(今福岛县东南部磐城市和平市)藩主,曾任对马"国守",提倡公武合体,被攘夷论者仇视,于1862年(文久二)1月在坂下门外被袭负伤。

第九章 从"和魂汉洋才"到"和魂洋才"……

人称道。有人评价这时小楠的所作所为实际上是反幕和尊皇并行①，也有人说小楠在追求绝对的权力过程中，既不想依靠京都朝廷，也不肯定幕府的资格②，还有人说小楠的"根本思想，就是在政治上实现道义的原理"，他的"理想就是聚集'大名'、公卿等有志人士进行众议，实行真正的公武合体，举国一致"③。亦有人说："对小楠来说，最重要的并不是谋略的逻辑，即讲求对鲜活现实的敏感反应能力，而归根结底是一种以线性方式连接内心观念世界和道德政治的朱子学传统逻辑。"④事实正如最后这位评者所论，此前在庆永为拥立新将军四处奔走时小楠就批评道："今日所需仅一己修养而已，其外皆可放弃，无须何事皆主动亲为。"⑤ 具体说来就是，对领导人而言，最重要的是要加强内省，让自己成为天下第一等人君，从而自然显现纪伊、尾陆、水户三大亲藩所追求的道义风貌（政治目标），天下大事亦可由此得以完成。此论不可谓不"迂阔"。从这点看，小楠与有具体政治目标的左内相比差距很大。有人总结："小楠的政治经常被还原为仁＝道德＝君主的内心修养这样一种路径，也就是他所谓的'所恃在于人君之心'这个意识，即使他设想建立一个超越各藩的强有力统一政府，但其政治最终也会还原到君主一心、不至否定现实的幕藩体制。"⑥ 换言之，小楠的思想核心，只不过就是儒学主张的"修身齐家治国平天下"。

小楠在辅佐"政事总裁"庆永、担任幕府和京都朝廷联系人期间，还提出了一个非常奇葩的主张，即"毁约攘夷说"，这不能不说与他的儒家道德习性也有关联。小楠认为，此前与外国签订的条约未得到天皇敕许，也是受到威吓的幕府官员擅自行动的结果，因此可以毁弃。之后

---

① 参见大江志乃夫《豪农民权运动的源流——从横井小楠到德富苏峰——》，《历史学研究》第179期，青木书店1955年版；《熊本藩的藩政改革》，堀江英一编：《藩政改革的研究》，御茶水书房1955年版。
② 小崎英达：《横井小楠的政治观》，《九州史学》第10期，九州大学国史学研究会1958年版，第79页。
③ 圭室谛成：《横井小楠》，吉川弘文馆1988年版，第217页。
④ 山口宗之：《日本思想大系55》"解说"，岩波书店1971年版，第707页。
⑤ 横井小楠：安政四年五月二五日，《致池边藤左卫门书简》，《横井小楠遗稿》，日新书院1942年版，第249页。
⑥ 小崎英达：《横井小楠的政治观》，《九州史学》第10期，九州大学国史学研究会1958年版，第79页。

"大和魂"史的初步研究

则要联合诸"大名",在讨论"国是一致"的基础上,获得京都朝廷的批准,做好与外国决战的准备。同时向各国派出使者,表明积极的开国姿态。① 小楠甚至有毛遂自荐的念头,某日对其弟子元田永孚说:"苟有人用吾,则吾当先奉使说服美利坚,举一同协和之实,之后再说服其他国家,最终克止四海战争。"② 这个想法不能不说也十分荒谬。首先,因为程序有误或对本国"不公道",就毁弃与外国签订的条约,可谓一种恪守迂理、不负责任的态度,既缺乏契约精神,也与他先前所说的"昧于天地公共实理,最终失信义于万国"的精神相矛盾;其次,自从与列强签订修好通商条约,开始国际贸易,日本的国际、国内局势渐趋缓和与安宁。如果毁约,日本将再度出现局势不稳的现象;再次,一旦开战,日本必败。如果日本有胜出的可能,那么此前是没有必要与列强签订条约的;最后,也就是最重要的一点,即外国人是否听小楠的,按儒家道义出牌?回答是不可能的。其实这也暴露出庆永的智囊小楠天真与其固守的儒学精神已不能适应时代发展的一面。对此庆永当然不能同意,认为一旦与外国开战,则直在彼而曲在我,天下后人将如何看待日本?即使日本赢得这场战争亦不名誉。万一输了,将耻以何堪?再说要如何说服诸"大名"也是一个问题。如果解释不好,也会给各藩留下幕府愚昧无能的印象。据说小楠听到此番高论后不得不改口说:"桥公英明,远见卓识,一时无以言表。""于今更不堪惶恐心愧。自此有关外国事务一律不再发言,切望宽恕此前失误。"③ 小楠是否真正意识到自己的问题不得而知,但似乎至死都认为,日本若明了尧舜孔子之道,掌握西洋技术,一新国家,使之晓谕于西洋各国(即"布大义于四海"),则必将迎来以道义为基础的真正世界和平,并且坚信:"此道本朝可兴也。"④

另一方面,幕府与京都朝廷的交涉也极不顺利,经反复商议,认为庆永的开国论调不妥,决定必须执行攘夷的敕旨。为此小楠又只得转为

---

① 中根雪江:文久二年九月二九日,《与大久保一翁之面谈》,《续再梦纪事》一,东京大学出版会1988年版,第104页。
② 转引自大川周明《日本精神研究》,文录社1933年版,第10页。
③ 中根雪江:《续再梦纪事》一,东京大学出版会1988年版,第107页。
④ 转引自大川周明《日本精神研究》,文录社1933年版,第10页。

第九章 从"和魂汉洋才"到"和魂洋才"……

攘夷,于1863年1月22日(文久二年一二月三日)起草了《攘夷三策》提交庆永。其大致内容是追究佩里来日后从事外交的幕府官员责任,将军亲赴京都,向天下显示尊皇的姿态,并向各国派出使者,说明不得不毁约的原因。如果洋人懂得通行世界的道理,应该会接受日方的意见;如果不接受并挑起战端,则我正彼曲,日本国将倾全力应战。万一输了,即使所有日本人都死去也不能辱没国体。若此则无遗憾。[①] 此策略与小楠过去的设想基本一致,仅增加了拉拢天皇势力的内容,不能不说依旧荒谬不堪,脱离实际,充满着固守空泛的"儒学"精神,与昧于外国知识的尊攘派提倡的全面追随天皇意志、将日本的命运托付给尊皇一事的"国体论",在效果上说几乎没有区别。不过小楠在尊皇问题上与尊攘派在实质上有很大不同,他建议将军亲赴京都只是一时利用天皇而已。此前他提议若京都不同意开国,那么干脆将政权归还天皇,也是出于扔包袱给朝廷、维护幕府脸面的用心。他对养育自己的幕藩体制始终怀有深厚的感情,并始终运用幕府的意识形态——儒学,与洋人或倒幕派周旋。1865年(庆应元)5月庆永发出"再征长州藩令"(因长州藩与其他"外样"藩勾结天皇反幕),小楠一面为幕府张目打气,一面贬低与天皇勾结的长州藩"大名",并祈祷江户政府万寿无疆:"幕府之光景日益盛大。……诚为欣悦至极,万万太平之基。"[②] 同年秋,小楠还在《沼山闲话》中攻击幕府的一些"老中",说他们不用名臣,只会仇视萨摩、长州两藩和仅与佐幕的会津(今福岛县西部)、桑名(今三重县东北部)两藩打交道,并希望那些"老中"若能"返本"(即儒学),抛弃私心,恢复与天下一道做事的心境,则日本"倏忽可治"。[③] 人们不禁要问,幕府此时不用心对付亲皇的萨摩、长州两藩,不重视与佐幕的会津、桑名两藩搞好关系,还能做些什么?小楠在这些问题上可谓愚昧至极。但有一点他从不含糊,那就是他给日本包括幕府开出的药方,都来自他学习和信奉的儒学——道德和政治的统一,再加上西方技术这一须待先煎煮儒家药物后再加入的辅助药剂。实际上

---

① 横井小楠:《攘夷三策》,《横井小楠遗稿》,日新书院1942年版,第949—951页。
② 横井小楠:庆应元年五月二、七、一三日,《致岩男俊贞、野野口为志书简》,《日本思想大系55》,岩波书店1971年版,第484—485页。
③ 横井小楠:《沼山闲话》,《日本思想大系55》,岩波书店1971年版,第519—520页。

和庆永一样，小楠在那个时代背景下也拿不出有效的治国方略，因为日本就那种国力，幕府又已病入膏肓，无药可救。小楠儒学学问再好，也是英雄无用武之地。另外和中国一样，日本在当时也是以一个农业国的身份与众多工业国作战，且缺乏先进的思想理论和制度保证。若不施行制度改革，单靠"明尧舜之道，尽西洋器械之术"和"中学为体，西学为用"，解决不了东西方文明冲突的问题。

第四节　阪谷朗庐的《意见书》："日本学"、"汉学"和"洋学"的关系

一　阪谷朗庐此人

1866年（庆应二）12月上旬，备中国（今冈山县）藩藩校"兴让馆"馆长阪谷朗庐（1822—1881）应藩主之请，就本藩的教育问题写出《意见书》，其中虽未使用"和魂"、"汉才"、"洋才"这些词汇，但明确谈及日本学、汉学和洋学三者的关系，为此后"和魂汉洋才"说的进一步发展打下基础。朗庐是江户时代后期至明治时期的汉学家，出生在备中国川上郡九名村（今冈山县井原市）一个名叫阪谷良哉的"代官"（代君主或领主司掌某地事务的人）家庭，通称希八郎。父子虽都不是武士，但与武家高层结缘颇深。朗庐年轻时先到大阪跟随大盐平八郎，后到江户师从昌谷精溪学习儒学，返乡后担任藩校"兴让馆"校长，应该说深得藩主的信任。据说他对朱熹的《白鹿洞规》十分景仰，每天上午都要带领学生诵读《洞规》后才开始授课。[①] 1868年朗庐应广岛藩邀请，到那里任藩儒，但因"废藩置县"不得已辞职，于1871年移居东京，先后任职于陆军省、文部省和司法省，与福泽谕吉一道于1879年加入"明六社"[②]，但他似乎是其中的一个另类——唯一的儒者，后来当选"东京学士会院"会员，在学术方面成就较大。朗庐有一定的名气，与他的儿子阪谷芳郎也有关系。阪谷芳郎（1863—

---

① 嵯峨正作编：《大日本人名辞书》，经济杂志社1885年版。
② 明六社，明治初期建立的思想团体，1873年（明治六）由森有礼发起，翌年西村茂树、西周、加藤弘之、福泽谕吉等人加入，成为其主要会员，通过机关报《明六杂志》和公开演讲介绍、普及欧美思想。

1941）获法学博士学位，曾任日本大藏大臣、东京市市长和贵族院议员，叙男爵，是一位财经专家和政治家。另一个让朗庐有名气的人是提倡"士魂商才"（"和魂洋才"的变形）即"算盘加论语"的涩泽荣一。① 他不仅是朗庐的门生，还是朗庐的姻戚，其女儿嫁的就是朗庐的儿子阪谷芳郎。

二 《意见书》和《白鹿洞规》

朗庐的《意见书》字数不多但细碎芜杂，反映了当时部分日本人的思想。以下先摘录其主要精神，之后再概括、分析。

1. "先前局势纷扰时，新开之学问乃洋学与洋兵学，诚为合用，然有长处亦有短处与弊端。若此时不辨方向，知立为何，愚昧者当唯以夷狄之风为善，丧失日本重要精神。又，厌恶洋学之愚昧者当益发提出异议，妨碍洋学之进一步发展。若无行'理'即'道'、'教'之目的，则'气'即'艺术器械'悉成'道'、'教'之害。且满口洋学洋学，不断追逐，则日本学将尽化为洋学。此时若无目标，恐日本教将不及万国。其教、其本以比较万古万国之观点视之，可归结于'忠孝'二字。"

2. "然过简亦恶，过繁亦恶，得其中者为宜。任何学校咸揭《白鹿洞规》，其得繁简之中，乃万道、万艺之大本。天祖公平，不私我国，而命夷狄之孔孟朱子，显示万国公道，实乃皇祖神谕。东照宫（祭祀德川家康之神社，于此指家康）亦有曰，武士不守本尊，则无法跃入矢石之中建立功勋。想来此乃出自创立士道之目标，系极重要之神思，故日诵《洞规》诚为当今急务。此乃长崎'踏绘'② 后神州之人一日不可或缺之事，故为上者须果敢决断，加以提倡。凡上有倡者，无

---

① 涩泽荣一（1840—1931），实业家，武州血洗岛村（今埼玉县深谷市）某豪农之子，早先服务于幕府，明治维新后进入大藏省，辞职后创立"第一国立银行"，参与设立造纸、纺织、保险、运输、铁路等众多企业，人称"日本企业之父"，在财界十分活跃，退休后尽余热于社会事业和教育事业。

② 江户时代幕府刻玛利亚或耶稣十字架像于木板或铜板上，令民众用脚踏过，以试其是否基督教徒的行为，自1628年（宽永五）至1857年（安政四）多在初春进行。也指该"踏绘"本身。

论善恶，下必风驰草靡，迅即口传相习。况至当善事，孰能违背？即令初始私议种种，最终亦须归服。"

3. "举国同诵《洞规》乃急务之急务，故'开成所'① 读横文字者（按：欧洲语言）须日诵之，以此为目标研究洋学。于操练洋兵时，无心得、无目标之士卒尤须日诵之。士卒集合后，指挥官先诵出，之后异口同声相诵：'父子有亲，君臣有义，夫妇有别，长幼有序，朋友有信。'右五教之目，博学之，审问之，慎思之，明辨之，笃行之。右为学之序云云。操练后再次同声相诵，礼拜后解散。若此则兵仪肃然。日日唱诵中不知拼音文字者亦自然熟习之，且于日常事务中逐渐理解义理。博学、审思等五伦外诸艺皆如此，乃大本，故即使兵败，亦能反省求于己，则士气不坠，战法益精，攻无不克。"

4. "此为文武政教合一之基础。有此基础，即令洋学悉数称作我日本学，国体亦可巍然屹立不倒。纵令时有治乱，世有盛衰，此五伦亦将留存人们口中，成为万事目标。此义乃天下公平之义，故希尽早采用。迟缓一刻，则有十年廿年之损。对此不提异议，则可恢复日本男子勇决之风，去除女儿羞涩扭捏之态。"②

三 "理"（儒）先"气"（洋）后与和汉不分

归纳以上意见，首先可以看出，其目的如第4所说，在西方器物和思想大举进入日本的这一时期，日本只有采取古代文武政教合一和朱子《洞规》的做法，才能维护封建制度和伦理道德，让幕藩"国体"永远不倒。这体现出一个日本儒者的强烈精神追求。后来为何以宣传、普及欧美思想为能事的"明六社"要接纳朗庐为会员的原因不得而知，但想来与当时政局发生变化有关。明治政府在实现欧化一段时间之后，认为有必要重拾儒学，此时的天皇"侍讲"已是儒者元田永孚（横井小

---

① "开成所"，江户幕府创立的教授荷兰、英国、法国、德国、俄国等国学问的学校。1863年（文久三）改称"洋书调所"。1868年（明治一）新政府改称"开成学校"，1869年改称"大学南校"，1871年改称"南校"，1873年再称"开成学校"，1877年成为东京大学之一部分。

② 日本文部省编：《日本教育史资料5》卷十三"学议"，日本文部省1883年版，第581—582页。

楠和阪谷朗庐的门生），故朗庐原有的社会名望不降反升，在"明六社"内部，可以起到平衡一味偏向西方的作用。此外，朗庐的部分意见也易为开始强调民族主义和国粹主义的天皇一派吸纳。朗庐在幕军实行日诵《洞规》的主张，后来被新政府采纳，在明治、大正时期转变为陆军官兵日诵《军人读法》①的规定。不过朗庐的《意见书》并未显示出明显的尊皇思想。

其次，从第1可以看出，朗庐强调的是"理"（儒即和？）先"气"（洋）后、"理"体"气"用和"理"主"气"客，即东方道德优先于西方器物。然而有趣的是，他在此已将"理"学与后文所说的"日本学"混为一谈，"理"也就是"道"或"教"，等同于"日本学"或"日本教"，因为它们都讲"五伦"。何为日本学，何为汉（儒）学已然不分。

再次，第2、第3都说明，朗庐思想的比重是"儒"大于"神"，例如"得繁简之中"即《中庸》，乃大本，而其又为朱熹之《白鹿洞规》，以及"凡上有倡者，无论善恶，下必风弛草靡"，反映的都是不折不扣的儒家礼制人伦思想。至于"天祖……命夷狄之孔孟朱子，显示……公道，乃皇祖之神谕"，有"神"大于"儒"的意味，但似乎仅是随大溜说说而已，借此还可满足民族自尊的心理，其实没有多大意义。第3中"立士道之目标"与"日诵《洞规》"的关系，表明的也是"日本学"混同于汉（儒）学的思想。第3的以儒学（日本学）"五伦"统摄洋学、"洋兵"，使其作为幕军"政治思想"工作抓手的主张亦相当有趣，颇类于过去中国国民党军队或后来的共产党军队用先进的思想武装官兵的说法。当然，朗庐的主张与后者的精神内容不可同日而语，这里仅作思路和做法上的类比，从中可以看出东方国家具有的某种相似思维。

总归一句话，朗庐的《意见书》亦未脱"东洋道德，西洋艺术（技术）"的樊篱。

---

① 《军人读法》，即日本军人及家属在进入军营或被任用时的誓词，与《军人敕谕》一道，都是日本军人及家属需要服从的道德戒律，共7条。

"大和魂"史的初步研究

第五节　井上淑荫《学范》中的"和魂"("皇朝学")、汉学和西学

一　"和魂"为主，汉学、西学为次

井上淑荫（1804—1886），其祖为藤原氏族，故也称藤原淑荫，号"柽亭"，通称"多藏"。此人不著名，现有的日本辞书几乎不作介绍，仅有的两三部辞典，如《新潮日本文学大辞典》说他是"国学家"，出生于武藏国（今东京都、埼玉县和神奈川县之一部分），年轻时到江户向井上文雄①学习"国史"（日本历史）和"国文"（日本语言文学），明治时代初期在东京大学的前身曾短时间执过教鞭，著有十来部与"国史"、神道有关的著作，其中包含一部与本著主题相关的书籍《国学辨》（见后叙），但它们在学术上均无可值一提的价值；《明治维新人名辞典》补充说，淑荫在维新前是尊王攘夷论者，1868年（明治二）任"大学中助教"和"明经、文章两局兼开校御用"，但仅工作两年即辞职返乡赋闲。后来又从事神道工作，任"教导职权中教正"。从这些经历来看，淑荫从事的多为教育工作。他还写过一本小册子，形式为"折本"，名《学范》，存世不多，现日本国立国会图书馆亦未收藏。

《学范》是淑荫辞去教职返乡后，与"柽亭塾"（似乎他返乡后还开办过私塾）的知己（似为自己的学生）协商后以该塾的名义，将过去自己所写的东西一道整理印刷出版的。其前言说，原书稿是师翁藤原淑荫担任东京帝国大学教师时为指导学生而写出的。② 其中分别对"和魂"（"皇朝学"）、汉学和西洋学，以及它们的关系做出说明：

首先是"和魂"："生于皇朝者，须惟以皇国为本，一味敦厚勤王之心，常思为国与世有益之事。此名和魂。""此魂不限于皇朝学，而存于任何事理之中。"（第一段）

其次是"汉学"："学文者，神典古史自不待言，然须广泛阅读。

---

① 井上文雄（1800—1871），江户时代末期的"国学家"和歌人，兼任"田安家"侍医，主张和歌应有独特的个性表现，反对贺茂真渊咏歌以《万叶集》为理想的学说，著有《伊势家苞》和《调鹤集》等。

② 引自加藤仁平《和魂汉才说》（增补版），汲古书房1987年版，第337页。

· 696 ·

第九章 从"和魂汉洋才"到"和魂洋才"……

汉土乃我久交之国,继国书(按:神道书和皇国史书)后亦须学习其著述。彝伦之教、修身齐家治国平天下之术等,其善说不在少数。有益之处可用。"但此后淑荫补充说明,"有人学汉籍成瘾,过度详论人生之进退,为人精明,反倒有损人格。然事物常有得有失,不可因噎废食。须食用而不病,教导而不害人情世故。五伦之道生而有之,尤我神州孕含有此,殊非寻常,故经熏陶,可益发显见活用,止于至善。应神(5世纪前后的天皇)、仁德(5世纪前叶的天皇)两朝,兼容文教,可谓睿智亦思此。"(第二段)

再次是西洋学:"西洋偏远,水土人情(与日本)多异,难以尽述。然究理器械等他国不及之物多且有益,故须读其书。但须严明取舍之用心。"①淑荫对西方自然科学似乎未有过真正的好感,这从他接下来对西方自然科学的评价——"如梦似幻"、"如儿戏"、"无益之测量"和"孰可信此"等皆可看出。在他看来,学习西方自然科学只是为了增广见闻,不读外邦书籍,何以知世界之广、事物之多?而较之重要的是要有一颗"取舍"优劣之心,为此唯有依靠读国书。(第三段)

从上述可以看出,淑荫对"和魂"(包括"皇朝学")是看得很重的,这个"和魂"就是"以皇国为本"的"勤王之心",与"国学家"前辈所说的"和魂"无大差异,属于做任何事情的先决条件。换用我们现在的话说,就是"以××为中心"。

不过淑荫不排斥汉学(儒学),因为它可"用",但比之作为"体"的"和魂",显然其地位要低下许多。而且,汉和之学又可类比于"噎"(次)"食"(主)关系。值得关注的是,在淑荫看来,儒学的"五伦"本来日本就有,经"熏陶"即"教导"自当显现出来,日臻完美。从这点看,淑荫的汉学和日本学("皇朝学"、"和魂")虽主次有"别",但其界限也同样含混不清。

淑荫也不排斥西方的自然科学,承认在器物方面日本不及西方,提出要学习西方有益的事物,但同时亦主张要坚持主次——"和魂"为主、西学为次,以及分清优劣——"和魂"优、西学劣的思想,为此须先读神道书籍和皇国史书。这点与本居宣长的说法十分相似。将此三

---

① 加藤仁平:《和魂汉才说》(增补版),汲古书房1987年版,第337—338页。

"大和魂"史的初步研究

个段落结合起来一并观察,可见其思想和提法,还非常类似于我们今天常说的要"坚持一个中心(在淑荫眼中是"皇国中心")、两个基本点"(在淑荫眼中是"儒学"和"西洋学")的说法。

淑荫显然受到《菅家遗诫》的影响,说:"世有惟读神典国史、手中不执他书之人。无以此偏颇为甚。《菅家遗诫》曰'和魂汉才'。为识'汉才',非其书何成?于今'和魂'既定,无论何国事物,但凡能为君益国皆可取用,有何障碍?"再次重复在坚持"一个中心"的前提下,可以广泛学习他国有用知识的观点。在《学范》的结语部分,淑荫也将"和魂汉才"的思想发展为"和魂汉洋才"的思想:"图学文以益世之人,须思及立诸般公平、深远阔大之见识。若固执一端,似必使宽广灵妙之世界狭隘。"① 淑荫的这个认识可谓极有见地,即使在今天也不失为放之四海而皆准的真理。但受时代局限,他的说辞难免自相矛盾,既然要坚持"一个中心",就不可能"诸般公平"。不"固执一端",也无法坚持"一个中心"。真实的情况很可能是,在世界已逐渐裹挟在强劲"西风"中时,要分清"东西",以及孰为"中心",孰为羽翼,已不是一件容易的事情。

二 《国学辨》中"三学"的"并立并行"

这种思想,其实萌芽于淑荫的另一部著作《国学辨》中。《国学辨》序曰:"大学之为学,一也。判为皇,为汉,为洋。而并立并行,日以隆盛。学者涉三学而后始可成一家之言。近世修学之难可知也。云云。"② 其中也谈及"并立并行",主次不很显见。

不过在公开出版且预知具有广泛影响的场合,有人或有机构还是要强调"日主外辅"。明治初期日本的大学学规,基本都坚持"和魂汉洋才"的精神——"神典国典之要,在于尊皇道,辨国体。此乃皇国学者之先务。汉土之孝悌彝伦之教、治国平天下之道,西洋之格物穷理、开化日新之学,亦皆为斯道所存之学校宜讲求之处。"简言之,即旧大

---

① 加藤仁平:《和魂汉才说》(增补版),汲古书房1987年版,第338页。
② 井上淑荫:《国学辨》,出版人井上淑荫,出版时间不详,第3页。

第九章　从"和魂汉洋才"到"和魂洋才"……

学学规之大要为"依神典国典，辨国体，兼修汉籍，成实学实用"①。因为时代变了，日本不吸纳更多的外国知识包括思想，将很难在这个世界存续下去。不管过去的日本"国学家"等是否成功于排斥外来学问，追求"纯化"日本，或坚持在学习的过程中以"日"为主，以"外"为辅，或提出"日"、"外""并立并行"，那种融合"日"、"外"知识和思想并最终使之混为一体的思维模式始终未变，混入的外学内容也只是数量比例的多寡而已，以及在看的人的眼里，其影像或清晰或模糊罢了。

质言之，淑荫虽强调"日"先"外"后，但因其"日"已非单纯的"和学（皇朝学）"，而混同于"汉学"，故其论调亦可归入"东洋道德，西洋艺术"的范畴。

第六节　旧神户藩藩校"教伦堂"《学则》中的"和魂汉洋才"

一　首次使用的"和魂汉洋才"成语

首次明确以"和魂汉洋才"字样写入《学则》的是旧神户藩藩校"教伦堂"。旧神户藩在建藩之初性质是"外样"藩，江户幕府不太重视，仅指派一个名叫一柳直盛的"大名"管理该地，俸禄是年5万石稻米。但由于神户地理位置后来转为重要，故幕府之后将此藩改为直辖藩，以加强对该地的控制。嗣后幕府又先后指派石川和本多两大家族入主该藩，不过赐予的俸禄仍都很微薄，始终维持在1万石至1万5千石稻米，以防他们势力坐大。不仅如此，幕府对该藩的思想控制也较严格，故朱子学盛行。本多家族第2任藩主本多忠统（1691—1757）曾担任幕府的"若年寄"（直属将军执掌政务的官职，地位仅次于"老中"），参与过"享保改革"，属于文人"大名"，精通儒学、书画和茶道，也是荻生徂徕的门生。任藩主期间忠统兴办藩校，将设在神户城内的学校称作"三教堂"，设在江户藩邸的学校称作"成草馆"。到第5任藩主本多忠升时藩校进行改革，1813年（文化十）城内的藩校"三

---

① 日本文部省编：《日本教育史资料8》卷22，日本文部省1890年版，第134—135页。

教堂"被改称"教伦堂",所学内容也由过去的儒家"古学"改为朱子学。

神户地理位置之重要,在于它是西日本前往北日本等地的主要海运港口,也是日本西部陆路大通道山阳道的重要驿站之一。幕末时期日本被迫"开国",在开放的五个通商港口中就有神户港,从此"洋风"也通过这个港口城市不断吹入日本内地,神户成为继长崎、横滨之后,西方知识和思想传播和运用最为集中、发达的地区。在这种劲吹的"洋风"面前,如何处理日本传统思想和新的外来思想的关系,也成为神户藩藩主等人必须考虑和解决的问题。1869年(明治三年。废藩置县的时间为明治四年——月),第7任藩主本多忠贯(1834—1898)在儒官川村宣的帮助下,为藩校"教伦堂"制定了《学则》,其"第一则"首开使用"和魂汉洋才"此成语的先例:

> 教伦堂系教育人材之渊薮。凡百家艺术,苟用于国家者皆可列于学问之间。而使学之达其术之所,谓之渊薮。故苟欲求一材之用者须入此渊薮。业已进入者,以各自见识可求其良美之学。皇国宏谟,以取人为善,不分彼我藩篱,因而菅相公所云和魂汉才,自古为学问之主旨。然近来洋学渐开,足以补汉才之不足,故亦须读洋书。自今以后须以和魂汉洋才即实用实学作为有利于国家之学问。①

二 "苟用于国家"可"不分彼我"

忠贯不是儒者,但受幕府恩宠颇多,故除任藩主外还于1863年(文久三)转任"山田奉行"。此"奉行"属幕府要职,由"老中"直接管理,其主要工作是守卫、建造、维修伊势神宫和对该神宫的祭祀、迁建和附近的街道进行管理,同时也负责伊势(今三重县之大半)、志摩(今三重县东部)地区的诉讼和鸟羽港(仅次于堺港的重要港口)的警戒及船舶检查等工作。简言之,忠贯是受幕府委托,负责监督伊势神宫及附近地区政治、宗教活动和社情民意的重要干部。嗣后忠贯接任

---

① 日本文部省编:《日本教育史资料1》,日本文部省1890年版,第114页。

第九章 从"和魂汉洋才"到"和魂洋才"……

"东照宫"（祭祀德川家康的神社）宫司（类似我国的住持）等，甚至于此前的1858年4月1日还谒见过第13任将军德川家定，这些事例都显示出德川一族对他的信任。在这个背景下，忠贯说"皇国宏谟"，其实不含有多少崇敬天皇的意思，这里的"皇国"说的是日本。他使用"和魂汉洋才"这个成语，从表面看与当时社会普遍提倡的学问方法一致，但仔细品味，其中"和魂"的"日本传统意味"并不浓烈。当然他也看出汉学的不足，提出要读洋书，因为后者实用。《学则》第一则所说要"和魂汉洋才"并举，其真正的目的是"苟用于国家"。"不分彼我藩篱"，东西二者并蓄，这或许也反映出他背后的儒官川村宣的思想开明。

第七节　旧高知藩藩校"致道馆"《教场规则大意》中的"和魂汉洋才"

一　高知藩及其第15任藩主山内丰信

高知藩亦为"外样"藩，原名土佐藩，改名于1868年（明治一），在倒幕维新运动中曾是主力雄藩之一。自江户幕府置藩后至明治时代初期，藩主一直都由地方豪强山内家族担任，他们都自称是贵族藤原秀乡[①]的后裔。

土佐藩因属"外样"藩，在江户政治权力格局中所处的地位微妙，对幕府的等级（区分藩格）制度不很满意自在情理之中，故容易接受当时包括外来思想在内的进步思想和尊皇思想。随着江户时代中期商品经济向农村渗透，该藩部分武士因生活贫困，竟然公开买卖自己的"乡士"身份，不少豪农、豪商就此成为"武士"，出现了武士身份多样化的现象。另一方面，该藩武士的政治倾向也各自不同，既有尊皇的，也有佐幕的。幕末时期第15任藩主山内丰信起用名士吉田东洋（1816—1862），以1853年（嘉永六）美国"军舰"来日为契机，断然

[①] 藤原秀乡，生卒年不详，平安时代中期下野国（今栃木县）豪族，人称"左大臣"鱼名的子孙，曾任"下野掾"和"押领使"，940年（天庆三）因平定"平将门之乱"有功被拔擢为"镇守府将军"，擅长弓术。

"大和魂"史的初步研究

进行藩政改革。东洋一派在该藩家臣中属于中间势力，与上层士族的守旧派和下层士族的"勤王党"都有对立，因此招致两种势力的共同反感和反对，最后被以武市瑞山①为代表的"勤王党"成员暗杀。令人感到奇怪的是，东洋的门人也存在许多试图通过尊皇改变日本的"勤王党"人，这些人思想活跃，没有一定之规，为后来的勤王倒幕运动做出贡献，如坂本龙马②和中冈慎太郎③。还有一些门人在维新后为制定、实施新的政治、经济、外交政策发挥过重要作用，如后藤象二郎④、板垣退助⑤、岩崎弥太郎⑥等。藩主山内丰信如果不是通过坂本龙马和后藤象二郎，就不可能向第 15 任将军德川庆喜提出"大政奉还"的建议，结束江户幕府的历史。由此可见，土佐藩不仅在后来成为"萨长土肥"政治、军事"铁四角"的一角，为倒幕维新贡献出许多人才，而且也为后来的"革命"和维新提供了比较宽松的社会思想环境。

这个环境的提供者不能不说就是第 15 任藩主山内丰信（1827—1872）及其堂弟第 16 任藩主山内丰范（1846—1886）。山内丰信的后半生几乎都用于实现"公武合体"，在思想上不固执一端，讲求现实和融合。在拔擢吉田东洋进行藩政改革的同时，丰信在"将军继嗣问题"上作为德川庆喜的拥立派，积极对朝廷展开工作。虽然后来因为井伊直

---

① 武市瑞山（1829—1865），幕末志士和土佐藩藩士，土佐勤王党领袖，善于总结归纳藩内言论和与各藩联系，1862 年（文久二）组织暗杀"参政"吉田东洋，因此遭到丰信的报复，被迫剖腹自尽。

② 坂本龙马（1835—1867），土佐藩武士，勤王党成员，曾创立反幕组织"龟山社中"，并促使结成萨长同盟，开辟通往"大政奉还"的道路。其提出的"船中八策"为后来新政府的部分大政方针奠定了基础。1867 年 11 月 15 日死于凶手的刀下。

③ 中冈慎太郎（1838—1867），土佐藩武士，勤王党成员，为萨长结盟和反幕积极奔走，还组成了"陆援队"，后在京都与坂本龙马一道被暗杀。

④ 后藤象二郎（1838—1897），土佐藩武士，政治家，发起"大政奉还运动"，明治维新后任"参议"，因提出"征韩论"而下野。与板垣退助、副岛种臣、江藤新平等一道建议设立民选议院。自由党人。提倡"大同团结"。后任通信大臣和农商大臣。伯爵。

⑤ 板垣退助（1837—1919），土佐藩武士，政治家，参与讨幕运动和"戊辰战争"，明治维新后任"参议"，因提出"征韩论"而下野。自由民权运动领导人，1881 年（明治十四）创立自由党。帝国议会成立后任"立宪自由党"总理。1898 年与大隈重信一道组阁，任内务大臣，"政友会"创立时引退。号称"土佐三伯"之一（后二人为后藤象二郎和佐佐木高行）。

⑥ 岩崎弥太郎（1834—1885），土佐藩人，利用明治时期的动乱，作为政商获得暴利，成为明治时代初期的实业家，三菱财阀的创建者。

第九章 从"和魂汉洋才"到"和魂洋才"……

弼就任"大老",决定下一任将军为德川庆福,丰信被软禁,但解禁后丰信仍继续支持德川庆喜和松平庆永,为幕政改革和"公武合体"鞠躬尽瘁。1867 年(庆应三)7 月,丰信采用后藤象二郎的建议,向新将军庆喜提出"大政奉还",同时在天皇面前力劝保留德川氏族的权力,无奈这个目的最终没能实现。维新后丰信担任过新政府的一些不重要的职务,其中包括"学校知事"。

山内丰范是在丰信遭软禁时继任藩主的,1862 年(文久二)还接受京都朝廷交代的"国事斡旋"和"京都警卫"的任务,并担任敕使大原重德到江户的保卫工作。在接受"国事斡旋"等任务期间,丰范重视教育,于同年命令吉田东洋开设"文武馆"。"文武馆"以教育藩士、强化藩政为目的,分为"文馆"和"武馆","文馆"设史学、经学、书学、蕃学、国学、兵学等科目,"武馆"教授弓术、马术、剑术、炮术、枪术等,意在使武士实现文武两道的理想。"文武馆"于 1865 年(庆应元)改名为"致道馆",但设置目的不变,仍希望在文武两方面锻炼武士,同时研习一定数量的西方知识。这些举措不会不对土佐藩的武士产生影响。

二 "和魂汉才之全学"

1869 年(明治三)12 月,"致道馆"对《教场规则大意》做了改订,但过去的"和魂汉洋才"思想得到保留,并提出所谓的"和魂汉才之全学"的说法。

> 学有皇汉洋之别,然就其学术根源谓之,皆不出其范围。惟各国豪杰,察其水土风气之便与不便,时机之宜与不宜,姑设如此权法。譬如名医收巴豆、乌喙之毒物于自家药笼中,以期他日起痿之功。凡教官者务舍陋见,须着眼于今日形势,因时应变,阐明真正之学术。(《教场规则大意》第二段)
> 学贵在阐明道义,自小人至大人固无二教,自天子至庶人莫有二学,上有帝者经纶之业,下有翼载风化之处,其紧要者不出修身二字。_{西洋亦以修身学科为先务}皇国自有神教,其中君臣之义植根于东方固有风

气，并非得自外教移入。$^{有类西洋之重友}_{谊亦因彼之风气}$偶有与汉土圣人之教相符之处，我先王采用之，作为皇学之羽翼，此即所谓和魂汉才之全学。至于名物度数之学，虽本属末科，然此亦讲究经济所需。至于天文地理气汛（按：气象）等科，洋学究其精者颇多，今须参讲译书。（《教场规则大意》第三段）①

以上话语虽有不清晰之处，但概括起来，可总结出以下几层意思：1. 日汉西洋，学问有所区别，但"学术根源"是一样的（其"根源"为何不明，是否指第三段的小字疏不详）；2. 各国因"水土风气"即所处的地方和"时机"（时代的状况）不同，故所设之"权法"（何意不明，似有"权宜之法"的意思）亦有不同。哪怕这些"权法"暂时不适合某地亦不应随意丢弃，他日自然有用。学者不应画地为牢，而应兼收并蓄，"因时应变"。简言之，日汉西洋学问虽有不同，但本质是一致的；3. 学习的目的在于"阐明道义"，即"修身"，具体说来就是尊崇"君臣之义"（礼制中的上下关系），这是学儒之人的共同想法；4. 不过日本的神道教本来就有这种"君臣之义"，其属"东方固有风气"（此处的"东方"或指现在的东亚地区），不单儒家思想有此大义。有混淆于中国的意思。说"我先王采用"偶"与汉土圣人之教相符之处"，"作为皇学之羽翼"，也属于过嘴瘾的表现，反映的是坚持"日本中心主义"，以神道学为主、儒学为辅的思想，但究其本质，其日汉分野的边界根本无法厘清。这种"和魂汉才之全学"，与其说是"日"大于"汉"，不如说是汉日思想已高度融合。当然，出于对形势（过去是外敌可能入侵，说话的当时是要建设新型日本）的考虑和无奈，该"教则"也讲求读西洋书，但那仅是"参讲"，"日汉"学说大于"洋学"的观点仍很明显。总之，这是一份日本儒者根据形势需要撰写的"教则"，它讲求东西方思想融合，但坚持以东方学问为主。

---

① 日本文部省编：《日本教育史资料2》，日本文部省1890年版，第912—913页。

第八节 《评论新闻》中的"日本魂"与"和魂汉才,兼备洋学"

一 《评论新闻》

创刊于1873年1月的日本最早的评论杂志《评论新闻》中有两段话,分别提到"日本魂"和"和魂汉才,兼备洋学"。第一段话出现在1875年(明治八)4月第5号一篇名为《木户(孝允)公于山口县开办授产局时所作宣传之一文——明治七年十二月,木户孝允》的文章中,意在对当时日本部分政治批评家的说法作出归纳:

> 民贤居士①云,士族须不背其名称,尽力于国事之一句,大有日本魂之气象。次说之人民自食其力乃国家富饶之本一句,又颇有西洋之气息。②

此段话说的是当时日本社会混杂各种思潮和主张,有人希望为维新日本,统治阶层和人民要保持过去的传统,发展出新的精神。此处的"日本魂"即"为国尽力"的意思。不过认真想想,每个国家都提倡"为国尽力",故此"日本魂"比较费解。

第二段话是:

> 芳丹云,该县士族所说隐约含有封建气象,而各人自食其力之谓则明确透露出民权之端倪。一篇文章能涵括各种政体,此非和魂汉才、兼备洋学之"人才队长"木户(孝允)参议,孰能作出此文。③

此话前半部分的意思与第一段话大致相同,说的是传统和西方思想

---

① 此人与下文的"芳丹"为何人均不详。查木户孝允从未有此字号、雅名和讳名等,似为其他人。
② 转引自加藤仁平《和魂汉才说》(增补版),汲古书房1987年版,第343页。
③ 同上。

的杂处。后半部分夸赞木户孝允的宣传文字具有融会"和魂汉才西学"的本事。

要进一步理解以上两段话的意思,就需要了解《评论新闻》此刊物的性质和该文中出现的那个著名人物——木户孝允。《评论新闻》是明治时代初期亦即日本自由民权运动初期诞生的一份政治杂志,《大英国际大百科事典》说它创刊于1875年2月,似乎不很正确,日本《世界大百科事典》(第二版)说它创刊于1873年1月、复刊于1875年3月(每月5期,后改为每月10期)比较可信,属于西乡隆盛①属下、旧萨摩藩藩士海老原穆创立的"集思社"(前身为"集思堂")的机关刊物,最初目的在于传播当时日本国内外的信息,包括军事信息,同时也成为记者与投稿人发表政治见解的园地。后来该刊对大久保利通②的"太政官"③政府展开猛烈的批判,反映了当时政府内部(萨长两派)围绕"征韩论"和"设立民选议院"产生的意见对立,创刊不久即于同年6月因所谓的"毁谤罪"并根据《新闻条例》被停刊。此前1月份总编辑小松原英太郎还因发表《论须颠覆压制政府》一文而被投入监狱两年。1875年3月复刊后,《评论新闻》坚持批判政府内政外交和主张自由民权运动的立场,于6月第97号刊发题为《卑鄙政府将自灭》的社论,因而于同年7月与同为批判政府的激进刊物《湖海新报》和《草莽杂志》一道,再次被"禁止发售"。同年8月《评论新闻》改名为《中外评论》,至同年10月发行至第28期时又遭禁止刊行,于是在同年11月再改名为《文明新志》,坚持言论斗争,但在1877年6月受到最终打击,于发行至第41期时彻底停刊。创刊人海老原穆过去因

---

① 西乡隆盛(1827—1877),幕末维新时期的政治家,萨摩藩藩士,在成为萨摩藩实际领导人后联合长州藩等推翻了幕府,"戊辰战争"时曾兵不血刃占领江户城。维新后担任陆军大将和"参议",因提出"征韩论"而下野。返乡后开办私立学校,1877年被该"私学校党"拥立举兵造反,是谓"西南战争",兵败后自刃身亡。

② 大久保利通(1830—1878),政治家,萨摩藩藩士,与西乡隆盛等人一道开展倒幕运动,明治政府成立后任"参议",实现了"版籍奉还,废藩置县"。征韩派下野后成为政府中枢人物,积极推进地租改革和殖产兴业政策等。在镇压"西南战争"的翌年被岛田一郎等暗杀。

③ 1868年(庆应四)"政体书"规定设置的最高官厅,翌年因官制改革,管辖民部省及其他6省,相当于今天的内阁。1885年在建立新的内阁制度后被废止。

参加"戊辰战争"有功,维新后任爱知县知事,这次停刊后又因西乡隆盛在鹿儿岛举兵造反,海老原穆以在东京帮助西乡为由被捕,判处1年有期徒刑。[①] 从该刊物创办人的身世和政府内部斗争的背景可以看出,《新闻评论》是一份早期反映当时各种新旧思想且使其杂然相处的刊物,但后期因具有鲜明的反政府倾向而被停办。

二 "和魂汉才,兼备洋学"的木户孝允

被《新闻评论》高度夸赞的木户孝允(1833—1877)是明治政府的缔造者之一,和西乡隆盛、大久保利通一道被称为"维新三杰",也是融合日本近代资本主义制度和传统天皇制的先驱人物之一,长州藩藩士,明治时代初期被视为"长州派阀"领袖,在幕末时期属该藩尊王攘夷派中心人物,时称桂小五郎。其遗族在"华族令"公布时叙侯爵,除旧"大名"家和"公家"外,能享受此殊荣的仅有木户孝允和大久保利通这两大遗族。孝允还有以下一些名头:吉田松阴的弟子、长州"正义派"[②] 藩士、"练兵馆"馆长兼剑客、有志留学、开国、"毁约攘夷"之志士、长州藩外交专办、藩厅政务最高负责人等。这些名头使孝允在"志士时代"很容易招致幕府的攻击和暗杀,但他并不畏惧,依旧勇敢地在京都等地活动。维新后,孝允先后担任"总裁局顾问"、"参议"、第2任"文部卿"和第2任"内务卿",提议"官吏公选",在推进"文明开化"的同时努力废除各项封建制度,实现"奉还版籍、废藩置县",并建立起由"萨长土肥"四藩巨头组成的"参议内阁制"。孝允在考察海外后还要求政府尽早制定宪法和建成三权分立的国家。另一方面,孝允还积极推行新的国民教育和天皇观教育,给士族"授产",因此受到原长州藩藩主毛利敬亲和明治天皇的共同信任。孝允是开明而又怀柔各种势力的新政府领导,但在激进派和守旧派不断进行的权力斗争中身心皆感疲惫,以致在"西南战争"后期于京都发病并死在那里。据说临死前孝允在似醒非醒间还念叨着政敌西乡隆盛的名字,

---

① 参见《新闻研究》,日本新闻协会2012年版,1月刊,第71页。
② 江户时代后期,长州藩内分为改革派和保守派,相互争夺主导权,后改革派称"正义派",而将顺从幕府的保守派称作"俗论派"。"正义派"和"俗论派"的命名者为高杉晋作。

"大和魂"史的初步研究

既为政府也为隆盛的命运担忧。需补充说明,"东京招魂社"即靖国神社的前身,就是孝允与其心腹大村益次郎[1]于"戊辰战争"结束(1868/明治二)后建成的,当时的目的是追悼、表彰为建立近代国家而失去生命的同志。

从以上说明可以看出,木户孝允被《评论新闻》表彰为"和魂汉才,兼备洋学"的确实至名归。具体说来,他的"和魂"可能来自吉田松阴。1849年(嘉永二)孝允在向松阴学习兵学时曾被师父夸赞为"有成事之才",并说"吾友桂生五郎武人"[2]"为我所重"[3],说明二人属亦师亦友的关系,故松阴的"和魂"不会不对孝允产生影响。和松阴一样,孝允没有就尊皇特别说过什么,但在那尊皇意识普遍高涨的幕末时代,将尊皇当作口头禅或在勤王的旗帜下试图实现日本独立和革命的人不在少数。认为维新成功后日本也需要一个传统精神与偶像以凝聚人心和稳定国家的人亦不鲜见。孝允似乎就属于这么一种人。虽然松平春岳[4]说过"木户……勤皇之志敦厚……辅助帝王,统御内阁参议"[5],但那只是表面的赞誉之辞。其实如一些日本名人评述,孝允是一个没有成见、开明、理性和讲求实际之人。"木户乃正直、认真之人,虽雄辩滔滔,奇才纵横,但相当诚实。……木户言行干脆利落,所思所想无所不谈。"(大隈重信)[6] 维新后日本(在许多方面)走向民主与木户几乎都有关系。不过孝允也"聪明绝顶,洞察政治和政局,……具有卓越的理性和合理主义精神,……木户是一个可以洞察一切的人。"(宫地正人)[7] 由此可以蠡测,孝允即使有尊皇言论,也有可能是一种从众行为和出于一种政治需要。据说孝允即使面对明治天皇也不尊重宫廷礼

---

[1] 大村益次郎(1825—1869),日本近代陆军的创建者,曾向绪方洪庵学习"兰学"和医学,作为长州藩军事指挥官参与对抗"长州征讨"和"戊辰战争"。1869年(明治二)任"兵部大辅",采用法国军制,后被守旧派暗杀。
[2] 德富苏峰:《木户松菊先生》,民友社1928年版,第79页。
[3] 转引自日本维基网站"木户孝允"条。
[4] 松平春岳(1828—1890),幕末至明治时代初期的"大名"和政治家,第16任越前国福井藩藩主。
[5] 伊藤痴游:《新装维新十杰》第五卷,平凡社1942年版,第347页。
[6] 江森泰吉编:《大隈伯百话》,实业之日本社1909年版,第312页。
[7] 宫地正人(日本国立历史民俗博物馆馆长):《木户孝允文书》卷1,序言,东京大学出版会2003年版,第4页。

第九章 从"和魂汉洋才"到"和魂洋才"……

仪,他"与镇压土佐勤皇党的山内容堂在维新在后意气相投,成为酒友,和酒仙容堂连续对饮后会败下阵来。据某人在 1868 年(明治元)9 月 16 日的日记中说,当天明治天皇颁赐酒肴,孝允与容堂边喝边谈,醉意醺然,连饮数十杯后倒在江户城内的皇宫走廊,浑然不觉"①。因此,孝允的"和魂"不大可能专指他的"尊皇精神",而很可能还指他"会吟歌作诗,擅长风流韵事"②。比如他的老婆,就是幕末动乱时期在京都某妓馆救过孝允的命且后来成为同志的艺伎几松(后改名木户松子)。另外,孝允的剑术似乎也使他容易获得比别人更多的"和魂"(尚武)名声。

1848 年(嘉永元)孝允秉承生父(藩医)"既非武士,自当付出更多努力成为武士"的嘱咐,刻苦学习剑术。1852 年(嘉永五)孝允在得到本藩允许后,自费与"神道无念流"剑客斋藤新太郎及 5 名藩费学生,一道进入江户三大道场之一的"练兵馆"(馆长斋藤弥九郎)学习,一年后即成为"塾头",可见其用功和剑术精到的程度。据说孝允操剑时"其静谧的气魄让四周的人皆有压迫感",甚至连幕府"讲武所"总裁男谷精一郎的嫡传弟子也败在他的剑下。在奉藩命归"国"前 5 年间,孝允一直担任"练兵馆"的"塾头",名满天下,甚至连著名剑客近藤勇③都说"太可怕了,桂小五郎让人无计可施"④。

作为藩士,孝允当然要学习儒家典籍,这是他"汉才"深厚的原因。和吉田松阴一样,孝允很小时(10 岁)就进入藩校"明伦馆"学习,成绩斐然,据说后来可以即兴创作汉诗和解释《孟子》,在藩主毛利敬亲的面试中竟二度得到褒奖,作为长州藩的年轻才俊受到藩主的注意。"木户"此姓就是在第二次征讨长州藩前(庆应二)藩主毛利敬亲所赐。⑤

---

① 妻木忠太:《史实考证木户松菊公逸事》,《与山内丰信之交情》中篇,有朋堂书店 1935 年版,第 306 页。
② 江森泰吉编:《大隈伯百话》,实业之日本社 1909 年版,第 312 页。
③ 近藤勇(1834—1868),幕末"新撰组"组长,"天然理心流"剑客,1863 年(文久三)被幕府"浪士队"招募后组建"新撰组",捕杀各藩倒幕志士。在甲斐国胜沼与天皇军作战时失败,被斩首于武藏板桥。
④ 中村天风:《祝你成功》,日本经营合理化协会出版局 2001 年版,第 142 页。
⑤ 综合自日本维基网站"木户孝允"条。

"大和魂"史的初步研究

不过在学习儒学时孝允决不迂腐，在那风云激荡的年代还积极学习"洋学"。他先是在担任"练兵馆塾头"期间，跟随兵学家兼幕府官员江川英龙学习西洋兵学、步枪战法和炮台修造术，继而又分别向幕府海防官员本多"越中守"家臣高崎传藏学习斯克莱尔式帆船建造术和向浦贺"奉行支配组"官员中岛三郎助学习战船修造术。与后者相处的时间虽然很短，但两人情投意合，中岛的家人也善待孝允。中岛很开明，但作为幕臣必须为其主效力，后来在"箱馆（函馆）战役"① 中与两个儿子一道战死。即使这样，明治政府成立后孝允也未忘记中岛的恩情，尽力保护他的遗族。1876年（明治九）孝允跟随天皇到奥羽、北海道巡幸时回忆往事，恸哭不已。此外在学习西洋兵法等的同时，孝允还到长州藩藩士手塚律藏那里学习英语，这对他后来访问欧洲和进一步学习西方政治、军事、经济等学问奠定了很好的基础。总之，孝允是个不计较传统和"近代"以及政治歧见，走在时代前列的人物。

孝允在年轻时无法自由地到西方国家学习。据说在松阴下海偷渡前他打算协助师父，但被后者制止，最终得以免于幕府处罚。孝允还曾和妹夫来原良藏一道向本藩政府提出留学申请，这让本已在应对松阴偷渡事件伤透脑筋的藩政府惊讶不已。当时藩政府尚未明确倒幕方针，不可能批准违反锁国禁令的留学申请，所以孝允才有在国内向各先贤学习洋学之举。孝允后来在本藩掌握权力后积极推荐后学到欧美留学。1863年（文久三）5月8日，从长州藩秘密派往英国的留学生从横滨出发（日期据山尾庸三②日记），他们就是被称作"长州五杰"的井上馨、伊藤博文、山尾庸三、井上胜和远藤谨助。从这个意义说，孝允不仅是"维新之父"，还是近代日本之父。

---

① 箱馆（函馆）战役，即"戊辰战争"的最后一战。榎本武扬等旧幕军一部于1868年（明治元）占据箱馆（函馆）五稜郭，在事实上建立了一个独立政权以抵抗新政府，但于翌年被天皇军攻击，5月投降。也称"五稜郭之战"。

② 山尾庸三（1837—1917），幕末明治时代的武士和官僚，长州藩藩士，1863年和伊藤博文等人前往英国，学习工业，1870年回国，参与工部省和工学寮的设立，1880年任"工部卿"，后任皇宫顾问官、法制局长官。

明治新政府成立后，"右大臣"岩仓具视①也看好带有较浓西方政治色彩的孝允，因此孝允被任命为"总裁局专任顾问"（该局仅一名顾问），实际上就是政府全部工作的最高决策者，指挥当时日本几乎所有的重大改革事务。"太政官"制度废除后，孝允还兼任"外国事务专办"、"参与"②、"参议"和"文部卿"等，自1868年（明治元）起率先提出并让政府实施不知其数的开明建议和政策。例如，协助草拟天皇"五条誓词"，"奉还版籍"和废藩置县，确立法治，制定宪法，确立三权分立和"两院制"，推进新闻媒体发展，废止封建陋习，实现"四民"平等和人才优先录用政策，充实教育等。另外还禁止军人进入内阁，建立地方警察和民主审判制度。

特别值得一提的是，1868年（明治元）3月14日公布的天皇"五条誓词"。该誓词由福冈孝弟③拟定，但不少字句经过孝允的改动，如原第一条的"兴列侯会议"被改为"广兴会议"；原第三条"要不使人心厌倦"句被改为较简练的"不使人心厌倦"（其前半句的"须使官武一途以至庶民各遂其志"未改）；原第四条被插入"破除旧有陋习，基于天地公道"一句；原第三条的"须求知识于世界，大力振作皇基"句被搬至第五条，给全体国民留下"日本人乃世界人，须倾力打造此国民基础"这一明治政府急欲解决的最重要课题。孝允的这些改动，较典型地反映出他的"和魂汉才，兼备洋学"精神。这第五条的前半句直接引自横井小楠《国是三论》中的"取智识于世界万国"④，后半句的"皇基"（天皇掌权与治国之基础）即当时日本人所理解的尊皇式"和魂"之一。孝允还亲自设计明治天皇（当时刚满15岁）率领全体阁员对天地神明宣誓的仪式，并说服对此抵制的守旧派官员。

---

① 岩仓具视（1825—1883），幕末明治时代前期的"公家"和政治家，致力于"公武合体"，但后来成为宫廷的讨幕运动中心人物，维新后又成为政府的中枢，为修改不平等条约率使节团访问欧美。

② 明治时代初期的政府高官，仅次于"总裁"和"议定"，由"公家"、诸"大名"和藩士担任，分掌各科职务，1869年（明治二）废止。

③ 福冈孝弟（1835—1919），政治家，土佐藩藩士，曾奉山内容堂之命向德川庆喜劝说"奉还大政"，也是天皇"五条誓词"和"政体书"的起草人之一，后历任"文部卿"和"枢密顾问官"等。

④ 横井小楠：《国是三论》，《日本思想大系55》，岩波书店1971年版，第448页。

"大和魂"史的初步研究

孝允对西方世界怀有好感,然而他在作为"岩仓使节团"全权副使考察欧美时不仅学到那里的先进文化,还洞察出西方民主社会的不完整一面及其可能给日本带来的危害。因此他逐渐修正过去的开明激进立场,转为"渐进派"人士。在这时的他看来,欧美和日本之间的文化差距过大,日本首先要完成的是"内治"。以上介绍的孝允业绩,如制定宪法、建立两院制议会、充实国民教育和天皇观教育等,以及改变地租、取消不公正税制和重税、废除武士特权、实现"秩禄处分"(目的是帮助武士寻找新的生活途径)等大都与"内治"有关。

正因为如此,孝允收回自己过去的"征韩"主张,转而反对西乡隆盛等人的"征韩论"和大隈重信[①]、西乡从道[②]等人出兵台湾的主张。而在出兵台湾一事被最终决定的1874年(明治七)5月,孝允一怒之下辞去"参议"职务。[③]

孝允是一个具有时代创造精神的人,他的"洋学"色彩为他的历史评价加分甚多。同时孝允还是一个"充分体现出大义名分精神"[④]的人。他不光懂得"汉才"和"洋学",还善于将这些学问与日本的实际结合起来,这也许才是他的真正"和魂"本事。由此看来,我们必须修正上述他的"和魂"仅限于"会吟歌作诗,擅长风流韵事"和"剑道"的结论。应该说,他的"和魂"就是善于融合其他学问,包括早已成为他身体一部分的"汉才"。比如他欠决绝,不忘旧恩,善待幕府旧臣,重视保存传统。也许对他来说,天皇是传统,幕府也是传统,对二者都须讲"大义名分"。在孝允看来,尊皇或许只是出于符合日本发展实际的需要,故旧幕府势力也需要温存,只有在不分裂日本的情况下

---

① 大隈重信(1838—1922),政治家,佐贺藩藩士,历任维新政府要职,主要分管财务,于"明治十四年政变"中下野,组建"改进党",后任外务大臣,努力废除不平等条约。1898年(明治三十一)成为宪政党内阁即"隈板内阁"首相,1914年(大正三)再任首相。侯爵。

② 西乡从道(1843—1902),军人、政治家、陆军中将、海军大将、元帅,萨摩藩藩士,西乡隆盛之弟,人称"小西乡"。"戊辰战争"时从军,后到欧洲研究兵制,对创建日本陆军有很大贡献。1874年(明治七)率军攻占台湾,后任"陆军卿",转入海军后任海军大臣、内务大臣。侯爵。

③ 以上部分综合自日本维基网站"木户孝允"条。

④ 江森泰吉编:《大隈伯百话》,实业之日本社1909年版,第315页。

实现日本的近代化才有意义。另外还可以说，孝允是一个极具西方色彩的人物，但他并不盲从西方。

第九节　金子坚太郎"日本之国体与教育之基础"中的"倭魂汉才"和"汉洋才"

一　金子坚太郎的少年时期

在第六章"《菅家遗诫》抄本"（32）"大宰府卷物"部分，著者引用过金子坚太郎在《新撰国体论纂》第二篇"教育之基础"第一章"日本之国体与教育之基础"中的一段话："大宰府天满宫神社所藏《菅家遗诫》，……余幼年拜读，其中一句（似指'凡国学所要云云'——引者注）令余感佩不已，认为彼即日本帝国之学问精神"，并且认为，尽管坚太郎对加藤仁平的来信回复详尽，但其中疑点颇多，这里仅说明两点：（1）坚太郎阅读《菅家遗诫》的实际时间存在矛盾。他说"余幼年拜读"《菅家遗诫》，按他的生年（1853）计算，这"幼年"应该是在1860年或之前，但在回复加藤仁平的信中他又说："余记忆中见《菅家遗诫》乃于明治三、四年（1870、1871）左右；（2）所读《菅家遗诫》抄本为何不明。坚太郎"幼年拜读""大宰府天满宫神社所藏《菅家遗诫》"和"余所见者乃于道真公之后世代侍奉大宰府神社之宫小路康文所藏"二句，没有说清他读的是大宰府天满宫神社所藏的《菅家遗诫》，还是"道真公之后世代侍奉大宰府神社之宫小路康文所藏"（家藏）的《菅家遗诫》。另外，坚太郎还说："曾命宫小路抄其卷物后保存（在自家），但焚于前年之大地震火灾"，且因战火，神社保存的抄本或也已焚毁，所以让仁平去神社或宫小路后人处访查。然而后来据该神社社务所转来的西高辻男爵和宫小路后人的回复，该"神社无该卷物。宫小路宅亦无该卷物"。因此我们不知道坚太郎是否真的读过该神社或宫小路家保存的"卷物"，有可能他读的"卷物"是另一个抄本，也有可能他未读过所提抄本之外的其他抄本，而是公开的刊本。①

人到一定年纪，记忆出现差错可以理解，但坚太郎不就自己的记忆

---

① 参见本书第六章。

"大和魂"史的初步研究

进行梳理和核对,而对"日本帝国之学问精神"抱以迷信且轻率的态度,不能不让人对他的治学精神产生怀疑。他还威吓仁平,说"《菅家遗诫》或为神社侍奉者于道真公薨后蒐集其言论辑录而成。欲公言其乃伪作等,须负责任写出明确之证据"①,其实显示的是偏听偏信,不愿认真研究学问的态度。承接上述"令余感佩不已,认为彼即日本帝国之学问精神"一句,坚太郎又说了一些话,也印证着他的治学态度:"日本神国一(按:应为'万')世无穷,其玄妙者学人等终难知晓,我等更无法尽知。亦即,对拥戴皇室之大和民族在引进支那等学问后富强自身国家此一无穷玄妙之处,仅靠学问根本无法蠡测。即令学习汉土三代周孔圣经,革命之国风亦须深加思虑也。"② 人们读罢此言,更难相信坚太郎曾是接受过美国近代高等教育的哈佛大学毕业生。又或许因为他不勇敢,不敢在当时的社会状态下说出事实的真相,且未对日本传统学问下过功夫,故只能拾前人和时人的牙慧。

金子坚太郎(1853—1942),明治时代初期的官僚政治家,出生在福冈藩一个名叫金子清藏的藩士家庭。福冈藩属于"外样"藩,在明治维新前由黑田氏族管理,共延续12代,在政治上曾有摇摆,幕末时持佐幕立场,镇压过藩内的"勤王"人物,但在第12任藩主黑田长知掌权后又转而提出"公武合体"。长知在第一次征讨长州时,向幕府提出赦免长州藩的建议,并向皇室、幕府双方都抛出"公武合体"的主张。1866年(庆应二)幕府二度征讨长州时长知到京都,在二条城陈述自己对国是的看法。1869年(明治二)长知留任藩主,同年在"奉还版籍"时转任"藩知事",但在1871年出资援助"戊辰战争"时因藩财政困难伪造货币被罢免"知事"职务,4个月后去外国考察。该藩在文化上屡有建树,诞生过著名的汉学家贝原益轩、"国学家"青柳种信和洋学家青木兴胜,具有三种学问相处一室而无碍的传统。

和许多武士一样,坚太郎自幼起即接受良好的汉学教育,似未对传统的日本学问下过功夫,1863年(文久三)1月进入藩校"修猷馆"学习,成绩优良,擅长书法,但据说他对幕府的身份等级制度存有诸多

---

① 参见本书第六章。
② 转引自佐伯重夫编《新撰国体论纂》,大日本国体会1918年版,第160页。

第九章 从"和魂汉洋才"到"和魂洋才"……

不满。当时藩校的进出门制度也有等级区分,身份高的武士子弟可以从正门出入,而身份低的则只能从侧门进出。虽同在一间教室,但身份低的子弟学习再好也无法排名在身份高的子弟前面。1868年(庆应四)4月,坚太郎于父亡后继承家业,但因丧失士籍(他家不属于"永久武士"身份)被编入幕军的"枪手组",历任"步枪队队长跑腿"、"十字路中间岗亭执勤"和"幕府奉行所"工友,后来购买了"枪手组"成员的身份,俸禄是年12石米,可养活4口人,在当时算是一个具有军事知识和头脑灵光但不得志的年轻人,他对能改变自己处境和凭本事吃饭的"革命"抱有好感也在情理之中。明治维新后,坚太郎因过去在"修猷馆"学业优异被授予"永久武士"称号,并奉本藩"家老"之命于1870年(明治三)赴东京原昌平黉"博士"、松山藩"大参事"藤野正启开办的汉学塾继续学习汉学,但不久该校停办。不仅如此,由于1871年(明治四)7月"废藩置县",藩"留学生"的坚太郎还因此丧失学费资助而走投无路。按说他可以返乡,但心气颇高的坚太郎却打算留在东京寻找新的出路。这时有一个老乡向他伸出援手,为他打开了一扇通往仕途的大门。这个人就是当时在司法省工作的平贺义质。

义质曾在胜海舟[①]和榎本武扬[②]工作过的长崎"海军训练所"学习,1867年(庆应三)作为福冈藩首批留学生到美国波士顿留学(与义质同行的还有6人,其中就有日本的"铁路之父"本间英一郎),归国后进入司法省。从这个意义上说,是义质的示范效应启发了坚太郎。他恳求义质:"我是学汉学来东京的,现已无学费,但我想留在东京学英语,以此研究世界大势。作为国民必须为国家做些什么。现在我回乡无法做任何事情,所以希望您务必收留我,做学徒也行。"义质接受了

[①] 胜海舟(1823—1899),幕末明治时代政治家,出生于江户,"旗本"之子,曾被派往长崎海军训练所学习,后率"咸临丸"号船渡美,归国后创建海军操练所,任"军舰奉行"。还曾作为幕府代表完成移交江户城的任务,维新后任"参议"、海军卿、枢密顾问官,叙伯爵,著有《海军历史》、《陆军历史》、《开国起源》、自传《冰川清话》等。

[②] 榎本武扬(1836—1908),政治家,出生于江户,幕臣,在长崎海军训练所学习后留学荷兰,归国后任海军"副总裁"。"戊辰战争"时盘踞箱馆(函馆)五稜郭与天皇军对抗,但不久投降。后任驻俄罗斯公使,与俄罗斯签订库页岛与千岛交换条约。再后历任诸大臣。叙子爵。

• 715 •

坚太郎，从此后者每天都挎着公文包到司法省学习英语。[①] 与坚太郎一道学习英语的还有福冈藩的另一个英才——团琢磨[②]。

二 进入哈佛学法律

1871年12月23日，坚太郎时来运转，作为与"岩仓使节团"同行的黑田长知随员和团琢磨一道赴美留学，这或许与他的英语学习、头脑灵活、受本藩赏识及义质的推荐都有关系，其中也有命运眷顾的因素。如上述，福冈藩伪币事件发生后长知被罢免"藩知事"职务，陷入失意的状态。其养父前藩主黑田长溥打算让长知去外国走走，所以就又选出一些留学生同行，那就是金子坚太郎和团琢磨。

坚太郎先是进入波士顿某小学学习，跳级毕业后进入中学，中途一度退学后进入哈佛大学法学系。这对他和他的祖国来说后来都意义重大，也说明坚太郎颇有远见。在进入哈佛大学前，坚太郎曾师事波士顿著名律师奥利弗·温德尔·霍姆兹·朱利尔（后任哈佛大学教授、联邦最高法院法官），见习于"亨利·斯福特与拉思鲁·克莱法律事务所"。根据霍姆兹的要求，坚太郎阅读了普拉克斯顿的《英法注解》、缅因的《古代法》、卡特法鸿的《古代城市》和摩根的《古代社会》。进入哈佛后坚太郎与小村寿太郎[③]同住一个房间，这个不期而遇对他后来的政治发展大有好处。在学期间，坚太郎又按照霍姆兹的指示学习哈密尔顿、麦迪森、杰伊的《联邦党人》、哈姆的《英国宪法史》、路易斯的《哲学史》和拉伯克的《文化史》等。值得关注的是，坚太郎还接受约翰·菲克斯（哈佛大学哲学教授）的个人建议，认真学习过哈

[①] 佚名：《金子坚太郎》，2014年6月20日，http://shuyu.fku.ed.jp/html/syoukai/rekishi/kaneko.htm。

[②] 团琢磨（1858—1932），福冈藩藩士，留美归国后成为日本的工学家和实业家，任三井合名公司理事长和首任日本工业俱乐部理事长，获工学博士学位。叙男爵。

[③] 小村寿太郎（1855—1911），明治时代的政治家和外交官，在"大学南校"（东京大学前身）学习后留学哈佛大学，归国后于1884年进入外务省，1893年被外务大臣陆奥宗光发现派往北京，作为临时代办处理甲午战争时中日两国间的问题"有功"。"三国干涉还辽"后又作为驻朝代理公使处理杀害闵妃的事件，并"合并"朝鲜。1896年作为驻朝公使与俄罗斯签订《小村·卫伯协议》，为日本开疆拓土"居功至伟"。1901年就任第1届桂内阁外务大臣，在恢复日本关税自主权等方面也贡献良多。

第九章 从"和魂汉洋才"到"和魂洋才"……

伯特·斯宾塞的"社会达尔文主义"。这种主义对坚太郎产生了重要的影响，也为日本后来不断发动对外侵略战争起到理论支撑作用。

其实对坚太郎来说，比起上述知识的学习，他的课外活动为其日后在日本政界崭露头角帮助更大。这些活动主要集中在与美国著名政治家、议员、文学家、哲学家和新闻记者的交往方面，为他在波士顿上流阶层、人称 WASP 的英国白人新教社会积累起广泛的人脉，也为日本后来在国际上进行有效的宣传战、公关战、舆论战和不断制造舆论议题并屡占上风打下基础。最重要的是，坚太郎在学期间还认识了学长西奥多·罗斯福[1]，为他在日俄战争期间游说美国起到了巨大作用。需要特别一提的是，坚太郎还通过美国上院议员查尔斯·萨姆纳[2]知道这个世界有埃德蒙·伯克[3]此人，并因此成为伯克及其著作的粉丝。

伯克是英语世界的"保守主义之父"，在经济上鼓吹自由主义，但在政治上却相当保守，于1790年出版《对法国大革命的反思》一书，成为英国最早且最猛烈抨击法国大革命的著名人物。他认为该革命是一场颠覆传统和正当权威的叛乱，试图切断既往的复杂社会关系，因此沦为一场人类大灾难。他曾用极度夸张的语调挖苦民主："一个理发师或是蜡烛制造者的职业不可能成为所有人眼中的荣耀，更不用说其他一些更为低级的职业。这些人不应该受到国家的迫害，但如果他们被允许进行统治——无论是以个人还是以集体的名义，国家反过来会受到这些人的迫害。"[4] 为此曾欣赏伯克的许多人，如托马斯·杰斐逊[5]以及同为辉格

---

[1] 西奥多·罗斯福（在位1901—1909，1858—1919），美国第26任总统，也称"老罗斯福"总统，因成功调停日俄战争获1906年诺贝尔和平奖，是第一个获得该奖项的美国人。他的远房堂侄富兰克林·罗斯福（在位1933—1945，1882—1945）日后当选为美国第32任总统，被称作"小罗斯福"总统。

[2] 查尔斯·萨姆纳（1811—1874），美国马萨诸塞州政治家、废奴主义者和激进派共和党领袖。

[3] 埃德蒙·伯克（1729—1797），爱尔兰人，政治家、作家、演说家、政治理论家和哲学家，曾在英国下院担任数年辉格党议员，人称英语世界的"保守主义之父"，著有《与美国和解》和《对法国大革命的反思》等。

[4] 转引自百度百科"埃德蒙·伯克"条。

[5] 托马斯·杰斐逊（在位1801—1809，1743—1826），美国的政治家、思想家、哲学家、科学家、教育家和第3任美国总统，也是美国独立战争期间的主要领导人之一，参与起草美国的《独立宣言》。

党的政治家查理斯·詹姆斯·福克斯都谴责他是一个反动分子及民主的敌人，所以在如今的英语世界，伯克通常被视为现代保守主义的奠基人。伯克的"自由保守主义"反对政府依据抽象的概念进行统治，或是反对实行"全盘的"政治改革。拿这个人的理论对照坚太郎回国的表现，说后者没有真正学到民主主义精神，反而学到了"自由保守主义"，是日本的埃德蒙·伯克可能并不为过。虽然坚太郎在学期间很忙，学习成绩如何也无从知晓，但他在哈佛毕业时还是获得了该校的法学学士学位。

三 回国后不久被伊藤博文看中

1878年（明治十一）坚太郎回国，因不属于萨、长藩派故很难在政府就职，只能在东京大学预备校（1877年至1885年称"第一高等学校"）担任讲师，勉强糊口，其间还加入"共存同众"[①] 组织和"嘤鸣社"[②]，宣传民主，并和目贺田种太郎[③]、田尻稻次郎[④]等一道在夜校教法律，混得不算好。1880年（明治十三），坚太郎再次时来运转，由于

[①] 以明治时代初期从欧洲留学回国的人为核心、目的是便于会员切磋讨论和对国民进行启蒙的团体。1874年9月由小野梓提议组建，"共存同众"的名称也由他命名。"共存"乃"社会"、"同众"乃协会的意思，也有Mutual Association的意思。其前身是1873年9月在伦敦的日本人留学生组成的"日本学生会"，其核心人物是小野梓和马场辰猪，目的是让身处外国但仍未摆脱出生地的藩意识、具有强烈封建时代感情的日本留学生认识到日本在国际社会的现状，通过和睦和相互扶持，自觉意识到留学生的使命。

[②] 明治时代初期的政治团体。1874年9月在司法省工作的沼间守一与河野敏谦等人为向民众启蒙法治思想举办法律演讲会，"西南战争"后演讲团体改称"嘤鸣社"，同时还研究欧美新思想，通过公开演讲会等鼓吹自由民权思想，作为东京的民权运动母体拥有1000名会员。1879年因政府禁止官员在工作时间外演讲政治，所以沼间从后来工作的元老院辞职，嘤鸣社也丧失了1/3的政府会员。1882年3月这些人成为"立宪改进党"核心，该团体于7月《集会修订条例》公布后被命令解散。

[③] 目贺田种太郎（1853—1926），明治时代的大藏省官僚、韩国财政顾问。从18岁开始留学美国，8年后自哈佛大学法学院毕业，回国后任横滨美国领事法院律师，后任横滨法院法官，于1883年进入大藏省，1891年任横滨海关关长。甲午战争爆发时任大藏省主税局局长，主抓土地增税、冲绳土地管理、地价调整、关税修订等工作，从税制方面为筹措战争经费和支持日本扩军计划做出"贡献"。日俄战争爆发时（1904），根据第1次《日韩协议》，日本设立韩国财政顾问，目贺从主税局局长改任该财政顾问。根据1907年第3次《日韩协议》，韩国成为被保护国，目贺以日军武力为背景，强制进行激进的币制、财政改革，在韩国建立起殖民地性质的经济基础。

[④] 田尻稻次郎（1850—1923），明治、大正时代的官僚、财经学者。1881年赴美，在耶鲁大学学习财政学和经济学，归国后进入大藏省，任主税局局长、大藏省次官，后任会计检察院院长，东京市市长等。其间还兼任东京帝国大学教授、贵族院议员，著有《经济大意》、《财政与金融》等。

第九章 从"和魂汉洋才"到"和魂洋才"……

有在哈佛法学院学习的经历,被录用为元老院"权少书记官",参与调查各国宪法,并因此得到伊藤博文的知遇,于1885年担任第一届伊藤内阁总理秘书,并从后来的枢密院议长秘书被拔擢为贵族院议员。因为此时的日本需要一部宪法,1884年(明治十七)日本新设"制度调查局",坚太郎在伊藤博文的领导下,与井上毅①、伊东巳代治②等一道开始起草宪法及《贵族院令》和《众院议员选举法》等,为1889年(明治二十二)日本诞生第一部宪法——《大日本帝国宪法》(《明治宪法》),变身为君主立宪国家做出重要贡献。自此开始,坚太郎成为伊藤派阀的官僚和政治家,历任农、商、司法大臣,并参与创建"立宪政友会"。1904—1905年日俄战争期间奉派赴美展开宣传战和舆论战,晚年任"枢密顾问官",参与《不战条约》③和《伦敦海军条约》④的谈判,其间在批判美浓部达吉⑤"天皇机构说"⑥的同时,还以"维新史料编纂会"总裁和"帝室编纂局"总裁的身份编撰了《明治天皇纪》。

---

① 井上毅(1843—1895),政治家,熊本藩藩士,属大久保利通和伊藤博文的智囊,参与《帝国宪法》和《教育敕语》、《军人敕谕》的起草,任"枢密顾问官"、文部大臣。子爵。

② 伊东巳代治(1857—1934),政治家,为伊藤博文所用,参与《帝国宪法》等的制定,后任"枢密顾问官"。伯爵。

③ 正式名称是《放弃战争条约》(Treaty for the Renunciation of War),按签署地还可以说是《巴黎条约》,按提议者、法国外相和美国国务卿又可称《布里安·克洛格条约》,签署于1928年8月27日,翌年7月24日生效。该条约宣布,当事国不得为解决国际纷争而诉诸战争,须放弃战争作为国家政策的手段,规定应以和平手段解决国际纷争。

④ 于1930年在伦敦召开,议题是限制当时主要军事大国军舰的保有量。日军的舰船数量被削减至美国的七成以下,为此日本海军内部分为赞成条约的"条约派"和反对条约的"舰队派"。日本于1935年12月召开的第2次海军会议的翌年宣布退出该条约,此后在通往战争的道路上狂飙突进。

⑤ 美浓部达吉(1873—1948),宪法学和行政法学学者,1897年毕业于东京大学,在内务省工作不久于1899年留学欧洲,1900年任东大法学部副教授,1902年作为教授担任比较法制史课程,1908年接替离开内务省的一木喜德朗举办行政法讲座,1920年讲授宪法,1911年夏受文部省委托为初中教员讲解宪法,1912年公开发表该讲义,在其中提倡"天皇机构说",严厉批判穗积八束的言论,因此招致穗积的弟子上杉慎吉乃"有关国体之异说"的批判,后来二人以杂志《太阳》为舞台进行论战,美浓部达吉得到学界和知识阶层的积极支持。

⑥ 以美浓部达吉为代表作出的围绕《大日本帝国宪法》(《明治宪法》)解释的学说之一。该学说的特点在于它认可"统治权发端于天皇"这个"天皇主权"原则,但反对天皇的权力绝对而无限的主张。换言之,即统治权并非为天皇个人私利,而应为国家利益而行使,所以国家具有能够接受该权益的法人人格,因而是统治权主体,而天皇代表作为法人的国家,需要服从宪法规定,他只是行使统治权力的最高机构。

"大和魂"史的初步研究

综观坚太郎的历史"功绩",有两点必须强调:(1)在日俄战争期间赴美进行宣传战和舆论战,为战时外交和后来签订《日俄媾和条约》做出重大"贡献";(2)参与制定《大日本帝国宪法》(《明治宪法》),确立了天皇的统治地位,并且将尊奉天皇与"大和魂"(日本民族精神)混为一谈。这构成了坚太郎版的"和魂汉洋才"论。

四　日俄战争期间赴美打宣传战和舆论战

1904年日俄战争前日本对是否能战胜沙俄信心不足。是年2月4日傍晚,时任枢密院议长的伊藤博文在结束"御前会议"后一回官邸即打电话让坚太郎前来,说"我们最终决定开战。战争要打几年不得而知。我已下了扛枪与俄国士兵战斗的决心。你立刻去美国,说服学友罗斯福总统,让他进行和平调停。"① 这些话说明了两个问题:(1)日本信心不足,在尚未开战前就考虑到开战后的议和问题;(2)对与沙俄保持良好关系的美国存有疑虑,希望坚太郎能动用关系,在争取罗斯福总统支持的同时,将美国国民的舆论引向有利于日本的方向。对此坚太郎表示拒绝:"日本根本无法与俄国交战。我不能接受此任务。"② 于是伊藤劝诱:"现在暂不考虑成功与否。我伊藤博文等躯体皆由陛下所赐,如今乃赌国运之战斗时刻,亦乃将我生命、财产、荣誉、爵位等悉数献于陛下之奉公时刻。""我已下定决心,(若有需要当)身先士卒,扛枪站在山阴道上或九州海岸,只要一息尚存,就不让俄军踏上日本的土地。"③ 在此情况下坚太郎无话可说,只能临危受命。另一个令日本担心的是财政问题。因为准备战争,日本财政行将崩溃。后来的日俄战争又让日本花费了约19亿日元,相当于当时国家预算的3倍左右。至1905年3月10日日军取得奉天(沈阳)会战胜利时,日本已面临弹尽粮绝、无钱再战的境地,如果继续接战将可能失败。这证明了伊藤博文极具先见之明,在战前就考虑到如何能在短期内战胜沙俄远东军队,以及见好就收、避免陷入长期战争的窘境。让坚太郎赴美,就是为了利用

---

① 司马辽太郎:《坂上风云7》,文春文库1999年版,第23页。
② 同上。
③ 改写自石塚正英《日俄战争、日美外交秘录——金子坚太郎回忆录》,长崎出版社1986年版,第47页。

第九章 从"和魂汉洋才"到"和魂洋才"……

他与老罗斯福总统的关系和在美的英国白人新教社会的人脉,让美国伺机调停,顺便弄些军火钱来。实际上当时派往国外的不止坚太郎一人,还有赴英获取外交、战争情报的末松谦澄[①]和发行公债以筹措战争经费的高桥是清[②],以及潜入芬兰等地支援俄国共产党进行革命的明石元二郎等。

那么美国是否买坚太郎的账呢?在玩弄国际政治手段方面,美国一点都不输于它的老宗主国英国,甚至技高一筹。美国四处标榜中立,与沙俄也保持"良好"关系,同时主张中国必须"开放门户",但须"领土完整"。一句话,美国过去因忙于吞并夏威夷和美西战争,迟来到亚洲一步,不得不如此行事。但在日本有求于美国的这个时候,美国已有余力并有必要在远东找到自己的新立足地和新获利场所。另外,假如日俄发生战争,其任何一方取胜都会与美国日后的利益产生矛盾,所以让日俄交恶,但不使一方坐大最符合美国利益。可以说在这个大背景下,不管坚太郎到美是否努力都将获得成功。如今的日本媒体往往夸大坚太郎的本事,但不可否认,坚太郎在美期间还是发挥出相当的政治手腕和个人魅力。

当时身份仅为大臣的坚太郎访问白宫时,老罗斯福大作其秀,亲自到门廊迎接,与坚太郎手挽手进入办公室,显示出"亲密无间"的关系。一个月后,坚太郎在老罗斯福的安排下在纽约的大学俱乐部,面对前内阁部长、陆海军将领、法官、大学校长、商会领袖、实业家、银行家、新闻记者等二百余人,从日俄战争的起因,说到日本政府的决心,最后还提及沙俄海军大将麦卡罗夫,对其此前阵亡于中国旅顺军港表示追悼之意,称赞他的英名将永垂俄国历史。这种不分敌我、表彰死者的做法受到美国媒体的高度赞扬,翌日刊登坚太郎演讲稿的美国报纸说这

[①] 末松谦澄(1855—1920),伊藤博文女婿,作家兼官僚,原为报人,后进入官场,到剑桥大学游学,历任邮政大臣、内务大臣和枢密顾问官。著有《防长回天史》等,译著有《罗马古法典》和英国小说《山谷间的姬百合》等。子爵。

[②] 高桥是清(1854—1936),财政专家和政治家,赴美留学归国后任英语教师等,后进入日本银行,在日俄战争时为筹措战争公债等崭露头角,任日本银行总裁和大藏大臣。首相原敬被暗杀后任首相和政友会总裁,短期引退后复任大藏大臣,以解决金融恐慌和"昭和恐慌",后于"二·二六事件"中被杀害。

"大和魂"史的初步研究

种高尚精神乃欧美人所不及。又据说面对沙俄驻美大使卡西尼的粗暴攻击，坚太郎不动声色，回答说即使是敌国将领也需要显示对他的敬意，这表明了日本"武士道"的美德。坚太郎的宣传战首战告捷。为此老罗斯福希望坚太郎能"介绍可供了解日本人精神的书籍"，旋即总统得到的就是新渡户稻造①的《武士道》。不过从该书的英文题名 The Soul of Japan 可以看出，坚太郎向老罗斯福介绍的日本精神就是"大和魂"。关于"武士道"和"大和魂"的关系下面要详细说明，此暂略去。又据说老罗斯福读完《武士道》后感慨莫名，一下子购买了30本送给朋友，并让自己的5个孩子认真阅读。②

在老罗斯福的授意下，坚太郎以"日本哈佛大学俱乐部"会长的名义，通过美国各地的哈佛大学同窗会，与出身哈佛的有实力人士取得联系，巧妙地宣传日本。哈佛是美国最著名的大学之一，也是形成美国舆论的重要阵地，通过与这些校友的联系，美国的舆情开始倒向日本，并有一些资金陆续注入日本的战争机器。有关此点，牧野信一的小说《樱花花瓣》有出色的描写，其中提到美国《时代周刊》等对当时在华盛顿大学留学的唯一一名日本人大津弘雄的喜爱：在美国三大著名高校橄榄球比赛中，"未投保的日本选手H. 大津当天积极奋战，其身影让我们亲眼见到在满洲的征尘中忘我战斗的日本兵的大和魂"③。老罗斯福甚至向坚太郎保证，自己将作为"日本最好的朋友"与日本一道努力。④

和舆论战一样，战事也向有利于日本的方向发展。此时的老罗斯福宛如日军参谋总长向坚太郎传授战术，并像一名日本大使在外交方面提

---

① 新渡户稻造（1862—1933），思想家和教育家，南部藩（横跨青森、岩手、秋田三县，特指盛冈）藩士之子，于札幌农业学校毕业后赴美国和德国留学，回国后历任京都大学教授和第一高等学校校长等。主张国际和平，作为国际联盟事务局次长和太平洋问题调查会理事长曾一度非常活跃，后病死于加拿大。著有英文写作的《武士道》和日文的《农业本论》等。
② 改写自松村正义《日俄战争和金子坚太郎——宣传外交的研究》，有信堂1987年版，第579页。
③ 牧野信一：《樱花花瓣》，《日本评论》第十一卷第七号，日本评论社1936年版，第68页。
④ 松村正义：《日俄战争和金子坚太郎——宣传外交的研究》，有信堂1987年版，第580页。

供建言。奉天会战时老罗斯福给坚太郎写信，希望见他一面，该信的末尾用日语大书"万岁"二字，以此预祝日军的胜利。日本海大海战前，老罗斯福还邀请坚太郎一道去打猎，射杀了5头大熊，他握着坚太郎的手欣喜地说"此为吉兆，可战胜俄罗斯（大熊）"，并将其中一头的毛皮寄给明治天皇。据说老罗斯福甚至数度邀请坚太郎到其私邸居住，并亲自为其铺床，或指引卫生间。

如伊藤博文所料，日本在一定的时候需要停战。当参谋总长山县有朋将此后日军一筹莫展的情况报告桂太郎首相，希望老罗斯福进行调停时，老罗斯福当仁不让，开始斡旋，并有了所谓的"朴茨茅斯会议"。此时担任斡旋的老罗斯福又犹如日本的律师，将与沙俄谈判的秘密文件交由坚太郎阅读，或在日本与沙俄谈判破裂前强调，媾和的条件应是"不谈金钱，只重名誉"，最终让日俄停息了战火。①

坚太郎在美期间，直接会见美国总统以及参加其举办的晚餐会和私邸宴会等共25次，与高官、VIP的会谈、晚餐会、午餐会等共60次，在各地所做的说明日俄战争、表明日本立场的演讲50次，向《纽约时报》等报刊供稿5次，打赢了对沙俄的宣传舆论战。② 坚太郎极其"善于"说话，在演说中反复提及美国的作用和日本与美国亦步亦趋的心意：自接受佩里将军的建议走上开国道路以来，日本从美国学到许多东西，为不忘这种恩情，现在希望将受教于美国的优秀文化介绍给"支那"和韩国，这是日本的责任。但遗憾的是，日本在完成这种使命的过程中，遇上欧洲最强大的敌人俄罗斯。日本与俄国作战，并不出自扩大领土的野心，而仅希望将受教于美国的文化推广到亚洲其他地区。美国希望"支那"门户开放，日本对此没有野心，只希望与美国同步调。③ 在坚太郎的眼中，似乎美国不是为了商业利益来到亚洲，而是为了传递文化福音。而日本和沙俄作战，也不是为了扩大自己的领土面

---

① 松村正义：《日俄战争和金子坚太郎——宣传外交的研究》，有信堂1987年版，第580页。
② 前坂俊之：《明治37年的情报外交——如何结束战争？》，祥传社新书2010年版，第217页。
③ 松村正义：《日俄战争和金子坚太郎——宣传外交的研究》，有信堂1987年版，第582页。

积，而是在传递美国文化时遇上了反对者沙俄。他的言论从未提及中国和韩国的利益，更没有体现出他本应对这两国人民为日俄战争莫名其妙地付出生命和承受精神痛苦而产生的抱歉心情。坚太郎在美国各地不断宣传日本的"正当性"，缓和了美国因"黄祸论"带来的反日感情，美国舆论转向同情日本。然而36年之后，美国人得到的不是日本传递美国文化的福音，而是日军战斗机在珍珠港丢下的无数炸弹，为此几乎丧失了自己的太平洋舰队。

坚太郎的演讲会也有不成功之处，即他谈及的"日本的大义"和"日本人的思维方式"。在赴美1年后，坚太郎在纽约卡内基大楼以"日本人的性格和理想"为题进行了两小时的演讲，内容涉及日本过去因引进儒教和佛教，创建了自身文明国家的基础（按：承认日本为融合性文明），所以精神性极高，以及为高扬这种精神，日本现在正大力推行自己的国民教育方针，即"教育敕语"（按：和汉洋融合的产物），语意暗含对沙俄的反击。因为沙俄为操纵国际舆论重提"黄祸论"，给日本贴上"非基督教文明国家"的标签。不过坚太郎在这里所说的日本精神，似乎对缓解"黄祸论"帮助不大。坚太郎还特意指出："日本人对未来抱有极大希望，希冀使东洋之和平特性与西洋之学术（科学技术）融为一体，创造出一个新文明，让世界人民沐浴于彼恩惠之中，以此维护世界和平，实现四海之内皆兄弟此类东西方圣教皆有之本意。"[①] 坚太郎的这种论调，其实就是当时日本国内"和魂汉洋才"理论的坚太郎版说辞，体现了他对"大和魂"的独特认识。但它除满足美国人对东方精神的涉猎情趣外，似乎对褒扬美国文化的作用不大，带有隔靴搔痒、一厢情愿的意味。很可能是因为日本这时基本上已打败沙俄。不过我们注意到坚太郎还是很懂得西方世界的话语规则，他未在这种场合高谈阔论所谓的日本人"尊皇"精神。

五　与伊藤博文等一道制定《明治宪法》

从坚太郎的出身和经历看，他与天皇之间不存在利益输送关系，故

[①] 以上改写自石塚正英《日俄战争、日美外交秘录——金子坚太郎回忆录》，长崎出版社1986年版，第47页。

第九章 从"和魂汉洋才"到"和魂洋才"……

不大可能是一个天生的尊皇派。从他在 1905 年拍摄的一组身穿西洋戎装、留有西方人上翘胡须和卷曲发型的标准照看,说他是一个极度崇拜西方、"数典忘祖"的人物(类似这样的大人物在明治时期比比皆是)也许并不为过。然而他在参与制定《明治宪法》时,却和伊藤博文等人一样,主张根据国情,加强天皇的地位,使日本成为天皇制国家。然而,坚太郎当时心中设想的天皇制国家到底属于何种性质却值得推敲。

战后主导宪法学解释的日本学者,如宫泽俊义①将《明治宪法》定性为"神权宪法",理由就是那部宪法肯定了天皇以神的意志统治日本这个现实。这种解释大致说来没有问题,但它似乎忽略了《明治宪法》中隐藏的一些复杂含义和政治意图。由于《明治宪法》三个直接起草人的学问渊源和政治倾向略有不同,所以他们在探索日本近代化的过程中,对日本的国体为何、国家的核心是内阁还是天皇、天皇在立宪政治中的作用等存在认识分歧。虽说他们在尊重日本历史传统这个方面没有大的观念冲突。

伊藤博文接受过"历史法学"的深刻影响。这种理论由德国的萨维(F. K. Von Savigny,1779—1861)于 19 世纪初期创立,在此后的一个世纪中支配着德国法学,其中也包含在此学派影响下形成的英国的缅因(Henry James Sumner Maine,1822—1888)和彼诺格拉德福(Paul Gavrilovich Vinogradoff,1854—1925)等人的学说,主张要将人类的精神从宗教世界观中解放出来,具有与近代自然法相通的科学精神。然而这种学派如其名称所示,既有科学的一面,也有尊重历史传统的一面。伊藤博文在 1882—1883 年赴欧调查宪法时,曾听过维也纳大学国家学、宪法学教授劳伦斯·冯·斯坦因②讲授的"历史法学"课程,除听过

---

① 宫泽俊义(1899—1976),东京大学教授、宪法学家,毕生根据自由主义的立场对宪法解释的普及和确立而努力,著有《宪法入门》、《回转期的政治》。
② 劳伦斯·冯·斯坦因(Lorenz von Stein,1815—1890),德国的社会学家和法学家,受黑格尔的国家论影响,他将"共同社会"分为社会和国家两个构成要素,并且认为,在利益原理支配的社会,有产者和无产者之间的阶级对立不可避免,对此具有自由人格的国家应通过社会政策缓和这种社会的对立。一般认为,这个立场是拥护当时的普鲁士王权的,同时也是确立德意志行政学的理论基础。他的理论对日本的"明治宪法"起草和此后的政治走向产生很大影响。著有《现代法兰西的社会主义和共产主义》、《自 1789 年至现代的法兰西社会运动史》等。

"大和魂"史的初步研究

"国家若欲实现所有个人最高程度的发展,则首先要实现公民对国家意志的有机参与。若采取更高级的做法,则须达成国家自身的有机组织精神生活和所有个人的精神生活之一致"① 这一类的说辞,还从后者那里获得"宪法必须在贵国的历史和传统的基础上生成"② 的教诲。1878年(明治十二)夏美国格兰特将军到日本时,明治天皇将他招至浜离宫,询问许多政治方面的问题,将军的回复与劳伦斯·冯·斯坦因的教诲几乎相同:"据我所知,日本正在讨论建立国会一事,所以不久将会制定宪法。因阁下有言可畅所欲言,所以我就直言相告。日本的宪法最好要在日本的历史和风俗的基础上起草。"③

此建议当然受到天皇的欢迎。再说伊藤博文毕竟是日本人,让他在那种普遍尊皇的历史状况下,说出天皇不能统治日本这一类的话绝对不可想象。何况他出生贫苦,希望改革,曾在吉田松阴创办的长州松下村塾学习过,参加了幕末时期的尊王攘夷倒幕运动,具有拥护新领导人即天皇掌权的一面。他在任兵库县知事的1869年(明治二)1月,就曾向中央政府提交过名曰《国是纲目》(也称《兵库论》)的建议书,其首条提议的就是:

1. 建立君主政体。

而以下各条则反映了建立中央集权国家,融入国际社会的愿望:

2. 废藩置县,建立统一的中央集权国家;
3. 将兵马权交还新政府;
4. 与世界各国交流往来;
5. 消除国民上下之别,赋予"自由自在之权";
6. 普及"世界万国学术";

---

① [德]劳伦斯·冯·斯坦因:《社会的概念和运动法则》,森田勉译,弥涅尔瓦书房1991年版,第26页。
② 八木秀次:《明治想法的思想——日本的国体为何》,PHP新书2002年版,第69页。
③ 菊池宽:《二千六百年史抄》,《菊池宽全集》第十八卷,文艺春秋1995年版,引自日本青空网站,2013年5月5日,site: www.aozora.gr.jp。

7. 与国际协调，严禁攘夷；
等等。

从这些内容来看，可以认为伊藤在登上总理大臣宝座之前，出于自己的学养和对传统、国情的认知就主张必须建立天皇制国家。但值得关注的是，伊藤所期待的这种天皇制国家，是一个必须与当时国际"惯例"接轨的国家，因此后来天皇制虽然确立下来，但四度执掌国家大权的伊藤博文与信任元田永孚[1]、佐佐木高行[2]等宫廷保守势力的天皇的关系似乎不很顺畅，从中可以蠡测伊藤等人对自己所建立的天皇制国家的真实想法。后来伊藤博文干脆兼任内阁总理大臣和宫内大臣，似乎也有抑制宫廷保守势力、使天皇理解君主立宪制的用意。1886年（明治十九）9月7日，伊藤博文还提出名为"机务六条"的建议，表明他及一部分人对天皇制国家的认识和追求。这个建议规定了天皇和内阁的关系，事实上让天皇放弃亲政的念头，接受了伊藤等人所理解的君主立宪制。这六条是：

第一条 在太政官时代，原则上天皇可以随时参加内阁会议，自由发表意见，但今后若无总理大臣的邀请，最好不参加内阁会议，并确认总理大臣乃内阁会议的主持人；

第二条 天皇有关国政的顾问限定为内阁所管大臣及次官（元田永孚例外，但事实上封杀了他在教育问题和天皇个人问题之外的所有言论）；

第三条和第四条 天皇应与内阁约定，今后无论好恶，都不得拒绝参加政府仪式；

第五条和第六条 天皇身体不可谓壮健，但不得以健康为由拒

---

[1] 元田永孚（1818—1891），幕末明治时期的儒学家和教育家，熊本藩藩士，维新后历任天皇"侍讲、宫中顾问官、枢密顾问官"等，是明治天皇的侧近人物，参与《教育敕语》的起草工作，著有《幼学纲要》、《经筵进讲录》等。

[2] 佐佐木高行（1830—1910），幕末明治时期的政治家，土佐藩藩士，作为志士在幕末非常活跃，维新后历任"参议、司法大辅、工部卿、宫中顾问官、枢密顾问官"等，是明治天皇的侧近人物，著有日记《保古飞吕比》（《拾荒》）。侯爵。

绝会见大臣，将延误公务之事态限制在最低水平，以防影响国务。①

从以上六条不难看出，天皇对这种参照西方政治制度的规定具有抵触心理。为此伊藤向天皇说明，引入君主立宪制等西方的典章制度并不会损害天皇的权威，如果天皇对阁僚的工作方法抱有疑问和不满，可以将自己的想法告诉阁僚。如需要，自己可以担任天皇和阁僚之间的仲裁人。另外，伊藤还将天皇信任的宫廷侧近，任命为宫内大臣下辖的宫廷顾问官，以切断他们与天皇的直接联系，但同时又保留在汉学方面对内对外皆有深厚影响的元田永孚作为天皇私人顾问的资格，或给予其他侧近爵位，表示对天皇以及忠诚天皇的侧近的尊重。后来伊藤在创建"立宪政友会"时与天皇也有龃龉，但通过艰苦努力，最终还是让天皇同意建立政党。后来伊藤以政党领袖的身份担任首相，显然是希望在日本发展并实行英国式的议会政治。

伊藤的学养和做法、对日本国情的认识、《国是纲目》以及"机务六条"等，都是我们认识"明治宪法"的基础，而将这些东西综合起来，似乎也就构成了一种新的"和魂汉洋才"理论，亦即在当时的历史条件下，日本必须树立天皇的权威，但在这个权威包装物的内里，必须装入西方的政治制度。同时日本毕竟是东方国家，短期内去除汉学会带来许多问题，所以在这个包装物内里，还要为日本的传统之一、汉学留出一定的生存空间，换言之，即"和洋汉"并存最好。实际上，《明治宪法》和《教育敕语》的并用也说明了这一点。

当然伊藤和天皇的关系也不是都不顺畅，因为二人在保全和发展日本这一方面既有共识，也要联手，故天皇有时对伊藤也不错，并很倚重。据说明治天皇喜欢不拍马屁且廉洁的官员，所以当他知道伊藤没有积蓄，于1898年（明治三十一）一下子给伊藤十万日元的"零用钱"，还苦苦劝说伊藤不要那么好色。其实伊藤并非没有积蓄，据当代学者研究，伊藤光购买公债就赚了十四万日元（按2009年的购买力换算约合

---

① 维基百科"机务六条"条，2014年7月4日，http://ja.wikipedia.org/wiki。

第九章　从"和魂汉洋才"到"和魂洋才"……

28亿日元）。① 在日俄战争开战前召开的"御前会议"当天早上，天皇身穿睡衣接见伊藤，说"事先想听一下你的意见"。伊藤回答："万一我国失利，希望天皇也要有必死的思想准备。"天皇接着又说："你不要离开东京。"② 总体说来，伊藤与明治天皇的关系不好不坏，双方各有所需。于伊藤的尊皇而言，他不是无条件的，且有利用天皇之嫌。

坚太郎的学养如上述，在哈佛读书期间，受到英国宪法精神和鼓吹经济自由但维护国家社会的传统、秩序和权威的"自由保守主义之父"埃德蒙·伯克的影响，但因为坚太郎未就宪法及此前的相关政策建议直接说过些什么，故我们无从明确判断他对宪法中天皇地位的看法。有人说在这方面"伊藤博文和坚太郎的（认识）距离不大"③，即既需要维护皇权，又需要引进"民主"制度。事实上，从宪法催生婆之一的坚太郎参与制定的明治宪法精神结构来看也是如此，其中虽有普鲁士皇权专制的一面，但也不乏英国君主立宪制的民主思想。美国政府在为刚占领日本的盟军总司令部（GHQ）工作人员编写的《日本指南》（Guid to Japan）中也说："明治宪法以普鲁士专制政治为父，以英国议会政治为母，是一种双性生物。"④ 换言之，《明治宪法》催生婆之一的坚太郎也具有维护和限制皇权的两面性，以及利用天皇之嫌。从表面上看，因制定《明治宪法》有功，1899年哈佛大学授予坚太郎名誉博士学位，但内里似乎也有肯定坚太郎为确立民主政治制度所作努力的意思。

而另一催生婆的井上毅则略有不同，他未出洋留学，精通"国学"，在政治、思想上都偏向保守，希望以创建宪法为契机回归日本的传统，并以此制定明治时期的建国观念和对外政策。不过在那种时代，要完全复归"传统"难免多方掣肘，所以井上毅还是决定有条件地选择议会政治制度。这从他过去对待汉文的态度也可反推出来。井上毅一度提出为"复兴国学"需要废除汉字和汉学，但不久又认为"支那经

---

① 伊藤之雄：《伊藤博文　创造近代日本的伟男》，讲谈社2009年版，第72页。
② 学研编辑部：《实录首相列传——承担国政的男子的本心和失败》，学习研究社2003年版，第21页。
③ 八木秀次：《明治宪法的思想——日本的国体为何》，PHP新书2002年版，第91页。
④ 转引自高坂邦彦《政治学家、宪法学家植原悦二郎的业绩——〈明治宪法〉的英国模式解释》，2014年7月6日，http://www2.plala.or.jp/kohsaka/page013.html。

学"水平很高,为日本伦理所必需,而且日文乃汉字、假名夹杂的文字,所以"支那文字应成为国语之材料",在教学"经学"时可以使用汉字。① 其心情之矛盾,想来也会投射在《明治宪法》制定的过程当中。可以说不少日本人在追求近代化的过程中,也无法有效地确立自己的民族身份,为此产生诸多因选择困难带来的情绪焦虑。不过从这三人的学养和最终的选择也可看出,他们对日本未来的建国目标或有追求近代化的一面,或有实用主义的一面,但在保留"传统"这方面却是一致的。这不仅因为他们是日本人,而且因为他们都看出日本在奔向近代化的过程中需要历史传统和权威的帮助,而这个历史传统和权威就是天皇的统治。另一个理由也很重要,那就是日本在奔向新时代之际,需要一个统一的国民精神,而日本却没有像欧洲那样能给予国民精神影响的基督教或其他宗教,所以斯坦因和接受他影响的伊藤博文,以及坚太郎等,包括福泽谕吉都认为有必要利用尊皇信仰,使之成为日本的新宗教,换言之即统一的国民精神。

大致说来,坚太郎和伊藤博文属于同一个阵营,都主张"君主立宪",具有民主的一面,即尊重公议舆论——这反映在天皇的"五条誓词"、自由民权运动、议会政治等各方面——和增进民众福祉,但他们都刻意回避主权是在天皇还是在"民众"这一问题,在专制和民主政治、天皇和内阁政治之间,故意留下可供想象和操作的暧昧空间。具体说来就是,他们都希望根据传统拥立天皇为日本最高领导人,不使他成为政治争论的焦点。与此同时,各大臣名义上辅佐天皇,但在实质上行使权力。而井上毅则主张"天皇亲裁",各大臣名副其实地辅佐天皇行使权力。对此,老谋深算的伊藤颇为担心天皇"亲裁",一旦出现政治失误则将为此负责,成为政治斗争的焦点,因此做了旋转门式的安排,即平时由大臣、枢密院、元老等进出此门洞并把关,不让天皇做出自己的意志表达和决定,但在政府等难以处理棘手问题时,则可以"仰赖"天皇出现在该门洞,由他亲自解决。这后一种的安排其实已脱离了"君主立宪"的原则,带有若干天皇"亲裁"的痕迹,并为后来法西斯

---

① 国学院大学图书馆编:《井上毅传 史料篇》第四卷,国学院大学出版社1969年版,第86页。

第九章　从"和魂汉洋才"到"和魂洋才"……

主义的抬头埋下伏笔，但在常规状态下天皇还是被关在"民主政治"制度的牢笼之中。可以说，《明治宪法》是一部糅合了伊藤博文、金子坚太郎和井上毅意见的产物[①]，而伊藤博文和坚太郎的意见略占上风。

《明治宪法》第一条的某个词汇使用颇能说明问题。井上毅原想使用"シラス"（Shirasu，古日语"统治"的意思）这个词汇，但伊藤博文等将它改为"统治ス"（Toujisu），淡化了所谓的日本"传统"色彩。另外从《明治宪法》的几个条文也可以看出这一点。比如，第一条说"大日本帝国由万世一系之天皇统治"，第三条说"天皇神圣不可侵犯"，意思就是尊重"天皇即神"这个历史传统，明确日本乃天皇的国家。按上杉慎吉[②]的理解就是"天皇主权论"。然而其第四条又说，"天皇应根据宪法之条规进行统治"。第八条说，"（1）天皇为保护公共安全或避免灾厄，因紧急情况需要在帝国议会闭会时可发布敕令以取代法律；（2）此敕令在下一个会期须提交帝国议会，若得不到议会认可时政府应宣布其失效"，为三权分立的议会和内阁留下操作空间。第七十三条还说，"（1）将来有必要修改此宪法条款时，应以敕命将议案交帝国议会讨论；（2）在此场合，两议院若皆非三分之二以上议员出席不得展开讨论，若皆非得到出席议员三分之二以上之多数同意不得作出修改之决定。"换言之，天皇不能任意修改宪法，其修改须由国会决定，并须得到多数人同意，以此捆住天皇的手脚。用积极的眼光来看，就是天皇也必须按宪法行事。因为由"国民"所代表的国会可以修改宪法，所以也可以制约天皇，含有部分"国民主权论"的意味。运用瓦特·巴吉特（Walter Bagehot，1826—1877）[③]的观点写出《帝室论》的福泽

[①] 改写自八木秀次《明治宪法的思想——日本的国体为何》，PHP新书2002年版，第64页。

[②] 上杉慎吉（1878—1929），法学家，东京帝国大学教授，提倡极端的"君权本位论"，批判美浓部达吉的"天皇机构说"，晚年发起国粹主义的社会运动，著有《国民教育帝国宪法讲义》、《新稿宪法述义》等。

[③] 瓦特·巴吉特（Walter Bagehot，1826—1877），19世纪英国的经济学家、政治学家，在继承其岳父开创的《经济学家》杂志社后成为总编辑，作出大量政治、经济、文化、历史和人物的评论，著有关于英国议会政治的《英国国家结构》（1867）、《自然科学和政治学》（1872）等。

谕吉①，也支持由伊藤博文和坚太郎等人作出的这种制度安排。看来这种融合日本"尊皇传统"和西方政治思想的做法，代表了当时部分日本上层阶级和知识分子的共同心愿。

六 金子坚太郎的"和魂汉洋才"与他后来的变异

这种融会东西的精神，在坚太郎后来撰写的《新撰国体论纂》第二篇"教育之基础"第一章"日本之国体与教育之基础"中继续得到体现，甚至可以说是一种概括：有关国体与教育日本人的方法，"不外乎就是《菅家遗诫》所具有之精神"。日本过去按照菅公"和魂汉才"说取得巨大进步，而如今也要坚持，并发扬光大，在学习消化欧美文明之基础上将其发展为"和魂汉洋才"。"现在我们重读《菅家遗诫》之一部，正是为体现其中所说之日本国学精神。"然而，

> 国学所要之精神，日本国之学问所需之精神为何？日本纵横古今，学习支那、朝鲜、印度之所有知识，或探究天地间事物，或研讨人类所作法律经济之全部，而其惟学问而已。纵横古今，做学问、究天人之物理研究，若无倭魂汉才，则无法解开学问之奥妙。倭魂汉才必须成为学问之精神。今日，于此汉才之下不加入欧罗巴之才，使之成为汉洋才，则无法并立于当今列强之间。毫无疑义，犹如一千年前不学习支那学问，则我国无法料理国政，屹立于当时之世界，如今不学习洋学，则无法加入世界。因此，只有以倭魂汉（洋）才继续从事学问，解开学问之奥妙，才能居于指导国民之地位。②

---

① 福泽谕吉（1834—1901），思想家和教育家，丰前国（今福冈县等）中津藩藩士之子，向绪方洪庵学习"兰学"后到江户开"洋学塾"，后为幕府所用，随政府使节3次赴欧美，明治维新后未在政府任职而在民间活动，1868年（庆应四）将自己经营的"洋学塾"改名为"庆应义塾"（此后的庆应大学），参加"明六社"，1882年（明治十五）创刊《时事新报》，鼓吹独立自尊和实学，后又提倡"脱亚入欧"和"官民和谐"，著有《西洋概况》、《世界历史地理顺口溜》、《劝学篇》、《文明论概略》、《脱亚论》、《福翁自传》等，其对天皇的态度也很微妙，亦有利用天皇之嫌。

② 金子坚太郎著，佐伯重夫编：《新撰国体论纂》，大日本国体会1918年版，第170页。

坚太郎在此谈论的是如何坚持日本的（天皇制）国体和教育人民相信和维护这种国体，但其采用的方法仍旧是融会东西，不同的只是根据需要，将"和魂汉才"的思想提升为"和魂汉洋才"。但他这里所说的"洋才"，显然已不是佐久间象山等人所说的西方科学技术，而已包含西方的政治制度和思想。

另外我们也要看到，既然《明治宪法》是一个综合不同观点的妥协的产物，具有可操作的政治空间，即立宪君主制机构面临危机无法解决时，可以仰赖天皇的直接裁断，一如人们在"二·二六政变"① 和二战结束前夕下的《终战诏书》中所见的天皇作为，所以坚太郎后来滑向专制主义和法西斯主义也就不令人奇怪，而且这可以在他的"日本之国体与教育之基础"中找到线索。但那是后来发生的事情，与坚太郎在起草《明治宪法》时的最初设想没有直接的联系。坚太郎后来滑向专制主义和法西斯主义，是因为那时的日本已逐步走上专制和法西斯道路，他又活得足够年长和居于统治地位，不得不为日本有所作为。

说坚太郎后来滑向专制主义，是因为他在寄给冈田首相②的声明（现存于日本国立公文馆）中，明确反对美浓部达吉、一木喜德郎等人的"天皇机构说"。此"机构说"简单说来就是，不同意有些人对"明治宪法"中国家统治权在天皇的解释，而将其解释为统治权属于作为法人的国家，天皇仅为其最高机构的学说。该学说还认为，议会可参与的政务范围与属于国务大臣职务的国家事务范围应该一致。这个学说在大正时期已通行于日本学界，但自 1923 年天皇发布《国民精神振兴诏书》，日本全国兴起"教化运动"，至 1931 年"九一八事变"后法西斯思潮出现，于 1935 年开展"国体明辨运动"时受到右翼势力的攻击，沦为"反国体"的言论。其背景之一是，"教化运动"和"国体明辨运

---

① 日本称"二·二六事件"，指 1936 年 2 月 26 日陆军"皇道派"青年将校以改造国家、打倒"管制派"为目标，率领约一千五百名士兵袭击首相官邸等的政变。官兵在政变中杀害内大臣斋藤实、大藏大臣高桥是清和教育总监渡边锭太郎等，占领了永田町一带，翌日发布戒严令。29 日听从天皇的号令返回军营。事件后军部以整肃军队为名，大大强化了自己的政治支配能力。

② 冈田启介（1868—1952），军人、政治家、海军大将，出身福井藩藩士家庭，后任联合舰队司令官，田中义一和斋藤实内阁的海军大臣，1934 年（昭和九）任首相，在"二·二六事件"中被刺但躲过一劫，后以重臣身份参与国政。

"大和魂"史的初步研究

动"在"九一八事变"后日本转向战时体制的过程中合流，有人需要寻找一个攻击的突破口。于是就选择了提倡"天皇机构说"及个人主义和自由主义这些"反国体"、"反国家"的"国贼"下手。1935年2月，在日本第67届议会上，贵族院的菊池武夫[①]面对美浓部达吉（东京帝国大学教授、贵族院议员）说，统治权的主体在国家、以天皇为这个国家的最高机构的"天皇机构说"是否定天皇的绝对性，限制天皇统治权的"反国体"言论。与此相呼应，在军部的支持下，日本"在乡军人会"和右翼团体等也在全国范围内展开批判"天皇机构说"的运动。其结果是提倡"机构说"的美浓部达吉被剥夺社会地位和名誉，包括讲授宪法学的资格。对此坚太郎不仅没有制止，反而支持。

说坚太郎后来滑向法西斯主义，是因为他与日本"皇道派"和"舰队派"及蓑田胸喜此人都有关系。"皇道派"系旧日本陆军内部的一个派系，以荒木贞夫、真崎甚三郎为核心，自1932年开始得势，阴谋通过政变改造国家，与"管制派"（1932年左右旧陆军内部形成的另一派系，以陆军省、参谋总部等参谋将校为主体，勾结财阀、官僚，试图发展军队势力和建立"总力战体制"，主张"管制"军部内部）发生冲突，最后在"二·二六事件"中败北，反让"管制派"掌握了军部领导权；"舰队派"是日本帝国海军内部的一个派系，既与山本权兵卫为首的"本省派"（"省"即海军省）对抗，也与赞成"裁军条约"的"条约派"斗争，最后在旧海军内部大获全胜；蓑田胸喜（1894—1946），大正—昭和时代前期的国家主义者，毕业于东京帝国大学，后在庆应大学和国士馆专门学校任教授，是一个狂热的皇室中心主义鼓吹者，于1925年（大正十四）与三井甲之[②]一道创建"原理日本社"[③]，

[①] 菊池武夫（1875—1955），明治—昭和时期的军人、政治家，毕业于日本陆军大学，1926年以陆军中将的身份负责日本的预备役工作，管理日本的"勤劳联盟"，与右翼活动发生联系。1931年任贵族院议员，1935年作为急先锋在贵族院大会上指责美浓部达吉的"天皇机构说"。

[②] 三井甲之（1883—1953），歌人和诗人，毕业于东京大学国文科，于1928年创立"敷岛（日本）之路会"，在唱诵天皇所作和歌等活动中作为一名右翼意识形态家表现得十分活跃。

[③] 二战前的右翼团体，创立于1925年（大正十四），其机关刊物为《原理日本》。

第九章 从"和魂汉洋才"到"和魂洋才"……

在"瀧川事件"① 中攻击京都帝国大学和东京帝国大学的自由主义学者，点燃了反"天皇机构说"的导火索，1946年自杀，著有《学术维新原理日本》等。坚太郎公开反对"天皇机构说"，不能不说与上述"皇道派"、"舰队派"和蓑田胸喜都存在某种精神的联系。在扩大天皇统治权的解释，开辟军部统治日本的道路这方面，坚太郎都要负相当的责任。

坚太郎是个思想和经历都十分复杂的人物，自幼学习汉学，成绩优良，年轻时又留学美国钻研西方法学和政治思想，回国后进元老院工作，后又为制定"明治宪法"，处心积虑如何融合"和汉洋"三学，为君主立宪制天皇国家的创建立下大功，叙男爵。日俄战争时又为祖国立下大功，后任枢密顾问官，以"宪法看门人"自称，叙子爵。除此之外，坚太郎在引进西方先进科学技术和产业方面也居功至伟，日本的速记法就是在坚太郎的倡导下才逐步发展起来的。② 为此，坚太郎在1894年获"兰绶勋章"，1896年天皇下诏，终生赐予他300日元年金。此外，九州大学、"八幡制铁所"的建立和"福冈县县立英语专修修猷馆"的重建也都与坚太郎有关。晚年坚太郎转向专制主义和法西斯主义，在担任"帝室编纂局"总裁期间，因完成《明治天皇纪》而叙伯爵。1941年日本准备与美国开战，这对坚太郎是个考验。他和日本旧海军领导人一样知道美国的国力但不敢公开反对，仅表示出忧虑。虽说后来有所反复，但说坚太郎的一生，总体是"和魂汉洋才"并用的一生可能并不为过。这里的"和"即尊皇思想，准确地说有利用天皇的嫌疑，"汉"即《教育敕语》中反映的利用儒学的一面，"洋"即西方

---

① 瀧川事件，指1933年弹劾京都帝国大学教授瀧川幸辰和该大学主张思想和学术自由的教授自治会的事件，也称"京大事件"。事件起因于20世纪30年代初，当时对大学生赤化思想抱有危机感的复古主义右翼分子，将原因归咎于自由主义思想，非难东京帝国大学的美浓部达吉、牧野英一、末弘严太郎和京都帝国大学的瀧川幸辰等自由主义法学家，并在1932年抓住瀧川幸辰在中央大学演讲《托尔斯泰〈复活〉中的刑罚思想》这个机会开始攻击，最终引发了"天皇机构说"事件。

② 日本速记法最早使用于口述（如矢野龙溪的《经国美谈》）、讲演（如外山正一的《论必须废除汉字》）和地方议会（埼玉县议会）等场合，其中最为有名的是速记三游亭圆朝所说的《怪谈牡丹灯笼》。日本当时的最大目标是帝国议会会议的速记，这个目标在金子坚太郎任第一届贵族院书记长官当期第一届议会会议时（1890）实现，成为日本宪政史上的一大功绩。

的民主政治制度，包括"三权分立"、主权在民的思想。

第十节　本章及此前部分相关章节的小结

直接或间接提出"和魂汉洋才"、"和魂洋才"论的主体人物，如佐久间象山、桥本左内、横井小楠、阪谷朗庐、木户孝允、金子坚太郎等，基本都属于藩士（武士或非永久性武士）或领主"代官"的子弟，年轻时均受过良好的儒学教育，后来也咸因西风东渐转习欧美学问，但皆鼓吹要以"汉魂"或"和魂"等统摄或融合洋学，并且将这种理论用于佐幕或反幕或主张"公武合体"或致力于维新革命和日本的近代化的活动中，其差异只是说辞中针对洋学的统摄或融合的比例有大有小而已。旧神户藩藩校"教伦堂"和高知藩（土佐藩）藩校"致道馆"的经营主体也是武士（藩主），其教授的内容自然与儒学有关，目的是维护幕藩体制，但受时代影响也开设一些洋学课程，故不可避免在原主张上也会融入部分"洋才"。《评论新闻》的创始人是旧萨摩藩藩士海老原穆，早先也是武士，其鼓吹的言论，虽反映着明治时代初期日本的自由民权运动思想，但就其夸赞的人物木户孝允的性质来说，也与"和魂汉洋才"论有关。井上淑荫是个例外，乃"国学家"，皇国主义思想严重，但受时代风潮影响，也认为西洋之"究理器械等他国不及之物多且有益，故须读其道之书"。"图学文以益世之人，须思及立诸般公平、深远阔大之见识。若固执一端，似必使宽广灵妙之世界狭隘"，所以从过去服膺菅原道真的"和魂汉才"理论也发展为鼓吹"和魂汉洋才"思想。

上述主体人物和机构等都论及"和魂汉洋才"，然而其中存在三个问题：

1. "和魂汉洋才"中的"和汉"关系为何？

象山的"东洋道德，西洋艺术"中的"东洋道德'，显然不单指日本思想，也包括中国思想，而且主要是儒家思想；

左内的"机器艺术取于彼，仁义忠孝存于我"中的"仁义忠孝"，比起象山的话语更为直接明了，其"仁义忠孝"（即东洋道德）也来自儒家思想，不仅是日本的，也是中国的；

第九章 从"和魂汉洋才"到"和魂洋才"……

　　小楠的"明尧舜之道,尽西洋器械之术"的"尧舜之道",比之左内所说的又更清晰,说的就是中国的"圣人之道";

　　朗庐的"若无行'理'即'道'、'教'之目的,则'气'即'艺术器械'悉成'道'、'教'之害"。"恐日本教将不及万国。其教其本以平衡万古万国之观点视之,可归结于'忠孝'二字",即"大本"。而这个"大本"就集中反映在朱熹《白鹿洞规》中的"父子有亲,君臣有义,夫妇有别,长幼有序,朋友有信"这"五伦"上,其所谓的"日本教"实际上已混同于朱熹的《白鹿洞规》;

　　"国学家"淑荫坚持"和魂"至上,但不排斥汉学(儒学),因为它可"用"。在他看来,儒学的"五伦"日本本来就有,经"熏陶"即"教导"自当越发显现,日臻完美。从这点说,淑荫的"汉学"和"日本学"("皇朝学"、"和魂")的界限也同样含混不清。而且他认为这种"兼容文教"的工作在"应神(5世纪前后的天皇)、仁德(5世纪前叶的天皇)两朝"已经完成;

　　旧神户藩藩校"教伦堂"《学则》第一则说:"皇国宏谟,以取人为善,不分彼我藩篱,因而菅相公所云和魂汉才,自古为学问之主旨",其中"和魂"的日本民族意识其实并不浓烈。其真实内涵是,只要"有利于国家",就可以"不分彼我藩篱","和汉"包括"洋"三者并蓄,也明显表露出它无意区分孰和孰汉等;

　　旧高知藩藩校"致道馆"《教场规则大意》第三段有以下字句:"上有帝者经纶之业,下有翼载风化之处,其紧要者不出修身二字。……皇国自有神教,其中君臣之义植根于东方固有风气,并非得自外教移入。……偶有与汉土圣人之教相符之处,我先王采用之,作为皇学之羽翼,此即所谓和魂汉才之全学。"虽然它说"紧要者……修身二字"乃"皇国"、"神道""自有","植根于东方固有风气,非得自外教移入",或属"与汉土圣人之教相符……,我先王采用之,作为皇学之羽翼",但这些只不过是过过嘴瘾,实际上其日汉分野的边界根本无从厘清。因为《教场规则大意》故意将"修身"混同于"和魂";

　　《新闻评论》说木户孝允是"和魂和洋才"的代表,但没有说清为何如此。根据我们的分析,他的"和魂"就是善于融合其他学问,包括已成为他身体一部分的"汉才"等,将这些学问与日本的实际结合

· 737 ·

起来。具体说来，还包括他的柔情和不决绝，善待幕府旧臣和传统。在他眼里，天皇是传统，幕府也是传统，二者都在讲"大义名分"，而这样又还原为汉学的一部分；

坚太郎的"和魂汉洋才"不分，最明显地体现在两大方面：（1）他参与起草的《明治宪法》，既有尊皇即"和魂"的一面，也有利用《教育敕语》中儒学即"汉"思想的一面，还包含君主立宪、"三权分立"等西方政治制度即"洋"文明的一面；（2）他在卡内基大楼的演讲，说日本过去因引进儒教和佛教，创建了自身文明国家的基础。这无异于承认日本文化属融合性文明。并且演讲还提到，日本现在正在推行自己的国民教育方针，即《教育敕语》。这个"敕语"，也典型地表明"和汉"和"洋"思想的大融合。坚太郎在演讲的最后部分还特意指出："日本人对未来抱有极大希望，期冀使东洋的和平特性与西洋的学术（科学技术）融为一体，创造出一个新的文明，……实现四海之内皆兄弟这种东西方圣教皆有的本意。"这极有力地说明了坚太郎也持一种混合"和魂汉才"和"洋才"的思想。

因此仅就这种"和魂汉洋才"中的"和魂汉才"言之，以上各人或各机构所谓的"和魂"和"汉才"几乎没有边界或边界不清，"汉才"实际上已融入他（它）们的身体，成为其肉体和精神的一部分，化为他（它）们所谓的"和魂"。

2. "和魂洋才"中的"和魂"与"洋才"关系为何？

如上述，"和魂"已包容"汉才"，故以下仅分析"汉洋"关系。一如前述，经认真思索，可以发现佐久间象山的"东洋道德"和"西洋艺术"的关系，不完全是一种以"西洋技术""弥补""东洋道德"固有缺陷的关系，而带有调和二者并试图将西学纳入东学的含义。比如象山说过："汉人之天地说……影响虽多，而得其实甚少，……故某以西洋实测之学补大学格致之功。"然而象山又说："西洋穷理亦符合程朱之意，故程朱二先生格致之说放之四海而皆准。依程朱之意，则洋学皆吾学之一端，本非他物"，其乃"实理"，"皆足以资吾学"。故象山的"东洋道德，西洋艺术"，实际上也分野不清，表明的是维护东方儒学的自尊，实现以我为主，会通东西，使儒学现代化的精神；

左内未就东西方学问的关系做出专门阐述，但他的部分言论，透露

第九章 从"和魂汉洋才"到"和魂洋才"……

出他对东西方学问的想法。"虽曰圣人之道,然毕竟其无外于人伦日用,非物外之道",换言之与"洋学"有相通的一面,所以要以"政教一致"和实学的精神指导藩学的教学:"学馆,人才教育之场所,无不与政事一体。"可以看出,这种思想与儒学家王阳明注重"实学"的精神相通,也导源于"兰学"的理论联系实践的精神,左内的"汉洋"有时也不易严格区别。

小楠对"东方道德"的"天地仁义之大道"看得很重,认为其具有普世价值,即使是"夷人"也适用此"天地大道":"夷人岂非此天下之一分子?若此则须以天地仁义之大道待之。""仅会饶舌大和魂等之人,见夷人即视之为无道之禽兽,……以天地之量、日月之明视之,此为何事?!"小楠的普世论,还表现在他希望将西方的思想还原为东方的道德:美国总统华盛顿具有"真实公平之心",其"消弭宇内战争"符合"天理",特别是华盛顿拒绝总统世袭制,不传子而"让国于贤",宛如中国古代禅让的明君。小楠还认为西方机械文明"为便于民生日用,其皆造作极其讲究","得圣人之作用"。这点与左内也有相同之处。换言之,在小楠看来,在西方机械文明的背后,也存在一种与东方圣人理想近似的政治思想。这或许就是他要"明尧舜之道,尽西洋器械之术,何止富国,何止强兵,布大义于四海而已"的原因。

朗庐在自己的《意见书》中或许已经看出,"洋学"有可能"悉数被称为我日本学",即被融合进"和魂",但他相信,只要坚守"和魂","国体亦可巍然屹立不倒"。换言之,即使融合也不怕,因为国体还在。朗庐的思想我们不好理解,但如前所说,日本的"和魂"早已融入"汉魂"的因子,所以他的"融合论"和"不怕融合论",也都说明"和(即汉)洋"有时也难以区分。

淑荫的《学范》亦不排斥西方的自然科学,承认在器物方面日本不及西方,提出要学习西方有益的事物,但同时也主张要坚持主次——"和魂"为主,"西学"为次,辨别优劣——"和魂"为优,"西学"为劣的思想。但在其另一部著作《国学辨》中他又说:"大学之为学,一也。判为皇,为汉,为洋。而并立并行,……学者涉三学而后始可成一家之言。"其"一也"和"并立并行,……而后始可成一家之言",表明他这个"并立并行",其实并不是真正的"并",而是"立"、

"行"的"一也"。他对"和汉洋"表面上作出区别,而实际不分或难以区分,其"并立"和"一也",又表明三者的主次优劣已化为无形。

"教伦堂"《学则》第一则在说过"皇国宏谟,以取人为善,不分彼我藩篱,因而菅相公所云和魂汉才,自古为学问之主旨"后又说,"近来洋学渐开,足以补汉才之不足,故亦须读洋书。自今以后,须以和魂汉洋才即实用实学,作为有利于国家之学问目的"。从其提倡使用"和魂汉洋才"即"实用实学"这个说法来看,其中的"和魂"和"汉学"的日本传统意味也不浓烈。如前所述,《学则》第一则的真实内涵是,只要"有利于国家",也无须"分彼我藩篱","和魂汉洋才"即东西方三者或二者并蓄。

和横井小楠相似,"致道馆"《教场规则大意》第二段说:"学有皇汉洋之区别,然就其学术根源谓之,皆不出其范围。……凡教官者,务舍陋见,须着眼于今日形势,因时应变,阐明真正之学术。"以上的"学术根源""皆不出其范围"句的"范围"为何因未说明,有不清晰之处,但从第三段的小字疏推断,第二段说的是在"学术根源"方面东西方有同源之处。因此"学者不应画地为牢,而应兼收并蓄",讲求东西方思想融合,这才是《教场规则大意》心中的"真正之学术"。

《新闻评论》所评木户孝允的"和魂汉洋才",其三者之不易区分已如前述,此不赘述。

坚太郎的"和汉"不分和"汉洋"不分如上述。我们要再一次引用他的话语:"日本人对未来抱有极大希望,期冀使东洋的和平特性与西洋的学术(科学技术)融为一体,创造出一个新的文明,让世界人民沐浴于彼之恩惠之中,以此维护世界和平,实现四海之内皆兄弟此类东西方圣教皆有之本意",这可以加强我们所说的他"汉(即和)洋"不分的观点。但和佐久间象山等人所说的"洋才"即西方科学技术相比,坚太郎所说的"洋才"显然还包括西方的政治制度和思想,范围已大为扩大。

无论前面所说的几个人或几个机构是有意还是无意"和汉"不分和"汉洋"不分,至此我们都要回答一个问题:这么多人或机构都在谈论"和魂",而其含义又各自不同,那么"和魂"到底是一个什么概念?答案或许要到日本的历史文化当中寻找。

第九章 从"和魂汉洋才"到"和魂洋才"……

从宏观上说,在大陆文化进入日本之前,日本有所谓的绳文文化,而弥生文化则是大陆文化在绳文文化的基础上融合而成,变为所谓的"日本传统文化"的。这时的大陆文化应该以中国的秦汉文化为主,后来日本将中国学问等称为"汉学"或"汉才"与此不会没有关系。也就是说,日本的所谓"传统"弥生文化已经包含中国的秦汉文化。隋唐后,日本大规模引进中国的儒家文化和印度的佛教文化,形成所谓的平安文化。换言之,平安文化已混入了中国的秦汉和隋唐文化。不过以当时的眼光看平安文化,和汉分野还较明显,但到明治维新之前,这种混合了中日两国文化的文化又成为象山等人眼中的"东洋道德",有人将它混称为"和魂"。实际上"和魂"的概念根本就不单纯,而且始终变动不居,不断发展。而"汉才"也不单纯,开始可能指秦汉及以后的中国学问,但它不仅包括技术、器物,而且还包括文物制度及其思想。在中日文化融合之后,实际上"和魂"中已融入"汉才"乃至"汉魂"的因子。[①] 对此平川祐弘有过类似的阐述。不过我们不太赞同祐弘所说的前句:"和魂汉才时和魂的内容可谓接受中国文化影响之前的日人精神。"因为此时的"和魂"已经融合了"汉才"乃至"汉魂"的因子。另外,在"接受中国文化影响之前"的那个时段,"和魂"是一个什么概念暂时也无人说得清楚,是否指梅原猛所说的"绳文魂"连祐弘自己也无法说清。但我们高度赞赏祐弘的后文:"幕末以降和魂洋才的和魂内容,则指摄取儒教道德从而发生变化之后的日人精神。……此时的和魂与象山的所谓'东洋道德,西洋艺术'中的'东洋道德'相当,已然不再是和魂汉才中的和魂,勿宁说与和魂汉才总体相当。和魂即随时代变化而变化的产物。外国起源的价值观念作为一种精神内容被无意识地作为'我物'得到同化,并包含在和魂之中。"[②] 此外我们还要补充说明一点,其实"洋才"中的"才"也不单纯,在其后也陆续成为"和魂"内容的一部分。从上述"依程朱之意,则洋学皆吾学之一端,本非他物"一语来看,象山很早就认为"洋才"与

[①] 此观点受到李翔海和刘岳兵《"中体西用"与"和魂洋才"比较申论(一)》(2009年3月27日,http://www.blog.sina.com.cn/s/blog_4a03cbc30100cwls.html)的影响。

[②] 平川祐弘:《和魂洋才的谱系——从内部和外部看明治日本》,河出书店新社1987年版,第35页。

儒学（和魂）同出一系。象山之后其他人的类似说法见前述，于此不一一重复。

从微观上说，其具体表现则是根据时代的需要和个人的理解，对"和汉"、"和洋"关系作任意解释，并且"和魂洋才"时的"和魂"，有不少与尊皇无关，而指中国式的封建制度和道德思想，于此各论者又向中国意识作短暂的回归。但总体说来，由于"和魂"的论者都是日本人，所以尽管他们"和汉"、"和洋"不分，但所谓的日本意识时常会优先于当时的外国"知识"和"意识"，而且这种日本意识不时地会以神国崇皇思想表现出来。由于日本文化始终缺乏一种超越历史的价值体系，上述的"魂"、"才"内容又经常变动不居，所以我们根据以上分析，似可在某种意义上，将"和魂"定义为"须根据不同时代意义把握的日本民族主义精神"。

3. "和魂汉才"此成语中"和"、"汉"意义的变化情况如何？

宫子标认为不能按此成语"和"先"汉"后的语序，对"和"、"汉"进行优劣的价值判断，并将它们的含义分作四种类型：（1）"汉"大于"和"；（2）"和"、"汉"并列；（3）"和"大于"汉"；（4）"和"排斥"汉"。[1] 其中的"大"字，是我们根据对原文的理解给出的译词，表明孰有价值。这是一种十分有洞见的发现，只可惜宫子标未对此四种分类作出具体阐述。我们认为，宫子标的分类可以进一步细化，比如还可分出：（5）"和"意不清；（6）"和汉"融合等类型。并且认为，以上的区分是相对的，有时几种类型会叠加在一起，其关系绝不单纯，所谓的诸如"汉"大于"和"或"和"大于"汉"的现象等，还会根据时代的变化而反复出现。但总的来说，它们的趋势是"和"大于"汉"。希望读者一面回忆过去所读的章节（尤其是第七章及之前的章节），一面结合本节第2的论点，与我们一道对此进行简单的回顾和展望。

（1）"汉"大于"和"。《源氏物语》中的"和"、"汉"关系，按我们的分析是"汉"大于"和"。不过在律令制度式微、"摄关"政治

---

[1] 宫子标：《关于加藤仁平的著作——〈和魂汉才说〉》，圣学院大学综合研究所纪要2005年第16号，第199页。

抬头的平安时代后期，紫式部认为要出人头地已不能光靠"汉学"，而要讲究出身和手段，即"和魂"。"汉才"有走衰的迹象。

（2）"和"、"汉"并列。《今昔物语集》对政府"法学"权威善澄的评价是"汉才堪称精妙，和魂尽付阙如"，因为他缺乏基本的常识——"和魂"。虽然该评语未贬低"汉才"，但略带"和"大于"汉"的意味。《今镜》第三"天皇下卷""内宴"评价藤原通宪：广学汉文，大和心亦出类拔萃。……可钦可佩。但事实是通宪一直没有混好，最后出家。之前赖长曾劝阻通宪，但后者除表示对自己因出身低微而才不用世的怨恨外，还表示自己要继续走以汉学为生的道路，并劝赖长不学亦可，因为他是道长的儿子。由此也可以看出"汉才"在走下坡路。《咏百寮和歌》中的"大和魂"歌，其"和魂"概念为何难以说清，但该和歌及其他《咏百寮和歌》创作于日本南北朝时代，其基础是北朝公卿二条良基的《职令抄》，既有感怀"摄关"时代及之后"和文"（假名文化）思考方式的想法，也有追念来自中国的律令制度的意味，所以似乎可以说它同样代表着"和汉并列"，但存在"和"大于"汉"的倾向。不少写作于室町时代或江户时代的《源氏物语》注释书，如《河海抄》、《源氏和秘抄》和《花鸟余情》、《源氏物语湖月抄》中"大和魂"的具体概念为何也说不清，注释中儒神佛三者观念杂陈，说它们是"和汉"并列也不为过。但作为公卿的善成和一条兼良的儒学倾向难以否认，这从日本"国学家"对《河海抄》的各种恶评可以反推出来。一条兼良在《源氏和秘抄》和《花鸟余情》中将"大和魂"说成是"我国鉴别之心也"。他要鉴别什么？根据我们的分析，是对破坏礼制的"下克上"思想和做法进行"鉴别"，与后人提倡的儒式"大义名分"理论有几许相似之处，所以似乎也可以说它是"和汉并列"，但存在"汉"大于"和"的倾向。《源氏物语湖月抄》中幕府重臣北村季吟的"大和魂"似乎也是"和汉"并立。他将"大和魂"注释为"和国魂 和才魂魄也孟 广学唐土之文亦可知日本之事也"。文中的小字"孟"指引注九条稙通所著《孟津抄》中的一段话。稙通本人也是公卿，具有汉学倾向，其观点也带有"和汉"并列但"汉"大于"和"的意向。

（3）"和"大于"汉"。《后拾遗和歌集》第二十卷大江匡衡与妻

"大和魂"史的初步研究

子赤染卫门的俳谐歌中,"和"大于"汉"的语意十分明显。卫门试图运用自己的"日本优势"(假名和假名文学)压制丈夫。不过在汉学余威尚存的平安时代后期,卫门是针对丈夫先有的戏谑作出反击的,所以"和"、"汉"在此时只是打个平手。而在《中外抄》中情况有了巨大转变。关白藤原忠实回忆大江匡房来家时的情景:父亲以手指自己说此儿尚可,但遗憾的是不愿意学习汉文。匡房回答,要成"摄政"、"关白"未必有"汉才"亦可,只要有"和魂"即可治天下。汉学大家说出这种话,足以表明"汉才"在此时已近乎一文不名。《愚管抄》第四卷"鸟羽传"在对比藤原忠实和藤原公实这两人时说,公实很难成为"摄政"人选,虽然他富于"和汉"之学,才情可追菅原道真,但与忠实相比,在"和魂"上不如忠实。最终忠实果然做了"摄政",应验了"和"大于"汉"。若林强斋《神道大意》中的"日本魂",其发音与"大和魂"相同,既包含儒学的"忠孝"含义,还增添了神道教的"神国、皇国"意涵,故兼有"和汉"融合与"和"大于"汉"的意味。此时将"大和魂"改说成"日本魂"并于其中注入新的内涵,具有划时代的历史意义,可谓"日本中心主义"的精神正在抬头。西川如见在其著《水土解辩》"气运盛衰辩"一节等中,一面积极运用西方科学理论,一面坚持儒家"天不变,道亦不变"的观点,一面又认为根据各个国家所处的地理环境的不同,风俗民情也有不同,试图将日本的风土与神国观和天皇制度联系起来。这些西方科学因素、儒学因素和神道学因素等产生了神国和尊皇思想,用他的概念词概括就是"日本心"(读音与"大和魂"和"日本魂"同)或"日本姿"。如见在进行"日汉"融合的同时,也积极鼓吹"和"大于"汉"。

(4)"和"排斥"汉"。继谷川士清之后,贺茂真渊直至大国隆正等"国学家",都尽力避谈或排斥"汉才"(虽然他们有时也将"忠孝"等儒家观念融入自己的政治概念中),尤其是本居宣长,更以"纯化"日本为自己的使命。他们都将"大和魂"作为主张日本精神独立的政治用语,并假托是建言停派遣唐使的菅原道真创造出这类"大和魂"用语和精神的。据日本学者说,这种倾向乃伴随儒学的深化和水户学、"国学"等的发展及尊皇论的兴起而出现,并成为日本近代化的原动力。而从明治时期开始,"和汉"关系则进一步朝大规模"和"排

· 744 ·

第九章　从"和魂汉洋才"到"和魂洋才"……

除"汉"的方向发展。当然也有人对此现象提出批评。

（5）"和"意不清。《大镜》中藤原隆家被评为"具有大和心"。人们根据语境可推知这个"和魂"就是"勇敢"（他在刀伊人入侵时能组织动员众人将外敌打败），这在当时的社会语境中不啻为一个"异类"，因为在江户时代中期之前，"和魂"与"勇敢"基本未沾边。《大镜》对隆家还有评价：自幼即是一个性格欠稳重的"淘气包"，但有"出彩的魂"。《荣华物语》说"中纳言（隆家）虽不贤明，但尤有魂"。"不贤明"似指他不读书（当时多指读"汉书"），"有魂"似指"思虑周全"，与《大镜》的评价略有出入。在这里，"和魂"似指"勇敢"或"淘气包"或"思虑周全"。不过这一切都是今人的推测，其真实的"和魂"意义比较模糊，与"汉才"的关系也不明了。慈圆在《愚管抄》第三卷"一条天皇传"评价该朝"内大臣伊周，人品与大和心皆有欠缺，唐才虽好，尤擅长汉诗，然无法超越左大臣"。其中的"大和心"欠缺，似指他不会处事。然而按我们分析，伊周的失败并非因为他不会处事，而是后台不够硬，所以《愚管抄》"一条天皇传"所说的"大和心"语义具体为何也不易说清。但它的倾向与（3）相同，都有"和"大于"汉"的意味。此类语义不明的"和魂"还有许多。

（6）"和汉"融合。国学家谷川士清通过其著《日本书纪通证》开创了"国学"研究的先河，还受《菅家遗诫》启发，提出"中古以来之治世也，兼取周孔之教，以为之羽翼。是故国学所要虽亡论涉古今究天人，非倭魂汉才不能阙其阃奥矣"的理论。但其言下之意也有"和"（包括尊皇思想）大于"汉"的意味；另外，佐久间象山直至横井小楠等人，都提出"东洋道德"或类似的主张，但他们的"东洋道德"内容，实际上就是以朱子学为代表的中国封建制度和儒家思想。再者，阪谷朗庐的言论和"教伦堂"《学则》、"致道馆"《教场规则大意》等，虽有部分尊皇思想，但其儒学占优的倾向仍十分明显。井上淑荫虽为"国学家"，但也主张"和汉"融合，有时甚至其学说也呈现"汉"大于"和"的格局。金子坚太郎所做的工作及其言论中"和魂"、儒学、西学的融合现象十分明显，此不重复。

第十章 明治时代(1868—1912)海老名弹正的"大日本魂"和吉野作造的"国家魂",以及幸德秋水和木下尚江对它们的批判

第一节 海老名弹正的"大日本魂"

一 海老名弹正及其《思考日本魂之新意义》

明治时代后期日本有一份综合性刊物,名曰《新人》,月刊,由"日本共同基督教会本乡教会"于1900年4月创办,总编是该教会牧师海老名弹正,目的是在评论时事的同时推广基督教。卷首文均未署名,据推测皆由海老名所撰,其他含海老名署名的文章内容与卷首文主旨相似,广泛涉及宗教、思想、文学、教育等,如当时的热门话题基督教、"满"汉融合、帝国主义和社会主义,等等。编辑都很年轻,有三泽纠、铃木文治等。其中一人叫吉野作造,日后成为日本的著名人物。除编辑工作外,这些年轻人也撰写时事评论。投稿人中较有名的有严本善治、纲岛梁川、浮田和民等。1920年海老名荣升"同志社大学"[①]校长去京都后,总编一职由大塚尚等接任,而且时事评论栏目得到进一步扩充。1923年关东大地震后,东京帝国大学"新人会"[②]成员成为核心撰稿人,《新人》这一基督教刊物最终变为社会主义活动家的杂

---

① 同志社大学,基督教私立大学,前身为1875年新岛襄在京都创办的"同志社英文学校",1912年改称"同志社大学",位于京都府上京区。
② 新人会,战前日本存在的、以东京帝国大学为主的学生运动团体,建立于1918年,1929年解散,可知的会员约360名。

第十章 明治时代(1868—1912)海老名弹正的"大日本魂"……

志①,在当时颇有象征意义。

海老名弹正(1856—1937),生于前福冈柳川藩某藩士家庭,早年在藩校学汉学,1872年进入熊本洋学校,受该校美国教师、退役炮兵大尉 L. L. 詹姆斯的影响,于1876年在花冈山签下《奉教旨趣书》,发誓以基督教报国。同年海老名接受詹姆斯的洗礼,成为该校学生新教基督徒团体的一员。该团体有35人,其共同特点是充满对信仰的热情和对祖国的使命感和责任感,因此日后不少人成为日本宗教界、政经界、舆论界的重要人物,其中就包括德富苏峰②。海老名从该校毕业后进入"同志社英文学校"学习,同时在安中(今群马县)一带传教,与新岛襄③一道创建了安中教会。从"同志社英文学校"毕业后,海老名成为安中教会牧师,自1890年开始担任"日本传道会社"社长,之后任神户教会牧师,于1897年转任东京本乡教会牧师,最后升任"日本合作团体基督教会"领导人,对明治、大正时期日本基督教的发展起到指导性作用。海老名自1901年开始与植村正久④就基督教的认识问题展开争论,其带有强烈国家主义和自由主义色彩的神学思想显示出与"正统"基督教偏离的倾向。1910年日本吞并朝鲜后,"朝鲜总督府"让日本基督教会领导人植村正久(他也赞成吞并朝鲜)派人到朝鲜传教,但遭到后者的拒绝,所以"总督府"转而命令"日本合作团体基督教会"领导人海老名派人赴朝。该教会于同年10月第26次大会一致通过向"朝鲜人传道"的决议,决定派遣海老名的高足——渡濑常吉赴朝。后来"日本合作团体基督教会"得到"总督府"包括其资金在内的巨大支持,在朝鲜传道"成绩斐然",一时传为"佳话"。与日本

---

① 参看《日本思想史辞典》,山川出版社2009年版,第511页。

② 德富苏峰(1863—1957),记者和著述家,日本著名小说家德富芦花之兄,熊本洋学校学生新教基督徒团体一员。1887年创立民友社,主编《国民之友》和《国民新闻》,提倡平民主义,甲午战争后转为鼓吹帝国主义之一人,著有《吉田松阴》、《近世日本国民史》等。

③ 新岛襄(1843—1890),基督徒和教育家,21岁时赴美,毕业于阿默斯特大学,1872年开始跟随岩仓全权大使赴欧洲考察,1875年在京都创立"同志社英文学校",首创日本的基督教教育。

④ 植村正久(1858—1925),牧师,1887年在东京麹町创建富士见町教会,翻译《旧约圣经》,著有《信仰的生活》等。

基督教会、卫理公会派仅向在朝日本人传教不同,"日本合作团体基督教会"传教的对象是朝鲜人。因该教派在宗教方面积极为日本对外侵略和日韩"合并"及同化政策服务,故受到当时日本社会的高度关注。

海老名撰写过大量文章,主要发表在《新人》杂志上,1905年1月在日俄战争打得难解难分之际,他发表了题为"思考日本魂之新意义"一文,刷新了"大和魂"的意义。质言之,这个"日本魂"就是鼓吹结合宗教力量和国家力量对外侵略,将日本打造成一个可媲美欧美的政治、军事、宗教大国。人们从未想到,鼓吹运用"和魂"进行对外战争和同化他民族的居然也包括日本基督徒。该文约3903个字符,大致谈了以下五层意思:

1. 有些国家在创造"个体圣人"(按:指孔子、佛陀和耶稣等)方面卓有成效,但在创造"国家圣人"方面却做得不好。而日本过去没有圣人、佛陀和神子(耶稣),但有自己的"国家魂",它奉迎了圣人和佛陀,打造了君子国和净土国,而且现在已不难求得神子,将日本建成"神国"(日本式的基督教国家)。①

2. 这个不可思议的"国家魂"也就是"大日本魂","日本民族正是在此魂的引导和启发下走到今天的。……爱国者、活动家、伟人、豪杰皆由此魂引导才"有各种成就。另外,此世界有的国家具有内藏"世界魂"种子的"国家魂",有的国家既无"国家魂",更无"世界魂",所以那些无"魂"的国家遑论发展,甚至还可能灭亡,而具有"大日本魂"的国家今天正在取得战争的胜利和国家的发展。

3. 虽然伟人、豪杰成就很大,但由于自身见识有限,所以无法想象事态如何发展。"试想去年此时,有谁能想象俄国东洋舰队像池中鸭子被我追打?又有谁能想象日本兵连战连胜,于今在沙河与50万俄军对阵?"还"有谁能大胆预言此日本魂之蓬勃发展?即使预言家也只能管窥'大日本魂'之一斑,为其讴歌,但其想象力应尽量收敛,因为无法预言其发展如何"。换言之,此"大日本魂"的发展无法限量,乃伟人、常人皆不能窥见,因为"引导此魂者乃皇天上帝,决非凡人。

---

① 自此开始的引文除另有注释外,皆出自《新人》1905年第1号,第5—7页。不一一注释。

第十章 明治时代(1868—1912)海老名弹正的"大日本魂"……

上天正在引导、启发此大日本魂向某处转化发展"。海老名于此在"日本魂"的上方安放一个"上天",将日本取得的"成就"归功于天助,换言之,日本在履行"神"的使命。

4. 在此使命的引导下,今天"日本魂将由过去之国家魂大步向世界魂转变,将由过去之民族魂大步向人类魂转变"。这明显是在暗示日本将成为超国家的强国和超民族之民族。"大国家魂业已潜伏世界魂。若国家魂未孕育世界魂之种子,则其发展了无内容。……有世界魂种子之国家魂始能形成伟大国家。由我日本人观之,日俄战争乃我国自卫战争,此固不必多言。然此魂在接受鲜血洗礼后于翌日拂晓又当如何?吾等相信,现已不必再高悬国家自卫大旗。……自此大日本魂将以世界和平、至少以东洋文化为旗帜,为主要目标,为自身动机。"此话含义比较含蓄,但却是该文的重点,说明在日本战胜沙俄后,包括海老名在内的许多日本人的野心已指向全面吞并朝鲜和占领中国的旅顺、大连,进一步"至少"应包括"满洲"。结合他写于前一年《新人》7月号的文章可能看得更为清楚:"韩人(按:或指在韩日人。以下夹注亦为引者做出)以予之'合同论'(吞并论)为卖国言论。尚无其他言论比此言更缺乏见识。请看,日耳曼帝国有今日,源于诸多联邦赞成普鲁士主管权力并与彼合并。再回溯三世纪前,如苏格兰与爱尔兰有幸与英国合并,故形成今日之大英帝国。……韩人须并入之民族乃日本,……日韩民族同为一个民族,同一民族合并乃世界常例。"① 如此"和平"目的在海老名题为"满洲经营与朝鲜问题"的文中还有更清晰的说明:"朝鲜问题如何解决,关乎我帝国能否确立立足点,也将给支那、满洲问题之解决提供极大好处。吾等今无遑详论朝鲜经营问题,仅略述其大概:一、改变过去露骨之对朝外交,采用巧妙之怀柔政策;二、速建京釜铁路;三、购买在建之京义铁路,使其迅速竣工,连接满洲铁路;四、……;五、……。"② 有此铺垫,我们就可以更好地理解海老名在《思考日本魂之新意义》中的另一些话:"大民族魂业已潜伏人类魂。无人类魂之民族决不可永存。盎格鲁·撒克逊民族于今正在北美密西西

---

① 海老名弹正:《观朝鲜民族命运,赏日韩合并说》,《新人》1904年第7号,第19页。
② 海老名弹正:《满洲问题与朝鲜经营》,《新人》1911年第5号,第7页。

"大和魂"史的初步研究

比河泛滥之原野期待欧洲各民族之融合。对此日本民族又岂不能在满韩辽河泛滥之原野遂行东洋民族之融合?……苟有此人类魂之实质,则融合东洋民族,灌输此大日本魂又有何难?"

同时这个所谓的"大日本魂",也是他在另文中所说的日本"灵能"或日式"基督魂":"吾为日人讴歌日韩合并,乃出自此乃日本国民成为伟大国民之机缘。人不生子女,无以获得成为父母之资格。一国民不合并他国民,则无以发挥其伟大之灵能,获得长者之资格。日韩合并乃千古未闻之伟业,日本建国以来从未有此实验。帝国国民应于此合并之伟业中发挥其固有之灵能。"① "吾等须热心传道,灵化同仇敌忾之心为博爱心,去除政治野心,接受光明正大之基督魂,以此使朝鲜精神伟大。"② 这充分显示出海老名希望结合宗教力量,实现日本的军事、政治、经济扩张梦,并在精神上同化中韩等民族:"同化他民族,使其与本民族平等一致,并非我等可着力之处。为同化他民族切不可夺取渠之物资,毋宁须给予渠以我最贵重之宝物,即须给予渠以我最贵重之日本魂。……向渠宣传我日本魂,即将此魂拥有之所有福利分于渠。此即日本魂之传道……"③ 换言之,让东亚其他民族接受"日本魂"即他所说的"精神征服"④。

此外,海老名的"大日本魂"还是他所说过的"大和魂"后身:"大日本魂即大和魂之发展。过去大和魂为小种子,或存于神武天皇身上,不,乃存于跟随神武天皇之人们之间,其发展后随着领地扩大而不断增大,一时成为大和国魂。其时尚小而纯洁,然经由小魂、大和国魂、五畿内大和国魂,……其精神发展后波及(日本)东北,终及北海道,如今正前往千岛、桦太。往南则由琉球一直推至台湾,往西则由朝鲜推至满洲。"⑤ 也就是说,这个"大和魂"过去曾经而且今后将伴随日本领土的不断扩大而不断膨胀。因而,他的"大和魂"即"大日

---

① 海老名弹正:《祝日韩合并》,《新人》1910年第9号,第5页。
② 海老名弹正:《国民道德与基督教》,警醒社1912年版,第135页。
③ 海老名弹正:《战后之最佳经营——满韩人之日本化》,《新人》1904年第8号,第7页。
④ 海老名弹正:《朝鲜传道宣言书》,《基督教世界》1911年6月1日。
⑤ 海老名弹正:《修养之折枝》(其三),满洲日报社1915年版,第376页。

· 750 ·

第十章　明治时代(1868—1912)海老名弹正的"大日本魂"……

本魂"也具有向世界更广阔地域进一步普及（侵略）的可能性。

5. "吾等须承认此日本魂必然与宇宙魂同源。……吾等断言，大日本魂乃存在于深远之宇宙魂中。……宇宙魂乃天地之公道，吾等欲谓之'宇宙理想'（原文为希腊语 logos 的译音）。"我们不清楚海老名在这里说的"宇宙魂"具体所指为何，但似乎可以将它降格视为具有世界普遍性的精神或神性，即他所说的"基督魂"。也就是说，如果"日本魂"与"宇宙魂"（基督魂）属于同一性质，那么，日本精神就有可能发展为宇宙精神，至少是世界精神，日本因此走向世界甚或宇宙也就顺理成章。接下来海老名说的话也印证了这一点："吾等祈祷基督，神国必将显现。此神国即'理想'之集合。……自此欧美基督徒是否期望在本国实现神国吾辈无法知晓，但大日本帝国必须勇往直前实现之。其大日本魂则为实现此理想之有灵之物。……此魂……来自悠悠天地本源，她或成为圆满之大慈悲心、大博爱心面对兆民，光照万国。……彼时大日本魂将成为'宇宙理想'之化身，大日本帝国将成为神国之变身。……吾等信仰日本魂，信仰宇宙'理想'，并充分相信神子帝国必将实现。"于此，海老名连欧美也瞧不上眼，相信日本可以并且应该"面对兆民，光照万国"（统治世界）。这种魂在五年后，海老名又将它命名为"新日本魂"："新人为何？新人即具有新日本魂之人。而新日本魂指经营新日本之新日本人之新实验。……此乃日本人在走向世界强国时必须提出之问题。……此处所需之新日本魂……即将世界人类视为自身邻居，与渠等一道建村、设镇、立市之友爱心情。"[①] 这些话颇有点黑格尔所说的民族精神向世界精神自我扬弃的意思，不过说得更明确一些，那就是代表过去日本民族精神的"日本魂"可以变为"世界魂"，领导和统治世界。

为了这个目标的实现，"新日本魂"或"大日本魂"即过去的"大和魂"拥有者就必须忠君爱国，不怕牺牲，"勇往直前"："大和魂实乃有力量、旺盛、活泼之魂，……如彼乃木（希典）大将自杀，即此大和魂之完整体现。又或如于此时正在满洲原野与俄兵厮杀、激烈厮杀、拼

---

① 海老名弹正：《新日本魂》，《新人》1910 年第 3 号，第 34 页。

命厮杀、标榜忠君爱国之战斗精神即大和魂。此乃旺盛之魂。"① 亦即，海老名的"大和魂"（"大日本魂"）也就是"战争魂"。海老名甚至不无得意地回忆："予于日俄战争时曾从此点论及大和魂，彼发表于《新人》杂志社论中，于四方皆有反响。据说伊藤（博文）公读后非常高兴。"② 可见海老名在主张帝国主义、鼓吹对外战争方面是相当露骨的。另外，从对海老名曾抱有无限崇敬之情的弟子大杉荣③的回忆录中也可以看出，海老名是热爱战争的："如海老名弹正向吾辈所教诲，吾信仰宗教超越国境之世界主义，亦信仰蔑视地面一切权威之自由主义。""然而宗教家对战争之态度，尤为吾景仰之海老名弹正之态度，背叛了吾之所有信仰。海老名弹正之国家主义大和魂基督教于吾眼中至今历历在目：举办战争胜利祈祷会，歌唱军歌般之赞美歌，说教忠君爱国，任意引用'吾非为和平而来'此一基督之话语。""吾为之错愕。……同时极其失望，对'人家打你右脸，使左脸也转过去让人打'这种宗教不抵抗主义之本质也产生怀疑，只能参加阶级斗争之纯粹社会主义运动。"④

二 今人和时人对海老名的批判

面对如此的基督徒海老名，今人的关冈一成却有不同说法，不同意将海老名说成是国粹主义者和日本主义者，⑤ 更不用说他是帝国主义者了。但韩国学者金文吉认为海老名是一个试图将基督教日本化，即推行神道基督教的人，⑥ 并说他具有帝国主义思想。⑦ 吉驯明子批评海老名

---

① 海老名弹正：《修养之折枝》（其三），满洲日报社1915年版，第360页。
② 同上书，第378页。
③ 大杉荣（1885—1923），无政府主义者，自东京外语学校毕业后参加社会主义运动，曾数度入狱，关东大地震时和妻子伊藤野枝一道被宪兵大尉甘粕正彦杀害，翻译介绍过柯鲁泡特金的著作，著有《自叙传》等。
④ 大杉荣：《自叙传》，《大杉荣全集第十二卷》，现代思潮社1964年版。引自日本网站，2014年5月1日，大和魂 site：www.aozora.gr.jp。
⑤ 关冈一成：《海老名弹正的世界主义和日本主义》，《基督教社会问题研究》，同志社大学人文科学研究所基督教社会问题研究会1995年版。
⑥ 参见金文吉《近代日本基督教和朝鲜——海老名弹正的思想和行动》，明石书店1998年版。
⑦ 参见金文吉《海老名弹正的朝鲜传道和日本化问题》，《基督教社会问题研究》，同志社大学人文科学研究所基督教社会问题研究会1998年版，第230—266页。

第十章　明治时代(1868—1912)海老名弹正的"大日本魂"……

的"大日本魂",说它是一种"帝国膨胀论","通过扩大'神国'这个普遍理想来保证日本的帝国膨胀"①。宇野田尚哉说得更为直接:"海老名与植村正久争论,在将'三位一体说'相对化的同时,还公布了自己对基督教的理解。这可以看作是海老名的'日式基督教'即'帝国主义基督教'之正式形成。……海老名的基督教思想有与帝国日本抬头齐头并进的特征。其性质从他以下的话语可以看出:'吾等相信,日本魂之清爽霸气有建立道德美好帝国之使命。吾等相信,基督教有使日本民族觉悟其生命之重要,足以使世界列国视其为榜样之能力。……吾等心中膨胀之帝国新生命乃大日本魂之一大进化。'海老名的'宗教新意识'即帝国意识和宗教意识的浑然一体,乃'帝国新生命'的象征。海老名还说:'日本应取之最佳帝国主义将遵守人道之大本,永久促成国民之自然发达,基于国际规则保障世界各国之生活,依靠国民之合作,疏通、和谐、发展东西两大文明。'将自己说成是'基督教帝国主义'者。②"③

对此植村正久当然不能同意,批判海老名"并非以基督为核心之人",而是以"万有神教的方式认识基督神性之人","其言似甚富而其内容颇贫"。"不相信基督复活之新人记者","仅煽动如日本魂之基督魂此类遗风余响以刺激世间,而不信感化社会",此"绝非基督之道"。"海老名氏置重心于时代精神",而"吾辈虽承认基督教之历史发展,但确信其信仰乃由天而出。吾辈比起时代更愿意将重心置于神之作用"④。植村这里所说的"时代精神"或指当时世界流行的帝国主义和国家主义精神。无怪乎内村鉴三要批评海老名说:"植村是教会主义,你是国家主义,而我是精神主义。"⑤当然,在同时代的人的批判中以

---

① 吉驯明子:《海老名弹正的政治思想》,《东京大学研究生院法学政治学研究科纪要》,东京大学出版社2004年版,第83页。
② 海老名弹正:《三位一体之教义与予之宗教意识》,《新人》第2卷,1902年第6号,第27页。
③ 宇野田尚哉:《宗教意识和帝国意识——以日清、日俄战争期间的海老名弹正为对象》;第六次日韩宗教研究者交流研讨会:《围绕近代东亚的"民族"和宗教使命观》,1998年。
④ 植村正久:《阐明彼我不同之观点》,《福音新报》第342号,1902年1月15日。
⑤ 佐波亘编:《植村正久和他的时代》第一卷,教文馆1938年版,第540页。

幸德秋水的批判最为犀利,具体见后文。

我们不能不说海老名《思考日本魂之新意义》的文章写得不错,大气磅礴,排比句和比喻句随处可见,但他的说理过于牵强附会,且带有神秘的感觉,有人甚至说它"近乎戏言"①。不过我们还是愿意相信它并非"戏言",因为海老名于其中肯定和赞美的"大日本魂",乃实实在在的日本基督教国家主义(或基督教帝国主义),他希望的无非是日本在此国家主义的指引下,通过战争,能成为像欧美列强那样统治亚洲乃至世界的大帝国。海老名的"大日本魂"可谓是帝国主义的"战争之魂"。

三 海老名的"大日本魂"与日本当时"大国殖民主义"思想等的关系

与前人所说的各种"大和(日本)魂"相比,海老名的"大日本魂"不仅多出了一个"大"字,而且意涵也大为膨胀,这与当时日本媒体的整体情绪和部分知识阶层及民众转向"大国主义"和殖民主义(或帝国主义)存在一种互动的关系。"日清战争(甲午战争)的胜利和嗣后的三国干涉②,让(日本的)新闻界产生了国家主义情绪,也膨胀了它们扩大日本版图的梦想。在当时,虽说并非无人用警惕的目光注视着日本的扩军路线,但新闻界多半在督促政府,煽动扩军,这时各报纸随处可见'大'字。"③另外,1905年9月5日《朴茨茅斯条约》签订当天,反对"讲和"的民众在东京公然放火毁物,人称"日比谷烧打事件"。9月26日幸德秋水④领导的主张"非战"的"平民社"被迫解散。"正如'大日本魂'这一词汇本身所显示的那样,自日清战争至日俄战争勃兴的大国主义,成为驱动日本半永久性地对外膨胀的原动

---

① 米原谦:《日本政治思想》,弥涅尔瓦书房2007年版,第149页。
② 指1895年《下关条约》(《日清讲和条约》)签订后,俄国、法国、德国三国干涉日本,要求后者归还通过条约获得的辽东半岛这一外交行动。
③ 铃木健二:《民族主义和媒体》,岩波书店1997年版,第127—128页。
④ 幸德秋水(1871—1911),社会主义者,曾师事民权主义理论家中江兆民,在《万朝报》任记者期间反对日俄战争。创建"平民社"并创刊《平民新闻》。"平民社"解散后赴美,回国后转为无政府主义者,在"大逆事件"中被认为是组织者,翌年被处死,著有《社会主义神髓》一书。

第十章　明治时代(1868—1912)海老名弹正的"大日本魂"……

力。从这个意义上说，祝祷日本大国化的海老名'大日本魂'这一词汇也带有结构变形的一面，显示出殖民帝国的近代日本自画像的一个原型。"①

海老名有这种"大国"殖民思想，还与当时日本军国主义的"东亚盟主"意识、官民一体为废除不平等条约而迸发出的国家主义变形情绪和政府提倡的来自西方列强的"普遍主义"主张都有所关联。

1. 甲午战争后，日军参谋总长山县有朋在上奏天皇的"意见书"中提出"主权线"和"利益线"的区别，以及该"利益线"与日本未来图谋称霸东亚的关系：

> 盖既往之军备以专守主权线为主，然此次胜利使该线空有其形。进而欲成为东洋盟主，则必须考虑划设利益线。然而以如今之军备，既无法维持今后之主权线，也无法划设利益线以称霸东洋。②

山县有朋的"意见书"贯穿着日本被各列强包围的小国危机意识，其中特意将清国列于可与英国、俄国比肩的"强国"之一，要求本国政府扩充军备，将"利益线"划至朝鲜甚至更北的地区等。然而在日俄战争之后，这种"小国危机意识"一扫而空，日本已确立了"东洋盟主"的大国地位，产生了与其他亚洲国家分道扬镳的心理，认为自己有理由在亚洲获取特权，其对外政策的主线已完全由"主权线"向"利益线"转移。为此海老名在《思考日本魂之新意义》中做了代言："现已不必再高悬国家自卫之标语。……自此大日本魂将以世界和平或至少以东洋文化为旗帜，为主要目标，为自身动机。"

2. 如果说官民一体为废除不平等条约而迸发出的国家主义精神尚有可称道之处，那么明治中后期日本国家主义变形情绪则带有盲目尊皇和"爱国"的一面。对此，松本三之介将它区分为两种类型：一种是

---

① 原佑介：《木下尚江的"大日本魂"批判》，Core Ethics Vol. 4，立命馆大学研究生院尖端综合学术学研究科纪要，立命馆大学出版社 2008 年版，第 291 页。
② 大山梓编：《山县有朋意见书》，原书房 1966 年版，第 231 页。

以"忠君爱国"此词汇象征的"自上而下的国家主义";另一种是"由国民自发产生的国家＝集团意识所支撑"的"自下而上的国家主义"。后者认为,"自主的国民集团不外乎就是国家,对国家的爱,形成于作为这种集团的国家与自我的同化之上"①。对此,海老名在《爱国心之最高潮》中也为此张目:"爱国情绪本身绝非丧失纯粹、崇高之某物(Something)。某物为何？即由超越自身动机,驱动勇于献身之道德勇气、和同胞国民之命运与共、死生相伴之人类爱情。……凡此三大美德,很早即包含在原始爱国心中。……吾辈须超越本能之爱国心之原始状态,使之发展为自觉之爱国心。盖国家为浑然一体之有机物,个人乃构成国家之要素,故吾辈须先安定自身灵魂,完成各自使命,同时明辨国家天职,使自身活动与其融合,以特别敏锐之感觉,将爱国心倾注于国家命运。"② 海老名一年后在《思考日本魂之新意义》提出的所谓"国家魂"("日本魂") 也来自这种盲目"爱国"的民族主义情绪。

3. 日本政府在甲午战争至日俄战争前后对本国的看法以及对他民族的态度的转变,对认识海老名的"大国"殖民思想也有所帮助。西川长夫曾就国际社会中强者和弱者所凭依的逻辑做出论述:"一般来说,强者的逻辑采用'普遍主义'形态,而与此相对的弱者的逻辑则采用'特殊主义'形态。但这种关系一度由弱者转为强者或强者转为弱者时会立刻发生逆转。我们通过世界史中形形色色的征服者和被征服者的历史,例如通过不久前固执于文化＝'特殊主义'的德意志帝国经由纳粹主义转为'普遍主义'的历史,或从'特殊主义'出发的日本帝国经由日清、日俄大战构想出'大东亚共荣圈',试图转为'普遍主义'的历史都可以知道这一点。""在此显示普遍性的国际法仅适用于通用该普遍性的文明世界,亦即西欧世界这个唯一的文明,而不适用于对文明表示自己特殊的蒙昧世界。因此列强获得殖民地是完全自由、不违反国际法的。毋宁说此国际法准备了使蒙昧世界文明化的口实,而该文明化经常被一些人认识为'使命'。"③ 再次回顾海老名在《思考

---

① 松本三之介:《明治精神的结构》,岩波书店1993年版,第14—19页。
② 海老名弹正:《爱国心的最高潮》,《新人》1904年第6号,第1—2页。
③ 西川长夫:《地球时代的民族＝文化理论 为了脱"国民文化"》,筑摩书房1995年版,第23—24页。

第十章　明治时代(1868—1912)海老名弹正的"大日本魂"……

日本魂之新意义》中所做的代言："现已不必再高悬国家自卫之标语。……自此大日本魂将以世界和平或至少以东洋文化为旗帜，为主要目标，为自身动机"，也可以印证这一点。

原佑介认为，西川所分析的"普遍主义"孕育着殖民主义，他还引用茨维坦·托多洛夫①的理论，对西川所说的"普遍主义"做出更精确的说明：茨维坦·托多洛夫将"普遍主义"和"本民族中心主义"作以下区别，而西川所说的"普遍主义"则相当于后者。②"普遍主义的立场可能采取多种形态，而本民族中心主义可视为其第一种表现。因为本民族中心主义在普遍主义的多种形态中最为常见。从赋予该词汇的意义上说，本民族中心主义就是将某个社会固有的价值任意奉为普遍的价值。可以说本民族中心主义者就是普遍主义者生而有之的变形漫画。普遍主义者追求普遍的事物，热心于从特殊、个别的事物出发，将其一般化，但这个特殊、个别的事物当然是他们身边的事物。换言之，实际上在他们自身的文化中就能发现。普遍主义者和本民族中心主义者的唯一区别——这区别具有明显的决定作用——就在于本民族中心主义者尽量不做努力，不按照批判的方式展开工作。也就是说，他们坚信自己认可的价值为绝对价值，而且秉持坚信万事足的态度，决不去证明该价值是否确实为绝对价值。非本民族中心主义者的普遍主义者（至少可以想象有这种人），则不会从理性上证明自己为何不喜欢某种价值，而喜欢其他价值。他们或许会就自己认为的普遍价值偶然包含在本国固有的传统中这些事情加以特别的关注。而且，即使有比在他国发现或通过演绎的方法推导出更好的解决方法，他们也没有决心毅然抛弃过去那种习惯的做法。"③ 西川长夫和托多洛夫的论述发人深省，不仅可以解释海

---

① 茨维坦·托多洛夫（Tzvetan Todorov，1939— ），法籍保加利亚裔思想家、哲学家和文艺批评家，供职于法国国立科学研究中心的艺术、语言研究中心，年轻时跟随罗兰·巴特学习符号学，1967年发表《文学及其意义、功能》，成为结构主义文学研究的先驱人物，1965年编译《文学理论》，将"俄罗斯形式主义"理论正式引进法国，兼任国际诗学研究杂志《诗学》的编辑顾问。

② 原佑介：《木下尚江的"大日本魂"批判》，*Core Ethics* Vol. 4，立命馆大学研究生院尖端综合学术学研究科纪要，立命馆大学出版社2008年版，第301页。

③ ［法］茨维坦·托多洛夫：《我们和他者 法国思想中的他者形象》，小野潮、江口修译，法政大学出版局2001年版，第18页。

老名的日本"大国"殖民思想的来源，而且对今人认识全球化和地区"特殊主义"问题也有帮助。

从佐久间象山开始，面对西方列强的步步紧逼，日本有不少人开始谈论在学习西方先进军事技术的同时，还要保卫"东洋道德"和使"忠孝仁义存于我"等，显示出一种悲情式的"特殊主义"。即使是在日俄战争前夕，当日本尚未有信心战胜沙俄时，海老名等仍将该战争说成是"自卫战争"，也带有后进国家坚守自己传统价值观的"特殊主义"意味。然而一旦日本打赢了日俄战争，海老名就换上另一副嘴脸，开始强调"普遍主义"："吾等相信，现已不必再高悬国家自卫之标语。……自此大日本魂将以世界和平或至少以东洋文化为旗帜。"从这句话还可以听出，海老名至此还有了日本已站在"文明化世界"门槛内的"使命"感，希望"融合""对文明表示自己特殊的蒙昧世界"即亚洲其他国家。不仅如此，海老名还踌躇满志地祝福日本在跨进"文明化世界"后将改变世界："大日本帝国必须勇往直前地实现""神国"（日式"基督教"帝国主义国家）。"是时大日本魂将成为'理性'（海老名'神国'的另一种说法）之化身，大日本帝国将成为神国之变身。"海老名在《思考日本魂之新意义》中的问句——"上天于今将引导启发此大日本魂作何种转变呢？"①，恰好表达出他对日本正处于从"特殊主义"转向"普遍主义"这一时刻的兴奋感。

第二节 幸德秋水对海老名弹正"大日本魂"的批判

一 幸德秋水的调侃式批判

海老名弹正的《思考日本魂之新意义》于1905年1月发表后，日本社会主义者先驱幸德秋水很快就在同月8日的《平民新闻》中，以"新年杂志一瞥"为题著文进行批判。与海老名大气磅礴的文风相比，秋水用的是一种轻快揶揄的笔调，他边引用海老名的"壮阔议论"边进行调侃："大日本魂（海老名先生不说日本魂而说大日本魂）乃不可思议之国家魂。日本民族皆由此魂引导启发，伟人豪杰亦皆由此魂引导

---

① 海老名弹正：《思考日本魂之新意义》，《新人》1905年第1号，第2页。

第十章　明治时代(1868—1912)海老名弹正的"大日本魂"……

方成为伟人豪杰。此大日本魂确为指导帝国之火柱与云柱①，而且指导者即皇天上帝，决非凡人。"② 秋水试图将海老名夸赞的具有"先进思想"的"大日本魂"降格为传统的"皇天"魂和"上帝"（可能指基督，但也可能指中国道教的"上帝"）魂，意在说明日本的"伟人豪杰"等也深陷传统思想的泥沼，并不具备建立现代国家的功能。

针对海老名在文中提倡的"融合东洋民族，灌输此大日本魂又有何难？此时日本魂应标榜其光明正大之博爱精神，于东洋天地间显示其旺盛之生命力"，秋水批判的语调仍带揶揄但渐显严厉："若按先生此类说法，则具有大日本魂者将来可以吞并东洋各民族，显示其旺盛之生命力，俄人亦可被融合，欧美民族亦无法与之对抗。"③ 秋水已经看出，海老名的真实用意是希望日本仿照美国将欧洲各民族融为一个"新英国民族"那样，将东亚民族全部"融合"在一个"新日本"中，所以他才转而直言不讳地使用"吞并"这个词。

就海老名文的结尾部分——"此魂……来自悠悠天地本源，或许她将成为圆满之大慈悲心、大博爱心面对兆民，光照万国。……是时大日本魂将成为'宇宙理性'之化身，大日本帝国将成为神国之变身"，秋水的态度又转为奚落，他挖苦道："呜呼！此非纯粹之本地垂迹说？吾等曾自古代大宗教家处听闻天照皇大神乃大日如来之化身，不胜惊讶。如今又从大宗教家口中听闻日本魂亦'宇宙理性'之显现，然此不过是宗教家之巧妙说教也。若进而言之，曰东乡大将④乃基督之化身岂不更为巧妙？而本地垂迹说之结论，自然是国家至上、国家万能主

---

① "火柱"与"云柱"语出《圣经旧约·出埃及记》第13章第21—22节。原话是："主走在他们的前面，白天以云柱引导，夜晚用火柱照耀他们，所以他们不论白天黑夜都能前行。白天云柱，夜晚火柱不离民众的前头。"这里的"云柱、火柱"可谓是神对欲逃出埃及的民众的守护和引导的象征。
② 幸德秋水：《新年杂志一瞥》，周刊《平民新闻》第61号，1905年1月8日，第32页。
③ 同上刊，第33页。
④ 东乡平八郎（1847—1934），海军大将、元帅，萨摩藩藩士，日俄战争时任联合舰队司令，在日本海大海战中全歼沙俄巴尔齐克舰队成为日本国民英雄。后在《伦敦海军裁军条约》谈判中支持强硬派。侯爵。死后享受国葬待遇。

· 759 ·

义。"① 秋水的这个批判形似玩笑但相当有力。它通过使用"本地垂迹说"这个日本宗教词汇，暴露出海老名思想的陈腐、非科学性和融合性，以及它与国家权力的勾结，证明这种说教已偏离非国家主义的基督教本义。秋水最有力的嘲笑在文后的部分——若说"大日本魂"是"宇宙理性"的化身，那么大可将东乡平一郎说成是基督再现。

二 态度摇摆的幸德秋水

从上述话语可以看出，秋水对海老名的批判有所保留，其批判烈度时有"温差"。这可能与他的历史污点——立场不坚定有关。从历史上看，秋水的批判精神很不连贯，甚至前后思想矛盾，这似乎还可以解释为何秋水作为马克思、恩格斯《共产党宣言》的第一位日文译者（与堺利彦共译）和积极介绍社会主义理论的思想先驱，后来会沦为一个无政府主义者。比如，他在1901年4月发表的《廿世纪之怪物帝国主义》一文中，就对类似海老名的"大日本魂"（大日本帝国主义）言论做痛彻的批判：其本质乃"膨胀我国民，扩张我版图，建设大帝国，高扬我国威，荣耀我国旗"，所追求的是"以所谓之爱国心为经，以所谓之军国主义为纬编织起之政策纤维品"②。然而在1904年7月之前，他对此"爱国心"和"军国主义"思想的成果之一——日本的侵朝政策却视而不见，未加批判，反而怂恿政府积极推进。在发表《廿世纪之怪物帝国主义》的次月，秋水通过自己题为"天下至愚"的文章批评伊藤博文软弱："归还辽东（半岛），于朝鲜丧失我权益，……乃渠优柔寡断之结果。"③ 这种与日本帝国主义势力同步调的言论在两年后变得更为露骨。在《日本之东洋政策》一文中，秋水借介绍"某外国人之书信"的形式道出了自己的真实想法："日本今日之急务在于经营朝鲜，……苦于人口过剩之日本何不立即将广漠朝鲜沃土置于日本农民锄犁之下？若日本有众人居住朝鲜，其财源、农工将全部落入日本人之

---

① 幸德秋水：《新年杂志一瞥》，周刊《平民新闻》第61号，1905年1月8日，第33页。
② 幸德秋水：《廿世纪之怪物帝国主义》，载家永三郎编《日本和平理论体系》第2卷，日本图书中心1993年版，第17—18页。
③ [日]《万朝报》1901年5月3日。

第十章　明治时代(1868—1912)海老名弹正的"大日本魂"……

手,则事实上朝鲜将成为日本之被保护国。"① 同年 8 月 28 日《万朝报》又刊登秋水写的一篇题为"抛弃乎？吞并乎？"的文章："如今之问题,并不在于如何帮助朝鲜独立,……答案唯有一个,一为抛弃也,另一为吞并也。""抛弃,若利于人类则抛弃。吞并,若利于人类则吞并。不帮助'夏威夷'、'菲律宾'、'琉球'、'台湾'独立,有何理由必须单独帮助朝鲜独立？"② 秋水还于同年 8 月给《日本人》杂志寄去一篇题为"非战论"的文章,在提倡社会主义和非战论的同时肯定对朝鲜的侵略："我国民于朝鲜之经营基础至今未能确立,原因并不在于俄人妨害,而在于日本（思想）贫困,缺乏勇气。"③

实际上秋水并不一概反对战争。他在 1903 年 7 月于"社会主义协会"做的题为"论非开战"的演讲中,也暴露出他对日本对外侵略战争的矛盾看法："战争断不可煽动。距今最近之事例乃日清战争,……那场战争……目的在于帮助朝鲜独立,严惩支那暴行,即所谓之仁义之战,为世人所赞美。"④ 虽然秋水在《万朝报》转向"开战论"后与堺利彦⑤、内村鉴三⑥一道离开该报社,并且和堺利彦两人创建了"平民社"和周刊杂志《平民新闻》,继续他的"非战论"和社会主义理论宣传,但自《平民新闻》第 1 号至终刊的第 64 号,秋水没有发表过一篇正面提及朝鲜的评论文章。⑦

这里需要就堺利彦插入一段话。他自称是"世界主义者",对"日本主义"或"国家主义"调侃有加："以大和魂为象征之'映日清晨山樱花'不用说非世界性植物,仅养在侧室家之大日本狆不用说亦非世界性动物。日本主义者、帝国主义者、国家主义者、爱国者、夸耀祖国

---

① ［日］《万朝报》1903 年 5 月 17 日。
② ［日］《万朝报》1903 年 8 月 23 日。
③ 《日本人》第 192 号,1903 年 8 月 5 日,第 72 页。
④ ［日］朝鲜新报社：《朝鲜新报》2004 年 9 月 21 日。
⑤ 堺利彦（1870—1933）,政治家,信奉社会主义,因提倡"非战论"入狱数次,曾任日本共产党首任委员长,后转为"劳（工）农派",加入"日本大众党"和"全国劳农大众党"。
⑥ 内村鉴三（1861—1930）,宗教家和评论家,札幌农校出身,对教会式基督教提出无教会主义说,因拒绝向《教育敕语》敬礼引起所谓的"不敬事件",还倡导"非战论",创刊《圣经之研究》杂志,著有《基督信徒之慰藉》、《求安录》等。
⑦ ［日］朝鲜新报社：《朝鲜新报》2004 年 9 月 21 日。

者更难说是世界主义者。"最后他又说:"我相信自己是一个真正之世界主义者。然而我并非'居无定所',确实住在日本东京,也几乎不去海外旅行,不具有'四海为家'之广阔胸怀。因语言、风俗、人种之关系,也不好说我具有对世界所有国民、所有人种皆抱有'一视同仁'之亲近感。因此虽说我自认为已脱离地区或国家之偏见,但毋庸置疑,我对日本人、日本语、日本风俗和大自然多半恋恋不舍,难以忘怀。"① 这种自我解剖实在真诚可爱,是否也道出秋水的部分心声?

秋水与"严惩支那论"和"吞并朝鲜论"告别,彻底确立自己的反战思想是从1904年才开始的。同年7月17日,他在《平民新闻》中发表《评吞并朝鲜》一文,对海老名的《观朝鲜民族命运,赞日韩合同(按:吞并)说》②和德富苏峰的《实行韩国经营》③、《韩国经营与实力》④一并进行批判。这是秋水唯一一篇批判"吞并朝鲜论"的文章。针对海老名的言说,他当时也是语带揶揄地进行批判:"于今提出合同说者,提出领土保全说者,过去皆曾提出扶助韩国独立说,若此则不难知晓未来之事。"并且秋水还挖苦说:"被保护国不可也,属国不可也,而只称'合同'甚可也。合同乎?合并乎?吞并乎?"将海老名赞同的"合同说"改成"吞并说"。针对苏峰在前述两篇社论中得出的两个结论:一、韩国必须在"我国保护之下";二、日本"经营韩国之第一抓手乃军事经营",秋水则给予不留情面的批判:"领土保全即明确无误之领土吞并。至此则既无独立也无被保护,世间提出义战说者,提出'扶助韩国独立'说者,读此将有何感?"并嘲笑说:"呜呼!'韩国领土保全'、'扶助独立'之警语不知何时消失,令人捧腹。"出于对苏峰的激愤,秋水增大了对海老名的批判力度,说二人都是"披着修道院服之狼外婆",由他们代表的"日本民族对异民族抱有何种恶感,从该民族对所谓新平民之态度即可明白。日本人如何蔑视、虐待韩国人,有心者岂不皆感愤慨!若有韩国人与日本人签订合同之事,则彼非

---

① 堺利彦:《樱、狆与爱国心——世界主义者之心理》,《现代幽默全集 第二卷 堺利彦集》,现代幽默全集刊行会1928年版,页数遗失。
② 《新人》1904年7月号社论。
③ 《国民新闻》社论,1904年7月8日。
④ 《国民新闻》社论,1904年7月12日。

合同实吞并也"。最后秋水说:"请看,称领土保全,称合同,其结果不外乎就是创造出更大之日本帝国。"① 这个精神与他在翌年所写的《新年杂志一瞥》是相通的。

秋水从"吞并朝鲜论"者转向彻底反战论者的原因很复杂,也许是形势的改变深化了他的社会主义思想,又或许是他后来受到在《平民新闻》工作的其他社会主义活动家,特别是木下尚江清晰透彻的思想的影响。也许是因为他过去也赞成吞并朝鲜,故他在前期对海老名的批判并不十分有力和透彻。但无论如何,秋水后来思想有了转变,批判力度逐渐增大,比如,能揭穿海老名的"大日本魂"本质是"大日本帝国主义",却是一件可喜的事情。

第三节 吉野作造的《何谓"国家魂"?》

一 《何谓"国家魂"?》要说的是什么?

针对幸德秋水对海老名弹正《思考大和魂之新意义》的批判,吉野作造在《新人》杂志1905年2月号发表了《何谓"国家魂"?》一文,支持海老名的言论。不过仅凭简单的分析,就可以发现吉野的文章与海老名或秋水的言论基本上没有交集。我们不清楚吉野为何要回避海老名和秋水论争的意义,但想来他支持海老名,既有"为尊者讳"的需要(他属于海老名门下的基督徒),还有宣扬自己的国家主义的目的,其中最关键的,是二人的思想来源有共同之处,都源于黑格尔的国家学说。"对海老名而言,近代资产阶级社会的形成(明治维新)即'神国'的实现,是世界史的进步才成就的。海老名的这种思想,经常被冠以自由主义、历史主义和黑格尔主义。"② 由此看来,吉野用自己的"国家魂"支持海老名的"国家魂"(即"大日本魂")也并非完全不可理解。

《何谓"国家魂"?》全文约2214个字符,文章开头就说:"相信本刊前期发表之题为"思考日本魂之新意义"一文,主笔就我大日本国

---

① 幸德秋水:《评吞并朝鲜论》,《平民新闻》第36号,1904年7月17日。
② 岩井文男:《海老名弹正》,日本基督教团出版局1973年版,第189页。

家精神之过去成就与未来发展所阐明之观点，必获得多数读者之同感。盖其完整表明我帝国臣民基督徒之抱负。唯就国家、国权二语未持正确、稳妥之见解者（如1月8日发行之《平民新闻》第61号所载秋水君之评论即其一例）往往曲解吾等所说，故吾等在此论说国家、国权之观念，以资阐明我党主张之真义。"①

文章谈了以下几层意思：

1. 人类"各个体之物质与精神生活决不能脱离社会、国家而存在，即无论何人，作为社会、国家团体之一员皆常受到该团体之意志控制与指导。各个体一切内外生活最高规范之'团体之意志'即国家精神或国家魂"。

2. "如果说在各个体上方有一大意志控制他们，那么，它必有与各个体共通意志相通之基础。……各个体不独被动接受国家精神之控制，还会自发创造国家魂。""各个体意志与国家魂之相互影响……于近世文明国最为显现。"过去"各个体生活最高规范由君主一人意志而定。……君主之所有言行不独有法律还有伦理之最高价值，君主即国家"。而至近世，"团体生活之规范难免由各个体之是非判断决定，……故如今论坛视国家魂为君主或贵族之主张乃诬妄之语"。我们不得不说，吉野此话说得太绝对，即使他在说话的当时还是一名在校研究生，但想来也不会不了解那时的日本国体。《明治宪法》第四条就清楚地写着"天皇乃国家元首，总揽统治权"。第六条还写着"天皇批准法律，下令法律之公布及执行"。虽说《明治宪法》被伊藤博文等人动了手脚，承认天皇、贵族之外的其他人的部分权利，但当时皇权势力依旧巨大，仍具有"朕即国家"的不二气概。吉野的论争对手幸德秋水后来死于所谓的"大逆案"，日本的社会主义运动就此进入"寒冬"，其他反对势力亦噤口不言就是明证。

3. "国家"与"权力"的关系："国家魂与个人之关系必为权力关系亦属大谬。盖国家魂不独凌驾各臣民之上，强迫各个体行为服从外部规范，还作为一种精神规范允许各个体意志观念之实现。各个体于国家

---

① 吉野作造：《何谓"国家魂"？》，《新人》1905年第2号。以下引自该文的文字均出自该文第7—9页，不另作注。

第十章 明治时代(1868—1912)海老名弹正的"大日本魂"……

精神之完全体现,换言之,个体意志发展为鲜活之国家魂乃国家之最高理想,个体意志与国家精神之背离,于国家生存而言实为一大不祥之事。"我们知道吉野在此提倡的是个人主义和国家主义的并重,国家精神包含了各个人的自由意志。不过从上述最后一句和接下来的话来看,吉野的国家主义要远重要于个人主义,并伴有一股杀气:"若个体有人未体认国家魂,则国家应于徐图同化此个体之同时,作为国家存亡之当务之急,还应不懈地排除、打击基于非国家魂意志之'行为'。所谓国家权力,指国家魂作为强制个体行为之外部势力所显示之力量。而为严格强制个体之行为,国家魂必须显示明确、具体之形式,故作为权力之国家魂,必须通过特定之一人或个人团体之意志加以体现。体现此国家权力之个人或团体谓主权者。……因其代表国家权力,故人民须服从主权者之命令。"吉野至此才真正亮出他的观点,即既然天皇代表国家,则人民必须服从。"国家魂不仅为统治臣民之规范,亦为指导主权者之有生力量。然而此世往往有人混同国家与主权者之概念,将讴歌国家与阿谀君长混为一谈,颇为怪异"。吉野于此在人民和主权者的上方抽象地设置了一个超越前二者的力量,即他的国家精神。这是他的国家学说的一个重要特征。然而如前述,在依旧是"朕即国家"的明治时代,日本还不存在一个既能指导天皇本人又能指导人民的"国家魂",相反,天皇却在一些人的帮助下制造出许多"国家魂",最典型的即属"国家神道"。因此讴歌国家,其实就是赞颂天皇。吉野批评"有人"即秋水,"混同国家与主权者之概念,将讴歌国家与阿谀君长混为一谈,颇为怪异"。可事实是秋水反对的乃海老名鼓吹的大国殖民主义,而不反对他讴歌祖国,真正"怪异"的应该是吉野本人。

4. 是文章的总结,也是点睛之笔:"总之,吾等所谓之国家或国家魂,乃超越君主贵族意志之一大民族精神。……而民族之伟大与否,关乎此国家魂之伟大与否。……国家之强弱治乱由国家魂与个体意志之关系疏密而分。……吾等为使主权者知其主权何在,使民众悟其服从为何,就需要了解国家魂之意义。此即吾等极力屡屡阐述鼓吹大和魂之缘由。"也就是说,让主君知道自己为何执权,让人民知道为何服从,即吉野的"大和魂"(即"国家魂"或国家主义精神)。实际上吉野借此文要表达的是他的"民本国家主义"主张。此主张不可谓有错,然而令我们不解的是，至少在作造生存的年代，阶级社会所有的意志和精神基本都体现出统治阶级的意志和精神，还不可能产生一个既超越君主贵族意志，又超越广大民众意志的共同"民族精神"（吉野在此所说的"民族精神"与一般人所理解的"民族精神"不同，似乎指"不同阶级的共同意志"。因为他提到过"主权者知其主权何在，……民众悟其服从为何"）。

由于吉野屡屡鼓吹的"国家魂"（即"大和魂"）概念"新颖"，不易理解，所以下面要花费篇幅对其人及其民本国家主义思想作出说明，以期对他的"国家魂"有更准确的认识。

二 吉野作造其人及其政治主张

吉野作造（1878—1933），大正—昭和时代初期有代表性的政治学者和政治活动家，"甲午战争时期曾是一名狂热的爱国少年，属于一面亲身感受本国逐渐强大，一面形成自己思想的那一辈人"[1]，在第二高级中学[2]学习期间皈依基督教，进入东京帝国大学法科时倾倒于海老名弹正的自由主义神学，1904年本科毕业后升入该校研究生院，《何谓"国家魂"？》就写于他读研的第二年。其中所表现出的思想，一直延伸至他成名后的著作。1906年吉野作造应清国直隶总督袁世凯邀请，作为后者长子的家庭教师来到天津，后被聘为北洋法政专门学堂"教习"，对中国有较深的了解。1909年回国，被聘为东京帝国大学副教授，主讲政治史。后留学欧洲，接受当地的民主政治思想，归国后于1914年升任教授。之后主要在日本《中央公论》杂志发表文章，要求政治、外交、社会的民主化，给日本舆论和知识阶层以巨大影响，特别是他于《中央公论》1916年1月号发表的《说宪政本义，论其有终美之途》，因提倡民本主义[3]、普通选举制和政党内阁制在日本声名鹊起。

---

[1] 田泽晴子：《吉野作造》，弥涅尔瓦书房2006年版，第25页。
[2] 第二高级中学，旧制国立高中之一，前身是1887年设立于仙台的第二高等初中，1894年升为高中，1949年合并于新制东北大学，简称"二高"。
[3] 民本主义，democracy的译词之一，由茅原华山从天皇诏敕中选取该词汇最早使用，但它作为一种全新的民主主义理论乃在日俄战争后由吉野作造首倡。其特点是不接触主权之所在，主张政治民主化，如政党内阁制和普通选举制等。

第十章　明治时代(1868—1912)海老名弹正的"大日本魂"……

用吉野的话说，他的民本主义与其他类似的民主主义的意思区别及其目的就是，"若谓民主主义，则易与社会民主党等所云之'国家主权在民'此类危险学说混同。若又谓平民主义，则恐有使平民与贵族对立，偏袒平民，与贵族为敌之误解。而单曰民众主义，虽云无以上误解，然其有'重视'民众之意味之嫌疑。宪政之根本，在于政治上重视一般民众，于其间不设贵贱上下之别，且不问国体为君主制或共和制，作为一种通用之主义，窃以为民本主义此一较新用语最为合适"①。由此很容易看出，此时吉野的目的是在调和阶级的对立和斗争，并且将"国家主权在民"的学说视为"危险学说"。不仅如此，吉野还直接公开地拥护近代天皇制国家，说"民主主义如其文字所示，是一种'国家主权在民'之理论主张。因此在拥戴一天万乘之陛下为总揽者之我国，乃全然不可通用之想法"。虽然吉野同时还说："但也不可一概而论，说民主主义将立即对君主制构成危险，必须排斥。"②

质言之，吉野的民本主义是一种希望主权者对人民温情，但前提是要承认君主统治的政治主张："所谓民本主义，即于法律理论上不问主权在何人，而仅追求于行使主权之际，主权者必须重视一般民众之福利与意向之主义。……此主义更适用于民主国。然而于君主国，无疑此主义与君主制亦不矛盾。因为主权于法律上归于君主一人掌握，与君主于行使其主权之际须重视人民福利与意向此做法完全可以并立。"③ 从表面看，吉野说"不问主权在何人"，但实际上，吉野承认主权在君主，即天皇。这种理论招致了两类人的围攻，第一类人是以"浪人会"④ 为

---

① 吉野作造：《说宪政本义，论其有终美之途》，《中央公论》1916年1月号，第24页。
② 同上书，第25—26页。
③ 同上书，第30—31页。
④ "浪人会"，明治时代末期至大正时代"黑龙会"派系的国家主义团体。1908年由田中弘之首倡，以头山满、三浦梧楼、佐佐木安五郎等为核心创立的政界浪人俱乐部。为抵制民主主义风潮，他们以《大阪朝日新闻》"笔祸事件"（"白虹事件"，因1918年8月《大阪朝日新闻》在刊载的批判寺内正毅内阁的相关报道中有"白虹贯日"这一被认为是亵渎皇室、改变政体的语句，故有此名）为契机，开展惩罚《朝日新闻》、拥护国体的运动，在东京、大阪、京都举办演讲会，威胁《朝日新闻》的客户不要在该报上刊登广告。为此吉野作造在《中央公论》上进行批判，"浪人会"见后要求公开辩论。但结果是1918年11月23日在东京神田南明俱乐部举行的辩论会上，听众压倒性地支持吉野。12月1日，《朝日新闻》宣布改变过去的激进论调，之后"浪人会"也至少在表面上停止了活动。

首的"国体论"者和右翼团体,他们不满意吉野表面回避主权所在的民本主义。第二类人是以山川均[①]等人为代表的社会主义运动人士,他们也不赞同吉野回避主权所在的民本主义,认为理想和现实的议会制运作存在巨大差异,吉野是一个单纯鼓吹个人道德自律的理想主义之徒。

另外,吉野还一直是一个理论较奇特的国家主义者。他在写作《何谓"国家魂"?》的同时,还在撰写他的第一部著作《黑格尔法律哲学的基础》。在该书中,吉野介绍了四种国家学说:1. 赫伯特·斯宾塞(Herbert Spencer,1820—1903,英国社会学家,社会达尔文主义之父)学说。该学说强调个人权利,认为政府(国家)乃人民所创造,故人民无须从其自身所创造的政府那里获得权利;2. 杰里米·边沁(Jeremy Bentham,1748—1832,英国法理学家、功利主义哲学家)学说。该学说认为法律是"不得已之恶"("必要恶"),政治乃"选择此恶中最小恶的技术"。自由的拘束是一种痛苦,而痛苦即恶。对部分人的自由实施部分的限制,是保障最大多数人的最大幸福的不得已手段。国家应在此不得已的范围内干涉个人的自由;3. 让·雅克·卢梭(Jean-Jacques Rousseau,1712—1778,法国启蒙思想家、哲学家)学说。该学说认为,人类生而自由,而如今却生活在无处不在的束缚之中。原因在于各人缔结了社会契约,将其人格归于共同体,故皆被社会总意(与各人意志之总和不同的单一实在即国家)支配,成为不可分离的社会整体之一员。各人因社会契约失去自然的自由,但获得了政治的自由。人生而自由,但其自由乃自然的自由或"自由的能力"(可能的自由),非现实的自由。为在现实中确立其自由,各人相约形成国家;4. 格奥尔格·威廉·弗里德里希·黑格尔(Georg Wilhelm Friedrich Hegel,1770—1831,德国哲学家)学说。[②](此略,见后述)其中,颇合他心

[①] 山川均(1880—1958),社会活动家,自明治时代末期参加社会主义运动,因"红旗事件"(指1908年6月22日在东京神田锦辉馆举办的"欢迎社会主义活动家山口义三出狱会"结束后,大杉荣等人高举写有"无政府共产"字样的红旗在大街游行,后多人被捕的事件)入狱。曾参与创建日本共产党,提出"协同战线党"理论,此一理论被称作"山川主义"。其后虽未加入"重建共产党"派别,但作为"工农派"理论家仍十分活跃。二战后从属日本社会党,创建"社会主义协会"。

[②] 吉野作造:《黑格尔法律哲学的基础》,《吉野作造选集》第一卷,岩波书店1995年版,第21—23页。

第十章 明治时代（1868—1912）海老名弹正的"大日本魂"……

意的是黑格尔的国家学说。以下摘取吉野在该书的两段文字，一段是他对黑格尔国家学说的介绍，一段是他本人对"自由意志＝法＝国家"的表述，以看出吉野的国家主义思想来源与他在《何谓"国家魂"？》和其他著述的主张有何关系。

先看前者："黑格尔国家本质论之基础既非个人本位，亦非国家本位。……毋庸置疑，黑格尔汲取唯理论派之思想源流，难以脱离'个人自由'此一想法。然而渠之个人自由与卢梭、康德之差异颇大。若采用小我、大我词汇说明，卢梭等所云乃小我之自由，黑格尔所云乃大我之自由。黑格尔认可小我之自由，曰之 Wilkür，但认为彼非所谓之真自由。真自由乃小我与大我之同化。而国家即大我之显现，故国家乃真自由之实现与个人本性完善之场所。此真实之自我实乃法律之本性，国家之本体。国家依强力维护法律，不外乎为最大程度、最有成效实现吾等真我之主张。故法即真我之主张。服从国家之强制非束缚而乃自由。国家即自由之实现。吾等须按国家之主张追求吾等之主张，以国家之目的追求自家之目的。于国家而言为善者，于各个体而言亦为善者。各个体之所欲，亦为国家之所欲。"①

再看后者："自由意志作为法而实现具体存在之范围（客观世界）乃人类之社会生活。作为单纯个别精神主体之多数个人之组合乃机械之组合，不构成有机社会。之所以其得以组合构成社会生活，成为有机体之一员，乃因各人自身心里有一种共同之普遍精神。吾等若未体认此普遍精神，则无法进行社会生活。之所以能有所谓之社会生活，又乃依据各人对普遍精神之体认。普遍精神＝个人人性之社会化与社会心理之个人化之两两相成，始有吾等之圆满生活。吾等社会生活显现之普遍精神＝自由意志即'法'，法显现之客观世界即黑格尔所谓之国家。若此，则法为自由意志于客观界之显现物，国家为自由意志所实现之客观世界（Das Reich der verwirklichten Freiheit）。客观世界未显现之自由意志不为法，自由意志未显现之客观世界非为国家。有法必有国家。有国

---

① 吉野作造：《黑格尔法律哲学的基础》，《吉野作造选集》第一卷，岩波书店1995年版，第74—75页。

家必有法。"① 黑格尔和吉野说得都很抽象，但认真读取，可以发现吉野的国家学说基础来自黑格尔，前者的"普遍精神"（个人人性之社会化与社会心理之个人化之两两相成），其实就是后者的"小我与大我之同化"的"真自由"化说，实际上也就是吉野所说的"国家魂"。结合吉野在《何谓"国家魂"?》中所说的第3层意思："国家魂不仅为统治臣民之规范，亦为指导主权者之有生力量"，可以认为，吉野提出的"国家魂"即一种超越臣民和主权者之上的抽象力量。他承认臣民与帝王一道创造了国家精神，但同时他要求臣民在服从这个国家精神的同时，统治阶级也要一道服从。国家和各个体不是对立的，"国家的生存发达是为了谋求全体人民精神和物质的平安进步"②。

不过和黑格尔相比，吉野的"国家有机体说"还是承认了主权者即主君或天皇，连同他的民本主义学说，都具有较明显的承认强权和"整体主义"的倾向，与当时的日本官方意识形态没有太大的差别（与穗积八束主张的"天皇主权说"有相似的一面），而且吉野的这种认识与社会现实存在较大偏差。如果吉野承认主权者也要受"国家魂"的约束，那么，就无须"法人国家"的抽象拟制。换言之，吉野在一面肯定"国家有机体说"的同时，一面却否认"国家法人说"，这不能不说有些奇怪。实际上，吉野是不支持"天皇机构说"而主张"天皇主权者说"的。

除了我们在上面做的一些分析和说明之外，原佑介也对吉野的认识缺陷作出批评。他将吉野的"国家魂"比作海老名的"大日本魂"："吉野说，'若个体有人未体认国家魂，则国家应于徐图同化此个体之同时，作为国家存亡之当务之急，还应不懈地排除、打击基于非国家魂意志之'行为'。这表明吉野试图以'国家存亡'这种特殊主义的大义，排除幸德等人的'非国家魂意志'。这种国内统治的逻辑，将不可避免地发展成见于海老名'大日本魂'中的'融合'、'东洋民族'的普遍主义。这种对'非国家魂意志'的敌意，暗示着吉野国家哲学中

---

① 吉野作造：《黑格尔法律哲学的基础》，《吉野作造选集》第一卷，岩波书店1995年版，第70页。
② 吉野作造：《本邦立宪政治之现状》，《吉野作造选集》第一卷，岩波书店1995年版，第4页。

第十章 明治时代(1868—1912)海老名弹正的"大日本魂"……

也存在着特殊主义和普遍主义的互补关系。既然'国家魂'必须'同化'和'排除'各个体的'非国家魂意志',那么,他所说的'如果说在各个体上方有一大意志控制着他们,则它必有与各个体共通意志相通之基础'中的'各个体共通意志',决不会脱离'国家精神之控制'范围。因此,它只不过是海老名所说的'国家至上、国家万能主义'的翻版。"可以说"并不是'各个体共通意志'形成'国家魂',相反毋宁说是由'国家魂'并在经由'同化'、'个体'和'排除、打击''非国家魂意志'的程序后,才有限度地形成'各个体共通意志'"。"吉野的国家论","具有与其自身意志相反的","结构"。①

此外,原佑介还从以下两个方面对吉野的"国家魂"作出批评:吉野"说过'各个体一切内外生活最高规范之"团体意志"即国家精神或国家魂'。在近代,'各个体不独被动接受国家精神之控制,还会自发创造国家魂'。这种说法即松本三之介所说的'由国民自发的国家=集团意识所支撑'、并由国民的能动性所证明的国家主义"②。"吉野又说必须区分'国家魂'与'主权者'之关系。……'所谓国家权力,指国家魂作为强制个体行为之外部势力所显示之力量。……体现此国家权力之个人或团体谓主权者。'""'主权者'只有在切实行使'国家权力'时才有那种权利,因此'国家魂不仅为统治臣民之规范,亦为指导主权者之有生力量'。但他从未考察'主权者'滥用'国家权力'的可能性,所以从逻辑上讲,此二者的区别并不像他所说的那么明确,也无法说'主权者'可确保对'国家魂'的优势地位。因此吉野暗中批评秋水'往往混同国家与主权者之概念,将讴歌国家与阿谀君长混为一谈,颇为怪异'也缺乏说服力。"③ 总之,我们需要看到,吉野的"国家魂"所包含的"民本国家主义"充满矛盾,实际上最终偏离了他本人的民主主义意愿,部分起到了协助强化天皇制国家和为海老名大国殖民主义张目的作用。

不过吉野并不是海老名,他的思想后来逐渐向进步方向转变,其学

---

① 原佑介:《木下尚江的"大日本魂"批判》,*Core Ethics* Vol.4,立命馆大学研究生院尖端综合学术学研究科纪要,立命馆大学出版社2008年版,第296页。

② 同上书,第301页。

③ 同上书,第297页。

说中的民主主义因素,导致他自一战后提出,为鼓舞"民本主义"需要组建启蒙团体,其中就包括他后来参与、组建和领导的"黎明会"。这个组织与中国共产党的早期领导人李大钊有过联系。1920年开始,日本的阶级(工人和资本家)斗争渐趋激烈,吉野本着"民本国家主义"精神鼓吹"渐进主义",反对"激进主义",[①]提出既要排斥"极右",也要排斥"极左",实行人道主义。[②] 同年吉野还将刚成立的"国际联盟"(简称"国联"。它标榜以防止世界大战再度发生和解决国际纠纷为目的,实际上为帝国主义所操纵)视为"国际民主主义"的一环给予极高评价。华盛顿会议[③]后,吉野主张制度改革,吁请将天皇有关军队编制的军政大权和统帅的军令大权划归政府"辅弼"之内,还建议将军部置于政府的监督之下。1924年吉野辞去东大教授职务,进入朝日新闻社工作,后因"笔祸事件"[④] 退出该社,复归东大任讲师。再后来由于马克思主义在日本的抬头,吉野的民本国家主义影响力逐渐衰退,他转而将精力投注到明治文化的研究方面,于1924年设立明治文化研究会,编辑出版了二十四卷本的《明治文化全集》。1926年吉野参与组建社会民众党,"九一八事变"后对日本的对外侵略持批判态度,告诫要警惕以赤松克麿为总书记的社会民众党的排外主义情绪。[⑤]

纵观吉野的一生及其著述,可以看见他在政治立场上有所摇摆,且一度偏向国家主义,但总体上说,吉野还算是追求民主的,在思想本质上和海老名有较大不同。另外,和海老名有很大不同的,是吉野后来愿

---

① 吉野作造:《如何应对今后之工人问题》,《吉野作造选集》第十卷,岩波书店1998年版,第87页。

② 吉野作造:《"极右"、"极左"皆谬误》,《吉野作造选集》第十卷,岩波书店1998年版,第91页。

③ 华盛顿会议,召开于第一次世界大战后的1921年11月—1922年2月,议题是讨论各大国海军军备限制和远东、太平洋地区问题,签订了《海军裁军条约》,将主力舰保有吨数的比例限制为美英5、日3、法意1.67,规定今后10年间停止建造主力舰。同时会议还签订了《九国条约》和《四国条约》,日英宣布废除日英同盟。

④ 指吉野在《大阪朝日新闻》工作期间所做的题为"护宪运动批判"、"最近时局中出现之谬想"和"现代政局之历史背景"三次演讲。

⑤ 以上有关吉野生平的介绍除注释外,主要根据《日本思想史辞典》,山川出版社2009年版,第1024—1025页整理而成。

意理解中朝两国的民族主义运动，反对日本军国主义和批判政府奉行同化主义的朝鲜统治政策。这在他发表的《考察满韩》①一文中有清晰的说明。后期的吉野还同情中国革命，于1917年发表了回顾中国辛亥革命的著作《支那革命小史》。下面要列举一些过去未见诸报道的事例，以证明吉野在中国问题上也持过正确立场。

三 吉野作造与中国

吉野作造与中国的关系主要表现在两个方面，一方面是与中国共产党早期领导人李大钊的信件往来和刊物互赠，一方面是作为日方邀请人，参与过中日两国青年的直接交流，其中颇为有趣的是某次话题牵涉"大和魂"。虽然吉野与中国进步人物和团体交流的时间很短，但其目的是共同反对日本军阀的侵略。

《每周评论》刊物由李大钊、陈独秀创办，而前述的"黎明会"则由吉野作造等人创建，时间都在1918年12月。《每周评论》创刊后，李大钊将它寄给吉野及"黎明会"。该《评论》第12号发表的署名守常（即李大钊）的《新旧思潮之激战》一文，肯定了"黎明会"在"大张民主主义、社会主义的旗帜，大声疾呼和那一切顽迷思想宣战。什么军阀、贵族，什么军国主义、资本主义，都是他们的仇敌，都在他们攻击之列"。当然这种肯定并非完全符合实际，部分反映了李大钊等人的一厢情愿。"黎明会"的刊物《解放》于1919年5月15日创刊后，吉野也将它寄给李大钊，十天后《每周评论》第23号全文译载了《解放》创刊号的宣言。当五四运动的消息传到日本，吉野曾给北京大学的"某君"写过一封声援信，据猜测此"某君"就是李大钊。信中写道："我知贵国虽盛倡排日，所排之日必为野心的、侵略的、军国主义的日本，而非亲善的、和平的、平民主义的日本。""侵略主义的日本不独为贵国青年所排斥，亦为吾侪所反对也。侵略的日本行将瓦解，未来和平人道之日本，必可与贵国青年提携。"此信曾被中国《全国学生联合会致日本黎明会书》所引用，并被赞"博士此语，我国人士实

---

① 《中央公论》1916年6月号。

不胜感佩之情。盖此皆我国人士心坎中所欲发者"。①

吉野还高度赞赏中国的新思想和新文化运动:"两三年来,北京大学在蔡元培统率之下思想焕然一新,欧美之新空气遂极浓厚。最近新发行之杂志如《新青年》、《新潮》尤极力鼓吹新思想、新文化,倡言'文学革命'。""这是中国民众举国向开明目标前进的开端","中国将别开一新生面矣!"吉野还明确指出,支持中国卖国贼的日本军阀官僚是中日两国人民共同的敌人,只有反对"操纵笼络中国官僚的日本官僚军阀",才能实现"真正的国民的中日亲善"。②

为实现以上目标,吉野认为对中国的五四运动应有如下认识:"(一)他们的主要目的是反对官僚军阀;(二)他们排日的原因是由于日本援助中国官僚政府;(三)他们反对的是帝国主义的日本,如果知道还有和平主义的日本,必定愿意与后者提携。"因此"邻邦青年运动潜在的精神之内,存在着真正产生日中亲善的种子"。"我们与他们在同军阀官僚战斗方面有着共同的精神与任务。"③ 基于这种认识,吉野在1919年6月5日的"黎明会"演讲会上,建议邀请北京的教授一名、学生两三名来日本东京恳谈。

此举得到北京大学教授李大钊的欢迎。1919年6月15日,李大钊在给吉野的信件中说:"赐下黎明讲演集均收阅,谢谢。此次敝国的青年运动,实在是反对侵略主义,反对东亚的军阀。对于贵国公正的国民绝无丝毫的恶意。此点愿贵国识者赐以谅解。……我等日日祷望黑暗的东方发现曙光,故亦日日祷望军阀的日本变为平民的日本,侵略的日本变为平和的日本,黑暗的日本变为黎明的日本。在黎明的曙光中,两国的青年可以握手提携,改造东亚,改造世界。尊议两国大学的教授学生间应开一交通的道路,甚善甚善。顷商之敝校教授,均极赞成。惟详细办法,须俟蔡校长回校后始能议定。至时当详函以告。陈独秀先生因发

---

① 含此,以下资料除另有注释外,均转引自王晓秋《"五四"时期的中日文化思想和青年的交流》,2014年7月24日,http://agzy.youth.cn/qsnag/zt/ws94/plyj/201304/t20130426_3152185.htm。

② 吉野作造:《日中国民之间建立亲善关系的曙光——两国青年的互相理解与提携的新运动》,《解放》1919年8月号。

③ 同上。

第十章　明治时代(1868—1912)海老名弹正的"大日本魂"……

布'北京市民宣言'被政府捕拿，乞持公论，遥为声援。6月15日 吉野博士　李大钊。"① 李大钊因故后来未能赴日，但还是就学生的派遣计划另写一信给宫崎滔天②："敝校卒业生方豪、孟寿椿、黄日葵、康白情、徐彦之诸君赴贵国观光，调查贵国诸大学的学制，并与贵国青年文化团体中诸同学相握手，关于文化上的提携交换意见。诸君多是《新潮》、《少年中国》、《国民》诸杂志的关系者，乞介绍于贵国新派学者、社会运动者乃至各文化团体中的青年有志。不胜切盼！宫崎龙介兄　陈启修 陈溥贤 李大钊　九、四、二十七。"③ 上述各学生都是李大钊指导和支持的北京大学学生进步团体的积极分子，有的后来成为中国共产党的高级领导人。

1920年5月11日，"新人会"为欢迎北大学生访日团在东京大学"山上御殿"举办晚餐会，吉野等教授出席并讲了话。北大学生代表康白情、黄日葵则发表演说，论述扩大国民外交的必要性，批判无诚意的"中日亲善"。最后"新人会"负责人，当时还是东大学生的赤松克麿讲话，提议加强"新人会"与"少年中国学会"的友谊。康白情代表"少年中国学会"致答辞，表示今后要"互通声息和交换印刷品"。④ 5月12日，北大学生访日团参观东京的"新村"支部，支部负责人长岛介绍"新村主义"⑤的宗旨："乃将以渐进的方法，诱致世界之大同。"⑥ 5月13日东京帝国大学辩论部举办演讲会，会上首先由北大学生访日团的康白情演讲《大和魂与世界文化》。他指出"大和魂之精神在重名誉、尚廉耻，勇敢轻死"，但如"今日本人以此精神作利己国而损世界之事"，"此皆非正道，应发挥此种精神为人类谋幸福，图示世界文化有所贡献"。之后由方豪演讲《今日青年之责任》，指出"中国青年之所以排日者，实由日本教育上采取军国民教育，致使日本国民有

---

① 李大钊致吉野作造信，原件藏宫崎滔天故居。
② 宫崎滔天(1870—1922)，中国革命运动的支持者，名虎藏、寅藏，熊本县人，与孙文交情深厚，积极支持后者的革命事业，著有自传《三十三年之梦》。
③ 李大钊致宫崎龙介信，原件藏宫崎滔天故居。
④ 《北大游日团与日本思想界》，《晨报》1920年6月15日。
⑤ 一种"空想社会主义"。
⑥ 新村主义，《北大游日团与日本思想界》，《晨报》1920年6月15日。

侵略的国民性。今后世界已由国家主义进入世界主义，改善这种不合世界新潮的旧教育，实为日本青年之责任"①。方豪所说的"军国民教育"和"侵略的国民性"，实际上与康白情的"大和魂"观也有关联。此二人对"大和魂"的看法不知来自何处，但想来都受到当时中国部分作家和日本御用文人的言论影响，说明"大和魂"的原意在此时已遭到严重的扭曲。前者的言论，与本著序言介绍的梁启超、李宗吾、周作人乃至今人李涛的评论极其相似，后者的言论也正确地反映出当时的日本舆情，我们在第十二章要详加论述。最后由吉野演讲《日中亲善之文化意义》，其中提及"中日不能亲善之罪责，全在于日本之军阀与财阀的侵华政策"。② 有趣的是，吉野回避了他在15年前于《何谓"国家魂"？》中谈及的"大和魂"和"国家主义"这些话题。

5月29日，应同志社大学的邀请，北大学生访日团赴京都到该校大学讲堂参加恳谈会。校长海老名弹正致欢迎辞，指出世界的创造事业要依靠青年，如"今中国青年欲创造一新中国，而日本青年亦欲创造一新日本，两国青年须互相了解、共同致力于世界文化之进步"。可是此话怎么听起来都觉得空洞无物。之后由康白情演讲《世界和平与吾等之使命》。他认为知识分子对世界的战争与和平负有重大责任。"吾等欲弭将来之兵端而谋世界之和平，舍打破帝国主义而无他法。"③ 不知那时坐在台下聆听发言的海老名，对此"帝国主义"和他的"大日本魂"（大国殖民主义）的关系作何感想。

北大学生访日团回国以后，吉野发表文章，对此次交流活动给予了很高的评价："上月五名北京大学毕业生来东京访问我国学生及青年思想家。通过多次会见，实现重大沟通与共鸣，将推动今后彼此往来和亲善，并协力开发东洋文化。"他还认为："中国青年憎恶本国官僚军阀，反对日本官僚的侵略主义，他们和我们的立场是一致的。"并指出"现在日本和中国在精神上有很大隔阂，青年学生之间思想的沟通很有意义，是两民族真正的亲善。可是日本政府却通知各大学，以妨碍国交为

---

① 《北大游日团与日本思想界》，《晨报》1920年6月15日。
② 同上。
③ 同上。

第十章　明治时代(1868—1912)海老名弹正的"大日本魂"……

借口，阻止日本学生利用暑假访问中国。实际上这才真正有害国交"①。说明后期的吉野是理解和同情亚洲弱小国家的，并且能公开反对政府，批判日本军国主义和对外侵略，勇气可嘉。

第四节　木下尚江对《思考日本魂之新意义》和《何谓"国家魂"？》的批判

一　反近代天皇制国家和国家主义的勇士

与吉野作造等人相比，作为思想家和社会活动家兼作家、于日俄战争期间提倡"非战论"的木下尚江（1869—1937），在反对近代天皇制国家和虚假爱国主义以及日本对外侵略，追求政治民主等方面做得最为彻底，是日本近代最伟大的基督教社会主义斗士，为此于1897年和1898年两次被捕入狱，于1905年和1906年两次被抄家。

尚江说日本是一个"特别的国家"，天皇乃"神圣不可侵犯"的绝对性存在，对此仅抱有疑义者即被视为"国贼"。而日本的学者从未就日本的国体和天皇做出任何一句像样的说明，他们提出的根据仅仅是一些"特殊"的"日本史实"，但对照今天的学问和知识，那种"史实之说法"不免牵强附会，乃拆东墙补西墙的言论。②尚江强调，日本人的天皇崇拜并不理性，而是通过漫长历史形成和积淀的"遗传性感情"和信仰。可正是这种非理性、不符合逻辑的感情让人感到可怕。虽然日本现在出现许多"在理性上否定君主神权说"的"新国民"，但其心里仍充满着"纯粹'君主神权'之炽烈感情"。因此尚江说知识不足惧，但"革命决不来自理性"，"吾等无法相信近期可期待革命之爆发"，③对革命显示出一种悲观的态度。

尚江还指出，天皇制不仅作为一种强权单纯地从外部压制国民，而且还支配着国民的内心，使他们形成一种强烈的支持和依赖它的感情，并创造出一种与强权勾结、不允许任何反对者存在的、带有"某种异

---

① 吉野作造：《日中学生提携运动》，《中央公论》1920年6月号。
② 木下尚江：《革命的无缘国》，《饥渴》，昭文堂1907年版，第382页。
③ 同上书，第383页。

样"的"社会风气"。① 尚江认为，这种风气从内部根源性地支配着日本的学问、思想和文学。日本的哲学、宗教也皆以君主政治为基础。有人自称基督教，但那不外乎"在过去偏狭爱国心上镀上一层同胞主义之金粉"，其实是天皇制国家的家仆。在日本，无论是释尊还是基督，都是"爱国神之看门人"。② 尚江为自己所属的政党激辩和悲鸣，社会党"仅不过希望经济平等"，而有人却"诬陷"它为"君主政治之颠覆者"。"请看！日本何处有否定君主政治之思想与热情？"、"日本国民崇拜皇帝并非出自理性而乃纯信仰"、"吾等祖先因敬畏而拜谒天子直至盲目"、"日本国民心里了无对革命之热情"。③ 这些话再次表明，尚江对束缚国民感情的天皇制信仰基础的盘根错节感到失望乃至绝望。尚江还说，尽管现在引进介绍了许多西方学说，但日本并未发展出扎根于自身、彻底说明自己身边事物和社会现实的思想和学问，相反却有人蔑视石川啄木④所批判的实际问题和追求欧洲梦的近代主义。据此尚江指出，这种天皇制信仰必然会带来虚无主义和道德衰败。

例如，日俄战争时有人批判日本青年对战争冷淡，缺乏"爱国公心"。对此尚江认为，虽然近十几年来政府一个劲儿地在培养爱国心，但还是听到这类的非难声，说明该教育只是在形式上标榜"爱国"，而在实际上却压制了"公共心之发动"。渡良濑川矿毒事件发生后学生蜂拥而至，激愤于该地的荒废并提出应予救济，但政府却拼命压制学生对社会的关心。政府仅提倡君主神权说，要求人们跪拜于国家和君主面前，不允许人们对"国家"进行自由讨论。如果今天对学生的非难是事实，那么，它表明的则是剥夺言论自由、压制青年学生对国家社会的兴趣和关心的政府的失败。⑤

此外，对带有"日本人特有之卑怯"、回避国家问题的日本的大学

---

① 木下尚江：《革命的无缘国》，《饥渴》，昭文堂1907年版，第384页。
② 同上。
③ 同上书，第384—386页。
④ 石川啄木（1886—1912），歌人和诗人，得到与谢铁干的知遇后成为"明星派"诗人。终生贫穷和孤独，但正因为此才敏锐地感受到明治时代末期的"时代闭塞"，并因此转向社会主义，不幸后来因肺结核病早逝。著有歌集《一把砂》、《悲伤的玩具》和诗集《哨子与口哨》，以及评论集《时代闭塞之现状》等。
⑤ 木下尚江：《革命的无缘国》，昭文堂1907年版，第385页。

第十章 明治时代(1868—1912)海老名弹正的"大日本魂"……

尚江也相当不满,说"大学向来为政府手足",是屈服和妥协于国家、修补和美化国家矛盾、欺骗国民的机构,丝毫不追求"学问独立之精神"。大学各教授也成为政府的御用学者,追随传统冥顽不化的思想,在法学、伦理学方面都牵强附会,以天皇制信仰为基础。他们在评论外国的君主政治时义愤填膺,但对"特殊之日本君主政治"却穷尽言辞,"彻头彻尾地为之讴歌赞美"。据此尚江主张要"消灭帝国大学"。[1]

尚江对天皇都不客气,对日本的"大国殖民主义"批判就更不在话下。他在与战友共同创办的基督教社会主义杂志《新纪元》1905年2月号上,发表过题为"东洋之革命国"的报道,文字虽短小,但难以掩饰对日本国内蔓延的试图"指导"中国、朝鲜发展的言论的愤怒:"俄罗斯革命将以何种方式波及东洋乃吾等须热心观察之大问题。请看!支那与朝鲜决不缺乏革命火星将引燃之燃料,而日本所谓之识者往往轻言开发支那,指导朝鲜。殊不知公等之言果有何物?"[2]

与此相关联,尚江还同时与两种国家主义做斗争,一种是所谓的"官制国家主义",即松本三之介所说的"自上而下的国家主义",另一种就是以海老名弹正和吉野作造等为代表的"民间国家主义",即松本三之介所说的"自下而上的国家主义"。前一种国家主义以撰出《教育敕语》解说书《敕语衍义》等的井上哲次郎[3]为代表,被尚江视为自己平生最厌恶、最蔑视的、支持近代天皇制国家的"偶像旧思想"。尚江在自己的回忆录《神·人类·自由》中说过:"大隈修改条约[4]时,有井上哲次郎此大学哲学教授从德国留学归来,之后立即发表《内地杂居论》一小册子,谓若允许西洋人杂居内地,则日本民族将因此消失。井上此男人是否真信此事写出该小册子不详,但此类伪装之攘夷论迎合如今甚嚣尘上之保守心理。一、明治二十三年(1890)十月九日发布

---

[1] 木下尚江:《消灭帝国大学》,《饥渴》,昭文堂1907年版,第223页。
[2] 木下尚江:《东洋之革命国》,《新纪元》1905年2月号,第53页。
[3] 井上哲次郎(1855—1944),哲学家,东京帝国大学教授,曾致力于引进介绍欧美的哲学思想,特别是黑格尔的学说,但晚年提倡国家主义,著有《哲学字汇》、《日本朱子学派之哲学》等。
[4] 指明治时期日本政府要求废除江户幕府与各国签订的不平等条约一事。1894年日本成功废除了"治外法权"(第一次修改条约),1911年恢复了关税自主权(第二次修改条约)。

"大和魂"史的初步研究

'议会召集令',十一月廿五日民众翘望多年之国会首次召开。一、同月三十日《教育敕语》发布。于是井上又写《宗教与教育之冲突》一文,云基督教与《教育敕语》冲突,不可姑息。此乃《基督教禁令》①之复辟!大凡明治时代所发表之文章,无一篇如井上之《宗教与教育之冲突》那般粗陋,且无一篇如该文那般受到追捧。日本全境与神道、佛教有关之杂志,如佩戴护身符般无一家不转载此井上之冲突论文章。"② 1905年1月,以扰乱社会秩序为由《平民新闻》被告上法庭,此时作为辩护律师的尚江在东京高等法院又抨击井上等人:"其国家观念脱离世界,不,毋宁说是憎恶世界,以其冥顽不化之思想,强说日本特有之精粹。"③ 尚江说的"日本特有之精粹",指井上在《敕语衍义》序文中写的"孝悌忠信"和"共同爱国"这两个"国民教育之基础",原话是"自古和汉学者皆云须行孝悌忠信"。而"共同爱国之要,虽云乃东洋固有,然自古说明此之文章殆稀,故余今欲说明共同爱国亦为大德大义,与孝悌忠信同德义"④。按井上的说法,"孝悌忠信"是东洋的传统,不用多谈,而"共同爱国"就难说了,所以他有必要从现在开始来谈一下。从此人们不难看出,日本所谓的"爱国传统"是在近代由井上等一部分人有意制造出来的一个新概念。

另一方面,木下对后一种的"民间国家主义"的批判也不手软。看到吉野作造发表的《何谓"国家魂?"》后,尚江立即在《直言》(前身为《平民新闻》)杂志第2卷第2号上发表题为"'新人'之国家宗教——议论国家之好机会"的文章,对海老名弹正和吉野作造的主张一并做出批判。

---

① 指视基督教为敌对宗教,采用镇压和根绝的政策和制度,以丰臣秀吉于1587年发出"驱逐传教士令"为起始,之后江户幕府又于1612年发出禁教令,直至明治前期日本一直采取禁止基督教的政策。
② 木下尚江:《神·人类·自由》,中央公论社1934年版,第82页。标点和夹注乃著者所加,序号从原文。
③ 木下尚江:《何谓朝宪紊乱?》,《平民新闻》1905年第62号,第13页。
④ 松本三之介编:《明治思想集Ⅱ 近代日本思想体系31》,筑摩书房1977年版,第86页。

第十章 明治时代(1868—1912)海老名弹正的"大日本魂"……

二 木下尚江对海老名弹正和吉野作造的批判

从性质上说,《"新人"之国家宗教——议论国家之好机会》一文,既是一篇反国家主义的宣言书,也是一篇反战的檄文。全文约3384个字符,主要谈了以下五层意思:

1. "宗教得势时必采取'国家宗教'之形态,……但同时于其内部撒播腐败堕落之种子。此时日本基督教以其非国家主义之故为强大政权所压服,各基督教派皆汲汲于弯腰屈膝买'国家'之欢心。又因教会财务上关系,……采取与国家主义合作之自由态度。如去冬日本基督教总会决议'传道东洋'与'尊重国家',今日又提倡普遍之政治思想即'东洋和平'与'膨胀国家'。……其代表即海老名弹正。"和幸德秋水不同,尚江的批判锋芒十分锐利,采取一种不留情面的抨击态度,并且尚江看出以海老名为代表的基督教会"尊重国家"的主张,其本质就是国家主义,支持对外侵略。

2. 《思考日本魂之新意义》中的"大日本魂"是"国家基督教",其"宣言气魄宏大,但思想欠缺明确,逻辑屡屡中断"。而"2月《新人》刊载一秀才之《何谓"国家魂"?》文章,进一步说明国家魂之基础,可知'国家宗教'于未来我国思想界将形成一大势力"。木下同样将吉野的"国家魂"视为"国家宗教",并说他们二人都在谄媚国家。

3. 吉野的国家论属空谈,缺乏现实基础,"不知'如今论坛视国家魂为君主或贵族之主张乃诬妄之至'意指为何?若于法科大学讲堂,将国家与君主混为一谈将造成严重后果。岂不见,现实社会能理解进步国家之哲理者当为少数,且政府及当权者往往煽动国民旧信仰以充自家权宜政略。记者(吉野)所谓'主权者之所以得以永久成为主权者在于其须切实表现出国家之权力',于吾等而言乃平凡自明之理,然日本国民之一般感情,岂不视之为毁损国体精华之民主主义歪论?加之吾等于法学讲坛,能否明确阐述记者与吾等一致之'共同意志之国家基础'亦可存疑。请看!日本帝国主权之基础应置于何处,岂非如今爱国法学家焦头烂额之最大问题?"说"各个体之共同意志"将引起"彼等爱国法学家""战栗"。"而只有求救于'祖先教'旧信仰始得些许安心。""'共同意志'论绝非我国民舆论也。"尚江这里所说的"国民旧信仰"

· 781 ·

和"'祖先教'旧信仰"等就是日本自古至今通行的"传统国家主义"。接下来尚江还挖苦吉野:"《新人》之秀才,请打开书斋窗户看看现实社会,文明之结果将同胞分为贫富两大民族(按:原文如此,似为阶级意)之态势日益明显,何处可实现以'共同意志'为基础之国家理想?"自第3开始尚江的批判多为反问句与挖苦句。

4. 海老名君的"'吾等信仰日本魂,也信仰宇宙'理性',并充分相信神子帝国必将实现……'不过是毫无意义、缺乏逻辑之豪言壮语"。"海老名以日本成为世界不曾有之佛陀、神子国家化身为理想,但从国家自身本质来说根本无法实现。""'日本魂乃国家魂'吾等见之于不少爱国诗作,然于心理、伦理研究方面欲借此理解人生,岂非全然无用之形容词?""吾等无法理解为何海老名要强设'日本魂乃国家魂'此一独断前提。""不幸者乃海老名说日本时不以'人'为单位,而以'国家'为单位,若于此欲使'国家'发展为'世界',势必将走上战争道路。""海老名热心于战争之论。"

5. 基于上述向海老名提出三个问题:(1)对国家之内容如何理解?"海老名之'国家之外观膨胀'好理解,但欲成为世界之日本,今日日本之'有形无形之内容'可否成事?"(2)如何说明它与基督教神和日本主权者之关系?"自古以来日本国民对主权者皆怀有一种宛如宗教崇拜之感情,而讨厌一神教之基督教。……而基督徒亦尽量避免招致国民之愤怒。既要建设基督教'神子帝国',则须先获得主权者对国民宗教信仰之首肯";(3)与沙俄皇帝的企图有何差别?"以吾等所见,俄国皇室多年之欲望(按:侵略野心)亦与海老名等之希望无大差别。"[①]

三 木下尚江对"大日本魂"和"国家魂"的批判未画上圆满的句号

由上可见,尚江的批判是较有力的,指出了海老名弹正的"大日本魂"(即国家魂)的本质是支持对外侵略和吉野的国家论缺乏现实基础,值得称赞。但是尚江的言论也有缺陷:

首先,是尚江将日本国"分为贫富两大民族"的"民族"这个词

[①] 木下尚江:《〈新人〉之国家宗教》,《直言》1905年第2卷第2号,第20—24页。

第十章　明治时代(1868—1912)海老名弹正的"大日本魂"……

汇的使用，以及据此对吉野的国家主义的批判。按原佑介的分析，这来自尚江对有些人用国家单位看待人类集团这种认识无法适应。而吉野正好瞄准尚江的这个缺点反驳说："是否所有个体未达至完全一致意见，就不能说是基于共同意志之国家？如今国家未完全实现共同意志固不待言。……而贫者与富者在相争之同时，能否说他们不具备日本人独特之共通意识？"①这里吉野向尚江提出的两个问题都击中了对方的要害。就第一个问题而言，即使尚江"过去所说之民主主义"能完全实现，但只要满足吉野所说的"各个体一切内外生活最高规范之'团体之意志'"存在的最低条件，从逻辑上说，尚江也可能走向"国家魂"的道路。因为民主主义未必与国家主义势同水火。不过尚江也并非单纯乐见基于"共同意志"的国家必定要超越国家主义，与"人类之'共同意志'"衔接。②就第二个问题，我们要补充一句，尚江的这个用法在明治时代中期有普遍性。比如中里介山的历史小说《大菩萨岭》中有一段对话，其中也使用过真实含义是"阶级"的这个"民族"词汇："原先在日本的兵、农并非两大民族。其不外乎是一个东西的两种变形。这就是历史的本来面目。""是那样的——武士这个词汇从何时开始使用不清楚，但至少在镰仓幕府以前似乎并没有武士这种游民。"③虽说对民族这个概念世界至今没有一个统一的认识，中国学术界的理解也不尽一致，但根据马克思主义的解释——"民族是人们在历史上形成的有共同语言、共同地域、共同经济生活以及表现于共同的民族文化特点上的共同心理素质这四个基本特征的稳定共同体"④，可以认为尚江的这个"民族"词汇使用是错误的。尤其是尚江作为一个社会主义运动家，提倡和从事"阶级斗争"是他的本职工作，不应该犯如此低级的错误。

其次，尚江本身对所谓的"各个体共同意志"的态度是复杂和摇

---

① 吉野作造：《答木下尚江君》，《新人》1905年第3号，第36页。
② 改写自原佑介《木下尚江的"大日本魂"批判》，*Core Ethics* Vol.4，立命馆大学研究生院尖端综合学术研究科纪要，立命馆大学出版社2008年版，第297页。
③ 中里介山：《大菩萨岭》农奴卷第三十八节，《大菩萨岭十一》，筑摩书房1976年，引自日本网站，2014年7月21日，大和魂site：www.aozora.gr.jp。
④ 斯大林：《马克思主义和民族问题》，《斯大林全集》第11卷，人民出版社1952年版，第286页。

"大和魂"史的初步研究

摆的。他是日本普遍选举运动的先驱者,但对议会的有效性抱有疑问。这是他于1906年9月脱离社会主义运动的最大原因。在与同志的告别书《告旧友诸君》中,尚江吐露自己对议会的复杂心情:"吾于此间也时常苦恼于一个疑问:议会的功能到底如何?吾与诸君不能不激愤于阶级斗争日益紧迫之世界形势。吾虽未说过议会全然无必要,然而从近乎急转直下之形势带来之物质文明压力考虑,并想见其前途时,吾不能不对议会之功能产生怀疑。"① 不过在与吉野论争时,尚江并为明确表明自己对议会的疑问,所以,我们无法根据他后来的表现,就说他在当时已经对"以'共同意志'为基础之国家理想"产生疑问,故尚江对吉野宣扬的"超越君主贵族意志之一大民族精神"的批判不构成根本的反论。理由就在于尚江在"《新人》之国家宗教"中并没有否定基于"各个体共同意志"的"国家理想"本身。另外,吉野还说过:"民族之伟大与否关乎此国家魂之伟大与否。……国家之强弱治乱同国家魂与个体意志之关系疏密有关。……吾等为使主权者知其主权何在,使民众悟其服从为何,就需要了解国家魂之意义。"不管吉野本人如何强调精神性,但明显他在此所说的"民族之伟大"和"国家之强弱治乱",依据的都是帝国主义时代以民族、国家力量为指标的、极具政治性的价值观。不管怎么说,既然尚江同意"国家魂与个体意志之关系疏密"是该国家的价值指标这一吉野的国家哲学,那么他的批判就不具有从根本上摧毁"国家魂"的力量。②

尚江对海老名弹正的批判同样存在不足。第一,尚江指出,在国家间相互战争的帝国主义时代,不存在优先于"国家理想"的"人类'共同意志'"。而植入了"人类"的这种思考方式,是基于尚江对基督教教义的理解——"基督教理想自其开初即人类同胞此一'共同意志'之极至"。③ 从这种观点来看,他的说法和海老名弹正的国家主义基督教其实并不矛盾。

---

① 木下尚江:《告旧友诸君》,《新纪元》1905年第12号;《木下尚江全集》第4卷,教文馆1908年版,第357—358页。
② 改写自原佑介《木下尚江的"大日本魂"批判》,Core Ethics Vol. 4,立命馆大学研究生院尖端综合学术学研究科纪要,立命馆大学出版社2008年版,第297页。
③ 木下尚江:《〈新人〉之国家宗教》,《直言》1905年第2卷第2号,第23页。

第十章　明治时代(1868—1912)海老名弹正的"大日本魂"……

第二，尚江批判海老名在说明日本时不以"人"为单位，而以"国家"为单位，若要使"国家"发展为"世界"势必走上战争的道路。说得明白一些，就是他认为需要从"个人集合体"的角度思考国家。尚江的这种思考方式是长期一贯的。早在他就读于东京专门学校时，在一篇题为"妇女的生涯"文章中尚江就写道："一国非家族之组合，而乃各个体之集合体。"① 亦即，他认为从"人"到"世界"之间没有必要架设"国家"这座渡桥。海老名将吉野所说的"民族精神"作为一个单位来看待，所以他的结论是可以"实现神子帝国"。与此相对，尚江则再一次否定"国家"的需要："个人可得神子，国家不可得，何故？社会大意志原本包含在各个体心里，或显现而成'家庭'，膨胀为'国家'，进一步发展成'世界'，成'四海同胞'，故理性感情之开展发育极其高涨热烈者，可实现'神子'之品性，如耶稣，如释迦。然而'国家'乃处于社会意志发展史之中途阶段，故原本不可能实现神子、佛陀之大品性。"② 这段话显示出尚江思维的混乱和不周。既然"社会大意志"是由"个人"经"家庭"、"国家"发展成"世界"的，那么又如何可以说，国家无法实现"神子、佛陀之大品性"是因为它处于"社会意志发展史之中途阶段"呢？吉野后来批判此句为"最不讲逻辑"，并责问"难道社会大意志可不同化一民族而直接走向四海同胞吗？"③ 和前述一样，尚江在此方面的批判，也未对吉野后来所说的"社会大意志首先由个人完成。个体化的社会意志发挥其精神威力，感化近亲、同化家庭。家庭必同化民族，民族更同化四海。此乃必然之势也"④（按：吉野此处的"民族"带有"国家"的意思，似乎概念也不甚明确。）的主张构成有效的反论，他只是一味地强调："可知到达神子、佛陀大品性之耶稣、释迦，最初必脱离'爱国'之羁绊"，"世界魂乃人类共同意志必到达之目的。此非潜伏于国家魂之中，

---

① 木下尚江：《妇女之生涯》，《松本亲睦会杂志》1887年第14号，第11页。
② 木下尚江：《〈新人〉之国家宗教》，《直言》1905年第2卷第2号，第23页。
③ 吉野作造：《答木下尚江君》，《新人》1905年第3号，第37页。
④ 同上。

"大和魂"史的初步研究

而最初包含于各个体之魂中",坚持个人与世界的直接联系。①

吉野在《新人》3月号发表《答木下尚江君》后,尚江没有再撰文反击。接着吉野又在《新人》4月号上发表《平民社之国家观》一文,对尚江不再应战表示不满,并屡有挑衅之词。尚江对"大日本魂"和"国家魂"的批判就此画上一个并不圆满的句号。

第五节　本章小结

首先要说明,海老名弹正的"大日本魂"("国家魂")是与过去的"大和魂"等意义完全隔断的全新"和魂"和突变"和魂",虽然它穿着世界性宗教基督教的外衣,但其内身却与当时以占领、掠夺、同化为特征的帝国主义合体,可谓日本"国家主义"和"战争主义"的代名词,换言之即"战争魂"。吉野作造的"国家魂",用他自己的话说就是"大和魂",说法或有一定的道理,或至强怪异,但实质却有宣扬"强者"和"整体主义"的意味,孕育着对内支持近代天皇制国家和对外增强日本"大国殖民主义"的可能性。

本章共出现了四个主人公,其中三个都是基督徒——海老名弹正、吉野作造和木下尚江,另一个是无宗教信仰的幸德秋水。另外,前两个主人公海老名弹正和吉野作造都信奉"国家主义",后两个即幸德秋水和木下尚江都曾是社会主义者,反对"国家主义",两组人就"国家魂"(即"大日本魂"或"大和魂")的性质进行论争。这说明"和魂"说的主体在此时也包括日本的基督徒,并经他们的大脑转化后呈现出一种新的内容。

海老名弹正"大日本魂"的"大"字,涌动着日本初出的"大国殖民主义"思想,其背景音不仅有日本军事上的胜利欢呼声和向世界继续跃进的号角声,还涂抹着日本已产生的"东亚盟主"意识和官民一体为废除不平等条约而迸发出的"国家主义"变形情绪,以及政府提倡来自西方列强的"普遍主义"的浓厚油墨色彩;其"日本魂",因

---

① 以上两段亦改写自原佑介《木下尚江的"大日本魂"批判》,Core Ethics Vol.4,立命馆大学研究生院尖端综合学术学研究科纪要,立命馆大学出版社2008年版,第298—299页。

第十章　明治时代(1868—1912)海老名弹正的"大日本魂"……

此有着与过去的"大和魂"完全不同的意涵,在"大和魂"史上具有"开天辟地"的战争意义。事实上,海老名的"大日本魂"与基督教信仰无关,它追求的"国家化"和"世界化",就是鼓吹运用宗教与国家融合的力量对外进行侵略,将日本打造成一个可媲美欧美的政治、军事、宗教大国。

幸德秋水则将海老名的这种言论视为"戏言",在《新年杂志一瞥》中采用揶揄的笔调对其进行批判。秋水的批判看似玩笑却相当有力,暴露出海老名思想的陈腐和非科学性,以及它与国家权力的勾结。不过秋水的批判缺乏理论性。

相较而言,吉野作造和木下尚江就"国家魂"即吉野的"大和魂"的争论不乏理论色彩,论题主要集中在对"国家"的看法上,但吉野的论说和海老名的"大国殖民主义"言论,与秋水的"东洋吞并批判说"基本没有交集。毋庸置疑,尚江揭露了吉野国家理论的非现实性,但其批判也存在诸多问题:

首先,尚江认为国家处于"社会意志发展史之中间阶段",并且"国家并非最终目的",以此来反对近代天皇制国家。不过,尚江的这种认识不仅概念不清,而且破绽丛生。尚江反对日本的近代"国家主义"是正确的,但即使是在现在,连同形成于历史的国家本身一道加以反对却是个问题,犹如倒洗澡水时连同婴儿一起倒掉。因为不管尚江如何认识,国家经自然形成后在短时间内不会消失,它招致吉野的反驳也在意料之中。吉野说,"国家并非最终目的"不能成为完全否定国家的理由,"如同重视家庭并非轻视国家那般,真正重视国家也决不与四海同胞大义相悖","我等相信与个人救济一样,国家精神之指导亦为最高尚之事业之一,而且感到过去我国之国家魂恐植根于广大之宇宙魂中,因此益发希望参加此国家魂之开发与指导"。[1]

其次,尚江认为无须在作为思考单位的"个人"的延长线上设置"国家"这一程序,"个人"可以跳过它直接进入"世界",进入"四海同胞",并礼赞"基督教理想乃自其开初即为人类同胞此一'共同意志'之极至",强调基督教的非(无)"国家主义"。其实这与他的上

---

[1] 吉野作造:《答木下尚江君》,《新人》1905年第3号,第36页。

一个观点异曲同工。对此吉野反驳:"基督教可以提倡超国家主义,但绝不能说非国家主义。"① 对此原佑介评论:"'神子、佛陀大品性'在国家层面无法实现,不是因为'国家处于社会意志发展史之中间阶段',而是因为'从国家自身本质上说根本上无法'行之。若尚江就与个人的'神子、佛陀大品性或''人类共同意志'本质不相容的'国家自身本质'进行详细的论述,其论点将进一步深化。"②

的确,尚江对国家的本质未作充分论述,但若结合尚江在此后发表的一些文章和所作的演讲,还是可以看出他对国家做出的思考。例如,在1908年3月,尚江针对日本吞并朝鲜的动向,曾发出"掠夺即国家之本性"这个惊世骇俗的警语。"国家掠夺为何不可思议?读万国历史,向政治学者打听,向进化论者咨询,无掠夺之场所有人类,然无国家。国家即掠夺之化身,掠夺之结果即国家,它将成为进一步掠夺之原因,成为一种机构。欺诈、斗争、悲鸣、流血如此片刻不停,但国家却不因此恶行感到心痛。大学之博士则汇聚宇宙之知识,热心为此辩护。'物竞天择,优胜劣汰'③,我日本哟!不必为掠夺朝鲜而赧颜辩解。汝同盟国英国、汝商约国法国、汝友邦国德意志、亚美利加,皆一等掠夺者。掠夺乃国家之本性。与其羞耻'掠夺朝鲜',不如羞耻曩日宣传'朝鲜独立'之伪善。"④ 这或许是尚江希望省去"国家"这一程序,直接进入"世界",实现"人类共同意志"的原因之一。

事实上,尚江与吉野在所谓的"人类共同意志"方面存在共识,例如,在"《新人》之国家宗教"中尚江就说过,在"'共同意志之国家基础'论"上,"记者(吉野)与吾等一致",此话同时还暴露了尚江也承认国家的存在,只是二人对它的基础为何存在分歧。这让吉野在论争中占了上风,《答木下尚江君》发表后尚江不再接战。另外,尚江在一年后对议会的功能也产生了怀疑,进而绝望,更使他无法理直气壮地面对吉野的反击。这或许是他不再与吉野争论下去的另一个原因。可

---

① 吉野作造:《答木下尚江君》,《新人》1905年第3号,第38页。
② 原佑介:《木下尚江的"大日本魂"批判》,Core Ethics Vol.4,立命馆大学研究生院尖端综合学术学研究科纪要,立命馆大学出版社2008年版,第299页。
③ 原文是"生存竞争,生物天则"。
④ 木下尚江:《国家之目的》,《新生活》1908年第3号,第53—54页。

第十章 明治时代(1868—1912)海老名弹正的"大日本魂"……

以说这种对民主主义的希望和绝望,是尚江无法彻底批判"国家主义"的最大原因。再者,吉野还说过"国家之强弱治乱由国家魂与个体意志之关系疏密而分",尽管此话中的"国家魂"具体内涵为何、国家的价值何在意思不清,想来二人对此也会产生意见分歧,但从基于民主和基督教立场的尚江来说,对此话的整体意思大概不会反对。"既然吉野给'国家魂'下的定义是基于'各个体共同意志'之'团体意志',那么,木下对其批判的着力点就应该是这个'各个体共同意志'的前提为何。但倘若真的这么追问下去,那么它也包孕着否定木下曰之'宿论'的民主主义的可能性。可以推想,这种追问对木下来说是相当困难的。"① 不过这并不能全怪尚江本人。在东方世界,历史上就缺乏民主的传统,而在当时的日本,还存在政府(国家)对本不算强大的民主势力的摧残和打击。其实最后被迫脱离社会主义,在精神上陷入彷徨的又何止尚江一人?由社会主义者转向无政府主义者的幸德秋水等人也是如此。他们在得到"主权者"支持的吉野等人面前都只能败下阵来。

最为复杂矛盾的问题是吉野为何要袒护海老名?他在反驳尚江的文章中断言,"吾等主张国家之发展,仅针对灵化之国家精神发展。欲将高贵之帝国精神推展至世界,无须战争征讨"。"海老名主笔不与木下君一道主张非战论恐另有根据。于兹引出战争论岂不近于滑稽?"② 但正如我们在前面所分析的那样,海老名鼓吹"大日本魂"向"世界魂"转化,其背景就是日本在军事方面取得重大胜利,并且军部趁势要求依靠武力不断延长日本的"利益线"。因此说海老名的"大日本魂"与"主战论"无关才"近于滑稽"。山室信一也不同意吉野的说法,质疑说:"(海老名和吉野)所主张的是不使用武力等方法来实现(各国的'魂')向日本的同化。可是若改变视角就可以发现,不管这种言论出自何种善意和好意,那里无疑也隐藏着甚至连'魂'这种根源性的物

---

① 原佑介:《木下尚江的"大日本魂"批判》,*Core Ethics* Vol. 4,立命馆大学研究生院尖端综合学术学研究科纪要,立命馆大学出版社 2008 年版,第 299 页。因原文比较晦涩,著者在译文中增加了部分被隐含的字词。

② 吉野作造:《答木下尚江君》,《新人》1905 年第 3 号,第 38 页。

质也被日本同化的可能。这是一种对异文化不感症带来的可怕的乐观主义。"① 信一的话不易理解,但他的弦外之音告诉我们,"灵化之国家精神发展"无非是装饰,意在掩盖侵略的事实。

因此,上述吉野的言辞,与其说是他"为尊者讳"或有意"一叶障目",倒不如说是他信奉"国家主义"所使然。他在《何谓"国家魂"?》一文中已经说过,"若个体有人未体认国家魂,则国家应于徐图同化此个体之同时,作为国家存亡之当务之急,还应不懈地排除、打击基于非国家魂意志之'行为'"。吉野的此话蕴含着另一种可能性:他面对的日本,是近代天皇制国家,当这种国家要对外侵略,从理论上说,吉野奉行的"国家主义"是不可以对此进行抵制或抵抗的,并且,它同样适用于在他国"排除、打击基于非国家魂意志之'行为'"。正如原佑介所说,"这种国内统治的逻辑不可避免地将发展成已见于海老名'大日本魂'所说的'融合''东洋民族'的普遍主义",吉野的国家论"具有与其自身意志相反的""结构"。后来吉野与李大钊等人交往,确有出自反对日本军阀侵略中国的用意,然而一旦东京帝国大学接到外务省的警告:"若与北京大学教授交换演讲或派代表访华,将有碍日中国交,应予停止"②,他和一些人立即终止了与中国的交流,再无下文。不管吉野此时内心的真实想法如何,他的"国家主义"或"国家魂"都制约着他与政府的抗争。吉野是矛盾的,可他却试图用自己的"国家魂"(即"大和魂")调和人民和政府的矛盾,然而事实是,此矛盾很难调和。随着日本"大正民主运动"的结束和阶级斗争的激化,吉野不得不黯然退出历史舞台,正说明了这一点。

---

① 山室信一:《作为思想课题的亚细亚》,岩波书店2001年版,第419页。
② 《北大游日团与日本思想界》,《晨报》1920年6月15日。

第十一章 "大正(1912—1926)民主运动"时期富于个人色彩的"大和魂"的种种表现及原因

第一节 对"大正"年号意思的不同解释

在论述之前,需要就被论述对象的时间范围先做说明。日本社会在大正时代前后出现了较高涨的民主主义浪潮,对该时代的人们产生较大的思想冲击,但这浪潮并非凭空倏然激起。从因果的链条上说,它既会受到明治时代宪政思想的推动,也会将其民主的浪花泼洒至昭和时代前期,所以下面在分析大正时代"大和魂"作品群的同时,也会兼顾阐释明治时代后期和昭和时代前期有关该魂的作品。它们多出现在小说中,部分现身于戏剧、时评和演讲文里。

"大正"这一年号几乎和日本的所有年号一样,也取自中国古代典籍。《易》第二十六卦"大畜卦"说:"大畜,刚健笃实辉光,日新其德,刚上而尚贤。能止健,大正也。"该卦语义生涩难懂,有国人就它的结构和卦爻辞做以下解释:

客卦
何天之衢,亨。
豮豕之牙,吉。
童牛之牿,元吉。
主卦
良马逐,利艰贞;日闲舆卫,利有攸往。
舆说輹。
有厉,利已。

大畜 利贞,不家食吉,利涉大川。

"大和魂"史的初步研究

上图中,"红色表示当位的爻,蓝色表示不当位的爻,箭头表示有应"。"有应,指有阴阳相应的关系,是易的六十四卦结构分析时使用的术语。别卦的主卦与客卦的相应的爻,如果是一阴一阳,这一对爻有应,否则不有应。"①"大畜卦的结构和卦爻辞图中有两个箭头。第一个箭头从第四爻指向第一爻,这两条爻都是当位的爻,红色,既当位又有应,是对主方有利的因素,表明客方消极被动(的同时)正好是主方积极主动谋取发展的好机会。第二个箭头从第五爻指向第二爻,这两条爻都是不当位的爻,蓝色,有应而不当位,是对主方不利的因素,这个不利因素是指主方利益可能受到客方伤害。然而,由于第一个有利因素,主方积极主动地开拓发展,实力雄厚,可以依靠实力,给予客方一些实惠,从而达到更有利于主方的效果,而客方的消极被动和不佳素质,正是主方达到这种效果的机会。所以,将这两个因素结合在一起看,这两对爻列出了一幅对主方非常有利的图景。至于第三对爻,第三爻和第六爻都是阳爻,都表示态度强硬②,双方处于矛盾之中。主方态度强硬是实力雄厚的表现,应当坚持,属于潜在的对主方有利的因素,主方有可能制约客方。客方的强硬是脆弱的表现,没有强力素质支撑,虽然是潜在的对主方不利的因素,然而,主方完全可以压倒客方,直接消灭客方。可是,由于实力差别极端悬殊,主方有很多途径可以尽量避免损失,达到最佳效果。"③

因缺乏文献,著者不清楚当初日本宫内省为何要选用"大正"此一词汇作为新年号的意图,但从该词的字面意思与"大畜卦"的结构和卦爻辞解释来看,前者无疑包含一种美好的祝愿,后者——虽说是一家之言,但——似乎也可以移用于统治策略的说明,尤其是"客方消极被动(时)正好是主方积极主动谋取发展的好机会",和主方虽说也有不利因素,但"这个不利因素是指主方利益可能受到客方伤害,然而,由于第一个有利因素,主方积极主动地开拓发展,实力雄厚,可以依靠实力,给予客方一些实惠,从而达到更有利于主方的效果",以及

---

① 薛德钧:《易经与孙子兵法》,济南出版社2007年版,第7、29页。
② 薛德钧:《今日之变:〈易〉解〈孙子兵法〉》,济南出版社2011年版,第5—10、16—18页。
③ 以上引文和有关注释转引自百度百科,2014年8月3日,http://baike.baidu.com/view/10335719.htm。

第十一章 "大正(1912—1926)民主运动"时期富于个人色彩的……

"主方完全可以压倒客方，直接消灭客方。可是……主方有很多途径可以尽量避免损失，达到最佳效果"这几句解释。是否当时日本宫内省的文人也作此理解，以及按此理解，则该主客方的分别所指为何，同样因缺乏文献不得而知，但想来宫内省文人若对此结构和卦爻辞与中国古人有大致相似的理解，则这里的主方，当为近代天皇制国家的政府无疑，而客方则指其统治的对象。不知是否碰巧，当时的日本政府通过明治时代对东北亚国家和本国人民的巧取豪夺，实力的确大长，并且为迎合当时的国际需要，不得已选用了宪政制度，因此到大正时期可以采取一些较为和缓宽松的政治社会政策。这一切似乎与上述年号的结构和卦爻辞的部分意思暗合，冥冥间似有天意的安排。不过这些话毕竟只是猜测，仅是对大正时代日本统治政策的变化提出的某种假设性解释。明确地说，就是因情况发生变化，有时政府不得不做出一些让步，然而这种让步是有限度的，统治者在掌握的各种资源耗尽之前，决不会主动放弃自身的权力，并停止"压倒"或"消灭"民众。

　　与此相对，当时日本也有人对此年号做出符合自身愿望的解释，但不知为何也陷入"和魂汉才论"和"和魂洋才论"的黑洞中："吾以为，此次大正年号的解释，可以原样应用于我国民未来之方针。……大畜卦原指乾下艮上大畜，亦称山天大畜，由代表天之乾卦与代表山之艮卦组成之二重卦。乾卦仅为阳爻形成，故至健至刚。乾又通健，乾象为天，天不分四时不断运行，故曰天行健。总之乾有一日不间断之进取之意。日新其德即此谓也。

大畜 { 艮(山) ䷳ 乾(天) ䷀ }

　　艮卦于柔弱之阴爻上方镇上刚健之阳爻。由于镇于内而不得出外，故艮训为止。艮象为山，山藏万物，总之艮有存物之意。合乾艮之大畜卦，含有取人之长、守我之善、积蓄实力之意味。是以大正有一面力求世界新知识、新文化，不断努力，永无止息，一面保存我国自古之完善国体、国粹，寻求极大充实、巩固国力之意味。

于保存我国粹之同时采用外国文化，实行于我国过去千百年之漫长历史，绝非新主义，故有'和魂汉才'此词汇。其始于菅公时代，而该主义于菅公以前即已实行。至明治御世，同样实行和魂洋才主义。"[①] 言者如何能从"合乾艮之大畜卦"的释义看出"大正有一面力求世界新知识、新文化，……一面保存我国自古之完善国体、国粹，寻求极大充实、巩固国力之意味"，即所谓的新型"和魂洋才"思想不得而知。相反著者却看到，贯穿于整个大正时代，与其说日本人在对传统精心保存，不如说是在大声呼唤欧洲思想，包括统治者十分不愿意听到的社会主义思想。当时的日本人已不满足融合本国传统和西方思想的明治宪政体制，还要求进一步的民主和自由，展开"大正民主运动"，于是代表传统的"大和魂"也不免遭到质疑，甚至有不少被弄得灰头土脸，至少它的语义与此前相比更不清晰或出现更大的"变形"。为此需要先考察"大正民主运动"。

第二节　"大正民主运动"的诸过程及其显示的意义

自日俄战争（1904—1905）结束至大正时代末期，日本发生了所谓的"大正民主运动"，其范围涉及政治、社会、文化等方面，具有明显的民主主义和自由主义倾向，主要的目的是与渐趋保守的明治宪法体制对抗，获得政治和社会的自由。[②] 该"运动"可分为三个阶段，显示出各自不同但又有共性的意义，这个"共性"就是目标都指向民主和自由。从著者的角度说，该过程和意义皆可构成本章"大和魂"意涵发生变化的原因，亦可回溯成为第十章各"大和魂"出现的部分原因。以下颠倒顺序，先介绍此阶段"大和魂"出现的历史背景即总的原因，继而在分析各"大和魂"作品时再阐述其出现的具体原因。

---

① 桑原骘藏：《由东洋史所见之明治时代之发展》，《桑原骘藏全集》第一卷，岩波书店1968年版；初出于《太阳》第十九卷第一一号，1913年（大正二）8月。引自日本网站，2014年1月2日，大和魂 site：www.aozora.gr.jp。

② 《日本大百科全书》"大正民主主义"条。

第十一章 "大正（1912—1926）民主运动"时期富于个人色彩的……

第一期，自1905年（明治三十八）日俄战争后的"反对讲和运动"至1912—1913年（大正一—大正二）的"第一次护宪运动"。该运动属于城市小资产阶级和中产阶级的政治运动，带有打破藩阀政治的诉求，其理念可用"对外实行帝国主义，对内实行立宪主义"一语概括，属于"大正民主运动"的起点。值得关注的是，此运动具有后发资本主义国家民众的矛盾心理，一方面它以"日比谷焚烧打砸事件"为代表，反对政府讲和，要求对外推行帝国主义，追求胜利者的分赃权利，一方面又吁请政府扩大选举权，要求对内实现立宪主义，扩大在过去一段时间富裕起来的城市小资产阶级和中产阶级等弱势阶层的政治权利。与此同时，美国加利福尼亚州推行的"排日土地法案"和中韩两国共同出现的抵制日货运动，也迫使部分日本人一方面要求消除人种差别（即黄祸论），一方面试图扩大自己的殖民地，这也是形成当时日本民众内外有别的"国境意识"的重要成因。不过认真思考，这种矛盾在某个意识层面并非不可以得到弥合。比如，在立宪主义—内部民主—弱者追上强者—强国—扩大殖民地—增强分赃能力—改善全民境遇—跟上"时代潮流"—帝国主义这个"逻辑"链条面前，就可以实现某种程度的统一。然而，这部分民众最后认识到，"对外推行帝国主义"并没有给自己带来太多的好处，于是在1907年至1909年他们又转而反对扩张军备，要求废除苛捐杂税。"以反对增设两个师团为名的第一次护宪运动，不仅打倒了长州派阀的桂太郎内阁，开创了民众推翻政府的先例，还显示出缺乏政党基础的政府，即使有天皇诏敕作为后盾也无法维持统治的划时代意义。"①

与此同时，受流入的达尔文进化论——准确地说是社会沙文主义的影响，民众还开始"主张自我"，产生个人主义和自由主义的思想，它集中体现在以追求妇女解放、挣脱封建束缚为目标的"青鞜派"② 自然

---

① 《日本大百科全书》"大正民主主义"条。
② 青鞜派指：（1）聚集在《青鞜》杂志周围的女流文学家派别。她们在大正新思潮的引导下提倡女性解放，例如，女性的自我确立和女权的获得及自由恋爱等；（2）18世纪后在英国要求妇女参政权的一个派别。日语"青鞜"一词译自18世纪中叶伦敦社交界蒙塔基夫人等组织的文学沙龙名称 blue stocking（该沙龙成员都穿着带蓝色毛线的袜子）。大正时代女性团体"青鞜社"将其用作自身机构杂志的名称，刊行于1911年（明治四十四）至1916年（大正五）。总编最初是平塚明（奥村明），之后是日本共产党创造者之一大杉荣的妻子伊藤野枝。

"大和魂"史的初步研究

主义文学,和"白桦派"浪漫主义文学运动身上。此类思想也有糟粕,对其带来的不良社会弊端,如过于"自由"造成的社会浮华和放荡等,持历史唯物主义观点的学者户坂润做了严肃的批判。不过此后不久,以幸德秋水"大逆案"为代表的政府镇压行动,也诱发了过激的国家主义(国粹主义)和无政府主义,当时的日本思想界处于一种主张自我和否定自我的杂居状态甚或急速向对方转化的状态,对此类现象户坂润也做了批判。

第二期,自"第一次护宪运动"至1918年(大正七)的"抢粮暴动"。第一次世界大战的爆发,不仅给日本带来了"战争景气",还使得非特权资本家连带受益而加速向政府靠拢,让近代天皇制国家从"第一次护宪运动"的危机中解脱出来。然而城市中间阶层的扩大使"大正民主运动"更加高涨,各地都出现了自发形成的、以普选为核心目标的市民团体。发行量最大的《大阪朝日新闻》和受知识分子欢迎的《中央公论》等媒体开始刮起新的民主主义风暴,其要义集中体现在吉野作造的"民本主义"学说当中(参见第十章)。吉野将"民本主义"设定为宪政的基本概念,其具体政策就是对内采用普选制和政党内阁制,对外放弃侵略政策。他与中国共产党创始人李大钊建立起联系和此主张不无关系。后来这种"民本主义"被铃木文治[①]转用于工人运动,"友爱会"正是在该主义的指引下得以建立,并鼓吹通过工会进行劳资关系的协调,其影响直至今日仍未止息。

第三期,自"抢粮暴动"[②]至1924年(大正十三)的"第二次护宪运动"。受"抢粮暴动"、俄国十月革命以来欧洲各革命运动及ILO(国际劳工组织)的影响,日本劳苦大众的政治觉悟骤然提高,普选运动迅速发展成为全国性的群众运动。与此同时,"以友爱会的后身日本工人总同盟为先锋的工会运动和以日本农民公会为主力的农

---

① 铃木文治(1885—1946),工人运动家,自东京帝国大学毕业后创建"友爱会"(后为"日本工人总同盟"),为工会运动鞠躬尽瘁。曾担任社会民众党议员。
② 1918年(大正七)7—9月,苦于粮价暴涨的民众要求降低大米价格,并袭击粮店、富商和警察等引发的事件。事件最早发生于富山县鱼津,后来波及全国,最后发展成以工人、农民为主的历史从未有过的民众暴动,直至政府出动军队才镇压下去。但此事件也致使寺内内阁倒台。

第十一章 "大正(1912—1926)民主运动"时期富于个人色彩的……

民运动,以及全国水平社①的部落解放运动、新女性协会等参与的女性参政权运动等都通过自己的力量,在实质上扩大了言论、集会、结社的自由,民众的要求从追求政治自由延伸至追求社会自由"②。至此,社会主义思想也在日本迅速扩大自己的影响,然而过后不少社会主义活动家转向"革命工会主义"③,鼓吹无政府主义并否定政治活动,导致许多先进工人脱离普选运动。可喜的是,首次政党内阁的原敬政友会内阁终于在1918年建立,这时民众对和平的愿望也在增加,日本出兵西伯利亚因缺乏国民的支持终于失败,华盛顿海军会议提出的裁军规定也因受到日本国民的欢迎得到执行。另外,在中国"五四"运动和朝鲜"三·一"运动④的制约下,日本暂缓了露骨侵略中国的行为和修正了武力同化朝鲜的政策。1923年关东大地震和"虎门事件"⑤的连续发生,使统治阶级开始担心革命的火焰将延烧至日本。为防止革命,维护政权的稳定,希望进行普选和建立政党内阁制的宪政会、革新俱乐部和政友会这三支护宪力量发动了"第二次护宪运动",并取得了下一次选举的胜利。自以护宪三力量为基础的加藤高明内阁成立至1932年(昭和七)"五·一五"事件犬养毅内阁总辞职这段时间,政友和民政(宪政会后身)这两大政党轮替组阁。另外,让人欣喜的是,《普选法》也终于在1925年通过,其结果是有投票权的人数超过1200万,达到日本全国人口的20%;《治安警察法》第

---

① 全国水平社,建立于1922年(大正十一)的部落解放运动全国性组织,从最初消除阶层差别的斗争发展为与社会主义运动联手,自太平洋战争爆发后被取缔,第二次世界大战后恢复活动,改名为部落解放全国委员会,1955年又改称部落解放同盟。
② 《日本大百科全书》"大正民主主义"条。
③ 法语 Anarcho—syndicalisme 的译词,指从19世纪末至20世纪初在世界范围内开始抬头的、与无政府主义思想相结合的革命工会运动及其思想。
④ 1919年3月1日在日据时期朝鲜发生的独立运动,也称"独立万岁运动"或"万岁事件"。
⑤ "虎门事件"指"摄政宫"皇太子裕仁亲王(后成为昭和天皇)被暗杀未遂的事件。1923年(大正十二)12月27日,裕仁亲王为出席第48次帝国议会开幕式行车至虎门时,突然遭到难波大助的枪击。亲王无事,陪同的东宫侍从长入江为守受轻伤。山本权兵卫内阁为此引咎总辞职,警察总监汤浅仓平被免职。据查当场被捕的难波系受无政府主义的影响而有此举,与当时的社会运动组织无关。翌年11月13日日本最高法院按刑法第73条的"大逆罪"判处难波死刑。

· 797 ·

17 条的废除（1926）和《租种调停法》（1924）、《劳动争议调停法》（1926）的制定，虽说都带有部分作秀的成分，但毕竟承认了工人、农民建立团体的权利和争议权，自此工人和农民等无产阶级得以进入中央和地方的议会；给女性以地方议会选举权的《女性公民权法案》也与1930年在众议院通过，日本国的民主化取得了重大的进步。总之，这一切解放了人们的思想，使作家得以在较大程度上自由地表达自己的观点。当然也有人对大正精神持反对意见，其结果之一是，此时大多数论及"大和魂"（但主题并非"大和魂"）的作品，也不同程度地受到上述民主主义和自由主义思想的影响，代表"固有"思想的"大和魂"在此过程中，或遭调侃，或遭批判，或意象不清，变形扭曲，被涂抹上各种浓厚的个人主义色彩。

第三节　此阶段的各种"大和魂"

此阶段出现的"大和魂"作品数量繁多，以现有条件根本无法确知其具体数字。著者仅通过日本《青空文库》网站，在输入"大和魂"此关键词后即查到168篇与"大和魂"有关的作品（时间截至2014年底。但实际上这168篇并非都涉及"大和魂"，部分作品谈的是"大和国"的事项或物象）。如果输入"大和心"或"日本魂"等关键词，可能该数量会进一步大幅增加。在这168篇作品中出现于"大正民主运动"时期的作品高达1/2以上。下面为避免繁杂，仅就此阶段代表性作品中的"大和魂"做类型的区分和分析：

一　被调侃、挖苦、讽刺的"大和魂"——以夏目漱石、内田鲁庵、冈本绮堂为代表

1. 夏目漱石《我是猫》和《趣味之遗传》中的"大和魂"

其中被调侃最厉害的当数夏目漱石成名小说《我是猫》（1905—1906）中的"大和魂"。夏目漱石（1867—1916），英国文学研究者和小说家，东京帝国大学毕业后任"第五高等学校"教授等，1900年奉命留学英国，回国后任东大讲师，后进入"朝日新闻社"工作，发表过众多作品，对大正时代市民文学产生巨大影响。

第十一章 "大正（1912—1926）民主运动"时期富于个人色彩的……

漱石的人生经历有三个特点：（1）不被父母喜欢，出生后即被寄养在乡下，成为盐原昌之助的养子。九岁时因养父母离婚，漱石不得已回本家，但生父母对他仍很冷淡。二十九岁时漱石和镜子结婚但关系不畅，之后和养父母间还存在金钱纠纷。这种幼年至青年的人生体验使漱石性格内向，对他人的爱十分敏感，并对包括父母在内的人性产生怀疑；（2）自幼接受汉文教育，及长进入东京帝国大学并赴英国学习研究英国文学。在东大学习期间认识正冈子规①后以汉诗、汉文为媒介与后者结下良好关系，当然也接受后者初步的俳句教育。这种东西文学兼修的经历，让漱石不仅熟悉二者的文化背景，也难免对其间的文化差异感到困惑；（3）经历过他心中的"明君"——明治天皇的死亡和迎来令人眼花缭乱的民主化和市民化的大正时代。可以说，漱石的作品群为此大致存在三大主题：爱与自私、东西方的思想对立以及旧知识分子的孤独和不安。

例如，进入"朝日新闻社"后，漱石写的第一部小说《虞美人草》（1907）就创造了一个充满自我的自负女子形象，以此描写利己和道义的对立以及日本近代社会潜藏的矛盾和纠葛；《梦十夜》（1908）假托作者自己的梦，对该时代文明展开批判并叙述自身对人性谜团的疑惑；《门》以通过悖德结为夫妻的某对男女的祈福和不安为内容，揭示难以疗治的当代人的孤独。漱石似乎对明治时代的"旧日本"抱有好感，在题为《现代日本的开化》（1911）的演讲中，批判因西欧列强压迫而开国的日本的外生性近代化，流露出对该时代文明的怀疑和对知识分子命运的同情。在《直至春分过后》（1912）和《行人》（1912）中，都有明治天皇去世和乃木希典②的殉死描写，看来漱石受到莫大的感动。其原因或为他在希典身上看到不掺杂任何私念的"真情"；《心》（1914）也是以此感动为契机书写的作品，其主人公贯穿彻底的自我否

---

① 正冈子规（1867—1902），俳人和歌人，提倡"写生俳句"和"写生文"，并发表过《与咏歌书》，尝试短歌革新，也写作新体诗和小说。有人将其俳句称作"日本派"，将其和歌称作"根岸派"。

② 乃木希典（1849—1912），日本陆军大将，长州藩藩士，日俄战争时任第3军司令官，为攻陷旅顺做出"贡献"，于此战中还失去两个当军人的儿子。后任学习院大学校长。明治天皇下葬当天，在自家与妻子静子一道殉死。

定精神，看透了同时伤害他人和自身的利己主义，让"先生"在迎来大正这一新时代后殉死"明治精神"。"则天去私"这一漱石晚年的自造语，是他人生观和艺术观的总结，既有去除小我、委身大自然的宗教意味，也有不囿于作家个人主见、进行无私的艺术创造的意味。在这种心境的支配下，漱石一面憧憬超越自我的绝对伦理，一面将笔触伸向存在人心深处的阴暗部分，开始了最后一部小说《明暗》（1917）的创作，于其中以喜剧的手法对与人际关系相伴的利害与爱憎、算计与谋略做精彩的描画。

《我是猫》（1905）是漱石最早的一部长篇小说作品，写于他与镜子结合但关系不畅，之后与养父母又有金钱纠纷的这段时间。此时他身心疲惫，情绪黯淡，为做心理发泄写出该作品。小说借在中学教师珍野苦沙弥、即被戏剧化的漱石自家所养的猫的眼睛，对聚集在它身边的"高等游民"言行做观察记录，就人类的愚昧、滑稽和丑恶进行讽刺、嘲笑和批判，当然也包括对利己主义的鞭挞。其戏剧化的辛辣嘲讽语言风格在小说起首可见一斑：

> 我是猫，没有名字，生在哪也根本不知，只记得在某个昏暗潮湿的地方喵喵哭泣。在那里我第一次见到人这种东西。而且后来我听说读书人是人类中最狰狞可怖的一种人，他们经常将我等抓到后煮食。不过当时我的主人没有任何类似的想法，所以我不觉得特别害怕，只感到他将我放在掌中，然后一下子向上捧起时有一种担心的感觉。在他的掌上稍微落定后我看了那读书人一眼，那可能就是我第一次见到人这个东西的起始。那种奇妙的感觉至今不忘。首先是他的脸庞不用毛发装饰，圆溜溜的如同药罐。之后我遇上许多猫，但据它们说一次也没见过这种畸形的脸。加之他的脸庞中央有一个很大的突起，洞中时时会喷出烟来。我感到呛得实在受不了。这段时间我才渐渐明白那是人在抽烟时喷出的烟雾。①

---

① 夏目漱石：《我是猫》，《夏目漱石全集1》，筑摩书房1987年版，引自日本网站，2014年3月3日，大和魂 site：www.aozora.gr.jp。

第十一章 "大正(1912—1926)民主运动"时期富于个人色彩的……

既然与"狰狞可怖"的人有关,那么他们所具备的情感或精神也不会有什么好东西。漱石有明治时代情结,但对那时带有尊皇、尚武勇猛、战争意味的"大和魂"这类陈词滥调却没有好感,既令人感到意外,也在情理之中——他不太相信人类。漱石通过猫眼对"大和魂"也做辛辣嘲讽:

主人像是想起什么,突然起身去了书房,不久拿出一张纸头,略微认真地说:"拜读过东风君的大作,现在我读短文,希望大家批评。""天然居士的墓志铭已拜听过两三遍了。""喂,静一会儿。东风君的作品绝非杰作,但为助兴,还是听一下。""一定拜听。""寒月君也顺便听一下。""不是顺便,是认真听。反正不长吧。""仅60余字。"苦沙弥先生终于开始读他自制的名文。
"大和魂!日本人像肺痨病似的一面咳嗽,一面叫唤。"
"起文的确孤高卓拔。"寒月君夸赞道。
"大和魂!报人这么说。大和魂!小偷这么说。大和魂一跃渡海,在英国做大和魂演说,在德国演大和魂戏剧。"
"果然在天然居士作品之上。"迷亭先生这下挺直了身子。
"东乡大将有大和魂。鱼铺的银老板有大和魂。骗子、杀人犯也有大和魂。"
"先生,加上寒月也有大和魂。"
"若问大和魂何物,有人答即大和魂。"之后扭身走去。走十多米后身后传来嗯哼的声音。
"这句太精彩了。你真有文采。那下一句?"
"大和魂乃三角形?抑或四角形?如名称所示,大和魂是魂。因为是魂,所以经常是摇摇晃晃的。"
"先生太有趣了,但是否大和魂词汇多了些?"东风君提醒道。
"赞成!"
说此话的无疑是迷亭。
"谁都这么说,可谁也没见过。谁都听到过,可谁也没碰到

801

"大和魂"史的初步研究

过。大和魂是天狗①一类的东西?"

主人结束了朗诵,自以为就此可戛然一结,但该名文过于短小,主题为何不清,所以三人心想下面还有些什么都等待着。但怎么等主人也不吭一声,最后寒月问道:"就这些吗?"主人轻声答道:"嗯,嗯。"有些不可自持的感觉。②

引文长是因为此段话中的"大和魂"词汇太多,由此可以看出,漱石对明治初期甚嚣尘上的"大和魂"有多轻蔑和挖苦,认定它乃子虚乌有。平田笃胤等人若泉下有知,一定会爬出坟墓对漱石大声咒骂。由此看来"大正民主运动"时代确实不错,这样的文字居然也可以出版发行。

漱石还有一篇名为《趣味之遗传》(1906)的小说,以日俄战争出征士兵为题材,散发着厌战的情绪,这或许也来自他对丑恶人性的厌恶,其中亦提及"大和魂"。在开篇部分漱石首先表明了自己对日俄战争的态度:

因时节神明也会发疯。当云端传来"杀人救饿犬"的叫声撼动日本海并响彻满洲的边界时,日人和俄人即慌忙应承,在朔北原野开设一处方圆百里的大屠场。之后辽阔平原上的犬群,于血雨腥风中横穿纵突飞奔而出,如同续射出的兽类枪弹。发狂的神明略微跃动,发出"吮血"的信号,犬群即吐出火舌,照亮黑暗的大地,并带来血柱通过咽喉喷涌的回声。当神明用脚搅动乌云一端,发出"吃肉"的命令,犬群即一致咆哮:"吃肉!吃肉!"不久,犬牙嘎吱嘎吱地咬入猎物的腕部;在撕开深口后从耳根咬至胴部;衔住一根脚肘左右撕扯。好容易吃完一多半的肉后,渺渺云朵上方又传来神明恐怖的声音:"嘲骨头。"哇,骨头!比起吃肉,犬牙更适合嘲骨头。发狂的神明创造出的犬类具有发狂的工具,那就是预想有

---

① 天狗,日本人想象出的一种妖怪,有翼,脸红鼻高,深居山中,神通广大,可自由飞翔。
② 夏目漱石:《我是猫》,《夏目漱石全集1》,筑摩书房1987年版,引自日本网站,2014年3月4日,大和魂 site:www.aozora.gr.jp。

第十一章 "大正(1912—1926)民主运动"时期富于个人色彩的……

今日而创造出的犬牙，现在正嘎嘣嘎嘣地咬碎骨头。有犬断骨吸髓，有犬吐骨渣于地，牙口不好的犬，将骨头拖至一旁后忙于磨牙。①

漱石对日俄两国军队为争夺中国东北地区权益而大打出手的丑态做如此生动、深刻的揭露，是同期作家无法比拟的。虽然漱石不像幸德秋水或木下尚江那样，明确地将日俄战争定性为侵略战争，但小说的这种写作态度无疑值得肯定。不过漱石也时有态度摇摆、难以捉摸之处。他这样写，对他在其他作品中心仪的皇军将领乃木希典和皇军统帅明治天皇都不尊重。

小说对代表日本"军魂"的"大和魂"的叙说也如此，开篇部分在描写欢迎参战归来的木村六之助（化名）将军的盛大场景之后，还对跟随将军一道返回的具有"大和魂"的士兵容貌做了细致的刻画，其中的语气兼有同情、赞美或挖苦的成分："和将军一道从火车上下来的士兵三三两两地列队从站内出来。他们的军服已褪色，黄纱布代替绑腿包扎在胫部，胡须丛生而色泽黝黑。这些都属于战争的碎片化残留和浇注出大和魂的衍生品。……而仅这个蓬乱的胡须——距邋遢的叫花子不远的纪念物必须有。他们不仅代表日本精神，还代表普遍的人类精神。"②漱石没有就士兵的"代表日本精神"和"普遍"、"人类精神"的"大和魂"做任何解释，但从该部分的笔调和小说中所写的回忆死去士兵朋友的内容来看，应该说悲悯、挖苦的成分多于褒扬的成分，它与海老名弹正几乎同时写出的"大日本魂"恰成鲜明的对比。

2. 内田鲁庵《犬物语》中的"大和魂"

和夏目漱石在《我是猫》（1905）中以猫眼看人世的视角相比，内田鲁庵在其《犬物语》中借狗眼笑看人间的视角也许获评不高，甚至无人知晓。然而，人们或许不知这种以动物的视角笑看人生的写法在日本并非漱石首创，而源自鲁庵。因为从时间上看，后者刊出的具体时间

---

① 夏目漱石：《趣味之遗传》，《夏目漱石全集2》，筑摩书房1987年版，引自日本网站，2014年3月4日，大和魂 site：www.aozora.gr.jp。

② 同上。

虽不详，但它收录在 1902 年 6 月博文馆出版的鲁庵小说集《社会百面相》中，比《我是猫》的发表时间要早。① 此外，不管是内容还是文笔，鲁庵的《犬物语》似乎都不逊色于漱石的《我是猫》。

内田鲁庵（1868—1929），明治时期的评论家、翻译家兼小说家，出生于东京，翻译过许多西方作品，其中以托尔斯泰的《复活》译著（1905）最为著名。同时他还写过许多小说，推出两部小说集，一部是如实反映知识分子内心空虚和纠葛的《岁末廿八日》，另一部就是上述含有《犬物语》的、讽刺揭露社会各阶层矛盾的《社会百面相》，被称为日本"社会小说第一人"。鲁庵还写过一篇讽刺上流阶级性放纵的作品《破篱笆》（1901），因"紊乱风俗"遭停止发行。由此可以推想，鲁庵在《犬物语》中对日本上流社会及其他人物的批判也不乏辛辣的嘲讽。

作品从一只日本土狗的出生说起：

> 听说老子生在离这一公里多的乞丐胡同后方小道背面的垃圾堆旁。俺妈生我后不久，被迷迷糊糊睡在黑暗路边的巡警踩了一脚，因受惊对他叫了一声，就被他以狂犬的名义杀掉。②

之后有位留洋的有钱人收养了这条小土狗。他有个美丽的女儿，到了谈婚论嫁的年龄，有六位高贵的上流人士向她求婚。他们分别是大学学士和官员华尾高楠，私立学校讲师御园草四郎，自称青年政治家兼新闻记者的大洞福弥，文学家荒屋角也，耶稣教教士神野霜兵卫，公卿伯爵锅小路行平。作者通过这条狗的眼睛和狗对小姐择偶标准的评述，向人们展示当时的欧化风潮和该小姐是如何摆布那六位绅士的。

首先是那土狗对自己身份的确认："问老子的血统？老子就是一只普通的土狗，血统纯正的日本狗。那些垂耳夹尾的碧眼洋狗来此地后，动辄污蔑俺同类，说土狗、土狗什么的，但俺不怕，俺生来就是一只秉

---

① 《社会百面相》，《内田鲁庵全集 11》，人道书房 1986 年版，引自日本网站，2014 年 9 月 9 日，http://ja.wikipedia.org/wiki/内田鲁庵。

② 内田鲁庵：《犬物语》，《日本著名随笔 76 犬》，引自日本网站，2014 年 9 月 9 日，大和魂 site：www.aozora.gr.jp。

第十一章 "大正(1912—1926)民主运动"时期富于个人色彩的……

承神州倭魂的纯正土狗。和长着一副西洋臭脸的杂种狗比,哼!品种就是不同。"① 从这些话可以看出,作者有借土狗之口,以"倭魂"即"大和魂"对抗欧化主义的意思。

为何说土狗也秉承"倭魂"? 据鲁庵说是因为日本狗和日本人一样,也"威武,勇敢":"在统一犬类的过程中,最能反映'宠物'狗风貌的当数我日本狗。我们从耳朵到尾巴形状、脸庞都颇为相似,特别是威武绝伦、毫不畏惧猛兽的勇敢精神个个都显露无遗。俺相信我们就是'宠物'狗的嫡子嫡孙。"② 不仅如此,日本狗的资历还比西洋狗长,而且"尊皇":"不管怎么说,我们也出生在具有二千五百年历史的国度,所以和爱斯基摩狗和西伯利亚狗不同,具有优越的来历。说是与桓武天皇第九代皇胤并列……也不为过。你们都是忠君无二的日本人,知道我们受历代天皇的宠爱,近在咫尺侍奉九重。……历史上最著名的爱犬人士当数北条高时③。但高时在过去被说了很多坏话,说他是大不忠者,真是可怜。藤原氏④以来不断有朝敌出现。毕竟争夺政权、处于不利地位的都被称作朝敌,所以生于此神州,岂有敢对抗天子之蠢人? 说搞政治能撇开天子,那作为日本人就太不谨慎了。过去将反对政府的人称作朝敌,现在也有人将忠君视为自己的专利,一个劲儿地将反对者说成是不忠,真是一个坏毛病。俺在此随意、狭隘地解释尊皇爱国,滥用不敬之词,有损皇室威风,罪过罪过。""人类所说都有机会主义之嫌,所以无欲则刚的狗畜生说辞反倒更符合道理。"⑤ 由此可以看出,鲁庵在此其实并没有太多赞美"勇敢"、"尊皇"这些"倭魂""必有语义"的意思,相反却借一些无厘头的话语,在反击欧化主义的同时,也对"倭魂"做了调侃。

调侃还在继续:"自黑船来日本后,洋人逐渐杂居内地,人类中

---

① 内田鲁庵:《犬物语》,《日本著名随笔76 犬》,引自日本网站,2014 年9月9日,大和魂 site:www.aozora.gr.jp。
② 同上。
③ 北条高时(1303—1333),镰仓幕府的领导人,对天皇不好,故举其为例。
④ 虽为公卿,但许多都是天皇的外公,故这里举该氏族为例。
⑤ 内田鲁庵:《犬物语》,《日本著名随笔76 犬》,引自日本网站,2014 年9月9日,大和魂 site:www.aozora.gr.jp。

· 805 ·

的变色龙大为得势，俺土狗们也被洋狗欺负，吃了不少苦头。不过洋狗中也有上品，让老子颇为折服。比如'马斯基夫'① 体格健壮，'布鲁德克'刚强有力，'阿尔派因、斯帕尼埃尔'富于慈悲心，几乎折杀有倭魂之吾辈。"然而土狗认为，日本人不应因此辱没自己，让洋狗骑在土狗头上。"什么？耀武扬威？……即使它了不起，俺大和犬族也不能让着洋狗，因为我们有力量和勇气。按你们看来，我们是轻率冒失的。抱歉，相反你们自己则不知世界，在扬起蚊腿般的细腕，慷慨陈词日本主义或国粹主义的同时，却将纯日本种且不辱神州之名的勇猛活泼的我们，轻蔑地说是土狗、土狗。这难道不自相矛盾吗？"② 在这里，"倭魂"不仅成为抵抗欧化主义的象征，也成为挖苦日本主义或国粹主义的符号，但此魂却没有一个好的正面形象，属于一种无厘头的"大和魂"。内田鲁庵能获得一定声誉，似乎与这种坚守人类共同的道德理想，不随意趋附世界或本国社会的"主流意见"有关。

3. 冈本绮堂《第二代正雪》中的"大和魂"

冈本绮堂（1872—1939），剧作家、剧评家和小说家，本名敬二，出生于东京，1890年从东京府立第一中学毕业后进入"东京日日新闻"社，之后又到"中央新闻"社、"插画日报"社等报社工作，到1913年为止，总共当了24年的报社记者。日俄战争期间作为战地记者赴中国东北。与此同时，绮堂还创作剧本，继代表作《修禅寺物语》问世后又撰出多达196部的历史和现实社会剧本。这些剧本多充满诗情画意和浪漫情绪，对日本新歌舞伎运动贡献良多。1937年绮堂因其巨大的艺术成就，成为演艺界的第一个艺术院会员。1942年大东出版社刊行的《大东名著选》收录了绮堂所撰的《歌舞伎原理》和《明治的戏剧》，因这些文章"在战时可资青少年的情操陶冶"而成为文部省推荐书籍。除戏曲外，绮堂还写出众多小说、随笔和翻译、研究类著作，在日本颇为有名。

---

① 自此开始的各种犬类称呼，经查似乎不是正式的犬的种类名，也不是某类犬的正式名称，疑为作者杜撰。

② 内田鲁庵：《犬物语》，《日本著名随笔76 犬》，引自日本网站，2014年9月9日，大和魂 site：www.aozora.gr.jp。

第十一章 "大正（1912—1926）民主运动"时期富于个人色彩的……

《第二代正雪》① 是绮堂所写的一个较为著名的剧本。"正雪"实有其人，即由井正雪（或由比正雪，1605—1651），活跃于江户时代初期，据说是骏河（今静冈县中央部）由比村染匠弥右卫门之子，在学习"楠木流"② 兵学后成为兵学教头，在江户广收门徒，号称有五千之众，庆安③年间与丸桥忠弥④勾结，计划推翻幕府，但事情败露后被处死。该事件时称"庆安之变"。而该剧本所谓的"第二代正雪"并非前述正雪的第二代，而是自称"正雪第二"的另一个人——江户时代末期文久二年（1862）犯事的"军学、剑术教头"南大泉伴左卫门（亦被简称为"伴左卫"），他的话语也涉及"大和魂"。

此剧本在日本少有人评论，因为在表面上它说的是攘夷，充满同仇敌忾的战斗激情，而实际上是在揭露人性的丑恶——"志士"和教头伴左卫等人借攘夷为名巧妙地聚敛财物，中饱私囊，所以在战时以至今日在日本评价一直都不太高。然而从发掘人性的角度来说，《第二代正雪》具有极高的文学价值。剧本围绕如何筹措军款以及该军款后来是否用于攘夷此一线索展开，情节虽不致跌宕起伏，但也扣人心弦。剧中明示和剧尾暗示该军款其实并未真正用于攘夷，而是被家人窃走或被"志士"、教头私分、私藏，充满揶揄、讽刺的意味。这种揶揄和讽刺，也是针对"大和魂"的。

剧本开篇写到，伴左卫"傲然地"对一个名叫山杉甚作的攘夷志士说，自己"过去有二三百个学生，而今天已超过五百人"。"因场地狭小，近期打算在町内买地，将道场扩充三倍左右"，并"得意地"说自己"不敢妄称正雪第二代，如此无端地被说是某某觉得困惑。如今……此道场不敢说兴盛，但因这段时间天下形势不稳，所以来习武的人突然增加"。这个"形势不稳"，说的就是"夷狄黑船不断驶来，信

---

① 冈本绮堂：《正雪第二代》，1927 年 5 月初演于东京"本乡座"，收录于《修禅寺物语 正雪第二代 等四篇》，岩波书店 1952 年版，引自日本网站，2014 年 9 月 13 日，大和魂 site：www. aozora. gr. jp。
② 自称以楠木正成为鼻祖的兵学流派。
③ 江户前期后光明天皇朝代的年号，时间跨度为 1648 年 2 月 15 日—1652 年 9 月 18 日。
④ 丸桥忠弥（？—1651），江户时代前期的浪人，宝藏院"流枪术"的高人，出生于出羽（旧国名，今山形、秋田两县的大部分），曾在江户御茶水开办道场，"庆安之变"时加入由井正雪团伙，后被发现处以磔刑。

"大和魂"史的初步研究

口开河地要求开港、交易等"。"现在唯一的办法就是将他们击溃。可是毫无志气的幕府官吏却卑躬屈膝,按对方所说先开神奈川港,后在江户设公使馆和领事馆,我神国被夷狄蹂躏至此成何体统? 苟有大和魂者,绝不能漠然处之。"① 说此话时教头伴左卫的确大义凛然,他的"大和魂"既有为民族而战的凛然正气,也有爱我、保我"神国"和"尊皇"的志向。

既然如此,那么伴左卫门率领五百勇士立即开打洋人不成问题,但从他和甚作的对白来看,伴左卫门却显得"有勇有谋"。在得知教头有此攘夷大义后甚作说:"我乃……浪人之身,决定先从烧毁品川御殿山异人馆开始攘夷。"然而"同志仅五人",我"不指望有众多友军,但靠五个人对付五个国家的异人馆……人数不足"。希望能从"先生……的五百门徒中带走二十名武艺高强、胆大心细的勇士,协助我等完成攘夷大业"。对此伴左卫门说,"我无异议,但烧毁异人馆……眼下时候尚早","时机到了我自有主张"。②

说此话时伴左卫门正在"筹措军款"。因为"不管做什么都需要钱","烧黑船、烧异人馆都要军款"。然而现在他"最愁的是军款。……连一半的钱都筹不到"。不过后来伴左卫门的筹款事项逐渐有了进展。正如门徒平九郎所说:"凭正雪第二代先生的三寸不烂之舌,一百两后即二百两。""三百两后即五百两。"③

可是此后"志士"甚作向教头"借攘夷款"时伴左卫却十分吝啬,而且显示自己和"志士"都无意真正攘夷。伴左卫问:"你说要烧毁异人馆是吹牛吧?"甚作回答:"如您洞察(笑)。您堂而皇之地开武馆,打着兵学剑术教头的招牌,尤其是自称正雪第二代,所以即使同样撒谎人家也会立即相信,一下子就筹到许多军款。而像我等穷浪人不管说什么都无人相信,……因过于羡慕您,才向您借钱。"伴左卫问:"那你需要多少?"甚作答:"一百两如何?"伴左卫摇头:"不行。"甚作接着说"那么七八十两……"回复仍旧是:"不行。"于是甚作说:"那我最

---

① 冈本绮堂:《正雪第二代》,引自日本网站,2014 年 9 月 13 日,大和魂 site: www.aozora.gr.jp。

② 同上。

③ 同上。

第十一章 "大正(1912—1926)民主运动"时期富于个人色彩的……

后让到五十两还不行吗?"(伴左卫沉默不语)并且追逼:"如果这样还不答应也没办法。虎落平阳被犬欺,山杉甚作乃过去的源赖经,如是二三十两的话我也不想借了。"对此伴左卫轻蔑地说:"如不想借那就不谈这个话题。"①

接下来剧本揭露了伴左卫前后所说的"大和魂"和"志士"的攘夷都完全是空谈。甚作说:"先生的攘夷论乃有口无心,虚伪无比。只有冒牌货才会一边走一边大声叫唤(笑)。算了,不要扯皮了,老老实实地借我五十两。"伴左卫回答:"五十两太多了。"甚作再次追逼:"那您说多少?"伴左卫说:"先借你三十……五两怎么样?"甚作又逼:"三十五两……这个数字太差劲了,至少要四十两。这样我就死心了。"伴左卫评论:"你这个人轻易不死心。"②

教头如此,教头的妹妹千代又如何?千代曾说过:"我岂能腆着脸皮坐视我国人和日本国被夷狄玷污。即便我是女子,也要和吾兄一体同心,为国家做些什么。"可是在教头看来她做得实在不好。"千代,你动也不动一下。汝兄正率领众多弟子,打算在关键时刻为国捐躯,这你应该是懂的。可你也不搭把手,却与一个弟子私通,这算是演那一出?"③

教头所说的那个与千代私通的弟子就是千岛。之后伴左卫还借另一个弟子义平的事例,敦促千代向义平学习。义平说:"先生说要筹三百两金子,可我却提高到五百两。虽说极为失礼,但我心可鉴。……让先生勉强收下这五百两金子……如果可能的话,也请小姐代向先生做个说明。"对此教头喜不自胜,拍着膝盖说道:"有这个志向真是太好了!伴左卫佩服至极。我曾担心,说要筹三百两,有人会打折到一百或二百两,可你却提高到五百两……呵呵,这就是真正的大和魂。日本人皆应如此。……这里我代同志向你道谢(鞠一躬后回看了千代一眼)。怎么样?千代,町人中也有像下总屋(义平)这样的伟男子。我有如此好的弟子,同志们也有面子。"听后千代应道:"真的很高兴。我也要敬

---

① 冈本绮堂:《正雪第二代》,引自日本网站,2014 年 9 月 13 日,大和魂 site:www.aozora.gr.jp。
② 同上。
③ 同上。

"大和魂"史的初步研究

一个礼（俯身）。"义平见状赶忙说："不，不。折杀我也（似有得意之态）。谚语有谓，寸虫亦有五分魂，像我这样的人也有一半的大和魂！哈哈哈，哈哈。"①

这里所说的"大和魂"是何魂不清。从语境上看，似乎可以说是一种日本人所说的"正义"之心等。可后来千代和千岛又如何？平九郎之后汇报："千岛这家伙怎么都不听劝，执拗地要离开这里。"伴左卫回看一眼，说："千岛终于走了吗？"平九郎回答："听说千代也留下纸条出走了。"伴左卫吃惊地问道："千代也离开了吗？"并匆忙地打开纸条阅读。平九郎又说："看来是受到千岛的教唆。"伴左卫惊叫道："上面写着，在离开狐狸公馆之际，从吾兄百宝箱中借出黄金百两。"原来是千代与千岛合谋，偷走了"攘夷款"。对此平九郎评论："顺手牵羊带走一百两黄金，真是胆大妄为，与千代的做派不合。这真是越来越可怕了。"②

千岛敢于如此，是因为他早就看出教头居心叵测，他曾笑着说过："先生说攘夷攘夷，却轮流带着深堀及众多弟子，隔三岔五地去品川或吉原③放荡。我不知道您是怎么想的。我被贴上的标签是过于老实，被大家排斥，所以一次也没有陪先生去过。但像这样一掷千金，任意挥霍……"伴左卫辩解："我的放荡另有原因。大石内藏之助④在祇园⑤、岛原⑥、丁字街⑦放荡，一方面是为了迷惑社会的眼睛，另一方面是为了涵养自己的英气。燕雀安知鸿鹄之志？像你这种小人如何能懂英雄豪杰之心？混账东西！"千岛这时愤然揭露："我到正雪第二代先生的道

---

① 冈本绮堂：《正雪第二代》，引自日本网站，2014年9月13日，大和魂 site：www.aozora.gr.jp。
② 同上。
③ 都属于江户时代江户的著名红灯区。
④ 即大石良雄（1659—1703），江户时代中期赤穗藩浅野家族"家老"，47赤穗藩浪士的头领，据说曾向山鹿素行学过兵学，向伊藤仁斋学过汉学，因1701年（元禄十四）3月藩主长矩刀砍幕府高官吉良义央而遭勒令剖腹和没收家产的处分，故率领该藩46位同志一道于翌年12月14日夜潜入吉良官邸杀敌报仇，后于1703年2月4日集体剖腹自尽。
⑤ 京都八坂神社及附近地名的旧称。红灯区。
⑥ 京都市下京区西面、时称"西新屋敷"的红灯区。1640年（宽永十七）从六条三筋町搬迁至此。因发生过"岛原之乱"而有此俗称。
⑦ 江户时代京都伏见的红灯区，本名夷町，但因街道形如丁字，故有此名。

第十一章 "大正(1912—1926)民主运动"时期富于个人色彩的……

场,大约吃了两年苦,逐渐明白了什么是英雄豪杰之心。所谓的英雄豪杰,就是口是心非,欺瞒社会,大量募集军款,供自己寻欢作乐。"伴左卫听后惊慌地说:"什么?什么?你竟敢说这种混账话。再说一遍。"千岛又笑着说:"多说几遍也无妨。既然被逐出宗门,那我就告辞了。先生,在我离开之前留一句话给您。因为已获得大量军款,所以先生擅长的攘夷论还是到此打住为妙。总觉得先生将来会麻烦不断。"①

果然如千岛所说麻烦事发生了。一天义平报告:"官府认为那晚到御殿山异人馆放火乃先生等人所为,衙吏正在频频议论。"更不妙的是捐款的刀匠长七被捕,并且什么都坦白了。对此平九郎哀叹:"先生现在如何打算?"而伴左卫的回答充分暴露了所谓的攘夷人士的虚伪:"我也正在考虑这个问题。当初是为了一时逞强谈攘夷什么的,但谈着谈着谈过头了,最后弄得像真的似的(同样哀叹),我也算是正雪第二代吗?"不仅如此,伴左卫门还想到了如何对付舆情:"谚语有谓:谎言成真。现在若被官府抓捕,坦白说我等乃冒牌货和骗子,平日所说的攘夷等都是谎言,那不太可耻了?既然如此,那就只能一头走到黑。干脆就冒充攘夷人士到底。人活一世,名留万代,还是冒充更显得高尚。"而在我们看来是更为可耻。接着伴左卫还指示:"我留份遗书,然后剖腹。你们也一起剖腹。""如此一来,社会将会夸奖我们是伟大的攘夷人士。"

伴左卫最终被捕,站在舞台中央左顾右盼,大声地说:"众人都听说我的名字,有的人还认识我。我大泉伴左卫门橘正连因攘夷事发,今日被捕。大家都认为我是又一个大盐平八郎②和由井正雪吧。我是日本国的忠臣义士,绝不输于楠木正成和新田义贞③。死后请祭祀我为神!"

---

① 冈本绮堂:《正雪第二代》,引自日本网站,2014 年 9 月 13 日,大和魂 site: www. aozora. gr. jp。

② 大盐平八郎(1793—1837),江户时代后期的阳明学者,大阪町"奉行所"警察与庶务"总监","天保饥馑"期间向町"奉行"请求救济,但建议未被采纳,于是出卖自家藏书以救灾民。1837 年(天保八)2 月 19 日在大阪起兵,要求济民和批判幕政,失败后于潜伏期间自焚而死,著有《洗心洞札记》和《古本大学刮目》等。

③ 新田义贞(1301—1338),南北朝时代武将,1333 年(正庆二)进入镰仓灭北条氏,任"左兵上督"。1336 年将足利尊赶到九州,后在兵库抵御东上的尊氏,失败后奉恒良亲王、尊良亲王据守越前金崎城,但该城没能守住。之后试图东山再起,但最终战死于藤岛。

说后"悠然不迫地被官吏带走。人们以感激的目光相送"①。该剧的揶揄、讽刺性质由此悠然显出。

剧末并未交代募集的五百两黄金军款的去向和用途。可以认为,除被"志士"借去的三十五两和被女儿顺手牵羊带走的一百两黄金外,剩余的都被伴左卫等人挥霍或藏匿了。以此对照他及门徒所说的"大和魂",完全可以看出那些"魂"根本不是所谓的"尊皇"和"正义"之魂,而是借彼名义欺瞒大众,骗取金钱之心。冈本绮堂在此对日本部分群体的丑陋精神做了讽刺和揭露。从批判"大和魂"的角度来说,冈本和那些对"大和魂"持异议的作家异曲同工。

二 被批判的"大和魂"——以泉镜花、宫本百合子、户坂润、堺利彦、岸田国士为代表

1. 泉镜花《海城发报》中的"大和魂"

首先要提及的是泉镜花(1873—1939)此人及其作品。镜花的父亲是金属雕刻师,母亲是乐师的后代,故镜花的血管中流淌着传统工艺和艺术交融的血液。不幸的是,镜花母亲早死,给他本就多愁善感的纤细情感带来了打击,故他的作品除充满恋母情结外,还具有鲜明的色彩感和梦幻与浓艳的情调,如《春昼》(1906)、《草迷宫》(1908)、《女人谱系》(1907)、《白鹭》(1909)、《歌纸灯》(1910)、《日本桥》(1914)等。这些作品都以日本前近代文化事项和物象或传统风俗为题材,与当时盛行的自然主义文学划出一道明显的界限。镜花死后的戒名也起得恰如其分,叫"幽幻院镜花日彩居士"。可就是这么一个泉镜花,却愣是写出一篇写实的作品《海城发报》,其中也提及"大和魂",但这个"魂"却是批判的对象。

《海城发报》的空间背景是中国东北地区的海城,时间背景是甲午战争期间,不用说与人类的现实生存方式——战争有关。在这部小说中,镜花显示出其高尚的反战和人道主义精神,并揭露了日军的暴行,在同期日本作品中可谓独树一帜,令人景仰。故事说日本红十字会救护

---

① 冈本绮堂:《正雪第二代》,引自日本网站,2014 年 9 月 13 日,大和魂 site: www.aozora.gr.jp。

第十一章 "大正(1912—1926)民主运动"时期富于个人色彩的……

员神崎爱三郎,在被清军俘虏后留在敌营救治伤员,后被释放,返回途中还救助了一名生病的中国女子——李花。后来二人都被日军俘获,被胁持到李花家审问,要求交代神崎从敌营返回的目的。神崎在回答讯问时说:"我的工作就是救护伤病员。敌方、己方,日本、清国,我不做这种名称的区分。在我眼里只有伤病员,没有其他任何东西。刚好自己被俘,在敌营中有幸受托治疗伤兵。若不尽力,无好效果,将有损红十字的名声。不!名声受损倒在其次,那将是我的失职。""若有余裕,我可以为打探敌情兼做侦探、斥候。但即使那样也是一种多余的事情。""毁誉褒贬我不在乎,说逆贼、国贼都不要紧","与爱国心、敌忾心等也无关。自己就是个红十字救护员"。①

这种言论立即遭到日军某杂役的反驳:"你无休止地照顾支那兵,并弄了张感谢信,真是厚颜无耻。你现在回来有何打算?太可恶了,我第一次有了可怜你的感觉。当支那侦探的家伙,就是不知道大和魂的家伙。不知道大和魂的家伙,就不是日本人的一员。不是日本人的一员,就和支那人一样。我真想一脚踢爆你的肚子,将肠子拉出来,把它咬烂后吐掉!"② 可以看出,此处的"大和魂",就是当时日本的"爱国心"和"国体"的意思。但镜花在此是模仿日军杂役,以批判的语气写出的。接下来发生的事情都与象征"爱国心"和"国体"的杂役"大和魂"有关,杀戮和准杀戮也都是在杀"国贼"的名义下进行。

"'听好了!'百人长③拍了下桌子,似乎下了决心,面对救护员恨恨地说:'即使反应迟钝,喂!刚才这个军夫所说的话多少也要听进去一点。如众人所见,你王八蛋是一个不懂国体、忘恩负义的卑劣胆小鬼,也是国贼,没廉耻、没精神的人渣。大伙都断定你没有当日本人的

---

① 泉镜花:《海城发报》,《镜花全集 别卷》,岩波书店1976年,首次刊载于《太阳》第二卷第一号,1896年(明治二十九)1月,引自日本网站,2014年9月15日,大和魂 site:www.aozora.gr.jp。
② 同上。
③ 拉丁语 centuriō 的日语译词。Centuriō 是古代罗马军队的基层作战单位"百人队"的指挥官,日语一般译作"百人队长",偶尔译为"百人长"。其工作是在战时指挥统领军队,非战时管理部队,在军队中承担核心的作用。

资格。怎么样？你不觉得良心受谴责吗？'"①

因为救护员至此仍不坦白自己的"罪行"，所以最后百人长以杀害中国女子相威胁："'不行。杀了你也没用。好，现在有一个办法。权！吉！熊！干件事。'应声有三名壮汉离开屋子，向门口走去。"之后"两人从左右边抓住两手，一人从身后搡背，将一名漂亮无比的清国女子粗暴地推进屋来"。"'国贼！'百人长伸出猿臂，抓住美丽祭品的白皙脖颈，将她的脸上翘着拉向神崎的面部。……李花'啊'地猛叫一声，被这一叫，百人长吓了一跳，不自觉地放了手，李花失去后撑突然向后倒去。……百人长抬起他那多毛的腿，使劲地踩踏李花的腹部，并用可怕的目光斜视着神崎。'怎么样？你们觉得像这样的话，有必要做些工作以外的事情？'听此话后军夫们纷纷站立起来，将李花的手脚按住。'国贼！这样如何？'海野（其中的一人）居然动手将李花睡衣的裙裾喳喳地撕裂开来。"……"五分后，失望的爱国志士带着他们的余怒迅速离开房间。在暗淡的孤灯影中，李花的尸体苍白。"神崎"靠着灯火俯身看了李花后，……严肃地坐在椅子上，……在电报纸上唰唰地写下：约翰·别尔顿：×月×日发自海城。予目击日军中有因履行红十字义务收受敌方感谢信之国贼，也有因仇敌心情捉清国病妇并污辱之之爱国军夫。详情待告。英国伦敦阿瓦利电报公司编辑室。"② 故事到此结束。

作品的结尾写得精彩、干净利落而又余韵袅袅，不仅歌颂了红十字救护员的高尚品格和揭露了日军的暴行，还尖锐地指出，这些日本军人和军夫都是"爱国志士"，即拥有"大和魂"的一些人。

2. 宫本百合子《南路》中的"大和魂"

和幸德秋水、木下尚江一样，直接将"大和魂"看作是"侵略魂"的还有宫本百合子。这表现在她的小说《南路》（1919）中。宫本百合子（1899—1951），小说家，一生可谓波澜起伏，丰富多彩，充满着反叛、斗争和追求真理的精神。原姓中条，出生在东京的一个著名建筑师

---

① 泉镜花：《海城发报》，引自日本网站，2014年9月15日，大和魂 site：www.aozora.gr.jp。
② 同上。

第十一章 "大正(1912—1926)民主运动"时期富于个人色彩的……

家庭,从御茶水高等女子中学毕业后,于 1916 年(大正五)进入日本女子大学英文科预科学习,同年在《中央公论》发表关注无产阶级生活的《贫穷的人群》一文。从女子大学中途退学后专心从事创作活动,相继发表了《日光闪烁》、《一片萌芽》和《大地丰饶》等作品,时称"天才少女"。1918 年百合子在父亲的陪伴下赴美留学,翌年不顾父母和周围人的反对,在纽约与比她岁数大许多的、东洋古代语言研究者荒木茂结婚。《南路》就是描写这段时间她在美国活动的作品。1919 年末百合子回国,搬出父母的家与丈夫单过,但于 1924 年离婚。之后和俄国文学研究者汤浅芳子一道生活,又发表了许多作品。1927 年 12 月与汤浅芳子一道赴苏联,在该国和欧洲各地旅行。1930 年 12 月回国后加入日本无产阶级作家同盟。

接下来百合子的生活几乎没有一天是平静的。1932 年她与日本共产党员、后任日共总书记的宫本显治结婚,不久丈夫就被拘捕或拘禁,被迫转入地下活动,1936 年 6 月又因违反"治安维持法"受到两年徒刑、缓刑四年的判决。其间百合子又发表了诸多作品,对许多党员"转向"或脱党现象频出的残局起到支撑的作用。1937 年末百合子被禁止写作,但从 1939 年开始又偷偷写出许多文章,如《杉树篱笆》(1939)、《明天的精神》(1940)、《三月的第四个星期日》(1940)、《文学的方向》(1941)等,在黑暗的年代为日本社会点亮一盏真理的明灯。1941 年 12 月百合子也被捕入狱,直至日本战败一直不能写作,只被允许给又入狱的丈夫写信,信中洋溢着战争期间日本知识分子的精神光芒,后以《十二年的信函》(共 4000 封给丈夫的信)为名结集出版。战后百合子站在民主主义文化和文学运动的最前线,写出《播州原野》(1946—1947)、《两个庭院》(1947)、《路标》(1947—1950)等小说和许多评论文章,于 1951 年 1 月 21 日去世。

百合子存世时间不长,但留下了许多宝贵的文学遗产,其中就包括小说《南路》。不过由于当时百合子尚年轻,对世界的认识不很清晰,故《南路》也许不能算是百合子的代表作品。小说写于第一次世界大战期间,讲述自己在美国与荒木茂结婚后,二人从东海岸到西海岸一路旅行,之后从那里回国。文章不仅记录了途中的旖旎风光和火车车厢内的所见所闻,以及对美国的朋友和人民的好感,也叙说了自己不愉快的

"大和魂"史的初步研究

经历——在洛杉矶遇见本国移民:"在整整两天的时间里我想了许多,那就是如果没有这些日本人,那么洛杉矶这个城市将何等美好。""今夜,在离开洛杉矶的这个夜晚,我在日本街参观时,其昏暗的街道和沉郁的气氛给我留下难以忘怀的印象。""无数黑色的头颅和满是泥巴的手脚。从他们的眼神中根本看不出对晴朗的太空、明媚的大地和人类的生活有一种守望。"①

我们很难想象百合子为何对在海外谋生的同胞有如此不良的印象。披星戴月,为生计胼手胝足,无暇顾及周遭的风景和他人的风雅,是绝大多数外出打拼的侨民的共同写照(不排除其中有极少数的人喜爱艺术和哲学等并有所成就)。而百合子对他们的要求似乎高了许多。再说,百合子对当时日本在世界的形象或也抱有不切实际的期望。日本虽打赢了甲午战争和日俄战争,成为世界"一等强国",但日本国内的经济问题、人口问题和自然禀赋仍无从解决和改变,日本除模仿欧美列强,加大对弱小民族的掠夺外,剩余的方法就是向外移民。百合子也许不知道,日本在明治维新后仅30年的时间人口即增长了三倍。换言之,在当时的条件下,日本除对外发动战争以扩大自己的生存空间外,就是移民,此外别无他途。但是,因为日本的海外移民计划,也导致了在外日本人"抢了"部分美国人的饭碗和"表现不佳"的情况发生:"加利福尼亚日本移民和当地人的纷扰在很久前即已发生","故国报道、美国新闻书写的这些事情只是冰山之一角(一些不愉快的小事),或次第浓厚的反感气氛的抽象而已。""外务省将其作为移民政策,带侵略性的国家发展主义者将其作为大和魂的问题,各自或都可获得一时的安心。然而,从日本派出的委员只是通过华盛顿会议或与州长的谈话获得谅解后返回国内,他们绝不了解这种感情的原委。"②百合子将此时的"大和魂"与侵略思想联系起来无疑有其正确的一面,但她没有说明"大和魂"具体指什么,也没有说明这种"侵略"是经济侵略,还是人种入侵,抑或是生存空间侵略,更没有对美国的排日法案做任何批评,

---

① 宫本百合子:《南路》,《宫本百合子全集》第二卷,河出书房1953年版,引自日本网站,2014年10月1日,大和魂 site: www.aozora.gr.jp。

② 同上。

第十一章 "大正(1912—1926)民主运动"时期富于个人色彩的……

反而对本国在美移民的生存窘态做出不切实际的评论，与她写于1916年反映国内《贫穷的人群》的文章相比，有了很大的退步。移民问题是一个非常复杂的问题。日本向外移民的原因与中国有诸多相似之处，如人口压力过大等，但日本在采取移民政策的同时，还选择了通过对外侵略、扩大生存空间的道路。而中国则或因条件的限制和伦理道德的制约没有走上这条道路，但通过移民毕竟减缓了部分的国内生存竞争压力，嗣后还得以通过这些华侨，从外部帮助本国的革命斗争和社会经济建设（如孙中山、陈嘉庚等）也是不争的事实。这些在外华侨的生活过去同样是悲惨和无助的，但他们对祖国的关心和贡献是巨大的。日本的侨民过去似乎也是如此，他们的后人甚至出现了像秘鲁国总统藤森这样的优秀人物，因此我们切不可对两国移民及其祖辈当时的生活窘状和思想黯淡有任何的鄙夷和批评。

与此对照，百合子在文中却秀出自己的"贵族"气息：在美途中住的是高级宾馆，坐的是火车包厢，前往和到达车站都有轿车接送。这在《南路》中尤其是在其篇尾都有详细而"自豪"的描写，而对在美的本国侨民则充满着偏见和不切实际的怜悯之心："毋庸置疑，他们既不会读也不会写英文，在挂着日文招牌的理发店剪发，在挂有'喝一杯'（按：日文）灯笼的小饭馆吃饭。我讨厌他们，不因为他们是百姓，也不因为他们是'生一大堆孩子的育儿机器'。若他们都是落落大方、开朗自信的自由劳动者，那我将从心里伸出手指，叙写在他国萍水相逢的喜悦。"而且他们"在人格上唯有缺乏责任、久经世故、可谓一种移民特有的气质，他们攫富的形象让我伤心。我一边看，一边不由自主地'爱'他们，这意味着此爱实际上与他们并不直接相关。我实在爱他们，但也实在鄙薄和痛恨他们。"因为"在无意识中拥有民族羁绊之念的自己，在看到他们作为低等人类既可悲又顽固时立刻有了同伴的感觉，并因我们作为一个整体而不得不有一种痛苦的心情"[①]。百合子的感情或是真诚的，但说的这些话大都出了格，且认识可谓糊涂。由此可以推想百合子对"大和魂"的认识，在当时也不至太清晰和深刻。

[①] 宫本百合子：《南路》，《宫本百合子全集》第二卷，河出书房1953年版，引自日本网站，2014年10月1日，大和魂 site：www.aozora.gr.jp。

当然这些事情发生在她投身革命之前。

3. 户坂润《作为世界一环的日本》中的"大和魂"

户坂润的生平事迹和思想，即使花大篇幅介绍和阐发也"物"有所值。

户坂润（1900—1945），生于东京，曾在第一高等学校（现东京大学教养学系）理科、后转入京都帝国大学文学部哲学科（数理哲学方向）学习，毕业后升入研究生院深造。出校后以讲师身份，先后任职于京都高等工艺学校（现京都工艺纤维大学）、同志社女子专门学校（现同志社女子大学）和神户商科大学，还获得日本帝国陆军少尉军衔。1929年任大谷大学教授，翌年被捕（一周后释放）。1931年至1934年任法政大学讲师，后升任教授。由于同校的三木清[1]于1930年被捕，所以从某种意义上可谓户坂是三木的继任者。1935年和1938年户坂又因两度触犯《治安维持法》被"特别高等警察"抓捕，1940年被保释出狱，但在1944年又被关进东京拘留所，因美军空袭于1945年移送长野监狱，在日本战败投降前夕（8月9日）据说"因疥癣病"死在牢中。从此经历来看，户坂是昭和政府的死对手和眼中钉。

在京大期间，户坂跟从西田几多郎[2]学习研究哲学，身陷"新康德主义"[3]的包围之中，按说应属于"京都学派"，但他却以给日本军部

---

[1] 三木清（1897—1945），日本哲学家，毕业于京都帝国大学，曾留学德国，归国后任日本法政大学教授。最初从人类学的角度研究马克思主义哲学，后转向日本的西田哲学。第二次世界大战末期，因涉嫌反战遭逮捕，日本战败后不久死于狱中。著有《帕斯卡尔的人类研究》、《唯物史观和现代意识》、《哲学笔记》、《想象力的逻辑》等。

[2] 西田几多郎（1870—1945），哲学家，京都帝国大学教授，思辨性地整合禅的宗教性和生命哲学以及德国新康德学派认识论的先验观念论，创造了"无"的哲学和场所理论，著有《善的研究》、《无的自觉限定》、《艺术与道德》、《哲学的根本问题》等，其中最著名的是在1911年出版的、以主客未分的纯粹经验为关键词的《善的研究》。该书以场所的逻辑、行为的直观、绝对矛盾的自我同一等概念，构筑起被称为西田哲学的独立体系。1928年退休后西田几多郎仍继续思索，临死前还发表了题为"场所的逻辑与宗教的世界观"的鸿篇巨制。获得日本文化勋章。

[3] 新康德主义（德文：Neukantianismus，英文：Neo-Kantianism）是针对古典唯心主义浪潮消退后科学领域兴起的唯物主义思潮的对抗势力和主张总称，发源地为德国，也是多个不同学术流派的总称。新康德主义属于经院哲学，在世纪之交几乎所有的德国大学教授都信奉新康德主义。日本学界在战前深受德国影响，故也盛行过新康德主义。

第十一章 "大正（1912—1926）民主运动"时期富于个人色彩的……

意识形态以"观念论"影响为由，批判自己的老师西田和田边元①等。户坂的毕业论文与"空间论"有关，毕业后发表的系列论文也属空间客观现实性的研究，其标志性成果是1931年发表的《空间论》，所以很自然地会受到三木清的影响，转向唯物主义，成为日本有代表性的唯物主义哲学家。1932年户坂与三枝博音、冈邦雄等人一道建立日本唯物主义研究会，先是担任研究组织部长，后任该机关刊物《唯物论研究》第二任编辑部长、事务长等，事实上成为日本唯物主义研究会的领导。户坂猛烈批判"观念论"哲学，但其死后"观念论"哲学家（田边元等）却不胜惋惜，承认户坂的学说和方法是正确的。户坂在1929年发表的最早的一部著作《科学方法论》，提出有必要重新看待"科学认识"，使之与现实生活发生联系，并需要用"方法"这一观点，从理论上对包含学问在内的整个生活领域进行论述。他还以上述科学精神对各种社会现象展开评论和批判，范围涉及科学技术、政治与意识形态、文艺、风俗等，目标甚至指向当时日渐抬头的法西斯主义和非合理主义，其代表作之一便是《日本意识形态论》（1935）。另外，户坂还试图将自然科学世界和社会科学世界统一起来，其研究成果体现在他的《科学论》（1935）中。1937年日本侵华战争爆发后，内务省以思想左倾为由禁止户坂写作。1938年日本唯物主义研究会因违反《治安维持法》被解散，户坂本人也因此再次被捕。

除此之外，户坂还是截至第二次世界大战前为止，日本唯一一位能用比较清晰的语言评述"大和魂"的人。该言论出现在他的另一部著作《作为世界一环的日本》（实为杂文集，辑自其1932—1937年的作品）中。这种较好的成果或来自他在序言中表明的观点："必须从世界的角度看日本，这是我的一贯态度。这基于必须从民众的立场看日本这一观点。我这里所说的民众，并非统治阶级想到的那些民众，而是试图自主捍卫自身生活民主的大众。"②的确，过去我们所见的"大和魂"

---

① 田边元（1885—1962），哲学家，京都帝国大学教授，曾持有近似于新康德学派的科学哲学立场，后来受到西田几多郎的影响，提出绝对辩证法的理论，晚年总结出自己独特的宗教哲学，著有《科学概论》、《黑格尔哲学和辩证法》等，获得日本文化勋章。

② 《户坂润全集》第五卷，劲草书房1967年版。底本：户坂润：《作为世界一环的日本》，白杨社1937年版，引自日本网站，2014年10月8日，大和魂 site：www.aozora.gr.jp。

论者，不是统治阶级成员，就是与统治者在思想感情方面联系深厚的文士之流，而这次却是一个出身平民的唯物主义学者。

在《作为世界一环的日本》第17节"大和魂学派的哲学"中，户坂首先举出以西田几多郎、田边元为代表的"京都学派"众多学者大名，指出这些学者都有一个共同特点，那就是撰文时都喜欢使用所谓的"欧洲范畴"，比如"精神"、"国家"乃至"国民"等基本概念，并且将该范畴与自己的学说巧妙地组合在一起，使其具有"现代性"。户坂特意说明，欧洲范畴起源于希腊范畴，其特点虽说有神学或形而上学的性质，但从未失去与自然科学技术认识诸范畴的联系。有时即使背离该范畴，但至少也能就该背离做出一定的反省。正因为有此实证性，所以才与如今已然成为历史遗物的印度、中国的哲学范畴不同，活用于我们现代人——并非单纯欧洲人的——生活当中。①

接着户坂又以权藤成卿[②]、鹿子木员信[③]、和辻哲郎[④]为批判的靶子，说此三人和"京都学派"一样，也都有嫁接欧洲范畴于自身国粹范畴的嫌疑，其中以和辻哲郎的"现代哲学"最为典型，它"将欧洲范畴与大和魂式国粹哲学范畴缠绕在一起，结果就成了日本主义意识形态的最洋气的形态"[⑤]。

户坂对权藤的批判是：且不论其是否有理论性，仅就其思考要素范

---

① 《户坂润全集》第五卷，劲草书房1967年版。底本：户坂润：《作为世界一环的日本》，白杨社1937年版，引自日本网站，2014年10月8日，大和魂 site：www.aozora.gr.jp。

② 权藤成卿（1868—1938），制度学家和农本主义思想家，其"制度学"有家学渊源，其父在任久留米藩藩主侍讲时就擅长讲解"制度典例学"。成卿从二松学舍肄业后自费考察了中国和朝鲜等，并自学成才，曾加入黑龙会，主张对俄开战和日韩合并，著有《农民自治本义》，给"血盟团事件"和"五·一五事件"造成较大的影响。

③ 鹿子木员信（1884—1949），大正—昭和时代的思想家，鼓吹亚细亚主义，日本海军机关学校毕业后官至海军中尉时退役，转攻哲学，历任庆应大学和九州帝国大学教授，1941年受纳粹德国邀请赴德讲授"皇国学"。1942年任大日本言论报国会专务理事兼事务局长，战后被宣判为A级战犯，并被开除公职，著有《皇国学大纲》、《大和魂与德意志精神》等。

④ 和辻哲郎（1889—1960），伦理学家，曾是夏目漱石的门生，历任东洋大学、京都帝国大学、东京帝国大学教授，其学说具有以人的存在为关系而展开道德论述的特点，在日本文化史上留下诸多业绩，著有《古刹巡礼》、《日本精神史研究》、《风土》、《伦理学》、《日本伦理思想史》等，获得日本文化勋章。

⑤ 户坂润：《作为世界一环的日本》，2014年10月8日，大和魂 site：www.aozora.gr.jp。

第十一章 "大正(1912—1926)民主运动"时期富于个人色彩的……

畴本身来说就与欧洲完全无关。因为权藤反对"大化改新"以后的佛教（一般指印度的）范畴和德川幕府执权之后的儒教（一般指中国的）范畴，主张"国学"要适用"国史"认识中的"国学"式日本范畴，所以不管其如何善辩，但从性质上说，仍属于过去那种原始图腾范畴，它与电车跑、飞机飞的欧洲自然科学技术范畴绝对无缘。然而权藤却将这种欧洲技术范畴与日本的道德习俗范畴嫁接在一起，"形成一种——国粹的——反动理论"。"据这种反动派——例如国本社①的平沼骐一郎②说——（日本）法西斯理论本身并不是法西斯。为何？因为法西斯主义这个范畴来自欧洲，不是日本的东西。"③ 此话很不好懂，因为世界上存在思想相互影响的历史和现实。我们知道，这是一种用日本范畴解释欧洲范畴的思维"范例"。

作为对鹿子木员信的批判的过渡，户坂先引入对学习院大学教授纪平正美④"国粹哲学"的批判："这是我国反动哲学中最有说服力的一个典型——其特色在于将国史中的范畴与欧洲哲学范畴结合。这并不是用哲学方法解释国史，而是将国史的范畴扩大到哲学的范畴，或进行变更，最终使哲学范畴与国史范畴一致。例如，学习院教授纪平正美博士就将黑格尔和《古事记》与《日本书纪》结合在一起。博士具有以一种说明，解答对其学说提出的各种疑问的本事，略有封建时代的剑客气概，但只有他自己明白的、尊王哲学式的费解回答，确实能换回那些高

---

① 国本社，以平沼骐一郎为核心，以固国本、发扬国体精华为目的，于1924年（大正十三）创建的右翼思想团体，于1936年解散。

② 平沼骐一郎（1867—1952），官僚政治家，自东京帝国大学毕业后历任日本总检察长、最高法院院长，在日本司法界构筑起一个庞大的势力网。1936年任枢密院议长，1939年组阁，第二次世界大战后被宣判为A级战犯，处以无期徒刑。

③ 户坂润:《作为世界一环的日本》，引自日本网站，2014年10月8日，大和魂 site: www.aozora.gr.jp。

④ 纪平正美（1874—1949），哲学家，自东京帝国大学哲学科毕业后从1905年开始和小田切良太郎一道翻译《黑格尔哲学体系》，并连续发表在日本《哲学杂志》上。正美还发表过《认识论》（1915）一书，据说这是日本人写的最早一部研究认识论的著作。另一部著作《哲学概论》则发表于1916年。由此可以看出他受康德和黑格尔的影响很深。1919年任学习院大学教授，在其《行的哲学》（1923）一书的末尾大书"我是日本人"五个大字。此书强烈地表现出他欲糅合儒教、佛教思想于黑格尔辩证法之中，以形成所谓的国民道德的意图，与黑格尔哲学已貌合神离。1932年后正美在以教化国体精神为目的的"国民精神文化研究所"担任理论指导工作。

贵人士的叹息，说是讽刺也不为过。"① 结合该节的小标题看，户坂在这里想说的似乎是，上述使哲学范畴与国史范畴结合的"国粹哲学"其实就是一种新时代的"和魂汉洋才"论，或其变形。而且下述诸大学问家也同样如此。"与纪平博士相比，鹿子木博士更具有一种现代性，……（鹿子木）博士平庸的哲学体系和基于该体系的国史哲学，总不忘将如今时髦的法西斯主义命题明确无误地表达出来。"②

按户坂的说法，鹿子木与其说是因为担任九州帝国大学的哲学教授，倒不如说是因为作为"老壮会"③和"犹存社"④、爱国勤劳党⑤和帝国大学"日之会"⑥的干部与顾问而变得非常有名。鹿子木还精通希腊语，崇拜柏拉图，曾希望在日本开展一场"理想主义的恶战"，因此有段时间颇感寂寞。刚好第一次世界大战在欧洲爆发后德意志精神——德意志观念之魂风靡全球，正好可以借此填充他的内心空虚，故身兼日德文化联系工作的鹿子木如枯木逢春，又成为"日本精神"的哲学教师。⑦ 其"使用"的辅导"教材"就是本著序言中提到的《大和心与德意志精神》这一著作。

---

① 户坂润：《作为世界一环的日本》，引自日本网站，2014年10月8日，大和魂 site：www. aozora. gr. jp。
② 同上。
③ 1918年由满川龟太郎为发起人建立的研究会，缘于他所受到的以俄国革命和日本"抢粮运动"等形式表现出来的世界民主思想蔓延和日本社会不安情绪扩大的刺激，目的是为了探讨如何打破这种僵局。该会没有一定的主义和方针，仅就日本国内外各问题进行意见交换和研究。参会人员不仅只是以满川龟太郎、大川周明为代表的后来的国家主义运动领导人，还包括堺利彦、高尾平兵卫等社会主义活动家，高畠素之等国家社会主义者，大井宪太郎、岛中雄三、下中弥三郎、权藤成卿、中野正刚等各种人物。
④ 犹存社，1919年由满川龟太郎（拓殖大学教授、杂志《大日本》总编）、大川周明（"满铁"高管、二战后被定为A级战犯）、北一辉（主张根据《日本改造法案大纲》改造国家，受"二·二六事件"牵连被判死刑）等结成的国家主义团体，提倡改造国家和解放亚洲，后因北一辉和大川周明意见不和而于1923年解散，但此社的主张成为昭和时代超国家主义的思想源流。
⑤ 爱国勤劳党，于1930年由津久井龙雄、天野辰夫等人创立。1933年7月爱国勤劳党的天野辰夫、大日本生产党的铃木善一和陆军中佐安田铦之助等右翼人物率军队袭击首相官邸、警视厅和政党总部等，试图政变，但未成功，史称"神兵队事件"。事件发生后爱国勤劳党和其他日本右翼势力曾一度衰退。
⑥ 各辞书均不载，具体为何组织不详。
⑦ 户坂润：《作为世界一环的日本》，引自日本网站，2014年10月8日，大和魂 site：www. aozora. gr. jp。

第十一章 "大正(1912—1926)民主运动"时期富于个人色彩的……

不过严格说来,这部著作与"大和魂"的研究或学术解释几乎没有关系,而且篇幅很短,仅有 32 开本的 151 页。第一章的"大和心,其现实,其可能性"来自过去的演讲稿,首先比较的是西方的机械文明和东方的精神文明,肯定了横井小楠(实为佐久间象山)的"东洋道德,西洋艺术(技术)"论,并说要把他的"和魂汉洋才"发展成为"和汉魂欧美才"(鹿子木将"和汉魂"并列在一起,说明他对日本人的精神认识是深刻而充分的)。接着鹿子木说日本人有自己的"魂",不会因为信佛或信奉基督教、新教(没有提及儒教)而消失,但现在已出现了某种混乱现象。再接着鹿子木回答什么是"大和心"。就此他谈到日本的艺术、建筑、文学、宗教、历史、人物的勇敢精神、城市建设等,拉拉杂杂,不一而足,但始终没有触及"大和心"到底是颗怎样的心。最后鹿子木从日本所处的危险——来自俄国革命影响的危险——说到德国的著名人物,比如提出地缘政治说和海权论的弗里德里希·拉采尔(Friedrich Ratzel, 1844—1904)等,由此明确了日本今后要向德国学习的任务。[①]

第二章的"大和心的成长"曾是刊载在《大东文化》(1930)中的一篇短文,但说是"成长",却几乎未见有多少按时间顺序展开的说明,而劈头就说"大和心"是"赴死"(引证于"万叶和歌"的某军歌)和"征战"的象征。"日本建国的伟业,都是大和心的(具体)体现。""所有的体现都是时间、空间的体现。而时间、空间的体现,不外乎就是时间、空间的占领。占领时间和空间的唯一手段就是力量和权力。所以大和心的体现即建国,就是对无心之人的现实'占领'进行的权力斗争即征战。"[②] 鹿子木对"大和心"的理解有自己的特色,可能与他毕业于军校有关。同时写此书时他已是哲学教授,所以也要谈些审"美"的问题:在此过程中"日本国民渐次成长为为美的理想而战的战士"。这里所说的"美",即他说的"自觉须俟他觉"的"映在感觉具象镜子中的我的姿态"[③]。话不好懂,意图则一如该著序言所说,

---

① 鹿子木员信:《大和心与德意志魂》,民友社 1931 年版(第一章写作时间为 1926 年),第 11—76 页。
② 同上书,第 85—86 页。
③ 同上书,第 88—89 页。

"大和魂"史的初步研究

是希望向"在西欧文化圈内保持独立风貌的德意志"人"传递大和心并作哲学的阐释"[1]。

第三章的标题是"德意志精神"。按他的说法，就是要"按照柏拉图……所说"，"为善于宣传，就必须了解对方的心，知悉其特色、倾向"，[2] 所以单辟一章介绍何为德意志精神。其中当然包括黑格尔的"时代精神"和德国的历史、宗教改革、军事革命、武装力量等。[3] 读后我们多少知道了一些德意志精神，不过说实话，却没能弄清九州帝国大学哲学教授鹿子木要说的"大和心"具体指什么。难道仅是他在第二章所说的"征战"和"赴死"的象征？

从第二章看，与其说鹿子木尊崇精神，不如说他更迷信"力量"，具体说来就是使用"武力"。据他说，人的志向有多种，如生物学的志向、经济学的志向、认识或理论的志向、艺术的志向、宗教的志向、道义的志向等。但要实现这些志向就需要凭借力量。然而这个力量在国际关系中又是什么呢？"今天最尖端的力量无论如何都是武力，故武力在今天实为重大问题。"[4] 日本国"永远的生存与繁荣，于现实中通常要有权力才有可能。为确保和发展现在与将来的权力，只有拥有锐利可断鋬的精致尖锐的近代技术才有可能。既然如此，那么要发展以真理为旗帜的学问驱动的近代技术，就是神明对现在保有大和心的我现代日本国民的呼唤"[5]。简单地说，"就是要像藤田东湖《天地正大气》歌所唱的那样，'凝成白炼铁，锐利可断鋬'。一味陶醉于所谓的精神文明的词汇，而贬低机械文明，则不理解大和心的真面目"[6]。因此，可以说鹿子木也是组合欧洲范畴和日本范畴，使其成为一个"新型混合范畴"的好手。按户坂的说法，就是"不管用何种日本（乃至东洋的）范畴

---

[1] 鹿子木员信：《大和心与德意志魂》，民友社1931年版（第一章写作时间为1926年），第5页。
[2] 同上。
[3] 同上书，第101—151页。
[4] 户坂润：《作为世界一环的日本》，引自日本网站，2014年10月8日，大和魂 site：www.aozora.gr.jp。
[5] 鹿子木员信：《大和心与德意志魂》，民友社1931年版（第一章写作时间为1926年），第98页。
[6] 同上书，第96—97页。

第十一章 "大正(1912—1926)民主运动"时期富于个人色彩的……

说事,结局都要与欧洲范畴发生联系"①。可以看出,这里的"大和心"有融合欧洲范畴和日本范畴,但实质是保存国粹主义和为此不惜使用武力的意思。

在简略批判权藤和鹿子木后,户坂将矛头指向日本哲学、文化学大家和辻哲郎,说他的"'日本精神哲学'绝不平凡。……其国粹哲学中的日本范畴次第与欧洲哲学的范畴缠绕在一起。可以说,只有和辻哲郎教授才能做到近乎天才地将日本范畴与欧洲范畴精巧地结合在一起"②。和辻哲郎是研究尼采尤其是克尔凯郭尔③哲学的日本第一人,发表过《尼采研究》(1913)和《索伦·克尔凯郭尔》(1915),可谓日本存在主义哲学的研究先驱。同时哲郎还是一个喜欢唱反调的人(其实这在学术上也并非太大的缺点),他在东京帝国大学哲学科读书时,曾打算以尼采研究作为毕业论文题目,但遭到指导教师的反对而未能如愿。不过他不气馁,私下进行研究,毕业翌年(1913)发表的《尼采研究》算是为他报了一箭之仇。但他有时纯粹为反对而反对,并带有贵族气质就无法令人称道了。比如,他在1927—1928年留学德国时发现,"论菜肴和服装还是日本的最好,然而当他返回最好的日本时又发现,大学生都热衷于马克思主义。后者虽属新思想,但在当时的日本已泛滥成灾"④,所以哲郎出于使命感,并在以不为潮流所动为特征的"贵族气质"指引下打算为此做些什么。

然而,要与马克思主义对抗绝非易事。哲郎想到,"风土论"和"国民性理论"这些命题可以帮他解决一些问题。哲郎于1931年发表了《风土——人类学的考察》(以下简称《风土》)一书,在其中将世界的风土分为季风(日本也位于其间)、沙漠和草原三种类型,并分析了不同的风土与当地的经济、政治、道德、文化、思想形态的关系,结

---

① 户坂润:《作为世界一环的日本》,引自日本网站,2014年10月8日,大和魂 site: www.aozora.gr.jp。

② 同上。

③ 索伦·阿贝·克尔凯郭尔(Soren Aabye Kierkegaard, 1813—1855),丹麦宗教哲学心理学家、诗人,现代存在主义哲学的创始人,后现代主义的先驱,也是现代人本心理学的先驱,著有《这个那个》、《致死的病》等。

④ 户坂润:《作为世界一环的日本》,引自日本网站,2014年10月8日,大和魂 site: www.aozora.gr.jp。

论是"风土影响了人类"。

其实这种结论并非哲郎首次得出，最早来自德国的地理学家和生物学家弗里德里希·拉采尔（Friedrich Ratzel，1844—1904）的"环境学说"。法国历史学家鲁希安·保罗·维克多·费弗尔（Lucien Paul Victor Febvre，1878—1956）曾将拉采尔的学说视为"环境决定说"，而将反对拉采尔的学者、法国地理学家保罗·维达尔·白兰士（Paul Vidal de la Blache，1845—1918）的学说说成是"环境可能说"。[1] 不过，拉采尔本人并不承认自己是个环境决定论者[2]，而后世的研究也证明拉采尔未说过人类是单纯接受自然影响的产物这句话[3]。因为某个地区的文化，多半会接受发生在其他地域的文化的影响。[4] 被视为"环境决定论"者的拉采尔，事实上也谈过文化的移动和传播的重要性。[5] 后来只是由于拉采尔的弟子过分强调了师长的某些想法，所以白兰士才有以上批判之举。后者虽然承认自然环境对人类的制约，但同时认为人类的行为并不单纯受到环境的影响，所以他的理论被称作"环境可能说"。[6] 不管拉采尔本人如何认识，但他的研究成果却屡被用于各种险恶的政治宣传。[7] 比如，二战前瑞典政治学家鲁道夫·契伦（Rudolf Kjellén，1864—1922）就将拉采尔的"政治地理学"思想引入政治学，提出了"地缘政治说"；属于该理论谱系的德国政治学家卡尔·恩斯特·豪斯霍夫（Karl Ernst Haushofer，1869—1946）也将此"地缘政治说"作为证明纳粹德国领土扩张主义合法和民族优秀的

---

[1] 斋藤功、野上道男、三上岳彦编：《地理学讲座 第3卷 环境与生态》，古今书院1990年版，第7页。
[2] 杉浦章介、松原彰子、武山政直、高木勇夫：《人文地理学——其主题与课题——》，庆应义塾大学出版社2005年版，第35页。
[3] 斋藤功、野上道男、三上岳彦编：《地理学讲座 第3卷 环境与生态》，古今书院1990年版，第7页。
[4] 松冈宪知、田中博、杉田伦明、村山祐司、手塚章、恩田裕一编：《为调查、分析、诊断地球环境学——地球环境的30章——》，古今书院2007年版，第111页。
[5] 中村和郎、高桥伸夫编：《地理学讲座 第1卷 地理学的招待》，古今书院1988年版，第12页。
[6] 青野寿郎：《大学教养 人文地理学》（重订版），森北出版社1970年版，第7—8页。
[7] 法政大学通信教育部编《文化地理学》报，2011年8月16日。

第十一章 "大正(1912—1926)民主运动"时期富于个人色彩的……

理论根据。① 豪斯霍夫不仅给希特勒及纳粹党，也给当时的日本以较大的影响。1908—1910 年他任德国驻日本大使馆武官，1911—1913 年据此经历写出博士论文《日本的军力、于世界的地位及对未来的考察》，其间又因与日本驻德国大使馆武官大岛浩多有接触，所以就德国和日本的政治合作写下了另一部著作《太平洋的地理政治学说》(*Geopolitik des pazifischen Ozeans*)。可以认为，是豪斯霍夫的学说奠定了日后日本"大东亚共荣圈"的思想基础。② 二战后，这种歪曲利用仍在继续，具有"环境决定说"思想的、英国地理学家兼政治家哈尔福德·约翰·麦金德爵士（Sir Halford John Mackinder，1861—1947）提出所谓的"心脏地带（heartland，欧亚大陆中间地带）理论"，该理论与荷兰籍美国战略学家尼古拉斯·斯派克曼（Nicholas J. Spykman，1893—1943）的"滨海地带（rimland，欧亚大陆滨海地带——日本、中国、东南亚、中东、欧洲）理论"结合，形成了冷战时期美国对苏联的包围理论。③ 实际上，美国人文地理学家伊斯沃斯·亨廷顿（Ellsworth Huntington，1876—1947）的《气候与文明》也受到"环境决定说"的影响，成为白人统治殖民地正当化的理论。④

当然，哲郎在《风土》一书中没有赤裸裸地提出某种政治主张，但它在二战后同样遭到批判。据日本维基网站⑤说，有学者批判该书体现了一种简单而恶劣的"环境决定说"，还有学者批判它实际上是在提倡一种"天皇制肯定论"。不过也有人说它的好话。在日本生活工作十几年、对日本抱有好感的法国地理学家和东洋学者、现任法国社会科学高等研究院教授的奥古斯汀·伯克（Augustin Berque，1942— ）就评价说，"这种'风土论'作为一种方法论具有阻止全球化的积极意义"⑥。我们多少可以猜出从当代法国人嘴里说出的这句话的含义，但

---

① 斋藤功、野上道男、三上岳彦编：《地理学讲座 第3卷 环境与生态》，古今书院1990年版，第10—11页。
② 同上书，第10页。
③ 同上。
④ 安田喜宪：《气候与文化、文明》，建设咨询协会2010年版，第12—14页。
⑤ 引自日本网站，2014年10月8日，http://ja.wikipedia.org/wiki/和辻哲郎。
⑥ [法]奥古斯汀·伯克：《风土的日本 自然与文化的通态》，篠田胜英译，筑摩书房1988年版，第69页。

它对分析《风土》在当时产生的意义却没有帮助。然而无论如何，《风土》这部著作最终还是成为二战后十分盛行的"日本文化论"的先驱性作品，对我国日语学界也影响颇大，对它的赞同和附和声至今不绝如缕。

据户坂说哲郎在德国留学期间，还受到马丁·海德格尔[①]的著作《存在与时间》的影响，对其间显示的伦理学和"时间（即空间）论"十分欣赏，后来他写出的《国民道德论》[②]（1932）正是这种"时空人性论"与"尊皇爱国论"的混合物。不过与之后他写出的叙述精到的《伦理学》[③]（1937—1949）相比，《国民道德论》充满着大量的类推笔法，令许多人将信将疑。可是哲郎却仍然试图将他的"国民性理论"与他的"风土论"结合起来，[④] 以对抗马克思主义。

我们觉得应该在哲郎试图"对抗马克思主义"这句话前加上"再次"，因为过去他早有此"前科"。哲郎在留学德国之前就基本接受了明治政府创造出的"家国"思想和"人伦国家"思想，是《教育敕语》的坚定拥护者。在大正时代后期写出《古寺巡礼》（1919）和《日本古代文明》（1920）（据说哲郎本人对此书最为偏爱也最有自信）的同时，还发表过一系列排斥马克思主义的文章。比如，在《天才性的觉醒》（1918年9月）一文中哲郎说，现在这个时代是"资本和劳动者严重冲突"[⑤]的时代，他感到一种"危险思想"的存在。这种危险意识导源于他在此前发表的评论文章《思想的对峙》（1918年1月）。

[①] 马丁·海德格尔（Martin Heidegger, 1889—1976），德国哲学家，受克尔凯郭尔的影响，根据胡塞尔的现象学方法，对人的存在方式做出"存在主义"式的分析，将人的根本性存在方式的规定，即"关心"的意义确定为"时间性"。后期他的思索转向直接探寻"存在"本身为何物。他认为，此"存在"并非与各存在者同列的一个存在者，而是指使存在者作为各自的存在者存在的特异的时间即空间，人乃作为出入其间的一个"开存"（Ek-sistenz）。著有《存在与时间》、《何谓形而上学？》、《根据的命题》、《路标》等。

[②] 和辻哲郎：《岩波讲座 教育科学7》，岩波书店1932年版。

[③] 和辻哲郎：《岩波讲座 哲学》第三卷，岩波书店1940年。

[④] 1930年哲郎就国民道德论做了公开演讲，该演讲稿序论的第一、第二、第三节和第七、第八节后来正式发表在《国民道德论》中。相同的第七、第八节后来又原样使用在《风土》第三章 二 日本 1 台风的性格当中。

[⑤] 和辻哲郎：《天才性的觉醒》，《和辻哲郎全集》第22卷，岩波书店1992年版，第168页。

第十一章 "大正(1912—1926)民主运动"时期富于个人色彩的……

在该文中哲郎谈及于去年10月爆发的"俄国的事情"("十月革命"),指出这种革命的背后存在一种"思想的对峙",提请人们注意苏维埃专制政权造成的"迫害和压制"已酿成一种"危险的思想"。① 为了"永远不使日本出现类似俄国的革命",哲郎提出要反对在日本蔓延开来的各种"利己主义"② 思想——包括社会主义、民本主义、个人主义、世界主义及其他所有的主义,为他后来主张的"国民道德论"埋下了伏笔。一年后哲郎又写出《排斥危险思想》(1919年1月)一文,明确指出将国民道德认为是日本人固有的"特殊道德"是错误的,说《教育敕语》显示的国民道德正是一种普遍的、"并不特殊"的道德,强调只有通过实践这种普遍的道德,才能"辅佐特殊的天壤无穷的皇运"。③ 实际上,这已正式推开他的"国民道德论"。哲郎在写出《风土》和《国民道德论》之后,还一直试图将其"国民道德"思想扩大,发展成"大东亚共荣圈"的国家思想。他在参与编撰《国体本义》④ 时虽然提出要反对狭隘的日本精神,但还是要求在承认东亚各国各民族文化个性的基础上对天皇制效忠。⑤

哲郎以上的主张不能不说是矛盾而奇特的。在当时似乎只有户坂一人对其展开批判,但户坂的批判和分析也似乎不很绵密而有效,缺乏逻辑论证,只是从性质上将哲郎的"风土观"和"国民道德论"定性为"大和魂"和"法西斯主义":其"唱反调得出的结论,不外乎是某种法西斯主义。果然哲郎直奔'大和魂'哲学(按:此话似乎存在以下思维逻辑链条:'大和魂'—日本的国民精神或道德—国粹主义—民族主义—国家主义—法西斯主义)而去,认为日本国民本来就具有必备的'国民精神',此精神在日清、日俄两大战争中得到出色的发挥。然而,今日欧洲产的市民精神遮蔽了它的特色。'大和魂'被资本主义所

---

① 和辻哲郎:《思想的对峙》,《和辻哲郎全集》第22卷,岩波书店1992年版,第12页。
② 同上书,第14页。
③ 同上书,第143页。
④ 《国体本义》是日本文部省就正式解释日本国体于1935年开始编写、于1937年出版的小册子。其背景是该省认为,既然"天皇机构说"成为问题,那么就有必要按照政府的"明证国体"声明,编撰出一部国体论的教材,以正视听。
⑤ 参见关口澄子《国民道德与社会文化性格》,东京大学出版会2007年版。

"大和魂"史的初步研究

歪曲，因而大和魂须从资本主义带来的国难中救出，但救出日本国民的不可能是马克思主义，究其本质，它应是民族自绝的结果，因为马克思主义者无视日本国民的精神，鼓吹俄国精神"。那么是否可以依靠"国民精神文化研究所"[1] 的建设？对此哲郎说不那么乐观，他认为"除却吾等的 Kuni[2] 这一最高级牺牲型社会的自觉而无他法"[3]。哲郎还解释，"Kuni 并非国家，国家等无非是利益社会，而自己也并非法西斯分子等，[4] 但这实际上已为后来他的'风土史观'和国民性理论的结合……做了准备"[5]。著者补充一句，哲郎似乎对当时的欧洲思想了解得不那么全面。在《现代日本与市民精神》一文中，他对资本主义、资产阶级精神、市民精神，包括工商业活动都有所贬斥。该文引用了桑巴特[6] 和列宁的理论，但不知为何却忽略了与桑巴特同时代的韦伯[7]的《新教伦理与资本主义精神》。不知是真不了解，还是对己说不利而有意为之。

---

[1] 指为树立日本国民道德，日本文部省于 1932 年 8 月 23 日建立的"国民精神文化研究所"机构。

[2] 日语传统词汇的 Kuni，汉字虽写为"国"，但意思很多，与中国人所理解的"国"的意思差距很大，计有以下诸多意思：（1）（与天相对的）地、大地；（2）国土、国家；（3）帝位、皇位；（4）自古代到近代的行政区划之一，如国、郡、里制；（5）任国，如"知行所"；（6）国政、任国的政治；（7）国府及其官吏；（8）地方、乡下即日本传统地域；（9）故乡。按哲郎的思想，这里似乎当取第（8）即日本传统地域社会的意思。

[3] 户坂润：《作为世界一环的日本》，引自日本网站，2014 年 10 月 8 日，大和魂 site：www. aozora. gr. jp。

[4] 另请参见和辻哲郎《现代日本与市民精神》，载《思想》，岩波书店 1932 年第 2 号。哲郎此文的内容成为《国民道德论》的第一章第二节至第八节。

[5] 户坂润：《作为世界一环的日本》，引自日本网站，2014 年 10 月 8 日，大和魂 site：www. aozora. gr. jp。

[6] 维尔纳·桑巴特（Werner Sombart，1863—1941），德国社会学家和经济学家，与马克思主义决裂后根据自身独立的思考创建了一些经济概念，其通过经济现象观察整体社会的方法颇具有特色，著有《近代资本主义》等。

[7] 马克斯·韦伯（Max Weber，1864—1920），德国社会学家和经济史学家，长期在大学任教，退休后负责编辑《社会科学和社会政策杂志》，其研究领域涉及经济史、社会学、政治学和宗教史等多方面，在学问的方法论上受到新康德主义哲学代表人物海因里希·约翰·李凯尔特（Heinrich John Rickert，1863—1936）的影响，主张在社会科学研究方面要避免价值判断。为与马克思主义作斗争，他将新教主义解释为近代资本主义的合理精神，并展开各宗教的经济伦理研究，给学界以很大影响，著有《新教伦理与资本主义精神》、《经济与社会》、《作为职业的政治》、《社会科学方法论》等。

第十一章 "大正(1912—1926)民主运动"时期富于个人色彩的……

据户坂说,法西斯分子有各种各样的,"有的说政府和国家不同,有的说国家和国民不同。倘若如此,是否也可以用相同的论调说国家和 Kuni 不同呢?总的说来,他们都认为共产主义和真理是不同的,或干脆让步说俄罗斯的共产主义和日本的共产主义不同,日本的范畴和欧洲的范畴根本不同。在这种日本法西斯主义的结论方面,和辻哲郎的现代哲学在本质上与上述的权藤成卿和鹿子木员信的"大和魂哲学"完全相同。不管将日本范畴如何精巧地与欧洲范畴结合,归根结底日本范畴的哲学都将落败。不过尽管如此,由于爱唱反调和贵族气质使然,哲郎也决不肯与世间流行的日本法西斯分子为伍,……,将所谓的法西斯分子和所谓的马克思主义者一块加以蔑视"①。户坂在此方面的推理也不好懂。根据我们的理解,他可能是说,从表面看哲郎是一个既怀疑传统也怀疑现代,只希望依靠自己独立思维的人,但从本质上说,他还是一个传统论者。

以上户坂的批判文字写于1932年。为何他说哲郎是提倡"大和魂哲学"的法西斯分子,则要等到户坂在五年后即1937年写出《作为世界一环的日本》第18节"和辻博士、风土和日本"时才能看得明白。

哲郎的两部著作《风土——人类学的研究》和《作为人类学的伦理学》的篇名都使用了"人类学"这个词汇。它来自英语词 Anthropology,指从各方面对人类的形态和性质(以下简称"形质")与人类的文化、社会多样性和普遍性进行综合、实证研究的两大学问,但二者使用的词汇是相同的。它起源于康德将其分为实践的人类学和生理的人类学。前者是哲学的人类学的发展,后者是从生物学方面研究人类形质的学问的发展,现在我们将主要研究人类形质的学问叫作体质人类学,将从文化、社会生活方面进行研究的学问叫作文化人类学和社会人类学。发展到今日,后者还派生出心理人类学、教育人类学、政治人类学、艺术人类学等。

在哲郎生活的时代,人类学尤其是文化人类学在日本甚至在欧洲都是一门新潮的学问,可谓一种流行哲学,尼采和克尔凯郭尔对此也做了

---

① 户坂润:《作为世界一环的日本》,引自日本网站,2014年10月8日,大和魂 site:www.aozora.gr.jp。

"大和魂"史的初步研究

研究。在日本，哲郎能模仿前二人，第一个将此作为自己的哲学研究对象，可谓独具慧眼，但也绝非偶然。据户坂说，"哲郎抬出尼采和克尔凯郭尔，是为了反抗当时日本哲学界的庸俗和呆板。这对理解和辻思想具有根本性的参考作用，而且这种反抗总带有一种文人的贵族气质，……比如，为反对津田左右吉等的日本文学史，他的《日本古代文化史》就得出日本文学具有一种优越性的结论；为对抗当时流行的李凯尔特一派的历史学方法论，就抬出兰普雷希特[1]的心理学方法；为对抗美国主义（这里指资本主义文化的普遍性），哲郎就觉得有必要采用与美国主义原型相左的罗马主义，并在此动机的指引下发表了《原始基督教》；为反对马克思主义的哲学方法，哲郎就找到当时德国资产阶级哲学最有力且最流行的哲学——当时从胡塞尔的"现象学"转移至海德格尔的"存在主义"乃至"人类学"。不过最早对此展开研究的还有三木清，"但与三木最初是出于对马克思主义的友好而展开研究不同，和辻博士则自认为找到了一个能有效反对马克思主义，不，能打倒、扑灭马克思主义或镇压马克思主义（政治、行政的镇压）的武器"[2]。

于是哲郎必须将他的哲学弄成一个"在内部和外部都不外乎是人类学的学问，更准确地说是人与人之间关系的学问（'人际'关系学）。这几乎是剩下的唯一一条反唯物主义的道路。作为伦理学教授，哲郎认为这样才可以建设他的人际伦理学。但这种伦理学，与其说是国际通用的伦理学，毋宁说是因'地'而异的、不同的'人'各自独有的伦理学"[3]。

另外，作为文化史家的哲郎对此也有了重大发现：既然各地的人有所不同，那么它的不同由何而来？那就是风土的不同。更重要的，是借此可以逆袭马克思主义的唯物史观。因为如果能够通过"风土"强调

---

[1] 卡尔·兰普雷希特（Karl Lamprecht，1856—1915），德国历史学家和文化史学家，大学教授，曾在莱茵地区实业家的支持下组织起莱茵历史协会，并根据拿泽尔地区的史料仅凭一己之力写出四卷本的《中世纪德国经济生活》（1886）巨著，还写出十二卷本的巨著《德意志史》（1891—1909），给学界以巨大影响。

[2] 户坂润：《作为世界一环的日本》，引自日本网站，2014年10月8日，大和魂 site: www.aozora.gr.jp。

[3] 同上。

第十一章 "大正(1912—1926)民主运动"时期富于个人色彩的……

日本的特异性,那么就可以打击"俄罗斯式的日本人"。①

户坂对哲郎的慧眼"赞叹不已":"博士之眼光通常是尖锐而新奇的,其推理又极其小心。不仅如此,博士还是一个能缘木求鱼,甚至可以缘鱼求木的魔术师。正因为有此魔术,所以可以在任何时候针对任何命题提出反命题,而且可以经常编织出最流行、最现代乃至最 Chic、最帅、最精彩、最聪明的学术。"②

为此户坂当然要对哲郎的部分说辞加以引用和批驳(因为原作和户坂批驳的话语都十分抽象,所以下面需要对此做出半翻译半介绍的解释。又因引用和批驳皆由户坂一人做出,故不一一做注):哲郎说我们感到寒冷,是因为客观的寒冷,而不是因为我们的主观感到寒冷。"当感到寒冷时,我们自身已存在于外部空气的寒冷之中。"而位于外部的东西,不是寒气这个"东西"和"对象",而实际上是我们自身。因为我们来到寒气的内部和外部(Ex-istieren)。然而我们共同感到寒冷,不仅意味着这个外部的寒气是我们自身,而且更意味着这个共同的寒冷不外乎就是我们相互间的"关系"。我们共同感到寒冷,不外乎是因为我们了解到将我们自身称作寒冷的、我们人际间的一种关系。如此看来,我们感到寒冷这一现象,就是了解了我们自身的关系即寒冷。换言之,就是将我们自身看作是这样的一种人。感到寒冷就是我们了解自己,其不外乎就是一种对自己作为人的存在的理解。

然而,这个寒冷不过是"气候"现象中的一个环节,而且气候这个现象只能在与"某个地区的地质、地形、景观"等发生的联系中加以体验。换言之,此即风土。因此,我们是依靠风土才发现和了解我们自身——拥有一种关系的我们自身的。如此一来,风土则指自我了解我们人类存在的关系的一种方法。反过来说,人类自我了解的方法之一即风土。

户坂指出,哲郎这里所说的风土既非主观也非客观,而是一种本源性的观念。按哲郎的理解,风土当然不可能是主观的,但它又并非常人

---

① 户坂润:《作为世界一环的日本》,引自日本网站,2014 年 10 月 8 日,大和魂 site: www.aozora.gr.jp。

② 同上。

所理解的那种客观现象，而是给予主观某种作用（或因果关系）的客观存在，通常被称作大自然，但它又不是一般人所理解的那种大自然。风土不属于那种自然科学的范畴，而是在本源上超越主客对立的人类学的范畴。哲郎说风土并非给人类以影响的自然现象，相反，却是人类自我了解的一个现象。还说按照某些风土对人类进行说明的做法并不正确，毋宁说正确的说法是人类了解、理解自己的那种现象本身即风土。哲郎还认为，这种自我了解的活动同时又是历史的，所以既无脱离历史的风土，也无脱离风土的历史。但无论如何，仅从人的存在的基本结构就可明确这种关系，故不必从自然和社会的发展史关系等加以说明。

总之，哲郎在这里让风土起到用人类学取代所谓的大自然的作用。在哲郎看来，人类存在的结构（不是存在物的结构，而是人类存在的结构）是时间和空间的，而那空间的结构正相当于他所说的风土，风土不外乎也就是"地方"（按：该词汇在哲郎的个人语汇中具有特殊含义。其日语的公共语意是，物体所在或事情发生、运行所占有某个范围的位置。原仅指空间，后也转用于时间或转用于抽象表达）。这种空间，并非常人所谓的空间，既不表明存在物的存在性质，也不表明存在物的存在形式，仅意味着存在于人类存在结构中的某一个契机。内部的东西来到外部这种关系或关联，也就是空间（实为空间性）。与这种人类学的空间概念发生联系，风土即成为空间的"地方"。如此一来，大自然此一物象（也具有空间性，占有位置）也可以通过这种风土被用来说明人类存在的结构。换言之，大自然即人类存在的一种勾连方式，这种大自然大可被理解为风土。

户坂继而指出，在哲郎的眼里，风土这种观念已然成为使大自然人类学化和主体化的一种装置。一旦端出风土此物，则大自然其作为自然的特性——先于人类成立的这种特性将被剥离得一干二净，其客体的属性将变身为主体的属性。这种魔幻般的语言即风土。若按此法说开去，则黑就是白，白就是黑，没有什么不能成为事实。如果将事物的勾连，这里说的是人类的存在与风土发生的联系被做出如此的解释，那么其他所有事物的解释都可以成立。过去康德的某信徒说过，空间不外乎就是逻辑学的假设。与此相同，如今的哲郎也解释风土不过是人类学的一个范畴。

第十一章 "大正(1912—1926)民主运动"时期富于个人色彩的……

哲郎对风土如此感兴趣,并使自然和历史主体化、人类学化、解释学化和"自说自话"化有两个目的:第一是试图将一部分的"俄罗斯式的日本人"从唯物主义的首要命题——存在决定意识彻底地解放出来,让过去的所谓生产关系和生产力的范畴蒙羞;第二是证明用科学的方法解释自然已经是一件落后时代的不合时宜的手段。总之,这种"风土"在哲郎的眼中,是一个可使辩证唯物主义和历史唯物主义彻底垮台的基本概念和利器。然而其目的还不止于此。另一个重要目的,是为了强调日本文化的特殊性。"风土"即他所说的"地方",准确地说就是"日本这个地方",用这个概念对强调因地方不同而产生的地区文化差异性有很大的便利。由此哲郎可以很方便地归纳出一种说明日本和东亚的差异性,以及"日本的"和"东亚的"、现实差异性的一般方法。其结论就是,历史唯物主义无法解释日本文化和东亚文化。这也许就是哲郎"风土观"的最主要的目的。我们过去一直认为用地理特点说明日本文化特殊性的始作俑者是日本近代大学者志贺重昂和芳贺氏一,[①] 但通过对此"风土观"的分析,我们方才知道,哲郎才是用当时最"先进"的政治、哲学思想——"环境决定说"和"存在主义理论"等对日本文化特殊性做出解释的最重量级的推手。

户坂对哲郎所发现的日本人的存在结构——"丰富的湿气在带给日本人食物的同时也化为暴风雨和洪水,威胁着日本人,这种季风式的风土和由此带来的日本人的被动、忍耐的存在方式"具有"双重性","在此之上又加上诸如热带、寒带、季节性、突发性的特殊双重性格"——的批判也是深刻的。"这种热带、寒带或季节性、突发性,并不指动植物和风,而是指'人的存在方式'。通过此可以从解释学上演绎日本人的存在方式,亦即俗话所说的日本国民性。所谓'一面丰富地流出,一面在变化中具有沉寂持久的感情'则成为日本人存在方式的被动性的特有内容。另外,哲郎还将'一面谛观,一面在反抗时于变化中显示出短暂忍耐'的性格说成是季风式的忍耐性格,特别是日本人的固有特异性。亦即,他所说的'寂静的激情和战斗式的恬淡'

---

① 详见胡稹、洪晨晖《关于当前我国"日本文化"教学和研究存在的若干问题》,《东北亚语言研究》2014 年第 2 期。

"大和魂"史的初步研究

就是'日本的国民性格'。而且哲郎还说，事实上这种性格在日本历史中都有客观的体现。它可以一一解释日本人存在方式中的男女关系、家、家族、国家、宗教及其他。"哲郎虽未明确说明这种国家和宗教为何，但这个国家和宗教的性质，是我们最为关心的问题，它无疑还指天皇制国家和国家神道。这或许就是户坂将哲郎的"和魂"说成是法西斯主义的原因。

户坂就此提出的问题无疑是哲郎难以回答的："这种'日本的国民性格'和所说的台风的关系如何？收音机天气预报所说的台风的气象学二重性，是如何演化为文艺节目所播出的反映日本国民性的'浪花曲'（一种三弦伴奏的民间说唱歌曲）和军人演讲中的二重性的？其因果关系和辻博士……未有任何说明。而且因为这种关系是先验的，所以博士的人类学式的解释从一开始就没有打算对通过自然说明人的心情做出一些科学的因果关系的解释。正因为没有打算，所以事先就可以将自然与心理混为一谈，将自然与心理改说成风土和主体，给出风土即主体这样的公式。"我们在此不得不补充一句：哲郎也没有说明，同样生活在西南季风气候区的印度人等和东南季风气候区的南方中国人等，为何不能产生与日本人相似的"特殊双重性格"。在哲郎看来，他对事物"无须什么因果关系的说明，所需的只是解释。而且从其解释的实际情况来看，只是基于和辻式的奇葩的想象和类推，以及偶尔的突发奇想和推测，与进一步的牵强附会"。

哲郎说了那么多的话，其最重要的又一个目的如后文昭然若揭："我们若体悟到缘于此种风土的宿命意义，就必须热爱它。"于是，产生于这种风土的天皇制和国家思想等都是合理的，值得热爱。我们也决不能当反对日本国体的"俄罗斯式的日本人"。换言之，谁不热爱自己的命运？爱自己！说此话时，其话中已包含着某种弦外之音。亦即，已为这种爱的方式提出了某种要求。

户坂是伟大的，因为他不畏惧任何权威，也是日本首次以辩证唯物主义和历史唯物主义的观点对"和魂"做出自身解释的唯一一人，但缺点是人们阅读后不易把握这个"和魂"到底具有哪些具体含义。

4. 堺利彦《樱与狆与爱国心 世界主义者的心理》中的"大和魂"

在这方面，和户坂站在一条战壕里的、日本共产党创始人之一的堺

第十一章 "大正(1912—1926)民主运动"时期富于个人色彩的……

利彦也大致如此。他对"大和魂"极尽挖苦之能事,甚至可谓刻薄,但其"和魂"的具体所指也较模糊。利彦在其文《樱与狆与爱国心 世界主义者的心理》中希望用"世界主义者"(Cosmopolitan)的概念取代"日本主义者"和"国家主义者"的概念,以此反对天皇专制政权。其批判从两部著名辞典的词义探讨开始:(1)《井上英和辞典》:Cosmopolitan,名词,指四海为家、居无定所的人,世界的人,世界主义者;形容词,指世界主义的、宇宙的、非某地的、四海为家的、居无定所的、一视同仁的、超越国家观念的。(2)《世纪百科事典》(英):Cosmopolitan。名词,指 One who has no fixed residence(居无定所的人)、One who is free from provincial or national prejudices(脱离地方或国家偏见的人)、One who is at home in every place(四海为家者)、A citizen of the world(世界公民);形容词,指:(a) Belonging to all parts of the world(属于世界任何部分的)、Limited or resitricted to no one part of the social, political, economical, or intellectual world(不限于社交界、政治界、经济界或知识界任何部分的)、Limited to no place, country, or group of individuals but common to all(不属于任何场所、国家或个人集团,与其一切共通的)。(b) Free from local, or national ideas, prejudices, or attachments(超越地方或国家的思想、偏见或偏爱的)。(c) Widely distributed over the globe, said of plants and animals(广泛分布于整个地球的动植物)。

据此利彦开始批判"大和魂":"读后可清晰地理解此词汇意义。以大和魂为表象的、'清晨映日山樱花'无疑不是世界性的植物。大日本的妻妾屋里豢养的日本狆不用说也不是世界性的动物。日本主义者、帝国主义者、国际主义者、爱国者、国家自满者等也根本不是世界主义者。"[①] 利彦在此批判的"大和魂"指的似乎就是排外的"日本主义"或"国家主义"精神。

---

① 堺利彦:《樱与狆与爱国心 世界主义者的心理》,《现代幽默全集 第二卷 堺利彦集》,现代幽默全集刊行会 1928 年版。引自日本网站,2014 年 10 月 13 日,大和魂 site: www.aozora.gr.jp。

5. 岸田国士《六号记》和《对话的艺术》中的"大和魂"

和本章第 1 节的讽刺、挖苦和揶揄式批判不同，岸田国士对"大和魂"的批判直率、尖锐得多。虽说岸田对何谓"大和魂"亦未作任何说明，但和泉镜花、宫本百合子和下文所说的黑岛传治等人相比，他毕竟从制度方面对"大和魂"的思想来源做了蜻蜓点水的分析。从这个意义上说，岸田是日本分析"大和魂"思想来源的第一人。这体现在他的戏剧评论《六号记》[①] 和《对话的艺术》[②] 这两部作品中。

岸田国士（1890—1954），剧作家、小说家、翻译家、评论家和演出家，出生在东京一个军人的家庭，而且其小半生都与军队有密切的关系。1904 年 9 月进入名古屋"陆军地方少年学校"，1907 年 9 月进入东京"陆军中央少年士官学校"学习，1910 年 6 月自该校毕业后以"士官候补生"的身份分配至久留米步兵第 48 连队，12 月进入"日本陆军士官学校"深造。1912 年 6 月毕业，7 月以见习士官的身份回到久留米连队，12 月任少尉，一战爆发后随日军第十八师团到青岛作战。在当时的日本，军人的地位很高，且对东亚国家态度蛮横，颐指气使，而岸田却对这种军队生活和军人风气感到厌烦。据说他曾进谏长官："军人不应该拿着武器对他人粗鲁无礼"，并打算退伍。但因其家世，无人敢说他"不忠"，而只说是"不够忠"皇。[③] 后来他的士官学校同学如铃木宗作、柴山兼四郎、河边虎四郎、秦彦三郎、澄田赉四郎、本乡义夫在日本败于二战前都官拜中将一级的司令官。而另一个和岸田同样辞去军职的甘粕正彦大尉后来则成为"满洲映画公司"的理事长。从这些对比可以看出岸田对日本军队和政府的态度以及他的志向。

1914 年 11 月，岸田违背父亲的意愿以肺尖黏膜炎（轻微）为由辞去军职，并和父亲断绝关系，跑回东京当家庭教师，[④] 并准备赴法研究戏剧。1917 年岸田以"选科生"身份进入东京帝国大学文科大学法文

---

① 岸田国士：《六号记》，《文艺恳谈会》第一卷第二号，1936 年 2 月 1 日。引自日本网站，2014 年 10 月 13 日，大和魂 site：www.aozora.gr.jp。
② 岸田国士：《对话的艺术》，《戏剧新潮》第二卷第四号，1925 年 4 月 1 日。引自日本网站，2014 年 10 月 13 日，大和魂 site：www.aozora.gr.jp。
③ 引自日本网站，2014 年 8 月 16 日，http://tieba.baidu.com/p/1895924285。
④ 国务院外事办公室编：《日本人物辞典》，国务院外事办印 1959 年版，第 3275 页。

第十一章 "大正（1912—1926）民主运动"时期富于个人色彩的……

科学习，未等毕业即于1919年赴法，1920年1月到马赛，后至巴黎。为生计他先到日本大使馆，后以"特约人员"身份到国际联盟事务局兼职，但主要的精力则放在对法国戏剧史的研究上。游学期间岸田出入雅克·科博（Jacques Copeau，1879—1949）主持的"老鸽巢剧院"等，接触到当时兴盛于法国的纯粹戏剧运动。1922年因父亲去世岸田回国。

1932年岸田成为刚开办的明治大学文艺科教授。1937年他解散了自己曾担任顾问的"筑地座"剧团，于同年9月6日和久保田万太郎、岩田丰雄一道创立新的剧团——"文学座"。10月以《文艺春秋》特派员身份赴华考察"北支战线"。岸田到中国考察了什么，事后写了哪些报道，因条件限制我们都无法知晓，也许从表面看他也一度被裹挟到日本军国主义的侵略活动当中，但这似乎并不能说明他完全相信政府和军方的说辞。1940年至1942年岸田任"大政翼赞会"第一任文化部长。[①] 他为何有此举动原因也不明。我们知道的是在1942年7月，他因对该会的官僚风气不满，故以组织整改为由辞职，其中或另有隐情。太平洋战争结束后岸田被整肃，1947年GHQ（驻日盟军总司令部）宣布开除他的公职。当时不少日本人认为本国采用美国制定的"和平宪法"，被完全解除武装，等同于任人宰割。但岸田不这么认为，撰文解释："和平是不能再有侵略他国的意图，但不是对他国的侵略听之任之。完全解除武装的武士，大可培养无所畏惧的勇气和敢作敢为的气魄，拼死保卫自己赖以生存的家园。这是人的本能。"[②] 故有一些因战争失去丈夫或丈夫因战败而失却男子气的妻子，认为岸田才是真正的武士，保卫自己的家园但不侵略他国。其实这个评价并不全面。我们认为，岸田不仅是一个"真正的武士"，而且还是日本近代最勇敢、具有健全思维、敢于质疑和反驳"社会主流"思想的人士之一。

1954年岸田参与"文学座"《底层》[③] 的演出指导工作，于同年3月4日在神田一桥讲堂彩排过程中，因突发脑卒中被送到医院，于翌日

[①] 申非：《中国大百科全书 外国文学Ⅰ》，中国大百科全书出版社1992年版，第67页。
[②] 引自日本网站，2014年8月16日，http：//tieba.baidu.com/p/1895924285。
[③] 马克西姆·高尔基创作的四幕戏剧，于1902年首次演出，描写了帝政沙俄时代以小旅店为家、处于社会底层的人物群像。

死去，享年 63 岁。8 日，"文学座"举行无宗教色彩的告别仪式。这或因为他生前不仅未夸赞过神道教等，反而通过《六号门》此作品批评过"大和魂"："国民精神动员为何？思想指导为何？大和魂、日本民族的优越性又为何？现在已到了道德、宗教、历史都无法挽救日本精神危机的时刻。浮世绘、茶汤、义太夫①和浪花节②也都无济于事。推出这些东西，不但于事无补，甚至还将继续恶化事态。"③ 从这些话可以看出，岸田对当年日本的时局和传统思想都抱有怀疑和恶感，因为"大和魂"等并不具有"优越性"，"无法挽救日本精神危机"。值得注意的是，他著该文的时间是 1936 年 2 月 1 日，距离 1937 年 7 月 7 日中日战争全面爆发不到一年半的时间，日本当时为即将到来的侵略战争在思想、精神方面进行了总动员。

为弄清岸田批评的真正含意，有必要参见他的其他文字。岸田在文中首先提出了自己的忧虑："现在世界已进入不安的时代。""这种不安和焦虑，归结说来就是，日本这个国家是否可以按现在的方式继续走下去。请勿嗤笑，听下去。是否作秀什么的怎么说都行。被遮蔽眼睛的人们已无法了解不堪生活在日本这件事情。我们正听着所谓现代社会机构的各种各样言论，也注意到最近的政治动向这个议题。或许今日已无人不晓新时代精神正转向何方。"④ 岸田在此提到了"最近的政治动向"和"新时代精神"，并说自己"不堪生活在日本"。因为思想管制已经开始，"我失去了快乐思考自己工作的习惯。……不用说在这个时代，可以心无旁骛埋头自己的工作的人是值得尊敬和羡慕的，……但不幸的是，我选择了戏剧这个专业，无法按照自己的想法进行工作。自然我不

---

① 即"义太夫木偶净瑠璃"（三弦伴奏的说唱艺术流派之一），在 1684—1688 年（贞享年间）左右，由大阪的竹本义太夫所创，吸收了豪放的播磨"净瑠璃"、纤细的嘉太夫"净瑠璃"及其他各种乐曲的长处。后来在作者近松门左卫门、三弦弹师竹泽权右卫门、玩偶操纵师辰松八郎兵卫等人的帮助下，于 1688—1704 年（元禄年间）左右流行开来，成为各种"木偶净瑠璃"的代表性艺术。

② 浪花曲，也属于三弦伴奏的民间说唱曲目。

③ 岸田国士：《六号记》，《文艺恳谈会》第一卷第二号，1936 年 2 月 1 日。引自日本网站，2014 年 10 月 13 日，大和魂 site：www.aozora.gr.jp。

④ 同上。

第十一章 "大正(1912—1926)民主运动"时期富于个人色彩的……

会将此作为一个单纯的现象,冷眼旁观阻止我们成长的一切事物"①。敢于对当局和时势做如此批评,在当时除日本共产党员外,似乎仅有岸田此人。虽然岸田说得比较隐晦,但我们还是能够读出他将矛头指向具有管制性质的"新时代精神"的意图。这种新"精神",岸田认为也包括"大和魂"等带新包装的"传统思想"。

作为对抗措施,岸田希望能以文学,尤其是西方文学进行疗救:"文学是人类最宝贵的工作之一。倘若如此,则必须思考能培育具有完好文学的民族及其文化的特质。首先要说的是,我们相信日本人是素质优秀的民族,具有创造伟大文学的特殊才能。但我们的祖先不知犯了什么错误,创造了一种枯竭文学源泉的文化。看一下在落叶下方涓涓细流的过去数百年的文学传统即可。我们可以夸耀自己喝到一杯清冽的泉水,但这不足以满足无数饥渴的喉咙。这就是如今西洋文学泛滥的原因。"岸田想说的,其实是日本缺乏好的"社会文化传统"。而"日本的近代化,则偶然间促发了这种(西方文学传入的)机会,但在日本还有传统的障碍。为'出人头地',文学是无用的。文学仅吸引仁王和四天王脚下的小鬼。善良的国民与文学无缘"②。接着岸田还将攻击的矛头指向当时的"义务教育",说"义务教育无视文学素养,仅培养一些(传统)文学中毒者。西洋文学虽说泛滥,但未沁润到社会内部"。现在几乎已无人憧憬西方的物质文化,"政治家和教育家或都明白这一点。但他们只是故意装作不知道而已。排斥西方并不是因为仅看到崇拜西方的轻薄一面,而是因为害怕其具有的深刻的另一面"③。

岸田不愧到过法国,且家世不凡,所以说话不免惊世骇俗:"基督教和共产主义都是西方的思想。那么(引进)也可以。能深刻审视人类、描写崇高精神和丰富感情的力量乃由何种精神涵养?应该不仅仅是由未遭受外国侵略的历史涵养。"④岸田认为,能涵养日本人精神的,是西方的优秀人文思想,而绝不是以日本历史为代表的传统文化。他临

---

① 岸田国士:《六号记》,《文芸恳谈会》第一卷第二号,1936年2月1日。引自日本网站,2014年10月13日,大和魂 site:www.aozora.gr.jp。
② 同上。
③ 同上。
④ 同上。

死前还参与高尔基剧目《底层》的演出，不能不说与此也有关联。

接着岸田将矛头对准了政府提倡的"爱国"精神，这也是当时"大和魂"的主要内容："我们为何要相信日本是最好的国家？也许日本有好的地方，但我想对自己的后继者说，按现有的方式无法再持续下去的地方也很多。爱祖国的精神从何而来？正如为政者等所想的那样，来自认为自己的国家是最优秀的这一观念。""我认为没有比忧虑国家这个词汇更可耻的词汇，但现在却必须使用这个词汇。"面对日本民众不加思考，一味唯命是从的现象，岸田公开指出，民众"没有要求，是因为国民就是按照这种方式培养起来的。民众无罪，罪在领导者"。然而"民众一旦醒悟，成为一个真正的人，那么不管国家是否反对，都会在根本上怀疑现在的政治"①。

岸田还认为，日本的这些问题都由制度带来，所以"我不喜欢制度。制度必然带来弊病。……现行制度的最大弊病是官尊民卑的风气和金钱万能的思想。……道德已无任何权威"。"这是日本式资本主义社会的奇妙景象。""母亲杀儿子的新闻报道曾震惊天下。"这是"家族制度带来的弊病。也就是道德对子严、对亲宽的结果。……今日社会道德执拗地鼓吹所谓的孝道，从根本上决定了这场悲剧。如果要维持家族制度，那么首先要重新教育父母"。岸田对日本式"忠孝"制度的批评，也是对自大国隆正开始的"忠孝"式"大和魂"的批评。岸田还说："这岂只是单纯的亲子问题？社会万事都如此，学校的师生关系、人们的社交关系、警察对市民、资本家对工人、雇主对佣人的关系乃至都市的文化设施，都无视人性的自觉和健全的道义。乍一见这个社会静如古井，但剥去青苔，就可见长出可怕的病毒毒株。"②

结合此话重读岸田的有关"国民精神动员"、"思想指导"和"大和魂"这些话语，我们可以逐渐明白他批判的"大和魂"，指的就是当时和传统的"道德、宗教"以及日本的"历史"。岸田的批判具有全面颠覆当时和古代日本精神的意义，读后令人肃然起敬。然而，他的疗救

---

① 岸田国士：《六号记》，《文艺恳谈会》第一卷第二号，1936年2月1日。引自日本网站，2014年10月13日，大和魂 site：www.aozora.gr.jp。

② 同上。

方法——"近代意义的文学肥料的供给,是将我国民从自灭中拯救出来的最简易的方法",有其幼稚的一面,我们不敢苟同。

岸田《对话的艺术》一文,批评的是日本文化的落后:"特别是戏剧(诗歌暂不论),仅受到外国戏剧形式的影响,而几乎未能摄取其本质的精神。不夸张地说,日本的现代戏剧还处于文学表现的原始时代。""日本现代剧作家中既有追求深奥人生意义的思想家,也有学贯古今东西的识者和充满革命家气魄的志士,还有具备罕见文学才能和丰富诗心的人物,但这些人写的剧本,仅从了解戏剧本质这一点来说,都不及西方平庸剧作家的作品。"问题在于有人不理解"西方从古代剧到近代剧中存在一贯的传统",而日本没有这种理解,所以"不管到什么时候,日本都不会产生与传统诀别的新的戏剧"[①]。

为解决这个问题,岸田的主张是,"剧作家既然为自己的工作而研究外国戏剧,那就应该更加认真,摈弃无聊的爱国心和大和魂等,很好地掌握外语,从外国优秀作品中发现具有本质性的东西,想到'这就是戏剧之所以成为戏剧的原因',并且努力将它运用到自己的作品当中"[②]。这段文字发表于1925年,其中的"大和魂",既指此前和当时甚嚣尘上的"爱国心",也泛指各种"传统",但在岸田的眼中,它们无疑都具有反面教材的作用。

三 形象不清的"大和魂"——以梦野久作、森鸥外、新渡户稻造为代表

1. 梦野久作《东京人的堕落时代》中的"大和魂"

这里所说的"形象不清"的"大和魂",一是指与传统的"大和魂"有较大差异,二是指不容易说清楚它到底属于何种精神。在大正时期,无疑有人赞同"民主主义运动",也肯定有人反对该运动:"名曰民主主义之春风,正开始次第吹去日本的良风美俗。揭露某华族或某富豪家庭之报道,不断于报端掀起轩然大波,令人联想到创造民主式男

[①] 岸田国士:《对话的艺术》,《戏剧新潮》第二卷第四号,1925年4月1日。引自日本网站,2014年10月13日,大和魂 site:www.aozora.gr.jp。

[②] 同上。

女关系即新人之使命。"① 写出此文字的人叫梦野久作，他将上述"民主主义"现象视为"大和魂"的对立物。不仅如此，梦野还写出更多的类似文字，并给它起了个标题叫《东京人的堕落时代》，结论是他们之所以"堕落"，就是因为丧失了"大和魂"。但不知为何梦野始终不对他的"大和魂"做出说明，所以这里只好将它放在"形象不清"的"大和魂"这一节中。

梦野久作（1889—1936），小说家，本名杉山直树，福冈人，其父即大名鼎鼎的超国家主义右翼团体"玄洋社"的重要干部，也是国粹主义的大人物杉山茂丸（1864—1935）。梦野从庆应义塾大学文科肄业后，于1926年10月在推理小说界杂志《新青年》② 发表处女作鬼怪小说《妖鼓》，之后又连续写出《死亡之恋》、《瓶装地狱》和《纸艺奇迹》等名篇，确立了自己的作家地位。本来《新青年》发表的都是一些推理小说，但梦野的作品与那些运用逻辑推理的小说不同，充满着怪诞的奇思妙想，以描写精神患者心理世界见长的长篇小说《德格拉·马格拉》（1935）可谓其代表作。一般来说，以鬼怪为创造题材的反理性主义作家，都有看不惯现实社会的毛病，并喜欢藏身于传统当中，以此观照现代社会。

在《东京人的堕落时代》结尾部分，梦野比较了明治时代和大正时代，并有了自己的结论："渠等东京人所云之忠君爱国、勤俭尚武、仁义道德皆虚伪不堪。渠等东京人并不在真正意义上代表作为文化民族之日本人之价值。渠等东京人真实模仿者仅为外国文化之堕落部分。渠等真正拥有者唯可怜之本能。渠等东京人于日本最先迷恋美国魂、英国魂、德国魂、俄国魂及其他所有之魂，然无一成就，唯一丧失者乃大和魂。其后又为浅薄之文化自负心所裹挟，仅保有低级之本能。因此一旦

---

① 梦野久作：《东京人的堕落时代》（文末注明写于一九二五年三月三十一日夜），《梦野久作全集2》，筑摩书房1992年版。引自日本网站，2014年10月13日，大和魂 site：www.aozora.gr.jp。

② 文艺杂志，1920年创刊，1950年废刊，主要面向青少年，推出了江户川乱步、横沟正史等一大批著名作家，是二战前日本推理小说界的重要阵地。

第十一章 "大正(1912—1926)民主运动"时期富于个人色彩的……

情况有变即丧失以往之自负心,状如禽兽,不以为耻。"① 当然梦野在此不单批判了"东京人",而是将全体日本人民一锅煮:"如今日本人无限崇拜'东京',无论如何东京皆属正宗。所有东京之事物皆为最新式、最上等事物。于此意义说,东京人之堕落不久即为日本人之堕落。"②

梦野这里所说的"大和魂"同样概念不清。从文字的顺序来看,它显然是指与欧洲思想和精神的对立物,象征着日本的"传统思想",即文首所说的"忠君爱国、勤俭尚武、仁义道德",以及后文补充的"忠孝仁义"等,可谓无所不包,但似乎它们又都与中国思想有关。不过从梦野批判的实际内容看,他指的仅是大正时代的"自由享乐思想",主要指淫荡(即民主式男女关系):据"警视厅放映演出股股长长田岛太郎"说,"(关东)大震灾后人心浮动,民众生活流于十足的淫荡。历史也证明,安政大地震和明历大火后因过渡房之便利与手艺人有足够之金钱,因此亦淫风浩荡。近来有淫荡镜头之电影受到欢迎,与去秋大震灾之民心亦有关系"。不仅如此,梦野"甚至认为维新后日本之教育偏向知识教育。本能、真情等所谓之人性教育均付阙如。……高唱'性教育'等也证明存在此种缺陷"③。

在梦野看来,"淫荡"发生的对象又主要是女子。日本的女孩从很早开始就知道生活、权利这些词汇的意思。考试及格、学习好即未来生活的基础,从享乐的起因这个意义说,现在日本的年轻男女都是消费文化的赞美者和物质万能主义者。而学校和社会也知道,依靠说教式的禁欲论和索然无味的利害得失论来压制少男少女的不良品性已无可能,所以赶忙扭转方针,开始尊重"自由主义",于是"淫荡"普遍发生。

而在我们看来,梦野似乎还有借此言论,批评与谢野晶子和菊池宽的意思。与谢野晶子(1878—1942),明星派代表歌人,所做和歌充满近代恋爱激情和官能性,开创了日本浪漫主义文学新天地,其华丽的歌风和狂放不羁的笔法被京都大学教授、英文学者和诗人上田敏评价为

---

① 梦野久作:《东京人的堕落时代》,引自日本网站,2014年10月13日,大和魂 site: www.aozora.gr.jp。著者对原文的一部分做了改行处理。
② 同上。
③ 同上。

"歌坛的先驱"。其处女作歌集《乱发》中有一首和歌,说自己"肌柔肉粉血潮涌,道学我君寂寞否"①,因大胆描写女性的官能和炽烈的爱情而被广泛传颂。发表此歌集后翌年,晶子还私奔至东京,与"爱人"与谢野铁干同居,一时传为佳话,并因此成为日本浪漫主义文学运动的中心人物。菊池宽(1888—1948),高松中学毕业后被推荐到东京高等师范学校学习,因狂放不羁的品行遭退学处分。1910年进入第一高等学校文科学习,同年级学友中有后来名满日本的芥川龙之介、久米正雄和山本有三等人。毕业前菊池宽因替同学顶罪,又遭退学处分,改入京都帝国大学英文科学习。从这些经历来看,菊池宽似乎也有不按"社会常理"出牌,属于"问题少年"之嫌。从京大英文科毕业后,菊池宽经努力发表众多作品,最后成为著名作家。之后他或办杂志(如《文艺春秋》),或创建文艺家协会,设立芥川文学奖、直木文学奖和菊池宽文学奖,以培养青年后进。甚至他还投身电影事业,任"大映"电影公司社长(即总裁),人称"文坛大佬",1937年成为日本艺术院会员。特别值得一提的是,他的长篇小说《珍珠夫人》曾在报纸长期连载,获得各社会成员的广泛好评。

《珍珠夫人》的故事情节复杂,说是原华族和贵族院议员唐泽德光受到欺诈,其女儿即作品主人公的瑠璃子,为拯救家业嫁给欺诈者的"庄田综合商社"社长庄田胜平,但婚后为了自己的初恋情人杉野直也一直不肯与胜平圆房。胜平的儿子庄田种彦最初与瑠璃子订有婚约,这时为保护她不惜在父亲欲婚内强奸瑠璃子时杀掉父亲,因而入狱。不久瑠璃子成为寡妇,为了生活不得已要亲自打理丈夫留下的妓院。而直也的老婆杉野登美子,之前是在直也赴任的地方新加坡与他相识并结婚的,返回日本后知道直也和瑠璃子继续幽会,故心生报复之心,隐姓埋名在瑠璃子的妓院工作,伺机作案后自杀。另一方面,庄田胜平与原情人妓女村枝生有一女叫美奈子,当知道瑠璃子嫁给胜平后也对瑠璃子不满,屡次想下毒手。一次偶然的机会美奈子遇到直也居然一见钟情,在胜平死后对汽车动了手脚,试图以此阻止瑠璃子和直也一道去新加坡。另一个在瑠璃子的妓院工作的女子夕子,接待的第一个客人就是直也,

---

① 原歌是"やは肌のあつき血汐にふれも見でさびしからずや道を説く君"。

第十一章 "大正(1912—1926)民主运动"时期富于个人色彩的……

当知道怀有直也的孩子后在瑠璃子的保护下生产,但不幸死去。与此同时,某公司社长宫畑为接济生活窘困的瑠璃子,出大价钱包养了她,但实际上未与她发生肉体关系,之后成为瑠璃子的生活顾问。简言之,他们中许多人的性关系都是紊乱的。

然而,他们中部分人的人性,也有被任意想象甚至故意拔高的成分,以映衬主人公瑠璃子高尚、纯洁的品行。的确,书名《珍珠夫人》的"珍珠"正是"纯洁、晶莹"寓意的代名词,故"纯洁"似乎是该作品的主题。此外,主人公父亲唐泽德光在看见瑠璃子嫁给庄田后痛苦不堪,临死前对仍与直也幽会的瑠璃子说"要为爱活着",这似乎是该作品的另一个主题,合起来即有"爱要纯洁"的意味。并且,该作品没有特别的色情描写,也没有海淫式的煽动,但这一切在梦野的眼中却是另一番景象。他在《东京人的堕落时代》中,借用一个名为光子的女孩写于1924年(大正十三)7月27日中午的信件的一句话——"读了菊池先生的《珍珠夫人》(特别有猛料的书),知道女人也可以做特别不好的事情",批评说"'权利、义务必须相依',我们没有办法理解'人只有权利,没有义务'这种新思想"[1]。在梦野看来,有与谢野晶子和菊池宽这种人物的榜样在前,具有"新思想"的少女少男竞相仿效在后根本不奇怪。

当然,梦野抨击的对象也涉及女孩和年轻女子的其他爱好,虽说其占据作品的分量不重:"她们之发型,大都模仿日本与外国电影明星,或杂志、报纸之插画与封面画。"[2] 她们追求享乐,崇尚西方的服饰和化妆品,深受西方近代艺术的毒害,缺乏教养,动辄离家出走或私奔,做母亲生子不哺乳,不做家务,喜用不知所云的新词,搞同性恋,声称需要性教育,公开承认有性烦恼,服用避孕药,年轻夫妇同意各自玩弄少女少男,等等。也就是说,现代社会所发生的几乎所有"不良女子"的现象,在梦野的文字中都能看到。

不仅如此,梦野在作品中对"女性参政、独立自由、独身、计划

---

[1] 梦野久作:《东京人的堕落时代》,引自日本网站,2014年10月13日,大和魂 site:www.aozora.gr.jp。

[2] 同上。

· 847 ·

"大和魂"史的初步研究

生育、职业女性的增加、崇拜女性的外国电影、欧美的新思想或新精神、女子被男子看了不害臊反而气贯长虹地蔑视男子"① 等也一并开骂,让人有保守和偏狭以此为甚的感觉。

作为结论,梦野认为,这一切都来自"外国输入之思想"。日本的教育方针虽然口口声声说"忠孝仁义,但实际上是在教授物质万能与知识万能","这种倾向受到不久前欧洲大战之影响"。该"大战产生了民族意识与尊重个性、消除阶级、排斥压迫等各种主张。它意味着过去被束缚、被压迫之事物之解放与自由。世纪末之情绪与主张、达达主义②、耶稣崇拜、变态心理尊重等人类颓废思想亦由此产生,全世界皆充斥着呼吁更极端之解放与自由之叫声。于全人类思想深处流淌着乃须彻底主张'自身权利',同时缺乏任何义务与责任即所谓之自由之魂"。"因此许多人认为,明治时代人们大脑中残留之家族主义与国家主义等已过时,不值一谈,无任何科学根基,丧失所有生命。"③ 可以看出,梦野所说的这个欧美国家"自由之魂"即"大和魂"的对立物。

最后梦野对东京人的堕落做出总结:"东京乃依靠旧时代产物之科学文明建立起来之都市。科学文明之都市以数字进攻并扼杀……人类精神文化象征之宗教即道德,用金钱与实用进攻艺术,使其堕落,视精神美为无价值,视物质美为万能,最终使人们堕落,于文化上模仿禽兽,以此作为最高之乐趣。视模仿为无上光荣之日本人该遭天谴之集中之处即东京。用数字与金钱交易之充满着死魂灵之市场亦为东京。"④ 梦野如此恶毒地咒骂本国的首都和首都人确实给人带来一种快感,不过我们却无法看出这一切过失是否都是丧失"大和魂"的产物。至少他大加挞伐的"淫荡"、"女性参政"、"计划生育"、"职业女性的增加"等与"大和魂"的缺失没有关系。

---

① 梦野久作:《东京人的堕落时代》,引自日本网站,2014年10月13日,大和魂 site: www. aozora. gr. jp。
② [法] Dada l sme,始于一战中直至战后在国际上广泛开展的艺术革命运动,否认理性的、既有的所有价值观,提倡艺术的自由联想和表现,以反合理主义、反道德为特色。
③ 梦野久作:《东京人的堕落时代》,引自日本网站,2014年10月13日,大和魂 site: www. aozora. gr. jp。
④ 同上。

· 848 ·

第十一章 "大正(1912—1926)民主运动"时期富于个人色彩的……

2. 森鸥外《山房论文》中的"大和魂"

鸥外在日本算是个名人，即使和世界其他国家的伟大人物相比，似乎也不至逊色很多。然而由于出身、时代和性格等原因，他身上也带有许多矛盾，这限制了他的思想进一步发展，否则成就可能更大，也给他的个人生活蒙上阴影。这些矛盾，可见于下述他的经历，著者归纳其为：（1）职务和兴趣的矛盾；（2）爱情和东西方社会文化的矛盾；（3）良心和民族观的矛盾；（4）文学主张和实践的矛盾。这些矛盾在本节讨论的鸥外"大和魂"观中也有所表现。

森鸥外（1862—1922），本名林太郎，出生在石见国（岛根县）津和野藩一个世代均为御典医（为将军和"大名"服务的医生）的家庭，七岁时开始在藩校"养老馆"学习"四书五经"，还向藩医室良悦学习荷兰文典，算是日本具有"和汉魂洋才"的最早一拨人。1872年鸥外十岁时跟从旧藩主龟井及父亲去东京，一段时间曾寄居在亲戚，也是后来名满日本的西周①家里，并进入位于本乡的"进文学舍"学习德语。1874年进入东京医学校预科，1877年成为东京帝国大学医学系本科生，1881年7月毕业，12月进入陆军省担任军医官，1884年被派遣到德国学习陆军卫生制度。在学医期间鸥外还广泛阅读文学书籍。1888年9月回国，任陆军军医学舍（后改为学校）教官。难得的是，鸥外此后在医学和文学艺术上"两面开弓"且皆有成就。

在医学方面，鸥外于1889年1月任《东京医学新志》主编，3月创办《卫生新志》（医学启蒙杂志），11月因意见不合被《东京医学新志》赶走后又于12月创办《医学新论》，1890年9月将《卫生新志》和《医学新论》两刊合并，名曰《卫生治病（杂）志》。该刊物编辑工作一直持续到1894年10月，因甲午战争爆发他随军赶赴中国。

在文学艺术方面，鸥外也精力旺盛，成就不凡。自1889年初开始，他就向报纸和杂志寄出许多有关文学评论的文章和文学翻译作品

---

① 西周（1829—1897），启蒙思想家，与森鸥外同乡，留学荷兰回国后任"开成所教授"，翻译出《万国公法》等。曾和森有礼等创建"明六社"，介绍西洋哲学，将"Philosophia"译为"哲学"的就是西周。著有《百一新论》、《致知启蒙》等。

等，同时还在东京美术学校（现东京艺术大学）兼任人体解剖学讲师，同年 9 月还兼任庆应义塾大学美学讲师（其后因甲午战争或工作调动均辞聘），同年 10 月创办文学评论杂志《栅栏草纸》①。鸥外能同时编辑三份刊物，此外于 1897 年还创办了另一份刊物《公众医学》，之后又创办了《目不醉草》、《艺文》和《万年艸》文艺刊物，其精力之旺盛可见一斑。遗憾的是，鸥外于《栅栏草纸》的事业也仅持续到 1894 年 8 月甲午战争的爆发。"栅栏草纸"的"草纸"原指日本文学门类的一种，"栅栏"的意思是在河道上设置的障碍物，用以改变水流的方向，可见鸥外于其中赋予了一种改变文学前进方向的使命感。我们在本节讨论的鸥外的《山房论文》就刊登在《栅栏草纸》中。此前鸥外发表的三部德国留学背景的小说［反映日本人和外国人恋爱关系的《舞女》(1890)、《泡影记》(1890) 和《信使》(1891)]中的《泡影记》也发表在《栅栏草纸》上。后来鸥外又通过这份杂志，围绕上述三部作品与石桥忍月②展开论战，之后还与坪内逍遥③打起笔战。

由此可见，鸥外在年轻时除了精力旺盛、兴趣广泛外，还较好斗，与人争论不断。此好斗性格可追溯至他在德国留学期间。例如，在一次演讲会上，作为学生的鸥外对著名人物瑙曼④的说辞进行了批驳，接着还在慕尼黑的一流报纸 *Allgemeine Zeitung* 与瑙曼展开论战。回国后鸥外于 1893—1894 年与日本医学界关键人物或代表传统医学的

---

① 此词照搬江户时代的绘图小说"草纸"这一语汇，这里指"文学"的意思。
② 石桥忍月（1865—1926），文艺评论家、小说家、律师、政治家，其三子即当代著名文艺评论家山本健吉。1890 年围绕《舞女》、《泡沫记》等与鸥外展开论战，提高了自己在文坛的评论地位，但至中年后离开文坛，到长崎县当县议会议员、律师等。
③ 坪内逍遥（1859—1935），小说家、戏剧评论家、剧作家、社会评论家、英文学者、翻译家、教育家，号逍遥、逍遥游人等，曾入开成学校（东京帝国大学的前身）学习，1883 年毕业。在西周等启蒙学者引进的近代文学观念基础上，写出《小说神髓》(1885—1886)，和写出《小说总论》(1886) 的二叶亭四迷一道确立了日本近代文学观念，否定当时日本文坛汲取近世文学传统的戏剧性。
④ 海因里希·埃德蒙德·瑙曼（Heinrich Edmund Naumann, 1854—1927），德国地质学家，明治维新后被日本政府聘用期间构建起日本近代地质学的基础，并制作了日本第一批真正的地质图。日本的中央地沟带（Fossa Magna）和瑙曼象（以他的名字命名）遗骸也由他发现。

第十一章 "大正(1912—1926)民主运动"时期富于个人色彩的……

医生展开激辩，强调必须以近代西洋医学为主，增加正规院校本科毕业的医生，甚至不惜与日本近代医学始祖松本良顺[①]等泰斗级人物持续进行了六年左右的论战。如上述，在稍早的1891—1892年，鸥外还与坪内逍遥就文学观和研究方法，尤其是就逍遥的"无理想"文学主张展开论战。简言之，争论的内容就是逍遥认为文学"无理想性"，必须客观地描写事物和现象，即"写实主义"，并认为文学研究也须通过记述进行归纳式的批评，而鸥外则主张文学须有价值判断的标准和美的理想，具体地说就是描写理想或理念等主观的事物，即"理想主义"。鸥外的这种"好斗"习性，有人说发端于鸥外对逍遥在《早稻田文学》所做的有关莎士比亚评论的批评（也刊载于《栅栏草纸》），其实它可以溯源至鸥外德国留学时期。还有人说鸥外的批评是一种"战斗的评论"和"启蒙的争论"。不过据说鸥外到30多岁时，在其创办的另一份文学杂志《目不醉草》（1896年1月—1902年）中所做的"三人合评"，已从"战斗的"或"争论的"评论转向"稳健的"的评论。其家人评价，自奉命调动到小仓的时期起，鸥外的"棱角已被削去"。[②]

然而，事实似乎并非完全如此，自此开始鸥外还曾犯"文艺路线错误"。1909年1月石川啄木、木下杢太郎、平野万里、吉井勇等人创办了文艺刊物《北斗星》（月刊），创刊号的发行人是社会主义活动家石川啄木，其中发表的文章多为反自然主义和浪漫主义的作品。1913年12月《北斗星》停刊。停刊前鸥外和与谢野宽、与谢野晶子、上田敏等作为后援协助该刊发行，鸥外本人也向该刊每期都寄出许多作品，如《半日》（1909）、《维他·塞克斯阿莉斯（Vita sexualis）》（1909。其中描写一个哲学家客观记述自己的性体验史，与以性为主题的自然主义小说相对抗）、《青年》（1910）、《雁》（1911）等。《北斗星》创刊当年7月，鸥外获东京帝国大学文学博士学位，但不久其

[①] 松本良顺（1832—1907），幕末至明治时期的典医、军医和政治家，叙男爵，曾任"西洋医学所"总管、将军侍医、幕府陆军军医、大日本帝国陆军军医总监（第一任）、贵族院勅选议员。父亲是佐仓藩藩医、经营顺天堂的佐藤泰然。亲弟即外务大臣林董。良顺幼名佐藤顺之助，后因成为幕医松本良甫的养子而改姓松本。1871年叙从五位后名松本良顺。

[②] 引自日本网站，2014年10月6日，http://ja.wikipedia.org/wiki/森鸥外。

"大和魂"史的初步研究

《维他·塞克斯阿莉斯（Vita sexualis）》（7月号）遭停止发售的处分，8月份内务省警保局局长还为此事造访陆军省，致使鸥外受到陆军次官石本新六的训诫。

不仅如此，鸥外还触犯"国家主义"大忌。1910年5月政府开始追究"大逆事件"的参与者，9月《东京朝日新闻》连续刊出"危险洋书"清单，在第6批持有这些"危险洋书"的人物名单中鸥外及妻子的大名赫然在目。同时"南北朝教科书问题"[①] 也在不断发酵。在这令人窒息的年代，鸥外居然发表《法斯茄斯》谈论刊物禁售问题，在《沉默的塔》和《食堂》中还提到社会主义和无政府主义，上述话题都带有政治色彩。1911年4月鸥外发表《文艺的主义》（原标题为《文艺断片》）一文，反对政治干预文艺。开篇即说"艺术本来没有主义"，最后作结，"为排斥无政府主义和与其共生的社会主义，现以个人主义这一宽泛的名义对艺术加以迫害，于国家而言是件可叹可惜之事。妨碍学术自由研究和艺术自由发展的国家不会繁荣"[②]。这种提法似乎与他过去主张的"文学须有价值判断的标准和美的理想"存在一些矛盾。

鸥外作为陆军医务局长，还就军队医务人事权与陆军次官石本新六产生激烈的矛盾，最终竟以辞职要挟，结果以"陆军医学人事优先"为由被劝留。在等级森严的军队，又是从事医务工作的鸥外能在斗争中取胜，似乎与山县有朋为他撑腰[③]有关，也与他的好斗性格和声望不无关系。

[①] 也叫"南北朝正闰问题"，原指围绕中世的南朝和北朝谁为正统的争论，到1911年则成为政治问题。北畠亲房的《神皇正统记》提出"南朝正统说"，《梅松论》则提出"北朝正统说"，近世水户藩的《大日本史》等从名分上强烈主张"南朝正统说"，但一般认为"北朝正统说"更有道理，后来的天皇史也是按照北朝的观点进行编写的。自近代起"两朝并立说"渐占上风，最早的国定教科书《小学日本历史》（1903）即采用"并立说"，1909年其改订版《普通小学日本历史》也因袭此说法。1911年各历史学家就国定历史教科书的"南北朝并立说"发生争论。提出"并立说"的有三上参次，提出"北朝正统说"的有吉田东伍，提出"南朝正统说"的有黑板胜美等。在议会藤泽元造向政府提出质问后，第2届桂太郎内阁经过阁议将南朝定为正统，将采用"并立说"的《普通小学日本历史》教科书编者、文部省的喜田贞吉停职，并改订教科书，将南朝改为吉野朝。

[②] 森鸥外：《文艺的主义》，千叶俊二编：《鸥外随笔集》，岩波书店2000年版，第138—140页。

[③] 池内渐次：《森鸥外与近代日本》，弥涅耳瓦书房2001年版，第137页。

第十一章 "大正(1912—1926)民主运动"时期富于个人色彩的……

然而在私生活方面，鸥外的表现只能说是十分差劲。鸥外回国后不久，有一位德国女性[①]来找他，在日本待了一个多月才离开（1888年9月12日—10月17日），显然是为了爱情而来。这成为小说《舞女》的创作素材之一。之后鸥外还与她长期通信等，终身未能忘记那位女性。[②] 鸥外拒绝那位德国女性感情的具体原因不得而知，但从结果上可以肯定地说，鸥外一定为此权衡再三，最终选择屈服于日本的传统社会思想。虽说在当时娶外国女子为妻的人在日本已不算稀罕，如后文介绍的新渡户稻造，然而，鸥外毕竟是一个军队公职人员，也算是一个较知名的公众人物，所以他只能说服来日的《舞女》原型，使其回国，并在此后不到半年的时间即与登志子（1871—1900。海军中将、男爵赤松则良的女儿）草草结婚（时间是1889年，但一年半后即离婚），从中也可看出他有意借助于传统的力量逃脱那份西方感情的意思。1902年鸥外又娶貌美的荒木志夏（1880—1936。最高法院法官荒木博臣的女儿）为妻，一直相守至终生，算是彻底回归日本社会。

鸥外曾两度随日军侵入中国。第一次是在1894年甲午战争爆发时作为第二军兵站部长，第二次是在1904年日俄战争爆发后作为第二军军医部部长出征中国。在这两次出征期间，鸥外都在繁忙的医务之余，创作了许多汉诗和散文诗及写下日记。从这些诗歌和日记都可以看出鸥外的矛盾心情。在《徂征日记》中，鸥外用汉诗的形式表达了对日军英勇作战的敬意，还表达了自己也愿意和其他日军士兵一样，为国捐躯、埋尸异域的心情：

峡南早川君有诗见赠乃次韵却寄
一扫韩山不见难，士气应忘堕指寒。艨艟解缆知何日，天兵逐

[①] 现在就那位德国女性是谁有三种说法。其中一种说法见于六草市香《鸥外的恋情舞女爱丽丝的真实面目》，讲谈社2011年版。六草认为该女性就是爱丽丝·玛丽·卡罗丽涅·魏格尔特。其根据是她的名字、出生地、回国后的职业、鸥外回国时的年龄（21岁）、鸥外女儿的名字"茉莉"和"杏奴"（"茉莉"用爱丽丝的中间名字，妹妹"杏奴"名字的日语读音通安娜）等。六草还通过调查，证实该舞女的原型是鸥外留德期间住在柏林的某打字员。

[②] 小堀杏奴：《晚年的父亲》，岩波书店1981年版，第196—197页。

"大和魂"史的初步研究

北战将阑。期我瘦骸埋异域,钦君孤剑谢骚坛。

在日军攻占旅顺并在那里大屠杀后,鸥外又歌颂了日军的勇猛,还对天皇的"威德"加以颂扬:

旅顺战后书感次韵

朝抛鸭绿失边疆,暮弃辽东作战场。阴火照林光惨澹,伏尸掩野血玄黄。雄军破敌如催朽,新政施恩似送凉。天子当阳偏威德,何须徒颂古成汤。

然而在写给家人的书信中,鸥外的文字却有另一番心境。形式也是汉诗:

拟寄内

朔风侵戎幕,寒威彻敝裯。正谈瀛海战,忽动故园忧。倚枕频呼烛,开门屡听筹。别时霜叶落,前路雪花稠。旅服双珠泪,邮灯几斛愁。情非分厚薄,理自隔沉浮。旅鼓军容肃,刀圭乐性投。所希能起死,岂复觅封侯。

直面残酷的战场,鸥外起了"故园忧"和"几斛"乡愁,盼望回家。这时鸥外对"理"为何已不放在心上,只希望能用自己的知识和经验救治伤病员,不再期盼荣华富贵。

在《徂征日记》中鸥外还对旅顺惨案做以下记录:城内"尸首累累"。这显然是中国人民的"尸首"。虽然着墨不多,但作为出征的敌方军人,鸥外只能选择这种方式来表达。1895年2月21日鸥外赴已故北洋水师提督丁汝昌的住宅参观,看到盛开的梅花,有感而发:

昨晚,在屋檐下不远,
那棵主人手植的梅树,
花绽开了,
又迎来了今年的春天。

第十一章 "大正(1912—1926)民主运动"时期富于个人色彩的……

但它的主人却不见了。
花开在世间，
寂寞哀愁。①

这个"哀愁"似乎也是鸥外的哀愁。作为敌国的将领死得英勇，鸥外用梅花对他的高洁做了表彰，也顺便表达自己对战争和人生的看法：战争皆如此——无情，生命也如此——无常。可以说鸥外此时的心情是极其复杂和矛盾的。作为日军高级干部，他对战争和敌酋只能写到这个程度。也许诗歌是写给或有可能被别人看的，而日记和家书则仅留自己和家人阅读。也许日记等更能反映鸥外的心境。

1904年4月鸥外再次随军出征中国，在这段时间又创作了许多诗歌，这些诗歌后来大都收录于《歌日记》（1907）中。与《徂征日记》在个人情感上有所克制不同，《歌日记》则较为自由地抒发鸥外自身的情怀和见解。由于鸥外的名气很大，据说天皇也会抽空翻阅他的诗作等——鸥外的书写，此时已变为一种"有意识"的创作，所以《歌日记》中的不少诗作毫无顾忌地颂扬战争，激励士兵为国捐躯，比如：

以水代酒，与你道别。浑浊之水，可洗战刀。刀闪寒光，伴你长眠。田畦之中，马兰花下。②

再联系其他反映惨烈的战斗场景和坚忍的将士精神——在鸥外看来后者是"武士道"精神，而在我们看来即"大和魂"——的诗作，可以想见鸥外在此时是支持日俄战争的。因为受中国文化的影响，鸥外对中国的态度是复杂的，故在《徂征日记》中对甲午战争的表态有所克制，然而在面对沙俄白人"进攻"时，鸥外的态度则坚决了许多。《歌日记》中有一首题为《黄祸》的诗作，对反击西方国家的人种谬说相

---

① 以上四首诗引自森鸥外《鸥外全集35》，岩波书店1975年版，第238、242、245、248页。标点和格式为引者所改。
② 森鸥外：《鸥外全集35》，岩波书店1975年版，第232页。

"大和魂"史的初步研究

当有力。不过因为战场是设在中国和鸥外的双重身份,他对日军在中国犯下罪行的态度又变得暧昧不清。比如,《歌日记》中的《罂粟与人粪》和创作于 1912 年的短篇小说《鼠坂》,内容都涉及日军对中国少女的强奸,对此鸥外无任何表态,大概他认为那是战争不可避免的一种无奈选择。这造成了鸥外后来的部分性格分裂,他只能在潜意识中对此有所交代。据说鸥外经常将文人的自己和军医的自己做严格的区分,有次某文坛好友对在军医专用停车场的鸥外不经意地打个招呼,结果却招来鸥外的破口大骂。可是另一件事又似乎说明鸥外对自己是军医,而且还是一名军人的身份看得很重。某日鸥外带女儿杏奴出去散步,一群孩子聚拢过来:"哇!中将在这里。"这是由于日俄战争的缘故,军人在当时有崇高的地位。然而其中有一名仔细观看鸥外的小孩发现,鸥外的衣襟是深绿色的,故大叫起来:"喂!什么呀。他是军医!"于是孩子立马散去。这让鸥外深受刺激。①

1906 年鸥外征战回国,与以山县有朋为核心的歌会"常磐会"及其他短歌创作流派都有交流,还在自家举办了所谓的"观潮楼歌会"。1907 年 11 月,他 45 岁,任陆军省医务局长,又开始文学创作,但从此时开始他的思想发生巨大变化,向历史传统回归。1912 年 8 月,鸥外发表了《羽鸟千寻》,据评是"根据史料,用事实原样叙述真实人物的、鸥外最初的小说"②。这意味着鸥外在向过去的论敌坪内逍遥的主张靠拢。9 月 13 日乃木希典在明治天皇大葬当天殉死,受此刺激鸥外于 5 日后写出历史小说《兴津弥五右卫门的遗书》(初稿)。之后的《阿部一族》、《大盐平八郎》、《堺事件》等是纪实历史小说,《曾我兄弟》是纪实历史戏剧,③《山椒大夫》、《高瀬舟》等是虚构历史小说。虽然从 1915 年左右开始鸥外也写一些近代小说,但总体上仍沉醉于历史故事的叙说。1916 年鸥外在从陆军省退职前后开始撰写《涩江抽斋》等史传。1917 年末鸥外重蹈官途,任宫内省帝室博物馆馆长兼图书馆馆长,与天皇和日本的"传统"心贴得更

---

① 引自日本网站,2014 年 10 月 6 日,http://ja.wikipedia.org/wiki/森鸥外。
② 池内健次:《森鸥外与近代日本》,弥涅耳瓦书房 2001 年版,第 137 页。
③ 据云其基本视点在于"权力与民众",但其中多有杀戮的故事。山崎国纪:《评传 森鸥外》,大修馆书店 2007 年版,第 655 页。

第十一章 "大正(1912—1926)民主运动"时期富于个人色彩的……

紧。1919年又任帝国美术院首任院长。1921年作为皇室图书寮交办的工作，完成并出版了《帝谥考》这一让天皇极度满意的大作。1922年7月9日，鸥外因患肾萎缩和肺结核死去，享年60岁。鸥外年轻时曾倾心于西方的现代技术和文学艺术，但拒绝了西洋女子的求爱；其临死前的遗嘱是"……余欲为砚人森林太郎而死。过去与宫内省和陆军省皆有关联，但于死别之际，请辞一切表面待遇，仅欲作为森林太郎而死。墓碑除'森林太郎墓'外不得多刻他字"[1]，说明他并不看重皇室和政府的荣誉，可问题是他在临死前很长一段时间，始终在宫内省帝室博物馆馆长兼图书馆馆长的位置上，未挪过窝。我们似乎可以就他对政府和军队的内心想法做些猜测，但我们不知道他的哪一面才是真实的。

我们同样难以了解的还有鸥外的"大和魂"。如前所述，鸥外年轻时在《栅栏草纸》中发表的《山房论文》也谈及"大和魂"，而且此魂以负面形象出现。《山房论文》的某部分是批驳坪内逍遥文艺观的：

> 或云逍遥子不承认如今文坛有"人派"。[2] 确如斯言，逍遥子差矣。尝读《米德尔马契》[3] （Middlemarch），乔治·艾略特所作即与"人派"有相通之处。夫闻近世德国多有"人派"小说家。……法兰西各作家如巴尔扎克、雨果、左拉、都德等或皆可谓

---

[1] 中村新太郎：《日本近代文学史话》，卞立强、俊子译，北京大学出版社1986年版，第147页。

[2] 原文写作"人间派"。查中日各相关词典，均未见有人对此做出解释，中国现在的做法是照搬原文，但不作解释。这里的"人间"即"人"的意思，而且带有近代欧洲产生的"人"的含义。"派"即"派别"的意思。从以上人物和文意揣摩，似乎又说的是"自然主义文学"流派。

[3] 英国女作家乔治·艾略特（George Eliot, 1819—1880）所写的小说，出版于1871—1872。米德尔马契是一座虚拟的英国小镇的名称。这部小说叙述的是该小镇19世纪30年代的居民生活，实际内容主要是小镇上几个普通人的爱情、婚姻生活。除此之外，该小说还描写当时的政治风波和小镇经济生活，并讨论生物和医学，凡此种种都很耐读。有评论说，米德尔马契这个世界里的规律不是善恶有报，而是求仁得仁。英国女作家、文学批评家和文学理论家弗吉尼亚·伍尔芙（1882—1941）说，米德尔马契是英语世界极少的几部写给成年人看的小说。

"大和魂"史的初步研究

已超越"人情味派"界限,进入"人派"行列……总之,"人主义"① 进入小说界乃十九世纪之特有现象,此非诬言。此"人派"乃新鲜事物,故无法将汉学家或国学家列入"人派"乃自明之理。……然逍遥子另立"世态派",将荷马算入其中。彼所求之汉学家或国学家之小说乃此类叙事诗之大作,从推理上说并无不当。又说东洋无"个人理念"。……约尼斯·斯埃尔②曰,东洋戏曲最伟大者乃印度戏曲,然以印度戏曲之雄,最终却不知此诗体之质。盖戏曲之质,由个人自我规定之性所生。所惜者乃东洋之灵魂迄今未达至此"个人理念"③。此乃东洋无"个人理念"说法之一例。吾邦诗人果无"个人理念"?果无歌德、莎士比亚诗中所见之"个人理念"?若无则从以小天地为美之立脚点看吾邦,仅可谓自古无大诗人。世间论家有"大和魂",于如今文坛寻求自古所无之大诗人,吾仅谓此为壮举。④

和汉诗与小说相比,鸥外的文学评论文字实在不能算好,不仅隔靴搔痒,还语意不清,与当时的日本文人流于同弊。鸥外这里所说的"大和魂"有"传统"和"老旧"精神的意思,但其实坪内逍遥的主张并不"老旧",说当时的世界包括日本近代文学缺乏人文精神也无太大不当。如前述,他的《小说神髓》和二叶亭四迷的《小说总论》一样都具有近代性,既确立了日本近代文学的观念,也否定了当时日本文坛汲取近世文学传统的戏剧性,如何有"大和魂"?相反,鸥外的言论"吾邦之诗人果无'个人理念'"倒是有几分"大和魂"的韵味。关键

---

① "人主义"在不同时代有不同的含义。文艺复兴时期有所谓的"人文主义",主要指古典研究和人道主义研究,但进入 20 世纪后该主义被赋予合理主义的解释,比如不从神那里,而试图从理性的人当中发现善和真理。在此思想的延长线上有人将其翻译成"人中心主义"。这里的"人",是基于西欧近代价值观的"理性"的人。其概念与"理性中心主义"、"西欧中心主义"相通。
② 约翰尼斯·斯埃尔(Johannes Scherr, 1817—1886),19 世纪德国作家,著有文学史、西洋史、德国史等众多书籍。
③ 《世界文学史》第一卷,出版社信息不明,第 17 页。
④ 《森鸥外全集》第七卷,筑摩书房 1971 年版。原载《栅栏草纸》,新声社 1891 年 9 月—1892 年 6 月。引自日本网站,2014 年 10 月 6 日,大和魂 site:www.aozora.gr.jp。

第十一章 "大正(1912—1926)民主运动"时期富于个人色彩的……

是鸥外对"大和魂"也定义不清。

另外,从鸥外说服来日的《舞女》原型,使其回国后不到半年即与日本上流阶层的登志子结婚,以及在1902年鸥外又娶上流人物荒木志夏为妻,彻底回归日本社会,也可以看出鸥外的"大和魂"——无论是他的文学,还是他的私生活,他都像时钟一样,先后摇摆于近代和传统之间,但最后将钟摆定格在日本传统那一边。

鸥外的诗歌也如此,有的除歌颂日军的武士道精神外,还表达了自己也愿意和其他日本官兵一样为国捐躯、埋尸异域的心情。更重要的是他心向天皇,并在生命终结的那一刻仍在为皇室服务,有点"媚俗"的意味。这一切从当时的日本社会语境(参见第十二章)和在"国学家"看来,难道说没有一点"大和魂"的意味?

3. 新渡户稻造的《武士道》即他的"大和魂"

新渡户稻造(1862—1933)也是名人,日本央行在1984年发行五千元纸币D号券时采用了他的头像,这不仅是因为他写出了名著《武士道》,还担任过"国际联盟"(1920。以下简称"国联")的副秘书长。

稻造出生在陆奥国岩手郡盛冈藩(今岩手县盛冈市)藩主的一个管家家庭,幼名稻之助,六岁时入藩校"作人馆"学习汉学,同时还向自家的医生学习英文。九岁时赴东京成为叔父的养子,改名稻造。他先是在筑地的英文学校学习,翌年进入原盛冈藩藩主南部利恭经营的"共惯义塾"。据说那时稻造经常逃课,因此叔父逐渐不喜欢他,并怀疑他偷自家店里的钱。稻造受此刺激变得非常用功,十三岁时进入刚成立的东京英语学校(后东京帝国大学)学习,之后经认真思考决定改学农学。

在札幌农校(今北海道大学)稻造可谓一条硬汉,让人联想到他后来撰写《武士道》是否与此也有关联。据说某日学校食堂墙上贴出布告,上书"以下人等欠缴学费,请尽速付清",其中就有稻造的名字。稻造见此喊道"老子的人生岂能被这张破纸决定",并当众撕毁布告。结果他被勒令退学,后因同学恳求校方才免遭处分。此外,稻造和教授争论问题时还敢挥拳相向,故有"行动家"的绰号。但这不妨碍

· 859 ·

"大和魂"史的初步研究

稻造在校期间信仰基督教,和同班同学内村鉴三①等人一道接受洗礼,教名为"保罗"。入教后稻造像变了个人似的不再与人争吵,同学吵架时还出面制止,说"《圣经》规定基督徒不能与人争吵"。朋友叫他参加讨论问题时则回答:"与其讨论不如读《圣经》。真理都写在《圣经》里。"自此他又有了新的绰号"修道士",由内村鉴三等人所起。②

自农校毕业后稻造到北海道政府工作,不久又想起要做学问而进入东京帝国大学。然而进东大一看,稻造发现那里的研究水平比自己过去所待的农校差多了,故又退学。1884年稻造另想起要在"太平洋上架起一座友谊的桥梁",于是自费到约翰·霍普金斯大学留学。在那里稻造对传统的基督教产生怀疑,故经常参加贵格会③的集会并成为该会的正式会员,且结识了后来的妻子梅阿莉·耶尔金顿(婚后改名为新渡户万里子)。不久札幌农校任命稻造为副教授,并让他从霍普金斯大学中途退学去德国留学,几年后稻造在哈雷·威登堡马丁路德大学获农业经济学博士学位。回国途中,稻造拐到美国与梅阿莉结婚,于1891年返回日本,任札幌农校教授。这段时间霍普金斯大学出版了稻造的第一本著作《日美交通史》,并赠给他名誉学士学位。应该说,稻造在学术方面是幸运的。

在札幌农校工作期间,稻造出现健康问题,故向学校请假到加利福尼亚州疗养,正是在这段时间用英文写出了名著《武士道》。因甲午战争日本完胜,世界对日本和日本人开始刮目相看,关心顿起,所以该书在1900年一出版就立刻被翻译成德文、法文等,成为畅销书。一如前述,1905年日俄战争期间老罗斯福总统读后也大发感慨,称赞不已。之后森鸥外总结,日本之所以能打败清国,是因为日本比清国早实现近代化,而日本能打败当时的世界强国俄罗斯,又因为日本有武士道。

---

① 内村鉴三(1861—1930),宗教家、评论家,针对教会式基督教主张"无教会主义",并因不向"教育敕语"牌位敬礼而导致所谓的"不敬事件",还提出"非战论",创办杂志《圣经之研究》,著有《基督徒的安慰》、《求安录》、《余为何成为基督徒?》、《废除战争论》等。

② 含此,以下史料等除另有注释外均引自日本网站,2014年10月8日,http://ja.wikipedia.org/wiki/新渡户稻造。

③ 贵格会(Quaker),又称"教友派"或"公谊会",是基督教新教的一个派别。该会成立于17世纪,创始人为乔治·福克斯。

第十一章 "大正(1912—1926)民主运动"时期富于个人色彩的……

1908年《武士道》被译回日文，至今仍被日本人盛赞。号称是半个日本人的中国台湾"前总统"李登辉也对此书评价极高。① 必须说明，《武士道》的原英文书名是 Bushido: The Soul of Japan，即"日本魂"。看来稻造是将"武士道"与"日本精神"等量齐观的。就此问题我们下面要详细论述。

此后稻造作为农学专家，在连续两年接到"台湾总督府"民政长官且为同乡的后藤新平②的邀请，于1901年辞去农校的教职到台湾工作，历任民政局殖产科科长、殖产局局长助理、台湾糖务局局长代理，而这些几乎都是临时性的工作。但即使这样，稻造还是向"总督"儿玉源太郎③提出《糖业改良意见书》，借此奠定了台湾糖业发展的基础。从学者自觉或奉命用知识为社会、国家、世界服务这一点来说，我们无须苛求于稻造，但奇怪的是，稻造作为基督徒却不对日本的侵略殖民事业提出质疑，反而积极支持。1903年，稻造回国后兼任京都帝国大学法科大学教授，讲授以台湾"业绩"为内容的殖民政策。1906年稻造因完成涉及殖民政策的论文获京都帝国大学法学博士学位。同年，在文部大臣牧野伸显的示意下，稻造任第一高等学校校长，兼任东京帝国大学法科大学教授（1906—1913），目的是让他培养日俄战争后日本未来的领导人。1911—1912年，按日美两国间创设的教授交换制度，稻造赴美讲学，目的是增进美国对日本的理解。回国后稻造因健康原因于1913年辞去"一高"校长的职务，改任"东京殖民贸易语言学校"校长、拓殖大学④学监等，可谓对当时的日本殖民政策亦步亦趋。

1920年稻造在东京帝国大学经济系讲授殖民政策期间"国联"建

---

① 李登辉：《〈武士道〉解说——何谓"位高则任重"》，小学馆2003年版。
② 后藤新平（1857—1929），医生、官僚政治家，叙正二位助一等伯爵，历任"台湾总督府"民政长官、"满铁"首任总裁、通信大臣、内务大臣、外务大臣、东京市第七任市长、童子军日本联盟首任会长、东京广播局（后日本广播协会）首任总裁、拓殖大学第三任校长，对日本"经营"殖民地和侵略中国大陆"贡献"良多。
③ 儿玉源太郎（1852—1906），德山藩藩士之子，军人、政治家。官拜陆军大将，为创建日本近代军队"贡献"巨大。陆军长州派阀之一。历任"台湾总督"、陆军相、内相、文相。日俄战争时任"满洲军"总参谋长。后任日军参谋总长。子爵。
④ 拓殖大学的诞生就是为了培养开拓台湾的人才，"拓殖"即"开拓处女地、移居发展该地"的意思。

· 861 ·

立。具讽刺意义的是,这位讲授殖民政策的稻造却被选为"国联"的副秘书长,① 表面的原因是他因《武士道》一书在国际上声名鹊起,实际的原因很可能是西方世界要对逐渐强势的日本进行收买或"绑架"。另一个令人啼笑皆非的事情是,稻造在"国联"提出《废除人种差别之提案》(此建议虽好,但对当时采取侵略扩张政策的日本而言,并不具备提出此议案的资格),但被担任"国联"秘书长的美国总统威尔逊否决,可见美国国内存在严重的种族歧视问题。稻造对世界做出的积极贡献是,在1921年"国联"大会上提出将世界语作为"国联"工作语言的议案,但它又被法国反对,以致未能通过。1926年稻造从担任七年的"国联"副秘书长的位置上退下来回国,1929年获得拓殖大学名誉教授称号。

1931年日军占领中国东北三省。1932年日本军国主义思想全面高涨。在此非常时期稻造却表现良好,再次显露出他过去的硬汉本色,公然在报纸上发表自身见解:"有人问,灭亡我国的是共产党或军阀,哪一个可怕?我现在必须回答,是军阀。"不管当时稻造内心有何复杂的想法,但作为一个接受国恩多年的著名公众人物,能有如此发言,的确令人肃然起敬。为此稻造遭到军部、右翼,特别是在乡军人会和迎合军部的媒体的猛烈抨击,许多朋友和弟子也离他而去。同年,为缓和国际上的反日情绪,稻造又因国恩奉命赴美,阐明日本的立场。但不久日本又建立起"满洲国",让稻造有苦难言,美国朋友这时也怀疑稻造"是否代表日本军部而来",1933年日本宣布退出"国联"。同年秋稻造作为日本代表团团长出席在加拿大召开的"太平洋问题调查会议",会议结束后稻造因病突发死于维多利亚港。②

稻造的人生经历,其实和他在《武士道》中所叙述的"武士道"或"日本精神"一样,由各种不同的思想融汇浇筑而成。这个"融汇浇筑"就如同烹调食物,原材料各有其味,但调配在一起,各营养素融合后就变成一种全新的味道,宣告一个新菜肴的出现。这个比方,不

---

① "国联"中在地位上次于秘书长的有 Deputy Secretaries-general(代理秘书长)和 Under-Secretaries-General(副秘书长),各有多人。

② 引自日本网站,2014年10月8日,http://ja.wikipedia.org/wiki/新渡户稻造。

第十一章 "大正(1912—1926)民主运动"时期富于个人色彩的……

仅适用于对稻造所说的"武士道",还适用于对"大和魂"的解释,何况稻造早已将此二者等量齐观。不过仅就稻造的《武士道》而言,我们除对他华丽流畅的英文文字和顽强善辩的精神(在书中他自称是一个日本"辩护人"),以及他对西方人士文化心理的准确把握感到欣赏外,对他的学问态度则有保留。或许当时日本名士的学问态度大都如此,例如上述的鹿子木员信与和辻哲郎等人。但西方人对此不计较,究其原委,或许是因为当时西方世界对日本存在猎奇心理,或对稻造抱有偏爱,基本不了解日本但又极度关心日本,所以只能听凭会英文且懂得新旧"两约"和希腊、罗马、英伦等文学典故的稻造在《武士道》中说什么就信什么。从某种意义上说,稻造之有幸,如同写出《中国人之精神》的辜鸿铭和写出《吾国与吾民》的林语堂之有幸,因为他们都懂得西方话语模式。借用当下一句时髦的话语,就是他们都深谙西方世界的话语体系,而其中尤以稻造为甚。用大量的新旧"两约"和希腊、罗马典故及西方名人名言等来比附日本和中国的事例和观念,确实容易引起西方人士的共鸣。不过照我们看来,《武士道》不是一部学术著作,而是一部散文集或随想集,所以证明不了历史和学术的问题。

《武士道》的"第一章 作为道德体系的武士道"说该"道"是一个体系,但我们不理解稻造为何只解释"武士道"中的"武士",而不解释何为"武士道"的"道",以及这个概念的来源。稻造仅说:"在日本,当封建制正式开始时,专制的武士阶层便自然而然地得势了。他们被称为'侍'(Samurai)。……意味着卫士或随从,……类似在欧洲中古史上见到的斗士(Milites medii)。一般还使用汉字的'武家'或'武士'这个词。"而"等到具有崇高的荣誉和巨大的特权,以及伴之而来的重大责任时,他们很快就感觉到需要有一个共同的行为准则"。似乎稻造所说的这个"共同的行为准则",就等同于"道"。另外,此章还就"武士道"给出一个自相矛盾的定义:"乃要求武士遵守的或指示其遵守的道德原则的规章。它不是成文法典,充其量只是一些口传的或通过若干著名的武士或学者之笔留传下来的格言。毋宁说它大多是一部不说、不写的法典,是一部铭刻在内心深处的律法。"[①] 换句话说,

---

① 新渡户稻造:《武士道》,张俊彦译,商务印书馆2004年版,第16—17页。

· 863 ·

"大和魂"史的初步研究

武士道就如同禅宗"不立文字,以心传心"的"戒律",其"若干格言"也相当于禅宗的部分偈语。既然如此,那么就应该明确说明,武士道和禅宗一样是没有文字"规章"的。稻造还提到《武家诸法令十三条》,说它们"大都是关于婚姻、城堡(内部)、党徒(间)等的规定,只不过稍稍涉及训导的规则而已。因此,我们不能指出一个明确的时间和地点说'这是其源泉'"①。换言之,"武士道"没有一个明确的创始人和经典、教义,只有一些口口相传的信念和戒条,以及在此基础上由不断累加的其他思想堆集融合而成。这一点和不尚虚言、只重感觉的"物哀"思想,放大来说,和整个日本古代文化思想都很相似。

由此稻造转入"第二章 武士道的渊源"的说明。第一个是佛教:"佛教给予武士道以平静地听凭命运的意识,……卑生而亲死的心境。……它的方法就是冥想。而它的目的,据我理解,在于确认一切现象深处的原理,可能的话即确认绝对本身,从而使自己同这个绝对和谐一致。……这……已然超越一个宗派的教义。无论何人,作为达至洞察万事的绝对者,都会超越现世的事象,彻悟到一个'新天地'。"②也就是说,武士道的一个来源是佛教,而且该"道"并不特殊,是一个"超越"各"宗派教义"的、全人类经努力皆可"洞察"万事的教义。这句话显然西方人士爱听。

第二个来源是神道:"由神道的教义所刻骨铭心的对主君的忠诚、对祖先的尊敬以及对父母的孝行,是其他宗教所没有教导过的东西。"③稻造在写下这些文字的时候,不知是否已惛惛然而不辨事理。"对主君的忠诚",是任何一个部落或民族、国家的共同要求,稻造面对的欧美国家的读者所在地也概莫能外。而"对祖先的尊敬以及对父母的孝行",世界也大体相似,而其中又以中国为甚,我们只要参看一下《二十四孝图》等就可明白。如果我们读过石田一良《日本文化史》中的"神道的本质"一节,以及"国学家"所"研究"总结出的神道概念词,还可以知道,原始神道倡导的三个基本概念——"清"、"明"、

---

① 新渡户稻造:《武士道》,张俊彦译,商务印书馆2004年版,第15页。
② 同上书,第18页。
③ 同上。

第十一章 "大正(1912—1926)民主运动"时期富于个人色彩的……

"直"（并无其他概念）与孝道无任何关系。令著者诧异的是，欧美当时的"有识之士"居然也昏了头，竟无一人提出异议，反而夸赞连连。另外，稻造所说的"神道的自然崇拜，使国土接近我们内心深处的灵魂，而它的祖先崇拜，则从一个谱系追溯到另一个谱系，使皇室成为全体国民的共同远祖"[1]，不仅行文晦涩难懂，而且怎么看都与本章所论的来源问题无关。其实这种说法是学舌于平田笃胤的（后者的说法本身就牵强附会），但其目的所有人都看得清楚，即在于尊皇。所以在武士道与神道的关系上，稻造并没有清楚地阐释过什么。

　　第三个来源是中国的儒教。在这方面稻造倒是说了实话："孔子的教诲就是武士道的最丰富的渊源。"不过稻造之后立刻做了补正，"君臣、父子、夫妇、长幼以及朋友之间的五伦之道，早在经书从中国输入以前，就被我们民族本能地认识到了。孔子的教诲只不过是把它确认下来罢了"[2]。这些话也源自江户时代"国学家"的"研究结论"。民族自尊心可以发生在任何一个族群的人士身上，但如此否认文化的相互影响，强调"我有，但没有说，只是让你先说罢了"，其实没有任何意义。要说"本能"，可能没有一个民族的祖先是光彩的。在原始时代，不尊老等是一个常态。中国古代有"弃老"的传统，日本古代也有"姨捨"[3]的现象。《孟子·滕文公上》说上古人"逸居而无教，则近于禽兽"，可能也包括这种"弃老"的情况。即使到1956年，也还有深泽七郎此人在《中央公论》上发表小说《楢山节考》，继续讨论"弃老"的问题。至于"五伦"的产生，即使在中国也是较晚的事情。其出典最早见于《尚书·尧典》，内有"慎徽五典，五典克从"的说法，即要以五种美德教导自己的臣民。据《左传》解释，这"五典"就是"父义、母慈、兄友、弟恭、子孝"。后来孔子提出"君君、臣臣、父父、子子"的概念，增加了君臣关系。最后是孟子在整理和总结中国以往道德关系和道德规范的基础上，才全面概括出封建社会人们之间的这五种基本的道德关系和提出相应的道德规范："使契为司徒，教以人

---

[1] 新渡户稻造：《武士道》，张俊彦译，商务印书馆2004年版，第18页。
[2] 同上书，第20页。
[3] 古代老人不中用了，即让人背到山上丢弃，目的是为了在远古生产力低下、食物经常无法保障的情况下尽可能地保存和延续种群。

伦：父子有亲，君臣有义，夫妇有别，长幼有序，朋友有信。"（《孟子·滕文公上》）后来这种理论在江户时代被日本人发扬光大。

稻造还说："继孔子之后的孟子，对武士道也发挥了巨大的作用。……它甚至被认为是对现存社会秩序的危险思想，是反叛性的，因而他的著作曾经长时期成为禁书。尽管如此，这位贤人的言论却永远寓于武士的心中。"① 既然此书"曾经长时期成为禁书"，那么武士是读不到的，如何会"对武士道也发挥了巨大的作用"，"永远寓于武士的心中"？说此话的稻造不仅前后矛盾，而且还道听途说，以讹传讹。日本过去是否查禁《孟子》没有文献记载，相反，在较早时出现的《梅松论》（1349）中，却鲜明地反映出孟子的"革命"思想。② 而且日本出现查禁《孟子》的说法时间很晚，约在江户时代中期，似乎是某尊皇论者根据中国明代谢肇淛所撰《五杂俎》才编造出查禁《孟子》一说的。因有前述，此不赘。

稻造的"武士道"来源部分，有关儒教渊源的篇幅最大，其中还提到王阳明的心学，说"在一些最高尚的武士中有不少人深受这位哲人的教导的影响。西方读者会很容易发现王阳明的著作与《新约圣经》有许多类似之处"。"他的学说虽然包含唯我论受到批判的一切逻辑上的谬误，但它具有强烈的确信力，因而它在发展个人坚强性格和宁静气质的道德意义方面却是不容否定的。"稻造没有说清心学对"武士道"的具体影响何在，只是说"看来像在神道的简单教义中表达出来的日本人的心态，似乎特别适合于接受阳明学说"③。似乎稻造写《武士道》基本不查原典，解释时也常信口开河，而且多用西方的文典比附东方典

---

① 新渡户稻造：《武士道》，张俊彦译，商务印书馆2004年版，第20页。
② 查最早传入日本的《孟子》，是宋代朱熹校注的《孟子集注七卷》，元延祐元年（1314）万卷堂刊本，共三册，现藏于宫内厅书陵部。卷首有《孟子朱熹集注序说》。另外还有14世纪日本南北朝时代（1331—1392）南朝写本《孟子》十四卷，题"（宋）朱熹撰"。卷中有朱笔"乎古止点"。各卷末皆有抄校者"识语"，如"天授……"。此"天授"系南朝长庆天皇年号，相当于公元1375年至1383年。《孟子集成十四卷》卷中有室町时代（1393—1573）与江户时代（1603—1867）朱笔点圈并有墨笔汉字假名注音。天头地边间有眉批。此外还有14种藏本藏于日本各地，皆为宋元明时期刊本并于元明时代进入日本。见严绍璗《日藏汉籍善本书录》，中华书局2007年版，第206—209页。
③ 新渡户稻造：《武士道》，张俊彦译，商务印书馆2004年版，第21页。因暂时无法核对到原作，所以这里未能对以上汉译的语意不清之处做出补正。

第十一章 "大正(1912—1926)民主运动"时期富于个人色彩的……

籍,不知欧美"有识之士"就此作何感想?

在谈完渊源后稻造得出结论,"不论其渊源如何,武士道吸收并同化于自身的基本原理是少量且单纯的。……我们的武人祖先,以其健全和纯朴的性格,从古代思想的大路、小路上所搜集的平凡而片断的穗束中,选出他们精神上的丰富食粮,并且在时代要求的刺激下,从这些穗束中创造了新的无与伦比的男子汉之道"①。这个"男子汉之道",就是"武士道"。接着,稻造在第三章到第十七章,分别讨论"义"、"勇——敢作敢当、坚忍不拔的精神"、"仁——恻隐之心"、"礼"、"诚"、"名誉"、"忠义"、"武士的教育和训练"、"克己"、"自杀及复仇制度"、"刀——武士之魂"、"妇女的教育及地位"、"武士道的熏陶"、"武士道还活着吗"、"武士道的未来"。因篇幅较大,于此无法一一分析,但这里要说的是,"武士道"虽为产生于日本的一种社会现象,具有较鲜明的日本特色,但这些特色,稻造却未能用有概括力的方法将它们归纳出来。而且,如东方的读者揆诸各章标题和内容即可知,许多所谓的"武士道"特点,其实并不是日本所特有的,而许多来自中国等地,至少可以说是东亚国家所共有的。换言之,"武士道"即日本武人在本国历史文化的基础上,融汇中国思想等创制出的一个大拼盘。和几乎大多数日本学者一样,稻造的最大缺点,就是将欧美人所不具备的特点都说成是日本文化的特点〔于稻造而言,即"武士道"或"日本魂"("大和魂")的特点〕,蒙蔽了当时不少不明真相的欧美"有识之士"。

那么"武士道"的日本特点何在?这有必要先看一下"武士道"的出典。据村冈典嗣说,"武士道"这个名称出现的时间很晚。贝斯·豪尔·张伯伦②在其著《新宗教的发明》(*Invention of a New Religion*, 1912)中也指出,"武士道"这个词汇于1900年前,在日本所有的词

---

① 新渡户稻造:《武士道》,张俊彦译,商务印书馆2004年版,第21页。因暂时无法核对到原作,所以这里未能对以上汉译的语意不清之处做出补正。

② 贝斯·豪尔·张伯伦(Basil Hall Chamberlain, 1850—1935),英国的日本学家,1873—1911年长期滞留日本,先后在东京帝国大学和海军学校教授日语和"博言学"(即语言学),对日语研究,特别是对日语语法的确立做出很大贡献。在阿夷奴语和琉球语的研究方面也有功绩。同时尽力向国际介绍日本文化,著译有《古事记》(英译)和《日本口语文法》等。

典中均未能查见,然而不能因此说之前的日本不存在"武士道"这种精神。山鹿素行的《武教小学》以及斋藤拙堂的《士道要论》和地条竹风的《士道心得书》等使用的"士道",可以认为就是"武士道"的前身。而更古老的说法则是镰仓时代文献中出现的"武道"、"弓矢之道"和"弓马之道"。据说安土桃山时代的武将加藤清正(1562—1611)曾写过"七条训诫",其中的一条就是"若不常吟味武士道,则无法干脆利落地死去"①。如果这个说法可信,那么则可以认为这就是"武士道"最早用例。典嗣还说,"武士道"的这种精神还可以追溯到上古时期的"记纪"传说和《万叶集》歌谣的"尚武之风"。

不过对这最后一点的说明我们有所怀疑。因为任何族群在上古时代都尚武,否则难以生存,比如,中国上古"轩辕之时,……诸侯相侵伐,……而神农氏弗能征。于是轩辕氏乃习用干戈,以征不享,诸侯咸来宾从"②。轩辕氏后来成为黄帝,再战炎帝,继而杀蚩尤,从此"天下有不顺者,黄帝从而征之,平者去之,批山通道,未尝宁居"③。之后的禹、启、商汤、周武王等也概莫能外。这说明并非只有上古的日本才"尚武"。中国后来"尚文"倾向的出现,是由此后的中国历史文化条件决定的。日本保留"尚武"的习俗,也与后来的历史文化条件有关。

典嗣还谈到"武士道"的定义及其特点,它们虽与稻造的有形似的一面,但实质上存在较大的差异:"武士道是从武士在生活中体验的直接经验产生的实践道德,也是基于此的人生观和世界观。其特色是它并非通过文字或书本习得,而是从直接经验中体会,而且这个特色又规定着武士道整体。而所谓的直接经验世界,不外乎就是主从关系和军旅生活。"④

按典嗣的说法,"主从关系"的"主"和"从",分别指出身皇胤的将军(主君)和他的"家子郎党"(下级武士)。"关系"则指用

---

① 村冈典嗣:《日本思想史概说》第一节"武士道",《日本思想史研究 IV》,创文社 1961 年版,第 324 页。
② 《史记·五帝本纪》。
③ 同上。
④ 同上书,第 327 页。

第十一章 "大正(1912—1926)民主运动"时期富于个人色彩的……

"领地俸禄"连接起来的经济关系。下级武士及其家族的生活由主君保证,而主君又依靠其下级武士维持自己的地位。在此过程中下级武士对主君产生"恩、义"的感觉,最终发展出"报恩"的"忠义"思想。北条一族灭亡前,大佛贞直出征时留下的一句诗"弃我千年命,报君一日恩"[1],说的就是这个意思。当然对此"忠义"主君也会产生关爱下级武士的情思。不过如果主从之间纯粹是一种经济关系,那么就会导致因"恩"的厚薄而选择去留的现象。事实上,早期"武士道"的道德观念也不免给人留下一种"善打小算盘"的印象。后来武家意识到这一点,从儒教那里引进"大义名分"学说,就是为了改变这种患得患失的想法,将"报恩"情怀上升为一种真正的道德情操。

不仅如此,军旅生活也会产生"道德"。一方面,从主从关系产生的"忠义"思想,在战场上显得尤为必要,成为一种绝对的服从思想。另一方面,主君也要显示出对部下赏罚的公平公正。前者可谓一种牺牲精神和感激之情,后者可谓一种公正的理想,这一切加起来也算是一种新的"道德创造"。简单说来,这些在战场形成的"道德",首先是"勇敢"。其次是"信义"。因为军旅生活不仅是团队生活,还要面临战斗,所以需要一种对约定(含命令)尊重的精神。再次是"朴素"。武士本来就来自农村,在战场上随时都会面临供应不足的情况,所以会养成一种克己、忍耐的习性。最后是"荣誉感"。荣誉感本属人类的自然情感,未必专属于武士道,但在以军功出人头地的军队内部,这种荣誉感会上升为一种特殊的"道德",甚至成为一种"道德自觉"。"武士自觉到自己的天职,承认人生的价值在于武士道的道德实现,这时就产生了重视后世的名声而轻于现世的幸福的思想。当武士的地位确立下来之后,重视荣誉感开始走向极端,上述各道德的实现往往都会与荣誉感联系起来。……当然(其中)也有弊端,那就是重视名誉后来流于单纯地获得虚名。"[2]

典嗣认为,在性情上"武士道"和希腊的斯多克学派(Stoic

---

[1] 村冈典嗣:《日本思想史概说》第一节"武士道",《日本思想史研究 IV》,创文社1961年版,第 328 页。

[2] 同上书,第 331 页。

school) 在"克己"等方面有相通之处, 但也有不同, 即它不禁欲, 重视"人情"(人性。下同, 不一一说明)。"武士道固然尊重义务, 有时甚至可以放弃人情以尽义务, ……但此时的义务毋宁要求更高的道德情感, 而且这种心情往往转化为对荣誉感的追求。因为斯多克道德是理性主义哲学的产物, 而武士道是武士生活的实践性道德的产物。武士道在其严肃的另一面, 还存在所谓的武士之情这一人情的一面。"① 典嗣此处的说明不很清晰, 但通过他后面的话, 可以推测出他所说的"人情", 就是指尊重女性和恋爱至上的精神。这个被尊重的女性和恋爱的对象, 有时往往也具有节操和勇气。典嗣还有一个发现很重要, 即他认为中古②时代末期的武士思想具有宗教性(无常观), 但中世③的武士出于现实的需要, 却缺乏这种感伤的厌世情绪。④ 可以说, 典嗣对"武士道"及其特点的认识比稻造深入许多。

与典嗣相比, 斋藤正二于相关论题的史料挖掘和特点认识方面又胜一筹, 认为"武士道"和"大和魂"其实并非同一概念, 并对新渡户稻造、津田左右吉及和辻哲郎的观点做了批判。在《大和魂的文化史》中, 斋藤首先引用桥本实⑤所发现的、安土桃山时代的(1573—1598 或 1568—1600) 题为《武功杂记》(1696) 一书的史料: "此人云, 病人并非有功之人, 不知武士道之事……"⑥ 认为它是有关"武士道"的最早用例, 并说这个名称在江户时代成为普通用语被频繁使用, 显示出武士道的真面目(此话具有深意)。还说从文献看, "武士道"的历史很短, 不足 400 年的时间, 比茶道和花道的历史短了许多。⑦ 接着, 斋藤列举出自己发现的其他史料: 比如"武士之道"的名称, 出现在《今

---

① 村冈典嗣:《日本思想史概说》第一节"武士道",《日本思想史研究 IV》, 创文社 1961 年版, 第 331—312 页。
② 日本史特别是日本文学史的时代区分, 指以平安时代为中心的历史时期, 接上古。
③ 日本史一般指自 12 世纪末镰仓幕府建立至 16 世纪末室町幕府灭亡这段时期。
④ 村冈典嗣:《日本思想史概说》第一节 武士道,《日本思想史研究 IV》, 创文社 1961 年版, 第 333 页。
⑤ 桥本实, 生卒年不详, 约活跃于昭和年代前期或中期, 著有《武士道的历史研究》(1934) 和《武士道的精神》(1943) 等。
⑥ 斋藤正二转引自桥本实《武士道的历史研究》,《大和魂的文化史》, 讲谈社 1971 年版, 第 96 页。
⑦ 同上书, 第 97 页。

第十一章 "大正(1912—1926)民主运动"时期富于个人色彩的……

川记》(1553)第三条中，内有"嗜弓马会战一事不若知武士之道"一语；《风雅和歌集》"卷第十七 杂歌下"(1348 或 1349。《国歌大观》编号1813)原致雄的和歌："生命于我如鸿毛，何道重于武士道?"(原歌写作"武士之道")；再往前溯是"兵之道"。《今昔物语集》(12世纪前半期)卷第二十五"源赖信朝臣责平忠恒语第九"说："此人乃名曰多田满仲入道之兵三郎子也。就兵之道决不昧暗。"此外该物语集还有两个语例，如《宇治拾遗物语》(13世纪初)卷十二"宗行郎等射虎事"说："日人毫不惜命。(上战场)遇箭矢如闲庭信步。又，论兵之道无人可比日人。"从这些平安末期到镰仓初期的用例来看，"兵之道"专指武艺和军事作战技艺，但到室町时代《今川记》的"武士之道"则开始具有道德意义。"弓矢之道"也大致如此。《太平记》(1368—1375 或 1375—1379)、《平家物语》(1219—1222 或 1240—1243)、《十训抄》(1252)中有几个"弓矢之道"的语例，说的就是道德意义，如"弓矢之道，以轻死重名为义"(《太平记》卷十"新田义贞谋反之事")，"弓箭之道不仅谋求战场胜负，而且于战胜中多显其德"(《十训抄》下卷第十"可庶几才能事条")，还有"武道"。《平治物语》(成书于《保元物语》后《平家物语》前)"投靠义朝六波罗事并赖政变心之事条"说，"大抵武道之常法乃遇强敌丧命，助弱小灭身"；"赖朝举义兵事附退却平家事条"说，"武道言血气勇者与仁义勇者之事，但大凡以仁义勇者为本"。

斋藤认为，"武士道"的同义语"弓矢之道"或"武道"等发源于镰仓时代武家一味强调通过武力谋取霸权，将军与其镰仓"御家人"结成武家社会，建立起镰仓幕府这一过程之中。此前单纯反映作战技艺的"兵之道"至此被提炼成纯朴、严格的伦理规范。武士道的萌芽"弓矢之道"或"武道"，不外乎就是将战争、和平两个时间的一些好的行为视为现实的理想，并最终使其上升为一种精神规范或道德规范。简言之，即下级武士对主君的恩赐（给土地、职务，使其补任朝廷命官）需要回报（称为"忠诚"），它包含三种义务：(1) 军事义务（战时义务）；(2) 日常义务（兵营服务、旅途服务、社寺警卫、"公"事服务）；(3) 恩赏回报（给将军献礼等）。

从这个基本观点出发，斋藤认为，稻造的"武士道即日本魂"乃

"大和魂"史的初步研究

诞生于上古建国之初的伦理体系的说法极其荒诞，属于一种"忠君（天皇）爱国（皇国）"的美德更是一种诡辩。早期的"武士道"，不过是下级武士对主君的义务观念的规范化集成，而对皇室并不尊重。有一事可资证明。《吾妻镜》（13世纪末或14世纪初）"文治五年六月十三日"条说，奥州征战时将军因"无敕许，遂召聚御家人，（问）为之如何？……景能不及思案（索），申云，军中闻将军之令，不闻天子之诏"。并且，这种下级武士对主君尽义务、输忠诚的精神，说到底只是一种从个人的主从关系演化而来的情谊，横溢着人类本源性的利己（物质）欲望。因此斋藤告诫人们，千万不可将武士，不！人类存在本身上升为抽象化的"漂亮话"并任意美化。

利己（物质）欲望的膨胀，将不可避免导致武士集团间的冲突和厮杀，从南北朝时代经室町时代进入战国时代，武士思想有了新的变化。在这个不是你死就是我亡的弱肉强食时代，武士的斗争不再以一个人或多个人为单位，而须以诸"大名"中由主从关系结成的"武士团"为单位，此间的主从关系比过去更加紧密，并且主君认可这种"恩赏"可以世袭，父子相传。如此一来，过去的主从关系就变成一种代际主从关系，二者的情谊由此更为亲密，并在这种代际主从关系的基础上，形成了武士的家族制度和祖先崇拜精神，于是报祖恩的"孝"和报君恩的"忠"自然地联系在一起，与尊皇没有天然和直接的联系。二战前日本文教当局鼓吹的"忠孝一体"和"尊皇"，原来其根源就在这里。斋藤再次告诫人们，千万不要忘记这个历史事实。

此后斋藤分别评价津田左右吉的研究（"武士道战国时代成立说"）与和辻哲郎的研究（"武士道江户时代成立说"）。他认为津田的观点（此略）极具洞见，即战国时代的武士道只是"看门狗的道德"。按津田的说法，就是仅"在于扩大自己的生活范围和充满着炽烈的事功欲望"。由此斋藤指出，津田的研究也存在自相矛盾之处。比如，津田说战国时代的武士道有"精神向上"——向"人之道"转换——的一面，但同时又说，武士的缺陷是："第一，有警告说，见人即应视其为敌人，由此产生对任何人都猜疑的心理。""第二，轻死的风气向恶劣的方向改变。""第三，武士的义理、情分主要限于一国一城之内。换言之，仅由主从关系构成。出此范围外则无任何作用。"结论是其理想和

第十一章 "大正(1912—1926)民主运动"时期富于个人色彩的……

实际有明显差距,战国时代的武士道具有何种"自觉"令人生疑。①

另一方面,斋藤对和辻哲郎的研究也做了客观评价。哲郎认为,"武士道"乃江户幕藩体制下主从关系产生的伦理思想:"开始使用武士道这个汉语词汇的时间不晚,恐怕是在战国时代末期,但仅从文献上看,应该说它出现在江户时代初期。武士也好,道也罢,都是很早就使用的词汇,但将此二者结合在一起使用的武士道一词却是一个新词,……从武士道的概念是江户时代的概念这一视点来看,此现象意味深长。……上古有'文人武士'(《续日本纪》"养老五年诏")等用法,但毕竟比不过'Mononohu(按:武人、武夫)'这个通用语汇。中世时……指称武人的词汇是武家、侍、取弓矢者、兵等,并不是武士。……此时代即使使用武士这个词汇,但多半都读'Mononohu'。然而,进入江户时代,此情形有了明显变化。毋庸讳言一般还使用武家、侍这些词汇,但武士此语明显增多。……井原西鹤(1642—1693)《武道传来记》中武士这一词汇比武家、侍者使用得更多。武士此语一旦占据优势,则多使用武士道此语以表达武士之道,乃极为自然之事。"②

接下来,哲郎对江户时代"武士道"出现的意义解说有不少新意:这不仅仅是词汇的改变,而且在这个改变的背后,还反映出了江户幕府的睿智和政治洞见。主政者认为,若使用传统的基于主从关系的"武者之习"(古代"武士道"的另一个说法),则"外样大名"会因此强大起来,威胁江户幕府的政治稳定。于是家康希望尊奉儒学(正确说来是中世儒学即朱子学),以此教化武士,并说为实现武士高于农工商三个阶级的目的,武士必须提倡廉耻和自重,敏锐自己的道义感觉。这种道义感觉,最终将形成武士的一种独特伦理思想。此思想后来体现在一些学者对儒学道德的理解和解释当中。中江藤树在《翁问答》中,正是用儒学所说的"士"的概念来解释"士之道"或"士道"的。该解释还将古代中国的天子、诸侯、卿大夫、士、庶民这五个社会等级作为"社会尊卑位次",原样照搬到日本。不过藤树的"士道"毕竟是一

---

① 斋藤正二转引自桥本实《武士道的历史研究》,《大和魂的文化史》,讲谈社1971年版,第104—108页。
② 转引自斋藤正二《大和魂的文化史》,讲谈社1971年版,第110页。出典为和辻哲郎《武士道》,《伦理学》第十二辑,岩波讲座。

种"君子之道",并不限于"武人之道",而作为"士"的"武士之道"才是人伦之道,武士必须是人伦之道的"选手",成为高于农工商阶级的人伦典范。

《山鹿语录》在谈及"五伦"之道后也专门论述过"士道",认为位于农工商阶级之上的"士"的本分是讲究"道"和修养等,以此贯彻"五伦"之道。剑戟弓马只是贯彻该道的手段。这种士道观后来被熊泽蕃山(1619—1691)、贝原益轩(1630—1714)等儒学家继承下来,成为江户时代士道观的主流。

此外还有一事必须提及。通常人们都认为大道寺友山①的《武道初学集》(1834)和山本常朝②的《叶隐》(1716)也是近世武士道的一个重要组成部分,但哲郎并不认同。比如《叶隐》中有许多"名言",鼓吹绝对"服从"和"献身":"听儒佛之道后所言之武士道等,并非道。"对武士而言,除"永将主恩刻骨铭心,并含泪珍藏之"、"主从关系外别无他道"、"武士道即发现死亡之道"③ 这些思想全面推翻了近世儒学"武士道"的观点。为此哲郎得出结论,说这"继承了中世以来的献身精神,并非江户时代的士道"。并且还说,"被幕末志士吉田松阴等以及此后明治时代所继承的江户时代的武士道,并非《叶隐》所说的武士道,而是作为士道的武士道"④。对比他的"风土论",哲郎的这种结论是客观而科学的。必须指出,《叶隐》所说的"武士道即发现死亡之道",只得到当时一小部分藩的支持,除佐贺藩外对该时代几乎没有影响力。但在200年后的太平洋战争末期它却声名鹊起,在日本军部和年轻的特攻队员中颇有人气。

随着幕藩体制的矛盾不断加剧和町人(商业资产)阶级在经济上的抬头,部分人对朱子学说提出批判,幕府主张的"武士道"也一度

---

① 大道寺友山(1639—1730),江户时代中期兵学家,学自北条族长,后招至会津等藩教授兵学,著有《武道初学集》、《岩渊夜话》、《落穗集》等。
② 山本常朝(1659—1719),江户时代前期一中期的武士,从9岁开始约30年间一直侍奉在肥前国佐贺藩藩主锅岛光茂身边,光茂死后出家。之后向原佐贺藩藩士田代阵基口述武士修养书《叶隐》。另著有《愚见集》等。
③ 最后一个"名言"乃著者补充,引自《朝日日本历史人物事典》。
④ 归纳和引用自斋藤正二《大和魂的文化史》,讲谈社1971年版,第111—112页。

第十一章 "大正(1912—1926)民主运动"时期富于个人色彩的……

受到怀疑,此后"武士道"信奉者中有人接过"大义名分"的口号,使之装填进"尊皇"的内容,并与受到町人阶级支持、鼓吹复古思想的"国学家"联手,开启了倒幕攘夷运动的大幕,推翻了德川政权。明治维新后本该绝命的"武士道",因有水户学派和政府的支持暂时躲过一劫,并且其功用被重新发现,转用于绝对主义国家政权的建设,成为"新国民道德伦理"体系的一部分,具体说来就是被用于藩阀政治和全民皆兵。新渡户稻造所谓的"武士道"理论,只不过是这种被改造过的新时代伦理之一。

至此可以讨论"武士道"和"大和魂"的关系。旅日法国学者拉·马兹里埃尔[1]于1904年4月1日在日法协会上以《日本武士道》为题进行演讲,其中曾就"武士道"和"大和魂"的关系做以下阐述:"武士道"的构成成分,"一是以水户学为核心的汉学家,他们明确真正的君主是天皇。一是憧憬日本古代的和学家,他们告诉人们天皇是天照大神的子孙。他们在武士道中看见了日本民族自然情感的大和魂,并以真正的武士魂开展学问。……可以说这50年只有武士道代表着日本的道德生活。现在的武士道包含所有的爱国观念,此观念导致明治维新,终结封建制度,使改革和战争成功,给日本以内部的统一和外部的势力。这些伟大的成果都来自牺牲。……武士道还显示出对天皇的忠诚。……小泉八云说曾以《你最高的理想为何?》为题让学生作文,结果所有学生都写道:'为天皇而死。'……武士道实际上是一种宗教。……现在东京建有祭祀为国捐躯的士兵的招魂社(按:即后来的靖国神社),士兵在战场死去,就会被祭祀在该招魂社,成为日本的神"[2]。拉·马兹里埃尔在此明确表示"武士道"即"大和魂",至少"大和魂"是"武士道"的一个组成部分,即"尊皇"的思想。但我

---

[1] 拉·马兹里埃尔(法国名不详,生平、学历也不详,1864—1937),侯爵,出生于巴黎,旅行家、探险家和东洋民族志学家。自1889年至1892年开始环游世界,访问过印度、缅甸、泰国、印度尼西亚、中国和日本,写下许多与该国历史有关的书籍,与日本有关的是《日本史随想》(Essai sur lhistoire du Japon, Paris, 1899)。该书的叙述被翌年新渡户稻造所写的《武士道》大量引用,如第三篇的正文和第二篇序言。

[2] 拉·马兹里埃尔:《日本武士道》,古川哲史译,收录于伊藤千真三编《日本精神论》。转引自斋藤正二《大和魂的文化史》,讲谈社1971年版,第115—116页。

"大和魂"史的初步研究

们不得不说,他的短期来日观察和得出的结论都非常肤浅,与"大和魂"史反映的实际情况相去甚远,并且表达比较牵强,与村冈典嗣和斋藤正二相比,他的"研究"不值一提。拉·马兹里埃尔将江户时代中期开始的、以忠君爱国思想为内容的"大和魂"往"武士道"里装填,不知是受到当时日本御用文人言论的影响,还是他以此影响了日本舆论(日本人至今都比较相信欧美人说的话),或许是二者互相影响,相得益彰。但一个不争的事实是,他影响了稻造,稻造所写的《武士道》大量引用过拉·马兹里埃尔的文字就是一个明证,这或许是让稻造将书名定为 *Bushidou：The Soul of Japan* 的原因之一。自此开始"武士道"即"大和魂"的言论在日本大行其道。

拉·马兹里埃尔对稻造的影响还体现在后者的演讲稿《教育家的教育》① 中。在此讲稿中,稻造多次谈到带牺牲精神的"大和魂":"这段时间人们常说日本人非常坚强。此前有个在旅顺被俘的沙俄士官叫贝伦,收容在名古屋,据说很有学问,曾研究过哲学。""因机缘巧合,他希望研究大和魂,故我和他有过交往。我路过名古屋时曾找过他。贝伦说,我们困在旅顺时日军攻城,说是日军……但也就是一个士兵或两三个士兵来袭。我们从上方开枪击倒一人,倒下后立即又有其他士兵跑来,踏着战友的尸体前进。不管倒下多少,后面总有士兵补充上来,实在是可怕的人种。""这应该不仅仅是命令,而一定是日本人的教育所使然,所以我开始研究日本人的心理。他问我,这到底是何缘故呢?"②

稻造的回答是:"我……颇有同感。教育家认为日本过去所做的就是在学校向儿童灌输某种精神。人们称赞这次战争的胜利就是教育家的胜利。但果然是这样吗?我有些不好接受。说来有些失礼,日本兵在校接受的教育不很充分,但尽管如此,也能产生如此良好的精神的确令人钦佩。今日的教育未能全部消灭大和魂的确是件大好事!(拍手)我不大认为今日的教育将日益振兴大和魂,相反它有消灭大和魂的倾向。

---

① 新渡户稻造:《帝国六大教育家》,博文馆1907年10月7日。引自日本网站,2014年10月10日,大和魂 site：www.aozora.gr.jp。

② 同上。

第十一章 "大正(1912—1926)民主运动"时期富于个人色彩的……

(不,不)太好了!这样我就满足了。但这个'不,不'的声音太小。(不,不)若今日到场的全部听众都说'不,不',我对未来就充满了希望,但一千人中仅有十多人说'不,不',我觉得是不够的。"[1] 稻造在这里所说的仍不清晰,比如"日本过去所做的就是在学校向儿童灌输某种精神",似乎是在批评欧化教育。而"今日的教育未能全部消灭大和魂"中的"大和魂",似乎说的就是古已有之的"日本民族的自然情感",即"尊皇"、"勇敢"和"不怕牺牲"。实际上他想说,日本能赢得日俄战争的胜利,靠的就是这个传统的"大和魂"。森鸥外对此也有相同看法:"日清甲午战争胜利的原因在于,和清国相比,日本较早的西化,而能战胜白种人俄罗斯的原因则在于日本的传统精神——武士道精神。"[2] 说法不同,但意思和稻造的一样。原来"大和魂"和"武士道"的混淆,在他们两人活跃的时代已很普遍。

不过稻造还为"大和魂"增添了新的内容,即"精神(意志)磨炼",和他的"修养教育"及为发挥这些教育成果所需的"合作精神"。于前者,稻造在《自由的精髓》一文中引用吉田松阴的魂歌——"明知有虎偏山行,欲罢不能大和魂",号召众人一起培养起这种意志。[3] 还说"从事开发国民精神的工作,是教育家最需要注意的工作,而从事这项工作的教师,最需要的是自己的精神教育"。结合稻造的全文意思来看,这个"精神磨炼"或"教育"不外乎仍是"大和魂"的教育;于后者,稻造说"作为国民在发挥大和魂的同时,重要的是向儿童灌输举国一致的精神。而作为教师自己也需要以此精神与其协调,接受修养教育"[4]。稻造为实现这种"举国一致"列出的条件或基础也很特别:"在大和魂之上,我希望扩大……日本人一体合作的良风美俗。我又想起那位俄罗斯战俘的话。在寻访贝伦时我问他:你在游览名古屋

---

[1] 新渡户稻造:《帝国六大教育家》,博文馆1907年10月7日。引自日本网站,2014年10月10日,大和魂 site:www.aozora.gr.jp。

[2] 转引自周冰心《军医作家森鸥外在两次战争之间——简析森鸥外的战争文学创作》,《东北亚语言研究》2014年第2期,第19页。

[3] 新渡户稻造:《自由的精髓》,《实业之日本》第二二卷第五号,实业之日本社1919年3月1日。引自日本网站,2014年10月10日,大和魂 site:www.aozora.gr.jp。

[4] 新渡户稻造:《帝国六大教育家》,引自日本网站,2014年10月10日,大和魂 site:www.aozora.gr.jp。

和松山时,看见日本的房屋比俄罗斯的房屋脆弱得多,没有窗子,四面开放,一定觉得奇怪。贝伦大尉回答得很有趣:我在名古屋散步时看见房屋都开放着,连厨房的角落都看得清清楚楚。这时我有一种感觉,在日本,天子就是父亲,大家都是兄弟,没有吵架,也没有小偷,房屋开放造成全国就像是个大家庭。"稻造说"希望今后日本还能保持这种局面"①。这下我们看清楚了,稻造将日本因风土造成的房屋结构和当时的经济社会发展程度,与所谓的"尊皇"情操等联系在一起。从他的逻辑上说,这种"举国一致"=尊皇="大和魂"是成立的。应该承认,稻造所谈的教育思想是不错的,如教育工作者要区别"技术教育"(能带来实际利益的教育)和"精神(修养)教育",必须将工作重心转移到后者,但这些内容与"大和魂"没有什么关系,或根本没有关系。所以他的"大和魂"和由他增添的"大和魂"思想同样含混不清。

四 带自由主义色彩的"大和魂"——以正冈子规、小出楢重、长谷川时雨、中里介山为代表

通过"大和魂"抒发自己对某种自由的向往和闲逸自适的心情,并非从大正时代开始,实际上在明治时代末期的俳人和歌人身上已能看出端倪,这个端倪也体现在正冈子规等人身上。

1. 正冈子规《曙览之歌》中的"大和魂"

正冈子规(1867—1902),出生在伊予国温泉郡藤原新町(今爱媛县松山市新玉町)一个下级武士的家庭,名常规,号獭祭书屋主人,少年时代立志成为政治家,从松山初中肄业后于1883年(17岁)赴东京,进入一桥大学预科(旧制"一高"的前身)学习,在那里结识了夏目漱石。于此前后的一段时间,子规开始创作和歌和俳句,同时还喜读喜听"人情小说"②和"落语"③,热衷于当时刚兴起的棒球运动。然而过段时间他又想成为哲学家,并研究古俳句。1889年因咯血改号

---

① 新渡户稻造:《帝国六大教育家》,引自日本网站,2014年10月10日,大和魂 site:www. aozora. gr. jp。

② "人情小说",江户末期到明治初期流行的通俗小说之一,重感情的共鸣,多描写男女恋爱,为永春水的《春色梅儿誉美》为其代表作。也称"哭本"、"中本"。

③ 滑稽故事(在结尾处逗人发笑的一种日本曲艺),类似中国的单口相声。

第十一章 "大正(1912—1926)民主运动"时期富于个人色彩的……

子规,翌年入帝国大学文科大学(今东京大学)国文科学习,但换了三次专业。自此子规又受当时的文学新人幸田露伴影响,于1891年写出小说《月都》,可是不成功,故说"我不打算成为小说家,而想成为诗人",[①] 不过最终他当的却是俳人。从这些经历来看,可谓子规是一个不受常理拘束的性情中人,写俳句与和歌或许是他的最好归宿。

从1892年开始,报纸《日本》连续刊载他的《獭祭书屋俳话》,子规因此成为俳句革新运动的先驱。于是他从大学退学,进入"日本新闻社"工作,并住在社长陆羯南的家附近,至死一直都得到后者的关照。1895年中日甲午战争期间子规主动参战,于返回日本途中又咯血,之后患上脊椎骨疡,至死几乎都在床上生活和工作。然而,在患病到死亡的这七八年间,子规却像狮子一般忘我地写作,创造了大量的作品,主要发表在报纸《日本》和杂志《杜鹃》上。同时通过与西洋画家中村不折等的交往,子规意识到吟咏俳句前对自然风物写生的重要性,并从传统俳人芜村那里学到绘画般的自由融通的"句"境。在子规的努力下,俳坛过去陈腐、说理的风气逐渐消失,迎来革新的大好局面。子规一生写下的俳句近两万首,收录在《寒山落木》(五卷)和《俳句稿》(二卷)等中。从1898年开始,和歌歌坛也出现革新动向,子规发表评论《与咏歌书》,批判当时因袭旧制的歌人。他甚至视传统和歌"大佬"为粪土:"纪贯之[②]咏歌拙劣,《古今和歌集》乃无聊歌集。"相反,却对将军源实朝[③]的《金槐和歌集》评价至高,[④] 目的就是为了追求和歌的趣味变化。子规自己也创作短歌,《百中十首》(1898)显示出其破天荒的崭新手法。该短歌多半结集于《竹乃里歌》,连同补遗的和歌约有2400首。子规能获得上述成就,与他向《万叶

[①] 《日本大百科全书》"正冈子规"条。
[②] 纪贯之(868左右—945左右),平安前期歌人、歌学家,三十六歌仙之一,服务于醍醐、朱雀两天皇,与纪友则等一道编撰《古今集》,著有《古今集假名序》、《土佐日记》、《新撰和歌》等。
[③] 源实朝,镰仓幕府第三代将军(在职1203—1219,1192—1219),歌人,赖朝的次子,母亲是北条政子。其歌作多有万叶调的佳作,编有家集《金槐和歌集》。在鹤冈八幡宫境内被其兄赖家之子公晓杀害。
[④] 正冈子规:《歌论 选歌》,《子规全集》第七卷,讲谈社1975年版,引自日本网站,2014年10月10日,大和魂 site:www.aozora.gr.jp。

集》学习和为摆脱病痛都有关系。

子规还写新体诗、散文、和歌评论等，其随笔《墨汁一滴》（1901）、《病床六尺》（1902），特别是日记体作品《仰卧漫录》（1901—1902）都充满率直纯真的人性，并主张写散文和日记体作品要客观、简明和浅显，给后来日语的发展带来较大影响。其和歌评论《曙览之歌》，乃针对江户歌人橘曙览的和歌集《志浓夫廼舍歌集》（《回想之屋歌集》）而作，该歌集和评论都提及"大和魂"。

橘曙览（1812—1868），江户时代后期歌人，幼名五三郎，43岁时改名曙览，越前国（今福井县东部）著名纸商正玄五郎右卫门的次子。正玄家族据说是上古某朝代左大臣橘诸兄的后裔。五三郎的母亲是府中（今福井县武生市）醋商山本平三郎的三女鹤子，在五三郎两岁时死去，自此五三郎被寄养在山本家中。15岁时父亲又死，五三郎回自家继承家业，然而他无心打理生意，却对"国学"产生较大兴趣，投到本居宣长弟子田中大秀的门下。1846年35岁时将家业让给同父异母之弟宣，自己则住进足羽山的山坳里。37岁时移居福井郊外三桥町，居所号藁屋。藩主松平春岳到访时曾聆听过他的教诲，并赐予他"志浓夫廼舍"（回想之屋）之号，不久又请五三郎出仕，但遭拒绝。下一任藩主松平茂昭从1867年开始每年赐予十俵（一俵约五斗）米，直至其死亡。从出身看，曙览属于町人（商人）阶级，但却十分轻财，对权势也很鄙薄，相反却"本能"地热爱天皇及"国学"，明治维新前曾赠歌给讨伐幕军的藩士。不过曙览虽有国粹思想，临终前也热望王政复古，但他的山野生活，以及表现这种生活的散文集《火塘谭》（1860）和《回想之屋歌集》（1878）等，表现出的却大都不是王政复古等国家大事，而多半洋溢着挣脱世情、欢愉自适的心情。

《回想之屋歌集》共六卷，1878年由曙览的嗣子井手今滋按时间顺序排列编辑出版，总歌数860首，仿照《万叶集》精神吟咏真情实感，融会"万叶"、"古今"歌风，将日常素材和用语甚至是虱子等生活中常见的物象入歌，在当时的歌坛独树一帜。曙览是个善于在平凡生活中发现欢愉的乐天派，其所做皆带"欢喜"一词的《独乐吟》有52首，

第十一章 "大正(1912—1926)民主运动"时期富于个人色彩的……

以下一首可见其乐天精神之一斑:"欢喜草庵铺蔺席,一人独坐静心时。"①

子规对这种精神十分投缘,曾经分十次著文,对曙览的《回想之屋歌集》做评论,刊发在1899年3月22—24日、3月26日、3月28日、3月30日、4月9日和4月22—23日的《日本》文艺版,足见对该歌集的喜爱。

在4月22日的评论中子规写道:

> 世有模仿《万叶》者不用《万叶》所用语汇及新语,不求《万叶》情趣及新情趣,以所做陈腐和歌自命为"万叶调",此乃模仿《万叶》之形而失其神。《万叶》作者做歌,用语无所限,趣向无定规,用所有语汇咏自身情趣者即《万叶》。曙览用新语汇咏新趣味,不拘泥古格旧例,颇得《万叶》精神,与画地为牢、局促于《古今集》及之后小区域者不可同日而语。然就和歌整体歌调而言,曙览终不及《万叶》,劣于(源)实朝。所惜者彼非完全之歌人。
>
> 举例说明曙览之歌调,前示"矿山之歌"歌调尚属完整,然此类歌于集中并不多见,且胜于此歌者几乎未有。《书中干蝴蝶》中"如今成干蝶,难招大和魂"② 一歌,结句音节数多于规定字数,虽学自《万叶》,然气势欠缺,统句乏力,与《万叶》"如何可复活"③ 等歌相比,句势有霄壤之别。④

此歌中的"大和魂",是否含有尊皇和国粹主义意识无从知晓,至少从《回想之屋歌集》的挣脱世情、追求自适的基调来看,作者似乎仅是在叹息自己已无法继续追求自由、洒脱的生活,带有无奈的心绪。

---

① 原歌是"たのしみは草のいほりの莚敷ひとりこころを静めをるとき"。
② 原歌是"からになる蝶には大和魂を招きよすべきすべもあらじかし"。
③ 原文是"うれむぞこれが生返るべき"。疑引用有误,原文为"わたつみの沖に持ち行きて放つともうれむぞこれがよみがへりなむ"(《万叶集》327)。
④ 正冈子规:《曙览之歌》,《子规全集》第七卷《歌论 选歌》,讲谈社1975年版,引自日本网站,2014年10月10日,大和魂 site: www.aozora.gr.jp。

而子规在评论时则根本不关心这个"大和魂"是否带有政治性质,仅在谈歌。他引用"如何"(うれむぞ)这个只见于《万叶集》的表现形式,是在谈歌,他评价"音数"和"气势"等,也是在谈歌。不过子规或许还在暗中谈人,包括他自己。自比"干蝴蝶",或也是子规对自身境遇的咏叹和寻求自由的表白。

2. 小出楢重《画室》和《衰弱的大和魂》中的"大和魂"

小出楢重(1887—1931),西洋画家,大阪市人,1907年考入东京美术学校日本画科,后转入"白马会"原町洋画研究所西洋画科学习,1914年毕业后返回大阪作画,1919年以《N家族》获"(高山)樗牛奖",翌年以《少女于梅像》获"二科奖",并成为"二科会"① 会友。1921—1922年赴欧,到德国和法国南部旅行,回国翌年成为"二科会"会员,与锅井克之等关西"二科会"会员在大阪建立"信浓桥洋画研究所",以培养后进,昭和时代(1926—1989)初期成为新成立的"全关西洋画展"的领导人。之后多画裸女,以《横躺的裸身》、《支那床上的裸女》等最为著名,于近代日本裸体画中确立了自身独特的画境。楢重还善画玻璃画,并为著名作家谷崎润一郎的新闻小说《蓼喰虫》等作插画,著有《楢重杂笔》、《重要的气氛》和《可喜的风景》等随笔集。宇野浩二② 曾写过一篇长篇小说,名为《有枯木的风景》(1933),其中提到小出楢重的插画,说古泉圭造(楢重的化名)的内心潜藏着艺术家阴森可怖的鬼气,而且随着画家晚年身体的衰弱,画作反而显示出一种异样的清冽感觉。

不过我们在楢重的随笔集《可喜的风景》中却看不到这种"鬼气"。该集中有两篇随笔,一篇写于1929年,题目是《画室》,另一篇写于1926年,题目是《衰弱的大和魂》,都多次提及"大和魂"。

于前篇里作者谈男女关系,说自己在奈良公园独居时,看见新婚夫

---

① "二科会",日本美术团体之一,1913年文部省美术展览会西洋画部的一批新人向当局申请在西洋画部设立第二科但不被接受,于是脱离文展会自行创立组织,自称"二科会",1914年后每年秋季都举办展览会。

② 宇野浩二(1891—1961),小说家,福冈市人,早稻田大学肄业。著有诙谐语调的作品《仓库中》、《苦世界》等,晚年转为创作具现实主义文风的作品,如《有枯木的风景》、《儿子的来历》、《思念如川——或为做梦般的恋爱》等。

第十一章 "大正(1912—1926)民主运动"时期富于个人色彩的……

妇相互示好即心情不爽,如同看见在脖子上吊着相机的绅士。并说自己也有相机,但不能让自己显示出絮语呢喃的儿女情长。① 我们在开始阅读时很难理解楢重的心理,但继续往下读便渐渐明白他的心情:"如果讨厌絮语呢喃,那就得不到近代女性的好评,我们只能被称为旧时代的男人。而厚着脸皮表演絮语呢喃这种新鲜技艺,对出生于明治年间的男人来说是一个极大烦恼。"② 楢重还回忆自己在巴黎时和一群修女同时登上一辆公车,但不注意自己先占了座位,结果遭到她们的共同谴责:太无礼了!显示出楢重不适应时代变化的心情。

接着话题转向楢重和他的妻子:在一个大雨将至的日子,我和内人来到公设市场③附近时她摔倒在理发店前,原因是穿着高齿木屐。我看见很多人包括理发师都在哄笑,所以就快步离开。内人爬起追上我,嘟嘟囔囔大发牢骚,说没见过像我如此薄情的人。若说"太可怜了"将她扶起,对此我潜在的"大和魂"决不答应。④ 这里所说的"大和魂"或可换说成"男子汉的面子或做派"。原来楢重说的"大和魂"竟是这种"大男子主义"心理。

"更看重此大和魂的人还大有人在。此后东京的 N 携夫人一道来大阪游玩,女士们谈起男人的薄情。内人说起在'公设市场'摔倒的事情并博得他人的同情后,N 夫人说:我更惨,前些日子下雨时摔倒在电车前面。电车见状急忙刹车,但先生见此居然逃往 20—30 米开外的地方。性命关天,他这样逃跑只能以'无语'一词形容。那先生说,和你在一起时总有忸忸怩怩的感觉,所以只能如此。那是我们大和魂的体现。即使是弁庆⑤在这点上也一样,他在担任'上使'⑥时常说,'有些话放在心里比起挂在嘴上更能体现出心情。如此絮絮叨叨,烦不

---

① 小出楢重:《画室》,《可喜的风景》,创元社1930年版,引自日本网站,2014年10月10日,大和魂 site:www.aozora.gr.jp。
② 同上。
③ 国家或公共团体设立的、以公道的价格提供生活必需品的市场。
④ 小出楢重:《画室》,引自日本网站,2014年10月10日,大和魂 site:www.aozora.gr.jp。
⑤ 弁庆(?—1189),镰仓时代初期僧人,原在比叡山西塔寺,后跟随源义经有了武名,再后在衣川之战中战死,成为强者的代名词。
⑥ 江户幕府为传达指示派遣到诸大名等处的使者。

烦'。看来我们男人需要经常用上腊的毛巾擦拭生锈的大和魂。"① 楢重实在有趣，不就是讲个"大男子主义"的故事吗？为何要往"大和魂"身上扯，并且要将这故事放在《可喜的风景》中？有何"可喜"？是否借此可以寻找到过去男人那种自矜且自由的感觉？难道这就是艺术家放任不羁的精神？其实，这只能说明"大和魂"在当时于部分人心中已严重贬值。

于后篇作者谈的"大和魂"更有趣。先说他那一辈的人在学生时代不喜欢将自己的作品拿到教师的府上请他提意见，看见那些在出展前将画作拿给别人"批评"的男子就感到恶心，认为自己看自己的画作即可大致知道它的好坏，如果愚钝不知，那么还是不要再画下去为好。还说他没有忘记当时自己对教师的画作也要求颇为严格。② 如此看来，楢重是个正直但自负的人物，甚至不太将教师放在眼里。从后文来看，这似乎也是他所谓的"大和魂"。

楢重说"文部省美术展览会"举办后情况有了改变。"多少成熟一点的人开始悄悄将作品拿给教师观看。""这种行为乃恶俗之一。胆大妄为者往往趁着天黑将画作裹在包袱里，轻轻敲开教师的门。另外，知道自己是学生，却把画作搬进文部省美展会，是一件需要掩人耳目的事情，如同少年买春，或许与之相比买春更无须在意。文展会有尊重参会者隐私的习惯。"③ 可见楢重既讨厌走后门的行为，也讨厌文部省美展会。"我或许是特别羞涩，每晚都要经过浅草和千束町，但绝不将画作搬进'文展会'。而且我们通过此展会前有一种自重的感觉。……或可说东洋的大和魂还寄居在我们心中的某个角落。""从我们学生时代算起仅过了十几年，……今天大和魂在日本或已不再流行。"④ 在此楢重将"自重"说成是"大和魂"，已将"国学家"式的"大和魂"大打折扣。结合他的心性，这或许也可视为楢重追求艺术的真正的自由

---

① 小出楢重：《画室》，引自日本网站，2014 年 10 月 10 日，大和魂 site：www. aozora. gr. jp。
② 小出楢重：《美之国》，《可喜的风景》，创元社 1930 年版，引自日本网站，2014 年 10 月 10 日，大和魂 site：www. aozora. gr. jp。
③ 同上。
④ 同上。

第十一章 "大正(1912—1926)民主运动"时期富于个人色彩的……

精神。

另一个现象是"艺术教育的普及","这对日本文化来说是件好事，但随着艺术的一般化、民众化和平凡化，过去画家所拥有的大和魂即自重精神不断衰弱，难以言喻。只要每年都能入选，则广而告知朋友和亲戚的廉价欲望也在不断普及"。不仅如此，为了出名，"近来还有许多学生将画作拿到各前辈和评审员的家里"。其结果是"许多本属不好的画却入选了"。"更过分的是有人仅选择能说上话的教师，仅拿一幅画作分别游说。""我将这种人称为'一女多卖型男人'。"①

作为结论，楢重说"近代人心单靠大和魂已无从改变。'一女多卖'之事可谓普通小事一桩"。"现在这个时代"节庆时"若不走动寻求帮助则无法生存"。换言之，楢重欲"自重"，但时代已让他及其他画家无法再自重起来。虽然楢重的"大和魂"令人读后有种莫名其妙之感，但和当时以"尊皇"和"战争"等为内容的"大和魂"相比，我们不得不感谢他能自守，坚持自己的感情和选择。

3. 长谷川时雨《水色情绪》中的"大和魂"

长谷川时雨（1879—1941），女，剧作家，在日本不很有名，但因为是平安朝女性"和魂"论者退场数百年后，于近代对"大和魂"重开该议论的两三位日本女性中的一人（另一个是宫本百合子），所以有必要简单介绍一下她的情况，并对她的"大和魂"做些说明。时雨生于东京，父亲是日本的首批律师之一，母亲是身份低微的武士女儿。时雨在小学学习读、写、算盘，时常跟祖母一块看戏，之后又进入佐佐木信纲②办的"竹柏园"学习日本古典，这为她未来的剧本创作打下了较好的基础。1897 年时雨 18 岁时奉父亲之命与某铁矿商人之子结婚，但丈夫是个纨绔子弟，被其父赶到釜石矿山工作，故时雨只得跟他一块去釜石。在那里她努力学习和写作，1901 年写的短篇小说《灰中炭火》被《女学世界》杂志选用，并获特等奖。1904 年时

---

① 小出楢重：《美之国》，《可喜的风景》，创元社 1930 年版，引自日本网站，2014 年 10 月 10 日，大和魂 site：www.aozora.gr.jp。译词"一女多卖"，其源语意思是妓女一晚接待多名嫖客。

② 佐佐木信纲（1872—1963），歌人、国文学家、东京帝国大学文学博士，《万叶集》研究专家，著有歌集《思草》、《日本歌学史》等，获日本文化勋章。

"大和魂"史的初步研究

雨回京，1907 年离婚。离婚前两年写的剧本《海潮音》被《读卖新闻》选中并上演后，时雨成为剧作家，而《樱花雨》（1911）一剧的推出则奠定了她的剧作家地位。1916 年时雨 37 岁，认识了小她 12 岁的三上于菟吉，①之后二人同居。当时三上的名气不大，时雨为三上的成功付出了诸多努力。从 1921 年左右开始，三上成为流行作家后因生活放荡、大手大脚和几乎到交稿期限临近时才动笔写作，让时雨大伤脑筋。1923 年时雨和冈田八千代一道创办《女人艺术》杂志，在办刊的后期开始清算日本文坛的左倾思想。1933 年时雨在《女人艺术》同人的鼓励下结成"光辉会"，并发行机关刊物《光辉》。1937 年"卢沟桥事件"爆发后，《光辉》积极支持战争，1937 年 10 月号即"皇军慰问号"。1939 年时雨为统领日本女性的"枪后"运动，组建了"光辉部队"，募集寄送慰问袋②，探望战死者遗属和受伤士兵，并向日军侵占地区和战区派出慰问团。1940 年时雨依靠陆海军的经费编撰文艺杂志《光辉部队》和《海的"枪后"》，1941 年 1 月向前方寄送《海的勇士慰问文集》，并从 1 月开始，作为"光辉部队"的"南支方面慰问团"团长到台湾、广东、海南岛各地劳军，费时约一个月。因劳累过度发病，死于 8 月 22 日清晨。

据尾形明子研究，时雨的古典文学素养不高，但其描写同性的《美人传》（1918）、叙述自己生平的《旧闻日本桥》，以及贯穿时雨文艺观的《女人艺术》，都充满人道主义和女性解放的精神。③不仅如此，时雨还有一种反抗旧制度和追求个人幸福的自由精神。她的父亲是日本第一代的律师，应该具备近代西方人文精神，但她却奉这种父亲之命结婚，而且婚姻不幸。时雨对旧的各项制度有恨可以理解，后来她自主追求爱情，与三上同居，临死前户籍簿上都写着"同居关系"，这在战前的日本可谓惊世骇俗，但也值得同情。她后来积极追随军部，似乎与实

---

① 三上于菟吉（1891—1944），大正、昭和时代的流行作家，被称作文坛的宠儿，代表作是《雪之丞变化》等，其活跃期的文风颇似巴尔扎克，故也被称为"日本的巴尔扎克"。
② 其中装有日用品（草纸、手绢、肥皂等）、衣服（衬衫、肚兜等）、食品、药品、照片、绘画、护身符等。
③ 尾形明子：《女人艺术的世界——长谷川时雨及其时代》，家庭出版社 1980 年版，第 27 页。

第十一章 "大正(1912—1926)民主运动"时期富于个人色彩的……

现她所谓的"大东亚共荣圈"新秩序和"自由平等精神"有关。当然不能否认其中还存在她作为日本国民所具有的民族精神。时雨有男儿气质,鼓吹女子外柔内刚,不能不说与过去的那些经历有关系。而且从1928—1929年发行的《女子艺术》中时雨的照片来看,她颇有男子之风。以此对照她写的《水色情绪》,① 或许我们才能读懂她在文中所说的"大和魂"大约是何种精神。

《水色情绪》的篇幅很短,说自己受到泉镜花的启蒙影响,体现在两个方面:一、江户女子之"魂";二、镜花的"水色情绪",比如"在离水面一尺左右的上方,玲珑地升腾起拂晓的烟霭,其中隐现出带朦胧紫气——紫水晶色山峦瑞气的女性和疲于烦恼和苦闷、口吐香兰之气的贵妇或新娘,接着又隐现出纯水色的妖女、旅行艺人、侠女、艺妓……"② 简言之,这种情绪即一种"妖气",带有梦幻的色彩,似乎蛮符合当时她欲超脱现实社会约束的心情。我们关心的是时雨接受影响的第一个方面,即江户女子之"魂"。时雨说:"我喜欢镜花先生的作品,是因为它将我们的魂带往'无何有之乡'(按:庄子之语,即乌托邦)。"其中不无追求自由的想象。"我们心有所感而实不可行的所有事情,先生作品中的人物都帮我们愉快地做掉了,……或许对行将消失的日本女性而言,它并非有何特殊的大价值,但镜花先生却生动简洁地为我们指出,何为江户女子之魂。它摈弃无端发火却行事势如破竹,平时如行云流水和吹过秋空的和风,有利欲但恬淡,或许有些愚笨。"③ 我们不是很理解时雨在这里到底想说什么,但似乎可以明白,她的"魂"即"江户女子之魂",有"柔中带刚"、行事麻利、"恬淡"且略带"愚笨"的意象,但这种"魂"却"行将消失"。另外,时雨似乎还认为,这种"行将消失"的现实不可改变,但镜花先生的作品可以帮助她重现对这种"魂"的渴望。

就此意象时雨还有说明:"原来的江户子(按:江户生江户长的

---

① 长谷川时雨:《水色情绪》,《镜花全集 第十三卷月报》,岩波书店1941年版,引自日本网站,2014年10月15日,大和魂 site:www.aozora.gr.jp。
② 同上。
③ 同上。

男女。一般有淡泊于金钱、爽朗等意味）——残存的江户子——就男子来说不太可取：浓密的胡须，穿着条文织物，冷峻威严的面孔，短外罩下方露出的膝盖，总觉得让人窒息和厌烦，但女子的心情深处，若有俗化的大和魂，倒是更有价值。"① 时雨没有就何为"俗化的""大和魂"做出解释，但这里的"俗化"或指非官方的意思，"大和魂"或还指江户女子外柔内刚的气魄和精神。不过我们千万不要认为时雨在此有示弱的意思。因为接着她又说："将气魄和张力抓起，将它们烹煮于一炉的就是镜花先生。他认为，你们生于此地故没有注意，以为本当如此。是他将这些东西漂洗干净，说这就是你们拥有的东西。"②

时雨的表述似乎永远不那么清晰，但接下来的一段话，可以加强我们以上的认识："今天我们不被允许的任性，都得到先生作品的允许。若不被允许，我们则进行斗争。谁都说女子实质上是勇敢的。她们看似和蔼亲切，看似具有细芒草、细胡枝子、带露的红瞿麦（按："大和红瞿麦"此语在日本古典中常指表面柔弱、内心坚强的日本女子）的风情，但内心委实坚强。我实在为此无上欣喜。这是一种将男性推向另一面的宣战。我感到一种男人无法认知的优越。"③ 我们不清楚时雨此时所说的男人是谁，或指日本全国的男性，但其中似乎不无她父亲，尤其是她情人三上于菟吉的影子。

虽然时雨于其后的说辞又有反复，说"美女之灵"是柔美的，先生喜欢这种人，并否认"镜花式的人物就是指侠女奴小万④式的、好胜心强而动辄用犬牙咬断怒气丝线、略挑柳眉直言不讳的女人"⑤。然而从该文的主要意思看，时雨追求和赞颂"柔中带刚"型江户女子的思想不容忽视，这或许就是她的俗化"大和魂"。

---

① 长谷川时雨:《水色情绪》,《镜花全集 第十三卷月报》,岩波书店1941年版,引自日本网站,2014年10月15日,大和魂 site: www. aozora. gr. jp。
② 同上。
③ 同上。
④ 奴小万,生卒年不详,古代大阪的女侠客,大阪长堀豪商三好之女,也名"雪"。
⑤ 长谷川时雨:《水色情绪》,引自日本网站,2014年10月15日,大和魂 site: www. aozora. gr. jp。

第十一章 "大正(1912—1926)民主运动"时期富于个人色彩的……

4. 中里介山《大菩萨岭》中的"大和魂"

中里介山（1885—1944），小说家，东京人，小学高等科①毕业后任电话接线员和小学教员，早年信仰基督教，后倾向于社会主义，在日俄战争期间写出反战诗《乱调激韵》，在当时属极罕见的人物而备受关注。中里与社会主义活动家木下尚江关系较好，还与山口孤剑、白柳秀湖等一块创办社会主义青年文学研究会"火鞭会"机关杂志《火鞭》。然而不知为何，此后他的思想逐渐向佛教靠拢，偏离了社会主义方向，并着迷于雨果和托尔斯泰等的人道主义文学作品。1909年中里进入"都新闻社"，在该报发表处女作小说《冰之花》和历史小说《高野正义之士》等。在此积累的基础上，中里于1913年到翌年2月又连续在该报及其他报纸发表同一名称的作品，但至1944年作者死亡为止仍未完成，后被人整理编辑成一部长篇小说，名曰《大菩萨岭》②，其追求与当时日本文学的主流作品完全不同。与此同时，中里还分别创作出以法然③和圣德太子为对象的历史小说《黑谷夜话》和《梦殿》（未完成）等。在晚年还写出一部内容奇异的回想录，带有自传的性质，也较引人注目，名为《百姓弥之助的话》。中里终生未娶，性格狷介，不易与他人妥协，也正因为此在二战期间拒绝加入"日本文学报国会"，而是继续撰写他的《大菩萨岭》。中里在其中集中地表达了他的"大和魂"观。如果我们拿他的"大和魂"和当时举国上下以"尊皇"和"战死"为内容的"大和魂"相比，就会感到中里的思想可贵，值得尊敬。中里因伤寒病没能活到二战结束的那一天。

《大菩萨岭》的开篇说：幕末剑客机龙之助在武州御岳山"奉神武术大会"上击杀宇津木文之丞，之后挟持文之丞之妻阿浜逃往江户。文之丞之弟、兵马为报仇缉拿龙之助。再后又叙述龙之助斩杀阿浜，加

---

① 日本旧制小学分为普通科和普通科＋高等科两种。普通科学制六年，高等科学制两年，普通科＋高等科需读八年书。

② 中里介山：《大菩萨岭》，《中里介山全集》第十一卷，筑摩书房1971年版，引自日本网站，2014年10月18日，大和魂 site：www.aozora.gr.jp。

③ 法然（1133—1212），日本净土宗鼻祖，因父亲遗言出家，入比叡山，师事皇圆和叡空，43岁时皈依"专修念佛"，讲"净土法门"。还在大原（京都市左京区某地）与南都北岭的僧徒论辩法门（《大原问答》）。1207年因弟子住连和安乐犯罪被牵连流放至赞岐，同年底回京，著有《选择本愿念佛集》等。谥号圆光大师。也叫"黑谷上人"、"吉水上人"。

入"新征组"① 去京都，又在奈良参加"天诛组"，② 于十津川战役中因中弹失明，成为一名盲人剑客，其中不无凄惨、悲壮和虚无的意味。再后来作品舞台更加壮阔，出场人物达数十人，分头叙述的线索有多条，呈现出人类社会复杂多变的一面。据说该作品对后来日本的大众文学作品主人公形象产生深远影响。

在《大菩萨岭》"农奴卷"第三十八章中，中里对农民的苦难深表同情，并对受苦的原因做了分析，预告着德川幕府的灭亡。并于其中屡次通过兵马的妻子福松之口，展开中里自身的"大和魂"论：某村因政府工程即将被淹，未来这里将成为一个大湖，但村里人都不愿意离去。福松见此有感而发，对丈夫说："你想想，这是一个山谷底、谁也不知道的小村子。但将此村的事情放大说来如何？比如说刚才我们提到的平家③。我真不希望他们像平家一族那样，傻乎乎地都沉入水底。不过按说他们投降了源氏，就可以到某处平安地生活，但平家一族谁也不愿意苟且偷生，这难道不就是大和魂吗？"④ 通过此话我们可以知道，中里在这里说的"大和魂"指的是"气节"。

兵马觉得烦："又来大和魂了。"

福松接着又说："不是大和魂又是什么？再往大里说，比如日本和唐（中）国作战。唐国强大，但即使日本战败，日本人也不能因为唐人说请交出这片土地，我们将给你更广阔、更好的土地，趁你们还能走得动时赶快离开，就回答说那好吧，请给我更多的好土地和移民费。若

---

① "新征组"，1862 年江户幕府将武艺高强的流浪武士组织起来建立的警备队，在庄内藩藩主酒井忠笃的指挥下专司江户城的治安，于 1864 年解散。

② "天诛组" 也叫 "天忠组"，属于幕末时期脱离各藩的尊攘激进派的武装集团，由吉村寅太郎、藤本铁石、松本奎堂等领导。1863 年该集团拥戴中山忠光在奈良起兵，十津川武士后来也加入该组织一块进攻大和高取城，但后来败于幕军，组织由此溃散。

③ 也叫 "平氏"，原属皇族。平安时代前期因律令制国家衰弱，皇室经济开始窘困，所以为削减经费将一部分皇族赐他姓降为臣籍，平氏即那批皇族赐姓之一。同时被赐姓降籍的还有源氏。"平" 姓的由来不明，据说是因为桓武天皇为平安京的创始人，所以对一部分皇族赐予 "平安" 的原训读字 "平"（日语传统读法）。平氏曾一度得势，但后来与 "院政" 势力、贵族、寺庙神社等政治势力及在乡的武士阶级形成对立，爆发了所谓的 "源平争乱"，1185 年于长门坛之浦战役后平氏一族灭亡。

④ 中里介山：《大菩萨岭》，引自日本网站，2014 年 10 月 18 日，大和魂 site：www.aozora.gr.jp。

第十一章 "大正(1912—1926)民主运动"时期富于个人色彩的……

真是这样,让你去哪里就去哪里,那么日本就完了。"由此我们还能将中里的"大和魂"理解成"爱国爱乡"的情怀,似乎它与上述的"气节"在逻辑上可以相联。

兵马回答:"你这比喻有些夸张。"

妻子辩解:"是否夸张我不知道,但我钦佩他们不离开祖先留下的土地,抱着与其迁往他'国'的土地,还不如抱着先祖的墓碑死去的精神。这难道不是大和魂?"因此我们又可以将中里所说的"大和魂"理解成是一种"爱国爱乡"加"敬祖"的精神。

兵马听到妻子说的那些过去从未听到过的话,又重新俯瞰一下山村:"不管怎么说,那个村庄的人的命运值得一看。我若不是在旅途真想看清楚它的结局。"这时妻子又说开了:"听说乘船到越前敦贺港海面,就可以看到过去因地震滑落到海里的一个村子。大山和森林都完整无缺地沉到海底。听说在晴天从船上可以看到村落的房屋和人。几年后眼前的这个村子也一样吧。只有后世的好人乘船才能看到水底村子的模样。虽然命运可怜,但我还是钦佩这种美好的大和魂。"[1] 其实福松(或中里)所说的"大和魂"并无太多新意,其"爱乡敬祖"的心理,我们在平田笃胤等的"大和魂"中已经见过。我们欣赏的倒是中里在那个时代,不与军部和政府合作的精神。他通过福松,从当时的自身抽出自己的灵魂,让它升腾在空中从未来回看今生。这种对"日本"和"家乡"的爱是一种真爱,这种不屈服强势的"气节"是一种真正的"气节",这种透过未来看今生、坚持正义和人情的写法,不可谓不具有一种精神和想象的自由。这就是我们要将中里及其作品放在此节叙述的理由。这种掺入某种新奇想法的"大和魂"增加了某种新的意象,怪不得兵马要感到奇怪:"妻子不断说这种大和魂,……虽然奇怪,但在它背后有一种无法笑出的东西。"[2] 这似乎是中里不与当局合作的严肃精神的体现。

需要补充一点,虽说中里借用唐军侵入日本作为上述对话的背景,

---

[1] 中里介山:《大菩萨岭》,引自日本网站,2014 年 10 月 18 日,大和魂 site: www.aozora.gr.jp。

[2] 同上。

"大和魂"史的初步研究

让我们读起来不很舒服（或许他在反说），因为那时的真实情况是日军攻入中国，差点灭亡后者，而不是中国军队跑到蓬莱国，对日本人说请你迁离，但我们仍尊重中里介山，因为他坚持的或是真正的"爱国爱乡爱祖"的"气节"。

第四节　本章小结

大致说来，江户时代的"大和魂"首先表现在"尊皇"，其次表现在"以和为主，汉洋兼蓄"（"和魂汉才"或"和魂汉洋才"），不过此时的"和"中已融有大量的"汉才"乃至"汉魂"的因素，甚至还包含部分的"洋才"的成分。然而至"大正民主运动"时期（可向前延伸至明治时代后期和向后推延至昭和时代初期），上述"大和魂"基本不见踪影，取而代之的是脱之前"主流"意识的、寓意丰富的、形象多变的"大和魂"。这与大正时代及其前后一段时间日本出现民主主义和自由主义倾向有关。可以说，除二战后日本成为民主国家这段时间，最具有民主气息的时代就是大正时代。

它体现在西方民主、民权思想于日本的初现和民众自身力量的壮大。此时的民众已可以要求政府扩大选举权，实现立宪主义，反对扩张军备，废除苛捐杂税，以反对增设两个师团为名的"第一次护宪运动"居然推翻了长州派阀的桂太郎内阁，于1918年催生了首次"政党内阁"的原敬"政友会内阁"。一段时间，政友和民政（"宪政会"后身）两大政党轮替组阁，《普选法》也终于在1925年得到通过。与此同时，民众还开始"主张自我"，产生了个人主义和自由主义及公正、平等的思想，如追求妇女解放，挣脱封建束缚，当然这种思想也因追求过分的"自由"，而导致出现社会浮华和生活放荡等现象。

另一方面，俄国十月革命和欧洲各革命运动等也给当时的日本带来影响，日本劳苦大众的政治觉悟骤然提高，普选运动迅速发展成全国性的群众运动。以"友爱会"的后身"日本工人总同盟"为先锋的工会运动和以日本农民公会为主力的农民运动，以及全国"水平社"的部落解放运动、"新女性协会"等都开始追求进一步的政治自由和社会自由，至此社会主义思想和马克思主义也在日本迅速扩大了自己的影响。

第十一章 "大正(1912—1926)民主运动"时期富于个人色彩的……

在这种形势下，日本的许多作家也得以在较大程度上自由地表达自己的思想和看法（虽说也有人对"大正精神"持反对意见），其结果之一是，此时许多关涉"大和魂"的作品（虽然其主题并非专谈"大和魂"）颠覆了原有"和魂"的正面形象，代表"固有"精神的"大和魂"于此时或遭调侃，或遭批判，或意象不清，或扭曲变形，被涂抹上各种浓厚的个人色彩。以夏目漱石和内田鲁庵为代表的学院派作家和译界文坛双栖的作家，或调侃或挖苦"大和魂"；以泉镜花、宫本百合子、户坂润和堺利彦为代表和平主义者或共产主义者，干脆直言不讳地批判"大和魂"，其中以户坂润表现得最为出色，可以说"大和魂"在此时面临着最严重的危机和挑战；当然也有人拥护"大和魂"，以森鸥外、新渡户稻造为代表的、受惠于国家和政府的军队文人和大学教授、政府高官等，或在自己的诗歌中歌颂"武士道"（"大和魂"的另一说法），鼓吹"尊皇"和褒扬日军的士气，或在杂文中批评自己的文学论敌有固陋于传统的"大和魂"，或专门撰出《武士道》大作，直视其为"日本魂"。还有报刊记者梦野久作，将所有的社会浮华和生活放荡都归咎于西方思想的影响和丧失了"大和魂"，但这些"大和魂"的形象无一清晰。之所以这么说，一是因为针对传统的"大和魂"而言确乎如此，二是其中的"大和魂"究竟为何物他们根本无意说明。还有一类人是以正冈子规、小出楢重、长谷川时雨、中里介山为代表的歌人和画家，以及当时尚不出名的小说家，他们描画的"大和魂"，也或带有鲜明的自由主义色彩，或掺杂部分的追求自由的精神。可以说他们的"大和魂"具有一种别样的风采，或狂放，或"自重"，或追求男性单方面的"自由"，或外柔内刚，或体现真正的"爱国思乡敬祖之情"。总而言之，"大正民主运动"时期的各"大和魂"，是内容最为丰富、思想最为精彩或分析较为深入的"大和魂"。当然，也有思想趋向保守的反民主主义思想的"大和魂"。但无论如何，它们对我们丰富"大和魂"的认识都做出了自己的"贡献"。

第十二章 甲午战争(1894—1895)至二战时期(1931—1945)超国家主义和军国主义的"大和魂"

第一节 日本的"进取心"和"大和魂"

日本自明治维新后期开始侵略其周边国家,最后发展至在第二次世界大战期间,同时与中、苏、英、美等国大打出手,有其自身的"历史逻辑"。从19世纪开始到20世纪中叶,西方殖民者开始用武力侵占和瓜分东方世界,不仅是印度和中国等,日本在当时也面临西方列强的武力威逼。日本的"有识之士"认为,本国若不能成为西方列强群狼中的一只新狼,就会继续是狼面对的羊,所以必须自强变狼。

所幸的是,日本成功地实现了明治维新,改变了农业国的落后面貌,逐渐转变为一个较强大的工业国家,国力大增。而且在维新后不到30年的时间,日本人口增加了三倍左右。面对如此众多需要吃饭、进而吃好饭的嘴巴,政府及部分御用学者认为,日本也可以模仿过去欺侮自己的西方列强,向周边国家侵略扩张,待进一步发展起国力后与西方强国决战。这种企图早在幕末志士吉田松阴和明治时期社会活动家福泽谕吉等人的言论中,就或清晰或隐晦地表露出来。日本在打赢甲午战争和日俄战争后,随着国内帝国主义思想的抬头,不少人在提倡"为国牺牲"精神的同时,还主张对他国采取压制和扩张的姿态,为此出现许多攻击性话语,其中就包括"大和魂"。

该词除显示出上述进攻态势外,还用于表示"日本精神"的独特

第十二章 甲午战争(1894—1895)至二战时期(1931—1945)……

性和优越性,目的也是配合在海外的"发展"。比如著名学者桑原骘藏[①]在其所谓的"历史研究"中,就毫不隐讳地表露自己的观点:日本必须"进取"。"明治之发展有效解决了此等新旧悬案。以日清战役(按:甲午战争。以下夹注皆为引者做出)为界,日本和支那调换了个位置,支那甘拜于我国下风。日俄战争后我国跻身于世界一流国家,幕末时签订之不平等条约,于此两大战争间大体如我国人所愿得到修改,朝鲜于明治四十三年(1910)8月为我合并。建国('神武天皇'创建日本国)以来,我祖先长期牵挂之国权维护与扩张,于此时得到完满实现,祖先神灵对此定感满意。"[②] 桑原的话还提醒我们,日本在很早以前就有历史性的对外扩张冲动。此亦可谓日本对外侵略扩张的另一个"历史逻辑"。因此,日本后来的许多政治领导人及较广大的民众,包括桑原骘藏本人也积极支持本国的对外战争。

骘藏在其文《从东洋史看明治时代之发展》中谈及年号"大正"的意思后,也谈到"和魂汉才"的问题,即要在保存"国粹"的同时引进外来文化,以加强国力。这些都无大误,但问题是,文章的许多部分充满着霸权思想和勃发的"进取心",换言之,即一种超国家主义精神则令人生厌。这从该文的各小标题可以看出:一、无标题(似为明治时期的巨大成就);二、朝鲜之合并;三、东亚之霸国;四、世界之一等国;五、文化之输出;六、亚洲人之觉醒;七、无标题(似为"忠君爱国");八、无标题(似为"和魂汉才"和"适者生存")。其中第五节说,中国在甲午战争后开始尊孔,并且引进日本的"大和魂"。骘藏没有为此进行详细的说明,所以他所说的这个"大和魂"具体为何无法知晓,但其超国家主义和极端民族主义精神人们却看得十分清楚。

---

① 桑原骘藏(1870—1931),东洋史学家,1896年毕业于东京帝国大学汉学科,后经旧制第三高等学校、东京高等师范学校教授职务,于1909年成为京都大学教授,与内藤湖南、狩野直喜一道确立了所谓的京都派东洋史学,提倡科学和实证的学风,提高了日本东洋史学的国际地位。

② 桑原骘藏:《从东洋史看明治时代之发展》,《东洋史说苑》,《太阳》第十九卷第一一号,1913年8月。收录于《桑原骘藏全集》第一卷,岩波书店1968年版。引自日本网站,2014年10月18日,大和魂 site:www.aozora.gr.jp。

· 895 ·

"大和魂"史的初步研究

> 支那在自夸时必搬出孔子,但如今在尊孔时亦受到日本影响,因为日本维新宏业所赖儒教之处甚多。日本眼下正广泛宣扬孔学。有眼光之支那人认为,为像日本一样强大,则必须尊崇孔学。因此于明治三十九年(1906)将过去之中祀,即享受二等祭祀待遇之孔子祭典突然升格为大祀,使其享受与天地、宗庙同等之待遇。

甚至中国还

> 从日本引进大和魂。日本于古代大力引进支那文明,但即使在彼时也主张和魂汉才,仅在国魂方面决不仰赖支那。然而支那于今甚至从日本引进该国魂。支那先觉者中有人呼吁,日本之强大乃受大和魂之荫庇,而中国之衰弱不振乃因无中国魂。中国今日之急务在于制造中国魂。毋庸置疑,国魂该文字亦乃由日本引进之新名词。①

在骘藏看来,这里被引进的"大和魂",站在日本人的角度是"和魂汉才"的意思,而站在中国人的角度,这时则应该是"和魂和才",位置确实被颠倒了过来。

本来日本有"大和魂"是件好事,但不知为何,骘藏在第八节却提到日本存在着精神问题:"明治天皇驾崩后不久,英国《泰晤士报》刊载有关日本新时代难题之文章,其中着重指出,我国民精神存在不易克服之困难。"②《泰晤士报》和骘藏都没有说明日本人存在何种精神问题,但从此前日本和外国许多重要人物的言论来看,似乎指的是日本人缺乏宗教精神。用伊藤博文的话说就是:"欧洲宪政萌生已有一千余年,不独人民熟悉该制度,而且有宗教为之机轴,深深浸润人民,人心

---

① 桑原骘藏:《从东洋史看明治时代之发展》,《东洋史说苑》,《太阳》第十九卷第一一号,1913年8月。收录于《桑原骘藏全集》第一卷,岩波书店1968年版。引自日本网站,2014年10月18日,大和魂 site:www.aozora.gr.jp。

② 同上。

第十二章 甲午战争(1894—1895)至二战时期(1931—1945)……

归一。而我国宗教其力微弱，无一可成为国家之机轴。"① 为此日本需要在过去的基础上创造一个准宗教。这一精神现象没有逃过贝斯·豪尔·张伯伦②的法眼，他说："确如众人所云，日人乃无宗教之国民。他们自身亦如是说。……但现实告诉我们，此无神论者之日本，有时亦会为某个特殊目的——用于世俗之实际目的创造出新'宗教'。"③ 而这个新宗教就是"武士道"。换言之，即"日本魂"（参见新渡户稻造《武士道》）。因为它们形异义同，都可以用来重新制造天皇崇拜和日本崇拜（忠君爱国），团结人心，克服时艰。拉马泽里莱也说："经过血腥的叛乱（明治维新后的西南战争），明治政府使日本与大国为伍，全民皆兵成为现实，难道这不全部来自武士道的影响？可以说这五十年仅武士道代表了日本的全部道德生活。现在的武士道已包含所有的爱国观念。这个爱国观念诞生了维新，终结了封建制度，使变革和战争成功，带给日本以国家的统一与外部的势力。这种伟大的成果不靠牺牲难有可能。士兵不惜生命走向战场，……所有人都将他们宝贵的东西献给祖国的祭坛。……武士道虽有合理主义的倾向，但实际上是一种宗教。"④《泰晤士报》的确目光犀利，看出明治天皇的死亡象征着一个时代的结束和下一个时代各种问题的开始。而伊藤博文、贝斯·豪尔·张伯伦、拉马泽里莱等也都不吃素，说出宗教对一个民族的意义。在日本新政府和学者的共同努力下，上述"进取心"与武士道亦即"大和魂"发生了更为明确的联系，"大和魂"俨然成为一种新宗教。这时，在过去已

---

① 伊藤博文审议《帝国宪法草案》时的发言。转引自丸山真男《日本的思想》，岩波新书1966年版，第76页。

② 贝斯·豪尔·张伯伦（Basil Hall Chamberlain，1850—1935），英国的日本语言、日本文化研究者，1873年赴日，1886年担任东京帝国大学教师，曾教过芳贺矢一、上田万年等（后来他们都成为日本文学、文化学的研究大师），还将《古事记》翻译成英语（1883），编撰出 A Simplified Grammar of the Japanese Language, modern written style（《日本近世文语文典》，1886）、A Handbook of Colloquial Japanese（《日本口语文典》，1888）、Things Japanese（《日本事物志》，1890）等。1911年离日，1935年2月15日死去。

③ 贝斯·豪尔·张伯伦：《日本事物志》第六章"武士道——新宗教的发明"（Things Japanese Six Bushidō or The Invention of a New Religion），高梨健吉译，平凡社东洋文库1969年版，第64页。

④ 拉马泽里莱（La mazeliere）于1904年在日法协会做的题为《日本武士道》的演讲，古川哲史译。收录于伊藤千真三编《日本精神论》，进教社1936年版，第41页。

"大和魂"史的初步研究

有的"大和魂"赞歌声中,又加入了更高亢动听的赞美诗般的歌声。正如壶井荣①长篇小说《二十四只眼睛》中某老头所说的那样,"现在是高唱大和魂歌的时候了"②。

和桑原骘藏一样,作家佐藤红绿③也充满着"进取心"和"大和魂":"原来这一带是英属领地,但群岛中既有法属也有美属领地。日本不拥有此群岛中的一岛。但是,富有进取心的日本人却不会忽视这个岛屿。"④佐藤红绿在他的小说《少年联盟》中,将"进取"的时间设定在日俄战争之前,并且明确地将拥有这种"进取心"的少年说成是具有"豪迈日本魂和强烈研究心之人",他的名字叫作"大和富士男"。这是个极具象征意义的名字。关于这个作品,我们在下面要详细地分析和说明。其实,他们此时所说的"进取心"或"大和魂",换言之,就是对外侵略扩张殖民的精神。

第二节 "大和魂"与五个关键词——"尊皇"、"正义"、"战争"、"勇气"和"赴死"

按小田实⑤的说法,从中日甲午战争到二战结束这段时间,"大和魂"的含义可以用五个词汇概括,那就是"尊皇、正义、战争、勇气

---

① 壶井荣(1900—1967),小说家、曾参与无产阶级文学运动,著有《日历》、《有柿子树的人家》、《二十四只眼睛》等。
② 壶井荣:《二十四只眼睛》,新潮文库2005年版,页数遗失。
③ 佐藤红绿(1874—1949),小说家和剧作家,曾经是一个记者和俳人,1906年因脚本《侠艳录》上演获得好评,之后专心创作小说,写出许多类似社会小说的大众作品,昭和年代多创作少男少女小说,一度使无数青少年读者发狂。
④ 佐藤红绿:《少年联盟》,《少年俱乐部》,少年俱乐部文库1931年8月号—1932年6月号,引自日本网站,2014年10月15日,大和魂 site:www.aozora.gr.jp。
⑤ 小田实(1932—2007),小说家、评论家,毕业于东京大学文学部语言学科,少年时在战争中度过,亲眼看见自己的父兄走向战场,学校也鼓励他英勇杀敌。但1945年3月13日深夜开始的大阪大空袭,让大阪一夜之间化为废墟,许多昨天还在一起玩耍的小朋友就此阴阳两隔。这让小田实产生了拒绝无意义的死亡和反对屠杀的思想,导致他后来参加在日的"越南和平市民联盟",还发表了许多反战和反美的作品,其著《踩踏"父亲"》(1998)曾获川端康成文学奖。2004年和井上靖、大江健三郎、鹤见俊辅等人一道,成为反对修改宪法的"九条会"发起人,持续开展护宪运动。

第十二章　甲午战争(1894—1895)至二战时期(1931—1945)……

和赴死"①，而且该魂的使用数量之多难以尽数，大多数都出现在文艺作品含军歌当中，带有诉诸一般民众和士兵的目的。从这个角度说，此阶段的"大和魂"已处于高度世俗化和普及化的地位，绝非过去个别文人自我吟哦的"大和魂"可比拟。下面根据题材，按诗歌（古代、近世与军事有关的和歌和近现代军歌）、小说、剧本及军事评论等分别阐述和评析。

一　诗歌

1. 古代和近世与军事有关的和歌

日本近代"大和魂"军歌，与日本古代和近世的部分（和歌）军歌在精神上存在较多联系，这从斋藤茂吉②所做的"古为今用"工作可窥见一斑。此公不仅参与古代《爱国百人一首》③的选评工作，还就此写出两篇评论文章，阐明了近代和古代、近世此类和歌之间的关系，以及它们在当时与天皇和战争的关系。在《爱国百人一首评释》中，茂吉说入选的歌曲"反映了皇国国民一般的心理，有些和歌虽未明确说出爱国的字眼，但都证明了……歌人面向大气候的心情，同时也预告大东亚战争的伟大胜利，令人欣喜之至"④。不过我们实在很难理解，为何日本古代、近世的那些和歌会"预告""大东亚战争的伟大胜利"。

---

① 小田实：《随论　日本人的精神》，筑摩书房2004年版，第16页。
② 斋藤茂吉（1882—1953），东京大学医学部毕业后成为精神科医生，同时师事伊藤左千夫，于1908年参与《紫杉》的创刊，1913年发表第一部歌集《赤光》，受到社会关注，从此一直作为《紫杉》的核心人物而工作。第二次世界大战期间，茂吉积极配合日本政府和军部，频繁发表歌颂战争的作品，战后对日本的失败也相当不满和失意。但就是这样的人在1951年竟获得日本政府文化勋章。
③ 《爱国百人一首》是二战时作为"翼赞运动"的一环，从众多古代和歌中选出的、表现爱国精神的一百首名歌，包含部分军歌，其中多半表达崇敬皇室和爱国爱家的精神。在情报局支持、"大政翼赞会"资助、"东京日日新闻"和"大阪每日新闻"协助下由"日本文学报国会"完成。评审委员有佐佐木信纲、土屋文明、释迢空、斋藤茂吉、太田水穗、尾上柴舟、窪田空穗、吉植庄亮、川田顺、斋藤浏、松村英一、北原白秋，评定标准是自万叶时代到幕末为止、咏歌者身份明确的臣子的和歌。目的是积极表现爱国精神，"振作圣战下的国民精神"。所选出的一百首和歌均受到情报局的审查，于1942年11月20日由情报局公布。
④ 斋藤茂吉：《爱国百人一首评释》，《东京朝日新闻》1942年11月21日，《斋藤茂吉全集》第十四卷，岩波书店1975年版，引自日本网站，2014年10月18日，大和魂 site: www.aozora.gr.jp。

在《爱国歌小观》①中，茂吉还补充阐释了《爱国百人一首评释》未能收入的一些爱国和歌，其中就包括部分军歌。以下抄录、分析的是茂吉在他的两篇评论文章中所说的几首古代军歌：

○ "赴海尸浮，登山草埋，为大君死，永不徘徊。"②（《万叶集》卷十八，大伴家持）家持是贵族，与天皇存在密切的利益输送关系和炽热的尊皇情感，所以此歌确有为"大君"舍生忘死的精神，但以下一首是否也如此值得讨论。

○ "今始不想家，天皇令戍边。手持盾牌我，一步一踬颠。"③（《万叶集》卷二十，火长今奉部与曾布）译歌最后一句，乃著者根据以下的说明即自身的理解而添加，不一定准确。原歌仅唱到"我"字，后面的话省略。

此歌作者的具体情况不详，现仅知"火长"是职务名，相当于今日率领十名战士的班长。歌中的"今始"这个词汇需注意，意思是说，过去我作为农民只考虑父母、妻儿，但从今日开始不同了，我无法带着对家人的牵挂去戍边。不过从这些话中，人们听不出是否作者主动为天皇拿起盾牌从军的意思，语气比较勉强。说他不想念家人并不符合实际情况，所以著者在译歌中添加了"一步一踬颠"的语句。原歌有"醜"字，翻译时不得已将其删去，一种说法是歌者"身份低微"的意思，另一种说法是持盾牌保卫天皇的歌者"强有力"的意思。和茂吉一样，二战时日本许多学者都对这首军歌评价至高，说戍边的军人为天皇忘却自我，显示出大无畏的英雄气概。然而从《万叶集》中超过100首的"防人（戍边军人）歌"看，说"不想家"和为"天皇"战斗等的和歌（包含此歌）仅区区数首，其余的都是哀叹与家人分别和思念远在家乡的亲人的歌曲，所以此歌似乎也不会免俗。它想表达的，应该不是所谓的军人英勇气概，而是没有办法只能接受现实的心情。我们不应对

---

① 斋藤茂吉：《爱国歌小观》，《日本评论》，日本评论社1942年5月号，《斋藤茂吉全集》第十四卷，岩波书店1975年版，引自日本网站，2014年10月18日，大和魂 site：www.aozora.gr.jp。

② 原歌是"海行かば水漬づく屍山行かば草むす屍大君の辺へにこそ死なめ顧みはせじ"。

③ 原歌是"今日よりは顧みなくて大君の醜の御楯と出で立つ我は"。

第十二章　甲午战争(1894—1895)至二战时期(1931—1945)……

此有所误读。

○ "皇命实可畏，渡海去戍边。海岸多礁石，父母我心牵。"①（《万叶集》卷二十，防人丈部人麿）作者丈部人麿似乎也是应征的农民，歌中日文的"可畏"有"害怕"的意思，也有"承命"的意思，但不管是"害怕"还是"承命"，都有不得不去的意味，所以这个"防人"也未必如茂吉等人所说的那样"思想觉悟"很高。

○ "千军万马何所惧，不言自威手擒来。"②（《万叶集》卷六，高桥虫麿）按中西进考证，高桥姓"连"，贵族，属于物部家族（礼神氏族），③ 据说719年藤原宇合④任常陆国（今茨城县大部）"国守"时高桥是其下属，之后还一直得到宇合的关照，是当时利益集团的成员之一，所以他的咏歌充满着为日本开疆拓土的战斗激情。茂吉说该歌"获得全场一致通过"⑤ 确有其道理。然而这一类和歌在《万叶集》中的数量少之又少，微不足道。由此看来，古代贵族和农民的思想感情差别很大，并不整齐划一。

茂吉引用的所谓爱国歌曲多取自江户时代。这是一个尊皇情绪抬头、外敌即将入侵的风云激荡的年代，所以咏歌者确实迸发出为保卫日本而战的激情。

○ "壮士生于此神国，敌军岂可避吾矢？"⑥ （《箭头》，千种有功⑦）此歌题序是"威武"，大意是尊奉天照大神的我皇国军人射出的箭头，外敌无一能挡，因此它既有"尊皇"又有"尚武"的意味。茂吉解释，这是一首歌颂日本从神代开始即为尚武勇猛之国的歌曲，可供

---

① 原歌是"大君の命かしこみ磯に触り海原渡る父母を置きて"。
② 原歌是"千萬の軍ならとも言擧せず取らて來ぬべき男とど思ふ"。
③ 中西进：《栖息于旅途 高桥虫麿论》，新版中公文库，角川书店1993年版。
④ 藤原宇合（694—737），奈良时代贵族，藤原不比等第三子，式家（藤原氏四大家族之一）之祖，遣唐使使团副使、常陆"守"、西海道节度、参议、式部卿兼大宰帅，据推测参与编撰过《常陆风土记》。
⑤ 斋藤茂吉：《爱国百人一首评释》，引自日本网站，2014年10月18日，大和魂 site: www.aozora.gr.jp。
⑥ 原歌是"おほ神のいはへる國のますらをの矢先に向ふ離あらめや"。
⑦ 千种有功（1797—1854），江户末期的歌人、公卿、"左近卫权中将"，著有歌集《千千廼舍集》、《日枝之百枝》等。

"大和魂"史的初步研究

在大东亚战争中吟唱。①

○ "横断海路大军舰,煌煌我国亦须有。"② (《横断海路》,吉田松阴) 此歌乃松阴于1854年写出后赠给其叔父玉木文之进的,造大军舰的目的,如他所唱的另两首和歌所示,是"七度轮回为报国,一生吾不忘攘夷"③。"一任粉身与碎骨,丹心献给我大君。"④ (《横断海路》) 松阴不是军人,但他的这些咏歌却足以成为真正的军歌,因为它与明治维新直至二战期间的军歌几乎毫无二致。

○ "天皇威严日本强,痴呆汉人不要狂。"⑤ (《痴呆汉人》,平贺元义⑥) 首先要说明,歌中的"汉人"不是中国人的意思。当时的日本人将所有来自海外的人都称作"汉人"。题序的"唐船"说的也不是中国的船只,而指当时西方国家的军舰。这些军舰频繁侵犯日本领海,威吓幕府,让元义心中十分痛恨,所以他咏出此和歌。歌词说天皇威严,皇国煌煌,你外国人不要猖狂!此"狂"字引自《万叶集》歌"廷臣小子不要狂,天神牢筑大和国"⑦ (卷二十,藤原仲麿。"小子"指谋反的橘奈良麿)。另外元义还有歌作,"天皇之盾执在手,勇士前途更辉煌"⑧、"皇军列队数十里,何人不为君之盾"这些歌作的"天皇之盾"和"君之盾"等词汇也都来自《万叶集》。

○ "天皇我神言如敕,谨遵皇敕勇向前。"⑨ (题名不详,橘曙览)

"天皇御盾乃天盾,手持此盾勇向前。"⑩ (同上)

"谨奉敕谕挥大刀,大刀前面孰可挡?"⑪ (同上)

---

① 斋藤茂吉:《爱国歌小观》,引自日本网站,2014年10月18日,大和魂 site: www.aozora.gr.jp。
② 原歌是"八汐路を軸くわたるもろこしの海の城てふなくてやまめや"。
③ 原歌是"七たびも生きかへりつつ夷をぞ撰はんこころ吾忘れめや"。
④ 原歌是"骨を粉にし身を砕きっつ大君に丹き心を捧げてしがな"。
⑤ 原歌是"おほきみの御稜威かがやく日の本に狂業するな癡の漢人"。
⑥ 平贺元义 (1800—1865),江户末期国学家、歌人、冈山藩藩士,私淑贺茂真渊,亦称"吾妹子先生"。
⑦ 原歌是"いざ子ども狂業なせそ天地のかためし國ぞ大和島根は"。
⑧ 原歌是"大君の御栖となりし丈夫の末はますますいや榮えたり"。
⑨ 原歌是"天皇は神にしますぞ天皇の敕としいはばかしこみまつれ"。
⑩ 原歌是"大皇の醜の御栖といふものはかかるものぞと進め真前に"。
⑪ 原歌是"大皇の敕头にいただきて揮はむ太刀による仇あらめや"。

第十二章　甲午战争(1894—1895)至二战时期(1931—1945)……

橘曙览的生平和有关作品前文已有介绍，他除耿介、甘贫外还很尊皇。上引的三首和歌都是他为出征士兵而写，不妨视为军歌。

○"舍身为皇我武士，羽化成蛹即道命。"① （题名不详，八田知纪②）此歌乃为追悼 1864 年战死于蛤御门③的武士而作。按八田的说法，人死后苍蝇下蛆化蛹，象征着武士道或其他什么"道"，如同武士的生命。换言之，为君为国战死的武士生命，才是他们真正的生命。茂吉评价，"道命"一语确为专业歌人所写，乃好词句。幕末志士等的歌作虽充满激情，但遗憾的是不能用洗练的语言将自己的感情充分表达出来，而这一首弥补了这一缺憾。另外，茂吉说作者"听闻天皇御评，有人否认戊辰年长州军作为御盾有舍身之功，而敝皇认为应为其招魂，故吾作歌：御言如露传万代，天下无人不沾衣④。所以也值得一录"⑤。

就此我们要补录一些史料，一个是江户时代末期的妓女龟游的和歌，一个是勤皇志士平野国臣⑥的和歌，因为它们与此后的"大和魂"作品也有关系。国臣与维新第一功臣西乡隆盛的关系很好，是个狂热的尊皇爱国者，曾为倒幕而佯装癫狂，抛妻弃子，并屡次被投入监狱，在美国威逼幕府开港时也挺身而出，要求攘夷。据说他读过在横滨死去的妓女龟游写的一封信和信末所附的一首和歌："厌露大和女郎花，不教美雨（此音在原语中谐美国）湿衣襟。"⑦ 该信与此和歌诞生的背景是，1864 年美国威逼幕府开国时，一个驻留横滨的美国人看上妓院岩龟楼

---

① 原歌是"大君の邊に捨てたりしもののふの蛆蝿は道のいのちならずや"。
② 八田知纪（1799—1873），幕末明治初期的歌人，鹿儿岛藩藩士，宫内省歌道"御用挂"，著有家集《思草》和歌论《歌调的直路》等。
③ "蛤御门之变"指 1864 年 8 月 20 日长州藩向京都进军，在御所禁门（蛤御门）周边与会津藩和萨摩藩军队组成的幕军发生战斗的事件。开初长州军占优势，但后来因来岛又兵卫战死而全线崩溃。此时尊王攘夷派核心人物久坂玄瑞自杀。禁门之变的结果是长州藩被视为朝敌，导致幕府展开第一次长州讨伐。
④ 原歌是"萬代の末までかかる御めぐみの露には濡れぬ袖なかりけり"。
⑤ 斋藤茂吉：《爱国歌小观》，引自日本网站，2014 年 10 月 18 日，大和魂 site：www.aozora.gr.jp。
⑥ 平野国臣（1828—1864），幕末志士，通称次郎，福冈藩藩士，曾纠集西国"尊攘派"发动"寺田屋暴乱"，失败后又拥戴败于"公武合体派"的"尊攘急进派"七公卿（三条实美、三条西季知、四条隆谓、东久世道禧、壬生基修、锦小路赖德、泽宣嘉）之一的泽宣嘉在但马国生野举兵讨幕，又败于幕军和各藩军队的联合攻击，最后在京都被处死。
⑦ 原歌是"露をだに厭ふ大和の女郎花降るあめりかに袖は濡らさじ"。

"大和魂"史的初步研究

的龟游,愿意为她出大价钱。老鸨自然喜不自胜,强逼龟游接客,但她对美国以武力胁迫幕府开国不满,故无论如何不肯以身相许,最后留下那封信与和歌后以短剑刺喉自尽。有人说"此女显示出日本女性大和魂的气概"①,故该"大和魂"有"气节"的意思。不过该传说疑点颇多,因为该信使用候文体(以"候"字代替敬体标记"ます"的文言书信文体),和歌也写得有模有样,所以是否由一个妓女写出值得怀疑。很有可能是某个男性攘夷人物借妓女之口编造、吟咏而成。然而国臣却信有其事,大发感慨,说妓女尚且如此,作为日本的男子更应有所作为,于是东奔西走,联系皇室和萨长等藩,试图颠覆幕府。无奈在一次义举中,被幕府派遣的丰冈藩(兵库县北部)军队抓捕,先是被关押在但马国(今兵库县北部)藩邸,后来通过姬路送往京都。在姬路监狱,许多义士因和强盗、杀人犯关在一起,且牢房十分肮脏,故情绪相当激动,斥责狱吏的无理。然而国臣却不为眼前景象所动,在宽慰同志之后吟歌一首:"着菰寝筵真丈夫,缘何污秽大和魂。"② 此处的"大和魂"有"大丈夫"(勇敢)的意思,也暗指他的"勤王"之心。在京都监狱,他又吟出多首富有战斗意志的和歌,其中一首仍是表达为勤王而不惜生命的"大和魂"歌:"时涨时消力使尽,反反复复大和魂。"③ 表明国臣在困苦卓绝时,能支撑他的信念的还是这种"勤王"和"战斗"的"大和魂"。1864年7月23日,国臣与33个同志一道在牢中被狱吏用长枪刺死。临死前国臣分别写下一首汉诗和一首和歌。和歌从略,汉诗是:

> 龙颔虎口寄此躬,半世功名一梦中。他日九泉埋骨处,刑余谁又认孤忠?忧国十年,东走西驰。成否在天,魂魄归地。④

---

① 上村松园:《关于作画》,《青眉抄·青眉抄拾遗》,讲谈社1976年版,引自日本网站,2014年10月18日,大和魂 site: www.aozora.gr.jp。
② 原歌是"菰着ても筵寝ても丈夫の大和魂なに穢るべき"。菰、筵都是粗草席的意思。
③ 原歌是"よみかへり消かへりても尽さばや七たび八たびやまと魂"。
④ 转引自大川周明《日本精神研究》,文录社1930年版,页数遗失。

第十二章　甲午战争(1894—1895)至二战时期(1931—1945)……

此间的"魂魄"大概也指国臣主动"赴死"的"大和魂"。

龟游影响了国臣，但据说她又被前人影响。昭和时代上村松园说："每当我读到龟游此歌，就联想到高喊打倒美英的水户派思想先驱藤田东湖的和歌：

　　黑船搅海天地暗，欲叫美人见日光。①
　　神风于海掀巨浪，打翻夷船送龙王。②

妓女龟游'辞世歌'的气概决不输于东湖这首激烈的攘夷呼声。"③ 当然龟游和国臣、东湖和龟游的关系是否如此，我们不免有些怀疑。编造龟游书信与和歌的人，以及上村松园自然可以自由"联想"，但他人也可以对此置之一笑。

总结说来，"尊皇"、"正义"、"战争"、"勇敢"、"赴死"也是部分《万叶集》和江户时代军歌的主题和关键词。从明治时代一直到二战期间，这些关键词则全部被"大和魂"所取代。

2. 明治时代前后至二战期间含有"大和魂"的日本军歌

从狭义说，军歌是指军队为自身目的而创作的歌曲，但从广义说，日本的军歌一般还指战时歌曲（"军国歌谣"、"国民歌谣"、"国民合唱歌"和部分相关歌谣）和军乐等以军队、军人、军种、武器、战争、国体、国策等为题材的歌曲，有时军歌和国民歌曲的界限不易区分。具体说来，日本的旧军歌包括军队自身创作的歌曲，如某军种、某部队的歌曲、军中小调、军乐，和民间创作后赠给军队的歌曲，以及战时的大众歌曲，如电影主题曲，电台、报社、政府机构指导创作的国民歌曲。其时间跨度自明治维新前后到甲午战争、日俄战争，直至一战和二战时期。从目的和意图看，明治初期前后一段时间的军歌多为鼓舞士气而创作，但到日本开始侵略亚洲各国及与欧美国家作战时则增加了操控、统一国内民意的内容，二战结束稍前又暗含隐瞒战况、鼓励更多日本人走

----

① 原歌是"かきくらすあめりか人に天日のかがやく邦の手ぶり見せばや"。
② 原歌是"神風のいせの海辺に夷らをあら濤たふし打沈めばや"。
③ 上村松园：《关于作画》，引自日本网站，2014 年 10 月 18 日，大和魂 site: www.aozora.gr.jp。

"大和魂"史的初步研究

向战场的用意,其间皆充斥着诸如"尊皇"、"正义"、"战争"、"勇敢"、"赴死"等说辞。换言之,它们都是"大和魂"的代名词。必须说明,在当时与宣传"大和魂"的其他题材作品相比,军歌所占的比例最大,且最易于普及。

日本近代军歌的特征之一是,其创作和改编得到新政府和军部的示意和支持,在早期其传播采用的是口耳相传的方式,军歌仅通用于军队内部,后来因得到新媒体的推动而迅速向民间普及,对民意产生的作用十分明显。而在其普及之后,民意对政府、军部、媒体的支持力度也极其巨大。亦即,政府和军部于其间的意志不容忽视,而后来通过媒体向民间渗透并获得民众的积极支持,又使军歌获得比政府和军部希望产生的更大的影响力。

日本明治时期的第一首军歌是《宫君,宫君》。"宫"指1868年2月指挥萨摩、土佐、长州、肥后四藩军队进攻江户的东征大总督有栖川宫炽仁亲王。据说词作者是品川弥二郎,[①] 曲作者是大村益次郎,[②] 全歌分为6节,但不同的版本歌词略有不同。其前身是流行于江户的一首猥琐民歌《流行Tonyare小调》,后来流入京都、大阪,在被改造成官(皇)军东征歌曲后又引进江户。比较日本第一首军歌《宫君,宫君》与法国第一首军歌《马赛曲》可以看出,《马赛曲》唤起的是民心对暴政的反抗,追求的是人的"自由、平等、博爱",而《宫君,宫君》赞美的则是天皇和军事诸侯,歌词充满对幕军的威慑和官军的自赞自夸,与人民的意志基本无关:"一天万乘孰抵抗/萨土长肥消灭光/咚咚锵,咚咚锵。"(第2节)[③] "伏见、鸟羽……葛叶战/萨土长肥打得欢/咚咚

[①] 品川弥二郎(1843—1900),长州藩武士、政治家、子爵,吉田松阴弟子,曾和高杉晋作等一道参加尊王攘夷活动,如烧英国公使馆等,1865年和木户孝允一起潜入京都进行情报收集工作,为建立"萨长同盟"做出贡献。戊辰战争时作为"奥羽镇抚总督参谋"和"整武队参谋"为推翻幕府贡献良多。

[②] 大村益次郎(1825—1869),日本近代著名军事家,长州藩武士,曾在该藩进行军事改革、指挥官军打败幕军和创建日本近代军制中起过重要作用,死后被封为"战神",葬于"靖国神社"。

[③] 原歌是"一天萬乘の帝王に/手向ひすろ奴を/トコトンヤレ、トンヤレナ/覗ひ外さず、/どんどん擊ち出す薩長土/トコトンヤレ、トンヤレナ"。

第十二章 甲午战争（1894—1895）至二战时期（1931—1945）……

锵，咚咚锵。"（第3节）① 它还强调天皇的权威，号召士兵对天皇忠诚，奋勇剿灭敢于与新政府作对的幕军："枪弹如雨不惜命/官军孰不为大君/咚咚锵，咚咚锵。"（第6节）② "进攻杀人非吾意/只因抵抗萨长土/咚咚锵，咚咚锵。"（第5节）③ 成为天皇创设的新军队的象征。此歌中的"尊皇"和"勇气"等意涵，影响到后来的日本军歌。不过《宫君，宫君》被吟唱的时间不长，据说后来政府军在战斗时唱的是《佐渡小调》和《忏悔忏悔，六根清净》。④

日本的第二首近代军歌是《拔刀队》，1885年7月2日首次演奏于东京"鹿鸣馆"，有人说它是日本第一首具有近代意义的军歌。后来它成为日本陆军的"分列进行曲"，迄今日本陆上自卫队和警察仍在使用。其第2节也提及"大和魂"："皇国风/武士魂/维新前/刀技绝/维新后/刀更亮/欲出世/盼荣誉/敌我共死刀刃下/大和魂者死于今/死于人后羞耻多/直至敌人全杀光"⑤，除了"尊皇"，也提倡"赴死"。此军歌由东京帝国大学教授外山正一作词，内容与《宫君，宫君》十分接近，法国人加布里埃尔·勒鲁（Charles Edouard Gabriel Leroux，1851—1926）作曲。所谓的"拔刀队"，指1877年"西南战役"⑥时警视厅100名警察组成的精锐部队，第1节歌词中的"敌大将"指反叛明治政府的西乡隆盛。也就是说，日本第一首、第二首军歌都诞生于幕末维新时期到明治新政府确立自身体制这一过程当中，即内战的产物，表明的

---

① 原歌是"伏見、鳥羽、淀橋本、葛葉の戰は/トコトンヤレ、トンヤレナ/薩土長肥の 薩土長肥の/合ふたる手際ぢやないかいな/トコトンヤレ、トンヤレナ"。
② 原歌是"雨の降るよな/鐵砲の玉の來る中に/トコトンヤレ、トンヤレナ/命惜まず魁するのも/皆お主の爲め故ぢや/トコトンヤレ、トンヤレナ"。
③ 原歌是"國を迫ふのも人を殺すも/誰も本意ぢやないけれど/トコトンヤレ、トンヤレナ/薩長土の先手に/手向ひする故/トコトンヤレ、トンヤレナ"。
④ 小村公次：《彻底检验日本的军歌——战争时代和音乐》，学习之友社2011年版，第31页。
⑤ 原歌是"皇国風とものものふは その身を護る魂の 維新このかた廃れる日本刀の今更に また世に出ずる身のほまれ 敵も味方も諸共に 刃の下に死ぬべきぞ 大和魂あるものの 死すべき時は今なるぞ 人に遅れて恥かくな 敵の滅ぶるそれ迄は"。引自日本网站，2014年11月9日，http://aoon.orz.hm/gazou1/1.cgi?mode=thr&no=89。
⑥ "西南战役"指1877年发生在今熊本县、宫崎县、大分县、鹿儿岛县的，以西乡隆盛为领导的士族武装叛乱，在明治初期一系列士族叛乱中规模最大，是日本历史上最后一次内战。

"大和魂"史的初步研究

是新政府欲树立绝对权威的决心和对旧幕军和反抗者毫不留情的态度。换言之，从日本出现的第一首具有现代意义的军歌开始，新政府就号召人们"尊皇"、"战争"和"赴死"等。和《宫君，宫君》相比，《拔刀队》在音乐创作上使用西洋的 7 音阶作曲，并采用转调等手法，而前者只是民谣音阶，并且后者歌词还使用当时的新体诗语汇。然而它的意义不仅于此，更重要的是新政权的意识形态从此开始向民间渗透。仓田喜弘说："据《插画扶桑新报》报道，爱知县丰桥河知多半岛周边的孩子们曾一面手持棍棒，步伐一致，一面歌唱着'我乃官军/我敌乃朝敌/天地不容'。不知不觉间，过去满身污泥打水仗的孩子的游戏方式为之一变。"仓田并对其原因做了推测："这可能是孩子们对名古屋第三师团士兵在行军时所唱的歌曲耳濡目染所致。"①

除第一首和第二首外，日本近代军歌的另一个显著特征，就是几乎都将着眼点放在海外战场，为本国侵略扩张政策服务，并且毫不隐讳，直呼其名针对中国："连绵'大和'魂/国心'筑波'山/'千岁'留芳名/'吉野'花更香。""护守帝国千秋岁/我舰功成敌舰碎/'镇东'、'镇西'、'镇南'船/'镇远'、'济远'、'平远'舰。"(《日本海军》军歌，第 5 节和第 19 节)② 此歌由大和田建树作词，小山作之助谱曲，发表于日俄战争开战的 1904 年，有为日军士兵打气的意味。单引号内的名称皆为日舰和清舰（原）名，第 5 节第一句也提到日军拥有"大和魂"；"无涯绿野风吹劲/直指战旗大陆红/日本意气高万丈/军人最具大和魂。"(《大陆进行曲》，第 6 节)③ 此歌是《东京日日新闻》和《大阪每日新闻》联袂以"进出（侵略）大陆之大使命"为题征集到的某件作品，具体说来就是从 1938 年 9 月 10 日到 30 日这 20 天时间征集到的 21000 件作品中，选出鸟越强所作的歌词，由"中部支那派遣军"军乐队配曲而成。发表的时间是 10 月 15 日，刚好在这天日军

---

① 仓田喜弘：《明治二十年》，岩波新书 1983 年版，第 101 页。
② 第 5 节原歌是"「大和」魂一筋に 国に心を「筑波」山「千歳」に残す芳名は「吉野」の花もよそならず"；第 19 节原歌是"護れや日本帝国を 万万歳の後までも「鎮遠」「済遠」「平遠」艦「鎮東」「鎮西」「鎮南」艦"。
③ 第 6 节原歌是"涯なく青い 野の風に 今日から鳴るぞ あの旗は 進む大陸 日本の 意気のしるしだ たましいだ"。

第十二章　甲午战争(1894—1895)至二战时期(1931—1945)……

攻占武汉三镇。日本政府在此歌创作出来之后，将它与《爱国进行曲》、《日丸旗进行曲》一起，定为全体国民必唱的三大爱国歌曲，而此歌第6节的歌词也有"大和魂"一语。可见日本政府、军部和媒体在利用军歌的同时，也积极利用"大和魂"，为侵略扩张目标服务。此外，民众在此过程中的积极参与作用也不可忽视。

有关当时日本民众积极配合政府、军部、媒体创作和推广军歌的事例在此要补上一笔。日本战败前的1945年8月5日，《每日新闻》刊出一则广告，说"由情报局赞助，日本音乐文化协会、日本广播协会、《朝日》、《读卖》、《每日》及全国各大新闻社共同举办的军歌征集委员会，拟向公众征募一首能真正表现国民心情的强有力'国民军歌'"，以"迎接即将到来的本土决战"，因此要求的军歌必须是能"鼓舞战意、豪迈英勇的歌曲"。规定有九条，歌词、歌曲创作奖金各5000日元（这在当时是一笔巨款），截止日期是8月15日。此日期值得注意。在发出广告的第二天也就是8月6日，广岛挨了一颗原子弹；9日长崎又挨了一颗原子弹，但即使是这样，仍有许多人为"本土决战"而积极创作"豪迈英勇的歌曲"；15日天皇发布"玉音讲话"，但在同日寄到的歌词却仍然有15206件，作曲数是264件，[①] 不可谓数量不大。之所以有此现象，其原因之一或是军方有意封锁原子弹爆炸的信息，但不能不说长期的军国主义教育包括军歌教育，已使得"尊皇爱国"观念成为当时相当大一部分日本民众的集体无意识。

由此还可发现，日本自近代开始音乐与政治、社会的关系已非同一般。明治维新后，日本享受了27年的和平时光，但从此后的甲午战争到太平洋战争这52年间（大正时代略有不同），日本几乎都沉浸在战争之中，而国力却不足以支撑如此庞大的军费支出，所以后来逐渐进入全国总动员，开展"总力战"包括"精神战"在所难免，这时音乐也必须派上用场，用作鼓动国民、驱使他们走向战争的工具。"音乐是军需品"[②] 这句话，足以说明当时日本的实际状况和本著此节的全部内容。此语出自平出英夫（1896—1948）海军大佐在1941年4月29日

[①] 《朝日新闻》1945年9月9日。
[②] 平出英夫：《战争和音乐》，收录于杂志《音乐俱乐部》第八卷，1941年6月号。

"大和魂"史的初步研究

"日本海洋吹奏乐团"建立时所做的演讲当中,说此话时他任大本营海军省报道科科长,也兼做海军省敌情分析工作。在音乐并不作为艺术的音乐,军人的发言具有巨大影响力的当时,这句话所起的作用可想而知。而且它的语意在情报局第五部第三科科长井上司朗的另一次演讲中有进一步的发展:"艺术为艺术本身而存在的观点是极其错误的",而应"为民族而存在"。"音乐绝不是为了自我满足和感情陶醉或为音乐本身而存在的,而必须为服务产生这个音乐的民族而存在。""音乐为自身而存在的想法,……最终将导致个人主义和自由主义。""我认为音乐实际上具有伟大的国家性、思想性和准确意义上的政治性。"结论是:"平出海军大佐说音乐是军需品,而我认为它的作用在军需品之上。它能在一瞬间抓住国民的灵魂,并一举使之飞跃。能使人格一举转换的东西就是艺术,而最纯粹的艺术就是音乐。……音乐是国家的音乐,民族的音乐,具有开拓国家命运的伟大的可能性。"[①]

在井上看来,音乐就是战争动员和创建国家体制、开疆拓土的工具,其中的"国民的灵魂"自然也包括"大和魂"。它可以用于蔑视、嘲笑交战国,提高民心和士气,也可以用于赞美天皇,吹嘘正义,美化战争,激励士兵勇敢,鼓动他们赴死,并可以统一国内的思想感情。

当然平出和井上说这些话时都在昭和时代。在著者能够寻找到的资料范围内,大正时代的军歌最少,仅三首,而且是练兵歌和军校歌,歌词中也无"大和魂",说明大正时代确实是日本近代史上一个比较民主自由的时代。但即使如此,军方在这时出版的《现行军队教育令纲领》中还是强调:"舍生取义,知耻惜名,重责任,耐艰苦,勇赴国难,悦毙于任务,乃我国民自古继承尊重之大和魂,其尤为军人所需之特性。故于军队教育时须砥砺扩充此国民性,于实际工作中发挥其成果。"[②]这实际上是对明治时代的"大和魂"做出的总结,也为日后"大和魂"普遍用于军队包括国民思想教育打下基础。

在著者查阅和统计的范围内,自明治维新至二战结束,日本创作的

---

① 井上司朗 1942 年 12 月 7 日的演讲稿,题目是《音乐的国家性》,载于《音乐公论》,音乐评论社 1943 年 1 月号。
② 《现行军队教育令纲领》之一,大正 9 年 10 月 28 日改定。转引自加藤仁平《和魂汉才说》,第 119 页,注一。

第十二章　甲午战争(1894—1895)至二战时期(1931—1945)……

军歌有一万多首，其中与"大和魂"有关的军歌不下 100 首，所占比例高达 1%，且这些"魂歌"大多数产生于昭和时代，期间一定存在政府等根据局势有组织地生产、推销"大和魂"的过程。以下仅以日本某网页①刊登的一组军歌为例进行分析。该网页共收录 171 首军歌，其中 4 首内容不详（电脑无法显示），一首属于反战歌曲，名称是《可爱的小斯》②（创作年代不详）。还有一首名为《战友》，因歌调过于悲伤，被认为有碍战斗意志遭禁唱，而出现"大和魂"或相似意思的"魂"的军歌有 35 首，占总数的 20.46%，不能不说其所占比率更高。据此我们怀疑，从明治时期到二战期间日本人所形成的"大和魂"观，是否直接从这些军歌中获得？

下面根据小田实的"大和魂"含义五分法，以该组"大和魂"军歌为主并结合其他歌集的部分军歌继续作梳理分析。不过这种分类阐释仅出于叙事方便的需要，其实这五种含义在许多旧军歌中多半是平行出现，或相互交叉，融会贯通的：

（1）"尊皇"。在幕末维新之初是"勤王"，它表现在三个方面，一方面是宣扬所谓的"御稜威"（天皇或神的威望及其势不可当的威力。《广辞苑》第六版），神化天皇，威慑敌方；另一方面是鼓吹"八纮一宇"（即世界一家，太平洋战争期间日本为使自己侵略海外的行为正当化而经常使用的口号。《广辞苑》第六版）；再一方面是号召士兵及人民为天皇尽忠赴死。

明治时代初期文部省曾推荐过一首歌曲："春光三月朦胧夜/武士勤王告忠诚/大和魂驻樱花上/冲天香气身成仁。"（《南朝五忠臣》，第3 节）③ 歌词作者不详，作曲者为越天乐今样，旋律以"雅乐"为基调，十分典雅华美，歌词中的"五忠臣"指楠木正成、楠木正行、儿岛高德、名和长年和新田义贞。楠木正成的事迹已做过介绍，但他临死

---

① 引自日本网站，2014 年 10 月 28 日，http://cache.yahoofs.jp/search/cache?c = boY8jSbAP2gJ&p = 日本の軍歌 &u = bunbun.boo.jp%2Fokera%2Fw_shouka%2Fshouka_sub3.htm。
② 原文是"可愛いスーちゃん"。
③ 原歌是"春の弥生に夜をこめて君に告げんと益荒男が大和心を桜木に残せしあとこそ匂けれ"。

前给其子正行留下的遗言需补上一笔。据说正成临死前对儿子说：父亡后汝须继承父志克尽忠诚。之后正行果然按其父所说，带着那缕相同的"大和魂"为天皇勇敢战斗，最后杀身成仁。文部省规定日本国民都应该模仿这些榜样，并为此歌的创作和推广煞费苦心，其影响不可谓不深远。

另外，在文部省的指导下，国民学校的音乐教育也在迅速推进，其"目的不在于单纯修炼音乐技能"，"而必须有利于国民情操的醇化"。《艺术科指导精神》规定，所有科目都"必须让儿童通往皇国之道，辅佐皇运"。于是一种以"炼成皇国民"为目的的音乐教育就此开始。①

《清晨映日山樱花》（1928）是带有"大和魂"的另一首军歌。作词本间雅晴，作曲陆军户山学校军乐队。此歌第 2 节唱："皇统三千年一系／直传百代千载／天祖敕命俨然／大义名分昭昭／国家基础巩固／光照久远辉煌。"第 9 节唱："我们站在国防线上／责任重大／谨遵五条御训／相互激励／光荣勤勉／一旦情势有变／立即舍生取义／显示我大和魂。"②和上述文部省推荐歌曲一样，此间的"大和魂"既有"尊皇"，又有"赴死"的意涵。

《士兵之歌》（1937）也是如此。此歌作于日本侵华战争全面爆发的 1937 年，军部需要紧急征召士兵前往中国战场，所以便有此所谓的"奉献军歌"。作词作曲都是东辰三。第 2 节唱："看我钢盔／其形虽然有变／但连接先祖的头盔／内装大和魂／忠义之帽徽永不生锈。"为何要戴此钢盔？第 4 节回答，是为了"踏上万里长城／高唱胜利万岁／日丸旗在东方上空／云层闪耀／我掩泣而拜"③。

而《爆破筒三勇士》（1932）可谓此类军歌的代表，值得认真分析。其第 4 节的歌词是："我等在上拥有／天皇陛下之大御稜威／身后背负／

---

① 文部省：《初等科音乐三 教师用》，1943 年 5 月发行，第 11 页。
② 原歌第 2 节是"三千年来一系の皇统伝へて百余代天祖の勅儀として大义名分昭に国の础いや固く久远の光かがやけり"；第 9 节是"ああ国防の前线に立てる我等の任重し五条の御訓かしこみて栄えある勤め励みつつ时し来たらば身を捨てていでや示さん大和魂"。
③ 原歌第 2 节是"見てくれ俺の鉄兜 形は変はれどこの中にや 先祖の兜にひけとらぬ 大和魂がこもつてる 忠义の銘も錆びちやいぬ"；第 4 节是"万里の長城踏みしめて 勝利の万歳唱へたら 東の空の雲切れて 後光に日の丸輝いた 俺は泣いたぞ拝んだぞ"。

第十二章　甲午战争(1894—1895)至二战时期(1931—1945)……

国民意志之重任。"① 第5节补充"显示日本男儿/比铁还坚之忠勇"②。说的都是皇军应尽的"尊皇"义务。第10节则以表现此类壮举的"赴死"和"忠勇"的"大和魂"作结:"忠魂传清香/激励天下人/壮烈三勇士/美名天地传。"③

此军歌诞生的背景是1931年的"上海事变"(淞沪会战)。说的是在1932年战事胶着时,有3名日军工兵合抬一只爆破筒,在炸毁中国军队的铁丝网后,与炸药一道灰飞烟灭的"壮举"。此英勇事迹传回日本后立刻成为军部、政府及媒体的美谈。然而真实情况并非如此。据日本国立公文馆"亚洲历史资料中心"收藏、由内务省警保局保安科于1933年10月,在问询与上述3名工兵同属久留米工兵队的另1名工兵后记录的《"爆破筒三勇士"之真实情况》说:为节约时间,"据说是让士兵点燃导火索后往前冲的。军队的导火索性能优良,途中不会自行熄灭,所以可以拉得很长。但内田伍长将导火索剪短了30厘米(原话如此)。这么一来要抱着很重的爆破筒前进33米,是否有时间逃回不得而知。但即使这样,还是决定三人急速前进后迅速返回。然而,三人在前进15米后,不知是因为绊倒还是中弹有一人倒下,连带着其他二人也一同倒下。若不出现这种情况,是否有时间往回跑都成问题,但中途有人倒下,就意味着一切都玩完。三人因此都往回跑。但这时内田伍长对跑回的士兵大声叱责:'怎么回事?!为了天皇,为了祖国,前进!'所以三人又转身抬起爆破筒向前冲去,但刚把爆破筒放在铁丝网时就爆炸了。似乎三人是被内田伍长杀害的。没有上过战场的人不知道,一旦违反命令,或接受命令但有丝毫拖延即被枪杀的事例是很多的。三人是知道这个规定的,所以心想反正是一个死,那倒不如返回。太可怜了"(标点乃引者所加)。④ 然而军部和政府却不管内情如何,该

---

① 原歌是"我等が上に戴(いただく)くは 天皇陛下の大御稜威 後に負うは国民の意志に代われる重き任"。
② 原歌是"鉄より剛(かた)き「忠勇」の 日本男子を顕(あらわ)すは"。
③ 原歌是"忠魂清き香を伝え 長く天下を励ましむ 壮烈無比の三勇士 光る名誉の三勇士"。
④ 小村公次:《彻底检验日本的军歌——战争时代和音乐》,学习之友社2011年版,第93页。

· 913 ·

"大和魂"史的初步研究

如何宣传照样如何宣传，将三人的事迹拍成电影或改编成话剧等。媒体也没有闲着，除广播外，《朝日新闻》和《每日新闻》还征集歌词，为三位士兵做宣传。《朝日新闻》方面有124561人应征，《每日新闻》方面有84577人应征。《朝日新闻》经评选通过的是中野力的歌词，之后山田笄为之作曲。《每日新闻》的应征者中有与谢野宽①，因为他属社会名人，所以审评者北原白秋就将他的作品列为一等奖，之后陆军户山学校军乐队的辻顺治为之作曲。我们在上面看到的那首军歌歌词，就来自与谢野宽。由此可以看出，所谓的"尊皇"和主动"赴死"，有不少是军部、政府和媒体等有意捏造出来的概念。士兵也是人，在战场上仍有求生的愿望，所以这三人不仅是被内田伍长杀害的，也是被军部、政府和媒体等共同杀害的。

然而当时的日本国内却不管这么多，照样创作了许多《日本歌集》供小学生学唱，其中同样充斥着"尊皇"和"赴死"的教唆。当时小学三年级使用的《初等科音乐（一）》中《田道间守》这首歌中就教唱：点心神田道间守接受敕命，到长生国取来橘子返回日本，但此时天皇已经死去，所以他也殉死。而在六年级使用的《初等科音乐（四）》的《肇国之歌》中，则充满"天津日国"（神国）、"御稜威光照八纮一宇"等内容。"除这些以神国日本和神化天皇为主题的歌曲外，初等科音乐课还必须教唱《君之代》、《敕语奉答》、《天长节》、《明治节》、《纪元节》等'仪式歌曲'。随着学年的增长，音乐课还教唱甲午战争、日俄战争时的军歌和新创作的军歌等，音乐确实推进了'皇国民之炼成'。"② 类似"爆破筒三勇士"的人物层出不穷也就不令人感到意外了。

将"尊皇"和"赴死"思想联为一体的还有《大东亚决战歌》（1942），它曾获《东京日日新闻》和《大阪每日新闻》的征募作品大

---

① 与谢野宽（1873—1935），日本著名歌人，与谢野晶子的丈夫，号铁干，通过其作品《亡国之音》推动了短歌革新运动的开展，继而又创办东京新诗社和杂志《明星》。与其妻晶子一道，都是明治时代中期浪漫主义文学运动的领导人，著有《东西南北》、《天地玄黄》、《紫》等。

② 小村公次：《彻底检验日本的军歌——战争时代和音乐》，学习之友社2011年版，第148页。

第十二章　甲午战争(1894—1895)至二战时期(1931—1945)……

奖。作词伊藤丰太，作曲日本海军军乐队。歌词第1节说现在到了决战时刻，第2节说"大东亚征战正酣/皇军炮声隆隆/一发中的成肉弹/死去无悔大和魂/如今正是尽忠时"①。

（2）"正义"。在当时的日本人看来，"尊皇"无须理由，但对外征战就需要合适的说辞，于是"正义"等就成为该说辞之一。仓田喜弘说：报社悬赏募集的歌曲，"从明治到昭和初期都以日本的发展为主题，应募的数字最高才3000件，但进入昭和时代之后，以战争为主题的悬赏数量占压倒性优势，而且应募数量大为激增。就像唱片的发行数从昭和4年开始异常增加了一样"②。当然这些活动不完全是媒体单纯的业务活动，其背后有军方操纵的身影。在报道"爆破筒三勇士"的前一年10月29日，关东军司令部就制作了一个秘密文件——《有关满洲事变之宣传计划》。在此文件的第二项方针中有以下文字："在阐明过去各种悬案与事变勃发诸原因之同时，应高调宣传皇军之正义与人道主义。"第四项方针是："在伴有谋略之宣传时，应随时与（报社）主管协商。"在作为宣传要点的"对国内须留意"的第六项方针中还特别要求：要报道"日军之实力与人道主义及官兵之善行美谈"③。上述各要求一言以蔽之，即日本具有"正义"。当然其中还有"保卫家乡"和为"和平"等说辞，这些似乎也可以统称为"正义"，并可激发国人的战斗意志。作为呼应，这时学校也积极教唱包括"欢送出征士兵、慰问伤病员、激励军需工厂"等④军歌。

《欢送出征士兵之歌》（1939）即其一例。此歌由讲谈社策划创作，作词生田大三郎，作曲林伊佐绪。讲谈社原为杂志社，在其最盛期的1931年拥有九种杂志，发行数占当时日本全国发行总数的七八成，属于日本当时最大的杂志社。

这首歌是讲谈社与陆军省勾结，通过杂志征募军歌的产物。在它

---

① 原歌第2节是"征くや激しき皇軍の　砲火は哮（たけ）ぶ大東亜　一発必中肉弹と　散って悔いなき大和魂　いま尽忠の時来る"。
② 仓田喜弘：《日本唱片文化史》，岩波书店2006年版，第442页。
③ 藤原彰、攻刀俊洋编辑解说：《资料 日本现代史》第八卷"满洲事变和国民动员"，大月书店1983年版，第211—212页。
④ 供田武嘉津：《日本音乐教育史》，音乐之友社1996年版，第369页。

"大和魂"史的初步研究

出现之前，日本没有合适的为出征士兵壮行的歌曲。当时日军出征时车站、码头播送的是日俄战争时期创作的军歌《日本陆军》和《露营之歌》，但前者的歌词内容已经老旧，如"代天伐不义"等，后者又有些悲伤，比如"谁知明日在何方"、"战友染血含笑死"和"梦里父亲频鼓励，死后返国最光荣"等。而在1939年8月讲谈社的入选歌曲《欢送出征士兵之歌》就好多了，奖金为1500日元。第1节的4句"响应天皇召唤／生命光荣之黎明／一亿人称颂欢送／呼声响彻云霄／出征！我武装之日本男儿"①，很有激情和斗志，的确起到鼓舞士气的作用。第2节的4句谈及"正义"："花开心感激／戎衣紧扣胸／正义军征伐／孰人可阻挡／前进！"② 第4节即最后1节也极具寓意并可谓深刻，"枪后之你应无忧／大和之魂不动摇／国家和平如磐石／加强武备我出征"③。这里的"大和魂"即有为本国同胞、为国家、为和平而"正义"征战的内涵。

以上所见的《清晨映日山樱花》（1928）也有"正义"一语，它虽未与"大和魂"此词一道出现，但根据歌名（本居宣长"大和心歌"之一句）和语境，其"正义"一语当属"大和魂"无疑。该第10节即最后一段歌词说："旭日旗翻飞／皇师迈进时／我腕筋肉响／热血迸于胸／正义旗风前／所向敌全无。"④《士兵之歌》（1937）第1节也如此，直说日军"正义"："俺为日本兵／选出为国民／敌兵挡正义／一击使毙命／踏进我国土？／此事绝不成。"⑤ 此"正义"与第2节"……头盔／内装大和魂／忠义之帽徽永不生锈"中的"忠义"的"义"相同，都有"正义"在我，势不可当的意思。《大东亚决战歌》（1942）第4节说得

---

① 原歌第1节是"わが大君に召されたる 生命栄光（はえ）ある朝ぼらけ 讃えて送る一億の 歓呼は高く天を衝く いざ行けつわもの 日本男児"。
② 原歌第2节是"華と咲く身の感激を 戎衣（じゅうい）の胸に引き緊めて 正義の軍（いくさ）征くところ たれか阻まんその步武を いざ行け"。
③ 原歌第4节是"守る銃後に憂いなし 大和魂ゆるぎなし 国のかために人の和に 大盤石のこの備え いざ行け"。
④ 原歌第4节是"旭の御旗翻し 皇師堂々進む時 われらの腕は高鳴りて 熱血胸に迸ばしり 翳す正義の旗風の 向ふところに敵はなし"。
⑤ 原歌第4节是"俺は日本のつはものだ 選び出されて来たからにや 正義に向かふ敵兵を 撃つてこらさにや 二度とまた 御国の土は踏まないぞ"。

· 916 ·

第十二章 甲午战争(1894—1895)至二战时期(1931—1945)……

更为冠冕堂皇："振兴十亿亚洲人/此乃我之大使命/断然膺惩英美鬼/贯彻正义铁石心/如今正是决战时。"① 将日军的"正义"和英美的"邪恶"做对比，并使之与"大和魂"的"战争"和"勇气"之意涵相联系。

话虽如此，但不少军歌还是露出了马脚，暴露出日本的侵略野心。《水雷艇夜袭》(1895。作词大和田建树，作曲濑户口藤吉)第6节毫不掩饰地唱道："快看定远舰沉了/快看来远舰沉了/炮声响彻威海卫/此地迟早归我国。"② 不仅如此，其第8节即最后一段歌词还说，要将整个中国纳入日本版图——"破敌关门口/全歼彼海军/我目标尚有/彼四百余州"（中国古代全部行政区划的一种说法）。③ 有的军歌甚至还流露出向世界其他地方"攫富"的愿望，如《太平洋进行曲》(1939)。此歌由《东京日日新闻》征募而来，发布的时间是日本积极准备太平洋战争的1939年，作词横山正德，作曲布施元："瞻仰军舰旗/舳镌菊花纹/太平洋，我之海/旭日辉煌于和风/向前！皇国之生命线"（第3节）④；"我祖复我祖/以命作赌注/太平洋资源/更可供开采/日本之明日/在我肩头扛"（第4节）⑤；"潮起更感激/飞沫何风采/海子摇船脚/声响太平洋/张口作长啸/振兴亚细亚"（第5节）⑥。由此看来，旧日军的许多"正义"似乎都不光彩。

顺便要说明，日本在侵略中国、攫取资源的同时，其旧军歌使用的词汇或概念又多半来自中国，如"忠"、"义"、"德"、"勇"、"诚"、"仁义"、"正义"、"泰山"、"鸿毛"、"虎死留皮，人死留名"、"降

---

① 原歌第4节是"いざや果たさん十億の アジアを興す大使命 断乎膺懲堂々と 正義貫く鉄石心 いま決戦の時来る"。
② 原歌第6节是"見よ定遠は沈みたり 見よ来遠は沈みたり 音に響きし威海衛 早や我が物ぞ我が土地ぞ"。
③ 原歌第8节是"敵の関門破れたり 敵の海軍亡（ほろ）びたり 我指す処は今は早や四百余州も何ならず"。
④ 原歌第3节是"仰ぐ誉の軍艦旗 舳に菊を戴いて 太平洋を我が海と 風も輝くこの朝だ 伸ばせ皇国の生命線"。
⑤ 原歌第4节是"遠い我らの親たちが 命を的に打ち樹てた 太平洋の富源をば 更に探ねて日本の 明日の栄えを担うのだ"。
⑥ 原歌第6节是"潮と湧き起つ感激に 飛沫をあげて海の子が 太平洋に船脚を 揃えて進む響きこそ 興る亜細亜の雄叫びだ"。

· 917 ·

魔"、"磐石"、"江南之梅"、"金鸥",等等。

（3）"战争"。军队的存在就是为了战争,军歌自然要宣扬武力,当然其中也包括反侵略的爱国军歌。然而日本的情况与他国有所不同。日本除两次遭受元寇的袭扰外,从未被他国侵略,所以其旧军歌所赞颂的战争行为,并不值得夸耀和肯定。另外,日本在甲午战争和日俄战争期间军歌数量突然大量增加,还从一个侧面显示了日本的近代音乐与侵略战争的关系。自1894年甲午战争到1904年日俄战争这10年间,日本共编辑出版了213册歌集。即使是《明治歌曲》第一集这样一部普通的歌集也收录了许多军歌,其中一首叫《保卫皇国》（1888）,属于正式出版,而且是日本人（伊泽修二）首次作曲的第一首军歌,歌词作者仍是外山正一,歌中有"不畏惧不畏惧/至死也不后退/为皇国为天皇"等唱词。其诞生的背景是,当时日本和清国的矛盾日益凸显,政府要求"不论家庭还是学校"都必须教唱此歌,并且还采取一些措施:第一,"充实、开设、普及小学之音乐科"。第二,"积极采用勇猛活泼之军歌,教授给儿童"。第三,"夯实音乐教师之能力"。[①] 而"教授给儿童"的"勇猛活泼之军歌",就包括《保卫皇国》,其本质就是鼓动日本人参与对外侵略战争。此时"大和魂"又再次被拉出来作为帮凶。

《元寇》（1892）也如此。从表面看此歌是在号召日本国民进行反侵略战争,但实际上它是为日本对清国作战而创作的歌曲。作词者和作曲者都是永井建子（男性,旧日本陆军军乐队士官）,歌词分4节,第1节（小标题"镰仓男儿"。以下引号中分别也都是小标题）说"弘安四年夏",元军"举四百余州/十万余敌骑"入侵日本,于是"镰仓男子"以"正义勇敢"之心进行反抗;第2节"多多良滨"说"蒙军傲慢且无礼",所以我要显示"忠义锤炼出之武力","为国一试日本刀";第3节"筑紫之海"说"发誓在箱崎/死为护国鬼/吾神召唤我/大和魂呈威"。最后一段即第4节总结:因神风,"十万蒙古军/沉为海底藻/

[①] 田甫桂三编著:《近代日本音乐教育史Ⅱ——音乐教育在日本的开展——》第四章"社会的音乐和孩子",学文社1981年版,第223页。

第十二章 甲午战争（1894—1895）至二战时期（1931—1945）……

残生唯三人/……玄界滩月清"①。此时的"大和魂"实则意味着对外战争。

《凯旋军歌》（1895）同样如此。词作者乃大名鼎鼎的日本"军神"、日俄战争期间任陆军第二军军长的乃木希典，作曲山本铳三郎，内容有关该战争的艰险和日军的英勇，第1节说"强敌何所惧"等，第2节说"为国荣誉与我幸福/理应舍身一战"云云，第3节唱："我日本军人/为君为国须献身/身家性命何所思/心如铁石无所惧/……/以敕谕磨日本魂/以敕谕守日本魂/我日本军人/千岁万岁万万岁。"②

《任你风狂》也作于1895年，讲的则是日本海军的战绩。作词佐战儿，作曲田中穗积。歌词充满对清朝军队的仇恨和蔑视。其第1节说"任你风狂/任你涛怒/任你舰多/……充满大和魂之义士/我等眼中无难事"。待第2节和第3节叙述如何完胜清舰的战绩后，第4节则心满意足并有所重复地说："敌舰实在太脆弱/此战可谓不足道/有大和魂之义士/我等眼中无难事。"③

《炮兵之歌》创作于1911年，作词平枻孝，作曲陆军户山学校军乐队。此时日本在中国东北许多地区已打下较好的统治基础，但日军仍在为下一场战争积极准备，这从以下唱词看得很清楚："兴安岭下暗云低/边境坚垒皆轰去/我等乃炮兵"（第3节）；"太平洋上风浪高/海上艨艟亦摧毁/我等乃炮兵"（第4节）。第6节总结"装入大和魂炮弹/

---

① 原歌是"一、（鎌倉男児）四百余州を挙る/十万余騎の敵/国難ここに見る/弘安四年夏の頃/なんぞ怖れんわれに/鎌倉男子あり/正義武断の名/一喝して世に示す；二、（多々良浜）多々良浜辺の戎夷/そは何蒙古勢/傲慢無礼もの/倶に天を戴かず/いでや進みて忠義に/鍛えし我が腕/ここぞ国のため/日本刀を試しみん；三、（筑紫の海）こころ筑紫の海に/浪おしわけてゆく/ますら猛夫の身/仇を討ち帰らずば/死して護国の鬼と/誓いし箱崎の/神ぞ知ろし召す/大和魂いさぎよし；四、（玄海灘）天は怒りて海は/逆卷く大浪に/国に仇をなす/十余万の蒙古勢は/底の藻屑と消えて/残るは唯三人/いつしか雲はれて/玄界灘月清し"。

② 原歌第3节是"我が日の本の軍人 君と国とに捧げし身には 家も命も何思うべき 心は石か黒鉄なるか 五条の勅諭をただ守るなり 日本魂を勅諭で磨き 日本魂で勅諭を守る 我が日の本の軍人 千歳万歳"。

③ 原歌第4节是"早くも空は雲晴れて 四方の眺望も浪ばかり 余りに脆し敵の艦 此の戦はもの足らず 大和魂充ち満てる 我等の眼中難事なし"。

· 919 ·

"大和魂"史的初步研究

射击世界暗夜空/我等乃炮兵"。①

电影《进军》主题曲的《进军》（1929），在表现战争意志方面更是不遗余力，且更淋漓尽致。作词小玉花外，作曲今福雄。第1节唱："日出之国多勇士/如今征战赳赳行/军旗翻飞热血涌/欢呼之声喇叭鸣"；第2节唱"胜利而未把家还/二度不见父母悲/有花陪我无勋章/散落不归即我身"；第4节唱"战士之身与飞鸟/何时可作飞机行/拜托空中我兄弟/指引地面日本刀"；第5节即最后一段总结："装入大和魂一击/了无敌影在眼前/或云或霞或烟消/王师堂堂赛光辉。"② 此歌虽然激情四射，但战争是残酷的，日军死伤人数也很多。这首歌表面有提高士气、赞美战争的意味，但私底下还是流露出直面死亡的哀伤感，如第2节。不过从总体来说，此歌还是在美化战争和死亡本身。

及至日本有了新的宣传工具——广播电台之后，日本音乐增加了一个新的种类，即"国民歌谣"（含"国民合唱曲"）。日本首次广播播出的时间是1925年（大正十四）3月22日，当时除播报简单的新闻外，主要是播放音乐和音乐剧等，其中包含较多的西洋音乐。本国的乐曲虽说比重最大，但播放的曲目，特别是那些"猥亵"的、有可能引导人们为爱情不惜私奔的流行曲目等受到较严格的审查和限制，原因就在于有人要"从文化指导之角度"，"将国民之趣味往高的方向引导"，③ 包括收听西方的古典音乐。如前所述，这个（大正）时代几乎没有军歌，但在"日华事变（按：1931年'淞沪会战'）之后，颓废的流行歌被严格限制，取而代之的是适合全体国民歌唱的简单的国民歌谣的普及"④。这里所说的"简单的国民歌曲"，即指日本广播协会从

---

① 原歌第3节、第4节和第6节分别是"興安嶺下暗雲低し 払へよ辺境堅塁砕き 我等は砲兵"、"太平洋上風浪高し 鎮めよ海上艨艟摧き 我等は砲兵"和"大和魂弾丸に込めて撃てよ世界の夜明の空に 我等は砲兵"。

② 原歌第1节、第2节、第4节、第5节分别是"日出る國のますらをが 今戦に出でて行く 旗ひるがえり血は湧きて 歓呼の声やラッパの音"、"戦い勝ちてかえらずば 二たびは見ず父母の國 花に功勲を飾らずば 散りて帰らぬ吾が身なり"、"戦争する身と空の鳥 いずくに果てる飛行機か 空の兄弟頼んだぞ 地は引受けん日本刀"、"大和魂弾玉こめて 撃ち出すところ敵の影 雲か霞か魔と消えて 王師は光り輝けり"。

③ 堀内敬三：《音乐五十年史》（下），讲谈社文库1942年版，第190页。

④ 吉田裕、吉见义明编辑解说：《资料 日本现代史》第十卷"日中战争时期的国民动员"，大月书店1984年版，第46—47页。

第十二章 甲午战争(1894—1895)至二战时期(1931—1945)……

1936年开始播出的"国民歌谣",内含军歌。

这种情况在1937年7月7日"卢沟桥事件"爆发、中日两国进入全面战争状态后有了进一步发展,近卫文麿内阁为此开展"国民精神总动员",要求国民协助战争。作为这个目标的一环,是要求募集歌曲和选编军歌等。同年8月24日内阁颁布的《国民精神总动员运动实施纲要》指示:"须巩固'举国一致'、'尽忠报国'之精神,无论事态如何发展,时间多长,亦须'坚忍持久',克服所有困难,达至所期之目的。应彻底进行必要之国民实践,以巩固国民之意志。"纲要的以下几条,都与音乐配合战争有关:"(六)应要求各言论机构予以协作;(七)力图利用广播手段;(八)要求文艺、音乐、演艺、电影等相关机构进行配合"[1] 等。内阁情报部因此要求募集"国民永远爱唱之国民歌曲",规定这些歌曲必须具备"美好光明勇敢之进行曲风格",内容必须是"赞美日本真正之形象,象征帝国永远之生命与理想,以资振作国民精神之内容"[2]。日本广播协会应声还开始制作军歌,并出版名曰《广播军歌》的歌曲集。因为广播不像当时的另一种媒体——留声机,你不想听,每天都会自然地灌进你的耳朵。广播这时已被国家大规模地"活用"。为征集一首"好歌",有时悬赏的一等奖奖金竟然高达1000日元,是《爆破筒三勇士》的悬赏金额的两倍。[3]《军舰进行曲》就是其中的一首军歌,当时应征作词的有57578人,应征作曲的有9555人。这些具备"美好光明勇敢"的"理想"和代表"日本真正之形象"、可"振作国民精神之内容",自然就包括"大和魂"。这种现象在1941年太平洋战争爆发后持续加剧。

这"让人有一种日本音乐文化在逐渐改变的感觉"[4]。中日战争全面爆发之后,"军部和各官厅要求电台播放与时局有关的歌曲",而且必须是"谁都爱唱的光明健康的歌曲",其中就包括含有军歌的"国民

---

[1] 吉田裕、吉见义明编辑解说:《资料 日本现代史》第十卷"日中战争时期的国民动员",大月书店1984年版,第46—47页。
[2] 同上书,第48页。
[3] 当时公职人员的月工资约10日元。
[4] 堀内敬三:《音乐五十年史》(下),讲谈社文库1942年版,第171页。

"大和魂"史的初步研究

歌谣"。① 于是电台从周一到周六中午12点35分至40分（1938年开始移至夜间播放）连续播放同一首曲子，目的在于让民众熟悉那些歌曲并使之深入人心。然而等到《万岁！希特勒》（1938年8月）和《邻居》（1940年6月）播放时，那些"谁都爱唱的光明健康的歌曲"也销声匿迹，取而代之的是两种歌曲。一种是"艺术歌曲和家庭歌曲"，另一种是"教化、动员、鼓舞意志的歌曲"（含"国民歌谣"和"国民合唱曲"）。前者比重较小，约占播放歌曲的1/4，而后者约占3/4。其中后者又可分为五类：第1类是赞美皇国和皇军的歌曲；第2类是国家活动所需要的歌曲；第3类是与动员国民精神相呼应的歌曲；第4类是与战时国民运动和国民生活密切相关的歌曲；第5类是歌颂女性（母亲和少女）的歌曲。换言之，国民歌谣的大部分都是与鼓舞战斗意志和进行国民教化有关的歌曲，② 其中不乏军歌。

到1943年4月至1944年4月，"国民歌谣"则又被"国民合唱曲"全面取代。因为这时"国家要求的国民娱乐和健全的娱乐"都必须符合局势，"音乐也是子弹"，"可以说在国内的一亿战士，特别是作为产业战士激励性精神食粮的音乐广播中，合唱是国民共同歌唱、相互愉悦激励的唯一手段"③。这些国民合唱歌，有不少也带有"大和魂"。

《前进！一亿个火种》，就是NHK（日本广播协会）制作的所谓"国民合唱歌"的一首。创作于1942年，作词大政翼赞会，④ 作曲长妻完至。"一亿"这个数字包含当时日本统治下的中国台湾和朝鲜的人口。歌词洋溢着激愤和高昂的战斗意志。其第1节唱："前进前进向前进/意志坚定去决战/绝非吃素大和魂/我们力量不可抗/忍耐忍耐曾忍耐/从此一亿不忍耐。"⑤ 最后一段即第3节说："一亿火种一亿兵/人人

---

① 日本广播协会编：《20世纪广播史》（上），日本广播出版协会2001年版，第131页。
② 户下达野：《音乐动员令 统制和娱乐的十五年战争》第三章"电波中的歌声"，青弓社2008年版，第125—127页。
③ 竹山昭子：《史料所说的太平洋战争中的广播》，世界思想社2005年版，第158页。
④ 大政翼赞会，1940年10月在第2次近卫内阁示意下结成的国民统一管理组织。当时各政党被取缔，政府将产业报国会、翼赞壮年团、大日本妇女会、部落会、町内会、邻居小组等统统罗织到这个组织中，1945年5月被解散，吸收到所谓的国民义勇队中。
⑤ 原歌第1节是"行くぞ行かうぞ　ぐゎんとやるぞ　大和魂だてぢゃない　見たか知ったか底力　こらへこらへた一億の　かんにん袋の緒が切れた"。

第十二章 甲午战争(1894—1895)至二战时期(1931—1945)……

都是敢死队/……/前进一亿个火种/一亿一亿向前进。"①

从以下军歌看，旧日本人从未"忍耐忍耐曾忍耐"，而是不断积极主动寻战，《海上进军》歌即充分反映出此精神。此军歌由《读卖新闻》征集选定，时间是1941年，日本于此时发动了太平洋战争。作词海老沼正男，作曲古关裕次。第1节说："父辈瞭望之海波上/今日子孙在巡航/以坚强之热血/穿越千里海路。"② 第2节说："海上男儿价值高/夜梦击落敌桅杆/海面夕阳红。"③ 第4节即最后一段总结："海面连绵燃战火/大和魂我抱心间/波涛千里勇向前/皇国海军多风采。"④

海军航空兵也很"风采"和英勇。《拉巴尔航空队》⑤（1944）由佐伯孝夫作词，古关裕而作曲，第3节将战争的"大和魂"说成是"斗魂"："海军精神燃斗魂/光辉烁烁南太阳/云间波浪歼顽敌/我航空队美名扬。"⑥ 第4节则将战争的"大和魂"说成是"忠魂"："敌舰敌机都击毁/紧盯拂晓启明星/战友御灵（魂）似告我/功高在吾航空队。"⑦

陆军亦充满主动的战争精神。《突击喇叭鸣四方》（1944），亦名《一亿人总崛起之歌》，作词胜承夫，作曲古关裕而，第1节说"无法再忍后崛起/突击喇叭不断鸣"⑧；第2节说"祖先以来日本刀/怒吼砍头再掷头/压迫我之鬼美英/砍后扔进太平洋/无法再忍无法忍"⑨；第3

---

① 原歌第3节是"さうだ一億火の玉だ 一人一人が決死隊 がっちり組んだこの腕で 守る銃後は鉄壁だ 何がなんでもやり抜くぞ 進め一億火の玉だ 行くぞ一億どんと行くぞ"。
② 原歌第1节是"父が仰いだ 波の上 今日はその子が その孫が 強く雄雄しい 血を継いで 八重の潮路を 越へるのだ"（有省略）。
③ 原歌第2节是"海の男の 生甲斐は 沖の夕陽に 撃滅の 敵のマストを 夢に見る"（有省略）。
④ 原歌第4节是"海へ海へと 燃えあがる大和魂 しっかりと 胸に抱いて 波千里 進む皇国の 海軍の 晴れの姿に 栄えあれ"。
⑤ "拉巴尔航空队"指在太平洋战争期间集结在巴布亚新几内亚拉巴尔基地并参与此空域作战的日本海军、陆军航空兵的总称。
⑥ 原歌第3节是"海軍精神 燃え立つ闘魂 いざ見よ 南の輝く太陽 雲に波に 敵を破り 轟くその名 ラバウル航空隊"。
⑦ 原歌第4节是"沈めた敵艦 墜とした敵機も 忘れて見つめる 夜更けの星は 我に語る 戦友の御霊勲は高しラバウル航空隊"。
⑧ 原歌第1节是"止むに止まれぬ総決起 突撃喇叭だどんと行け"（有省略）。
⑨ 原歌第2节是"祖先以来の日本刀が 切って捨てよと叫ぶのだ 迫る鬼畜の米英を 太平洋に叩き込め止むに"。

・923・

"大和魂"史的初步研究

节说"俺之觉悟日丸襷①/此方战场须坚守/国人频频托付俺/频频胜利大和魂/无法再忍无法忍"②。

话虽如此,但日本的一些战争之歌此时已流露出哀音。《阿图岛③血战勇士彰显国民歌》(1943)即其中的一首。此歌由日本陆军省报道部推荐,《朝日新闻》社征集后选定。作词里巽久信,作曲山田耕筰,其第1节至第7节说,山崎大佐指挥两千余官兵与突袭的两万美军血死战斗十八昼夜,士气虽高屠敌六千但自己伤亡也很惨重,火炮被摧毁后仅用刺刀和手榴弹与敌人搏斗,血染沙场。然而即使这样也不要求增援一兵,补给一弹。当守岛官兵将敌情通过电波告知远在两千公里的国内,天皇对此给予了关心。因此英雄们不问生死,感激涕零,继续冲入枪林弹雨之中。于是第8节和第10节将"大和魂"拖了进来:"此外并非无良策/武名不为污秽埋/伤兵病兵皆自决/魂魄在我战犹酣。""大美皇军神髓里/久远大义自恒生/忠魂不乏人继承/痛击美兵使见鬼。"④

(4)"勇气"。战争需要勇敢的精神即"勇气",它的"茁壮成长"除受到传统思想,如松阴等思想的影响外,还得益于自甲午战争至二战时期日本御用文人的思想浇灌和报刊的鼓动。太平洋战争期间某日本文人有段话比较经典,值得一录:"武魂之强烈乃和魂之一大特征。从未有无武魂之和魂。诚心之和魂,同时必为武心之和魂。圣训曰:'国家隆兴之本在于国民精神之刚健,须涵养、振兴之以固国本。'故可解刚健之国民精神即国民之忠魂,亦即武魂。……军人固不必说,无论男子

---

① 日本人劳动时挽系和服长袖的带子或斜挂在肩上作为标记的布条。
② 原歌第4节是"俺の覚悟は日の丸襷 きっと守るぞこの職場 数を頼んで来るならば 数でも勝とう大和魂 止むに"。
③ 阿图岛(Attu Island),位于阿留申列岛尼阿群岛(Near islands)最西端,美属岛屿。日军于1942年6月在作为中途岛战役一环的佯攻作战中攻占了阿图岛和吉斯卡岛,将其命名为"热田岛"。1943年5月12日,美军为反击登陆该岛。山崎保代陆军大佐率领驻岛守备队与美军展开17天的激战,最后全部被歼。现在该岛有严格的登岛限制,无人居住,除美国沿岸警备队巡逻外无人登岛。
④ 原歌第8节和第10节分别是"他に策なきにあらねども 武名はやはか穢すべき 傷病兵は自決して 魂魄ともに戦へり"和"ああ皇軍の神髄に 久遠の大義生かしたる 忠魂のあとうけ継ぎて 撃ちてし止まむ醜の仇"。

第十二章　甲午战争(1894—1895)至二战时期(1931—1945)……

女子,一切国民皆须振作武魂,成为国家总力战的勇者。"① 《万朝报》也有曰:"应以大和魂为精神","使日本帝国之威武发扬于万国"。② 可以看出,此御用文人和《万朝报》所推崇的"勇气"(即"大和魂"),在这段时期已变身为"超国家主义膨胀意识"和"军国主义意识"的得力助手,对内成为毒化和控制日本国民的思想工具,对外则成为武力扩张的精神动力。

《喇叭之响》(1929。之后被选定为"小学生歌唱曲")正是体现日军"勇敢"作战精神的歌曲之一,作词加藤(菊间)义清,作曲荻野理喜治,所歌颂的内容是,1894年7月29日甲午战争转向朝鲜陆地时,吹号手二等兵木口小平在"成欢战役"时中弹身亡后嘴巴仍紧贴在喇叭上,像是要继续发出冲锋号。此后日本国内开始出现我士兵作战英勇的"美谈"。1904年日俄战争期间,该英勇事迹又被编入《小学国定修身教科书》,因而广为人知。在这部教科书中,原先只写到木口小平"嘴巴含着喇叭死去",但到大正时代,这一句被改成"至死嘴巴也不离开喇叭",足见其间存在一种人为的操作。此歌第1节至第6节先说,敌军枪口射出的子弹如海浪狂涛,我军无法前进。这时有一名军号手迅速跃起,吹响进军的号声。突然间号声中断,不一会儿又断断续续地响起。原来敌军的子弹正好贯穿军号手的喉咙,血液堵塞喉管。可不久后,军号手用左手撑着村田步枪,右手仍拿着喇叭。接着第7节说:"勇士吹号手/枪弹贯喉咙/灵魂惊天地/死不弃喇叭。"③(原文是"仍旧破敌军")此间的"灵魂"即"大和魂"。第8节说:"云山万里怒声吼/四千余万我同胞/君之喇叭响天际/而今冲锋多勇士。"④

有如此"勇气"的战士,日本必将胜利无疑。于是《必胜之歌》(1943)被推荐为日本广播协会国民合唱曲,作词深尾须磨子,作曲福

---

① 亘理章三郎:《刀及剑道与日本魂》第三章"作为武魂的日本魂",讲谈社1943年版,第76页。
② 《万朝报》1894年7月2日。
③ 原歌第7节是"たまと その身はくだけても 霊魂 天地をかけめぐり なを敵軍を,やぶるやむ あないさましの 喇叭手"。
④ 原歌第8节是"雲山萬里 かけへだつ 四千餘萬の 同胞も 君が喇叭の ひびきにぞ 進むは今と 勇むなる"。

"大和魂"史的初步研究

井文彦。从此歌可以明显看出,"大和心"即"勇敢"的战斗意志,其第1节咬牙切齿地说:"肉割骨断／骨割髓断／每当听闻尊贵之消息／大和心之血液即涌遍全身／狠狠打击决不停止。"① 第2节谈"总力战"和"勇气"、"大和心"的关系:"军神命我向前进／声如惊天动地雷／勇气来自总力战／一亿人民大和心。"② 第3节重复说一亿日本人都拥有"大和心",势不可当:"目标伦敦华盛顿／光照在头一亿兵／前方无人可阻断／一亿人民大和心。"③

此"勇气"历史悠久,也来自《步兵之本色》(1911。原歌名为《步兵之歌》)。此歌作词加藤明胜,作曲永井建子,第1节说:"衣襟万朵樱花色／吉野劲吹落花风／生为大和男子我／散兵线上落缤纷。"④ 说的是肩章刻有樱花图案的陆军士兵理当死在散兵线上。第2节说:"尺余步枪非武器／寸许佩剑更莫谈／岂知此处两千年／方才炼得大和魂。"⑤ 此处的"大和魂"原作者注读为"魂"(Tama)音,意思是说"勇敢"的"大和魂"比武器重要得多。第9节说:"我军胜败在一心／冲锋呐喊数分时／步兵威力全在此／勇斗花落不宜迟。"⑥ 说的仍是"赴死"和"勇气"的意思。

《朝鲜国境守备之歌》(1929)也充满"勇气",作词单位是国境守备队,作曲市川铁藏,其第1节至第5节歌唱驻守在朝鲜国境的数千名日军,即"雄壮古今之勇士",满怀报国之心,不畏严寒酷暑疾病苦练杀敌本领,就为了"不逞仇寇若敢来／可使见识我功夫／守家妻儿相

---

① 原歌第1节是"肉を切らせて骨を断ち 骨を切らせて髄を断つ 尊いニュース聞く度に 大和心の血が躍る 撃たで止まじの血が躍る"。
② 原歌第2节是"我に続けと軍神の 声は天地を轟かす 総力戦の勇ましさ 大和心の"。
③ 原歌第3节是"目指すロンドンワシントン 進む光よ一億の 行く手を阻む者も無し 大和心の"。
④ 原歌第1节是"万朵の桜か襟の色 花は吉野に嵐吹く 大和男子と生まれなば 散兵線の花と散れ"。
⑤ 原歌第1节是"尺余の銃は武器ならず 寸余の剣何かせん 知らずやここに二千年 鍛えきたえし大和魂"。
⑥ 原歌第9节是"わが一軍の勝敗は 突喊最後の数分時 歩兵の威力はここなるぞ 花散れ勇め時は今"。

第十二章 甲午战争(1894—1895)至二战时期(1931—1945)……

与共/决不退缩日本魂/武装奋起显勇气"(第6节)。①

《进军之歌》(1937)更是如此。作词本多信寿,作曲筒井快哉,歌词不顾日军主动进攻宛平城的事实,将该行为称作"扬正义之大日本膺惩""暴虐世敌"中国的义举(第1节与第3节)。第4节说:"军纪严如磐石/正义响震云天/千万人壮勇行/神州此大和魂。"② 其"正气"与"勇气"可见一斑。第5节点明歌题,即号召士兵勇敢赴死:"尸浮海面身长草/殉忠犹如落樱香/煌煌光照我皇军/堂堂高唱进军歌。"③

以上多是陆军军歌。由于飞机的出现,人类增加了新的作战方式,故空军的作用也引起当时日本人的关注,因此日本出现了许多与空战有关的军歌,《猛鹫之歌》(1938)即其中一首。该歌作词作曲都是东辰三,话题涉及日军在飞机的配合下进攻南京城,并也提及该"勇敢"精神即"大和魂"。其第2节夸赞日军的轰炸机说:"不知谁起猛鹫名/不负此名力盖世/浓雾劲岚何所惧/重型炸弹翼下抱/南京一击全完蛋/嗡嗡嗡嗡我猛鹫。"④ 第4节说:"翼下日丸乘务员/心中皆有大和魂/敌机出现全完蛋/……/嗡嗡嗡嗡我猛鹫。"⑤

《空中神兵》(1942)抒怀的则是日军空降兵的"勇猛"精神。作词梅本三郎,作曲高木东六,其第3节说:"歼灭敌军我落下/眼角高挑空降兵/年纪轻轻我战士/身背纯白落伞花/翻飞如燕在青云/翻飞如燕在青云。"⑥ 第4节说:"可赞空中我神兵/肉弹急坠炮火中/冲锋不止大

---

① 原歌第6节是"不遑仇なす輩の 来らば来れ 試しみん 日頃鍛へし 我が腕 家守る妻子も諸共に などか後れん日本魂 武装して起つ健気さよ"。
② 原歌第4节是"巌と固き軍律に とどろく正義その力 千万人も敢えて行く これ神州の大和魂"。
③ 原歌第5节是"水漬き草むす殉忠の 屍のかおるさくらばな 光と仰ぐ皇軍の 聞け堂堂の進軍歌"。
④ 原歌第4节是"誰が付けたか荒鷲の 名にも恥ぢないこの力 霧も嵐もなんのその 重い爆弾抱へこみ 南京ぐらゐは一またぎ ブンブン荒鷲"。
⑤ 原歌第4节是"翼に日の丸乗り組みは 大和魂の持ち主だ 敵機はあらましつぶしたが あるなら出てこいおかはりこい プロペラばかりか腕もなる ブンブン荒鷲"。
⑥ 原歌第4节是"敵撃摧と舞いくだる 舞い降る まなじり高きつわものの いづくか見ゆる幼顔 ああ純白の花負いて ああ青雲に花負いて ああ青雲に花負いて"。

· 927 ·

"大和魂"史的初步研究

和魂/我乃勇夫空降兵/自天而降我皇军/自天而降我皇军。"① 此歌也将"大和魂"注读为"魂"（Tama）音。

《幼鹫之歌》（1943）也叫《预科生训练之歌》，是电影《决战太空》的主题曲。因该电影获得巨大成功，吸引了许多青少年进入"预科生训练班"学习。原来此电影是日本海军为招募预科生与东宝电影公司合作拍摄的，从结果来看，应该说其谋略非常成功。然而到战争后期，因预科生未受到充分的训练，故许多人都成为"神风特攻队员"战死。这是日本军歌将年轻人骗入死境的一个典型事例。此歌作词西条八十，作曲古关裕而，第1节说预科生的7个军扣都是樱花加船锚的图案，寓意着"赴死"；第2节说预科生驾驶的飞机"离开母巢穿越大海/勇猛冲向敌阵"，第3节说"听闻学长本事/必定热血沸腾/练习练习练习/增强攻击精神/大和魂无敌手"。② 此处的"大和魂"有各种含义，自然也包括"勇气"。第4节说"不惜生命预科生/勇气之翼胜之翼/击毁敌舰如吹灰/拍张照片给母亲"③。

想到母亲，自然还会想到父亲。《爸爸！您真坚强》即赞美父亲之歌，由《朝日新闻》公开募集而成，时间是1939年。作词福田节，作曲明本京静。其实此歌并非单纯赞美父亲，而是将父亲、丈夫、兄弟、朋友、儿子全都赞美一遍，希望让所有日本男性都坚强、"勇敢"起来，使其加入战争的意图十分明显。第1节说爸爸您真坚强，带着滚烫的钢盔在烈日下与敌人的尸体躺在一起，渴了喝口泥水，饿了吃口青草。希望您在未来几千里的征战中狠狠打击敌人；第2节说丈夫您真坚强，听说您连续3日浸泡在严寒刺骨的战壕里，10日都未进食。希望您一定打胜这场战争；第3节说兄弟真要感谢您。您夜以继日驾驶着军舰在炸弹、水雷和浊流中穿行。您驾驶的幼鹫战机下方没有敌机的影子。希望您好好地完成任务；第4节说朋友和我的孩儿，真要感谢您。

---

① 原歌第4节是"讃えよ空の 神兵を 神兵を 肉弾粉と 砕くとも 撃ちてし止まぬ大和魂 我が丈夫は 天降る 我が皇軍は天降る 我が皇軍は天降る"。
② 原歌第4节是"仰ぐ先輩 予科練の 手柄聞くたび 血潮が疼く ぐんと練れ練れ 攻撃精神/大和魂にゃ 敵はない"。
③ 原歌第4节是"生命惜しまぬ 予科練の/意気の翼は 勝利の翼 見事轟沈した 敵艦を/母へ写真で 送りたい"。

第十二章 甲午战争(1894—1895)至二战时期(1931—1945)……

名誉之觞的故事我听了多遍，每次都热泪盈眶。希望牺牲在那次战斗中的孩儿，今天化为九段（靖国神社）的樱花绚烂开放；第5节即最后一段总结："劳苦功高赖你们／一亿人民皆真心／结为一个大和魂／如今大陆晴空里／日丸军旗高高扬／哭泣祭拜我钢盔。"① 至此，让男性国民都英勇走上赴死的战场的用意昭然若揭，其间的"大和魂"读音也仅是"魂"（Tama）音。

《战场训练之歌》（1941）同样如此。作词梅木三郎，作曲须磨洋朔，第1节说既然生为日本男儿，就应该搏斗在战场，惜名重誉，该牺牲时就像樱花那样干脆利落地落去；第2节说武士手执正义之剑时，千军万马也不畏惧，皇军面前没有敌人敢于阻挡；第3节说武士须谨遵"五条训诫"，横尸沙场，不使名誉受损；第4节即最后一段总结："翻山威武不骄／出海堂堂布阵／大义三千年／大和心不变／此乃我军大精神。"② 此中的"大和心"即"赴死"、"正义"、"勇气"和"名誉"的语义总称。

（5）赴死。"尊皇"和因"正义"而"战争"都需要付出牺牲，因此号召人民"勇敢""赴死"，也成为自明治时代前后一段时间开始，直至二战结束军歌的一项固定内容，其中就包括"大和魂"军歌。收录在《日本军歌定本》的草创期、甲午战争期间、日俄战争之前、日俄战争时期、昭和时代的67首③军歌，与死有关的歌曲有30首，约占总歌数的44.8%。如果加上6首带有"舍命时"、"露出最后的微笑"、"尸体堆积"、"舍命也"、"尸体浮水"、"尸身长草"这些可以联想到死亡词句的歌曲，则其使用数超过了一半。因此可谓日本军歌是名副其实的死亡之歌。若具体分析，则还可以看出，除个别歌曲外，"赴死"在草创期相当于官兵的"命运"；在甲午战争和日俄战争时期代表着"荣誉"；在昭和时代等同于"士兵本身"和成为"决心"的代名词；

---

① 原歌第5节是"ああ御身らの功こそ 一億民のまごころを ひとつに結ぶ大和魂 いま大陸の青空に 日の丸高く映えるとき 泣いて拝む 鉄兜"。

② 原歌第4节是"山ぬく威武も 驕るなく 海をも出ずる 陣をもち つらぬく大義 三千年 大和心の ひと筋は これこそ軍の 大精神"。

③ 堀内敬三：《日本军歌定本》，实日新书1977年版。该歌集原收录68首歌曲，但其中窜入1首战后的歌曲《异国之丘》，所以只能算是67首。

在二战失败前夕则带有些许"自嘲"的语气。然而无论如何,日本军歌的特征之一就是美化"赴死",引诱士兵走向战场。

例如《拔刀队》第6节就说:"吾今为国为君死/尸朽荒野乃吾命/为忠为义魂常在/芳名永传千万载/身为武士多光彩/不叫人称不义犬/不叫人谤卑怯者。"① 此中的"忠义魂",换言之也就是"大和魂"。《啊!我的战友》(1936)此歌,作词林柳波,作曲细川润一,其间也充满大量引诱他人"赴死"的歌词。第2节说:"光照白惨惨/伏尸我战友/护国拳拳心/君尚握钢枪。"② 第3节说:"相约共死日/梦牵几回长/君成护国鬼/我手尚握枪。"③ 第4节说:"啊啊我战友/两人相约久/君已赴九泉/当告安稳否。"④ 第5节说:"君血溅满州/辉映夕阳红/此似告吾辈/大和心落樱。"⑤ 此节意通本居宣长"大和心"的"樱花",但又摇身一变,化为"赴死"的象征。第6节补充说明,那个血溅"满洲"的战友,"中弹身亡前/三度竭力呼/天皇您万岁/以此作遗书"⑥。

特别要指出的是《渡海》(1937)这一首让战时的日本人感慨无限的军歌,此歌由时任日本广播协会文艺部长的小野贤一郎策划推出,作曲信时洁,歌词是《万叶集》卷十八中大伴家持长歌的一部分:"尸浮海面/长满青草/为天皇战死/我义无反顾/愿死在天皇身旁。"⑦ 其用意很明显,首先是"尊皇",唤起人们的"大和魂";其次是配合"国民

---

① 原歌第6节是"吾今ここに死なん身は 国のためなり君のため 捨つべきものは命なり たとえ屍は朽ちるとも 忠義のために死する身の 名は芳しく後の世に 永く伝えて残るらん 武士と生まれし甲斐もなく 義のなき犬と言わるるな 卑怯者とな謗られそ 敵の亡ぶるそれ迄は"。

② 原歌第2节是"光にぬれて白じらと/打伏す屍わが戦友よ/握れる銃に君は尚/国を護るの心かよ"。

③ 原歌第3节是"死なば共にと日頃から/思いしことも夢なれや/君は護国の鬼となり/われは銃火にまだ死なず"。

④ 原歌第4节是"ああわが戦友よ二人して/約せしことは知りながら/君が最期を故郷へ/何と知らせてよいものぞ"。

⑤ 原歌第5节是"君の血潮は満州の/赤い夕陽に色添えて/大和心の花桜ぱっと/散ったと書こうかしら"。

⑥ 原歌第6节是"弾に当ったあの時に/天皇陛下万才と/三度叫んだあの声を/そのまま書いて送ろうか"。

⑦ 原歌的一部分是"海ゆかば みづく かばね 山行かば 草むす かばね 大君の へにこそしなめ かへり みはせじ"。

第十二章 甲午战争(1894—1895)至二战时期(1931—1945)……

精神总动员",怂恿人们参加战争并英勇"赴死"。《同期之樱花》(1938。作词西条八十,作曲大村能章)也如此,其第1节说:"你与我乃同期之樱花/开在同一军校之庭院/花开花落乃我等之信念/为国毅然花落。"① 第5节即最后一段歌词说得更明确:"你与我乃同期之樱花/花落有先有后/让我等相会在/花都靖国神社之春梢上。"② 此歌中的"落樱",即前述《啊!我的战友》中的"大和心落樱"。

还需要补充说明的是一首儿童歌曲《胜利!我等少年小国民》(1945),它并非军歌,但胜似军歌,其中也高唱"大和魂"。作词上村数马,作曲桥本国彦,其第1节说:"坚信胜利小国民/继承父母拳拳心/誓为天皇陛下亡/肩挂决死白布条/奋勇突击杀敌兵。"③ 第2节说:"朝拜神社祈必胜/舞刀八幡大神前/杀敌数百又数千/力拔山兮气盖世/今朝祈祷终有验。"④ 第3节说:"我等身上有枪弹/名曰肉弹大和魂/敌舰自夸永不沉/我等一发中其身/轰然一声使下沉/飞机更属小儿科。"⑤ 当时日本兵源匮乏,故军方将孩子也拖上战场。这首歌不光最大限度地美化"为天皇去死",还让人觉得像是父母在教育自己的孩子:"接下来就看你了。好好去战斗吧!"其声音宛如一种"神的声音"。据说其震撼程度,使人听了一次就不会忘记。⑥ 这要托大作曲家桥本国彦之福,只有他如此非凡的才情,才能把殉葬于战场表现得如此美丽,但又近乎于残酷。

最后要分析的是《靖国神社之歌》。此歌创作于1940年,即太平洋战争爆发的前一年,日本为鼓舞士气,必须做好诸多准备,号召国民"勇敢""赴死"等即此精神准备之一。靖国神社此前也义不容辞地担

---

① 原歌第1节是"貴様と俺とは同期の桜/同じ兵学校の庭に咲く/咲いた花なら散るのは覚悟/みごと散りましょう国のため"。
② 原歌第5节是"貴様と俺とは同期の桜/離れ離れに散ろうとも/花の都の靖国神社/春の梢に咲いて会おう"。
③ 原歌第1节是"勝ち抜く僕ら小国民 天皇陛下の御為に 死ねと教えた父母の 赤い心を受け継いで 心に決死の白襷 掛けて勇んで突撃だ"。
④ 原歌第2节是"必勝祈願の朝参り 八幡様の神前で木刀振って真剣に 敵を百千切り倒す 力を付けてみせますと 今朝も祈りを込めてきた"。
⑤ 原歌第3节歌词遗失。
⑥ 小村公次:《彻底检验日本的军歌——战争时代和音乐》,学习之友社2011年版,第151页。

"大和魂"史的初步研究

负起鼓动国民精神的重任,宫司铃木在陆军省军务部刊物上著文,说"归宿在靖国神社里的是靖国精神,或者叫作大和魂,它完全是日本之国民精神"[①],将因战死祭奠在该神社的"靖国精神"直接等同于"大和魂"。同时此歌也叫《奉颂歌》,还是"奉祝皇纪2600年祭奠"的歌曲之一,由日本"主妇之友社"征集歌词,入选者为细渊国造,作曲则委托陆海军军乐队的和真此人完成。诞生后"主妇之友社"将此歌寄给日本陆海军,并通过广播的"国民歌谣"节目向全国播放,取得的效果十分惊人。此歌共4节歌词,每节都出现一个魂,其中第1节是"雄魂",第2、3、4节都是"御魂",按宫司所说都是"大和魂"。这些"魂"像是在统说"尊皇"、"正义"、"战争"、"赴死"、"勇气"这五个概念。第1节说"映日本阳光/祭尽忠雄魂/粗宫柱灿然/大君亦叩首/光荣之宫,靖国神社"[②],既鼓吹"尊皇",又强调"勇气"(即"雄");第2节说"固守日丸旗/为国献此身/武魂安于此/尽享人膜拜/功高之宫,靖国神社"[③],挑动的是国民的"赴死"精神;第3节说"燃报国热血/落大和之樱/清静魂安息/听同胞谢声/樱花之宫,靖国神社"[④],在继续挑动"赴死"精神的同时,也不忘强调"报国"的"正义"精神;第4节说"幸魂自有幸/千木[⑤]高煌煌/皇国永庄严/一亿共祈祷/护国之宫 靖国神社"[⑥],高调肯定"护国"的"战争"行为。

此外还有不少直接歌颂占领中国(《太湖的尺八》)和吟唱死亡"樱花"(《樱花进军》)的军歌,于此不一一介绍和分析。另因篇幅,含有"大和心"的许多军歌,诸如《因是神风》、《月下吟咏》、《国民进军歌》等也割爱不提。

---

① 大江志乃夫:《靖国神社》,沈志平译,世界知识出版社1990年版,第34页。
② 原歌第1节是"日の本の光に映えて 尽忠の 雄魂まつる 宮柱太く 燦たり ああ大君のぬかずき給う 栄光の宮 靖国神社"。
③ 原歌第2节是"日の御旗 断固と守り その命 國に捧げし ますらおの御魂しずまる おお国民の 拝み称う いさおしの宮 靖国神社"。
④ 原歌第3节是"報國の血潮に燃えて 散りませし大和おみなの 清らけき御魂安ろう ああ同胞の感謝かおる 桜さく宮 靖国神社"。
⑤ "千木",神社建筑屋顶两端成×字形相交搭建的两根长木。
⑥ 原歌第4节是"幸御魂幸わえまして 千木高くかがやくところ 皇國は永遠に厳たり ああ一億の かしこみ祈る 國護る宮 靖国神社"。

第十二章　甲午战争(1894—1895)至二战时期(1931—1945)……

二　大正、昭和时代的部分小说

小田实所说的"大和魂"五概念，即"天皇"、"正义"、"战争"、"勇气"和"赴死"，也适用于对这段时期出现的部分小说的理解。而且与明治维新前后至二战结束前的军歌等一样，体现在这些小说中的"大和魂"五个概念也时常有所交集，即作品中的一个"大和魂"词汇同时可以体现出这五个概念中的多个概念。

1. 海野十三《空袭三部曲》中的"大和魂"

海野十三（1897—1949）撰写过《空袭三部曲》——《空袭送葬曲》（1932）、《空袭下的日本》（1933）和《空袭警报》（1936），都提及"大和魂"。海野十三本名佐野昌一，早稻田大学理工系毕业后任邮政省电力试验所职员，1928年在《新青年》上发表《电气澡堂怪事件》而成为推理小说家。之后向科幻小说领域发展，陆续写出《俘囚》（1934）、《十八点的音乐浴》（1938）等，成为日本科幻小说界的先驱之一。海野的科幻作品内容涉及理化学技术、人体改造、外星人侵略等。例如，《地球失窃》（1936）、《漂浮的飞行岛》（1938）和《火星兵团》（1940）。不仅如此，海野还发挥自己的理工特长，在那风云激荡的战争年代，配合日本当局的需要发表过许多战争科幻小说，如前述的《空袭三部曲》。而这一点，在如今的日本作家辞典中却未见有任何说明。

《空袭送葬曲》创作于1932年，却详细描述了日军与美军在太平洋海战和在菲律宾陆战的场景，具有极其精确的预言性质。不过从某个侧面也反映出，日本早在1932年之前，就制订出比较周全的对美及亚洲其他国家作战的计划。此小说还对战时日本国内的防空措施和反谍斗争做了深入细致的描写。比如，东京遭受轰炸时的应对措施，以及与出现在东京并占领广播电台、侵入东京警备司令部的苏联别动队作殊死斗争的场面，这一切似乎是在预告和警醒日本国民：未来的战争将朝何种方向、以何种方式进行，以及我们该做什么。和《空袭下的日本》、《空袭警报》一样，此小说兼有对广大民众进行军事、医学防护等科普教育的意义。它的题目也很有趣，充满着艺术家的丰富想象力。"送葬曲"指肖邦的《葬礼进行曲》，但在这部小说中却被美军利用——"美

"大和魂"史的初步研究

军机驾乘人员从飞机上播放那首曲子"以恫吓日本。"不用说，他们故意使用与 JOAK（按：NHK 东京广播局）相同的波长。美国佬真是幽默。"①

小说描写后来不仅日美海军在太平洋大打出手日苏陆军还在兴安岭一带激烈战斗。与此同时，美军机开始空袭东京。日本作为一个小国，要同时与美苏两大国作战，就需要一种精神，这就是"大和魂"。这时"已无男女之分，也无孩子、老人之分和残障人士及病人之分。能扣动扳机的人，统统都要扛枪到前线去！能提得动防毒面具的人都参加救护班！——就这样，通过第一次空袭重新获得大和魂的市民""逐渐聚集到一起，组织起义勇队。未出征的男子固不必说，其中既有女子，也有老人。帝都的秩序恢复到日常状态，甚至更好。无一人流泪。大家都拥有炽热的爱国心和铁一般的意志，与凶恶的敌机空袭作斗争。"② 很显然，这里的"大和魂"即"勇气"和"爱国心"（爱国＝爱皇国＝尊皇）的化身。

小说以广播的形式写道，最后日本取得了胜利，因为日军使用了一种类似激光炮的先进武器："亲爱的听众，我大日本帝国最终取得了胜利。世界著名的美国太平洋、大西洋联合舰队，在我海军的沉着应战下半数沉入太平洋海底，剩下的一半或丧失战斗力，或升起白旗投降。远在北满的我精锐陆军经过激战，也击退了从兴安岭方向进攻的苏联工农红军。随美军大舰队飞向日本的两千架军机，从阿拉斯加半岛飞来的飞艇大队，在我陆海军航空队和爱国防空队的打击下也遭受重大损失。……向帝国首都飞来的飞机、飞艇不少于一千五百架。消灭它们的竟然是我力量单薄的空军。如大家在帝国首都上空亲眼所见的那样，巨人般的洛杉矶级及其他各种飞艇，波音、柯蒂斯的优秀军机，都像马粪纸般一瞬间燃烧坠落。啊！这真是奇迹。但这奇迹又不可小觑。这就是我科学界明星户波博士发明的怪力线在起作用。然而博士却谦虚地说道，怪力线只不过帮了一些忙。真正击退外敌的却是具有优秀传统的我

---

① 海野十三：《空袭送葬曲》，《朝日》，1932 年 5 月—9 月号。《海野十三全集》第 1 卷，三一书房 1990 年版。引自日本网站，2014 年 11 月 1 日，大和魂 site：www.aozora.gr.jp。
② 同上。

第十二章 甲午战争(1894—1895)至二战时期(1931—1945)……

陆海军战士的勇敢精神,以及在其身后的国民的觉悟和协力。"① 这显然是在重复对"大和魂"的夸赞。"值此征服了太平洋,成为东洋各民族盟主的新日本迎来光辉的黎明之际,我们为了凭吊做出尊贵牺牲的战士和不幸的市民,也为了凭吊为美国政府所害、成为西太平洋之鬼的美军空袭勇士,再一次播放过去大家都曾听过的《空袭送葬曲》,并将它返还给遥远的美国本土。"② 小说笔分多处,却写得张弛有度,紧扣主题,再一次与标题《空袭送葬曲》发生联系。

和《空袭送葬曲》一样,《空袭下的日本》(1933)也提到"大和魂":"战斗人员和非战斗人员一样,今天都包孕着神武天皇东征时即有的崇高大和魂。狼狈哀鸣、无谋而动决不是真正的大和民族成员的所作所为。"③ 显然这里的"大和魂"既有"尊皇"又有"勇气"和"权谋"的意味。这种"勇气"在梦野久作之后的《炸弹太平记》中还有进一步的发展:"日本人将在飞机上装满炸药,一头撞向敌舰,万事不走极端就不罢休的劲头理解成大和魂的精髓。"④ 这种"大和魂",即"赴死"的精神。值得关注的是,此小说发表于1933年,那时日军尚未"生产"出"神风突击队员",因此久作在此也做出精确的预言。

《空袭警报》(1936)也构拟了日本在遭受美国"侵略"的同时与苏联作战的场景,其中亦提及"大和魂"。从时间上看,诺门罕战役在此时尚未爆发,但海野却揭露了S国(苏联)试图空袭日本的"野心",并描绘出日本举国抗击空袭的"英雄壮举"。小说先叙述S国派间谍到新潟县农村水井下毒,企图扰乱日本民心。为此主人公旗男一家人甚至害怕食用浸泡在水井中的西瓜。这时旗男的姐夫川村国彦中尉安慰家人:"'不要说傻话。毫无理由地害怕,不是胆小鬼就是傻瓜。只要多加注意就没问题。有自信就不害怕。我有自信,所以敢吃西

---

① 海野十三:《空袭送葬曲》,《朝日》,1932年5月—9月号。《海野十三全集》第1卷,三一书房1990年版。引自日本网站,2014年11月1日,大和魂 site:www.aozora.gr.jp。
② 同上。
③ 海野十三:《空袭下的日本》,《日出 附录 国难来了! 日本怎么办?》,1933年;《海野十三全集》第3卷,三一书房1988年版。引自日本网站,2014年11月1日,大和魂 site:www.aozora.gr.jp。
④ 梦野久作:《炸弹太平记》,《冰涯》,春秋社1935年版;《梦野久作全集6》,筑摩书房1992年版。引自日本网站,2014年11月1日,大和魂 site:www.aozora.gr.jp。

· 935 ·

瓜。……旗男君，你不吃吗？'

中尉边笑边看着旗男的脸。旗男心想，姐夫说得不错。格言说，'智者不惑，勇者不惧'。无意义地恐慌，就无法说是具有大和魂。因此下了决心。

'我，吃！'

'姐姐我不吃。'

'啊，太遗憾了。哈哈哈哈。'"①

此处的"大和魂"也有"勇气"的意思。

不久美军开始空袭东京，首都"像捅了马蜂窝似的喧嚣起来。……民众开始莫名其妙地恐慌争吵，黑暗的街道旁同类相残而死的人数不断增加，景象凄然。

'不要慌！'

'不要听信流言。沉着点！'

但即使有人扯着嗓子叫喊，也无法让惊慌的人安静下来。……是否惊慌失措的人已全然丧失大和魂？"

此处的"大和魂"亦指"勇气"。

"旗男这时则在避逃东京的列车上。……一个叫做辻村的商人模样的乘客说道：'在国家生死存亡的关键时刻，铁路工人如此镇定，坚守在自己的工作岗位上。日本人这种国民真了不起。'

'确实如此。'一个身材粗壮、工人模样的男子附和着：'大和魂就是我们祖先跟随神武天皇东征时具备的英魂，不单现役军人拥有，我们也有。'

'我们也确实有吗？我这人就缺少大和魂，惭愧呀……'商人摸着脑袋羞怯地回答。"②

总之，海野十三的"大和魂"与"勇气"最为投缘。

---

① 海野十三：《空袭警报》，《少年俱乐部》另册附录，大日本雄辩会讲谈社 1936 年版。《海野十三全集》第 4 卷，三一书房 1989 年版。引自日本网站，2014 年 11 月 1 日，大和魂 site：www.aozora.gr.jp。

② 同上。

第十二章　甲午战争(1894—1895)至二战时期(1931—1945)……

2. 佐藤红绿《少年联盟》中的"大和魂"

佐藤红绿①的小说《少年联盟》(1935)也谈及"大和魂",但说的是日本的"正义"。该小说用几句话概括就是,日、英、美、德、意、法、中、印八国的15名少年,在一名具有"豪迈大和魂"的日本少年和一名英国少年的带领下,打败侵入某岛的强盗(影射俄罗斯?),获得大量财富,并实现了"人种虽然有异,但在共同精神即超越国籍与人种,成为世界村的人类此一大的感情方面达成一致。……它告诉我们,要舍弃国际小感情,为全世界的幸福,共同团结起来"②。另外,此小说在谈及"正义"的同时,还流露出日本要领导世界的愿望。其象征意义十分明显。

《少年联盟》有模仿法国作家儒勒·凡尔纳的小说之嫌。梁启超曾翻译过该法国小说,名曰《十五小豪杰》,但它不译自法文,而译自日本森田时轩所译的《十五少年》。换言之,佐藤红绿模仿的是森田时轩的译本。然而无论如何,佐藤红绿的这部小说都可谓相当精彩,读时令人无法释卷。另外,从整体上看,该小说的主体思想还是健康的,但受时代影响,也流露出一些追随当局指示的不良倾向。例如,作者认为英国人好,美国人不好,中国人软弱。还有就是流露出日本人需要当"少年联盟"而实际是"世界联盟"领袖的念头。

"少年乘坐的船只名称是樱花号。站在船首的是日本少年大和富士男,紧挨着他的是英国少年哥尔顿,再往后一点的是美国少年德尔班,在船只的最后方拉帆绳的是黑人(印度人)莫柯。"③ 这种名称、名字和位次排序也极具象征意义。虽然"日英同盟"在1922年被废止,但日本和英国的关系在二战爆发前仍一直很好,所以小说中的哥尔顿善良、温厚、冷静而谦虚。而美国奉行"门罗主义",此时总想在东亚事务中插上一脚,所以小说中的德尔班不仅傲慢、尊大、有领袖感,而且

---

① 佐藤红绿(1874—1949),小说家,日本著名诗人佐藤八郎和著名小说家佐藤爱子的父亲,年轻时投入陆羯南的门下,成为新闻记者,工作余暇还发表许多"日本派"的俳句和剧本、小说,其中以通俗小说、少年小说最为有名,著有《虎公》、《少年联盟》等。
② 佐藤红绿:《少年联盟》,《少年俱乐部》,少年俱乐部文库,讲谈社1931年8月号—1932年6月号。引自日本网站,2014年11月1日,大和魂 site:www.aozora.gr.jp。
③ 同上。

"大和魂"史的初步研究

居心不良。不消说印度黑人的莫柯只能殿后，在上船前他是大和富士男家的佣人。因"同文同种"，中国排在印度前面，但"支那"少年善金和伊孙都极度怯弱，不堪大用，所以只能跟在大和富士男的身后，做些辅助性的工作。八国 15 名少年中唯独没有俄罗斯人。俄罗斯那时叫苏维埃社会主义共和国联盟，属于共产主义国家，不仅意识形态与日本不同，而且在历史上与日本有过宿怨，它只能充当上文提到的强盗。

"支那"少年善金在小说中一出场就遇上暴风雨，说话时总是战战兢兢的。这时大和富士男安慰他说："没事，请安心到船舱睡觉。"但另一名"支那"少年伊孙仍惶惶然不可终日："总觉得还是害怕。"可大和富士男则毫不畏惧，毅然站在狂风暴雨中说："我们的联盟是由日本、英国、美国、德国、意大利、法国、支那、印度八国少年组织起来的世界少年联盟"，理应相互照顾。大和富士男能有如此底气，是因为"他小时候跟随父亲多次到悉尼和新西兰之间的海路上航行。其豪迈的日本魂和强烈的研究精神，给予他航海时的大胆和知识。"[①] 在这里，大和富士男的"日本魂"无疑指的是"勇气"。

后来因船只搁浅，众少年只能上岛，起先相处还算好，但日久即产生矛盾。大和富士男与德尔班发生争执。此小说准确预示了不久后日美关系的破裂：

"'卑鄙，小日本确实卑鄙。有色人种居然如此嚣张。'

德尔班向地面唾了口口水。富士男的脸一下子涨红了，那生动的大和民族特有的黑瞳孔放射出剑一般的亮光。

'再说一遍！'

'小日本卑鄙。有色人种卑鄙。'

'在我国，写有'美国人与狗不得入内'的广告牌倒真是立在路旁。'

'你……太无耻了。'德尔班咆哮起来。

'是的。'富士男笑了起来：'美国人是狗，还是日本人是狗，我不说大家都明白。大伙儿，我若说美国人傲慢，没有传统，不知礼仪、道

---

① . 佐藤红绿：《少年联盟》，《少年俱乐部》，少年俱乐部文库，讲谈社 1931 年 8 月号—1932 年 6 月号。引自日本网站，2014 年 11 月 1 日，大和魂 site：www. aozora. gr. jp。

义，物质万能，美国人心情如何？我们决不能相互咒骂对方的国家和种族。咒骂他人就是咒骂自己。原本少年联盟就是八国少年组织起来的世界王国。如果有人问我你是哪国人，那么我会马上回答，我是少年联盟国的公民。只要在这个岛上，我就会将联盟作为我的国籍。如果不是这样，那么就无法维持漫长的岛上洞窟生活。实际上我想作为联盟国的一员面对世界。如果能够幸运地回到新西兰，那么我想将此联盟进一步扩大，和世界的少年们一道建立起健全的王国。"①

不久德尔班开始闹分裂，私自带走三人另起炉灶生活。之后陷入险境时，又是富士男出手相救，打败了强盗，带回了德尔班等人，使分裂重新走向团结。以致作者要说："高傲的德尔班在富士男的勇气和周到的思考以及大爱面前低下了头，他紧握着富士男的手。'日本人真了不起！'这时伊尔库克（按：德国人）叫了起来。威普（按：另一名德国人）补充说：'这就是真正的大和魂。'"② 看来还是德国人了解日本人。

总结说来，此小说中的"大和魂"，除表示日本的"正义"，还表示德国少年威普所说的日本人的"勇气"、"周到的思考"及"大爱"。比起同时代的其他作品，此作品中的"大和魂"多出了"周到的思考"和"大爱"等近现代内容。

3. 国枝史郎《加利福尼亚宝岛冒险谭》中的"大和魂"

与《少年联盟》异曲同工的有国枝史郎[③]的小说《加利福尼亚宝岛冒险谭》[④]（1925），其中叙述一支数百人的英国"探险队"和一个规

---

① 佐藤红绿：《少年联盟》，《少年俱乐部》，少年俱乐部文库，讲谈社 1931 年 8 月号—1932 年 6 月号。引自日本网站，2014 年 11 月 1 日，大和魂 site：www.aozora.gr.jp。

② 同上。

③ 国枝史郎（1887—1943），小说家，在早稻田大学学习期间参加戏剧演出活动，1914年进入"大阪朝日新闻社"担任戏剧栏目记者。1917 年发表戏曲集《穿黑外套的男人》，后辞去"朝日新闻社"的工作，成为大阪"松竹座"的编剧。之后因写出富于传奇性的长篇小说《茑葛木曾栈》（1922—1926）而成为小说作家，代表作有《神秘昆虫馆》（1927）、《从西北传来的晓钟声》（1927）等。其《神州缬缬城》（1925—1926）曾获三岛由纪夫的高度赞扬。史郎的作品风格自由奔放，内容充满幻想，怪诞迭出。

④ 国枝史郎：《加利福尼亚宝岛冒险谭》，《中学世界》，博文馆 1925 年 1 月—8 月；《国枝史郎传奇文库 17》，《十二神贝十郎功绩谭》，讲谈社 1976 年版。引自日本网站，2014 年 11 月 1 日，大和魂 site：www.aozora.gr.jp。

"大和魂"史的初步研究

模不大仅有五艘普通战船的日本海盗团,在墨西哥奇普伦岛不期而遇,之后同心协力打败土著,寻获许多宝物的故事,其中也提及"大和魂"。英国探险队的首领叫霍金斯,其子叫约翰。日本海盗团的头领叫小豆岛纹太夫,副手叫十平太。他们共同面对的土著酋长叫温克克。英国人来该岛的目的小说未说明,但通过十平太和酋长温克克的初次对话可以知道,日本海盗团是为"修交际,通贸易,交换利益"而来,并自称来自"君子国"。这和当初美国强迫江户幕府开国所说的话毫无二致,[①] 其实小说高度赞扬的日英"联盟"成员都是杀人越货的海盗,后来联手在奇普伦岛杀土著、夺宝藏证明了这一点。对此土著当然要反抗,其间双方斗智斗勇和一方使用巫术的情形必不可免,于此不赘。

需要说明的是,在故事中乃日本人帮助英国人,多次将他们从险境中解救出来。而救出英国首领霍金斯之子约翰的,却是奇普伦岛土著祭司巴达奇坎。不知何故,他对敌人约翰非常友好,不仅背弃自己的民族,乘乱救约翰于危难之中,还尽心地教约翰土话。最终约翰根据祭司口中的传说,通过跟踪一只独脚大鸟,初步发现了藏宝地点。约翰在跟踪大鸟的过程中,无意间又发现了在另一个岛屿生活多年的两个日本人——大和日出夫及其父、本草专家大和节斋,并在他们的帮助下最终找到了宝藏。约翰与日出夫见面时的一段对话,有助于我们了解此小说的"大和魂"。"约翰吃惊地问道:'这里仍然是奇普伦岛吗?'并且还问日出夫:'日本是一个怎样的国家?'对此后者回答:'日本是东洋的君子国。而且那里的人都聪明,富于尚武的气息。'"[②]

通过两个少年的介绍,日出夫之父节斋后来与纹太夫见了面。从他们的对话中,可以知道上海和中国在当时日本人心目中的地位,因为节斋是根据中国的典籍知道宝藏所在的。

"'什么?是大和节斋先生?哎呀呀,是这样的呀。风传先生是精通和汉洋学和研究本草学的一流学者。但听说您在十几年前去上海后即不知所踪,没想到却健硕地待在这里,实属意外之意外,太不可思

[①] 国枝史郎:《加利福尼亚宝岛冒险谭》,《中学世界》,博文馆1925年1月—8月;《国枝史郎传奇文库17》,《十二神贝十郎功绩谭》,讲谈社1976年版。引自日本网站,2014年11月1日,大和魂 site: www.aozora.gr.jp。

[②] 同上。

第十二章　甲午战争(1894—1895)至二战时期(1931—1945)……

议了。'

'不，此中自有缘故。'节斋微笑地说：'……说实在的，我在上海弄到一本奇异的书籍。这本书穷尽孔子到现代的圣人、贤人和恶人的所有知识。一册在手，可知世上发生的所有事情。我将这本书称为"圣典"。按照这个圣典的指示，我隐约知道这个岛上的某处有一个大宝库，正等待人们的发掘，故在十几年前移居到这个岛上，……最近圣典遗失，我一时放弃研究，但今天各位来此，我得以再次鼓起勇气，继续从事寻宝工作。'"①

于是众人欢欣雀跃，立刻组成战斗队形向宝岛进发。迨至消灭土著，完全占领该岛，花费了20天的时间。到手的宝藏，如节斋过去估计的那样，仅金币和昂贵的器具就值当时的5亿日元。因此该日英联盟的殖民地日渐繁盛，各种设施一应俱全，成为一个宜居岛国。而且该岛国的政体为共和制，第一任总统是日本人纹太夫。之后每年选举一次，第二任总统是霍金斯。大和节斋因是老人，且为学者，所以担任最高顾问。而祭司则由土著巴达奇坎担任。

由此看来，小说的主角和胜利者无疑都是纹太夫。他不仅是一名武士，而且具有"大和魂"，但他的这个"大和魂"既传统，又奇异。说它"传统"，是因为它与大国隆正的"忠孝""大和魂"相通，说它"奇异"，是因为它被类比于骑士道。小说第十八章在描写纹太夫与霍金斯在地道内并肩作战时说："霍金斯认为：'敌众我寡，我方仅有两人，若到广场战斗则无胜算。最好是我们等他们来到地道，再轻松地消灭他们。'

'确实如此。以逸待劳是我们日本兵法的精粹。'

'我们英国兵法也有这样的记述。兵法的精粹是科学的。'

'科学这个词汇很有趣。也就是说理吧。'

'是的是的，就是说理。不仅是兵法，万物万端浮世之事，统统必须是科学的。'

---

① 国枝史郎：《加利福尼亚宝岛冒险谭》，《中学世界》，博文馆1925年1月—8月；《国枝史郎传奇文库17》，《十二神贝十郎功绩谭》，讲谈社1976年版。引自日本网站，2014年11月1日，大和魂 site：www.aozora.gr.jp。

· 941 ·

"大和魂"史的初步研究

'科学也好，说理也罢，于此之外还有更重要的东西。'纹太夫昂然地说，'它不外乎就是大和魂。'

'大和魂？很奇怪的词汇。我是第一次听说。能说明一下吗？'霍金斯似乎觉得不可思议。

'这容易，说给你听吧。忠君孝亲，以此二道为根本，为义忘身，为情牺牲。这是一种超越科学和说理，并置身于这二者之上的大感情！这就是大和魂。'"①

通过此我们明白，国枝史郎的"大和魂"就是"忠孝义情"四字。然而在主人公纹太夫身上，人们却看不到他忠于天皇或幕府的任何一面，因为他是一个海盗，长期与政府作对，在渡海到墨西哥之前曾被政府砍过头（奇怪的是他却没有死掉，详情见后文），也看不到他孝顺长辈的言行；说他"有情有义"也不通，因为在"日本"这个语境中，"情义"必须与"忠孝"相连，没有脱离"忠孝"而具有价值的"情义"。相反，我们在《加利福尼亚宝岛冒险谭》中所看到的，却是"战争"和掠夺，以及为达到这个目的所需的"勇气"。所以纹太夫的"大和魂"看来是自说自话。可是霍金斯对此却半明白半不明白，说：

"'啊，确实如此，我明白了。按英国的解释，也就是骑士道。'

'骑士道？骑士道？真是个好词汇。不过我也是刚听说的。能说明一下骑士道吗？'

'没问题。我说。我国中古称封建时代，各地诸侯割据。诸侯下方有称骑士的仁义兼备的年轻武士，以武艺服务领主。原则上该骑士必须到魑魅魍魉盗贼毒蛇横行的、道路艰险的各诸侯国去，为良民粉身碎骨，除妖灭害。消灭最多恶魔的人就是最优秀的骑士。骑士们都努力成为最优秀的骑士。这就是骑士道。'

'我明白了。听上去相当精彩。诚然这就是大和魂。'

'你那个叫大和魂，而我这个叫骑士道。那么就用它来对付土著吧。'"②

---

① 国枝史郎：《加利福尼亚宝岛冒险谭》，《中学世界》，博文馆 1925 年 1 月—8 月；《国枝史郎传奇文库 17》，《十二神贝十郎功绩谭》，讲谈社 1976 年。引自日本网站，2014 年 11 月 1 日，大和魂 site：www.aozora.gr.jp。

② 同上。

· 942 ·

第十二章　甲午战争(1894—1895)至二战时期(1931—1945)……

总结说来，纹太夫即国枝史郎的"大和魂"具有以下几层意思。（1）"战争"，目的是为了掠夺，并试图与英国殖民者的"骑士道"行为合一，加强日本在攫取殖民地方面的合法性；（2）"勇气"，在此小说的末尾则被换用为"意志坚强"等词汇。① 而这个"意志"，与桑原鹭藏的"进取心"又有着某种联系。殖民地政权完全建立后不久，纹太夫对十平太说："'所期望的目的已经实现。'

'您说的所期望的目的是什么？'

'发现奇普伦岛的宝藏。'

'那不是已经完全实现了吗？'

'是那样的。啊！脖子痛。'

'我不知道您所说的意思。'

'本来我就是在住吉海滨被砍掉脑袋的那个人。'

'……'

'意志坚强！强于生命。'他愉快地笑了起来。"

不久他的脑袋突然掉了下来。然而一滴血也没有出，那切口居然光溜溜的。而且面部表情也十分愉快。岛上的同志竟然因此忘却了悲伤。纹太夫虽死，但他的精神却流传了下来，这就是"意志（大和魂）坚强，强于生命"。

4.黑岛传治《武装的街区》中的"大和魂"

大凡说来，此世上就某事物有赞同的，就有反对的。对"大和魂"做出批判的除上述的泉镜花、宫本百合子等人外，还有黑岛传治。② 传

---

① 国枝史郎：《加利福尼亚宝岛冒险谭》，《中学世界》，博文馆1925年1月—8月；《国枝史郎传奇文库17》，《十二神贝十郎功绩谭》，讲谈社1976年版。引自日本网站，2014年11月1日，大和魂 site：www.aozora.gr.jp。

② 黑岛传治（1898—1943），无产阶级作家，1914年毕业于内海乙种实业补习学校，后从事捕鱼工作和在酱油厂干活。1918年秋为文学赴东京，在三河岛建筑公司打杂。不久进入养鸡编辑部。1919年进入早稻田大学"选科"（从规定的学科中选择一部分课程学习，该课程相当于本科课程）学习。因"选科生"不能缓期服兵役，所以在学习中途被招入军队，到姬路步兵第十联队当卫生兵。1921年被派遣到西伯利亚，因患肺病于1922年被送回日本，7月退伍。1925初夏再度赴京，在同人杂志《潮流》上发表处女作《电报》。1926年在《文艺战线》1月号发表短篇小说《两分铜币》。之后发表许多取材于日本侵略西伯利亚的反战小说和农民小说，著有《猪群》、《雪橇》、《打转的乌（鸦）群》、《冰河》等。

治在其小说《武装的街区》①（1930）中也提及这个以反面形象出现的"大和魂"。

《武装的街区》取材于1928年5月3日的"济南惨案"（"五三惨案"）。惨案发生前，蒋介石正率领国民革命军进行第二次北伐，战局明显有利于南军。日本担心中国一旦统一，将会对其下一步的侵略造成阻碍和可能影响到自己在满蒙的既得利益，故竭力阻挠北伐军的前进步伐。另外，此举还有与支持蒋介石的美国角力的意思。于是日本以保护侨民为名，派兵进驻济南、青岛及胶济铁路沿线。1928年5月1日，国民革命军光复济南，对此的回应是日军于5月3日侵入中国政府设在济南的山东"交涉署"，将"交涉员"蔡公时割去耳鼻后枪杀。之后还将该署的职员全部杀害，并肆意焚掠城市和屠杀大量的无辜市民。

《武装的街区》通过一家日本在华火柴厂的视角，对这次惨案做出某个侧面的描写。作品先叙述惨案发生前日本资本家对中国工人的残酷剥削，以衬出日军保护本国工厂的理由虚幻：除大人外，"也有童工。因年纪小，个子矮，所以若坐在其他成年男女工人所坐的椅子上就够不着操作台。于是只能在地面上搁个木盆，再在木盆上放上小椅子，坐上后用可爱的小手装填火柴。他们面黄肌瘦。因磷的自然发火和附着在火柴盒两侧的硝粉腐蚀，手指都烂了，上面包裹着带黑垢的绷带。工作开始直至休息，男女童工都被禁止谈论与工作有关的事情和闲聊。他们像哑巴的小机器人，在6个钟头里不停地装填"②。

而日本监工等也没有闲着，"干太郎在工厂来回地转悠。他有权拿着鞭子和手枪。他下面配有中国人的把头。把头也拿着木棍。那木棍不分对象，打过去把手脚打断也无人制止"③。作品还说不仅在这家工厂，当时许多日本人开办的厂家也都这样奴役、压榨中国人。

小说还对日本奸商与军阀张宗昌勾结无恶不作，以及日本人干涉中国国内事务的情况有详细的描述：在北伐军即将到来之际，工人和市民在共产党的领导下开始由极度不满向武力反抗转变。为此日本政府以保

---

① 黑岛传治：《武装的街区》，《筑摩现代文学大系38 小林多喜二 黑岛传治 德永直》，筑摩书房1978年版。引自日本网站，2014年12月1日，大和魂 site：www. aozora. gr. jp。
② 同上。
③ 同上。

第十二章 甲午战争(1894—1895)至二战时期(1931—1945)……

护在华的侨民为名派出军队进驻济南。该火柴厂的日本人也在商讨如何应对当前的局势。和这家火柴厂一样，在济南的日本人分为"强硬派和妥协派"，过去向中国人"贩卖武器的属于强硬派。而销售鸦片、吗啡、可卡因、海洛因、可待因等的则属于妥协派"。此时该火柴厂的日本人内川、山崎等也在强硬派行列，他们积极销售武器给北军，或着手自行武力抵抗。"战乱、掠夺和民众的不安也由此展开。"①

日军进驻该火柴厂后，军方规定士兵不能与被"保护"的工厂的中国工人接触，因为这与"大和魂"有关。小说借日军当班士官之口说道："支那人中或许有人抱有不良思想。对他们也要注意。不用说，拥有大和魂的我们决不能被这帮家伙赤化。如有那种现象，我们日本军人将面目全无。"②

士官担心士兵"赤化"，是因为士兵中间也有善良的人。这些人不少来自农村，"在（和童工）一样六七岁时也被父亲等催促着整天干活，干活"。"他们在（日本）内地的工厂和农村生活过，过着和中国工人一样或更苦的生活。"③另外这些士兵对日本政府保护本国资本家的利益，欺压劳苦大众感到不满："我们来到这里，以为是为了日本国，以为是在保护国家利益。但结果呢？喂得肥肥的资本家又采取什么政策呢？能肥起来的只是资本家，他们赚到钱后又再次掐紧工人的脖子。钱都给了腐败官员，但优秀工人的脖子却被掐得越来越紧。""现在和日德战争和出兵西伯利亚时期不同，我们也不想被当作资产阶级的爪牙。我们知道资本家对我们反对出兵也很敏感。他们3月15日抓人，4月10日解散左翼三团体，然后出兵。资本家对任何事情早就做好了周到而有组织的安排。"此外，他们还充满着自责："当兵的有多傻。""自己也是贫苦农民和工人出身，但穿上制服后就压制工人和农民的反抗。我们被派往殖民地，拼命干活，只是让资本家越来越富。我们到底是为什么活着呢？我们真是盲目而又无知地活着！是我们自己掐着自己的脖子！"他们还对军队内部军官和士兵的待遇差距之大感到愤怒：

---

① 黑岛传治：《武装的街区》，《筑摩现代文学大系38 小林多喜二 黑岛传治 德永直》，筑摩书房1978年版。引自日本网站，2014年12月1日，大和魂 site：www.aozora.gr.jp。
② 同上。
③ 同上。

"大和魂"史的初步研究

"在这里开始了和（日本）内地相同的军队生活。一些人要做另一些人的饭，要打扫房间、清扫厕所、缝制被服、放哨警戒，什么都做。新兵和二年兵的区别虽然不大，但也存在。而士兵和下士的区别、士兵和将校的区别，不用说相当的大。"甚至有些士兵思想还很先进，有天下工人一家人，荣辱与共的认识："我们在这里欺负支那的工人，结果就是在我们自己的脖子上套上枷锁。欺负工人而感到高兴的只有大井商事。不会是其他人。"①

不过从以上士兵的认识来看，说他们被"赤化"了一点不差，但士官所说的日军士兵应有的"大和魂"具体指什么依旧不清晰。与"赤化"相对的词汇在当时的日本似乎指的是"皇化"。而"皇化"即"尊皇"教育和神国教育等，故这里的"大和魂"有与"赤化"相对的"尊皇"和"爱国"的意思。此外似乎还有鼓励日军应具有"勇气"与殖民地军民作斗争的意思。

与具有"大和魂"即"尊皇"精神和"勇气"的日军相比，小说中的中国人可谓有云泥之别。他们不仅贫穷落后，还觉悟低下，吃人血馒头，像动物一样活着。"工人等只要啃黑馒头或高粱饼，就着开水，就能一天干 15 小时的活"。日本监工干太郎认为，这个世界没有比"支那人更能坚持、更能忍耐的民族。他们从不提意见，一心只想多装一盒火柴，多赚一些钱。承包制度能激发他们的爱钱心"。另一个日本监工小山则"从自己的经验出发"，认为"支那人都是无赖"，"对他们绝不能表扬"。他们"没有廉耻。你对他们再好也没用。干活后给十日元说谢谢，给一日元也说谢谢，给十日分还说谢谢。因此对他们好简直就是愚蠢透顶。给太多钱最后就懒惰，不听我们的话"②。小山所说是否全部属实不得而知，但想来在当时的中国一定存在这种中国人。或许还因为这些中国人都没有"大和魂"（站在中国人的角度说是"信念"、"骨气"等），所以才需要日本监工管理，也不能让普通日军士兵接触。

---

① 黑岛传治：《武装的街区》，《筑摩现代文学大系 38 小林多喜二 黑岛传治 德永直》，筑摩书房 1978 年版。引自日本网站，2014 年 12 月 1 日，大和魂 site：www.aozora.gr.jp。

② 同上。

第十二章　甲午战争(1894—1895)至二战时期(1931—1945)……

三　戏剧

三游亭圆朝《根岸行松——因果塚之由来》中的"大和魂"

三游亭圆朝（1839—1900），江户单口相声"三游派"的宗家，也是日本单口相声中兴之祖，本名出渊次郎吉，生于江户汤岛切街根性院胡同，9岁时以"小圆太"的名称到江户桥土手仓曲艺场表演，17岁时成为该场单口相声节目的压轴人物，改名圆朝。据说二叶亭四迷[①]在写作《浮云》时曾参考过圆朝的相声演艺笔记，足见圆朝对明治时代日本的言文一致运动也产生过很大影响，可谓现代日语鼻祖之一。圆朝还与许多日本近代著名人物有过交往，1877年因参加陆奥宗光[②]之父、"国学家"伊达千广[③]的禅学讲座认识高桥泥舟，[④]又通过泥舟认识其内弟山冈铁舟[⑤]。1880年9月24日，圆朝在铁舟的侍医千叶立造的新居落成庆祝宴会上，从同桌的天龙寺滴水和尚那里获得"无舌居士"的称号[⑥]。1886年1月8日，圆朝与维新政府元老井上馨[⑦]一道赴身延山参拜，8月4日至9月17日还陪同后者赴北海道视察。1887年4月

[①]　二叶亭四迷（1864—1909），小说家，本名长谷川辰之助，江户人，曾称坪内逍遥为兄。1887年写出《浮云》，开创了言文一致的文体和用细腻的心理描写手法叙写小说的新局面。也擅长翻译俄罗斯文学作品，留有《幽会》等著名译著。还著有《其面影》、《平凡》等作品。1908年赴俄罗斯，后因病回国，于旅途中在印度洋死去。

[②]　陆奥宗光（1844—1897），幕末、明治时期的政治家，和歌山藩藩士伊达宗广（千广）之子，脱藩后在"海援队"担任领导工作，明治维新后进入新政府。1878年因犯"国事罪"入狱，后再次抛头露面，任第2届伊藤内阁外相，参与修改不平等条约和甲午战争问题解决及下关条约的缔结。伯爵。著有《蹇蹇录》。

[③]　伊达千广（1802—1877），幕末和歌山藩藩士，歌人、历史学家，1848年著《大势三转考》，以其独特的历史观阐述自古代至江户幕府建立为止的日本历史。陆奥宗光之父。

[④]　高桥泥舟（1835—1903），幕末的幕臣，因精通枪术任"讲武所教授"，江户城转交新政府后任德川庆喜的护卫，与山冈铁舟、胜海舟一道共称"幕末三舟"。

[⑤]　山冈铁舟（1836—1888），江户人，幕臣，幕末、明治时代的政治家，"无刀流"创始者，除精通剑道外还修禅、善书。戊辰战争时曾说服西乡隆盛，使其与胜海舟会谈。后任明治天皇侍从。子爵。

[⑥]　这个名称不适合于单口相声表演家。据说它来自禅师山冈铁舟的教诲：无须用舌，而须用心说话。圆朝根据此教诲自号"无舌"。《中日春秋》，中日新闻社2014年8月12日。

[⑦]　井上馨（1835—1915），政治家，长州藩藩士，参与讨幕运动，维新后成为政府中枢人物之一，历任要职，任外相期间尝试修改不平等条约，但未成功。在财政、经济方面也发挥过作用，是伊藤博文的铁杆盟友。元老。侯爵。

·947·

"大和魂"史的初步研究

26日，圆朝应邀赴井上馨官邸陪同天皇等观看歌舞伎，还与益田孝①等一起到位于兴津的井上别墅游玩。可见圆朝在明治时期算得上是一个时代宠儿，自然对明治新领导和逐渐强大起来的日本颇有好感。1990年8月11日，圆朝死于"进行性麻痹症"和"续发性脑髓炎"，安葬在东京台东区谷中五丁目4番7号临济宗国泰寺全生庵，法名即前述的"三游亭圆朝无舌居士"。

圆朝心属"无舌"，但创作和表演的作品却很多，而且绝大多数与日本传统的鬼怪故事有关，比如"人情"（以世情、人性为题材）相声的《栗田口霜笛竹》和《复仇发牌所神佛感应》；鬼怪相声的《牡丹灯笼》、《真景累累渊》、《鬼怪乳房榎》等。圆朝创作的海外文学作品改编相声有《死神》、《名人长二》（1887。原作为莫泊桑的《弑亲》）和《名人竞赛》［1891年。原作为维克特里安·萨德（Victorien Sardou）的悲剧歌剧《托斯卡》（Tosca）］，总之也都与死亡和幽灵有关。

圆朝偶尔也写剧本，《根岸行松——因果塚之由来》②（以下简称《因果塚》）即其中的一部，谈的也是鬼怪。作品的前半部分说，明治二十年（1887）左右，姑娘阿若寄养在叔父高根家，此时有两个伊之助与其幽会，其中一个是狐狸精。消防队头领胜五郎和叔父在辨明后射杀了一个伊之助，发现他的原形正是狐狸精。后半部分说，阿若生产了龙凤胎，其中一个叫阿米，后成为"越前屋"的养女，另一个叫伊之吉（男），被寄养在木匠大芳的家里。之后阿若成为尼姑，于某天见到在门前卖艺的伊之助，又与他幽会。此事被胜五郎发现，于是二人商量私奔。案发后阿若被带回叔父家，找机会出逃到品川火车站时不巧那里失火，她与伊之助二人不知所措。这情形刚好被恶棍勘太发现，阿若只能一个人乘火车逃到神奈川，但还是被勘太追上，幸运的是被勘太之父勘兵卫所救。而伊之助则寻访到勘兵卫，与阿若再次见面，之后生出一个男孩叫岩次。

---

① 益田孝（1848—1938），实业家，从大藏省官员变身为三井公司元老，奠定了该公司物产、银行、矿山的基础，属"三井合名公司"的创始人，为三井财阀的成长鞠躬尽瘁。在收集茶道用具和工艺品方面也颇为著名。
② 三游亭圆朝：《根岸行松——因果塚之由来》，《圆朝全集卷之四》，春阳堂1927年版。引自日本网站，2014年12月3日，大和魂 site：www.aozora.gr.jp。

第十二章 甲午战争(1894—1895)至二战时期(1931—1945)……

话说阿若的女儿阿米这时在品川"和国楼"当妓女,改名花里,伊之吉与之交往。有嫖客名"海上渡"(非真名),是个海军士官,希望替花里赎身,老鸨力劝花里从之。之后花里听从朋友小主水的计策以到"海上渡"家为名从后门逃出,乘船与伊之吉一起逃之夭夭。

20年后阿若和伊之助两人寻访到胜五郎。阿若告诉五郎自己一直住在叔父高根家,并得了不知名的怪病。可这段时间纷传有两个阿若,哪一个是真阿若不明,故胜五郎怀疑是否又有一个是狐狸精,故将阿若等带回高根的住处。这时花里和伊之吉逃进高根家。当花里知道自己和伊之吉是兄妹后和伊之吉一道跳水自尽。阿若因此患上离魂病(患者感觉自己的魂魄从肉体移出,变为另一个相同的自己的疾病)而变身为两个人。最终的结果是一个阿若消失,另一个阿若死亡,伊之助自杀,岩次遁入佛门。为此有人在谷中建了一个因果塚。①

本来这只是一个日本人爱听的普通鬼怪故事,但其中竟然也出现了"大和魂",而且此"魂"亦雄壮威武。《因果塚》在叙述花里忙中偷闲接待本国海军客人时,有一长段赞美日军官兵勇敢精神的旁白:"军舰靠泊时品川的妓院如丰收年。众所周知,水兵在海上每日都要作业,所以不管靠泊什么港口纷纷都请假上岸放松。"但不知为何上岸嫖妓要与"大和魂"发生联系。对此《因果塚》解释:"因为是军人,所以一旦发生战争,即便横尸甲板也绝不能退缩一步。我军从未有懦弱胆小的人。不论是陆军还是海军,其勇敢精神皆无二致。因为日本固有的大和魂在背后起着作用。据说我国军人的勇敢精神连欧洲各国都啧啧称赞。这是我在箱根拜谒我军某将官时直接从他那里听来的。"② 接下来《因果塚》的解释更是跑题:"因为我军具有如此精神,所以不怕什么狂风暴雨,惊涛骇浪。不过据说暴风雨时间过长日子十分难过,所以有的军人说反倒是打仗更为好过。"③ 由此可见,即使是讲鬼故事的《因果塚》也受到时局的影响,人云亦云,反倒让人不知所云。其中所说的"大和魂"主要指"勇气",显然用于"战争",说它是日本的"军魂"也

---

① 三游亭圆朝:《根岸行松——因果塚之由来》,《圆朝全集卷之四》,春阳堂1927年版。引自日本网站,2014年12月3日,大和魂 site: www.aozora.gr.jp。
② 同上。
③ 同上。

"大和魂"史的初步研究

许并不为过。但这种"军魂"与"放松"联系在一起，其价值已大打折扣。

四 军事著作

石原莞尔《最终战争论》中的"大和魂"

近现代日本军人的著作很多，这里要单说石原莞尔的军事论著——《最终战争论》及有关的话题，因为此著也提到"大和魂"。

石原莞尔（1889—1949），军人及著名的军事研究专家，出生在山形县一个警察署长的家庭。因父亲不断调动工作地点，缺乏对他的管教，所以石原在少年时期性格比较暴躁，据说还未上小学的他，有一天被姐姐带到学校时在教室里大闹，一边敲窗户，一边狂叫"我要打碎你，打碎你"。然而石原却很聪明，一年级时成绩在班上最好，三年级时语文、算术和作文的成绩都是优秀。[①] 此外，石原小时候还常带领同学玩战争游戏，他们问石原将来要做什么，他的回答是做"陆军大将"。[②] 后来石原果然进入"陆军士官学校"和"陆军大学校"学习，成绩也名列前茅，除军事学外，还着意阅读战史和哲学著作等，然而他最终未能当上大将，只当上中将。不过他不是一个普通的中将，而是带有"日本军事思想家"和"帝国陆军异端"名头的中将。从这些名头可以看出，他具有思想，在日本陆军内部属于一个特殊的人。

石原很早就接受过南次郎[③]"亚洲主义思想"的熏陶。据说1911年他随军驻屯韩国春川，听到中国辛亥革命爆发、孙中山军队大胜的捷报时，曾兴奋地对部下阐述该革命的意义，并与他们一道高呼："支那革命万岁！"但这并不表明他真正理解和同情中国革命。他对中国政治格局的变动抱有自身的目的——以此推动对日本的改造。1920年他被

---

① 阿部博行：《石原莞尔生涯及其时代》（上），法政大学出版局2005年版。
② 早濑利之：《石原莞尔 满洲合众国》，光人社2003年版，第14页。
③ 南次郎（1874—1955），陆军大将，曾任若槻内阁陆军大臣，后任朝鲜总督，鼓吹日朝一体化。第二次世界大战后被东京裁判法庭认定为A级战犯，判终身监禁，1954年假释出狱。

第十二章 甲午战争(1894—1895)至二战时期(1931—1945)……

田中智学①的学说吸引,加入了日莲宗的思想团体"国柱会",产生了日本必须成为亚洲乃至世界霸主的使命感。

石原的"宗教思想"很独特,除受到田中智学注释的《法华经》影响外,还支持在日本建立佛教国家。1923年"国柱会"创建自己的政治团体"立宪养正会",表明打算夺取政权的决心。此时石原在日记中写道:"(田中)先生之语若正确无误,则(按法华教建立国家戒坛与获取政权)正当其时也。"这段时间他还对田中智学说:"我不想成为不得不杀人的军人。"②然而石原此后的作为却背离了自己的诺言。

1928年石原赴"满洲"任关东军作战主任参谋,基于自身的"最终战争论"(具体内容见后),制订了关东军攻占满蒙的计划。石原曾向参谋们提出"作为恢复国运根本国策之满蒙问题解决方案"和"关东军占领满蒙计划",③于其中主张"满蒙问题乃须等待日本占领该地方后方能完全解决","为达至前期目的,需做好对美开战之思想准备","适时将支那本土要害地区置于我占领之下"。④ 1931年石原与板垣征四郎⑤等人一道策划了"柳条湖事件",打响了"九一八事变"的第一枪,占领了约相当日本本土三倍面积的中国东三省。之后石原积极策动日本退出"国联",从"占领满蒙论"转向"满蒙独立论",提倡在"满洲国"建立"王道乐土"和实现"五族协和"。正如石原所说的日本人也可以脱离日本国籍成为满洲人那样,他希望构建一个以日本和中国为宗主国的独立"满洲国"(即他所谓的"东洋美利坚合众国"),反对向中国开战(在我们看来是反对继续向中国开战),主张先进攻苏联,之后再与美国决战。在他看来,"西洋的代表美国与东洋的选手日本之间的争霸战终将发展为世界最终战争"⑥。为

---

① 田中智学(1861—1939),宗教家,推行带有国家主义意味的"在家研习佛教"运动,并创立"国柱会"。
② 引自日本网站,2014年12月13日,http://ja.wikipedia.org/wiki/石原莞尔。
③ 川田稔:《满洲事变和政党政治》,讲谈社2010年版,第21—23页。
④ 森武麿:《日本的历史20 亚洲、太平洋战争》,集英社1993年版,第20—23页;川田稔:《满洲事变和政党政治》,讲谈社2010年版,第21—23页。
⑤ 板垣征四郎(1885—1948),陆军大将,历任陆军大臣、支那派遣军总参谋长等要职,并策划了"满洲事变",二战后被宣判为A级战犯并处以绞刑。
⑥ 森武麿:《日本的历史20 亚洲、太平洋战争》,集英社1993年版,第20页。

"大和魂"史的初步研究

获得这种代表东洋国家的资格,石原认为必须统治朝鲜,领导中国,解决满蒙问题(扶持和发展满蒙"独立"国家)。① 在《有关满洲国之期望》中石原提出,"为准备即将到来之战争,希望飞速发展满洲产业",并为日本规划未来的"总体战体制构想",要求实施"帝国军需工业扩张计划"等。据说这只是石原独自构想的、为应对"最终战争"即日美决战的第一阶段的计划。另外,石原还要求"根据驱使国家对外迅速发展的途中状况,断然实施国内改造",试图以对外战争为突破口改造国家。② 作为上述目标的一环,石原在1939年组建并指导了右翼团体"东亚联盟"。该联盟中有两个人值得关注,他们就是1944年6月在得到石原批准后试图刺杀东条英机的柔道家牛岛辰雄③和津野田知重④少佐。

1936年"二·二六事件"发生时石原任总参谋部作战科科长,并兼任东京警备司令部参谋,积极镇压叛军,在深入叛军内部时既不支持"皇统派",也不支持"统制派",表现出正义在我、大义凛然的"英雄"气概。昭和天皇对此回忆:"我不清楚石原到底是什么人。他虽是满洲事件的始作俑者,但这时的态度是正确的。"⑤ 此后当关东军的主要领导积极策动华北、内蒙古汉奸开展"独立"活动时,石原以对苏作战需要扩充"满洲国"军备为由,反对将大量的人员和物质用于未来的中国战场。1937年中日战争全面爆发,此时已是总参谋部作战部部长的石原,却无法控制作战科科长武藤章等人的强硬主张,故向近卫首相进言:"北支的日军应撤退至山海关一线,表明不战的意图。近卫首相应亲飞南京,会见蒋介石,表明日支合作的态度。为此石原愿意随

---

① 大门正克:《日本的历史15 从上世纪三〇年代到一九五五年 在战争中与战后生活》,小学馆2009年版,第35页。
② 森武麿:《日本的历史20 亚洲、太平洋战争》,集英社1993年版,第20—23页。
③ 牛岛辰熊(1904—1985),著名柔道家,段位为讲道馆柔道九段,大日本武德会柔道"教士"(第二级教官。第一级和第三级教官分别为"范士"和"练士")。
④ 津野田知重(1917—1987),陆军军人,最终军阶为步兵少佐,其父为日本陆军大将乃木希典的参谋津野田是重(陆军少将),由乃父部下即后来的山下奉文大将推荐入伍,因刺杀东条英机被免职,战后活跃于实业界,在担任日本科学技术振兴财团专务理事时,为建立日本"电视局"(今"电视东京")贡献良多。
⑤ 寺崎英成:《昭和天皇独白录》,文艺春秋1995年版,第104页。

第十二章 甲午战争(1894—1895)至二战时期(1931—1945)……

行。"① 然而近卫和风见章内阁书记官拒绝了他的建议。事后石原预见到中日战争将陷于长期化和沼泽化，提出"不扩大方针"，并参与"陶德曼调停"工作，② 因此与当时的关东军参谋长东条英机等陆军核心人物形成对立。9月石原因总参谋部机构改革，从该部调任关东军副参谋长。翌年春，石原就"满洲国"的战略构想与东条的矛盾加深，认为应重视让"满洲人"管理"满洲"，将他们培养成亚洲的盟友，并将不理解此意图的东条称作"东条上等兵"。对此东条当然不会高兴，1938年东条罢免了石原副参谋长的职务，让他充任舞鹤（京都府北部面临舞鹤湾的城市）要塞司令官，并在1939年将石原打发到留守第16师团任师团长。1941年太平洋战争爆发前石原退出现役，被编入预备役，同时担任立命馆大学国防研究所所长和国防学讲座的讲师，开展军事研究、教育、评论等工作。

石原认为，日本的知识分子比起西方国家的知识分子明显缺乏军事常识，所以需要在大学开设军事学课程。在立命馆大学校长的支持下，国防研究所所长石原设立了国防论、战争史、国防经济论等科目，每周开一至二节课，讲师有研究第一次世界大战战史的酒井镐次中将、研究拿破仑战史的伊藤政之助少将、研究国体学的里见岸雄等③。然而东条仍然对石原不放心，命令宪兵和"特高课"警察对授课内容和到石原家访问的客人逐一监听和监视。在此高压下石原只能辞去教职，返回家乡（二战结束后石原因与东条不睦和疾病的理由被免于起诉，但在1948年1月还是被宣判为军国主义者并开除公职）。返乡后石原将这一年来的讲义改编成书籍发表，是为《国防政治论》（圣纪书房1942年）。此前石原还发表过一部重要的军事著作——《战争史大观》（中央公论社1941年）。此书发表的始末是，他在1922年从日本陆军大学

---

① 引自日本网站，2014年12月13日，http：//ja.wikipedia.org/wiki/石原莞尔。
② 陶德曼 Dr. Oskar P. Trautmann，(1877—1950)，德国外交官，中日战争爆发后受托进行调解，史称"陶德曼调解"。
③ 里见岸雄（1897—1974），田中智学第三子，昭和时代的国家主义者，早稻田大学毕业，留学欧洲后于1924年创建"里见日本文化学研究所"（后称"国体科学联盟"），提倡以日莲主义为基础的国体学。1936年创建"日本国体学会"。战后鼓吹修改宪法，1955年设立"立正教团"，著有《国体学总论》等。

"大和魂"史的初步研究

调任日本驻德使馆武官期间，受到战争狂人鲁登道夫①和戴布流克②的争论启发，对未来的世界战争将转变为国家总力战（国家为遂行战争动员全部物质和精神力量的战争形态）和以飞机作战为核心的歼灭战有了新的认识，故在1928年任关东军主任参谋时，对此加以系统化并于1941年正式出版。在这部书中石原已提及所谓的世界"最后战争"。

此书乃通过战争史的研究考察未来的战争。第一章是"战争史大观"，第二章是"战争史序说"，第三章是"战争史大观之说明"。石原认为，战争与人类的文化发展同步调，须通过对战争史的考察明确人类文化发展的过程，其结论是，迄今为止的战争有"决战战争"和"持久战争"两种类型。所谓的"决战战争"，指优先使用武力的战争，外交和财政不过是第二性的要素。因此战略优先于政略。如法国大革命时期的战争。与此相反，政略优先于战略的战争形态即"持久战争"。这种战争，武力行使规模较小，如文艺复兴时期的战争。这些战争方式可以换说成戴布流克的"歼灭战争"和"消耗战争"。据此石原又认为，第一次世界大战和第二次世界大战具有"持久战争"的倾向，若历史如此交替战争形态，则人类将迎来最终战争，即"决战战争"。就是这个"决战战争"是规模巨大的战争，全体国民都将直接参与战争。

为应对这种战争，石原主张应以天皇为中心，由日本、中国和"满洲国"进行共同防卫，并就"大东亚战争"期间的指挥机构、国防政策以及国防国家的政治这三个问题展开讨论。就指挥机构，石原比较了政略和战略，认为在战略的胜利和政略的成功不一致的情况下，应强调统帅和政治并使之融合。石原还认为，在民主国家，统帅一般从属于政治，此时统帅可能成为政治的牺牲品。因此要考虑建立使统帅权独立出来进行战争的制度。但这种制度不用说在"决战战争"，就是在"持

---

① 埃里希·冯·鲁登道夫（Erich von Ludendorff, 1865—1937），德国军人，第一次世界大战时任兴登堡将军的副总参谋长，实际上是该战争的领导人，1923年追随希特勒试图夺取政权，曾参与"慕尼黑起义"。

② 汉斯·戴布流克（1848—1929），德国历史学家和政治家，马克思·戴布流克（生物物理学家，诺贝尔奖获得者）之父，曾求学于海德堡与波恩等大学，后任柏林大学教授。汉斯·戴布流克是现代军事史学的开创者之一，其研究方法有以下几大特点：对古代史料进行批判分析，使用人口学、经济学等周边学科深化分析，通过时代的比较跟踪军事机构的进步。

第十二章 甲午战争(1894—1895)至二战时期(1931—1945)……

久战争"时也会发生问题。因战争的长期化,军部和政府的关系将恶化。因此在"总力战"的"大东亚战争"期间,日本应废除临时设置的"大本营"体制,新设战争领导机构。

接着石原在论述国防政策时引入"最终战争"的讨论。认为未来的战争将导致兵力规模和战斗疆域的扩大。而那种扩大在到达极限时将导致"最终战争"的爆发,最后世界结束战争。为此石原对日本的军备发展和军力部署做了详细的阐述。

石原认为,国防国家的政治目的在于发展国防政策所需的国力,因此日本国应由以天皇为核心的政治组织领导。而且其领导核心应采用"国家统制主义"以管理国民。在这个"统制主义"国家,大本营是意志决定的中枢,一国只能一党;官僚不能干预政治。从这些观点来看,石原不仅是"尊皇"的,而且属于高度集权国家主义者。

如果说《战争史大观》仅简单地涉及"最后战争论",那么,《世界最终战争论》[①]对何谓"最终战争"则有详细的阐释。此书原为小册子,以1940年5月石原在京都所做的《人类前史即将结束》的演讲内容为素材,由立命馆出版部于同年9月出版,内容共88项。1942年新正堂出版社在初版内容基础上加入石原的《就〈世界最终战论〉提问的答复》、《战争史大观》和《战争史大观之由来记》这三篇(部)论著,以《最终战争论》为题正式出版。主要有四方面的内容:

1. 欧洲战史的研究;
2. 日莲宗的教义解释;
3. 日美决战;
4. 占领满蒙。

全书共分五章:第一章"战争史大观",谈欧美战史的变迁和战争的性质("持久战争"和"决战战争");第二章"最终战争",谈"最终战争"的战斗形态;第三章"世界的统一",谈有可能参与"最终战争"的四大势力及战争后谁将存活;第四章"昭和维新",谈东亚在

---

① 即后来的《最终战争论》,新正堂1942年版。

"最终战争"中取胜的条件;第五章"佛教的预言",谈日莲预言"最终战争"发生的几大理由。

具体说来该著有以下几个"崭新"观点:

(1) 战斗队形的发展。古代的战斗队形是方阵,引入火器后变为横阵,法国大革命后由横阵变为散兵队形。第一次世界大战中因大炮火力明显增强,故又出现纵深防御的队形。概言之,就是点的方阵、线的横阵、面的散兵队形和纵深队形。飞机的发明让未来战争的战斗空间变为三次元,战斗队形将向立体方向发展。

(2) 战争的进步。石原在德国留学期间,向柏林大学教授汉斯·戴布流克学到歼灭战略和消耗战略的类型化概念,将战争分为"决战战争"和"持久战争"。"决战战争"完全依赖武力,其经过带有爆发性和男性特征,时间短,而"持久战争"除武力外还使用其他手段,战争呈静态和女性的特征,时间长。古代战争一般追求决战,但腓特烈大王[①]却运用巧妙的战略和战术,进行"持久战争"。然而到法国大革命时期,拿破仑为击溃敌军主力,实施歼灭战略,"决战战争"重新抬头。不过由于机关枪的出现,防御战显现出技术性的优势,故第一次世界大战又回归"持久战争"的形态。从"决战战争"和"持久战争"的交替变换来看,下一次战争将改变为"决战战争"形态。

(3) 最终战争。"最终战争"因使用飞机和大量破坏性武器,实施歼灭战略,所以可以在很短的时间内结束战争。具有实力参加这种最终战争的国家或集团有东亚、欧洲、美利坚合众国、苏联,具体说来,即以日本天皇为盟主的东亚、以希特勒为核心的欧洲和以美国为核心的南北美洲、看似中立但与南北美洲暗通款曲的苏联。然而欧洲大国林立,相互间无法协调。苏联实施极权主义,表面虽强,但约瑟夫·斯大林一死内部即崩溃。如此一来,则世界上只剩下东亚联盟与美利坚合众国可以决战。在这"最终战争"中取胜的国家将管理这个世界。这是一场东洋的王道或西洋的霸道决定世界统一的战争。

---

① 即腓特烈二世(Friedrich II.,1712—1786),第3代普鲁士王,具有出色的军事才能和国家治理才能,人称启蒙专制君主。腓特烈二世还具有艺术才能,与哲学家伏尔泰(原名弗朗索瓦·玛利·阿鲁埃)关系良好,自身也著书,故又被称作"哲人王"。因拥有上述功绩,人们还尊称他为腓特烈大王。

第十二章　甲午战争（1894—1895）至二战时期（1931—1945）……

石原认为，"最终战争"爆发的条件：一是东亚各民族的团结，即"东亚联盟"的建立；二是美国完全占据西方世界的中心位置；三是决战兵器的飞速发展，特别是飞机可以不着地环绕世界。就"东亚联盟"石原着笔较多，他希望在这个联盟内保持日本、"满洲"、中国的政治独立（朝鲜则是自治政府）和经济一体化，实现共同国防，对战后日本的右翼思想也产生影响。另外，石原是个狂热的日莲主义者，他将"最终战争"看作是"正法流布"的战争。[①]

从上述可以看出，石原在政治上是"尊皇"主义者，在宗教上是日莲主义者，在军事上是唯武器论者，他的"最终战争论"告诉我们，由于战争自身（武器和战争形态等）的进化，最后将消灭战争（即和平的来临）。其前提就是"一发即可毁灭整座城市的"武器（核武器？）和不着陆可数次环绕地球的武器的出现（超高速飞机或导弹？1910年左右石原的设想）。他举出的历史事例，就是织田信长有了步枪，最终导致了日本的统一。

石原长期从事战争理论研究，未在一线部队作战，过分迷信武器、作战技术等是他轻视官兵"勇敢"战斗精神的一个重要原因，虽然他本人很"勇敢"，从不惧怕自己的上司、领导以及后来的东京审判法庭工作人员。这在他的《最后战争论》中有明确的体现："许多人议论，第一次欧洲（世界）大战时，战争持久的原因是西洋人精神力薄弱，只要具有大和魂就可以速战速决。但真相并非如此，这些年来人们形成共识，战争乃长期的，需要总力战，单靠武力解决不了战争问题。第二次欧洲（世界）大战初期，谁都认为战争将成为持久战争，但最近德军的巨大胜利，使人们对既往的结论产生很大的疑问。"[②]

也就是说，石原对战争的看法有其正确、合理的一面，即战争是综合国力的较量，既需要精神、勇气等，也需要武器装备、作战技术以及所有的战争资源支持，单纯依靠精神、勇气（"大和魂"）等，无异于将官兵送入绞肉机。由此至少可以说，石原对所谓的"大和魂"不

[①] 以上部分由石原莞尔《战争史大观》，中公文库2002年版和《最终战争论》，中公文库2001年版整理而成。

[②] 石原莞尔：《最终战争论》第五节"第一次欧洲大战"，中公文库2002年版。引自日本网站，2014年12月13日，大和魂 site：www.aozora.gr.jp。

持好感。在日本各地尤其是军队充塞着无数"大和魂"口号的彼时,石原敢于对"大和魂"说"不",的确是日本"帝国陆军的异类"。

需要补充几句。石原对武器和作战技术的看法也存在矛盾,即迷信一部分武器,尤其是作战飞机等,又轻视另一部分武器,如坦克。1936年8月闲院宫①春仁王成为陆军大学研究部"主事"时,曾就1935年研发的柴油引擎"八九式中型坦克"在机动兵团的运用征求过总参谋部和石原的意见。对此参谋们不发表意见,石原也仅谈宏观的国防理论,对如何使用战车这一后来在欧洲显示出巨大战略意义的技术问题一言不发,其轻视部分新技术的立场可见一斑。看来石原思想也存在偏激和矛盾之处。

五 报刊和杂记中的"大和魂"

这种表示"勇敢"精神的"大和魂",从战时遗留下来的一些旧军人的回忆录中也可以看到,用日本维基网站的话总结,就是"带有强烈的军国主义色彩,主要用于表示打破现状,鼓舞'冲锋'精神的意义"②。

比如日本"经济团体联合会"副主席,大荣公司的创始人和会长、社长、集团CEO中内功(1922—2005)回忆自己在战争期间曾备受苦难:"参军分配到关东军重炮部队时军官教导:'百发百中的一门炮,抵得上百发一中的百门炮。'当自己不解问何故时军官咆哮:'你他妈的勇敢精神不足。炮数不足的话就用大和魂弥补。'"③ 实际上炮打得准不准与技术磨炼有关,军官说的前一句话并没有错。然而不知为何军官在解释问题时态度十分粗暴,并且落入时代巢臼,无端地说代表"勇敢"的"大和魂"可弥补日本的战力不足。其实"勇敢"和技术并不矛盾。

著名作家司马辽太郎在1943年也当过兵,曾在兵库县小野市青野

---

① 闲院宫,四亲王家之一,始于东山天皇的皇子直仁亲王,由新井白石建议,将军家宣上奏,于1710年(宝永七)创立。
② 引自日本网站,2015年1月2日,http://cache.yahoofs.jp/search/cache?c=RYuE9_eJvWcJ&p=大和魂。
③ 中内功:《我的履历表》,《日本经济新闻》2000年1月31日。

第十二章 甲午战争(1894—1895)至二战时期(1931—1945)……

原装甲第十九连队服役,1944年4月进入"满洲"四平陆军战车学校学习,因不懂机械原理,经常把坦克搞坏。由于学习成绩不好,辽太郎没有被分配到战区,而是留在中国东北地区,所以从战争中幸存下来。1945年日本决定"本土决战",辽太郎被调往枥木县佐野市。这时有年轻军官问从大本营来的日本东北籍的少佐参谋,美军(联合国军)攻击东京时我们向东京移动反击,"市民一定会混乱(妨碍我们前进)。那时该怎么办"?没想到参谋回答:"碾死他们。"① 事后辽太郎向自己提问:"为何会出生在从事如此愚蠢战争的国度?日本人从何时开始变得如此愚蠢?"辽太郎在之前就对参谋无好感,因为他们也提到用"勇敢"的"大和魂"弥补战力的不足。"'防护钢板太薄就用大和魂弥补,而且钢板薄机动力就强。虽说炮火弱,但对敌军步兵和炮兵还有效。'实际上敌军的坦克就守护着敌军的步兵和炮兵。为击毁那辆坦克就需要自己的坦克。不知道他们是根本不懂现代战争的原理,还是装着不知道。似乎参谋本部的军官没有一个出身战车专业,所以他们确实不知道这些道理"②,只知道用莽力,即"大和魂"。

第三节 本章小结

从中日甲午战争开始到二战结束,是"大和魂"口号满天飞,最为甚嚣尘上的时期,也是该魂遭到扭曲变形最为严重的时期。此阶段的"大和魂"可谓超国家主义和军国主义的象征,似可用"尊皇"、"正义"、"战争"、"勇气"和"赴死"这五个概念词概括。并且此阶段的"大和魂"已向一般民众广泛渗透,处于高度世俗化和普及化的地位,绝非过去个别文人自我吟哦、孤芳自赏的"大和魂"可以比拟。然而它与过去的"大和魂"在思想上也有联系,其中的"尊皇"概念,源自江户时代中期开始为天皇鸣冤叫屈的"尊皇"思想和幕末维新之初的"勤王"思想,但与那个时候不同的是,这时天皇已坐上统治的宝座,此时期的"尊皇"主要表现在三个方面:一方面是宣扬所谓的

---

① 司马辽太郎:《百年的单位》,《中央公论》1964年2月号。
② 司马辽太郎:《历史与视点——我的杂记本》,新潮社1980年版,第39页。

"大和魂"史的初步研究

"御稜威"(天皇或神的威望及其势不可当的威力),神化己方,威慑敌方;另一方面是鼓吹"八纮一宇"(世界一家。太平洋战争期间日本为使自己侵略海外的行为正当化而经常使用的口号);再一方面是号召士兵及人民为天皇尽忠赴死,包括命丧海外。其根本的目的,就在于保卫和巩固天皇制极权国家和扩张日本帝国。

与"尊皇"概念相伴相生的是"赴死",其概念源于江户时代的若林强斋及吉田松阴等。但和强斋、松阴的主动赴死不同,此阶段的"赴死"其实是一种外力的强制要求。由于"战争"需要付出生命,而从上述可以看出,日军海外作战士兵也有求生的欲望,所以如何诱使士兵和人民"赴死"海外,就成为军方、政府及御用文人需要煞费苦心的一项工作。在此阶段的不同时期,军方、政府等对士兵和人民"赴死"有不同的说辞。在日本军歌草创时期,它相当于官兵的"命运";在甲午战争和日俄战争时期代表着"荣誉";在昭和时代等同于"士兵本身"或"成仁"的代名词;在二战失败前夕则带有些许"自嘲"的语气。总之,要让"赴死"成为一种神的声音和高尚的行为,以此鼓励士兵等走向战场。

然而,此时"大和魂"的"正义"概念则是新出的。在当时的日本人看来,"尊皇"无须理由,但对外征战,尤其是自中日甲午战争开始到二战结束的历次战争,日本都需要理由。可是此阶段的日本对外战争没有一次是符合世界公理的,所以政府和军方等就需要寻找合适的说辞,于是"正义"就成为该理由之一。例如,军方曾一再要求媒体报道"日军之实力与人道主义及官兵之善行美谈"[1]。一言以蔽之,即日本具有"正义"。当然此阶段还有"保卫家乡"和"为和平"等说辞,这些似乎也可以归说为"正义",并可激发国人的战斗意志。

同样,其中的"战争"亦属新出的概念。日本过去并非没有歌颂战争的和歌、文章等,但直接与"大和魂"相联系的"战争"概念,却始于中日甲午战争至二战结束这段时期。不用说国家间的问题解决有时需要战争,军队的存在也为了战争,但日本的情况与他国有所不同。

---

[1] 藤原彰、攻刀俊洋编辑解说:《资料 日本现代史》第八卷"满洲事变和国民动员",大月书店1983年版,第211—212页。

第十二章　甲午战争(1894—1895)至二战时期(1931—1945)……

日本除两次遭受元寇的袭扰外,从未被他国侵略,所以这时所说的"大和魂""战争"概念,是一种侵略"战争"的概念,不值得夸耀和肯定。

"战争"需要勇敢,此阶段的"勇气"与江户时代的贺茂真渊、平田笃胤、吉田松阴等鼓吹的"尚武勇敢"在精神上是相通的。歌颂"勇气"的言论和文章在任何国家、任何时代都受到欢迎,日本也一样,但日本此时"勇气"的"茁壮成长"除了受到既往的思想的影响之外,还得益于自甲午战争至二战时期日本御用文人的思想浇灌和报刊鼓动:"武魂之强烈乃和魂之一大特征。从未有无武魂之和魂。诚心之和魂,同时必为武心之和魂。圣训曰:'国家隆兴之本在于国民精神之刚健,须涵养、振兴之以固国本。'故可解刚健之国民精神即国民之忠魂,亦即武魂。……军人固不必说,无论男子女子,一切国民皆须振作武魂,成为国家总力战的勇者。"① 故"应以大和魂为精神","使日本帝国之威武发扬于万国"。② 不用说这时的"勇气""大和魂"已变身为"超国家主义膨胀意识"和"军国主义意识"的得力助手,对内成为毒化和控制日本国民的思想工具,对外则成为武力扩张的精神动力。

至于其间出现的一些抨击、挖苦、调侃、揶揄"大和魂"的言论,也是从以上五个概念的批判角度做出的。总而言之,此阶段"大和魂"的任何一个概念,基本上都从属于日本的对外侵略战争,与传统的"大和魂"概念有着较大的区别。如今我们还可以从网络上看见一些附和此阶段"大和魂"的,日本或其他国家人物的言论或观念,但怀疑那些都不是出自历史的追踪和理性分析,而可能直接从甲午战争到二战期间的军歌、小说、戏剧等中获得,故人云亦云。

当然以上只是一个大致的概括,此阶段的"大和魂"还有其他一些与前述五概念相关的含义,如"爱国心"(其中"国"＝皇国＝尊皇)等。也有一些与大国隆正的"忠孝"式"大和魂"有关。至于所谓的"周到的思考"及"大爱"或"骑士道"式的"大和魂",我们

---

① 亘理章三郎:《刀及剑道与日本魂》第三章"作为武魂的日本魂",讲谈社1943年版,第76页。
② 《万朝报》1894年7月2日。

"大和魂"史的初步研究

只能报以一笑,认为人有权利自行思考,爱怎么想就怎么想,爱怎么写就怎么写。

不过我们也要看到,此时的"大和魂"也并非纯日本历史文化产物,而带有中国元素,或说得含糊一点,带有东亚文化共同因素。实际上,其"尊皇"、"正义"、"战争"、"勇气"和"赴死"的概念,在精神实质上都与中国等思想相通。例如,司马迁在鼓励人们为"正义""赴死"时也说过"人固有一死,或重于泰山,或轻于鸿毛"这一类的话,鼓励人们要有"勇气"去面对困难,包括反"侵略"战争等。而这"正义"则必然包括"忠君爱国"等,换言之也是"尊皇"。因此可以说,所谓的日本精神中有许多是借自中国思想的,只是在表层内容上有所不同而已。我们还可以举出日本旧军歌中使用的许多词汇或概念,如"忠"、"义"、"德"、"勇"、"诚"、"仁义"、"泰山"、"鸿毛"、"虎死留皮,人死留名"、"降魔"、"磐石"、"江南之梅"、"金鸥"(具体歌曲名略去),等等。要说它们与中国等思想无关,也许真说不过去。

第十三章 "大和魂"是否科学并符合"现代精神"?

——昭和时代日本两位科学家对此问题的追问

如上述,户坂润在其所撰的《作为世界之一环的日本》中,对"大和魂"是否科学并符合"现代精神"已有否定性的回答。为进一步说明问题,以下需要阐释永井隆的随笔《长崎之钟》。① 该文说"大和魂"乃日本传统宗教神道教的化身,与科学精神相悖;继而还要分析和说明寺田寅彦的随笔《天灾与国防》和《记录狂的时代》。因为寺田在看到当时日本存在的诸多问题时,于前一部作品中提出要"讲求科学对策",使"大和魂进化为符合现代的"② 精神,于后一部作品中批评"大和魂"为鲁莽精神。二人都看出,"大和魂"乃落后于时代的传统思想,既不科学,也不符合现代精神。

第一节 永井隆《长崎之钟》中的"大和魂"

永井隆(1908—1951),出生在岛根县松江市的一个汉(中)医家庭,自幼学习优秀,高中毕业前后一段时间成为唯物主义者,1928年3月进入长崎医科大学(现长崎大学医学部)学习。1931年3月29日其母因脑溢血突然辞世,自此永井相信人有灵魂。1932年5月临近毕业

---

① 永井隆:《长崎之钟》,日比谷出版社1949年版。引自日本网站,2015年1月5日,大和魂 site:www.aozora.gr.jp。

② 寺田寅彦:《天灾和国防》,《经济往来》,经济往来社1934年版;《寺田寅彦随笔集》第五卷,岩波书店1948年版。引自日本网站,2015年1月5日,大和魂 site:www.aozora.gr.jp。

"大和魂"史的初步研究

前,永井淋雨后患急性中耳炎差点死去。据说在患病期间他得到一位天主教徒大婶的照顾,在睡梦中说出"天主玛利亚,为我们祈祷"的话。这意味着他已有皈依天主教的意识。两个月后永井恢复健康,但右耳失聪,故放弃内科的职业,进入X光科专攻放射线医学。1933年2月,永井入伍,被分配到广岛步兵连队,后又被派遣到驻屯中国东北的关东军服务。1934年2月永井退伍,回原大学研究室工作。同年6月接受浦上天主堂守山松三郎神父的洗礼,取教名"保罗"。同年8月,永井与天主教教徒森山绿结婚,通过妻子的介绍加入天主教组织"圣文森特德保罗协会",从事免费诊疗活动。也许是有了这种信仰和服务的精神,以及拥有较多的科学知识(和过去所有的"大和魂"论者学的都是人文学科不同,永井学的是医学知识),才导致他后来乐于献身社会,并对神道教和"大和魂"展开批判。

1937年永井升任长崎医科大学讲师,同年7月7日"卢沟桥事变"爆发后,以日军第5师团卫生队队长和中尉军医的身份被派往中国,在河北、河南两省进行72次战斗医疗救治及部分平民医疗救治。1940年回国,获"金鸦勋章"和"旭日勋章"。同年4月升任长崎医科大学副教授和理疗科部长。1944年3月以《尿结石之细微结构》论文获医学博士学位。1945年8月9日长崎遭原子弹轰炸,距爆炸中心仅700米的永井,虽右侧头部动脉断裂但仍包着纱布展开救援工作。翌日他从美军投下的传单获知那枚巨大炸弹是原子弹。9月10日永井陷入昏迷状态,并伴有出血症状,但在接受"杜鹃会"田川神父"临终膏油礼"[①]的救治后竟奇迹般地恢复健康。1946年1月永井升任长崎医科大学教授,开始研究原子病和原子医学。1949年5月昭和天皇接见永井。同年9月永井退休。1950年5月罗马教皇特使马克西米利安·德·菲尔斯滕贝格神父(Maximilien de Furstenberg)赴日拜访永井,赠予他天主教念珠。11月阿根廷总统夫人埃娃·贝隆(María Eva Duarte de Perón)向长崎市和永井各赠送一尊圣母塑像。同年永井获内阁总理大臣的表彰。

---

① "临终膏油礼"(Extrema Unctio),天主教七大秘迹(sacrament)之一。即祭司将圣香油涂在病人的眼、鼻、口、耳、手、足处,歌唱希望神明治愈疾病、宽恕罪行、降下恩惠的祷歌。在接受秘迹之前,病人要向祭司告白。但新教徒不承认此秘迹。

第十三章 "大和魂"是否科学并符合"现代精神"?

1951年2月永井因白血球数量超过39万进入病重状态,5月1日紧急入院,晚上9时40分诉说头晕后一时昏迷,9时50分恢复意识,祈求说"耶稣、玛利亚、约瑟夫,我愿将自己的灵魂交给你们",并从儿子诚一手中接过十字架对他说"请祈祷",之后咽气。死因是白血病造成的心力衰竭。5月3日浦上天主堂主教山口爱次郎为永井做弥撒。同日长崎市为他举行公葬仪式,田川务市长朗读了总理大臣吉田茂等写来的300封唁电,时间长达1个半小时。永井作为一介医生,能得到以上殊荣有几个原因:一是身为日本著名的天主教徒;二是为日本的医疗事业,特别是对原子病和原子医学的研究做出贡献。此外似乎还有一些因素也不能忽视,即永井作为原子弹的受害者,却对该弹轰炸日本发表过令本国人难以接受的意见,以及对原子能百般推崇。所以在部分日本人看来,他获得的殊荣需要加上引号。

永井在1945年11月23日,作为浦上①天主教教徒代表曾朗读过自己写的一篇短文——《原子弹受害者合葬吊词》,于其中谈了三点看法:(1)"原子弹爆炸是神的旨意。是神将它带到这个地方。"(2)"作为世界大战这一人类罪恶的报应,日本唯一的圣地浦上被屠宰于献祭的圣坛,被选作必须燃烧的羔羊。""在战乱的黑暗即将结束,和平之光开始喷射出的8月9日,火焰燃烧在这个天主堂的前方。啊!巨大的燔祭!在极端的痛苦中,我们看它却是如此美丽,如此洁净,如此崇高。""我们要感谢浦上被选作燔祭的场所。"(3)此燔祭是"神对我们的考验。我们必须感谢神"。② 此后永井在其随笔《长崎之钟》中又加入《原子弹受害者合葬吊词》的这段文字,并不忘再次强调:"原子弹落在浦上是神的伟大旨意,是神的恩惠。浦上必须感谢神。"③ 另外,永井还作画歌颂原子弹和自己的妻子,画面是死于原子弹爆炸的

---

① 位于长崎市北部地区,拥有众多天主教徒,著名的浦上天主堂即在这里。它也毁于该爆炸,但后来重建。

② 永井隆:《长崎之钟》,日比谷出版社1949年版,引自日本网站,2015年1月5日,大和魂 site: www.aozora.gr.jp。

③ 同上。

妻子坐在原子云上方，缓缓升天而去。①

对永井的这些说法，日本自 20 世纪 60 年代开始至今都争议不断。最早对它展开批判的是永井的弟子秋月辰一郎医生，他说我"无法认同老师的说法"②。70 年代，同为原子弹受害者的诗人山田宽也批判说：这"不外乎是出自掩盖反人类罪行的目的，试图虚假抚慰民众难以化解的怨恨，属于强化和支持美国的政治构想的谎言"③。80 年代，作家井上厢抨击："永井狡辩说美国投下原子弹是一种正义行为。""若抬出神的旨意，则人类世界无须找出责任人。对为政者来说，没有比这更方便的说辞。"④ 90 年代，长崎大学名誉教授高桥真司认为，永井的说法免除了战争责任和投下原子弹的责任，而且肯定原子弹本身。并指出，永井是一个反共人物，在不追究战争责任和投下原子弹的责任的情况下，就说挑起战争的是"我们自身"。不管其后果如何，它都符合美国政府、联合国军总司令部和日本政府的预想，并且导致受害者声音的消失和援救工作的大幅拖延。⑤ 高桥总结："问题不仅于此"，"如果说原子弹轰炸是神的旨意，那就等于免除了发动和进行十五年的轻率战争并延缓结束该战争的、以天皇为核心的日本国家最高领导人的责任，也免除了使用原子弹的美国最高领导人的责任。'浦上燔祭说'所起的历史作用，就在于对日本的战争责任和美国投下原子弹的责任的'双重免责'"。⑥ 进一步高桥还揭露，当时占领军通过"新闻编辑要领"⑦，严格管控言论，禁止报道有关原子弹轰炸的任何消息，但即使这样，永井

---

① 冈本洋之：《永井隆为何强调原子弹爆炸是神的旨意？》，教育科学研讨会第 42 号，关西大学教育学会 2011 年版，第 136 页。
② 同上书，第 137 页。
③ 山田宽：《潮》，潮出版社 1972 年 5 月号，第 65 页。收录于山田宽《长崎原子弹爆炸·论集》，本多企画 2001 年版。
④ 井上厢：《畅销书的战后史 1》，文艺春秋社 1995 年版，第 79 页。
⑤ 高桥真司：《在长崎谈哲学——核时代的死与生》，北树出版社 1994 年版。转引自冈本洋之《永井隆为何强调原子弹爆炸是神的旨意？》，第 139 页。
⑥ 佚名：《原子弹爆炸是神的旨意？》，原子弹爆炸与和平连载文章，长崎和平网站，2000 年 8 月 1 日，http://www.nagasaki-np.co.jp/peace/2000/kikaku/index.html.
⑦ "新闻编辑要领"（press code）是 1945 年 9 月联合国军总司令部为取缔日本报刊批判占领政策的行为而实施的一项规定。该审阅制度一直实施至 1949 年。1952 年日美"旧金山媾和条约"签订后失效。

第十三章 "大和魂"是否科学并符合"现代精神"?

的文章还能不断发表。"正是因为（永井的言论）具有双重免责的功效，所以占领军才给他如此的特别恩典。"① 高桥还就昭和天皇接见永井（1949）和内阁总理大臣表彰永井（1950）这些举动评论："不断对他政治抬举，是对永井所起的前述作用的报答。""永井越是被抬举，一般的原子弹受害者就越是保持沉默。与愤怒的广岛恰成对照，祈祷的长崎性格业已形成。"②

不过也有人不同意这种批判。长崎纯心大学校长片冈千鹤子反驳说，永井是为了消除"天谴论"才有以上发言的。虽有亵渎死者的嫌疑，但它仅出自宗教信仰，无须与政治发生联系。另外千鹤子还问，在当时的那种状况下，永井有时间考虑战争责任吗？③ 而原长崎市市长本岛等则从历史的角度说明，自江户时代开始，基督徒就不断受到迫害、差别对待和镇压，最后还受到原子弹的轰炸，浦上的教徒落入痛苦深渊的最底层。但在这时太平洋战争结束了，日本人第一次获得信教的自由。永井为激励教徒，让他们一道重建教会，才说那些话的。④

孰是孰非，只有等待历史来做结论。

另一方面，永井对以原子弹为代表的"新能源"抱有"光明的希望"，赞扬说产生这种武器的科学技术乃由神所赐，⑤ 将"上帝之神"与科学联系在一起。从表面看此乃教徒的空泛之谈，但其内里科学精神却占了上风。在总结1945年8月至10月自己的救护工作时，永井说："所有的事情都结束了。祖国失败了。……家人（也）死了。于今夫复何言？唯所愿者乃人类不再重演此悲剧。希望能利用原子弹的原理，……为文化作出贡献。……许多丧生的灵魂也可得到宽慰。"⑥ 永井还以一名科学家的身份，对未来原子能的利用做了美好的设想：台风

---

① 佚名：《原子弹爆炸是神的旨意？》，长崎和平网站，2000年8月1日，http://www.nagasaki-np.co.jp/peace/2000/kikaku/index.html。

② 同上。

③ 冈本洋之：《永井隆为何强调原子弹爆炸是神的旨意？》，教育科学研讨会第42号，关西大学教育学会2011年版，第139页。

④ 同上。

⑤ 同上。

⑥ 永井隆：《原子弹救护报告》（《就1945年8月—10月的救护活动呈校长之报告书》），长崎大学原子弹爆炸后障碍病医疗研究所资料收集保存分析部1945年8月—10月。

"大和魂"史的初步研究

袭击日本时,"在太平洋正中爆炸一颗巨大的原子弹,可以改变气压并由此改变台风的路径,日本列岛借此可躲过台风"①。"捕鱼时不用钩网,用声波、超声波、电波、电流、原子爆炸等物理手段可捕到更多的鱼。"②"用原子能驱动飞机、轮船、火车和汽车。……人类可以方便自由地旅行,地球如同一个大家庭。"③"有山脉、森林、田野和学校、城镇及文化设施的大船漂浮在太平洋上,用原子能将它移动到想去的任何地方。"④"城镇和村庄附近的山里有原子能采集站,从那里可获得大量热能,用热传导线将它们送到工厂和家庭。"⑤"用原子能发电机发电,实现所有部门的电气化,提高家庭工作效率,主妇无须从早到晚站立着做家务。"⑥"用原子药物迅速治疗绝症。"⑦ 从这些话可以看出,永井不仅是一个善于想象,而且勇于对加害自己的原子能做正反两面分析的科学家,同时还是一个心胸宽阔、心地善良的人士。

也许是经历了战争和原子弹的轰炸,永井对战后的日本宪法怀有崇敬恪守之心,在其著《爱子哟》中表达了自己及自己的孩子能遵守宪法第九条——永远放弃战争的愿望,显示出其维护世界和平的决心和穿越历史的洞见:"随着围绕日本的国际局势发生变化,日本或有人叫喊要修改宪法,删除放弃战争的条款。而且这种叫声或显得十分有理,有将舆论引向日本再武装化的可能。……诚一、茅乃(按:永井次女),即使最后只剩下你们二人,而且不管你们将受到任何辱骂和暴力,也要继续不断高呼'坚决反对战争'。即使人们蔑称你们是胆小鬼和叛国者,也要高呼'坚决反对战争'。……爱不会被消灭,人类用爱护身,用爱保家卫国,用爱握手,才会产生和平美好的世界。爱子哟!请爱你的敌人。用不断的爱使他们没有憎恨你们的时间。爱就能被爱,被爱就不会被消灭。爱的世界没有敌人,没有敌人就不会发动战争。"⑧ 永井

---

① 永井隆:《原子野录音》,圣母骑士社1947年版,第2号,第18页。
② 同上。
③ 同上书,第19页。
④ 同上。
⑤ 同上。
⑥ 同上。
⑦ 同上书,第20页。
⑧ 永井隆:《爱子哟!》,圣保罗修道会出版社2002年版,第207—209页。

第十三章 "大和魂"是否科学并符合"现代精神"?

的这些话写于 1949 年 10 月。抛开其宗教含义,我们读起来感觉好像是为今天而写。难怪有日本人于 2014 年 8 月 10 日在雅虎网站撰文,要求安倍晋三首相在 8 月 15 日的战败纪念日当天,必须朗读永井隆的《爱子哟》。① 这说明永井的精神并未死去,依然有针对性地活在当下。说《爱子哟》是对安倍晋三"解禁集体自卫权"的警告可能并不为过。

在《长崎之钟》(1949)中,永井也体现出同样的反战和追求科学的精神。该作品说是随笔,但更像小说,充满大量的人物对话。从各小标题——"轰炸之前"、"原子弹"、"轰炸后的场景"、"救护"、"当夜"、"原子弹的威力"、"原子弹的伤害"、"三山救护班"、"原子病"、"原子病疗法"、"壕舍之客"(与"大和魂"有关的人物对话就出现在此节)和"原子野之钟"可以看出,作者记录的是,自己与残存的医生、护士、学生等组成救护班,一面克服自身的伤痛,一面诊疗伤病者的过程,也包含对原子弹的爆炸原理、爆炸现象及此后发生的原子病和对土地影响的考察。同时作者于其中还加入自己对战争和原子弹的看法,并且不失对未来的希望。

"'75 年内生殖不可能说'在轰炸后广泛流传,因此人们都不敢回到爆炸现场。我因失去测量工具,所以为思考这个问题只能观察动植物。三周后,我在爆炸中心松山町看见一群蚂蚁。蚂蚁十分健康。一个月后看见大量蚯蚓。还看见褐鼠在跑。食薯叶虫在一个月后大量繁殖。小动物能如此繁衍生息,人类也可以繁衍生息。植物方面,被气浪吹飞的小麦在各处迅速发芽(与翌年种植的普通小麦同时开花结穗,其麦粒与普通的麦粒无大差别)。玉米也发芽了,入冬后虽然结穗,但几乎未有颗粒形成。牵牛花立刻长出藤蔓,花虽小,但依旧很美,可叶片出现畸形。甘薯也立刻长出藤蔓,但芋头几乎绝收。蔬菜类都长势良好。我想说原子弹爆炸后的原野,动植物可以繁衍生息。但补充一句,幼儿因对放射线敏感,所以还是不要带到这里为好。"②

话虽如此,但永井在随笔中对原子弹的威力和造成的伤害还是做了

---

① 佚名:《安倍在祈祷仪式上必须朗读〈爱子哟〉》,引自日本网站,2014 年 12 月 23 日,http://detail.chiebukuro.yahoo.co.jp/qa/question_detail/q12133925817。

② 永井隆:《长崎之钟》,日比谷出版社 1949 年版,引自日本网站,2015 年 1 月 5 日,大和魂 site:www.aozora.gr.jp。

"大和魂"史的初步研究

客观精细的描述,并有尊重生命、反省战争和批判"传统"的意识:"日本过去简单粗暴地对待个人的生命,才有今天这种悲惨的结局。尊重个人生命,是形成我的立场的一个基础。""我过去在战场也吟唱过和歌:'于今犹在心欢喜,如玉人生须自尊。'①"从看见原子弹造成的灾难之后,永井说他的"神国不灭的坚定信念在一瞬间崩溃了"②。

在此基础上,永井还对象征国家神道和将人民拖入战争的"大和魂"等作出反思和批判:"山本君和浜里君复员回来。二人默默地坐在我的前面,一言未尽即热泪盈眶。"在讨论日本仍有战力但却投降的问题后,山本说:"这个世界上有许多发战争财、从早到晚都欢欣鼓舞的阶级。"永井回答:"是那样的。这个阶级必须消灭。这些人说战争是赚钱的好买卖,要是十年中有一次战争就可以造就千万富翁。这将成为未来好战宣传的根源。这些人教唆年轻单纯的青年,告诉他们要复仇。"③接下来永井和两个学生对"战争"和"神"以及"大和魂"展开辩论:"战争对国家而言是带来利益的事情吧?""战胜了才有利益。""以自肥本国为目的的战争是正义之战吗?""嗯,在神面前,不义之战没有胜利的可能。""不过无论如何,我们在战争期间都不断地祈求神明,特别是战神。""战神和百日咳神一样,都是人造之神。""不,不,日本远古就有神。""那些神是比你们更不知道神学和哲学的先祖创造出来的。他们爱怎么创造就怎么创造,并且向它们祈祷。那些神就好比是'扫晴娘'。因为他们相信神国不灭或神风等。也就是对着虚幻之物独自合手再三求拜。""那是因为我们诚意不足。""不,再有诚意若对象是虚幻的也无用。人造的神是无用的,获得真神恩惠的军队是不可战胜的。"④

然而相信日本自古有神而且管用的山本等仍在强辩:"就像日本人有大和魂那样,日本应该有自己的神。"对此永井解释:"如果不是用武力强迫而是被万民自然信仰,那另当别论。那种思想在两千年前已在罗马被批驳得体无完肤,那是一种原始人类的国家神道。""我们还是

---

① 原歌是"今日もまた生き残りたる玉の緒の生命尊く思ほゆるかも"。
② 永井隆:《长崎之钟》,日比谷出版社 1949 年版,引自日本网站,2015 年 1 月 5 日,大和魂 site: www.aozora.gr.jp。
③ 同上。
④ 同上。

第十三章 "大和魂"是否科学并符合"现代精神"?

不谈论神。就像战争是文明之母这句话所说的那样,它具有推动科学进步的益处。比如这个原子弹。"永井不同意这种观点,说:"丧失如此多的生命,花费如此多的物资和时间,动员如此多的人力,若将它们用于和平的发明创造,将会有更大、更大的助益。总之战争并未带来利益。"①

毫无疑问,永井是正确的。他批判神道和"大和魂"可能有以下几个原因:一、尊重科学。日本历史上很少有人像永井那样,能明确指出日本的神明都是"人造"的,具有随意创造和解释的一面,如同"扫晴娘";二、日本的战败告诉永井,这种"国家神道"和"大和魂"是不管用的,日本虽然再三强调"大和魂"等,但还是败于以原子弹代表的科学力量;三、永井是天主教的忠实信徒,想来对长期压迫该教教徒的政府所鼓吹的"国家神道"和"大和魂"有一种天然的仇恨和反抗之心。

从永井的话可以看出,他所说的"大和魂"即"国家神道"的表演道具,并不科学,代表着落后的"原始人类"思维方式和"战神",用于战争,给本国人民带来巨大的损失。然而与此同时,永井的说法也有矛盾之处。他不相信日本有神,但却相信西方可以有神,而且那是"真神",代表着"科学"。

第二节 寺田寅彦《天灾和国防》中的"大和魂"

寺田寅彦（1878—1935）,战前日本的物理学家、随笔家和俳人,高知县人,出生于东京,学历和职历单纯,自上学到去世都在学校学习或工作。1881 年和祖母、母亲及姐姐一道返回故乡高知县高知市,1893 年进入高知县普通初中,1896 年进入熊本第五高中学习,在那里遇见物理学教师田丸卓郎②和英语教师夏目漱石,受到他们的影响,产

---

① 永井隆:《长崎之钟》,日比谷出版社 1949 年版,引自日本网站,2015 年 1 月 5 日,大和魂 site：www. aozora. gr. jp。
② 田丸卓郎（1872—1932）,物理学家,罗马字符使用提倡者,东京大学教授,在研究航空测量仪器的同时,开展罗马字符使用活动,著有《罗马字国字论》、《Rikigaku》（《力学》）等。

"大和魂"史的初步研究

生了从事科学研究和文学创作的念头。1899年寅彦考入东京帝国大学理科大学（今东京大学），受教于田中馆爱橘[①]和长冈半太郎[②]教授。1903年以第一名的成绩，从该大学实验物理学科毕业后直接升入研究生院。1904年任东京帝国大学理科大学讲师，1908年以论文《箫的音声学研究》获理学博士学位，1909年1月升任东京帝国大学理科大学副教授，3月为研究地球物理学赴柏林大学留学。1910年在斯德哥尔摩拜会斯范特·奥古斯特·阿累尼乌斯[③]教授。1911年经法国巴黎、英国、美国（纽约→波士顿→华盛顿→尼亚拉瓜大瀑布→西雅图）回国，受农业商工省委托在水产讲习所研究海洋学。1913年受劳厄斑点[④]发现的刺激，寅彦动手做了X射线回折实验，将其成果写成论文《X射线与结晶》并发表于《自然》杂志，还出版了著作《海洋物理学》。1916年任东京帝国大学理科大学教授（物理学），1917年7月因结晶分析研究获帝国学士院"恩赐奖"。1922年阿尔伯特·爱因斯坦访日，寅彦也出席了欢迎会和演讲会。1923年参与日本关东大地震的调查工作，1924年和1926年开始兼任日本理化学研究所和东京帝国大学地震研究所研究员。1928年荣升"帝国学士院"院士。1935年因转引性骨肿疡逝世，终其一生几乎都在从事科学研究工作。

除科学研究之外，寅彦对文学等也造诣颇深，写出许多融科学和文学为一体的随笔，如属于世界最先一批阐释"大陆移动说"的随笔作品。据不完全统计，寅彦共写出多达五卷的随笔集，[⑤]与本著论题有关的《天灾与国防》一文，就收在《寺田寅彦随笔集》第五卷中。而收

[①] 田中馆爱橘（1856—1952），物理学家，东京大学教授，贵族院议员，在地球物理学研究、度量衡法确立、光学电磁电气学单位研究、航空学气象学普及等方面为日本的理科诸学问打下基础，同时还是积极的罗马字符使用论者，曾获日本文化勋章。

[②] 长冈半太郎（1865—1950），物理学家，大阪大学首任校长和学士院院长，发表过土星型原子模型，在光学和物理学方面都留下业绩，同时在科学行政方面也做出贡献，曾获日本文化勋章。

[③] 斯范特·奥古斯特·阿累尼乌斯（也译作阿伦尼乌斯，Svante August Arrhenius，1859—1927），瑞典科学家，活跃于物理学和化学两领域，是物理化学创始人之一和"温室效应"理论的首推者，1903年因电解质分离理论获诺贝尔化学奖。

[④] "劳厄斑点"指用X射线照射单晶体时在照片干版上出现的回折斑点群，由德国理论物理学家马克思·冯·劳厄（Max von Laue，1879—1960）发现。

[⑤] 小宫丰隆编：《寺田寅彦随笔集》一至五卷，岩波书店1963年版。

第十三章 "大和魂"是否科学并符合"现代精神"?

录其科学、文学等作品的《寺田寅彦全集》更是高达三十卷,[1] 不可谓成就不大。寅彦有此成就,据说与他接受同样擅长科学和音乐的漱石的影响有关。在熊本"五高"时期,寅彦与漱石关系良好,亦师亦友,在漱石的领导下,还曾与厨川千江、蒲生紫川等人一道结成俳句社"紫溟吟社"。此外,据说寅彦就是漱石小说《我是猫》中的水岛寒月和《三四郎》中的野野宫宗八的人物原型。[2] 在《我是猫》中,寒月对恩师作品开篇语"大和魂!日本人像肺痨病似的一面咳嗽,一面叫唤"赞不绝口,评价说:"起文的确孤高卓拔。"看来寅彦很早就对"大和魂"比较感冒。

由于长期从事科研工作,寅彦对当时热门的政治、军事话题似乎关心不多。然而这或许并非因为他完全昧于政治等,而或是因为他有着自己的看法。《天灾与国防》[3](1934)说明了这一点。1934年前后,是中国也是包括日本在内的世界多事之秋。1931年9月18日日军制造了"柳条湖事件",以此为借口关东军一举占领中国东北全境,直至1933年5月31日《塘沽协定》签订为止,日本与中华民国及东北抗日武装始终武力冲突不断,与因"满洲国"的建立而对可能丧失中国市场和权益抱以关心的美国及西方列强的关系也在不断恶化之中。美国国务卿史汀生[4]在1932年1月7日向中国和日本发出"备忘录",史称"史汀生主义",不承认日本侵略"满洲"造成的现状变更,不同意损害美国公民权利和有损中国主权独立、领土完整的任何条约和协定,认为日本对"满洲"全境的军事占领有违1928年《巴黎不战条约》。然而该

---

[1] 《寺田寅彦全集》一至三十卷,岩波书店1996年12月—1999年8月。
[2] 引自日本网站,2014年12月28日,http://cache.yahoofs.jp/search/cache? c = BKZ-tq34peLoJ&p =寺田寅彦。
[3] 寺田寅彦:《天灾与国防》,《经济往来》,经济往来社1934年版;《寺田寅彦随笔集》第五卷,岩波书店1963年版。引自日本网站,2014年12月28日,大和魂 site: www.aozora.gr.jp。
[4] 亨利·刘易斯·史汀生(Henry Lewis Stimson,1867—1950),美国政治家,出生于纽约市,毕业于耶鲁、哈佛两大学,经任律师、联邦检察官后,任威廉·霍华德·塔夫脱内阁的战争部长(1911—1913),后历任菲律宾总督(1927—1929)、胡佛内阁的国务卿(1929—1933)、F. D. 罗斯福和杜鲁门内阁的陆军部长(1940—1945),于1932年发布所谓的"史汀生主义"(Stimson Doctrine),在太平洋战争爆发前主张对日强硬政策,并主管原子弹开发计划。

"大和魂"史的初步研究

"备忘录"仅试图通过道德制裁日本,缺乏有效的经济制裁措施,所以没能阻止日本军队的继续侵略。1932年1月底日军进攻上海,蔡廷锴率领的第十九路军奋起抵抗,中华民国军队和日军正式交战。3月1日爱新觉罗·溥仪在日本的支持下发表《满洲国建国宣言》,美日关系由此继续恶化。

另外,日本国内的政治局面也不平静。1931年12月11日,反对关东军进攻"北满"和锦州的若槻礼次郎内阁总辞职。12月13日犬养毅内阁产生,决定要与军部合作积极解决"满洲"问题。1932年3月12日,犬养毅内阁又作出决定:"满蒙乃与中国本土分离独立的政权的统治支配区域,须诱导(溥仪政权)逐渐具备国家实质。"同年5月"五一五事件"发生,对承认"满洲国"一事态度谨慎的犬养毅被叛军杀害。日本政府在军部势力的胁迫下走上积极对外战争的道路。

同年3月应中华民国政府要求,"国际联盟"派出以第二世李顿①伯爵为团长的调查团。该调查团用半年时间调查了中国东北的各种情况,于9月提出《李顿报告书》。1933年2月24日,"国际联盟特别大会"采纳并通过以《李顿报告书》为基础的"劝说书"(《关于中日两国纷争之国际联盟特别大会报告书》)。1933年3月27日日本正式表明退出"国际联盟",同时发布了退出该联盟的诏书(但正式退出的时间是两年后的1935年3月27日)。

与此相呼应,日军及"满"军在热河、山海关一带不断挑衅热河省主席汤玉麟的军队和国民革命军。1933年1月1日,关东军占领山海关,3月2日至4日相继攻占凌源、平泉和承德,3月中旬占领古北口、喜峰口附近的长城沿线地区。5月12日日军越过滦河进逼北京。5月31日日本与中国政府在塘沽达成两军停战协议,但"满洲"问题仍无法解决。在日军不断制造事端和军事进攻面前,"国际联盟"和美国都表现极差,非联盟国的美国一开始就反对对日经济制裁,"国联"后

---

① 维克多·亚历山大·乔治·罗伯特·李顿(Victor Alexander George Robert Lytton, 1876—1947),第二世李顿伯爵,英国政治家,乃同为英国政治家兼作家的第一世李顿伯爵(Edward George Earle Bulwer Lytton, 1803—1873)之孙,"九一八事件"后作为国际联盟的调查团团长到中国和日本考察,做出《李顿报告书》,不承认"满洲国"。其父罗伯特·李顿(E. Robert Lytton, 1831—1891)曾任印度总督,工作作风泼辣。

第十三章 "大和魂"是否科学并符合"现代精神"?

来也对中华民国根据《国际联盟规约》第 16 条经济制裁日本的要求充耳不闻。① 想来除了帝国主义的本性使然之外，自 1929 年开始的世界经济大危机也让美国和"国联"自顾不暇，欧洲上空甚至可见战云逐渐聚拢。日本更是在 1934 年的两年后即 1936 年爆发了"二·二六事件"，军人开始控制政权，飞扬跋扈。中日两国最终在 1937 年 7 月 7 日迎来全面战争。

面对如此紧张的国际政治军事局势，寅彦在该作品中却并未将重点放在时人热议的国防方面，更不附和充塞在街道、码头、车站的"大和魂"呼声，而是探讨如何防范国内的自然灾害。"近来威胁日本全境安全的黑色幽灵，正从遥远的地平线一侧悄悄地向我们窥视。""毋庸置疑，旋转在国民心中不安的旋涡中心点，仍然是近期可预见的艰难国际谈判。而更令人不安的是从今年开始，各种各样的自然灾害接踵而至，夺去无数人的生命和财产。……函馆大火、……北陆地区洪灾、……9 月 21 日突发的近畿地区飓风水患，其损失巨大，无法评估。所谓的国际'非常时刻'至少在眼前是无形且无法证实的，但自然灾害的'非常时刻'却是眼前的事实且表现得最为具体。"②

寅彦认为，自然灾害的原因除日本的地理位置外，还在于"文明越是进步，自然灾害的程度越是剧烈"。因为在蒙昧时代，人类居住在洞窟或洞穴中，地震或暴风雨造成的灾害损失都不大，即使是大风将洞穴上方的顶棚吹去，修复起来也很容易。而"随着文明的进步，人类逐渐产生征服自然的野心"，"建造许多对抗重力和风压、水力的建筑物。……自然一旦发脾气则断裂高楼，冲毁堤防，……可以说产生灾害的原因就是反抗自然的人类的奇技淫巧"。在这里寅彦提到人的因素。另一个原因是"文明的进步导致对自然关系的显著变化。即人类团体，尤其是所谓的国家或国民的有机结合也在进化，其内部机构的分化日益明显，有机体的部分损坏多半会造成对有机体整体的巨大而有害的影响，有时一小部分的损坏甚至会对整个系统造成致命的损坏"。比如，

---

① 高桥文雄：《从经济封锁来看太平洋战争开战的经纬》，《战史研究年报》，防卫省防卫研究所 2011 年 3 月，第 12 页。

② 寺田寅彦：《天灾与国防》，引自日本网站，2014 年 12 月 28 日，大和魂 site：www.aozora.gr.jp。

"大和魂"史的初步研究

"村里蓄水池和水车被破坏后,多数村民都会在相同时间受到影响"。而"二十世纪的今天,日本整体成为一个高等有机体。电线和管道纵横交错,交通网星罗棋布,其情形犹如高等动物的神经和血管。一处神经或血管出问题则立即影响到整体"。寅彦在此已涉及系统工程论。还有一个,也是更重要的原因就是,人们认为"毕竟天灾是偶发的,故忘记前车之鉴,继续行车"。寅彦再次将问题归咎于人本身。"毫无疑问,不知道或忘却此次飓风的可能性是所有灾害的根本原因。"[1]

寅彦另举出的事例也很有趣:"过去人们……都将村落建在可以受上一次地震和风灾的地方,建筑样式也墨守经过时代考验的样式……大地震后横滨到镰仓……位于丘陵下方的古村落平安无事,而在田间新建的洋房却受损严重……此次关西风灾也一样,古老的神社佛阁等损坏不大,而未经时间考验的新建筑样式的学校和工厂却七倒八歪。"可以想象"这仍旧是陶醉于文明力量,过于轻慢大自然的结果"[2]。由此再次可见,寅彦作为一个科学家非常看重人的因素作用,并且将敬畏自然看得比重视国防更为重要:"要想回避战争,靠人力并非不可能,但天灾光靠科学力量是无法阻挡它的袭来的。尚且现在无法预知地震、风暴、海啸、洪水何时会来,程度多大。更要命的是它们会不做最后通牒而突然袭来……也许有人会说,与敌国侵略造成的损害相比,这种大自然的敌人造成的损害要小,但事实未必如此。"[3]

那么寅彦要批评的那些"人"是谁呢?除了他说的不了解日本情况,一味迷信欧美的工程技术人员等外,主要是批评政府和军方大员:"个人可以按照自己的哲学度日,但至少参与一国政治的中枢大员不应懈怠对此健忘症的诊疗。""现在政府当局正在热心研究威胁国家安全的国防政策,但哪些部门、又是谁、用何种设备对同样会影响一国命运的、极有可能发生的大天灾做出'国防'研究,我根本不清楚。像日本这样四面八方布满特殊的自然敌人的国家,除陆海军外还要建立一个科学的国防常备军,通过日常的研究和训练,以应付非常时刻。陆海军

---

[1] 寺田寅彦:《天灾与国防》,引自日本网站,2014年12月28日,大和魂 site: www.aozora.gr.jp。

[2] 同上。

[3] 同上。

第十三章 "大和魂"是否科学并符合"现代精神"?

防备再充分,当战争达到白热化时,若出现和安政年间(1854—1860)一样的大地震,或下次的台风产生超过上述烈度的灾害,给军事首脑机关的设备造成巨大损失,你说又会如何?"①

寅彦为此担忧,"我国地震学家和气象学家过去应该一直设想过这种灾难,并经常向当局和国民发出警告,但似乎当局为眼前政务所累,国民为其生活所忙,没有时间听取这种忠言。实在令人遗憾"。作为结论,寅彦隐晦地批判说,这些都导源于所谓的战争"爱国心"和"大和魂":"随着人类的进步,爱国心和大和魂也须一道进化。虽然日本魂是一种在枪林炮火中一赌身家性命、突入敌阵的尊贵精神,但在比〇国或△国更为强大的大自然强敌面前,我平素一直期待能与国民同心协力,讲求适当的科学对策,使大和魂进化为与现代社会相符的精神。在天灾发生时才开始忙碌起来,发挥那种爱国心当然也可以,但与并非昆虫鸟兽的二十世纪的科学文明国民的爱国心表露略有不同,我希望能再有一些更为合理的表达方式。"② 由此我们可以清楚地看出,寅彦所说的"大和魂"或"日本魂"指的是战争时期的"爱国心"和"勇敢"精神。然而和海野十三《空袭三部曲》等中的战争"大和魂"不同,他认为这些精神虽然必要,但在更为重要的如何防范大自然强敌这个问题上,还需要讲求科学。言下之意就是,眼下的"大和魂"或"日本魂"都不科学,必须加以改进。

顺便要提及的是,寺田寅彦和永井隆一样,对日本的古代神话及崇神精神持怀疑乃至批判的态度,主张将其都还原于科学,这让他在我们心中的形象更为高大。寅彦说,《古事记》和《日本书纪》都写道:"大国主神站在海岸边忧心忡忡时,'有一神在海面上泛着光来到他身边'。这让人联想到电光或游动在海面的夜光虫。同时它还暗示,在日本海沿岸也存在着极为罕见的北极光现象。"③

---

① 寺田寅彦:《天灾与国防》,引自日本网站,2014年12月28日,大和魂 site:www.aozora.gr.jp。
② 同上。
③ 寺田寅彦:《神话和地球物理学》,《文学》,岩波书店1933年版;小宫丰隆编:《寺田寅彦随笔集》第四卷,岩波书店1963年版,引自日本网站,2015年1月15日,http://www.aozora.gr.jp/cards/000042/files/2357_13804.html。

"大和魂"史的初步研究

和永井隆一样,现在日本很少人提到寺田寅彦这个名字,但他们共同的思想不仅具有历史意义,还有现实意义。2003年7月28日,日本有人模仿寅彦的论调写过一个短评:"这次刚开始发生震度6级的地震时NHK报道,'之后的余震不超过6级,可以放心'。可是今晨又发生超过6级的地震,于是NHK又说,'拂晓的是前震,接下来的才是真正的地震'。这是一个放马后炮的典型事例。然而话虽如此,现在却不乏是否要向伊拉克派出'军队',是否必须'加强军备'以防被北朝鲜攻击,以及是否增强国防、保家卫国的讨论。与此相反,如何抗击自然灾害、保护国家和国民的讨论却极为稀少。这是明治以来日本的通例。鼓吹的爱国心和大和魂都与军队发生联系。然而,若是像增加军备那样,也积极探讨如何抗击地震等自然灾害,那么,地震对策或许会有些许改变。寺田寅彦的《天灾与国防》写于1934年。根本未有进步的马后炮式的地震预报现在还能听见,是因为多半'天灾在人们忘却时来临'(按:此即寺田寅彦著名语录)。这就是地震对策搁置(回避)的根本原因。结果仅仅是国民受害……唉!"[1]

寅彦对"大和魂"的"善意期待"还未结束,在其著《记录狂时代》[2](1933)中甚至还对该"魂"产生轻蔑情绪。《记录狂时代》谈论的是某类人群如何热衷于创造纪录。此风气首开于"凡事都求'世界第一'的美国",于1929年达到顶峰,之后"蔓延到欧洲"。较著名的纪录是,芝加哥某男子用79秒时间吃掉40个生鸡蛋;维也纳某男子一口气吃掉69个奶油馅点心,而其对手在关键时刻因腹痛惜败。对此寅彦评论:"合理的做法是应该考虑……参赛者的体重和身高","不考虑就决定胜负,让人觉得这个世道是弱肉强食"。[3] 听罢此言,我们需要再次对生活在帝国主义时代的寅彦脱帽致敬。然而这还没完,寅彦所说的竞赛还在继续:巴黎的姆休·希埃尔,一年中竟出席400次宴会,

---

[1] 引自日本网站,2014年12月31日,http://www.mermaid-tavern.com/book/bk1/b1/bk1_0028.html。

[2] 寺田寅彦:《记录狂时代》,《东京朝日新闻》1933年6月5日;小宫丰隆编:《寺田寅彦随笔集》第四卷,岩波书店1963年版,引自日本网站,2014年12月31日,大和魂 site: www.aozora.gr.jp。

[3] 同上。

第十三章 "大和魂"是否科学并符合"现代精神"？

而且每次都要即席演讲。不过寅彦有些怀疑，如何"证明一年间出席过 400 次宴会是一件相当复杂的事情"，体现了一个科学家的严谨精神。

比快、比多之外还有比慢、比长的，例如，德国某人用 5 小时 17 分才吸完一支雪茄。对此寅彦又表示遗憾："并未记载那支雪茄的大小、重量和当天的气温、湿度、气压等。"不过这其中"有一种悠闲的超时代妙趣"。另外，吸烟时"保留最长长度雪茄烟灰的仍是德国人，时间是 1929 年。今年希特勒烧了许多书，制造出更多的烟灰，只可惜他未打破往昔亚历山大图书馆失火造成的烟灰纪录"[1]。寅彦真的很勇敢。在那时德国很快将成为日本的同盟国，而他对该国总理希特勒居然也敢轻慢与调侃。

比慢、比长之后还有比精细的。"比利时人梅里艾在一张明信片上写入 17131 个字"，"据说花了 14 年时间"。"平均一年写 1223 个字略多一点，一天写 3 至 4 个字。似乎是每平方毫米写 1 个字。日本也有人在米粒表面写入和歌，其精细程度似可与梅里艾匹敌。据说为了在米粒上写字，需要将米粒放在手掌心，每天有空时即仔细谛观。如此一来，则米粒看上去逐渐变大，最终大到像鸡蛋那样，像脸盆那样。这时就可以拔一根眼睫毛沾上墨汁'流畅地书写'。"寅彦讲的训眼法其实来自中国，《列子·汤问篇》说有人想百步穿杨，先将一个铜板绑在树上，看久后该铜板眼会大到堪比脸盆。

接着寅彦转入对"大和魂"的批评，并强调人的感官仍旧重要："有人说机械文明发达后，精密的事情可由器械代为完成，所以人的手逐渐不灵巧似乎问题不大。其实并非如此，要使用精密机械，仍然需要精密的感官。随着机械的发展，人也必须发展。光凭借大和魂（按："莽力"？）使用器械，器械可能弄坏，有时甚至会危及使用者自身的生命。而制造精密器械，最后一道工序多半还要依靠人的感官。从这点来说，比写小字绝不能说是单纯的消闲游戏。或许它比赛跑和抛铁饼等具

---

[1] 寺田寅彦：《记录狂时代》，《东京朝日新闻》1933 年 6 月 5 日；小宫丰隆编：《寺田寅彦随笔集》第四卷，岩波书店 1963 年版，引自日本网站，2014 年 12 月 31 日，大和魂 site：www.aozora.gr.jp。

有更多的文化意义。单竞赛体力，是向蒙昧时代的倒行逆施。"[1] 如十二章所述，寅彦说此话时"大和魂"在日本被高度赞美，可谓甚嚣尘上，而寅彦却轻蔑地说"大和魂"是"莽力"或"体力"（似乎还可以引申为"军力"），不能不说具有相当的勇气和魄力。

第三节 本章小结

和过去文人议论"大和魂"不同，从20世纪30年代到40年代开始，有科学家（其思维方式自然不同于学习人文科学等人士）加入到对"大和魂"审视和批判的队伍中来，例如本章所说的医学科学家永井隆和物理科学家寺田寅彦。永井认为，"大和魂"属于传统神道精神的一部分。既然日本的神明都是"人造"的，那么"大和魂"也应该是人造的，且具有随意创造和解释的一面，如同"扫晴娘"。无疑永井是勇敢的，然而他敢这么说，与其自身的信仰和所处的时代以及他作为一名科学家有关。他是天主教的忠实信徒，想来对长期压迫该教及其教徒的政府所鼓吹的"国家神道"包括"大和魂"有一种天然的仇恨和反抗之心。他有幸活到二战结束，过去的精神控制结束了，自由学术的空气开始弥散在日本的大学，所以永井可以一吐块垒，直陈"大和魂"的弊端。另外，日本的战败还告诉永井，这种"国家神道"和"大和魂"是不管用的。日本虽然再三强调代表"勇气"等的"大和魂"具有特殊的作用和力量，但还是败于以原子弹为代表的科学力量。然而永井也有矛盾之处。他不相信日本有神，却相信西方的天主神，而且认为那是"真神"，代表着"科学"。似乎在永井的眼中，"天主教"可以和"科学"画上等号。这就像他作为一名爱好和平的人士却曾希望"神国日本"打赢太平洋战争一样的矛盾。二战后期，永井曾有一段时间如口头禅似的说"一定要打赢这场战争。为日本国，为天皇陛下"，并指导该地区妇女使用竹枪，另外，还将带血的纱布散落在该地区妇女

---

[1] 寺田寅彦：《记录狂时代》，《东京朝日新闻》1933年6月5日；小宫丰隆编：《寺田寅彦随笔集》第四卷，岩波书店1963年版，引自日本网站，2014年12月31日，大和魂 site: www.aozora.gr.jp。

第十三章 "大和魂"是否科学并符合"现代精神"?

组织的黑暗房间里,或将骸骨从该房间内部一直摆放到门口,以考验她们的胆量。①

然而真正勇敢的却是寺田寅彦。寅彦公开批判"大和魂"的时间是在 1933 年至 1934 年这段时间。当时日本正在积极扩军备战,在吞并中国东三省后还试图策动华北独立,进而侵占整个中国,因此战争之魂的"大和魂"被高度赞扬。在这种情况下,寅彦却敢于公开说出以下的话语:"随着人类的进步,爱国心和大和魂也都必须一道进化。虽然日本魂是一种在枪林炮火中一赌身家性命、突入敌阵的尊贵精神,但在比某某国更为强大的大自然强敌面前,我平素一直期待着能与国民同心协力,讲求适当的科学对策,使大和魂进化为与现代社会相符的精神。"这不啻给军部和政府及御用文人等当头浇了一桶凉水。这种无畏精神,来自他作为一位正直和不信神的科学家的严谨科学精神。《古事记》和《日本书纪》在很长一段时间都受到日本统治阶级和御用文人的高度追捧,在战前尤甚。而寅彦却敢在 1933 年这个年份写道,"大国主神"和另一个比他更伟大的神是不存在的,他们都是古人对自然现象的一种错觉。从这个推论出发,寅彦得出日本的神明及该魂之一的"大和魂"也是不科学、不符合现代精神的结论,自然是顺理成章的事情。

---

① 原长崎"国际原子弹受害者医疗中心"名誉院长和长崎大学医学系附属医院护理部长久松 SHISONO 先生生语。引自日本网站,2014 年 12 月 31 日,http://cache.yahoofs.jp/search/cache? c = o7Ynl3A8bnIJ&p = 永井隆 &u = ja. wikipedia. org。

第十四章　一半是"商品代言人"，一半是"政治宣传员"
——二战后的"大和魂"

二战结束，占领日本的、以美军为主导的联合国军总司令部（GHQ）按照政教分离原则，于1945年12月15日向日本政府发出所谓的"神道指令"，要求神道与国家政治分离开来。① "神道指令"即指那份题为"关于日本政府废除对国家神道、神社神道保护、支持、保全、监督并弘扬的指令"的国家备忘录，编号是SCAPIN—448，目的是排除军国主义，确立信教自由，实行政教分离，废除"神祇院"等。当时GHQ的目标是政教完全分离，但以国际政治格局出现重大转变的1949年为界，GHQ对此的态度有所松动，大幅放松该指令的适用条件，给后来的东亚历史认识纠纷埋下隐患。与该指令相联动，GHQ还禁止使用"大东亚战争"和"八纮一宇"这两个词，以及其他可以联想起"国家神道"、军国主义和超国家主义的语汇。与神道信仰相关的所谓"大和魂"一语自然就此偃旗息鼓。至少可以说，人们在很长一段时间开始忌讳使用"大和魂"一语，一定要用也须尽量偏离过去使用的语义。

20世纪七八十年代，日本经济高度辉煌，如日中天，"大和魂"一词又逐渐开始恢复使用。其使用分为两种情况，一种是作为商品名称或商业、体育活动的噱头，其中部分含有重温过去政治大国甚至是军事大国旧梦的用意，试图恢复日本的传统地位和军国主义。另一种是用于构

---

① 威廉·P. 伍达德：《天皇与神道 GHQ 的宗教政策》，阿部美哉译，与国际同步出版会1988年版。

第十四章　一半是"商品代言人",一半是"政治宣传员"

建所谓的新"日本文化论",这种论调试图通过接近所谓的"传统大和魂"意味,主张"日本文化是在独立而实际消化外来文化的基础上形成的"①。此话比较拗口,也很矛盾且令人费解,因为它一方面说明日本文化的形成与外部世界存在关系,另一方面又强调日本文化的独立性。而自 1990 年日本泡沫经济崩溃后,"大和魂"的使用还开始带有新的用意,即以此提振日本国民的自信。

第一节　商品名称或商业、体育活动噱头

首先,"大和魂"多用于人们日常穿着的衣物,最多的是"大和魂"T 恤(以下图片全部来自日本网站②,后文不再一一注释)。

---

① 引自日本网站,2015 年 1 月 2 日,http://cache.yahoofs.jp/search/cache?c=RYuE9_eJvWcJ&p=大和魂&u=ja.wikipedia.org。
② 引自日本网站,2015 年 1 月 3 日,http://search.yahoo.co.jp/search?ei=UTF-8&fr=top_ga1_sa&p=大和魂+Tシャツ&rs=5。

"大和魂"史的初步研究

有些T恤除印有"大和魂"字样，还配上格言，赋予某种人生警示意义。

也有部分"大和魂"T恤显示出强烈的民族精神和国家精神。下方第一件T恤的英文意思是"日本崛起"，其余的多与日本国徽图案共同出现。最后一件具有军事含义，与日本的军旗同时出现。

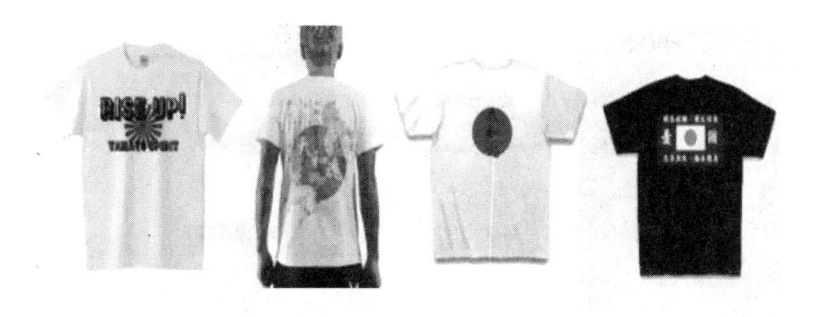

第十四章　一半是"商品代言人"，一半是"政治宣传员"

更有一些带有强烈回盼意味，期待恢复日本战前军事和政治大国地位的"大和魂"T恤，说其具有复活军国主义的情绪也许并不为过。

"大和"战列舰图案 + "大和"字样。
还有"大和魂"运动长裤和半长短裤。

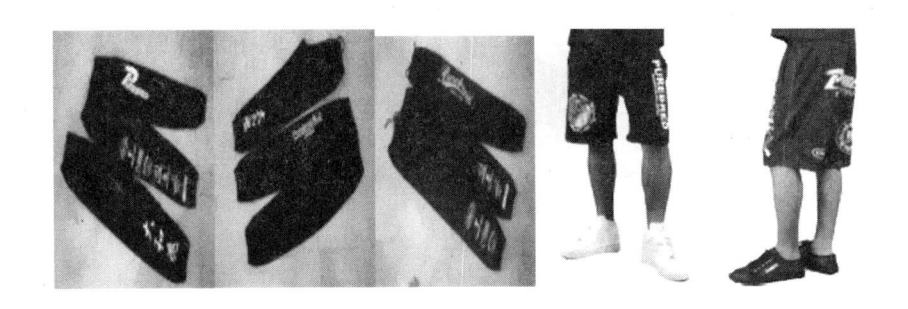

"大和魂"史的初步研究

另有"大和魂"风雪衣和夹衣。

以下是"大和魂"浴衣。

第十四章　一半是"商品代言人",一半是"政治宣传员"

还有"大和魂"文具盒、围兜和钱包。显然,围兜是给儿童使用的。

床上用品也有用"大和魂"商标的,以下是床单和枕头。不知因"大和魂"产生兴奋感是否妨碍睡眠。

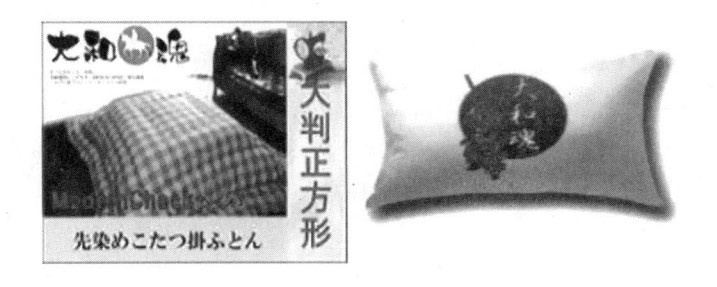

项链、耳环用于装扮饰美,居然也有"大和魂"的份儿。

"大和魂"史的初步研究

以下不知是机车帽还是工作帽,也冠以"大和魂"名称。旅游帽和运动帽也是如此。

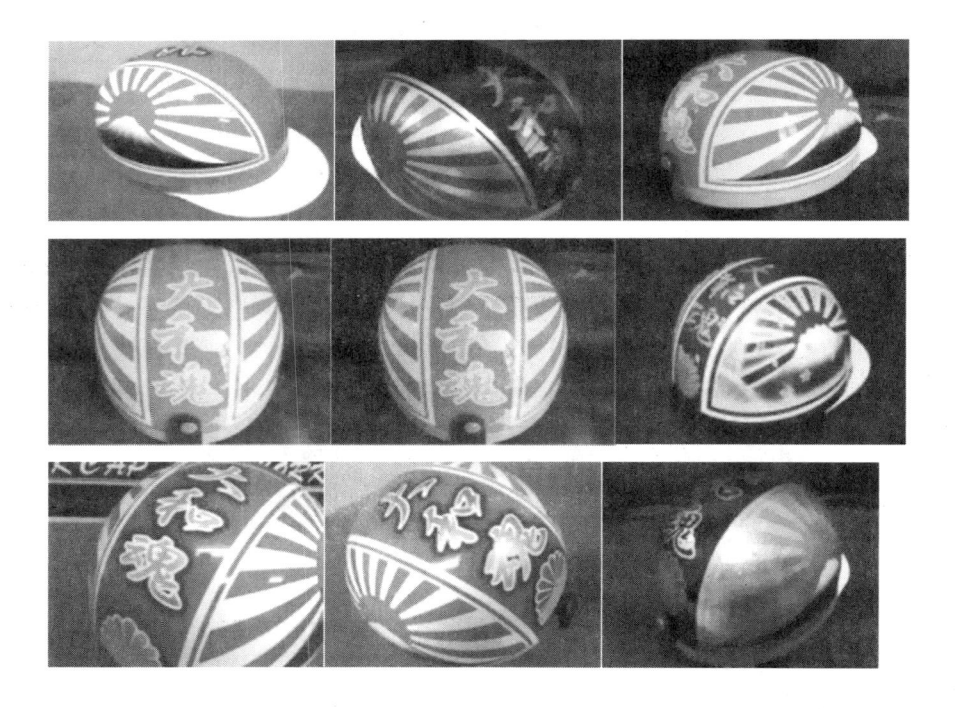

第十四章　一半是"商品代言人",一半是"政治宣传员"

以下是某种工具,也是"大和魂"牌的。

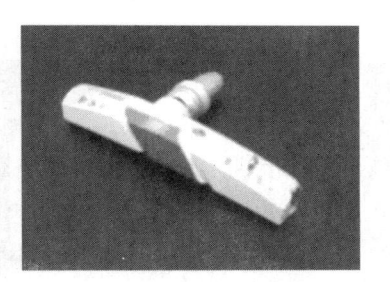

奖牌中的文字也是"大和魂"。

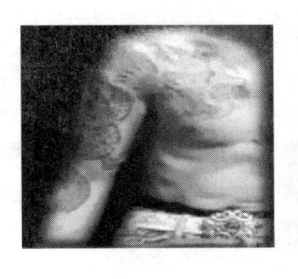

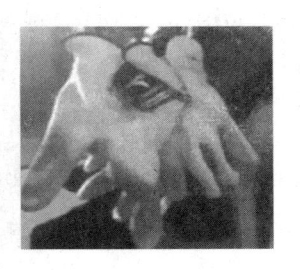

带有"大和魂"字样的护腕和面罩。

"大和魂"史的初步研究

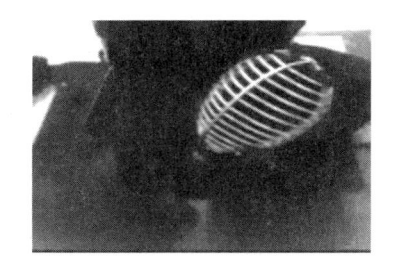

日本不少人身体上有刺青，有人刺的是"大和魂"字样，有人刺的是"大和魂"字样加图案。这种文字加图案的搭配，部分带有政治含义，有的甚至带有军事含义，如最后一件作品是日本军旗和国旗图案加"大和魂"字样，与前述部分 T 恤的创意异曲同工。

第十四章 一半是"商品代言人",一半是"政治宣传员"

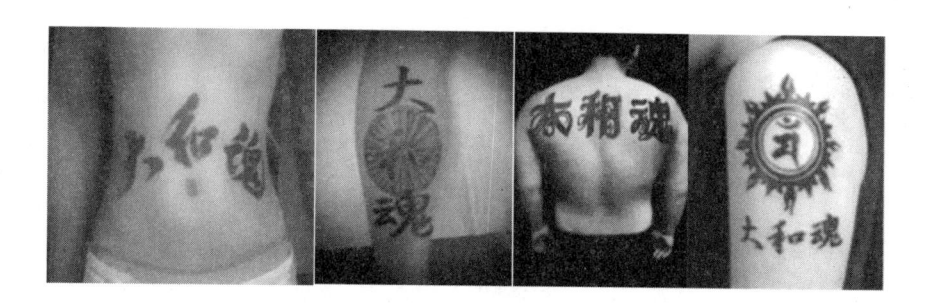

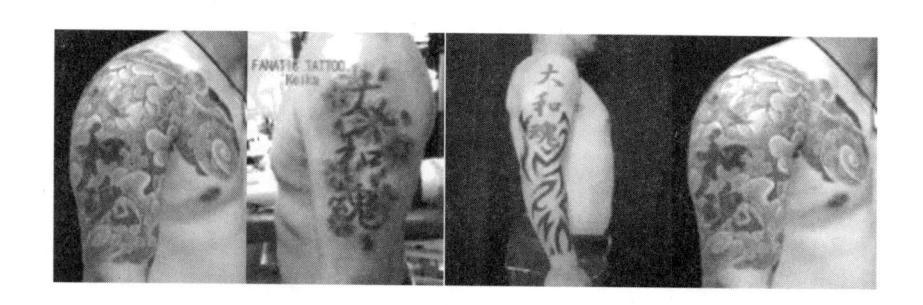

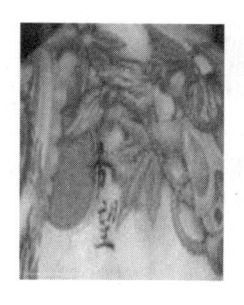

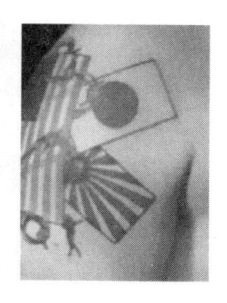

顺便一说,此间不少刺青刺有"希望"的字样,网站也将其并列在"大和魂"刺青图谱中,或表明的是"大和魂"代表着日本的"希望"。

酒也有用"大和魂"商标的,可能是供"酒豪"们饮用。

"大和魂"史的初步研究

拉面也有"大和魂"品牌的，据说还相当出名，以下拉面是名古屋市东部某拉面店制作的。

群马县高崎市有家小酒店叫"和魂烧烤居酒屋"，以下是该店提供的"大和魂"烧烤食品。

第十四章　一半是"商品代言人",一半是"政治宣传员"

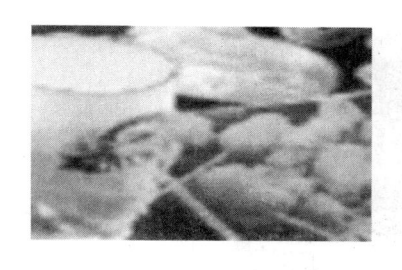

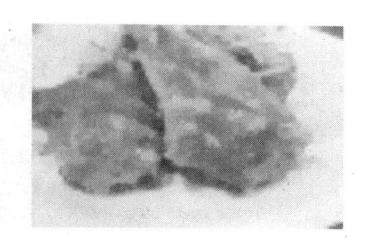

还有"大和魂"念珠。不清楚用于何种场合,或不用于吃斋念佛。

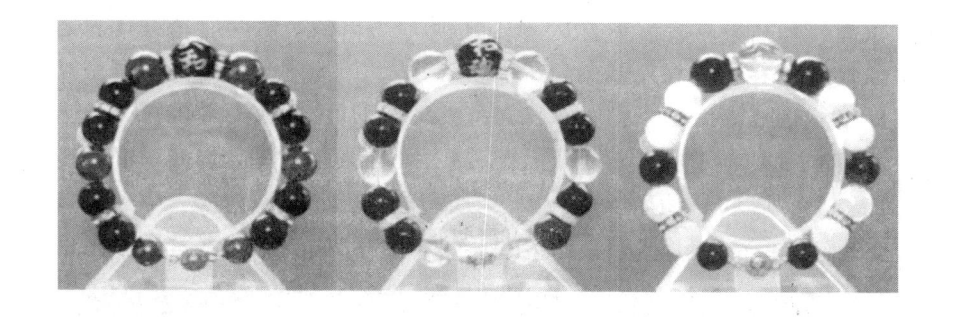

"大和魂"提袋,图案是日本军旗和"大和魂"日文拼音的组合,英文的意思是"日本崛起",和T恤等一样,也具有民族精神和复活军国主义的意味。

除商品外,"大和魂"还用于体育运动队的名称。以下是埼玉县某市大和中学乒乓球队的招牌。

"大和魂"史的初步研究

诸如此类以"大和魂"为名称的球队还有很多。以下照片中的球队来自日本何地不详，但都以"大和魂"为招牌。第一张照片中的球队队服也印有"大和魂"字样。

与此相关联的是田中·马卡思斗莉王所著的《大和魂》一书，由幻冬舍于2010年12月出版。"田中·马卡思斗莉王"这个日本姓名不仅绕长，而且怪异，据查来自其原名 Marcus Tulio Lyuji Murzani Tanaka。此人是移民巴西的日本第三代后裔，1981年4月24日出生在巴西圣保罗州，母亲乃意大利籍巴西人。1998年斗莉王到日本涩谷教育学园幕张高中留学，毕业后于2001年加入日本职业足球俱乐部"圣弗莱斯广岛 F.C 队"（Sanfrecce Hiroshima F.C），2003年落户职业足球俱乐部"水户豪里霍克队"（Mito Holly Hock）时归化日本，2004年转籍到职

第十四章　一半是"商品代言人"，一半是"政治宣传员"

业足球俱乐部"浦和红钻石队"（Urawa Red Diamonds），2006年获得联赛冠军与"最有价值球员"（MVP）的称号，2010年投奔职业足球俱乐部"名古屋八鲸队"（Nagoya Grampus Eight）。

此书内容与传统"大和魂"的寓意毫无关联，主要涉及作者参赛时的各种心情、感受和回想。比如，在2010年参加南非"世界杯"赛时，作者作为中后卫的表现和心境、过去评价很低的"冈田日本"（冈田武史教练率领的日本足球代表队）是如何晋级"世界杯"16强的、对首次参加世界杯的感想、离开自己热爱的"浦和红钻石队"的理由、到"名古屋八鲸队"后重新出征的战况和光荣感，以及作者热爱日本和以身为日本人为豪的心情。

此书影响不广，仅有少量网评："书名的'大和魂'，不仅说的是武士Japan，而且还指职场、学校等日本所有组织和团队的日式合作精神。"[1] 还有人评价：它说的就是"不屈的斗志"。[2] 这些评价也许都没错，但令人费解。何谓"武士Japan"？也许没有人说得清。"不屈的斗志"在世界各地运动员身上都有，不知那些人的"斗志"可否也说成是"大和魂"。"日式合作精神"的意思我们多半可以猜测出一二，但是否这种精神也可以换说为"大和魂"只能存疑。由此可见，二战后的"大和魂"更是意义多样，花样翻新。

第二节　新"日本文化论"

一　上田正昭的"大和魂"

自21世纪开始，也有人开始构建所谓的新"日本文化论"，其做法即前述通过接近所谓的传统"大和魂"意味，主张"日本文化是在独立而实际消化外来文化的基础上形成的"。不过受条件限制，著者暂未读到与此论相关的著作，倒是发现有些观点与此论既有联系又有区别。上田正昭的《"大和魂"的再发现——日本与东亚的共生》[3] 就是

---

[1] 引自日本网站，2015年1月2日，http：//cache. yahoofs. jp/search/cache? c = yBgHi - i3e6oJ&p。

[2] 同上。

[3] 上田正昭：《"大和魂"的再发现——日本与东亚的共生》，藤原书店2014年版。

一例。"被大海包围的……'岛国'日本,通过海洋与东亚各地区保持联系,在不断的交流中发展起来。古代日本的'边境'也各自存在'海路',进行独立的交流和获得发展。"① 这里的"独立""交流",是指"古代日本"的边远地区因"各自存在'海路',进行独立的交流",而不是指整个日本与外国的"独立"交流。但新"日本文化论"强调的日本文化整体地"独立""消化"外来文化而"形成"自身文化,既与史实不符,在逻辑上也说不通。

上田正昭观点的客观之处在于肯定了日本整体的文化发展和东亚的文化交流有关,并且主张日本必须与东亚继续保持文化联系,值得肯定。

在论述日本文化和中国文化的关系时上田正昭说:

> 我这里想到的是以下文字,即在《源氏物语》少女卷中紫式部论述光源氏的子息夕雾应具有何种学问:"须以汉学为根本,再驱使用于世事之大和魂,方为牢靠。"……前述文字中的"才"即"汉才",指汉诗和汉文学。换言之,即从海外引进的文化。紫式部明确地说,只有以汉才为基础,大和魂才能在社会上产生越发重要的作用。
>
> 我第一次读到这些文字时,感到紫式部的见识之广和学问之深。也许大家会感到意外,但据我所查,"大和魂"此语首次见于《源氏物语》。这里所说的"大和魂"绝不是战争期间大肆宣传的日本精神等。紫式部将"日本人的教养和判断力"称作"大和魂"。②

上田正昭向传统"大和魂"的回归无疑是科学、客观和正确的,与斋藤正二的勇敢精神如出一辙,值得当代日本学者认真学习。其实,上田正昭说此话的目的在于改善现实。

---

① 上田正昭:《"大和魂"的再发现——日本与东亚的共生》,藤原书店2014年版,第5页。
② 同上书,第14页。

第十四章　一半是"商品代言人",一半是"政治宣传员"

当代日本充斥着"洋才",需要守护的"大和魂"如同雾中之花。难道我们不要再发现"用于世事之大和魂"的真实姿态?……我们到底要守护什么,丢弃什么?现在已到了必须根据绳文时代之后的日本史脉进行验证的时候了。我们决不能被为保卫权势者自身而出现的胡言乱语所迷惑。位于东亚中的日本现在应该正确理解和接受"和魂汉才"和"和魂洋才",与东亚人民团结一致,基于民众与民众交流的"民际"观,并非单纯地与他们"共生",而应与东亚人民一道共同创造新的历史和文化,构筑"共同生产"的二十一世纪。①

面对日本不断地西化(美国化),同时刻意强调本国文化的"独特性"和"优秀性",并轻视与东亚其他国家交流的现实,著者不禁产生要向上田正昭脱帽致敬的感觉。

二　田中英道的"大和心"

与此恰成对照的是田中英道的《何谓"大和心"——日本文化的底层》。② 此书继承日本自20世纪60年代开始的"日本文化独特论",试图从远古即有的"大和心(魂)"的角度,否认日本文化和中国文化之间存在的联系,即所谓的"左翼史观",达到"去中国化"和否定中日文化交流意义的目的。

该书对何谓"大和心"做出自己的定义:"对日本人而言,山本身就是神居住的世界,而且是祖先安息的世界。可以将此称作日本人的'宗教心'即'大和心'。无论如何,'大和心'显示了那种超越被限定的神、有经典的'宗教'概念的日本人精神状态。"③ 用某书评的话说就是,"过去人们指出日本的'宗教'不具备宗教体系,这一类的见解只能说是囿于西方概念的产物。而日本确实存在以祖先御灵信仰为基础、再加入天皇信仰和自然信仰等各种要素创造出来的综合宗教观,即

---

① 上田正昭:《"大和魂"的再发现——日本与东亚的共生》,藤原书店2014年版,第360页。
② 田中英道:《何谓"大和心"——日本文化的底层》,弥涅尔瓦书房2010年版。
③ 同上书,第209页。

传统的'大和心'。现在要寻求日本人原初的根本精神，就要回溯到古代的日本"①。

那么，田中英道是如何做的呢？虽然在书中田中英道也谈到日本和中国的文化交流及相互的关系，比如神道和佛教二者都在日本扎根这个事实，还提及道教仍残留在日本的风俗习惯和节庆活动当中，更指出儒教思想至今还活跃于日本的现代社会等等，然而纵观全书，可以认为这一切都是衍笔。田中英道主要想说明的是，日本在与外来文化接触之前就已存在自己的"宗教"，即"大和心"。换言之，即田中英道非常强调日本原始文化的独立性和重要性及其影响的深远性。此书的目录说明了这一点：

序言　日本人的"大和心"

第一章　原始神道的形成（作为原始神道的绳文文化——"三内丸山遗迹"告诉我们；该如何理解日本神话——天照大神与须佐之男命；巨型天皇陵的时代——神武天皇是真实的人物；作为"神道"的古坟文化；圣德太子的思想——神道和佛教的融合；圣德太子与灵魂的产生——宝龙寺告诉我们）

第二章　古代的日本图像（天武天皇和现人神神话的诞生——并非天皇＝"现人神"；古代日本的文化能力和通商能力——遣日使居多；唐文化并非"中国"文化——正仓院文物告诉我们；"若去大海"② 的思想——大伴家持身上所见的对个人主义的认可）

跋　何谓日本人的"宗教"？——"靖国神社问题"乃"文明的冲突"

由此可见，田中英道想说的是，对日本人的心理形成而言，最重要的部分都浓缩在这个被称为"古代"的时间，而萌芽于"古代"的这

---

① 引自日本网站，2015 年 1 月 8 日，http：//cache.yahoofs.jp/search/cache？c＝dh-NiMQddsf8J&p。

② 参见"第十一章 1. 诗歌（1）古代和近世与军事有关的和歌"部分。

第十四章 一半是"商品代言人",一半是"政治宣传员"

种心理,而且一直延续到今天。这个心理就是"大和心",即日本人的心理源泉。这种"大和心"因为非常独特和复杂,所以最终导致日本文化和思想的"独特性"。由此还可以看出,田中英道所说的"大和心",与迄今为止最早见于紫式部的"大和魂"毫无关联,甚至南辕北辙。其论证"大和心"不是凭据最早的出典及后来变化的实际情况,而多来自自身的想象和猜测,其用意更是居心叵测。

田中英道1942年出生在东京都,1963年毕业于东京大学文学部法文学科,1965年毕业于东京大学文学部美术史学科,1969年获得法国斯特拉斯堡大学哲学博士学位,1990年成为罗马大学客座教授,2006年转任意大利博洛尼亚大学客座教授,现任日本东北大学名誉教授、日本国际教养大学特聘教授、日本国际美术史学会副会长。然而作为接受过欧洲现代科学教育并学富五车的教授,田中英道在该书中就中日文化交流问题都说了些什么?

其一,虽然"遣日使"(田中英道发明的新词)这个词汇是大家首次听到,但"遣日使"比"遣唐使"人数要多,被派遣的次数也多。田中英道质问这个"事实"为何被战后的日本左翼学者所轻视,并说这来自一种先入之见,即认为事实"不可能这样",还说这是一种误解,即认为"支那"一直比日本先进。田中英道举例:除鉴真和尚外,"逗留日本的(外国人)数不胜数。比如开辟大和长谷寺的道明①,根据经典的'音读'(音)倾心普及(日语)'汉音'(读音)的道荣②,尤为人知的是因弘扬律宗而成为天台、华严二宗先驱的道叡。③ 在鉴真带来的僧侣当中,除弟子僧14人外,还有胡国人安如宝、昆仑国人军

---

① 道明(? — ?),奈良时代僧人,大和(奈良县)弘福寺(川原寺)住持,俗姓"六人部"。日本史书或辞书未确说其是否是中国人或他国人。据说养老四年至神龟四年(720—727),曾率僧人德道等创建大和长谷寺,并造本尊十一面观音像。

② 道荣,查无此人。日本所有的辞典和网络信息都未显示有此人存在,更未说他是否是中国人或他国人。不知田中英道说的是哪一个"道荣"?再查中国史书,有北魏僧人道荣,一作"道药",曾到西域等地礼佛,归国后作传,通称《道荣传》。原书已佚,《洛阳伽蓝记》曾引用其文。唐代也似无名叫"道荣"的中国僧人赴日。

③ 道叡,日本所有的辞典均不收此人及其事迹,更未说他是中国人或他国人。日本网络记述,乃观音寺的创建人,还是著有《金刚顶经疏》、《入唐求法巡礼行记》等的慈觉大师(794—864)的高足。

"大和魂"史的初步研究

法力、胆波国人（越南人）善听等 24 人"。记录显示："遣日使"于"天智天皇治世期间每年"都来，"669 年朝散太夫郭务悰等计二千余人来日，671 年又有许多船只和唐人来日"。从渤海国来的"遣日使""在约两百年间 33 次赴日"①，相反日本只派遣出 13 次"遣渤使"，即渤海国遣使赴日的次数为日本的 2.5 倍。读了这些数据，我们不知道田中英道到底想说明什么问题。人数的多寡和派遣的次数暂且不论，因为这改变不了当时谁向谁学习和何国文化先进的事实。为何田中英道不解释一下那些众多的"遣日使"赴日或逗留日本都干了什么？其实，他已经解释了。在他所举的人物道荣、道叡等前面所加的定语从句都说明了上述问题。另外，"白村江之战"后，唐朝朝散大夫郭务悰率领两千余人的军队到日本又是为了什么？答案是，一为护送被抓的"日本酋长"回筑紫，二为维持当时日本的政治、军事秩序，主要的目的是防范当时的"大和政权"。②其实，田中英道的真正目的是强调日本自古以来就文化发达（即有"大和心"），无须东亚其他国家的帮助。换言之，其真正目的在于从日本文化中脱中国化或去中国化。

其二，《魏志·倭人传》等接近伪史，多为传闻。田中英道说就是这样一部史书，日本却有无数愚昧的学者认为它比《古事记》、《日本书纪》（的记载）准确而珍贵。那些史书称日本人为"倭人"，给女王加上"卑弥呼"等差别性名称，与日本神话都无关联，乃"不正确的记述，不足凭信"。③ 作为例证之一，就是中国从未发现一个"前方后圆坟"。这是日本独有的东西，显然是天皇陵。另一个例证是，三角缘神兽镜在"支那"大陆至今也未发现一个。

下面有必要引述日本和中国的客观、中立性的观点，以对比田中英道所说的后一个"例证"。桥本博文说："三角缘神兽镜乃断面形态突

---

① 田中英道：《何谓"大和心"——日本文化的底层》，弥涅尔瓦书房 2010 年版，第 251 页。
② 具体阐述请详见胡稹《"倭"国号论考》，《日本文化理解与日本学研究》，《北京日本学研究中心 30 周年纪念论文集》，北京日本学研究中心，学苑出版社 2015 年版，第 284—296 页。
③ 田中英道：《何谓"大和心"——日本文化的底层》，弥涅尔瓦书房 2010 年版，第 21 页。

第十四章 一半是"商品代言人",一半是"政治宣传员"

出、呈三角形的、以浮雕手法表现神像和兽形等的镜子,面径超过20厘米。其主纹样和铭文都表示中国的神仙思想。图文成放射状或多层状,前者可分为神像和兽形数种。铭文有的写为'景初三年'(239)、'正始元年'(240)等魏代年号,还因其他理由被称作'魏镜'。一种有说服力的说法是,与《魏志·倭人传》的记述对照,可以认为它就是卑弥呼从魏国引进的镜子,此后大和朝廷为与各地的酋长结成政治关系而分发给他们,多出土于日本初期的古坟。然而也有人指出,它并未在中国或日本弥生时代的遗迹中发现,所以以上学说有不实之处。该镜分为中国镜和模仿中国镜制作的倭镜,有许多被认为是出自相同铸型的同范(按:即范)镜。现在日本正根据化学分析的结果,追寻该原料的铅矿石产地。"[①]

中国学者认为,它是"日本古坟时代前期古坟出土的一种铜镜,其缘部隆起甚高,断面呈三角形,镜背花纹是东王父、西王母等神像和龙虎等兽形,三角缘神兽镜即以此而得名,分'舶载的'和'仿制的'两类,通常指的是前者。迄今为止已发现300余枚,全属大型镜,直径一般在20厘米以上。镜的纹样都属浮雕式,神像和兽形的数目各有不同,排列方式可分'求心式'和'同向式'两种,而以前者居多。镜上的铭文有两种,一种较简单,即在若干方格内重复铸出'天王日月'四字。另一种文句较长,如'尚方作竟佳且好,明而日月世少有……','陈氏作竟用青铜,上有仙人不知老……','吾作明镜,幽炼三刚,铜出徐州,师出洛阳……'等。从形制、花纹和铭文等看,三角缘神兽镜具有中国镜的基本特征,所以长期以来被认为是由中国引进的'舶载镜',制作年代约在汉末、魏晋之际。1920年日本学者进一步考证为魏镜,而个别的镜在铭文中有'景初三年'、'(正)始元年'等魏的纪年,更被认为属魏镜无疑。因此,三角缘神兽镜在日本的大量发现,便和《三国志·魏志·东夷传》的记载联系起来,这些铜镜被认为是当时中国魏朝的统治者赠给日本邪马台国女王卑弥呼及其继承者壹与的。由于中国和朝鲜一直没有发现这种铜镜,所以学术界便有人对此类铜镜是否为中国所制提出疑问。大多数学者坚持认为是中国制的,

---

[①] 《日本大百科全书》"三角缘神兽镜"条。

并主张是中国朝廷为赠给倭国而特铸的。有的学者则认为，有些铜镜是由东渡的中国工匠在日本所作。据中国方面近来的研究，三角缘神兽镜具有中国三国时代吴镜的因素，应为东渡的吴工匠在日本所作。目前，三角缘神兽镜不仅为日本考古学界所重视，而且在日本古代史研究方面也成为一个重要课题"①。田中英道想来也读过此类的解释，但不知为何还要为坚持日本文化的"独立性"和原初的"先进性"而故意向一般日本人隐瞒这些史料。

其三，"唐三彩"属于波斯文化。田中英道认为，长期以来人们有种错觉，认为"唐三彩"是中国的文化遗产之一。而事实是，当时长安有许多称为胡人的外国人，以波斯人最多。他们多为波斯王朝灭亡后亡命长安的王族和贵族，金银财宝也由骆驼等运来。换言之，唐朝有自己的诗歌，但艺术遗产却并非中华文化。甚至唐王朝本身就是鲜卑人政权。诗圣李白非汉人。后世的郑和亦非汉人，他是伊斯兰教徒，本姓马，乃胡人。如此说来，我们普遍认为的中华、中国到底属于什么概念值得疑问。② 我们不理解田中英道为何会说出这些话。因为除个别特例外，任何国家和民族都没有纯而又纯的自身文化，所谓的某国、某民族文化，其实都是在与其他民族文化交流、融合、创新后形成的。日本也一样，如"和服"，就是日本传统的"弥生服饰"结合中国的东吴服饰"混血"诞生的。而"十二单"③ 也是"弥生服饰"结合吴服、唐服、鲜卑服饰的优点加以融合、改进和创新后形成的，成为日本的"传统"民族服饰。对"和服"，我们从不争辩说它是"吴服"的一种，而说它是日本民族文化的产物之一。至于中华民族，和大和民族一样，也都融合了其他非"本族"的民族，故都不是一个单纯的血缘或种族的概念，

---

① 引自日本网站，2015 年 1 月 10 日，http://baike.baidu.com/link? url = 5f0P7_CfNnNuzC0AUPnkx9wp - FSSRToJEyoHsdVAShWsl59j7QkJQ7cxezhZG8O2GNRQ15SVkmuMChB04N2Bb。

② 田中英道：《何谓"大和心"——日本文化的底层》，弥涅尔瓦书房 2010 年版，第 232 页。

③ "十二单"，又称"女房装束"或"五衣衣裳"，是日本女性传统服饰中最正式的一种。从平安时代的 10 世纪后开始作为贵族女性的朝服，至现代，有时做正式礼服穿着。其名称首见于《源平盛衰记》（镰仓（1192—1333）中期成书），一般由 5—12 件衣服组合而成。按季节、穿着人的身份和场合的不同，该服装的颜色和花纹有特定的复杂搭配。

第十四章　一半是"商品代言人",一半是"政治宣传员"

而是一个文化概念。

其四,有必要修正佛教文化的定位。田中英道说:"中国史所说的许多时代,都由游牧民族的非汉人政权(北魏、辽、金、元、清)统治,它们都重视佛教。将佛教文化混同于汉文化是一种错误。这些游牧民族引进外来的佛教,其王朝礼仪一直采用佛教寺院的礼仪,而并非'中国'古代的祭祀礼仪。""长安城市结构本身,就像是被《华严经》所说的无限世界(百亿千世界)的巨大莲花所拥抱的一座城郭都市的姿态。"[①] 对此我们也有不同看法,如前述"其三"中所做的说明。需要补充的是,确实"东汉以来,北方少数民族不断入主中原,先后建立起北朝、金、元、清,长达近800年",但"他们的阿尔泰语和阿尔泰文化跟汉语、汉文化的接触交流是不可避免的。……汉语对其他民族语言的同化在中国历史上也是常见的……汉语对其他民族语言的同化,往往与对其他文化的同化有联系。这一切对于统一的中华民族的形成是非常重要的"[②]。佛教也一样,起先它属于外来宗教,但后来在翻译和重新阐释的过程中逐渐中国化了,转变为中国佛教,而不完全是印度佛教或西域佛教。换言之,这种转变的结果,和日本佛教一样,都具有了本国文化的特色。田中英道仅说其源头不是中国的,是否可以等同于说,日本文化也应将佛教剔除出去?更重要的是,这些"游牧民族的非汉人政权"统治者等,后来都同化为汉人,如契丹人,现在世界上已无此民族。他们信仰的佛教,后来都成为中国佛教和中国文化不可分割的一部分。

且不说田中英道是否可以强调日本文化的"独立性"和原初的"先进性",但我们希望他在叙述问题时,不要以贬低或矮化他国文化为前提,更不应违背历史事实,对当时本国文化的发展状态任意拔高,并鼓吹日本古代具有"神化的历史"。其实田中英道的目的,仅在于颠覆至今仍占主流地位的"左翼史观",强调日本自古以来"在文化或宗教"(其实宗教就是文化的一部分)方面,都是独立自主发展过来的,

---

[①] 田中英道:《何谓"大和心"——日本文化的底层》,弥涅尔瓦书房2010年版,第234页。

[②] 张岱年、方克立主编:《中国文化概论》(修订版),北京师范大学出版社2014年版,第122页。

· 1003 ·

历史悠长，文化发达，不输于其他文明古国。其最根本的目的，就是通过暗批那些在战后沉迷于"左倾思想"的"历史学家"或"大学教授""诋毁"天皇传统和谱系，否认日本第一任"天皇"的存在等，证明日本古代丝毫不弱于其他国家和民族（参见该目录的"神武天皇是真实的人物"）。另外，我们还应指出，该著的标题有"大和心"的字样，但作者所说的所有"事实"与日本历史发生的"大和心"或"大和魂"等都毫无关联，可谓文不对题。

田中英道写此书还有一个目的，就是从史学方面配合日本政府对抗中国，这在书的跋文"靖国神社问题"乃"文明的冲突"看得尤为清晰。其实靖国神社是一个政治问题和历史认识问题，而不单纯是一个文化问题。将神道教甚或"国家神道"视为"大和心（魂）"，将"靖国神社问题"提高到不同文明冲突的高度，而不是将其与日本的国家主义、法西斯主义挂起钩来，只能说是田中英道别有用心，鹦鹉学舌于亨廷顿。

第三节　本章小结

出于对日本战败的反思和 GHQ"神道指令"的约束，"大和魂"一词自二战后至 21 世纪初前基本销声匿迹。我们可以查见的与新"大和魂"有关的书籍，都出版于 21 世纪之后，其主题几乎全部偏离传统"大和魂"的原意，或与"体育精神"挂钩，或与新"日本文化论"的构建勾连。其创作主体，除一位是日裔巴西移民，其余都是学者，如上田正昭和田中英道，还有下章要说的伊井春树等人。

战后的"大和魂"从何时开始作为"商品的代言人"与货物买卖关联不得而知，因为缺乏战后文本的资料支持。前文图片中可见的冠以"大和魂"名义的各种商品都出自日本网站，似乎可以猜测出其多数应出现于互联网诞生之后，但不排除之前也有部分商品已冠有"大和魂"的招牌。"大和魂"用于体育运动队的标识或用于表示日本的体育精神，估计也是在 21 世纪后。日裔巴西人田中·马卡思斗莉王所著的《大和魂》，可能是受到已有的各种运动队的"大和魂"标识启发而命名的。

第十四章　一半是"商品代言人",一半是"政治宣传员"

"大和魂"的再次出场,一方面体现了日本的物质或精神（观念）产品的商品化趋势,另一方面也显示出日本民意的焦躁感和"复古情绪"的泛起。这种焦躁感和"复古情绪",有时会自觉或不自觉地沾染上复活日本传统大国甚至是军事大国地位的心态痕迹。许多商品都印有日本国旗、军旗等图案证明了这一点。在学术领域,则表现在有人希望以此重构日本文化理论。这种重构有的比较客观、科学和中立,如上田正昭的《"大和魂"的再发现——日本与东亚的共生》,希望借东亚经济的腾飞助日本一臂之力,有的则极其荒谬,希望将日本文化理论的"研究"和重构拉回至二战前的状态,鼓吹神国思想和天皇传统,以此强调日本文化的"特殊"和"优秀",达到重建日本政治大国、军事大国以及文化大国的目的。

令人疑惑的是,在日本经济如日中天、高度辉煌的20世纪七八十年代,出现以"大和魂"为看板、用于表示日本"特殊"或"优秀"的自满情绪应当说是一件很自然的事情,但当时似乎未出现过这种状况（我们也未获得该类文本的证据支持）。表现为"大和魂"的焦躁感和"复古情绪"普遍出现于21世纪初,与日本在20世纪90年代泡沫经济破灭、经济长期不振或有关联。

第十五章　为重振日本民族信心开出的"药方"

——"大和魂"在21世纪的其他表现

20世纪90年代"泡沫经济"的破灭使日本的信心受挫。2005年11月，专攻数学且在文学方面也颇有建树的日本御茶水女子大学名誉教授藤原正彦出版了随笔集《国家的品格》[①]，在其中重提了两个概念——武士道精神（价值体系）和"物哀"（审美意识），意在运用传统文化资源，恢复国人对自身文化的信心，并"以此增强软实力，再次为世界人民垂范"[②]。必须说明的是，《国家的品格》是一部畅销书，销量突破200万册，其"品格"一词甚至被选为2006年的"新语、流行语"，从中可以看出该书的影响力和日本的民意。在书中，藤原正彦还违背了一个科学家的立场，鼓吹"情绪大于逻辑"，"国语大于英语"，"武士道大于民主主义"。看来人们将藤原正彦说成是一名保守人士他也不至于反对。在今天，藤原正彦已成长为一名反对修改而直接废除战后宪法的"斗士"，不时与日本右翼人物（过去曾与前总理大臣中曾根康弘）在电视节目上互动，同台竞技。

第一节　小田全宏的"大和魂"

与藤原正彦做法相似但更早试图运用传统文化资源提振民族自信的

[①] 藤原正彦：《国家的品格》，新潮社2005年版。
[②] 徐静波：《〈国家的品格〉所叙述的日本文化的实象和虚象》，《日本学刊》2006年第6期，第130页。

第十五章　为重振日本民族信心开出的"药方"

是小田全宏,他在 2003 年 4 月就出版了随笔集《日本人的神髓——大和魂,向八位先贤学习》①。无疑,他借用的传统资源是"大和魂"(日本精神)。就此人有两点值得关注:

一是其身份及影响力。小田全宏 1958 年出生于滋贺县彦根市,曾在东京大学法学系学习,毕业后进入"松下政经塾"(详后)学习,属该塾第 4 期生,在塾主即日本企业经营大神松下幸之助的亲炙下,研究日本人的教育和人才培养问题,1991 年自创"株式会社文艺复兴大学",之后到日本许多企业以"转阳思考"②为题进行巡回演讲。1996 年开始在日本各地举办"NGO 地球市民会议"和"林肯研讨会",为参加全国总选举、县知事选举、市长选举的候选人举办的公开研讨会多达 1500 次(截至 2009 年 1 月),在公共舆情领域极其活跃。2000 年小田全宏与他人一道创建民间智库"NPO 法人日本政策新边疆"研究会(其最高顾问为鸠山内阁、菅内阁、野田内阁的特别顾问和前关西经济联合会副会长稻盛和夫),现任该研究会理事长。此外,还主持所谓的"首相公选之会",希望借此影响未来日本国民的选举倾向。著有《首相公选》(太阳标记出版社)、《日本国改造计划》和《国民觉醒之时》(PHP 研究所)等。

小田全宏如此活跃,和他在"松下政经塾"的培训经历以及塾友的形象激励有关。"松下政经塾"由松下幸之助于 1979 年创办(正式开学为 1980 年),其背景是,塾主曾哀叹日本虽是世界第二经济大国,但政治领导人的表现却不尽如人意。因此他要创办一所"政治性学校",旨在通过培养具有明确的国家经营基本理念的国家级领导人才,改善日本在国际上的政治地位(这个创办目的与该塾

---

① 小田全宏:《日本人的神髓——大和魂,向八位先贤学习》,太阳标记出版社 2003 年版。

② 所谓的"转阳思考"是小田全宏提出的一个概念,即事实只有一个,而思考方法却有两个——"正面思考"和"负面思考"。从这两种思考方法中选择一个正确的方式进行思考,即所谓的"转阳思考"。具体思考过程如下:1. 接受事实;2. 排除负面的情绪;3. 总结"还好这么做"的经验;4. 比较 2 和 3,选择符合自己的方法;5. 欢欣雀跃。与"正向思考"相异的是 2。总结来说,其方法就是接受一切,然后让自己思考的方向逐渐向"还好是这样"的方向转变。

"大和魂"史的初步研究

公开的办学理念①有很大的不同）。有评论说它"堪比美国哈佛大学肯尼迪学院"，是当下日本政界人物的孵化器。事实正是如此。截至2003年4月，该塾成立23周年时（此年月也是《日本人的神髓——大和魂，向八位先贤学习》的出版日期，该书显然带有纪念意义），毕业生有199人，其中进入中央和地方政界的有53人，占毕业塾生总数的1/4多。截至2014年4月1日，257名毕业于该塾的塾生进入政界的有114名，高达44.3%，接近毕业塾生总数的一半，并有进一步增长的倾向。另截至2014年12月15日，毕业于该塾的众参两院议员有66名，其中众议院议员24名，参议院议员42名。② 日本前总理大臣野田佳彦、野田内阁外务大臣前原诚司、外务大臣玄叶光一郎、小泉内阁、福田内阁、麻生内阁经济产业副大臣、安倍内阁特命担当大臣、自民党宣传部部长高市早苗、安倍内阁防卫大臣小野寺五典等也都毕业于该塾。据小田全宏在《日本人的神髓——大和魂，向八位先贤学习》中回忆："该塾的创建理念还来自幕末义士吉田松阴在家乡创办的'松下村塾'。"过去松下塾主说："明治维新打开日本的大门，如今必须发动昭和维新。……促成明治维新的是松下村塾出身的志士，如高杉晋作、久坂玄瑞、伊藤博文、山县有朋等。我一定要将松下政经塾办成昭和的松下村塾。"③ 这出自松下幸之助没有公开说出的话。

"松下政经塾"的学习方法也值得一提，它要求学员不依靠教师，而须在"实际现场自修自得"④，养成每个人在自己设立的"现场"独立开展工作并解决问题的能力。因此该塾毕业生都具有较强的活动能力和良好的口才，成为现代日本国家和社会的中坚骨干力量，而小田全宏本人也是其中的一个佼佼者。他竭尽全力，四处游说，试图通过教育改

---

① 据"松下政经塾"网站说明，其创办的目的是"通过物质和心灵的繁荣，实现和平和幸福的社会"。但不久松下塾主就提出"必须培养能够引导我国前进的真正领导人"。http：//cache.yahoofs.jp/search/cache? c = 8jBfuK1GiZ4J&p。

② 据"松下政经塾"网站，http：//cache.yahoofs.jp/search/cache? c = 8jBfuK1GiZ4J&p。

③ 小田全宏：《日本人的神髓——大和魂，向八位先贤学习》，太阳标记出版社2003年版，第34页。

④ 据"松下政经塾"网站，http：//cache.yahoofs.jp/search/cache? c = 8jBfuK1GiZ4J&p。

第十五章 为重振日本民族信心开出的"药方"

造日本人，实现松下塾主提出的将该塾办成"志之塾"，并将其扩大至全国，从而改变日本的愿望。

二是其意欲何为。从文本看，小田全宏此书的形式是随笔，但内容似属国家和社会政策研究之一。正如其序言所说："过去占有世界财富并被称为'21世纪是日本的世纪'的日本"，如今已被"不安感"笼罩，"找不到出路"，故"为使日本重生，应找回已忘却的'日本人的神髓'"[1]（这印证了著者在上面所说的"焦躁感"）。而这些神髓，就是该书八个章节的标题——"志"、"理"、"情"、"无"、"道"、"和"、"诚"、"心"，亦即他认为的"大和魂"。为阐述这些"大和魂"，小田全宏在各章分别设置一个人物，使其现身说法。具体的人物及其"大和魂"如该目录所示：

第1章　志——吉田松阴显示的无私的行动力
第2章　理——佐藤一斋所说的天地自然法则
第3章　情——西乡隆盛贯彻一生的无欲、平等的生活方式
第4章　无——坂本龙马具有的无拘无束之心
第5章　道——新渡户稻造告知的日本精神
第6章　和——圣德太子留下的领导人心得
第7章　诚——森信三教授的实践哲学
第8章　心——中村天风获知的生命原则

从目录可以看出，圣德太子之于"和"与吉田松阴之于"志"等这些论述可谓正确，但小田全宏的缺点是和日本不少学者一样，在论述时既不对含义高度复杂的"大和魂"的确切概念预作说明，也罔顾历史留下的不快记忆，或是将不相关的事情与"大和魂"生拉硬扯。实际上这些问题在日本也早有人看出："该书仅从日本伟人的一些言论中抽出对自己有利的部分进行任意的解释，以利表达自己的思想和批判当

---

[1] 小田全宏：《日本人的神髓——大和魂，向八位先贤学习》，太阳标记出版社2003年版，第1—2页。

"大和魂"史的初步研究

代日本。"① 可是接下来的评论却别有用心：

> 序文言及大和魂，试图揭示一种与二战时使用及《叶隐》所说的意思不同的良好形象。据说是《源氏物语》最早使用该词汇："须以汉学为根本，再驱使用于世事之大和魂，方为牢靠。"它的意思是不能光学先进国家中国的理论和知识，而重要的是要培养起能做出适当判断的平衡感觉。但在今天，说不学支那的理论和知识就不能发挥大和魂，这种解释能通吗？
>
> 在圣德太子一章，说福泽谕吉的"脱亚入欧"导致了侵略亚洲，所以未来的日本必须"脱欧入亚"。圣德太子对当时隋朝采取的是对等的外交政策，所以他的立场难道不是"脱亚"或"别亚"吗？在该章著者也谈及日本的"和之心"，但从逻辑上说是破绽丛生。著者想进入缺乏"和之心"的亚洲究竟意欲何为？②
>
> 结论是：著者因为爱国，所以稍给人一种理论大于行动的感觉，可谓热血男儿。或许是因为在松下政经塾熏陶出些许革新思想所致。这或为一部让孩子学习先人的良好教材，但囫囵吞枣则很危险。③

批评者显然是一个保守派和仇视中国的人物，但其所说在不少地方确实打中了小田全宏的要害。当然，也有不少人对小田全宏的这本书抱有好感，不关心何谓"大和魂"，而将其改说成"日本国精神"或"人的活法"或"伦理、正义"等："日本人不知从何时起忘记了自己的'活法'。从此书的圣德太子、吉田松阴、坂本龙马直至中村天风身上，都可以找出过去连绵不绝的'日本国精神'。"④ 此书的"观点非常有趣，且易读懂。对司马辽太郎的小说和杂文感到门槛高的读者，可以从

---

① 引自日本网站，2015 年 1 月 12 日，http：//cache.yahoofs.jp/search/cache? c = eog8eqYtc7YJ&p。
② 同上。
③ 同上。
④ 同上。

第十五章 为重振日本民族信心开出的"药方"

此书开始学起"①。日本人"在富裕的状态下忘却了什么？那就是可谓'日本人神髓'的，即对人生不可或缺的伦理、正义和心灵（与外部）的联系。此书……发掘出如今日本人应恢复的'大和魂'"②。这些言论实际上都在附会小田全宏的本质主张："现在我们必须睁开眼睛，将引领我国的先人之心招回当代，反省自己的生活方式。恢复忘却的'日本人神髓'，对再生今天的日本不可或缺。"③

其实当下日本的问题不完全在于"心"、"情"、"无"、"道"等社会伦理或宗教道德的不足或匮乏。相反，和其他国家相比，日本在公众道德方面至今还遥遥领先于世界。并且，小田全宏所说的这些问题在日本经济高度辉煌时也同样存在，甚至可谓更严重。小田全宏和不少日本人对未来的焦躁和忧虑，主要来自国内的经济问题。比如，"广场协议"④给日本外汇市场和经济造成了重大打击，举国被先前巨大的经济成就冲昏头脑而丧失理性，经济、科学发展战略缺乏前瞻，以及亚洲"四小龙"及中国在传统产业领域的相继崛起而日本缺乏有效的应对措施，新科学技术研究尚未取得重大突破，等等。正因为如此，才带来了日本社会广泛弥散的失落感和焦躁感。而这些问题，绝不是小田全宏的一句"重学大和魂"就可以解决的。

---

① 引自日本网站，2015 年 1 月 12 日，http://search.yahoo.co.jp/search;_ylt=A7dP52Uo2LNUyVwAG3mk_Op7?p。

② 同上。

③ 小田全宏：《日本人的神髓——大和魂，向八位先贤学习》序言，太阳标记出版社 2003 年版，第 3 页。

④ "广场协议"（Plaza Accord）是美、日、英、法、西德五个工业发达国家财长和央行行长于纽约"广场饭店"秘密会晤后在 1985 年 9 月 22 日签署的协议，旨在联合干预外汇市场，使美元对日元及马克等世界主要货币的汇率有秩序性地下调，解决美国的巨额贸易赤字问题。此举导致了日元大幅升值。"广场协议"签订后上述五国开始联合干预外汇市场，在国际外汇市场大量抛售美元，带来市场投资者的抛售狂潮，导致美元持续大幅度贬值。1985 年 9 月美元对日元在 1∶250 上下波动，协议签订后不到 3 个月时间日元对美元迅速升值到 1∶200 左右，升幅 20%。1988 年与 1985 年相比，世界主要货币对美元的升值幅度大约分别为：日元 86.1%，德国马克 70.5%，法国法郎 50.8%，意大利里拉 46.7%，英国英镑 37.2%，加拿大元近 11%。作为 20 世纪 80 年代的世界第二大经济体（1978 年时超过苏联），日本经历了经济起飞、快速增长后逐渐转为缓慢增长、停止增长乃至严重衰退，到 20 世纪 90 年代中期又经历货币快速贬值（时称"抛售日本"），从此一蹶不振，泡沫经济破裂崩溃，至今仍未恢复元气。

"大和魂"史的初步研究

再者,小田全宏在书中谈的是国内问题,虽然也偶尔谈及要"脱欧入亚",但对邻国中国却只字未提。众所周知,在全球化的今天,日本的问题已然不是一个国家内部的问题,而与世界尤其是与中国息息相关。我们猜测,小田全宏在撰写此随笔时,一个虽也充满问题但却蒸蒸日上的中国不会不浮现在他的眼前。作为一名资深的政策研究工作者,小田全宏未能就日本与中国在当前国际环境下最容易合作的领域,比如经济、环保、防恐等领域提出新的政策建议,不免让人感到不足和遗憾。相反,他为所谓的日本再次崛起开出的"药方"却是重学"大和魂",理由是战后的经济崛起是以"埋葬传统精神和过去的历史"为代价的[1],现在出现的最大问题是"理性至上主义",抑制了感性的发展,导致"人们的感性缺失",不敢讨论"宗教和伦理",忽视了"心灵的尊重和生命的根源"[2]。小田全宏当然可以批判现当代的"理性主义",但是为了批判"理性至上",就一定要推出"成为人类的判断基础,实乃感性"[3]的"大和魂",并试图以此重建一种反理性的人类生存方式,恐怕是没有认识到"大和魂"的本质,以及它在今天是否具有普遍价值和普世意义。

第二节 伊井春树的"大和魂"

通过传统资源寻求解决现实问题的人物还有不少,伊井春树即其中一员,而且他的主张比起小田全宏的更不明确,也更令人费解。伊井春树在其著作《戈登·史密斯所见的明治日本——日俄战争和大和魂》[4]中,介绍和分析了20世纪初英国人理查德·戈登·史密斯[5]对"武士道"(伊井春树也将该"武士道"视为"大和魂")的看法,试图以此

---

[1] 小田全宏:《日本人的神髓——大和魂,向八位先贤学习》序言,太阳标记出版社2003年版,第322页。
[2] 同上书,第323—324页。
[3] 同上书,第324页。
[4] 伊井春树:《戈登·史密斯所见的明治日本——日俄战争和大和魂》,角川学艺出版社2007年版。
[5] 理查德·戈登·史密斯(Richard Gordon Smith,1858—1918),英国旅行家、博物学家及运动员(但其运动仅仅是打猎捕捞而已),到世界各地采集了众多的动植物标本寄赠大英博物馆,在日本滞留多年并死在日本。1907年获得日本四级旭日勋章。

第十五章　为重振日本民族信心开出的"药方"

警示当今已丧失该精神的日本人。下面先介绍作者和被他重新叙述的戈登·史密斯。

伊井春树（1941—　），国文学家，出生于爱媛县，1964 年毕业于爱媛大学教育系，1968 年进入广岛大学研究生院攻读国文学博士课程，但中途退学，后回爱媛大学教育系任助教，1969 年和 1970 年升任该校讲师和副教授，1973 年调任位于东京都立川市的"国文学研究资料馆文献资料部"副教授，1982 年因写出《源氏物语注释史的研究　室町前期》获广岛大学博士学位，1984 年任大阪大学文学系副教授，1995 年转为教授，兼任该校人类文化研究机构理事，2004 年退休，获名誉教授称号，后任国士馆大学文学系教授，2005 年荣升日本"国文学研究资料馆"馆长，2010 年退任，现任"逸翁美术馆"馆长，文部科学省国立大学法人评价委员会委员（第 4 期），在日本可谓是一个有影响力的人物。

伊井春树专攻日本中古文学，特别是《源氏物语》，也是"大泽本源氏物语"的研究者和推介者，1975 年因出版《源氏注释的形态》一书以及对平安文学研究的贡献，获日本古典文学会奖。伊井春树共写出 11 部有关《源氏物语》的研究著作，还与人合作编著 31 部有关《源氏物语》的书籍[①]，可谓《源氏物语》的研究大家。除此之外，他写出的唯一一部无关《源氏物语》的著作便是《戈登·史密斯所见的明治日本——日俄战争和大和魂》。伊井春树谈《源氏物语》或其中的"大和魂"不令人感到奇怪，但将"大和魂"与对外战争相联系则不免让人感到诧异。

理查德·戈登·史密斯的部分事迹在前文脚注已有简单介绍，要补充的是，此公乃英国贵族，出生于矿泉疗养胜地的切尔滕纳姆（Cheltenham），长大后与其父一样喜好旅行，早年曾去过法国、挪威和加拿大。史密斯婚后与妻子的感情不好，18 年基本都在世界各地旅行。根据这些旅行见闻，史密斯记录下 5 册外国民间故事集和传说集及 8 大册日记（严格说是笔记），共 2221 页，现保存在大阪青山短期大学，其

[①]　以上数据根据日本网站统计得出，2015 年 1 月 15 日，http：//ja.wikipedia.org/wiki/伊井春树。

"大和魂"史的初步研究

中从第 2 册笔记开始涉及日本。然而这些笔记在他死后被人长久遗忘，所幸在其死后 80 年后由其孙于无意间在众多相框背面发现。1986 年，一位名叫维多利亚·曼苏普的人将其中有关日本的记录编辑出版，后来由日本人荒俣宏翻译成日文，取名为《戈登·史密斯所惊诧的日本》。① 原笔记不仅用文字详细描述了明治时代末期的日本，还夹杂有关日本的 300 余幅图画和部分照片，对了解当时日本的风俗民情及民族心理具有重要的意义。

史密斯于何年到日本不详（有人说是 1898 年，也有人说是 1899 年），主要生活在神户，第二次到日本是 1897 年 12 月 24 日，并一直待到 1900 年 2 月。之后他到新几内亚和斐济探险后回国，因病又第三度去日本。1903 年至 1905 年史密斯在返回英国的途中顺访中国、新加坡和斯里兰卡，之后于 1905 年末第四次去日本，活动地点是京都。1908 年，史密斯出版了题为《日本的古代传说与习俗》（Ancient Tales and Folklore of Japan）的著作，据说在英国评价不高。② 不过史密斯本人却不这样认为，在序文中强调了自己的科考新发现："过去的 20 年间我到过日本许多地方，广泛收集资料，才形成如此庞大的记述（按：包括他的动植物种新发现）。此书特别记述，在后面的 9 年间我在日本内海捕鱼，经历了成功和失败，有 50 个重要的鱼种新发现。埃德温·雷兰克斯特③爵士认为'这是我的日本文化人类学知己做出的重大发现。'"④ 史密斯的这部著作也许生不逢时，当时西方世界盛行"理性主义"，他的好友埃德温·雷兰克斯特是个大众科普作家，在 20 世纪 20 年代也热衷于戳穿巫师的骗局，故仅对史密斯书中的科学发现有好评，而未涉及其记录的日本民间传说。史密斯被维多利亚·曼苏普和日本的一些人看好，全拜二战后"非理性主义"在世界范围内抬头所赐，当

---

① 理查德·戈登·史密斯：《戈登·史密斯所惊诧的日本》，荒俣宏译，小学馆 1993 年版。
② 见 "Dwarf Trees", from Richard Gordon Smith's Journal。转引自日本网站，2015 年 1 月 14 日，http：//cache.yahoofs.jp/search/cache? c = GpEi6gNgVd0J&p。
③ 埃德温·雷兰克斯特（Sir E. Ray Lankester, 1847—1929），出生于伦敦的英国动物学家。
④ 见 "Dwarf Trees", from Richard Gordon Smith's Journal。转引自日本网站，2015 年 1 月 14 日，http：//cache.yahoofs.jp/search/cache? c = GpEi6gNgVd0J&p。

第十五章 为重振日本民族信心开出的"药方"

然还有其他原因。1910年史密斯因财务状况恶化与妻子分居,之后因患脚气病和恶性疟疾于1915年9月停止记录,1918年11月6日去世,埋葬在日本神户,其讣告还刊登在日语版《编年史周刊》（*Weekly Chronicle*）上。[①] 人们因此说理查德·戈登·史密斯是个亲日人士可能并不为过。因为他在笔记中说过:"我总是在离开日本时感到悲伤。"[②]

史密斯的笔记记述时间从1898年12月自长崎登岸开始到1907年3月获得日本政府四级旭日勋章为止,内容极其广泛,"与其说是日记,倒不如说是博物学笔记,其中贴满史密斯拍摄的照片和让日本画师画的插图,还有神签、蛇皮、昆虫、海藻等各种物品,以及详细记录的他的所见所闻。人们阅读时在脑海中可以立即生动地浮现出当时的日本景象"[③]。当然,史密斯在其中还谈及日本的美意识、日本女性对服装和颜色的趣味和喜好、花艺思想、不对称之美等,但大致说来,史密斯在该笔记日本部分主要涉及三项内容:（1）民间故事。主要记录从渔民那里听到的幽灵、鬼怪故事。与同期到达日本的拉夫卡迪奥·汉（小泉八云[④]）所写的《怪谈》多半记录的是日本古典文学作品中的幽灵、鬼怪不同,史密斯是按口述原样记录,且数量更为庞大,有198个故事,仅收录在《戈登·史密斯所惊诧的日本》中的就有57个故事。（2）日本的传统习俗。主要谈日本人的生产、生活习惯和风俗以及自己在日本的感受,其中包括对日本女人的印象和对和服特别是对艺妓穿着的和服的喜爱（据说他与日本女子Kuniko还存在暧昧的恋爱情感）。他于1908年发表的《日本的古代传说与习俗》证明了上述两点。（3）日本人对战争的看法。这一切从《戈登·史密斯所惊诧的日本》的目录也可窥见一斑:

---

① 见"Dwarf Trees", from Richard Gordon Smith's Journal。转引自日本网站,2015年1月14日, http://cache.yahoofs.jp/search/cache? c = GpEi6gNgVd0J&p。
② 伊井春树:《戈登·史密斯所见的明治日本——日俄战争和大和魂》,角川学艺出版社2007年版,第6页。
③ 同上书,第5页。
④ 拉夫卡迪奥·汉（Lafcadio Hearn, 1850—1904）,英国人,文学家,1890年赴日,与旧松江藩藩士之女小泉节子结婚后归化日本,改名小泉八云,曾在松江中学、第五高等学校、东京帝国大学、早稻田大学教授英语和英文学,著有《心》、《怪谈》、《灵的日本》等杂文、随笔和小说。

"大和魂"史的初步研究

  第 1 章 终于来到日本
  第 2 章 传统习俗
  第 3 章 远东在召唤
  第 4 章 猎人的故乡
  第 5 章 国民兵役
  第 6 章 狂热信仰的人
  第 7 章 每年的珍珠采集
  第 8 章 该土地的主人
  第 9 章 冬天的故事
  第 10 章 普通的英国绅士

  毋庸置疑,史密斯对日本存在一种偏爱和猎奇心理。对一个来自迥异于东方世界的西方人士而言,他产生后一种心理完全可以理解。而对于前者,人们或只能说萝卜青菜各有所爱。另外,当时英国和日本签有同盟条约——《英日同盟协定》,同属于岛国的两国居民也可能惺惺相惜,因此这似乎也是史密斯偏爱日本的一个原因。史密斯如何看待日本在现在看来其实不重要,但生活在 21 世纪的伊井春树如何看史密斯及他的笔记却是一个值得关注的问题。虽说伊井春树对史密斯笔记拥有很大的期待:其"全貌若得以展现,将成为研究明治、大正时期的风俗、文化不可或缺的资料",而且它还具有对当时日本的社会状况和风俗习惯等"无论什么都审视"[1] 的精神,对深化日本人对本民族历史的了解和研究极有帮助,但他最先介绍给日本人的"史密斯所见",却是日俄战争和"大和魂"。这似乎流露出他对日本现状的不满,以及为改变这种现状所期待的精神。实际上这种精神,有不少都反映在伊井春树所写的《戈登·史密斯所见的明治日本——日俄战争和大和魂》的目录当中。

---

  [1] 伊井春树:《戈登·史密斯所见的明治日本——日俄战争和大和魂》,角川学艺出版社 2007 年版,第 6 页。

第十五章　为重振日本民族信心开出的"药方"

第 1 章　面对八幡宫祈祷胜利

第 2 章　战争的勃发

第 3 章　枪后的人们

第 4 章　日本的士兵们

第 5 章　战场的来信

第 6 章　波罗的海舰队

第 7 章　日本兵和沙俄兵的俘虏

第 8 章　日本人的战争观

第 9 章　史密斯的社会活动

第 10 章　日俄战争后的史密斯

在"战场的来信"一章中，伊井春树转述史密斯的记录：为攻占旅顺的203高地，"于11月26日组成突击队，在冲锋的命令下达后，于午后4时从山腰向上猛冲。这时从山上挖有坚固战壕的要塞倾射出毫不留情的弹雨，虽说好不容易接近敌方阵地，但牺牲的士兵不断增加。中队长战死，友军也陆续丧失生命，回神一看，本中队存活的含自己仅有10人。而且死者的身体惨不忍睹，被弹药灼伤溃烂。啊！真想洗个澡，吃一碗白米饭。面对俄军自上而下毫不留情的攻击，自己得以生还只能说是奇迹，我们正是踏过无数的尸体才占领203高地的。这真像是一场噩梦，如同现在每日每夜遭受虱子的攻击"[①]。

其中还有俄军士兵的来信："清晨6时，日军排成纵队接近阵地，在遭到第一轮炮火轰炸倒下后，接着又有第二批、第三批的士兵冲来。我方手持上刺刀的步枪苦战了20分钟，日军约战死4000人，在四周堆起了一座座尸山。日军退去后我方打扫战场，该尸体状况无以言表。伤兵则哭喊着要水喝，一些人说要再次投入战斗后方可死去。"[②]

这些透过日俄战争时期书信所见的日军的英勇行为，与张伯伦、拉马泽里莱所说的"武士道"做派如出一辙，换言之，即"大和魂"的

[①] 伊井春树：《戈登·史密斯所见的明治日本——日俄战争和大和魂》，角川学艺出版社2007年版，第104页。

[②] 同上书，第110页。

"大和魂"史的初步研究

表露。伊井春树选择此类话题作为其著作的主题,含蓄地表明他于当下心中的期待为何,以及他对如今已然丧失这种"大和魂"的惆怅之意。

伊井春树在书中还借史密斯之口,间接赞美了过去日本人的几项美德:(1)对天皇的崇敬之情。史密斯说,在举办明治天皇国丧期间,"我悲痛难当,其程度真的超过许多日本人"[1],并且将明治天皇的逝去和乃木大将的殉死视为一个时代的结束。(2)富于节制和礼仪精神。在"面对八幡宫祈祷胜利"一章中史密斯提到,当时到石清水八幡宫[2]祈祷日军胜利的有数千民众,但秩序井然,非常重视纪律和规则。史密斯还再三指出,被征招的士兵和普通民众都极其自制,即使醉酒也不喧哗吵闹,通常是默默地行动。而这些在他的眼中也都是"大和魂",即"武士道精神"的产物。(3)日本人识字率高,富于教养和品位,街道也整洁干净。[3]

然而,在《戈登·史密斯所惊诧的日本》一书中,史密斯又对日本狂热地鼓吹战争表示担心,说"日本人为战争而团结一致,共同面对敌人,其力量值得惊叹。但在同时,这也是日本人的弱点"[4]。另外,史密斯还对日本人的性格和思维弱点进行批评:"日本人其实心地十分狭隘,在模仿他人和记忆所学的东西方面具有惊人的才能,但完全无法自发地去思考和发明一个东西。"[5] 这种批评在今天听起来不觉得新鲜,但若想到它出自一个世纪之前,则不得不令人叹服。史密斯还就日本未来的社会发展作过预测,说拥有如此理想的文化环境的日本,今后可能会被商业力量所裹挟,走进文化的荒漠。"日本将从最高标准的理想社会堕落至最低的境地。日本不久将会引进美国的道德和自由,其质地之

---

[1] 伊井春树:《戈登·史密斯所见的明治日本——日俄战争和大和魂》,角川学艺出版社2007年版,第179页。

[2] 石清水八幡宫,位于京都府八幡市的原官幣大社,祭神是誉田别尊(应神天皇)、息长带姬尊(神功皇后)和比卖神此三尊神。859年(贞观一)又迎进宇佐八幡宫神,受到历代朝廷的尊奉。自镰仓时代以后作为源氏的氏神也得到武家的崇敬。简言之,此八幡宫神带有战神的意味。

[3] 伊井春树:《戈登·史密斯所见的明治日本——日俄战争和大和魂》,角川学艺出版社2007年版,第32页。

[4] 同上书,第178页。

[5] 同上书,第154页。

第十五章　为重振日本民族信心开出的"药方"

善恶姑且不论,但终将成为一个商业国度。日本不久在社会、经济方面都将成为一个巨大的芝加哥。要真如此,那将是一件令人悲哀的事情。"① 现在我们每当行走在东京或大阪的街道上,总会感到史密斯的预见是何等的准确。面对这些评论和预见,不知伊井春树等人是否也会将它们与"大和魂"或"武士道"挂起钩来?

我们推测,伊井春树选取日俄战争的视角重新审视日本,带有挖掘和利用传统资源,如"大和魂"或"武士道"精神激励今人,重构理想社会的用意。但有不少日本人认为这多少有些一厢情愿。比如针对史密斯的评价:当时的日本人在祭祀中即使醉酒也不给人添麻烦,具有节制心和礼仪,就有人提出,这种"评价我们作为日本人感到高兴,而且反观今天的日本,也确实有种不足的感觉,但当时的日本人都是具有那种礼节的人吗?总觉得这其中存在着美化"②。还有人指出:"据说日俄战争时期待在日本的英国人所见的日本状况多少有些误解。过去的日本总是秩序井然?如今听起来肯定令我们大为惊慌。勤勉、富于道德和具有教养的日本人形象是从何时开始崩溃的?江户时代、明治时代以至昭和时代二十年(1945)前的教育正确与否?战后的教育是否摧毁了日本人?"③ 这里提出的一系列问题虽然没有答案,但多少显露出各话者对史密斯的言论存在疑问。

其实史密斯本人无可厚非,他待在日本的时间恰好处于"日英同盟协议"签订生效的这一历史时期,而且在日俄战争期间,作为英国人的他受到日本政府非同寻常的礼遇,并于 1907 年获日本政府四级旭日勋章。正因为如此,他对日本的情感不会不带有部分"杂质",他眼中的日本或有些许变形亦在情理之中。不过史密斯也并非完全失实,他还是对日本做出了中肯的批评和英明的预测,而这些批评和预测又抵消了部分"大和魂"("武士道")的价值。他只是说出了"自己"在当

---

① 伊井春树:《戈登·史密斯所见的明治日本——日俄战争和大和魂》,角川学艺出版社 2007 年版,第 154 页。
② 百田尚树:《永远的〇》,推特,读书记录。引自日本网站,2015 年 1 月 25 日,http://cache.yahoofs.jp/search/cache? c=7tRPK0KPBjkJ&p。
③ 引自日本网站,2015 年 1 月 25 日,http://cache.yahoofs.jp/search/cache? c=QUWpLynFcr0J&p。

"大和魂"史的初步研究

时的"切身感受"而已。

而问题则出在伊井春树的身上。从理查德·戈登·史密斯的笔记中能看出"大和魂",并将其作为自身著作的卖点,说明今天的日本已不是之前的日本。还有,在上引的"大和魂"表现之一——"被征招的士兵和普通民众都极其自制,即使醉酒也不喧哗吵闹,通常是默默地行动"一文之后,有人添上这么一句,"可以理解为这成了后来日本走向太平洋战争的基础"[①]。这句话初读时不大好懂,但多读几遍就会明白,它意在说明正因为日本人都"守纪律",缺乏己见,才会在后来几乎整体国民走向战争,并有二战期间日军的各种暴行。总之,伊井春树的说辞还不如日本的部分网评。伊井春树看重的是二战前日本的好处,目的在于通过宣传此,以摆脱世界的不良评价和重构一个新日本。

第三节 神谷宗币的"大和魂"

神谷宗币(1977—),日本当代青年政治家,自由民主党人,曾任大阪府吹田市市议会副议长,现任"龙马研究会"会长。1996年毕业于福井县县立若狭高中数理科,同年进入关西大学文学系史学地理科学习,2001年毕业后赴福井县县立若狭东高中教英语。2002年回到父亲经营的纸铺做事,参与经营,后因该店倒闭,于2003年再次前往福井县县立若狭东高中改教"社会科"课程。2004年考入关西大学法科研究生院,在法务研究科专攻"法曹培养"科目。2007年毕业于该专业,获法学博士学位。同年作为候选人参加大阪府吹田市市议员选举,当选后创立党派组织"吹田新选会"。2009年创建"始于市町村的大阪教育维新会"。2010年任"关西政治家联盟"领袖,"龙马研究会"会长,地域政党"龙马研究会吹田新选会"干事长。2011年作为候选人参加吹田市市议会议员选举,当选后任吹田市市议会副议长。2012年任自由民主党大阪府第13区支部主任,以该党公认候选人的身份参加

---

① 引自日本网站,2015年1月25日,http://cache.yahoofs.jp/search/cache?c=QUW-pLynFcr0J&p。

第十五章　为重振日本民族信心开出的"药方"

第46届众议院议员选举,但败于西野弘一①,另在"比例选区②代表选举"中也一败涂地。

神谷宗币是个有志于做大事的年轻政治家,著述不多,公开发行的著作仅有两部,分别是《启动日本的开关——未来将由我们之手改变》(金丝雀书房,2013)和《启动日本的开关2——给大和魂点把火》(青林堂,2014)。出版社"金丝雀书房"的名称有特殊含义:据说古人进入洞穴前,会使用金丝雀作为早期发现有毒气体的工具,其叫声即为警报。该出版社借用这个自然现象,比喻自身出版物的言论就像是在敲响时代的警钟。神谷宗币等人选择在该出版社出版作品,也有为日本敲警钟的意味。

"龙马研究会"的名称由来是:"龙马"即坂本龙马(1836—1867),土佐藩藩士,后变身为幕末志士,曾追随千叶周作学过剑术,并加入武市瑞山等领导的"土佐勤王党",之后脱藩师事胜海舟,提倡开国,在神户参与创建"海军操练所",是日本近代海军的缔造者之一。1865年(庆应元)在长崎创立"海援队",从事海运和贸易,1866年斡旋于西乡隆盛和木户孝允之间,竭尽所能使二者结成"萨长同盟",后又以"船中八策"说服前土佐藩藩主山内丰信,成功地实现"大政奉还",为建立新的统一国家做出贡献。1867年11月15日在京都近江屋与中冈慎太郎一道被暗杀,时年仅33岁。神谷宗币以坂本龙马为榜样设立该研究会,目的不言而喻,就是要开创一个新日本。

据"龙马研究会"的网页介绍,该会始建于2010年,其背景是

---

① 西野弘一(1969—),出生于大阪府东大阪市,政治家,"下一代政党"所属的前众议院议员(第1期),具有明显的家世政治背景。其父西野阳是原众议院议员,其弟西野修平是大阪府议会议员,弟媳小林由佳是堺市议会议员。西野弘一在担任大阪府议会议员期间的2010年4月1日,与大阪府知事桥下彻(原大阪市市长)和大阪府议员(现大阪府知事)松井一郎、大阪府议员浅田均一道参与创建地区政党"大阪维新会"。他认为,首相参拜靖国神社不存在问题,应重新看待"村山谈话"和"河野谈话",必须修改《宪法》第9条,日本的"和平(现状)已被侵犯",需要行使"集体自卫权"和采用"特定秘密保护法",对中国应采取严厉的态度,并主张应根据今后的国际局势使日本核武装化,在北方四岛、竹岛(韩国说"独岛"),特别是在尖阁群岛(中国的钓鱼岛)设置观察设备。

② 即所谓的"比例代表制选举"区。众议院议员总选举时采用的"比例代表制",是根据1994年(平成六)修改的《公职选举法》,在全面废除过去众议院议员总选举的"中选区制"、新采用"小选区比例代表并立制"后引进的选举方法。

"大和魂"史的初步研究

"经济长期停滞不前，年金及其他社会保障令人不安，生活保护的不良状况和年轻人就业难现象，以及不绝如缕的残酷犯罪情况"等罄竹难书，"现在的日本已被共同体崩溃带来的闭塞感和疲惫感所笼罩，进入危险状况，换言之，即一种日本整体'目标'不明、国民难以看见'希望'、在不知前途的黑暗中摸索的状态"。而"多数国民都认为过去的政治无能，将希望寄托在原小泉（纯一郎）总理的改革和民主党的政权交替上，但景气完全不见改善，人们仍对未来抱有不安……希望'有谁出来做些什么！'"。[1] 很显然，该会的出现就是为了打破日本的各种困局。该网页还写道，"现代的下级武士即无名的（坂本）龙马们已经站立起来"，它的目标就是"通过龙马研究会构筑信赖关系，使具有相同目标的伙伴成为国会议员，以实行真正为民的政治"，"重建这个国家的未来"。[2]

目标很远大，但神谷宗币打算怎么做呢？这在他出版于 2014 年的《启动日本的开关 2——给大和魂点把火》有着答案。该书的目录是：

前言　"大和魂"这种精神和沉睡于日本人中的那个开关
序章　在理想和现实的狭缝间
第1章　我的志向和启动该"开关"的经纬
第2章　启动"日本人的开关"所需的五种能力
第3章　问题的提起——为了自发地启动"开关"
第4章　强化启动"日本人的开关"的几个行动
跋　　大家都和我们一起行动

和小田全宏等人一样，神谷宗币也对"大和魂"的定义和概念探索不感兴趣，亦从历史上纷繁多样的"大和魂"碎片中抓出某个碎片大做文章，于其中赋予自身的新概念。神谷宗币抓出的"大和魂"是幕末志士吉田松阴的"大和魂"——"明知有虎偏山行，欲罢不能大

---

[1] 引自日本网站，2015 年 1 月 28 日，http://www.ryouma-project.com/index.php?itemid=1&catid=1。

[2] 同上。

第十五章 为重振日本民族信心开出的"药方"

和魂"①。并且神谷宗币还说:"战前和战后拥有的大和魂(按:不知此战后的'大和魂'指何种'大和魂')在当代已然消失。回想起该大和魂即'启动开关'。可将这种大和魂精神回溯于吉田松阴和西乡隆盛等人身上,并将其归纳为以下五种能力。努力提高这些能力,就是'在大和魂上点把火'和'启动日本人的开关'。"②我们知道,吉田松阴的"大和魂"即他的"志向",亦即一种不畏死亡、倾全力拯救日本的精神。但这种改变日本的"志向"在当今的日本似乎并不缺乏,比如石原慎太郎和桥下彻组建的"日本维新会"等就喊出过类似口号,所欠缺的似乎只是正确的"方向"和措施。

那么,神谷宗币的"方向"和措施,即他的"大和魂"又是什么?

大和魂1 能够构筑公平、良好的人际关系,帮助他人;
大和魂2 能够具有超越得失的正义感和正直心,考虑为他人和社会做贡献;
大和魂3 能够爱护自然和乡土,珍重祖先和肉眼看不见的尊贵事物;
大和魂4 能够不停止思考,维护独立的心志和健全的身体;
大和魂5 能够具有自豪感和使命感,将焦点对准"今日",燃烧自己的生命并生活下去。③

简言之,神谷宗币在此将他的"大和魂"转化为"五种能力"。这"五种能力"的培养多数人都会叫好和赞成,但问题是这些能力的培养是否真能改变日本。另外,第三种能力中有一部分说得很含糊,即要珍重"肉眼看不见的尊贵事物"。按我们的理解,就是要"敬神"。而这对改变当下的日本不仅没有助益,反而还会带来误解和危害。

但一些日本人不这么看,对该书却有较好的评价,归纳起来主要有以下三种意见:

---

① 原歌是"かくすればかくなるものと知りながらやむにやまれぬ大和魂"。神谷宗币:《启动日本的开关2——给大和魂点把火》,青林堂2014年版,第4页。
② 神谷宗币:《启动日本的开关2——给大和魂点把火》,青林堂2014年版,第6页。
③ 同上书,第4页。

一是不要相信媒体，而要自己展开思考，并付诸行动。"我明白仅凭媒体无法得知内部信息。日本的 GDP 在世界上居第三位，无论从哪方面看在世界上都属于富裕国家，然而经济、国防、政治的种种乱象总让人觉得奇怪。通过此书我第一次知道为何有此乱象。……日本今后要达到的国家形象，是'道义国家'和'解决课题的先进国家'。若能像著者主张的那样，'给大和魂点上火'，'启动日本人的开关'，那么以上目标是可以实现的。"①"如今的日本总觉得有些奇怪。……读此书才明白奇怪的原因。我们不应被媒体提供的信息所摆布，而要自己思考，展开行动。因此要更有力地按下大和魂的开关。"②

二是不应停止思考。"读此书后我明白了为何当代日本人停止了思考。而且知道了神谷宗币先生启动'开关'的经纬、其活动的原动力和所传达的志向。我作为日本人也要为日本努力。"③"读了神谷宗币先生的书……我经常意识到，不能再次停止思考，而要从不同的侧面进行思考，自己能做的事情尽量去做。"④

三是否定仅凭一己之力无法解决问题的看法，主张自己能做到什么程度就做到什么程度，重在行动的每一步。"我经常想光靠自己一人无论如何努力也无法改变任何情况，但此书告诉我们，即便如此，能做多少就做多少。而且要尊重每一个日本人的情感，思考日本的自立问题。按下大和魂开关的人也好，未按下开关的人也罢，都要读一下此书，尤其是年轻人应开展'给大和魂点把火'的活动！"⑤"有人认为，'自己一个人再怎么努力也改变不了什么。'不是的，只有每一个人都开始改

---

① 引自日本网站，2015 年 1 月 28 日，http：//cache. yahoofs. jp/search/cache？c = Bjtyl6gymO4J&p。
② 引自日本网站，2015 年 1 月 28 日，http：//cache. yahoofs. jp/search/cache？c = NEdyAJm9fpYJ&p。
③ 引自日本网站，2015 年 1 月 28 日，http：//cache. yahoofs. jp/search/cache？c = uNoshbtknGgJ&p。
④ 引自日本网站，2015 年 1 月 28 日，http：//cache. yahoofs. jp/search/cache？c = RFN-jDbPC52AJ&p。
⑤ 引自日本网站，2015 年 1 月 28 日，http：//cache. yahoofs. jp/search/cache？c = uNoshbtknGgJ&p。

变，都行动起来，日本才能变化。……还明白了日本人为何停止了思考。"①

实际上这第一种和第二种的意见有交叉的部分，第二种和第三种也如此，第一种和第三种意见又有交叉。简言之，即"媒体无用，自己思考，必须行动，改变日本，日本自立"。然而这些言论和神谷宗币的主张一样，也都未说清到底应思考什么和如何行动。"日本自立"又指何意亦不甚明了，是否暗指日本必须摆脱美国和二战后国际秩序的羁绊，走向一个正常国家？换言之，神谷宗币先生的"大和魂"比之同时代的其他"大和魂"更不清晰。

第四节 与国秀行的"大和魂"

与上述书籍和网评相比，有个人在新型传播工具博客上则明确地说出要"第一个"（重新）解释"大和魂"，并表示若不将"日本最大的国难"问题说清楚，就无法悟出何谓"大和魂"。此观点极为罕见和新鲜，也很出格，或许反映出部分的日本民意。说此话的这个人叫与国秀行（1976—　），出生于东京都杉并区，现住在枥木县，任市民团体"念珠会"会长和"幸福科学会"伊势原支部主任，有出版社称其为作家、思想家和宗教家。

秀行上小学时属于"不良少年"，擅长格斗术，为显示"男人的坚强"打打杀杀，最终成为杉并区的黑帮头领，在20世纪90年代黑帮全盛时期，他不仅在东京都，而且在关东地区也获得"法外精神领袖"的名声。据他在自己的博客中说，早先自家是暴发户，从不为金钱烦恼，但随着日本泡沫经济的崩溃父亲破产了（按：这个信息很重要），所以自己只好将生活用品装在带引擎的自行车后箱内，或寄居在亲戚家，或过夜于拉面馆仓库，过着居无定所的漂泊生活。之后厌倦了这种生活，去了冲绳，从此对每日打打杀杀的黑道世界产生疑问，并从该世

---

① 引自日本网站，2015年1月28日，http://cache.yahoofs.jp/search/cache?c=NEdyAJm9fpYJ&p。

"大和魂"史的初步研究

界脱身出来。在冲绳，秀行阅读了《太阳之法》① 这本书后，知道此世界还有"幸福科学"的存在，故对宗教和灵界产生了兴趣。他在学习"人之心灵"的同时还开始写作，希望让更多的人了解自己的学习心得，知道何谓"人之心灵"，并因此拥有了自己的博客。秀行还自费出版了两本书，一本叫《君心似水》（原书名是《给温和的心一杯水》，作者名谷山秀行，星云社，2005），另一本还叫《君心似水》（原书名同上，作者名与国秀行，御统图书社，出版时间不详）。之所以两本书的作者姓氏不同，是因为在写第二本书时秀行已经结婚，将自己的姓改为妻姓，也叫与国，这在日本极其罕见。在第一本书中，秀行主张所有的人都一定会转变为温和、善良之人，所有的人都是钻石，即使掉落污泥也不减其丝毫价值，所有的人都是莲花，出淤泥而不染。这些话似乎有为他本人开脱辩解的意味，但毕竟有浪子回头金不换之意味，值得肯定。

2009年秀行以"实现幸福党"② 党员的身份参加众议院议员选举。据他说自己原无当政治家的打算，但因为日本处于"国难时期"，所以"我站出来，会带动其他人一道站立起来"。③ 不用说秀行未能赢得第45届众议院的议员选举，选举结束后还和妻子一道被人暴打一顿，导致他左眼失明。不过秀行不以为苦，在面对某杂志采访时说，"虽然眼睛被打掉一个，但也有所得"④。据说这个"所得"乃黑社会所赐，但不知何故秀行不报警。

秀行现在正试图全力以赴阐明他的宗教含义和"实证"之灵界，据说对精神世界和形而上学领域，换言之，即宗教哲学具有深刻的洞察力，本来继续研究下去也许会结成正果，但不知何因他在竞选落选后仍对政治世界难以忘怀，不断地在博客上强调国家的重要性。据《"幸福

---

① 《太阳之法》，由"幸福科学俱乐部"创始人兼总裁大川隆法所撰，是"幸福科学"的代表性教典。据"幸福科学"说，"救世法三部曲"——《太阳之法》、《黄金之法》、《永远之法》是该法系的中心之法，称作"基本三法"，而《太阳之法》又是中心的中心之法。
② 由"幸福科学俱乐部"总裁大川法隆创立。
③ 引自日本网站，2015年1月28日，http://cache.yahoofs.jp/search/cache?c=yWZ-KVQjCF6UJ&p。
④ 同上。

第十五章 为重振日本民族信心开出的"药方"

科学"潜力无限——仅用 20 多年时间即成为世界规模宗教的真实一面》[1]一书说，如今秀行作为"幸福科学会"伊势原支部主任，还在期待参加下一届众议院的议员选举。

秀行对进入政界抱有希望还体现在他写的第三本书——《日本最大的国难——肉眼不可见的黑船袭来》[2]，标题和副标题都极具冲击力，非常耸人听闻。其中的"黑船"，原指幕末时期为迫使日本开国通商，驶来日本海面的欧美先进国家战舰；"袭来"，说的是 1853 年美国海军将领佩里率舰来到浦贺，给幕府和民众带来一种威压和恐怖的感觉。但今天这个"袭来"的"黑船"，指的却是中国的船只。一如上述，这本书与他的"大和魂"观有关，所以要介绍其主要观点："归根结底，日本最大的国难在于国民对国家毫无不关心。"[3] 概括来说，就是"和平的日本"现在正面临无数危机：首先是日本人已忘却过去的真正的日本；其次是学校和社会充满战后的"自虐史观"；再次是应当成为国教的"神道教"的含义已混沌不清，人人都缺乏爱国心，日本已沦落为一个"漂流国家"；最后是中国的威胁正在日益加大。秀行写这本书，就是要漂白日本过去的历史，唤醒国民对本国宗教、历史的关注，增强爱国心和保卫日本的意志，尤其是要提高对中国的戒备心。

不得不说秀行的笔法太夸张了。实际上他从未研究过政治学和经济学，也不真正了解世界历史，与中国和中国人没有任何实际的来往，亦未认真学习过中国的历史文化和当代国情。按说他作为一个宗教人物，情绪不至于如此激烈，故我们怀疑他有利用此事炒作自己，以利于自己下次竞选时为自己加分。说"国难"之一，即来自中国的威胁具体指什么事？他在一组题为《保卫被中国侵略的日本》的博文"革命篇"中解释了这个问题。在说了耶稣到访印度这个故事（也属于信口开河）后，秀行突然笔锋一转[4]，说"昨日中国的渔船还在尖阁群岛附近航行。尖

---

[1] 现代宗教研究会：《"幸福科学"潜力无限——仅用 20 多年时间即成为世界规模宗教的真实一面》，幸福科学出版社 2014 年版。
[2] 与国秀行：《日本最大的国难》，御统图书社 2010 年版。
[3] 同上书，第 3 页。
[4] 该篇写于 2010 年 9 月 8 日，当日中国渔船进入钓鱼岛捕鱼，与日本海上保安厅舰船发生冲突。

"大和魂"史的初步研究

阁群岛附近海面经常有 20 艘中国的船只待命，据说这些渔船实际上是接受过训练的人民解放军的船只。虽说这里是日本的领海，但尖阁群岛附近海面日本的渔船却不能靠近。而这些情况冲绳的民众却不知道，只是一个劲地要求撤走美军基地。正是因为冲绳民众知识不足，才有今天试图自杀的局面。与此举动相呼应，北京的大学教授最近写出要求'归还冲绳'的论文（按：实为文章）。这些论文最近在《每日新闻》上也刊出了，但不用说只读《冲绳时报》和《琉球新报》等的冲绳民众是不知情的。如今冲绳民众就像西藏人和维吾尔人一样，正在接受被汉人管制的未来。如果冲绳中国化，那么日本将失去海上交通线，日本本身也将成为中国的属国。这正是日本最大的国难。所以必须复活大和魂。也正因为如此，我才为了让人们接近真理（相）有勇气地继续发言"[1]。实际上，秀行新观点并不多，只是复述了其他日本人已有的一些说法。不过他的言论也有独特之处，即他的因应之道是复活"大和魂"。

和小田全宏等人一样，秀行也对"大和魂"的具体意涵及有效性毫不关心，似乎只是觉得将"大和魂"多复述几遍，就完成了自己的崇高使命。在另一篇题为《山本公子德郁的大和魂》博文中，秀行连篇累牍地使用"大和魂"这个词汇，为"日本重新站立起来"呐喊助威，加油鼓气。

原文较长，但为了与读者一道算出其间共有多少个"大和魂"词汇，以及分享其中散发的二战时期军国主义和神国思想亡灵的气味，并鉴赏其耸人听闻的言辞，故有必要将该文大部抄录于下。另外，著者将原文散文诗式的分段方式改为普通文字分段方式，并于其中加上括号，最小限度地添加一些评论：

> 想来那时不太了解，不，几乎不了解日本的国难，只以"完善社会"、"使之和平"的想法出入格斗竞技场。打那以后不断学习，变得比同辈更懂的政治（其实不懂）。当然这三年间也决不懈息学习儒教、哲学、思想、宗教（儒教也就是哲学和思想，在某

---

[1] 引自日本网站，2015 年 1 月 29 日，http://cache.yahoofs.jp/search/cache? c = hlt0w7byMx4J&p。

第十五章 为重振日本民族信心开出的"药方"

些场合说它是宗教也可以，不能并列分说）。但那时，还有现在，我的想法是一样的。那就是"在这个国家，必须复活真正的大和魂"（但未说明何谓"真正的大和魂"）。……我……热切地告诉加藤君"真实的大和魂是什么"为何如此？因为只有复活真实的大和魂，这个国家才能消除中国和北朝鲜带来的国难，获得进一步的发展和繁荣。在每个人的心中复活大和魂，人人都认真地思考如何"完善社会"和"使之和平"，并以某种形式将想法转为行动时，这个经济富裕的社会才会变成精神也富裕的国家，这样才能取得自然和经济的进一步大发展。……如此日本才能在经济、精神上追上美国，给世界带来良好的和平秩序。因此，在今天，这个迎来国难的国家所需要的，就是复活真实的大和魂。真实的大和魂，决不是军国主义，也不是仅考虑日本一国的国粹主义，不外乎就是"极度热爱和平之心"（一个崭新的"大和魂"定义）。亦即，所谓的大和魂，就是和平精神。

因此，在今天……井上君或……加藤君[①]……都在高声大喊大和魂，但今后他们也毫不察觉这个国难的存在，并且不站立起来，那么就没有丝毫的大和魂。对山本公子也可以说同样的话。对他而言，即使身上留有"大和魂"的刺青，但此后若也未察觉这个国难的存在，并且不站立起来，那么，他将为（身上）留有"大和魂"的刺青感到羞愧，为之后悔。

不过我又想，未察觉国难，或误解大和魂的意思，也是一件没办法的事情。因此谁也不能责备……公子，也不能责备痴迷于和平的日本国民。为何？因为电视台、报纸等大型媒体，知道签有"日中记者交换协定"，所以无法报道对中国不利的消息，还由于中国政府的压力，根本不报道国难。就是说，日本国民不知道"中国侵略"这个国难，也是一件没有办法的事情。

日本有2700年的历史（从"神武天皇建国"那年算起，在二战期间或之前经常可以听到这种说法），而且从遥远的古代就使用

[①] 这里列举的一系列人名，都是格斗场上竞争伙伴的姓氏。秀行是格斗好手，经常出入各种格斗竞技场所。

"大和魂"史的初步研究

大和魂这个词汇，但说实在的，用语言有理论地说明大和魂这个词汇我是第一个（若这么说，日本有很多学者会站出来跟秀行急）。吉田松阴在辞世歌中唱道："吾尸纵曝武藏野，白骨犹歌大和魂。"换言之，吉田松阴说的是"我的肉体即便在关东地区消失，但我也不知道那个热爱和平之心即大和魂能否就此保留下来"（秀行的崭新解释非常费解，并且有强奸吉田松阴文意的感觉），但松阴并未从逻辑或哲学上说明大和魂。也就是说在漫长的日本历史当中，大和魂这个词汇使用过数千、数万、数亿次，但用语言明确说明大和魂本身的事例，至今却一次都没有过。而首次对此作出说明的，说实话就是我本人。这绝不是自卖自夸，我说到这儿总觉得有些不好意思，但（正式）说明大和魂的，我与国秀行是第一个。此前我抱着"何谓大和魂"这个疑问到书店和图书馆，或问大学教授和研究员，但至今他们都未悟出何为大和魂。正因为如此，我才写出《日本最大的国难》这个博文，但媒体不做报道。为让大家了解今天日本的国难，也为让大家领悟到至今谁都未说过的、创造出这个国家的真实的大和魂，我写出《日本最大的国难》这本书。我决不想因此提高外部对我的评价，也决不想从中牟利。除为这个国家安稳，世界能稍微向和平迈进外，我决无他念。为何？因为就出自这真实的大和魂。

　　山本公子德郁，你是个好男人，也是我最好的朋友，心地善良。……但你和……其他日本国民多少也要关注到国难这个事实，而且要复活真实的大和魂。谓何有此言，是因为这个国家已被中国侵略，而且就要灭亡。若真是那样，那么就没有进行格斗比赛的自由，就会像生活在西藏和新疆的人们一样，不会说汉语的人在工作中受尽虐待。过去蒙古人进攻日本时，镰仓武士为保卫国家站立起来。那时的镰仓武士非常强大，过去的日本男儿非常彪悍。武士和过去的日本男儿不畏死亡，奋力战斗，用磨砺的刀剑和强悍的身体打败蒙古军队。据说磨砺好的日本刀可以砍断敌人的盔甲。过去的日本男儿，拥有久经锻炼铸就的心理、技能和身体，以及削铁如泥的日本刀。而且日本男儿奋起，以自己的力量保卫国家时，不期而至的台风，也就是"神风"骤然吹起，蒙古大军只能放弃对日本

· 1030 ·

第十五章 为重振日本民族信心开出的"药方"

的侵略。有人说是他力所助，但只有自助才有他助，若无自助则无他助。日本国民若不站立起来，神风不会吹起。

啊！这里有媒体不报道的国难事实和真实的大和魂。豪杰猛士哟，请睁开眼看看现实，并请有勇气地站立起来，以自己的力量保卫这个国家。若真能如此，则八百万神一定会成为他力相助。①

在以上摘录的1884个字符中，共出现26个"大和魂"词汇，比例高达1.3%。不管秀行对"大和魂"具体含义的理解如何，这都充分表明秀行急于复辟"大和魂"的心情。而这个新出的"大和魂"的定义，居然是"极度热爱和平之心"，竟带有被中国侵略、日本面临"国难"的意味！当然还带有号召日本国民奋起，抗击中国侵略的呐喊、催促心情。

如上述，秀行写过一组题为《保卫被中国侵略的日本》的博文，其序言说："这个日本，是否已没有保护国家的男人？仅仅是武力冲突，并不是战争。中国共产党进行的情报战争，以及侵略已经开始。沉睡的（日本）男人们，请张开眼。大和魂哟，快苏醒！请保卫这个美丽祖国！"②

该组博文有五个篇章：一、大和魂哟，快苏醒！宗教篇；二、大和魂哟，快苏醒！精神篇；三、大和魂哟，快苏醒！科学篇；四、大和魂哟，快苏醒！修身篇；五、大和魂哟，快苏醒！革命篇。

以上篇章谈宗教、精神、科学、修身、革命都没问题，部分内容还很不错，但不知为何，谈着谈着又与中国发生联系，而且这种联系非常牵强，可谓思维混乱，缺乏逻辑，其中的"精神篇"表现得最为典型，堪称奇文，以下姑且也做部分抄录，以供赏析（原文也是散文诗式的分段方式，这里亦按著者的理解做常规分段处理）：

据说过去美国率领GHQ（联合国军）占领日本时，对在亚洲

---

① 引自日本网站，2015年1月29日，http://cache.yahoofs.jp/search/cache?c=90bqMRTw3FEJ&p。

② 引自日本网站，2015年1月29日，http://ameblo.jp/misumarukai/theme-10025392154.html。

"大和魂"史的初步研究

唯一能与欧美比肩并与美国战斗五年的日本国民所拥有的、热衷于一件事物、刻苦奋斗的国民性感到威胁。因此他们引进"3S",试图将"日本国民的兴趣转移至政治以外的领域"。所谓的"3S",即观看棒球等的"体育(sports)文化",观看电影、电视的"屏幕(screen)文化"和游逛妓院等的"性(sex)文化"。顺便要说一下,当时的日本对性还不那么开放。使电影中出现接吻的场景,出自GHQ的指令,这是历史事实。使日本染上美国色彩,让牛仔裤流行起来,也出自GHQ的指令,这也是历史事实。但即使这样,日本国民,特别是年轻人的关心,也未完全从政治和国家转移开来。

然而,自20世纪60年代开始,围绕"日美安保条约"的学生运动高涨,甚至影响到高中和初中,当时的日本政府开始考虑"是否不要太向年轻人传授政治知识为好"。一种说法是,"日本教职员公会"的教师不断赤化学生,在他们的脑中植入"反对安保"的思想,煽动起学生运动。因此日本政府在1969年终于提出"从教育现场驱逐政治课程"的政策,并将此通知文部省。其文件即《关于高中的政治课程和政治活动》。之后,日本的年轻人逐渐远离政治和国家。

进入70年代,经济高度增长的时代结束。再进入80年代,越南战争也告结束,日本国内24小时营业的便利店如雨后春笋般出现,不觉间商品充斥大街小巷。继而进入90年代,泡沫经济破灭。因此,特别是出生于70年代之后的年轻人,在懂事时即认为有和平、繁荣和国家是一件极为正常的事情。当他们过了20岁,在未接受任何基本政治常识的情况下就突然被授予选举权,这就是如今的状况。又或是因为泡沫经济破灭后政府过于无能,所以他们认为"反正谁干都一样",又因为政治和金钱缠绕的问题层出不穷,所以他们认为"反正谁都在赚钱"。这种对政治的失望感,充塞于以年轻人为主的许多日本国民心中。①

---

① 引自日本网站,2015年1月29日,http://ameblo.jp/misumarukai/theme-10025392154.html。

第十五章 为重振日本民族信心开出的"药方"

应该说到此为止，秀行的分析颇有几分道理。然而在分析了这些现状和原因之后，秀行笔锋一转，突然说起：

> 比起这些原因，中国共产党为使日本国民无忧无虑，麻痹大意，让他们沉醉于和平的工作做得更为成功，的确令人遗憾。亦即，"美国感到日本的威胁开展过3S作战"、"日本政府为维持安保采用新的教育方针"、"年轻人认为和平、繁荣和国家是件极为自然的事情"、"对无能和充满欲望的政治家极为失望"，以及"中国共产党使日本国民沉醉和平的工作极其成功"这些原因相互作用，导致今天日本国民的政治意识非常低落。如今，他们对自己的国家正在灭亡，自身丧失自由，难免遭到虐杀根本不予关注。日本国民同胞，你们必须从沉醉于和平的状态中清醒过来。因此我在互联网的现代荒野上不断高呼：侵略已经开始。日本男儿哟，必须从沉醉于和平的状态中清醒过来。大和魂快点苏醒，保卫这个美丽的国家。①

在秀行看来，从沉醉于和平的状态苏醒过来，反抗侵略，也就是"大和魂"苏醒的内容。由此可见，以提倡极端民族主义、重新武装日本、对抗中国为内容的"大和魂"情绪，在一部分人的身上已比较激烈。如果说这仅仅是秀行一人或几个人的精神状态倒也罢了，但令人困惑和担心的是，怀念和重提的"大和魂"口号和画像已不在少数，相反却可以说是数量庞大，越来越多。仅查日本某一网站，就可看见651000件与"大和魂"有关的字画作品。② 而且有许多是和日本国旗、军旗、国歌等叠加，或与"死亡之花"樱花共现，或与历史回忆（"神风特攻队"等）缠绕，或与现代"爱国"和"岛屿争端"发生联系的。比如下面随意下载的几幅字画：

---

① 引自日本网站，2015年1月29日，http://ameblo.jp/misumarukai/theme-10025392154.html。
② 引自日本网站，2015年1月29日，http://image.search.yahoo.co.jp/search?rkf=2&ei=UTF-8&p=大和魂。

· 1033 ·

"大和魂"史的初步研究

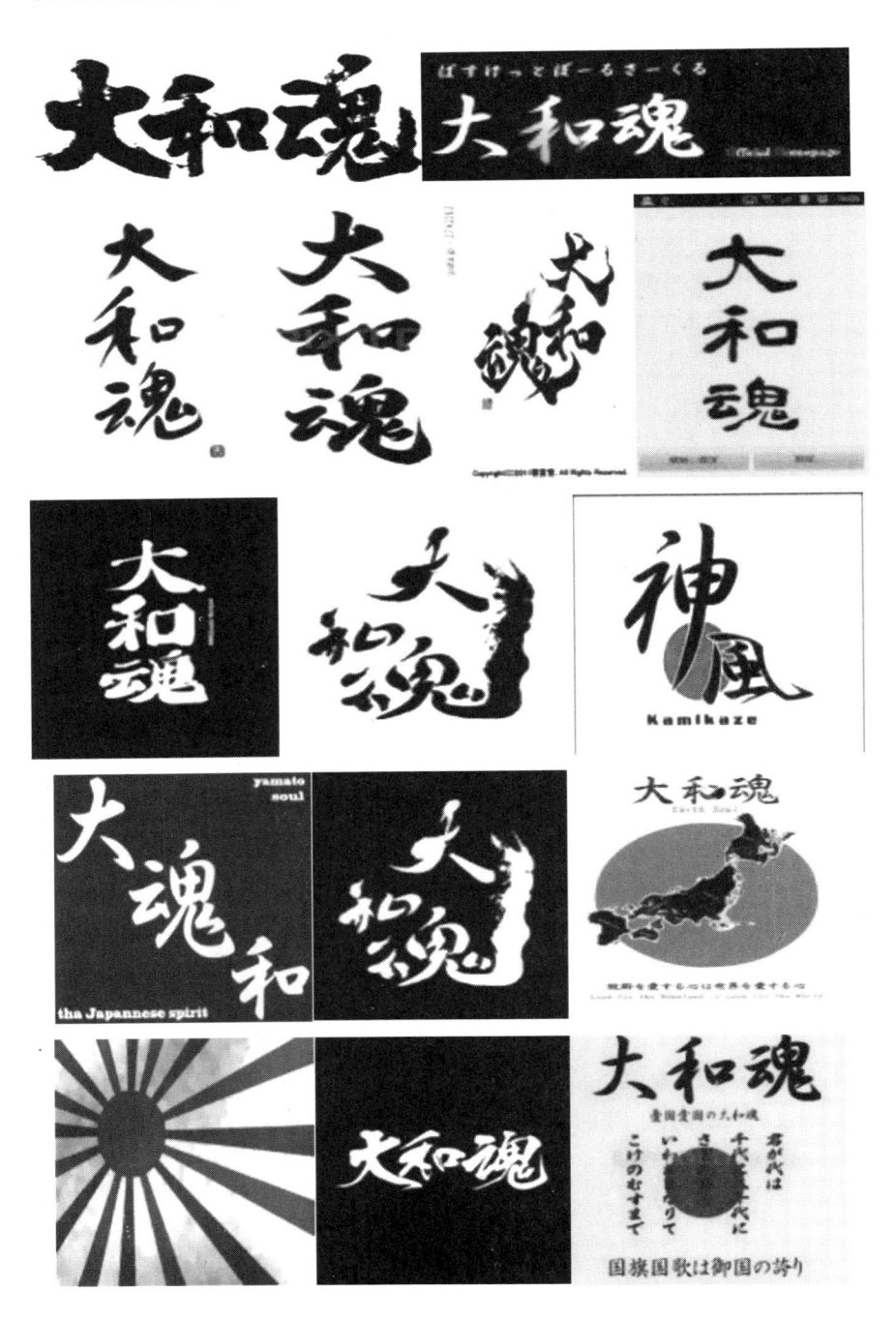

第十五章　为重振日本民族信心开出的"药方"

最后三幅图片中的文字分别是："苏醒！大和魂"、"苏醒！大和魂。护国尊皇"和"大和魂，勇猛果敢"。二战时期的刺鼻硝烟气味仿佛再次拂面吹来。

第五节　本章小结

20世纪90年代泡沫经济的破灭使日本的信心受挫，日本社会出现一些难以解决的问题。为此，藤原正彦和小田全宏、伊井春树等人都试图借用传统文化资源，如"武士道"、"物哀"和"大和魂"等提振民族自信心，或增强日本的文化软实力。这些人或是教师、学者，或是研究人员，有的还是政治家，不光面对众多的在校学生，还通过学会、机构、媒体和自己的书籍等，将自己的观点直接输出给广大会员和社会普通成员。这些学者、教师等的共同缺点，是在论述问题时既不对含义高度复杂的"大和魂"（包括"武士道"等）的概念预作说明，也罔顾历史留下的不快记忆，或是将不相关的事情与"大和魂"生拉硬扯。

其实，当下日本的问题不完全在于社会伦理或宗教道德的不足或匮乏。相反，和其他国家相比，日本在公众道德方面至今还遥遥领先于世

· 1035 ·

"大和魂"史的初步研究

界。并且,小田全宏所说的那些伦理道德问题在日本经济高度辉煌时期也同样存在,所以以小田全宏为代表的一些人对现状的焦躁和对未来的忧虑主要来自经济问题。可是他为所谓的日本再次崛起开出的"药方"却是重学"大和魂",理由是战后的经济崛起是以"埋葬传统精神和过去的历史"为代价的,现在出现的最大问题就是"理性至上主义",抑制了感性的发展,导致"人们的感性缺失",不敢讨论"宗教和伦理",忽视了"心灵的尊重和生命的根源"。他试图以重学"大和魂"的手段,重建一种反理性的人类生存方式,恐怕是没有认识到"大和魂"的本质,以及它在今天是否具有普遍价值和普世意义。

和小田全宏的主张相比,伊井春树的目的更不明确。伊井春树以介绍和分析20世纪初英国人理查德·戈登·史密斯对"武士道"(伊井春树也将它视为"大和魂")的看法为名,试图借此警示和激励当今已丧失该精神的日本人,以期重构所谓的理想社会。但和当下不少日本人一样,我们认为他的主张多少有些一厢情愿。因为在史密斯的说辞中存在着某种美化,而根据这种美化能否解决当下的日本的问题大可存疑,反而有可能使部分人借此重温"大和魂"的机会,恢复自甲午战争、日俄战争开始的战争侵略精神。

与之相反,政治家神谷宗币对日本的问题原因却看得十分清楚,值得肯定。他认为,这一切都来自"经济长期停滞不前,年金及其他社会保障令人不安","现在的日本已被共同体崩溃带来的闭塞感和疲惫感所笼罩。这已进入危险状况,换言之,即一种日本整体'目标'不明、国民难以看见'希望'……"而"多数国民都认为过去的政治无能,将希望寄托在原小泉(纯一郎)总理的改革和民主党的政权交替之上,但景气完全不见改善……希望'有谁出来做些什么!'"他的目标就是希望"通过龙马研究会构筑信赖关系,使具有相同目标的伙伴成为国会议员,以实行真正为民的政治","重建这个国家的未来"。

然而和小田全宏等人一样,神谷宗币对"大和魂"的定义和概念探索也不感兴趣,只是从历史上纷繁多样的"大和魂"碎片中抓出某个碎片做文章,于其中赋予自身的新概念。神谷宗币抓出的这个"碎片",就是幕末志士吉田松阴的"大和魂"。并且神谷宗币还主张要

第十五章 为重振日本民族信心开出的"药方"

"回想该大和魂",具体地说就是"在大和魂上点把火"和"启动日本人的开关"。而这"启动开关",就是将开关转向吉田松阴和西乡隆盛等人的精神那一侧去。我们知道,吉田松阴的"大和魂"即他的"志向",是一种不畏死亡、倾全力拯救日本的精神。但这种改变日本的"志向",在当今的日本似乎并不缺乏,比如,石原慎太郎和桥下彻组建的"日本维新会"等就喊出过类似的口号,所欠缺的只是正确的"方向"和措施。

有趣的是,神谷宗币还将他的"大和魂"转化为"五种能力"。但具备了这五种能力是否真能改变日本,我们存在疑问。值得我们关注的是神谷宗币所说的第三种能力,即要珍重"肉眼看不见的尊贵事物",换言之,即"敬神"。而这对改变当下的日本不仅没有助益,还可能会带来新的误解和危害。

神谷宗币的主张,似乎还可以概括为日本的"媒体无用",要"自己思考"和"行动",以"改变日本"。在此基础上,有人敷衍出"日本自立"的言论。这是否暗指日本要摆脱美国和二战后国际秩序的羁绊,走向一个正常国家不得而知,但值得警惕。

与国秀行对日本的媒体和教授们极度轻视。他自诩是日本"第一个"解释"大和魂"的人,并表示若不将"日本最大的国难"问题说清楚,就无法悟出何谓"大和魂"。此观点极为罕见新鲜,也很出格,或许反映出部分的日本民意。

与国秀行所说的"国难",实际上就是以中国渔船进入钓鱼岛为象征的"中国侵略"。他对战后美国干涉和主导日本国内事务的做法极为反感,说"美国感到日本的威胁开展过3S作战"、"日本政府为维持安保采用新的教育方针",导致日本的"年轻人认为和平、繁荣和国家是件极为自然的事情","对无能和充满欲望的政治家极为失望"。这一切似乎也可以说成是日本的"国难"。但与国秀行认为最大的"国难",是"中国共产党使日本国民沉醉于和平的工作极其成功",今天日本国民的政治意识非常低落,对自己的国家正在走向灭亡缺乏认识。因此,他要在互联网上高呼"侵略已经开始。日本男儿哟,必须从沉醉于和平的状态中清醒过来。大和魂快点苏醒,保卫这个美丽的国家"。在与国秀行看来,从沉醉于和平的状态苏醒过来,反抗侵略，也就是"大和魂"的实质。

实际上，与国秀行并不仅代表他自己或几个人，而是代表着一个势力较为庞大的政治势力。日本某网站的651000件与"大和魂"有关的字画作品可以为此作证。这不免让人忧心和蹙眉。

总结语代跋

一

　　根据能够查阅到的资料，在完成各章叙述和小结后要做一个总结。然而我们在面对从日本诸历史阶段走来的各色人等拥有的形形色色"大和魂"时，要用几句话对其做出一个高度概括却感到力不从心。因为这些"大和魂"，如同一个个软体动物，缺乏自塑性，而且时至今日，都几乎未有人能给出一个清晰的意义界定。过去日本各色人等对其阐述时，也只能或迂回曲折，或含糊其词，或逻辑不清，或牵强附会，以致我们在分析时，若不借助字数繁多的语篇，终不得其要领。不过正因为其缺乏自塑性，故它也极易附着于各时代的不同思想，与后者共生缠绕变形，貌似有各自不同的历史意涵，与各时代社会思潮互动共呼，而实质却不尽然。

　　这也难怪，毕竟"大和魂"属于一种远古思维的产物，并且从未接受过科学的洗礼和改造。正如阿部秋生所说："所谓的古道（按：'大和魂'的另一代名词），仅是在解释古典时产生的，……不过仅仅如此则不能成为一种思想。思想需要体系和逻辑，进一步还要追求规范性，因而更需要高强度的抽象性。从结论上说，要让思想对现实生活产生影响力，就需要极尽人智地进行理论构建。仅凭天地自然的朴素之心（按：'大和魂'的又一代名词）就说它是思想困难的，要成为近世人的生活规范也是困难的。"因此，在"国学将自己的方法固定下来成为一种思想冲向社会时，由于没有制约它的东西存在，所以有时会发展为

"大和魂"史的初步研究

一种肆无忌惮的运动"①。"大和魂"后来被尊皇主义、国粹主义、军国主义、超国家主义者利用,正出自这个原因。如今大多数日本学者,还都视"大和魂"为"尊皇"思想的根源,似乎也难以逃脱上述规律的制约。其实,"尊皇"思想和"日本中心主义"的出现时间都很晚,它们也皆是被时代情势或情绪所挟持,与反幕和建设近代绝对天皇制的行动共生缠绕变形的产物。

由此可以得出第一个总结论,那就是,"大和魂"缺乏一种超越历史性的长期、稳定和普遍的精神原理和价值体系。这让我们联想起丸山真男说过的一段话:日本人的精神世界缺乏一个能贯穿日本各时代的思想坐标轴。由于缺乏这种具有核心性质的明确的历史定位,日本的思想传统呈现出一种混杂无序的状态,亦即他批评的日本思想传统的无结构性。② 其实丸山说的与石田一良建构的"神道形成原理"基本是一个意思。由于"大和魂"从渊源上说,也来自作为"传统思想"的神道心理,所以石田对神道形成原理的阐释,似乎也适用于对"大和魂"的本质——缺乏一种超越历史性的精神原理和价值体系——的说明。按石田的说法,"神道形成原理"由三个关键词构成,一个是"函数主义",一个是"生活中心主义"(Life‐centeredness)或"生命主义",另一个是"共同体主义"。

"函数主义"(Function‐ism [F(x) = Y] ism)即所谓的神道生成"逻辑",石田还以打比方的方式,将这种生成"逻辑"称作"换穿衣物的偶人"。"这个函数中的 F 是神道的原质,x 即各时代不同的思想状况,Y 是各个时期神道具体的——实际反映在历史中的——状态。因此,若从不同时期的 Y 即 $Y^1Y^2Y^3$ 除以(非减法而是除法)不同时期的 x 即 $x^1x^2x^3$,那么就可以得到 F。"③ 如果我们能耐住性子,将此神道生成"逻辑"即"换穿衣物的偶人"的表现,与本书所阐述的各历史阶段的"大和魂"做个对比,那么就可以看出,我们在上面做出的第一

---

① 阿部秋生:《契冲、春满、真渊》,《日本思想大系39》"解说",岩波书店1972年版,第593页。
② 丸山真男:《日本的思想》,岩波新书1961年版,第5页。
③ 石田一良:《日本文化史——日本人的心理与外部特征》,东海大学出版社1994年版,第265页。

总结语代跋

个总结论所言不虚。日本在整个农业时代都一直在追求所谓的"思想体系化",但神道却如同可换穿衣物的玩偶,"在奈良时代初期……穿上大和朝廷创建古代统一国家的意识形态的衣裳,出现在《古事记》中;进入平安时代,佛教从中国传来并迅速渗透到民众当中,这时即脱去过去思想的衣裳,换穿上佛教的衣裳,成为'神、佛融合神道';在镰仓时代则成为天台宗的'本地垂迹神道'和真言宗的'两部神道';在室町时代,又接受中国南方禅宗的影响,形成一种繁杂包容的逻辑,故又脱去旧思想的衣裳,换穿上'三教合一'(儒、佛、老)的衣裳,成为提倡'反本地垂迹说'的'吉田神道';在江户时代,中国南方儒教刚流行,则匆忙丢弃佛教的衣裳,换穿上宋明理学尤其是朱子学的衣裳,成为林罗山所说的'理当心地神道'和山崎闇斋提倡的'垂加神道'等神、儒融合的'儒家神道'。当国学兴起后,又果断脱去儒教的衣裳,换穿上国学的衣裳,成为神、国融合的'古学神道';更严重的是与基督教融合,成为'反本地垂迹'的'神、基融合神道',试图穿上基督教的衣裳;继而在明治时代后半期家制国家意识形态抬头时,又赶忙脱去国学和基督教的衣裳,换穿上家制国家主义思想的衣裳,成为'国家神道'(神社神道);败战后又利索地脱去该衣裳……换穿上马克思主义的衣裳,将祭祀变为劳动者的仪式大典,甚至煽动城市居民和农民等被支配阶层高扬反体制的大旗。……或也高呼主权在民,换穿上民主主义的衣裳"。可见神道的常态是随时城头变换大王旗。石田进一步还说,"神道与其说是在变装,倒不如说是在变身"。[①] 以此对照本书各历史阶段出现的"大和魂",又有谁可以说它不像"神道玩偶"那样,随时变换城头大王旗——从平安时代一名朝廷女官的"活法"变身为幕末直至二战时期无数尊皇人物的"牺牲精神"——呢?这实际上还反映出日本缺乏一种独立的传统价值观和思想体系(用丸山真男的话说则是,日本缺乏一种真正能支撑起自身的思想传统和稳定内容的精神框架),以及日本人在自我认知和自我选择上存在缺陷。

这么说并不是因为我们拥有一种日本"非我族类"故无"思想传

---

① 石田一良:《日本文化史——日本人的心理与外部特征》,东海大学出版社1994年版,第259页。

"大和魂"史的初步研究

统"的自满情绪，相反我们却有一种在日本的镜像前看出自己身影的感觉。这么说的好处在于，它可以促使我们两国人民一道思考，中国与日本是否在思想方面存在某个原点上的"同构性"，中国是否也有必要对中国思想为何展开追问。虽然丸山在《日本的思想》中多次将中国作为日本的"他者"加以论述，认为中国起码有儒学可以作为思想的主体，承担起思想史"坐标轴"的作用，而免受日本式的追问与建构之苦，但按本书的一些分析来看，实际上导致日本在原点上"失误"的祖家部分就来自中国。比如，日本的"本地垂迹说"[①]出现的时间很早，但没人想到它居然来自中国的《老子化胡经》，只是后来日本有所发展变化，青出于蓝而胜于蓝而已。《老子化胡经》最早见于南朝僧人僧佑所著《三藏集》中《法祖法师传》的一段话："昔祖（师）平素之日，与浮（按：指王浮，道士）争正邪，浮屡曲，即竟不自忍，乃作《老子化胡经》，以诬谤佛法。"后来该经也成为道教的经典之一，其中说老子出关西去后将他的教义传化于西域，印度的佛教就起源于他老人家的教诲。显然王道士的说辞犹如天花乱坠，可能连他自己也不相信，但他之所以还要这么说，明显是因为当时佛教势力过大，让他咽不下这口气。可有的政府就不宽容了，不会只耍嘴皮子而不动粗。"三武灭佛"（北魏太武帝拓跋焘、北周武帝宇文邕和唐武宗李炎）中有"两武"就是南朝的死敌北朝的领导者。不过佛教并不因政府或帝王的一时反对而受到影响，反而继续发展壮大。到唐代，政府审时度势，制定"三教并尊，以道为大"的政策，认老子为宗亲，将道士纳入"宗正寺"管辖（算是皇室的成员之一），并诏令"道士女冠在僧尼之前"，明摆着是袒护道教，但李唐政权并不敢因此怠慢佛教和儒教，所以"三教并尊"，自此中国的佛教变成道化和儒化的佛教。到宋代，朱熹融合儒、释、道三教，将北方儒教演变为南方儒教，堪称"三教合一"的典型范例。这显然影响到日本后来的融合思想，本书阐述的自镰仓时代（1192—1333）到江户时代前期（1603—1715）《源氏物语》注释书

　　[①] 本地垂迹说，即神佛同体说，说日本的神是作为正身（本地）的佛、菩萨为普度众生，改变身姿将自己的化身（迹）显现（垂）于日本。始于平安时代（794—1192），明治时代初期因政府提倡"神佛分离"而走向衰亡。

总结语代跋

中的几个"大和魂"证实了这个说法。

王威廉对丸山真男的理论有自己的看法,仅提及中国与日本在近代思想史中或许存在思想原点上的"同构性",且话说得比较抽象,但他以下的追问却很深刻,值得我们在他的思想基础上继续展开思考:"或许我们缺少这种日本式的焦虑,会不会就此也失去对中国思想的紧迫追问?……曾几何时,我们是那么急切地要完全割裂和传统的关系,从恶毒的咒骂直到行动上的暴力;而又曾几何时,我们似乎一瞬间就弥合当代与传统的鸿沟,从读经热到国学热让我们恍惚觉得,我们在当代依然拥有着象征中国本体的文化传统。但是如果这时有人突然追问:中国的思想是什么?我们该如何作答……尽管丸山在书中说日本的处境是夹在'东洋'与'西洋'的双重自卑之中,容易有一种综合东西方的轻率性;尽管我们一般都认为,中国的思想世界从来都是直面西方,显示一种中西对峙的姿态,但是,中国与日本在近代化的历程中,在很多时候却呈现出了一种'扭结一体'的历史图景。"[①] 对追问的时间起点我们和王威廉不同,但追问内容的性质,我们想应该是相似的,此不赘。话题回到石田一良的第二个关键词。

"生活中心主义"即一种神秘的、经验式现实主义,简单来说就是,它仅与"生命的生产和增长及生活的安乐、繁荣"有关,促进"生"的就是"善",妨碍"生"的就是"恶"。由于该主义没有"原罪"的概念,所以缺乏严格、明显的善恶观。在古代日本人眼中,"净"是"善","秽"则是"罪",故只要通过祓禊(这种仪式也来自中国的道教)就可以去除此"罪"。源于原始神道的"大和魂"最终未能上升为一种类似儒家的抽象性德目(如"仁、义"等。若林强斋和大国隆正所概括出的"大和魂"式"忠孝"观等只是附着于儒家思想的产物),可能与此有关。另外,"生活中心主义"在融合佛教或基督教之前只有"生"而没有"死"的概念。当然我们不能因此说上古日本人没有"死后"的观念,但有关死后的事务则是由神道以外的宗教担当的。比如,佛教传到日本后即承担起与祭奠亡者有关的工作。至于

---

① 王威廉:《思想言说的艰难与追问——读丸山真男〈日本的思想〉》,2015 年 3 月 1 日,http://blog.sina.com.cn/s/blog_49242a130100f6kg.html。

"大和魂"史的初步研究

结婚或生小孩或生完孩子后等的事情日本人则去神社办理。因此神道可谓是上述"生命主义"或"生活中心主义"意志的神格化表现。由于"神"是不死的,所以被祭祀在神社中,而人是要死的,所以被埋葬于坟墓里,而不会是相反。从这个意义敷衍开去,可以说"大和魂"原本也应该是"生命"的气化,而没有"死亡"的胎记。本书自第三章的原初"大和魂"开始至第十五章的绝大多数"大和魂"皆如此,而滥觞于若林强斋(第五章)和吉田松阴(第八章)等并发扬光大于二战结束前(第十二章)的"死亡大和魂"是违背神道原理和本质的。之所以从那些人开始"大和魂"由"生命之魂"向"死亡之魂"发展,完全是因为佛教和历史因素的共同影响。同理,二战后日本甲级战犯的牌位被供奉在靖国神社也是违背神道原理和本质的,故从神道的立场来说,理当从该神社移除。

"共同体主义"说的是神的作用范围有限,不涉及某地范围的外部,氏神仅由本氏族人供奉,也仅施惠于本氏族人。神的作用范围虽有宽有窄,但它们都是地域神、部族神即共同体神,而不是向世界和全人类开放的神。"岛国根性(精神)"的产生并贯穿于整个水稻农耕时代的这种日本思想,就来自此主义的影响。日本的政治和知识的逻辑在很早时也沾染上这种习性,在神道的神话式经验空间观念的支配下,日本人的势力范围观虽在理念上曾一度扩大到人类世界,如所谓的"八纮一宇"(四海一家),但始终未能形成像古代中国那样开放的世界观——基于五行思想的四神五方的神话空间和基于王道思想的五服九畿的政治空间。又由于"善"、"恶"是由共同体在经验上(根据不同场合的情况)决定的,所以古代日本从未产生过一种超越共同体的形而上或理想的道德规范。可以说古代日本人是将"真、善、美、圣"内化于自身共同体生活后才建构起自身的学问、道德、艺术和宗教的。进而言之,古代日本人是在他们所属的共同体不同时代的生活中寻求评价"真、善、美、圣"的标准的,而从未在其生活的外部寻求过永恒、普遍的真理。由此观之,作为神道思想和古代日本人价值观一部分的"大和魂",不可能也不会超出这个神道原理场的作用范围之外,它规定了其自身在过去很长一段时间,只能是某一历史阶段、某一群体内部、某些人乃至个人的"魂",而很难成为一种整体日本人甚或是全人类的精神。后来"大和魂"被统合成"忠君爱国"之魂，完全是明治政府操作的结果。"从日本战败后神道表现的情况来看，正如过去许多神道研究者所说的那样，皇国主义并不是神道的本质特征，而神道的共同体主义才是促使皇国主义形成的最根本的成因。"① 以此类说，"大和魂"本来也与"尊皇"无关。在此基础上我们还可以说，从战后"大和魂"的消沉和再度泛起的经过来看，所谓的战后新民族主义也不外乎是部分日本人的"共同体主义"思想，而不是民主主义思想的产物。

二

不过认真想来，石田一良的"函数主义"也有说明不足之处。在 $F(x)=Y$ 的语境中，既然是 $Y^1Y^2Y^3$ 除以 $x^1x^2x^3$，那么得出的数值就不会是一个 F，而是 $F^1F^2F^3$。换言之，神道的原质不会只有一个，而是有 N 个。不仅 $Y^1Y^2Y^3$ 和 $x^1x^2x^3$ 都是变数，而且 $F^1F^2F^3$ 也都是变数，而不是一个常数。这似乎在无意中告诉我们，由于那些拥有各自不同的神道原质心理的人都是日本人，所以这里所说的那些日本人就不可能是一群贯穿于整个历史的相同的人，而一定是一批分散的、各个种类或各自不同的"日本人"。回归到本书的语境，则可以说代表各阶段不同神道原质心理的"大和魂"，其实也不完全代表整体日本国民的精神，而多代表某个时代的某个人或某些人的精神，虽然有时其间也存在部分的传承或影响的关系，呈现出一些思想的共性。

这牵涉到何谓"日本人"的问题。现在我们在一些严肃的学术著作中，也会经常读到一些笼统、宽泛的"日本人论"和"日本文化论"，但细究起来即可看出，那些"日本人"在时间或空间上却体现出很大或较大的不同。例如，本书中从平安朝第一个阐述机会主义式"大和魂"的女官紫式部，……到幕末怀揣赴死式"大和魂"的吉田松阴，……再到当代鼓吹重振"大和魂"的学者和街头小混混等，其

---

① 石田一良：《日本文化史——日本人的心理与外部特征》，东海大学出版社1994年版，第268页。

身份、立场、主张都各有不同。且不说时代造成的差异，即便是相同时代的日本人，比如本书中大正民主主义运动时期的各"大和魂"论者，因其所处空间、思想、性格的相异，站立的角度或学科背景的不同，有的甚至是出自其自身独特的立场，故意对某现象做出符合其心愿的解释，或说"大和魂"有价值，或说其毫无价值，如同"天狗"，等等，也会显示出他们之间的巨大思想差异，所以到底他们中间哪个属于日本人，哪个又不属于日本人很难做出定性和回答。村田忠禧在与著者交谈时，就当今的日本人抨击他是本国"异类"和"败类"这个问题也说道："我也是日本人之一。我讨厌轻率地说中国人如何如何，日本人又如何如何。"① 就像没有铁板一块的中国（南方中国人和北方中国人之间至今仍有较明显的区别）一样，也没有想象和虚构的统一的日本，所以我们对当今的"日本人"观或"日本精神"论已到了需要加以重新审视和慎重思考的时候。其方法之一就是要建立起历史、变化、辩证的观点，摒弃固定、不变、主观的"日本人"观或"日本精神"论。

实际上，一些中国的前辈已给我们做出榜样，但现在似乎愿意听取他们意见的人还不多。比如，张建立在《日本国民性研究的现状与课题》一文中，就造成如今研究缺憾的四大原因之四时说过："从20世纪80年代开始，运用统计学的手法进行的日本国民性研究越来越占主流地位。""通过对这些历经数十年的调查数据进行分析的结果表明，日本国民性的有些特点变动很大，但也有些特点数十年来几乎没有太大变化。""运用统计学的方法……进行客观测定，从而获得一种文化中最具有普遍性和代表性的人格类型……有其值得评价之处……但还是不免令人担心其缺乏代表性，因为纵使研究者不是依据主观好恶或围绕一定观点收集数据，对其采纳的极为有限的调查样本而言或许客观性很强，但以通过极少的数据调查得出的结果……还是需要慎重下结论的。"② 这个所谓的"日本国民性的有些特点变动很大"和"担心其缺

---

① 时间是2013年7月，地点是川崎市国际会馆。
② 张建立：《日本国民性研究的现状与课题》，《日本学刊》，2006年第6期，第132—138页。

乏代表性"，其实与我们在上面所说的、不存在统一的"日本人"及其精神有相似之处。顺便要介绍，张建立所说的第一个原因是，从 19 世纪初开始到今天，"未经严密的资料考证和历史思索，仅凭印象直观地进行零散描述的日本国民性研究论著一直较多"；第二个原因是，"明治维新以来，……日本国民性的研究论著大多偏重通过与西方人的比较，来凸显日本的国民性"，"而且，当日本的国力尚不是很强大昌盛之时，特别是在日本学者中，发表论述日本民族劣根性的著作相对就要多一些……反之，当日本国力昌盛时，日本国民性的论著往往又会转向强调日本国民性的特殊性，并进而将这种特殊性视为日本民族优秀论的重要依据"；第三个原因是，"运用文化人类学方法的研究"忽略了"对历史文献资料的细致解读"。

另外，张建立对今后该如何从事相关研究的意见也值得我们倾听和参考："中日两国虽然在地理上一衣带水，却令很多日本学者也觉得日本人非但一笔难画，而且实在是数笔亦难画。""其主要原因是日本研究人员（按：是否也包括中国研究人员？以下夹注亦为引者做出）对两国社会历史和中国文化本身缺乏了解所致。"现在"依然有必要采纳比较研究的方法"，"摆脱传统的地理政治学的影响，加强对社会历史因素的分析"。并且"不应只成为对既存文化现象的追认式分析，而应对创造日本文化的想象力进行历史性的追根溯源的研究"。[①] 张建立还强调，现在"所有的先行研究都是以'日本国民性'（于我们而言是统一的'日本人'及其精神）必然存在为大前提而进行的。那么，所谓的日本独特的国民性是否真的存在呢……退一步讲，假定所谓的日本独特的国民性确实存在，那么在全球化突飞猛进的今天，……日本的国民性会是一成不变，还是会被赋予更多的时代特性呢？"总之，这些话讲得很委婉，但却极其深刻而有远见，其观点同样适用于对"日本精神"的研究，故我们将历史上不存在"统一的日本人"及其"精神"，作为第一个总结论派生出的第二个总结论。

[①] 张建立：《日本国民性研究的现状与课题》，《日本学刊》2006 年第 6 期，第 141 页。

三

既然要对比研究，那么中国等东北亚国家就应该进入我们的视野，对东北亚国家间的相互影响，主要是中国对日本的影响的思考必不可少。如此一来，则"大和魂"是否纯粹的"日本精神"也将成为问题。

从宏观上说，在大陆文化进入日本之前，日本有所谓的绳文文化，而弥生文化则是大陆文化在绳文文化的基础上与其融合而成，变为所谓的"日本传统文化"的。这时的大陆文化应以中国的秦汉文化为主，包括汉字及包孕其中的思想，后来日本将中国学问等称为"汉才"就因为如此。也就是说，日本所谓的传统弥生文化已经包含了中国的秦汉文化。隋唐后，日本大规模引进中国的儒家文化和印度的佛教文化，形成所谓的平安文化。换言之，平安文化混入了中国秦汉和隋唐的文化等。不过以当时的眼光看平安文化，和汉分野还比较明显，但从镰仓时代一直到江户时代前期，日本风行"三教融合"后，孰汉孰和已经不很清晰。幕末明治维新前夕，这种混合中日两国文化的思想又成为佐久间象山等人眼中的"东洋道德"，有人将它混称为"和魂"。这说明孰汉孰和在这时已无人留意去分清，"和魂"的概念也因此变得不单纯。

而"汉才"也不单纯，自平安时代中期始，紫式部及之后的日本人都一厢情愿地认为，它是秦汉及以后的中国学问，但事实是它不仅包括了中国的技术、器物，而且还融入了中国的制度、文物及思想。在中日两国文化融合之后，实际上"和魂"中已融入"汉才"乃至"汉魂"的因子。[①] 用平川祐弘的话说就是："幕末以降和魂洋才的和魂内容，则指摄取儒教道德从而发生变化之后的日人精神……此时的和魂与（佐久间）象山的所谓'东洋道德、西洋艺术'中的'东洋道德'相当，已不再是和魂汉才中的和魂，毋宁说与和魂汉才总体相当。和魂即

[①] 此间部分观点受到李翔海和刘岳兵的影响，见《"中体西用"与"和魂洋才"比较申论（一）》，2009 年 3 月 27 日，http：//www.blog.sina.com.cn/s/blog_4a03cbc30100cwls.html。

总结语代跋

随时代变化而变化的产物。起源于外国的价值观念作为一种精神内容被无意识地作为'我物'得到同化,并包含在和魂之中。"① 质言之,所谓的"日本精神"包括许多中国精神。

不仅如此,"日本精神"还融入了欧美精神。从佐久间象山所说的"依程朱之意,则洋学皆吾学之一端,本非他物"一语来看,他很早就认为"洋才"与"和魂"(即和魂汉才)同出一系。在这方面,还是丸山真男总结得好。在《日本的思想》前言"所谓的'传统'思想与'外来'思想"一节中,他坦率地说:其实"传统的思想"指"儒教、佛教和与此融合发展起来的神道或江户时代的国学等",它们一道与"外来的思想(在此则指欧美国家思想)"融合也已构成新的传统,在日本"传统化"了。"即使是翻译思想,甚至是误译思想,也相应地形成了我们思考的框架。"② 对此丸山既不悲观也不乐观,说"我们不要只是悲叹或美化自己所处的位置,而应首先敢于正视这种现实。我们只能从这一现实出发"③,去建构日本的新的思想。

从微观上说,即使是从本书第二章折口信夫所暗示的日本部分"魂灵"观的起源地——日本海西岸的某地,以及第三章紫式部、赤染卫门等人使用的所谓代表日本精神的"大和魂(心)"等语汇,也无不可以看出中国思想的影响。④ 另外,从镰仓时代一直到江户时代前期的多部《源氏物语》注释书,特别是江户时代前期北村季吟注引九条稙通的"和国魂 和才魂魄也 孟广学唐土之文亦可知日本之事也"一语,和柳泽吉保建筑的"六义园"(此"六义"指《诗经》的六种创作手法),以及江户时代的若林强斋、大国隆正的"忠孝"式"大和魂"等来看,其间也融入了许多中国思想。本居宣长一直希望"纯化"日本文化,但就是这样的人也说:"不以儒治则难治时就以儒治国,无佛则

---

① 平川祐弘:《和魂洋才的谱系——从内部和外部看明治日本》,河出书店新社1987年版,第35页。
② 丸山真男:《日本的思想》,岩波新书1961年版,第8页。
③ 同上书,第29页。
④ 日本原有的宗教观念似乎是"Mono"(即"物"),而不是"神、魂"等。从"物"到"神、魂"等之间似乎存在一种有体系、成规模的宗教概念置换过程。详见本书附录。

不能成就时则以佛治国，此皆其时神道也。"① 换言之，神道非儒即佛。明治时期日本东西方思想融合的现象更为明显，就此丸山举出的事例是："从纪平正美到鹿子木员信，无论多么大牌的国粹主义思想家，如果仅仅依靠《回天史诗》（藤湖东田）和《靖献遗言》（浅见絅斋）的语汇和（思想）范畴，都无法展开他们的宏论。甚至连蓑田胸喜的激越'思想斗争'也充满着引自威廉·文德尔班②和阿尔弗雷德·罗森贝格③著作的话语。"④ 实际上，写出《风土论》的和辻哲郎及分别提倡"大日本魂"和"国家魂"的海老名弹正和吉野作造等，他们也无不是在西方话语框架中融入自己的"日本思想"的。伊藤博文为制定宪法在某次国会的发言最能说明此问题：欧洲的宪政不仅历史悠久，而且有宗教作为其"机轴"，但日本的宗教势力微弱（按：换言之，是缺乏自己独有的思想传统），佛教、神道皆无法担当此重任，因此最终能作为"机轴"的唯有皇室（及尊皇思想）。⑤ 可见伊藤博文在日本近代化的过程中，是将尊皇思想（多可换说为"大和魂"）等同于西方的"宗教"的。因为天皇制也没有明确、固定的思想内容，如同神道教，具有混杂和广泛包容的特点，也适于融入他人想融进的其他思想，包括儒教的"忠君爱国"观等。

虽然日本自江户时代中期开始试图去中国化，其急先锋式的代表性话语就有"大和魂"论，但具有讽刺意义的是，中国思想却参与了"大和魂"的形成和发展的几乎全过程，时常与该魂出双入对、形影不离，处于一种剪不断、理还乱的关系。在中日两国现代思想兴起的话语内部，彼此间更有着挥之不去的粘连。根据以上分析，我们的第三个总结论，是"大和魂"并非纯粹的"日本精神"。

---

① 村冈典嗣编：《初山踏、铃屋答问录》，岩波书店1991年版，第69页。
② 威廉·文德尔班（Wilhelm Windelband, 1848—1915），德国哲学家，海德堡大学教授，新康德派代表人物。中国有其《哲学史教程》的译本出版。
③ 阿尔弗雷德·罗森贝格（Alfred Rosenberg, 1893—1946），德国政治家、思想家，国家社会主义德意志工人党对外政策全国领导人。
④ 丸山真男：《日本的思想》，岩波新书1961年版，第8页。
⑤ 伊藤博文审议《帝国宪法草案》时的发言。转引自丸山真男《日本的思想》，岩波新书1961年版，第76页。

四

中国思想参与了"大和魂"的建构，但该魂却从未放弃对中国思想的凝视，有时表现出对它的认同，有时则显示出对它的仇视。然而无论如何，中国思想始终是参与日本文明建设进程中的一部分。我们无意妖魔化"大和魂"，给它贴上各种标签，相反却认为，它应该得到一定的正面评价，毕竟它是日本人在运用部分中国思想建构出的自身价值的另一部分。不过同时我们也要指出，"大和魂"亦带有许多负面的因素，虽说这些因素并非其主流，但也并不值得像部分日本人那样对它无限地夸赞。由于从某种意义上说，"大和魂"还是日本民族在走向统一国家后和近代国家时创造出的精神图腾，所以这里需要为其立像存照，俾使包括当代日本人在内的世界人民能够一道做出回顾和反思，以警醒现在及未来的日本。

据我们不完全的观察，这个图腾的表皮带有许多斑点。首先可以看到的是民族主义（包括国粹主义）的斑点，其次是机会主义（包括反体制主义）和超国家主义（侵略有理论）的斑点，等等。这些斑点虽然色泽各有不同，但与神道的原质几乎都不存在太大的色差。

1. 民族主义。日本在建立统一国家后，势必会产生国家意识和寻找自身"本体思想"的意识以及民族自豪感，并在这些观念的支配下，产生对其他国家特别是对日本产生重大影响的中国进行对比的意识，这时"大和魂"的诞生可谓正逢其时。平安朝女官紫式部为自己及乃父能更好地生存下去，提出要在必要的时候发挥"大和魂"。这并无大错，但她却在无意间将"大和魂"视为一种与"汉才"异质并可与之对比的精神，由此开始误导了后人。《今昔物语集》"卷第廿九"中清源善澄被讥"汉才堪称精妙，和魂尽付阙如"，表明的也是这种对比精神及对后者的肯定。赤染卫门俳谐歌的"大和心"则强化了对"汉才"的优势。进一步在平安时代后期汉学权威大江匡房的嘴里，作为对比物的"汉才"已属可有可无的东西，而仅凭"大和魂"即可治天下，日本的民族精神由此得以确认和固化。到江户时代，这种对比意识逐渐向对抗意识发展。在"国学家"眼中，"汉才"已成为有害于日本的学问

"大和魂"史的初步研究

和思想，必须将它从日本文化中清除出去。如果要保留，那么至少也要让它待在能服务神国的范畴之内，而"大和魂"则一跃急升为可代表日本与"汉才"对抗的有价值的精神工具。"大和魂"在此时的被重新发现和"日本中心主义"意识的兴起，表明"汉才"的地位在不断走低，而日本的本土意识即民族主义和国粹主义意识则持续上扬，并最终形成了日本文化"特殊"和"优越"的思想基础。幕末时期，日本出现民族危机，于是各"和魂汉（洋）才"论者在主张引进西方军事技术等的同时，还提倡要坚持东亚式的封建制度和道德思想，向中国意识做短暂的回归。明治维新后日本为继续自保和发展自己而"脱亚入欧"，基本上与"汉才"告别并重新青睐"大和魂"，当然"洋才"在这时更是必需的。此后"大和魂"带有的对抗意识进一步向"对打"（甲午战争）进而向"单打"（发动侵略中国内地的战争）的方向转变，开始暴露出其凶恶的一面。从这个角度说，"大和魂"所体现的"神道思想"或许并不内生于丸山真男所说的日本文化"古层"[①]当中，而是原始社会各民族共有和日本在对外文化交流后创造出来的思想的多种思想的混杂物。这种应激式文化思想的发展，后来在慢慢推动日本的民族主义或国粹主义意识由弱走强——在日本还很弱小时仅体现出本土意识，当后来日本逐渐强大后，则演化为自身"特殊"和"优秀"并因此可攻击、侵略他国的极端民族主义意识。

此外，在日本锁国期间和近代的大部分时期，"大和魂"还具有保守、狭隘和自我优越的特征。所谓的自我优越即肯定自身的优点，具有一种对外来思想非肯定和非善意的基调。尽管日本某些人有时也会提倡"和魂汉才"或"和魂汉洋才"，但所谓的日本意识通常会优先于当时的外国意识，并不时地以"神国"、"尊皇"的思想表露出来，而这些思想意识最终也都汇入民族主义和国粹主义的思想浪潮之中。令人费解的是翻滚于此浪潮上的还有一朵朵奇异的浪花，它可以帮助我们更加清晰地看到，近代时日本民族主义和国粹主义对社会的影响是如何深入与广泛，连基督教人士也不能置身事外。这朵朵浪花就是海老名弹正、新

---

① 日本文化"古层"是一个非常蹊跷的概念，即使有所谓的这个"古层"，但丸山真男、梅原猛等人也未说清它到底属于一个什么东西。

渡户稻造，以及卫理公会派的牧师平岩愃保①等人。平岩愃保的传教名言很多，其中一句是："在根绝日本固有思想的基础上，培植外来思想是件极其危险的事情。接受外来文化但不能损害原有的日本文化，不能改变日本的精神。日本的精神归根结底就是追求大和魂。"② 平岩还在日本欧化主义者开展废除日语、使用罗马字的运动中，提出要使用日本"神代文字"的主张。③

2. 机会主义。镰仓时代的僧侣慈圆是主张权变主义，准确地说是机会主义的理论大师，从他推崇的"摄政"藤原忠实的身上，我们自然也可以看到一种机会主义的精神。由于"摄关"时代的"大和魂"等与"汉学知识教养"或"宗教伦理道德"无关，属于一种被宫廷人士褒扬的、可自由豁达、随机应变地处理现实问题，包括政治、经济问题的精神能力，所以这种能力的进一步扩张，很容易形成所谓的机会主义包括反体制主义的主张。究其根源，是因为中国文化和日本文化在某些方面存在难以协调的矛盾。"在平安时代初期，日本在表面上坚持律令制的政治方针，但在实际运作的层面则不断根据日本的国情对律令制度进行调整。如何对这种名义的政治和实际的政治进行平衡，是当时有能力的大臣被赋予的课题。不久，这种'反律令体制'的思想和闺阀政治联袂进入'摄关'时代。如此一来，宫廷人士最紧迫的任务，就是需要具备超出（汉学）学问的实际能力。大和魂自觉的背景，就活跃着这种'反律令体制'的思想。……近世时被人重新发现的大和魂，与当时的'反幕藩体制'思想也很容易结合起来。"可谓"日本人思维方式的底层，活跃着一种强烈的'现实即存在'的现实主义（即机会主义）的精神"④。另外，在解决实际的人生问题和人际关系时，所用的"大和魂"等也多半会显现出一种谋求个人或同族集团利益的功利主义和机会主义态度。紫式部"劝学篇"中的"汉主和辅"式"大和

---

① 平岩愃保（1857—1933），1870年进东京府立洋学校学习西方知识，1873年进入开成学校（东京大学前身）理科，1875年接受加拿大卫理公会传教士乔治·柯克兰（George Cochran，1834—1901）的洗礼，成为该教会的牧师。
② 仓长巍：《平岩愃保传》，教文馆1938年版，第210页。
③ 同上。
④ 斋藤正二：《"大和魂"的文化史》，讲谈社1971年版，第300页。

"大和魂"史的初步研究

魂",植根的是功利主义和机会主义精神,而针对天皇自己先破坏律令制度建立"院政",而推出"大殿"制度的藤原忠实,其好斗的"大和魂"植根的也是功利主义和机会主义精神。因此在这些"大和魂"宿主的脑中,不存在为社会整体的福祉和幸福奋斗的思想。其结果,如藤原忠实,在客观上还加快了"摄关"制度的灭亡。宣长也认为:"行道,乃大君与某人之职责,非学者之责任。学者之责任乃思道寻道。"[①]并要求"位于下者,无论道之好坏,仅需秉承上意去做则可"[②]。"守公家时有变化之规定,从世间之风俗礼仪,即神道。"[③] 换言之,即一种被治者的从动加机会主义式的"大和魂"。至明治时期复兴"大和魂"时,在许多政经界人士的眼中也只有"家制国家"的利益。日本在战后取得高速经济发展的过程中所显示的"经济动物"的能力,其"祖型"也在于这个"大和魂"。

另外,江户时代的"国学家"还将"大和魂"打造成一种意识形态,明治政府建立后承接这种思路,让天皇在日本近代化过程中扮演西方的"宗教"角色,这种"宗教"的内容无疑就包含人为创设的"国家神道"和"大和魂"。按丸山真男的说法,所谓的天皇制"国体"实际上是一种思想的假象。因为天皇制本身并非带有明确思想内容的宗教,而却如上述"函数主义"式的神道教,有着无限生成、包容的特征。这同样也会导致政治上的机会主义,就像本居宣长一语道破的那样,"不以儒治则难治时即以儒治国,无佛则不能成就时即以佛治国,此皆其时之神道也"。如此则不难想象,为何这种天皇制"国体"会让日本在20世纪30年代与法西斯主义沆瀣一气。这种机会主义的"国体"其实也由与"神道生成逻辑"共为逻辑的"大和魂"习性所使然。

确实,"'大和魂'本身不是按照'主人'的模样被创造出来的,因此它要不断地寻找'主人'。此即所谓的'二流'精神能力,有时它甚至堕落为一种'奴隶'意识"[④]。这种"不断地寻找'主人'""的

---

① 本居宣长:《玉胜间》,《日本思想大系40》,岩波书店1972年版,第293页。
② 同上。
③ 本居宣长:《葛花》,《本居宣长全集8》,筑摩书房1972年版,第593页。
④ 斋藤正二:《"大和魂"的文化史》,讲谈社1971年版,第304页。

'二流'精神能力"和奴隶意识,其实就是机会主义思想的另一种表述。不仅如此,"大和魂"在明治至昭和时代之所以要投政府所好,变身为侵略性的"武士道",也自有其内在的规律在起作用。

3. 超国家主义(侵略有理论)。日本从明治时期开始到现在,出现过数不胜数的日本"国民性论",其中无不充满自夸自赞之词,著名的有芳贺矢一的《国民性十论》。不过从该"十论"——"忠君爱国、尊崇祖先重视家名、讲求现世务实、热爱草木喜欢自然、乐观洒脱、淡泊潇洒、精细纤巧、清静廉洁、重视礼仪、温和大度"中,实在看不出它们与中国的民族性有多大差别。与之相反,却有一个日本人对本国的民族性做过毫不留情的批判:"日本人喜欢战争。"这个人就是身为政治家的植原悦二郎(1877—1962)。

植原毕业于美国华盛顿州立大学(1907),之后又到伦敦大学研究生院学习,但未获得硕士学位(1910)。在美国留学期间还兼任《日美商报》报社社长,具有较明显的西方自由民主思想。回国后历任东京高等工业学校、明治大学、立教大学教授。1917年(大正六)参加众议院议员选举并顺利当选,之后还连续8次被选为众议院议员。植原先后从属于立宪国民党、[①] 革新俱乐部[②]和政友会,因党派(政友会)的关系,在昭和时代之初被推荐到田中义一[③]内阁任"外务参与官"[④] 和外务次官。1932年担任众议院副议长,1940年组建反"大政翼赞会"

---

① 立宪国民党,明治时代末期到大正时代的政党,成员多为城市中间阶层人物,在野党色彩浓厚。1910年3月13日在合并了宪政本党、又新会、无名会和旧戊申俱乐部的一部分成员后建立责任内阁,主张适当发展军备、反对官僚主义、推进地方自治、重整税制、奖励推进农商工业等,自我标榜是"民党主义"。

② 革新俱乐部,立宪国民党的后身,由犬养毅、尾崎行雄、岛田三郎等人于1922年11月8日建成,与立宪政友会、宪政会一道开展过第2次护宪运动。1925年5月10日在总会上决定与政友会合并并自行解散,尾崎行雄等合并反对派于该月30日组建"新正俱乐部"。

③ 田中义一(1864—1929),长州藩藩士之子,军人、政治家。陆军大将,原内阁陆相。1925年(大正十四)任"政友会"总裁,1927年组阁,推进对中国强硬的外交政策,并悍然出兵山东。在处理暗杀张作霖事件问题时内阁总辞职。曾推出"田中义一首相奏折",其中具体阐述了1927年"东方会议"决定的所谓的"满蒙政策"。

④ 于1924年(大正十三)与政务次官一道设置于内阁各省的政务官。接受大臣命令,参与和帝国议会的联系工作及其他政务。1948年被废止。

"大和魂"史的初步研究

的"同友会"①，1942 年在"翼赞选举"②中落败，显然与他的反战意识有关。战后植原就任第一届吉田茂内阁国务相和内相，还兼任自民党顾问，著有《日本民权发展史》和《通俗立宪代议政体论》等。上述"日本人喜欢战争"的著名论断，就出现在后一部著作"第十四章 我立宪待议政体的前途"当中，原话是"（1）总之日本人喜欢战争。日清（甲午）、日俄两次战争的胜利，进一步刺激了日本人的战争情绪"③。

除批判"日本人喜欢战争"外，植原还在该章给日本民族性下过其他论断，又可谓惊世骇俗：（2）不根据逻辑思考问题，仅做感情式的判断；（3）说话不直接，性格阴险；（4）善于说谎，不遵守约定；（5）不研究事物和思想深处的精髓，仅模仿外表；（6）缺乏独立自尊的气概，仅依附、服从外部；（7）讨厌或不善于直率的相互批评；（8）不尊重人，而是以社会阶层和金钱判断人或与其交往；（9）理想程度低，只关心眼前的个人利益，对社会或人类不关心；（10）不注重实际，只重视外表，矫饰心、虚荣心强；（11）无法从历史中学到东西，任意抹杀和篡改历史事实。④ 植原在一一指出这些日本的民族性后最后总结："总之一句话，没有常识。"这里所说的"常识"，不是"知识"的意思，也与奥村伊九郎所说的"常识"无关，而是有"良知、

---

① 同友会，第 2 届近卫文麿内阁为推进"新体制运动"于 1940 年 10 月创建的政党，其目的是将国民各阶层有实力的成员集合起来，建成一个能与遂行"总力战"、试图实现一国一党制的军部相对抗的强有力国民组织。

② 1942 年 4 月 30 日东条英机内阁举行的第 21 届众议员选举。东条内阁为完全操纵议会，将贵众两院、大政翼赞会、财界、帝国在乡军人会、舆论界等代表组成的"翼赞政治体制协议会"（会长阿部信行）及其各道府县支部联合起来，设立由这些人提出的候选人推荐制。

③ 植原悦次郎：《通俗立宪代议政体论》，博文馆 1912 年版，第 232 页。

④ 同上。原文是：（1）日本人はとにかく戦争が好きである。（2）論理的にものごとを考えず、感情的に判断する。（3）ものを率直に言わず、陰険である。（4）平気で嘘を言う。約束をやぶる。（5）ものごとや思想の奥にあるものを研究せずに、形だけを真似る。（6）独立自尊の気概が乏しく、依存的で服従的である。（7）率直な相互批判が嫌いで不得手である。（8）人を人として大事にすることをせずに、階級や金銭で人を測って接する。（9）理想が低い。目先の自分の利にしか関心がなく、社会とか人類とかに対する関心がない。（10）事実よりも外見を重んずる。虚飾・虚栄心が強い。（11）歴史から学ぶことができない。歴史の事実を抹殺したり改ざんしたりすることが平気である。

· 1056 ·

判断力"等（common sense）的意味。

这些论断写于1912年，但其中第（11）种日本民族性的论断却具有穿越历史的洞察力，日本在二战后的种种表现充分说明该论断的预见性和精确性，小泉纯一郎、安倍晋三等人正可谓这类日本人的代表。然而仔细对照，其中似乎有不少论断也适用于对中国乃至世界许多国家民族性的说明。再说日本也有各种各样的人，所以这些论断是否都准确反映出当时日本大多数社会成员所普遍具有并重复出现的价值取向及相应的行为方式等并不好说。仅就"日本人"是否"喜欢战争"这个问题，我们也需要找出一些能持中间立场的代表性人物（不过其是否确有代表性我们仍无把握），让他们来说明日本人是否天生就具有侵略性。并且最好他们都论述过"大和魂"。

我们首先想到的是菊池宽（1888—1948）和桑原骘藏（1871—1932）二人。之所以选菊池宽，是因为他参与政治的程度不高，只是一个知名的文艺家，[①]并具有一定的民主思想，谈论过"大和魂"。他在其历史散文《二千六百年史抄》中提到过日本民族素有"进出"海外（侵略他国）的习性一事。虽说菊池宽是受到日本内阁情报局刊物《周报》杂志社之请写出以上文字的，有照顾国家政策情面而带来的夸张一面，但其中也流露出他的真实历史观。另外选桑原骘藏，是因为他乃日本东洋史京都学派知名学者，参与政治的程度更低，也谈论过"大和魂"。[②]

按菊池宽的说法，日本民族性最显著的有两点，"一点是对皇室笃厚的忠义心，即忠君，另一点是拥护国家权利或扩张的理念极深，即爱国。忠君、爱国此二精神是我国建国以来的历史传统"[③]。这里谈到"扩张""历史传统"，换言之，就是侵略的传统。这个说法与桑原骘藏的论调如出一辙："神功皇后之雄图大略于钦明天皇时代前后衰颓，我

[①] 菊池宽除写小说和剧本外还成功地经营过出版业，于1923年创刊《文艺春秋》这份著名杂志，并创建了日本文艺家协会，设立过"芥川奖"、"直木奖"、"菊池宽奖"，甚至还作为日本电影公司"大映"的总经理参与过电影事业，时称"文坛大佬"。

[②] 参见本书第十一章 第一节"对'大正'年号意思的不同解释"。

[③] 菊池宽：《二千六百年史抄》，《菊池宽全集》第十八卷，高松市菊池宽纪念馆、文艺春秋社1995年版，第214页。

"大和魂"史的初步研究

于朝鲜之宗主权一度消失，但……我国绝不与朝鲜平等交往，……惯例是日本之君主称天皇，朝鲜之君主称王……此想法始终遗留于日本人脑中。德川时代国学兴盛，……此想法得到进一步加强。明治维新后于朝野引起大讨论之'征韩论'，与此有间接之关系。"①

古代时国家间相互侵略的事例屡见不鲜，不值得夸耀。镰仓时代日本遭受元军侵略进行反抗也属正当的事情，但让人不解的是，菊池宽认为在反抗后日本也有理由对外侵略。"击退元军提高了我国民的民族自觉性，也唤醒了他们向海外发展的雄心壮志。对击败世界最大、最强国家蒙古的国民来说，之后再也没有什么可恐惧的事情。此后日本的海盗开始出没在朝鲜和支那的沿海。"这是因为"日本民族的本能之一，就是经常向海外发展。由于后来德川幕府的锁国政策，海盗停止了前进的步伐，十分遗憾"。但即使这样，"德川幕府时代在吕宋、安南、暹罗等地也有日本的殖民地，那里被称作'日本町'。据说在宽永年间（1624—1644），于暹罗等地的日本侨民有八千之众。山田长政②在当时非常活跃，因为要指挥那些日本人"③。

总之，菊池宽对丰臣秀吉的战略意图不清和德川幕府的锁国行为都表现出遗憾："秀吉出兵朝鲜，其目的意识不清，仅表现出他的进出大陆的思想，极为遗憾。秀吉十分清楚贸易之利，如果他不出兵半岛等地，而是给予在南方（实为南洋——引者注）的日本侨民以国家保护，那么日本在南方的发展将多么引人注目。失去此机会实在可惜。""如果没有（江户幕府）锁国令的桎梏，日本民族按自身进取的本能继续向海外发展，那么在两三个世纪之前，南方一带就可以归属我国版图……"④ 菊池宽两次提及的"日本民族的本能"，其实就是向海外侵

---

① 桑原骘藏：《东洋史上所见明治时代之发展》，《太阳》第十九卷第一一号，博文馆1913年版，第67页。

② 山田长政（？—1630），江户时代初期的海外滞留者，通称仁左卫门，1612年（庆长十七）左右赴暹罗（今泰国），成为当时该国首都大城府（另一中文译名：阿育他耶府）"日本人町"头领，或协助泰王镇压该国内乱，或试图与日本建立关系。泰王殁后被六昆里戈大臣疏远，在某次战斗中负伤后遭毒杀。

③ 菊池宽：《二千六百年史抄》，《菊池宽全集》第十八卷，高松市菊池宽纪念馆、文艺春秋社1995年版，第215页。

④ 同上书，第217页。

总结语代跋

略的本能。

作为结论，菊池宽提议："维新后日本民族再次开始向海外发展，但三百年的负面遗产对我等来说是相当不利的。日本人应当克服此不利条件，发挥不亚于祖先的勇气，向海外迈进。"① 如此赤裸裸的言论，足以暴露出日本长期以来的侵略野心。文人、学者如此，其他一般社会人群、政治家和具体指挥和参加海外军事行动的军人的想法更无须多说。他们所说的部分"大和魂"也正表明了这种侵略思想："无涯绿野风吹劲/直指战旗大陆红/日本意气高万丈/军人最具大和魂"（《大陆进行曲》第6节）；"看我钢盔/其形虽然有变/但连接先祖的头盔/内装大和魂"（《士兵之歌》第2节），为了是"踏上万里长城/高唱胜利万岁/日丸旗飘扬在东方上空"（《士兵之歌》第4节）；海上方面也没闲着，"大海大海，燃烧的大海/胸中紧抱大和魂/皇国海军踏破千里波浪"（《进军海上》第4节），最后"快看定远舰沉了/快看来远舰沉了/炮声响彻威海卫/此地迟早属我国"（《水雷艇夜袭》第6节）。不光如此，下一步则是将整个中国纳入日本版图："破敌关门口/全歼彼海军/我目标尚有/彼四百余州"（《水雷艇夜袭》第8节）。甚至有日本军人还流露出向世界更多地方"攫富"的愿望："瞻仰军舰旗/舳镌菊花纹/太平洋，我之海"（《太平洋进行曲》第3节）；"我祖复我祖/以命作赌注/太平洋资源/更可供开采"（《太平洋进行曲》第4节）；"潮起更激动/飞沫何风采/海子摇船脚/声响太平洋/张口作长啸/振兴亚细亚"（《太平洋进行曲》第5节）。回看以上种种叙述和军歌，以"大和魂"为代表的日本侵略野心于此一览无余。

尽管如此，我们对植原的"日本人喜欢战争"的民族性论断仍是将信将疑。因为有不少的民族性不是一个常数，而会随着时代变化而变化。因此与其讨论这一类的民族性，不如就日本的侵略野心做些分析。它可能来自三种原因：除秉承古代世界无国家主权概念、崇尚丛林法则的余风外，还由于日本自明治时代起受到西方殖民主义者榜样的激励。"即便是在欧洲，国际贸易之滥觞亦为海盗。当时日本若有具慧眼的武

---

① 菊池宽：《二千六百年史抄》，《菊池宽全集》第十八卷，高松市菊池宽纪念馆、文艺春秋社1995年版，第217页。

"大和魂"史的初步研究

将政治家,对此八幡船队(倭寇船队)的活动加以管理和指挥,则日本的势力或许在数百年前即可延伸至支那大陆和南方(南洋)。"① 另一个更重要的原因,就是日本受天然资源禀赋的制约,长期以来一直受到贫穷的困扰。日本影片《望乡》(原名《三打根第八号妓院》)要告诉人们的,就是此问题的一个缩影。其实旅居在吕宋(菲律宾)等地的众多日本人,并不是山田长政领导的那些出色武士,而多是靠出卖身体赚钱,给家乡寄去生活费的妓女。明治维新成功后,日本政府为获取外汇,仍然在很长一段时间默许这种行为。只是到日本取得第一次世界大战的胜利,在东亚地区可以和西方列强平起平坐之时才以"国耻"为由,取缔了这种海外卖淫的做法。另外,明治政府为解决国内的经济、社会问题,还在对外输送卖淫人员的同时,有组织、大规模地向巴西等国移民,并于此前后策划、发动了甲午战争和日俄战争,用武力侵占中国的台湾、"满洲"部分地区和朝鲜的大片土地,以为本民族创造一个较好的生存环境。

回顾这些史实,目的不在于为日本辩护,而旨在说明,为了生存,日本的一些人乃至政府做出一些丑恶乃至暴力的行径,可以得到人们的部分理解。其实不光是日本,大凡个人或组织为了生存,有时也会不择手段,体现出机会主义或崇尚暴力的一面,但让我们不好接受的是,几乎所有过去这样的个人或组织,于其生存环境好转后,又会注重自己的体面,说我是因为"特殊"和"优秀"才有了今天。所以今日的日本人及其政府,既无须为自己过去的贫穷及其带来的行为感到自卑,也无须为明治时期或二战后经济腾飞带来的成就感到自负,说这些成就都来自日本民族及其"大和魂"的"优秀"。其实能生存、发展到今天的民族,尤其是有几千年历史的民族,都犹如现代人所说的"百年老店"那样优秀。另外一个原理或概念也很重要,即文化本身无所谓什么"特殊"或"不特殊",因为任何一个民族的文化相对于其他民族的文化都是特殊的;也无所谓什么"优秀"或"不优秀",因为任何一个能生存、发展下来的民族的文化都必定经过历史的考验,自有其优秀的一

---

① 菊池宽:《二千六百年史抄》,《菊池宽全集》第十八卷,高松市菊池宽纪念馆、文艺春秋社1995年版,第219页。

面。所谓的"特殊"和"优秀"论调,其实都或是单方面的自夸自赞,或出自某种政治目的。

有两点我们不要忘记,一点是"日本民族优秀论"的源头,实际上来自日本民族的危机。据我们所查,最早说"日本民族优秀"的是宏觉禅师①。元军进攻日本时,这位禅师"六十三日蛰伏于一室,在诅咒蒙古灭亡的同时吟咏:'末世之末复又末,我国优秀于万国。'"② 这代表着当时(日本)国民性之自觉与欣喜"③。另一点是近代所谓的"日本民族优秀论"乃日本对外侵略的一个理论工具。这种"优秀论"和"侵略有理论"的合体就是"大和魂":"笃胤的子孙落合直澄的弟子,且是日本基督教领导人、著名的国文学家宫崎小八郎,在日本不断取得日中战争的胜利,并在突入太平洋战争后的1942年发表了《神代的文字》一书。他说日军能在关岛、菲律宾、马尼拉、马来半岛、上海方面连续取得胜利,不外乎就是因为日本军人具有大和魂精神,而且有神代文字。"④ 实际上,"日本民族优越性"还像丸山真男在《日本的思想》中转引的罗素的那一句话:"欧洲文化相对于中国文化的优越性,并不是基于但丁、莎士比亚、歌德比孔子、老子占优势,而是基于这样一个更残酷的事实,即平均起来,一个欧洲人杀死一个中国人要比相反的情况更容易一些。"⑤ 和欧洲一样,近代日本的优越性也是建立在"一个日本人杀死一个中国人要比相反的情况更容易一些"这个现实当中。

遗憾的是,如今却有人对这种优越的"大和魂"怀念、赞美不已,如田中英道、伊井春树、小田全宏、神谷宗币、与国秀行等人。他们可能都没有想到,这种狭隘的价值观和民族主义、国粹主义、机会主义、超国家主义的主张,在适当的条件下,还很有可能成为极端民族主义精

---

① 宏觉禅师(1225—1277),镰仓时代中期的临济宗僧人,播磨国(今兵库县西南部)出身,宏觉禅师是其谥号,生前的法名是东岩慧安,元军进攻日本时为日本国祈祷,同时吟咏出一首和歌,后来被收录于《爱国百人一首》(第37号)。
② 原歌是"末の世の末の末まで我国はよろづの国にすぐれたる国"。
③ 菊池宽:《二千六百年史抄》,《菊池宽全集》第十八卷,高松市菊池宽纪念馆、文艺春秋社1995年版,第217页。
④ 同上书,第213页。
⑤ 丸山真男:《日本的思想》,岩波新书1961年版,第132页。

"大和魂"史的初步研究

神再次被点燃的导火索。因为纵观上述"大和魂"史,其中的概念虽然都不明确或不很明确,但在大多数期间,却始终有两种精神贯穿其中,前者可称为"民族主义精神",后者可称为"超国家主义膨胀意识"。这些精神和意识在许多时候,都含有一种或明或暗的对比、对抗、对打、打人的思想倾向,而"中国始终是一个日本人不能忘却的他者"①。即使从赖山阳的贬抑"唐人"和"本居宣长的批判'汉意'"所能看到的那样,尽管现实中与中国的政治、经济关系很淡薄,但近世日本的知识分子仍然不断地拿日本与中国相比,要和中国竞争。虽然夸耀了本国,否定了中国式的思想和风俗,但正因为如此,反而不能忘却中国的存在"。而且"这个'不能忘却的他者'一般是爱憎并存的双重性存在,保有劣等感的一方强烈地意识到对方"②。到明治时代至二战时,来自"和"思想的"大和魂"拥有者却对"和"思想的输出国反目成仇,大打出手,给中国人民造成深重的苦难。如今田中英道、伊井春树、小田全宏、神谷宗币、与国秀行等人又重提"大和魂",并试图以此重建一种反理性的人生存在方式,恐怕是没有认识到"大和魂"的本质,以及它在今天是否有普世价值。与他们相比,加藤周一无疑是清醒的。他也讨论过"何谓日本人"的问题,但人们若将他的"日本人"换说成"大和魂",其意义同样熠熠生辉:"这一问题之所以被反复提出,无疑是因为'日本人意味着什么'这一点并没有弄清楚。而'日本人意味着什么'之所以弄不清楚,实际上是因为我们作为一个民族'希求什么'这个问题没有弄清楚。"③ 据此我们可以进一步认为,为了弄清"希求什么",就不能忘记、更不能混淆"曾经是什么"。田中英道、伊井春树、小田全宏、神谷宗币、与国秀行等人更没有意识到,实际上日本也是一个中国"不能忘却的他者",忘记了日本自近代向海外扩张,"大和魂"曾遭到军国主义当局的恶意歪曲,将世界带入战火的历史,也没有意识到日本(包括"大和魂")的负面形象至今仍大过正面形象。其实,对现在的日本来说,真正需要的是"大和魂"

---

① 三谷博:《日本的历史认识与近邻关系——对教科书争论以后的思考》,杨宁一译,《中日关系史研究》2003年第1期,第77页。
② 同上。
③ 加藤周一:《何谓日本人》,彭曦、邹晓研译,南京大学出版社2008年版,第10页。

的原初意义——"和"的意识及其创新,提倡增强和平与和谐的精神,"在合作中培养亲近感和信赖感,分享荣誉",并"对日本的反面角色的形象,注意'不要叫醒睡着的孩子'"[①]。以上结尾部分,就是本总结语希望提请众人一道关注的第四个总结论。

因篇幅、条件所限,另有些纯属个人情感的"大和魂"等只能略去不谈。在搁笔前需要做些说明:本书是在缺乏资料和先行研究成果,以及身处僻地、孤陋寡闻的情况下完成的;再因为要照顾到它的系统性则一定会忽略其阐释的深刻性;其间或有观点片面和偏颇的可能。换言之,本书具有继续发掘资料、重新思考分析的空间。另外,套用时髦的话语,还可以认为"大和魂"并非先天给定的静态本体(Being),其概念仍处于生成变化之中(Becoming),故对"日本精神"的"认知"和"定位",需要相当的识见和哲学思辨能力,而这些却是著者所欠缺的。姑且将本书当作是一种对文献资料的整理、归纳过程。如果它还能成为一次有意义的学术资源的积累,则属望外之喜了。

由衷希望专家、学者和学友严厉批评和不吝赐教。

2015 年 8 月 23 日
于福建省闽侯县光明村

[①] 三谷博:《日本的历史认识与近邻关系——对教科书争论以后的思考》,杨宁一译,《中日关系史研究》2003 年第 1 期,第 79 页。

附 录

日本宗教包容性原理的成因初探[*]

日本民族形成的渠道并不单一,故其宗教信仰的情况异常复杂。那些信仰,有的产自本土,有的则来自周边的国家和地区。比如神道教中的部分祭祀内容,既带有萨满教的因素,也折射出中国南方道教的身影,其出自很可能是东北亚的一些国家和中国长江中下游一带。古代东亚各国间文化交流之繁盛,其实超过今人的想象。

一 中日两国"神"的定义与日本宗教的包容性

与中国对"神"的定义为"天地万物的创造者和统治者以及神仙或能力、德行高超的人物死后的精灵"[①] 相比,日本宗教也具有泛神教的性质,呈现出一种包容性的特点。这与欧洲"具有人格、个性鲜明、拥有固定名词的超自然存在"[②] 的"神"形成明显的对立。日本现在对"神"的看法,仍基本秉承本居宣长的观点:"神即天神地祇以及祭祀在神社中的御灵。此外,人固不必说,鸟兽草木海山等也是神灵,……各有高德","难以一概而论"。[③] 从以上中日两国的定义可以看出,在远古的中国和日本,"神"的概念都极其庞杂,包括神、灵、人和自然万物等。以上中国定义虽未直接涉及"自然万物",但从以下所引的中国古代文献来看也是如此。

---

[*] 本文发表于《世界宗教研究》2012年第4期。
[①] 《现代汉语词典》"神"词条,商务印书馆2002年增补本。
[②] 《日本大百科全书》"神"词条,小学馆1971年版。
[③] 转引自石田一良《日本文化史——日本人的内心和外形》,东海大学出版社1994年版,第236页。

附　录　日本宗教包容性原理的成因初探

那么，日本宗教的这种包容性原理究竟来自何方？我们认为，它并不来自泛神教信仰本身，而源于日本远古作为绝对神的人格创造神的观念发育不足，以至不易出现类似于西方宗教的一神独大、排斥异己的观念。日本宗教学者平野仁启曾评述："日本神观念的形成乃由各种要素促成，但这些刚发生的神观念皆极不成熟，故无法仅抽取其中的某个观念视为日本神的原型。""在绳文时代，已有相信灵魂存在的思想和对男女两性生殖力量的信仰。而这些，就是神观念的萌芽。弥生时代的水稻精灵或太阳、水和大地的信仰也是如此，都与生殖力和生产功能紧密相关，所以神观念无法充分发展。到古坟时代，由于强大的王权出现，政治意识开始与宗教意识结合。……然而在这种场合，虽说'高天原神话'中有创生国土的神话，但因缺乏作为绝对神的创造神，故尽管神观念开始采取人格神的形态，但要有大发展也不可能。将诸神分为天神与地祇，也并非一个纯粹的宗教问题，而仅是使大和王权神圣化的政治意识通过介入宗教领域产生的一种奇妙现象而已。"①

引文虽长，但却十分精辟。它说明日本早期的"神"与西方世界的"神"差别很大，并非所谓的人格神，而皆为今人所说的各种"灵魂"或自然界各物种繁育能力的神格化表现。之后所谓的"天神地祇"，也属于政治干预宗教的产物（而这在我们看来，与中国的政治宗教思想不无关系。而且，引文中使用的"神"或"灵魂"的概念都来自中国）。换言之，远古日本宗教意识是笼统混杂的，皆与"灵魂"和生产繁衍的能力有关，"神"的形象和概念都不清晰。其实这并不奇怪。因为在同为东方国家的中国古代也约略如此，人类总是在思维渐趋发达或文化交流之后，才会陆续产生一些能与过去的事物区别开来的相对精细的概念。然而即便如此，日本宗教也未改变过自身的包容性原理。

二　日本远古的"物"概念

日本在与中国交流，引进"神"、"灵"、"魂"等词汇之前，似

---

① 平野仁启：《日本的诸神》，讲谈社1982年版，第198页。

乎是使用一个统称为"物"的、泛指超自然或超越人的认知的具有灵力的异质对象的概念，反映出当时的日本人对人与周边事物以及自身心理已具有初步的区分能力。日本维基（Wikipedia）《Free 百科事典》对此特殊"物"的解释是："妖怪或魂灵等具有不可思议的灵力且其真相不可把握的存在。"从该解释使用的"妖怪"这个词汇可以看出，它具有现代意识，暗含将负面形象的"妖怪"等与正面形象的"神"加以区分的意味。但《广辞苑》（第五版）不这么看，认为"物"是泛指"佛、神、鬼、魂等能发挥灵妙作用的存在。也指妖怪、邪神、死人的阴魂或活人的怨魂"①。据此可以认为，"物"涵括了今人所理解的"神、魂"等概念，是一个对当时的日本人而言不可理解的、所有或灵妙或恐惧的异质对象，其中并无高低贵贱之分，或属于日本最古老的信仰，同时也是日本宗教包容性原理的最初成因。只是后来从某个时代开始，因外来文明进入并为其覆盖逐渐从人们的视线中淡出。设若不是本居宣长在民族意识兴起的江户时代重提"物哀"和追寻"物に行く道"②，以及折口信夫在略和时代前期考证"物部"③等词汇，则有可能该"物"的观念将走向湮灭。

关于此"物"，著者过去有过阐述，下面再举例证补作说明：

1. 《常陆国风土记·筑波山传说》说："亲神访问众神赴富士山时天色已晚，故向该山神求宿。但富士山神以今夜举办'新尝'④仪式必

---

① 参见《广辞苑》（第五版）"物"的释义②："仏・神・鬼・魂など、霊妙な作用をもたらす存在。妖怪。邪神。物のけ。"所举例文是《源氏物语·帚木》中的"物におそはるる心地して"、"物に憑つかれる"、"物詣で"（参拜神社、寺院）。

② 这些"物"的意思十分繁杂。见胡稹《一位煽情家的求"真"呼叹——本居宣长"物哀"思想新探》，《外国文学评论》2009 年第 3 期；胡稹《关于"物哀"汉译的几点思考》，《外国问题研究》2010 年第 2 期。

③ 折口信夫在阐释"物部"是"大尝祭"的祭祀主体时说："所谓的'物'即'魂'，到平安时代则变为'幽灵'和'鬼'等。而在《万叶集》中已用'鬼'字训注原来的'物'。"见折口信夫：《大尝祭的本义》，《折口信夫全集 3》，中央公论社 1995 年版，第 13 页。

④ 原为日本古代农民为复活水稻精灵，在水稻收割后举办的庆祝仪式。

附　录　日本宗教包容性原理的成因初探

须'物忌'① 为由，拒绝了亲神的要求。因此亲神只能走向筑波山，从此该山兴旺发达。"② 由此可以看出：（1）"物忌"是"新尝"仪式的必要手段，翻成汉语就是"忌物"，也就是避讳某些不良行为，在此语境中可换说成今词"戒斋"。（2）仅说其为手段并不全面，同时它也是目的——参与促成"新尝"仪式复苏稻"魂"的愿望实现。而该稻魂，按折口信夫的说法也就是"物"，所以"物忌"并非只有"忌"恶的一面，也有助"善"的一面。（3）"神"虽伟大，但却在所期待复苏的稻"魂"（"物"）和庄严的戒斋（"物忌"）仪式面前悻然离去，显然在地位上低于"物"。此传说或在不经意间流露出"物"与"神"的关系和它们在日本出现的时间先后，以及"神"之伟大乃后起的意识。我们在此认识的基础上，再联系各《风土记》均编成于公元8世纪，难免与外来文化存在某种关联这一事实，或可大胆地推测，日本的"神"的观念，或许来自其他国家。

2.《万叶集》中有两首与"新尝"和"物忌"有关的和歌，或也反映出当时只有"物"而无"神"的事实：（1）鸠鳥の葛飾早稲を饗すともその愛しきを外に立てめやも（3386）。此歌大意是，将早稻奉献给"新尝"仪式时，我（斋女）早已净身戒斋，不用说应断绝男女私情，但为了你——情人，我岂有拒你于门外的理由？关于歌中所说的情人，现在多数日本学者都认为是一个普通的男子，但折口信夫认为它的原始形态应该是接受飨宴的神。然而这种说法也有以今视古、自相矛盾的嫌疑。因为"新尝"若是为纳神而作，那么知道神已来到，就理应尽快打开房门，而无须踌躇再三。另外，折口已经说过，"新尝"仪

---

① 日本《学研国语大辞典》对"物忌"做以下解释：1. 指参与神事和法会的人在某段时间内戒酒肉、五辛等饮料食物和禁房事等，通过沐浴消除身心的污秽。也称"洁斋、斋戒"。2. 指在做噩梦后或被妖魔缠身时，在一定的时间内蛰伏在家中或特定的建筑物内谨言慎行的状态。还泛指因占卜或日子不吉利时，触秽者等蛰伏某处谨言慎行之事。3. 指在 2 的期间，作为象征将"物忌"二字写在柳木札或萱草等上面，并将此挂在冠冕或房帘等上方的行为。该物品称"物忌之札"。4. 指在伊势神宫以及鹿岛、香取、加茂、平野、松尾、春日、平岗等大社参与神事的童男童女。5. 指取某些现象占卜吉凶，或避讳不吉利的词汇，将其转说成吉祥词汇的行为。但这些释义都未涉及"物"的本质，带有流于表面、就事论事的阐释缺陷。

② 秋本吉德注：《常陆国风土记 全译注》，讲谈社 2001 年版，第 110 页。

式祭祀的是水稻的魂灵。而这个魂灵，按他的说法就是"物"，也就是后人，包括他自己在其他文章所说的"神"。如按他的"神来访"逻辑，则会成为外面的"神"欲进入房内享用"魂"（即"物"即另一个"神"），不仅会导致祭祀对象论说不清，而且会动摇自己长期以来的立论基础。其实此歌仅袒露了斋女向情郎献媚的心声：为了爱情，我可以抛弃一切；（2）誰そこの屋の戸押そぶる新嘗にわが背を遣りて斎ふこの戸を（3460）。此歌大意是，"新尝"仪式的夜晚，妻子将丈夫打发出门后沐浴净身蛰居家中。这时有一位男子砰砰地大声敲门，公然欲进屋与斋女性交，此举自然遭到斋女的拒绝。平野仁启说这位男子也是神。但此说之牵强犹如其行文之矛盾：此歌所唱的"神的身影过于淡薄。我认为在'新尝'仪式夜间来访的神是保证稻魂苏醒，并祝福来年丰收的神。它不来自'高天原'，而一定来自'常世'[①]。其中反映出农民追求与拥有产力的母神不同的其他神的意识"[②]。请读者注意，此说继承了折口的观点，但新出的这个"神"此次是为祝福"稻魂"而来，其"身影"又"过于淡薄"，似乎论者对来者是否为神心中无大把握。不过此话也在无意间流露出一些对我们有参考价值的认识：（1）此"神"不同于过去的"魂"（有产力的母神）。（2）它是农民所追求的。而我们知道，水稻恰恰是由中国（或经由朝鲜即"常世"？）传入日本的。退一步说，即使我们认可敲门的是"神"，但此"神"也不伟大，因为它欲进屋同样被拒，而屋中此时正在复苏稻"魂"（即"物"）。折口和平野的叙述矛盾且逻辑混乱，其实都来自他们的以今视古和古今杂陈。这两首和歌暗示的，或为过去的日本只有"物"而无"神"的事实。而正因为"物"概念的广漠无边，才导致后来日本宗教的广泛包容。

三　日本"神"和中国"神"的关系及两"神"的内涵

据此可以进一步认为，日本在与东亚其他民族进行文化交流后存在

[①]　古代日本人的心中有一个世界在遥远的大海彼方，他们称之为"常世"，即"远方之国"。

[②]　平野仁启：《日本的诸神》，讲谈社1982年版，第81页。

附　录　日本宗教包容性原理的成因初探

一个概念重建和细分的过程。以最典型的词汇"神社"为例，它原不叫此名，过去汉字写作"森、杜、社"（读音都是 Mori），意思是用于祭神的"神圣的树林"（其中的"神圣"二字也是今人的解释）。《万叶集》（约 759）在将 Mori 记作汉字"森、杜、社"的同时，还增加了"神社"[①] 这个词汇。之后这四个字词意义互通，应视为一个最直接的证据。再以上述《广辞苑》（第五版）"物"词条为例，也可推测出在历史上曾存在一个用"佛、神、鬼、魂"等概念置换"物"概念的过程。说"物"中有"佛"，表明"物"与"佛"的概念在某方面是相通的，所以"佛"可以比拟"物"并取而代之。那么"神"是否也是如此？明确地说，即"神"（Kami）是否日本的原产？

关于日语"神"的词源，日本学者有多种说法。有人认为该词源就是"上"（Kami）。然而按照奈良时代的读音，"神"为 Kamu，"上"为 Kami，故"神"的词源不会是"上"。另有些人认为 Kami 与朝鲜语的 Kan（"干"，"始祖王"的意思，例如"居西干"）或蒙古语的 Khaan（"可汗"，皇祖、皇妣的意思）一词同源，或认为它与阿伊奴语的 Kamuy（意为"神威"、"神居"）一词同根，或认为它是日语"镜子"的读音 Kagami 的略读（镜子在神道教中具有特殊意义，代表神体），或认为它是日语"隐身"一词的读音 Kakurimi 的讹读（神是凡人肉眼看不见的），迄今了无定论。而相较于上述学者，本居宣长堪称优秀，但因各种困难，最终还是放弃了对"神"的词源考证，而仅就"神"作出以上定义。由此"神"的词源探索成为一桩无头公案。现在我们知道日本有"神"，或许还拜日本使用汉字"神"训注 Kami 所赐。为作说明，下面要多用中国古代语料，间或也用日本古词和学者的评述。这是因为日本古代文献很少，且即使有也不对"神"的概念做清晰的解释，以及日本人在借用"神"这个汉字时，应该不会不对源语国的各种语义作出思考。

汉字的"神"是一个会意形声字。《说文解字》解释："神，天神，引出万物者也。"其实许慎的这个解释未必全面。首先，从"神"的字

[①] 木綿懸けて斎ふこの神社（按：原旁注为もり，即 Mori）越えぬべく思ほゆるかも恋の繁きに（《万叶集·1378》）。

形分析，"示"表"祭坛"，而"申"在甲骨文和金文中都表示"雷电的强光"，故合起来的最初意思，可能是"像闪现的电光那样不可思议的自然神奇力量"，之后才因其在天上而转指"天神"，以及"肉眼不可见的心理活动（如'精神'）或突出的优异状态（如'神致'）"等；其次，在许慎之前，"神"字的含义已十分丰富，仅按在少与日本交流的先秦以前的语料进行分析，就可分出4个义项：（1）指具有超自然力量的存在，特指天神，即《说文》所说的天地万物的创造者。如："以祀天神"（《周礼·大司乐》。注曰："谓五帝及日月星辰也"）。此外还指"地祇"。（2）泛指各种神灵。如："神也者，妙万物而为言者也"（《易·说卦》）、"百神受职焉"（《礼记·礼运》）、"百神尔主矣"（《诗·大雅·卷阿》）。（3）指超越人的认知的不可思议的现象。如："圣而不可知之谓神"（《孟子》）和"阴阳不测之谓神"（《易·系辞》）。用先秦以后的话概括，就是"民无能名曰神"（《史记》）；（4）指人的精神。如："方今之时，臣以神遇而不以目视，官知止而神欲行"（《庄子·养生主》）。它们的共同语义，就是指超自然或超越人的认知但可感受到的某种异质对象和力量，以及不可见的人的心思、心力等。

用以上语例对照本居宣长的"神"则可以发现：

1. 两国的"神"除都指"天神地祇"外，还都包括人的"亡灵"，含义极其广泛，只不过是其祭祀的地点和说法有所不同而已。日本是在神社祭祀天神地祇以及后来包括祖灵在内的各种人的"御灵"。而中国是在社、宗庙、祠堂或家中牌位前祭祀"神灵"和"祖灵"。

2. 两国的"神"的身份除"灵"外，还包括"魂、鬼怪"等。除上引的语例外，"谷神不死"（《老子》。注曰："五藏之神也"）、"田祖有神"（《诗·小雅·大田》）、"操蛇之神"（《列子·汤问》）和"山林川谷丘陵能出云，为风雨，见怪物，皆曰神"（《礼记·祭法》），以及"海神、河神、津神、火神、灶神、风神、树神"等众多的"神"外，多半还都可换说成"精灵"或"魂"或"鬼怪"等。所以从本质上说，中国的泛"神"观念与日本的"鸟兽草木海山等"皆神的观念相差不大，诸"神"的身份都不单纯。

3. 中国的"神"除了身份多样，还自某个时期开始有了正邪概念

附　录　日本宗教包容性原理的成因初探

之分，一般将与人为善、经操作（祭祀）可提振人心、具有正面心理暗示作用的物质称作"神"，使其带有圣性。如："乃圣乃神"（《尚书·大禹谟》）、"圣无所不通，神妙无方"（《孔传》）和"圣而不可知之谓神"（《孟子》）。而将那些与"神"对立、带有负面心理暗示作用的物质称作"鬼"："阳魂为神，阴魄为鬼。气之伸者为神，屈者为鬼"（《孟子》）。在古代中国人看来，"鬼"的前身也是"气"的一种。然而日本早期无此概念之分，直至平安时代后期才开始有了"鬼"的说法[1]。而这个"鬼"，在过去也是折口信夫所说的"物"的一种，后来则被称作"邪神"。[2] 在本居宣长看来，《日本书纪》所记的"鬼火"也是"神"。[3] 而与此"邪神"对立的是"善神"。由此可以推测出中国的"神"概念要早于"鬼"概念进入日本。而日本在引进"鬼"概念之前，因缺乏创造概念的能力，无奈只能在一个已有的概念中做除法，而不是在概念上做加法。

四　中国古代"神、灵、魂"观之间的关系

以下还需要分析中国古代"神、灵、魂"观之间的关系，以揭示这些关系不仅可能成为中日两国古代泛神观的共同思想基础，而且还可能是日本宗教包容性原理的、继"物"之后的次级成因。因为"神、灵、魂"概念边界的模糊，是"绝对神"难以形成的重要原因之一，同时也是缺乏"绝对神"的表现。而在这方面，日本与中国之间存在某种渊源关系。

首先，"神"、"灵"、"魂"三者概念难分。先看"神"与"灵"。

---

[1] 渡边昭五认为"鬼"的意思就是由不可见的魂灵或死人的灵魂转变而来的异质力量，包括作祟于人的"恶神"和妖怪等，是日本引进的一个概念。它的读音 Oni 不是日本的原产，而来自中国语音的讹读。《倭名抄》（931—938）说："……或说云于迹者隐者之讹读也，鬼物隐而不欲显形故以称也。"此句话关键部分的意思是："迹（按：日语音读为 Oni）音为隐（On）者之讹读。"见《日本大百科全书》卷2"鬼"词条。

[2] 综合日本上古"鬼"的性质，可以知道它的基本含义就是令人畏惧的他界异象物，指：1. 模样怪异丑恶者；2. 超人超能力者；3. 邪神；4. 亡者；5. 异族；等等。见《日本大百科全书》卷2"鬼"词条。从以上两个注释都可以看出，"邪神"也就是"鬼"。

[3] 接前述定义，宣长还说："高德不仅是指其尊贵友善有奇功等，作恶施怪等可畏惧者亦称神。"这里所说的"可畏惧者"就包括"鬼"。转引自石田一良《日本文化史——日本人的内心和外形》，东海大学出版社1994年版，第236页。

"大和魂"史的初步研究

中国在先秦以前,"神"即"灵","灵"亦"神"。如:"天神曰灵"(《尸子》)和"合五岳与八灵兮"(《楚辞·怨思》。注:"八方之神也")。无怪乎《风俗通义》要说:"灵者,神也。"甚至到了宋代《广韵》还说:"神,灵也。"受此影响,本居宣长对日本"神"的定义,其实反映的也是相似的观念——"神"、"灵"一致。另一方面,"灵"还指人的灵佑:"若以大夫之灵,得保首领以没"(《左传·隐公三年》)。这说明"神"的佑力和(人)"灵"的佑力没有多大差别。当然这种"灵"力也具有惩罚功能。《日本书纪》"敏达天皇十年"条记载:"天皇曰,臣等虾夷,从今往后子子孙孙当以清明之心奉仕天阙。若违盟誓,天地诸神及天皇之灵当灭绝臣种。"可见在当时的日本,"神"与"灵"也被等同视之;再看"神"与"魂"。"魂",《说文》解释:"形声。从云,从鬼,云亦声。阳气也。"用现代汉语敷衍生发,即"云"指"在天空回旋团聚的气体","鬼"指死人。"云"和"鬼"合起来就表示"人死后其身体中的阳气回旋升天","升天的死者精气即阳气"。这种认识似乎来自儒道两家哲学观的共同源头之一:"精气为物,游魂为变"(《易·系辞》)。亦即,中国"古人认为太极出现,天地剖判之后,天气(阳气)下降,地气(阴气)上升,二气相合,乃生人类。其中,阴气化为人的肉身,阳气则入主其中,表现为人的精神。人之死是人之生的逆过程。人死之时,体魄留地,通过腐烂过程还原为地气;寄宿于肉身的阳气则离开体魄,回旋升空,还原为天气。离开死者体魄回旋升空的阳气,就是'魂'"[①]。换言之,即古人所说的:"人生始化为魄。既生魄,阳曰魂"(《左传·昭公七年》。疏:魂魄,神灵之名。附形之灵为魄。附气之神为魂也)、"魄问于魂"(《淮南子·说山训》。注:魄,人阴神。魂,人阳神)。这其中的"魂"几乎都可换说为"神"。由此可以看出,在古代中国人的心里,"神"、"魂"实乃"气"之一体两面,仅说法不同、顺序偶尔有先有后而已。在这方面,日本古词体现的意义也大都如此。日本的"善神"包括"和御神",而实际上,"和御神"更多地被写作"和御魂"。"一般认为,神(灵魂)(按:原夹注如此)有'荒御魂'与'和御魂'两种,

---

[①] 《百度百科》"魂"词条。

各自表示的是'狂暴的、带来灾祸的魂'和'平和的、带来祥瑞的魂'的意思。"① 和日本的这些学者一样，平野仁启对"神魂"也不加区别："古坟乃神社出现的契机。""当古坟中常驻死者的'灵魂'这种观念产生后不久，即产生了'神'常驻的观念。"② 上田正昭在阐释"日置部"的性质时对"神"、"魂"亦不分，说："日置部以观察日神即太阳灵（按：即太阳魂）的光耀和阴翳为职业。"③

其次，"灵"、"魂"概念更难分。在古代中国，"灵"（魄）和"魂"（神）的对立是在"气"场这个理论框架中实现的。倘若抽走这个"气"，则无所谓有"灵"、"魂"之分。换言之，在阴阳之气化为肉身和精神并形成生命（气合）之后，人或其他东西只有死（没气）了才分为"灵"与"魂"的，而生时不分，生时的"灵魂"是统一在一个具体的"气"形成的肉身之中。此外，"灵"与"魂"的对立还表现在"灵"呈不活动的状态，而"魂"则呈活动的状态。但这似乎是在"灵"与"气"场理论结合，形成一种哲学宗教概念之后才有的想法，而在其观念生成之初，"灵"仍然是活动的，如："灵连蜷兮既留"（《楚辞·云中君》）、"灵偃蹇兮姣服"（屈原《东皇太一》），而且与"魂"（"神"）直接相关，如："命灵氛为余占之"（《离骚》）。《说文》将"灵"解释为"巫"正是基于此点。"巫"，原表示接近"神"或"魂"的清纯女巫，之后干脆转义为"像雨滴般那样冷峻而澄澈的神力或魂"。说其"冷峻"，是因为"灵"的繁体字"靈"字还与"冷"字具有亲缘关系。④ 中国古代楚人将跳舞降神的"巫"视为"灵"，恰好说明"灵"、"魂"（"神"）之间具有不解之缘。

日语中"灵"、"魂"二字不光意思难分，甚至连读音都一样，皆读作 Tama，与"玉"字的读音 Tama 完全一致，很可能来自《说文》："灵，灵巫，以玉事神"的影响。对此日本学界似乎少有人探讨。折口信夫仅说："日本过去认为的家中的神，仓神算是最古老的。""稻米的精灵祭祀在稻仓上方。'御仓棚神'就是此神。所谓'仓棚'就是作为

---

① 安部正路：《可熟知神道的书》，PHP 文库 1989 年版，第 243 页。
② 平野仁启：《日本的诸神》，讲谈社 1982 年版，第 70 页。
③ 上田正昭：《祭官的出现》，《日本古代国家论究》，塙书房 1967 年版，第 43 页。
④ 藤堂明保等编：《汉字源》改订第四版，学习研究社 1977 年版，"灵"字条。

神座的仓库。有时该灵用玉石象征。"①"仓神乃玉，同时也是天照皇大神的魂的象征，又作为稻米的象征，安放在仓棚之上。"② 通过这种自同律的轮车般论证，我们可以知道"灵"和"魂"（连同"神"）在古代日本没有区别，可互为注脚。

再次，从"神"、"灵"、"魂"概念的互通可以看出，最早的"神"未必伟大。中日两国的"神"超越"灵"、"魂"，显示其至高无上，可能是后来的地界统治者对"天"僭越，加封自己为"天子"或"神孙"造成的政治性后果，"神"因此成了"体制的宗教"和"权力话语控制"的一部分，体现着一种主体营造并赋予世界的超验性特征。然而在早期流动而鲜活的民间宗教中，"神"却并不位于"灵"、"魂"之上。人们不需要为其寻找什么意义，其意义自然地内在于生活世界本身，并被后来的民间知识分子整合到一种可称之为"气"场的理论当中，与"灵"、"魂"一道，成为"气"的一体两面，只在方向上有上下区别而已。从这个意义上，或可说中国的"气"与日本的"物"有相似的一面，二者不仅都是一个早期宗教哲学概念，而且都属于上位概念，而"神"却属于下位概念，在中国与"灵"基本平等，和"魂"如影随形，在日本则与"佛、鬼、魂、灵"平起平坐。不知日本当今宗教界是否受到中国古代思想的影响，仍未高看"神"一眼，而将其与"灵"、"魂"兼提并说："'灵魂'这个词汇由'灵'字和'魂'字组成。'灵'乃具有诸如'极其神妙的物质'、'神'、'心'、'命'等多种意思。"③ 仔细分析，这种论调与平野仁启所说的日本远古信仰多是些魂灵和魂灵再生的观念，而这些观念就是"神"观念的萌芽有较大的差异。其实平野仁启和其他日本学者大可不必基于西方人格神的观点，将"魂灵"信仰视为"神"观念的萌芽。既然神是所有宗教行为的对象，其本身也无高级和低级发展阶段之分的道理（若欲强分，则中日两国后期的"高级"人格神也都只是被统治者利用的结果。况

---

① 折口信夫：《"新尝"与"东歌"》，《新编决定版折口信夫全集》第18卷，中央公论新社1997年版，第198页。
② 折口信夫：《七夕与"盂兰盆"节》，《折口信夫全集3》，中央公论社1995年版，第43页。
③ 《宗教学辞典》"灵"词条，东京大学出版社1973年版，第757页。

且各民族的"神"也未必都是人格神),那么,"魂"和"灵"就可以是"神",再往前推,也可以是接受中国文化之前的日本的"物"或中国远古的"气"。本质实际相同,说法有异而已。

五 结语

"神灵魂鬼"等是东亚人类进化或跃进到某一阶段后才有的说辞,在此之前必有一个模糊的宗教观念"团块",或可曰为"气",或可曰为"物"。这个观念"团块"包孕着后来的林林总总的"神明"(即今人所说的"泛神"),具有强大的包蕴力,是造成日后日本(或中国)易于产生宗教包容性的最初成因。中国后来在宗教上有了概念细分——"神"、"灵"、"魂"等,但其间的概念边界至今仍模糊不清,"神"未因此而伟大起来,反映的或是各"神明"未被很好整合的古代宗教观念的漫漶遗迹。日本在引进中国的这些词汇之后,置换了原有的观念"团块",但因这些词汇本身概念的不明确,导致了其词义也不明确,"神"亦混迹于"魂灵"之间而不显伟大,日本宗教亦未因此明确自己的绝对神何在,故其包容性原理仍有存在的空间和施用的可能。日本(或中国)个别的"神"的崛起,成为天界的代表和地界最高统治者的象征,除了"神"的概念本身来自于天,且其抽象概括能力较之"灵"或"魂"更强之外,主要是得益于后来地界统治者的推波助澜。

主要参考文献

陈舜俞：《庐山记》，四库全书所收守山阁丛书残本、日本大正刊大藏经所收大谷大学藏本及元禄十年刊本合教本。

陈澔编：《礼记》，上海古籍出版社1987年版。

崔雄权：《论朝鲜诗人徐居正的"虎溪三笑"题画诗》，《中国比较文学》2013年第2期。

丁莉：《权威、大和魂与血乳交融——平安朝物语作品中的"唐意识"与"和意识"》，《日语学习与研究》2009年第2期。

大江志乃夫：《靖国神社》，沈志平译，世界知识出版社1990年版。

郭茂倩编：《乐府诗集》，万卷出版公司2009年版。

国务院外事办公室编：《日本人物辞典》，国务院外事办印1959年版。

郭连友：《吉田松阴与近代中国》，中国社会科学出版社2007年版。

韩立红编：《日本文化概论》，南开大学出版社2006年版。

《后汉书》卷115，《二十五史》，上海古籍出版社1986年标点本。

胡稹：《日本文学中樱花象征意义历史变迁》，《日本学论丛Ⅴ》，人民教育出版社1994年版。

胡稹、洪晨晖：《关于当前我国"日本文化"教学和研究存在的若干问题》，《东北亚语言研究》2014年第2期。

胡稹：《"倭"国号论考》，《日本文化理解与日本学研究》，北京日本学研究中心30周年纪念论文集，北京日本学研究中心，学苑出版社2015年版。

胡稹：《一位"煽情家"的求"真"呼叹：本居宣长"物哀"思想新探》，《外国文学评论》2009年第3期。

《家庭书架》编委会：《中庸》，南海出版社2013年版。

《晋书》卷97,《二十五史》,上海古籍出版社1986年标点本。

菅原孝标女:《更级日记》,《王朝女性日记》,林岚、郑民钦译,河北教育出版社2002年版。

《旧唐书》卷199上,《二十五史》,上海古籍出版社1986年标点本。

加藤周一:《何谓日本人》,彭曦、邬晓研译,南京大学出版社2008年版。

李涛:《大和魂——日本的根性窥探》,中国友谊出版社2007年版。

黎靖德:《朱子语类·卷68 易四》,中华书局1986年版。

《论衡》卷8,《诸子集成》,上海古籍出版社1989年标点本。

《论衡》卷19,《诸子集成》,上海古籍出版社1989年标点本。

李晓东:《日本阳明学的思想特质及其影响》,《郑州轻工业学院学报》(社会科学版)2008年第9卷第1期。

李贽:《焚书》、《续焚书》,中华书局1974年版。

李宗吾:《厚黑学》,中国画报出版社2011年版。

梁启超:《新民说·论尚武》,中州古籍出版社1998年版。

赖作卿:《"中体西用"与"和魂洋才"辩》,《赣南师范学院学报》(社会科学版)1992年第2期。

罗伯特·克里斯托弗(Christopher, R. C.):《大和魂》,译者名不详,新华出版社1987年版。

《明史》卷322,《二十五史》,上海古籍出版社1986年标点本。

朴寅亮:《耘谷行录·诗史序》,《韩国文集丛刊》第6册,景仁文化社、民族文化推进会1996年版。

潘畅和、郭德君:《中日阳明学不同社会文化功能之探源》,《人文杂志》2003年第6期。

《前汉书》卷29下,《二十五史》,上海古籍出版社1986年标点本。

栾竹民:《"和"的思想在日本的影响》,《日语学习与研究》2006年第1期。

《三国志》卷30,《二十五史》,上海古籍出版社1986年标点本。

三谷博:《日本的历史认识与近邻关系——对教科书争论以后的思考》,杨宁一译,《中日关系史研究》2003年第1期。

申非:《中国大百科全书 外国文学I》,中国大百科全书出版社1992

年版。

斯大林：《马克思主义和民族问题》，《斯大林全集》第11卷，人民出版社1952年版。

《史记》，中华书局1962年标点版。

《隋书》卷八二，《二十五史》，上海古籍出版社1986年标点本。

孙琬姝：《日本阳明学的特点及其影响》，硕士学位论文，延边大学，2009年。

谭琼琳：《〈心经〉的英译与改写：格雷·史奈德的生态诗学色空观》，《外国文学评论》2013年第2期。

窪德忠：《道教和日本的神道、民间信仰》，《中日文化交流史大系·宗教卷》，浙江人民出版社1996年版。

王国轩、张燕婴注释：《论语·中庸·大学详解》，中华书局2010年版。

王连龙：《百济人〈祢军墓志〉考论》，《社会科学战线》2011年第7期。

王阳明著，于自力注：《传习录》，中州古籍出版社2008年版。

汪向荣：《古代中国人的日本观》，上海古籍出版社2006年版。

武心波：《"不变"与"嬗变"——日本文化"二元分属"的双重结构分析》，《日语学习与研究》2008年第3期。

新渡户稻造：《武士道》，张俊彦译，商务印书馆2004年版。

《新唐书》卷220，《二十五史》，上海古籍出版社1986年标点本。

谢肇淛：《五杂俎》，上海书店出版社2009年版。

徐静波：《〈国家的品格〉所叙述的日本文化的实象和虚象》，《日本学刊》2006年第6期。

薛德钧：《易经与孙子兵法》，济南出版社2007年版。

薛德钧：《今日之变：〈易〉解〈孙子兵法〉》，济南出版社2011年版。

严绍璗：《汉籍在日本的流布研究》，江苏古籍出版社1992年版。

严绍璗：《日藏汉籍善本书录》上、中、下，中华书局2007年版。

佚名：《北大游日团与日本思想界》，《晨报》1920年6月15日。

佚名：《正统道藏·太清部》，中华书局1985年版。

游艺：《天经或问》，齐鲁书社1997年版，原载于《四库全书存目丛书》影印本。

张岱年、方克立主编：《中国文化概论》（修订版），北京师范大学出版社 2014 年版。

张建立：《日本国民性研究的现状与课题》，《日本学刊》2006 年第 6 期。

紫式部：《紫式部日记》，《王朝女性日记》，林岚、郑民钦译，河北教育出版社 2002 年版。

张云方：《唐代日本留学生井成真墓志文初释》，《中日关系史研究》2005 年第 1 期。

张龙妹等编：《日本古典文学大辞典》，人民文学出版社 2005 年版。

中村新太郎：《日本近代文学史话》，卞立强、俊子译，北京大学出版社 1986 年版。

周冰心：《军医作家森鸥外在两次战争之间——简析森鸥外的战争文学创作》，《东北亚语言研究》2014 年第 2 期。

周作人：《周作人论日本》，陕西师范大学出版社 2009 年版。

朱熹：《诗集传》，中华书局 1958 年版。

あ

青木和夫等：《古事记》，《日本思想大系》，岩波书店 1982 年版。

青野寿郎：《大学教养 人文地理学》（重订版），森北出版 1970 年版。

赤松俊秀：《镰仓佛教的研究》，第八章关于《愚管抄》，平乐寺书店 1957 年版。

秋本吉德注：《常陆国风土记 全译注》，讲谈社 2001 年版。

阿部秋生：《契冲、春满、真渊》，《日本思想大系 39》近世神道论·前期国学"解说"，岩波书店 1972 年版。

阿部博行：《石原莞尔（上）生涯及其时代》，法政大学出版局 2005 年版。

安部正路：《可熟知神道的书》，PHP 文库 1989 年版。

芦部信喜：《宪法》，岩波书店 2002 年版。

新井白石：《古史通或问》，中央公论社 1969 年版。

安藤为章：《年山纪闻》，中村直道抄写，1830 年。

い

伊井春树：《种玉编次抄的成书——从兼良到宗衹的源氏物语年表 三 兼良的年表》，《源氏物语的探求 第4辑》，风间书房1979年版。

伊井春树编：《弄花抄》，《源氏物语古注集成 第8卷》，樱枫社1983年版。

伊井春树：《兼良源氏学的形成 从二条家的秘说到花鸟余情》，《国文学研究资料馆纪要 第1号》，国文学研究资料馆1985年版。

伊井春树编：《源氏物语 注释书和欣赏史事典》，东京堂出版2001年版。

伊井春树：《戈登·史密斯所见的明治日本——日俄战争和大和魂》，角川学艺出版社2007年版。

伊井春树编：《源氏物语注释书与欣赏史事典》，东京堂出版2001年版。

家永三郎：《平安时代倭画全史》，高桐书院1946年版。

家永三郎：《日本文化史》，岩波新书1981年版。

池内健次：《森鸥外与近代日本》，弥涅耳瓦书房2001年版。

井泽元彦：《欲成为天皇的将军 此后的〈大平记〉足利义满的历史剧》，小学馆文库1998年版。

和泉真国：《和泉真国、村田春海答问书》抄本，也称《明道书》，出版信息不详，藏于京都大学国文学研究室。

和泉真国：《明道书》，《日本思想大系51》，岩波书店1972年版。

市古贞次、野间光辰等：《日本古典文学大辞典》，岩波书店1984年版。

伊藤千真三编：《日本精神论》，进教社1936年版。

伊藤痴游：《新装维新十杰》第五卷，平凡社1942年版。

伊藤仁斋：《语孟字义》卷下，希堂图书1705年版。

伊藤仁斋：《论语古义》总论，六盟馆1907年版。

伊藤博文审议《帝国宪法草案》时的发言。转引自丸山真男《日本的思想》，岩波新书1961年版。

伊藤之雄：《伊藤博文 创造近代日本的伟男》，讲谈社2009年版。

井上淑荫：《国学辨》，出版人井上淑荫，出版地和时间不详。

主要参考文献

池上洵一：《今昔物语集 本朝部》，岩波文库 2001 年版。

井上司朗 1942 年 12 月 7 日的演讲稿《音乐的国家性》，《音乐公论》，音乐评论社 1943 年 1 月。

井上厢：《畅销书的战后史 1》，文艺春秋社 1995 年版。

井上哲次郎、有马祐政共编：《武士道丛书》下卷，博文馆 1905 年版。

井上哲次郎、上田万年监修，小柳司气太校订：《先哲丛谈》前编，春阳堂 1936 年版。

井上宗雄：《九条稙通的生平》，收于野村精一《孟津抄》，樱枫社 1984 年版。

池田龟鉴：《源氏物语大成》卷七，中央公论社 1962 年版。

池田龟鉴、秋山虔校注：《紫式部日记》，岩波文库 1964 年版。

池田弥三郎：《日本的幽灵》，中央公论社 1978 年版。

池田利夫：《源氏物语书写的黎明》，《源氏物语的回廊》，笠间书院 2010 年版。

石田一良等编：《日本思想大系 28 藤原惺窝、林罗山》，岩波书店 1975 年版。

石田一良：《日本文化史——日本的心理和外形》，东海大学出版会 1994 年版。

石田一良编：《日本史小百科·日本思想史辞典》未刊本。

石塚正英：《日俄战争、日美外交秘录——金子坚太郎回忆录》，长崎出版 1986 年版。

石原莞尔：《最终战争论》，中公文库 2001 年版。

石原莞尔：《战争史大观》，中公文库 2002 年版。

石母田正：《危机的深化与天皇制的形态变化》，《古代末期政治史序说》，未来社 1956 年版。

揖斐高译注、解说：《赖山阳诗选》，岩波文库 2012 年版。

今井宇三郎等编：《弘道馆记述义》，《日本思想大系 53》，岩波书店 1973 年版。

今谷明：《室町王权》，中央公论社 1990 年版。

今中宽司：《幕末变革死刑的血脉——横井小楠的表现》，《日本思想史学》创刊号 1969 年版。

岩井文男：《海老名弹正》，日本基督教团出版局1973年版。
岩佐正注释：《神皇正统记》，岩波文库1975年版。

う

威廉·P. 伍达德：《天皇与神道 GHQ 的宗教政策》，阿部美哉译，与国际同步出版会1988年版。
上田秋成：《胆大小心录》，《上田秋成全集9》，国书刊行会1918年版。
上田秋成：《安安言》，《上田秋成全集》第一卷，国文名著刊行会1923年版。
上田正昭：《祭官的出现》，《日本古代国家论究》，塙书房1967年版。
上田正昭：《"大和魂"的再发现——日本与东亚的共生》，藤原书店2014年版。
植手通有：《佐久间象山思想中的儒学、武士精神和洋学——通过与横井小楠的比较》，《日本思想大系55》，岩波书店1971年版。
植原悦次郎：《通俗立宪代议政体论》，博文馆1912年版。
植村正久：《阐明彼我不同之观点》，《福音新报》第342号，1902年1月15日。
宇治谷孟：《日本书纪》，讲谈社1988年版。
宇野田尚哉：《宗教意识和帝国意识——以日清、日俄战争期间的海老名弹正为对象》，第六次日韩宗教研究者交流研讨会：《围绕近代东亚的"民族"和宗教使命观》，1998年。
海原彻：《江户旅人吉田松阴》，雅典娜书房2003年版。
梅原猛：《日本人的"彼世"观》，中央公论新社2000年版。
梅原猛：《隐藏的十字架》，新潮社2001年版。

え

海老泽有道：《南蛮学统之研究——近代日本文化的谱系》第九章，创文社1958年版。
海老名弹正：《三位一体之教义与予之宗教意识》，《新人》第2卷第6号，1902年1月。
海老名弹正：《爱国心的最高潮》，《新人》1904年第6号。

海老名弹正：《观朝鲜民族命运，赏日韩合并说》，《新人》1904年第7号。

海老名弹正：《战后之最佳经营（满韩人之日本化）》，《新人》1904年第8号。

海老名弹正：《思考日本魂之新意义》，《新人》1905年第1号。

海老名弹正：《新日本魂》，《新人》1910年第3号。

海老名弹正：《祝日韩合并》，《新人》1910年第9号。

海老名弹正：《朝鲜传道宣言书》，《基督教世界》1911年6月1日。

海老名弹正：《满洲问题与朝鲜经营》，《新人》1911年第5号。

海老名弹正：《国民道德与基督教》，警醒社1912年版。

海老名弹正：《修养之折枝》（其三），满洲日报社1915年版。

江森泰吉编：《大隈伯百话》，实业日本社1909年版。

お

樱云山人编：《近世大家诗集》，东云堂1897年版。

奥古斯汀·贝尔克：《风土的日本 自然与文化的通态》，篠田胜英译，筑摩书房1988年版。

大门正克：《日本的历史15 从上世纪三〇年代到一九五五年 在战争中与战后生活》，小学馆2009年版。

小川刚生：《二条良基研究》，笠间书院2005年版。

大川周明：《日本精神研究》，明治书房1933年版。

荻生徂徕：《徂徕集》卷十四，浪华书林，文海堂藏1869年版。

大国隆正：《本学举要》卷上，《大国隆正全集1》，有光社1937年版。

大国隆正：《文武虚实论》，《大国隆正全集1》，有光社1937年版。

大国隆正：《三教一致辩》，《大国隆正全集1》，有光社1937年版。

大国隆正：《直毗灵补注》中，《大国隆正全集2》，有光社1937年版。

大国隆正：《三道三欲升降图说》，《大国隆正全集2》，有光社1937年版。

大国隆正：《鼻子比赛草子》，《大国隆正全集2》，有光社1937年版。

大国隆正：《新真公法论》神理一贯书卷一，《大国隆正全集3》，有光社1937年版。

大国隆正:《耶麻登许许吕》,《大国隆正全集3》,有光社1937年版。

大国隆正:《大和心》,《大国隆正全集3》,有光社1937年版。

大国隆正:《音图神解总说》二,《大国隆正全集6》,有光社1937年版。

大国隆正:《天津祝词太祝词考》一之下,《大国隆正全集7》,有光社1937年版。

大国隆正:《金坑辨》第一卷,出版商不详,1924年出版。

大国隆正:《学统辩论》,《日本思想大系50》,岩波书店1973年版。

大国隆正:《神道要论》一,转引自芳贺登《大国隆正的学问和思想》,《日本思想大系50》解说。

大久保利谦:《关于川田刚博士的外史辩误》,《大久保利谦历史著作集7》,吉川弘文馆1978年版。

太田亮:《日本新文化史 平安朝初期》,内外书籍出版社1942年版。

大野晋、大久保正编集校订:《排芦小舟》,《本居宣长全集》第一卷,筑摩书房1969年版。

大野晋、大久保正编集校订:《紫文要领》,《本居宣长全集》第四卷,筑摩书房1969年版。

大江志乃夫:《豪农民权运动的源流——从横井小楠到德富苏峰》,《历史学研究》第179期,青木书店1955年版。

大江志乃夫:《熊本藩的藩政改革》,堀江英一编:《藩政改革的研究》,御茶水书房1955年版。

大山梓编:《山县有朋意见书》,原书房1966年版。

冈田磐斋:《中臣祓禊草》,转引自小林健三《垂加神道研究》,至文堂1940年版。

尾形明子:《女人艺术的世界——长谷川时雨及其时代》,家庭出版社1980年版。

冈本洋之:《永井隆为何强调原子弹爆炸是神的旨意?》,教育科学研讨会第42号,关西大学教育学会2011年版。

奥野高广:《战国时代的宫廷生活》,续群书类从完成会刊,八木书店2004年版。

大曾根章介编:《研究资料日本古典文学1·物语文学》,明治书院

1983 年版。

小田实：《随论 日本人的精神》，筑摩书房 2004 年版。

小高敏郎：《松永贞德的研究》（续篇），临川书店 1988 年版。

大矢良哲：《有真香邑》，《月刊百科》，平凡社 1986 年版。

冈见正雄、赤松俊秀注：《愚管抄》，《日本古典文学大系》，岩波书店 1967 年版。

奥村伊九良：《大和魂——历史篇——》，一条书房 1934 年版。

小田全宏：《日本人的神髓——大和魂，向八位先贤学习》，太阳标出版 2003 年版。

小村公次：《彻底检验日本的军歌战争时代和音乐》，学习之友社 2011 年版。

折口信夫：《灵魂的故事》，《折口信夫全集 3》，中央公论社 1995 年版。

折口信夫：《大尝祭的本义》，《折口信夫全集 3》，中央公论社 1995 年版。

折口信夫：《古代人思考的基础》，《折口信夫全集 3》，中央公论社 1995 年版。

折口信夫：《七夕与"盂兰盆"节》，《折口信夫全集 3》，中央公论社 1995 年版。

折口信夫：《国语和民俗学》，《折口信夫全集 12》，中央公论社 1996 年版。

折口信夫：《"新尝"与"东歌"》，《新编决定版折口信夫全集第 18 卷》，中央公论新社 1997 年版。

か

桂誉重：《世继草摘分》，出版商不详，1883 年版。

桂誉重：《济生要略》，《日本思想大系 51》，岩波书店 1972 年版。

胜仓寿一：《〈大镜〉道隆传中隆家的位相》，《福岛大学教育学部论文集》2003 年第 74 号。

学研编辑部：《实录首相列传——承担国政的男子的本心和失败》，学习研究社 2003 年版。

加藤仁平：《和魂汉才说》（增补版），汲古书院 1987 年版。

金治勇：《圣德太子之心》，大藏出版社1986年版。

金谷治：《孟子》，岩波书店1984年版。

金子坚太郎著，佐伯重夫编：《新撰国体论纂》，大日本国体会1918年版。

狩野直喜：《我朝的模仿唐制和祭天之礼》，《读书纂余》，弘文堂1949年版。

鹿子木员信：《大和心与德意志魂》，民友社1931年版。

和岛芳男：《中世的儒学》，吉川弘文馆1965年版。

贺茂真渊：《论学》，《贺茂真渊全集》思想篇下，吉川弘文馆1908年版。

《贺茂真渊全集》第五卷，吉川弘文馆1908年版。

贺茂真渊：《新学》，《日本思想大系39》前期国学，岩波书店1972年版。

贺茂真渊：《国意考》，《日本思想大系39》前期国学，岩波书店1972年版。

贺茂真渊：《歌意考》，《日本思想大系39》，岩波书店1972年版。

贺茂真渊：《万叶集考》，《贺茂真渊全集2》，续群书类从完成会1977年版。

《贺茂翁家集》序文，收录于《新编国歌大观》第九卷之一，角川书店1983年版。

河北腾译注：《今镜全注释》，笠间书院2013年版。

川上多助：《日本古代社会史的研究》，河出书房1948年版。

河喜多真彦编：《近世三十六家集略传》，金花堂1848年版。

川田稔：《满洲事变和政党政治》，讲谈社2010年版。

川口雅昭：《吉田松阴》，致知出版社2011年版。

川田瓮江：《日本外史辩误》（未刊本）。

河野省三：《大和心——大国隆正的思想》，光文社1942年版。

神谷宗币：《启动日本的开关2——给大和魂点把火》，青林堂2014年版。

き

岸俊男：《日本的古代Ⅰ倭人的出现》，中央公论社 1985 年版。

记者（佚名）：《金大中总统在年初记者招待会的讲话》，《每日新闻》2002 年 1 月 15 日。

记者（佚名）：《金刚学园出演"歌垣"连接起韩日中关系 平城迁都祭一道歌唱"花一两"》，《民团新闻》，刊发时间资料遗失。

北畠亲房著，岩佐正校注：《神皇正统记》，岩波书店 1975 年版。

北村季吟：《疏仪庄记》（丛书）卷二，无出版商名。

北村季吟：《山之井》第 1 卷，无出版商名，1648 年出版。

北村季吟：《俳谐埋木》，出版者不详，延宝一年（1673）刊出。

《北村季吟著作集》第一卷，道之荣，北村季吟大人遗著刊行会 1962 年版。

北村季吟：《伊势物语拾穗抄》，新典社 1976 年版。

北村季吟著，有川武彦校订：《源氏物语 湖月抄》，讲谈社学术文库 1982 年版。

木藤才藏：《二条良基的研究》，樱枫社 1987 年版。

木下尚江：《何谓朝宪紊乱?》，《平民新闻》1905 年第 62 号。

木下尚江：《〈新人〉之国家宗教》，《直言》1905 年第 2 卷第 2 号。

木下尚江：《东洋之革命国》，《新纪元》1905 年 2 月号。

木下尚江：《告旧友诸君》，《新纪元》1905 年 12 月号。

木下尚江：《革命的无缘国》，《饥渴》，昭文堂 1907 年版。

木下尚江：《消灭帝国大学》，《饥渴》，昭文堂 1907 年版。

木下尚江：《神·人类·自由》，中央公论社 1934 年版。

木下尚江：《妇女之生涯》，《松本亲睦会会志》1887 年第 14 号。

木下尚江：《国家之目的》，《新生活》1908 年第 3 号。

北山茂夫：《王朝政治史论》，岩波书店 1970 年版。

清原贞雄：《国学发展史》，国书刊行会 1980 年版。

金富轼编，井上秀雄译注：《三国史记》，平凡社 1980 年版。

金基哲：《"日王承认自己为百济后裔"韩国学者的主张》，《朝鲜日报》2001 年 12 月 24 日。

金文吉：《神代文字和日本基督教——国学运动和国字改良》，出版信息遗失。

金文吉：《近代日本基督教和朝鲜——海老名弹正的思想和行动》，明石书店1998年版。

金文吉：《海老名弹正的朝鲜传道和日本化问题》，《基督教社会问题研究》，同志社大学人文科学研究所基督教社会问题研究会1998年版。

く

九条稙通：《嵯峨记》，《群书类从》二十七辑 杂部，续群书类从完成会1960年版。

宫内厅书陵部编：《椿叶记》，吉川弘文馆1985年版。

黑板胜美编：《国史大系 公卿补任》，吉川弘文馆2000年版。

黑板胜美编：《国史大系 本朝世纪》，吉川弘文馆2000年版。

黑板胜美编：《国史大系新订增补第8卷》，吉川弘文馆2008年版。

黑川春树注释：《樵谈治要》，同文馆1910年版。

熊谷公男：《从大王到天皇 日本历史03》，讲谈社2001年版。

吉田孝：《日本的诞生》，岩波新书1997年版。

熊泽蕃山著，宫崎道生校订：自笔本《三轮物语》，三轮明神大神神社1991年版。

仓田喜弘：《明治二十年》，岩波新书1983年版。

仓田喜弘：《日本唱片文化史》，岩波书店2006年版。

仓长巍：《平岩愃保传》，教文馆1938年版。

仓本一宏：《藤原伊周的荣光和没落》，《摄关政治与王朝贵族》，吉川弘文馆2000年版。

仓本一宏：《一条天皇》，吉川弘文馆人物丛书2003年版。

仓元一宏编：《小右记》，吉川弘文馆2015年版。

桑原骘藏：《东洋史上所见明治时代之发展》，《太阳》第十九卷第一一号，博文馆1913年版。

け

现代宗教研究会：《"幸福科学"潜力无限——仅用20多年时间即成为

世界规模宗教的真实一面》，幸福科学出版社 2014 年版。

こ

黄海玉：《关于石田梅岩神儒佛融合思想的考察》，佛教大学研究生院纪要，教育学研究科篇 2011 年 3 月第 39 号。

幸德秋水：《评吞并朝鲜论》，《平民新闻》第 36 号，1904 年 7 月 17 日。

幸德秋水：《新年杂志一瞥》，《平民新闻》第 61 号，1905 年 1 月 8 日。

幸德秋水：《廿世纪之怪物帝国主义》，家永三郎编：《日本和平理论体系》第 2 卷，日本图书中心 1993 年版。

国学院大学编：《敕撰作者部类》，六合馆 1902 年版。

国学院大学编：《源氏物语新释》，吉川弘文馆 1906 年版。

国学院大学图书馆编：《井上毅传 史料篇 第四卷》，国学院大学出版社 1969 年版。

《古事记传》，《本居宣长全集 9》，筑摩书房 1968 年版。

小崎英达：《横井小楠的政治观》，《九州史学》第 10 期，九州大学国史学研究会 1958 年版。

幸田露伴：《五重塔》，岩波文库 1994 年版。

河野省三：《日本精神的研究》，大冈山书店 1941 年版。

古在由重：《和魂论笔记》，岩波书店 1984 年版。

神野志隆光：《何谓"日本"》，讲谈社 2005 年版。

小堀杏奴：《晚年的父亲》，岩波书店 1981 年版。

胡麻鹤醇之、西岛一郎校注：《皇太神宫仪式帐》，神道大系编纂会 1979 年版。

小松茂美：《书信 人与书》，二玄社 1964 年版。

《古文书时代鉴》，东京大学史料编纂所 1977 年版。

近藤启吾：《垂加神道》下，《日本神道大系》论说篇 13，神道大系编撰会 1978 年版。

近藤启吾编：《靖献遗言》，《浅见䌹斋集》，国书刊行会 1989 年版。

近藤启吾：《续若林强斋之研究》，临川书店 1997 年版。

小林秀雄：《本居宣长》下，新潮文库 1977 年版。

子安宣邦：《本居宣长是谁？》，平凡社新书2005年版。

五郎丸延：《帆足万里的西洋科学批判》，《文明研究》第1号，东海大学文明研究会1982年版。

さ

三枝博音、清水几太郎编：《日本哲学思想全书》第10卷（宗教 神道篇、基督教篇），平凡社1956年版。

斋藤功、野上道男、三上岳彦编：《地理学讲座 第3卷 环境与生态》，古今书院1990年版。

斋藤清卫：《南北朝时代文学通史》，古川书房1972年版。

斋藤正二：《大和魂的文化史》，讲谈社1971年版。

斋藤正二：《〈新撰朗咏集〉的游宴世界》，《日本的自然观研究》上卷，八坂书房1978年版。

斋藤正二：《菅家文草》，《日本自然观的研究》上卷，八坂书房1978年版。

佐伯有义、中岛博光、大宫兵马编纂：《神道丛书》，思文阁1971年版。

佐伯重夫编：《新撰国体论纂》，大日本国体会1918年版。

坂本太郎、井上光贞、家永三郎等校注：《日本书纪》，岩波文库1994年版。

坂本太郎：《日本的修史和史学》，至文堂1966年版。

坂本保富：《佐久间象山的洋学研究及其教育的开展——以幕末时期军事科学为媒介的洋学普及现象》，信州大学出版社2011年版。

佐久间象山：嘉永五年《托松代藩留守居津田转致庄内侯信函》，《增订象山全集》第4卷，信浓每日新闻1935年版。

佐久间象山：安政元年3月《致小林又兵卫书翰》，《增订象山全集》第4卷，信浓每日新闻1935年版。

佐久间象山：安政四年春《题孔子夫画像》，《增订象山全集》第1卷，象山文稿，信浓每日新闻1935年版。

佐久间象山：《省謦录》，《日本思想大系55》，岩波书店1971年版。

佐久间象山：《文久二年九月关于时政给幕府之上书稿》，《日本思想大系 55》，岩波书店 1971 年版。

佐久间象山：《致梁川星严书》，《日本思想大系 55》，岩波书店 1971 年版。

佐久间正：《西川如见论——町人意识、天学、水土论》，《长崎大学教养部纪要》（人文科学篇）第 26 卷第 1 号，1985 年 7 月。

樱井秀：《平安朝史》，国书刊行会 1982 年版。

樱井英治：《室町人的精神 日本历史 12》，讲谈社 2009 年版。

佐佐木信纲：《歌学论丛》，博文馆 1908 年版。

佐藤太平：《樱花与日本民族》，太空社 1937 年版。

佐藤进一：《日本历史 9 南北朝动乱》，中央公论社 2005 年版。

佐竹昭广：《古事谈·续古事》，《新日本古典文学大系 41》，岩波书店 2005 年版。

佐波亘编：《植村正久和他的时代》第一卷，教文馆 1938 年版。

三条西实隆：《实隆公记》，大洋社 1941 年版。

し

重松信弘：《新考源氏物语研究史》（增补版），风间书房 1980 年版。

柴田宵曲编：《奇谈异闻辞典》，"翁草"词条，筑摩书房 2008 年版。

柴田实编：《石田梅岩全集》上，"问答"三，清文堂出版 1972 年版。

司马辽太郎：《百年的单位》，《中央公论》1964 年 2 月号。

司马辽太郎：《历史与视点——我的杂记本》，新潮社 1980 年版。

司马辽太郎：《坂上风云 7》，文春文库 1999 年版。

涩谷律子：《河海抄所引万叶歌的训》，关西大学国文学会 1990 年版。

岛内景二：《北村季吟 此世后世皆不思》，米涅尔瓦书房 2004 年版。

岛内景二：《北村季吟 古典研究的社会文化影响力的研究——从源氏物语研究的视角出发》，《日本科学研究费资助金研究成果报告书》，日本学术振兴会，2007—2008 年版。

岛内景二：《六义园记》注解，电气通信大学岛内景二研究室 2009 年版。

志村己三助、斋藤耕三编：《藤树全书初编》卷五，川胜鸿宝堂 1893 年版。

白井宗因：《神社启蒙》卷之三，水田甚左卫门，宽文十年木刻本。

进藤孝一：《秋田"物部文书"的传承》，无明舍 1984 年版。

神一行编：《古代日本之谜》，《神秘故事日本史第 1 卷》，畅销社 1990 年版。

す

杉浦章介、松原彰子、武山政直等：《人文地理学——其主题与课题》，庆应义塾大学出版社 2005 年版。

铃木健二：《民族主义和媒体》，岩波书店 1997 年版。

铃木知太郎校注：《土佐日记》，岩波文库 1979 年版。

铃木雅之：《民政要论》，转引自芳贺登《幕末变革期的国学家运动和逻辑》，《日本思想大系 51》解说，岩波书店 1968 年版。

铃木重胤：《世继草》，《日本思想大系 51》，岩波书店 1972 年版。

せ

关晃：《律令国家和天命思想》，《东北大学日本文化研究所研究报告》13，1977 年。

关冈一成：《海老名弹正的世界主义和日本主义》，《基督教社会问题研究》，同志社大学人文科学研究所基督教社会问题研究会 1995 年版。

关口澄子：《国民道德与社会文化性格》，东京大学出版会 2007 年版。

关口力：《摄关时代文化史研究》，思文阁 2007 年版。

关彦幸：《武士的诞生·坂东士兵之梦》Ⅱ《叛乱——坂东之梦》，NHK 书籍 1996 年版。

《先代旧事本纪》"国造本纪"，吉川弘文馆 2007 年版。

そ

《续日本纪》，讲谈社 1992 年版。

续群书类从完成会：《续群书类从》卷 4，国书刊行会 1969 年版。

尊圆法亲王编：《大正藏图像部》第十一卷，天台电子佛典 CD4。

た

高须芳次郎编：《迪彝篇》，《水户学大系》第 2 卷，《会泽正志斋集》，井田书店 1939 年版。

高桥正和：《稿本穷理通的研究》，菖蒲书房 1973 年版。

高桥真司：《在长崎谈哲学——核时代的死与生》，北树出版 1994 年版。

多贺宗隼：《慈圆》，吉川弘文馆 1959 年版。

田口卯吉编，黑板胜美校订：《国史大系》第五卷，经济杂志社 1904 年版。

泷川政次郎：《革命思想和长冈迁都》，《京制和都城制的研究》，角川书店 1967 年版。

竹内照夫：《四书五经入门——中国思想的形成展开》，平凡社 2000 年版。

竹内照夫：《四书五经入门》，平凡社 2001 年版。

竹尾正胤：《大帝国论》，《日本思想大系 51》，《国学运动的思想》，岩波书店 1971 年版。

高坂史朗：《日本文化的视角——纯化、包容、风土、古层、普遍》，《日本文化诸面貌》之拔萃，风媒社 2006 年版。

高田卫编并校注：《江户怪谈集》，岩波书店 1989 年版。

高桥俊乘：《日本教育文化史》，讲谈社 1978 年版。

高桥文雄：《从经济封锁看太平洋战争开战的经纬》，《战史研究年报》，防卫省防卫研究所 2011 年 3 月号。

武井和人：《花鸟余情》，收录于今井卓尔等编《源氏物语讲座 8 源氏物语的本文和受纳》，勉诚社 1992 年版。

武光诚：《"古代日本"诞生之谜——从大和朝廷到统一国家》，PHP 文库 2010 年版。

竹山昭子：《史料所说的太平洋战争中的广播》，世界思想社 2005 年版。

田泽晴子：《吉野作造》，弥涅尔瓦书房 2006 年版。

田中英道：《何谓"大和心"——日本文化的深层》，弥涅尔瓦书房

2010 年版。

田中建夫：《前近代的国际交流和外交文书》，吉川弘文馆 1996 年版。

谷川士清：《日本书纪通证》，国民精神文化研究所 1937 年版。

谷川士清：《增补语林倭训栞》，名著刊行会 1968 年版。

《谷川士清小传》，谷川士清彰显保存会 1972 年版。

谷川士清先生事迹表彰会编纂：《读大日本史私记》，大日本图书株式会社 1913 年版。

谷崎润一郎：《食蓼虫》，岩波文库 1985 年版。

圭室谛成：《横井小楠》，吉川弘文馆 1988 年版。

田原嗣郎：《日本的名著 12 山鹿素行》，中央公论社 1975 年版。

田原嗣郎：《〈灵之真柱〉之后的平田笃胤思想》，《日本思想大系 50》解说，岩波书店 1978 年版。

玉木正英：《神篱磐境之传》，转引自小林健三《垂加神道研究》，至文堂 1940 年版。

玉木苇斋：《杂话剳记》，转引自小林健三《垂加神道研究》，至文堂 1940 年版。

田甫桂三编著：《近代日本音乐教育史 II 音乐教育在日本的开展》，学文社 1981 年版。

ち

中条信礼：《和魂迩教山口栞》，出版商不明，安政四年（1857）刊。

《中外抄》，八木书店 2008 年版。

千千和实：《新田氏根本史料》，国书刊行会 1974 年版。

つ

筑岛裕：《假名》，《日本语的世界 5》，中央公论社 1981 年版。

津坂治男：《谷川士清和日本魂》，樱枫社 2011 年版。

津田左右吉：《文学中国民思想的研究 贵族文学的时代》上，岩波书店 1967 年版。

津田左右吉：《日本的神道》，《津田左右吉全集》第 9 卷，岩波书店 1973 年版。

津田左右吉：《文学中国民思想的研究 平民文学的时代》中，岩波书店1986年版。

土田直镇：《王朝贵族》，中央公论社1965年版。

筑土铃宽：《慈圆——国家、历史及文学》，三省堂1942年版。

土屋弘伯毅：《近世丛谈》卷二，丙午出版社1925年版。

角田简大可：《续近世丛语》，出版者冈田屋嘉七1845年版。

角田文卫：《阳成天皇的退位》，《王朝的影像》，东京堂出版社1970年版。

角田文卫：《平安之春》，讲谈社1999年版。

壶井荣：《二十四只眼睛》，新潮文库2005年版。

妻木忠太：《史实考证木户松菊公逸事》，"与山内丰信之交情"中篇，有朋堂书店1935年版。

て

出口延佳：《太神宫神道或问》上，《神道大系35》神宫编5，《太神宫补任集成》下，神道大系编撰会1986年版。

寺崎英成：《昭和天皇独白录》，文艺春秋1995年版。

天理图书馆善本丛书和书编辑委员会：《天理图书馆善本丛书和书之部第二十七卷》，天理大学出版部1977年版。

と

德川义直：《神祇宝典》序，《神道大系38》，神社编3，总记（下），神道大系编撰会1983年版。

德川光圀：《西山公随笔》，吉川弘文馆1974年版。

德田武编：《凤冈林先生全集》卷六十一，勤勉出版社2014年版。

德富苏峰：《木户松菊先生》，民友社1928年版。

户下达野：《音乐动员令 统制和娱乐的十五年战争》，青弓社2008年版。

虎尾俊哉：《延喜式》上（译注日本史料），集英社2000年版。

东野治之：《遣唐使和正仓院》，岩波书店1992年版。

供田武嘉津：《日本音乐教育史》，音乐之友社1996年版。

伴部安崇：《神道问答》，山本信哉编：《神道丛说》，国书刊行会1911年版。

な

中内功：《我的履历表》，《日本经济新闻》2000年1月31日。

永井隆：《原子弹救护报告》（《就1945年8月—10月的救护活动呈校长之报告书》），长崎大学原子弹爆炸后障碍病医疗研究所资料收集保存分析部1945年8月—10月。

永井隆：《原子野录音》，圣母骑士社1947年第2号。

永井隆：《爱子哟！》，圣保罗修道会出版2002年版。

中岛悦次：《愚管抄全注解》，有精堂1969年版。

中岛随流：《贞德永代记》，橘屋庄三郎出版1692年版。

中西辉政：《人物叙说的日本近代史 第二集 吉田松阴 为保卫祖国未来的战略》，《历史街道》2008年7月号。

中西进：《栖息于旅途高桥虫麿论》，新版中公文库，角川书店1993年版。

长沼贤海：《天满天神信仰的变迁》，收于《日本宗教史的研究》，教育研究会1928年版。

中根雪江：文久二年九月二九日，《与大久保一翁之面谈》，《续再梦纪事》一，东京大学出版会1988年版。

中根雪江：《昨梦纪事》一，东京大学出版会1989年版。

中野幸一编：《源氏物语古注释丛刊 第二卷 花鸟余情 源氏和秘抄 源氏物语之内不审条条 源语秘诀 口传抄》解说，武藏野书院1978年版。

中院通胜：《日本文学古注释大成 源氏物语古注释大成 第1卷 源氏物语岷江入楚》上，日本图书中心1978年版。

中野幸一：《新编日本古典文学全集 宇津保物语》，小学馆1999年版。

永岛福太郎：《百人书迹》，淡交新社1965年版。

中村和郎、高桥伸夫编：《地理学讲座 第1卷 地理学的招待》，古今书院1988年版。

中村天风：《祝你成功》，日本经营合理化协会出版局2001年版。

名岛政方：《晤语》，双树苑藏版1826年版。

に

西川长夫：《地球时代的民族＝文化理论　为了脱"国民文化"》，筑摩书房1995年版。

西川如见：《町人囊》，《日本思想大系59　近世町人思想》，岩波书店1968年版。

西川如见：《天文议论》上，三枝博音编：《日本哲学全书》八，第一书房1937年版。

西川如见：《日本水土考、水土解辩、增补华夷通商考》，岩波文库1968年版。

西川如见：《町人囊搜底》上，岩波文库1968年版。

西川如见：《天文义论》，出版商名不详，正德二年（1712）刊。

西川忠亮编：《西川如见遗书》，出版商名不详，1898年出版。

西川正休：《天学初学问答》，泉本八兵卫宽政六年（1794）。

西孝二郎：《记纪和易经》，彩图社2002年版。

《日本国粹全书》第14辑，日本国粹全书刊行会1916年版。

西田长男：《北野天满宫的创建》，收于《神社的历史研究》，塙书房1966年版。

西野强：《中世古典学中一条兼良的研究》，博士学位论文，日本专修大学文学部，2007年。

《日本古典文学大系14·源氏物语》，岩波书店1958年版。

日本古典学会编：《增订佐藤直方全集》卷一，鹈鹕社1979年版。

日本宫内厅：《天皇陛下诞生日前记者会见的内容》，2008年11月7日。

《日本思想史辞典》，山川出版社2009年版。

日本至宝委员会：《御物·书迹工》，每日新闻社1991年版。

日本广播协会编：《20世纪广播史》上，日本广播出版协会2001年版。

日本文部省编：《日本教育史资料》卷13，日本文部省1890年版。

日本文部省编：《日本教育史资料》卷22，日本文部省1890年版。

日本文部省编：《初等科音乐三　教师用》，1943年5月。

《吉田松阴31》，中央公论新社1984年版。

日本山口县教育委员会编：《未焚稿》，《吉田松阴全集》第 1 卷，岩波书店 1940 年版。

日本山口县教育委员会编：《将及私言》，《吉田松阴全集》第 1 卷，岩波书店 1940 年版。

日本山口县教育委员会编：《幽囚录》，《吉田松阴全集》第 1 卷，岩波书店 1940 年版。

日本山口县教育委员会编：《讲孟札记》，《吉田松阴全集》第 3 卷，岩波书店 1940 年版。

日本山口县教育委员会编：《读筹海篇》，《吉田松阴全集》第 4 卷，岩波书店 1940 年版。

日本山口县教育委员会编：《与兄杉梅太郎书》，《吉田松阴全集》第 8 卷，岩波书店 1940 年版。

日本山口县教育委员会编：《与兄杉梅太郎书》，《吉田松阴全集》第 8 卷，岩波书店 1940 年版。

日本山口县教育委员会编：《狱是帐》，《吉田松阴全集》第 8 卷，岩波书店 1940 年版。

ぬ

沼田顺义：《级长户风》上，出版商名不详，1830 年出版。

ね

根岸友山：《吐血论》，《新编埼玉县史 资料编 12 近世 3 文化》，埼玉县教育委员会 1968 年版。

の

野野村缘：《摄关期乳母的谱系和历史作用》，《京都大学研究生院人类环境研究科 2009 年论文集》。

野村贵次：《北村季吟古注释集成》，新典社 1980 年版。

野村精一注：《孟津抄》上，樱枫社 1987 年版。

野村精一：《源氏物语古注集成 4 孟津抄》，樱枫社 1993 年版。

は

芳贺登、松本三之介校注：《矢野玄道〈献芹詹语〉解说》，《日本思想大系 51》，岩波书店 1968 年版。

芳贺登：《幕末国学的开展》，塙选书 1963 年版。

芳贺登：《幕末变革期的国学家运动和逻辑》，《日本思想大系 51》"解说"，岩波书店 1968 年版。

芳贺登：《大国隆正的学问和思想》，《日本思想大系 50》，岩波书店 1973 年版。

桥爪大三郎、副岛隆彦：《小室直树的学问和思想》，商业社 1978 年版。

桥本左内：《启发录》，讲谈社。

桥本左内：嘉永四年五月一〇日，《致冈田准介书简》，《桥本景岳全集》，东京大学出版会 1977 年版。

桥本左内：安政三年三月一九日，《安政丙辰日记》，《桥本景岳全集》，东京大学出版会 1977 年版。

桥本左内：安政四年四月一二日，《关于学问所事件之布令原案》，《桥本景岳全集》，东京大学出版会 1977 年版。

桥本左内：安政四年闰五月一五日，《关于学制的意见札子》，《日本思想大系 55》，岩波书店 1971 年版。

桥本左内：安政四年一一月二八日，《致村田氏寿书简》，《日本思想大系 55》，岩波书店 1971 年版。

桥本左内：安政四年一二月一九日，《致田宫如云书简》，《日本思想大系 55》，岩波书店 1971 年版。

桥本左内：安政四年五月左右，《关于治产兴业的建议》，《日本思想大系 55》，岩波书店 1971 年版。

桥本左内：安政五年二月中旬，《呈三条实万书简》，《日本思想大系 55》，岩波书店 1971 年版。

桥本左内：安政五年八月初旬，《致村田氏寿书简》，《桥本景岳全集》，东京大学出版会 1977 年版。

桥本左内：安政五年二月一二日，《致川路圣谟书简》，《桥本景岳全集》，东京大学出版会1977年版。

桥本左内：安政五年二月中旬，《呈三条实万书简》，《日本思想大系55》，岩波书店1971年版。

桥本左内：安政五年七月一五日，《致中根雪江书简》，《桥本景岳全集》，东京大学出版会1977年版。

桥本左内：安政六年九月朔日，《致母亲书简》，《日本思想大系55》，岩波书店1971年版。

桥本左内：安政六年七月三日，《评定所（法院）内问讯笔录》，《日本思想大系55》，岩波书店1971年版。

桥本左内：安政八年五月二一日，《桥本左内小传》，《桥本景岳全集》，东京大学出版会1977年版。

桥本实：《日本武士道史研究》，雄山阁1938年版。

塙保己一编：《群书类从》，第二十九辑，杂部，第四七六卷，续群书类从完成会1959年版。

滨田耕策：《新罗国史的研究——来自东亚史的视角》，吉川弘文馆2002年版。

早川庄八：《律令国家和王朝国家的天皇》，《日本社会史第3卷：权威和支配》，岩波书店1987年版。

早川纯三郎编：《上田秋成全集》，国书刊行会1923年版。

林罗山：《本朝编年录》，无出版商名，1600年出版。

林罗山：《本朝神社考》，现代思潮社1980年版。

早濑利之：《石原莞尔 满洲合众国》，光人社2003年版。

林屋辰三郎：《古代国家的解体》，东京大学出版会1955年版。

原胜郎：《日本中世史》，东洋文库1969年版。

ひ

久松潜一：《日本文学评论史·诗歌论篇》，至文堂1933年版。

久松潜一：《松永贞德的研究》，临川书店1988年版。

日向一雅：《〈源氏物语〉的依据和话语类型》，至文堂1999年版。

日向一雅：《〈源氏物语〉注释史中的〈尚书〉言说》，《日本古代学》，明治大学2009年第1号。

平出英夫：《战争和音乐》，《音乐俱乐部》第 8 卷 1941 年 6 月号。

平尾洸全译注：《明惠上人传记》，讲谈社 1980 年版。

平川佑弘：《和魂洋才的谱系——从内部和外部观察明治日本》，河出书房新社 1971 年版。

平田笃胤辑考：《神字日文传》，无出版商名，1819 年出版（文政二）。

平田笃胤：《俗神道大意》，《平田笃胤全集 1》，法文馆书店 1911 年版。

平田笃胤：《志都能石屋》，《平田笃胤全集 1》，法文馆书店 1911 年版。

平田笃胤：《伊吹于吕志》，《平田笃胤全集 1》，法文馆书店 1911 年版。

平田笃胤：《本教外篇》，《平田笃胤全集 2》，法文馆书店 1911 年版。

平田笃胤：《尽意鞭笞》，《平田笃胤全集 2》，法文馆书店 1911 年版。

平田笃胤：《西籍慨论》（一名《儒道大意》），《平田笃胤全集 1》，法文馆书店 1911 年版。

平田笃胤：《出定笑语》（也称作《佛道大意》），《平田笃胤全集 1》，法文馆书店 1911 年版。

平田笃胤：《气吹舍笔丛》，《平田笃胤全集 2》，法文馆书店 1911 年版。

平田笃胤：《灵之真柱》，《平田笃胤全集 2》，法文馆书店 1911 年版。

平田笃胤：《千岛白波》自序，《平田笃胤全集 2》，法文馆书店 1911 年版。

平田笃胤：《石楠屋祝言》，《平田笃胤全集 2》，法文馆书店 1911 年版。

平田笃胤：《应山口忠雄之请添笔之隐文》，《平田笃胤全集 2》，法文馆书店 1911 年版。

平田笃胤：《气吹廼舍文集》一卷，《平田笃胤全集 2》，法文馆书店 1911 年版。

平田笃胤：《天说辨辨》，《平田笃胤全集 2》，法文馆书店 1911 年版。

平田笃胤：《玉襷》，《平田笃胤全集 4》，法文馆书店 1911 年版。

平田笃胤：《古史传》，《平田笃胤全集 7》，法文馆书店 1911 年版。

平田笃胤：《大道或问》，《平田笃胤全集 10》，法文馆书店 1911 年版。

平田笃胤：《古史征》二上，《平田笃胤全集 12》，法文馆书店 1911 年版。

平田笃胤：《古道大意》，平田学会、法文馆书店 1912 年版。

平田笃胤：《呵妄书》，《新修平田笃胤全集》第 10 卷，名著出版社 2001 年版。

平野仁启：《日本的诸神》，讲谈社 1982 年版。

《广岛县史》近世资料编 VI，"思想与教育"，广岛县志编辑委员会 1963 年版。

广津柳浪：《今户情死》，《日本文学 77 名作集》（一），中央公论社 1970 年版。

ふ

福井久藏编：《呵割葭前篇》，《国语学大系》第 4 卷，厚生阁 1938 年版。

福田晃等校注：《平家物语》，三弥井书店 1993 年版。

福长进：《源氏物语因何产生历史故事》，《国文学》，学灯社 1972 年第 2 期。

福羽美静：《菅公一千年》，松成堂 1902 年版。

藤井省三：《日本思想大系 54》解说，岩波书店 1978 年版。

藤原彰、攻刀俊洋编辑解说：《资料日本现代史》第八卷，大月书店 1983 年版。

藤原克己：《菅原道真和平安朝汉文学》，东京大学出版会 2001 年版。

藤原正彦：《国家的品格》，新潮社 2005 年版。

藤村由加：《古事记的暗号》，新潮社 2002 年版。

布施弥平治：《明法道研究》，新生社 1966 年版。

古川薰译：《吉田松阴留魂录》，讲谈社 1977 年版。

古田东朔：《国史大辞典》第 11 卷，"国号"节"日本"项，吉川弘文馆 1990 年版。

へ

贝斯·豪尔·张伯伦：《日本事物志》，高梨健吉译，平凡社东洋文库 1969 年版。

ほ

帆足图南次：《帆足万里和肋愚山》，《日本的思想家 儒学篇33》，明德出版社1978年版。

帆足万里：《入学新论》，稼堂先生著书刊行会昭和九年（1934）。

帆足万里：《东潜夫论》，抄者名不详，弘化一年（1844）。

法政大学通信教育部编：《文化地理学报》2011年8月16日。

朴正薰：《日王首次言及和朝鲜半岛的血缘关系》，《朝鲜日报》2001年12月23日。

保坂弘司：《大镜全评释》上，小学馆1979年版。

堀内敬三：《音乐五十年史》下，讲谈社文库1942年版。

堀内敬三：《日本军歌定本》，实日新书1977年版。

堀田璋左右、川上多助共编：《东照宫御实纪附录》，国史研究会1915年版。

ま

前坂俊之：《明治37年的情报外交——如何结束战争？》，祥传社新书2010年版。

牧野信一：《樱花花瓣》，《日本评论》第11卷第7号，日本评论社1936年版。

真木和泉：《上三条公书》另纸，出版商不详，文久三年（1863）三月。

真木和泉：《上野宫定功卿书》，出版商不详，安政五年（1858）六月。

正宗敦夫编：《蕃山全集》第5册，蕃山全集刊行会1943年版。

松冈宪知、田中博、杉田伦明等编：《为调查、分析、诊断地球环境学——地球环境的30章》，古今书院2007年版。

松冈文雄：《神道学则日本魂》，平重道、阿部秋生校注：《日本思想大系39》，岩波书店1987年版。

松永贞德著，小高敏郎校注：《戴恩记》，《日本古典文学大系95》，岩波书店1978年版。

松平定信著，西尾实、松平定光注：《花月草纸》，岩波文库1939

年版。

松村博司:《日本古典文学大系 21·大镜》,岩波书店 1958 年版。

松村博司:《荣华物语全注释 二》,角川书店 1971 年版。

松村正义:《日俄战争和金子坚太郎——宣传外交的研究》,有信堂 1987 年版。

松本三之介编:《明治思想集Ⅱ 近代日本思想体系 31》,筑摩书房 1977 年版。

松本三之介:《明治精神的结构》,岩波书店 1993 年版。

黛弘道:《继体天皇的谱系》,收录于《论集日本历史 1 大和政权》,有精堂出版 1973 年版。

丸山真男:《日本的思想》,岩波新书 1961 年版。

丸山真男:《日本政治思想史研究》,东京大学出版会 1999 年版。

み

沟口雄山:《"孤单"的知己——松阴心中的李卓吾》,《日本思想大系 61》月报,岩波书店 1978 年版。

三田村雅子:《一条兼良的花鸟余情》,《记忆中的源氏物语》,新潮社 2008 年版。

宫负定雄:《国益本论》,《日本思想大系 51》,岩波书店 1972 年版。

宫川叶子:《三条西实隆和古典学》,风间书房 1995 年版。

三木正太郎:《平田笃胤的研究》,神道史学会 1969 年版。

宫子标:《关于加藤仁平的著作——〈和魂汉才说〉》,圣学院大学综合研究所纪要 2005 年第 16 号。

宫崎小八郎:《神代文字》,霞关书房 1973 年版。

宫地直一:《缓和怨灵的思想》,《神道史》上卷,理想社 1957 年版。

宫地正人(日本国立历史民俗博物馆馆长):《木户孝允文书》卷 1,东京大学出版社 2003 年版。

む

六人部是香:《篤乃玉笺》,出版商和出版年月皆不明。

村井章介:《中世日本的国际意识》,《历史学研究》(另册),历史学研究会 1982 年版。

村井章介:《易姓革命的思想和天皇制》,《前近代的天皇 第 5 卷 世界史中的天皇》,青木书店 1995 年版。

村井章介:《中世的国家和在乡社会》,校仓书房 2005 年版。

村冈典嗣:《宣长和笃胤》序说,《日本思想史研究 3》,村冈典嗣著作集刊行会 1957 年版。

村冈典嗣:《日本思想史概说》,《日本思想史研究 IV》,创文社 1961 年版。

室城秀之等:《宇津保物语的综合研究》,勤勉出版社 2000 年版。

室松岩雄编:《国文注释全书》第九卷,国学院大学出版部 1910 年版。

も

本居清造编:《本居宣长稿本全集 1》,塔莱斯出版 2012 年版。

本居丰颖校订:《和歌之浦鹤》,《本居内远全集》,片野东四郎、吉川半七,1903 年版。

本居丰颖等校:《踏山文》,《本居宣长全集》第 4 卷,吉川弘文馆 1926 年版。

本居宣长:《呵割葭》,《本居宣长全集 6》,吉川弘文馆 1926 年版。

本居宣长:《秘本玉匣》,岩波书店 1934 年版。

本居宣长:《直毘灵》,《古事记传》,《本居宣长全集》第一卷,筑摩书房 1968 年版。

本居宣长:《排芦小舟》,《本居宣长全集》第二卷,筑摩书房 1968 年版。

本居宣长:《石上私淑言》,《本居宣长全集》第二卷,筑摩书房 1968 年版。

本居宣长:《玉胜间》,《本居宣长全集》第四卷,筑摩书房 1968 年版。

本居宣长:《紫文要领》,《本居宣长全集》第四卷,筑摩书房 1968 年版。

本居宣长:《葛花》下卷,《本居宣长全集》第八卷,筑摩书房 1972 年版。

本居宣长:《玉铧百首》,《本居宣长全集》第十八卷,筑摩书房 1972

年版。
本居宣长:《或云》,《玉胜间》卷八,《日本思想大系40》,岩波书店 1972年版。
本居宣长:《历朝诏词解》,《本居宣长全集7》,筑摩书房1993年版。
本居宣长给横井十郎左卫门的信,《本居宣长稿本全集2》,塔莱斯出版 2012年版。
本居宣长:《初山文》,《本居宣长稿本全集4》,塔莱斯出版2012年版。
本居宣长:《源氏物语玉小栉》,多摩通信社2013年版。
森鸥外:《文艺的主义》,千叶俊二编:《鸥外随笔集》,岩波书店2000 年版。
森克己:《日丽联系和刀伊贼来犯》,《续日宋贸易的研究》,国书刊行 会1975年版。
森武麿:《日本的历史20 亚洲、太平洋战争》,集英社1993年版。
森博达:《倭人传的地名和人名》,上田正昭编:《古代日本1 倭人的 出现》,中央公论社1985年版。

や

八盐道翁口授,玉木苇斋记:《玉笺集》卷一,四化之传,抄本,刊行 地点、年代不详。
柳田国男:《远野物语拾遗》,角川书店2004年版。
山井湧等校注:《日本思想大系29 中江藤树》,岩波书店1974年版。
山尾幸久:《新版魏志·倭人传》,讲谈社1991年版。
山冈明阿:《类聚名物考》五,近藤出版部刊1905年版。
山鹿素行:《山鹿语类》,国书刊行会、山鹿素行全集刊行会 1926 年版。
山鹿素行:《治平旧事》,《山鹿素性全集》第一卷,国民精神文化研究 所1936年版。
山鹿素行:《中朝事实》,《山鹿素行全集》思想篇,岩波书店1940 年版。
山鹿素行:《武家事纪》,新人物往来社1969年版。
八木秀次:《明治想法的思想——日本的国体为何》,PHP新书2002

年版。

安田喜宪：《气候与文化、文明》，建设咨询协会 2010 年版。

山口宗之：《日本思想大系 55》解说，岩波书店 1971 年版。

山口宗之：《桥本左内》，吉川弘文馆 1962 年版。

山口春水：《强斋先生杂话笔记》，《续日本随笔大成》第 12 卷，吉川弘文馆 1981 年版。

山口博：《关于阳成帝的退位》，《日本历史》，日本历史学会 1968 年第 239 号。

山崎国纪：《评传森鸥外》，大修馆书店 2007 年版。

山崎正一：《近代日本思想史》，青木书店 1957 年版。

山田孝雄：《樱史》附录《日本精神和本居宣长》，讲谈社 1942 年版。

山田孝雄：《所谓神代文字论》，《艺林》1953 年第 4 号。

山田宽：《潮》，潮出版社 1972 年 5 月号，山田宽：《长崎原子弹爆炸·论集》，本多企画 2001 年版。

山中裕、池田尚隆编：《荣华物语》，《新编日本古典文学全集 31》，小学馆 1995 年版。

山本健吉：《古代日本人的理想图像》，《山本健吉全集 16》，讲谈社 1983 年版。

山本七平：《日本革命的哲学》，PHP 研究所 1982 年版。

山本七平：《现人神的创造者》，山本七平：《山本七平图书室 12》，文艺春秋社 1983 年版。

山本七平：《何谓日本人？——探索从神话世界到近代其行动的原理》，PHP 文库 2006 年版。

山室信一：《作为思想课题的亚细亚》，岩波书店 2001 年版。

佚名：《超越生死利害，自认守护皇统》，《月刊日本》，K&K 新闻社 2013 年 2 月号。

よ

与国秀行：《日本最大的国难》，御统图书社 2010 年版。

横井小楠：《致伊藤庄左卫门书简》，《横井小楠遗稿》，日新书院 1942 年版。

横井小楠：《讲义，学而之章》，《横井小楠遗稿》，日新书院 1942 年版。
横井小楠：《东游小稿》，《横井小楠遗稿》，日新书院 1942 年版。
横井小楠：《攘夷三策》，《横井小楠遗稿》，日新书院 1942 年版。
横井小楠：嘉永四年，《游历见闻书》，《横井小楠遗稿》，日新书院 1942 年版。
横井小楠：嘉永六年五月三日，《致福井藩士冈田准介书简》，《横井小楠遗稿》，日新书院 1942 年版。
横井小楠：嘉永六年八月一五日，《致东湖书简》，《横井小楠遗稿》，日新书院 1942 年版。
横井小楠：嘉永六年，《夷虏接待大意》，《日本思想大系 55》，岩波书店 1971 年版。
横井小楠：安政二年三月二〇日，《致立花壹岐书简》，《横井小楠遗稿》，日新书院 1942 年版。
横井小楠：安政四年五月二五日，《致池边藤左卫门书简》，《横井小楠遗稿》，日新书院 1942 年版。
横井小楠：庆应元年五月二、七、一三日，《致岩男俊贞、野野口为志书简》，《日本思想大系 55》，岩波书店 1971 年版。
横井小楠：庆应三年六月二六日，《致侄子左平太、太平书简》，《横井小楠遗稿》，日新书院 1942 年版。
横井小楠：《沼山闲话》，《日本思想大系 55》，岩波书店 1971 年版。
横井时雄编：《沼山闲居杂诗》，《小楠堂诗艸》，民友社 1889 年版。
与谢野晶子：《新译源氏物语》，角川书店 2001 年版。
吉冈贵子：《中世源氏物语注释史的研究——以〈河海抄〉为主要对象》，博士学位论文，立命馆大学研究生院文学科，2009 年。
吉川幸次郎编：《源氏物语玉小栉》，《本居宣长全集 15》，筑摩书房 1969 年版。
吉川幸次郎：《文弱的价值——知物哀》补考，《日本思想大系 40》，岩波书店 1978 年版。
吉泽义则：《大和魂与万叶歌人》，精兴社 1939 年版。
吉泽义则：《源氏随考》，晃文社 1942 年版。

主要参考文献

吉泽义则：《源氏物语今鉴》，新日本图书1946年版。

《吉田松阴年谱》，《日本思想大系54》，岩波书店1978年版。

吉田松阴：《武教全书讲录》，《日本名著》，中央公论社1973年版。

吉田松阴：《讲孟余话》，《日本名著》，中央公论社1973年版。

吉田松阴：《士规七则》，足立栗园编：《吉田松阴修养训》，富田文阳堂1914年版。

吉田孝：《日本的诞生》，岩波书店1997年版。

吉田兼俱：《神道由来记》，山本信哉编：《神道丛说》，国书刊行会1911年版。

吉田兼俱：《唯一神道名法要集》，国民精神文化研究所1935年版。

吉田神社编：《吉田丛书》第1编，内外书籍1940年版。

吉田裕、吉见义明编辑解说：《资料 日本现代史》，大月书店1984年版。

吉驯明子：《海老名弹正的政治思想》，《东京大学研究生院法学政治学研究科纪要》2004年版。

吉野作造：《何谓"国家魂"？》，《新人》1905年第2号。

吉野作造：《答木下尚江君》，《新人》1905年第3号。

吉野作造：《说宪政本义，论其有终美之途》，《中央公论》1916年1月号。

吉野作造：《日中国民之间建立亲善关系的曙光——两国青年的互相理解与提携的新运动》，《解放》1919年8月号。

吉野作造：《日中学生提携运动》，《中央公论》1920年6月号。

吉野作造：《黑格尔法律哲学的基础》，《吉野作造选集》第一卷，岩波书店1995年版。

吉野作造：《本邦立宪政治之现状》，《吉野作造选集》第一卷，岩波书店1995年版。

吉野作造：《如何应对今后之工人问题》，《吉野作造选集》第十卷，岩波书店1998年版。

吉野作造：《"极右"、"极左"皆谬误》，《吉野作造选集》第十卷，岩波书店1998年版。

米原谦：《日本政治思想》，弥涅尔瓦书房2007年版。

《吉部秘训抄》，小原君雄抄写，彦藩弘道馆藏书印，1800年版。
吉森佳奈子：《讲座源氏物语研究 第4卷 镰仓、室町时代的源氏物语》，樱枫社2007年版。

ら

拉·马兹里埃尔：《日本武士道》，古川哲史译，伊藤千真三编：《日本精神论》，进教社1936年版。
赖山阳：《日本乐府》，富士川英郎、松下忠编：《诗集 日本汉诗 第十卷 日本乐府》，汲古书院1986年版。
赖山阳：《日本外史》上，赖成一译，岩波书店1988年版。
赖山阳：《日本政记》，《日本思想大系49》植手通有解说，岩波书店1977年版。

り

理查德·戈登·史密斯：《戈登·史密斯所惊诧的日本》，荒俣宏译，小学馆1993年版。
李登辉：《〈武士道〉解说——何谓"位高则任重"》，小学馆2003年版。

ろ

庐千里：《长崎先民传》，出版商不详，文政二年（1731）刊。
劳伦斯·冯·斯坦因：《社会的概念和运动法则》，森田勉译，弥涅尔瓦书房1991年版。

わ

若林强斋：《神道大意》，《皇学丛书》第一辑，大阪府望楠义会1938年版。
若林强斋：《望楠所闻》，转引自小林健三《垂加神道的研究》，至文堂1940年版。
若林强斋：《杂话续录》，《神道大系》论说编13，垂加神道（下），神道大系编撰会1978年版。

《和训栞》下卷，名著刊行会 1973 年版。

渡边金造：《笃胤的游学》，《平田笃胤研究》，六甲书房 1942 年版。

渡边金造：《平田笃胤传记资料》，《平田笃胤研究》，六甲书房 1942 年版。

亘理章三郎：《刀及剑道与日本魂》，讲谈社 1943 年版。

亘理章三郎：《日本魂的研究》八，中文馆 1943 年版。

和田英松：《关于院政》，《国史学》第 10 号，国史学会 1929 年版。

度会延佳：《阳复记》，讲古堂 1739 年版。

和辻哲郎：《现代日本与市民精神》，《思想》第 2 号，岩波书店 1932 年版。

和辻哲郎：《岩波讲座 教育科学 7》，岩波书店 1932 年版。

和辻哲郎：《岩波讲座 哲学》第三卷，岩波书店 1949 年版。

和辻哲郎：《尊王思想及其传统》，《和辻哲郎全集》第 14 卷，岩波书店 1962 年版。

和辻哲郎：《天才性的觉醒》，《和辻哲郎全集》第 22 卷，岩波书店 1992 年版。

和辻哲郎：《思想的对峙》，《和辻哲郎全集》第 22 卷，岩波书店 1992 年版。

和辻哲郎：《排斥危险思想》，《和辻哲郎全集》第 22 卷，岩波书店 1992 年版。

和辻哲郎：《武士道》，《伦理学》第十二辑，岩波书店 2007 年版。

主要网络参考资料

春水斋：《烟霞到处总君恩——赖山阳传》，2014 年 3 月 8 日，www.poemlife.com/thread－537638－1...html。

李翔海、刘岳兵：《"中体西用"与"和魂洋才"比较申论》（一），2009 年 3 月 27 日，http://www.blog.sina.com.cn/s/blog_4a03cbc30100cwls.html。

王威廉：《思想言说的艰难与追问——读丸山真男〈日本的思想〉》，2015 年 3 月 1 日,http://blog.sina.com.cn/s/blog_49242a130100f6kg.

html。

王晓秋：《"五四"时期的中日文化思想和青年的交流》，2014年7月24日，http://agzy.youth.cn/qsnag/zt/ws94/plyj/201304/t20130426_3152185.htm。

中国社会科学院外国历史研究所等：《第一次中日历史共同研究报告》（中文报告），2010年2月1日，http://nhtml：file：//E：\ \ \ C：\ \。

あ

朝川涉：《蜗牛进行曲与和歌中的恋歌》，引自日本网站，2012年8月1日，www.7a.biglobe.ne.jp/~katatumuri/waka/koi20.htm。

い

泉镜花：《海城发报》，《镜花全集 别卷》，岩波书店1976年版。首次刊载于《太阳》第二卷第一号，1896年（明治二十九）1月，2014年9月15日，引自日本网站，大和魂 site：www.aozora.gr.jp。

Isshikijuku（作者名何汉字不详）：《紫式部的女官批评——赤染卫门》，引自日本网站，2011年12月2日，www.isshikijuku.co.jp/takamura-blog/.../akazomeemon-ron。

伊藤无迅：《近世的源氏文化与诗歌1》，读论文会，芭蕉会议研究室，引自日本网站，2013年3月1日，www.basho.jp/index.html。

う

《维基百科》"机务六条"条，2014年7月4日，引自日本网站，http://ja.wikipedia.org/wiki。

上村松园：《关于作画》，《青眉抄·青眉抄拾遗》，讲谈社1976年版，引自日本网站，2014年10月18日，大和魂 site：www.aozora.gr.jp。

内田鲁庵：《社会百面相》，《内田鲁庵全集11》，人道书房1986年版，引自日本网站，2014年9月9日，http://ja.wikipedia.org/wiki/内田鲁庵。

内田鲁庵：《犬物语》，《日本著名随笔76 犬》，引自日本网站，2014

年9月9日，大和魂 site：www. aozora. gr. jp。

冈本绮堂：《正雪第二代》，引自日本网站，2014年9月13日，大和魂 site：www. aozora. gr. jp。

海野十三：《空袭送葬曲》，《朝日》，1932年5月—9月号，《海野十三全集》第1卷《遗书播放》，三一书房1990年版，引自日本网站，2014年11月1日，大和魂 site：www. aozora. gr. jp。

海野十三：《空袭下的日本》，《日出 附录 国难来了！日本怎么办？》，《海野十三全集》第3卷《深夜的市长》，三一书房1988年版，引自日本网站，2014年11月1日，大和魂 site：www. aozora. gr. jp。

海野十三：《空袭警报》，《少年俱乐部》另册付录，大日本雄辩会讲谈社1936年版；《海野十三全集》第4卷《十八点的音乐浴》，三一书房1989年版。引自日本网站，2014年11月1日，大和魂 site：www. aozora. gr. jp。

お

大杉荣：《自叙传》，《大杉荣全集第十二卷》，现代思潮社1964年版，引自日本网站，2014年5月1日，大和魂 site：www. aozora. gr. jp。

折口信夫：《古代人思维的基础》，《折口信夫全集3》，中央公论社1995年版，引自日本网站，2011年3月30日，大和魂 site：www. aozora. gr. jp。

き

菊池宽：《二千六百年史抄》，《菊池宽全集》第十八卷，文艺春秋1995年版，引自日本网站，2015年4月5日，http：//www. aozora. gr. jp。

岸田国士：《六号记》，《文艺恳谈会》第一卷第二号，1936年2月1日，引自日本网站，2014年10月13日，大和魂 site：www. aozora. gr. jp。

岸田国士：《对话的艺术》，《戏剧新潮》第二卷第四号，1925年4月1日，引自日本网站，2014年10月13日，大和魂 site：www. aozora. gr. jp。

岸田国士:《使其对话的技巧》,引自日本网站,2014年3月1日,http:∥search.yahoo.co.jp/search;_ylt=A7dP52fQDc9VLh0ALMek_Op7?p。

く

黑岛传治:《武装的街区》,《筑摩现代文学大系38 小林多喜二 黑岛传治 德永直》,筑摩书房1978年版,引自日本网站,2014年12月1日,大和魂site:www.aozora.gr.jp。

国枝史郎:《加利福尼亚宝岛冒险谭》,《中学世界》,博文馆1925年1月—8月;《国枝史郎传奇文库17》,《十二神贝十郎功绩谭》,讲谈社1976年版。引自日本网站,2014年11月1日,大和魂site:www.aozora.gr.jp。

桑原骘藏:《由东洋史看明治时代之发展》,《桑原骘藏全集》第一卷,岩波书店1968年版;初出于《太阳》第十九卷第一一号,1913年(大正二)8月。引自日本网站,2014年1月2日,大和魂site:www.aozora.gr.jp。

こ

小出楢重:《画室》,《可喜的风景》,创元社1930年版,引自日本网站,2014年10月10日,大和魂site:www.aozora.gr.jp。

小出楢重:《美之国》,《可喜的风景》,创元社1930年版,引自日本网站,2014年10月10日,大和魂site:www.aozora.gr.jp。

五井野正博士于信州演讲会的内容,引自日本网站,2013年4月8日,http:∥trackback.blogsys.jp/livedoor/k12345kk-12345678910/19120663。

さ

堺利彦:《樱与狆与爱国心 世界主义者的心理》,《现代幽默全集 第二卷 堺利彦集》,现代幽默全集刊行会1928年版,引自日本网站,2014年10月13日,大和魂site:www.aozora.gr.jp。

斋藤茂吉:《爱国百人一首评释》,《东京朝日新闻》1942年11月21日,《斋藤茂吉全集》第十四卷,岩波书店1975年版,引自日本网站，2014 年 10 月 18 日，大和魂 site：www. aozora. gr. jp。

斋藤茂吉：《爱国歌小观》，《日本评论》，日本评论社 1942 年 5 月号，《斋藤茂吉全集 第十四卷》，岩波书店 1975 年版，引自日本网站，2014 年 10 月 18 日，大和魂 site：www. aozora. gr. jp。

佐藤红绿：《少年联盟》，《少年俱乐部》，少年俱乐部文库 1931 年 8 月号—1932 年 6 月号，引自日本网站，2014 年 10 月 15 日，大和魂 site：www. aozora. gr. jp。

三游亭圆朝：《根岸行松 因果塚的由来》，《圆朝全集》第四卷，春阳堂 1927 年版，引自日本网站，2014 年 12 月 3 日，大和魂 site：www. aozora. gr. jp。

し

新渡户稻造：《自由的精髓》，《实业之日本》第二二卷第五号，实业之日本社 1919 年 3 月 1 日，引自日本网站，2014 年 10 月 10 日，大和魂 site：www. aozora. gr. jp。

新渡户稻造：《帝国六大教育家》，引自日本网站，2014 年 10 月 10 日，大和魂 site：www. aozora. gr. jp。

た

高坂邦彦：《政治学家、宪法学家植原悦二郎的业绩——明治宪法的英国模式解释》，2014 年 7 月 6 日，引自日本网站，http：//www2. plala. or. jp/kohsaka/page013. html。

て

寺田寅彦：《神话和地球物理学》，《文学》，岩波书店 1933 年版；小宫丰隆编：《寺田寅彦随笔集》第四卷，岩波书店 1963 年版。引自日本网站，2015 年 1 月 15 日，http：//www. aozora. gr. jp/cards/000042/files/2357_ 13804. html。

寺田寅彦：《记录狂时代》，《东京朝日新闻》1933 年 6 月 5 日；小宫丰隆编：《寺田寅彦随笔集》第四卷，岩波书店 1963 年版。引自日本网站，2014 年 12 月 31 日，大和魂 site：www. aozora. gr. jp。

寺田寅彦：《天灾与国防》，《经济往来》，经济往来社 1934 年版；《寺田寅彦随笔集》第五卷，岩波书店 1963 年版。引自日本网站，2014 年 12 月 28 日，大和魂 site：www. aozora. gr. jp。

と

户坂润：《作为世界一环的日本》，白杨社 1937 年版，引自日本网站，2014 年 10 月 8 日，大和魂 site：www. aozora. gr. jp。

"Dwarf Trees" from Richard Gordon Smith's Journal，转引自日本网站，2015 年 1 月 14 日，http：//cache. yahoofs. jp/search/cache？c = GpEi6gNgVd0J&p。

な

中里介山：《大菩萨岭》，《中里介山全集》第十一卷，筑摩书房 1971 年版，引自日本网站，2014 年 10 月 18 日，大和魂 site：www. aozora. gr. jp。

永井隆：《长崎之钟》，日比谷出版 1949 年版，引自日本网站，2015 年 1 月 5 日，大和魂 site：www. aozora. gr. jp。

夏目漱石：《我是猫》，《夏目漱石全集1》，筑摩书房 1987 年版，引自日本网站，2014 年 3 月 4 日，大和魂 site：www. aozora. gr. jp。

夏目漱石：《趣味之遗传》，《夏目漱石全集2》，筑摩书房 1987 年版，引自日本网站，2014 年 3 月 4 日，大和魂 site：www. aozora. gr. jp。

は

长谷川时雨：《水色情绪》，《镜花全集》第十三卷月报，岩波书店 1941 年版，引自日本网站，2014 年 10 月 15 日，大和魂 site：www. aozora. gr. jp。

ひ

百田尚树：推特，读书记录，《永远的〇》，引自日本网站，2015 年 1 月 25 日，http://cache. yahoofs. jp/search/cache？c =7tRPK0KPBjkJ&p。

主要参考文献

ま

正冈子规：《歌论 选歌》，《子规全集》第七卷，讲谈社 1975 年版，引自日本网站，2014 年 10 月 10 日，大和魂 site：www. aozora. gr. jp。

正冈子规：《曙览之歌》，《子规全集》第七卷《歌论 选歌》，讲谈社 1975 年版，引自日本网站，2014 年 10 月 10 日，大和魂 site：www. aozora. gr. jp。

み

宫本百合子：《南路》，《宫本百合子全集》第二卷，河出书房 1953 年版，2014 年 10 月 1 日，引自日本网站，大和魂 site：www. aozora. gr. jp。

も

本居宣长纪念馆：《宣长使用的古典文献》，引自日本网站，2013 年 3 月 27 日，http：//www. norinagakinenkan. com/norinaga/kaisetsu/kitamurakigin. html。

や

原长崎"国际原子弹受害者医疗中心"名誉院长和长崎大学医学系附属医院护理部长久松 SHISONO 先生语，引自日本网站，2014 年 12 月 31 日，http：//cache. yahoofs. jp/search/cache？c = o7Ynl3A8bnIJ&p = 永井隆 &u = ja. wikipedia. org。

"大和魂"相关图像，引自日本网站，2015 年 1 月 2 日，http：//cache. yahoofs. jp/search/cache？c = RYuE9_ eJvWcJ&p = 大和魂 &u = ja. wikipedia. org。

"大和魂"相关图像，引自日本网站，2015 年 1 月 3 日，http：//search. yahoo. co. jp/search？ei = UTF − 8&fr = top_ ga1_ sa&p = 大和魂 + Tシャツ&rs = 5。

佚名：《金子坚太郎》，引自日本网站，2014 年 6 月 20 日，http：//shuyu. fku. ed. jp/html/syoukai/rekishi/kaneko. htm。

佚名：《原子弹爆炸是神的旨意？》，原子弹爆炸与和平连载文章，长崎和平网站，2000年8月1日，http：//www.nagasaki-np.co.jp/peace/2000/kikaku/index.html。

佚名：《安倍在祈祷仪式上必须朗读〈爱子哟〉》，引自日本网站，2014年12月23日，http：//detail.chiebukuro.yahoo.co.jp/qa/question_detail/q12133925817。

佚名：《日本自由民主党2014年工作方针》，引自日本网站，2015年2月，http：//cache.yahoofs.jp/search/cache? c = sJ – iWOhsu_ YJ&p。

佚名：《历史语言学和日语的起源》，引自日本网站，2013年3月8日，http：//homepage3.nifty.com。

佚名：《倭、大倭氏考（大和国造氏）》，引自日本网站，2010年8月31日，http：//www17.ocn.ne.jp/ ~ kanada/1234 – 7 – 39.htm。

ゆ

梦野久作：《东京人的堕落时代》，引自日本网站，2014年10月13日，大和魂 site：www.aozora.gr.jp。

梦野久作：《炸弹太平记》，《冰涯》，春秋社1935年版；《梦野久作全集6》，筑摩书房1992年版。引自日本网站，2014年11月1日，大和魂 site：www.aozora.gr.jp。